U0916746

资治通鉴全本新注

（全十四册）

第八册

卷一四一至卷一六二（齐纪七至梁纪十八）

［宋］司马光　编著
张大可　注释

華中科技大學出版社
http://press.hust.edu.cn
中国·武汉

第八册目录

卷一四一　齐纪七

齐明帝建武四年至永泰元年（497—498 年）…… 001

卷一四二　齐纪八

齐东昏侯永元元年（499 年）…… 038

卷一四三　齐纪九

齐东昏侯永元二年（500 年）…… 071

卷一四四　齐纪十

齐和帝中兴元年（501 年）…… 099

卷一四五　梁纪一

梁武帝天监元年至三年（502—504 年）…… 144

卷一四六　梁纪二

梁武帝天监四年至六年（505—507 年）…… 190

卷一四七　梁纪三

梁武帝天监七年至十三年（508—514 年）…… 227

卷一四八　梁纪四

梁武帝天监十四年至十七年（515—518 年）…… 271

卷一四九　梁纪五

梁武帝天监十八年至普通四年（519—523 年）…… 315

卷一五〇　梁纪六
梁武帝普通五年至六年（524—525 年）…… 358

卷一五一　梁纪七
梁武帝普通七年至大通元年（526—527 年）…… 399

卷一五二　梁纪八
梁武帝大通二年（528 年）…… 427

卷一五三　梁纪九
梁武帝中大通元年（529 年）…… 456

卷一五四　梁纪十
梁武帝中大通二年（530 年）…… 478

卷一五五　梁纪十一
梁武帝中大通三年至四年（531—532 年）…… 511

卷一五六　梁纪十二
梁武帝中大通五年至六年（533—534 年）…… 551

卷一五七　梁纪十三
梁武帝大同元年至三年（535—537 年）…… 582

卷一五八　梁纪十四
梁武帝大同四年至十年（538—544 年）…… 607

卷一五九　梁纪十五
梁武帝大同十一年至中大同元年（545—546 年）…… 637

卷一六〇　梁纪十六
梁武帝太清元年（547 年）…… 653

卷一六一　梁纪十七
梁武帝太清二年（548 年）…… 672

卷一六二　梁纪十八
梁武帝太清三年（549 年）…… 696

卷一四一　齐纪七

齐明帝建武四年至永泰元年（497—498 年）

【起强圉赤奋若（丁丑，497 年），尽著雍摄提格（戊寅，498 年），凡二年】

【大事提要】

本卷记事起自公元 497 年，至公元 498 年，凡二年，当齐明帝建武四年至齐明帝永泰元年。本卷所载大事，南朝齐两件大事：其一，皇室内乱不息，齐明帝生病，疑忌之心更重，将高帝、武帝的诸位皇子都杀害了。其二，王敬则以萧子恪的名义反叛，几乎将皇孙们都杀死。另外，高昌王马儒为部下所杀，立麹嘉为王。高昌麹氏政权始于此。北朝北魏一件大事，孝文帝凭借新招募的十五万武勇之士南伐南齐，取得了相当的战果，雍州的北部南阳诸郡并入北魏版图。

高宗明皇帝下

建武四年（丁丑，497 年）

春，正月，大赦。

丙申[1]，魏立皇子恪为太子[2]。魏主宴于清徽堂[3]，语及太子恂[4]，李冲谢[5]曰：“臣忝师傅，不能辅导。”帝曰：“朕尚不能化其恶[6]，师傅何谢[7]也！”

乙巳[8]，魏主北巡。

初，尚书令王晏，为世祖所宠任；及上谋废郁林王[9]，晏即欣然推奉[10]。郁林王已废，上与晏宴于东府[11]，语及时事，晏抵掌[12]曰：“公常言晏怯，今定何如[13]？”上即位，晏自谓佐命新朝[14]，常非薄世祖故事[15]。既居朝端[16]，事多专决[17]，内外要职，并用所亲，每与上争用人[18]。上虽以事际须晏[19]，而心恶[20]之。尝料简世祖中诏[21]，得与晏手敕[22]三百余纸，皆论国家事，又得晏启谏世祖以上领选事[23]，以此愈猜薄[24]之。始安王遥光[25]劝上诛晏，上曰："晏于我有功，且未有罪。"遥光曰："晏尚不能为武帝[26]，安能为陛下乎！"上默然[27]。上遣腹心陈世范等出涂巷[28]，采听异言[29]。晏轻浅无防[30]，意望开府[31]，数呼相工自视[32]，云"当大贵"；与宾客语，好屏人清间[33]。上闻之，疑晏欲反，遂有诛晏之意。

奉朝请鲜于文粲密探上旨[34]，告晏有异志[35]。世范又启上云："晏谋因四年南郊[36]，与世祖故主帅于道中窃发[37]。"会虎犯郊坛[38]，上愈惧。未郊一日[39]，有敕停行[40]，先报晏及徐孝嗣[41]。孝嗣奉旨[42]，而晏陈"郊祀事大，必宜自力[43]。"上益信世范之言。丙辰[44]，召晏于华林省[45]，诛之，并北中郎司马萧毅[46]、台队主刘明达，及晏子德元、德和。下诏云："晏与毅、明达以河东王铉识用微弱[47]，谋奉以为主[48]，使守虚器[49]"晏弟诩为广州[50]刺史，上遣南中郎司马萧季敞袭杀[51]之。季敞，上之从祖[52]弟也。萧毅奢豪[53]，好弓马[54]，为上所忌[55]，故因事陷之[56]。河东王铉先以年少才弱，故未为上所杀。铉朝见，常鞠躬俯偻[57]，不敢平行直视。至是，年稍长[58]，遂坐晏事免官[59]，禁不得与外人交通[60]。

郁林王之将废也，晏从弟御史中丞思远[61]谓晏曰："兄荷[62]世祖厚恩，今一旦赞人如此事[63]；彼或可以权计相须[64]，未知兄将来何以自立[65]！若及此引决[66]，犹可保全门户，不失后名。"晏曰："方啖粥[67]，未暇此事[68]。"及拜骠骑将军[69]，集会子弟[70]，谓思远兄思曰："隆昌之末[71]，阿戎劝吾自裁[72]；若从其语，岂有今日[73]！"思远遽应[74]曰："如阿戎所见，今犹未晚[75]也。"思远知上外待晏厚而内已疑异[76]，乘间[77]谓晏曰："时事稍异[78]，兄亦觉不[79]？凡人多拙于自谋而巧于谋人[80]。"晏不应。思远退，晏方叹曰："世乃[81]有劝人死者！"旬日[82]而晏败。上闻思远言，故不之罪，仍迁侍中[83]。

晏外弟尉氏阮孝绪[84]亦知晏必败，晏屡至其门[85]，逃匿不见[86]。尝食酱美，问知得于晏家，吐而覆之[87]。及晏败，人为之惧，孝绪曰："亲而不党[88]，何惧之有！"卒[89]免于罪。

（以上为第一段，写南齐尚书令王晏为萧鸾的灭主篡位立下汗马功劳，自以为得意，而萧鸾即位后，就猜忌他，最终被设计杀害，并株连亲党。）

【注释】

［1］丙申：正月八日。［2］恪（kè）：即元恪（483—515），也称“拓跋恪”，孝文帝元宏次子，立为皇太子。［3］清徽堂：北魏都城洛阳宫城的殿堂名。［4］太子恂（xún）：即元恂，也称“拓跋恂”，立为皇太子。孝文帝攻打南齐，奉命留守洛阳，逃回平城，图谋变乱，被废为庶人，后赐死，年仅十五岁。传见《魏书》卷二十二。［5］李冲：字思顺，北魏外戚大臣，曾为太子元恂师傅。传见《魏书》卷五十三。谢：认错，道歉。［6］化其恶：改变他的作恶。［7］何谢：有什么可愧疚的呢？［8］乙巳：正月十七日。［9］谋废郁林王：权臣萧鸾阴谋废掉南齐武帝的儿子小皇帝萧昭业。［10］欣然：非常高兴的样子。推奉：拥戴，供奉。［11］东府：东晋以来的丞相所居之宅，在建康城的东面。王晏时为尚书令，职同丞相，故居于东府。［12］抵掌：击掌，得意而不拘礼节的样子。［13］今定何如：当时我的表现究竟怎么样？王晏是在萧谌、萧鸾身后一起闯入宫廷的。定，究竟，到底。［14］佐命：指辅助帝王创业。新朝：指萧鸾即位后的南齐政权。［15］非薄：轻视，瞧不起。世祖故事：即武帝萧赜的一些往事，因王晏曾是萧赜的亲信，故比一般人知道更多萧赜的一些陈年往事。［16］居朝端：位居群臣之首，指王晏为尚书令。胡三省曰：“尚书令位居朝臣之右。”［17］专决：独断专行。［18］争用人：争着委任自己的亲信。［19］事际须晏：形势需要，暂时还离不了他。胡三省曰：“事际，举事之际；须者，倚其为用。”［20］恶（wù）：厌恶，讨厌。［21］料简：清理，检查。世祖中诏：萧赜亲自在宫中发出来的诏令。［22］与晏手敕（chì）：发给王晏的亲笔手令。敕，敕令，命令。［23］启谏世祖以上领选事：上书劝阻萧赜不要萧鸾做吏部尚书的事。事见《资治通鉴》卷一百三十七永明八年（490）。上，指现今皇上萧鸾。此句准确的表达应是“启谏世祖以鸾领选事”，用其名，因为当时萧鸾还并没有做皇上。［24］猜薄：猜疑，鄙薄。［25］始安王遥光：即萧遥光，字元晖，始安王萧凤之子，明帝萧鸾之侄，南齐宗室、大臣。传见《南齐书》卷四十二。［26］不能为武帝：不能尽忠于武帝萧赜。［27］默然：沉默不语的样子。［28］腹心：心腹，亲信。陈世范：南齐时人，明帝萧赜的心腹干将。出涂巷：即到街头巷尾。涂巷，街道与里巷。涂，同“途”，道路。［29］采听异言：搜集、监听不满萧鸾统治的话。［30］轻浅无防：轻率粗心，对人无防备，没有城府。［31］意望开府：想要获得一个开府仪同三司的加官，以获得尊荣。［32］数呼相工自视：多次地请相面者来给他看相。相工，观察相貌，占测别人命运的人。［33］屏人清间（jiàn）：支开别人，两人秘密交谈。清间，清静避人的地方。［34］奉朝请：是给退休官员的一种安慰官名，没有任何任务与权力，只是在节日盛典时可以进宫参加朝会、拜见皇帝。朝请，指觐见皇帝而言，春曰“朝”，秋曰“请”。鲜于文粲：姓鲜于，名文粲，明帝萧鸾时为奉朝请。密探上旨：迎合萧鸾的心思。密探，揣摩，迎合。［35］有异志：有二心，有谋反的迹向。［36］因四年南郊：趁今年皇帝南郊祭天之日。四年，指萧鸾即位后的第四年，在今年。［37］世祖故主帅：当年武帝萧

赜身边的卫队头领。当时皇帝身边有主帅、斋帅一类的侍卫官。于道中窃发：在皇帝前往南郊的路途上暗中动手。［38］会虎犯郊坛：正赶上近来发生过一次猛虎冲犯祭天坛台的事故。犯，袭击。［39］未郊一日：去南郊祭天的前一天。［40］有敕（chì）停行：萧鸾下旨说，取消祭天之事。［41］先报及徐孝嗣：将停行祭天之事首先通知王晏与徐孝嗣，因为他们都是尚书省的头面人物。［42］奉旨：遵旨而行，不表示任何意见。［43］必宜自力：一定要坚持前去。自力，强打精神，克服困难。［44］丙辰：正月二十八日。［45］华林省：即尚书省，因尚书省在华林园，故名。［46］“诛之”二句：齐明帝萧鸾在华林省诛杀了王晏，同时被诛杀的还有北中郎将司马萧毅、台队主刘明达以及王晏之子王德元、王德和。萧毅，齐太祖萧道成的侄子萧景先之子，传见《南齐书》卷三十八。［47］河东王铉（xuàn）：即萧铉，字宣胤，齐高帝萧道成第十九子，封河东郡王，历任骁骑将军、南徐州刺史、中书令，转为侍中、卫将军。后为萧鸾杀害，并杀二子。传见《南齐书》卷三十五。识用微弱：认识与才干都不高。微弱：衰微，衰弱。［48］谋奉以为主：王晏等阴谋拥戴识见不高的萧铉为国家之主，即为皇帝。［49］使守虚器：让萧铉做挂名的皇帝。虚器，形同虚设，有其器而无其位，即空有帝王的名位而无其实。［50］诩（xǔ）：即王诩，尚书令王晏之弟，南齐广州刺史。受王晏案牵连，被萧鸾袭杀。传见《南齐书》卷四十二。［51］萧季敞：明帝萧鸾堂弟，善于逢迎，为郡守，在任贪秽。任广州刺史时为西江都护周世雄所袭，军败，奔山中死。［52］从祖：祖父的亲兄弟。［53］奢豪：奢侈，雄豪。［54］好弓马：喜爱纵马奔驰，舞刀弄剑。弓马，射箭，骑马。［55］为上所忌：被萧鸾忌恨。［56］因事陷之：找个由头，用其他的可有可无的事情陷害他，置他于死地。［57］鞠躬俯偻（lǚ）：低头弯腰，一副毕恭毕敬、诚惶诚恐的样子。偻，脊背弯曲。［58］稍长：年龄大了一些。［59］遂坐晏事：于是就因王晏的事情而牵连受罪。坐，受某事牵连而犯罪。［60］不得与外人交通：不许与外人往来，即禁锢。时萧铉年十八岁，于次年被杀。交通，往来。［61］思远：即王思远，尚书令王晏堂弟，为南徐州主簿，为人恬淡。传见《南齐书》卷四十三。［62］荷：担负，承受。［63］一旦：一朝，忽然。赞人如此事：帮人做这等灭主篡位的事情。赞，助。［64］彼或可：他人也许是。以权计相须：因权宜之计而暂时需要你。［65］何以自立：如此欺君灭主，还有什么颜面存在于这世上？［66］及此引决：在此时自杀，指殉郁林王萧昭业而死。［67］方啖（dàn）粥：眼下正在吃粥。这是搪塞的一句话，所说之事与吃粥没有什么关系。啖，吃。［68］未暇此事：暂时还顾不上考虑这件事情，实际上，王晏根本就不会考虑，对这种说法不以为然。［69］及拜骠骑将军：萧鸾篡位后，即任王晏为骠骑大将军，侍中、尚书令如故。骠骑将军，古高级将军名号，位仅次于大将军。［70］集会子弟：召集全家的晚辈。子弟，对家族子、侄、兄弟的统称。［71］隆昌之末：指小皇帝郁林王萧昭业被权臣萧鸾所杀时。隆昌，南齐小皇帝萧昭业的年号。［72］阿戎：当时对堂弟的习惯性称呼。胡三省曰：“晋、宋间人多谓从弟为‘阿戎’，至唐犹然。如杜甫《于从弟杜位宅守岁》诗云‘守岁阿戎家’是也。”自裁：自杀。［73］若从其语，岂有今日：意即如果听从思远的话，哪有今天如此的荣耀！［74］遽（jù）应：立刻回答。［75］今犹未晚：你今天自杀，还不算晚。［76］外待晏厚：表面上对王晏还不错。内已疑异：内心里却是猜疑，当作异己分子。［77］乘间（jiàn）：插空，找机会。［78］时事稍异：形势已经开始有了变化。［79］不（fǒu）：同“否”。［80］多拙（zhuō）于自谋：不善于分析自己，为自己谋划退路。巧于谋人：算计别人，都是一把好手。［81］乃：竟然。［82］旬日：过了十来天。［83］仍迁侍中：乃任以为侍中。仍，通“乃”。迁，这里指提升。侍中，皇帝的侍从官员，属门下省，地位显要。［84］外弟：妻弟。阮孝绪：字士宗，陈留尉氏人，南朝齐梁时期处士、目录学家。一生隐退未做官，著有目录学书《七录》。私谥文贞。传见《梁书》卷五十一。［85］门：家门。［86］逃匿（nì）不见：谓阮孝绪常躲避起来不见王晏。［87］吐而覆之：把吃到嘴里的吐出来，把尚未吃的倒掉。［88］亲而不党：虽然与他是亲戚，但不是他的党羽。党，结党营私。［89］卒：最终。

二月，壬戌[1]，魏主至太原[2]。

甲子[3]，以左仆射徐孝嗣为尚书令，征虏将军萧季敞为广州刺史。

癸酉[4]，魏主至平城[5]，引见穆泰、陆睿之党问之，无一人称枉[6]者；时人皆服任城王澄之明。穆泰及其亲党皆伏诛[7]；赐陆睿死于狱[8]，宥其妻子[9]，徒辽西[10]为民。

初，魏主迁都，变易旧俗，并州刺史新兴公丕[11]皆所不乐。帝以其宗室耆旧[12]，亦不之逼，但诱示大理[13]，令其不生同异[14]而已。及朝臣皆变衣冠[15]，朱衣满坐，而丕独胡服于其间，晚乃稍加冠带[16]，而不能修饰容仪[17]，帝亦不强[18]也。

太子恂自平城将迁洛阳，元隆与穆泰等密谋留恂，因举兵断关[19]，规据陉北[20]。丕在并州，隆等以其谋告之。丕外虑[21]不成，口虽折难[22]，心颇然之。及事觉，丕从帝至平城，帝每推问泰等[23]，常令丕坐观[24]。有司奏元业、元隆、元超罪当族，丕应从坐[25]。帝以丕尝受诏许以不死[26]，听免死为民，留其后妻、二子，与居于太原，杀隆、超、同产乙升[27]，余子徙敦煌[28]。

初，丕、睿与仆射李冲、领军于烈[29]俱受不死之诏。睿既诛，帝赐冲、烈诏曰：“睿反逆[30]之志，自负幽冥[31]；违誓在彼，不关朕[32]也。反逆既异[33]，余犯虽欲矜恕[34]，如何可得？然犹不忘前言，听自死别府[35]，免其孥戮[36]。元丕二子、一弟[37]，首为贼端[38]，连坐应死[39]，特恕为民。朕本期始终而彼自弃绝[40]，违心乖念[41]，一何可悲[42]！故此别示[43]，想无致怪[44]。谋反之外[45]，皎如白日[46]耳。”冲、烈皆上表谢。

臣光曰：夫爵禄废置[47]，杀生予夺[48]，人君所以驭臣之大柄[49]也。是故先王之制[50]，虽有亲、故、贤、能、功、贵、勤、宾[51]，苟有其罪，不直赦[52]也；必议于槐棘之下[53]，可赦则赦，可宥则宥，可刑则刑，可杀则杀；轻重视情[54]，宽猛随时[55]。故君得以施恩而不失其威[56]，臣得以免罪而不敢自恃[57]。及魏则不然，勋贵[58]之臣，往往豫许之以不死[59]；彼骄而触罪，又从而杀之[60]。是以不信之令诱之使陷于死地[61]也。刑政之失，无此为大[62]焉！

是时，代乡旧族，多与泰等连谋，唯于烈一族无所染涉[63]，帝由是益重之。帝以北方酋长及侍子[64]畏暑，听秋朝洛阳[65]，春还部落，时人谓之“雁臣[66]”。

（以上为第二段，写北魏孝文帝曾赐陆睿不死金券，而又赐死，元丕、李冲、于烈等人也受过免死之诏，司马光认为这种免死金券制度，是政治上的一种失误。）

【注释】

［1］壬戌：二月五日。［2］太原：北魏郡名，郡治在今山西太原市西南。［3］甲子：二月七日。［4］癸酉：二月二十六日。［5］平城：北魏原都城，在今山西大同市北。［6］称枉：诉说自己的冤屈。枉，冤枉，冤屈。［7］亲党：亲族，同党。伏诛：伏法，被杀。［8］赐陆睿死于狱：让陆睿在狱中自裁，因为他是世代功臣之后。［9］宥（yòu）：宽恕，宽饶。妻子：妻子、儿女。［10］辽西：古郡名，郡治令支，在今河北迁安市西。［11］并州：州治晋阳，在今山西太原市西南。新兴公丕：即元丕，也称拓跋丕，北魏并州刺史，先封东阳王，后例降为平阳公，改封新兴公。传见《魏书》卷十四。［12］宗室耆（qí）旧：皇族的老臣。耆，指六十岁以上的老人。［13］诱示大理：对之讲清大道理。诱示，劝诱，开导。［14］不生同异：不生二心，不公开反对、闹事。同异，偏义复词，此处指异，即不同的言论与行动。［15］变衣冠：改变装束，由胡服改为中原服饰。［16］稍加冠带：渐渐地戴上帽子、系上腰带，即改换装束。稍，逐渐。［17］修饰容仪：意即严格遵行朝廷规定的礼仪动作。容仪，容貌与仪表。［18］强（qiǎng）：勉强，强迫。［19］因举兵断关：于是起兵扼守雁门关，斩断关南、关北的联络往来，准备在关北割据。因，趁机。关，指陉岭的东陉、西陉两个关口。［20］规据陉（xíng）北：阴谋占据陉岭以北。陉北，胡三省曰：“即恒、朔二州之地。”陉，山脉中断的地方，即山口。［21］外虑：表面上忧虑。外，外

表，表面。[22]折难：驳斥、质问，提出一些这样那样的问题。[23]推问泰等：审问穆泰等人。推问，推究，追问。[24]令丕坐观：让元丕坐在一边听，目的是让他受教育。[25]丕应从坐：元丕应受牵连治罪。从坐，即“连坐”，因亲缘关系紧密而连带受到惩治。[26]尝受诏许以不死：《魏书》卷十四有所谓“又特赐丕金卷”云云。[27]同产乙升：元丕的同胞兄弟名叫元乙升。同产，同母兄弟。[28]敦煌：北魏郡名，郡治在今甘肃敦煌市西。[29]于烈：镇南将军于栗磾之孙，尚书令于洛拔长子，北魏外戚、大臣。传见《魏书》卷三十一。[30]反逆：谋反，叛逆。[31]自负幽冥：愧对鬼神，违背了对鬼神的盟誓，犹言自投死路。幽冥，一种看不见的力量，即指鬼神。[32]不关朕：不是因为我不守过去的诺言，而是他自作孽，不可活。[33]反逆既异：谋反既然是一种特别严重的罪状。[34]余犯虽欲矜（jīn）恕：其他一些受波及的人即使我想怜悯、宽恕他们。[35]听自死别府：允许他们在别的地方自裁。别府，别的地方，与正法于刑场相区别，此指牢狱。胡三省曰：“不就恒州刺史府赐死而死于狱，故曰别府。”[36]免其孥（nú）戮：免去了妻子儿女一同被杀的结局。胡三省曰：“免其孥戮，谓睿妻子免死徙辽西也。”孥戮，罪及妻子儿女。原文为“拏”，据章校改。孥，妻子儿女。[37]二子、一弟：指元隆、元超与元业。[38]首为贼端：首先带头作乱。[39]连坐应死：意谓元丕理应连带被处死。[40]本期始终：希望你们都能善始善终，实现我当初的诺言。彼自弃绝：他们自己作死。弃绝，抛弃，绝世。[41]违心乖念：违背了我的心愿。乖，违背。[42]一何可悲：是多么的可悲可叹！[43]故此别示：因此再特别地给你们讲一讲，向你们表示。[44]想无致怪：我想你们是不会感到奇怪的。[45]谋反之外：除了谋反这种无法宽赦的大罪外。[46]皎如白日：洁白、明亮如太阳，犹如说让太阳替我作证，这是古人发誓的一种方式，意思是除谋反外，其他的事情还是照常坚守过去给你们所下的不死之诏。[47]爵禄废置：爵位俸禄的设立与废除。[48]杀生予夺：统治者掌握生死、赏罚的大权。[49]驭臣之大柄：驾驭群臣的根本手段。驭，驾驭，管理。柄，权柄，权力。[50]先王之制：古代圣帝明王的规定。[51]亲、故、贤、能、功、贵、勤、宾：与皇帝有特殊关系的八种人。亲，指皇帝的亲属，包括本家族之人与姻亲之家。故，故旧，皇帝的老朋友、老部下。贤，有德行。能，有才能。功，有功劳。贵，身份地位高，官大。勤，辛苦操劳国事。宾，前朝帝王的后代。[52]不直赦：皇帝不直接下达大赦令。[53]议于槐棘之下：古代朝廷种三槐九棘，据《周礼·秋官·小司寇》，古代帝王与公卿讨论重大问题时，三公坐于槐木之下，九卿坐于棘木之下。汉代称前述与皇帝有特殊关系的八种人为“八议”，意思是这八种人如果犯了罪，都必须召集大臣进行讨论，皇帝无权自己处治。[54]轻重视情：罪轻罪重，视其犯罪情节而定。[55]宽猛随时：执法的宽严，随当时的社会情况而定，如治乱世就必须用重典。宽猛，宽严。[56]施恩而不失其威：在大赦、从宽时不会丧失威严。[57]免罪而不敢自恃：在从宽免死时，是心感荣幸而不是有恃无恐。[58]勋贵：功臣，权贵。[59]豫许之以不死事：先答应他犯了死罪可以不死。豫，同“预”，预先。[60]从而杀之：接着又杀掉他。[61]不信之令：不讲信用的政令。陷于死地：犯下了不可饶恕的死罪。[62]无此为大：再没有比这个更严重的了。

[63]唯于烈一族无所染涉：只有于烈一个家族没有参与此事。“一族”二字原无，据章校补。染涉，参与，牵连。 [64]北方酋长：北方少数民族的头领。侍子：进京侍奉皇帝的酋长之子，实际上是人质。 [65]秋朝洛阳：到秋天天气凉爽时再到新都洛阳去朝贺北魏皇帝。 [66]雁臣：像雁一样避寒而南来，又像雁一样至暖而北去的大臣。

三月，己酉[1]，魏主南至离石[2]。叛胡请降，诏宥之。夏，四月，庚申[3]，至龙门[4]，遣使祀夏禹[5]。癸亥[6]，至蒲坂[7]，祀虞舜[8]。辛未[9]，至长安[10]。

魏太子恂既废，颇自悔过。御史中尉李彪[11]密表恂复与左右谋逆[12]，魏主使中书侍郎邢峦[13]与咸阳王禧[14]奉诏赍椒酒诣河阳[15]，赐恂死，敛以粗棺、常服[16]，瘗[17]于河阳。

癸未[18]，魏大将军宋明王刘昶卒于彭城[19]，葬以殊礼[20]。

五月，己丑[21]，魏主东还[22]，泛渭入河[23]。壬辰[24]，遣使祀周文王于丰，武王于镐。六月，庚申[25]，还洛阳。

壬戌[26]，魏发冀、定、瀛、相、济[27]五州兵二十万，将入寇。

魏穆泰之反也，中书监魏郡公穆罴[28]与之通谋，赦后事发，削官爵为民。罴弟司空亮以府事付司马慕容契[29]，上表自劾[30]，魏主优诏[31]不许；亮固请不已，癸亥[32]，听亮逊位[33]。

丁卯[34]，魏分六师[35]以定行留。

秋，七月，甲午[36]，魏立昭仪冯氏为皇后[37]。后欲母养太子恪[38]；恪母高氏自代如洛阳，暴卒于共县[39]。

戊辰[40]，魏以穆亮为征北大将军、开府仪同三司、冀州刺史。

八月，丙辰[41]，魏诏中外戒严[42]。

壬戌[43]，魏立皇子愉为京兆王，怿为清河王，怀为广平王[44]。

追尊景皇所生王氏[45]为恭太后。

甲戌[46]，魏讲武于华林园[47]；庚辰[48]，军发洛阳。使吏部尚书任城王澄居守[49]；以御史中尉李彪兼度支尚书[50]，与仆射李冲参治留台事[51]。假彭城王勰中军大将军[52]，勰辞曰：“亲疏并用，古之道也。臣独何人，频烦宠授[53]！昔陈思求而不允[54]，愚臣不请而得，何否泰之相远[55]也！”魏主大笑，执勰手曰：“二曹以才名相忌[56]，吾与汝以道德相亲。”

上遣军主、直阁将军胡松[57]助北襄城太守成公期戍赭阳[58]，军主鲍举助西汝南、北义阳二郡太守黄瑶起戍舞阴[59]。

魏以氐帅杨灵珍为南梁州[60]刺史。灵珍举州来降，送其母及子于南郑[61]以为质，遣其弟婆罗阿卜珍[62]将步骑万余袭魏武兴王杨集始[63]，杀其二弟集同、集众[64]。集始窘急[65]，请降。九月，丁酉[66]，魏主以河南尹李崇为都督陇右[67]诸军事，将兵数万讨之。

（以上为第三段，写北魏孝文帝元宏发动二十万大军南下攻打南齐；皇后冯氏极端阴险，要亲自抚养太子，却杀掉太子生母，手段残忍。）

【注释】

[1]己酉：三月二十二日。 [2]离石：北魏军镇名，镇址在今山西吕梁市离石区。 [3]庚申：四月四日。 [4]龙门：古津渡名，也称禹门口，在今山西河津。此地的黄河河道，据说是夏禹所疏凿，两岸峭壁对峙如门，故称“龙门”。 [5]夏禹：夏朝开国帝王，史称大禹、帝禹。相传，禹曾治理滔天洪水，又划定九州，受舜禅让而继承帝位，奠定夏朝。纪见《史记》卷二。 [6]癸亥：四月七日。 [7]蒲坂（bǎn）：北魏县名，县治在今山西永济西的蒲州，相传虞舜曾在此建都。 [8]虞舜：“五帝”之一。传见《史记》卷一。 [9]辛未：四月十五日。 [10]长安：古城名，旧址在今陕西西安市西北。 [11]御史中尉：掌纠察百官。李彪：字道固，北魏文史名臣。传见《魏书》卷六十二。 [12]复与左右谋逆：司马光在这里用的是曲笔，前文已说元恂“颇自悔过”，而李彪却说元恂欲谋反，白白送掉了性命，即说明李彪是“腹黑”，后面被李冲整死，实在不冤，也说明皇帝元宏并不明智，既然元恂已关在河阳偏僻的地方，即使谋反，还能有什么作为？不经核实并将其赐死，其昏乎？明乎？ [13]中书侍郎：中书监、中书令的助手，主管为皇帝起草诏令。邢峦（luán）：字洪宾，北魏名将、文学之士。传见《魏书》卷六十五。 [14]咸阳王禧：即元禧，也称“拓跋禧”，字思永，献文帝拓跋弘次子，孝文帝元宏之弟，封咸阳王。元宏去世，受遗诏辅政，拜太尉、录尚书事、司州牧。骄奢成性，贿赂公行。出任冀州刺史。后被杀。传见《魏书》卷二十一上。 [15]赍（jī）：携带。椒酒：用花椒浸泡的酒，又辣又热，可致人死命。河阳：古邑名，在今河南孟州市西，地处黄河之北，与洛阳城隔黄河相望。时太子恂被废为庶人，置于河阳无鼻城，以兵守之。 [16]常服：平时所穿的衣裳。 [17]瘗（yì）：埋葬。 [18]癸未：四月二十七日。 [19]宋明王：刘昶封为宋王，为虚封，以原刘宋的土地封之，谥号明。传见《魏书》卷五十九。 [20]殊礼：不是一般群臣所能享用的礼仪。 [21]己丑：五月三日。 [22]东还：由长安东返洛阳。 [23]泛渭入河：从渭水中乘船进入黄河，再沿黄河东下。泛，泛舟，乘船行

于水上。[24]壬辰：五月六日。[25]庚申：六月五日。[26]壬戌：六月七日。[27]冀、定、瀛（yíng）、相、济：北魏的五个州名，冀州，州治在今河北衡水市冀州区；定州，州治在今河北定州市；瀛洲，州治在今河北河间市；相州，州治邺城，在今河北临漳县西南；济州，州治在今山东聊城市茌平区西南。[28]中书监：中书省首席长官，与中书令职务相等而位次略高，成为事实上的宰相。穆罴（pí）：开国功臣穆崇之后，穆泰的堂兄弟，封魏郡公。传见《魏书》卷二十七。[29]司马：将军属下的高级僚属，综理军府，参与军机。慕容契（xiè）：北魏名将慕容白曜之侄，时为司空穆高司马。累迁至后将军，朔州刺史。传见《魏书》卷五十。[30]自劾：自己弹劾自己，请求对己加罪。[31]优诏：加以勉励、宽慰的诏书。[32]癸亥：六月八日。[33]听亮逊（xùn）位：准许穆亮辞去职位。逊，让出职位。[34]丁卯：六月十二日。[35]分六师：将北魏的警卫部队分成六部分。六师，同“六军”。这里指皇帝的禁卫部队。[36]甲午：七月九日。二字原无，据章校补。[37]立昭仪冯氏为皇后：昭仪冯氏原是皇后的胞姐，二次进宫后谗毁其妹，致使其妹被废，自己进位皇后。昭仪，古代后宫妃的封号，地位仅次于皇后。[38]欲母养太子恪：认太子恪为自己所生，实际是为了自己固宠。[39]暴卒于共县：意即为新皇后冯氏所杀。胡三省曰：“冯昭仪既谮废其妹，又潜杀太子之母，其心盖枭獍也。以魏主之明，而使之正位椒房，他日不死于其手者幸耳。”共县，古县名，县治在今河南辉县，在平城与洛阳之间。[40]戊辰：七月无戊辰日，疑此处记事有误。[41]丙辰：八月一日。[42]诏中外戒严：下令全国进入紧急状态，因为马上就要起兵攻打南齐了。[43]壬戌：八月七日。[44]“魏立皇子”三句：北魏孝文帝封立三个儿子为王。第三子元愉封为京兆王，第四子元怿封为清河王，第五子元怀封为广平王。三王传见《魏书》卷二十二。[45]景皇所生王氏：萧鸾之父萧道生的生母王氏，亦即萧鸾的祖母。景皇，即萧道生，萧鸾即位后，追封其为景皇帝。传见《南齐书》卷四十五。胡三省曰：“称‘皇’不称‘帝’，用汉制也。”[46]甲戌：八月十九日。[47]讲武：习武，演练武事。华林园：古园林名，洛阳城内的皇家园林，魏明帝曹睿所修筑。[48]庚辰：八月二十五日。[49]居守：留在洛阳，主管后方事宜。[50]御史中尉：原为“御史中丞”，据章校改。度支尚书：掌财赋收支。[51]参治留台事：参与管理留守朝廷的事务，以佐助任城王元澄。[52]假：非正式任命，重要官职的试用期。彭城王勰（xié）：即元勰，也称“拓跋勰”，字彦和，献文帝拓跋弘第六子，封始平王，拜征西大将军，迁中书令，改封彭城王，迁尚书令兼侍中。传见《魏书》卷二十一下。中军大将军：古将军名号，统领宫廷卫戍部队的最高军事长官。[53]频烦宠授：连续受到您的提升。频烦，同“频繁”，连续不断地。宠授，因恩宠而授予官职。元勰在献文帝拓跋弘时不是很得宠，孝文帝元宏时屡授侍中、中书令、监。[54]陈思：即曹魏陈思王曹植，武帝曹操第三子，文帝曹丕之弟。为曹魏文学家，在文学上造诣很高，代表作有《洛神赋》《白马篇》《七哀诗》等，被称为“粲溢今古，卓尔不群”。传见《三国志》卷十九。求而不允：曹植曾上表给曹丕，自请统兵攻打吴、蜀，曹丕皆不许。[55]否泰之相远：意即我比曹植幸运得出奇。否、泰，本为《易经》中的两卦名。否卦，象征闭塞不通；泰卦，象征上下交通，无所阻碍。是以人们常用来代称命运的好坏、境遇的顺逆。胡三省曰："陈思于魏文，上下之情不通，故曰'否'。勰则君臣、兄弟之情无间，故曰'泰'。"相远，差距大。［56］二曹：指曹丕与曹植。以才名相忌：意即曹丕忌恨其弟曹植才华、名望太高，故而处处压制他。［57］上：指南齐明帝萧鸾。军主：一支部队的头领，犹今之所谓"部队长"。直阁将军：皇帝身边的侍卫武官。直阁，在皇帝办公与住宿的门前值勤。直，同"值"，值勤。阁，宫殿里的旁门、小门。胡松：南齐将领。为龙骧将军、直阁将军。传见《南齐书》卷五十一。［58］成公期：姓成公，名期，南齐北襄城太守。赭（zhě）阳：古县名，汉、晋时称"堵阳"。南齐北襄城郡的郡治所在地，在今河南方城县东北。［59］黄瑶起：南齐西汝南、北义阳二郡太守。舞阴：西汝南、北义阳二郡治所，在今河南泌阳县西北。［60］氐（dī）帅：少数民族氐族的首领。杨灵珍：仇池地区氐族头领杨氏家族的后代，仇池镇将。初为北魏南梁州武兴刺史，后举州投降南齐，袭击北魏武兴王杨集始。北魏遣李崇讨伐，灵珍连战皆败，其妻子被俘，奔还汉中，南齐以之为征虏将军、假武都王，驻戍汉中，后被袭杀。传见《南齐书》卷五十九。［61］南郑：古郡名，郡治在今陕西汉中市。［62］婆罗阿卜珍：姓杨，仇池氐族首领杨灵珍之弟，后被北魏所杀。［63］杨集始：氐族，仇池武兴国君杨文弘之子，武兴国第三位国君主。杨文弘死，他担任白水太守，不久自称征西将军、武都王。南齐封为武都王。后归附于北魏，入朝，受封汉中郡侯、武兴王。后病死。传见《南齐书》卷五十九。［64］集同、集众：即杨集同、杨集众，武兴王杨集始的两个弟弟，被氐帅杨灵珍的弟弟率兵袭杀。［65］窘（jiǒng）急：窘困，危急，走投无路。［66］丁酉：九月十三日。［67］河南尹：即河南郡，郡治洛阳，主京畿政令。因北魏定都洛阳，故将所在的河南郡升格为"尹"，地位比郡高。李崇：字继长，黎阳顿丘（今河南浚县）人，文成元皇后李诞之子，北魏外戚、大臣。传见《魏书》卷六十六。陇右：古区域名，指陇山以西地区，约当今之甘肃六盘山以西、黄河以东的部分。

初，魏迁洛阳，荆州刺史薛真度[1]劝魏主先取樊、邓[2]。真度引兵寇南阳，太守房伯玉[3]击败之。魏主怒，以南阳小郡，志必灭之，遂引兵向襄阳[4]；彭城王勰等三十六军前后相继，众号百万，吹唇沸地[5]。辛丑[6]，魏主留诸将攻赭阳，自引兵南下；癸卯[7]，至宛[8]，夜袭其郛[9]，克之。房伯玉婴内城拒守[10]，魏主遣中书舍人孙延景[11]谓伯玉曰："我今荡壹六合[12]，非如向时冬来春去[13]，不有所克，终不还北。卿此城当我六龙之首[14]，无容不先攻取[15]，远期一年，近止一月。封侯、枭首[16]，事在俯仰[17]，宜善图之！且卿有三罪，今令卿知：卿先事武帝[18]，蒙殊常之宠[19]，不能建忠致命而尽节于其仇[20]，罪一也。顷年[21]薛真度来，卿伤我偏师[22]，罪二也。今銮辂亲临[23]，不面缚麾下[24]，罪三也。”伯玉遣军副乐稚柔[25]对曰：“承欲攻围[26]，期于必克[27]。卑微常人[28]，得抗大威[29]，真可谓获其死所[30]！外臣蒙武帝采拔[31]，岂敢忘恩！但嗣君[32]失德，主上光绍大宗[33]，非唯副亿兆之深望[34]，抑亦兼武皇之遗敕[35]；是以区区尽节[36]，不敢失坠[37]。往者北师深入，寇扰边民，辄厉将士以修职业[38]。反己而言[39]，不应垂责[40]。”

宛城东南隅沟[41]上有桥，魏主引兵过之。伯玉使勇士数人，衣班衣[42]，载虎头帽，伏于窦下[43]，突出[44]击之，魏主人马俱惊，召善射者原灵度[45]射之，应弦而毙[46]，乃得免。

李崇槎山分道[47]，出氐不意，表里袭之[48]，群氐皆弃杨灵珍散归，灵珍之众减太半[49]，崇进据赤土[50]。灵珍遣从弟建屯龙门[51]，自帅精勇一万屯鹫峡[52]。龙门之北数十里中，伐树塞路；鹫硖之口，聚礧石[53]，临崖下之，以拒魏兵。崇命统军慕容拒[54]帅众五千从他路入，夜，袭龙门，破之。崇自攻鹫峡；灵珍连战败走，俘其妻子，遂克武兴[55]，梁州刺史阴广宗[56]、参军郑猷[57]等将兵救灵珍；崇进击，大破之，斩杨婆罗阿卜珍[58]，生擒猷等，灵珍奔还汉中。魏主闻之，喜曰：“使朕无西顾之忧者，李崇也。”以崇为都督梁、秦[59]二州诸军事，梁州刺史，以安集[60]其地。

（以上为第四段，写北魏南伐大军进攻南阳等地，北魏主元宏向南阳太守房伯玉兴师问罪，伯玉不卑不亢；名将李崇攻下龙门、武兴等，解除了南伐的西顾之忧。）

【注释】

[1]荆州：北魏的州治在今河南鲁山县。薛真度：河东王薛安都从祖弟，北魏大臣。传见《魏书》卷六十一。 [2]樊、邓：古县名，皆南齐的军事要地。樊，即樊城，在今湖北襄阳市。邓县治所在今湖北襄阳市西北。薛真度之所以怂恿北魏主拓跋宏先取樊、邓，胡三省曰：“此时魏荆州犹治鲁阳，樊、邓逼近洛阳，欲先取之以广封略。” [3]房伯玉击败之：胡三省曰：“此即去年沙場之败也。”去年薛真度被房伯玉破于沙場，事见《资治通鉴》卷一四〇建武二年（495）四月。房伯玉，果敢有将略。曾为北魏官员，任河间太守，随弟房叔玉叛逃，任南齐南阳太守。孝文帝拓跋宏南征，攻克宛城，伯玉面缚归降，后授予长史兼游击将军，出任冯翊相。传见《魏书》卷四十三。 [4]襄阳：南朝的北部重镇，在今湖北襄阳市，当时为雍州的州治所在地。 [5]吹唇

沸地：吹口哨的声音震动大地，形容声势浩大。吹唇，吹口哨。沸，喧腾，震动。［6］辛丑：九月十七日。［7］癸卯：九月十九日。［8］宛（yuān）：古县名，当时南齐的南阳郡的郡治所在地，在今河南南阳市。［9］郛（fú）：同“郭”，外城。［10］婴内城拒守：以内城为依托，环城而守。婴，环，围绕。［11］孙延景：北魏中书舍人。［12］荡壹六合：意即统一天下。六合，天地四方之中。壹，同“一”。［13］非如向时冬来春去：绝不会再像去年那样，冬天来了，春天撤走。向时，往日，上一次。［14］当我六龙之首：正好挡着我天子大军的前进之路。六龙，指皇帝的车驾。《周易·乾卦》有所谓“时乘六龙以御天”，此借用其语以自比。［15］无容不先攻取：不得不把你这座城池先攻下来。无容，不得放过，不可避免。［16］封侯、枭（xiāo）首：你是选择立功封侯，还是选择被斩首悬挂高竿呢？枭，古代的一种刑罚，把头割下来悬挂在木竿上示众。［17］事在俯仰：就在这短暂的时间内做出决定。俯仰，低头与抬头，以比喻时间之短暂。［18］先事武帝：你先在武帝萧赜驾下为臣。［19］蒙殊常之宠：曾受过不同寻常的宠遇。［20］建忠致命：指为维护萧赜之孙萧昭业的帝位而舍身。致命，献出生命。尽节于其仇：反而为他的仇人萧鸾而拼死拼命。尽节，尽忠。［21］顷年：近年，前年。指建武二年(495)。［22］伤我偏师：指打败北魏将领薛真度于沙場。偏师，主力大军以外的起策应作用的小部队。［23］鸾辂(luánlù)亲临：犹言皇帝我已经亲临南阳城下。鸾辂，皇帝的车驾。鸾，车铃。［24］面缚麾（huī）下：意即早早向我的部下束手投降。面缚，两手反绑在身后而脸朝前，表示投降。麾下，部下，属下。麾，大将的指挥旗。［25］军副：军中的副将。乐稚柔：时为南阳太守房伯玉的副将。［26］承欲攻围：听说你要攻击被围的南阳城。承，谦词，承蒙。［27］期于必克：希望一定能够攻下。期，期望，希望。［28］卑微常人：我作为一个无名之辈。［29］得抗大威：有幸今天能和你一见高低。［30］获其死所：即使是兵败而死，也是死得其所。［31］外臣：乐稚柔在外国君主跟前谦称自己的太守房伯玉。采拔：选拔，提拔。［32］嗣君：指武帝萧赜的接班人萧昭业。［33］光绍大宗：入继高帝萧道成，以其三儿子的身份接续了帝位，为南齐宗室增光。绍，继承。［34］非唯副亿兆之深望：不仅仅是符合南齐百姓的愿望。副，符合。亿兆，指全国的黎民百姓。［35］抑亦：而且，也是。兼武皇之遗敕：完全体现了先皇萧赜遗诏的精神。［36］是以区区尽节：所以我才对我们现在的皇帝表现了微薄的忠诚。区区，微不足道的样子，谦辞。［37］不敢失坠：不敢出现任何差错。失坠，废弛，松懈，出现差错。［38］辄（zhé）厉将士：我曾激励我的部下。厉，同“励”，激励，鼓励。以修职业：做了一些我们应当做的忠于职守的工作。［39］反己而言：从我们的立场上说。［40］不应垂责：您不应该责备我们。垂责，赐责，敬语。垂，向下，引申为施赐。［41］东南隅（yú）沟：东南角的护城河。隅，靠边沿的地方。沟，护城河。［42］班衣：衣上画有保护色的彩饰，犹如今时士兵穿的迷彩服。班，同“斑”，花纹。［43］窦下：桥洞里。［44］突出：突然窜出。［45］原灵度：人名，姓原名灵度，北魏的善射者。［46］毙：倒下，死亡。［47］槎（chá）山分道：砍削荆棘，开出道路。槎，用刀斧砍削。［48］表里袭之：里应外合地进行攻击。［49］减太半：减少了一大半。太半，三分之二。［50］赤土：古县名，据《魏书·地形志》，武阶郡有赤土县。当时的武阶郡在今甘肃陇南市武都区东南。［51］建：即杨建，南齐时人，仇池氐族首领杨灵珍之弟。龙门：古代的军事据点名，在当时仇池郡的东南，西汉水的北岸，今之甘肃成县西。［52］鹫（jiù）峡：古峡谷名，在龙门的北侧。［53］鹫硖（xiá）：上文作"鹫峡"，硖，同"峡"。礌（léi）石：可以从山上滚下的大石块，用于防御敌人进攻。［54］统军：一支军队的统领。慕容拒：北魏将领，孝文帝元宏时的统军。［55］武兴：古地名，当时杨灵珍的根据地，在今陕西略阳县。［56］梁州：南齐的州治南郑，在今陕西汉中市。阴广宗：南齐官员，明帝萧鸾时为梁州刺史。［57］参军：即军事参谋。郑猷（yóu）：人名，为梁州刺史府参军。［58］杨婆罗阿卜珍：人名，仇池氐族首领杨灵珍之弟，被北魏所杀。［59］秦：北魏州名，州治下邽，在今甘肃天水市。［60］安集：安抚，团聚。集，招集，招纳。

丁未[1]，魏主发南阳[2]，留太尉咸阳王禧等攻之。己酉[3]，魏主至新野[4]，新野太守刘思忌[5]拒守。冬，十月，丁巳[6]，魏军攻之不克，筑长围[7]守之，遣人谓城中曰："房伯玉已降，汝何为独取糜碎[8]！"思忌遣人对曰："城中兵食犹多，未暇从汝小虏语也！"魏右军府长史韩显宗将别军[9]屯赭阳，成公期遣胡松引蛮兵攻其营，显宗力战，破之，斩其裨将高法援[10]。显宗至新野，魏主谓曰："卿破贼斩将，殊益军势[11]。朕方攻坚城[12]，何为不作露布[13]？"对曰："顷闻镇南将军王肃[14]获贼二三人，驴马数匹，皆为露布；臣在东观[15]，私常哂[16]之。近虽仰凭威灵[17]，得摧丑虏[18]，兵寡力弱，擒斩不多。脱复高曳长嫌[19]，虚张功烈[20]，尤而效之[21]，其罪弥大。臣所以不敢为之，解上而已[22]。"魏主益贤之。

上诏徐州刺史裴叔业[23]引兵救雍州[24]。叔业启称："北人不乐远行[25]，唯乐钞掠[26]。若侵虏境[27]，则司、雍之寇自然分[28]矣。"上从之。叔业引兵攻虹城[29]，获男女四千余人。

甲戌[30]，遣太子中庶子萧衍[31]、右军司马张稷[32]救雍州。十一月，甲午[33]，前军将军韩秀方[34]等十五将降于魏。丁酉[35]，魏败齐兵于沔北[36]，将军王伏保[37]等为魏所获。

丙辰[38]，以杨灵珍为北秦州[39]刺史、仇池公、武都王。

新野人张賭帅万余家据栅[40]拒魏，十二月，庚申[41]，魏人攻拔之。

雍州刺史曹虎[42]与房伯玉不协，故缓救之，顿军樊城[43]。

丁丑[44]，诏遣度支尚书崔慧景[45]救雍州，假慧景节[46]，帅众二万、骑千匹向襄阳，雍州众军并受节度[47]。

庚午[48]，魏主南临沔水；戊寅[49]，还新野。

将军王昙纷[50]以万余人攻魏南青州黄郭戍[51]，魏戍主崔僧渊[52]破之，举军[53]皆没。将军鲁康祚、赵公政将兵万人侵魏太仓口[54]，魏豫州刺史王肃使长史清河傅永[55]将甲士三千击之。康祚等军于淮南，永军于淮北，相去[56]十余里。永曰："南人好夜斫营[57]，必于渡淮之所置火以记浅处[58]。"乃夜分兵为二部，伏于营外；又以瓠贮火[59]，密使人过淮南岸，于深处置之，戒[60]曰："见火起，则亦然之[61]。"是夜，康祚等果引兵斫永营，伏兵夹击之。康祚等走趣淮水[62]，火既竞起[63]，不知所从[64]，溺死及斩首数千级，生擒公政，获康祚之尸[65]以归。豫州刺史[66]裴叔业侵魏楚王戍[67]，肃复令永击之。永将心腹一人驰诣楚王戍，令填外堑[68]，夜伏战士千人于城外。晓而叔业等至城东，部分[69]将置长围。永伏兵击其后军，破之。叔业留将佐守营，自将精兵数千救之。永登门楼，望叔业南行数里，即开门奋击，大破之，获叔业伞扇、鼓幕、甲仗[70]万余。叔业进退失据[71]，遂走，左右欲追之，永曰："吾弱卒不满三千，彼精甲[72]犹盛，非力屈而败，自堕[73]吾计中耳。既不测我之虚实，足使丧胆，俘此足矣，何更追之！"魏主遣谒者就拜永安远将军、汝南[74]太守，封贝丘县男[75]。永有勇力，好学能文。魏主常叹曰："上马能击贼，下马作露版[76]，唯傅修期[77]耳！"

曲江公遥欣[78]好武事，上以诸子尚幼，内亲则仗遥欣兄弟[79]，外亲则倚后弟西中郎长史彭城刘暄[80]、内弟太子詹事江祏[81]；故以始安王遥光为扬州刺史，居中用事[82]；遥欣为都督荆、雍等七州诸军事、荆州刺史，镇据[83]西面。而遥欣在江陵，多招材勇[84]，厚自封殖[85]，上甚恶之。遥欣侮南郡太守刘季连[86]，季连密表遥欣有异迹[87]；上乃以季连为益州[88]刺史，使据遥欣上流以制之。季连，思考之子也。

是岁，高昌王马儒[89]遣司马王体玄[90]入贡于魏，请兵迎接，求举国内徙；魏主遣明威将军韩安保[91]迎之，割伊吾[92]之地五百里以居儒众。儒遣左长史顾礼[93]、右长史金城麹嘉[94]将步骑一千五百迎安保，而安保不至[95]；礼、嘉还高昌，安保亦还伊吾。安保遣其属朝兴安[96]等使高昌，儒复遣顾礼将世子义舒[97]迎安保，至白棘城[98]，去高昌百六十里。高昌旧人恋土，不愿东迁，相与杀儒，立麹嘉为王，复臣于柔然[99]。安保独与顾礼、马义舒还洛阳。

（以上为第五段，写北魏攻打南齐，围攻新野；南齐采取应对措施，既派将兵救援，也骚扰北魏，北魏将领傅永用计击败；高昌民众不愿内迁，杀马儒，立麹嘉。）

【注释】

[1]丁未：九月二十三。 [2]发南阳：离开南阳城下，从南阳出发。 [3]己酉：九月二十五日。 [4]新野：南齐郡名，郡治在今河南新野县，地处当时的南阳郡与襄阳郡之间。[5]刘思忌：南齐新野太守，北魏南侵，新野失守，被杀。 [6]丁巳：十月三日。 [7]长围：绕着敌方的城池建筑一个包围圈，可以长期防守，以断绝城内的守城者与外界的一切联系。[8]縻（mí）碎：粉碎，含有玉石俱焚的意思。縻，烂。 [9]韩显宗：字茂亲，著名地方官韩麒麟次子，北魏的文史人才。个性刚直，为著作佐郎、中书侍郎。北魏迁都洛阳后，授右军长史、征虏将军。传见《魏书》卷六十。别军：另一支军队。 [10]裨（pí）将：副将。高法援：南齐新野太守刘思忌的副将。 [11]殊益军势：对提高我军的士气很有作用。 [12]方攻坚城：意谓正在攻打敌兵坚守的城池而未能攻下。 [13]露布：报捷的布告，犹今之所谓布告、海报，目的是为了鼓舞自己、瓦解敌人。胡三省曰：“《五代史志》曰：‘后魏每攻战克捷，欲天下闻知，乃书帛建于竿上，名曰露布。’魏主谓显宗若露布上闻行在所，则增益魏军之胜势，可以摇城中坚守之心。”[14]王肃：南齐雍州刺史王奂之子，初仕南齐，为秘书丞。父兄被武帝萧赜杀害后，投奔北魏，受到赏识，授镇南将军，为尚书令。传见《魏书》卷六十三。 [15]东观：秘书省管理下的一个机构，是著作郎们编写国史的所在。东汉班固曾在东观修撰《汉书》，后世遂借以泛指朝廷的藏书和著书之处。韩显宗曾任著作郎，故言之。 [16]哂（shěn）：讥笑，嘲笑。 [17]仰凭威灵：仰仗皇帝您的威名与震慑力。 [18]得摧丑虏：得以打败南齐兵马。丑虏，对敌人的蔑称。 [19]脱复高曳（yè）长缣（jiān）：还要把胜利的消息写在长长的绢帛之上向人炫耀。高曳，高高地扯着炫耀。缣，细绢，古时用作书写的布帛。 [20]虚张功烈：夸大自己的功劳、业绩。烈，业。[21]尤而效之：刚刚批评了人家又转过来效法人家。尤，责怪，责备。 [22]解上而已：向皇上报告一下也就可以了，言下之意是不要太声张了。 [23]徐州：南齐的州治钟离，在今安徽凤阳县东北。裴叔业：南齐名将，时为徐州刺史。传见《南齐书》卷五十一。 [24]雍州：南齐的州治襄阳，此时为北魏军攻击的对象。 [25]不乐远行：不愿意翻山越水地远攻南齐。 [26]钞掠：同“抄掠”，骚扰，掠夺。钞，同“抄”。 [27]若侵虏境：如果我们也侵入北魏之境，对北魏进行

抄掠。［28］司、雍之寇：进攻我们司州、雍州一带的北魏军队。南齐的司州州治义阳，在今河南信阳市，与雍州相邻，是当时齐国的北部边境，且又与北魏都城洛阳相距较近，故而屡次发生战争。分：分开，离开。［29］虹城：古地名，在今安徽泗县西南。［30］甲戌：十月二十日。［31］太子中庶子：太子手下的属官。萧衍：字叔达，南齐丹阳尹萧顺之之子，萧道成侄孙，时任太子中庶子。后篡夺南齐政权，为南梁开国皇帝，史称“梁武帝”。传见《梁书》卷一。［32］张稷：字公乔，吴郡吴县（今江苏苏州市）人，刘宋右光禄大夫张永之子，时任南齐右军司马。后为南梁开国功臣。梁武帝即位，以功封江安县侯，迁领军将军。传见《梁书》卷十六。［33］甲午：十一月十一日。［34］韩秀方：南齐前军将军，投降北魏。［35］丁酉：十一月十四日。［36］沔（miǎn）北：汉水以北。沔水，在今之汉水。［37］王伏保：南齐将军，被北魏俘获。［38］丙辰：疑“丙辰”前脱“十二月”三字，为十二月丙辰，即十二月三日。［39］北秦州：州治在今甘肃成县西北。［40］张睹：人名，南齐新野人。据栅（zhà）：据守栅垒。［41］庚申：十二月七日。按，此句中的“十二月”三字应移到“丙辰”二字上。［42］曹虎：字士威，小字虎头，下邳人，南齐著名将领。南齐雍州刺史，据守襄阳，屡次抵御北魏南侵，颇有功绩。后被皇帝萧宝卷杀死。传见《南齐书》卷三十。［43］顿军樊城：军队停留在樊城，不进救新野与南阳。胡三省曰：“曹虎之顿军樊城，不特因与房伯玉不协而然，亦由畏魏军之强而不敢进也。”顿军，停军。顿，停留。［44］丁丑：十二月二十四日。［45］度支尚书：掌管全国的财赋与收支。崔慧景：字君山，南齐名将。任梁、南秦二州刺史，迁护军将军、侍中、度支尚书。传见《南齐书》卷五十一。［46］假慧景节：授予崔慧景旌节。古代命将出征假节，作战时可杀违犯军令的人。［47］节度：受其指挥、调度。［48］庚午：十二月十七日。［49］戊寅：十二月二十五日。［50］王昙纷：南齐将军，曾率军攻打北魏，被打败。［51］南青州：南齐的州治在今山东沂水县。黄郭戍：当时南青州的军事据点名，在今江苏连云港市赣榆区西北。［52］崔僧渊：官至北魏南青州刺史，拒绝南齐的招降。传见《魏书》卷二十四。［53］举军：全军。［54］鲁康祚（zuò）、赵公政：南齐将军，率军攻打北魏太仓口，战败，一被杀，一被擒。太仓口：古地名，在淮河北岸的广陵城（今河南息县）附近，以其地有大粮仓而得名。北魏广陵城与齐义阳隔淮对垒，则太仓口当在淮北岸。［55］傅永：字修期，清河贝丘（今山东淄博市张店区）人，北魏名将。传见《魏书》卷七十。［56］相去：相距。［57］夜斫（zhuó）营：夜间偷袭敌人的营寨。斫，偷袭，攻击。［58］置火以记浅处：插上火把，标出可涉水之处。“处”字原无，据章校补。［59］以瓠（hù）贮火：用葫芦装着火种。瓠，葫芦。［60］戒：同“诫”，嘱咐。［61］见火起，则亦然之：见到别处有了灯火，就把你们手里的灯火也点起来。然，同“燃”。［62］走趣淮水：逃向淮河边。趣，同“趋”。［63］火既竞起：一看到处都是火把。［64］不知所从：无法分辨来路，不知道从哪里回去。［65］获康祚之尸：据《魏书·傅永传》，康祚溺水而死。［66］豫州刺史：胡三省曰：“裴叔业盖自徐州迁为豫州。”当时的豫州，州治在今安徽寿县。［67］楚王戍：其地在今安徽临泉县附近，因有楚王冢而得名。［68］填外堑（qiàn）：将城外的护城河填平。［69］部分：筹划，调度。［70］伞扇、鼓幕：都是将军的仪仗。鼓幕，鼓乐和帐幕。甲仗：指铠甲与兵器。［71］进退失据：前进和后退都失去了依据，进也不是，退也不是，形容进退两难。［72］精甲：精兵。［73］堕（duò）：堕入，掉入。［74］谒者：掌管收发、传达。就拜：到楚王成去授予傅永官职。汝南：北魏郡名，郡治悬瓠城，在今河南汝南县，也是北魏豫州的州治所在地。［75］贝丘县男：封地贝丘县，爵级为男爵。贝丘，古县名，县治在今河北南宫市东南。［76］上马能击贼，下马作露版：胡三省曰："言永有武干，又有文才也。"露板，公开的文告，也称露布文。［77］傅修期：即傅永，字修期，皇帝称臣下以字，是客气、尊重的表现。［78］曲江公遥欣：即萧遥欣，字重晖，南齐宗室、大臣，封曲江县公。传见《南齐书》卷四十五。［79］遥欣兄弟：萧遥欣有兄遥光，封始安王，有弟遥昌，封丰城县公。［80］后弟：明帝萧鸾的皇后刘惠端之弟。西中郎长史：即西中郎将的高级属官。刘暄：字士穆，徐州彭城人，明帝萧鸾皇后之弟，南齐外戚、大臣。传见《南齐书》卷四十二。［81］内弟：表弟，时帝萧鸾母亲的侄子。太子詹事：掌太子府官属。江祏（shí）：字弘业，济阳考城（今河南兰考县）人，明帝萧鸾姑表弟，南齐外戚、大臣。传见《南齐书》卷四十二。［82］居中：在建康朝中任官、掌权。用事：当权，执政。［83］镇据：镇守，占据。［84］材勇：有勇力而又敢作敢为的人。［85］厚自封殖：大量地培植势力，聚敛财货。封殖，培植，栽培。［86］刘季连：字惠续，彭城人，刘宋武帝刘裕族弟刘思考之子，南齐南郡太守。任辅国将军、益州刺史，居于上游，因为政酷苛遭百姓痛恨，郡人多反之。后据蜀反叛，传见《梁书》卷二十。［87］有异迹：有图谋不轨的迹象。异迹，胡三省曰："包藏祸心者，谓之异志。形见于事为，谓之异迹。"［88］益州：州治在今四川成都市。［89］高昌：古西域小国名，都城高昌，在今新疆吐鲁番城东，今其古城堡尚巍然耸立。马儒：河西西迁汉人，马氏高昌的创建者及终结者，在位五年。传见《魏书》卷一百一。［90］王体玄：人名，当时任高昌国王马儒的司马官。［91］明威将军：古将军名，为杂号将军。韩安保：北魏将领，孝文帝元宏时为明威将军。［92］伊吾：古地名，即伊吾戍，北魏西部的边防军事据点名，在今新疆哈密市西北。［93］顾礼：人名，当时任高昌国王马儒的左长史。［94］麴嘉，字灵凤，金城榆中（今甘肃榆中县）人，高昌王马儒以为右长史。两人事见《魏书》卷一百二。［95］不至：未按时到达。［96］其属：即属下，下属。朝兴安：人名，北魏将领韩安保的部属。［97］将世子：带领着高昌王马儒的太子，名马义舒。［98］白棘（jí）城：古城名，在今新疆鄯善县。［99］柔然：亦称"蠕蠕"，古代北方少数民族名及汗国名。

永泰元年（戊寅，498年）

春，正月，癸未朔[1]，大赦。

加中军大将军徐孝嗣开府仪同三司，孝嗣固辞。

魏统军李佐攻新野，丁亥[2]，拔之，缚刘思忌，问之曰："今欲降未？"思忌曰："宁为南鬼，不为北臣！"乃杀之。于是沔北[3]大震。戊子[4]，湖阳戍主蔡道福[5]；辛卯[6]，赭阳戍主成公期；壬辰[7]，舞阴戍主黄瑶起、南乡太守席谦相继南遁[8]。瑶起为魏所获，魏主以赐王肃，肃脔而食之[9]。乙巳[10]，命太尉陈显达救雍州。

上有疾，以近亲寡弱[11]，忌高、武子孙[12]。时高、武子孙犹有十王[13]，每朔望入朝[14]，上还后宫，辄叹息曰："我及司徒诸子皆不长[15]，高、武子孙日益长大！"上欲尽除高、武之族，以微言[16]问陈显达，对曰："此等岂足介虑[17]！"以问扬州刺史始安王遥光，遥光以为当以次施行[18]。遥光有足疾[19]，上常令乘舆自望贤门[20]入，每与上屏人[21]久语毕，上索香火[22]，呜咽流涕，明日必有所诛。会上疾暴甚[23]，绝而复苏[24]，遥光遂行其策；丁未[25]，杀河东王铉、临贺王子岳、西阳王子文、永阳王子峻、南康王子琳、衡阳王子珉、湘东王子建、南郡王子夏、桂阳王昭粲、巴陵王昭秀。于是，太祖、世祖及世宗诸子皆尽矣[26]。铉等已死，乃使公卿奏其罪状，请诛之，下诏不许；再奏，然后许之。南康侍读济阳江泌[27]哭子琳，泪尽，继之以血，亲视殡葬[28]毕，乃去。

（以上为第六段，写南齐明帝萧鸾病重，担心萧道成的子孙将来抢班夺权，于是与侄子萧遥光密谋，将萧道成、萧赜、萧长懋的十个儿子全部杀尽，惨绝人寰。）

【注释】

[1]癸未朔：正月一日。 [2]丁亥：正月五日。 [3]沔北：指雍州汉水以北与北魏接壤的地区，在今河南新野、南阳一带。 [4]戊子：正月六日。 [5]湖阳戍：南齐的军事据点名，在今河南新野县东南。蔡道福：南齐湖阳戍主，在北魏大军压境时逃跑。 [6]辛卯：正月九日。[7]壬辰：正月十日。 [8]南乡：齐郡名，郡治在今河南新野县西北，为顺阳郡郡治所在地。席谦：南齐南乡太守，在北魏大军压境时弃郡逃跑。后为新蔡太守，被陈伯之所杀。南遁：向南方逃跑。 [9]脔（luán）而食之：王肃将黄瑶起割成小块，一块块地吃掉。黄瑶起，曾是王肃之父王奂的司马，王奂在南齐武帝萧赜时任雍州刺史，武帝欲杀王奂，司马黄瑶起在雍州城内发动兵变，进攻王奂，并斩杀了他以及相关人等，只有秘书丞王肃得以逃脱，投奔北魏。事见《资治通鉴》一百三十八卷世祖永明十一年（493）。脔，切成小片的肉。 [10]乙巳：正月二十三日。[11]近亲寡弱：指儿子年幼，侄子萧遥光、萧遥欣等人少势弱。 [12]高、武子孙：高祖萧道成与武帝萧赜的儿子们，按辈分，都是萧鸾的堂兄弟与叔伯侄子。 [13]十王：即下文所杀者，分别是河东王萧铉，萧道成之子；临贺王萧子岳，西阳王萧子文，永阳王萧子峻，南康王萧子琳，衡阳王萧子珉，湘东王萧子建，南郡王萧子夏，以上为萧赜之子；桂阳王萧昭粲，巴陵王萧昭秀，以

上为萧长懋之子。以上诸王被杀时均未成年。［14］朔望：初一与十五。朔，每个月的初一。望，每个月的十五。都是群臣、亲属朝拜皇帝、向皇帝请安的日子。［15］司徒：此指萧鸾的亲弟萧缅，生前为左将军、雍州刺史，于永明九年（491）去世，赠卫将军。萧鸾于建武元年（494）即位后，追赠为侍中、司徒、安陆郡王。不长：年纪幼小。［16］微言：含蓄的语言，此指秘密商议。［17］介虑：介意，忧虑。［18］当以次施行：应当按次序把他们全部杀掉。［19］足疾：跛，不便行走。［20］乘舆：乘车，或是乘软轿。软轿，也称肩舆。望贤门：自华林园通向皇宫的门。［21］屏人：支开众人，秘密谈话。［22］索香火：取香火点燃，以减少杀人后所形成的负罪感。［23］疾暴甚：病情突然严重起来。［24］绝而复苏：昏厥而后又苏醒过来，到鬼门关走了一圈又回来了。［25］丁未：正月二十五日。［26］太祖：即南齐高帝萧道成。世宗：即萧长懋（mào），南齐高帝萧道成嫡长孙、齐武帝萧赜长子，封文惠太子，未即位而死，其子萧昭业即位，追封其为文皇帝，庙号世宗。诸子皆尽矣：齐太祖、齐世宗的子孙全都明帝萧鸾杀光了。［27］南康侍读：南康王萧子琳的侍读。侍读，为帝王、皇子讲学之官。江泌：字士清，济阳考城（今山东曹县西南）人。齐武帝萧赜时为南康王萧子琳侍读，子琳为明帝萧鸾所杀，往哭尽哀，亲视殡葬。传见《南齐书》卷五十五。［28］殡葬：出殡和埋葬。

庚戌[1]，魏主如南阳。二月，癸丑[2]，诏左卫将军萧惠休[3]等救寿阳[4]，甲子[5]，魏人拔宛北城，房伯玉面缚[6]出降。伯玉从父弟思安为魏中统军[7]，数为伯玉泣请，魏主乃赦之。庚午[8]，魏主如新野。辛巳[9]，以彭城王勰为使持节、都督南征诸军事、中军大将军、开府仪同三司。

三月，壬午朔[10]，崔慧景、萧衍大败于邓城[11]。时慧景至襄阳，五郡[12]已陷没，慧景与衍及军主刘山阳、傅法宪[13]等帅五千余人进行邓城，魏数万骑奄至[14]，诸军登城拒守。时将士蓐食轻行[15]，皆有饥惧之色。衍欲出战，慧景曰："虏不夜围人城，待日暮自当去。"既而魏众转至[16]。慧景于南门拔军去[17]，诸军不相知[18]，相继皆遁。魏兵自北门入，刘山阳与部曲[19]数百人断后死战，且战且却行[20]。慧景过闹沟[21]，军人相蹈藉[22]，桥皆断坏。魏兵夹路射之，杀傅法宪，士卒赴[23]沟死者相枕，山阳取袄仗填沟乘之[24]，得免。魏主将大兵追之，晡时至沔[25]。山阳据城[26]苦战，至暮，魏兵乃退。诸军恐惧，是夕，皆下船还襄阳。庚寅[27]，魏主将十万众，羽仪华盖[28]，以围樊城，曹虎闭门自守。魏主临沔水[29]，望襄阳岸，乃去，如湖阳[30]；辛亥[31]，如悬瓠[32]。

魏镇南将军王肃攻义阳[33]，裴叔业将兵五万围涡阳[34]以救义阳。魏南兖州刺史济北孟表[35]守涡阳，粮尽，食草木皮叶。叔业积所杀魏人高五丈以示城内；别遣军主萧璝等攻龙亢[36]，魏广陵王羽[37]救之。叔业引兵击羽，大破之，追获其节。魏主使安远将军傅永、征虏将军刘藻[38]、假辅国将军高聪[39]救涡阳，并受王肃节度。叔业进击，大破之，聪奔悬瓠，永收散卒徐还。叔业再战，凡斩首万级，俘三千余人，获器械杂畜财物以千万计。魏主命锁[40]三将诣悬瓠；刘藻、高聪免死，徙平州[41]；傅永夺官爵；黜王肃为平南将军[42]。肃表请更遣军救涡阳，魏主报[43]曰："观卿意，必以藻等新败，故难于更往。朕今少分兵则不足制敌，多分兵则禁旅有阙[44]，卿审图[45]之！义阳当止则止，当下则下；若失涡阳，卿之过也！"肃乃解义阳之围，与统军杨大眼、奚康生[46]等步骑十余万救涡阳。叔业见魏兵盛，夜，引军退；明日，士众奔溃，魏人追之，杀伤不可胜数。叔业还保涡口[47]。

（以上为第七段，写北魏大军围攻南齐邓城，南齐援军将领崔慧景吓得弃城逃跑，溃不成军；南齐将领裴叔业围攻北魏涡阳，先胜后败，未能拿下，退保涡口。）

【注释】

[1]庚戌：正月二十八日。[2]癸丑：二月一日。[3]左卫将军：古将军名号，主管宫廷护卫。萧惠休：南兰陵（今江苏常州市武进区）人，仪同三司萧思话之子，南齐徐州刺史，进号冠军将军。把守钟离，大破南侵的北魏军队，迁侍中兼步兵校尉，封建安县子，后出任吴兴郡守，迁尚书右仆射。传见《南齐书》卷四十六。[4]寿阳：古地名，本名寿春，为南齐豫州的州治所在地。胡三省曰："是时魏不攻寿阳，疑'寿'字误。"按：从下文魏军破"宛"杀房伯王，可证"寿阳"当为"南阳"之误。[5]甲子：二月十二日。[6]面缚：双手反绑于背而面向前，古代用以表示投降。[7]从父：伯父、叔父的统称。思安：即房思安，字法生，房伯玉的堂兄弟，时任北魏中统军。传见《魏书》卷四十三。中统军：皇帝禁卫军的统领官。[8]庚午：二月十八日。[9]辛巳：二月二十九日。[10]壬午朔：三月一日。[11]邓城：邓县县城，在今湖北襄阳市西。[12]五郡：指南阳郡、新野郡、南乡郡、北襄城与西汝南郡（二郡设一太守）、北义阳郡。[13]刘山阳、傅法宪：南齐军主，傅法宪在北魏南攻时被杀。进行：犹今所谓"前进"。[14]奄（yǎn）至：突然而至。奄，出其不意。[15]蓐（rù）食：在寝席上进食，以言赶早行路，匆匆

进食。蓐，草席。轻行：轻装而行。［16］转至：即辗转而至，来到城下。［17］于南门拔军去：只带着他的军队从南门偷偷逃走。拔军，撤军。［18］不相知：据《南齐书·崔慧景传》，当时慧景守南门，萧衍守北门。［19］部曲：泛指部下。将军下统若干部，部的长官曰"校尉"；部下有曲，曲的长官曰"军候"。南齐时也称私家武装为部曲。［20］却行：后退。［21］闹沟：水道名，在沙埸附近，南流入汉水。沙埸，意即枯河，在今河南新野县东北。［22］相蹈藉：互相推挤、践踏。［23］赴：投入，跳进。［24］袄仗：服装、兵器。袄，棉袄。乘之：踩着渡过水沟。［25］晡（bū）时至沔（miǎn）：下午四点前后追到汉水。晡时，下午三时至五时。沔，实即当时的樊城、襄阳，二城即夹汉水相对。［26］据城：凭借樊城。［27］庚寅：三月九日。［28］羽仪、华盖：用羽毛做装饰的旌旗幡伞之类的各种仪仗，古时帝王或贵官出行时用以显示威风。［29］沔（miǎn）水：即汉水。［30］湖阳：南齐县名，治所在今河南唐河县南。［31］辛亥：三月三十日。［32］悬瓠（hù）：古军事重镇名，当时也称上蔡，北魏的豫州州治所在地，在今河南汝南县。［33］义阳：南齐北部边界上的军事重镇，司州的州治所在地，在今河南信阳市。［34］涡（guō）阳：北魏南部边境上的军事重镇名，当时也叫马头镇，南兖州的州治所在地，在今安徽蒙城，在今安徽涡阳县东南方。［35］南兖州：北魏州名，州治即涡阳。济北：古郡名，郡治博阳，在今泰安市岱岳区。孟表：字武达，济北蛇丘（今山东宁阳北）人，北魏南兖州刺史，守涡阳。拒齐军六百余日，以军功封汶阳县伯，迁济州刺史，进号平西将军，后为齐州刺史。赠安东将军、兖州刺史，谥号恭。传见《魏书》卷六十一。［36］萧璝（guī）：南齐时人，巴东太守萧慧训之子，明帝萧鸾时为军主，参与抵抗北魏的南侵。龙亢（kàng）：北魏县名，在涡阳东南。［37］广陵王羽：即元羽，也称"拓跋羽"，字叔翻，北魏献文帝拓跋弘第四子，封广陵王，授侍中、征东大将军、外都坐大官。谥号惠。传见《魏书》卷二十一上。［38］刘藻：字彦先，时任北魏征虏将军。传见《魏书》卷七十。［39］高聪：字僧智，渤海修县（今河北景县）人，北魏辅国将军，兼侍中。传见《魏书》卷六十八。［40］锁：囚禁，械系。［41］徙平州：发配到平州为民。北魏平州的州治肥如，在今河北卢龙县北。［42］黜王肃为平南将军：由镇南将军降为平南将军。镇南将军为二品下，平南将军为从二品上。［43］报：答复。［44］禁旅：禁军，皇帝的警卫部队。阙，同"缺"，缺乏。［45］审图：周密谋划，仔细考虑。［46］杨大眼、奚康生：北魏将领。杨大眼，传见《魏书》卷七十三。奚康生，传见《魏书》卷七十三。［47］涡口：涡水入淮河之口，在今安徽怀远县。其南岸即当时南齐的马头郡，其东侧不远在今安徽蚌埠市。

初，魏中尉李彪，家世孤微[1]，朝无亲援[2]；初游代都[3]，以清渊文穆公[4]李冲好士，倾心附之[5]。冲亦重其材学[6]，礼遇甚厚，荐于魏主，且为之延誉于朝[7]，公私汲引[8]。及为中尉，弹劾[9]不避贵戚，魏主贤之，以比汲黯[10]。彪自以结知人主[11]，不复借冲[12]，稍稍[13]疏之，唯公坐敛袂[14]而已，无复宗敬[15]之意，冲浸衔之[16]。

及魏主南伐，彪与冲及任城王澄共掌留务[17]。彪性刚豪[18]，意议多所乖异[19]，数与冲争辩，形于声色[20]；自以身为法官[21]，他人莫能纠劾[22]，事多专恣[23]。冲不胜忿[24]，乃积其前后过恶[25]，禁彪于尚书省[26]，上表劾彪"违傲高亢[27]，公行僭逸[28]，坐舆禁省[29]，私取官材[30]，辄驾乘黄[31]，无所惮慑[32]。臣辄集尚书已下[33]、令史已上于尚书都座[34]，以彪所犯罪状告彪，讯其虚实[35]，彪皆伏罪[36]。请以见事[37]免彪所居职，付廷尉[38]治罪。"

冲又表称："臣与彪相识以来，垂二十载[39]。见其才优学博，议论刚正[40]，愚意诚谓拔萃公清[41]之人。后稍察其人酷急[42]，犹谓益多损少[43]。自大驾[44]南行以来，彪兼尚书[45]，日夕共事，始知其专恣无忌[46]，尊身忽物[47]；听其言如振古忠恕[48]之贤，校其行实天下佞暴[49]之贼。臣与任城卑躬曲己[50]，若顺弟[51]之奉暴兄，其所欲者，事虽非理，无不屈从[52]。依事求实，悉有成验[53]。如臣列[54]得实，宜殛彪于北荒[55]，以除乱政之奸；所引无证，投臣于四裔[56]，以息青蝇之谮[57]。"冲手自作表[58]，家人不知。

帝览表，叹怅[59]久之，曰："不意[60]留台乃至于此！"既而曰："道固可谓溢矣[61]，而仆射亦为满[62]也。"黄门侍郎宋弁[63]素怨冲，而与彪同州相善[64]，阴左右之[65]。有司处彪大辟[66]，帝宥[67]之，除名而已。

冲雅[68]性温厚，及收[69]彪之际，亲数彪前后过失，瞋目[70]大呼，投折几案[71]，御史皆泥首面缚[72]。冲詈辱肆口[73]，遂发病荒悸[74]，言语错缪[75]，时扼腕[76]大骂，称"李彪小人"，医药皆不能疗，或以为肝裂[77]，旬余[78]而卒。帝哭之，悲不自胜[79]，赠[80]司空。

冲勤敏强力[81]，久处要剧[82]，文案盈积[83]，终日视事[84]，未尝厌倦，职业修举[85]，才四十而发白。兄弟六人，凡四母，少时每多忿竞[86]。及冲贵，禄赐皆与共之，更成敦睦[87]。然多援引族姻[88]，私以官爵[89]，一家岁禄万匹[90]有余，时人以此少[91]之。

（以上为第八段，写北魏文学之臣李彪与李冲相互争斗之事，李彪原来巴结已负盛名的李冲，后来疏远、冲顶；而李冲气不过，将其斗倒，自己也被活活气死。）

【注释】

[1]家世孤微：指出身于寒门，而不是出身于豪门世族。孤微，孤苦，寒微。据《魏书·李彪传》，李彪“家世寒微，少孤贫，有大志，笃学不倦。”[2]亲援：指亲戚的帮衬、朋友的援引。[3]代都：即北魏原都城平城，因地处代郡，故称之。[4]清渊文穆公：魏国的权臣李冲被封为清渊郡公，死后谥号文穆。清渊，古郡名，郡治在今河北馆陶县北。[5]倾心附之：尽心地投靠其门下。[6]材学：才能，学识。材，同“才”。[7]延誉于朝：在朝廷提高他的声誉。延誉，播扬声誉，传扬名声。胡三省曰：“延誉者，为之声誉，使所闻者远。”[8]公私汲（jí）引：或在朝廷，或在私下，都不断地推荐与提携李彪。胡三省曰：“既公言之于朝而荐之于上，又私语同列，引而进之。”汲引，引进，提拔。[9]弹劾（hé）：古代担任监察的官员检举官吏的罪状。[10]汲黯：字长孺，西汉武帝时名臣，被直言敢谏，汉武帝之为“社稷之臣”。传见《史记》卷一百二十。[11]结知人主：交结帝王，被帝王赏识。[12]不复借冲：不再靠着李冲。借，凭借，倚靠。[13]稍稍：渐渐，逐渐。[14]公坐：当众，公开场合。敛袂（mèi）：整理衣袖，意即拱手，表示尊重。[15]宗敬：像对待主子一样地尊奉、敬重。[16]浸衔之：渐渐地怀恨在心。浸，同“渐”。衔，心中怀着，怀恨。[17]留务：留守洛阳的事务。[18]刚豪：强硬，傲慢。[19]意议多所乖（guāi）异：主张、看法、意见往往与众不同。乖异，不一致，违背情理。[20]形于声色：将愤怒的表情表现在脸色上，脸红脖子粗。[21]法官：指任御史中尉，位在三品上。[22]莫能纠劾（hé）：不能检举弹劾。[23]专恣：专断，任意。[24]不胜忿：气不过，无法释怀。忿，同“愤”。[25]过恶：过失，罪过。[26]禁彪于尚书省：软禁在尚书省内。尚书省，古官署名，中央最高政令机构，为中央政府最高权力机构之一。[27]违傲高亢：邪恶，高傲。违，邪恶。高亢，刚硬无礼。[28]僭（jiàn）逸：行动越分、放纵。僭，越分。[29]坐舆禁省：坐着车子出入宫门。古时出入宫门不下车为“不敬”。[30]官材：公家的器材。[31]辄（zhé）驾乘黄：有时还用皇帝的御马给自己拉车。辄，往往，有时。乘黄，古代神马名，此指御马。胡三省引杜佑曰：“汉有未央厩令，魏改为乘黄厩，乘黄，古之神马，因以为名。”[32]无所惮慑（shè）：无所畏惧、收敛。惮慑，惧怕。[33]尚书：此指各部尚书，中央各部门的主管官员。当时李冲为尚书仆射，是尚书省的副长官，主持留守事宜。已下：即以下。已，同“以”。[34]令史：泛指古代中央各部门的属官。尚书都座：尚书省的议事堂。都，集，聚。胡三省曰：“尚书都座，录、令、仆射、尚书圆坐处。”[35]讯其虚实：审讯李彪，所罗列的罪状是否属实。[36]伏罪：认罪，供认不讳。[37]见事：现有的罪行。见，同“现”。[38]付廷尉：交由司法部门。廷尉，全国最高的司法长官，古代为九卿、六部之一。[39]垂：将近。载，年。[40]刚正：刚强，正直。[41]拔萃（cuì）公清：超出一般，才能出众，公正清廉，风清气正。[42]酷急：残虐，急躁。[43]益多损少：总的看来，还是好事做得多，坏事做得少。

损，损坏，做坏事。［44］大驾：皇帝的车驾，代指皇帝。［45］兼尚书：以御史中尉兼度支尚书。［46］专恣无忌：独断专行，为所欲为。［47］尊身忽物：唯我独尊，藐视他人。身，自己。物，他人。［48］振古：自古以来所未有的。忠恕：忠诚，宽厚。［49］校其行：检点一下他的实际行为。佞（nìng）暴：口头上伶牙俐齿，行动上残暴无比。［50］任城：即任城王元澄，时为负责留守事务的总管。卑躬曲己：谦恭逊让，委曲求全。［51］顺弟：恭顺的小弟。［52］无不屈从：我们都只好违心地顺从他。［53］悉有成验：都有确凿的证据可查。［54］列：陈列其事。［55］殛（jí）彪于北荒：把李彪放逐到北方的荒地。殛，诛杀，此指放逐。北荒，北方寒冷的不毛之地。［56］四裔（yì）：四方边远的地方。裔，边荒。《左传·文公十八年》有所谓“投诸四裔，以御螭魅”。［57］息：停息，平息。青蝇之谮（zèn）：以喻奸佞之人所说的坏话。语见《诗经·青蝇》：“营营青蝇，止于棘，谗人罔极，交乱四国。”把青蝇比作进谗言的奸佞之人。［58］手自作表：亲手、亲自给皇帝写奏章，可见对李彪恨之入骨，不亲手扼死不足以平胸中愤懑。［59］叹怅（chàng）：感叹，惆怅。［60］不意：真是想不到。［61］道固：即李彪，字道固。可谓溢矣：可算是自满得没有边了。［62］仆射（yè）亦为满也：李冲也自满。李冲当时以镇南将军兼尚书左仆射，故称“仆射”。［63］黄门侍郎：皇帝的侍从官员，为皇帝掌管机密文件，地位清显。宋弁（biàn）：字义和，广平列人（今河北邯郸市肥乡区）人，北魏儒学之臣。少有美名，很受孝文帝拓跋宏器重，初为中散大夫、著作佐郎，除殿中郎中，迁中书侍郎、散骑常侍，时任黄六门侍郎。传见《魏书》卷六十三。［64］同州：宋弁是广平人，李彪是顿丘人，二郡皆属相州。相州的州治邺城，在今河北临漳县西南。［65］阴左右之：暗中帮助李彪。左右：同“佐佑”，帮助，辅助。［66］大辟：杀头之罪。［67］宥（yòu）：宽恕，原谅。［68］雅：平素，一向。［69］收：拘捕，逮系。［70］瞋（chēn）目：瞪大眼睛，怒气冲冲。［71］投折几案：拿起身边的小桌子就砸下去，把它摔坏了。几案，古人坐卧时可以凭靠的小桌子。［72］御史：古代执掌监察的官员。此指李彪的下属官员。泥首面缚：以泥涂面，自缚双手，都是表示认罪、请罪的样子。胡三省曰：“中尉得罪，而御史皆泥首面缚以谢冲，以朝仪言之，无是理也。魏主所谓‘仆射亦为满’，亦不信哉！”［73］詈（lì）辱肆口：毫无顾忌，肆意辱骂。詈，痛骂。［74］发病荒悸（jì）：一下子得了中风病症，神志不清。荒悸，恐慌，糊涂。荒，同“慌”，惊慌。［75］错缪（miù）：相矛盾，错乱。缪，通“谬”，荒谬。［76］扼腕：一只手抓着另一只手的腕子，古人动怒时经常表现的一种动作。［77］肝裂：中医有所谓怒气伤肝。怒甚发病，而医生不能治疗，故导致肝裂。［78］旬余：十多天。［79］悲不自胜：悲伤得自己不能承受，形容极度悲伤。李彪后来在秘书省，白衣修史。元恪即位，李彪为通直散骑常侍、行汾州事，到北魏景明二年（501）去世，谥号刚宪。而李冲比李彪小六岁，出道早，而与李彪怄气，当即气死，惜哉！［80］赠：死后追封的职位，表示一种荣誉。［81］强（qiǎng）力：勉力，努力。［82］要剧：重要而繁忙的职位。剧，复杂，繁难。［83］文案盈积：桌子上堆满了等候处理、批复的案卷。［84］终日视事：整天处理事务，没有闲暇的时候。［85］职业修举：每一件工作都完成得很好。修举，完备。［86］忿竞：怨恨，争执。忿，同“愤”。[87]更成敦睦：反而变得亲厚和睦起来。[88]援引族姻：把很多的同族、亲戚拉进官场。[89]私以官爵：凭私情授以官职、爵位。[90]万匹：万匹绢帛，当时以此计算俸禄。[91]少：贬低，责难。

魏主以彭城王勰为宗师[1]，诏使督察宗室[2]，有不帅教[3]者以闻。

夏，四月，甲寅[4]，改元[5]。

大司马会稽太守王敬则[6]，自以高、武旧将，心不自安。上虽外礼甚厚，而内相疑备[7]，数访问[8]敬则饮食，体干堪宜[9]。闻其衰老，且以居内地[10]，故得少宽[11]。前二岁，上遣领军将军萧坦之[12]将斋仗五百人行武进陵[13]，敬则诸子在都，忧怖[14]无计。上知之，遣敬则世子仲雄入东安尉之[15]。

仲雄善琴，上以蔡邕[16]焦尾琴借之[17]。仲雄于御前鼓琴作《懊侬歌》[18]，曰：“常叹负情侬，郎今果行许[19]。”又曰：“君行不净心，那得恶人题[20]！”上愈猜愧[21]。

上疾屡危，乃以光禄大夫张瑰[22]为平东将军、吴郡[23]太守，置兵佐以密防敬则。中外传言，当有异处分[24]。敬则闻之，窃曰：“东今有谁，只是欲平我耳；东亦何易可平[25]！吾终不受金罂[26]！”金罂，谓鸩[27]也。

敬则女为徐州行事谢朓[28]妻，敬则子太子洗马幼隆[29]遣正员将军徐岳[30]以情告朓：“为计若同[31]者，当往报敬则。朓执岳，驰启以闻[32]。敬则城局参军徐庶[33]，家在京口[34]，其子密以报庶，庶以告敬则五官掾王公林[35]。公林，敬则族子也，常所委信[36]。公林劝敬则急送启赐儿死[37]，单舟星夜[38]还都。敬则令司马张思祖草启[39]，既而曰：“若尔[40]，诸郎在都[41]，要应有信[42]，且忍一夕。”

其夜，呼僚佐文武樗蒱[43]，谓众曰：“卿诸人欲令我作何计？”莫敢先答。防阁丁兴怀[44]曰：“官祇应作尔[45]！”敬则不应。明旦，召山阴令王询[46]、台传御史钟离祖愿[47]，敬则横刀跂坐[48]，问询等：“发丁[49]可得几人？库见有几钱物[50]？”询称“县丁猝不可集[51]”；祖愿称“库物多未输入[52]”。敬则怒，将出斩之，王公林又谏曰：“凡事皆可悔，唯此事不可悔；官讵不更思[53]！”敬则唾其面[54]曰：“我作事，何关汝小子[55]！”丁卯[56]，敬则举兵反，招集[57]，配衣[58]，二三日便发[59]。

前中书令何胤[60]，弃官隐居若邪山[61]，敬则欲劫以为尚书令。长史王弄璋[62]等谏曰：“何令高蹈[63]，必不从；不从，便应杀之。举大事先杀名贤，事必不济[64]。”敬则乃止。胤，尚之之孙也。

庚午[65]，魏发州郡兵二十万人，期[66]八日中旬集悬瓠。魏赵郡灵王干卒。

上闻王敬则反，收王幼隆及其兄员外郎世雄[67]、记室参军季哲、其弟太子舍人少安[68]等，皆杀之。长子黄门郎元迁将千人在徐州[69]击魏，敕徐州刺史徐玄庆[70]杀之。前吴郡太守南康侯子恪[71]，嶷之子也，敬则起兵，以奉子恪为名；子恪亡走，未知所在。

始安王遥光劝上尽诛高、武子孙，于是，悉召诸王侯入宫。晋安王宝义[72]、江陵公宝览[73]等处中书省，高、武诸孙处西省[74]，敕人各从左右两人[75]，过此依军法[76]；孩幼[77]者与乳母俱入。其夜，令太医煮椒二斛[78]，都水[79]办棺材数十具，须三更[80]，当尽杀之。子恪徒跣自归[81]，二更达建阳门，刺启[82]。时刻已至[83]，而上眠不起[84]，中书舍人沈徽孚[85]与上所亲左右单景隽共谋少留其事[86]。须臾，上觉[87]，景隽启子恪已至。上惊问曰：“未邪[88]？未邪？”景隽具以事对[89]。上抚床[90]曰：“遥光几误人事[91]！”乃赐王侯供馔[92]，明日，悉遣还第[93]。以子恪为太子中庶子[94]。宝览，缅之子也。

（以上为第九段，写南齐勋臣王敬则为会稽太守，明帝萧鸾对其猜忌，明里暗里予以监视；王敬则气愤难忍，密谋起兵，其婿谢朓告发，箭在弦上，不得不发。）

【注释】

[1]宗师：约相当于汉代的宗正，主管皇族事务，训导宗室子弟，纠察皇族中的不法者。[2]督察：督察，审查。宗室：宗亲子弟。[3]不帅教：不服从管理、教训。帅，同“率”，遵循，服从。[4]甲寅：四月三日。[5]改元：南齐明帝萧鸾由建元五年中途改称永泰元年。于是写史者遂将这一年的前几个月也改写为永泰元年的某月某日。[6]王敬则：本名王恒，字敬则，临

淮射阳（今江苏宝应县）人，南齐开国元勋。为萧道成与萧赜的忠实亲信，后又为萧鸾效力，在拥立萧鸾为帝，帮着萧鸾诛除高、武子孙等问题上大效犬马之力。历官为司空、太尉、大司马。后受到疑忌，举兵反叛，兵败被杀。传见《南齐书》卷二十六。［7］疑备：猜疑，防备。胡三省曰："疑备者，疑其为变而为之防。"［8］访问：询问。［9］体干堪宜：身体状况如何，适合于做什么事情。胡三省曰："问其尚能胜兵及适用与否也。"换言之，还有没有能力起兵造反了。干，身躯。［10］居内地：指在会稽郡。因会稽远离长江，地处南齐东南部，故称"内地"。［11］少宽：略微放心。少，同"稍"，稍微，略微。［12］萧坦之：南兰陵（今江苏常州市西北）人，萧道成族人，南齐将领。为东宫直阁，与萧谌见小皇帝萧昭业狂纵，恐祸及己，改附西昌侯萧鸾，为其通风报信。传见《南齐书》卷四十二。［13］斋仗：皇帝居处周围的卫队。行武进陵：巡视南齐高帝萧道成、武帝萧赜的陵园。行，巡行，巡视。当时萧道成、萧赜的陵墓都在武进县，在今江苏丹阳市东南。［14］忧怖：忧惧，恐慌。［15］世子：嫡长子。仲雄：即王仲雄，王敬则之第二子嫡长子，有庶兄王元迁。入东安尉之：到会稽去安慰王敬则。入东，到东方，会稽在建康的东南方，故言之。安尉，同"安慰"。尉，同"慰"。［16］蔡邕：字伯喈，东汉名臣，才女蔡文姬之父。曾任左中郎将，封高阳乡侯，世称"蔡中郎"。传见《后汉书》卷九十。［17］焦尾琴：古代文物，汉代蔡邕使用过的琴。相传是蔡邕用一段烧剩的桐木做成的琴，因琴尾留有烧焦的痕迹，故名"焦尾琴"。胡三省曰："蔡邕在吴，吴人有烧桐以爨者，邕闻火烈之声，知其良木，因请而裁为琴，果有美音，而其尾犹焦，时人因名'焦尾琴'。"借之：萧鸾借给王仲雄使用，让他弹奏。［18］鼓琴：弹琴。《懊侬歌》：乐府中的吴声歌曲名，内容是抒写男女青年之间的恋情。胡三省引《晋书·礼乐志》曰："《懊侬歌》者，隆安初俗间讹谣之曲。"王仲雄在这里是借其曲调自己作歌演唱。［19］常叹负情侬，郎今果行许：大意说我一向担心你背叛我，今天你果然这样做了，可能含有其父被君王猜忌的怨情。侬，吴语，同"我"。许，如此。［20］君行不净心，那得恶（wù）人题：大意说你自己的内心不好，你怎么能责怪别人说你呢？恶，讨厌，责怪。题，品评，指说。［21］猜愧：猜疑，惭愧，心情十分复杂。［22］张瑰（guī）：字祖逸，吴郡吴人，刘宋时期的名将张永之子，晓音律，任太子舍人、中书郎，为萧氏亲信。入齐后官至金紫光禄大夫。传见《南齐书》卷二十四。［23］平东将军：古将军名号，负责东都征防事宜。吴郡：古郡名，郡治在今江苏苏州市。明帝萧鸾如此安排，分明就是针对王敬则，王敬则此时为会稽太守，会稽与吴郡两地相邻。［24］异处分：大变动，特别的安排。［25］东亦何易可平：意即我是那么轻易被除掉的吗？平，平定。［26］金罂（yīng）：金制的酒杯子。皇帝令人自杀，常以此盛酒以赐之。罂，同"罂"，古代大腹小口的酒器。［27］鸩（zhèn）：传说中的一种毒鸟，把它的羽毛放在酒里，可以毒杀人，此指毒酒。［28］徐州行事：代理徐州刺史。徐州，指南徐州，郡治京口，在今江苏镇江市。谢朓（tiǎo）：南齐诗人、书法家。曾任宣城太守，史称"谢宣城"，后为行南徐州事。告岳父王敬则谋反，迁尚书吏部郎。传见《南齐书》卷四十七。［29］太子洗马：皇太子的属官，平时掌礼仪、文书，出行时在太子的马前开道。洗，同“冼”，意思同“先”。幼隆：即王幼隆，王敬则第五子，时任太子洗马。［30］正员将军：胡三省曰：“官至将军而未有军号者为正员将军；次为员外将军。”徐岳：南齐正员将军。［31］为计若同：如果同意我的计划。［32］驰启以闻：飞快地写信报告了皇帝萧鸾。［33］城局参军：州刺史的僚属，掌管修浚城池与防御来敌。徐庶：时为会稽太守王敬则属官，任城局参军。［34］京口：古城名，在今江苏镇江市。［35］王公林：会稽太守王敬则属官，任五官掾。［36］委信：委任，信赖。［37］送启赐儿死：写信启奏皇帝萧鸾，请求萧鸾处死那个图谋作乱的儿子王幼隆。启，奏章。［38］星夜：半夜。［39］司马：为部队中主管司法的高级僚佐。张思祖：时为会稽太守王敬则属官，任司马。草启：起草给皇帝的上书。启，一种文体名，与“章”“表”大体相同，而奏事的类别有些差异。［40］若尔：如果事情真是如此。［41］诸郎在都：其他在京的儿子。［42］要应有信：肯定也应该有消息过来。［43］樗（chū）蒲：盛行于古代的一种赌输赢的棋类游戏，类似后代的掷骰子，博戏中用于掷采的投子最初是用樗木制成，故称樗蒲。［44］防阁：负责斋阁周围警卫的武官，类似朝廷的直阁将军。丁兴怀：南齐时人，明帝萧鸾时为会稽太守王敬则属官，任防阁。［45］官祇（zhǐ）应作尔：大人现在也只能这样做了，即指造反。胡三省曰：“言应作如此事，谓应反也。”官，敬称王敬则。当时通常称皇帝才曰“官”。祇，只。作，起事，造反。［46］山阴令：山阴县的县令，县治会稽郡城，在今浙江绍兴市。王询：时为会稽太守王敬则属官，任山阴县令。［47］台传御史：负责给朝廷运送粮秣的官员。钟离祖愿：时为会稽太守王敬则属官，任台传御史。［48］横刀跂（qì）坐：横刀膝上，垂足而坐，一副紧张、迫切的样子。跂坐，胡三省曰：“垂足而坐，跟不及地。”坐在高坐具上，将双足垂在体前，仅足趾着地而足踵不着地。［49］发丁：征调郡里的全部成年男子。［50］见有几钱物：仓库里现有多少钱、多少武器。见，同“现”。［51］猝（cù）不可集：短时间内不可能全部征调。猝，突然，匆忙。［52］多未输入：大多数还没有收缴上来。［53］讵（jù）不更思：何不另外考虑别的出路。讵，岂，何。［54］唾（tuò）其面：将唾沫吐到其人的脸上，表示鄙视、愤怒。［55］小子：长辈对晚辈的称呼，此处有辱骂的意思。［56］丁卯：二字原无，据章校补。丁卯，四月十六日。［57］招集：招募、集结士兵。［58］配衣：发放军服。胡三省曰：“分给袍甲以衣被之。”衣，作战服装。［59］发：发兵，举起反叛大旗。［60］何胤（yìn）：字子季，刘宋名臣何尚之之孙，南齐大臣，官至侍中、中书令。入梁，为特进、光禄大夫。传见《梁书》卷三十。［61］若邪山：古山名，在当时的会稽，在今浙江绍兴市的东南方。［62］王弄璋：时为会稽太守王敬则属官，任长史。［63］何令：称何胤，何胤曾为中书令，故称之。高蹈：远游，隐居，追求隐士的行径。［64］不济：不能成功。［65］庚午：四月十九日。［66］期：约定。［67］世雄：当作“世子仲雄”，即王敬则之嫡长子王仲雄。［68］太子舍人：太子属官，掌文书及内外启奏。少安：即王少安，王敬则之子。［69］长子黄门郎元迁：王敬则庶长子王元迁任黄门郎。徐州：当时真正的徐州乃在北魏的管辖下，南齐的徐州州治钟离，在今安徽凤阳县。

[70]徐玄庆：南齐徐州刺史。［71]南康侯子恪：即萧子恪，字景冲，萧道成之孙，豫章王萧嶷次子，封为南康县侯为吴郡太守。会稽太守王敬则奉萧子恪为主的名义造反，子恪弃郡逃归。入梁，降爵为子，仍为吴郡太守。传见《梁书》卷三十五。［72]晋安王宝义：即萧宝义，字智勇，小名明基，明帝萧鸾庶长子，封晋安郡王，历任扬州刺史、右将军、南徐州刺史、司徒、司空、太尉。传见《南齐书》卷五十。［73]江陵公宝览：即萧宝览，南齐安陆王萧缅第二子。明帝萧鸾篡位，追封萧缅为安陆王，封萧宝览为江陵县公，后为始安王，出继始安靖王萧凤。传见《南齐书》卷四十五。［74]西省：指门下省，侍中诸官的办公之处。胡三省曰："据《萧子恪传》，西省，永福省也。至唐分三省，以门下省为西省，中书省为东省。"［75]各从左右两人：每人可带两个侍从。左右，即侍从。［76]过此依军法：超过了此数，便依军法从事。［77]孩幼者：年纪幼小，还是孩子的。［78]煮椒二斛（hú)：煮了许多花椒水。花椒水有毒，可以杀人。斛，容量单位，一斛相当十斗。［79]都水：为宫廷主管造船以及水上运输等事，上属于将作大匠。［80]须三更：等待夜十一时至凌晨一时。［81]徒跣（xiǎn）自归：赤足步行，到朝廷请罪。徒跣，光着双脚走路，是古人请罪的一种姿态。［82]建阳门：当时南齐皇宫的大门。刺启：填写求见报告，启奏上去。上写求见者的姓字、官称，以及欲所陈何事等。［83]时刻已至：指杀人的三更时分已到。[84]上眠不起：皇帝睡眠未起，从后文看，这其实是一种障眼法，给人留下一种臣下杀人他不知晓的错觉。［85]沈徽孚：南齐时人，明帝萧鸾时为中书舍人。［86]单景隽：皇帝萧鸾的亲信。少留其事：意即"稍微等一等"。少，同"稍"。［87]须臾，上觉：不久，萧鸾睡醒了。［88]未邪：还没有动手吗？邪，语气词。［89]具以事对：把萧子恪不从乱党，自逃入京的事情说了一遍。［90]抚床：拍着床榻。床，古代坐具，现今称作"榻"。［91]几误人事：差点坏了我的事情，指差点冤杀了许多人。胡三省曰："单景隽具以子恪所启之事对，上乃谓几为遥光所误而滥杀。"［92]供馔（zhuàn)：供应饭食。［93]遣还第：打发他们各自回家。第，府第。［94]太子中庶子：主管皇太子宫中的事务，实即太子的侍从官员。

敬则帅实甲万人过浙江[1]。张瑰遣兵三千拒敬则于松江[2]，闻敬则军鼓声，一时散走[3]，瑰弃郡[4]，逃民间。敬则以旧将举事[5]，百姓担篙荷锸[6]，随之者十余万众；至晋陵[7]，南沙人范修化[8]杀县令公上延孙[9]以应之。敬则至武进陵口[10]，恸哭[11]而过。乌程丘仲孚为曲阿令[12]，敬则前锋奄至[13]，仲孚谓吏民曰："贼乘胜虽锐[14]，而乌合易离[15]。今若收船舰[16]，凿长冈埭[17]，泻渎水以阻其路[18]；得留数日[19]，台军[20]必至，如此，则大事济矣。"敬则军至，值渎涸[21]，果顿兵不得进。

五月，壬午[22]，诏前军司马左兴盛、后军将军崔恭祖、辅国将军刘山阳、龙骧将军马军主胡松筑垒[23]于曲阿长冈；右仆射沈文季为持节都督[24]，屯湖头[25]，备京口路。恭祖，慧景之族也。敬则急攻兴盛、山阳二垒，台军不能敌，欲退，而围不开，各死战。胡松引骑兵突其后[26]，白丁无器仗[27]，皆惊散。敬则军大败，索马再上，不能得，崔恭祖刺之仆地，兴盛军客袁文旷斩之，乙酉[28]，传首[29]建康。

是时，上疾已笃[30]，敬则仓猝[31]东起，朝廷震惧。太子宝卷使人上屋，望见征虏亭[32]失火，谓敬则至，急装[33]欲走。敬则闻之，喜曰："檀公[34]三十六策，走为上策[35]，计汝父子唯有走[36]耳！"盖时人讥檀道济避魏之语也。敬则之来，声势甚盛，裁少日[37]而败。

台军讨贼党，晋陵民以附敬则应死者甚众。太守王瞻[38]上言："愚民易动，不足穷法[39]。"上许之，所全活以万数[40]。瞻，弘之从孙也。

上赏谢朓之功，迁尚书吏部郎。朓上表三让，上不许。中书疑朓官未及让[41]，国子祭酒沈约[42]曰："近世小官不让，遂成恒俗[43]。谢吏部今授超阶[44]，让别有意。夫让出人情[45]，岂关官之大小邪！"朓妻常怀刃[46]欲杀朓，朓不敢相见。

（以上为第十段，写南齐老将王敬则愤而起兵，声势浩大，来势凶猛，朝廷震惧，但仓促起兵，很快以失败告终；其婿谢朓告发有功，升任吏部郎，再三辞让。）

【注释】

[1]实甲：疑为"贯甲"，即披甲，指装备精良的士兵。浙江：在今钱塘江，会稽在钱塘江以南。 [2]松江：吴淞江的古称。吴淞江上游流经今江苏苏州市南，下游在今上海市苏州河。[3]一时散走：犹言一哄而散。一时，立刻。 [4]弃郡：张瑰时为吴郡太守，无法与王敬则的叛军抗衡，故弃而走之。 [5]旧将：老将，高祖萧道成、武帝萧赜时的老人。起事：举兵造反。[6]担篙荷（hè）锸（chā）：扛着竹篙、拿着铁锹。竹篙，可以撑船。荷，扛。锸，古代一种掘土用的工具，可以挖地。 [7]晋陵：古郡名，郡治在今江苏常州市。 [8]南沙：古县名，县治在今江苏常熟市西北。范修化：南沙人，参与王敬则的反叛活动，杀县令以从之。 [9]公上延孙：姓公上，名延孙，时为南沙县令，被杀。应之：响应王敬则。因王敬则也是南沙县人，故南沙县人范修化杀县令公上延孙以应王敬则。 [10]武进陵口：武进县高祖萧道成、武帝萧赜陵园的入口处。 [11]恸（tòng）哭：大声嚎哭。胡三省曰："敬则怀高帝恩，故恸哭而过。"[12]丘

仲孚：乌程县人，为曲阿县令。曲阿，古县名，县治在今江苏丹阳市。［13］奄（yǎn）至：突然到达。［14］虽锐：虽然来势凶猛。［15］乌合易离：一哄而起，容易离散。乌合，像乌鸦一样，仓促地聚合在一起。［16］收船舰：把百姓的船只都收藏起来，不为敌兵所用。［17］凿长冈埭（dài）：挖开长冈的河堤，把运河里的水放干，使敌兵无法行船。长冈，在今江苏丹阳市西南，是当时曲阿县境内的运河名，西连破冈渎，可以行船进入秦淮河，直达建康城。埭，土坝。［18］渎（dú）：河沟，此指破冈渎，即江南运河。以阻其路：使其不能通行。［19］得留数日：只要能把叛军拖住几天。［20］台军：官军，朝廷的军队。［21］渎涸（hé）：江南运河里的水干了。涸，积水无存。［22］壬午：二字原无，据章校补。壬午，五月二日。［23］筑垒：构筑防御工事。［24］持节都督：代皇帝统领平叛部队，即前线总指挥。持节，古代统兵大将往往加此称号，赐以符节，象征权力信物。［25］湖头：古地名，即玄武湖边。西接玄武湖堤，地势平坦，正对京口大路。［26］突其后：冲击王敬则军的背后。［27］白丁无器仗：一哄而起的百姓手中没有武器。白丁，不属兵籍的百姓。器仗，兵器。［28］乙酉：五月五日。［29］传首：传送王敬则首级。［30］上疾已笃（dǔ）：萧鸾已经病得很严重。笃，沉重。［31］仓猝（cù）：毫无准备，着急慌忙。［32］望：远眺。征虏亭：古亭名，相传是东晋末年的征虏将军谢安所建，在当时建康城的正南方，今江苏南京市江宁区东南的方山南面，是王敬则军队进京的必经之路。亭，供旅客停宿的公房。［33］急装：急速整装，穿上军服。胡三省曰："急装，谓缚裤也。戎装谓之急装。"［34］檀（tán）公：即刘宋名将檀道济。［35］三十六策，走为上策：无力抵抗敌人，以逃走为上策。文帝元嘉八年（431）攻伐北魏，檀道济因粮尽，曾用"唱筹量沙"的办法从容退兵。事见《宋书》卷四十三。［36］走：逃走，逃跑。［37］裁少日：只过了几天。裁，同"才"。［38］王瞻：刘宋大臣卫军参军王弘之之孙，齐明帝萧鸾时为晋陵郡太守。［39］不足穷法：没有必要追查到底，以法处置。不足，不必，不值得。［40］全活：保全性命。以万数：即数万人。［41］中书：即中书令，中书省的主官，主管为皇帝起草文件、诏令。官未及让：吏部郎的级别低，为五品，还不够谦让的品级。［42］恒俗：常俗，常理。［43］超阶：破格提拔。谢朓原是一名普通的殿中郎，现在一下子升为吏部郎，故曰"超阶"。阶，官员的品级。［44］让别有意：他的谦让实际上是有别的意思，指谢朓以告发岳父得官，心中惭愧。［45］让出人情：谦让是出于私情。［46］刃：刀刃，代指刀。

秋，七月，魏彭城王勰表以一岁国秩、职俸、亲恤[1]，裨军国之用[2]。魏主诏曰："割身存国[3]，理为远矣[4]。职俸便停，亲、国听三分受一[5]。"壬午[6]，又诏损皇后私府[7]之半，六宫嫔御、五服男女供恤[8]亦减半，在军者三分省一[9]，以给军赏。

癸卯[10]，以太子中庶子萧衍为雍州刺史。

己酉[11]，上殂于正福殿[12]。遗诏："徐令可重申前命[13]。沈文季可左仆射[14]，江祏可右仆射，江祀[15]可侍中，刘暄可卫尉[16]。军政可委陈太尉[17]；内外众事，无大小委徐孝嗣、遥光、坦之、江祏，其大事与沈文季、江祀、刘暄参怀[18]。心膂之任[19]可委刘悛[20]、萧惠休、崔慧景。"

上性猜多虑[21]，简于出入[22]，竟不郊天[23]。又深信巫觋[24]，每出先占利害。东出云西，南出云北。初有疾，甚秘之，听览不辍[25]。久之，敕台省文簿[26]中求白鱼[27]以为药，外始知之。太子即位。

（以上为第十一段，写北魏彭城王元勰提出捐献财物，以利国用，得到孝文帝元宏嘉奖，予以推广；南齐明帝萧鸾去世，立遗嘱，安排辅政；太子萧宝卷即位。）

【注释】

[1]国秩：国家郡王的俸禄，时元勰为彭城国王。职俸：所居官职的俸禄，时元勰任中军大将军，使持节，都督南征诸军事。亲恤（xù）：周济亲族的费用，即朝廷对皇室家族所颁发的特殊优待之资，元勰是孝文帝元宏的亲兄弟。［2］裨（bì）军国之用：以补助国家政务与军务的开支。裨，补，补助。［3］割身存国：拿出自己家的财物以解国家之急。割，割舍，拿出。身，自己。［4］理为远矣：意义实在是太大了。［5］亲、国听三分受一：亲抚财物与藩国俸禄接受三分之一。听，听任，同意。［6］壬午：七月三日。［7］损皇后私府：减少皇后的私房钱。损，减少。［8］六宫嫔御：皇帝的各个嫔妃与侍妾、宫女。五服男女：皇族中五服以内的男女近亲。五服，古时丧服按跟死者关系的亲疏分为五种，指高祖父、曾祖父、祖父、父亲、自身五代，后来用五服表示家族关系的远近。供恤（xù）：供给。［9］在军者：在军中服务的皇帝的五种近亲。三分省一：即减少三分之一。［10］癸卯：七月二十四日。［11］己酉：七月三十日。［12］殂（cú）：死亡。正福殿：皇宫宫殿名。［13］徐令：指尚书令徐孝嗣。可重申前命：意即按照上次的任命办，这回不再重提。所谓"前命"，即建武四年（497）给徐孝嗣加"开府仪同三司"，当时徐孝嗣未接受。［14］左仆射（yè）：即尚书左仆射，尚书省副长官，位在尚书令下。［15］江祀：字景昌，江祏之弟。初为南郡王常侍，迁镇北长史、南东海太守，行府州事，后为侍中。萧宝卷即位，失德，江祀欲更立萧遥光，其兄江祏迟疑不决，事泄，被杀。［16］卫尉：主管护卫宫廷的官员。［17］陈太尉：即陈显达，时任太尉。［18］参怀：参谋商定。［19］心膂（lǚ）之任：关键要害的职务。心膂，心脏与脊梁，都是人体的重要器官，比喻亲信得力的人。［20］刘悛（quān）：字士操，司空刘勔之子，南齐大臣。传见《南齐书》卷三十七。［21］性猜多虑：生性猜疑，犹豫不

决。[22]简于出入：很少出门。简，简略，少。[23]竟不郊天：竟然连南郊祭天的盛大典礼也不举行。郊天，祭天。[24]深信巫觋（xí）：深度地痴迷那些巫婆神汉之流。巫觋，古代称女巫为巫，男巫为觋，合称“巫觋”，泛指以装神弄鬼替人祈祷为职业的巫师。[25]听览不辍：意即过问政事不停。听览，听请示，批奏章。[26]敕台省文簿：让政府机关下文书。台省，泛指中央机关，如尚书省、御史台等。[27]白鱼：衣服、书籍中的蠹虫，细小，有银白色的细鳞，形似鱼，故名。胡三省引《本草》曰：“白鱼，味甘平，无毒，主胃气，开胃下食，去水气，令人肥健。”又曰：“《本草》谓之‘衣鱼’，亦曰‘白鱼’，利小便，疗偏风、口呕。”

八月，辛亥[1]，魏太子自洛阳朝于悬瓠[2]。

壬子[3]，奉朝请邓学以齐兴郡[4]降魏。

魏主之入寇也，遣使发高车[5]兵。高车惮[6]远役，奉袁纥树者为主[7]，相帅北叛[8]。魏主遣征北将军宇文福[9]讨之，大败而还，福坐黜官[10]。更命平北将军江阳王继[11]都督北讨诸军事以讨之，自怀朔以东悉禀节度[12]，仍摄镇平城[13]。继，熙之曾孙也。

八月，葬明皇帝于兴安陵[14]，庙号高宗。东昏侯恶灵在太极殿[15]，欲速葬，徐孝嗣固争，得逾月[16]。帝每当哭，辄云“喉痛”。太中大夫羊阐入临[17]，无发[18]，号恸俯仰[19]，帻遂脱地[20]，帝辍哭[21]大笑，谓左右曰：“秃鹫啼来乎[22]！”

九月，己亥[23]，魏主闻高宗殂，下诏称“礼不伐丧[24]”，引兵还。庚子[25]，诏北伐高车。

魏主得疾甚笃[26]，旬日[27]不见侍臣，左右唯彭城王勰等数人而已。勰内侍医药，外总军国之务，远近肃然[28]，人无异议。右军将军丹阳徐謇[29]善医，时在洛阳，急召之。既至，勰涕泣执手谓曰：“君能已至尊之疾[30]，当获意外之赏；不然，有不测之诛[31]；非但荣辱，乃系存亡。”勰又密为坛于汝水之滨，依周公故事[32]，告天地及显祖[33]，乞以身代魏主[34]。魏主疾有间[35]，丙午[36]，发悬瓠[37]，舍于汝滨[38]，集百官，坐徐謇于上席[39]，称扬其功，除鸿胪卿[40]，封金乡县[41]伯，赐钱万缗[42]；诸王别饷赍[43]，各不减千匹。冬，十一月，辛巳[44]，魏主如邺[45]。

戊子[46]，立妃褚氏[47]为皇后。

魏江阳王继上言："高车顽昧[48]，避役逋逃[49]，若悉追戮，恐遂扰乱。请遣使镇，别推检[50]，斩魁首[51]一人，自余加以慰抚[52]。若悔悟从役者，即令赴军。"诏从之。于是，叛者往往自归。继先遣人慰谕[53]树者。树者亡入柔然，寻自悔，相帅出降[54]。魏主善之，曰："江阳[55]可大任也。"十二月，甲寅[56]，魏主自邺班师[57]。

林邑王诸农入朝[58]，海中值风，溺死，以其子文款[59]为林邑王。

（以上为第十二段，写北魏主元宏得知南齐萧鸾去世，停止攻伐；元宏病重，彭城王元勰效周公故事，以身代之；高车叛逃柔然，江阳王元继予以抚慰，复降。）

【注释】

[1]辛亥：八月二日。[2]朝于悬瓠：到悬瓠朝见北魏主元宏。[3]壬子：八月三日。[4]邓学：南齐官员，为奉朝请，明帝萧鸾去世后，投降北魏。齐兴郡：南齐郡名，上属于郢州，郡治在今湖北郧县。[5]高车：北方少数民族建立的小国名，也称敕勒，在柔然以北的今俄罗斯境内。这里指内附于北魏的部落，当时居住在今内蒙古中西部。[6]惮（dàn）：害怕，担心。[7]奉袁纥树者为主：拥戴袁纥部树者为头领。树者，敕勒袁纥部首领。其部原居漠北鄂尔浑河、图拉河流域。后屡为北魏所破，部分迁入漠南。被推为首领，聚众举兵，欲北投柔然，进入漠北。后受北魏平北将军江阳王元继分化招诱，率众出降，返回漠南。[8]相帅：相继。帅，同"率"。北叛：背叛北魏，向北投奔柔然。[9]宇文福：北魏将领。曾随孝文帝元宏南征，大败南齐军队，授征虏将军，为征北将军。传见《魏书》卷四十四。[10]坐：因某事犯罪，贬官降职。黜（chù）官：罢免官职。[11]江阳王继：即元继，字世仁，道武帝拓跋珪第三子拓跋熙之孙，南平安王元霄之子，早年过继伯祖拓跋根，袭封江阳郡王。传见《魏书》卷十六。[12]怀朔：北魏北部边境地区的军镇名，在今内蒙古包头正北的固阳县西南。悉禀（bǐng）节度：一律听从江阳王元继的调度。禀，受。[13]仍摄镇平城：而且兼管镇守平城。摄，兼任。仍，同"乃"。[14]明皇帝：即萧鸾，谥号明，庙号高宗。兴安陵：萧鸾预先为自己修造的陵墓，在曲阿县，今江苏丹阳市境内。[15]东昏侯：即刚继位的小皇帝萧宝卷。因日后被废为东昏侯，故称。恶（wù）灵在太极殿：厌恶在太极殿设灵堂，停放其父萧鸾的灵柩。恶，厌恶，讨厌。[16]得逾月：停放超过一个月。[17]太中大夫：皇帝的侍从官员，掌议论。羊阐：时任太中大夫。入临：进灵堂哭吊萧鸾。临，哭吊，[18]无发：羊阐秃顶，没有头发。[19]号恸（tòng）俯仰：大声号哭，一会儿仰天大呼，一会儿低头哭叫，极度哀痛。[20]帻（zé）遂脱地：头巾甩下来，掉落到了地上。帻，古代的一种头巾。[21]辍（chuò）哭：停止哭泣。辍，停顿，停止。[22]秃鹫（jiù）啼来乎：

是秃鹫在哭吗？秃鹫，水鸟名，形状如鹤而大，头顶无毛，以鱼为食。［23］己亥：九月二十一日。［24］礼不伐丧：按照礼义，他国有丧事，不予讨伐。《左传·襄公十九年》有所谓“晋士丐侵齐，及谷，闻丧而还，礼也”之语，《公羊传》曰：“还者何？善辞也。何善尔？大其不伐丧也。”［25］庚子：九月二十二日。［26］得疾甚笃（dǔ）：病得非常厉害。笃，病势沉重。［27］旬日：十多天。一旬为十天。［28］肃然：寂静无声的样子，表示对元勰非常佩服，对他的临机处置没有异议。［29］右军将军：古将军名号，与前军、左军、后军将军合称四军将军，掌宿卫，是护卫皇帝宫廷的主要禁军将领之一。徐謇（jiǎn）：字成伯，丹阳人，名医徐道度之子，北魏大臣、医家。传见《魏书》卷九十一。［30］已至尊之疾：治好皇帝的病。已，治愈。至尊，敬称皇帝。［31］不测之诛：想象不到的惩罚，指死刑。诛，惩罚，杀头。［32］依周公故事：学习当年武王有病时周公祷告先王的做法。据《尚书·金縢》记载，周武王灭商后有病，周公曾祝告祖先太王、王季、文王，虔诚地祷告，愿代替武王病死，使武王病愈管理国家。［33］显祖：即拓跋弘，北魏第六位皇帝。［34］乞以身代魏主：请求鬼神让自己代替北魏主元宏去死。［35］疾有间：病情有些好转。［36］丙午：九月二十八日。［37］发悬瓠：从悬瓠出发，返回洛阳。［38］汝滨：汝水之滨，在今河南南部，其实悬瓠城也在汝水边上。［39］坐徐謇（jiǎn）于上席：让徐謇坐在上座，表示十分敬重的意思。坐，使之坐。［40］除鸿胪（lú）卿：任以为鸿胪卿，职务为赞导礼仪。除，授任。［41］金乡县：县治在今山东西南的金乡县。［42］万缗（mín）：铜钱一万吊。缗，穿铜钱的丝绳，古时一千文为一吊，即所谓一缗。［43］别饷赍（jī）：另外各有馈赠。饷赍，赏赐，赠送。赍，把东西送给别人。［44］辛巳：十一月四日。［45］邺（yè）：古城名，在今河北临漳县西南，曾为三国时曹魏的都城，其后又为石勒后赵的都城。［46］戊子：十一月十一日。［47］褚（chǔ）氏：即褚令璩，河南阳翟（今河南禹州）人，太常褚澄之女。太子萧宝卷即位后，被立为皇后。最后被宫中侍卫和宦官所杀。传见《南齐书》卷二十三。［48］顽昧：顽固，愚蠢。［49］避役：躲避兵役。逋逃：逃之夭夭。［50］请遣使镇，别推检：大意是朝廷应该为六镇备派一个使者，特别对那里的高车人进行核查。胡三省曰：“言六镇各遣一使，令各推检一镇。”别，特别，专题。推检，审问，追查。［51］魁首：大头目。［52］自余：其余的人。慰抚：安抚，抚慰。［53］慰谕：抚慰，晓谕利害。［54］相帅出降：又率领众人脱离柔然而归降北魏。［55］江阳：即江阳王元继。［56］甲寅：十二月七日。［57］自邺班师：北魏主元宏统率的北讨大军行至邺城而后返回。胡三省曰：“北征至邺而高车已降，遂班师。”［58］林邑：也叫占婆，古国名，即古代的越南国，旧址在今越南中南部。诸农：即范诸农，林邑国王。传见《南齐书》卷五十八。入朝：到建康城朝拜南齐皇帝。［59］文款：即范文款，林邑王范诸农之子，范诸农从海路入朝，遭风暴溺死，文款继任林邑王。

【点评】

北魏二李势利之交。本卷所写的北魏李冲、李彪的交往可谓是“势利之交”，李彪得到李冲援手达到进阶官僚的目的之后便翻脸不认人，李冲的毫不逊让也是很厉害的了。李彪家世孤寒贫贱，在朝廷之中毫无亲援。后来投靠文穆公李冲，李冲十分重视李彪的才学，礼遇甚厚，还在朝廷同僚中广为宣传他的声誉，从公私两方面提携李彪。但是李彪担任中尉之后，自以为得到了孝文帝的赏识，无须再凭借李冲了，就渐渐和李冲有所疏远，不再有遵从敬服之意了。李冲渐渐地对李彪产生了怨恨之情。两人此后情分已绝，李彪除名，李冲气死，你死我活，两败俱伤。司马迁《史记·张耳陈馀列传》"太史公曰"谓张耳、陈馀"世所称贤，其宾客厮役皆天下俊桀，所居国无不取卿相者。及据国争权，卒相灭亡，何乡者慕用之诚，后相背之戾也！势利之交，古人羞之，盖谓是矣"，将司马迁揭示张耳、陈馀二人的关系变化以及评价，移用来形容李冲、李彪的交往可谓是入木三分了。

卷一四二　齐纪八

齐东昏侯永元元年（499 年）

【屠维单阏（己卯，499 年），凡一年】

【大事提要】

本卷记事公元 499 年，凡一年，当南齐东昏侯永元元年。本卷所载大事，南朝齐四件大事：其一，南齐东昏侯和苍梧王一样，凶狂乱杀，弄得臣属人人自危。为了稳定人心，诏令大赦天下，但是内乱却已经大起。其二，南齐太尉陈显达出击北魏，想要收复雍州诸郡，北魏派遣前将军元英前去抵抗。其三，始安王萧遥光、太尉陈显达与平西将军崔慧景先后起兵反对东昏侯，但是都兵败被杀。其四，后来梁朝的建立者萧衍，这时已经被任命为南齐的雍州刺史。北朝北魏一件大事，即魏孝文帝元宏在一次南征的归途中去世，太子元恪继位，是为北魏世宗宣武帝。

东昏侯[1]上

永元元年（己卯，499 年）

春，正月，戊寅朔[2]，大赦，改元[3]。

太尉陈显达督平北将军崔慧景军四万击魏，欲复雍州诸郡[4]，癸未[5]，魏遣前将军元英拒之。

乙酉[6]，魏主发邺[7]。

辛卯[8]，帝祀南郊[9]。

戊戌[10]，魏主至洛阳，过李冲冢。时卧疾[11]，望之而泣；见留守官[12]，语及冲，辄流涕[13]。

魏主谓任城王澄曰："朕离京以来，旧俗少变不[14]？"对曰："圣化日新[15]。"帝曰："朕入城，见车上妇人犹戴帽、著小袄[16]，何谓日新！"对曰："著者少，不著者多。"帝曰："任城，此何言也[17]！必欲使满城尽著邪[18]？”澄与留守官皆免冠谢[19]。

甲辰[20]，魏大赦。魏主之幸邺[21]也，李彪迎拜于邺南[22]，且谢罪[23]。帝曰：“朕欲用卿，思李仆射而止[24]。”慰而遣之。会御史台令史龙文观[25]告：“太子恂被收[26]之日，有手书自理[27]，彪不以闻[28]。”尚书表收彪赴洛阳[29]。帝以为彪必不然，以牛车散载[30]诣洛阳，会赦，得免。

魏太保齐郡灵王简[31]卒。

二月，辛亥[32]，魏以咸阳王禧[33]为太尉。

（以上为第一段，写北魏主元宏自邺城返回洛阳，路过李冲的坟墓，禁不住热泪成行，感慨人才难得；心念改革，看到洛阳还有人穿戴旧式的衣帽，便大发雷霆，责备留守大臣。）

【注释】

[1]东昏侯：即萧宝卷。胡三省曰：“讳宝卷，字智藏，明帝第二子也；本名明贤，明帝辅政后，改焉。明帝长子宝义有废疾，故立帝为太子。其后萧衍、萧颖胄以荆、雍起兵辅南康王宝融以攻帝，废帝为东昏侯。荆、雍在西，谓帝以昏虐居东，故废为东昏侯。”[2]戊寅朔：正月一日。[3]改元：萧宝卷即位，更改年号，更改明帝萧鸾的永泰年号为永元。[4]复雍州诸郡：收复上年被北魏占去的南阳、新野等郡。雍州，南齐的州治在今湖北襄阳市。[5]癸未：正月六日。[6]乙酉：正月八日。[7]发邺：由邺城动身，返回洛阳。据《资治通鉴》卷一四一，魏主于去年“十二月甲寅（初七日），自邺班师”，至今一个月后才动身正式启程。[8]辛卯：正月十四日。[9]帝祀南郊：南齐的小皇帝萧宝卷到南郊祭天。[10]戊戌：正月二十日。[11]卧疾：病重，卧床不起，现卧于车中。[12]留守官：留守洛阳的群臣。[13]语及冲，辄（zhé）流涕：胡三省曰：“李冲与任城王澄等同守留台，魏主还洛见留守官，而冲已死，故语及辄流涕，念之之甚也。”辄，总是，就。[14]旧俗少变不（fǒu）：过去的旧习惯有点变化了吗？少，同“稍”。不，同“否”。[15]圣化日新：按照您的教导，正在一天天地发生变化。[16]车上妇人：乘车的贵妇人。戴帽、著小袄：胡三省曰：“此代北妇人之服也。”[17]此何言也：你这是说的什么废话！元澄说的是实话，改革有个渐变的过程，而皇上元宏因李冲之死，正在气头上，加之病重，变得非常暴躁。[18]必欲使满城尽著邪：难道还让新都洛阳满城都穿戴这种旧式衣冠？著，着，此指“戴帽、著小袄”。[19]免冠谢：摘掉帽子，磕头请罪。谢，谢罪。[20]甲辰：正月二十七日。[21]魏主之幸邺（yè）：此追述去年之事。指北魏主元宏由南方前线回到邺城。邺：即邺城，古城名，在今河北临漳县西南，时为北魏相州州治所在地。[22]迎拜于邺南：胡三省曰：“彪既得罪，归乡里，故迎魏主于邺南。”[23]谢罪：认罪，自陈与李冲闹矛盾的罪过，请求原谅。李

彪曾是皇上元宏的宠臣，眼高于顶，在留守洛阳期间，与“恩师”李冲发生激烈冲突，李冲气愤不过，就收集罪证，予以弹劾，李彪罪至死，被皇上赦免，削职为民；而李冲则被活活气死，两败俱伤。［24］思李仆射（yè）而止：一想到李冲被你气死，于是也就只好停止使用你了。李仆射，李冲生前曾任尚书仆射，也是皇上元宏宠幸的文学之臣，以职务称人，是一种尊敬的表现。［25］御史台：古官署名，为中央监察机构。令史：御史台主管文书的小吏。龙文观：北魏御史台官员。［26］被收：被逮捕。［27］有手书自理：曾亲笔写信向您申诉。自理，自我申辩，请求宽宥。［28］彪不以闻：李彪没有向您报告。李彪不只是没有上交太子的书信，而且说过太子的坏话。元恂本来已经悔过自新，而李彪却说元恂欲谋反，才被皇上元宏下令毒杀。可见李彪用心歹毒。事见《资治通鉴》卷一四一明帝建武三年（496）。［29］尚书表收彪：尚书令上表请求逮捕李彪。赴洛阳：押送到洛阳。［30］散载：与装入囚车相对而言，用牛车装载，没有拘执，人身没有受到限制。诣（yì）：到，至。［31］简：即元简，也称“拓跋简”，字叔亮，文成帝拓跋浚第四子，孝文帝元宏叔父，封为齐郡王，累拜太保。谥号灵。传见《魏书》卷二十。［32］辛亥：二月五日。［33］咸阳王禧：即元禧，也称“拓跋禧”，字思永，献文帝拓跋弘次子，孝文帝元宏之弟，封咸阳王。元宏去世，受遗诏辅政，拜太尉、录尚书事、司州牧。传见《魏书》卷二十一上。

魏主连年在外［1］，冯后［2］私于宦者高菩萨［3］。及帝在悬瓠病笃［4］，后益肆意无所惮［5］，中常侍双蒙等为之心腹［6］。

彭城公主［7］为宋王刘昶子妇，寡居。后为其母弟北平公冯夙［8］求婚，帝许之；公主不愿，后强［9］之。公主密与家僮冒雨［10］诣悬瓠，诉于帝，且具道后所为。帝疑而秘之。后闻之，始惧，阴与母常氏使女巫厌祷［11］，曰：“帝疾若不起，一旦得如文明太后辅少主称制［12］者，当赏报不赀［13］。”

帝还洛，收高菩萨、双蒙等，案问［14］，具伏［15］。帝在含温室［16］，夜引后入，赐坐东楹［17］，去御榻［18］二丈余，命菩萨等陈状［19］。既而召彭城王勰、北海王详［20］入坐，曰：“昔为汝嫂，今是路人［21］，但入勿避［22］！”又曰：“此妪欲手刃吾胁［23］！吾以文明太后家女［24］，不能废，但虚置宫中，有心庶能自死［25］；汝等勿谓吾犹有情也。”二王出，赐后辞诀［26］；后再拜［27］，稽首涕泣［28］。入居后宫，诸嫔御［29］奉之犹如后礼，唯命太子不复朝谒［30］而已。

初，冯熙以文明太后之兄，尚恭宗女博陵长公主［31］。熙有三女，二为皇后，一为左昭仪[32]，由是冯氏贵宠冠群臣，赏赐累巨万[33]。公主生二子，诞，修[34]。熙为太保，诞为司徒，修为侍中、尚书，庶子聿为黄门郎[35]。黄门侍郎崔光与聿同直[36]，谓聿曰："君家富贵太盛，终必衰败。"聿曰："我家何所负[37]，而君无故诅我[38]！"光曰："不然。物盛必衰，此天地之常理[39]。若以古事推之，不可不慎。"后岁余而修败。修性浮竞[40]，诞屡戒[41]之，不悛[42]，乃白于太后及帝[43]而杖之。修由是恨诞，求药，使诞左右毒之。

事觉，帝欲诛之，诞自引咎[44]，恳乞其生[45]。帝亦以其父老，杖修百余，黜为平城民[46]。及诞、熙继卒[47]，幽后寻废[48]，聿亦摈弃[49]，冯氏遂衰[50]。

（以上为第二段，写北魏孝文帝处理宫闱丑事。冯皇后明目张胆地宠幸男宠，且诅咒皇上，孝文帝隐忍不发，只是不让太子元恪拜谒皇后，最终还是废了冯皇后，冯氏家族由此衰落。）

【注释】

[1]连年在外：连年南伐与在外地巡视。孝文帝元宏自建武元年（494）率军南伐，至此已历四年。 [2]冯后：即冯润，长乐信都（今河北衡水市冀州区）人，冯太后（文成帝拓跋浚皇后）侄女，比丈夫元宏长一辈，但年龄相差无几，为元宏第二任皇后。曾刺死皇子元恪的生母，宫闱寂寞，毫不掩饰地与男宠通奸。元宏得知后，予以隐忍，而在他临死前，令其殉葬，以保全其名声。谥号幽皇后。传见《魏书》卷十三。 [3]私：特殊宠爱、偏袒。高菩萨：北魏宦官，孝文帝元宏第二任皇后冯氏的男宠。 [4]悬瓠（hù）：古军事重镇名，北魏豫州州治所在地，在今河南汝南县。病笃（dǔ）：元宏的病情十分严重。事见《资治通鉴》卷一四一明帝永泰元年（498）。 [5]肆意：任意妄为，肆无忌惮。惮（dàn）：害怕，畏惧。 [6]双蒙：人名，孝文帝元宏时为中常侍，与皇后冯润私通，后被处死。 [7]彭城公主：彭城王元勰之女，孝文帝的侄女。 [8]母弟：犹言"胞弟"，同母之弟，以见其关系之亲近。北平公：封地北平郡，郡治在今河北遵化市东。冯夙（sù）：字始兴，太师冯熙之子，为太子中庶子，封北平侯，赠青州刺史。传见《魏书》卷八十三上。 [9]强：强迫，使用强力。 [10]密：私下，悄悄地。家僮：亦作"家童"，古代对私家奴仆的统称。 [11]女巫：古代以装神弄鬼替人祈祷为业的人，男曰"觋"，女曰"巫"。厌祷：以巫术祈祷鬼神，求福镇邪。厌，镇压妖邪。《魏书·皇后传》作"构厌"，求鬼神降灾以害人，即祈祷孝文帝元宏死。 [12]文明太后：即两度临朝的冯太后。辅少主称制：意即像当年的冯太后那样，以辅佐小皇帝为名，而自己行使皇帝的权力。称制，太后临朝行天子事，以皇帝之尊发号施令。胡三省曰："文明太后，后之姑也，其包藏祸心若此，岂非姑之教也！" [13]赏报不赀（zī）：将赏给

你无数的钱财，给你泼天富贵。不赀，无法计算。［14］案问：审问，盘问。［15］具伏：全都认罪。伏，伏法，认罪。［16］含温室：古宫室名，即暖房，北魏时洛阳皇宫的宫室。［17］东楹：厅堂东侧的立柱。［18］御榻（tà）：皇帝的坐卧具。［19］陈状：陈述与皇后之间的罪状。［20］彭城王勰（xié）：即元勰。北海王详：即元详。两王皆孝文帝元宏之弟。孝文帝废冯皇后，按家法处置，不使家丑外扬，故不以廷议了断。［21］路人：即同路人，比喻彼此毫无关系。［22］但入勿避：只管进来，无须回避。［23］此妪（yù）：这个女人，指冯皇后。妪，一般称老妇，也是妇女的通称。手刃吾胁：拿刀捅在我的肋上，是说皇后所做的坏事，就等于是在捅皇上的心窝，伤心至极。胁，肋上。［24］文明太后家女：冯皇后是冯熙之女，冯太后的侄女。［25］有心庶能自死：如果有愧疚之心，或许能认罪自裁。胡三省曰："言若有人心，必当自取尽也。"有心，有人心，知廉耻。庶，庶几，或许。［26］赐后辞诀：让皇后向二王告别。［27］再拜：古代一种隆重的礼节，拜两次，表达敬意。［28］稽首：古代一种跪拜礼，叩头到地。［29］诸嫔御：各位嫔妃、侍女。［30］不复朝谒：不再以母后之礼拜见之。胡三省曰："太子，储君也；命不复朝谒，绝之，不使以母礼事之。"朝谒，朝拜，谒见。［31］博陵长公主：北魏太武帝拓跋焘孙女，景穆帝恭宗拓跋晃之女，文成帝拓跋浚姐妹，献文帝拓跋弘的姑姑、孝文帝元宏的姑奶奶，嫁给冯太后兄长冯熙。传见《魏书》卷八十三上。凡皇帝的姐妹，称曰"长公主"；皇帝的姑姑，称曰"太长公主"。博陵，古郡名，郡治在今河北博野县。［32］二为皇后，一为左昭仪：其长女、次女一齐入宫，长女为皇后，因患病被遣送回家；次女为左昭仪，过早地去世。后来，元宏又迎娶其第三女为皇后。后来，其长女病愈后，又回宫任左昭仪，并恶毒地陷害其三妹，致使三妹被废出家，长女又重新为皇后，后来邪恶不端，被谥为幽皇后。左昭仪，古代妃嫔中的第一级，在宫中的地位仅次于皇后。［33］累巨万：犹今之所谓"好几亿""若干亿"。巨万，大万，即"亿"，单位是铜钱。［34］诞、修：博陵长公主所生二子冯诞、冯修。冯诞封长乐郡公、为司徒、太子太师；冯修封东平郡公，为侍中、尚书。两人传见《魏书》卷八十三上。［35］庶子聿（yù）：即冯聿，冯熙妾所生之子，为黄门郎。字保兴，冯太后之侄，北魏外戚、大臣。传见《魏书》卷八十三上。［36］崔光：本名孝伯，字长仁，北魏儒学之臣、历史学家。授中书博士，转著作郎，拜散骑常侍、侍中，迁太常、中书监。时为黄门侍郎。传见《魏书》卷六十七。同直：一起在宫中值班。直，同"值"。［37］何所负：有什么地方对不起你。负，辜负。［38］无故诅（zǔ）我：无缘无故地诅咒我们家。［39］物盛必衰，此天地之常理：此引用司马迁《史记》中的观点。司马迁说："物盛而衰，固其变也。"又说："原始察终，见盛观衰，论考之行事。"黄门侍郎崔光就是按照这一观点来观察冯熙家族的，预见其必然由盛转衰。［40］浮竞：浮躁，争强好胜，喜欢攀龙附凤地向上爬。［41］戒：同"诫"，告诫，劝说。［42］不悛（quān）：不思悔改。［43］太后及帝：指冯太后与孝文帝元宏。［44］引咎（jiù）：引罪归己，主动承担责任。［45］恳乞其生：恳求保留他的性命。［46］黜（chù）为平城民：被削职为民，打发回平城居住。黜，贬退，免职。平城，古都城名，在今山西大同市北。［47］诞、熙继卒：太和十九年（495）二月，冯诞去世；四月，冯熙又去世。［48］幽后寻废：

冯诞的长女冯氏，二次为皇帝元宏的皇后，接着于太和二十年（496）被废赐死。幽后，即幽皇后，谥号幽。寻，紧跟着。［49］摈弃：抛弃，弃置。摈，抛舍。［50］冯氏遂衰：胡三省曰："史言外戚罕有能全保其福禄者。"

癸亥[1]，魏以彭城王勰为司徒。

陈显达与魏元英战，屡破之。攻马圈城[2]四十日，城中食尽，啖[3]死人肉及树皮。癸酉[4]，魏人突围走，斩获千计[5]。显达入城，将士竞取城中绢[6]，遂不穷追[7]。显达又遣军主庄丘黑进击南乡[8]，拔之。

魏主谓任城王澄曰："显达侵扰，朕不亲行，无以制之。"三月，庚辰[9]，魏主发洛阳，命于烈居守[10]，以右卫将军宋弁兼祠部尚书[11]，摄七兵事[12]以佐之。弁精勤吏治[13]，恩遇亚于李冲[14]。

癸未[15]，魏主至梁城[16]。崔慧景攻魏顺阳[17]，顺阳太守清河张烈[18]固守。甲申[19]，魏主遣振威将军慕容平城[20]将骑五千救之。

自魏主有疾，彭城王勰常居中[21]侍医药，昼夜不离左右，饮食必先尝而后进，蓬首垢面[22]，衣不解带。帝久疾多忿[23]，近侍失指[24]，动欲诛斩[25]。勰承颜伺间[26]，多所匡救[27]。丙戌[28]，以勰为使持节[29]、都督中外诸军事[30]。勰辞曰："臣侍疾无暇，安能治军！愿更请一王[31]，使总军要[32]，臣得专心医药。"帝曰："侍疾、治军，皆凭于汝[33]。吾病如此，深虑不济[34]，安六军、保社稷[35]者，舍汝而谁！何容方更请人以违心寄[36]乎！"

丁酉[37]，魏主至马圈，命荆州刺史广阳王嘉[38]断均口[39]，邀[40]齐兵归路。嘉，建之子也。

陈显达引兵渡水西[41]，据鹰子山[42]筑城；人情沮恐[43]，与魏战，屡败。魏武卫将军元嵩免胄陷陈[44]，将士随之，齐兵大败。嵩，澄之弟也。戊戌夜[45]，军主崔恭祖、胡松[46]以乌布幔盛显达[47]，数人担之，间道自分碛山[48]出均水口南走。己亥[49]，魏收显达军资亿计，班赐[50]将士，追奔至汉水[51]而还。左军将军张千[52]战死，士卒死者三万余人。

显达之北伐，军入汮均口[53]。广平冯道根[54]说显达曰："汮均水迅急，易进难退，魏若守隘[55]，则首尾俱急[56]。不如悉弃船于酂城[57]，陆道步进，列营相次[58]，鼓行而前[59]，破之必矣。”显达不从。道根以私属从军[60]，及显达夜走，军人不知山路，道根每及险要，辄停马指示之[61]，众赖以全[62]。诏以道根为汋均口戍副。显达素有威名，至是大损[63]。御史中丞范岫[64]奏免显达官，显达亦自表解职，皆不许，更以显达为江州[65]刺史。崔慧景亦弃顺阳走还[66]。

（以上为第三段，写南齐派大将陈显达率军北伐，初攻破马圈城，将士争夺财货，无心追敌；北魏孝文帝带病亲征；南齐将士遭受重创，狼狈逃回。）

【注释】

[1]癸亥：二字原无，据章校补。癸亥，二月十七日。[2]马圈城：北魏军事据点名，在今河南南阳市西南。[3]啖（dàn）：啃，吃。[4]癸酉：二月二十七日。[5]斩获千计：指陈显达斩获魏军数千人。[6]竞取城中绢：争先恐后地抢夺绢帛，说明陈显达率领的军队纪律不严明，后来的失败，也与此有关系。绢帛，丝织品，在当时当做钱币使用。[7]遂不穷追：为了抢东西而忘了去追击敌人。胡三省曰：“史言齐师贪卤掠以纵敌。”[8]军主：一支部队的统领。庄丘黑：姓庄丘，名黑，南齐小皇帝萧宝卷时为军主。南乡：古郡名，原来属南齐，为顺阳郡治所在地，去年被北魏占领。[9]庚辰：三月四日。[10]居守：居洛阳主管留守事宜。[11]祠部尚书：掌尚书省祠部曹，后为礼部尚书。[12]摄七兵事：代理兵部尚书的职务。摄，代理，兼任。七兵，即七兵尚书曹事，当时北魏尚书省中管理军事的部门，即后来的兵部尚书，主军防、门禁、仪仗等。胡三省引杜佑曰：“魏始置五兵尚书，谓中兵、外兵、别兵、都兵、骑兵也。晋又分中、外兵各为左、右，后魏遂为七兵尚书。”[13]精勤吏治：熟悉并擅长处理行政事务。吏治，职事。[14]恩遇亚于李冲：受北魏主元宏宠信的程度比当年的李冲略差一些。恩遇，恩宠，特别的礼遇。亚于，仅次于。[15]癸未：三月七日。[16]梁城：古城名，即梁县县城，在今河南汝州市西。[17]顺阳：古郡名，郡治南乡，在今河南内乡县西南。[18]张烈：字徽仙，清河东武城（今河北故城县）人，前燕尚书右仆射张悕玄孙，散骑常侍张恂曾孙，北魏顺阳太守、龙骧将军、征虏将军。传见《魏书》卷七十六。[19]甲申：三月八日。[20]姓慕容，北魏振威将军。[21]居中：在宫中侍候。[22]蓬首垢（gòu）面：不梳头、不洗脸，头发散乱、脸上污脏。垢，污秽，肮脏。[23]久疾多忿：因长期生病，脾气暴躁。忿，同“愤”，激愤。[24]失指：不合心意。指，同“旨”，意图。[25]动欲诛斩：动不动就想杀人。[26]承颜伺间（jiàn）：注意观察皇上的脸色、心境，找准机会，见机行事。颜，面容，脸色。[27]匡救：匡正，补救。[28]丙戌：三月十日。[29]使持节：皇帝命将出征的三种特殊待遇之一，最高者曰“使持节”，其次曰“持节”，再次曰“假节”，都有不同等级的生杀之权。节，皇帝使者所持的信物。以竹为之，

以旄牛尾为之饰。[30]都督中外诸军事：总管整个国家的军事，包括军队、军事行动。都督，统领，统率。中外，朝廷内外。[31]更请一王：另外再请一位兄弟。[32]使总军要：让他总管军机。军要，胡三省曰："犹言军权也。"[33]凭于汝：依仗于你。凭，依凭，依靠。[34]深虑不济：反复考虑，情况不妙，估计是好不了了。不济，不能好。[35]安六军：总管全国军队。周制，天子置六军，后来作为军队的统称。保社稷：保卫国家。社稷，土神与谷神，历代国王都要举行祭祀，故代指国家。[36]何容方更请人以违心寄：怎么能再请别人，以违背我的心意。方，将，想。心寄，出自内心的寄托。[37]丁酉：三月二十一日。[38]荆州：北魏州名，州治在今河南鲁山县。广阳王嘉：即元嘉，也称"拓跋嘉"，太武帝拓跋焘之孙，广阳王拓跋建之子，拜徐州刺史，封广阳王，后为尚书左仆射，为荆州刺史。传见《魏书》卷十八。[39]断均口：截断由均水进入沔水的一切船只。均口，在今湖北十堰市，是均水流入沔水的汇口。当时的南齐军队与其一切物资都是由汉水逆流北上，再由汉水进入均水。[40]邀：拦截。[41]渡水西：渡均水西进。[42]鹰子山：古山名，在今河南淅川县南、丹江水库西。[43]沮（jǔ）恐：情绪低落，心里恐慌，这样的军队还能打胜仗吗？[44]元嵩：也称"拓跋嵩"，字道岳，景穆帝拓跋晃之孙，任城康王拓跋云次子，武卫将军，封高平县侯。传见《魏书》卷十九中。免胄陷陈：不戴头盔，冲入南齐军阵，表现了元嵩的作战勇猛和无畏精神。胄，头盔。陈，通"阵"。[45]戊戌夜：三月二十二日的夜间。"夜"，此字原无，据章校补。[46]崔恭祖、胡松：两人均南齐军主，后为名将陈显达部下的一支军队的头领。[47]以乌布幔（màn）盛（shèng）显达：用黑色的帐布将陈显达包裹起来，因为陈显达主张进攻，而诸将要求退却而不得，故将陈显达包裹挟持而退。幔，帐幔，纱布。盛，装，此指包裹。[48]间（jiān）道：隐秘的小道。分碛山：古山名，在均水口的北方，今湖北谷城县西北。[49]己亥：三月二十三日。[50]班赐：赏赐。班，同"颁"，颁发。[51]汉水：即前文所说的沔水。南齐的雍州州治襄阳就在汉水边上。[52]张千：南齐名将陈显达部属，为左军将军，在北伐中战死。胡三省引《考异》曰："《魏书》作'张千达'，今从《齐书》。"[53]汋（què）均口：又称均口，在今湖北丹江口市西北丹江入汉水之口。[54]冯道根：字巨基，广平酇县（今湖北老河口市）人，南梁名将。传见《梁书》卷十八。[55]守隘（ài）：坚守要地不战。隘，险要的地方。[56]首尾俱急：指南齐军进退两难，两头难以相顾。[57]酇（zàn）城：古城名，即酇县县城，汉萧何所封之地，在今湖北老河口市西北。[58]列营相次：排列扎营，按次序紧密连接。[59]鼓行而前：击鼓前进，造成强大的声势。[60]以私属从军：带着家中的一些奴仆、门客、亲党跟着军队一道活动。[61]辄（zhé）指示之：总是指着山形溪路告诉他们。[62]众赖以全：许多人就因为有了他才获保性命。全，保全性命。[63]至是大损：胡三省曰："陈显达之败，固是弱不可以敌强，亦天为之也。齐师溃于戊戌（三月二十二日），魏主殂于丙午（四月一日）。傥显达更能支持数日，安知不能转败为功邪！"[64]御史中丞：国家掌管监察的主要长官。范岫（xiù）：字懋宾，济阳考城（今河南民权县）人，南齐文学之士。官至御史中丞兼前军将军、尚书吏部郎。入梁官至右卫将军、金紫光禄大夫。传见《梁书》卷二十六。[65]江州：州治寻阳，在今江西九江市。［66］走还：逃回。

庚子[1]，魏主疾甚，北还，至谷塘原[2]，谓司徒勰曰："后宫久乖阴德[3]，吾死之后，可赐自尽，葬以后礼，庶免冯门之丑[4]。"又曰："吾病益恶，殆[5]必不起。虽摧破显达，而天下未平，嗣子幼弱[6]，社稷所倚，唯在于汝。霍子孟、诸葛孔明[7]以异姓，犹受顾托[8]，况汝亲贤[9]，可不勉之[10]！"勰泣曰："布衣之士[11]，犹为知己毕命[12]；况臣托灵先帝[13]，依陛下之末光[14]乎！但臣以至亲，久参机要，宠灵辉赫[15]，海内莫及；所以敢受而不辞，正恃陛下日月之明[16]，恕臣忘退之过[17]耳。今复任以元宰[18]，总握机政[19]；震主之声[20]，取罪必矣。昔周公大圣[21]，成王至明，犹不免疑，而况臣乎！如此，则陛下爱臣，更为未尽始终之美[22]。"帝默然[23]久之，曰："详思汝言，理实难夺[24]。"乃手诏太子曰："汝叔父勰，清规懋赏[25]，与白云俱洁；厌荣舍绂[26]，以松竹为心。吾少与绸缪[27]，未忍暌离[28]。百年之后[29]，其听勰辞蝉舍冕[30]，遂其冲挹之性[31]。"以侍中、护军将军北海王详为司空，镇南将军王肃为尚书令，镇南大将军广阳王嘉为左仆射，尚书宋弁为吏部尚书，与侍中太尉禧、尚书右仆射澄等六人辅政。夏，四月，丙午朔[32]，殂[33]于谷塘原。

高祖友爱诸弟，终始无间[34]。尝从容谓咸阳王禧等曰："我后子孙邂逅不肖[35]，汝等观望[36]，可辅则辅之，不可辅则取之，勿为他人有[37]也。"亲任贤能，从善如流，精勤庶务[38]，朝夕不倦。常曰："人主患不能处心公平[39]，推诚于物[40]。能是二者，则胡、越[41]之人皆可使如兄弟矣。"用法虽严，于大臣无所容贷[42]，然人有小过，常多阔略[43]。尝于食中得虫，又左右进羹[44]误伤帝手，皆笑而赦之。天地五郊[45]、宗庙二分[46]之祭，未尝不身亲其礼[47]。每出巡游及用兵，有司奏修道路，帝辄曰："粗修桥梁，通车马而已，勿去草划令平[48]也。"在淮南行兵[49]，如在境内。禁士卒无得践伤[50]粟稻；或[51]伐民树以供军用，皆留绢偿之[52]。宫室非不得已不修，衣弊[53]，浣濯[54]而服之，鞍勒[55]用铁木而已。幼多力善射，能以指弹碎羊骨[56]，射禽兽无不命中[57]；及年十五，遂不复畋猎[58]。常谓史官曰："时事[59]不可以不直书。人君威福在己[60]，无能制之者；若史策[61]复不书其恶，将何所畏忌邪！"

彭城王勰与任城王澄谋，以陈显达去尚未远，恐其复相掩逼[62]，乃秘不发丧[63]，徙御卧舆[64]，唯二王与左右数人知之。勰出入神色无异，奉膳，进药，可决外奏[65]，一如平日[66]。数日，至宛城[67]，夜，进卧舆于郡听事[68]，得加棺敛[69]，还载卧舆内，外莫有知者。遣中书舍人张儒奉诏征太子[70]；密以凶问[71]告留守于烈。烈处分行留[72]，举止无变[73]。太子至鲁阳[74]，遇梓宫[75]，乃发丧；丁巳[76]，即位，大赦。

彭城王勰跪授遗敕[77]数纸。东宫官属多疑勰有异志，密防之，而勰推诚尽礼[78]，卒无间隙[79]。咸阳王禧至鲁阳，留城外以察其变[80]，久之，乃入，谓勰曰："汝此行不唯勤劳，亦实危险。"勰曰："兄年长识高，故知有夷险[81]；彦和握蛇骑虎[82]，不觉艰难[83]。"禧曰："汝恨吾后至耳[84]。"

（以上为第四段，写北魏孝文帝一生操劳，最后病死在南伐途中，司徒元勰负责处理丧事，避免南齐军队反攻，先秘不发丧，待太子元恪赶来，在鲁阳发丧。）

【注释】

[1]庚子：三月二十四日。[2]谷塘原：古地名，在马圈城之北，今河南邓州市东南。[3]后宫久乖（guāi）阴德：指皇后冯氏很早以来就没有皇后之德。阴德，指皇后之德。古代以女子为阴。[4]庶：庶几，差不多。免冯门之丑：为冯氏一门遮羞。如果废后，则是将皇后的失德公开，冯氏一门身败名裂；而将其赐死，仍以皇后的身份下葬，保住了冯氏一门的名声。[5]殆：估计，恐怕。[6]嗣子幼弱：太子元恪，时年十七岁。幼弱，缺乏治国能力。[7]霍子孟：即霍光，西汉名臣，受汉武帝遗诏辅佐年幼的汉昭帝，继又辅佐汉宣帝，中兴了汉朝，封为博陆侯。诸葛孔明：即诸葛亮，三国时助刘备建立蜀汉，受昭烈帝刘备托付，为丞相，辅佐后主刘禅治理蜀国，封为武乡侯。[8]犹：此字原无，据章校补。顾托：犹嘱托，帝王临终前将年幼的嗣子托付于辅佐大臣。[9]亲贤：本家族的贤才，既亲又贤。[10]可不勉之：还不应该尽心尽力吗？勉，尽力，努力。[11]布衣之士：平民出身的人，这里指霍光、诸葛亮。布衣，平民，百姓。[12]为知己毕命：即"士为知己者死"。毕命，终其一生，犹言"贡献一切"。[13]托灵先帝：即托先帝之灵，与孝文帝元宏同秉一个父亲。托灵，胡三省曰："托体，皆兄弟同气之谓也。"[14]依陛下之末光：意即又长期在孝文帝元宏驾下称臣，得到照拂。末光：微光，余晖。

[15]宠灵：受到恩宠，得到福泽。辉赫：声势显赫。 [16]恃陛下日月之明：依仗您像日月一样的光明、英明。 [17]恕臣忘退之过：能让我在如此之长的时间内掌管大权。恕，宽恕，优待。[18]元宰：首相，众臣之长。 [19]总握：总揽，统领。机政：国家的机要大权。 [20]震主之声：让君王受到震动而心有疑虑的声威。震，惊恐，畏惧。 [21]“昔周公大圣”四句：像周公那样的大圣人，像周成王那样极度英明的君王，仍免不了被疑擅权，何况臣呢？周公辅成王，被管叔、蔡叔疑心擅权，发动叛乱，后又一度受成王猜疑。事见《史记·周本纪》和《史记·鲁周公世家》。 [22]更为未尽始终之美：反而使我不能实现善始善终的美好愿望。 [23]默然：默不作声、深沉思考的样子。 [24]理实难夺：从道理上来说是对的，难以反驳。 [25]清规：美好的规范，引申为清逸，美好的人格。懋（mào）赏：盛美的嘉奖，引申为高尚、清高的节操。懋，盛大，美好。 [26]厌荣舍绂（fú）：厌弃荣华，不愿做官。绂，系官印的丝带。 [27]少与绸缪（móu）：从小与他感情深厚。绸缪，情意缠绵的样子。 [28]未忍暌（kuí）离：不忍心与他分开。暌，同“睽”，隔开，分离。 [29]百年之后：意即等我去世之后。 [30]听：听任，同意。辞蝉舍冕：辞去显贵的职务。蝉冕，又称貂蝉冠，汉代皇帝侍从的帽子，用貂尾蝉纹做装饰。后用“蝉冕”作为对显贵官僚的通称。 [31]遂：顺从，满足。冲挹（yì）之性：谦逊、退让的性格。 [32]丙午朔：四月一日。 [33]殂（cú）：死亡、去世。孝文帝元宏死时年仅三十三岁，元宏实在太操心劳累了。 [34]终始无间：从始至终都没有任何隔阂。孝文帝元宏共有六个弟弟，分别是二弟元禧，字永寿，封咸阳王；三弟元干，字思直，封河南王，后改封赵郡王；四弟元羽，字叔翻，封广陵王；五弟元雍，字思穆，封高阳王；六弟元勰，字彦和，封始平王，后改封彭城王；七弟元详，字季豫，封北海王。 [35]邂逅（xièhòu）不肖：一旦碰上不成材、没出息的担任皇帝。不肖，不贤。 [36]观望：留心观察，监察。 [37]勿为他人有也：胡三省曰：“以禧之骄贪如此，孝文以此语之，是启其奸心也。景明之祸，帝实胎之。”[38]精勤庶务：专心勤奋于各项政务工作。[39]处心公平：以公平之心处理、对待一切事情。 [40]推诚于物：推心置腹地对待别人。物，他人。 [41]胡、越：泛指北方与南方的少数民族，胡在北，越在南，两地相距极远，比喻疏远隔绝。 [42]无所容贷：绝不宽容。容贷，宽恕，饶恕。 [43]阔略：忽略，不计较。 [44]羹（gēng）：五味调和的糊状食品。 [45]天地：祭祀天、地，即于南郊祭天、北郊祭地。五郊：古代帝王于东郊、南郊、西郊、北郊、中郊祭祀五方之神，迎候节气。 [46]宗庙二分：祭祀宗庙，与春分朝日、秋分朝月的祭祀。胡三省引郑康成说：“古者天子春分朝日、秋分夕月，故曰二分之祭。”[47]身亲其礼：亲自参加这些典礼，对神灵非常虔诚。身亲，亲身。 [48]勿去草刬（chǎn）令平：不必清除杂草、不必铺平路面。刬，同“铲”，削去，铲平。 [49]在淮南行兵：在敌占区的地面上行军。 [50]践伤：踏坏，踩伤。 [51]或：有时。 [52]皆留绢偿之：都给树的主人留下丝帛，以做赔偿。 [53]弊：同“敝”，破旧，此指脏污。 [54]浣（huàn）濯（zhuó）：洗涤。 [55]鞍勒：马鞍和马笼头。勒，笼头，嚼子。 [56]弹碎：敲断。羊骨：胡三省曰：“《魏纪》云：‘能以指弹碎羊髆骨。’羊骨唯髆骨颇脆，他骨未易弹碎也。”[57]命中：射中。胡三省

曰："先命其处而后射中之。"［58］畋（tián）猎：打猎。［59］时事：指国家大事与皇帝的活动。［60］威福在已：言其权力极大，为所欲为，可以令人获福，也可以令人遭罪。［61］史策：即史册，记载历史人物的书簿。策，同"册"。［62］复相掩逼：又回来追击北魏军队。胡三省曰："恐凶问外露，陈显达知之，反兵追掩以相逼。"其实，他们也太高估了陈显达的军队了，他们逃命还来不及呢！复，返回。掩逼：迅速逼近。［63］秘不发丧：隐瞒而不宣布北魏主元宏去世的消息。发丧，将死人的消息公布于众。［64］徙御卧舆：把北魏主元宏的遗体移放在可以睡卧的车子里。御，装载。［65］可决外奏：答应、批准臣下启奏的公事。就像当年李斯、赵高隐瞒秦始皇嬴政的去世一样，但他们没有赵高等人的那种坏心思。可决，许可，决定。［66］一如平日：此处描写掩盖北魏主元宏去世消息的情景，与《史记》写始皇帝之死相同。《史记·秦始皇本纪》曰："丞相斯为上崩在外，恐诸公子及天下有变，乃秘之，不发丧。棺载辒凉车中，故幸宦者参乘，所至上食。百官奏事如故，宦者辄从辒凉车中可其奏事。"［67］宛（yuān）城：古城名，在今河南南阳市。［68］郡听事：南阳郡太守衙门理事的正堂。［69］棺敛（liǎn）：装遗体入棺。敛，同"殓"，给死者穿戴入棺。［70］张儒：北魏时人，孝文帝元宏时为中书舍人。征太子：召太子来宛城。［71］凶问：凶信，死讯，即北魏主元宏去世的消息。［72］处分行留：有关派人去宛城，与派人在洛阳准备迎接的各项安排。［73］举止无变：胡三省曰："史言魏孝文之殂，执羁绁、守社稷者皆能以常处变，不动声色，盖其善用人之效也。"［74］鲁阳：北魏郡名，郡治在今河南鲁山县。［75］遇梓（zǐ）宫：遇到了皇帝的灵柩。［76］丁巳：四月十二日。［77］遗敕：临终告诫。［78］推诚尽礼：对东宫属官以诚相待，对嗣君元恪以礼相待。［79］卒无间隙：没有一点儿破绽，所怀疑的人没有空子可钻。［80］留城外以察其变：防止发生宫廷政变一类的事情。胡三省曰："亦疑勰有异志也。"［81］有夷险：有平安，也有危险，这里单指危难、艰险。夷，平，平安。［82］彦和：即元勰，字彦和。对人说话自称字，是表示谦逊、客气。握蛇骑虎：如握毒蛇，如骑虎背。［83］不觉艰难：已经忘记了艰难。［84］恨吾后至：意即嫌我对你产生怀疑，故迟迟不肯进城。

勰等以高祖[1]遗诏赐冯后死。北海王详使长秋卿白整[2]入授后药，后走呼[3]，不肯饮，曰："官岂有此[4]，是诸王辈杀我耳！"整执持强之[5]，乃饮药而卒。丧至洛城南，咸阳王禧等知后审死[6]，相视曰："设[7]无遗诏，我兄弟亦当决策去之[8]；岂可令失行妇人宰制[9]天下、杀我辈也[10]！"谥曰"幽[11]皇后"。

五月，癸亥[12]，加抚军大将军始安王遥光开府仪同三司。

丙申[13]，魏葬孝文帝于长陵[14]，庙号高祖。

魏世宗[15]欲以彭城王勰为相，勰屡陈遗旨，请遂素怀[16]，帝对之悲恸[17]。勰恳请不已，乃以勰为使持节、侍中，都督冀、定等七州诸军事[18]，骠骑大将军、开府仪同三司、定州刺史。勰犹固辞，帝不许，乃之官[19]。

魏任城王澄以王肃羁旅[20]，位加己上，意颇不平[21]。会齐人降者严叔懋告肃谋逃还江南[22]，澄辄禁止肃[23]，表称谋叛[24]，案验[25]无实。咸阳王禧等奏澄擅禁宰辅[26]，免官还第，寻出为雍州刺史[27]。

六月，戊辰[28]，魏追尊皇妣高氏为文昭皇后[29]，配飨高祖[30]，增修旧冢，号终宁陵[31]。追赐后父飏爵勃海公[32]，谥曰"敬"[33]，以其嫡孙猛袭爵[34]；封后兄肇为平原公[35]，肇弟显为澄城公[36]；三人同日受封。魏主素未识诸舅，始赐衣帻[37]引见，皆惶惧失措[38]；数日之间，富贵赫奕[39]。

秋，八月，戊申[40]，魏用高祖遗诏，三夫人[41]以下皆遣还家。

（以上为第五段，写北魏孝文帝去世后的后事处理，冯皇后被赐死，谥号幽皇后；元恪即位，元勰外放州镇，王肃位在元澄之上；高皇后之兄封为公爵。）

【注释】

[1]高祖：即元宏。元宏去世后，谥号孝文，庙号高祖。高祖，多为开国之君的庙号。而元宏并非开国之主，但他决意迁都洛阳，开辟新都，故以此号称之。 [2]长秋卿：皇后宫的诸官之长。白整：北魏孝文帝元宏、宣武帝元恪时的宦官，曾为长秋卿，卒赠平北将军、并州刺史。传见《魏书》卷九十四。 [3]走呼：一边逃跑，一边喊叫。 [4]官岂有此：皇帝怎么会这样做。官，也称"官家"，对皇帝的称呼。 [5]执持强之：捉住她，逼着她喝下去。 [6]审死：确实是死了。[7]设：假使，即使。 [8]决策去之：决定，定策除掉她。 [9]失行：失去品行，此指女子不贞。宰制：主宰，统治，指幽皇后如不死，将会为皇太后，临朝称制。 [10]杀我辈也："也"字同"邪"，反问语词。 [11]幽：《谥法解》曰："壅遏不通曰'幽'。"[12]癸亥：疑有误，五月无癸亥日。 [13]丙申：五月二十一日。 [14]长陵：古陵墓名，北魏孝文帝元宏的陵寝，位于河南洛阳市孟津区。 [15]魏世宗：嗣君元恪的庙号。元恪才即位为帝，就以庙号称之，实在是有失妥当。按常理称庙号应当在皇帝去世之后。 [16]请遂素怀：请求满足平时一贯的心愿。[17]悲恸（tòng）：非常悲伤。恸，同"痛"，哀痛不已。 [18]冀、定等七州：即冀州、定州、相州、瀛州、幽州、平州、营州。 [19]之官：到管区上任。 [20]羁（jī）旅：外来的人。王肃本是江南人，因其父被南齐武帝所杀而投奔北魏，故曰"羁旅"。此时王肃为尚书令，任城王元澄

为右仆射，所以元澄说王肃“位加己上”。元澄是一位很有能力、很有威望的官员，如此安排，可能不太妥当，不知元宏出于何种目的？［21］不平：愤懑不满。［22］严叔懋（mào）：南齐人，小皇帝萧宝卷时投降北魏。江南：长江以南地区，此代指南齐。［23］禁止肃：不许王肃进入尚书省。［24］表称谋叛：元澄上表北魏主，说王肃阴谋叛逃。［25］案验：查验。案，考察。［26］擅禁宰辅：擅自拘禁宰相。当时的尚书令相当于丞相，主持国家政事。［27］寻出为雍州刺史：不久放外任为雍州刺史。雍州，北魏的州治长安，在今陕西西安市西北。胡三省曰：“史官称任城王澄之才略，魏宗室中之巨擘也。太和之间，朝廷有大议，澄每出辞，气加万乘而轶其上。孝文外虽容之，内实惮之，况咸阳王禧等乎！因王肃而斥逐之耳。主少国疑之时，澄之能全其身者，幸也。”［28］戊辰：六月二十四日。［29］皇妣（bǐ）高氏：北魏世宗元恪死去的生母。妣，古称死去的母亲，即前被皇后冯氏所害死者。高氏，即高照容（469—497），渤海蓨县（今河北景县）人，宣武帝元恪的生母，勃海公高飏的女儿，司徒高肇的妹妹。入宫后封为贵人，生下儿子元恪、元怀，女儿元瑛。去世时年仅二十九岁，谥号昭。其子元恪即位后，追尊其为文昭皇后。传见《魏书》卷十三。［30］配飨（xiǎng）高祖：把皇后高照容的灵牌放在宗庙里孝文帝元宏灵牌的旁边，随丈夫一道享受祭祀。配飨，合祭，袝祀。飨，同“享”。［31］终宁陵：古陵墓名，在孝文帝元宏长陵的东南方。［32］飏（yáng）：即高飏，北魏主元恪生母高照容皇后之父，封勃海公。［33］敬：《谥法解》曰：“夙夜恭事曰‘敬’；善合法典曰‘敬’。”［34］嫡孙猛袭爵：嫡孙高猛袭其祖父高飏之爵，为勃海公。因高飏嫡子高琨已去世，故让嫡孙高猛继承爵位。高猛传见《魏书》卷八十三下。［35］肇（zhào）：即高肇，文昭皇后高照容之兄，宣武帝元恪舅父，北魏外戚、权臣，封平原郡公。传见《魏书》卷八十三下。［36］显：即高显，高肇之弟，封为澄城公。［37］衣帻：衣服头巾。［38］惶惧失措：举动慌乱失常。［39］赫奕（yì）：华贵显耀的样子。奕，盛大。胡三省曰：“为高肇以擅权致祸张本。”［40］戊申：八月五日。［41］三夫人：三位夫人。夫人，北魏嫔妃的名号，位在左、右昭仪以下，位同三公。胡三省曰：“魏高祖始定内官，左、右昭仪位视大司马，三夫人位视三公。”

帝自在东宫[1]，不好学，唯嬉戏无度；性重涩少言[2]。及即位，不与朝士相接[3]，专亲信宦官及左右御刀、应敕[4]等。

是时，扬州刺史始安王遥光、尚书令徐孝嗣、右仆射江祏、右将军萧坦之、侍中江祀、卫尉刘暄更直内省[5]，分日帖敕[6]。雍州刺史萧衍闻之，谓从舅录事参军范阳张弘策[7]曰：“一国三公犹不堪[8]，况六贵[9]同朝，势必相图[10]，乱将作矣。避祸图福，无如此州。但诸弟在都，恐罹世患[11]，当更与益州[12]图之耳。”乃密与弘策修武备[13]，他人皆不得预谋[14]；招聚骁勇[15]以万数，多伐材竹[16]，沈之檀溪[17]，积茅如冈阜[18]，皆不之用。中兵参军东平吕僧珍[19]觉其意，亦私具橹[20]数百张。先是，僧珍为羽林监[21]，徐孝嗣欲引置其府[22]，僧珍知孝嗣不能久，固求从衍[23]。是时，衍兄懿[24]罢益州刺史还，仍行郢州事[25]，衍使弘策说懿曰："今六贵比肩[26]，人自画敕[27]，争权睚眦[28]，理相图灭[29]。主上自东宫素无令誉[30]，媟近[31]左右，慓轻忍虐[32]；安肯委政诸公[33]，虚坐主诺[34]！嫌忌[35]积久，必大行诛戮。始安欲为赵王伦[36]，形迹已见；然性猜量狭[37]，徒为祸阶[38]。萧坦之忌克陵人[39]，徐孝嗣听人穿鼻[40]，祏无断，刘暄暗弱[41]，一朝祸发，中外土崩。吾兄弟幸守外藩[42]，宜为身计[43]；及今猜防未生[44]，当悉召诸弟[45]，恐异时拔足无路[46]矣。郢州控带荆、湘[47]，雍州士马精强，世治则竭诚本朝[48]，世乱则足以匡济[49]；与时进退[50]，此万全之策[51]也。若不早图，后悔无及。"弘策又自说懿曰："以卿兄弟英武[52]，天下无敌，据郢、雍二州为百姓请命[53]，废昏立明[54]，易于反掌，此桓、文之业[55]也，勿为竖子[56]所欺，取笑身后[57]。雍州揣之已熟[58]，愿善图之！"懿不从。衍乃迎其弟骠骑外兵参军伟[59]及西中郎外兵参军憺[60]至襄阳[61]。

（以上为第六段，写南齐萧宝卷即位后，不与朝臣接触往来，专门亲信宦官、侍卫、应敕之人，六贵用事，萧衍已看到其中的深沉危机，积极采取应对之策。）

【注释】

[1]在东宫：指萧宝卷为太子的时候。 [2]重涩（sè）少言：说话费劲不流畅，故而话少。涩，不润滑，不滑溜。 [3]朝士：朝廷上的百官。 [4]御刀：握刀者，即侍卫。应敕（chì）：听喝、听使唤的左右侍从官员。 [5]更直内省：轮流在宫中值班，处理国家政事。更，更替，轮流。直，同"值"。 [6]分日帖敕（chì）：分别每天在群臣的奏章后面签署意见，作为皇帝的命令发布施行。帖敕，犹言"画敕"，即批阅、签署。 [7]从舅：堂舅，母亲的堂兄弟。录事参军：梁州刺史萧懿的属官，主管纠弹过失，掌管符印。张弘策：字真简，范阳方城（今河北固安县）人，梁武帝萧衍从舅，南梁外戚、大臣。萧衍少年时的伙伴，协助萧衍夺权。此时任录事参军，兼襄阳令。南梁建立后，拜散骑常侍，封洮阳县侯，为辅国将军、卫尉卿。后被杀。传见《梁书》卷十一。 [8]一国三公：一个国家里有三个权臣当道。《左传・僖公五年》有所谓"一国三公，吾谁适从"之语。不

堪：不能忍受，不能成事。［9］六贵：即指上述所说的萧遥光、徐孝嗣、江祏、萧坦之、江祀、刘暄。［10］相图：为争权夺利而相互谋害。［11］恐罹（lí）世患：恐怕卷进这场灾难之中。罹，陷入，卷进。［12］益州：州治在今四川成都市，此指萧衍之兄萧懿，时任益州刺史。［13］修武备：准备发动起事作战所使用的物资。［14］预谋：参与谋划。［15］骁（xiāo）勇：勇猛的士兵。骁，本指强壮的马，引申为勇健。［16］材竹：木材与竹竿，都是造船、行船所使用的材料。［17］沈之檀溪：贮藏在檀溪水下。沈，同"沉"，沉埋。檀溪，古溪名。在今湖北襄阳市西南，北流入沔水，因汉末时刘备骑的卢马跃渡脱险而闻名。［18］积茅如冈阜：贮存茅草，堆积得像山岗一样高。冈阜，丘陵，小山包。［19］中兵参军：将军贴身的僚属，管理军府诸事。吕僧珍：字元瑜。东平范县人，南梁开国功臣。南齐时为萧衍之父萧顺之的部下，后又成为萧衍的部下，此时为中兵参军，助其起兵反对东昏侯萧宝卷。南梁建立后，升任冠军将军、前军司马，封平固县侯，官至领军将军、散骑常侍。传见《梁书》卷十一。［20］具橹：准备了战船上使用的器具。橹，使船前进的工具，比桨长而大。［21］羽林监：掌管皇帝卫队的军官。［22］引置其府：让他到尚书令的官衙里为官。引置，援引，安置。［23］固求从衍：坚决请求跟从萧衍，为萧衍的部下。［24］萧懿（yì）：字元达，武帝萧衍之兄，南齐名将，为东昏侯萧宝卷所杀。传见《梁书》卷二十三。［25］仍行郢州事：被任为代理郢州刺史。仍，同"乃"。行，代理，试用。郢州，南齐的州治在今湖北武汉市。［26］比肩：犹言"并立"，权力大小相等。［27］人自画敕（chì）：各自为政，各人批阅各人手下的奏章，各自下达自己的号令。［28］争权睚眦：为了争权夺利而彼此怒目相视，互成仇敌。［29］理相图灭：必然要发展到相互消灭。理，按道理，从道理上来说。图，胡三省曰："谋也，谋相灭也。或曰：'图'当作'屠'。"即屠杀，消灭。［30］主上自东宫素无令誉：指小皇帝萧宝卷从当太子时开始一向没有好名声。令，善，美好。［31］媟（xiè）近：亲近，宠信。媟，不正当的亲近。［32］慓轻忍虐：急躁，轻浮。残忍，暴虐。［33］委政诸公：把朝廷大权交给他们几个人。［34］虚坐主诺：像个木偶一样坐在那里，只管点头说是。主诺：负责应答，表示同意。胡三省曰："言必不肯付朝政以听于六贵，但拥虚位，有可无否，惟主作诺而已。"［35］嫌忌：嫌疑，忌恨。［36］欲为赵王伦：想和西晋的赵王司马伦一样起兵杀人夺权，控制朝政。［37］性猜量狭：性情残忍，心胸狭窄。［38］徒为祸阶：只能成为另一起祸乱产生的台阶，言外之意是他自己成不了什么大气候。［39］忌克陵人：嫉妒别人，好居人上。忌克，嫉妒，苛刻。克，同"刻"。陵人，欺压人。陵，同"凌"。［40］听人穿鼻：言其糊里糊涂，没有主见，听命于人，如牛之听人穿鼻而受制于人。［41］暗弱：昏庸，懦弱。［42］幸守外藩：有幸在地方上掌权。指分别担任大州刺史。［43］宜为身计：应及早地为自己做好打算。［44］及今猜防未生：趁他们还没有对我们产生怀疑。猜防，猜疑，防范。［45］悉召诸弟：让诸弟都离开京城，到我们掌权的地方上来。［46］拔足无路：就是想离开京城，也走不了了。［47］控带荆、湘：连接着荆州与湘州，是二州赴京师的必经之路。控带，控制，连接。荆、湘，古二州名，分夹郢州南北，荆州的州治在今湖北江陵县，湘州的州治在今湖南长沙市。［48］竭诚本朝：对朝廷忠心耿耿。[49]足以匡济：可以救国济世。匡，纠正，扶持。济，救助，救济。[50]与时进退：随着形势的变化而采取新的措施。[51]万全之策：对我们自己来说，是万无一失的。[52]英武：英明，勇武。[53]为百姓请命：意即打着为百姓请命的旗号，对朝廷施加压力。请命，代百姓请求保全性命，消除残暴。[54]废昏立明：废掉昏君，改立明主。[55]桓、文之业：是建立春秋时齐桓公、晋文公一样的称霸天下功业的时候啊。[56]竖子：指朝廷上的"六贵"诸人。[57]取笑身后：以至于被人所杀，被后世人所耻笑。身后，身死之后。[58]雍州：指萧衍，时任雍州刺史。揣（chuǎi）之已熟：已经揣度得十分成熟。揣，估计，揣摩。[59]骠骑外兵参军：骠骑将军的属官。外兵参军，诸公、军府的僚属，掌本府外兵曹事务，兼备参谋咨询。伟：即萧伟，字文达，梁武帝萧衍之弟。南兰陵（今江苏常州市武进区）人，文帝萧顺之第八子，萧衍即位后，加任散骑常侍，册封南平郡王，官至中书令、大司马。谥号元襄。传见《梁书》卷二十二。[60]西中郎外兵参军：西中郎将的属官。憺（dàn）：即萧憺，武帝萧衍异母弟，初任南齐的西中郎将法曹行参军。萧衍起兵南下时，留守雍州，授给事黄门侍郎。南梁建立后，升任安西将军、荆州刺史，封始兴郡王。传见《梁书》卷二十二。[61]至襄阳：襄阳是萧衍雍州刺史的驻镇之地，萧衍叫他的兄弟到他的麾下来，既保全了兄弟性命，也增强了将来图谋变革的力量。

初，高宗虽顾命群公[1]，而多寄腹心[2]在江祏兄弟。二江更直殿内[3]，动止关之[4]。帝稍欲行意[5]，徐孝嗣不能夺[6]，萧坦之时有异同[7]，而祏执制坚确[8]，帝深忿[9]之。帝左右会稽茹法珍、吴兴梅虫儿[10]等，为帝所委任，祏常裁[11]折之，法珍等切齿[12]。徐孝嗣谓祏曰："主上稍有异同，讵可尽相乖反[13]！"祏曰："但以见付[14]，必无所忧[15]。"

帝失德浸彰[16]，祏议废帝，立江夏王宝玄[17]。刘暄尝为宝玄郢州行事[18]，执事过刻[19]。有人献马，宝玄欲观之，暄曰："马何用观！"妃索煮肫[20]，帐下咨暄[21]，暄曰："旦已煮鹅，不烦复此[22]。"宝玄恚[23]曰："舅殊无渭阳情[24]。"暄由是忌宝玄，不同祏议，更欲立建安王宝寅[25]。祏密谋于始安王遥光，遥光自以年长，欲自取，以微旨动祏[26]。祏弟祀亦以少主难保，劝祏立遥光。祏意回惑[27]，以问萧坦之，坦之时居母丧[28]，起复为领军将军[29]，谓祏曰："明帝立[30]，已非次[31]，天下至今不服。若复为此，恐四方瓦解，我期不敢言[32]耳。"遂还宅行丧[33]。

祏、祀密谓吏部郎谢朓[34]曰："江夏[35]年少，脱不堪负荷[36]，岂可复行废立[37]！始安年长，入纂不乖物望[38]。非以此要富贵[39]，政是求安国家[40]耳。"遥光又遣所亲丹阳丞南阳刘沨密致意[41]于朓，欲引以为党，朓不答。顷之[42]，遥光以朓兼知卫尉事[43]，朓惧[44]，即以祏谋告太子右卫率左兴盛[45]，兴盛不敢发[46]。朓又说刘暄曰：始安一旦南面，则刘沨、刘晏居卿今地[47]，但以卿为反覆人[48]耳。"晏者，遥光城局参军[49]也。暄阳惊[50]，驰告遥光及祏。遥光欲出朓为东阳郡[51]，朓常轻祏[52]，祏固请除之。遥光乃收朓付廷尉[53]，与孝嗣、祏、暄等连名启朓[54]"扇动内外[55]，妄贬乘舆[56]，窃论宫禁[57]，间谤亲贤[58]，轻议朝宰[59]。"朓遂死狱中[60]。

暄以遥光若立，己失元舅[61]之尊，不肯同祏议；故祏迟疑久不决；遥光大怒，遣左右黄昙庆刺暄于青溪桥[62]。昙庆见暄部伍多，不敢发[63]；暄觉之，遂发祏谋，帝命收[64]祏兄弟。时祀直内殿[65]，疑有异，遣信报祏[66]曰："刘暄似有异谋。今作何计？"祏曰："政当静以镇之[67]。"俄[68]有诏召祏入见，停中书省[69]。初，袁文旷以斩王敬则功[70]当封，祏执不与[71]；帝使文旷取祏[72]，文旷以刀环筑其心[73]，曰："复能夺我封不[74]！"并弟祀皆死。刘暄闻祏等死，眠[75]中大惊，投出户外[76]，问左右："收至未[77]？"良久，意定[78]，还坐，大悲曰："不念江，行自痛也[79]！"

（以上为第七段，写南齐小皇帝萧宝卷失德，辅政大臣江祏等欲行废立之事，始安王萧遥光欲自立，刘暄告发，矛盾爆发，江祏兄弟被杀害，刘暄惶恐不安。）

【注释】

[1]高宗：南齐明帝萧鸾的庙号，以敬称萧鸾。顾命群公：指萧鸾临死前曾委任了六名顾命大臣，即前所谓"六贵"。 [2]多寄腹心：更多的是以江祏兄弟为亲信，寄寓厚望。 [3]更直殿内：轮流在皇帝跟前值班。 [4]动止关之：朝廷的任何一举一动都必须禀告他们两人知晓。胡三省曰："江祏、江祀兄弟，高宗母景皇后之侄也，故寄以腹心。" [5]稍欲行意：稍有一点想按自己的想法去办。 [6]不能夺：不敢出面反对皇帝的心思。夺，改变。 [7]时有异同：有时能提出不同的意见。异同，偏义复词，实际指"异"。 [8]执制坚确：顽固地坚持自己的意见，不肯改变。坚确，坚定明确，毫不含糊。 [9]忿：同"愤"，愤怒。 [10]茹法珍、梅虫儿：两人是

南齐小皇帝萧宝卷弄臣，并为制局监。雍州刺史萧衍起兵入京，萧宝卷死，两人亦被杀。传见《南史》卷七十七。［11］裁折：批评，训斥。［12］切齿：咬牙切齿，极端痛恨。［13］稍有异同，讵（jù）可尽相乖（guāi）反：意思是皇上有时提出一些不同的要求，怎么能全部给予驳回呢？讵，岂，怎能。乖反，违背他的心思。［14］但以见付：你就尽管交给我办吧。但，尽管。见付，交给我。［15］必无所忧：即无所畏惧，没有什么值得忧虑的。［16］失德寖彰：缺点表现得越来越明显。失德，缺点，短处。寖，同"渐"，逐渐。［17］江夏王宝玄：即萧宝玄，字智深，明帝萧鸾第三子，封江夏郡王。历任领石头戍事、郢州刺史，为使持节，南徐、兖二州刺史，车骑将军。萧宝卷称帝时，崔慧景举兵，宝玄响应，随至建康，及兵败，被杀。传见《南齐书》卷五十。［18］尝为宝玄郢州行事：曾代江夏王宝玄主持郢州刺史的事务。当时刺史均由皇子担任，因年龄幼小，又派大臣代理州事。［19］执事过刻：对萧宝玄限制得过分严格。［20］索：索要，求取。煮肫（chún）：水煮猪肉。肫，胡三省曰："豕也。"［21］帐下咨暄：手下的人向刘暄请示。［22］不烦复此：用不着再煮猪肉。不烦，不要再麻烦。［23］恚（huì）：气愤，愤怒。［24］殊无渭阳情：实在没有个做舅舅的样子，没有一点甥舅之情。《诗经·渭阳》有所谓"我送舅氏，曰至渭阳"。这是一首秦康公送其舅重耳所作的诗。以后便常以"渭阳"表示甥舅关系。刘暄是明帝萧鸾刘皇后之弟，是萧宝玄之舅，故言之。胡三省曰："渭阳之事，乃甥用情于舅，后世率以舅不能用情于甥者为无渭阳情，误矣。"［25］建安王宝寅：即萧宝寅，一作"萧宝夤"，字智亮，明帝萧鸾第六子，小皇帝萧宝卷的同母弟，封建安王，改封鄱阳王。此时任江州刺史。萧衍杀南齐诸王，遂投奔北魏，屡与南梁攻战，迁尚书左仆射。称帝长安，建号隆绪。兵败，被北魏俘获，赐死。传见《南齐书》卷五十。［26］以微旨动祏：以隐微的意图向江祏示意。动，触动。［27］回惑：困惑，拿不定主意。［28］居母丧：正在为其母守孝。［29］起复为领军将军：守丧之期未满，被朝廷以紧急需要之名让他出任领军将军。起复，指官吏守丧未满而被朝廷任以政事。领军将军，主管京城以内的全部驻军，且管理诸将，地位崇重。［30］明帝立：指萧鸾篡立。［31］已非次：已经乱了次序，不合资格。［32］我期不敢言：我实在是不敢发表意见。期，《南齐书·萧坦之传》作"其"，总之是表示一种说话艰难的样子。周昌口吃，当年劝刘邦不废刘盈，有所谓"臣期期知其不可"，事见《史记·张丞相列传》。［33］还宅行丧：回家继续守孝。胡三省曰："萧坦之冒于荣势，岂能终丧者！直以废立大事，不欲预其祸，托此以引避耳。"行丧，着丧服守孝。［34］吏部郎：吏部尚书的副职。［35］谢朓（tiǎo）：字玄晖，南齐诗人、书法家，名士，大臣。曾为豫章王萧嶷太尉行参军，后为骠骑咨议、领记室，掌中书诏诰；出为宣城太守，称"谢宣城"。传见《南齐书》卷四十七。［36］江夏年少：江夏王萧宝玄年龄幼小。［37］脱不堪负荷：一旦不能承担治理国家的重任。脱，万一，假如。负荷，负担，重任。［38］入纂（zuǎn）：入朝继承皇位。纂，通"缵"，继承。不乖物望：不违背人们的愿望。物，人心，社会舆论。［39］要（yāo）富贵：求取富贵，讨好萧遥光。要，求，有所倚仗而强求。［40］政是：真正的目的。政，同"正"。［41］丹杨丞：丹杨县的县丞。其官位甚卑，但是都城建康所在的县，县衙即在建康城内，因而地位不同一般，故萧遥光拉刘沨为一党。刘沨（fēng）：字处和，南阳人，时为丹阳丞。［42］顷之：顷刻，不久。［43］兼知卫尉事：兼管卫尉的职务。知，主持。卫尉，是统兵防护皇宫的官员，秦汉时为九卿之一。［44］朓惧：胡三省曰："以郎兼卿，事本无足惧。其所惧者，以己为遥光所引，将罹其难也。"［45］太子右卫率：统兵防护太子宫的官员，是深受朝廷宠信的人。左兴盛：明帝萧鸾时为前军司马，后为太子右卫率。［46］不敢发：不敢告发其事，因为江祏的权力太大了。发，表露，告发。［47］刘晏：萧遥光的亲信、属下，为城局参军。居卿今地：处于你今天的位置。［48］以卿为反覆人：把你看成是一个两面派。反覆，翻手为云，覆手为雨，摇摆不定。［49］城局参军：州刺史的僚属，掌修浚城池与防御来敌。［50］阳惊：假装吃惊。阳，通"佯"。［51］东阳郡：古郡名，郡治在今浙江金华市。［52］轻祏：以门第轻视江祏。［53］收：拘捕，执系。付廷尉：交由司法部门。廷尉，全国最高的司法长官，古代为九卿、六部之一。［54］启朓：弹劾谢朓。［55］扇动：煽动，鼓动。扇，同"煽"。［56］妄贬乘舆：狂妄地贬损皇帝。乘舆，皇帝坐的车，用来指称皇帝，此指小皇帝萧宝卷。［57］窃论宫禁：私下议论宫廷内的事情。［58］间（jiàn）谤亲贤：离间诽谤与皇帝亲近的所谓贤人。［59］轻议朝宰：妄自非议朝廷的宰辅大臣。［60］遂死狱中：胡三省曰："谢朓以告王敬则超擢而死于遥光之手，行险以徼幸，一之谓甚，其可再乎！"谢朓无疑是个悲剧人物，他曾以告密其舅王敬则谋反而升官；而现又告密朝廷有谋废皇帝的举动，结果被收捕，在狱中被折磨至死。［61］元舅：皇帝的大舅。［62］黄昙庆：始安王萧遥光的亲信、死党。青溪桥：青溪水上的桥梁。青溪，人工开凿的河水名，引玄武湖之水南通秦淮河，流经当时建康城的东侧，在今江苏南京市内。［63］不敢发：不敢动手刺杀。［64］遂发祏谋：遂举报了江祏欲行废立的阴谋。［65］祀直内殿：江祀在宫廷内值班。直，同"值"。［66］遣信报祏：派出信使通报江祏。［67］政当：即正当。政，同"正"。静以镇之：静观其变，以不变应万变。不知道江祏哪来的底气，刀已架到脖子上了，还在说傻话。［68］俄：一会儿，时间不久。［69］停中书省：在中书省等候召见，江祏时任中书令。［70］袁文旷：明帝萧鸾时为将领，称为"军容"。斩王敬则功：王敬则被打败后，上不得马，被崔恭祖一枪刺倒在地，袁文旷立即上前将其斩杀、传首。事见《资治通鉴》卷一四一永泰元年（498）。［71］祏执不与：当时崔恭祖与袁文旷争功，江祏不主张封袁文旷。胡三省曰："时崔恭祖以刺仆敬则，与文旷争功，祏执不与，当为此也。"［72］取祏：逮捕江祏。这里指处死江祏。［73］刀环：刀头上的环。筑其心：捣他的胸口。筑，捣，砸。［74］不（bù）：同"否"。［75］眠：睡觉。［76］投出户外：奔出门外。［77］收至未：逮捕我的人来了没有？［78］意定：情绪稳定下来。［79］不念江，行自痛也：我不是怀念江祏，而是心疼自己快要倒霉了。

帝自是无所忌惮[1]，益得自恣[2]，日夜与近习于后堂鼓叫、戏马[3]。常以五更[4]就寝，至晡[5]乃起。群臣节、朔朝见[6]，晡后方前[7]，或际暗遣出[8]。台阁案奏[9]，月数十日乃报[10]，或不知所在[11]；宦者以裹鱼肉还家，并是五省黄案[12]。帝常习骑致适[13]，顾谓左右曰："江祏常禁吾乘马；小子若在，吾岂能得此！"因问："祏亲戚余谁[14]？"对曰："江祥今在冶[15]。"帝于马上作敕[16]，赐祥死。

始安王遥光素有异志[17]，与其弟荆州刺史遥欣密谋举兵据东府[18]，使遥欣引兵自江陵[19]急下，刻期[20]将发，而遥欣病卒。江祏被诛，帝召遥光入殿，告以祏罪，遥光惧，还省[21]，即阳狂[22]号哭，遂称疾不复入台[23]。先是，遥光弟豫州刺史遥昌卒，其部曲[24]皆归遥光。及遥欣丧还，停东府前渚[25]，荆州众力送者甚盛[26]。帝既诛二江，虑遥光不自安，欲迁为司徒[27]，使还第[28]，召入谕旨[29]。遥光恐见[30]杀，乙卯晡时[31]，收集二州部曲于东府[32]东门，召刘沨、刘晏等谋举兵，以讨刘暄为名。夜，遣数百人破东冶[33]，出囚，于尚方取仗[34]。又召骁骑将军垣历生[35]，历生随信而至。萧坦之宅在东府城东，遥光遣人掩取[36]之，坦之露袒逾墙走向台[37]。道逢游逻主颜端[38]，执之[39]，坦之[40]告以遥光反，不信；自往诇问[41]，知实，乃以马与坦之，相随入台。遥光又掩取尚书左仆射沈文季[42]于其宅，欲以为都督，会文季已入台。垣历生说遥光帅城内兵夜攻台，辇荻[43]烧城门，曰："公但乘舆随后[44]，反掌可克[45]！"遥光狐疑[46]不敢出。天稍晓，遥光戎服出听事[47]，命上仗[48]登城行赏赐。历生复劝出军，遥光不肯，冀[49]台中自有变。及日出，台军稍至[50]。台中始闻乱，众情惶惑[51]。向晓[52]，有诏召徐孝嗣，孝嗣入，人心乃安。左将军沈约[53]闻变，驰入西掖门[54]，或劝戎服，约曰："台中方扰攘[55]，见我戎服，或者谓同遥光[56]。"乃朱衣而入。

丙辰[57]，诏曲赦建康[58]，中外戒严[59]。徐孝嗣以下屯卫宫城，萧坦之帅台军讨遥光。孝嗣内自疑惧[60]，与沈文季戎服共坐南掖门[61]上，欲与之共论世事[62]，文季辄引以他辞[63]，终不得及[64]。萧坦之屯湘宫寺[65]，左兴盛屯东篱门[66]，镇军司马曹虎屯青溪大桥。众军围东城[67]，三面烧司徒府[68]。遥光遣垣历生从西门出战，台军屡败，杀军主桑天爱。

遥光之起兵也，问咨议参军萧畅[69]，畅正色[70]不从。戊午[71]，畅与抚军长史沈昭略[72]潜自南门出，诣台自归[73]，众情大沮[74]。畅，衍之弟；昭略，文季之兄子也。己未[75]，垣历生从南门出战，因弃矟降曹虎[76]，虎命斩之。遥光大怒，于床上自踊[77]，使杀历生子。其晚，台军以火箭[78]烧东北角楼。至夜，城溃，遥光还小斋帐中，著衣帢坐[79]，秉烛自照，令人反拒[80]，斋阁皆重关[81]，左右并逾屋[82]散出。台军主刘国宝[83]等先入，遥光闻外兵至，灭烛扶匐[84]床下。军人排阁[85]入，于暗中牵出，斩之。台军入城，焚烧室屋且尽。刘沨走还家，为人所杀。荆州将潘绍[86]闻遥光作乱，谋欲应之[87]。西中郎司马夏侯详[88]呼绍议事，因斩之，州府以安[89]。

己巳[90]，以徐孝嗣为司空；加沈文季镇军将军，侍中、仆射如故[91]；萧坦之为尚书右仆射、丹杨尹，右将军如故[92]；刘暄为领军将军；曹虎为散骑常侍、右卫将军。皆赏平始安之功也。

（以上为第八段，写南齐小皇帝萧宝卷杀掉了江祏二兄弟，更加肆无忌惮，其叔萧遥光欲效仿其兄萧鸾，阴谋篡夺皇位，而以败亡告终。）

【注释】

[1]无所忌惮（dàn）：没有丝毫的顾忌，因为把他管得死死的江祏兄弟被杀了，没有人敢管他了。[2]自恣：我行我素，肆意妄为。[3]近习：身边的亲信。鼓叫、戏马：击鼓呼叫，以骑马为戏。[4]五更：清晨三、四点钟。[5]至晡（bū）乃起：到下午才起床。晡，下午三时至五时。[6]节、朔朝见：每到节日与每个月的初一应该朝拜皇帝的时候。节，节日。朔，每个月的初一早上。[7]晡（bū）后方前：都要改到下午才来上朝。[8]或际暗遣出：有时群臣等到天黑，皇帝还不出现，只派人说一声打发群臣回家。胡三省曰："晡后造朝，帝复不出，故际暗而遣退。"际暗，到昏暗的时候，即傍晚。[9]台阁案奏：朝廷各部门上报的请示批复的案卷。[10]月数十日乃报：要等上一个月或几十天才见回复。报，回复。[11]或不知所在：有的竟不知扔到哪里去了。[12]并是五省黄案：都是用的各部门上报的文书档案。五省，胡三省曰："江左有吏部、祠部、五兵、左民、度支五尚书，各为一省，谓之尚书五省。"黄案，胡三省曰："案，文案也，藏之以为案据。尚书用黄札，故曰'黄案'。"[13]常习骑致适：曾经练习骑马，玩得很开心。致适，得到了乐趣、快乐。致，极。适，欢适。[14]余谁：还有谁？[15]江祥今在冶（yě）：江祥现在东冶做苦工。江祥，江祏之弟，被杀。冶，东冶，皇家的冶铁所，常用囚禁的犯人来做苦工。[16]作敕（chì）：写了一道手谕。[17]异志：即像其兄萧鸾那样，阴谋篡夺皇

位。[18]遥欣：即萧遥欣，字重晖，时为荆州刺史，执掌军政大权，封曲江县公。传见《南齐书》卷四十五。东府：东府城，在当时的台城东。萧遥光以任扬州刺史居于东府。[19]江陵：古城名，在今湖北江陵县，时为荆州州治所在地，为军事重镇。[20]刻期：即克期，约定日期。[21]还省：回到中书省。萧遥光此时为中书令。[22]阳狂：假装癫狂。阳，同"佯"。[23]不复入台：不再进入台城，不再到中书省办公。[24]部曲：部属，麾下部队。[25]东府前渚（zhǔ）：即秦淮河的北岸，东府南临秦淮河。渚，水边高地。[26]荆州众力送者：从荆州送萧遥欣之丧来京城的萧氏的私家势力。力送者，送棺椁的奴仆。力，劳力，奴仆。盛：众多的样子。[27]迁为司徒：授予萧遥光司徒的虚衔，以崇高其位。迁，升迁。司徒，国家三公之一，有时代理丞相职事。[28]使还第：让萧遥光交出实权，回家养老。第，府第。[29]谕旨：接受皇帝的诏令。[30]见：被。[31]乙卯晡（bū）时：八月十二日下午三点到五点之间。[32]二州部曲：指从荆州与豫州过来的萧氏私家势力，包括私家军队与依附其家的奴仆等。[33]破东冶：攻破东冶。东冶，管铸造的官署。[34]于尚方取仗：从皇家的兵工厂里取出武器。仗，兵器。[35]垣（yuán）历生：南齐名将垣荣祖堂弟，拜骁骑将军，为太子右卫率。性苛暴，从始安王萧遥光举兵反东昏侯，兵败被杀。传见《南齐书》卷二十八。[36]掩取：袭捕，因萧坦之不肯依附于江祏等人的缘故。[37]露袒（tǎn）：来不及梳头、穿衣，极言其惊慌匆忙的样子。露，露出发髻。袒，光着身子。走向台：逃向朝廷。胡三省曰："向台而走，欲入言其事。"台，古代中央官署名，此代指朝廷、皇宫。[38]游逻主：京城巡逻部队的小头目。颜端：京城巡逻队首领。[39]执之：胡三省曰："见坦之露袒挺身走，疑其得罪逃窜，故执之。"[40]坦之：二字原无，据章校补。[41]诇（xiòng）问：侦察，刺探。[42]沈文季：字仲达，吴兴武康（今浙江德清县）人，刘宋名将沈庆之之子，南齐大臣。齐武帝萧赜重臣，任侍中，领秘书监，又转为萧鸾效力，佐其篡取帝位，加太子詹事，任尚书左仆射。见朝局混乱，退居在家。传见《南齐书》卷四十四。[43]辇（niǎn）荻（dí）：用车拉柴草。辇，用如动词，载运。[44]乘舆随后：坐着车子跟在我们的后面。[45]反掌可克：意即攻下台城易如反掌。[46]狐疑：狐性多疑，每渡冰河，且听且渡，后用以称遇事犹豫不决。[47]听事：议事厅，正堂。[48]上仗：列队，亮出武器。[49]冀：希望，盼着。[50]稍至：渐至，越来越多。[51]众情惶惑：人心惶惶。[52]向晓：天将亮。[53]左将军：据《梁书·沈约传》，应作"左卫将军"。左卫将军，古将军名号，是当时朝廷禁军中的一支军队的统帅。沈约：字休文，是今存二十四史中《宋书》的作者。传见《梁书》卷第十三。[54]西掖门：皇宫的西侧旁门。[55]扰攘：人心惶惶，秩序混乱。[56]或者谓同遥光：或许被当作是萧遥光的同伙。[57]丙辰：八月十三日。[58]曲赦建康：大赦京城里的所有人，目的是孤立叛乱分子，吸引失足的人迅速返回朝廷一方。曲赦，犹特赦，赦令的一种，不普赦天下而独赦一地，是根据当时事态所发布的特别赦免令。[59]中外戒严：举国进入戒备状态。中外，指朝内朝外。[60]内自疑惧：内心疑虑、害怕，怀疑皇帝也饶不了他。[61]南掖门：皇宫南面正门旁边的小门。[62]共论世事：一道讨论当前的时局，意思是想向沈文季摸底，探测沈文季对当前事态的看法。[63]辄引以他辞：总是把话题引到别的事情上。[64]终不得及：始终不谈对当前事变的看法。及，谈及世事。[65]湘宫寺：刘宋明帝刘彧所建。[66]东篱门：台城外城的东门。胡三省曰："台城外城六门皆设篱门而已，无郛郭。"[67]东城：东府城，萧遥光的老巢。[68]司徒府：在东府城的旁边，刘宋时期的彭城王刘义康为司徒时所建，是东府城的一部分。[69]咨议参军：职掌咨询谋议军事。萧畅：字季达，南梁武帝萧衍四弟，时为萧遥光的咨议参军，遥光反叛，他自归朝廷，官至太常，封江陵县侯。南梁建立后，封衡阳郡王。传见《南史》卷五十一。[70]正色：正颜厉色，非常严肃。[71]戊午：八月十五日。[72]沈昭略：字茂隆，沈文季之侄，时为萧遥光抚军长史，遥光反叛，他自归朝廷。后与文季同被害。传见《南史》卷三十七。诣台自归：到台城归顺请罪。[73]众情大沮：叛军队伍的士气大大受挫。[74]己未：八月十六日。[75]弃矟（shuò）：扔下长矛，放下武器。矟，同"槊"，古兵器名，即长矛。[76]虎命斩之：胡三省引《南史》曰："历生出战，为曹虎所禽，谓虎曰：'卿以主上为圣明，梅、茹为贤相，我当死，且我今死，卿明日亦死。'遂杀之。"[77]于床上自踊：从床上跳起来。踊，往上跳。[78]火箭：发射引火物以攻敌。[79]著衣帢（qià）：穿好衣服，戴好帽子。帢，古代士人戴的一种丝织的便帽。[80]反拒：抵抗。[81]斋阁：一般指书房。皆重关：都上好双重门闩。关，门闩。[82]逾屋：翻墙，逃出房屋。[83]刘国宝：时为军主，在平定萧遥光叛乱中有功。[84]扶（pú）匐：即匍匐，伏地爬行。[85]排阁：推开房门。阁，小门，内室之门。[86]潘绍：时为荆州西中郎将萧宝融属将，萧遥光的死党。[87]谋欲应之：欲以荆州江陵应之。[88]西中郎司马：时南康王萧宝融以西中郎将镇江陵，以夏侯详为司马。夏侯详：字叔业，沛国谯县（今安徽亳州市）人，竟陵县令夏侯恭叔之子。南齐时颇受萧鸾的赏识，后又成为萧衍的开国元勋。时任荆州西中郎将萧宝融的属将西中郎司马。传见《梁书》卷十。[89]州府以安：荆州刺史府与西中郎将萧宝融的军府都平安无事。[90]己巳：八月二十六日。[91]侍中、仆射如故：沈文季加镇军将军号，本职如故。镇军将军，古将军名号，南齐时，位在"四征将军"之上。[92]右将军如故；胡三省曰："帝即位之初，坦之为右将军。遥光既平，使为右仆射、丹杨尹，而右将军军号如故。"

魏南徐州刺史沈陵[1]来降。陵，文季之族子也。时魏徐州刺史京兆王愉[2]年少，府事皆决于长史卢渊[3]。渊知陵将叛，敕[4]诸城潜为之备；屡以闻于魏朝[5]，魏朝不听。陵遂杀将佐，帅宿预[6]之众来奔，滨淮诸戍[7]以有备得全。陵在边历年[8]，阴结边州豪杰[9]。陵既叛，郡县多捕送陵党，渊皆抚而赦之，唯归罪于陵，众心乃安[10]。

闰月，丙子[11]，立江陵公宝览[12]为始安王，奉靖王后[13]。

以沈陵为北徐州[14]刺史。

江祏等既败，帝左右捉刀、应敕之徒皆恣横[15]用事，时人谓之“刀敕[16]”。萧坦之刚狠而专[17]，嬖幸[18]畏而憎之；遥光死二十余日，帝遣延明主帅黄文济[19]将兵围坦之宅，杀之，并其子秘书郎赏[20]。坦之从兄翼宗为海陵[21]太守，未发[22]，坦之谓文济曰：“从兄海陵宅故应无他[23]。”文济曰：“海陵宅在何处？”坦之以告。文济白帝，帝仍遣收之；检[24]其家，至贫，唯有质钱帖[25]数百，还以启帝，原[26]其死，系尚方[27]。

茹法珍等谮[28]刘暄有异志，帝曰：“暄是我舅，岂应有此？”直阁新蔡徐世标[29]曰：“明帝乃武帝同堂[30]，恩遇如此，犹灭武帝之后，舅焉可信邪！”遂杀之。

曹虎善于诱纳[31]，日食荒客[32]常数百人。晚节吝啬[33]，罢雍州[34]，有钱五千万，他物称是[35]。帝疑虎旧将[36]，且利其财[37]，遂杀之。坦之、暄、虎所新除官[38]，皆未及拜而死[39]。

初，高宗临殂[40]，以隆昌事戒[41]帝曰：“作事不可在人后[42]。”故帝数与近习[43]谋诛大臣，皆发于仓猝[44]，决意无疑[45]，于是大臣人人莫能自保。

九月，丁未[46]，以豫州刺史裴叔业为南兖州[47]刺史，征虏长史张冲[48]为豫州刺史。

壬戌[49]，以频诛大臣[50]，大赦。

丙戌[51]，魏主谒长陵，欲引白衣左右吴人茹皓[52]同车。皓奋衣[53]将登，给事黄门侍郎元匡[54]进谏，帝推之使下，皓失色而退。匡，新城之子也。

益州刺史刘季连[55]闻帝失德，遂自骄恣[56]，用刑严酷，蜀人怨之。是月，遣兵袭中水[57]，不克。于是蜀人赵续伯[58]等皆起兵作乱，季连不能制。

枝江文忠公[59]徐孝嗣，以文士不显同异[60]，故名位虽重，犹得久存。虎贲中郎将许准为孝嗣陈说事机[61]，劝行废立。孝嗣持疑[62]久之，谓必无用干戈之理；须[63]帝出游，闭城门，召百官集议废之，虽有此怀[64]，终不能决。诸嬖幸亦稍憎之。西丰忠宪侯[65]沈文季自托老疾，不豫朝权[66]，侍中沈昭略谓文季曰："叔父行年六十[67]，为员外仆射[68]，欲求自免，岂可得乎！"文季笑而不应。冬，十月，乙未[69]，帝召孝嗣、文季、昭略入华林省[70]。文季登车，顾[71]曰："此行恐往而不反[72]。"帝使外监茹法珍[73]赐以药酒，昭略怒，骂孝嗣曰："废昏立明，古今令典[74]；宰相无才，致有今日！"以瓯掷其面[75]，曰："使作破面鬼！"孝嗣饮药酒至斗余，乃卒。孝嗣子演尚武康公主[76]，况尚山阴公主[77]，皆坐诛。昭略弟昭光闻收[78]至，家人劝之逃。昭光不忍舍其母，入，执母手悲泣，收者杀之。昭光兄子昙亮[79]逃，已得免，闻昭光死，叹曰："家门屠灭，何以生为！"绝吭[80]而死。

（以上为第九段，写南齐小皇帝萧宝卷昏暴至极，不把大臣杀净不罢休，尚书令徐孝嗣本是坚定的支持派，老臣沈文季淡出朝野，但还是遭了毒手。）

【注释】

[1]南徐州：北魏州名，州治宿豫，在今江苏宿迁市东南。沈陵：北魏将领。本是南齐将领，在孝文帝元宏南侵时投降，授前军将军、南徐州刺史。后又背叛北魏，投奔南齐，被杀。 [2]京兆王愉：即元愉，字宣德，孝文帝元宏第三子，封京兆郡王，授徐州刺史，迁护军将军，拜中书监，出任冀州刺史。后其子南阳王元宝炬称帝，建立西魏政权，追谥文景皇帝。传见《魏书》卷二十二。 [3]卢渊：字伯源，小名阳乌，北魏儒学之臣。传见《魏书》卷四十七。 [4]敕（chì）：命令。 [5]闻于魏朝：向北魏朝廷报告。 [6]宿预：北魏郡名，郡治在今江苏泗阳县。[7]滨淮诸戍：北魏的滨淮诸军事据点。[8]在边历年：为北魏担任边将多年。历年，经很多年。[9]豪杰：当地有势力的人。 [10]众心乃安：胡三省曰："根连株逮，则沿边豪杰惧罪，必相帅南奔，故悉赦之以安反侧。"[11]闰月、丙子：闰八月三日。 [12]江陵公宝览：即萧宝览，南齐安陆王萧缅第二子，萧鸾之侄，萧鸾篡位，追封萧缅为安陆王，封宝览为江陵县公，后为始安王，出继始安靖王萧凤，承袭始安王。出任持节、督湘州、辅国将军、湘州刺史。后被萧衍诛杀。传见《南齐书》卷四十五。 [13]奉靖王后：作为始安王萧凤的继承人。靖王萧凤，字景慈，始安贞王萧道生之子，萧鸾之兄，萧遥光之父，初仕刘宋，官至正员郎，卒于任上。南齐建立后。追赠侍中、骠骑大将军，开府仪同三司、始安靖王。因萧遥光造反被杀，萧凤遂绝无后，故以萧缅之子过继给萧凤做继承人。 [14]北徐州：南齐州名，州治钟离，在今安徽凤阳县东。 [15]捉刀：提刀，拿刀，指帝王的侍卫人员。应敕（chì）：在帝王左右侍候并传达旨意的人。恣横：放纵，专横。 [16]刀敕（chì）：捉刀应敕的省称，借指权臣。 [17]刚狠而专：粗暴、固执而又独断专行。狠，固执，执拗。 [18]嬖（bì）幸：受宠幸的人。 [19]延明主帅：延明殿的卫队

头领。延明，小皇帝萧宝卷日常居处的殿堂。黄文济：南齐延明殿主帅。［20］赏：即萧赏，萧坦之之子，小皇帝萧宝卷时为秘书郎。［21］翼宗：即萧翼宗，萧坦之堂兄，南齐海陵太守，还未上任，受萧坦之株连被抄家，家中赤贫，乃免死。［22］未发：尚未离京前往上任。［23］故应无它：犹言没有问题，不该受到牵连。［24］检：搜查，查抄。［25］质钱帖：今称“当票”，因缺钱而典当东西的凭据。［26］原：赦免。［27］系（jì）尚方：囚禁在尚方省，使做苦工。系，拘囚。尚方，即尚方省，是为宫廷制造器物的场所，其地有许多因家族犯罪而没入此处做苦工的罪犯。［28］谮：进谗言，说人坏话。［29］直阁：即直阁将军，宫廷的值卫主管官员。直，同“值”。徐世标：新蔡人，时为直阁将军。［30］武帝：即萧赜。同堂：同祖兄弟，即堂兄弟。［31］善于诱纳：喜好招降纳叛，收容各色人等。［32］日食：每天供应吃饭。荒客：从落后边远或敌占区过来的流浪者。［33］晚节：晚年。吝（lìn）啬（sè）：过分爱惜自己的财物，当用不用。［34］罢雍州：免去曹虎雍州刺史职务后。雍州，南齐为侨置州，州治襄阳，在今湖北襄阳市。［35］它物称是：其他物品也与这些钱财成比例。［36］旧将：南齐高帝萧道成、武帝萧赜时的老将。［37］利其财：贪图他的钱财。［38］所新除官：所提议被任命的官员。［39］未及拜而死：还没有正式就职就被视为同党而被杀了。拜，就职。［40］高宗：即明帝萧鸾。临：此字原无，据章校补。殂（cú）：死亡。［41］隆昌事：指隆昌年间（494）郁林王萧昭业被废杀之事。隆昌，南齐小皇帝萧昭业的年号。戒：同“诫”，告诫。［42］作事不可在人后：意即先下手为强，不要落在人后倒霉。胡三省曰：“谓郁林王欲杀高宗，持疑不发以及祸，高宗以是而戒帝，自谓密矣；而非所以贻谋燕翼子也。”由此看来，明帝萧鸾是造成萧宝卷去世前后乱局的罪魁祸首。萧宝卷是先下手为强，把辅政大臣基本上都杀了，也把自己搭进去了。［43］近习：亲近，亲信。［44］发于仓猝：几乎是突然袭击，凡是小皇帝萧宝卷所要杀的人，不分青红皂白，随时被杀，所杀之人无法提防。［45］决意无疑：想干就干，绝不迟疑。胡三省曰：“史言帝昏暴，果于诛杀，上下摇心。”［46］丁未：九月五日。［47］南兖（yǎn）州：南齐的州治广陵，在今江苏扬州市。［48］征虏长史：征虏将军的高级僚属长史。张冲：字思约，吴郡吴县（今江苏苏州市）人，通直郎张柬之子，名将张永的堂侄，南齐将领。传见《南齐书》卷四十九。［49］壬戌：九月二十日。［50］频诛大臣：至此，小皇帝萧宝卷时的所谓“六贵”，亦即辅政大臣，都被诛杀了。［51］丙戌：此句疑有误，九月无“丙戌”日。［52］白衣左右：虽在皇帝身边服务，但无品级、官职。白衣，白色的衣服，平民的服装，代指平民百姓。茹皓：字禽奇，淮阳上党（今安徽芜湖市）人，阳平太守茹要之子，北魏主元恪时宠臣。侍直禁中，恩宠日隆，民至光禄少卿。后被杀。传见《魏书》卷九十三。［53］奋衣：撩起衣襟。［54］给事黄门侍郎：皇帝的侍从官员，地位清显。元匡：字建扶，景穆帝拓跋晃之孙，阳平幽王拓跋新成第五子，元恪时，为黄门侍郎，除肆州刺史，迁恒州刺史，除度支尚书。肃宗元诩封济南王。传见《魏书》卷十九上。［55］刘季连：字惠续，彭城人，任辅国将军、益州刺史，令据萧遥欣上游。后据蜀反叛，传见《梁书》卷二十。［56］骄恣：骄纵，放肆。［57］中水：即资水，今称沱江，流经今四川资阳市东。［58］赵续伯：南齐时蜀地人，曾起兵叛乱。［59］枝江文忠公：徐孝嗣的封号名，枝江是封地，文忠是其死后的谥号。枝江，古县名，县治在今湖北枝江市。［60］不显同异：遇事或依或违，模棱两可，不明确表示态度。［61］虎贲中郎将：古将领名，皇帝卫队的头领，上属郎中令。许准：南齐小皇帝萧宝卷时为虎贲中郎将。陈说事机：分析当前最需要做的事情。机，关键。［62］持疑：即迟疑，犹豫不决。持，通“迟”。［63］须：等待。［64］此怀：这种想法。［65］西丰忠宪侯：沈文季的封号名，被封为西丰侯，谥号忠宪。［66］不豫朝权：不参与朝政。豫，同“与”。［67］行年六十：将近六十岁。行，将。［68］员外仆射：是一个只挂名而不管事的仆射官。仆射，相当于副丞相，是有权的，但沈文季虽为仆射，却称病在家以自保，不问朝政，故沈昭略讽刺他是“编外的仆射”。员外，指正员以外的官员。［69］乙未：十月二十三日。［70］华林省：即尚书省。因尚书省在华林园，故名。［71］顾：回头。［72］往而不反：一去不回头。反，同“返”。［73］外监：主管监视宫外的动态。茹法珍：小皇帝萧宝卷身边的宦官，宠臣，为外监。［74］古今令典：古往今来的一条良好规则。令典，宪章，法令。［75］以瓯（ōu）掷（zhì）其面：将酒杯砸到徐孝嗣的脸上。瓯，盛毒酒的杯子。掷，投，砸。［76］演：即徐演，南齐时人，徐孝嗣之子。尚武康公主：娶武帝萧赜之女武康公主为妻。尚，娶，含有高攀的意思。［77］况：即徐况，徐孝嗣之子。山阴公主：明帝萧鸾之女。［78］昭光：即沈昭光，沈昭略之弟。小皇帝萧宝卷时，其叔沈文季与兄沈昭略被害，家人劝他逃走，他不忍舍母，遂被杀。收：拘捕沈昭光的人。［79］昙亮：即沈昙亮，沈昭光之侄。本已逃出去，因沈门被屠灭，自杀而死。［80］绝吭（háng）：割断咽喉。萧遥光作乱，沈文季、徐孝嗣皆是定乱者，萧宝卷皆灭其门，看来小皇帝萧宝卷对老臣宿将一个也不放过。胡三省曰：“沈庆之、沈文季皆托老疾不预朝权，而终不免于死，国无道而富贵，则进退皆陷危机也。”吭，咽喉。

初，太尉陈显达自以高、武旧将，当高宗之世[1]，内怀危惧，深自贬损[2]，常乘朽弊车[3]，道从卤薄止用羸小[4]者十数人。尝侍宴，酒酣，启高宗借枕[5]，高宗令与之。显达抚枕曰：“臣年衰老，富贵已足，唯欠枕枕死[6]，特就陛下乞之[7]。”高宗失色[8]曰：“公醉矣。”显达以年礼告退[9]，高宗不许。及王敬则反，时显达将兵拒魏[10]，始安王遥光疑之，启高宗欲追军还[11]；会敬则平，乃止。及帝即位，显达弥[12]不乐在建康，得江州[13]，甚喜。尝有疾，不令治，既而自愈，意甚不悦。闻帝屡诛大臣，传云[14]当遣兵袭江州，十一月，丙辰[15]，显达举兵于寻阳[16]，令长史庾弘远[17]等与朝贵书，数帝罪恶，云“欲奉建安王[18]为主，须京尘一静[19]，西迎大驾[20]。”

乙丑[21]，以护军将军崔慧景为平南将军，督众军击显达；后军将军胡松[22]、骁骑将军李叔献帅水军据梁山[23]；左卫将军左兴盛督前锋军屯杜姥宅[24]。

十二月，癸未[25]，以前辅国将军杨集始[26]为秦州刺史[27]。

陈显达发寻阳，败胡松于采石[28]，建康震恐[29]。甲申[30]，军于新林[31]，左兴盛帅诸军拒之。显达多置屯火[32]于岸侧，潜军夜渡，袭宫城。乙酉[33]，显达以数千人登落星冈[34]，新亭[35]诸军闻之，奔还，宫城大骇[36]，闭门设守。显达执马矟[37]，从步兵数百，于西州[38]前与台军战，再合[39]，显达大胜，手杀数人，矟折；台军继至，显达不能抗，走，至西州后，骑官赵潭注刺[40]显达坠马，斩之，诸子皆伏诛。长史庾弘远，炳之之子也，斩于朱雀航[41]。将刑，索帽著之，曰："子路结缨[42]，吾不可以不冠而死。"谓观者曰："吾非贼，乃是义兵，为诸军请命[43]耳。陈公太轻事[44]；若用吾言[45]，天下将免涂炭[46]。"弘远子子曜[47]，抱父乞代命，并杀之。

（以上为第十段，写南齐老将陈显达年已七十，被逼造反，起兵寻阳，列数小皇帝萧宝卷诛杀大臣的罪恶，直趋建康，结果兵败被杀。）

【注释】

[1]当高宗之世：在明帝萧鸾的时代。高宗，萧鸾的庙号，代称萧鸾。 [2]自贬损：自我压抑、谦退。 [3]朽弊车：朽坏、破烂的车子。弊，同"敝"，破败。 [4]道从卤簿：出行的仪仗。道从，开路者与后从者。道，同"导"，先导，开路。卤簿，仪仗队。止，同"只"。羸（léi）小：瘦弱、矮小的人，与"彪形大汉"相对而言。 [5]枕：枕头。 [6]枕枕死：枕着枕头死，言以寿终。 [7]就陛下乞之：意即求陛下能给我个善始善终。 [8]失色：因受惊，脸色变得苍白。[9]以年礼告退：以年已七十岁而请求退休。古礼有所谓"大夫七十而致仕"。时陈显达已七十岁。致仕，即退休。 [10]将兵拒魏：事见《资治通鉴》卷一四一永泰元年（498）。 [11]追军还：把派出去的陈显达军追回来。 [12]弥：更加。 [13]得江州：陈显达自马圈失败后，被出为江州刺史。江州，州治寻阳，在今江西九江市。 [14]传云：听到传言说。 [15]丙辰：十一月十五日。[16]寻阳：古地名，江州州治所在地。 [17]庾弘远：字士操，刘宋吏部尚书庾炳之之子，为江州长史，从刺史陈显达举兵败，被斩于朱雀桥。将刑，谓子路结缨，吾不可不冠而死，索帽著之。子子曜抱父乞代命，遂并被杀。 [18]建安王：即萧宝寅，小皇帝萧宝卷之弟，当时是郢州刺史，州治在今武汉的汉口。 [19]须京尘一静：等京城建康的战乱一平定。须，等。尘，烟尘，比喻

战乱。［20］西迎大驾：西上迎接萧宝寅登上帝位。郢州的州治在武汉，在江州的上游，故称“西迎”。［21］乙丑：十一月二十四日。［22］胡松：南齐龙骧将军、直阁将军。永泰元年（498）王敬则反，他率军前往讨伐，以军功封沙阳县男；后为太子右率；与张欣泰等密谋废黜东昏侯萧宝卷以应萧衍，事败被杀。传见《南齐书》卷五十一。［23］李叔献：南齐骁骑将军，参与平定陈显达叛乱之战。据梁山：以捍卫建康城。梁山，古军事要地名，在今安徽和县东南，地近建康都城。［24］杜姥宅：古军事要地，在当时都城建康之西。［25］癸未：十二月十二日。［26］杨集始：氐族，仇池武兴国第三位国君。曾于南齐建武四年（497）率众投降南齐，封为武都王。传见《南齐书》卷五十九。［27］为秦州刺史：当时秦州的大片领土在北魏的统治下，此时即以他所占领的地区封之，其他北魏所辖任他自己去经营开辟。［28］采石：即采石山，在今安徽当涂县西北。山下有采石矶，是长江的最狭处，历来是兵家必争之地。其地距梁山不远。［29］震恐：震惊，惶恐。［30］甲申：十二月十三日。［31］新林：又名新林港，在当时建康城的西南方，今江苏南京市的西南部。［32］屯火：火堆，远望以为有军队驻此。［33］乙酉：十二月十四日。［34］落星冈：古山名，在当时的石头城西。［35］新亭：古地名，在当时的建康城南，地处长江边，依山筑城垒，是交通、军事要地。［36］大骇（hài）：大惊。［37］马矟（shuò）：又叫马叉，骑兵使用的长矛。矟，古同“槊”，长矛。［38］西州：西州城，在新亭之北，当时建康城的西侧。［39］再合：两次交锋。［40］骑官：骑兵的小头目。赵潭：人名，南齐骑官，参与平定陈显达叛乱。注刺：猛刺，用尽力气刺去。注，注入，尽力刺入。［41］朱雀航：又作“朱雀桥”，当时建康城南侧横跨秦淮河的最大浮桥，以船舶连接而成。因在建康城正南的朱雀门外，故名。［42］子路结缨：子路在与叛乱分子的战斗中发现自己的冠缨断了，子路说：“君子死，冠不免。”于是在系帽带的时候被人杀害了。子路，即仲由，字子路，又字季路，鲁国卞人，孔子弟子。［43］为诸军请命：为无辜被杀的沈文季、徐孝嗣等人向朝廷提出抗议，请求给我们一个说法。诸军，当作“诸君”。［44］轻事：草率，轻敌。［45］用吾言：指行废立之事。［46］将免涂炭：将免于生活在水深火热之中，将不再受此暴君的统治。涂炭，烂泥与炭火。［47］子曜：即庾子曜，庾弘远之子，为救父而被杀。

帝既诛显达，益自骄恣，渐出游走，又不欲人见之，每出，先驱斥[1]所过人家，唯置空宅。尉司击鼓蹋围[2]，鼓声所闻，便应奔走[3]，不暇衣履[4]，犯禁者应手格杀[5]。一月凡二十余出，出辄[6]不言定所，东西南北，无处不驱。常以三四更中[7]，鼓声四出，火光照天，幡戟横路[8]。士民喧走相随[9]，老小震惊，啼号塞路，处处禁断[10]，不知所过[11]。四民废业[12]，樵苏路断[13]，吉凶失时[14]，乳母寄产[15]，或舆病弃尸[16]，不得殡葬[17]。巷陌悬幔为高鄣[18]，置仗人防守[19]，谓之“屏除[20]”，亦谓之“长围”。”尝至沈公城[21]，有一妇人临产不去[22]，因剖腹视其男女。又尝至定林寺[23]，有沙门[24]老病不能去，藏草间，命左右射之，百箭俱发。帝有膂力[25]，牵弓至三斛五斗[26]。又好担幢[27]，白虎幢[28]高七丈五尺，于齿上担之，折齿不倦[29]。自制担幢校具[30]，伎衣[31]饰以金玉，侍卫满侧，逞诸变态[32]，曾无愧色[33]。学乘马于东冶营兵俞灵韵[34]，常著织成裤褶[35]，金薄帽[36]，执七宝矟[37]，急装缚裤[38]，凌冒雨雪[39]，不避坑阱[40]。驰骋渴乏，辄下马，解取腰边蠡器[41]，酌水[42]饮之，复上马驰去。又选无赖小人善走者为逐马左右[43]五百人，常以自随。或于市侧过[44]亲幸家，环回宛转[45]，周遍城邑。或出郊射雉[46]，置射雉场二百九十六处，奔走往来，略不暇息[47]。

王肃为魏制官品百司[48]，皆如江南之制[49]，凡九品，品各有二[50]。侍中郭祚[51]兼吏部尚书。祚清谨[52]，重惜官位[53]，每有铨授[54]，虽得其人，必徘徊[55]久之，然后下笔，曰：“此人便已贵[56]矣。”人以是多怨之，然所用者无不称职。

（以上为第十一段，继续写南齐东昏侯永元元年（499）的史事，主要写南齐小皇帝萧宝卷杀掉大臣后，更加肆无忌惮，为所欲为，变着法子游玩、嬉闹，扰民害民，乃至剖开孕妇腹部看胎儿男女，民怨沸腾。）

【注释】

[1]驱斥：驱赶，斥逐。 [2]尉司：指建康城里维持社会治安的机关。胡三省曰：“晋初洛阳置六部尉。江左建康亦置六部尉。”击鼓蹋围：意即击鼓清道，驱赶、清除该区域的一切人等。[3]便应奔走：意思是凡是能听到鼓声的地方的百姓就得迅速避开。便，就。应，相应，立即。[4]不暇衣履：来不及穿衣穿鞋。 [5]应手格杀：随手杀死被驱赶者。格杀，击杀。 [6]辄(zhé)：总是。 [7]三四更：下半夜。三更，即午夜、半夜，十一点到一点。四更，即一点到三点。 [8]幡戟横路：皇帝的仪仗队与护卫士兵布满街巷。幡，仪仗中的一种，用长竿直挑的挂着的长条旗。戟，指卫队士兵所执的长矛。 [9]喧走相随：一边叫嚷着，一边奔跑着。相随，指逃跑者前后相随，一个接着一个。 [10]禁断：禁止通行。 [11]不知所过：胡三省曰：“言虽奔走而路断，不知何所可过。” [12]四民废业：满城的百姓都搅得不得安生，不能从事各自的行业活动。四民，指士、农、工、商。废业，停业，无法做事。 [13]樵苏：砍柴、割草，以供炊火。

[14]吉凶失时：该结婚的、该出殡的都不能按时进行。吉凶，吉礼与凶礼。吉礼指冠礼与婚礼。凶礼指殡葬之事。［15］乳母寄产：孕妇躲到别人家去生产。乳母，奶妈，此指孕妇。［16］舆病弃尸：车上拉着病人，病人死了只好扔在路旁。［17］不得殡葬：不能按照礼节停灵、出殡。［18］巷陌：街巷。悬幔：悬挂帷帐。高鄣（zhāng）：高高的屏障。鄣，同“障”。［19］置仗人：安排执兵器的士兵。仗人，执仗之人。［20］屏除：屏蔽，屏障。［21］尝至沈公城：主语是小皇帝萧宝卷。沈公城，在都城建康之郊。［22］临产不去：因为快要生产，未能逃离。［23］定林寺：古寺庙名，位于江苏南京市江宁区方山北麓。［24］沙门：和尚。［25］有膂（lǚ）力：有力气，浑身有劲。膂，指脊背。［26］牵弓至三斛五斗：可以拉开三石五斗重量的硬弓。斛，古容量单位，一斛即一石，相当于十斗。［27］担幢（chuáng）：古代的一种杂技，用肩扛幢。担，指用肩扛、用头顶、用手举等。幢，古代仪仗中的一种，状如女子所穿的筒裙，更加以羽毛为饰。［28］白虎幢：绣有白虎图像的幢。［29］折齿不倦：曾伤了牙齿，但仍乐此不疲。［30］担幢校具：玩舞幡杂技的一些辅助用具。校具，器械。［31］伎（jì）衣：玩舞幡杂技时所穿的衣服。［32］逞诸变态：极力变换出各种姿态。逞，逞能，尽一切可能。［33］曾无愧色：没有任何不好意思的神态。［34］东冶营兵：守卫尚方东冶营的士兵。俞灵韵：南齐时人，小皇帝萧宝卷的骑马老师。［35］著：穿。织成裤褶（zhě）：一种丝织物制成的骑兵套裤。裤褶，骑服，上着衣衫，下穿套裤。［36］金薄帽：用黄金薄片做装饰的帽子。金薄，也作“金箔”。［37］七宝矟（shuò）：装饰有各种宝物的长矛。［38］急装缚裤：穿着一套军衣军裤。急装，军服。缚裤，军裤。［39］凌冒雨雪：顶着雨雪。［40］坑阱（jǐng）：凹坑、陷阱。［41］蠡器：用瓠子做成的小瓢。蠡，胡三省曰：“瓠瓢也，今谓之马杓。”［42］酌（zhuó）水：用瓢舀水。［43］逐马左右：能随马奔跑的侍从。《南史·东昏侯纪》作“逐马鹰犬”，追着马，似鹰犬前后奔跑。［44］过：过访，探看。［45］环回：曲折回旋。宛转：委婉曲折。宛，同“婉”。［46］雉（zhì）：野鸡，山鸡。［47］略不暇息：一点儿休息的时间都没有，所谓玩得天昏地暗。胡三省曰：“史言帝之昏狂，甚于宋郁林王。”［48］官品百司：官员的品级与各部门的建制。［49］江南之制：从东晋到南齐所形成的制度。江南，代指都于建康的朝廷。［50］凡九品，品各有二：共有九品，每品各有正、从二品。北魏不仅各品分正、从，而且从第四品以下礼分上下阶，形成三十个等级的品阶制度，为隋唐所沿用。［51］郭祚（zuò）（449—515）：字季祐，太原晋阳（今山西太原市）人，北魏文学之臣。协助孝文帝谋划汉化改革，任侍中，拜尚书，封东光县伯；后任吏部尚书、并州大中正，进金紫光禄大夫，迁尚书左仆射。被权臣矫诏所害。赠车骑将军、仪同三司、雍州刺史，谥号文贞。传见《魏书》卷六十四。［52］清谨：清廉，谨慎。［53］重惜官位：不轻易授人以官职。重惜，看重，吝惜。［54］铨（quán）授：选拔、任命官职。［55］徘徊：来回走动。［56］便已贵：从此就阔起来了。

【点评】

东昏侯残虐。齐明帝萧鸾去世，太子萧宝卷继位，成为南朝齐第六位皇帝，即东昏侯。但是东昏侯自幼口吃，又不爱学习，整天只知道玩闹，父皇萧鸾临死的时候要萧宝卷果于诛杀，他对此倒是牢记在心。登基之后便杀害顾命大臣右仆射江祏、司空徐孝嗣、右将军萧坦之、领军将军刘暄等人。大臣们难以自保，导致发生始安王萧遥光、太尉陈显达与平西将军崔慧景先后起兵叛乱，但都兵败被杀。曾经有孕妇来不及躲避逃走，东昏侯便剖腹取婴看肚子里到底怀的是男是女，这一件事在中国历史上绝无仅有。东昏侯萧宝卷多行不义，终于促成了内外反对势力的联合，加速了他的垮台。中国历史上的昏君不少，但是他为何如此混账残酷灭绝人性，而又能够畅行无阻，倒是一个值得深思的问题。皇权至上导致皇帝可以胡作非为，无所顾忌，加之个性的不成熟，竟至于如此地步，实在是南齐皇室衰落的哀声。倒是给萧衍铺垫了成功之路。

卷一四三　齐纪九

齐东昏侯永元二年（500 年）

【上章执徐（庚辰，500 年），凡一年】

【大事提要】

本卷记事公元 500 年，凡一年，当南齐东昏侯永元二年。本卷大事集中在南齐，有五件：其一，南齐平西将军崔慧景攻入建康，废东昏侯为吴王。其二，揭示南朝处于齐朝与梁朝交替的时候。其三，南齐的淮南被北魏占领，疆土日蹙。其四，雍州刺史萧衍在襄阳起兵。其五，祖冲之去世。

东昏侯下

永元二年（庚辰，500 年）

春，正月，元会[1]，帝食后方出；朝贺裁竟[2]，即还殿西序寝[3]。自巳至申[4]，百僚陪位[5]，皆僵仆饥甚[6]。比起就会[7]，匆遽而罢[8]。

乙巳[9]，魏大赦，改元景明[10]。

豫州刺史裴叔业闻帝数诛[11]大臣，心不自安，登寿阳[12]城，北望肥水[13]，谓部下曰："卿等欲富贵乎？我能办之[14]！"及除南兖州[15]，意不乐内徙[16]。会陈显达反，叔业遣司马辽东李元护将兵救建康，实持两端[17]。显达败而还[18]。朝廷疑叔业有异志[19]，叔业亦遣使参察建康消息[20]，众论益疑之。叔业兄子植、飏、粲皆为直阁[21]，在殿中，惧，弃母奔寿阳，说叔业以朝廷必相掩袭[22]，宜早为计。徐世檦[23]等以叔业在边，急则引魏自助，力未能制，白帝遣叔业宗人中书舍人长穆[24]宣旨，许停本任[25]。叔业犹忧畏，而植等说之不已。

叔业遣亲人马文范至襄阳[26]，问萧衍以自安之计，曰："天下大势可知，恐无复自存之理[27]。不若回面向北[28]，不失作河南公[29]。"衍报曰："群小用事，岂能及远[30]！计虑回惑[31]，自无所成，唯应送家还都以安慰之[32]。若意外相逼，当勒马步二万直出横江[33]，以断其后[34]，则天下之事[35]，一举可定。若欲北向，彼必遣人相代[36]，以河北一州相处[37]，河南公宁可复得[38]邪！如此，则南归之望[39]绝矣。"叔业沈疑未决[40]，乃遣其子芬之入建康为质[41]。亦遣信诣魏豫州刺史薛真度[42]，问以入魏可不[43]之宜。真度劝其早降，曰："若事迫而来，则功微赏薄矣。"数遣密信，往来相应和。建康人传叔业叛者不已，芬之惧，复奔寿阳[44]。叔业遂遣芬之及兄女婿杜陵韦伯昕[45]奉表降魏。丁未[46]，魏遣骠骑大将军彭城王勰、车骑将军王肃帅步骑十万赴之，以叔业为使持节，都督豫、雍等五州诸军事、征南将军、豫州刺史，封兰陵郡公[47]。

庚午[48]，下诏讨叔业。二月，丙戌[49]，以卫尉萧懿[50]为豫州刺史[51]。戊戌[52]，魏以彭城王勰为司徒，领扬州刺史[53]，镇寿阳[54]。魏人遣大将军李丑、杨大眼[55]将二千骑入寿阳，又遣奚康生将羽林[56]一千驰赴之。大眼，难当之孙也。

魏兵未渡淮，己亥[57]，裴叔业病卒，僚佐多欲推司马李元护监州[58]，一二日谋不定。前建安戍主安定席法友[59]等以元护非其乡曲[60]，恐有异志[61]，共推裴植监州，秘叔业丧问[62]，教命处分[63]，皆出于植。奚康生至，植乃开门纳魏兵，城库管籥[64]，悉付康生。康生集城内耆旧[65]，宣诏抚赉[66]之。魏以植为兖州[67]刺史，李元护为齐州[68]刺史，席法友为豫州刺史，军主京兆王世弼[69]为南徐州[70]刺史。

（以上为第一段，写南齐小皇帝萧宝卷越来越不得人心，豫州刺史裴叔业谋投北魏，南齐发兵讨伐，裴叔业病死，其兄子裴植监州，北魏派出强大阵容前来接管。）

【注释】

[1]元会：正月一日早晨的会见群臣活动。[2]朝贺裁竟：群臣刚刚行完朝拜之礼。裁，同"才"。竟，完毕，终了。[3]殿西序：大殿的西厢房。胡三省引孔安国曰："东西厢谓之序。"[4]自巳至申：从上午的十点前后一直等到下午的五点前后。巳时，上午的九点至十一点。申时，下午的三点至五点。[5]百僚陪位：百官都还在外头等着议事。陪位，陪侍，在自己应该站立的地方等候。[6]僵仆饥甚：都饿得东倒西歪。僵，向后仰倒。仆，向前扑倒。[7]比起就会：

等萧宝卷睡醒后来到会场。比，及，等到。起，指萧宝卷睡醒而起。［8］匆遽而罢：匆匆忙忙地说了几句就散了，敷衍了事。匆遽（jù），匆忙，仓促。［9］乙巳：正月五日。［10］改元景明：北魏宣武帝元恪改元的第一个年号。［11］数诛：连续地诛杀。［12］寿阳城：古城名，在今安徽寿县，当时为南齐豫州的州治所在地。［13］肥水：也称“淝水”，淮河支流，流经寿阳城东。前秦苻坚与东晋的军队曾在此会战，晋将谢玄曾大破苻坚军，前秦大败，从此瓦解，史称“淝水之战”。［14］我能办之：意即我能带着你们投奔北魏，远离暴掠、纷乱的南齐。［15］及除南兖（yǎn）州：后来将其改任为南兖州刺史。事在去年，见《资治通鉴》卷一四二。南兖州的州治广陵，在今江苏扬州市。［16］不乐内徙：不愿意向内地迁移。南兖州的州治广陵，离都城建康很近，受朝廷的监管更为严密，而离边境较远，一旦遇到变故，不利于向外逃奔。［17］持两端：两面观望，摇摆不定，哪边得胜就归附哪边。［18］显达败而还：陈显达败亡，裴叔业派出的部队就回来了。［19］有异志：有谋反之心。［20］参察：窥视，伺察。［21］植、飏、粲：即裴粲植、裴飏、裴粲，兄弟三人，皆裴叔业之兄裴叔宝之子，皆为朝廷直阁，洞察宫中形势，弃母奔寿阳，劝说叔业防备。三人传见《魏书》卷七十一。直阁：在皇帝生活、工作的殿堂值勤。直，同“值”。［22］掩袭：突然袭击。［23］徐世檦（biāo）：新蔡（今河南新蔡县）人，为小皇帝萧宝卷所宠信，自殿内主帅迁直阁、骁骑将军，为小皇帝杀戮大臣，充当刽子手，封临汝县子，执掌兵权。后有异志，画己像，说是徐氏皇帝，为小皇帝所杀。［24］白：告诉，说服。宗人：同族的人，没有太近的血缘关系。中书舍人：中书令的下属，掌管为皇帝起草诏令，传达文件，参与机密之事。长穆：即裴长穆，南齐中书舍人。［25］许停本任：允许裴叔业还继续担任豫州刺史。停，暂停，不动。［26］亲人：亲近的人，亲信。马文范：豫州刺史裴叔业的亲信。襄阳：古城名，时为雍州刺史萧衍的驻镇之地。［27］无复自存之理：没有能够独自存在的道理。言下之意小皇帝萧宝卷杀戮大臣，弄得人人自危，朝不保夕。［28］回面向北：转身向北，投降北魏。［29］不失作河南公：可以封作“河南公”，意即在黄河以南、淮河以北的地区做北魏的贵族。［30］岂能及远：意思是时间长不了。［31］计虑回惑：计划如果想得不清楚。［32］送家：送亲人作为人质。以安慰之：以让朝廷宽解、放心。胡三省曰：“萧衍密呼诸弟，而令裴叔业送家还都，此亦华言耳。”华言，浮华、不切实际之言。［33］勒马步：率领骑兵、步兵。出横江：到达横江。横江，当时建康城西的渡口名，也是河水名，经历阳（今安徽和县）汇入长江。［34］以断其后：以截断都城建康与西方、南方州郡的联系。胡三省曰：“自寿阳南至历阳，出横江。”［35］天下之事：指控制朝廷、重新安排南齐政局之事。［36］遣人相代：改派别人来代替你担任豫州刺史。［37］以河北一州相处：让你去做河北某州的刺史。河北，黄河以北，北魏的后方地区。［38］河南公宁可复得：要想做一个“河南公”，怎么可能呢？［39］南归之望：再回到江南的希望。胡三省曰：“裴叔业之问，萧衍之报，虽二人者所志有大小，而齐之边镇皆有异心矣，帝谁与立哉！”［40］沈疑：沉吟，迟疑。沈，同“沉”，沉吟，拿不定主意的样子。［41］芬之：即裴芬之，字文馥，裴叔业之子，入朝为质任羽林监。后投奔北魏，官至东秦州刺史，入为征虏将军、太中大夫，出为后将军、岐州刺史，后被害。传见《魏书》卷七十一。质：人质。［42］遣信：派使者。豫州：北魏豫州，治所在今河南汝南县。胡三省曰："魏豫州治悬瓠城，领汝南、新蔡、弋阳等郡。"薛真度：随堂兄薛安都投魏，历任平、荆、豫、华、扬五州刺史、金紫光禄大夫。传见《魏书》卷六十一。［43］可不（fǒu）：即可否，可不可以。不，同"否"。［44］奔：逃奔。寿阳：古地名，即裴叔业驻镇的豫州州治所在地，在今安徽寿县。［45］韦伯昕：京兆杜陵人，裴叔业之兄的女婿。叔业曾派儿子裴芬之与韦伯昕作为人质，上表归附北魏，韦伯昕被任为南阳郡太守，后为员外散骑常侍、中垒将军。传见《魏书》卷七十一。［46］丁未：正月七日。［47］兰陵郡公：封地兰陵郡，郡治在今山东枣庄市峄城区。［48］庚午：正月三十日。［49］丙戌：二月十六日。［50］卫尉：主管护卫宫廷，为九卿之一。萧懿（yì）：字元达，梁武帝萧衍之长兄，南齐名将。平定豫州刺史裴叔业叛乱，授尚书令。后为小皇帝萧宝卷所杀。传见《南史》卷五十一。［51］为豫州刺史：以取代叛变投降北魏的裴叔业。［52］戊戌：二月二十八日。［53］领扬州刺史：南齐豫州刺史裴叔业投降北魏，魏改名为扬州由元勰兼任。扬州，是南齐都城建康所在的州，用以指代南朝，此为虚封，有并灭南朝之意。领，兼任。［54］镇寿阳：率兵前往寿阳镇守，以协助裴叔业共同抵抗南齐的进攻。寿阳，原为南齐豫州的州治所在地，今为北魏扬州的州治。［55］遣大将军李丑、杨大眼：这句话可能有讹误，"大"字洐，《资治通鉴》、《魏书》均无记载李丑、杨大眼为"大将军"的事，即使为大将军，也不可能同时派两个大将军来协防。李丑，具体事迹不详。杨大眼，氐族，仇池首领杨难当之孙，投魏后为北魏名将。擅长奔跑，勇猛善战，眼睛比较大，被称为"大眼"，敌人非常怕他。被选为军主，跟随孝文帝元宏征战，军功显赫，被封为直阁将军，加辅国将军、游击将军。后继任太尉长史、假平南将军、东征别将，出任荆州刺史。传见《魏书》卷七十三。［56］奚康生：本姓达奚，镇北大将军奚直之孙，北魏名将。传见《魏书》卷七十三。羽林：意为国之羽翼，如林之盛，是护卫皇帝的禁卫部队。［57］己亥：二月二十九日。［58］监州：临时主持豫州刺史的事务。［59］建安戍：南齐北部沿边的军事据点名，当时的北新蔡郡，郡治固始，在今河南固始县，北离淮河不远。席法友：安定人，北魏官员。祖父、父亲在北魏统一中原时逃往南方，因此，席法友仕于南齐，为太守。后与裴叔业一起投奔北魏，任为豫州刺史，封苞信县伯。传见《魏书》卷七十一。［60］非其乡曲：不是裴叔业的同乡人。胡三省曰："裴叔业本河东人，席法友安定人，不同州部；盖并侨居襄阳，遂为乡曲。"［61］恐有异志：可能有不同的想法，即不按照裴叔业生前的意愿行事。恐，恐怕，可能。［62］秘叔业丧问：封锁了裴叔业去世的消息。问，同"闻"，消息。［63］教命处分：各项命令与部署。［64］城库管籥（yuè）：城门与仓库的钥匙。籥，通"钥"，锁钥。［65］耆（qí）旧：年高望重的人。耆，指六十岁的老人。［66］宣诏抚赍（jī）：向他们宣读北魏主元恪的诏书，并给他们以安慰、赏赐。赍，送给，赏赐。［67］兖（yǎn）州：北魏的州治瑕丘，在今山东济宁市兖州区西北。［68］齐州：北魏的州治在今山东济南市。［69］王世弼，字辅，京兆霸城（今陕西西安市灞桥区）人。南齐时，授游击将军；与裴叔业一起归附北魏，出任南徐州刺史，封慎县伯。传见《魏书》卷七十一。［70］南徐州：北魏州名，州治宿豫，在今江苏宿迁市东南。

巴西民雍道晞[1]聚众万余逼郡城，巴西太守鲁休烈婴城自守[2]。三月，刘季连[3]遣中兵参军李奉伯[4]帅五千救之，与郡兵合击道晞，斩之。奉伯欲进讨郡东余贼，涪令李膺[5]止之曰："卒惰将骄[6]，乘胜履险[7]，非完策[8]也；不如少缓[9]，更思后计。"奉伯不从，悉众[10]入山，大败而还。

乙卯[11]，遣平西将军崔慧景将水军讨寿阳，帝屏除[12]，出琅邪城[13]送之。帝戎服坐楼上，召慧景单骑进围内[14]，无一人自随者。裁[15]交数言，拜辞而去。慧景既得出，甚喜。

豫州刺史萧懿将步军三万屯小岘[16]，交州刺史李叔献屯合肥[17]。懿遣裨将胡松[18]、李居士帅众万余屯死虎[19]。骠骑司马陈伯之将水军溯淮而上[20]，以逼寿阳，军于硖石[21]。寿阳士民多谋应齐者。

魏奚康生防御内外，闭城一月，援军乃至。丙申[22]，彭城王勰、王肃击松、伯之等，大破之，进攻合肥，生擒叔献。统军宇文福[23]言于勰曰："建安[24]，淮南重镇，彼此要冲[25]；得之，则义阳[26]可图；不得，则寿阳难保[27]。"勰然之，使福攻建安，建安戍主胡景略面缚[28]出降。

己亥[29]，魏皇弟悦[30]卒。

崔慧景之发建康也，其子觉为直阁将军[31]，密与之约[32]；慧景至广陵[33]，觉走从之[34]。慧景过广陵数十里，召会诸军主[35]曰："吾荷三帝[36]厚恩，当顾托之重[37]。幼主昏狂，朝廷坏乱；危而不扶，责在今日[38]。欲与诸君共建大功以安社稷[39]，何如？"众皆响应。于是，还军向广陵，司马崔恭祖[40]守广陵城，开门纳之。帝闻变，壬子[41]，假右卫将军左兴盛节[42]，都督建康水陆诸军以讨之。慧景停广陵二日，即收众济江[43]。

初，南徐、兖二州刺史[44]江夏王宝玄[45]娶徐孝嗣女为妃，孝嗣诛，诏令离婚，宝玄恨望[46]。慧景遣使奉宝玄为主，宝玄斩其使，因发将吏守城[47]，帝遣马军主戚平、外监黄林夫助镇京口[48]。慧景将渡江，宝玄密与相应，杀司马孔矜、典签吕承绪及平、林夫[49]，开门纳慧景，使长史沈佚之[50]、咨议柳憕分部军众[51]。宝玄乘八扛舆[52]，手执绛麾[53]，随慧景向建康。台遣骁骑将军张佛护[54]、直阁将军徐元称等六将据竹里[55]，为数城以拒之。宝玄遣信[56]谓佛护曰："身[57]自还朝，君何意苦相断遏[58]？"佛护对曰："小人荷[59]国重恩，使于此创立小戍。殿下还朝，但自直过，岂敢断遏！"遂射慧景军，因合战。崔觉、崔恭祖将前锋[60]，皆荒伧[61]善战，又轻行不爨食[62]，以数舫缘江载酒食为军粮[63]，每见台军城中烟火起[64]，辄尽力攻之。台军不复得食[65]，以此饥困。元称等议欲降，佛护不可。恭祖等进攻城，拔之，斩佛护；徐元称降，余四军主皆死。

乙卯[66]，遣中领军王莹[67]都督众军，据湖头[68]筑垒，上带蒋山西岩[69]实甲数万。莹，诞之从曾孙也。慧景至查硎[70]，竹塘人万副儿[71]说慧景曰："今平路皆为台军所断，不可议进[72]，唯宜从蒋山龙尾[73]上，出其不意耳。"慧景从之，分遣千余人，鱼贯[74]缘山，自西岩夜下，鼓叫临城中[75]。台军惊恐，即时奔散。帝又遣右卫将军左兴盛帅台内三万人拒慧景于北篱门[76]，兴盛望风退走[77]。

甲子[78]，慧景入乐游苑[79]，崔恭祖帅轻骑十余突入北掖门[80]，乃复出。宫门皆闭，慧景引众围之。于是，东府、石头、白下、新亭[81]诸城皆溃。左兴盛走，不得入宫，逃淮渚荻舫[82]中，慧景擒杀之。宫中遣兵出荡[83]，不克。慧景烧兰台府署[84]为战场。守卫尉萧畅屯南掖门[85]，处分城内[86]，随方应拒[87]，众心稍安。慧景称宣德太后令[88]，废帝为吴王[89]。

（以上为第二段，写南齐平西将军崔慧景以废立为己任，攻入都城建康，朝野震动，借宣德太后名义，宣称废小皇帝为吴王。）

【注释】

[1]巴西：古郡名，郡治在今四川阆中市。雍道晞（xī）：姓雍，名道晞，巴西郡的起事领袖，聚众万余人，自称镇西将军，年号建义，随后进攻巴西郡城，后被击斩。 [2]鲁休烈：南齐巴西太守。婴城自守：据城而守。婴城，环城，凭借四周的城墙。婴，通"缨"，套在马颈上的革带，引申为缠绕、环绕。 [3]刘季连：字惠续，彭城人，刘宋武帝刘裕族弟刘思考之子，南齐益州刺史。后据蜀反叛，传见《梁书》卷二十。 [4]李奉伯：南齐益州刺史刘季连的中兵参军。帅：同

“率”，统领。［5］涪（fú）令：涪县县令。涪县，古县名，县治在今四川绵阳市。李膺：南齐为涪县县令。［6］卒惰将骄：士兵懒惰，将领骄纵。［7］履险：深入险境。蛮人住在山中，山势险峻。［8］非完策：并非全胜之策。完，全。［9］少缓：稍微迟缓，思虑周全一些。少，同“稍”。［10］悉众：率领全部军队。［11］乙卯：三月十五日。［12］屏（bǐng）除：清道，驱开百姓。屏，同“摒”，摈弃，除去。［13］琅邪（yá）城：即白下，当时的侨郡名，在当时的建康城北，今江苏南京城北的幕府山西南，濒临长江。［14］围内：皇帝卫队的警戒圈内。［15］裁：同“才”，仅仅。［16］小岘（xiàn）：古山名，也称昭关，军事要地，在今安徽含山县北，春秋末期，楚平王的逃臣伍子胥由楚入吴，即曾经过此地。［17］交州：州治龙编，在今越南河内市东北。李叔献：在京多年但仍挂着交州刺史的头衔，胡三省曰：“武帝永明三年（485），李叔献自交州入朝，至今犹带交州刺史盖以其阻险不庭，逼以兵威而后至，废弃不用也。”小皇帝萧宝卷时为骁骑将军，参与平定陈显达的叛乱。合肥：古县名，县治在今安徽合肥市。［18］裨（pí）将：副将，偏将。胡松：南齐龙骧将军、直阁将军。后为太子右率；与张欣泰等密谋废黜东昏侯萧宝卷以应萧衍，事败被杀。传见《南齐书》卷五十一。［19］李居士：南齐豫州刺史萧懿的副将。死虎：古地名，在当时的寿阳县东南。［20］陈伯之：骠骑司马，封鱼复县伯。后随雍州刺史萧衍起兵反齐。传见《梁书》卷二十。溯淮：自东而西逆淮水而上。［21］硖（xiá）石：古山名，在今安徽寿县西北。淮水流过硖石山峡，两岸各筑一城，是屏障淮南的重要军事要地。［22］丙申：四月二十七日。［23］宇文福：鲜卑族，北魏统军将领。曾随孝文帝元宏南征，大败南齐军队，授征虏将军，为征北将军。传见《魏书》卷四十四。［24］建安：即建安戍，在今河南固始县。［25］彼此要冲：双方都必争的军事要地。胡三省曰：“魏兵南来，齐兵北向，建安皆为要冲之地，故曰‘彼此’。”［26］义阳：古郡名，郡治平阳，在今河南信阳市，当时属于南齐，为南齐北部边界上的重镇。前年北魏军曾多次进攻，未能攻下。［27］寿阳难保：胡三省曰：“魏得建安，则西南可图义阳。齐司州治义阳；若增建安之兵，北断魏援，东临寿阳，则寿阳难保。”［28］胡景略：建安戍主，在北魏的进攻下，投降北魏。面缚：自动束手投降，双手缚于背后，目前只见其面。［29］己亥：四月三十日。［30］魏皇弟恌卒：北魏主元恪的弟弟元恌去世。恌，即元恌（tiāo），北魏孝文帝元宏第七子，元恪之弟，未被封王而夭折，年七岁。按：这一段与上一段，即“魏奚康生防御内外”到“魏皇弟恌卒”，所写的是北魏四月的事情，不宜放在此处，应移到后面的“点，胤之兄也”后。［31］觉：即崔觉，崔慧景之子，南齐直阁将军。永元二年（500）随父同反，袭取京口，大败，亡命为僧人，后被捕伏诛。传见《南齐书》卷五十一。直阁将军：古将军名，皇帝身边的侍卫武官。［32］约：约定，见机政变。［33］广陵：古地名，在今江苏扬州市。［34］走从之：逃出建康，追从其父。［35］诸军主：各支部队的部队长。［36］荷：承受，蒙受。三帝：指齐高帝萧道成、齐武帝萧赜、齐明帝萧鸾。［37］当顾托之重：承担着老皇帝委托的重任，为托孤大臣。［38］危而不扶，责在今日：国家有危难而没有匡扶，现在就是我们来尽责任的时候了。《论语·季氏》有所谓“危而不持，颠而不扶，则将焉用彼相矣？”危，站不稳。颠，跌倒。

[39]安社稷：使国家转危为安。社稷，代指国家。［40］崔恭祖：崔慧景同宗人，南齐将领。气力绝人，频经军阵，以杀王敬则之功，封二百户。现为崔慧景的司马官，驻守广陵，随崔慧景一同反叛，以与慧景之子争功及谋议数不被用，又愤而投奔朝廷。慧景败后被杀。［41］壬子：三月十二日。［42］假右卫将军左兴盛节：即假节于右卫将军左兴盛。左兴盛，南齐前军司马，后为太子右卫率，现为右卫将军。［43］收众济江：集合军队，渡江向都城建康杀来。［44］南徐、兖（yǎn）二州：南徐州和南兖州。南徐州的州治京口，在今江苏镇江市；南兖州的州治广陵，在今江苏扬州市，两城隔江相对。［45］江夏王宝玄：即萧宝玄，字智深，齐明帝萧鸾第三子，封江夏郡王，历任领石头戍事、郢州刺史，为使持节，南徐、兖二州刺史，车骑将军。萧宝卷称帝时，崔慧景举兵，宝玄响应，随至建康，及兵败，被杀。传见《南齐书》卷五十。［46］恨望：怨恨，怨恨其兄萧宝卷棒打鸳鸯两分离。望，怨望。［47］宝玄斩其使，发将吏守城：萧宝玄斩崔景慧之使，又动员将士守卫南徐州刺史的驻镇之地京口城，这是给小皇帝萧宝卷放的烟幕。京口，即今江苏镇江市。［48］“帝遣”句：小皇帝萧宝卷派出马军主戚平、外监黄林夫领兵协助萧宝玄镇守京口。外监，掌监察州部刺史。［49］“杀司马孔矜”句：萧宝玄杀了效忠朝廷的部属司马官孔矜、典签吕承张绪，以及朝廷派来协防的马军主戚平、外监黄林夫。典签，诸王州刺史属下的大吏，通常代表朝廷，以伺察、监督诸王刺史的活动。［50］沈佚（yì）之：时为江夏王萧宝玄的长史。柳憕（chéng）：时为江夏王萧宝玄的咨议参军，职掌咨询谋议军事。［51］分部军众：分别率领军队。［52］八扛舆：八人抬的轿子，无帷盖。［53］绛（jiàng）麾（huī）：深红色的拂尘。手执拂尘是当时贵族的一种时尚姿态。［54］台遣：朝廷派出。张佛护：时为骁骑将军，曾率军攻打叛军，被杀。［55］徐元称：时为直阁将军，率军攻打叛军，兵败，投降。竹里：古军事要地名，在当时建康城的东北方，距建康城约四十公里。［56］遣信：派人送信。［57］身：犹今所谓“我”，指称自己。［58］断遏（è）：拦阻，阻挡。［59］荷（hè）：担负，承受。［60］将（jiàng）前锋：率领先头部队。［61］荒伧（cāng）：出身于边荒多战乱之地。伧，粗野，粗俗。［62］轻行不爨（cuàn）食：快速前进，不在做饭上耽误时间。轻行，轻装前进，不带辎重。爨食，生火做饭。［63］数舫：几条小船。缘江载酒食为军粮：崔慧景从江陵渡江到镇江，再由镇江进攻建康，一路都是缘江边而行，故其后勤部队可以“缘江载酒食为军粮”。［64］台军城中：朝廷军在竹里修筑的军事据点中。烟火：做饭的烟火。［65］不复得食：总是吃不上饭。［66］乙卯：三月十五日。［67］中领军莹：即王莹，东晋权臣王导的后代，晋吏部侍郎、庐江琅邪二郡太守。王诞曾孙，小皇帝萧宝卷时为中领军。入梁后迁侍中、抚军将军，封建城县公，为尚书令。传见《梁书》卷十六。［68］湖头：古地名，南齐都城建康城东北的玄武湖边。［69］上带蒋山西岩：与东侧的钟山西崖相连接。上带，上连。蒋山，在今之钟山，也称紫金山。因山上有蒋子文庙，故称之。［70］查硎（xíng）：古地名，离都城建康的玄武湖不远。［71］竹塘：古地名，具体位置不详。万副儿：人名。胡三省曰：“善射猎，能捕虏，来投慧景。”［72］不可议进：不要打算从这里过去。议进，考虑前行。［73］龙尾：蒋山上的道路名，因其弯曲像龙尾，故称之。［74］鱼

贯：一个接一个，像鱼游时头尾相连。[75]鼓叫临城中：从钟山的西坡对着下面的台军据点击鼓、喊叫。城，指玄武湖边的守军据点。[76]北篱门：建康城北面外城的城门。[77]望风退走：被对方大喊大叫的气势所吓住，慌忙逃跑。望风，观察风头、形势。[78]甲子：三月二十四日。[79]乐游苑：古宫苑名，在玄武湖的南侧。[80]北掖门：皇宫后门的侧门。[81]东府：即东府城，在当时的台城东。石头，即石头城，在当时的台城西的长江边上，在今江苏南京市清凉山。新亭：在当时台城的西南方，西临长江，在今江苏南京市西南部。白下：是建康城西北侧的军事据点，当时南琅邪郡的郡治所在地，在今江苏南京市北部长江东侧的金川门外。[82]淮渚（zhǔ）荻（dí）舫：秦淮河中小洲的装芦苇的小船上。渚：水中小洲。荻，芦苇。[83]出荡：出来冲杀。[84]兰台府署：御史中丞办公的衙门。兰台，御史台。[85]守：代理。卫尉：原文为"御尉"，据章校改。萧畅：字季达，萧顺之第四子，南梁武帝萧衍四弟，曾为萧遥光的咨议参军，遥光反叛，他自归朝廷，官至太常，封江陵县侯。南梁建立后，赠侍中、骠骑大将军、开府仪同三司，封衡阳郡王。传见《南史》卷五十一。南掖门：建康宫城南大门的侧门。[86]处分城内：安排宫城内的防守事宜。处分，安排。[87]随方应拒：根据各处受攻的具体情况而采取相应的抵抗措施。拒，抵挡。[88]称宣德太后令：假托宣德太后的命令。宣德太后，即文惠太子萧长懋的妃子王氏，原小皇帝萧昭业之母。萧昭业继位后尊之为皇太后。萧昭业、萧昭文相继被萧鸾废杀后，王氏被赶出宫廷，居于宣德宫。崔慧景现要推翻萧宝卷，并连带不承认明帝萧鸾，故重新请出萧昭业之母来发号施令。其实也很有可能就是假托的。[89]废帝为吴王：废掉小皇帝萧宝卷，贬为吴王。吴，古郡名，郡治在今江苏苏州市。

陈显达之反也，帝复召诸王[1]入宫。巴陵王昭胄[2]惩永泰之难[3]，与弟永新侯昭颖诈为沙门[4]，逃于江西[5]。昭胄，子良之子也。及慧景举兵，昭胄兄弟出赴之[6]。慧景意更向昭胄[7]，犹豫未知所立。

竹里之捷，崔觉与崔恭祖争功，慧景不能决。恭祖劝慧景以火箭烧北掖楼[8]。慧景以大事垂定[9]，后若更造，费用功多[10]，不从。慧景性好谈义[11]，兼解佛理[12]，顿法轮寺[13]，对客高谈[14]，恭祖深怀怨望。

时豫州刺史萧懿将兵在小岘，帝遣密使告之。懿方食，投箸[15]而起，帅军主胡松、季居士等数千人自采石济江[16]，顿越城举火[17]，台城中鼓叫称庆[18]。恭祖先劝慧景遣二千人断西岸兵[19]，令不得渡。慧景以城旦夕降，外救自然应散，不从。至是[20]，恭祖请击懿军，又不许；独遣崔觉将精手数千人渡南岸[21]。懿军昧旦[22]进战，数合[23]，士皆致死[24]，觉大败，赴淮死者二千余人。觉单马退，开桁阻淮[25]。恭祖掠得东宫女伎[26]，觉逼夺之。恭祖积忿恨[27]，其夜，与慧景骁将刘灵运诣城降[28]，众心离坏[29]。

夏，四月，癸酉[30]，慧景将腹心数人潜去，欲北渡江；城北诸军[31]不知，犹为拒战。城中出，荡杀数百人。懿军渡北岸[32]，慧景余众皆走。慧景围城凡十二日而败，从者于道稍散[33]，单骑至蟹浦[34]，为渔人所斩，以头内鳝篮[35]，担送建康。恭祖系尚方[36]，少时[37]杀之。觉亡命为道人[38]，捕获，伏诛。

（以上为第三段，写南齐反叛首领崔慧景围攻宫城，放松警戒，高谈义理、佛理，属下争功而叛，加之萧懿大军前来，失败北逃，而被渔夫杀死。）

【注释】

[1]诸王：指齐高帝萧道成、齐武帝萧赜所剩余的子孙们。陈显达大兵围城，以声讨萧鸾的叛逆相号召，小皇帝萧宝卷为斩草除根，故欲将高、武的子孙一概杀光。胡三省曰："明帝永泰元年（498），王敬则反，帝召诸王入宫，欲杀之而中止，事见一百四十一卷。陈显达反，帝复召之。"[2]巴陵王昭胄：即萧昭胄，字景胤，竟陵王萧子良之子，袭父爵为竟陵王，后以封境近边，改封巴陵王。萧赜时为会稽太守，昭业时为右军将军，萧鸾时为太常。萧鸾欲诛高帝、武帝子孙，昭胄与弟昭颖逃奔崔慧景，后慧景兵败，复自首投朝廷。后与巴西太守萧寅结谋，欲诛小皇帝萧宝卷自立，事泄被杀。传见《南齐书》卷四十。 [3]惩永泰之难：接受上次永泰元年（498）差点被杀的教训。惩，警戒，鉴戒。 [4]昭颖：即萧昭颖，萧昭胄之弟。诈为沙门：化装成和尚。 [5]江西：胡三省以为是横江以西。横江是长江的一条小支流，流经今安徽和县汇入长江。此处也可解释为"长江以西"，实际区域亦无多大差别。 [6]出赴之：出来加入崔慧景的军队。 [7]意更向昭胄：心想改立萧昭胄为皇帝。因为从血缘上，萧昭胄与萧道成、萧赜的关系比萧宝玄更近。[8]北掖楼：都城北大门侧门的楼阁。 [9]垂定：将定。 [10]费用功多：花费的人力、物力都很多。 [11]好谈义：好谈论儒家经典的义理，即仁义礼智信之类的内容。 [12]兼解佛理：兼带着还懂一点佛教的经典道理，即四大皆空之类的内容。 [13]顿法轮寺：临时住在法轮寺里。法轮寺，在都城建康，具体方位不详。 [14]对客高谈：于是就与一位客人谈佛理谈个没完没了，结果把前程、性命谈没了。客，据下文，知是处士何点。高谈，高谈阔论，长谈。 [15]投箸（zhù）：扔下筷子。 [16]季居士：人名，时为萧懿的属将，为军主。采石：即采石矶，长江上的军事要地，在今安徽马鞍山市西北部的长江边上，此地的江面最狭。济江：渡江。 [17]顿越城：驻扎在越城。越城，古城名，逼近建康城。举火：举火向台城发出信号。火，烽火。 [18]台城中：指台城的宫城之中。"台"，此字原无，据章校补，称庆：道贺。 [19]先劝：先曾劝说。断西岸兵：守住长江，不令西岸的萧懿军队渡江过来。西岸兵，指从江西前来入援的萧懿军队。

[20]至是：到现在，萧懿的军队已到台城城外。 [21]精手：军中武艺高强的士兵。渡南岸：渡秦淮河到南岸去，由南岸西行攻击萧懿的侧翼。 [22]昧旦：黎明，天将亮。 [23]数合：几次交手。崔慧景军看来也并非一击即溃，只是缺少良将，未能死死顶住。 [24]士皆致死：每个士兵都拼出死力。 [25]开桁（héng）阻淮：拆开朱雀桁浮桥，以秦淮河为屏障坚守。 [26]东宫女伎（jì）：东府城中的女艺人。伎，古代称以歌舞为业的女子。 [27]积忿恨：多次的怨恨积累起来。忿，同“愤”，怨愤。 [28]骁（xiāo）将：勇猛之将。刘灵运：南齐时人，崔慧景手下的猛将。诣城降：到台城投降了朝廷的军队。 [29]离坏：离散，沮丧。 [30]癸酉：四月四日。 [31]城北诸军：台城北的崔慧景诸君。 [32]渡北岸：渡过秦淮河而来，即到达台城。 [33]稍散：渐渐散去。稍，渐。 [34]蟹浦：长江上的渡口名。浦，水边。 [35]内鳝篮：装进盛鱼的筐子里。内，同“纳”，装入。鳝，同“鳅”，当地产的一种鱼。 [36]系尚方：虽是投降，但仍被下狱。尚方，尚方省关押犯人之处。尚方省是主管为皇家制造器物的机关。 [37]少时：不多时，时间不长。 [38]亡命：改名换姓地逃命。道人：指和尚，当时的和尚也被称为“道人”。

宝玄初至建康，军于东城[1]，士民多往投集[2]。慧景败，收得朝野投宝玄及慧景人名，帝令烧之，曰：“江夏尚尔[3]，岂可复罪余人[4]！”宝玄逃亡数日乃出。帝召入后堂，以步障裹[5]之，令左右数十人鸣鼓角[6]驰绕其外，遣人谓宝玄曰：“汝近围我亦如此耳。”

初，慧景欲交处士何点[7]，点不顾[8]。及围建康，逼召点；点往赴其军，终日谈义[9]，不及军事。慧景败，帝欲杀点。萧畅谓茹法珍[10]曰：“点若不诱贼共讲[11]，未易可量[12]。以此言之，乃应得封！”帝乃止。点，胤之兄也。

萧懿既去小岘[13]，王肃亦还洛阳。荒人[14]往来者妄云肃复谋归国。五月，乙巳[15]，诏以肃为都督豫、徐、司三州诸军事、豫州刺史、西丰公[16]。

己酉[17]，江夏王宝玄伏诛。

壬子[18]，大赦。

六月，丙子[19]，魏彭城王勰进位大司马，领司徒；王肃加开府仪同三司。

太阳蛮田育丘[20]等二万八千户附于魏，魏置四郡十八县。

乙丑[21]，曲赦建康，南徐、兖二州[22]。先是，崔慧景既平，诏赦其党。而嬖幸用事[23]，不依诏书，无罪而家富者，皆诬为贼党，杀而籍其赀[24]；实附贼而贫者皆不问。或谓中书舍人王咺之[25]云："赦书无信[26]，人情大恶[27]。"咺之曰："正当复有赦[28]耳。"由是再赦。既而嬖幸诛纵[29]亦如初。

是时，帝所宠左右凡三十一人，黄门[30]十人。直阁、骁骑将军徐世檦素为帝所委任，凡有杀戮，皆在其手。及陈显达事起，加辅国将军；虽用护军崔慧景为都督，而兵权实在世檦。世檦亦知帝昏纵[31]，密谓其党茹法珍、梅虫儿[32]曰："何世天子无要人，但侬货主恶[33]耳！"法珍等与之争权，以白帝。帝稍恶其凶强[34]，遣禁兵杀之，世檦拒战而死。自是法珍、虫儿用事，并为外监，口称诏敕[35]；王咺之专掌文翰[36]，与相唇齿[37]。

帝呼所幸潘贵妃父宝庆及茹法珍为阿丈[38]，梅虫儿、俞灵韵为阿兄[39]。帝与法珍等俱诣宝庆家，躬自汲水[40]，助厨人作膳。宝庆恃势作奸[41]，富人悉诬以罪，田宅赀财[42]，莫不启乞[43]，一家被陷，祸及亲邻；又虑后患，尽杀其男口。

帝数往诸刀敕家游宴[44]，有吉凶辄往庆吊[45]。

奄人王宝孙[46]，年十三四，号为"伥子[47]"，最有宠，参预朝政，虽王咺之、梅虫儿之徒亦下之，控制大臣，移易诏敕[48]，乃至骑马入殿，诋诃[49]天子；公卿见之，莫不慑息[50]焉。

吐谷浑王伏连筹事魏尽礼[51]，而居其国，置百官，皆如天子之制，称制于其邻国[52]。魏主遣使责而宥[53]之。

冠军将军、骠骑司马陈伯之再引兵攻寿阳[54]，魏彭城王勰拒之。援军未至，汝阴太守傅永[55]将郡兵三千救寿阳。伯之防淮口[56]甚固，永去淮口二十余里，牵船上汝水南岸，以水牛挽之[57]，直南趣淮[58]，下船即渡[59]；适上南岸[60]，齐兵亦至。会夜[61]，永潜入城，勰喜甚，曰："吾北望已久[62]，恐洛阳难可复见[63]；不意[64]卿能至也。"勰令永引兵入城，永曰："永之此来，欲以却敌；若如教旨[65]，乃是与殿下同受攻围，岂救援之意！"遂军于城外。秋，八月，乙酉[66]，勰部分将士[67]，与永并势，击伯之于肥口[68]，大破之，斩首九千，俘获一万，伯之脱身遁还[69]，淮南[70]遂入于魏。

（以上为第四段，写南齐小皇帝萧宝卷逃过一劫，不思悔改，仍然任用小人，宠幸无赖；南齐将领陈伯之围困寿阳，北魏派名将傅永前来救援，打败南兵，解救寿阳，南齐淮南地尽失。）

【注释】

［1］东城：即东府城，当初萧遥光所盘踞的老巢。［2］投集：投奔萧宝玄，聚集在东府城。［3］江夏：指萧宝玄，封为江夏王。尚尔：尚且如此，就是这样。［4］岂可复罪余人：还怎么能惩罚其他的人？［5］步障：用来遮蔽风尘或隔开内外的屏幕。［6］鸣鼓角：击鼓吹角。鼓、角都是军队的乐器，用于行军，用于战场。［7］处士：即隐士。何点：字子晳，号通隐，庐江灊县（今安徽霍山县）人，南梁名士，刘宋司空何尚之之孙，宜都太守何铄之子。少有异才，博通群书，笃信佛学，爱好文学，善于谈论，拒绝征辟。曾嘲弄过萧道成的篡宋骨干褚渊、王俭。与兄何求、弟何胤皆为当世名隐，并称“何氏三高”。传见《南齐书》卷五十四。［8］不顾：没有理睬。［9］谈义：谈论佛经义理。［10］茹法珍：南齐弄臣。小皇帝萧宝卷时，与梅虫儿并为制局监。雍州刺史萧衍起兵入京，萧宝卷死，他亦被杀。传见《南史》卷七十七。［11］共讲：共同谈论。讲，研究，讲论。［12］未易可量：台城的安危将难以预料。胡三省曰：“言何点若不与慧景讲义，则慧景日以攻城为事，安危未可量也。”这其实是一种诡辩，崔慧景的是否攻城，与何点的讲谈佛理没有多大关系，如果慧景铁下心来攻城，即使是与何点讲谈，也可号令组织人马攻之。［13］萧懿既去小岘（xiàn）：萧懿既离开了小岘山，指放弃进攻寿阳，返回救朝廷之急。去，离开。小岘，古军事要地，在今安徽含山县北。［14］荒人：流浪者，指在边防与京城间，或在南国与北国之间往来流浪的人。南齐称之为“荒人”。复谋归国：还想回到南齐来。王肃在南齐武帝萧赜时因其父王奂被杀而投奔北魏。［15］乙巳：五月六日。［16］豫、徐、司：豫州的州治原在寿阳，此时已被北魏所占；徐州的州治钟离，在今安徽凤阳县东；司州的州治义阳，在今河南信阳市。西丰公：封地西丰县，县治在今辽宁西丰县。［17］己酉：五月十日。［18］壬子：五月十三日。［19］丙子：六月八日。［20］太阳蛮：当作“大阳蛮”，居住在大阳山的少数民族。大阳山，在齐兴郡（郡治在今湖北十堰市郧阳区）东，原本属于南齐的梁州，邻近北魏边境。太，同“大”。田育丘：大阳山的少数民族首领，率领民众投奔北魏。［21］乙丑：六月无乙丑日，疑为“己丑”，六月二十一日。［22］曲赦建康、南徐兖二州：因崔慧景围攻台城时，此三地有许多人投靠、追随于他。胡三省曰：“崔慧景自南兖还兵而南，徐州之人从之，进围建康，而建康之人又多从之。既大赦，而诛纵失实，故又曲赦三处。”曲赦，犹特赦，赦令的一种，不普赦天下而独赦一地，是根据当时事态所发布的特别赦免令。［23］嬖（bì）幸：宠臣，幸臣。用事：专权。［24］籍其赀：没收他们的钱财。籍，没收。赀，通“资”，资财。［25］王咺（xuān）之：南齐时人，初任太学博士，迁中书舍人，与茹法珍等助小皇帝萧宝卷为虐。专掌文翰，诛戮无辜。小皇帝

败死，被诛。［26］人情大恶：人心不安，人心思变。［27］正当：应该，推测语气。写史者以此暗示此次小皇帝萧宝卷的曲赦是王咺之进言的结果。［28］由是再赦：因此才有了前面所说的“曲赦建康、南徐兖二州”之事。［29］诛纵：诛杀与放纵。纵，指放过附贼而贫者，不予治罪。［30］黄门：一般指黄门侍郎，给事于宫门之内的郎官，是皇帝近侍之臣，可传达诏令，负责协助皇帝处理朝廷事务。一说指宦官。［31］昏纵：昏庸，骄纵。［32］梅虫儿：吴兴人，小皇帝萧宝卷弄臣。［33］但侬（nóng）货主恶：只不过是因为我的主子太坏了。侬，吴语，我。货主，东家，主子，指小皇帝萧宝卷。［34］恶其凶强：讨厌徐世标的凶恶强暴。［35］口称诏敕：不管做什么事，都说是奉了皇帝的命令。［36］专掌文翰：专门掌管皇帝的诏书、命令，一切都出自王咺之之手。王咺之任中书舍人，为皇帝起草诏令是其职内的工作之一。［37］与相唇齿：指王咺之与茹法珍、梅虫儿相互依附，狼狈为奸。［38］宝庆：即潘宝庆，小皇帝萧宝卷贵妃潘氏的父亲。为阿丈：皇帝对他们以“阿丈”相称，视之为长辈。丈，长者。［39］为阿兄：以兄长待之。［40］躬：身，亲自。汲（jí）水：从井中向上取水。［41］恃势作奸：靠着皇帝岳父的身份为非作歹。作奸，作邪恶之事。［42］赀（zī）财：资产，钱财。赀，同“资”。［43］莫不启乞：没有一样不向皇帝讨要过来。启乞，启上而多所求。［44］刀敕家：皇帝的护卫与其身边侍从的人。刀，谓操刀者，带刀护卫。敕，听从呼唤者，即所谓“小答应”。游宴：游乐宴饮，打得火热。［45］吉凶：喜庆的吉事与死人的丧事。辄（zhé）：总是，都是。庆吊：庆贺，悼念。［46］奄（yān）人：宦者。奄，同“阉”。王宝孙：人名，小太监。［47］伥（chāng）子：犹今所谓“小疯子”，故作张狂以取悦于人。［48］移易诏敕：改变皇帝的命令。［49］诋诃：训斥，斥责。［50］慑（shè）息：由于害怕而屏住呼吸，不敢出声。慑，恐惧，害怕。［51］吐谷（yù）浑：亦称吐浑，古代少数民族建立的小国名，其地在今甘肃洮河西南至青海北部一带。伏连筹，复姓慕容，名伏连筹，吐谷浑君主，曾一度效仿中原王朝。传见《魏书》卷一百一。尽礼：尽藩臣之礼。［52］称制于其邻国：以皇帝的身份对周边小国发号施令。［53］宥（yòu）：宽恕，原谅。［54］再引兵攻寿阳：胡三省曰：“是年春，伯之攻寿阳败退，今再攻之。”［55］汝阴：郡治在今安徽阜阳市。傅永：字修期，北魏名将，时为汝阴太守。传见《魏书》卷七十。［56］淮口：汝水入淮之口，在当时的期思县东北，今河南淮滨县东，地处当时寿阳的西方，相距一百多公里。［57］以水牛挽之：用水牛拉着这些船在陆地上绕过淮口。挽，牵拉。［58］直南趣淮：直奔南边的淮河。趣，同“趋”，奔赴。［59］下船即渡：把船拉进淮河，随即乘船渡过淮河。［60］适上南岸：刚刚渡过淮河，到了南岸。适，刚刚，恰好。［61］会夜：趁着夜色黑暗。［62］北望已久：一直向北方张望，盼望救兵。［63］恐洛阳难可复见：害怕自己把命就丢在这儿了。［64］不意：意想不到。［65］若如教旨：如果按照您的命令。教，指当时诸侯王或朝廷大官所下的命令。［66］乙酉：八月十八日。［67］部分：部署，派遣。［68］肥口：肥水的入淮之口，在寿阳城的北侧。肥水自南方流来，流经寿阳城东，北流入淮水。胡三省曰：“时陈伯之盖军于肥口以逼寿阳也。”［69］脱身：谓单身逃脱。遁还：逃回。［70］淮南：指寿阳城（今安徽寿县）与其周围的一带地区。胡三省曰："寿春县自汉以来为淮南郡治所。史言伯之既败，建康寻受兵，遂不能争寿阳。"

魏遣镇南将军元英[1]将兵救淮南，未至，伯之已败，魏主诏勰还洛阳。勰累表辞大司马、领司徒，乞还中山[2]；魏主不许。以元英行扬州事[3]。寻以王肃为都督淮南诸军事、扬州刺史，持节代之。

甲辰[4]，夜，后宫火。时帝出未还，宫内人不得出，外人不敢辄开[5]；比及[6]开，死者相枕[7]，烧三千[8]余间。

时嬖幸[9]之徒皆号为鬼。有赵鬼者，能读《西京赋》[10]，言于帝曰："柏梁既灾，建章是营[11]。"帝乃大起芳乐、玉寿等诸殿，以麝香[12]涂壁，刻画装饰，穷极绮丽[13]。役者自夜达晓，犹不副速[14]。

后宫服御[15]，极选[16]珍奇，府库旧物，不复周用[17]。贵市民间金宝[18]，价皆数倍。建康酒租皆折使输金[19]，犹不能足。凿金为莲华以帖地[20]，令潘妃[21]行其上，曰："此步步生莲华也。"又订出雉头、鹤氅、白鹭缞[22]。嬖幸因缘为奸利[23]，课一输十[24]。又各就州县求为人输[25]，准取见直，不为输送[26]，守宰[27]皆不敢言，重更科敛[28]。如此相仍[29]，前后不息，百姓困尽，号泣道路。

（以上为第五段，写南齐小皇帝萧宝卷沉溺于奢侈享乐，玩出新花样：大起宫殿，穷极绮丽；宠幸潘妃，步步生莲华；搜集珍奇，课税繁重，百姓没有活路。）

【注释】

[1]镇南将军元英：也称"拓跋英"，字虎儿，南安惠王拓跋桢之子，孝文帝元宏叔祖，北魏名将。传见《魏书》卷十九下。 [2]乞还中山：请求回到中山郡。时彭城王元勰任定州刺史，今年春来镇寿阳，乃为临时受命。中山，古郡名，郡治在今河北定州市。 [3]行扬州事：代理扬州刺史。行，代理，临时担任。魏以寿阳为扬州的州治所在地。 [4]甲辰：八月无甲辰日，《南齐书·东昏侯纪》作"甲申"，八月十七日。 [5]不敢辄（zhé）开：不敢及时打开宫门进入。辄，就，随即。 [6]比及：等到。 [7]相枕：相互枕藉，彼此压着、垫着，极言死者之多、之密。[8]三千：原文为"三十"，据章校改。 [9]嬖（bì）幸：受宠者，包括男宠、女宠。 [10]《西京赋》：东汉文学家、科学家张衡作，描述了西京长安的繁华、壮丽，讽刺了社会奢靡的风气，有一定的文学价值和历史研究价值，"精思傅会，十年乃成"。与《东京赋》合称《二京赋》。见于《后汉书》卷九十。 [11]柏梁既灾，建章是营：八字是《西京赋》中的原文，意思是说柏梁殿刚刚烧毁，建章宫又建造起来了。即俗话所说的"旧的不去，新的不来"。现在南齐的宫殿刚刚失火，这

就意味着我们要立即再建造一所更好的。柏梁，即柏梁殿，也叫柏梁台，汉代殿台名，故址在今陕西西安市长安故城内。相传是用香柏木建成的，风一吹香气四溢。建章宫，汉代殿台名，在长安城的西墙外，与城里的未央宫隔城墙相对，比未央宫更加豪华壮丽。柏梁台与建章宫都是汉武帝刘彻所建造。事见《资治通鉴》二十一卷汉武帝太初元年（前 104）。［12］麝（shè）香：中药材名。麝，动物名，一种香獐。胡三省曰："状如小麋，其脐有香，华山之阴多有之。"［13］绮（qǐ）丽：鲜艳，美丽。［14］犹不副速：还不能达到小皇帝萧宝卷所要求的建造速度。副，符合，达到。［15］后宫服御：后妃使女们穿戴使用的一切衣物。服御，泛指衣服车马。［16］极选：精选，选择最好的。［17］不复周用：已经供不应求。［18］贵市民间金宝：用高价向民间收购各种名贵的装饰品。市，买。金宝：黄金和珠宝，泛指贵重财物。［19］酒租皆折使输金：向一些酒馆收税，都让他们折成黄金交纳。酒租，酒税。［20］凿金为莲华：把金片雕刻成莲花的形状。凿，雕刻。华，同"花"。帖地：贴在地板上。帖，同"贴"。［21］潘妃：南齐时人，小皇帝萧宝卷的宠妃，小字玉儿，有姿色，性淫侈，萧宝卷为其建造神仙、永寿、玉寿三座宫殿，穷奢极欲，齐亡后，妃自缢死。［22］订出：规定上交。胡三省曰："订，平议也。齐梁之时谓赋民曰'订'，盖取平议而赋之之义。"雉（zhì）头、鹤氅（chǎng）、白鹭缞（cuī）：三种珍贵禽鸟的羽毛。雉头，野鸡头上的红色细毛。鹤氅，白鹤两翅上的翎毛。白鹭缞，白鹭头上的下垂之毛。［23］因缘为奸利：借着征收这三种鸟毛而大发不义之财。［24］课一输十：皇帝每征收一支，这些经手的家伙们就向下头收取十支。课，规定的数额。输，缴纳。［25］求为人输：向州县请求差事，替人去交纳这种东西。［26］准取见直，不为输送：收取他们所要的佣金后，又不把这种羽毛缴纳上去。直，同"值"。［27］守宰：所在郡县的太守与县令。［28］重更科敛：他们又按照以上方法再来勒索一次。重更，再来一次。科敛，依法征收。［29］相仍：周而复始。仍，沿袭。

军主吴子阳等出三关[1]侵魏，九月，与魏东豫州刺史田益宗战于长风城[2]，子阳等败还。

萧懿之入援也，萧衍驰使所亲虞安福[3]说懿曰："诛贼之后，则有不赏之功[4]。当明君贤主，尚或难立[5]；况于乱朝，何以自免！若贼灭之后，仍勒兵入宫，行伊、霍故事[6]，此万世一时[7]。若不欲尔[8]，便放表还历阳[9]，托以外拒[10]为事，则威振内外，谁敢不从！一朝放兵[11]，受其厚爵[12]，高而无民[13]，必生后悔[14]。"长史徐曜甫亦苦劝[15]之，懿并不从。

崔慧景死，懿为尚书令。有弟九人：敷、衍、畅、融、宏、伟、秀、憺、恢。懿以元勋居朝右[16]，畅为卫尉，掌管籥[17]。时帝出入无度，或劝懿因其出门，举兵废之。懿不听。嬖臣茹法珍、王咺之等惮[18]懿威权，说帝曰："懿将行隆昌故事[19]，陛下命在晷刻[20]。"帝然之。徐曜甫知之，密具舟江渚[21]，劝懿西奔襄阳[22]。懿曰："自古皆有死，岂有叛走尚书令[23]邪！"懿弟侄[24]咸为之备。冬，十月，己卯[25]，帝赐懿药于省中。懿且死，曰："家弟在雍[26]，深为朝廷忧之。"懿弟侄皆亡匿于里巷[27]，无人发之者[28]；唯融捕得，诛之。

（以上为第六段，写南齐平定崔慧景之乱，萧懿却因功高震主，而被杀。）

【注释】

[1]吴子阳：南齐军主。三关：指平靖关、黄岘关、武阳关，都在当时的义阳，今河南信阳市南，称为"义阳三关"。平靖关在义阳城南七十五里，黄岘关在义阳城南百里，武阳关在义阳东南九十里。 [2]东豫州：北魏州名，州治在今河南息县，距南齐的义阳及"三关"都不足一百公里。田益宗：光城（今河南光山县）蛮人。世为四山蛮帅。少有将略，原事南齐，后归北魏，任员外散骑常侍、都督、南司州刺史，封光城县伯，转东豫州刺史；进号平南将军。传见《魏书》卷六十一。长风城：古城名，在今河南潢川县西南。 [3]虞安福：萧衍的亲信。 [4]不赏之功：无法赏赐的大功。 [5]难立：难以立足，难以求得平安。 [6]行伊、霍故事：指商朝名相伊尹和西汉霍光行废立之事。 [7]万世一时：万世难逢的好时机。 [8]若不欲尔：如果不愿意这样做。[9]放表还历阳：上表请求回到历阳，及早离开朝廷。历阳，南齐豫州的州治所在地，在今安徽和县城北。 [10]托以外拒：假托居边抵御北魏寇略之名，以拥兵自重。 [11]一朝：一旦，一下子。放兵：放弃兵权。 [12]厚爵：崇高的爵位。 [13]无民：没有军队，没有亲信。 [14]必生后悔：胡三省曰："谓官爵虽高而兵权去已，必将束手就死。" [15]徐曜甫：南齐时为萧懿的长史，曾力劝萧懿举兵行废立之事。亦苦劝：原文无"亦"字，据章校补。 [16]元勋：首功，大功。居朝右：居于整个朝廷的首位。当时以右为尊。 [17]掌管籥（yuè）：掌管着整个皇宫大门的钥匙。萧畅时任卫尉，其职务就是带兵以守卫宫门。籥，通"钥"，锁钥。 [18]惮（dàn）：畏惧，害怕。[19]隆昌故事：指隆昌元年（494）小皇帝萧昭业被废的旧事。 [20]命在晷（guǐ）刻：犹言"危在旦夕"。晷刻，短时间，片刻。 [21]具舟江渚：在江边为萧懿准备好了逃走的船只。江渚，这里即指江边。渚，原指江中的小洲。 [22]西奔襄阳：当时萧懿之弟萧衍为雍州刺史，驻镇襄阳，徐曜甫劝其到襄阳避祸。 [23]岂有叛走尚书令：胡三省曰："史言萧懿忠于齐室。"萧懿当时已将生死置之度外，说得大义凛然，固然有忠于南齐，当一个亘古忠臣的想法，或许也有欲保全整个家族的想法。从后面的叮嘱朝廷提防萧衍的举动来看，可能忠诚的成分更多一些。 [24]懿弟侄：萧懿的诸弟、诸侄。 [25]己卯：十月十三日。 [26]家弟在雍：指萧衍为雍州刺史。胡三省曰："时以襄阳为雍州治所，言衍必将举兵也。" [27]亡匿于里巷：躲藏在后街小巷之内。 [28]无人发之者：胡三省曰："史言人心皆为萧懿兄弟覆护。"

丁亥[1]，魏以彭城王勰为司徒，录尚书事。勰固辞，不免。勰雅好恬素[2]，不乐[3]势利。高祖[4]重其事干，故委以权任，虽有遗诏[5]，复为世宗所留[6]。勰每乖情愿[7]，常凄然[8]叹息。为人美风仪[9]，端严若神[10]，折旋合度[11]，出入言笑，观者忘疲。敦尚文史[12]，物务[13]之暇，披览不辍[14]。小心谨慎，初无[15]过失；虽闲居独处，亦无惰容[16]。爱敬儒雅[17]，倾心礼待。清正俭素，门无私谒[18]。

十一月，己亥[19]，魏东荆州刺史桓晖[20]入寇，拔下笮戍[21]，归之者，二千余户[22]。晖，诞之子也。

初，帝疑雍州刺史萧衍有异志。直后荥阳郑植[23]弟绍叔为衍宁蛮长史[24]，帝使植以候绍叔[25]为名，往刺衍。绍叔知之，密以白[26]衍，衍置酒绍叔家，戏植曰："朝廷遣卿见图[27]，今日闲宴[28]，是可取良会[29]也。"宾主大笑。又令植历观城隍、府库、士马[30]、器械、舟舰，植退，谓绍叔曰："雍州实力未易图也。"绍叔曰"兄还，具为天子言之：若取雍州，绍叔请以此众一战！"送植于南岘[31]，相持恸哭[32]而别。

及懿死，衍闻之，夜，召张弘策、吕僧珍、长史王茂、别驾柳庆远、功曹吉士瞻等入宅定议[33]。茂，天生之子；庆远，元景之弟子也。

乙巳[34]，衍集僚佐谓曰："昏主暴虐，恶逾于纣[35]，当与卿等共除之！"是日，建牙集众[36]，得甲士万余人，马千余匹，船三千艘。出檀溪竹木装舰[37]，葺之以茅[38]，事皆立办。诸将争橹，吕僧珍出先所具者，每船付二张，争者乃息[39]。

（以上为第七段，写北魏彭城王元勰一心归隐，而元恪予以重用；南齐小皇帝萧宝卷忌功杀害萧懿，萧懿之弟雍州刺史萧衍谋划多年，借机决计起兵反叛。）

【注释】

[1]丁亥：十月二十一日。 [2]雅好：平素爱好。恬（tián）素：恬淡、朴素，不好荣利。[3]不乐：不热衷追求。 [4]高祖：即指孝文帝元宏，庙号高祖，故称。 [5]遗诏：指孝文帝元宏同意元勰自己所请，辞去一切官职。 [6]为世宗所留：被元恪留在朝内担当重任。胡三省曰："谓出当方面，复入为司徒，录尚书也。"世宗，即宣武帝元恪，孝文帝元宏次子，北魏第八位皇帝，庙号世宗。 [7]乖（guāi）情愿：违背自己的心愿。 [8]凄然：凄凉悲伤的样子。

[9]为人美风仪：风度仪容美丽潇洒。为人，指仪表。［10］端严若神：端庄、整肃得有如神明。［11］折旋合度：举止合宜。折旋，意即周旋，指办事、行礼等一举一动。《礼记》有所谓“周旋中规，折旋中矩”。［12］敦尚文史：好读古书。敦尚，推崇，崇尚。［13］物务：处理公务。［14］披览：意即阅读书籍文章。辍（chuò）：停。［15］初无：很少有。［16］惰容：懒散的情态。［17］儒雅：温文尔雅的士人。［18］门无私谒（yè）：从不接受任何人以私事谒见、请托。胡三省曰：“史言彭城王勰为魏宗室诸王之秀。”［19］己亥：十一月三日。［20］东荆州：北魏州名，州治在今河南泌阳县。桓晖：字道进，东晋末年的叛乱分子桓玄之孙，桓诞之子，因乱随父流入大阳蛮，父子相继被拥为蛮首，附北魏。桓晖官至龙骧将军、东荆州刺史，袭父为襄阳公。时常出来抄掠、袭击南齐的边境。赠冠军将军。事见《晋书》卷九十九。［21］下笮（zé）戍：南齐的军事据点名，在今湖北襄阳市东北。［22］归之者，二千余户：因桓氏家族对这一带地区的影响力太大的缘故。［23］直后：古官名。在乘舆之后担任侍卫。直，同“值”。郑植：南齐时荥阳人，小皇帝萧宝卷时为宫廷侍卫，曾让他为刺客，前去刺杀雍州刺史萧衍。［24］绍叔：即郑绍叔，字仲明，直后郑植之弟，为萧衍中兵参军、宁蛮长史。随萧衍起兵灭齐，任为冠军将军。入梁为卫尉卿，封营道县侯。传见《梁书》卷十一。［25］候绍叔：探看其弟郑绍叔。候，问候，探看。［26］秘：私下，暗中。白：告白，告知。［27］见图：现在来谋杀我。图，图谋，刺杀。［28］闲宴：轻松、消闲而没有任何戒备的宴会。［29］良会：良好时机。［30］历观：逐一观看。城隍（uáng）：城墙与护城河。隍，原指没有水的护城河。士马：犹言“兵马”。［31］南岘（xiàn）：古山名，在当时的襄阳城南，是当地的著名游览区，孟浩然、李白的诗中都曾多次提及。［32］相持：互相拉着手。恸（tòng）哭：大声嚎哭。恸，同“痛”，悲伤。胡三省曰：“各尽力于所事，恐不复相见，故恸哭而别。”［33］“张弘策……入宅定议”句：雍州刺史萧衍召集心腹部属张弘策、吕僧珍、王茂、柳庆远、吉士瞻等人到府第商议对策。张弘策，萧衍从舅。吕僧珍，萧衍部属中兵参军。两人传见《梁书》卷十一。王茂，萧道成部将王天生之子，时为萧衍长史。柳庆远，刘宋尚书令柳元景之侄，义阳内史柳叔珍之子，时为萧衍雍州别驾。两人传见《梁书》卷九。吉士瞻，萧衍功曹。以上诸人共助萧衍起兵灭齐，均为梁朝开国功臣。［34］乙巳：十一月九日。［35］恶逾于纣：罪恶比殷纣王还要大。纣：即殷纣（约前1105—前1046年），子姓，名受，帝乙少子，商朝末代君主，世称“商纣王”，公元前1075年—前1046年在位，对内营建朝歌，加重赋敛，严刑峻法，对外屡次发兵攻打东夷部落。牧野之战，商军被周武王所率诸侯联军击败，帝辛身死，商朝灭亡。传见《史记》卷三。［36］建牙集众：树起大旗，集合兵众。牙，军营前的大旗。［37］出檀溪竹木：把贮存在檀溪水中的竹木捞出来。檀溪，古溪名。在今湖北襄阳市西南，北流入沔水，因汉末时刘备骑的卢马跃渡脱险而闻名。装舰：装备战船。［38］葺（qì）之以茅：用茅草编葺成篷盖。葺，覆盖。［39］争者乃息：胡三省曰：“僧珍具橹事见上卷元年。然僧珍所具者数百张橹耳，安能给三千艘邪？每船付二张，盖给诸将所乘之船耳。”

是时，南康王宝融为荆州[1]刺史，西中郎长史萧颖胄[2]行府州事[3]，帝遣辅国将军，巴西、梓潼二郡太守刘山阳将兵三千之官[4]，就颖胄兵使袭襄阳[5]。衍知其谋，遣参军王天虎[6]诣江陵，遍与州府书[7]，声云[8]："山阳西上，并袭荆、雍[9]。"衍因谓诸将佐曰："荆州素畏襄阳人[10]，加以唇亡齿寒[11]，宁不暗同邪[12]！我合荆、雍之兵，鼓行而东[13]，虽韩、白[14]复生，不能为建康计；况以昏主役刀敕之徒[15]哉！"颖胄得书，疑未能决；山阳至巴陵[16]，衍复令天虎赍书与颖胄及其弟南康王友颖达[17]。天虎既行，衍谓张弘策曰："用兵之道，攻心为上。近遣天虎往荆州，人皆有书[18]。今段乘驿甚急[19]，止有两函与行事兄弟[20]，云'天虎口具[21]'；及问天虎而口无所说[22]，天虎是行事心膂[23]，彼间必谓行事与天虎共隐其事[24]，则人人生疑。山阳惑于众口[25]，判相嫌贰[26]，则行事进退无以自明[27]，必入吾谋内[28]。是持两空函定一州矣。"

山阳至江安[29]，迟回[30]十余日，不上[31]。颖胄大惧，计无所出，夜，呼西中郎城局参军安定席阐文、咨议参军柳忱，闭斋定议[32]。阐文曰："萧雍州畜养士马，非复一日。江陵素畏襄阳人，又众寡不敌，取之必不可制[33]；就[34]能制之，岁寒[35]复不为朝廷所容。今若杀山阳，与雍州举事，立天子以令诸侯，则霸业[36]成矣。山阳持疑[37]不进，是不信我。今斩送天虎，则彼疑可释。至而图之[38]，罔不济矣[39]。"忱曰："朝廷狂悖日滋[40]，京师贵人莫不重足累息[41]。今幸在远，得假日自安[42]。雍州之事[43]，且借以相毙耳[44]。独不见萧令君[45]乎？以精兵数千，破崔氏十万众，竟为群邪所陷[46]，祸酷相寻[47]。'前事之不忘，后事之师也[48]。'且雍州士锐[49]粮多，萧使君雄姿冠世[50]，必非山阳所能敌。若破山阳，荆州复受失律之责[51]，进退无可[52]，宜深虑之。"萧颖达亦劝颖胄从阐文等计。诘旦[53]，颖胄谓天虎曰："卿与刘辅国[54]相识，今不得不借卿头！"乃斩天虎送示山阳，发民车牛，声云起步军征襄阳。山阳大喜。甲寅[55]，山阳至江律[56]，单车白服[57]，从左右数十人诣颖胄。颖胄使前汝阳太守刘孝庆[58]等伏兵城内，山阳入门[59]，即于车中斩之。副军主李元履[60]收余众请降。

柳忱，世隆之子也。颖胄虑西中郎司马夏侯详不同[61]，以告忱，忱曰："易耳！近详求婚，未之许也。"乃以女嫁详子夔[62]，而告之谋，详从之。乙卯[63]，以南康王宝融教纂严[64]，又教赦囚徒，施惠泽，颁赏格[65]。丙辰[66]，以萧衍为使持节，都督前锋诸军事。丁巳[67]，以萧颖胄为都督行留诸军事[68]。颖胄有器局[69]，既举大事[70]，虚心委己[71]，众情归之[72]。以别驾南阳宗夬[73]及同郡中兵参军刘坦[74]、咨议参军乐蔼为州人所推信[75]，军府经略[76]，每事咨焉。颖胄、夬各献私钱谷及换借富赀[77]以助军。长沙寺[78]僧素富，铸黄金为金龙数千两[79]，埋土中。颖胄取之，以资军费。

颖胄遣使送刘山阳首于萧衍，且言年月未利[80]，当须明年二月进兵。衍曰："举事之初，所藉者一时骁锐之心[81]。事事相接[82]，犹恐疑怠[83]；若顿兵十旬[84]，必生悔吝[85]。且坐甲十万[86]，粮用自竭；若童子立异[87]，则大事不成。况处分[88]已定，安可中息[89]哉！昔武王伐纣[90]，行逆太岁[91]，岂复待年月[92]乎？"

（以上为第八段，写南齐朝廷派辅国将军刘山阳出兵攻打萧衍，萧衍使用反间计，撺掇荆州行事萧颖胄亦反叛朝廷，谋划大获成功。）

【注释】

[1]南康王宝融：即萧宝融，字智昭，明帝萧鸾第八子，小皇帝萧宝卷之弟，封随郡王，改封南康王。此时任荆州刺史、西中郎将。东昏侯萧宝卷被废后萧宝融即位，一年后被迫让位，成为南齐末代皇帝。传见《南齐书》卷八。 [2]萧颖胄：字云长，齐高帝萧道成之侄，时任西中郎将萧宝融长史。传见《南齐书》卷三十八。 [3]行府州事：代萧宝融管理荆州刺史与西中郎将的职务。行，代理，兼管。 [4]刘山阳：小皇帝萧宝卷时为辅国将军，任巴西、梓潼太守。之官：赴任。 [5]就颖胄兵：会同萧颖胄的兵力。袭襄阳：攻打萧衍。时萧衍为雍州刺史，驻镇襄阳，起兵反叛。 [6]王天虎：雍州刺史萧衍的军事参谋。 [7]遍与州府书：给州府每人送去一封书信。州府，胡三省曰："州谓荆州官属，府谓西中郎府官属。" [8]声云：故意挑动说。 [9]并袭荆、雍：不光是袭击我们雍州，也同时袭取你们荆州。目的是挑起荆州的文武官员与雍州共同对抗朝廷。 [10]荆州素畏襄阳人：胡三省曰："襄阳被边，人皆习兵，故荆州人畏之。" [11]唇亡齿寒：嘴唇没有了，牙齿就会感到寒冷，比喻利害密切相关。 [12]宁不暗同邪：他们怎么能不暗中帮着我们呢？宁，岂，难道不。 [13]鼓行而东：大张旗鼓地东下建康，向南齐朝廷进军。 [14]韩、白：指西汉开国功臣韩信、战国秦昭王时秦国名将白起。两人为百战百胜的将军，一生

从未打败仗。［15］昏主役刀敕之徒：一个昏君驱赶着一群操刀手。［16］巴陵：古郡名，郡治在今湖南岳阳市。［17］赍（jī）书：送书信。赍，送东西给人。友：诸王的老师，主教导。《晋书·职官志》曰："王置师、友、文学各一人。"颖达：即萧颖达，萧颖胄之弟。南齐末为西中郎外兵参军、南康王萧宝融之友，随兄颖胄与萧衍起兵，率军攻郢城，平建康，所至有功。萧衍即位，授丹阳尹，封唐县侯。后历豫章内史、江州刺史，征为右骁骑将军。谥号康。传见《梁书》卷十。［18］人皆有书：荆州的官员每个人手里都有我们给他的书信。［19］今段：犹言"今天这一次"，指派遣王天虎再次去荆州。乘驿甚急：出发的车子走得太急。驿，驿车，古代驿站为传送官员与信件使用的马车。［20］行事兄弟：指萧颖胄、萧颖达。行事，代指萧颖胄，当时萧颖胄以长史行荆州事，古称为"行事"。［21］天虎口具：让王天虎当面陈述。言外之意是为保密起见，信上就不多写了。［22］及问天虎而口无所说：等到颖胄兄弟问王天虎萧衍让你口头转达什么时，天虎却无法回答，因为萧衍并没有让天虎再口头转达什么。这是萧衍的反间计。［23］天虎是行事心膂（lǚ）：王天虎在萧衍部下任职，与萧颖胄有亲戚关系。胡三省曰："据《颖胄传》，天虎，颖胄亲人，故云然。"但说他为颖胄亲信，恐怕不是事实。心膂，犹言心腹。［24］彼间：那里，指荆州。共隐其事：意即瞒着众人背后还有别的阴谋。［25］惑于众口：被众人的说辞所迷惑。［26］判相嫌贰：众说纷纭，迟疑不决。判，决定。嫌，嫌疑。贰，持两端，犹豫不决。［27］进退无以自明：进退两难，无论怎么解释，都说不清楚。［28］入吾谋内：钻进了我的圈套之中。胡三省曰："萧衍举事于襄阳，智计横出；及遇侯景，庸夫之不若。岂耄耶？抑天夺其鉴也？"［29］江安：古县名，县治在今湖北鄂州市，当时为武昌郡的郡治所在地。［30］迟回：徘徊，犹豫不前。［31］不上：不向江陵进发。［32］"呼西中郎城局参军……闭斋定议"句：荆州行事萧颖胄召集城局参军席阐文、谘议参军柳忱，关起门来商议对策。西中郎城局参军：西中郎将萧颖胄的属官，主管修城、守城等事。席阐文除都官尚书、辅国将军，封山阳郡伯，出为东阳太守，传见《梁书》卷十二。柳忱：字文若，刘宋名将柳世隆之子，时为萧颖胄咨议参军，职掌咨询谋议军事。为主萧颖胄响应萧衍，入梁任五兵尚书，封州陵伯。后迁南郡太守、湘州刺史。官至祠部尚书。传见《梁书》卷十二。［33］取之必不可制：前往讨伐必不能胜。取，捉拿。不可制，无法制服。［34］就：即使。［35］岁寒：岁末，到年底的时候，犹言"到头来""到最后"。［36］霸业：称霸者的事业，意即成为一方诸侯。［37］持疑：即迟疑，犹豫不决。［38］至而图之：等刘山阳来到荆州，我们就杀掉他。［39］罔（wǎng）不济矣：那就没有不成功的了。罔，无，没有。［40］朝廷：这里指小皇帝萧宝卷。狂悖：狂妄，悖逆。日滋：一天比一天厉害。［41］京师：指都城建康。贵人：指朝廷大臣。重足累息：非常惧怕的样子。重足，并足，不敢移动脚步。累息，屏气，因恐惧而不敢喘息，惧怕的样子。［42］今幸在远：我们幸亏离着朝廷比较远。得假日自安：犹言还能苟延一段时间的生命。［43］雍州之事：意即朝廷让我们帮着刘山阳去攻打雍州刺史萧衍。［44］且藉以相毙耳：不过是借此举让我们去与萧衍互相残杀罢了。藉，凭借。相毙，相互残杀。［45］萧令君：指萧懿。萧懿曾为尚书令，故被称为"令君"。［46］竟：到最后。陷，陷害。［47］祸酷相寻：重大的祸害一个接着一个。相寻，不断。［48］前事之不忘，后事之师也：意在提醒人们记住过去的教训，以作后来的借鉴。语出《战国策·赵策一》。［49］士锐：将士勇猛。［50］萧使君：指萧衍。使君，古代对州刺史与郡太守的尊称。雄姿冠世：雄壮威武的姿态，没有谁能比得上。［51］失律之责：没有严格遵照朝廷命令，协助刘山阳剿灭雍州。［52］进退无可：犹言“进退两难”，胜了不行，败了也不行。［53］诘（jié）旦：第二天早晨。［54］刘辅国：指刘山阳，当时刘山阳任辅国将军。［55］甲寅：十一月十八日。［56］江津：古军事要塞名，故址在今湖北沙市南长江中的沙洲上，当时的江防要地。［57］单车白服：深表对萧颖胄信任不疑。单车，以言侍从极少。白服，身穿便服。［58］汶（wèn）阳：古郡名，郡治高安，在今湖北远安县西北。刘孝庆：入梁，历为显官。［59］入门：入江津戍的城门。［60］李元履：辅国将军刘山阳的副军主。［61］西中郎司马：时南康王萧宝融以西中郎将镇江陵，以夏侯详为司马。夏侯详：字叔业，竟陵县令夏侯恭叔之子。南齐时颇受萧鸾的赏识，后又成为萧衍的开国元勋，历任中领军、南郡太守，官至左仆射、金紫光禄大夫。传见《梁书》卷十。不同：不同意，反对。［62］夔：即夏侯详之子夏侯夔。南齐末年，为荆州刺史萧宝融僚属，响应萧衍起义。南梁建立后，为云麾将军、豫州刺史、督七州军事，屡败北魏，攻降二州；治理豫州七年，声绩远播，官至右卫将军，封保城县侯。传见《梁书》卷二十八。［63］乙卯：十一月十九日。［64］以南康王宝融教纂严：以萧宝融的名义宣布整个荆州戒严，进行军事动员。教，文体名，诸侯王与朝廷三公的命令。纂严：军队严装、戒备。［65］颁赏格：颁布立功受赏的等级标准。［66］丙辰：十一月二十日。［67］丁巳：十一月二十一日。［68］行留诸军事：东下之军与留守之军的各种事务。实际上萧颖胄是都督后方诸军事。［69］器局：才识与度量。［70］举大事：兴兵起义。大事，指立新君、废旧君。［71］虚心委己：虚心听取众人的意见，不自以为是。虚己，放弃一己之见。［72］众情归之：人心所向，心往一处想。众情，众心。［73］宗夬（guài）：字明扬，南阳涫阳（今河南南阳市）人，萧宝融部属荆州别驾。传见《梁书》卷十九。［74］刘坦：一作“刘垣”，字德度，南阳安众（今河南邓州市东北）人，西中郎中兵参军。传见《梁书》卷十九。［75］乐蔼：字蔚远，南阳涫阳（今河南南阳市）人，萧宝融的咨议参军。传见《梁书》卷十九。推信：推荐，信任。此指萧颖胄充分信任宗夬、刘坦、乐蔼三人，每事咨问。［76］军府经略：督军府里的一些重大问题的谋划。经略，筹划，谋略。［77］换借富赀（zī）：用交换或借贷的方式向富有人家筹得一些钱。赀，同“资”，钱财。［78］长沙寺：古寺庙名，在当时的江陵城内。胡三省曰：“宋元嘉中，临川王义庆镇江陵起寺，为其本生父长沙王道怜资福，因名长沙寺。”［79］铸黄金为金龙数千两：意即用数千两黄金铸成了一条金龙。［80］年月未利：意即本年最后的这两个月里，日子不太吉利。［81］所藉：所依靠，所凭借。骁（xiāo）锐：一种勇猛的、敢打敢冲的锐气。［82］事事相接：意即样样抓紧，一件连着一件，丝毫不放松。［83］疑怠：疲敝松懈，贻误时机。疑，同“贻”。［84］顿兵十旬：停止不前三个多月。十一月底至明年二月将近一百天。［85］必生悔吝：一定会造成许多让人后悔的、无法挽救的结果。悔吝，后悔，悔恨。胡三省曰：“兵以气势为用者也，是以巧迟不若拙速。”［86］坐甲十万：十万大兵坐吃不动。坐甲，士兵披甲，坐而待战。［87］若童子立异：如果小皇帝萧宝卷的谋划有变化。童子，指萧宝卷，当时十八岁，极言其不懂事，像个小孩子。［88］处分：部署，安排。［89］中息：中途停止。［90］武王伐纣：指周武王讨伐殷纣王的牧野之战。［91］行逆太岁：行动的时间与太岁相逆。古时的阴阳五行家说当木星运行到某个地区的分野时，如果向这个地区用兵，那就叫“行逆太岁”，必然招致失败。但周武王伐纣“行逆太岁”，不也是把殷纣王消灭了吗？太岁，现代所说的木星。［92］岂复待年月乎：意即周武王为此改变时间了吗？

戊午[1]，衍上表劝南康王宝融称尊号[2]，不许。十二月，颖胄与夏侯详移檄[3]建康百官及州郡牧守，数[4]帝及梅虫儿、茹法珍罪恶。颖胄遣冠军将军天水杨公则向湘州[5]，西中郎参军南郡邓元起向夏口[6]。军主王法度坐[7]不进军免官。乙亥[8]，荆州将佐复劝宝融称尊号，不许。夏侯详之子骁骑将军亶为殿中主帅[9]，详密召之，亶自建康亡归。壬辰[10]，至江陵，称奉宣德皇太后令[11]：“南康王宜纂承皇祚[12]，方俟清宫[13]，未即大号[14]；可封十郡为宣城王[15]、相国、荆州牧[16]，加黄钺[17]，选百官[18]，西中郎府、南康国如故[19]。须军次近路[20]，主者备法驾[21]奉迎。”

竟陵太守新野曹景宗遣亲人[22]说萧衍，迎南康王都襄阳，先正尊号，然后进军，衍不从。王茂私谓张弘策曰：“今以南康置人手中[23]，彼挟天子以令诸侯，节下前进为人所使[24]，此岂他日之长计乎！”弘策以告衍，衍曰：“若前涂大事不捷[25]，故自兰艾同焚[26]；若其克捷，则威振四海，谁敢不从[27]？岂碌碌受人处分者邪[28]！”

初，陈显达、崔慧景之乱，人心不安。或问时事于上庸太守杜陵韦睿[29]，睿曰：“陈虽旧将，非命世才[30]；崔颇更事[31]，懦而不武[32]：其赤族[33]宜矣。定天下者，殆必在吾州将[34]乎？”乃遣二子自结于萧衍。及衍起兵，睿帅郡兵二千倍道[35]赴之。华山太守蓝田康绚[36]帅郡兵三千赴衍。冯道根[37]时居母丧，闻衍起兵[38]，帅乡人子弟胜兵者[39]悉往赴之。梁、南秦二州刺史柳惔[40]亦起兵应衍。惔，忱之兄也。

帝闻刘山阳死，发诏讨荆、雍。戊寅[41]，以冠军长史刘浍为雍州刺史；遣骁骑将军薛元嗣[42]、制局监暨荣伯[43]将兵及运粮百四十余船送郢州刺史张冲[44]，使拒西师[45]。元嗣等惩刘山阳之死，疑冲[46]，不敢进，停夏口浦[47]，闻西师将至，乃相帅入郢城[48]。前竟陵太守房僧寄[49]将还建康，至郢[50]，帝敕僧寄留守鲁山[51]，除骁骑将军。张冲与之结盟，遣军主孙乐祖[52]将数千人助僧寄守鲁山。

萧颖胄与武宁[53]太守邓元起书，招之。张冲待元起素厚，众皆劝其还郢，元起大言于众[54]曰："朝廷暴虐，诛戮宰辅，群小用事，衣冠道尽[55]。荆、雍二州同举大事，何患不克！且我老母在西，若事不成，正受戮[56]昏朝，幸免不孝之罪。"即日治严[57]上道，至江陵，为西中郎中兵参军[58]。

湘州行事张宝积[59]发兵自守，未知所附。杨公则克巴陵，进军白沙[60]，宝积惧，请降，公则入长沙，抚纳之。

是岁，北秦州刺史杨集始[61]将众万余自汉中北出，规复旧地[62]。魏梁州刺史杨椿[63]将步骑五千出顿下辩[64]，遗集始书，开以利害[65]，集始遂复将其部曲千余人降魏。魏人还其爵位[66]，使归守武兴[67]。

（以上为第九段，写南齐雍州、荆州共同起兵反叛，奉南康王萧宝融为帝；有人劝说萧衍迎奉萧宝融，被婉言拒绝；萧衍另有大计，一旦成功，则自立为帝。）

【注释】

[1]戊午：十一月二十二日。[2]称尊号：即称帝。尊号，古代尊崇皇帝的称号。[3]移檄（xí）：向某地的官员士民发布檄文。檄，檄文，晓谕或声讨的告示文书。[4]数（shǔ）：指罗列其罪状。[5]杨公则：字君翼，天水西县（今甘肃礼县盐官镇）人，南梁开国功臣。传见《梁书》卷十。湘州：州治在今湖南长沙市。[6]邓元起：字仲居，南郡当阳人，响应萧衍起兵，随萧衍攻占夏口，从平建康，进号征虏将军，封当阳县侯。传见《梁书》卷第十。夏口：古城名，在今湖北武汉市汉口区，当时为郢州的州治所在地。[7]王法度：萧衍军主，因按兵不进而被免官。坐：因某事犯罪。[8]乙亥：十二月十日。[9]亶（dǎn）：即夏侯亶，字世龙，尚书左仆射夏侯详长子，辅助萧衍建立南梁，入梁为重臣。传见《梁书》卷二十八。殿中主帅：朝廷殿堂四周的禁军统领。[10]壬辰：十二月二十七日。[11]称奉宣德皇太后令：与前文崔慧景攻至台城之下，"称宣德太后令，废帝为吴王"的手段相同。这其实都是崔慧景、萧颖胄等人的所为，此次借夏侯亶之口称"宣德太后"也顺理成章。[12]纂（zuǎn）承皇祚（zuò）：继承皇位。纂，通"缵"，继承。祚，帝位。[13]方俟（sì）清宫：但现在的皇宫还有待清理，以易主，言外之意是小皇帝萧宝卷现时

还在帝位上。俟，等待。［14］未即大号：暂时还不能称为皇帝。大号，尊号，帝位。［15］可封十郡为宣城王：可以封给十个郡的封地，暂时先称宣城王。当年萧鸾篡杀小皇帝萧昭业时，第一步也是先为宣城王。胡三省曰："盖以明帝自宣城王入纂大统，故假宣德太后令以是肇封。"十郡，指宣城、南琅邪、南东海、东阳、临海、新安、寻阳、南郡、竟陵、宜都。［16］相国、荆州牧："相国"是新给萧宝融的加官；"荆州牧"是还让他继续兼任荆州刺史。［17］加黄钺（yuè）：授予黄金为饰的大斧，象征有极大的生杀之权，为天子的仪仗。加赐大臣黄钺，显示极大的恩宠。当年武王伐纣就是"秉黄钺、麾白旄"。钺，古代兵器，像斧，比斧大，圆刃可砍劈。［18］选百官：组建新的朝廷班底。［19］西中郎府、南康国如故：意即西中郎将的职权、南康王的爵位你也还都兼着。［20］须军次近路：等待你们的军队弃舟登岸，到达台城跟前。须，待。次，抵达，驻扎。［21］主者备法驾：主管该项事务的官员再带着皇帝乘坐的车驾去迎接您。法驾，皇帝所乘的一种车驾。［22］竟陵：古郡名，郡治在今湖北钟祥市。曹景宗：字子震，新野人，刘宋征虏将军曹欣之之子，南梁名将。后为传见《梁书》卷九。亲人：亲近的人，亲信。［23］置人手中：使其处于萧颖胄的控制下。人，他人，即指萧颖胄。［24］节下：对萧衍的敬称。萧衍此时为使持节、都督前锋诸军事。［25］前涂大事不捷：指进攻建康失败。涂，通"途"，道路。［26］故自兰艾同焚：当然是不论何人都只有死路一条。胡三省曰："兰有国香，人贵之。艾，萧艾也，人贱之。言若事不捷，则无贵无贱同于死也。"故，同"固"，当然是。兰，香草，比喻优秀的人。艾，艾蒿，臭草，比喻单劣的人。［27］谁敢不从：四字原本无，据章校补。［28］岂碌碌受人处分者邪：我还会随随便便地受人处置吗？言外之意，我军权在手，想怎么样就怎么样，就是自己来当皇帝，又有谁能阻挡呢？胡三省曰："萧衍此言已有代齐之心，特权宜推奉南康以举兵耳。"碌碌，平庸无为，一筹莫展。［29］上庸：古郡名，郡治在今湖北竹山县西南。韦睿：字怀文，京兆杜陵人，西汉丞相韦贤之后，南齐上庸太守，后随萧衍起兵，"多建策，皆见用"。南梁建立后，拜廷尉，官至侍中、车骑将军，重臣。传见《梁书》卷十二。［30］非命世才：不是著名一世的杰出人才。［31］颇更事：见过一些世面，经历过一些事故。颇，略微，有点。［32］懦而不武：软弱而没有武略，成不了大事。武，刚强能断。［33］赤族：灭族，全族都被杀光。［34］殆（dài）必：大概是。吾州将：我们州的刺史，指萧衍。韦睿是侨置的杜陵人，杜陵上属于雍州，所以称萧衍为"吾州将"，引为自豪。州将，胡三省曰："州刺史当方面，总兵权，故曰'州将'。"［35］倍道：兼程，一天赶两天的路。［36］华山：古郡名，南齐时为侨置郡，郡治在今湖北宜城市。康绚：字长明，蓝田人，后为南梁名将。南齐时为华山太守，响应萧衍举义，随军南下，屡立战功。传见《梁书》卷十八。［37］冯道根：字巨基，广平酇县（今湖北老河口）人，雍州刺史萧衍在襄阳起兵，他率乡人子弟归附。南梁建立后，拜骁骑将军，出任南梁太守，曾以两百精兵横击两万北魏军，立下大功，为南梁名将。传见《梁书》卷十八。［38］闻衍起兵：四字原无，据章校补。［39］胜兵者：能够拿起武器的人。［40］梁、南秦：古二州名，合设一个刺史，州治都在今陕西汉中市。柳惔（dàn）：字文通，河东解县（今山西永济市）人，南齐尚书令柳世隆之子，柳忱之兄，响应萧衍起兵，入梁为名臣。官至尚书右仆射，封曲江县侯。传见《梁书》卷十二。［41］戊寅：十二月十三日。［42］薛元嗣：名伯孙，字元嗣，南齐骁骑将军，与萧衍军作战，战败投降，在南梁担任直阁将军。［43］暨荣伯：小皇帝萧宝卷时为制局监，主管内府器杖、兵役。［44］张冲：字思约，吴郡吴县（今江苏苏州市）人，南齐名将张永的堂侄，时任郢州刺史，抵抗雍州刺史萧衍的进攻。赠散骑常侍、护军将军。传见《南齐书》卷四十九。［45］西师：来自长江上游的荆、雍军队。［46］疑冲：不知张冲的态度如何。［47］夏口浦：古地名，今湖北武汉市汉口区对面。浦，水滨之地。［48］郢城：古城名，即夏口城，在今湖北武汉市汉口区。［49］房僧寄：南齐竟陵太守。因任满归京，被郢州刺史张冲所留，请其为之分守鲁山。［50］至郢：由上游钟祥沿江而下至郢城。［51］留守鲁山：留下来镇守鲁山的军事据点。鲁山，即鲁山戍，在郢城的对面。［52］孙乐祖：张冲部属军主。［53］武宁：古郡名，郡治乐乡，在今湖北荆门市北，位于竟陵郡的西北方。［54］大言于众：对着众人大声说。［55］衣冠道尽：有身份、讲体面的人没法再活下去了。［56］受戮：被杀。［57］治严：整理行装。东汉时因避明帝刘庄讳，故改“治装”为“治严”。［58］为西中郎中兵参军：授以为西中郎将的中兵参军。［59］湘州行事：代理湘州刺史，主管刺史府事务。湘州，州治在今湖南长沙市。张宝积：吴郡吴县（今江苏苏州市）人，南齐湘州行事，位至御史中丞。［60］白沙：古军事据点名，在今湖南湘阴县北。［61］北秦州：州治在今甘肃成县西北。杨集始：仇池武兴国君杨文弘之子，他担任白水太守，杨文弘死后，他继任为仇池国第三位国主。归附南齐，传见《南齐书》卷五十九。［62］规复旧地：谋求收复被北魏人占去的旧地盘。杨集始失国事，见《资治通鉴》一百四十一卷明帝建武四年（497）。［63］梁州：北魏州名，州治仇池，在今甘肃西和县南，成县之西。杨椿：字延寿，弘农华阴（今陕西华阴市）人，洛州刺史杨懿第二子，北魏大臣。传见《魏书》卷五十八。［64］出顿下辩：出兵驻扎在下辩。下辩，北魏县名，县治在今甘肃成县西北。［65］开以利害：给他讲明利害关系。开，开导，讲明白。［66］还其爵位：还让他担任原来曾经封给的南秦州刺史、武兴王。胡三省曰：“集始降齐，魏人削其所授爵位，而所领北秦州刺史则齐所授也；今降魏，魏人还其元授爵位也。”［67］武兴：北魏郡名，郡治在今陕西略阳县。

【点评】

萧衍代齐蓄势。东昏侯萧宝卷继位做了南齐皇帝，但他整天只知道玩闹，尽情挥霍，南朝皇帝大多奢侈腐靡，而萧宝卷尤甚，造成国家的财政困难，人心离散。这些正好为萧衍的崛起建立梁朝准备了充分的条件。萧衍任雍州刺史，有了一块固定的根据地，为日后势力的发展奠定了基础，成为日后争夺南齐政权的资本。东昏侯怀疑萧衍有异心，派郑植前往刺探，不料郑植的弟弟，即在萧衍部下做宁蛮长史的郑绍叔已经将信息透露给了萧衍，郑植评价说：“雍州实力无法轻易解决。”于是历史的天平偏向了萧衍。当东昏侯冤杀军功大臣、萧衍的兄长萧懿后，萧衍召集部下商议废掉萧宝卷。众人非常赞同，萧衍于是大力招兵，准备和萧宝卷决战。时局人心如何，上庸太守韦睿的预见最有代表性："陈显达虽然是一员老将，但不是治世之才；崔慧景经事甚多，但懦怯而缺少英武之气，落个满门诛斩的下场会是应当的吧。平定天下的人，大概必定是我们的州将吧？"州将就是萧衍，韦睿就派遣两个儿子自动前去结交萧衍。许多条件都具备了，萧衍还不敢贸然行动，为了增加号召力，萧衍联合了南康王萧宝融一起举兵，后来萧宝融即齐和帝在江陵即位。他们联合起来一起同萧宝卷争夺南齐的政权，这样便万无一失了。于此可见萧衍的老谋深算，取代南齐只是时间的问题了。

卷一四四　齐纪十

齐和帝中兴元年（501 年）

【重光大荒落（辛巳，501 年），凡一年】

【大事提要】

本卷记事公元 501 年，凡一年，当齐和帝中兴元年。本卷所载大事，南朝齐，萧衍发兵攻打齐殇帝东昏侯萧宝卷，萧宝卷被杀，萧衍拥立 14 岁的萧宝融为皇帝，是为齐和帝。北朝北魏，进行了权力更迭，北魏宣武帝元恪年纪不大，权力被近臣们滥用。北魏的政治开始走下坡路。

和皇帝[1]

中兴[2]元年（辛巳，501 年）

春，正月，丁酉[3]，东昏侯[4]以晋安王宝义为司徒[5]，建安王宝寅[6]为车骑将军、开府仪同三司。

乙巳[7]，南康王宝融始称相国[8]，大赦[9]；以萧颖胄为左长史，萧衍为征东将军，杨公则为湘州刺史。戊申[10]，萧衍发襄阳[11]，留弟伟总府州事[12]，憺守垒城[13]，府司马庄丘黑守樊城[14]。衍既行，州中兵及储偫[15]皆虚。魏兴太守裴师仁[16]、齐兴太守颜僧[17]都并不受衍命，举兵欲袭襄阳，伟、憺遣兵邀击于始平[18]，大破之，雍州乃安。

魏咸阳王禧为上相[19]，不亲政务，骄奢贪淫，多为不法，魏主颇恶[20]之。禧遣奴就领军于烈求旧羽林虎贲[21]，执仗出入[22]。烈曰："天子谅暗[23]，事归宰辅[24]。领军但知典掌宿卫[25]，非有诏不敢违理从私[26]。"禧奴惘然[27]而返。禧复遣谓烈曰："我，天子之子天子叔父[28]，身为元辅[29]，有所求须[30]，与诏何异！"烈厉色[31]曰："烈非不知王之贵也，奈何[32]使私奴索天子羽林！烈头可得，羽林不可得！"

禧怒，以烈为恒州[33]刺史。烈不愿出外，固辞，不许；遂称疾不出[34]。

烈子左中郎将忠[35]领直阁[36]，常在魏主左右。烈使忠言于魏主曰："诸王专恣[37]，意不可测[38]，宜早罢之，自揽权纲[39]。"北海王详亦密以禧过恶[40]白帝，且言彭城王勰大得人情[41]，不宜久辅政。帝然之。

时将礿祭[42]，王公并齐于庙东坊[43]。帝夜使于忠语烈："明旦入见[44]，当有处分[45]。"质明[46]，烈至。帝命烈将直阁[47]六十余人，宣旨召禧、勰、祥，卫送至帝所[48]。禧等入见于光极殿[49]，帝曰："恪虽寡昧[50]，忝承宝历[51]。比缠尪疢[52]，实凭诸父[53]，苟延视息[54]，奄涉三龄[55]。诸父归逊殷勤[56]，今便亲摄百揆[57]，且还府司[58]，当别处分[59]。"又谓勰曰："顷来南北务殷[60]，不容仰遂冲操[61]。恪是何人，而敢久违先敕[62]，今遂叔父高蹈[63]之意。"勰谢曰："陛下孝恭，仰遵先诏，上成睿明之美[64]，下遂微臣之志，感今惟往[65]，悲喜交深[66]。"庚戌[67]，诏勰以王归第[68]；禧进位太保[69]；详为大将军、录尚书事[70]。尚书清河张彝[71]、邢峦[72]闻处分非常[73]，亡走[74]，出洛阳城，为御史中尉中山甄琛所弹[75]。诏书切责[76]之。复以于烈为领军[77]，仍加车骑大将军[78]，自是长直禁中[79]，军国大事，皆得参焉。

魏主时年十六，不能亲决庶务[80]，委之左右。于是，幸臣茹皓、赵郡王仲兴、上谷寇猛、赵郡赵修、南阳赵邕及外戚高肇等始用事[81]，魏政浸衰[82]。赵修尤亲幸，旬月[83]间，累迁至光禄卿[84]。每迁官，帝亲至其宅设宴，王公百官皆从。

（以上为第一段，写南齐征东将军萧衍率军东下；北魏咸阳王上相元禧索求皇宫侍卫，被领军将军于烈驳回，北魏宣武帝趁此收回诸王权力。）

【注释】

[1]和皇帝：即萧宝融，字智昭，明帝萧鸾第八子，小皇帝萧宝卷之弟，南齐末代皇帝。东昏侯萧宝卷被废后即位，一年后被迫禅让萧衍，降为巴陵王。后被杀害，南齐灭亡，谥号和帝。传见《南齐书》卷八。 [2]中兴：和帝萧宝融的年号。 [3]丁酉：正月二日。 [4]东昏侯：即小皇帝萧宝卷，被萧衍起兵废杀后，追封为东昏侯。胡三省曰："荆、雍在西，谓帝以昏虐居东，故废为东昏侯。" [5]晋安王宝义：即萧宝义，字智勇，小名明基，齐明帝萧鸾庶长子，封晋安郡王，东昏侯任以为司徒。 [6]建安王宝寅：即萧宝寅，一作"萧宝夤"，字智亮，齐明帝萧鸾第六

子，小皇帝萧宝卷的同母弟，封建安王，改封鄱阳王。此时任江州刺史。萧衍杀南齐诸王，遂投奔北魏，屡与南梁攻战，迁尚书左仆射。称帝长安，建号隆绪。兵败，被北魏俘获，赐死。传见《南齐书》卷五十。［7］乙巳：正月十日。［8］始称相国：自去年十一月以宣德太后令任萧宝融为相国，今则正式就任。［9］大赦：此为宣城王、相国萧宝融所发出的大赦令。［10］戊申：正月十三日。［11］发襄阳：由襄阳出发，开始东征南齐都城建康。襄阳，县名，在今湖北襄阳市，时为雍州刺史的州治所在地。［12］伟：即萧伟，字文达，萧衍之弟，雍州长史。萧衍即位后，加任散骑常侍，封南平郡王，官至中书令、大司马。传见《梁书》卷二十二。总府州事：总管都督府与雍州刺史府的一切事务。［13］憺（dàn）：即萧憺，字僧达，萧衍异母弟，任西中郎将法曹行参军。萧衍起兵，留守雍州。入梁升安西将军、荆州刺史，封始兴郡王。传见《梁书》卷二十二。守垒城：防守襄阳城外附近的堡寨。胡三省曰："垒城者，筑垒附近大城，犹今堡寨也。"［14］庄丘黑：征东将军萧衍的司马官，在军中主管司法。樊城：古城名，在今湖北襄阳市。［15］储偫（zhì）：仓库里的各种物资。偫，积储、储备。［16］魏兴：古郡名，郡治在今陕西安康市西。裴师仁：南齐魏兴太守。［17］齐兴：古郡名，郡治绥怀，在今湖北黄冈市黄州区北。颜僧：南齐齐兴太守。［18］邀击于始平：在始平郡设埋伏以截击之。邀，拦截。始平，古郡名，郡治武当，在今湖北丹江口市西北。［19］咸阳王禧：即元禧，也称"拓跋禧"，字思永，献文帝拓跋弘次子，孝文帝元宏之弟，宣武帝元恪之叔，封咸阳王。元宏去世，受遗诏辅政，拜太尉、录尚书事、司州牧。传见《魏书》卷二十一上。上相：首相，当时咸阳王元禧以太尉辅政，位在群臣之上，故称上相。［20］魏主：宣武帝元恪。恶（wù）：讨厌，憎恨。［21］求旧羽林虎贲（bēn）：讨要若干名皇帝的禁军武士。旧，胡三省曰："'旧'字衍。"羽林，意为国羽翼，如林之盛，是护卫皇帝的禁卫部队。虎贲，言其勇猛如虎之奔。贲，同"奔"。［22］执仗出入：给元禧充当带刀侍卫，陪护他出入宫廷。仗，兵仗、武器。［23］谅暗：亦作"谅阴"，处于居丧时期，指皇帝因守丧而不问政事。［24］事归宰辅：一切政事交由丞相处理。［25］领军：领军将军。于烈指称自己。典掌宿卫：主管守卫宫廷的事宜。典掌，执掌，主管。宿卫，夜间防卫，这里即指防卫。［26］违理从私：违背原则地给某个私人办事。［27］惘（wǎng）然：失意恼怒的样子。［28］天子之子天子叔父：此句中"天子之"三字下"子天子"三字，原是空格，据章校改。意即我是老皇帝的儿子，今皇帝的叔父。［29］元辅：犹前文所谓"上相"，即首辅，诸辅政大臣的领班。［30］求须：需求，索求。［31］厉色：严厉的脸色。［32］奈何：你怎么能。［33］恒州：北魏州名，州治在今山西大同市。［34］称疾不出：推说有病，不出家门。［35］左中郎将：古将领名，居宫禁中，更直宿卫，协助光禄勋考核管理郎官谒者从官。忠：于忠，车骑大将军于烈之子，北魏权臣。元恪即位后，深得宠信，拜长水校尉，封魏郡公，迁散骑常侍，为侍中、领军将军。拥立元诩即位，拜尚书令，权倾朝野。谥号武敬。传见《魏书》卷三十一。［36］领：兼任。直阁：即直阁将军，在皇帝所生活与办公殿堂值勤的武官。［37］专恣：专横，放肆。［38］意不可测：不知道他们在想干什么？言外之意是他们或许有谋权篡位的可能。［39］自揽权纲：自己掌握朝廷权柄。

[40]过恶：过失，罪过。 [41]大得人情：深得朝野的人心。人情，人心。元祥、元禧、元勰都是亲兄弟，明面上是一团和气，而暗地里也是暗流涌动。 [42]礿（yuè）祭：春天时祭祀宗庙。胡三省曰："礿，薄也。春物始生，其祭尚薄。" [43]并齐于庙东坊：在太庙东牌坊旁边的房子里一同进行斋戒。齐，"斋"的假借字。祭祀前的洗沐、吃斋、独居等，静心以表示虔敬。坊，别屋。[44]入见：入朝见帝。 [45]处分：部署，安排，此指对于叔父们的处置。 [46]质明：天刚亮。胡三省曰："质，正也。质明，天正亮也。" [47]将直阁：率领着直阁的卫士。 [48]卫送至帝所：保护并押着他们来到皇帝所处的地方。 [49]光极殿：北魏都城洛阳皇宫的殿名。胡三省曰："魏孝文帝太和十九年（495）所起，以引见群臣。" [50]恪虽寡昧：元恪我虽然无知、愚昧。对人说话自称己名表示谦卑。 [51]忝（tiǎn）承宝历：但我毕竟是继承国统，坐在了皇帝这个位子上。忝，辱，谦词。宝历，国祚，皇位。 [52]比缠尪（wāng）疢（chèn）：前一段时间孱弱多病。比，近来，连续。缠，缠绕。尪疢，疾病。 [53]诸父：指伯父、叔父。 [54]苟延视息：犹言"苟延残喘"。苟延，姑且延长。视息，指仅存视觉、呼吸等，勉强维持生命。 [55]奄涉三龄：很快地已经过了三年。此时已是元恪在位的第三年。奄，忽然，转眼间。 [56]归逊殷勤：多次恳切地请求交出职位，退休回家。归逊，退位归家。殷勤，诚恳的样子。 [57]亲摄百揆（kuí）：亲自管理国家各项政务。摄，代理，此指管理。揆，掌握，管理。 [58]且还府司：你们暂且各回府第。府司，犹官府，这里指府第。 [59]当别处分：我会另外做出安排。 [60]顷来：近来。南北务殷：胡三省曰："谓使勰北镇中山，南取寿阳，因而守之也。"务殷，公务繁多。 [61]不容仰遂冲操：没有能让您满足谦退的愿望。仰遂，让您满足。仰，敬词。冲操，谦虚的操守、美德。 [62]先敕（chì）：先人的诏令，指孝文帝元宏答应过的让彭城王元勰辞职的遗诏，见《资治通鉴》卷第一百四十二东昏侯永元元年（499）。 [63]高蹈：离开官场去当隐士的清高行动。 [64]上成睿明之美：在上，完成了老皇帝英明睿智的遗愿。 [65]感今惟往：感谢当今的皇帝，追怀去世的皇帝。惟，思，怀念。 [66]悲喜交深：思念孝文帝元宏的过早去世而感到悲伤，看到今皇帝元恪的成长而感到高兴，两种情感深深地交织在一起。 [67]庚戌：正月十五日。 [68]以王归第：带着彭城王的爵禄回归府第，言外之意是其他的一切职务就被免去，没有了。 [69]进位太保：授予元禧太保的虚衔，而免去了其他的一切实权。 [70]详为大将军、录尚书事：元详成了魏国军权、政权一把抓的首席大臣。大将军，古高级将军名，是国家最高的军事统帅，位在丞相之上。录尚书事，是以大将军的身份兼管尚书省的事务，位在尚书令之上。尚书令相当于国务总理。录，统领，主管。 [71]张彝（yí）：字庆宾，清河东武城（今河北故城县）人，平陆侯张灵真之子，北魏大臣。宣武帝元恪时，任侍中、秦州都督。传见《魏书》卷六十四。 [72]邢峦（luán）：字洪宾，河间鄚县（今河北任丘市）人，北魏名将。宣武帝元恪时，拜征西将军、梁秦二州刺史，为度支尚书。传见《魏书》卷六十五。 [73]处分非常：北魏主元恪采取的措施不同寻常，估计可能要大开杀戒。 [74]亡走：改名换姓地潜逃而去。 [75]甄琛：字思伯，中山无极（今河北无极县）人，北魏大臣。宣武帝元恪时，拜中散大夫兼御史中尉，转通直散骑常侍，迁侍中，为河南

尹，加平南将军。传见《魏书》卷六十八。弹，弹劾，检举。［76］切责：严厉地批评。［77］复以于烈为领军：于烈原为领军将军，曾得罪元禧，被贬为恒州刺史，称病不出，现恢复官职，并予以加官，肯定他的这种无畏的做法。［78］加车骑大将军：增授以车骑大将军的职衔。车骑大将军，古高级将军名号，地位崇高，在大将军、骠骑大将军之下，其他一切将军之上。［79］长直禁中：长期在宫廷中值勤，成为北魏皇帝最亲信的人。直，同“值”。值卫。［80］庶务：各种政务。［81］“幸臣菇皓”句：幸臣，受元恪宠幸的官员，有茹皓、王仲兴、寇猛、赵修、赵邕等人，五人同传，见《魏书》卷九十三。外戚，宣武帝元恪舅父高肇亦大见信用，残杀和迫害以彭城王元勰为首的宗室重臣，官至司徒、大将军。肃宗时被诸王所杀。传见《魏书》卷八十三下。［82］浸衰：渐渐衰落下去。浸，同“渐”。［83］旬月：十数天，较短的时间。［84］光禄卿：掌宫廷宿卫及侍从。

辛亥［1］，东昏侯祀南郊［2］，大赦。

丁巳［3］，魏主引见群臣于太极前殿［4］，告以亲政之意。壬戌［5］，以咸阳王禧领太尉［6］，广陵王羽为司徒［7］。魏主引羽入内，面授之。羽固辞曰：“彦和本自不愿［8］，而陛下强与之。今新去此官而以臣代之，必招物议［9］。”乃以为司空［10］。

二月，乙丑［11］，南康王［12］以冠军长史王茂为江州［13］刺史，竟陵太守曹景宗为郢州［14］刺史，邵陵王宝攸为荆州［15］刺史。

申戌［16］，魏大赦。

壬午［17］，东昏侯遣羽林兵击雍州，中外纂严［18］。

甲申［19］，萧衍至竟陵，命王茂、曹景宗为前军，以中兵参军张法安［20］守竟陵城。茂等至汉口［21］，诸将议欲并兵围郢［22］，分兵袭西阳、武昌［23］。衍曰：“汉口不阔一里［24］，箭道交至［25］，房僧寄［26］以重兵固守，与郢城为掎角［27］；若悉众前进［28］，僧寄必绝我军后，悔无所及。不若遣王、曹诸军济江［29］，与荆州军合，以逼郢城；吾自围鲁山以通沔汉［30］，使郧城、竟陵之粟方舟而下［31］，江陵、湘中之兵相继而至，兵多食足，何忧两城［32］之不拔！天下之事，可以卧取之［33］耳。”乃使茂等帅众济江，顿九里［34］。张冲［35］遣中兵参军陈光静［36］开门迎战，茂等击破之，光静死，冲婴城［37］自守。景宗遂据石桥浦［38］，连军相续，下至加湖［39］。

荆州遣冠军将军邓元起[40]、军主王世兴、田安之将数千人会雍州兵于夏首[41]。衍筑汉口城以守鲁山[42]，命水军主义阳张惠绍等游遏[43]江中，绝郢、鲁二城信使[44]。杨公则举湘州之众会于夏口。萧颖胄命荆州诸军皆受公则节度[45]，虽萧颖达亦隶[46]焉。

府朝议欲遣人行湘州事而难其人[47]，西中郎中兵参军刘坦[48]谓众曰："湘土人情，易扰难信[49]，用武士则侵渔[50]百姓，用文士则威略不振[51]；必欲镇静[52]一州，军民足食，无逾老夫[53]。"乃以坦为辅国长史、长沙太守，行湘州事[54]。坦尝在湘州[55]，多旧恩[56]，迎者属路[57]。下车，选堪事吏分诣十郡[58]，发民运租米三十余万斛[59]以助荆、雍之军，由是资粮不乏。

三月，萧衍使邓元起进据南堂西渚[60]，田安之顿城北[61]，王世兴顿曲水故城[62]。丁酉[63]，张冲病卒，骁骑将军薛元嗣[64]与冲子孜及征虏长史江夏内史程茂[65]共守郢城。

乙巳[66]，南康王即皇帝位于江陵[67]，改元[68]，大赦，立宗庙、南北郊[69]，州府城门悉依建康宫，置尚书五省[70]，以南郡太守为尹[71]，以萧颖胄为尚书令，萧衍为左仆射[72]，晋安王宝义为司空，庐陵王宝源[73]为车骑将军、开府仪同三司，建安王宝寅为徐州刺史[74]，散骑常侍夏侯详为中领军[75]，冠军将军萧伟为雍州刺史。丙午[76]，诏封庶人宝卷为涪陵王[77]，乙酉[78]，以尚书令萧颖胄行荆州刺史[79]，加萧衍征东大将军、都督征讨诸军事，假黄钺[80]。时衍次杨口[81]，和帝遣御史中丞宗夬劳军[82]。宁朔将军新野庾域讽夬曰[83]："黄钺未加，非所以总帅侯伯[84]。"夬返西台[85]，遂有是命[86]。薛元嗣遣军主沈难当帅轻舸数千乱流[87]来战，张惠绍等击擒之。

（以上为第二段，写南齐南康王萧宝融在荆州称帝，改元中兴，建立朝廷，封官许爵，史称"西台"，以萧颖胄为尚书令，萧衍为左仆射，假黄钺，率军东下。）

【注释】

[1]辛亥：正月十六日。 [2]祀南郊：到南郊祭天。南郊，古代帝王在京都南面的郊外筑圜丘以祭天的地方。 [3]丁巳：正月二十二日。 [4]太极前殿：北魏都城洛阳皇宫的正殿。[5]壬戌：正月二十七日。 [6]领太尉：兼任太尉之官。元禧初被剥夺职务时只是被"进为太

保”，现在又“领太尉”。太尉，是秦汉时代的三公，在北魏只是加官名，没有实权。［7］广陵王羽：即元羽，也称“拓跋羽”，字叔翻，孝文帝元宏之弟，宣武帝元恪叔父，封广陵王。元恪时，任司州牧，迁司空。传见《魏书》卷二十一上。［8］彦和：即彭城王元勰，字彦和。称人不称名而称字，是表示尊重。［9］招物议：招起众人的议论。物，他人。［10］司空：周代为三公之一，主管建筑。在当时只是加官名，没有实权。［11］乙丑：二月一日。［12］南康王：即萧宝融，封南康王，封地南康郡，郡治雩都，在今江西于都县。［13］王茂：冠军长史，被任命为江州刺史。传见《梁书》卷九。［14］曹景宗：字子震，南齐竟陵太守，被任命为郢州刺史。传见《梁书》卷九。［15］邵陵王宝攸：即萧宝攸，字智宣，南康王萧宝融之弟，封南平郡王，后改封邵陵郡王，任北中郎将，镇琅邪城。被南康王任命为荆州刺史。传见《南齐书》卷五十。［16］甲戌：二月十日。［17］壬午：二月十八日。［18］中外纂（zuǎn）严：朝廷内外戒严，进入紧急状态。纂，集结，掌控。［19］甲申：二月二十日。［20］张法安：为征东将军萧衍的中兵参军。［21］汉口：古地名，汉水入长江之口，也称“夏口”，为当时的郢州治所，在今湖北武汉市汉口区的东南角。［22］并兵围郢：集中大部分的兵力围攻郢州。［23］分兵袭西阳、武昌：分出一小部分兵力袭击西阳、武昌二郡。西阳郡的郡治在今湖北黄冈市东，武昌郡的郡治在今湖北鄂州市。［24］汉口不阔一里：汉水的长江入口处水面的宽度不过一里。［25］箭道交至：敌人夹岸射击，可交互射中船舰。意即江面狭窄，船只通过很危险。［26］房僧寄：竟陵太守。因任满归京，被郢州刺史张冲所留，请其为之分守鲁山，后病死。以重兵固守：汉水的入江之口就在鲁山的防区内。［27］为掎（jǐ）角：形成相互救援、相互策应之势。当时的郢州城地处汉水之北，汉水的入江之口在郢州城之南，故驻守郢州城的张冲与驻守鲁山的房僧寄正相为掎角之势。掎角，比喻分兵呼应，夹击敌人。［28］悉众前进：指全力往攻郢城，而不迅速拔掉鲁山这根钉子。［29］王、曹：即王茂、曹景宗。济江：这里指进入长江的水面。［30］围鲁山以通沔（miǎn）汉：围困住鲁山的守军以保障汉水运输的畅通。沔汉，即指汉水，一水两名。汉水的上游称“沔水”；沔水的下游称“汉水”。［31］郧（yún）城：在今湖北安陆市，当时为安陆郡的郡治所在地。方舟而下：犹言“络绎而下”，意即大量地运输军用物资。方舟，并船而进，极言河道运输之畅通。［32］两城：诸将所说的西阳、武昌二郡城。［33］卧取之：胡三省曰：“卧而取之，言不烦力战也。”［34］顿九里：屯驻在九里的军事据点前。九里，古地名，地处长江边上，距离郢州城夏口九里路，因以为名，其地有张冲的守军。［35］张冲：字思约，时为使持节、都督郢司二州军事、郢州刺史，抵抗雍州刺史萧衍的进攻。传见《南齐书》卷四十九。［36］陈光静：郢州刺史张冲的中兵参军，与叛军萧衍的部队作战，战败而死。［37］婴城：环城，四面守城。［38］石桥浦：郢州城外的古地名。浦，江边之地。［39］加湖：在当时郢州城的东北方，离郢州城夏口三十里，在长江的彼岸。［40］邓元起：字仲居，南齐冠军将军、武宁太守。响应萧衍起兵，随萧衍攻占夏口，从平建康，进号征虏将军，封当阳县侯；讨伐益州刺史刘季连，平定蜀地。为都督征讨诸军事，后被杀。传见《梁书》卷第十。［41］军主：部队的统领。王世兴、田安之：荆州刺史萧宝融的军主。

夏首：即夏口，也称汉口、沔口，汉水入长江之口。［42］以守鲁山：以与鲁山之敌相对峙、相监视。［43］水军主：张惠绍：字德继，义阳人，征东将军萧衍部属，传见《梁书》卷十八。游遏（è）：巡逻，拦截。［44］绝郢、鲁二城信使：断绝张冲与房僧寄两地间的相互联系。信使，传递信息的人。［45］节度：即节制，调动、指挥。［46］萧颖达：萧颖胄之弟，时任将萧宝融外兵参军、随兄颖胄与萧衍起兵，率军攻郢城，平建康，所至有功。萧衍即位，授丹阳尹，封唐县侯。传见《梁书》卷十。隶，隶属。［47］府朝：南康王萧宝融的小朝廷，实即萧颖胄所领导的议事班子。萧宝融时开相国府，故称"府朝"。行湘州事：代理湘州刺史。难其人：难于有合适的人选。［48］刘坦：一作"刘垣"，字德度，西中郎将萧宝融中兵参军，兼任长流参军。萧衍拥立萧宝融为帝，升任咨议参军，出镇湘州，任辅国长史、长沙太守、代理湘州事。萧衍称帝，升平西司马、新兴太守、西中郎长史。传见《梁书》卷十九。［49］易扰难信：容易动荡骚乱，对统治者不易信服。［50］侵渔：侵吞，掠夺。渔，掠夺他人财物。［51］威略不振：在军事方面缺乏威望，无法驾驭。［52］镇静：安定。［53］无逾老夫：没有比我更合适的了。老夫，刘坦自称。［54］辅国长史：辅国将军的长史官。行湘州事：代理相州刺史，行使其职权。［55］尝在湘州：胡三省曰："按《刘坦传》，先尝在湘州，盖客游也。"［56］多旧恩：有许多老交情、老相识。旧恩，旧交。恩，情义。［57］属路：一路上接连不断。［58］堪事吏：能办事的官吏。诣（yì）：至，到。十郡：湘州当时所领十个郡，指长沙、桂阳、零陵、衡阳、营阳、湘东、邵陵、始兴、临贺、始安。［59］斛（hú）：容量单位，一斛相当十斗。［60］南堂西渚：郢州城南堂西侧的江渚，在今湖北武汉市汉口区的夏口南方。所谓"南堂"，乃与"北堂"相对。北堂即"射堂"，在郢州城的北部。［61］顿城北：驻军于郢州城北。［62］曲水故城：胡三省曰："盖郢府官僚祓禊之地，在城东。"所谓"祓禊"，指古人春时在水边祭祀以驱除不祥的一种习俗性的游览活动。［63］丁酉：三月三日。［64］薛元嗣：名伯孙，字元嗣，以字行，南齐骁骑将军、冠军将军、雍州刺史，假节，守郢州，与萧衍军作战，战败，后投降，在南梁担任直阁将军。［65］冲子孜：即张冲之子张孜。征虏长史：即征虏将军张冲的长史官。程茂：休宁人，时任征虏长史兼江夏内史，力拒萧衍。刺史张冲去世，诏以程茂都督郢、司二州，为郢州刺史。后援绝，投降。萧衍欲授以官职，辞不受。［66］乙巳：三月十一日。［67］即皇帝位于江陵：司马光《通鉴考异》曰："《东昏纪》云："丁未，南康王讳即皇帝位。"丁未，三月十三日，盖是日建康始闻之耳。今从《和帝纪》及《梁武帝纪》。"［68］改元：从三月十一日始改元为中兴元年。在此之前是东昏侯萧宝卷的永元三年。而此时萧宝卷还在继续使用他的年号，一直到十二月。史家一般将三月以后即称为"中兴元年"。［69］立宗庙：既然建立国家，也弄得像模像样，另外建立宗庙，进行祭祀。南北郊：南郊祭天，北郊祭地。［70］置尚书五省：设置尚书省等五个中央办事部门，即尚书省、中书省、秘书省、门下省、御史台。［71］以南郡太守为尹：仿照建康所在的郡称"丹阳尹"，而称南郡太守曰"南郡尹"，其地位高出一般的郡。南郡，即荆州所在的郡，郡治与荆州州治都在江陵。尹，指京城所在的地方长官，相当于太守。［72］左仆射（yè）：即尚书左仆射，为尚书省的副长官，仅低于尚书令，而高于尚书右仆射，协助尚书令主持国家政务。［73］庐陵王宝源：字智渊，齐明帝萧鸾第五子，封庐陵王，任北中郎将，镇琅邪城，今任命为司空。传见《南齐书》卷五十。［74］宝寅：即建安王萧宝寅，与上面所说的宝义、宝源，都是萧鸾之子，萧宝融的亲兄弟，故而加官晋爵。但他们现时都在建康，这里只是遥授官位，做做样子而已。值得注意的是，在正月二日，小皇帝萧宝卷也在任命萧宝义、萧宝寅。所谓“徐州刺史”应该是指南徐州，州治在今江苏镇江市，乃侨置州名。［75］中领军：与领军将军的职务相同，主管京城之内的一切军事活动，统领所有朝廷禁军。［76］丙午：三月十二日。［77］诏封庶人宝卷为涪（fú）陵王：意即先将建康城里的皇帝萧宝卷废为平民，然后再开恩封为涪陵郡王。［78］乙酉：三月乙未朔，无乙酉日，疑为“己酉”之误。己酉，三月十五日。［79］行荆州刺史：兼任荆州刺史。由于荆州是萧宝融临时都城的江陵城所在的州，其地位非同小可，故由萧颖胄兼任。［80］加萧衍征东大将军：提升萧衍的名位，萧衍原封为征东将军，现封为征东大将军。假黄钺（yuè）：授予黄钺，使其有庄严的统领一切的生杀之权。假，借，授予。黄钺，金色大斧，授予专征的大将，以提高其奉天命讨伐的威严。［81］次：驻扎。杨口：杨水入汉水的汇口，在今湖北潜江市西北。［82］和帝：即新在江陵称帝的小傀儡萧宝融。宗夬（guài）：和帝御史中丞，奉命劳军，劳军：到杨口前线慰劳萧衍的军队。［83］庾域：字司大，南阳新野人，南康王咨议参军，支持萧衍起兵，出任宁朔将军。传见《梁书》卷十一。讽夬（guài）曰：用含蓄的话向宗夬示意。［84］黄钺未加，非所以总帅侯伯：身无黄钺，不是统领各路诸侯的样子。当初周武王伐纣时，曾有所谓“左执黄钺，右秉白旄”，事见《尚书·牧誓》。后世自曹操以后，凡国家的辅臣率师出征，往往都有“假黄钺”。［85］西台：西方的朝廷，即小傀儡萧宝融的所谓朝廷。与建康的萧宝卷朝廷相对而言。［86］遂有是命：于是这才有了给萧衍假黄钺的诏令。［87］沈难当：南齐薛元嗣的部属军主。乱流：横渡江水而来，由大江的一侧飞舸杀出。胡三省曰：“横绝流而渡曰‘乱’。”

癸丑［1］，东昏侯以豫州刺史陈伯之为江州刺史、假节、都督前锋诸军事，西击荆、雍。

夏，四月，萧衍出沔，命王茂、萧颖达等进军逼郢城；薛元嗣不敢出［2］。诸将欲攻之，衍不许［3］。

魏广陵惠王羽通于员外郎冯俊兴［4］妻，夜往，为俊兴所击而匿之［5］；五月，壬子［6］，卒。

魏主既亲政事，嬖幸擅权，王公希得进见。咸阳王禧意不自安［7］，斋帅刘小苟［8］屡言于禧云，闻天子左右人言欲诛禧，禧益惧，乃与妃兄给事黄门侍郎李伯尚［9］、氐王杨集始、杨灵祐、乞伏马居等谋反［10］。会帝出猎北邙［11］，禧与其党会城西小宅，欲发兵袭帝，使长子通窃入河内[12]举兵相应。乞伏马居说禧："还入洛城，勒兵闭门，天子必北走桑干[13]，殿下可断河桥[14]，为河南天子[15]。"众情前却不壹[16]，禧心更缓[17]，自旦至晡[18]，犹豫不决，遂约不泄[19]而散。杨集始既出[20]，即驰至北邙告之[21]。

直寝苻承祖、薛魏孙与禧通谋[22]，是日，帝寝于浮图之阴[23]，魏孙欲弑帝，承祖曰："吾闻杀天子者身当病癞[24]。"魏孙乃止。俄而帝寤[25]，集始亦至。帝左右皆四出逐禽[26]，直卫无几[27]，仓猝不知所出[28]。左中郎将于忠曰："臣父领军留守京城，计防遏有备[29]，必无所虑[30]。"帝遣忠驰骑观之，于烈已分兵严备[31]，使忠还奏曰："臣虽老，心力犹可用。此属猖狂[32]，不足为虑，愿陛下清跸徐还[33]，以安物望[34]。"帝甚悦，自华林园还宫[35]，抚于忠之背曰："卿差强人意[36]！"

禧不知事露，与姬妾及左右宿洪池别墅[37]，遣刘小苟奉启[38]，云检行田收[39]。小苟至北邙，已[40]逢军人，怪小苟赤衣[41]，欲杀之。小苟困迫[42]，言欲告反[43]，乃缓之[44]。或谓禧曰："殿下集众图事，见意而停[45]，恐必漏泄[46]，今夕何宜自宽[47]！"禧曰："吾有此身，应知自惜，岂待人言！"又曰："殿下长子已济河[48]，两不相知[49]，岂不可虑[50]！"禧曰："吾已遣人追之[51]，计今应还。"时通已入河内，列兵仗[52]，放囚徒矣。于烈遣直阁叔孙侯将虎贲三百人收禧[53]。禧闻之，自洪池东南走，僮仆不过数人，济洛[54]，至柏谷坞[55]，追兵至，擒之，送华林都亭[56]。帝面诘[57]其反状，壬戌[58]，赐死于私第。同谋伏诛者十余人，诸子皆绝属籍[59]，微给资产、奴婢，自余家财悉分赐高肇及赵修之家，其余赐内外百官，逮于流外[60]，多者百余匹，下至十匹。禧诸子乏衣食，独彭城王勰屡赈给[61]之。河内太守陆琇闻禧败，斩送禧子通首[62]。魏朝以琇于禧未败之前不收捕通，责其通情[63]，征诣廷尉[64]，死狱中[65]。帝以禧无故而反，由是益疏忌[66]宗室。

（以上为第三段，写北魏广陵王元羽与他人妻私通，被痛打而死；大臣元禧谋反事泄，失败被杀，牵连无辜，宣武帝元恪越发疏远、猜忌宗室。）

【注释】

［1］癸丑：三月十九日。［2］不敢出：不敢出战。［3］衍不许：胡三省曰："衍欲持久，以全力弊郢、鲁二城。"［4］冯俊兴：太师冯熙之子，北魏外戚，曾任员外郎。当时元羽为常侍，冯俊兴为其僚属。［5］匿之：元羽自己隐忍不说。［6］壬子：五月十九日。［7］咸阳王禧意不自安：八字原无，据章校补。意不自安：担心要被北魏主元恪所杀。［8］斋：原文为"齐"，据章校改。斋帅，在皇帝居室值勤的卫士长，此指元禧身边的斋帅。刘小苟：元禧属下，为斋帅。［9］给事黄门侍郎：在宫廷内为皇帝服务的侍从官员，上属门下省。有用太监，也有用士人。李伯尚，陇西狄道（今甘肃临洮县）人，北魏大臣。李辅之子，咸阳王元禧妃兄，元恪时兼任给事黄门侍郎，后坐与咸阳王元禧谋反，被杀。［10］氐王杨集始、杨灵祐、乞伏马居等谋反：氐族首领杨集始，武兴国第三任国主，在上一年率领部将杨灵祐、乞伏马居投附北魏，咸阳元禧引为党羽，密谋反叛。［11］出猎北邙（máng）：出京城洛阳到北邙山打猎。北邙，古山名，在当时的洛阳城北，是天然屏障，军事上的战略要地。当然，也是一块风水宝地。古语说："生在苏杭，死葬北邙。"汉魏以来许多贵族的坟墓都在北邙山上。［12］通：即元通，字昙和，咸阳王元禧长子，与河内太守陆琇与元通有交情，入河内劝陆琇举兵。陆琇听说元禧兵败，乃将其杀之。窃：悄悄地。河内：北魏郡名，郡治在今河南沁阳市，在洛阳东北方，与洛阳隔黄河相望，相距不到二百里。［13］北走桑干：京城失据，无处可归，只好北逃平城。桑干，河水名，也是北魏郡名，在今山西北部、北魏旧都平城的西南方。这里用以代指平城一带地区。［14］断河桥：掐断黄河上的浮桥，意即断绝洛阳与平城一带的联系。黄河浮桥在当时的洛阳城北，是联结南北方的重要通道，有重兵把守。［15］为河南天子：做黄河以南的北魏皇帝。［16］众情前却不壹：究竟是前进还是后退，众人的意见不一致。却，后退。［17］更缓：更加犹豫不定。［18］自旦至晡（bū）：从早晨起来直到日色偏西。旦，太阳刚出地面。晡，下午三时到五时。［19］不泄：不得向外透露谋反的消息。［20］既出：指离开元禧的城西小宅。［21］驰至北邙告之：飞马加鞭前往北邙山向北魏主元恪报告。［22］直寝：魏主寝宫值勤的卫士。胡三省曰："后魏孝文帝太和九年（485），初置后斋直寝。"直，同"值"，值卫。苻承祖、薛魏孙：北魏的寝宫值勤卫士。［23］浮图之阴：佛塔的北面，这里即指寺庙的北区屋舍。浮图，宝塔。［24］病癞（lài）：浑身长癞疮。［25］俄而：不久，一会儿。寤（wù）：睡醒。［26］四出逐禽：把满山的禽兽往一起赶，为天亮后的北魏主打猎做准备。［27］直卫无几：值勤的卫士没有几个。［28］仓猝（cù）不知所出：北魏主听到元禧谋反的消息后一下子不知如何是好。仓猝：突然，匆忙。［29］计防遏（è）有备：我推想他有对付突然事变的准备。计，估计，推想。防遏，防止。［30］必无所虑：肯定不会让您操心的。虑，忧，担心。［31］严备：严加防备。［32］此属猖狂：这些家伙非常嚣张。猖狂，肆意妄行，此处含有孤注一掷的意思。［33］清跸（bì）徐还：意即从容悠闲地回来，一如往常，不用任何小题大做。清跸，清道戒严，帝王出行历来要做的事情。［34］以安物望：以安定人心，不造成动荡。物望，人心。［35］自华林园还宫：经由华林园返回皇宫，没有进皇宫的正门，以免

过分招摇。华林园，胡三省曰："魏明帝所筑芳林园也，后避齐王芳讳，改曰'华林园'。"是当时皇家的园林，在皇宫的后面。［36］卿差强人意：你的料事与处理突发事件的能力，很使人满意。差强人意，意即尚能使人满意。从字面上来看，说得轻描淡写，但实际上是很满意，只不过是用成语来调侃而已。差，大致，比较。［37］洪池别墅：元禧家的别墅，在洛阳城东二十里。胡三省曰："洪池，即汉之鸿池，在洛阳东二十里。田庐曰'墅'，今人谓之别业。晋人以来，往往治池馆，观游于其中。"别墅，本宅之外另建的园林游玩休息之所。［38］奉启：假意去向北魏主元恪报告。［39］云检行田收：说是要到自己家的领地上去视察庄稼长势。［40］已：已而，随即。［41］赤衣：穿着红衣服。［42］困迫：犹言"无计可施""无着可想"。［43］言欲告反：说是要去向皇上报告元禧谋反的事情。［44］乃缓之：才暂时让他活了下来。［45］见意而停：意图一旦表露出出来，又想不干了。见，通"现"。［46］漏泄：泄露，暴露。［47］何宜自宽：怎么能自己放松下来？［48］已济河：已经渡过黄河，到河内郡去了。［49］两不相知：双方信息不通，不知道对方是什么情况了。［50］岂不可虑：这难道不值得担心吗？虑，忧虑，担心。［51］追之：追他回来，意即让他停止行动。［52］列兵仗：发放兵器。［53］叔孙侯：时为直阁将军。虎贲（bēn）：朝廷的卫戍部队。收禧：拘捕元禧。［54］济洛：向南渡过洛水。洛水从西南方流来，经洛阳城南，东北流入黄河。［55］柏谷坞：一名"百谷坞"，修有围墙的村落名，在今河南洛阳市偃师区东南。［56］华林都亭：管理社会治安的基层机构，在当时的华林园门外。［57］面诘（jié）：当面责问。［58］壬戌：五月二十九日。［59］绝属籍：将其开除出皇帝家族的谱牒。属籍，家族的名册。［60］逮于流外：甚至那些不入品级的小官也都得到了赏赐。逮，延及，达到。流外，即流外官。胡三省曰："杂色补官不入品者谓之流外官。"［61］赈（zhèn）给：救济。［62］斩送禧子通首：以其在河内郡发动叛乱的缘故。［63］通情：知情，同谋。［64］征诣廷尉：勒令他到廷尉衙门接受审判。廷尉，全国最高的司法官，相当于后来的刑部尚书。［65］死狱中：胡三省曰："陆馛以傅孝文于受内禅之初，福泽及其子，至是，其子败矣。"［66］疏忌：疏远，猜忌。

巴西太守鲁休烈[1]、巴东太守萧惠训[2]不从萧颖胄之命。惠训遣子璝[3]将兵击颖胄，颖胄遣汶阳太守刘孝庆屯峡口[4]，与巴东太守任漾之[5]等拒之。

东昏侯遣军主吴子阳、陈虎牙等十三军救郢州[6]，进屯巴口[7]。虎牙，伯之之子也。

六月，西台遣卫尉席阐文劳萧衍军，赍萧颖胄等议[8]谓衍曰："今顿兵两岸，不并军围郢[9]，定西阳、武昌，取江州，此机已失；莫若请救于魏，与北连和，犹为上策。"衍曰："汉口路通荆、雍，控引秦、梁[10]，粮运资储，仰此气息[11]，所以兵压汉口，连结数州[12]。今若并军围郢，又分兵前进，鲁山必沮沔路[13]，扼吾咽喉[14]；若粮运不通，自然离散，何谓持久？邓元起近欲以三千兵往取寻阳[15]，彼若欢然知机[16]，一说士足矣[17]；脱距王师[18]，固非三千兵所能下也。进退无据，未见其可。西阳、武昌，取之即得[19]；然既得之，即应镇守。欲守两城，不减万人[20]，粮储称是[21]，卒无所出[22]。脱东军有上[23]者，以万人攻一城[24]，两城势不得相救，若我分军应援[25]，则首尾俱弱[26]；如其不遣，孤城必陷[27]，一城既没，诸城相次土崩[28]，天下大事去矣。若郢州既拔[29]，席卷沿流[30]，西阳、武昌自然风靡[31]。何遽[32]分兵散众，自贻忧患[33]乎！且丈夫举事欲清天步[34]，况拥数州之兵以诛群小，悬河注火[35]，奚有不灭[36]！岂容北面请救戎狄[37]，以示弱于天下[38]！彼未必能信[39]，徒取丑声[40]，此乃下计，何谓上策！卿为我辈白镇军[41]：前途攻取，但以见付[42]，事在目中[43]，无患不捷，但借镇军靖镇之[44]耳。"

吴子阳等进军武口[45]。衍命军主梁天惠等屯渔湖城[46]，唐修期等屯白阳垒[47]，夹岸待之。子阳进军加湖[48]。去郢三十里，傍山带水，筑垒自固。子阳举烽，城内亦举火应之；而内外各自保[49]，不能相救。会房僧寄病卒，众复推助防张乐祖[50]代守鲁山。

萧颖胄之初起[51]也，弟颖孚自建康出亡[52]，庐陵民修灵祐[53]为之聚兵，得二千人，袭庐陵，克之，内史谢篡奔豫章[54]。颖胄遣宁朔将军范僧简自湘州赴之[55]，僧简拔安成[56]，颖胄以僧简为安成太守，以颖孚为庐陵内史。东昏侯遣军主刘希祖[57]将三千人击之，南康太守王丹[58]以郡应希祖。颖孚败，奔长沙，寻病卒，谢篡复还郡。希祖攻拔安成，杀范僧简，东昏侯以希祖为安成内史。修灵祐复合余众攻谢篡，篡败走。

（以上为第四段，写南齐名将萧衍率军东征，停兵汉口，西台尚书令萧颖胄劝其求救于北魏，萧衍严厉驳斥，坚持不要魏援，独立东进的主张。）

【注释】

[1]巴西：古郡名，郡治在今四川绵阳市。鲁休烈：南齐巴西太守。 [2]巴东：古郡名，郡治鱼腹，在今重庆奉节县东。萧惠训：南齐巴东太守。 [3]璝（guī）：即萧璝，南齐巴东太守萧慧训之子，齐明帝萧鸾时为军主，曾参与抵抗北魏的南侵。 [4]汶（wèn）阳：古郡名，在巴东郡的正东方，郡治高安，在今湖北远安县西北。刘孝庆：字仲昌，时任汶阳太守，萧衍自雍州起兵，举兵响应，以功封余干男。入梁，历为显官。峡口：即西陵峡口，在今湖北宜昌市西。 [5]任漾（yàng）之：为西台萧宝融所任命的巴东太守。 [6]吴子阳、陈虎牙：忠于朝廷的军主。十三军：十三支部队。郢州：南梁州名，州治夏口，在今湖北武汉市汉口区。 [7]巴口：巴水流入长江的汇口，在今湖北黄冈市东南。 [8]赍（jī）萧颖胄等议：传达萧颖胄等人关于军事问题的意见。赍，携带。议，看法，意见。 [9]并军围郢：合并兵力，围攻夏口。郢，郢城，即夏口城，为郢州州治所在地，在今湖北武汉市汉口区。 [10]控引秦、梁：控制秦州、梁州。控引，控制，连接。胡三省曰："溯汉水而上至汉中，秦、梁二州刺史所治也，故可以控引。"秦州的辖地本在甘肃的东南部，以今甘肃天水市为中心。但这一带地区当时属北魏管辖，故南齐在汉中设置侨置州，与梁州共设一个刺史，州治在今陕西汉中市，而从汉中一带可以经由汉水经过襄阳直达汉口，故说汉口"控引秦、梁"。 [11]仰此气息：仰仗这一口气，即仰仗我们能控制汉口这一交通要道。 [12]所以兵压汉口，连结数州：意思是我们之所以能统率数州、号令数州，就是因为我们能控制住汉口这一交通咽喉。 [13]必沮（jǔ）沔路：必定要截断汉水这一条生命线。沮，通"阻"，截断。沔路，汉水的水运路线。 [14]扼吾咽喉：掐住我们的脖子，让我们透不过气来。扼，抓住，掐住。咽喉，比喻关键要道。 [15]寻阳：古郡名，郡治在今江西九江市，为江州刺史的州治所在地。 [16]彼若欢然知机：寻阳的守军如果能看清形势，倒戈投降。彼：指江州刺史刘伯之。欢然知机，欣然领悟到这其中的利害和关键。 [17]一说士足矣：我们只消派一个有才干的说客去就足够了。说士，说客。 [18]脱距王师：如果他们和我们打起来。脱，万一，如果。距，抵抗。王师，犹言"义军"，指以萧宝融为旗帜的荆、雍之军。 [19]取之即得：攻下两城，也许并不困难。 [20]不减万人：少于一万人是绝对不行的。 [21]粮储称是：同时还得有够一万人所需要的粮食与各种物资。称是，与此相当，与此相适应。是，此，指人数。 [22]卒无所出：这些都不是一下子就能准备好的。卒，通"猝"，仓卒，一时之间。 [23]脱：如果突然。东军有上：有一支建康朝廷的军队逆水而来。 [24]一城：原文为"两城"，据章校改。依下文义，应为一城。 [25]应援：接应，援救。 [26]首尾俱弱：打攻郢城、鲁山之军与往援西阳、武昌之军，都是人少力散。 [27]孤城必陷：西阳、武昌两座无援之城必然失陷。 [28]相次：相连，紧接着。土崩：比喻崩溃破败，无法收拾。 [29]若郢州既拔：如果等着郢城被攻下之后，再向东方各城发起攻击。 [30]席卷沿流：将形成一种顺江而下、风卷残云的局面。 [31]自然风靡（mǐ）：不费力气地顺风而倒。靡，倒下。 [32]何遽（jù）：何必忙着。遽，匆忙，立即。 [33]自贻（yí）忧患：自己给自己造成麻烦呢？贻，遗留，造成。 [34]欲清天步：想

要扫清国家的危难。天步，以喻国家的命运。《诗经·白华》有所谓“天步艰难”。［35］悬河注火：倒悬河水，注入火中。悬河，一般指黄河，河床高出两岸地面，故称之。［36］奚（xī）有不灭：怎么可能灭不掉？奚，怎么。［37］岂容：怎能。北面：向北方的胡虏称臣。请救：求救。戎狄：古代对西方和北方的非华夏部落的统称，即北狄和西戎的合称。［38］示弱于天下：向天下人显示我们的卑弱。［39］彼未必能信：况且北魏也未必就能信任我们，能及时地给我们以援助。［40］徒取丑声：白白地落一个“认贼作父”的恶名。［41］白镇军：回去告诉萧颖胄。萧颖胄此时为西台的尚书令，加镇军将军，还兼荆州刺史，故称镇军。白，禀告。［42］前途攻取，但以见付：前方作战的问题，你就交给我，不用多管了。言下之意，你出这种馊主意，还能管得好吗？含有蔑视的成分。［43］事在目中：胜利就在眼前，看得清清楚楚。［44］但借镇军靖镇之：我就是仰仗着您的威名来办好这一切。靖镇，弹压，扫平。胡三省曰：“萧衍此计，可谓有英雄之略矣。”萧颖胄高高在上，指手画脚，萧衍逐层剖析，高屋建瓴，根本也没把萧颖胄放在眼里。［45］武口：又名沙芜口、沙武口，在今湖北武汉市黄陂区东南。胡三省曰：“武湖水出江之口，水上通安陆之延头，今谓之沙武口。”［46］梁天惠：征东大将军萧衍的军主。渔湖城：古城名，军事据点名，离武口不远，在今湖北武汉市东长江边。［47］唐修期：征东大将军萧衍的将领。白阳垒：一作“白杨浦”，军事据点名，离武口不远，在今湖北武汉市武昌区北。［48］加湖：胡三省曰：“《梁·韦睿传》作‘茄湖’。”古湖名，距郢城夏口三十里，在今湖北武汉市黄陂区东南。［49］内外各自保：郢州城内的守军与前进至加湖的城外援军都各自坚守营地，不敢相互救援。内，指郢城夏口。外，指加湖垒。［50］助防：协助房僧寄组织守城。张乐祖：疑为“孙乐祖”，南齐鲁山城主。胡三省曰：“乐祖，即去年张冲所遣助房僧寄者。参考前后，‘张’当作‘孙’。”［51］初起：开始发动拥立萧宝融以反对建康朝廷。起，起兵。［52］颖孚：即萧颖孚，其兄萧颖胄于江陵举兵，颖孚自建康逃出，西台萧宝融封为庐陵内史。后奔长沙，病死。南梁建立，赠右卫将军。出亡：逃出建康城。［53］庐陵：古郡名，郡治在今江西吉水县东北，时属江州辖区。修灵祐：庐陵人。萧衍起兵，灵祐曾聚众数千人，追随从建京逃出的萧颖孚，攻下庐陵，屯药山湖，后率众进据西昌，后奔长沙。［54］内史：庐陵郡的行政长官，因庐陵是诸侯王的封国，故其长官称作“内史”。谢纂（zuǎn）：南齐庐陵内史，逃奔豫章，后为安成内史。纂，原为“篹”，今改为正字。［55］范僧简：时为宁朔将军，驻湘州，奉萧颖胄之命驰援豫章，攻下安成县，西台任为安成太守，后被杀。［56］安成：古郡名，为江州辖区，郡治在今江西安福县。［57］刘希祖：小皇帝萧宝卷所遣抗击西军的时为军主。［58］南康：古郡名，为江州辖区，郡治在今江西赣州市西。王丹：南齐南康太守。

东昏侯作芳乐苑[1]，山石皆涂以五采。望民家有好树、美竹，则毁墙撤屋而徙[2]之；时方盛暑，随即枯萎，朝暮相继[3]。又于苑中立市[4]，使宫人、宦者共为裨贩[5]，以潘贵妃为市令[6]，东昏侯自为市录事[7]，小有得失[8]，妃则予杖[9]；乃敕虎贲不得进大荆、实中荻[10]。又开渠立埭[11]，身自引船[12]，或坐而屠肉[13]。又好巫觋[14]，左右朱光尚[15]诈云见鬼。东昏入乐游苑[16]，人马忽惊，以问光尚，对曰："向见先帝大嗔[17]，不许数出[18]。"东昏大怒，拔刀与光尚寻之。既不见，乃缚菰为高宗形[19]，北向斩之，县首苑门[20]。

崔慧景之败[21]也，巴陵王昭胄、永新侯昭颖出投台军[22]，各以王侯还第[23]，心不自安。竟陵王子良故防阁桑偃[24]为梅虫儿军副，与前巴西太守萧寅谋立昭胄，昭胄许事克[25]用寅为尚书左仆射、护军。时军主胡松[26]将兵屯新亭，寅遣人说之曰："须昏人出[27]，寅等将兵奉昭胄入台，闭城号令[28]。昏人必还就将军[29]，但闭垒不应[30]，则三公不足得[31]也。"松许诺。会东昏新作芳乐苑，经月不出游。偃等议募健儿[32]百余人，从万春门[33]入，突取之[34]，昭胄以为不可。偃同党王山沙虑[35]事久无成，以事告御刀徐僧重[36]。寅遣人杀山沙于路，吏于麝幐中得其事[37]。昭胄兄弟与偃等皆伏诛。雍州刺史张欣泰[38]与弟前始安内史欣[39]时，密谋结胡松及前南谯太守王灵秀、直阁将军鸿选[40]等诛诸嬖幸，废东昏。东昏遣中书舍人冯元嗣监军[41]救郢。秋，七月，甲午[42]，茹法珍、梅虫儿及太子右率李居士、制局监杨明泰送之中兴堂[43]，欣泰等使人怀刀于座斫[44]元嗣，头坠果柈[45]中，又斫明泰，破其腹；虫儿伤数疮[46]，手指皆堕；居士、法珍等散走还台。灵秀诣石头[47]迎建康王宝寅[48]，帅城中将吏见力[49]，去车轮，载宝寅[50]，文武数百唱警跸[51]，向台城，百姓数千人皆空手随之。欣泰闻事作，驰马入宫，冀法珍等在外[52]，东昏尽以城中处分见委[53]，表里相应[54]。既而法珍得返，处分闭门上仗[55]，不配欣泰兵[56]，鸿选在殿内亦不敢发。宝寅至杜姥宅[57]，日已暝[58]，城门闭。城上人射外人[59]，外人弃宝寅溃去。宝寅亦逃，三日，乃戎服诣草市尉[60]，尉驰以启东昏。东昏召宝寅入宫问之，宝寅涕泣称："尔日[61]不知何人逼使上车，仍将去[62]，制不自由[63]。"东昏笑，复其爵位。张欣泰等事觉，与胡松皆伏诛。

（以上为第五段，写南齐小皇帝萧宝卷宠幸潘妃，造芳乐苑，置办市场，忙得不亦乐乎，把国家大事抛到脑后去了，而张欣泰密谋废帝，立萧宝寅，失败被杀。）

【注释】

[1]芳乐苑：古园囿名，南齐小皇帝萧宝卷所建，故址在今江苏南京市南。[2]撤屋：拆除其屋。徙：搬运。[3]朝暮相继：谓移植花木的人一天到晚地干个不停。[4]立市：开办集市贸易。[5]裨（bì）贩：即商贩。胡三省曰："裨，益也。买贱卖贵以自裨益，故曰'裨贩'。"[6]潘贵妃：即潘玉奴，本名俞尼子，俞宝庆之女，南齐小皇帝萧宝卷的宠妃。原是大司马王敬则的乐伎，选入东宫，深得太子萧宝卷的宠幸。萧宝卷继位后，负责抚养太子萧诵，受封贵妃，放恣任性，威行远近。萧宝卷死后，被萧衍缢杀于狱中。市令：管理集市的长官。[7]市录事：管理集市的小职员，受潘妃驱使。[8]小：同"稍"，稍微。得失：过失，偏义复词。[9]妃则予杖：潘妃就用棍子打他。[10]大荆：粗大的荆条。实中荻：实心的芦苇。用实心的芦苇打人，虽比大荆好受，但还是有些疼，故萧宝卷告诉太监们当潘妃喝令要打人时，他们只把空心的芦苇递到她手中。[11]开渠立埭（dài）：修渠通水，建造土坝，在渠上设立收费站。埭，土坝，古时在河水浅的地方筑土坝堵水，中间留出航道，两岸各立转轴，过船时用人力或牛推动转轴，把船牵引过去。而船只通过时收取费用。[12]身自引船：当纤夫，亲自给人挽船。[13]屠肉：当屠户，宰割牲畜。[14]好巫觋（xí）：迷信那些男男女女装神弄鬼的骗子。女的曰"巫"，男的曰"觋"。[15]朱光尚：小皇帝萧宝卷的亲信。[16]乐游苑：原是长安城郊的一个旅游、娱乐之地，南迁的统治者为了表达一种怀旧之情，也比照长安另在建康修建一处，就如同洛阳城有华林园，建康城也有华林园一样。[17]先帝：指齐明帝萧鸾，小皇帝萧宝卷之父。大嗔（chēn）：大怒。[18]不许数出：不许频繁地出来游荡。[19]缚菰（gū）为高宗形：用茭白的叶子捆成高宗萧鸾的形状。菰，水生植物名，俗称"茭白"。[20]县首苑门：把萧鸾的人头悬挂在乐游苑的门口示众。县，同"悬"。[21]崔慧景之败：崔慧景以拥立萧宝玄为名进攻建康、兵围台城，因其犹豫无断被萧懿打败被杀，事见《资治通鉴》卷一四三永元二年（500）。[22]出投台军：崔慧景被萧懿打败后，巴陵王萧昭胄与弟永新侯萧昭颖兄弟又投降于朝廷军的头领胡松。[23]各以王侯还第：当时朝廷没有和他们算账，还让他们保持着各自的爵位回家了。[24]"竟陵王子良"二句：竟陵王萧子良，萧昭胄兄弟之父。桑偃曾任竟陵王的侍卫官防阁，如今为小皇帝萧宝卷的宠臣梅虫儿的副官，接近皇帝。桑偃与巴西太守萧寅密谋发动政变，废除小皇帝，拥立萧昭胄为帝。[25]事克：事成。护军：即护军将军，古将军名号。[26]胡松：南齐龙骧将军、直阁将军。与张欣泰等密谋废黜东昏侯萧宝卷以应萧衍，事败被杀。传见《南齐书》卷五十一。新亭：古地名，在当时的建康城南，地处长江边，依山筑城垒，是交通、军事要地，也是观光、游览的胜地。[27]须昏人出：等某一天那个昏小子再出宫游荡。须，等待。昏人，指小皇帝萧宝卷。胡三省曰："以帝昏狂，斥指为'昏人'。"[28]闭城号令：关闭台城，发布新君已经上台，废掉小皇帝萧宝卷的命令。[29]还就将军：回身前来投奔你。[30]闭垒不应：不开军门，不接受他

的指令。［31］三公不足得：得个三公之位并不难。当时的三公指司徒、司空、太尉，是最高的加官。其意谓那时你胡松就是数一数二的大功臣了。［32］健儿：勇士，敢死队。［33］万春门：芳乐苑的侧门。［34］突取之：突然冲入，以袭取小皇帝萧宝卷。［35］王山沙：南齐时人，曾欲谋杀小皇帝萧宝卷。虑：担心，忧虑。［36］御刀徐僧重：小皇帝萧宝卷身边的带刀护卫徐僧重。［37］麝（shè）縢（téng）：王山沙所随身携带的装麝香的布袋。縢，香囊，布袋。得其事：得知谋杀小皇帝萧宝卷的事情，疑是香囊中装有其事的纸条。［38］雍州刺史张欣泰：这是小皇帝萧宝卷闻萧衍等在雍、荆拥立萧宝融，起兵造反后，重新任命的雍州刺史。张欣泰，官至雍州刺史。后图谋叛乱，被杀。传见《南齐书》卷五十一。［39］始安内史欣：张欣泰之弟，始安内史。张欣时，参与谋杀小皇帝萧宝卷，事泄被杀。［40］王灵秀：南齐南谯太守。鸿选：时为小皇帝直阁将军。两人参与谋杀小皇帝萧宝卷。［41］冯元嗣：南齐中书舍人，小皇帝萧玉卷任命为救援郢州的讨伐军监军，将赴郢州。［42］甲午：七月二日。［43］"茹法珍……送之中举堂"：小皇帝萧宝卷的亲信茹法珍、梅虫儿、李居士、杨明泰到中堂送别监军冯元嗣赴郢州。中兴堂，即通常所说的新亭。胡三省曰："宋孝武帝刘骏即位于新亭，改新亭曰'中兴堂'。"［44］斫（zhuó）：用刀斧砍。［45］果柈（pán）：果盘。柈，同"盘"。［46］数疮：多处受伤。疮，同"创"，兵器所伤。［47］诣（yì）石头：到石头城。石头，即石头城，当时建康城的军事要地，在当时建康城的西侧，西靠长江。［48］建康王：此处有讹误，应作"建安王"，见《南齐书·明七王传》。宝寅：即萧宝寅，齐明帝萧鸾第六子，封建安王，改封鄱阳王。此时任江州刺史。萧衍杀南齐诸王，遂投奔北魏。传见《南齐书》卷五十。［49］城中将吏见力：石头城里现有的将吏与兵力。见，同"现"。［50］去车轮，载宝寅：把车轮去掉，做成肩舆，抬着萧宝寅。［51］唱警跸（bì）：口中高呼着戒严。唱，高呼。警跸，帝王出行时开路清道，禁止他人通行。［52］冀法珍等在外：希望趁着茹法珍等当时不在萧宝卷身边。冀，希望。［53］尽以城中处分见委：希望萧宝卷把部署守卫台城的事都交给自己。处分，部署，布置。见委，委托给自己。［54］表里相应：从而使自己一方的城里城外的势力相互配合。［55］闭门上仗：关起城门，派兵把守。［56］不配欣泰兵：不让张欣泰带领军队。［57］杜姥宅：古军事要地，在当时的都城建康城南掖门外，故址在今江苏南京市乾河沿南。杜姥，即杜裴氏，晋朝驸马当阳侯镇南将军杜预的孙媳，尚书左丞杜锡之的儿媳，曾被封为广德县君。去世后，百姓称之为"杜姥"。［58］暝（míng）：黄昏。［59］外人：台城外人，即护送萧宝寅过来的人。［60］草市尉：管理草市的长官。胡三省曰："台城六门之外，各有草市，置草市尉司察之。"萧宝寅之所以穿戎服，是因为他不敢再穿平日的建安王的服饰，故而穿起士兵的军服，以表示请罪。［61］尔日：那一天。［62］仍将去：我上车后，他们就抬着我走了。仍，同"乃"。将，持，挟持。［63］制不自由：当时我被控制，不是我心甘情愿的。不自由，不由自主。

萧衍使征虏将军王茂、军主曹仲宗[1]等乘水涨以舟师袭加湖，鼓噪攻之。丁酉[2]，加湖溃，吴子阳等走免[3]，将士杀溺死者万计，俘其余众而还。于是郢、鲁二城相视夺气[4]。

乙巳[5]，柔然犯魏边。

鲁山乏粮，军人于矶头捕细鱼[6]供食，密治轻船，将奔夏口，萧衍遣偏军断其走路[7]。丁巳[8]，孙乐祖窘迫，以城降。

己未[9]，东昏侯以程茂为郢州刺史，薛元嗣为雍州刺史。是日，茂、元嗣以郢城降。郢城之初围也，士民男女近十万口；闭门二百余日，疾疫流肿[10]，死者什七八[11]，积尸床下而寝[12]其上，比屋[13]皆满。茂、元嗣等议出降，使张孜[14]为书与衍。张冲故吏青州治中房长瑜[15]谓孜曰："前使君忠贯昊天[16]，郎君但当坐守画一[17]以荷析薪[18]。若天运不与[19]，当幅巾侍命[20]，下从使君[21]。今从诸人之计，非唯郢州士女失高山之望[22]，亦恐彼所不取[23]也。"孜不能用。萧衍以韦睿[24]为江夏太守，行郢府事，收瘗[25]死者而抚其生者，郢人遂安。

诸将欲顿军夏口，衍以为宜乘胜直指建康[26]，车骑咨议参军张弘策[27]、宁远将军庾域亦以为然。衍命众军即日上道。缘江至建康，凡矶、浦、村落，军行宿次、立顿处所[28]，弘策逆为图画[29]，如在目中。

辛酉[30]，魏大赦。

魏安国宣简侯王肃卒于寿阳[31]，赠侍中、司空。初，肃以父死非命[32]，四年不除丧。高祖[33]曰："三年之丧，贤者不敢过[34]。"命肃以祥禫之礼除丧[35]。然肃犹素服[36]、不听乐终身。

汝南民胡文超起兵于滠阳[37]以应萧衍，求取义阳、安陆[38]等郡以自效；衍又遣军主唐修期攻随郡[39]，皆克之。司州刺史王僧景[40]遣子贞孙[41]为质于衍，司部[42]悉平。

崔慧景之死也，其少子偃为始安内史[43]，逃潜得免。及西台建，以偃为宁朔将军。偃诣公车门[44]上书曰："臣窃惟高宗之孝子忠臣而昏主[45]之乱臣贼子者，江夏王[46]与陛下，先臣与镇军[47]是也；虽成败异术而所由同方[48]。陛下初登至尊[49]，与天合符[50]；天下纤芥之屈[51]，尚望陛下申之，况先帝之子、陛下之兄[52]所行之道，即陛下所由[53]哉！此尚不恤[54]，其余何冀[55]！今不可幸小民之无识而罔之[56]；

若使晓然知其情节[57]，相帅而逃[58]，陛下将何以应之哉！”事寝不报[59]。

偃又上疏曰：“近冒陈江夏之冤[60]，非敢以父子之亲而伤至公[61]之义，诚不晓圣朝所以然[62]之意。若以狂主[63]虽狂，实是天子，江夏虽贤，实是人臣，先臣奉人臣逆人君为不可，未审今之严兵劲卒直指象魏[64]者，其故何哉！臣所以不死，苟存视息[65]，非有他故，所以待皇运之开泰[66]，申忠魂之枉屈[67]。今皇运已开泰矣，而死社稷者返为贼臣[68]；臣何用此生于陛下之世[69]矣！臣谨按镇军将军臣颖胄、中领军臣详[70]，皆社稷之臣也，同知先臣股肱江夏[71]，匡济王室[72]，天命未遂[73]，主亡与亡；而不为陛下瞥然一言[74]。知而不言，不忠；不知而不言，不智也。如以先臣遣使，江夏斩之[75]；则征东之驿使[76]，何为见戮？陛下斩征东之使，实诈山阳；江夏违先臣之请，实谋孔矜[77]。天命有归[78]，故事业不遂[79]耳。臣所言毕矣，乞就汤镬[80]！然臣虽万没[81]，犹愿陛下必申先臣[82]。何则？恻怆而申之[83]，则天下伏[84]；不恻怆而申之，则天下叛。先臣之忠，有识所知，南、董之笔[85]，千载可期[86]，亦何待陛下屈申而为褒贬[87]！然小臣惓惓之愚[88]，为陛下计耳。”诏报曰：“具知卿惋切[89]之怀，今当显加赠谥。”偃寻下狱死[90]。

（以上为第六段，写南齐大将萧衍攻下郢城后乘胜进军，直驱建康；崔偃几次上书西台，要为其父崔慧景平反，恢复名誉，言辞激烈，西台敷衍了事。）

【注释】

[1]曹仲宗：时为征东大将军萧衍的军主，南梁建立后，为领军将军。 [2]丁酉：七月五日。 [3]走免：逃脱。 [4]相视夺气：眼巴巴地看着没法援救而为之丧气。夺气，沮丧，丧气。 [5]乙巳：七月十三。 [6]矶（jī）头：水边的山崖、石滩。矶，伸入水中的石崖。细鱼：小鱼。 [7]偏军：小部队。走路：逃跑之路。 [8]丁巳：七月二十五日。 [9]己未：七月二十七日。 [10]流肿：因毒气流行而浮肿。 [11]什七八：十分之七八。什，同“十”。 [12]寝：躺着睡觉。 [13]比屋：这间挨着那间，意思是家家如此。比，并，紧挨着。 [14]张孜：张冲之子。 [15]青州治中：张冲为青州刺史时的高级僚属，掌管文书。房长瑜：南齐时人，张冲故吏，曾为青州治中，后为州中从事。 [16]前使君：指张冲。使君，古代对州郡长官的尊称。昊（hào）天：意同“苍天”“高天”。昊，广大。 [17]郎君：僚属对其主官儿子的敬称。坐守画一：即坚持既定的方针政策不变。此以西汉的曹参继续维持萧何的方针政策为喻。《史记·曹相国世家》有所谓“萧

何为法，覯若画一；曹参代之，守而勿失。”萧何立法，曹参继萧何为相，遵守旧法，一点也没有改变。画一，一致，一律，这里是用其“守而勿失”之意。［18］以荷（hè）析薪：意即继承父亲的遗志，完成父亲的使命。《左传》昭公七年：“其父析薪，其子不克负荷。”意思是其父砍了很多柴，其子却不能把它背回去。荷，挑着，扛着。析薪，砍柴。［19］天运不与：老天爷不帮着我们，指城被攻破。［20］幅巾待命：脱去官服，用布包头，等待最后的结果。幅巾，百姓的包头布。［21］下从使君：到地下去陪伴你死去的父亲。房长瑜的意思是劝张孜坚守到底，即使守不住，也应以死明节。［22］失高山之望：意即对您的行为感到失望。古时称道仰慕某人有所谓“高山仰止”，有高德则慕而仰之。［23］彼所不取：甚至连我们的敌人也瞧不起您。彼，指萧衍。［24］韦睿：后为南梁名将。传见《梁书》卷十二。［25］收瘗（yì）：收拾，掩埋。［26］乘胜直指建康：胡三省曰：“郢、鲁未克，萧衍则违众议驻兵汉口而不轻进，图万全也。郢、鲁既克，衍遽督诸军直指建康，乘胜势也。”［27］张弘策：字真简，梁武帝萧衍从舅，南梁外戚、大臣。传见《梁书》卷十一。［28］军行宿次、立顿处所：军队前进中可以住宿、可以停留的地点。宿次，住宿，过夜。立顿，停留、中途休息。［29］逆为图画：预先画好地图，标志得清清楚楚。胡三省曰：“画缘江可立顿及次宿之地为图，使诸将按之以为进止。”逆，预先。［30］辛酉：七月二十九日。［31］安国宣简侯王肃：王肃封为安国侯，死后谥号宣简，故称。卒于寿阳：寿阳郡治在今安徽寿县，原为南齐豫州刺史的州治所在地，南齐豫州刺史裴叔业投降北魏后，北魏派王肃镇守寿阳。至是王肃卒于寿阳。［32］父死非命：指王肃之父王奂因擅自杀害宁蛮长史刘兴祖而被萧赜所讨杀。事见《资治通鉴》卷一百三十八。死非命，意即非正常死亡，被人杀害。［33］高祖：北魏孝文帝元宏。［34］三年之丧，贤者不敢过：人子守丧三年，即使贤明的人，也不要超过。王肃第四年仍在守丧，孝文帝命其去孝顺。［35］以祥禫（dàn）之礼除丧：举行过祥禫之礼后换去丧服。古代丧礼，父母死后的第十三个月举行祭祀称作“小祥”；二十五个月后又举行祭祀称作“大祥”；大祥之后又一年举行除服的祭祀，称作“禫”。胡三省曰：“期而小祥，再期而大祥；大祥之后，中月而禫。”王肃以《礼记·檀弓》子夏除丧弹琴不成声作解，哀未忘也”，终生素服。［36］犹素服：遵命去掉了丧服，但仍穿素服，即不穿绫罗绸缎等鲜美之服。［37］汝南：古郡名，郡治在今河南汝南县。当时已入北魏，寄治义阳。胡文超：汝南起义军首领。滠（shè）阳：南齐县名，县治在今湖北武汉市黄陂区南，当时为侨置汝南郡的郡治所在地。［38］义阳、安陆：南齐二郡名，义阳郡的郡治在今河南信阳市，安陆郡的郡治在今湖北安陆市。［39］唐修期：征东大将军萧衍的军主。随郡：古郡名，郡治在今湖北随州市。［40］司州：南齐的州治在今河南信阳市。王僧景：南齐司州刺史。［41］贞孙：二字原无，据章校补。［42］司部：司州所管辖的整个地区。［43］偃（yǎn）：即崔偃，南齐名将崔慧景之少子，南齐始安太守。得知父亲叛败，藏窜得免。萧宝融即位，任宁朔将军。后上书申辩父亲冤屈，多次指斥朝廷，下狱而死。［44］公车门：也称“司马门”，皇宫的外门，因有公车令看守此门，进宫的百官到此下车，故称为“公车门”。凡向朝廷上书的臣民，即在此上书并在此候旨。［45］窃惟：私下认为。高宗：即齐明帝萧鸾，死后庙号高宗。昏主：即小皇帝萧宝卷。［46］江夏王：指曾随崔慧景一道造反的萧宝玄。［47］先臣：以称其父崔慧景。镇军：指萧颖胄，时为镇军将军。［48］成败异术而所由同方：成败的结局不同，但举义兵、讨伐昏主的行为是一样的。［49］至尊，至高无上，代指帝位。［50］与天合符：与上天的意旨完全一致。合符，如合符契。此为臣子上书对皇帝所说的恭维话，并非真正出自内心。［51］纤芥（jiè）之屈：细微、细小的冤屈。［52］先帝之子、陛下之兄：指江夏王萧宝玄。崔慧景兵败，萧宝玄被杀。宝玄为齐明帝萧鸾的第三子，而萧宝融是萧鸾的第八子，故如此说。［53］即陛下所由：也就是陛下您今天所走的道路。［54］不恤（xù）：不优待，不解决。［55］其余何冀：其他的，还有什么希望呢？冀，希望，指望。［56］幸小民之无识而罔（wǎng）之：不能因为百姓们对此看不透，就欺骗他们。幸，侥幸。罔，欺骗。［57］若使晓然知其情节：意即如果现在隐瞒他们，日后他们一旦明白了事实真相。情节，真情，真相。［58］相帅而逃：纷纷地离你而去。相帅，即相率，相继，一个接一个。［59］事寝不报：上书被压下，没有着落，不见下文。［60］冒陈江夏之冤：冒昧地上书陈说江夏王萧宝玄的冤屈。［61］至公：最公正。［62］所以然：所以这么做的原因，即坚持不给萧宝玄、崔慧景平反。［63］狂主：指小皇帝萧宝卷。［64］严兵劲卒：威武的军队，精壮的士兵。直指象魏：直接对着朝廷。象魏，古代天子、诸侯宫门外的一对高建筑，亦叫“阙”，代指皇宫、朝廷。［65］苟存视息：勉强活到今天。［66］皇运之开泰：国家出现一位好皇帝。皇运，国运。开泰，畅达，昌盛。［67］枉屈：冤枉，冤屈。［68］死社稷者返为贼臣：为国家而死的人反而还背着一个造反作贼的名声。社稷，代指国家。返，同“反”。［69］何用此生于陛下之世：无须再在皇上的世道生存下去了，意即我已经看透了，现在的皇上也不是什么好东西！［70］中领军：古将军名号，朝廷驻京城部队的最高统领官。详：即夏侯详。［71］同知：大家都知道。先臣：指先父，因是向所谓的皇帝上书，故称“先臣”。股肱（gōng）江夏：意即辅佐江夏王萧宝玄。股肱，胳膊、大腿，比喻骨干之臣。这里用如动词。［72］匡济：匡正，救助。王室：代指国家。［73］天命未遂：没有成就上天赐予的救国大业，功败垂成。［74］不为陛下瞥（piē）然一言：不为他们向皇上说一句话。瞥，看一眼，比喻短暂的意思。［75］先臣遣使，江夏斩之：《资治通鉴》卷一百四十三永元二年（500）有所谓“慧景遣使奉宝玄为主，宝玄斩其使，因发将吏守城”之语。［76］征东之驿使：指萧衍的僚属王天虎。王天虎多次为萧衍出使江陵，进行举事的联络。但由于萧衍的手段狡黠，致使王天虎被萧颖胄所杀，萧颖胄用王天虎的人头欺骗朝廷的军队，从而袭杀了朝廷所派的将领刘山阳。事见《资治通鉴》卷一四三。［77］实谋孔矜（jīn）：是为了暂时稳住他身边的朝廷势力司马孔矜等人。孔矜，江夏王萧宝玄的司马官，被杀。吕承绪：江夏王萧宝玄的典签，被杀。［78］天命有归：谁知天命是向着陛下您。［79］故事业不遂：所以萧宝玄、崔慧景他们的事业就没有成功。［80］乞就汤镬（huò）：意即以上的言辞多有冒犯，请求治罪。镬，古代的大锅。［81］臣虽万没：我即使是死过一万次，言外之意是为先父申冤的心志决不改变。没，同“殁”，死。［82］必申先臣：一定要为我的先父崔慧景平反昭雪。［83］恻怆（chuàng）而申之：

能动恻隐之心为他们申冤平反。恻怆，凄惨，悲伤。［84］天下伏：天下人心归服、感谢。伏，同“服”。［85］南、董之笔：即春秋时齐南史、晋董狐那样的正直史家。齐南史氏书“崔杼弑其君。”晋董狐以赵盾不讨贼，书曰“赵盾弑其君”，两位史臣不畏死以示于朝。孔子曰：“董狐，古之良史也，书法不隐。”从此，古代常用“南、董”来指代正直的史官。宋文天祥《正气歌》曰：“在齐太史简，在晋董狐笔。”笔，史笔，直笔。［86］千载可期：意思是早晚会有人为他们平反，对他们做出公正的评价。［87］何待陛下屈申而为褒贬：意思是您今天为他们平反或不平反，是褒还是贬，其实都没有关系，都挡不住历史的公论。屈申：即屈伸，屈曲与伸舒，引申为是否平反。［88］惓（quán）惓之愚：一再这样恳切地申说。惓惓，犹“拳拳”，恳切、诚挚的样子。［89］惋（wǎn）切：含冤，悲切。［90］寻下狱死：说明萧颖胄、萧衍都不买崔慧景的账，都不愿视崔慧景为其先驱。寻，过了不久。

八月，丁卯[1]，东昏侯以辅国将军申胄监豫州事[2]；辛未[3]，以光禄大夫张瑰[4]镇石头[5]。

初，东昏侯遣陈伯之镇江州，以为吴子阳等声援。子阳等既败，萧衍谓诸将曰：“用兵未必须实力，所听威声[6]耳。今陈虎牙狼狈奔归[7]，寻阳人情理当恟惧[8]，可传檄而定[9]也。”乃命搜俘囚[10]，得伯之幢主苏隆之[11]，厚加赐与[12]，使说伯之，许即用为安东将军、江州刺史。伯之遣隆之返命[13]，虽许归附，而云“大军未须遽下[14]”。衍曰：“伯之此言，意怀首鼠[15]。及[16]其犹豫，急往逼之，计无所出，势不得不降。”乃命邓元起引兵先下，杨公则径掩柴桑[17]，衍与诸将以次进路[18]。元起将至寻阳，伯之收兵退保湖口[19]，留陈虎牙守湓城[20]。选曹郎吴兴沈瑀[21]说伯之迎衍。伯之泣曰：“余子在都，不能不爱[22]。”瑀曰：“不然。人情匈匈[23]，皆思改计[24]；若不早图，众散难合。”丙子[25]，衍至寻阳，伯之束甲[26]请罪。初，新蔡太守席谦[27]，父恭祖[28]为镇西司马，为鱼复侯子响[29]所杀。谦从伯之镇寻阳，闻衍东下，曰：“我家世忠贞，有殒不二[30]。”伯之杀之。乙卯[31]，以伯之为江州刺史，虎牙为徐州刺史。

鲁休烈、萧璝破刘孝庆等于峡口，任漾之战死。休烈等进至上明[32]，江陵大震。萧颖胄恐，驰告萧衍，令遣杨公则还援根本[33]。衍曰：“公则今溯流上江陵，虽至，何能及事[34]！休烈等乌合[35]之众，寻自退散，正须少时持重[36]耳。良须兵力[37]，两弟[38]在雍，指遣往征[39]，不为难至。”颖胄乃遣军主蔡道恭[40]假节屯上明以拒萧璝。

辛巳[41]，东昏侯以太子左率李居士总督西讨诸军事，屯新亭。

九月，乙未[42]，诏萧衍若定京邑[43]，得以便宜从事[44]。衍留骁骑将军郑绍叔[45]守寻阳，与陈伯之引兵东下，谓绍叔曰：“卿，吾之萧何、寇恂[46]也。前涂[47]不捷，我当其咎[48]；粮运不继，卿任其责。”绍叔流涕拜辞。比克建康[49]，绍叔督江、湘粮运，未尝乏绝。

魏司州牧广阳王嘉[50]请筑洛阳三百二十三坊[51]，各方三百步[52]，曰：“虽有暂劳，奸盗永息。”丁酉[53]，诏发畿内[54]夫五万人筑之，四旬而罢[55]。

己亥[56]，魏立皇后于氏。后，征虏将军劲[57]之女。劲，烈之弟也。自祖父栗磾以来，累世贵盛，一皇后[58]，四赠公[59]，三领军[60]，二尚书令[61]，三开国公[62]。

甲申[63]，东昏侯以李居士为江州刺史，冠军将军王珍国[64]为雍州刺史，建安王宝寅为荆州刺史，辅国将军申胄监郢州，龙骧将军扶风马仙琕[65]监豫州，骁骑将军徐元称[66]监徐州军事。珍国，广之之子也。

是日，萧衍前军至芜湖[67]；申胄军二万人弃姑孰[68]走，衍进军，据之。戊申[69]，东昏侯以后军参军萧璝为司州刺史，前辅国将军鲁休烈为益州刺史。

萧衍之克江、郢也，东昏游骋[70]如旧，谓茹法珍曰：“须来至白门[71]前，当一决[72]。”衍至近道[73]，乃聚兵[74]为固守之计，简二尚方、二冶囚徒[75]以配军；其不可活[76]者，于朱雀门[77]内日斩百余人。

（以上为第七段，写南齐萧衍攻下江州、郢州，收服降将陈伯之，一路势如破竹，打到建康周围，而小皇帝萧宝卷依然是我行我素，照样游骋玩乐。）

【注释】

[1]丁卯：八月五日。 [2]申胄：南齐辅国将军。监豫州事：监督豫州地区的军民动态。豫州，指南豫州，州治在今安徽当涂县，距都城建康不远。 [3]辛未：八月九日。 [4]张瓌（guī）：字祖逸，刘宋时期的名将张永之子，南齐辅国将军、官至散骑常侍、金紫光禄大夫。传见《南齐书》卷二十四。 [5]镇石头：加强石头城的防御。石头：由上可见，南齐萧宝卷朝廷已迫切地感

到形势的危急。［6］听威声：凭借声威、气势。［7］陈虎牙狼狈奔归：当时陈虎牙率兵屯于巴口，见吴子阳兵败，随之而奔。所谓奔归，是指逃回寻阳，归于其父陈伯之。［8］人情：人心。恟惧：恐惧，惊慌。［9］传檄（xí）而定：意思是不烦用兵，一道通告发出去，敌人就会望风而降。檄，文体名，用于晓谕或声讨的命令、文告。［10］搜俘囚：从俘虏中寻找可供使用的人。［11］幢（chuáng）主：一支小部队的头领，以一幢为该支小部队的标志。幢，其作用如同旗子，但形状与旗子不同。苏隆之：时为陈伯之的幢主，后效力于萧衍。［12］赐与：赏赐，赐给。［13］返命：回来复命。［14］大军未须遽（jù）下：你们的军队还不能现在就顺流而下。未须，不能。遽，立即。［15］首鼠：即首鼠两端，意即左右观望，迟疑不定，或者是缓兵之计。［16］及：趁着。［17］径掩柴桑：直接袭取柴桑口。柴桑，古地名，是当时江州的州治所在地，在今江西九江市西。［18］以次进路：前后相继而行。［19］湖口：古县名，县治在今江西湖口县，地处鄱阳湖入长江的交汇口。［20］湓（pén）城：古军事据点名，在柴桑城的东北。［21］选曹郎：即后来的吏部尚书，主管选拔、任命官员，上属于尚书令。沈瑀（yǔ）：字伯瑜，吴兴武康人。南齐时，初为扬州从事，受诏修治方山埭，三日而就；又筑赤山塘，节省材费数十万；迁建德令；入梁，为余姚令，官至寻阳太守。传见《梁书》卷第五十三。［22］爱：怜惜，顾忌。［23］匈匈：即汹汹，喧哗、惊扰不安的样子。［24］改计：即以改换门庭，背叛小皇帝萧宝卷，另寻出路。［25］丙子：八月十四日。［26］束甲：把铠甲卷束起来，意同放下武器，表示投降。［27］新蔡：指侨置的南新蔡郡，郡治在柴桑西北，在今江西九江市。席谦：南齐南乡太守，在北魏大军压境时弃郡逃跑。后为新蔡太守，被陈伯之所杀。［28］恭祖：即席恭祖，一作“席恭穆”，新蔡太守席谦之父，曾为镇西将军司马，被鱼复侯萧子响所杀。［29］鱼复侯子响：即萧子响，字云音，齐武帝萧赜第四子，早年出继萧嶷，立为世子，封为鱼复侯；后还本，封为巴东王，历任江州刺史、荆州刺史。后被诬告谋反，被杀。传见《南齐书》卷四十。［30］有殒（yǔn）不二：至死不改变，不变心。殒，死亡。［31］乙卯：八月无乙卯日，疑应作“己卯”，八月十七日。［32］上明：古地名，在今湖北松滋市西北，在江陵郡的西方。［33］根本：指西台所在地荆州江陵。［34］何能及事：无济于事，意即等他们到了，江陵早已被南齐的军队攻灭了，所谓远水解不了近渴。［35］乌合：向乌鸦一样聚合，形容一盘散沙。［36］少时持重：稍稍地坚持一下。持重，稳住军队，坚决顶住。［37］良须兵力：如果江陵的确兵力不足。良，确实。［38］两弟：指萧伟、萧憺。［39］指遣往征：派遣他们前去救援。萧衍的确是一个谋略家，如此安排，不仅进攻建康的势头不受影响，而且也解除了江陵大本营的燃眉之急，比起萧颖胄的谋划，不知要高出多少倍。［40］军主：二字原无，据章校补。军主，一支部队的头领。蔡道恭：字怀俭，南阳冠军（今河南邓州市北）人。西中郎将司马、军主，受命为出任使持节、右将军、司州刺史，屯上明以拒萧璝。传见《梁书》卷十。［41］辛巳：八月十九日。［42］乙未：九月四日。［43］京邑：京都：即南齐都城建康，今江苏南京市。［44］得以便宜从事：可以根据具体情况独立自主地安排处理一切事情，即不必事事向西台皇帝萧宝融请示。［45］郑绍叔：字仲明，荥阳开封（今河南开封市）人，仕齐，任安丰令。后为萧衍所信任，任中兵参军。萧衍起兵灭齐，任为冠军将军。入梁为卫尉卿，封营道县侯，任右将军，加通直散骑常侍。传见《梁书》卷十一。［46］萧何：西汉开国功臣，为汉高祖征战留守关中。寇恂：东汉开国功臣，为光武帝刘秀征战留守河内。两人为后勤，补兵源，筹粮饷，为平定天下发挥了重大作用。今萧衍留郑绍叔守寻阳，比之为萧何、寇恂，可见其寄望之深。［47］前涂：指进取南齐都城建康。涂，同"途"。［48］当其咎（jiù）：承担起失败的责任。咎，过错，罪责。［49］比克建康：从此时起，一直到萧衍攻克建康城这一段时间。［50］司州：北魏州名，州治洛阳，在今河南洛阳市。牧：一州的最高行政长官。广阳王嘉：即元嘉，也称"拓跋嘉"，太武帝拓跋焘之孙，广阳王拓跋建之子，封广阳王，为尚书左仆射，为荆州刺史；元恪即位后，与咸阳王元禧等辅政。迁司州牧，拜卫大将军、尚书令，除仪同三司。传见《魏书》卷十八。［51］三百二十三坊：三百二十三个街区。［52］各方三百步：纵横各三百步长。古时的一步约当现在的五尺。［53］丁酉：九月六日。［54］畿（jī）内：京城的郊区以内。［55］四旬而罢：此处所筑的是指各址之外所环绕的围墙。［56］己亥：九月八日。［57］劲：于栗磾之孙，于烈之弟，尚书令于洛拔之子。颇有武略，迁沃野镇将，加号征虏将军。凭借女儿成为宣武帝元恪顺皇后，进封太原郡公，出任镇北将军、定州刺史。传见《魏书》卷八十三下。［58］一皇后：一人为皇后，即于劲之女，为宣武顺皇后。［59］四赠公：四人被赠为三公，于栗磾赠为太尉公、于烈赠为太尉公、于祚继称公。［60］三领军：三人曾任领军将军，即于烈、于忠，另一人不详。［61］二尚书令：于洛拔、于忠先后为尚书令。［62］三开国公：三人因立功被封为郡公，于烈为巨鹿开国公、于忠为魏郡开国公、常山郡开国公。［63］甲辰：原文作"甲申"，九月无甲申日，疑为"甲辰"，《南齐书·东昏侯纪》作"甲辰"，据以改之。甲辰，九月十三日。［64］王珍国：字德重，沛国相县（今安徽濉溪县）人，南齐车骑将军王广之之子，南齐冠军将军，受命为雍州刺史，投靠雍州刺史萧衍。入梁，为护军将军、丹阳尹。传见《梁书》卷十七。［65］马仙琕，初名马仙婢，字灵馥，扶风郡郿县人，南齐龙骧将军兼南汝阴、谯二郡太守。西台军起义后，监军豫州坚守不降，以义烈闻名。建康失陷后，方束身投降，入梁官至信威将军、豫州刺史。传见《梁书》卷十七。［66］徐元称：南齐直阁将军，为骁骑将军监徐州军事，率军攻打起义军，兵败，投降。［67］芜湖：古地名，在今安徽芜湖市。［68］姑孰：古县名，县治在今安徽当涂县。［69］戊申：九月十七日。［70］游骋：游乐、驰骋。［71］须：等待。白门：建康城的西门。古人以五色配五方，西方主白，故称"白门"。［72］当一决：决一死战的意思。［73］至近道：前进到离建康城不远的地方。近道，近陆道。［74］乃聚兵：主语为小皇帝萧宝卷。此属于主语缺失，从前后文看，此句承前，主语似乎是萧衍，其实不是。［75］简二尚方二冶囚徒：挑选左右两个尚方署与东西两个冶炼场的劳役犯。简，挑选，选拔。二尚方与二冶，都是为朝廷、为宫廷制造器物、冶炼铜铁的手工作坊，其中有大量被发来从事苦役的犯人。［76］不可活者：犯罪特别严重，属于必须处死，不能放出当兵的罪犯。［77］朱雀门：建康城的南门。

衍遣曹景宗等进顿江宁[1]。丙辰[2]，李居士自新亭选精骑一千至江宁。景宗始至，营垒未立，且师行日久，器甲穿弊[3]。居士望而轻之，鼓噪直前薄[4]之；景宗奋击，破之，因乘胜而前，径至皂荚桥[5]。于是，王茂、邓元起、吕僧珍进据赤鼻逻[6]，新亭城主江道林[7]引兵出战，众军擒之于陈[8]。衍至新林[9]，命王茂进据越城[10]，邓元起据道士墩[11]，陈伯之据篱门[12]，吕僧珍据白板桥[13]。李居士觇[14]知僧珍众少，帅锐卒万人直来薄垒[15]。僧珍曰："吾众少，不可逆战[16]，可勿遥射[17]，须至堑里[18]，当并力破之。"俄而[19]皆越堑拔栅。僧珍分人上城，矢石俱发[20]，自帅马步三百人出其后，城上复逾城而下[21]，内外奋击，居士败走，获其器甲不可胜计。居士请于东昏侯，烧南岸邑屋[22]以开战场，自大航[23]以西，新亭以北皆尽。衍诸弟皆自建康自拔[24]赴军。

冬，十月，甲戌[25]，东昏侯遣征虏将军王珍国、军主胡虎牙将精兵十万余人陈于朱雀航南，宦官王宝孙持白虎幡[26]督战，开航背水[27]，以绝归路。衍军小却[28]，王茂下马，单刀直前，其甥韦欣庆执铁缠矟以翼之[29]，冲击东军，应时而陷[30]。曹景宗纵兵乘之[31]，吕僧珍纵火焚其营，将士皆殊死[32]战，鼓噪震天地。珍国等众军不能抗，王宝孙切骂[33]诸将帅，直阁将军席豪发愤[34]，突阵[35]而死。豪，骁将[36]也，既死，士卒土崩，赴淮[37]死者无数，积尸与航[38]等，后至者乘之而济[39]。于是，东昏侯诸军望之皆溃。衍军长驱至宣阳门[40]，诸将移营稍前[41]。

陈伯之屯西明门[42]，每城中有降人出，伯之辄呼与耳语[43]。衍恐其复怀翻复[44]，密语伯之曰："闻城中甚忿[45]卿举江州降，欲遣刺客中卿[46]，宜以为虑[47]。"伯之未之信。会东昏侯将郑伯伦[48]来降，衍使伯伦过伯之[49]，谓曰："城中[50]甚忿卿，欲遣信[51]诱卿以封赏，须卿复降[52]，当生割卿手足；卿若不降，复欲遣刺客杀卿。宜深为备。"伯之惧，自是始无异志[53]。

戊寅[54]，东昏宁朔将军徐元瑜[55]以东府城降。青、冀二州刺史桓和[56]入援，屯东宫。己卯[57]，和诈东昏，云出战，因[58]以其众来降。光禄大夫张瑰弃石头还宫。李居士以新亭降于衍，琅邪城主张木[59]亦降。壬午[60]，衍镇石头[61]，命诸军攻六门[62]。东昏烧门内营署[63]、官府，驱逼士民，悉入宫城，闭门自守。衍命诸军筑长围守之。

杨公则屯领军府垒北楼[64]，与南掖门[65]相对，尝登楼望战。城中遥见麾盖[66]，以神锋弩[67]射之，矢贯胡床[68]，左右失色。公则曰："几中吾脚[69]！"谈笑如初。东昏夜选勇士攻公则栅，军中惊扰；公则坚卧不起[70]，徐命击之，东昏兵乃退。公则所领皆湘州人，素号怯懦[71]，城中轻之，每出荡[72]，辄先犯公则垒；公则奖厉[73]军士，克获[74]更多。

先是，东昏遣军主左僧庆屯京口，常僧景屯广陵，李叔献屯瓜步；及申胄自姑孰奔归，使屯破墩，以为东北声援。至是，衍遣使晓谕，皆帅其众来降。衍遣弟辅国将军秀镇京口，辅国将军恢镇破墩，从弟宁朔将军景[75]镇广陵。

（以上为第八段，写兵临建康城下，南齐守城将士看到大势已去，纷纷选择投降。）

【注释】

[1]江宁：古县名，在当时建康城的西南，在长江的东岸，距建康城不足一百里，县治在今江苏南京市江宁区。胡三省曰："晋武帝太康元年（280），分秣陵立临江县，二年，更名江宁，其治所盖临江滨。"[2]丙辰：九月二十五日。[3]穿弊：亦作"穿敝"，洞穿，破烂。弊，通"敝"。[4]鼓噪：鸣鼓，喧哗。薄：逼近，冲过去。[5]径至：直达。皂荚桥：古地名，在建康城的西南近郊。[6]吕僧珍：字元瑜。东平范县人，南梁开国功臣。传见《梁书》卷十一。赤鼻逻：古军事据点名，距新亭不远，逼近建康城。[7]江道林：镇守新亭要塞的军事头领，抵抗萧衍的部队，失败被擒。[8]擒之于陈：在交战中将其擒获。陈，同"阵"。[9]新林：长江边上的滩浦名，在当时台城西南，与长江中的白鹭洲相对。[10]越城：古城名，南京最早的古城，逼近建康城，遗址在今江苏南京市秦淮区。[11]道士墩：古地名，逼近建康城，在今江苏南京市城区南。[12]篱门：古城门名，即当时建康外城的西篱门。[13]白板桥：古地名，在当时建康城的西南角，在今江苏南京市西南。[14]觇（chān）知：探听清楚。觇，窥视，观测。[15]薄垒：向着刚刚扎下的营垒发起攻击。[16]不可逆战：不能出城垒正面迎战。[17]遥射：远距离射击。[18]须至堑（qiàn）里：等他们走到我们营壁周围的壕沟。须，等待。堑，壕沟。[19]俄而：不久，一会儿。[20]矢石俱发：射箭、抛石，多管齐下。[21]逾城而下：从四面跳下城墙。

［22］南岸邑屋：秦淮河南岸的民房。［23］大航：即朱雀航，建康城南门外的秦淮河上的大浮桥。［24］自拔：脱身逃出。萧衍之兄萧懿被杀时，萧衍诸弟皆藏匿于建康城的街头巷尾，现在都纷纷出来，加入反抗朝廷的队伍。［25］甲戌：十月十三日。［26］王宝孙：小皇帝萧宝卷的贴身太监。白虎幡：是一种画有白虎的旗帜，用以督战和传布朝廷政令。［27］开航背水：拆掉浮桥，让南岸的守军无后路可退。［28］小却：有些动摇，稍微后退。［29］韦欣庆：萧衍部将王茂的外孙，勇力过人。铁缠矟（shuò）：用细铁丝缠柄的长矛。矟，同"槊"，长矛。翼之：从两翼保护着王茂。［30］应时而陷：顿时攻破了朝廷军的军阵。［31］纵兵乘之：顺势发起猛烈攻击。乘，乘胜冲杀。［32］殊死：拼死。按，此描写学习《史记》之写巨鹿之战。［33］切骂：严厉地责骂。［34］席豪：南齐直阁将军，在与萧衍部队作战中奋勇向前，被杀于阵前。发愤：因激愤而发怒，下决心。［35］突阵：不顾一切地冲入敌阵。［36］骁（xiāo）将：骁勇善战的将领。［37］淮：指秦淮河。［38］航：指桥面。［39］乘之而济：踩着人的尸体渡过河去。乘，蹬，踩踏。济，渡。［40］宣阳门：建康城墙的南门。［41］移营稍前：围城的军队越来越多，越来越逼近城墙。稍前，渐渐向前，靠前。［42］西明门：建康城的西门。［43］耳语：附耳而语，悄悄说话。［44］翻复：反复，再次叛变。［45］甚忿：非常痛恨。忿，同"愤"，怨愤。［46］中（zhòng）卿：刺杀你。［47］宜以为虑：应该加以考虑、防范。［48］郑伯伦：小皇帝萧宝卷的将领，投降萧衍。［49］过伯之：到陈伯之处拜访。过，拜访。［50］城中：即台城中。［51］遣信：派使者。［52］须卿复降：等你回到朝廷之后。［53］始无异志：从此才死心塌地地投降萧衍。异志，他心。［54］戊寅：十月十七日。［55］徐元瑜：小皇帝萧宝卷的宁朔将军，在萧衍大军兵临城下时投降。东府城：在建康城的东侧，是朝廷权臣的盘踞之处。［56］青、冀二州：南齐的青冀二州合设刺史，其州治侨设在今江苏连云港市海州区南。桓和：小皇帝萧宝卷时为青、冀二州刺史，以入援朝廷为名，投靠萧衍。后仍为青、冀二州刺史。［57］己卯：十月十八日。［58］因：趁机。［59］琅邪城：南朝侨置琅邪郡的郡治所在地，在当时建康城北的长江边。张木：小皇帝萧宝卷时为琅邪城主，萧衍的大军围困建康城，投降。［60］壬午：十月二十一日。［61］衍镇石头：萧衍军队的指挥部进入了石头城。［62］六门：建康城的六个城门。［63］营署：军营。［64］屯领军府垒北楼：驻扎在领军将军府的北楼的军事据点上。垒，营垒，军事据点。［65］南掖（yè）门：建康宫城南门旁边的侧门。建康宫原来共开五门，南面为大司马门和南掖门，东、西、北面各有一座掖门。掖，宫殿正门两旁小门。［66］麾（huī）盖：杨公则的大将仪仗。麾，旗。盖，大伞。［67］神锋弩：有机械装置的射程远而有力的大弓。［68］矢贯胡床：射出的箭穿进了杨公则的座椅。胡床，矮榻，从西域传入，坐、卧都可以。［69］几中吾脚：差点射中了我的脚。这里仿照《史记·高祖本纪》中项羽与刘邦对峙而射中刘邦的写法，含有诙谐之意。［70］坚卧不起：一直躺在床上没有起来。汉景帝时周亚夫率军平叛，敌军偷袭营垒，周亚夫也是如此毫不在乎，极言其从容、沉着。［71］怯懦：胆小，懦弱。［72］出荡：出城挑战。［73］奖厉：同"奖励"，奖赏，激励。厉，同"励"。［74］克获：所取得的胜利，所获得的战利品。［75］景：即萧景，本名萧

昺。《梁书》避唐世祖李昺讳而改名景，字子昭，齐武帝萧衍堂弟。有才辩，能决断大事。南梁建立后，封吴平县侯，任南兖州刺史。传见《梁书》卷二十四。

十一月，丙申[1]，魏以骠骑大将军穆亮为司空。丁酉[2]，以北海王详为太傅，领司徒。初，详欲夺彭城王勰司徒，故谮而黜之[3]；既而畏人议己，故但[4]为大将军，至是乃居之。详贵盛翕赫[5]，将作大匠王遇[6]多随详所欲，私以官物给[7]之。司徒长史[8]于忠责遇于详前曰："殿下，国之周公[9]，阿衡王室[10]，所须材用，自应关旨[11]；何至阿谀附势，损公惠私[12]也！"遇既踧踖[13]，详亦惭谢。忠每以鲠直为详所忿[14]，尝骂忠曰："我忧在前见尔死，不忧尔见我死时[15]也！"忠曰："人生于世，自有定分[16]；若应死于王手，避亦不免；若其不尔，王不能杀[17]！"忠以讨咸阳王禧功，封魏郡公[18]，迁散骑常侍，兼武卫将军[19]。详因忠表让[20]之际，密劝魏主以忠为列卿[21]，令解左右[22]，听其让爵[23]。于是诏停其封[24]，优进太府卿[25]。

巴东献武公[26]萧颖胄以萧璝与蔡道恭相持不决[27]，忧愤成疾[28]；壬午[29]，卒。夏侯详秘之，使似其书者假为教命[30]，密报萧衍，衍亦秘之。详征兵雍州，萧伟遣萧憺将兵赴之[31]。璝等闻建康已危，众惧而溃，璝及鲁休烈皆降。乃发颖胄丧，赠侍中、丞相。于是，众望尽归于衍。夏侯详请与萧憺共参军国[32]，诏以详为侍中、尚书右仆射[33]，寻除使持节[34]、抚军将军、荆州刺史。详固让于憺。乃以憺行荆州府州事[35]。

（以上为第九段，继续写南齐和帝中兴元年（501）的史事，主要写北魏太傅元祥心术不正，排挤忠臣元勰，私用公家物资，大臣于忠不畏强权，坚决抵制；南宋西台权臣萧颖胄无能力御下，忧愤成疾而去世。）

【注释】

[1]丙申：十一月六日。 [2]丁酉：十一月七日。 [3]谮（zèn）而黜之：在北魏主元恪跟前说元勰的坏话，致使元勰被免职。谮，谗毁，故意说人坏话。 [4]但：只，仅。 [5]翕（xī）赫：隆盛，显赫。 [6]王遇：字庆时，冯翊李润（今陕西大荔县）人，羌族，北魏宦官大臣。早年净身入宫，为侍御中郎，迁内行令，转吏部尚书。元恪继位，为将作大匠、光禄大夫，负责监修

皇陵。传见《魏书》卷九十四。［7］给：供给。［8］司徒长史：司徒府的高级僚属。长史，诸史之长，权位较重。［9］国之周公：意即是皇帝的叔叔，像周公一样的宰辅大臣。西周时成王在位，其叔周公为辅政大臣。今元详也是北魏主元恪的叔叔，故称为“国之周公”。［10］阿衡王室：意即辅佐天子，维护天子家族的利益。阿衡，本是周代官名，是扶持朝廷，使朝廷得以稳定的意思。这里用为动词，辅佐，扶持。［11］关旨：禀告皇帝。［12］损公惠私：拿公家的东西送给私人。［13］踧（cù）踖（jí）：因犯了错误而不知如何是好的样子。［14］鲠（gěng）直：同“耿直”，指性格正直、直爽。［15］我忧在前见尔死，不忧尔见我死时：意思是我相信你一定会死在我前头，不相信我会死在你前头。言外之意是我一定要杀了你，可见对于忠恨之入骨，必欲置之死地而后快。［16］定分：定数。人活多少岁都是老天爷事先规定好的。［17］若应死于王手：如果我命定的应该死在你的手里。［18］不能杀：意即你杀不了我，你没有办法杀我，含有一种蔑视、不屈的神情。［19］魏郡公：封地魏郡，郡治邺城，在今河北临漳县西南。［20］武卫将军：皇帝禁卫军队的统领官。［21］表让：上表推让，以表示客气。［22］列卿：位于卿一级的朝廷官员，古代有三公九卿之说。［23］令解左右：指免去其散骑常侍、武卫将军之职。散骑常侍虽然没有多少实权，但经常出现在皇帝身边，说话很起作用；武卫将军更是握有皇宫宿卫的实权。［24］听其让爵：接受于忠的推让。［25］优进太府卿：表扬他的推让精神，让他当了太府卿，这样，于忠便与皇帝远了。太府卿，掌管国家仓库的官员。［26］巴东献武公：巴东公是萧颖胄生前的封号，献武是死后的谥号。［27］萧璝与蔡道恭相持不决：巴西太守鲁休烈与巴东太守萧惠训乘萧衍东攻建康之机，从上游起兵援助朝廷以攻江陵，江陵政权的部将刘孝庆败于峡口，任漾之战死。萧颖胄派军主蔡道恭驻守上明，鲁休烈与萧惠训之子萧璝相持于上明，不分胜负。［28］忧愤成疾：胡三省曰：“萧颖胄以萧衍东伐，所向战克，而己辅南康居江陵，近不能制萧璝，外无以服奸雄之心，而内有肘腋之寇，此其所以忧愤成疾也。”［29］壬午：十二月无壬午。《南齐书·和帝纪》作“壬寅”，十一月十二日。［30］似其书者：写字像萧颖胄的人。书，文字。假为教命：假充萧颖胄给萧衍写了一封信。教、命，都是文体名，指诸侯王或三公大臣所下达的命令与通告。［31］赴之：前往上明前线。［32］共参军国：共同参掌西台的军国大事。［33］尚书右仆射（yè）：位在尚书左仆射之下，为尚书令的副职，设左右二人，协助尚书令管理尚书台，协理国家政事。仆射，主管的意思。［34］寻：不久。除：任命。使持节：皇帝命将出征的三种特殊待遇之一，最高者曰“使持节”，其次曰“持节”，再次曰“假节”，都有不同等级的生杀之权。节，皇帝使者所持的信物。［35］行荆州府州事：代理荆州刺史与荆州都督府的事务。胡三省曰：“岂特众望归衍哉，西台之权又归于憺矣。”府州事，原文为“府州军”，据章校改。

魏改筑圜丘于伊水之阳［1］；乙卯［2］，始祀于其上［3］。

魏镇南将军元英［4］上书曰：“萧宝卷荒纵日甚，虐害无辜。其雍州刺史萧衍东伐秣陵[5]，扫土兴兵[6]，顺流而下；唯有孤城[7]，更无重卫，乃皇天授我之日，旷世[8]一逢之秋。此而不乘[9]，将欲何待！臣乞躬帅步骑三万，直指沔阴[10]，据襄阳之城，断黑水之路[11]。昏虐君臣，自相鱼肉；我居上流，威震遐迩[12]。长驱南出，进拔江陵，则三楚[13]之地一朝可收，岷、蜀之道[14]自成断绝。又命扬、徐二州[15]声言俱举，建业穷蹙[16]，鱼游釜[17]中，可以齐文轨而大同[18]，混天地而为一[19]。伏惟陛下独决圣心，无取疑议[20]；此期脱爽[21]，并吞无日[22]。"事寝不报[23]。

车骑大将军源怀[24]上言："萧衍内侮[25]，宝卷孤危[26]，广陵、淮阴等戍皆观望得失[27]。斯实天启之期[28]，并吞之会[29]；宜东西齐举[30]，以成席卷之势。若使萧衍克济[31]，上下同心，岂唯后图之难，亦恐扬州危逼[32]。何则？寿春之去建康才七百里，山川水陆，皆彼所谙[33]。彼若内外无虞[34]，君臣分定，乘舟借水[35]，倏忽而至[36]，未易当[37]也。今宝卷都邑[38]有土崩之忧，边城无继援之望，廓清江表[39]，正在今日。"魏主乃以任城王澄为都督淮南[40]诸军事、镇南大将军、开府仪同三司、扬州刺史，使为经略[41]，既而不果[42]。怀，贺之子也。

东豫州刺史田益宗[43]上表曰："萧氏乱常[44]，君臣交争，江外州镇，中分为两[45]，东西抗峙[46]，已淹岁时[47]。民庶穷于转输[48]，甲兵疲于战斗，事[49]救于目前，力尽于麾下[50]，无暇外维州镇[51]，纲纪庶方[52]，藩城[53]棋立，孤存而已。不乘机电扫[54]，廓彼蛮疆[55]，恐后之经略，未易于此。且寿春虽平[56]，三面仍梗[57]，镇守之宜[58]，实须豫设[59]。义阳差近淮源[60]，利涉津要[61]，朝廷行师，必由此道。若江南一平[62]，有事淮外[63]，须乘夏水泛长[64]，列舟长淮；师赴寿春[65]，须从义阳之北，便是居我喉要[66]，在虑弥深[67]。义阳之灭，今实时矣。度彼[68]不过须精卒一万二千；然行师之法，贵张形势[69]。请使两荆之众西拟随、雍[70]，扬州之卒顿于建安[71]，得捍三关之援[72]；然后二豫之军直据南关[73]，对抗延头[74]，遣一都督总诸军节度，季冬进师，迄于春末，不过十旬，克之必矣。"

元英又奏称："今宝卷骨肉相残，藩镇鼎立。义阳孤绝，密迩王土[75]，内无兵储之固，外无粮援之期，此乃欲焚之鸟，不可去薪[76]，授首之寇，岂容缓斧[77]！若失此不取，岂唯后举难图，亦恐更为深患。今豫州刺史司马悦已戒严垂发[78]，东豫州刺史田益宗兵守三关，请遣军司为之节度[79]。"魏主乃遣直寝羊灵引[80]为军司。益宗遂入寇。建宁太守黄天赐与益宗战于赤亭[81]，天赐败绩[82]。

（以上为第十段，写北魏大臣元英、源怀、田益宗上书趁南齐内乱大举出兵南进，宣武帝动作迟缓，贻误战机。）

【注释】

[1]圜（yuán）丘：祭天的坛台。伊水之阳：伊水的北岸。伊水是洛水的支流，流经洛阳城南。此祭天的圜丘即在洛阳城南，伊水的北岸。阳，通常指山之南、水之北。[2]乙卯：十一月二十五日。[3]始祀于其上：开始在此圜丘上举行祭天典礼。[4]元英：也称"拓跋英"，字虎儿，景穆帝拓跋晃之孙，南安惠王拓跋桢之子，孝文帝元宏叔祖，北魏镇南将军。官至吏部尚书，封中山郡王，迁尚书仆射。传见《魏书》卷十九下。[5]秣陵：古县名，县治在当时都城建康的西南方。孙权在秣陵建立都城后，改称建业。东晋时分秦淮河以南为秣陵县，以北为建业城。因其相距甚近，故人们往往也用"秣陵"以称建康。[6]扫土兴兵：意即征调了雍州、荆州的全部人马。扫土，就像清除地上尘土，扫刮无遗，一个不留地征调全部丁壮参战。[7]唯有孤城：指襄阳如今只剩下空城一座。[8]旷世：绝代，空前。[9]此而不乘：有这样好的机会而不利用。[10]沔（miǎn）阴：汉水以南，此指襄阳城，当时南齐的雍州州治所在地。沔，沔水，即汉水的上游，这里即指汉水。[11]断黑水之路：意思是攻得了襄阳，就截断了荆襄通往梁州汉中的道路。黑水，古水名，出南郑北山，南流入汉。[12]遐迩（ěr）：远近。[13]三楚：秦汉时曾分战国时的楚地为三楚，即东楚、西楚、南楚。胡三省曰："太史公曰：楚有三：俗自淮、沛、陈、汝南、南郡，此西楚也；彭城以东，东海、吴、广陵，此东楚也；衡山、九江、江南、豫章、长沙，此南楚也。"此泛指江淮地区的旧楚国之地，代指南朝。[14]岷、蜀之道：指建康上通岷、蜀一带的道路。岷，指岷山，在今四川西北与甘肃交界的地方。蜀，古国名，都城成都，后一直作为今四川一带的别称沿用至今。[15]扬、徐二州：当时魏国的徐州州治彭城，在今江苏徐州市；扬州州治寿阳，在今安徽寿县。声言俱举：故意声张徐州、扬州要同时大举出兵南伐建康。[16]穷蹙（cù）：穷困紧迫而无计可施。[17]釜（fǔ）：古代的炊事用具，相当于现在的锅。[18]齐文轨：书同文，车同轨，指统一天下。大同：全国统一的太平盛世。[19]混天地而为一：将天地之间的一切人类、一切地区都混成一体。[20]伏惟：伏，谦词。惟，思，请。意思是希望您、请求您。独决圣心，无取疑议：意即独断于一心，不要听从他人的七嘴八舌。[21]脱

爽：一旦错过。脱，如果。爽，即爽失，差错。［22］并吞无日：就再也没有统一天下的机会了。［23］事寝（qǐn）不报：此书上奏后，犹如石沉大海，再也没有音信了，也不知道北魏主元恪整天忙些什么？要是他的老子元宏在世，还要等到臣下来请示？寝，睡觉，引申为搁置、废弃。［24］车骑大将军：古高级将军名号，位仅次于大将军。源怀：本姓秃发氏，字思礼，太尉陇西王源贺之子，北魏大臣。传见《魏书》卷四十一。［25］内侮：向着他的君主动兵。［26］孤危：孤立，危急。［27］广陵淮阴等戍：广陵、淮阴等军事要地。戍，军事据点、军事要塞。观望得失：观望形势变化，意即按兵不动，根据形势发展确定自己今后的动向。得失：事之成败。［28］天启之期：老天爷为我们提供了好机会。［29］并吞之会：是吞并天下的关键时刻。［30］东西齐举：东路进攻建康，西路进攻襄阳。［31］克济：大事办成，即夺取了南齐政权。克，能够。［32］扬州危逼：我们的寿春一带也要受到威胁。当时的寿春是魏国扬州的州治所在地。［33］皆彼所谙（ān）：都是萧衍等人所熟悉的。谙，熟悉。［34］内外无虞：朝廷内外都没有危机。虞，忧患。［35］借水：凭着水路交通的便利。［36］倏（shū）忽而至：很快地就能达到寿春、徐州一带。倏忽，很快，忽然。［37］未易当：不是容易抵抗的。当，同“挡”，抵挡。［38］都邑：指都城建康。［39］廓清江表：扫平长江以南。廓清，澄清，意即扫平。江表，江外，从中原地区说，即长江以南。胡三省曰：“使魏从二臣之计，画江为境，不待侯景之乱也。”［40］淮南：指北魏的淮河以南地区。［41］经略：经营，开拓。［42］既而不果：到最终都没有个结果，没有任何进展。主要是因萧衍很快地控制了局势，统一了南朝，北魏只好作罢，也说明北魏行动迟钝，没有能抓住有利时机。既，指终了，整个。［43］东豫州：北魏州名，州治在今河南息县。田益宗，光城（今河南光山县）蛮人，少有将略。始归南齐，后归北魏，任东豫州刺史。传见《魏书》卷六十一。［44］乱常：违乱纲常。［45］中分为两：指南齐一分为二，一部分属于朝廷小皇帝萧宝卷，一部分属于名义上的西台萧宝融，实属于萧衍。中，即南齐中，指南齐整个国家，并不是指所谓的地域概念。［46］东西抗峙（zhì）：指南齐都城建康的小皇帝萧宝卷与西台萧宝融的对峙与攻斗。抗峙，对立，对抗。［47］已淹岁时：已经持续一年。淹，历，经过。［48］民庶：民众，百姓。转输：运送粮草。［49］事救于目前：一切都只顾缓解眼前的危难。［50］力尽于麾（huī）下：全部精力都消耗在战场上。麾，将军的指挥旗。［51］无暇外维州镇：没有工夫管理四周边境上的政区与军事据点。外维，四周边界。［52］纲纪庶方：没有办法管好各个地区。纲纪，用如动词，意即管理。庶方，诸方，各个方面。［53］藩城：指南齐境内的各个州城。［54］电扫：像闪电一样迅速清扫。［55］廓：廓清，清除，引申为统一。蛮疆：指南齐的土地。蛮，北人对南人的蔑称。［56］虽平：虽然已归我占有。［57］三面仍梗（gěng）：但其东、西、南三面还受着威胁。梗，阻，塞，存有敌方的势力。［58］镇守之宜：加强寿阳的防守事宜。［59］豫设：预先建立。豫，同“预”。［60］义阳：古地名，在今河南信阳市。差近淮源：接近淮水的源头，意即那里河面较窄、河水较浅。淮水源出桐柏山，东流经过。差近，比较接近。［61］利涉津要：是个有利于军队渡河的地方。津要，渡河的要道。津，渡口。［62］江南一平：江南一旦被萧衍所平定。江南，这里不单指长江以南，代指南齐整个国家。［63］有事淮外：着手经营淮河以北。有事，古时常指祭祀和用兵。这里即指萧衍用兵。［64］夏水泛长：夏天的水势上涨。［65］师赴寿春：指北魏的军队从洛阳出发支援寿春。［66］便是居我喉要：这时的义阳恰好在我们的咽喉通道上。当时的义阳属南齐所有，是南齐突出的军事重镇。［67］在虑弥（mí）深：这是我们特别要考虑的地方。弥，更加，越发。［68］度彼：估计攻下义阳。［69］贵张形势：重要的在于虚张声势。［70］两荆：指北魏的荆州与东荆州。北魏荆州的州治在今河南鲁山县，东荆州的州治在今河南息县。西拟随、雍：从西路起兵进攻随郡与襄阳。随，即随郡，郡治在今湖北随州市。雍，即襄阳，时为南齐的雍州刺史的州治所在地。拟，备，打算攻战。［71］扬州之卒：寿春的驻军。当时的寿春是北魏的扬州州治所在地。顿于建安：驻扎在建安。建安，是当时的军事要塞，在今河南固始，在寿春的西南方。［72］捍三关之援：阻挡住从三关方面出来的援救义阳之兵。捍，抵御。三关，在今信阳以南的平靖关、武阳关、黄岘关，都距离义阳百里左右。［73］二豫：北魏的豫州与东豫州。豫州的州治在今河南汝南县，东豫州的州治在今河南息县。南关：古关名，指阴山关，在今湖北麻城市东北。［74］延头：古军事要地，在今湖北安陆市境内。［75］密迩（ěr）王土：言其位于南齐的北境，距离北魏的疆土最近。密迩，靠近。王土，指北魏国土。［76］欲焚之鸟，不可去薪：已经是快要烧死的鸟了，你不能再抽去薪柴，让它存活。［77］授首之寇，岂容缓斧：伸出脖子等待杀戮的敌寇，怎么能慢慢放下斧头，还让他活下去呢？［78］司马悦：字庆宗，琅邪贞王司马楚之孙，司马金龙第三子，北魏豫州刺史。传见《魏书》卷三十七。戒严垂发：调集军队，将要出发。［79］军司：本称“军师”，晋朝为避司马师讳，改称“军司”，即朝廷派出的监军。为之节度：前去统一指挥、统一调度。［80］直寝：皇帝身边的侍从人员，在皇帝的卧室值勤。直，同“值”。羊灵引：人名。北魏元恪时为直寝。［81］建宁：古郡名，郡治在今湖北麻城市西。黄天赐：建宁太守，与北魏的部队作战，被打败。赤亭：古地名，在建宁郡治的西南方。［82］败绩：失败，溃散。

崔慧景之逼建康也，东昏侯拜蒋子文为假黄钺、使持节、相国、太宰、大将军、录尚书事、扬州牧、钟山王；及衍至，又尊子文为灵帝[1]，迎神像入后堂，使巫祷祀求福。及城闭，城中军事悉委王珍国；兖州刺史张稷[2]入卫京师，以稷为珍国之副。稷，瓌之弟也。

时城中实甲[3]犹七万人，东昏素好军陈[4]，与黄门、刀敕及宫人于华光殿[5]前习战斗，诈作被创势[6]，使人以板擱去[7]，用为厌胜[8]。常于殿中戎服、骑马出入，以金银为铠胄[9]，具装饰以孔翠[10]。昼眠夜起，一如平常。闻外鼓叫声，被大红袍，登景阳楼屋上望之，弩几中[11]之。

始，东昏与左右谋，以为陈显达一战即败，崔慧景围城寻走，谓衍兵亦然，敕太官办樵、米为百日调[12]而已。及大桁[13]之败，众情凶惧[14]。茹法珍等恐士民逃溃[15]，故闭城不复出兵。既而长围已立，堑栅[16]严固；然后出荡[17]，屡战不捷。

东昏尤惜金钱，不肯赏赐，法珍叩头请之，东昏曰："贼来独取我耶！何为就我求物！"后堂储数百具榜[18]，启为城防[19]；东昏欲留作殿[20]，竟不与。又督御府作三百人精仗[21]，待围解以拟屏除[22]，金银雕镂[23]杂物，倍急于常[24]。众皆怨怠[25]，不为致力。外围既久，城中皆思早亡[26]，莫敢先发[27]。

茹法珍、梅虫儿说东昏曰："大臣不留意[28]，使围不解，宜悉诛之。"王珍国、张稷惧祸，珍国密遣所亲献明镜于萧衍[29]，衍断金以报之[30]。兖州中兵参军冯翊张齐[31]，稷之腹心也，珍国因齐密与稷谋，同弑东昏。齐夜引珍国就稷，造膝定计[32]，齐自执烛；又以计告后阁舍人钱强[33]。十二月，丙寅[34]夜，强密令人开云龙门[35]，珍国、稷引兵入殿，御刀丰勇之[36]为内应。东昏在含德殿作笙歌[37]，寝未熟[38]，闻兵入，趋出北户[39]，欲还后宫，门已闭。宦者黄泰平[40]刀伤其膝，仆地，张齐斩之。稷召尚书右仆射王亮等列坐殿前西钟[41]下，令百僚署笺[42]，以黄油[43]裹东昏首，遣国子博士范云[44]等送诣石头。右卫将军王志[45]叹曰："冠虽弊，何可加足[46]！"取庭中树叶挼服[47]之，伪闷[48]，不署名。衍览笺无志名，心嘉之。亮，莹之从弟；志，僧虔之子也。

衍与范云有旧[49]，即留参帷幄[50]。王亮在东昏朝，以依违取容[51]。萧衍至新林[52]，百僚皆间道送款[53]，亮独不遣。东昏败，亮出见衍，衍曰："颠而不扶，安用彼相[54]！"亮曰："若其可扶，明公岂有今日之举[55]！"城中出者，或被劫剥[56]。杨公则亲帅麾下陈于东掖门[57]，卫送公卿士民，故出者多由公则营[58]焉。衍使张弘策先入清宫，封府库及图籍。于时城内珍宝委积[59]，弘策禁勒部曲[60]，秋毫无犯。收潘妃及嬖臣茹法珍、梅虫儿、王咺之等四十一人皆属吏[61]。

（以上为第十一段，写南齐萧衍的大军围困宫城，小皇帝萧宝卷被杀。）

【注释】

［1］蒋子文：东汉末人，任秣陵尉，逐盗山中，伤额而死，葬钟于山。三国时孙权封为钟山的山神，并将钟山改名为蒋山，而为之立庙。今小皇帝加封为钟山王。又尊子文为灵帝。［2］兖（yǎn）州：即南兖州，州治广陵，在今江苏扬州市。张稷：字公乔，刘宋右光禄大夫张永之子，齐光大夫张瑰之弟，南兖州刺史，征为侍中兼卫尉，弑杀小皇帝萧宝卷。入梁，官至度支尚书、迁领军将军。传见《梁书》卷十六。［3］实甲：实际上有甲兵。或疑作“贯甲”，即披甲，指能够战斗的士兵。［4］军陈：即军阵，战阵。陈，同“阵”。［5］黄门：黄色的宫门，代指皇宫的太监。刀敕（chì）：捉刀应敕的省称，皇帝的护卫与其身边的侍从人员。华光殿：都城建康的宫殿名。［6］被创势：受了伤的样子。被，遭受。创，武器伤害形成的伤口。［7］以板掆（gāng）去：用木板抬走。掆，同“杠”，抬。［8］用为厌胜：大概是说用这种形式来去凶化吉，以后便不会真的再受类似的伤害。厌胜，古代的一种巫术，谓能以诅咒制胜，压服人或物。［9］铠胄（zhòu）：铠甲和头盔。［10］具装：整套衣服上。饰以孔翠：用孔雀的羽毛和翡翠装饰起来。［11］弩（nǔ）：一种利用机械力量射箭的弓。几中：差点射中。［12］太官：即太官令，掌皇帝膳食及燕享之事。办樵（qiáo）米：预先准备烧柴与米粮。为百日调：征用够一百天的用度。调，消费，用度。［13］大桁（héng）：大航，即朱雀桥，都城建康南城门朱雀门外的浮桥，横跨秦淮河上。秦淮河上二十四航，此为最大，故称“大航”。［14］凶惧：恐惧，惊慌不安。凶，同“恟”，忧恐。［15］逃溃：逃跑，溃散。［16］堑（qiàn）栅（zhà）：壕沟与栅栏。［17］出荡：犹出击。［18］数百具榜：几百块木板。榜，木板，板材。［19］启为城防：请求用作城上的防御工事。［20］作殿：建造宫殿。［21］御府：为皇宫制造器物的部门。精仗：精良的武器。［22］以拟屏（bǐng）除：以为自己充当驱赶行人、清道戒严的工具。拟，预备，充当。屏，同“摒”，驱除。［23］雕镂（lòu）：雕刻，刻镂。［24］倍急于常：搜刮得比平时更加紧急。［25］怨怠（dài）：怨愤，消极怠工。［26］早亡：早点逃出。亡，逃亡，逃跑。［27］莫敢先发：只是没有人敢于挑头而已。［28］不留意：不在意，不上心。［29］献明镜于萧衍：意思是让萧衍明白他想要投降的心迹。胡三省曰：“镜所以照物，献镜者，欲衍照其心也。”［30］断金以报之：对王珍国表示信任，愿意合作。《周易·系辞》有所谓“二人同心，其利断金。”此用其意。［31］张齐：字子响，冯翊人，齐中兵参军，曾手刃小皇帝萧宝卷。萧衍即位后，拜宁朔将军、历阳太守，施政清静，吏事清明，迁南梁州刺史。传见《梁书》卷十七。［32］造膝定计：胡三省曰：“对席而坐，两下促席俱前至膝，以定密谋。”造膝：促膝，极言聚坐之近。造，至。［33］后阁舍人：小皇帝萧宝卷的侍从，常在斋阁后庭服务。钱强：小皇帝萧宝卷的皇宫侍从，为后阁舍人，与人通谋，杀掉萧宝卷。［34］丙寅：十二月六日。［35］云龙门：宫城的城门。［36］御刀：皇帝的带刀护卫。丰勇之：人名，南齐小皇帝萧宝卷的带刀侍卫，后成了杀害小皇帝的刽子手。［37］含德殿：皇宫宫殿名。作笙（shēng）歌：吹奏笙歌作乐。笙，一种簧管乐器。［38］寝未熟：才开始躺在床上，还没有睡得很死。［39］趋出北户：匆忙走到北门。［40］黄泰平：南朝太监，曾和张齐一

起杀死箫宝卷。［41］王亮：东晋权臣王导的后代，刘宋名臣王昙首之孙，王僧绰之子，中领军王莹堂弟，娶公主为妻；南齐明帝萧鸾时为吏部尚书，小皇帝萧宝卷时与六贵也相处很好；萧衍掌握南齐政权，王亮又给萧衍当了尚书令。传见《梁书》卷十六。殿前西钟：殿前西侧悬挂钟磬的地方。［42］署笺：签名。［43］黄油：不怕湿、不漏水的黄油布。胡三省曰："黄绢施油可以御雨，谓之黄油。以黄油裹物，表可见里，盖欲萧衍易于审视也。"［44］国子博士：太学里的教官。范云：字彦龙，南乡舞阴（今河南泌阳县）人，入梁为宰相、文学家。传见《梁书》卷十三。［45］王志：东晋权臣王导六世孙，南齐司空王僧虔之子，小皇帝萧宝卷时任右卫将军，为其一支禁卫军的统领。入梁后曾为散骑常侍、中书令，后迁冠军将军、丹阳尹，官至散骑常侍、金紫光禄大夫。传见《梁书》卷二十一。［46］冠虽弊，何可加足：帽子虽破，也不能穿在脚上。比喻小皇帝萧宝卷虽然是昏君，但也不能用弑杀的方法对待他。《史记·儒林列传》有所谓"冠虽蔽，必加于首；履虽新，必关于足。"此用其语。［47］挼（ruó）服：揉搓后吞了下去。［48］伪闷：假装心中烦闷，喘不上气来。［49］有旧：有旧交。范云曾与萧衍一道，在南齐武帝萧赜之子竟陵王萧子良门下为宾客，号为"竟陵八友"，除他们二人外，还有沈约、谢朓、王融、萧琛、任昉、陆倕六人。［50］参帷幄：加入幕府，在萧衍身边充参谋顾问之用。帷幄，办公与睡觉的帐幕。出入于君主或大将的帷幄，极言其关系之亲密。［51］依违取容：模棱两可，不明确表态，无棱无角，以求得主子的宽容，达到保官保命、保其荣华富贵的目的。［52］新林：古地名，当时都城建康郊区的长江渡口名，比上文提到的板桥渡口更靠近建康城，离新亭不远。［53］间（jiàn）道送款：暗中派人向萧衍献忠心，表示好感。间道，偏僻的小路，引申为悄悄地、秘密地。款，心意。［54］颠而不扶，安用彼相：当一个人跌倒时，居然连个过来扶一把的人都没有，这要他身边那些服务的人有什么用。相，帮手，辅导人员。《论语·季氏》有所谓"陈力就列，不能者止。危而不持，颠而不扶，则将焉用彼相矣？"意思是说既然做人家的官，就得替人家办事。如果人家有了危险，快要摔倒时，都没有人去帮一把，那要你们这些"左膀右臂"的大臣干什么？萧衍这里是在批判王亮等做官而不管事，依违取容以保富贵。［55］若其可扶，明公岂有今日之举：王亮之对，只说出了萧衍起兵的合理性，同时也说明小皇帝萧宝卷也确实是抓不上手、抹不上墙的一坨烂泥，对这样的昏主，有什么可以值得帮扶的呢？当然，王亮等人的尸位素餐，坐让小皇帝灭亡而不作为的官僚行径，也是应予以批判的。［56］劫剥：劫掠，盘剥。［57］麾（huī）下：部下。东掖（yè）门：宫殿东边正门两旁的边门。［58］多由公则营：大多是通过杨公则的防区平安出去的。［59］委积：堆积，极言其多。［60］禁勒：禁止，勒令。部曲：部下，属下。［61］王咺（xuān）之（？—500）：南齐时人，初任太学博士，迁中书舍人，与茹法珍等助小皇帝萧宝卷为虐。专掌文翰，诛戮无辜。小皇帝败死，被诛。属吏：交给主管该事务的官吏看管。

初，海陵王之废[1]也，王太后[2]出居鄱阳王故第[3]，号宣德宫。

己巳[4]，萧衍以宣德太后令追废涪陵王为东昏侯[5]，褚后[6]及太子诵[7]并为庶人。以衍为中书监、大司马、录尚书事、骠骑大将军、扬州刺史，封建安郡公，依晋武陵王遵承制故事[8]，百僚致敬；以王亮为长史。壬申[9]，更封建安王宝寅为鄱阳王。癸酉[10]，以司徒、扬州刺史晋安王宝义为太尉，领司徒。

己卯[11]，衍入屯阅武堂[12]，下令大赦[13]。又下令："凡昏制谬赋[14]、淫刑滥役外[15]，可详检前原[16]，悉皆除荡[17]，其主守散失诸所损耗[18]，精立科条[19]，咸从原例[20]。"又下令："通检尚书众曹[21]，东昏时诸诤讼失理[22]，及主者淹停不时施行[23]者，精加讯辩[24]，依事议奏[25]。"又下令："收葬义师[26]，瘗逆徒[27]之死亡者。"潘妃有国色[28]，衍欲留之，以问侍中、领军将军王茂，茂曰："亡齐者此物[29]，留之恐贻外议[30]。"乃缢杀于狱，并诛嬖臣[31]茹法珍等。以宫女二千分赍[32]将士。乙酉[33]，以辅国将军萧宏为中护军[34]。

（以上为第十二段，写南齐萧衍入主建康城，以宣德太后令行使皇帝权力，公布了一系列新的政令予以施行，至此南齐名存实亡。）

【注释】

[1]海陵王之废：海陵王萧昭文被萧鸾所废。事见本书前文卷一百三十九建武元年（494）。[2]王太后：即王宝明，南齐武帝萧赜太子萧长懋的妃子，生子萧昭业。萧昭业即位后，尊为皇太后。萧鸾废除萧昭业的皇帝后，迁王太后于宣德宫。称"宣德太后"。和帝萧宝融即位后，回宫称制。封文安皇后。传见《南齐书》卷二十。[3]鄱（pó）阳王：即萧锵，字宣韶，齐武帝萧赜之弟，封鄱阳郡王，传见《南齐书》卷三十五。鄱阳，古郡名，郡治在今江西鄱阳县。故第：旧居。[4]己巳：原文为"乙巳"，据章校改。己巳，十二月九日。[5]涪（fú）陵王，即涪陵郡王。西台萧宝融初被萧衍等拥立为帝时，将小皇帝萧宝卷遥贬为庶人，又封为涪陵王，现又将其再贬为东昏侯。[6]褚（chǔ）后：即褚令璩，河南阳翟（今河南禹州）人，太常褚澄之女。太子萧宝卷即位后，被立为皇后。最后被宫中侍卫和宦官所杀。传见《南齐书》卷二十三。[7]诵：即萧诵，南齐东昏侯萧宝卷之子，立为太子，由潘贵妃抚养。雍州刺史萧衍掌握实权后，废为庶民，最终被害。[8]依晋武陵王遵承制故事：萧衍依照东晋武陵王司马遵自主承制发号施令的旧例，不请示两台，而以"宣德太后"的名义专擅一切。武陵王：即司马遵，东晋元帝司马睿之孙，孝武帝司马曜从兄，武陵王司马晞第三子，封武陵王，东晋安帝元兴三年（404），安帝被叛臣桓玄挟持，离开建康后，武陵王司马遵曾被拥戴建立行台，以皇帝的身份代理朝政。事见《资治通鉴》卷一百十三。

胡三省曰："不待西台诏命，而以宣德太后令高自署置，萧衍之心，路人所知也，岂必待范云、沈约发其端哉？"此借以指萧衍的跋扈及狼子野心。［9］壬申：十二月十二日。［10］癸酉：十二月十三日。［11］己卯：十二月十九日。［12］阅武堂：古殿堂名，练兵讲武的场所。［13］下令大赦：主语是萧衍。萧衍俨然以建康城的主宰自居，至于西台萧宝融，他根本就没有放在眼里。［14］昏制谬赋：指原小皇帝萧宝卷所建立的昏庸制度、所规定的荒谬赋税。谬，荒谬，错误。［15］淫刑滥役：所制定的繁酷刑法、所实行的没有节制的劳役制度。外：与文意不符，疑为衍字。［16］详检前原：都详细地检查一下前因后果，弄清其来龙去脉。原，同"源"。胡三省曰："《南史》作'源'。前源，谓日前兴事之源也。"［17］悉皆除荡：凡是萧宝卷所增加的东西，通通废除。除荡，清除，废弃。［18］主守：管理各种府库的长官。散失诸所损耗：由于过去的条例散失，造成了大量的损耗。［19］精立科条：认真地制定新的法令条文。［20］咸从原例：恢复到原来的状况，意即把萧宝卷的痕迹都抹干净。咸，皆，都。原例，原来的惯例。［21］通检尚书众曹：普遍地检查一遍尚书省所属的各个部门。［22］诤（zhèng）讼（sòng）失理：判决官司不合理的问题。诤讼，争辩是非曲直，打官司。诤，同"争"，争辩。失理，未能解决。［23］淹停：拖拉，停顿。不时施行：未能及时实施。［24］精加讯辩：仔细地查对清楚。讯，查问。辩，同"辨"，明晰。［25］依事议奏：按照具体情况提出处理意见，予以上奏。［26］义师：指在推翻小皇帝萧宝卷政权的过程中牺牲的战士。［27］瘗（yì）：埋葬。逆徒：指为保卫萧宝卷政权而效力的人。［28］国色：倾国的容貌，指姿容极其美丽。［29］此物：此人，当时往往将"人"说成是"物"。［30］贻（yí）外议：给别人留下话柄。贻，遗留，招惹。［31］嬖（bì）臣：萧宝卷的宠幸之臣。［32］分赉（jī）：分别赏赐。赉，赐，给。［33］乙酉：十二月二十五日。［34］萧宏：字宣达，萧衍之弟，南齐末年，授中护军，卫戍京师。萧衍即位，封临川郡王，授扬州刺史，累授骠骑大将军、太尉公。传见《梁书》卷二十二。中护军：古将军名号，职同护军将军，掌管京城以外的所有军队。资浅者为中护军，资深者为护军将军。

衍之东下也，豫州刺史马仙琕拥兵不附衍，衍使其故人姚仲宾说之，仙琕先为设酒，乃斩于军门以徇［1］。衍又遣其族叔怀远［2］说之，仙琕曰"大义灭亲"，又欲斩之，军中为请，乃得免。衍至新林，仙琕犹于江西日抄运船［3］。衍围宫城，州郡皆遣使请降，吴兴太守袁昂［4］独拒境不受命。昂，顗之子也。衍使驾部郎考城江革［5］为书与昂曰："根本［6］既倾，枝叶安附？今竭力昏主［7］，未足为忠；家门屠灭［8］，非所谓孝。岂若翻然改图［9］，自招多福！"昂复书曰："三吴内地［10］，非用兵之所［11］；况以偏隅一郡［12］，何能为役［13］！自承麾旆届止［14］，莫不膝袒军门[15]。唯仆一人敢后至[16]者，政以内揆庸素[17]，文武无施[18]，虽欲献心[19]，不增大师之勇；置其愚默[20]，宁沮众军之威[21]。幸借将军含弘之大[22]，可得从容以礼[23]。窃以一餐微施，尚复投殒[24]；况食人之禄而顿忘一旦[25]，非唯物议[26]不可，亦恐明公鄙[27]之，所以踌躇[28]，未遑荐璧[29]。”昂问时事[30]于武康令北地傅映[31]，映曰：“昔元嘉之末[32]，开辟未有[33]，故太尉[34]杀身以明节。司徒[35]当寄托之重，理无苟全[36]，所以不顾夷险以徇名义[37]。今嗣主昏虐[38]，曾无悛改[39]；荆、雍协举[40]，乘据上流[41]，天人之意可知。愿明府[42]深虑，无取后悔。”及建康平，衍使豫州刺史李元履巡抚[43]东土，敕[44]元履曰：“袁昂道素[45]之门，世有忠节[46]，天下须共容之，勿以兵威陵辱[47]。”元履至吴兴，宣衍旨；昂亦不请降，开门撤备[48]而已。

仙琕闻台城不守，号泣谓将士曰：“我受人任寄[49]，义不容降[50]，君等皆有父母；我为忠臣，君为孝子，不亦可乎！”乃悉遣城内兵出降，余壮士数十，闭门独守。俄而[51]兵入，围之数十重。仙琕令士皆持满[52]，兵不敢近。日暮，仙琕乃投弓曰：“诸君但来见取[53]，我义不降。”乃槛[54]送石头。衍释之，使待袁昂至俱入[55]，曰：“令天下见二义士。”衍谓仙琕曰：“射钩[56]、斩袪[57]，昔人所美。卿勿以杀使断运自嫌[58]。”仙琕谢曰：“小人如失主犬，后主饲之，则复为用矣。”衍笑，皆厚遇之。丙戌[59]，萧衍入镇殿中[60]。

刘希祖既克安成[61]，移檄湘部[62]，始兴内史王僧粲[63]应之。僧粲自称湘州刺史，引兵袭长沙[64]。去城[65]百余里，于是湘州郡县兵皆蜂起以应僧粲，唯临湘、湘阴、浏阳、罗[66]四县尚全。长沙人皆欲泛舟走，行事刘坦[67]悉聚其舟焚之，遣军主尹法略[68]拒僧粲。战数不利，前湘州镇军钟玄绍[69]潜结士民数百人，刻日[70]翻城应僧粲。坦闻其谋，阳[71]为不知，因理讼[72]至夜，而城门遂不闭以疑之[73]。玄绍未发，明旦，诣坦问其故。坦久留与语，密遣亲兵收其家书[74]。玄绍在坐，而收兵已报[75]，具得其文书本末[76]。玄绍即首服[77]，于坐斩之；焚其文书，余党悉无所问。众愧且服，州郡遂安。法略与僧粲相持累月。

建康城平，杨公则还州[78]。僧粲等散走。王丹[79]为郡人所杀，刘希祖亦举郡降。公则克己廉慎[80]，轻刑薄赋[81]，顷之[82]，湘州户口几复其旧[83]。

（以上为第十三段，写南齐大司马萧衍主政，注意团结各方面的人才，马仙琕、袁昂二人，是原南齐朝廷的铁杆拥护者，萧衍予以善待；杨公则治理湘州。）

【注释】

[1]徇（xùn）：巡行示众。 [2]怀远：即马怀远，南豫州刺史马仙琕的族叔。 [3]江西：长江以西地区。当时马仙琕任南豫州刺史，州治当涂在长江以东，其辖境还有长江以西的大片地区。日抄运船：每天都在抄掠萧衍军队的运输船。 [4]吴兴：古郡名，郡治在今浙江湖州市。袁昂：本名千里，刘宋雍州刺史袁顗之子，南齐太子舍人、吴兴太守，以刚直闻名。南梁建立后，历司空、尚书仆射、尚书令、中书监，立朝三十年，为台鼎之臣，著名书画家。传见《梁书》卷三十一。 [5]驾部郎：尚书省里主管车马部门的长官。江革：字休映，济阳考城县人，南齐驾部郎；入梁任御史中丞，出任广陵太守，随豫章王镇守彭城，受到北魏攻击，兵败被俘。辗转回到建康，累迁都官尚书、度支尚书、吴郡太守，以光禄大夫致仕。传见《梁书》卷三十六。 [6]根本：树根及树干，代指萧宝卷的朝廷政权。 [7]竭力昏主：为昏庸的君主竭尽全力。竭力，尽力。 [8]家门屠灭：意即一意孤行，将面临灭门的危险。 [9]翻然改图：改变初衷，投靠萧衍。翻然：迅速而彻底地改变的样子。 [10]三吴：古区域名，指吴郡、吴兴、会稽，是当时靠近京城、人烟密集、土地肥沃、物产丰饶的繁华地区。内地，离都城建康较远的地方。 [11]非用兵之所：是不能让战争毁坏的地方。 [12]偏隅（yú）：偏安，偏居。隅，靠边沿的地方。 [13]何能为役：又怎么能和你们的大军对抗。为役，指调兵遣将。 [14]麾旆（pèi）届止：意即你们大军的旌旗所到之处。麾旆，军中的旗帜。届止，来临，到达。 [15]膝袒（tǎn）军门：膝行肉袒，叩见于军门。膝，膝行。袒，袒露臂膊，表示请罪的姿态。 [16]敢后至：所以胆敢不来叩见请降。 [17]政以：正是因为。政，同"正"。内揆（kuí）庸素：内心思考，认识到自己的平庸无能。揆，测，认识。 [18]文武无施：既没有文韬，也没有武略，都没有施展的表现。无施，一无所成。 [19]献心：献出忠心，率郡归附。 [20]置其愚默：弃置我这样愚昧无知的人。 [21]宁沮（jǔ）众军之威：难道就损害了你们大军的威望吗。沮，败坏，损害。 [22]幸借将军含弘之大：我希望能借着您的宽仁大度。将军，敬称萧衍。当时萧衍被封为骠骑大将军。含弘，指胸怀广大，宽厚仁慈。 [23]可得从容以礼：能够让我遵守一点小小的礼节。从容，意即别太威逼我，别太让我为难。 [24]尚复投殒（yǔn）：尚且还捐躯效命以相报。投殒，献身，效死。 [25]食人之禄：享受人家的俸禄，给人家做臣子。顿忘一旦：在一天之间说变就变了。顿，登时，马上。 [26]非唯物议不可：不光是社会舆论通不过。 [27]明公：对受话人的敬称，即指萧衍。鄙，轻

视，瞧不起。［28］踌（chóu）躇（chú）：犹豫，徘徊。［29］未遑（huáng）荐璧：没有立即前来向您投降。遑，急剧，赶快。荐璧，进奉碧玉，表示归顺。荐，进，呈上。［30］时事：当前应该做的事。［31］武康令：武康县县令。武康，在今浙江德清县西。傅映：字徽远，北地灵州人，傅昭之弟。南齐时，为武康令；南梁时，为领军长史，官至中散大夫、光禄卿、太中大夫。传见《梁书》卷二十六。［32］元嘉之末：指文帝刘义隆被其太子刘劭所杀的恶性事件。元嘉，刘宋文帝刘义隆的年号，共二十九年余。［33］开辟未有：其弑父事件的恶劣程度，是开天辟地以来所没有过的。宋文帝即为其子刘劭所弑。［34］太尉：此指袁淑，字阳源，袁昂的叔祖，刘宋大臣。传见《宋书》卷七十。杀身以明节：刘劭弑父，时任太子右卫率的袁淑不屈从于刘劭，被刘劭所杀。明节，表明节操。［35］司徒：指袁粲，字景倩，太尉袁淑之侄，袁昂的叔父，刘宋守节之臣。历任吏部郎中、太子右卫率、侍中，迁廷尉、右军将军、尚书令、丹阳尹。后授开府仪同三司、司徒、中书监。传见《宋书》卷八十九。当寄托之重：袁粲在刘宋明帝刘彧朝历任中书令、尚书令。刘彧死后，与褚渊、刘秉等共同辅佐少帝刘昱，被进封司徒。萧道成的权位日重，篡位的形势日见险恶，袁粲为维护小皇帝，起兵剪灭萧道成，失败被杀。［36］苟全：苟且偷生，保全性命。［37］夷险：偏义复词，这里即指危险、凶险。以徇名义：为坚持真理、正义而不惜献出生命。徇，为某事而死。［38］嗣（sì）主：指小皇帝萧宝卷。嗣，继承。昏虐：昏庸，暴虐。［39］曾无悛（quān）改：一点儿也不思悔改。悛，后悔，停止。［40］荆、雍协举：指行荆州事的萧颖胄与雍州刺史联合举兵。［41］乘据上流：占据上游，顺流而下。［42］明府：古代对州刺史与郡太守的敬称。此称吴兴太守袁昂。［43］李元履：南齐时人，小皇帝萧宝卷时为辅国将军，刘山阳的副军主。现为萧衍所任命的豫州刺史。巡抚：巡视，安抚。［44］敕（chì）：敕令，命令。［45］道素：道德高尚、门第清白。［46］世有忠节：每代都有忠贞、节烈的人士。［47］陵辱：即凌辱，侮辱。陵，同“凌”。［48］开门撤备：打开城门，撤去防卫。［49］任寄：委任，任用。［50］义不容降：为道义所驱使，无论如何是不能投降的。［51］俄而：不久，一会儿。［52］持满：拉满弓。［53］但来见取：只管前来杀我。［54］槛（jiàn）：押解犯人的囚车。用如动词，意即将其装入囚车。［55］待袁昂至俱入：使马仙琕等候袁昂来到后，一起进见萧衍。［56］射钩：指管仲射齐桓公之事。管仲一开始跟从公子纠，为使公子纠夺取齐国诸侯之位，前往伏击公子小白（即日后的齐桓公），曾射中小白胸前的带钩，小白赖带钩之蔽而未死。后来公子纠被打败后，桓公不记旧仇，任管仲为相。事见《左传·庄公九年》。［57］斩袪（qū）：指寺人披往杀晋文公之事。晋献公被骊姬之谗，派寺人披往刺公子重耳（即日后的晋文公），重耳仓皇逃走，被寺人披斩下了一只袖子。重耳夺得君位后，不计旧怨，重用寺人披。事见《左传·僖公五年》。袪，衣袖。［58］自嫌：自己心存顾虑。［59］丙戌：十二月二十六日。［60］入镇殿中：将他的指挥部迁到了宫廷内。［61］刘希祖：南齐小皇帝萧宝卷的将领，萧颖胄的部将攻占湘州后，萧宝卷派刘希祖前往讨伐。刘希祖夺回了安成郡，被萧宝卷任为安成太守。安成：古郡名，郡治平都，在今江西安福县东南。［62］移檄（xí）湘部：给湘州所辖的各郡县、各部门发出文告，号召他们保卫朝廷。［63］始兴：古郡名，郡治曲江，在今广东韶关市西南，曲江区西北。内史：职同郡太守。王僧粲：南齐始兴内史。［64］长沙：当时也叫临湘，在今湖南长沙市，当时湘州的州治所在地。［65］去城：距离长沙城。［66］临湘、湘阴、浏阳、罗：当时湘州管辖下的四个县名，都在今湖南境内。临湘，即长沙所在的县名，县治在今长沙市内；湘阴，县治在今湘阴县；浏阳，县治在今浏阳城东北；罗县，县治在今湖南汨罗市西北。［67］行事：即行湘州事，临时代理湘州刺史职务。刘坦：当初毛遂自荐前来代理湘州刺史，事见本卷前文。［68］尹法略：南齐时人，行湘州事刘坦的军主。［69］湘州镇军：据胡三省注，当时的州刺史部下没有"镇军"的称号，此说法来自《梁书·刘坦传》。钟玄绍：湘州刺史镇军。［70］刻日：约定日期。［71］阳：通"佯"，假装。［72］理讼：处理官司。［73］以疑之：让阴谋叛乱者莫名其妙。［74］收其家书：查抄其家中的往来书信。［75］收兵已报：前去抄家的士兵已经回来报告。［76］具得其文书本末：全部查清了他们相互勾结、相互串通的详情。文书本末，书信与事情的原委。［77］首伏：低头认罪。［78］杨公则还州：杨公则是最先平定湘州的名将，而后随大军往攻建康城，今建康事毕回到湘州。［79］王丹：原是湘州治下的南康郡太守，先已被杨公则平定；刘希祖攻下安成时，王丹又变卦投降了刘希祖。［80］廉慎：清廉，审慎。［81］轻刑薄赋：减轻刑罚，减少税赋。［82］顷之：不久。［83］几复其旧：差不多恢复了原有的人口数量。

【点评】

萧衍的人格魅力。本卷展现了萧衍卓越的眼光、谋略与人格魅力。其一，其眼光锐利，识见高人一等。萧颖胄等建议萧衍北联北魏，被萧衍否决，谓"事在目中，无患不捷"，一副稳操胜券的样子。再就是，关于是否攻打鲁山一事与雍州诸将发生争论，萧衍力排众议坚决执行自己的主张，后来从雍州一直打到建康，一一应验了萧衍的预言。其二，善待马仙琕和袁昂二人则表现了萧衍的胸怀。萧衍东下的时候，豫州刺史马仙琕拥兵自守，不归附萧衍，萧衍派他的老朋友姚仲宾去游说马仙琕，马仙琕把姚仲宾斩于军门之前。萧衍又派遣马仙琕的族叔马怀远去游说，马仙琕又要大义灭亲，多亏军中替马怀远求情，才得以幸免。如此决绝的马仙琕自然是铁了心对抗萧衍。还有，吴兴太守袁昂在境内抵抗而不投降萧衍。建康平定之后，萧衍派豫州刺史李元履巡抚东南一带，命令李元履说："袁昂出身于有道的门第，世代有忠节，对于这样的名节之士，天下须共容之，所以不要使用兵威凌辱他。"等到俘获二人之后，萧衍说明自己仰慕"射钩、斩祛"的美事，向天下人展示的是团结那些反对过自己的人的信心，自然会收得人心。人心所向，天下披靡。其三，执政能力的展示。萧衍在阅武堂所宣布的大政方针是在登上帝位之前的政治预演，展示了他的统治能力。其下令大赦天下，又下令："凡是错误的规章，荒谬的税赋，过分的刑罚和劳役，可以详细考察当初制订的原因，全部废除。地方官吏负责掌管而造成散失和损耗，应精细地设立科目条例，全部遵从原来的惯例。"又下令："全部检查尚书省各部门的文案，东昏侯时对各种诉讼案件处理不公道的，以及主办人拖延不及时办理的，精加讯问辨查，根据事实论处并裁决上奏。"又下令："收葬正义之师阵亡将士，掩埋东昏侯军队中的死亡者。"这些都是当务之急，也都有利于收归民心。

卷一四五　梁纪一

梁武帝天监元年至三年（502—504年）

【起玄黓敦牂（壬午，502年），尽阏逢涒滩（甲申，504年），凡三年】

【大事提要】

本卷记事起自公元502年，至公元504年，凡三年，当梁武帝天监元年至天监三年。本卷所载大事，南朝萧梁大事两件：其一，公元502年，萧衍为梁公、梁王，杀齐明帝诸子，称帝，是为梁武帝，国号梁，南齐亡。梁武帝在位48年，是南朝执政时间最长的皇帝。其二，梁武帝总结南齐皇室失败的原因，能够善待高帝子弟。北朝北魏大事一件，即逃奔北魏的萧宝寅和元澄请求南下，北魏调发六个州兵力，兵阻阜陵，撤军而回。

高祖武皇帝[1][一][2]

天监元年[3]（壬午，502年）

春，正月，齐和帝遣兼侍中席阐文等慰劳建康。

大司马衍下令："凡东昏时浮费[4]，自非可以习礼乐之容[5]，缮甲兵之备[6]者，余皆禁绝。"

戊戌[7]，迎宣德太后入宫，临朝称制[8]；衍解承制[9]。

己亥[10]，以宁朔将军萧昺监南兖州[11]诸军事。昺，衍之从父弟也。

壬寅[12]，进大司马衍都督中外诸军事[13]，剑履上殿[14]，赞拜不名[15]。己酉[16]，以大司马长史王亮为中书监、尚书令。

初，大司马与黄门侍郎范云、南清河太守沈约、司徒右长史任昉同在竟陵王西邸[17]，意好敦密[18]，至是，引云为大司马咨议参军、领录事[19]，约为骠骑司马[20]，昉为记室参军[21]，与参[22]谋议。前吴兴太守谢朏、国子祭酒何胤先皆弃官家居，衍奏征为军咨祭酒，朏、胤皆不至。

大司马内有受禅之志[23]，沈约微扣其端[24]，大司马不应；他日，又进曰："今与古异，不可以淳风期物[25]。士大夫攀龙附凤[26]，皆望有尺寸之功。今童儿牧竖皆知齐祚已终[27]，明公当承其运，天文谶记又复炳然[28]；天心[29]不可违，人情[30]不可失。苟历数[31]所在，虽欲谦光[32]，亦不可得已。"大司马曰："吾方思之。"约曰："公初建牙樊、沔[33]，此时应思[34]；今王业已成，何所复思[35]！若不早定大业，脱有一人立异[36]，即损威德[37]。且人非金石[38]，时事难保，岂可以建安之封遗之子孙[39]！若天子还都[40]，公卿在位[41]，则君臣分定[42]，无复异心，君明于上，臣忠于下，岂复有人方更同公作贼[43]！"大司马然之。

约出，大司马召范云告之，云对略同约旨[44]，大司马曰："智者乃尔暗同[45]。卿明早将休文更来[46]！"云出，语约，约曰："卿必待我[47]！"云许诺，而约先期[48]入。大司马命草具其事[49]，约乃出怀中诏书并诸选置[50]，大司马初无所改[51]。俄而[52]云自外来，至殿门，不得入，徘徊寿光阁[53]外，但云"咄咄[54]！"约出，问曰："何以见处[55]？"约举手向左[56]，云笑曰："不乖所望[57]。"有顷[58]，大司马召云入，叹约才智纵横，且曰"我起兵于今三年[59]矣，功臣诸将实有其劳。然成帝业者，卿二人也。"

（以上为第一段，写南齐沈约、范云策功萧衍称帝。）

【注释】

[1]高祖武皇帝：即萧衍，字叔达，小字练儿，南兰陵中都里（今江苏丹阳市）人，南齐丹阳尹萧顺之之子，篡夺南齐政权，为南朝萧梁开国皇帝，史称"梁武帝"，才思敏捷，博通文史；工书法，通音乐，笃信佛教。八十五岁去世，大概是历史上为数不多的长寿皇帝之一，在位四十七年，谥号武皇帝，庙号高祖。传见《梁书》卷一。 [2][一]：此字原无。胡三省曰："《通鉴·武皇帝纪》凡十八卷，以一二为次，此卷'武皇帝'之下合有'一'字。"通观"梁纪"，此应有次序数"一"字，故补之。 [3]天监元年：公元502年，本年的四月始改元，此前的一、二、三月，仍是齐和帝中兴二年。天监（502年四月—519），是梁武帝萧衍的第一个年号，使用这个年号共十七年。中兴二年（502），齐和帝萧宝融禅位于萧衍，梁建国，改元。 [4]东昏时浮费：指齐废帝东昏侯萧宝卷。浮费：超出规定的开支。 [5]自非习礼乐之容：如果不是，除此之外的练习礼乐。礼乐，礼节和音乐。古代帝王常用兴礼乐为手段以求达到尊卑有序、远近和合的统治目的。容，礼

仪之容，呈现新的景象、状态。［6］缮（shàn）甲兵之备：修缮武器，加强军事装备。［7］戊戌：正月九日。［8］临朝称制：将已经在江陵称帝号的小皇帝萧宝融放到一边，另请出一个宣德太后来临朝称制，发号施令，是萧衍的狡猾之处，表明他此前对萧宝融的拥戴已经不算数了。［9］衍解承制：萧衍装出一种谦退的样子，实际上是通过挟持宣德太后把持朝廷，为了后面的改朝换代作准备，而把西台萧宝融一脚踢开，也是借此观察世道人心。胡三省曰"暂解之以觇人心。"承制，秉承皇帝旨意而便宜行事。［10］己亥：正月十日。［11］萧昺（bǐng）监南兖州：萧昺，前文作"萧景"，字子昭，南梁建立后，封吴平县侯，为领军将军、右卫将军，出任南兖州刺史。南兖（yǎn）州，治所广陵，在今江苏扬州市。［12］壬寅：正月十三日。［13］都督中外诸军事：意即总管全国的军事力量。都督，总领，统领。中外，朝廷内外。［14］剑履上殿：可以佩带宝剑、穿着鞋子走上金殿。这是一种特殊礼遇，一般大臣不许带剑、穿靴上殿。［15］赞拜不名：当叩拜皇帝时，赞礼者不称萧衍之名，只称其官爵，以表示分外敬重。不名，不称其名。［16］己酉：正月二十日。［17］同在竟陵王西邸（dǐ）：意即同在南齐武帝萧赜的儿子竟陵王萧子良的门下为宾客。竟陵王，即南齐竟陵王萧子良，以护军将军兼司徒，驻于西州城。西邸，即萧子良府邸。当时会聚了范云、沈约、任昉、萧衍文学之士，共八人号"竟陵八友"。萧衍与范云、沈约，任昉亲善，故重用之。［18］意好敦密：以文学结缘，情投意合。敦，厚，实。［19］咨议参军：职掌咨询谋议军事，地位在诸参军之上。领录事：代理录尚书事的职务。萧衍当时任录尚书事，范云领录尚书府事，处理具体政务。［20］骠骑司马：骠骑大将军萧衍的高级僚属。司马，在军中掌管司法。［21］记室参军：骠骑大将军萧衍的僚属，主管文书簿记。［22］与参：参与。［23］受禅：指大司马萧衍有接受旧皇帝让给的帝位，做皇帝。志：心思。［24］微扣其端：含蓄地试探其口风。微，不显露，隐约地。扣，叩问，探问。端，事端，这件事。［25］不可以淳风期物：不能像古代的舜、禹那样期望着尧、舜主动地让位给人。淳风，淳朴的古风，指尧、舜的真心让位。期物，期望当前的人事，即禅让之事。［26］攀龙附凤：比喻巴结、投靠有权势的人。［27］童儿牧竖皆知齐祚已终：小孩子、放牧者，以喻没有政治头脑的人都知道南齐的国运已经到头了。祚，福，此指国运。［28］天文谶（chèn）记又复炳然：天文星象预示的种种征兆与社会民间所出现的种种谶语。天文，日月星辰、风霜雷电等自然现象。谶记，预言、预兆的记录，实际上是当时野心家故意编造、散布的一些煽动社会动乱的预言。炳然，清楚明白的样子。［29］天心：天命，指老天爷的意志和命令。［30］人情：人心，指人们拥戴萧衍称帝的思绪。［31］历数：命运，天道，这里指帝位相继，朝代更替，命中注定该做皇帝。《论语·尧曰》有"天之历数在尔躬"的说法。［32］谦光：谦逊礼让，光明盛大。《周易·谦卦》有所谓"谦尊而光"。［33］建牙樊、沔（miǎn）：在襄阳发动起义的时候。建牙，古谓出师前树立军旗。樊、沔，樊城、汉水，都在襄阳城的旁边，这里即指襄阳城。［34］此时应思：那个时候您就应该想好必有这一天。［35］何所复思：还有什么可犹豫的。［36］脱有一人立异：突然冒出一个人提出不同意见，指立其他某人为皇帝。［37］即损威德：那时您再处置他，那就对您的威望有损了。［38］人非金石：人的寿命难以预料，日后会有什么变化难以预知。[39]建安之封遗之子孙：指萧衍此时所享有的建安郡公的封爵传给后代，意即在萧衍之世不自己解决做皇帝的问题。[40]天子还都：当初萧颖胄与萧衍所拥立的身在江陵的小傀儡皇帝萧宝融一旦来到京城。[41]公卿在位：三公九卿满朝文武都各就各位。[42]君臣分定：君臣的名分已定，即萧宝融是君，萧衍是臣，而现在萧宝融不在建康，宣德太后称制，萧衍是实际上的国家主持者。[43]方更同公作贼：还来和您一道去做那种弑君篡位的事情。古代把反抗朝廷和篡夺帝位的人统称为"乱臣贼子"。[44]略同约旨：与沈约的说法差不多。略，大体，差不多。[45]乃尔暗同：竟然如此地不约而同。尔，如此。这其实是沈约、范云原来就串通好了的，无所谓"暗同"。[46]将休文更来：带着沈约一同到我这里来。将，同。休文，沈约的字。说话称人之字表示客气。更来，一起过来。[47]卿必待我：你一定要等到我一起到萧衍那儿去，而沈约则是先去了，还是有些小滑头。[48]先期：在约好的时间之前。[49]草具其事：草拟一个篡取皇位的具体实施方案。[50]诸选置：各官署的长官配置、人事安排的初步名单，以供萧衍参考。[51]初无所改：没做一点变更。初，根本，一点也没有。这说明萧衍对沈约是非常信任的。[52]俄而：不久，一会儿。[53]徘徊寿光阁：在寿光阁来回地走动。胡三省曰："江南禁中有寿光省。"[54]咄（duō）咄：嗟叹词，表示惊异，意思是"怪事，怪事"，是说沈约约好了一起进去，这么一个人跑进去呢？[55]何以见处：怎样安排我？[56]向左：此为暗语，大致意思是让你做尚书左仆射，故指左。左仆射在右仆射之上，仅低于尚书令。胡三省曰："谓处之以尚书左仆射也。"[57]不乖（guāi）所望：和我的希望正好相同。乖，违背。[58]有顷：一会儿。[59]起兵于今三年：胡三省曰："东昏侯永元二年（500）十一月，衍起兵，至是首尾三年。"

甲寅[1]，诏进大司马位相国，总百揆[2]，扬州牧，封十郡[3]为梁公，备九锡之礼[4]，置梁百司[5]，去录尚书之号，骠骑大将军如故。二月，辛酉[6]，梁公始受命。

齐湘东王宝晊[7]，安陆昭王缅之子也，颇好文学。东昏侯死，宝晊望物情归己[8]，坐待法驾[9]。既而王珍国等送首梁公[10]，梁公以宝晊为太常[11]，宝晊心不自安。壬戌[12]，梁公称宝晊谋反，并其弟江陵公宝览、汝南公宝宏皆杀之[13]。

丙寅[14]，诏梁国选诸要职[15]，悉依天朝[16]之制。于是，以沈约为吏部尚书兼右仆射，范云为侍中。

梁公[17]纳东昏余妃，颇妨政事，范云以为言[18]，梁公未之从。云与侍中、领军将军王茂[19]同入见，云曰："昔沛公入关，妇女无所幸，此范增所以畏其志大也[20]。今明公始定建康，海内想望风声[21]，奈何袭乱亡之迹[22]，以女德为累[23]乎！”王茂起拜曰：“范云言是也。公必以天下为念，无宜留此[24]。”梁公默然[25]。云即请以余氏赉[26]王茂，梁公贤其意[27]而许之。明日，赐云、茂钱各百万。

丙戌[28]，诏梁公增封十郡[29]，进爵为王[30]。癸巳[31]，受命[32]，赦国内及府州所统殊死以下[33]。

辛丑[34]，杀齐邵陵王宝攸、晋熙王宝嵩、桂阳王宝贞[35]。

梁王将杀齐诸王，防守犹未急[36]。鄱阳王宝寅[37]家阉人颜文智与左右麻拱等密谋穿墙夜出宝寅[38]，具小船于江岸，著乌布襦[39]，腰系千余钱，潜赴江侧，蹑屩徒步[40]，足无完肤。防守者至明追之，宝寅诈为钓者，随流上下[41]十余里，追者不疑。待散[42]，乃渡西岸[43]投民华文荣家，文荣与其族人天龙、惠连弃家将宝寅遁匿山涧[44]，赁驴[45]乘之，昼伏夜行，抵寿阳[46]之东城。魏戍主杜元伦[47]驰告扬州刺史任城王澄[48]，以车马侍卫迎之。宝寅时年十六，徒步憔悴[49]，见者以为掠卖生口[50]。澄待以客礼，宝寅请丧君斩衰之服[51]，澄遣人晓示情礼，以丧兄齐衰之服[52]给之。澄帅官僚赴吊，宝寅居处有礼，一同极哀之节[53]。寿阳多其义故[54]，皆受慰唁[55]，唯不见夏侯一族[56]，以夏侯详[57]从梁王故也。澄深器重[58]之。

（以上为第二段，写南齐梁王萧衍，以谋反罪杀掉萧鸾一族的人，篡位之心暴露无遗，萧鸾之子鄱阳王萧宝寅历尽千辛万苦，逃到北魏，深受器重。）

【注释】

[1]甲寅：正月二十五日。 [2]总百揆（kuí）：领导、管理百官群臣。百揆，百官。 [3]封十郡：胡三省曰：“时以豫州之梁郡、历阳、南徐州之义兴、扬州之淮南、宣城、吴兴、会稽、新安、东阳凡十郡为梁公国。”胡氏只提出了九郡，据《梁书·武帝纪》，还有“吴郡”，估计是刻本脱漏了。 [4]九锡之礼：对即将篡位之臣的九种非凡待遇。九锡，古代帝王为尊礼大臣而赐给的九种礼器，是最高礼遇的表示，分别是：车马、衣服、乐县、朱户、纳陛、虎贲、斧钺、弓矢、秬鬯。锡，同“赐”。 [5]置梁百司：建立梁国的一套朝廷班子，分职设官，与当时的南齐朝廷相同。 [6]辛酉：二月二日。 [7]湘东王宝晊（zhì）：即萧宝晊，字智明，东海兰陵（今山东临沂市）人，安陆王萧缅嫡长子，袭爵，出任冠军将军、湘州刺史。萧宝卷即位，改封湘东王。萧宝卷去世后，希望入继帝位。宣德太后临朝，拜为太常，心不自安。后反对权臣萧衍，涉嫌谋反，事败伏诛。传

见《南齐书》卷四十五。［8］望物情归己：盼着人心归己，立自己为皇帝。物情，人情，人心。［9］坐待法驾：等着公卿用皇帝的车驾来迎接自己。［10］送首梁公：萧衍率军围困建康，南齐将领王珍国遣人私表萧衍归顺之情，与卫尉张稷斩下小皇帝萧宝卷之首以送萧衍。梁公，当时萧衍并非梁公，而是征东大将军，这里以后来的爵位称之。［11］太常：九卿之一，掌管礼乐与郊庙、社稷的祭祀等。［12］壬戌：二月三日。［13］皆杀之：萧衍将南齐湘东王萧宝晊，及其两弟江陵公萧宝览、汝南公萧玉宏同日一起杀掉。［14］丙寅：二月七日。［15］诏梁国：主语是南齐，当时是宣德太后称制，应是根据萧衍的授意而发出的诏令。选诸要职：对于重要职务的安排与任命，实际即如何安插心腹的问题。［16］天朝：天子之朝，指南齐政权。［17］梁公：即梁国公萧衍。［18］以为言：即以之为言，为此而提出意见。［19］领军将军：主管京城以内的全部驻军，且管理诸将，地位崇重。王茂：字休远，太原祁（山西祁县）人，南梁开国功臣。南齐时，为雍州长史、襄阳太守，归附萧衍，助其夺取帝位，任领军将军。传见《梁书》卷九。［20］"昔沛公入关"三句：先前沛公刘邦进关，对秦宫中妇女无所亲幸，这正是项羽亚父范增教畏其志向远大啊。沛公：汉高祖刘邦起兵时称沛公。入关，指占据关中，灭掉秦王朝。成为"秦之四塞"。妇女无所幸：是谋士范增对项羽说的话。原话是"沛公居山东时，贪于财货，好美姬。今入关，财物无所取，妇女无所幸，此其志不在小"。幸，宠幸，宠爱。范增，居鄛人，西楚霸王项羽的主要谋士，被项羽尊称为"亚父"。［21］想望风声：盼着见到您的风度与声威。［22］袭乱亡之迹：步昏乱亡国之君的后尘。［23］以女德为累：以好女色成为自己的缺点。女德，女色。［24］无宜留此：不应把这个女人留在身边。［25］默然：默不作声的样子，说明萧衍把王茂的话听进去了。［26］赉（lài）：赏赐。［27］贤其意：认为这个主意好。贤，好，山、善。［28］丙戌：二月二十七日。［29］增封十郡：胡三省曰："时以豫州之南谯、庐江，江州之寻阳，郢州之武昌、西阳，南徐州之南琅邪、南东海、晋陵，扬州之临海、永嘉十郡益梁国。"［30］进爵为王：由"公"的爵位，提升为"王"。胡三省曰："自'进爵为王'已上，凡诏皆以宣德太后称制行之。"［31］癸巳：三月五日。［32］受命：接受封爵为梁王。［33］赦国内及府州所统殊死以下：此乃萧衍下令，赦免其梁国境内与其扬州牧、骠骑大将军府所辖的"殊死以下"的所有罪犯。殊死以下，即凡不到死罪的一切犯人。殊死，指身首断绝异处，即死刑。殊，绝，异。所统，二字原无，据章校补。［34］辛丑：三月十三日。［35］"杀齐邵陵王攸"句：萧衍诛杀齐明帝萧鸾第九子邵陵王萧宝攸、第十子晋熙王萧宝嵩、第十一子桂阳王萧宝贞。三王传见《南齐书》卷五十。［36］未急：看管得不紧、不严。［37］鄱（pó）阳王宝寅：即萧宝寅，一作"萧宝夤"，明帝萧鸾第六子。传见《南齐书》卷五十。［38］"阉人颜文智"句：颜文智，鄱阳王萧宝寅的太监。麻拱，鄱阳王萧宝寅的侍从人员。夜出宝寅，深夜将萧宝寅救出。［39］乌布襦（rú）：黑布短袄，古时一般平民的服饰。襦，短袄。［40］蹑（niè）屩（juē）徒步：穿着草鞋步行。蹑，穿。屩，用麻、草做的鞋。［41］随流上下：为躲避追兵，萧宝寅坐在船上，假装钓鱼，随波逐流。［42］待散：待追捕者散去。［43］渡西岸：渡江到西岸，当时的建康城在长江东岸。［44］遁匿：躲藏。山涧

（jiàn）：山间的水沟。［45］赁（lìn）驴：向村民雇了一头毛驴。赁，租用。［46］寿阳：古地名，在今安徽寿县，当时属于北魏。［47］戍主杜元伦：古代驻守一地的长官。［48］扬州刺史任城王澄：扬州，北魏的州治设在寿阳。任城王澄，即北魏驻守寿阳的元澄，也作“拓跋澄”。传见《魏书》卷十九中。［49］憔（qiáo）悴（cuì）：形容人瘦弱，面色不好。［50］掠卖生口：掠夺贩卖的人。生口，活人，指被劫持与被俘虏的人。［51］请丧君斩衰（cuī）之服：想为其被杀的兄长萧宝卷服国丧，穿最重的丧服。斩衰，左、右与下边均不修缘的丧服，是为父母、为君主应穿的孝衣。衰，同“缞”，丧服。［52］丧兄齐（zī）衰（cuī）：为兄长应服的齐衰，是次于斩衰的丧服。其衣边缝齐。意即不作为南齐的国君来治丧，而作为萧宝寅的兄长来致祭。［53］一同极哀之节：意谓萧宝寅虽然接受了齐衰的丧礼，但其心里却是按照斩衰的礼节进行。极哀，极度的悲哀，如丧君、丧父之礼。胡三省曰：“礼，居君、父之丧极哀。”［54］义故：以恩情、道义相结的老朋友、老相识。［55］皆受慰喭（yàn）：都前来向萧宝寅表示安慰，萧宝寅以礼接受。胡三省曰：“抚而安之曰‘慰’，吊生曰‘唁’。”喭，同“唁”，对遭遇丧事者表示慰问。［56］夏侯一族：住在寿阳的姓夏侯的人。胡三省曰：“夏侯之族本谯郡谯人，居于寿阳。”［57］夏侯详：字叔业，南齐时颇受萧鸾的赏识，后又成为萧衍的开国元勋。传见《梁书》卷十。［58］器重：看重，重用。

齐和帝东归[1]，以萧憺[2]为都督荆、湘等六州诸军事，荆州刺史。荆州军旅之后，公私空乏，憺厉精为治[3]，广屯田[4]，省力役[5]，存问兵死之家[6]，供其乏困。自以少年居重任，谓佐使曰：“政之不臧[7]，士君子所宜共惜[8]。吾今开怀[9]，卿其无隐[10]！”于是人人得尽意[11]，民有讼者皆立前待符教[12]，决于俄顷[13]，曹无留事[14]。荆人大悦。

齐和帝至姑孰[15]，丙辰[16]，下诏禅位[17]于梁。

丁巳[18]，庐陵王宝源[19]卒。

鲁阳蛮鲁北燕等起兵攻魏颍州[20]。

夏，四月，辛酉[21]，宣德太后令曰：“西诏[22]至，帝宪章前代[23]，敬禅神器于梁[24]，明可临轩[25]，遣使恭授玺绂[26]，未亡人[27]归于别宫。壬戌[28]，发策[29]，遣兼太保[30]、尚书令亮等奉皇帝玺绂诣梁宫。丙寅[31]，梁王即皇帝位于南郊，大赦，改元[32]。是日，追赠兄懿[33]为丞相，封长沙王，谥曰“宣武[34]”，葬礼依晋安平献王故事[35]。

丁卯[36]，奉和帝为巴陵王[37]，宫于姑孰[38]，优崇[39]之礼，皆仿齐初[40]。奉宣德太后为齐文帝妃[41]，王皇后[42]为巴陵王妃。齐世王、侯封爵，悉从降省[43]，唯宋汝阴王不在除例[44]。

追尊皇考为文皇帝[45]，庙号太祖[46]；皇妣为献皇后[47]。追谥妃郗氏曰“德皇后[48]”。封文武功臣车骑将军夏侯详等十五人为公、侯[49]。立皇弟中护军宏为临川王，南徐州刺史秀为安成王，雍州刺史伟为建安王，左卫将军恢为鄱阳王，荆州刺史憺为始兴王；以宏为扬州[50]刺史。

丁卯[51]，以中书监王亮为尚书令，相国左长史王莹为中书监，吏部尚书沈约为尚书仆射，长兼侍中范云为散骑常侍、吏部尚书。

诏凡后宫、乐府、西解、暴室诸妇女[52]，一皆放遣[53]。

（以上为第三段，写南齐傀儡和帝萧宝融禅位于梁王萧衍，萧衍即位称帝，建立梁朝，史称梁武帝。）

【注释】

[1]东归：由荆州东归建康。 [2]萧憺（dàn）：字僧达，萧衍异母弟，萧衍起兵东下，萧憺留守雍州，控制了和帝小傀儡王朝的一切权力。封始兴郡王。传见《梁书》卷二十二。 [3]厉精为治：振奋精神，尽力做好各项工作。厉精，尽力。厉，同“砺”，砥砺，磨炼。 [4]广屯田：组织军队、动员百姓开展农业生产，扩大粮食与各种物资的收入，征收作为军饷。广，拓展，扩大。屯田，组织军队、百姓开垦荒地。 [5]省力役：减少百姓的劳役。 [6]存问兵死之家：抚恤、慰问那些随萧衍东征战死士兵的家庭。 [7]政之不臧（zāng）：我们荆州刺史府的工作如果搞不好。不臧，不善，不好。 [8]士君子所宜共惜：你们大家也应该感到惋惜。士君子，对自己佐吏的敬称。惜，惋惜，觉得有责任。 [9]开怀：敞开心怀，开诚布公。 [10]卿其无隐：你们有什么话，就要照直说出来，不要藏着、掖着。 [11]尽意：充分表达心意。 [12]民有讼（sòng）者：百姓间有争执，有不同意见。讼，争执，打官司。立前待符教：站在萧憺面前，等萧憺做出决断。符教，符验，教命，指王公大臣所下的命令。 [13]决于俄顷：顷刻间就拿出了处理意见。 [14]曹无留事：各部门都没有拖拉、耽搁不办的事情。 [15]姑孰：古地名，在今安徽当涂县，在马鞍山市城南，当时为南豫州的州治所在地。 [16]丙辰：三月二十八日。 [17]禅（shàn）位：让位，把帝王之位让给梁王萧衍。 [18]丁巳：三月二十九日。 [19]庐陵王宝源：即萧宝源，字智渊，齐明帝萧鸾第五子，封庐陵王。任后将军、南兖州刺史、会稽太守。其死不明不白，疑是被萧衍所杀。传见《南齐书》卷五十。 [20]“鲁阳蛮”句：鲁阳蛮，鲁阳郡的少数民族头领。鲁阳，北魏郡名，郡治在今河南鲁山县。鲁北燕，人名，为鲁阳蛮首领，后被杀。颍（yǐng）州，据《魏书·蛮传》，当作“颍川”，北魏郡名，郡治在今河南长葛市东北，后来东魏时才置颍州。 [21]辛酉：四月三日。 [22]西诏：指和帝萧宝融的诏书。胡三省曰：“齐和帝虽已至姑孰，其地犹在建康之西，故曰‘西诏’。” [23]宪章前代：以前代的法度为法度。宪章，效法。

前代，指以前历代帝王的禅位仪礼。［24］敬禅（shàn）神器于梁：恭敬地把帝位禅让给梁王萧衍。禅，禅让。神器，古指帝位，或称国家政权。［25］临轩：意即临朝即皇帝位。轩，堂前屋檐下的平台。有时皇帝在此会见群臣。［26］恭授玺绂（fú）：恭敬地把皇帝的印信交给梁王。绂，系印的丝带。［27］未亡人：古代寡妇谦称自己为丈夫的“未亡人”。这里是宣德太后谦称自己。［28］壬戌：四月四日。［29］发策：发布退位的策书。［30］太保：古加官名，国家三公之一，授予年高有德者，表示恩宠。此指王亮，兼任太保。［31］丙寅：四月八日。［32］改元：更改年号，改为天监。此前用齐和帝萧宝融的年号中兴。［33］懿（yì）：即被东昏侯所杀的萧衍之兄萧懿。［34］宣武：萧懿的谥号，《谥法解》曰：“圣善周闻曰‘宣’，克定祸乱曰‘武’。”［35］依晋安平献王故事：依照当年司马炎为其叔祖司马孚办丧事的规格，为萧懿补办丧礼。［36］丁卯：四月九日。［37］巴陵王：封地巴陵郡，郡治在今湖南岳阳市。［38］宫于姑孰：建巴陵王宫于姑孰。姑孰，县名，县治在今安徽当涂县。［39］优崇：优待而尊崇。［40］皆仿齐初：南齐建国初，萧道成尊奉退了位的刘宋末代帝王小皇帝刘准，封他为汝阴王。但是，未过多久，刘准就被萧道成杀了。［41］奉宣德太后为齐文帝纪：奉，尊奉，此实为降黜。宣德太后已无利用价值，萧衍将其降为妃子，迁出太后宫。齐文帝：即萧昭业之父，齐武帝萧赜长子。册立为皇太子，未即位而死。萧昭业即位，追封为文皇帝，庙号世宗。传见《南齐书》卷二十一。［42］王皇后：即王蕣华，和帝萧宝融的皇后。萧宝融禅位后降为巴陵王，王蕣华随之降为巴陵王妃，迁居姑孰。传见《南齐书》卷二十。［43］悉从降省：一律地或降级、或废除。降级，王降为公、公降为侯。省，废除，撤销其封地、封号。［44］汝阴王：指刘准，刘宋明帝刘彧第三子，刘宋末代皇帝，即顺帝，后被迫禅位齐高帝萧道成，封汝阴王，旋被杀。传见《宋书》卷十。不在除例：不在降省的范围内。事实上刘准早已被萧道成杀掉了，这时候只是保留一个名号。［45］皇考：即萧衍之父萧顺之。［46］太祖：皇帝庙号，多用以称开国君主。萧衍追封其父萧顺之为皇帝，谥号文，庙号太祖。［47］皇妣（bǐ）：对亡母的敬称。献皇后：《谥法解》曰：“聪明濬哲曰‘献’。”［48］郗（xī）氏：即郗徽，高平金乡县人，南梁武帝萧衍的结发妻子，早死，追封为德皇后。《谥法解》曰：“谏争不威曰‘德’。”［49］夏侯详等十五人为公、侯：应是王茂、曹景宗、柳庆远、萧颖达、夏侯详、蔡道恭、杨公则、邓元起、张弘策、郑绍叔、吕僧珍等。［50］扬州：州治即在建康城内。因扬州是国家都城所在的州，此州刺史的权位非其他任何刺史可比，故历代皆以皇帝的亲信充任。［51］丁卯：四月九日。萧衍委任亲信开国功臣职掌国家要害部。［52］“诏凡”句：后宫，指原来南齐后宫中的一切女人。乐府，朝廷主管音乐的官署名，其属下备有大量男女歌舞人员，以备朝廷之用。西解，西府的官舍。解（xiè），通“廨”，官吏办公的地方。南齐时扬州刺史居于西府。暴室，古代宫中织染布匹的官署，以其需要暴晒，故称“暴室”，后亦作为囚禁宫女或后妃的场所。［53］一皆放遣：全部打发她们回家。一皆，一概，一律。

戊辰[1]，巴陵王卒[2]。时上欲以南海郡[3]为巴陵国，徙王居之。沈约曰："古今殊事[4]，魏武[5]所云：'不可慕虚名而受实祸[6]。'"上颔之[7]，乃遣所亲郑伯禽诣姑孰[8]，以生金[9]进王，王曰："我死不须金，醇酒[10]足矣。"乃饮沈醉[11]，伯禽就摺杀[12]之。

王之镇荆州[13]也，琅邪颜见远为录事参军[14]，及即位，为治书侍御史兼中丞[15]，既禅位，见远不食数日而卒[16]。上闻之曰："我自应天从人[17]，何预[18]天下士大夫事，而颜见远乃至于此！"

庚午[19]，诏："有司依周、汉故事[20]，议赎刑条格[21]，凡在官身犯鞭杖[22]之罪，悉入赎停罚，其台省令史、士卒欲赎者听[23]之。"以谢沐县公宝义[24]为巴陵王，奉齐祀[25]。宝义幼有废疾，不能言，故独得全。

齐南康侯子恪[26]及弟祁阳侯子范[27]尝因事入见，上从容[28]谓曰："天下公器[29]，非可力取，苟无期运[30]，虽项籍[31]之力终亦败亡。宋孝武[32]性猜忌，兄弟粗有令名者皆鸩之[33]，朝臣以疑似枉死者相继[34]。然或疑而不能去，或不疑而卒为患，如卿祖以材略见疑[35]，而无如之何[36]。湘东以庸愚[37]不疑，而子孙皆死其手。我于时已生，彼岂知我应有今日！固知有天命者非人所害[38]。我初平建康，人皆劝我除去卿辈以壹物心[39]，我于时依而行之，谁谓不可！正以江左以来[40]，代谢之际[41]，必相屠灭[42]，感伤和气[43]，所以国祚[44]不长。又，齐、梁[45]虽云革命，事异前世，我与卿兄弟虽复绝服[46]，宗属未远[47]，齐业之初亦共甘苦[48]，情同一家，岂可遽如行路之人[49]！卿兄弟果有天命[50]，非我所杀[51]；若无天命，何忽行此[52]！当足示无度量[53]耳。且建武涂炭卿门[54]，我起义兵，非唯自雪门耻[55]，亦为卿兄弟报仇。卿若能在建武、永元之世拨乱反正[56]，我岂得不释戈推奉[57]邪！我自取天下于明帝家，非取之于卿家也。昔刘子舆[58]自称成帝子，光武[59]言：'假使成帝更生，天下亦不可复得，况子舆乎！'曹志[60]，魏武帝之孙，为晋忠臣。况卿今日犹是宗室，我方坦然相期[61]，卿无复怀自外之意[62]！小待[63]，当自知我寸心[64]。"子恪兄弟凡十六人[65]，皆仕梁，子恪、子范、子质、子显、子云、子晖并以才能知名，历官清显[66]，各以寿终[67]。

（以上为第四段，写南朝萧梁皇帝萧衍为巩固统治地位，将明帝萧鸾一族子孙尽数诛杀，而善待高帝萧道成子孙，故萧嶷十六个儿子尽数保全，且列官显要。）

【注释】

［1］戊辰：四月十日。［2］巴陵王卒：被萧颖胄、萧衍拥立为傀儡皇帝的萧宝融在宣告退位，被萧衍封为巴陵王的第三天，被萧衍杀死，时年十五岁。［3］南海郡：古郡名，郡治在今广州市。［4］古今殊事：今天与古代的形势不同，处理问题的方式也应该不同。《韩非子·定法》有所谓"时移则事异，事异则备变"。［5］魏武：即魏武帝曹操。［6］不可慕虚名而受实祸：意即迅速结束萧宝融的性命，不要学曹操父子那样留着汉献帝的小命一直到其病死。此语借用曹操的《让县自名本志令》。［7］颔（hàn）之：点头答应。颔，下巴。［8］郑伯禽：梁武帝萧衍的亲信，按萧衍的授意杀害巴陵王萧宝融。［9］生金：未经冶炼的金矿石，这里指金子。［10］醇（chún）酒：香郁纯正的美酒。［11］沈醉：烂醉如泥，不省人事。沈，同"沉"。［12］摺（zhé）杀：摧折，拉杀，如扭断脖子、折断肋骨之类。摺，同"折"，弄断。［13］镇荆州：指任名义上的荆州刺史。当时萧宝融年十二岁。［14］颜见远：琅邪临沂人，颜子的后裔，博学有志行，南齐萧宝融镇守荆州时，以其为录事参军；后为治书侍御史兼中丞，正色立朝。传见《梁书》卷五十。录事参军：地方大员的僚属，掌管文书簿籍。［15］治书侍御史兼中丞：治书侍御史，御史中丞的下属官员。中丞，指御史中丞，御史台的最高长官，主管监察弹劾。此"兼"字作迁升解。［16］见远不食数日而卒：胡三省曰："史言齐臣以死殉和帝者，仅一颜见远。"［17］应天从人：应天命，顺人心。从，顺从。萧衍为避其父萧顺之之讳，改"顺人"为"从人"。［18］何预：何干，与这些人有什么关系？［19］庚午：四月十二日。［20］有司依周、汉故事：有关主管部门按照周朝、汉朝时的旧例。［21］议赎刑条格：讨论用财物赎罪的条例、法令。胡三省曰："《舜典》曰：'金作赎刑。'注曰：误入而刑，出金以赎罪。周穆王训夏赎刑，亦以五刑之辟，疑者罚赎。至汉文帝令民入粟以赎罪；武帝令死罪入赎，钱五十万减死一等。盖自虞及周疑误者赎，汉则凡犯罪者皆可得而入赎。"［22］在官身犯鞭杖：在任的官员受古代刑鞭、杖。［23］台省：朝廷的各办事机构，如中书省、尚书省、御史台等。令史：代指朝廷官员。听：听任，允许。［24］谢沐县公宝义：即萧宝义，齐明帝萧鸾庶长子，有残疾，封晋安郡王。南梁萧衍即位后，降封为谢沐县公，后封巴陵郡王。传见《南齐书》卷五十。［25］奉齐祀：继续维持对南齐列祖列宗的祭祀。［26］南康侯子恪：即萧子恪，字景冲，齐豫章王萧嶷第二子，封南康县侯，入梁，降爵为子，历秘书监、宗正卿、吏部尚书。传见《梁书》卷三十五。［27］祁阳侯子范：即萧子范，字景则，萧子恪之弟，封祁阳县侯，入梁为南平王从事中郎，南梁辞赋家，有文集三十卷。传见《梁书》卷三十五。［28］从容：非常淡定，若无其事。［29］天下公器：天下人共有的公共器物。［30］苟无期运：如果没有天命。期运，气数，上天所预定的结局。［31］项籍：即秦末西楚霸王项羽，以善战闻名，欲以力争经营天下，结果被刘邦消灭。传见《史记》卷七。［32］宋孝武：即孝武帝刘骏，刘宋第五

位皇帝，夺取皇位后残杀兄弟。传见《宋书》卷六。［33］粗有令名者皆鸩之：稍微在臣民中有些威望的都被毒杀。粗，略，稍稍。令名，美誉。令，美，善。皆鸩（zhèn）之，胡三省曰："谓南平王铄也。"鸩，此用作动词，用酒毒杀。［34］疑似：似是而实非。枉死者相继：胡三省曰："谓颜竣、王僧达、周朗、沈怀文等。"［35］卿祖以材略见疑：你的祖父萧道成。他就是萧衍所说的那种被刘骏"疑而不能去"的人。材略，才干，武略。见疑，被怀疑。［36］无如之何：对之无可奈何。没法对付他，想杀而杀不成。胡三省曰："此正指不疑而卒为患者，谓明帝尽杀孝武帝子孙也。"［37］湘东：指宋明帝刘彧，曾被封为湘东王，故称。庸愚：平庸，愚昧。［38］非人所害：不是谁想害就害得了的。［39］除去卿辈以壹物心：杀掉你们这些萧道成的子孙，以统一、稳定全国的人心。壹，同"一"，统一。物心，人心。［40］江左以来：晋室渡江以来。［41］代谢之际：新王朝取代旧王朝的政权时，如刘宋代东晋、南齐代刘宋等。代谢，交替，更替。［42］必相屠灭：新得位者必然要杀光上一个王朝皇室的子孙，如刘裕杀司马德宗、司马德文；萧道成杀刘昱、刘准等。［43］感伤和气：损伤太和之气。和气，阴阳调和的美好之气。［44］国祚（zuò）：国运，政权维持的年代长短。［45］齐、梁虽云革命：指南齐、南梁的改朝换代。革命，即改朝换代，天命转移。［46］绝服：出了五服，不再有为之服丧的关系。［47］宗属未远：但同在一个萧氏的家族里血缘还是比较近的。萧衍的父亲萧顺之是南齐高帝萧道成的同族兄弟。［48］亦共甘苦：指在萧道成夺取刘宋江山的过程中，萧顺之也是跟着效了犬马之劳的。［49］遽如行路之人：一下子就变成了漠不相关的路人。［50］天命：古以君权为神授，统治者自称受命于天，谓之天命。［51］非我所杀：不是我所杀得了的。［52］何忽行此：何必忙着干这种惨无人道的事情呢？忽，急，忙着。［53］当足示无度量：只能是充分地表现了心胸的狭窄。［54］建武涂炭卿门：南齐明帝萧鸾使用的年号，此代指萧鸾残酷地杀戮你们的家族。胡三省曰："谓齐明帝建武中诛高、武子孙。"涂炭，烂泥与炭火，犹言水深火热，此指残杀。［55］自雪门耻：自雪其兄萧懿、其弟萧畅被东昏侯萧宝卷所杀的耻辱与仇恨。［56］建武、永元之世：指南齐萧鸾、萧宝卷父子在位期间。建武，萧鸾的年号；永元，萧宝卷的年号。拨乱反正：指起兵讨伐萧鸾的篡位与萧宝卷的残暴。胡三省曰："谓齐明帝父子为乱，高、武子孙为正。"［57］释戈推奉：放下自己的武器，拥戴萧子恪兄弟。［58］刘子舆：即东汉初王昌，又称王郎，赵国邯郸（今河北邯郸市）人。初以卜相为业，自称汉成帝之子刘子舆，以图大事。人们受其迷惑，更始元年（23），被人拥立为皇帝，占据燕赵之地，定都邯郸，史称赵汉。后被刘秀联军攻破邯郸，王昌兵败被杀。传见《后汉书》卷十二。［59］光武：东汉开国皇帝刘秀。［60］曹志：字允恭，沛国谯县（今安徽亳州）人，武帝曹操之孙，陈思王曹植次子，袭封济北王。入晋降封鄄城县公，为晋室忠臣。传见《晋书》卷五十。［61］坦然相期：胸襟坦荡地期望你们消除隔阂。相期，期望你们。［62］无复怀自外之意：无，同"毋"，不要。怀自外之意，总想自己是个外人。［63］小待：稍等一段时间。［64］知我寸心：明白我的真心。心位于腹中的方寸之地，故称"寸心"，通常谦指自己的心思。［65］子恪兄弟凡十六人：史上存其名者有十一人，分别是长子萧子廉，字景蔼；次子萧子恪，字景冲；三子萧子操；四子萧子行；五子萧子光；六子萧子范，字景则；七子萧子质；八子萧子显，字景阳；九子萧子云，字景乔；某子萧子晖，字景光；某子萧子开，字景发。［66］清显：清高、显贵，而无实际权力。［67］各以寿终：胡三省曰："史言帝所诛夷者齐明帝之后，高帝之后固无恙也。"

诏征谢朏为左光禄大夫、开府仪同三司，何胤为右光禄大夫，何点为侍中；胤、点终不就。

癸酉[1]，诏公车府[2]谤木、肺石[3]傍各置一函[4]，若肉食[5]莫言，欲有横议[6]，投谤木函；若以功劳才器冤沈莫达[7]，投肺石函。"

上身服浣濯[8]之衣，常膳唯以菜蔬。每简长吏[9]，务选廉平，皆召见于前，勖以政道[10]。擢尚书殿中郎到溉[11]为建安内史[12]，左户侍郎刘鬷为晋安太守[13]，二人皆以廉洁著称。溉，彦之曾孙也。

又著令[14]："小县令有能，迁大县；大县有能，迁二千石[15]。"以山阴令丘仲孚[16]为长沙内史，武康令东海何远为宣城[17]太守，由是廉能莫不知劝[18]。

鲁阳蛮围魏湖阳[19]，抚军将军李崇将兵击破之，斩鲁北燕[20]；徙万余户于幽、并诸州及六镇[21]，寻[22]叛南走，所在[23]追讨，比及河[24]，杀之皆尽。

闰月，丁巳[25]，魏顿丘匡公穆亮卒。

齐东昏侯嬖臣孙文明[26]等，虽经赦令，犹不自安，五月，乙亥[27]夜，帅其徒数百人，因运荻炬[28]，束仗入南、北掖门[29]作乱，烧神虎门、总章观[30]，入卫尉府[31]，杀卫尉洮阳愍侯张弘策[32]。前军司马吕僧珍直殿内[33]，以宿卫兵拒之，不能却。上戎服御前殿，曰："贼夜来，是其众少，晓则走矣。"命击五鼓[34]，领军将军王茂、骁骑将军张惠绍[35]闻难，引兵赴救，盗乃散走，讨捕，悉诛之。

（以上为第五段，写南朝萧梁武帝萧衍设置谤木、肺石，放置木匣，鼓励投诉、上诉冤情；穿旧衣，食菜蔬，选择廉政公平者为官，平定孙文明叛乱。）

【注释】

［1］癸酉：四月十五日。［2］公车府：古官署名，其地有公车司马门，设在皇宫正门的前面，乘车的官员至此下车步行。［3］谤木、肺石：都是让臣民直言国家大事的重要标志。谤木，即诽

谤之木，后来演化成明清宫门外面的华表。设立在宫门外，朝政有过失，百姓可以站在木下发表意见。谤，古代是中性词，提出不同意见。肺石，红色的石头，形如肺，故名“肺石”，古代立在宫门外，百姓有不平之事，可击石鸣冤。《周礼·大司寇》有所谓“以肺石达穷民”。［4］傍各置一函：傍（páng），同“旁”。函，匣子，石制或木制的意见箱，以征集意见或建议书。［5］肉食：肉食者，指做官的人。《左传》有所谓“肉食者鄙，未能远谋”之语。［6］横议：肆意议论，指下层臣民挺身而出所发表的议论。胡三省曰：“布衣处士而议朝政，谓之横议。”［7］冤沈莫达：有冤屈不能上达朝廷的人。沈，同“沉”。［8］浣（huàn）濯（zhuó）：洗涤，此指反复洗过的旧衣。［9］简长（zhǎng）吏：选拔较高级的官吏。《汉书·景帝纪》中元六年（前144）诏有所谓“吏六百石以上，皆长吏也。”［10］勖（xù）以政道：勉励他们恪尽职守。勖，教导，勉励。［11］擢（zhuó）尚书殿中郎：提拔在殿上值勤的尚书省的官员。到溉，字茂灌，彭城武原（今江苏邳州市）人，刘宋骠骑将军到彦之曾孙，南梁大臣、文学家。官至御史中丞、太府卿、都官尚书、江夏太守。传见《梁书》卷四十。［12］建安：郡治在今福建建瓯市。内史，相当于郡太守，诸侯以郡为封国，其行政长官称“内史”。［13］左户侍郎：度支尚书的属官，掌百姓户籍。胡三省引杜佑曰：“宋、齐度支尚书统度支、左户、右户、金部、库部六曹。”刘鬷（zōng），南梁左户侍郎，转为晋安太守，以廉洁著称。晋安，古郡名，郡治在今福建福州市。［14］著令：书面写定的规章制度。［15］二千石：汉代朝廷内自九卿郎将、外至郡守、诸侯国相的俸禄等级皆为二千石。后指称郎将、郡守为二千石。［16］山阴：县治在今浙江绍兴市。丘仲孚，字公信，吴兴乌程人，南梁官员、文学家。由山阴令，转为长沙内史，擢为卫尉卿，迁豫章内史，更励清节。传见《梁书》卷五十三。［17］武康：县治在今浙江德清县。何远，字义方，东海郯县（在今山东郯城县北）人。南齐武康县令，迎接萧衍的义军，为梁朝的建立立下功勋，任宣城太守。传见《梁书》卷五十三。［18］莫不知劝：没有一个人不知道勉励自己，希求上进。劝，自勉。［19］鲁阳蛮：鲁阳地区的少数民族。鲁阳，北魏郡名，郡治在今河南鲁山县。湖阳，古军事据点名，在今河南新野县东。［20］鲁北燕：人名，鲁阳蛮首领。［21］幽、并：幽州的州治在今北京市，并州的州治在今山西太原市南。六镇，北魏为防御柔然入侵，在北部边境自西而东地设置了六大军事重镇，即沃野镇，在今内蒙古五原县北；怀朔镇，在今内蒙古固阳县西南；武川镇，在今内蒙古武川县的西土城；抚冥镇，在今内蒙古四子王旗东南土城子古城；柔玄镇，在今内蒙古兴和县的台基庙东北；怀荒镇，在今河北张北县境内。［22］寻：不久。［23］所在：指反叛的蛮人所在的州镇与其所到之处。［24］比及河：等他们南逃到黄河边。河，即黄河，指今内蒙古境内由西向东的那段黄河。［25］闰月，丁巳：闰四月三十日。［26］孙文明：南齐小皇帝萧宝卷的宠臣，萧衍即位后，反叛，被杀。［27］乙亥：五月十八日。［28］荻（dí）炬：荻草捆成的火把。［29］束仗入南、北掖（yè）门：把武器藏在荻草捆成的火把中。掖门，南、北正门的旁侧小门。［30］神虎门：皇城的正北门，唐人避唐太宗曾祖李虎讳改称为“神武门”。总章观，皇宫中的宫殿名，乃仿效洛阳宫里的总章观而修建，穷极奢侈。［31］卫尉府：卫尉的办公官署。卫尉，防卫宫廷的官员，为九卿之一。［32］张弘策：梁武帝萧衍从舅，南梁外戚、大臣。传见《梁书》卷十一。［33］吕僧珍：南梁开国功臣。传见《梁书》卷十一。直，同“值”，宿卫。［34］五鼓：五更之鼓。古代从黄昏到拂晓一夜间分为五更，每更击一次鼓，故称“五鼓”。此称第五更，天快亮的时候。［35］张惠绍：字德继，义阳人，南梁左骁骑将军，镇北兖州、司州，入朝总领宿卫，官至左卫将军、通直散骑常侍。传见《梁书》卷十八。

江州刺史陈伯之，目不识书，得文牒辞讼[1]，唯作大诺[2]而已，有事，典签传口语[3]，与夺决于主者[4]。豫章人邓缮[5]、永兴人戴永忠[6]有旧恩于伯之，伯之以缮为别驾，永忠为记室参军。河南褚緭[7]居建康，素薄行[8]，仕宦不得志[9]，频造尚书[10]范云，云不礼之。緭怒，私谓所亲曰：“建武以后[11]，草泽下族[12]悉化成贵人，吾何罪而见弃！今天下草创[13]，饥馑[14]不已，丧乱[15]未可知。陈伯之拥强兵在江州，非主上旧臣，有自疑之意；且荧惑守南斗[16]，讵非为我出[17]邪！今者一行事若无成[18]，入魏不失作河南郡守[19]。”遂投伯之，大见亲狎[20]。伯之又以乡人朱龙符为长流参军[21]，并乘伯之愚暗[22]，恣为奸利[23]。

上闻之，使陈虎牙私戒[24]伯之，又遣人代邓缮为别驾，伯之并不受命，表云：“龙符骁勇[25]，邓缮有绩效；台[26]所遣别驾，请以为治中[27]。”缮于是日夜说伯之云：“台家[28]府藏空竭，复无器仗，三仓[29]无米，东境饥流[30]，此万世一时[31]也。机不可失！”緭、永忠共赞成之。伯之谓缮：“今启卿[32]，若复不得，即与卿共反。”上敕伯之以部内一郡[33]处缮，于是伯之集府州僚佐谓曰：“奉齐建安王教[34]，帅江北义勇十万，已次六合[35]，见使以江州见力运粮[36]速下。我荷[37]明帝厚恩，誓死以报。”即命纂严[38]，使緭诈为萧宝寅书以示僚佐，于听事[39]前为坛，歃血[40]共盟。

緭说伯之曰：“今举大事，宜引众望[41]。长史程元冲[42]，不与人同心；临川内史王观[43]，僧虔之孙，人身不恶[44]，可召为长史以代元冲。”伯之从之，仍以緭为寻阳太守，永忠为辅义将军，龙符为豫州[45]刺史。观不应命。豫章太守郑伯伦[46]起郡兵拒守。程元冲既失职于家[47]，合帅数百人[48]，乘伯之无备，突入至听事前；伯之自出格斗[49]，元冲不胜，逃入庐山[50]。伯之密遣信[51]报虎牙兄弟，皆逃奔盱眙[52]。

戊子[53]，诏以领军将军王茂为征南将军、江州刺史，帅众讨之。

魏扬州小岘戍主党法宗[54]袭大岘戍[55]，破之，虏龙骧将军邾菩萨[56]。

陈伯之闻王茂来，谓褚缉等曰："王观既不就命，郑伯伦又不肯从，便应[57]空手受困。今先平豫章，开通南路，多发丁力[58]，益运资粮，然后席卷北向[59]，以扑饥疲之众，不忧不济。"六月，留乡人唐盖人守城[60]，引兵趣[61]豫章，攻伯伦，不能下。王茂军至，伯之表里受敌，遂败走，间道渡江[62]，与虎牙等及褚缉俱奔魏。

（以上为第六段，写南朝萧梁江州刺史陈伯之是个反复无常之人，经不起褚缉等人的劝说，便举兵反叛，武帝萧衍派出领军将军王茂予以平定，陈伯之等逃往北魏。）

【注释】

[1]文牒（dié）辞讼（sòng）：申诉冤屈与分辨是非曲直的文书。 [2]作大诺：在文书上签字，表示同意。诺，答应，同意。 [3]传口语：陈伯之手不能书，只能由典签传出他所说的话。 [4]与夺决于主者：究竟怎么办，则全由当事主办人做主。予夺，办还是不办，肯定还是否定。主者，主办这件事的人。 [5]邓缮：南梁豫章太守。 [6]戴永忠：南梁永兴太守。 [7]河南：古郡名，郡治在今河南洛阳市，此时属于北魏。褚（chǔ）缉（wèi）：《魏书·萧宝寅传》作"褚胃"，南梁河南人，少薄行，南齐末为扬州西曹。入梁，投江州刺史陈伯之，为亲信，伯之反，以其为寻阳太守，兵败逃奔北魏，魏人欲重用之，褚缉为诗讽刺魏人衣冠，出为始平太守。行猎坠马死。 [8]薄行：品行不端，轻薄无行。 [9]仕宦不得志：在官场不得意。 [10]频造尚书：频繁地前往求见。造，造访，登门求见。范云时为吏部尚书。 [11]建武以后：指萧衍称帝以来。建武，萧衍建立梁国所改年号。 [12]草泽下族：泛指门第出身不高的人。草泽，荒野，指下层人。 [13]草创：开始创建。 [14]饥馑（jǐn）：灾荒之年，庄稼没有收成。 [15]丧乱未可知：说不定哪一天还要发生动乱。丧乱，祸乱，动乱。 [16]荧惑守南斗：火星运行到了南斗星的位置。荧惑，古人用以称火星。南斗，星名，在北斗星南。《晋书·天文志》有所谓："将有天子之事，占于南斗。南斗六星，天庙也，主兵。" [17]讵（jù）非为我出：这难道不是为我而出现的天文现象吗？讵，岂，难道。 [18]一行事若无成：举兵反对朝廷如果不能成功。 [19]不失作河南郡守：不会小于在黄河以南地区做个太守官。河南，此指黄河以南的北魏地区。 [20]大见亲狎（xiá）：

得到不同寻常的亲近。大，很。狎，亲昵而不庄重。［21］朱龙符：南梁时人，叛将刘伯之的同乡、亲信。长流参军：将军府的僚属，主管缉捕盗贼。［22］愚暗：愚昧，昏庸。［23］恣为奸利：放肆妄为，非法谋取的利益。［24］陈虎牙私戒：陈伯之之子，南齐小皇帝萧宝卷时为军主，此时在萧衍身边任直阁将军。传见《梁书》卷二十。私戒，私下告诫，不在明面上说。戒，同“诫”。［25］骁（xiāo）勇：勇猛。［26］台：这里指朝廷。［27］治中：也称治中从事史，州刺史的僚属，主管本州的钱粮等事。［28］台家：这里以称朝廷。［29］三仓：国家的三个大粮仓。胡三省曰：“三仓：太仓、石头仓及常平仓。”［30］东境饥流：指吴郡、吴兴、会稽等一带地区，当时南朝的最富饶之区因饥荒而逃亡。［31］万世一时：万世才能碰这么一个机会，形容机会难得。［32］今启卿：我现在再为你的事上书朝廷，即请求不要变换你的职务。［33］部内一郡：江州刺史所统辖地区内的一个郡。［34］奉齐建安王教：接到南齐建安王萧宝寅的命令。萧宝寅，南齐明帝萧鸾之子，萧衍篡位时已逃往北魏，很受魏人重视。教，教命，诸侯王公所下达的命令、文告。［35］已次六合：已经进驻六合县。六合，在今江苏南京市六合区，在当时长江的北岸。［36］见使以江州见力运粮：命令我用江州现有的兵力运送粮食。见，同“现”。［37］荷（hè）：担负，承受。［38］纂严：实行紧急动员，进入战争状态。［39］听事：议事厅。［40］歃（shà）血：古代举行盟会时，嘴唇涂上牲畜的血，表示诚意。歃，饮，喝。［41］众望：众人所瞻仰、众望所归的人。［42］程元冲：南梁时人，为叛将陈伯之的长史，不支持其叛乱。［43］临川内史：临川郡的行政长官，职同太守。临川，在当时是诸侯王的封国，故其长官称内史，都城在今江西抚州市西。王观：南齐征南将军王僧虔之孙，南梁叛将陈伯之的临川内史，不支持其叛乱。［44］人身不恶：犹言“这个人不坏”，主要是指出身门第而言。［45］豫州：南梁州名，州治寿阳，在今安徽寿县。［46］豫章：郡治在今江西南昌市。郑伯伦，南梁时人，萧衍时为豫章太守，曾率郡兵抗拒陈伯之的反叛。［47］失职于家：被削职，居于家中。［48］合帅数百人：胡三省曰：“合众而帅之以攻伯之。”合帅，集合，率领。［49］格斗：近身打斗，搏斗。［50］庐山：山名，在当时的江州，今江西九江市南。［51］遣信：派遣使者。信，信使，使者。［52］盱（xū）眙（yí）：古郡名，郡治在今江苏盱眙县东北。［53］戊子：六月二日。［54］小岘（xiàn）戍主：小岘山军事据点的驻军头领。小岘山，在今安徽含山县西北，当时属北魏。党法宗：北魏人，元恪时为扬州小岘戍主。［55］大岘（xiàn）戍：大岘山军事据点，在当时的和州，今安徽和县西北，当时属南梁。［56］虏：同“掳”，俘获，活捉。龙骧（xiāng）将军，古杂号将军之名。邾（zhū）菩萨，南梁时人，萧衍时为大岘戍戍主，曾被北魏俘获。［57］便应：就应，就当。［58］丁力：壮丁，役夫。［59］席卷北向：大规模地北下攻打南梁都城建康。当时陈伯之在江州，建康城在其东北方，故称“北向”。［60］唐盖人：姓唐，名盖人，南梁时人，叛首陈伯之的同乡、亲信。守城：守卫寻阳城。［61］趣：同“趋”，奔向。［62］间道渡江：偷偷地由小道渡过长江。

上遣左右陈建孙送刘季连子弟三人入蜀[1]，使谕旨[2]慰劳。季连受命，饬还装[3]，益州刺史邓元起始得之官[4]。

初，季连为南郡太守，不礼于元起。都录朱道琛[5]有罪，季连欲杀之，逃匿得免。至是，道琛为元起典签，说元起曰："益州乱离已久，公私虚耗[6]。刘益州临归[7]，岂办远遣迎候[8]！道琛请先使检校[9]，缘路奉迎[10]，不然，万里资粮[11]，未易可得。"元起许之。道琛既至，言语不恭[12]，又历造府州[13]人士，见器物，辄[14]夺之，有不获[15]者，语曰："会当属人[16]，何须苦惜[17]！"于是，军府[18]大惧，谓元起必诛季连，祸及党与[19]，竞言之于季连。季连亦以为然，且惧昔之不礼于元起，乃召兵算之，有精甲十万，叹曰："据天险之地，握此强兵，进可以匡社稷[20]，退不失作刘备[21]，舍此安之[22]！"遂召佐史，矫称齐宣德太后令，聚兵复反，收朱道琛，杀之。召巴西太守朱士略及涪令李膺[23]，并不受命。是月，元起至巴西，士略开门纳之。

先是，蜀民多逃亡，闻元起至，争出投附，皆称起义兵应朝廷，军士新故三万余人[24]。元起在道久，粮食乏绝，或说之曰："蜀土政慢[25]，民多诈疾[26]，若检巴西一郡籍注[27]，因[28]而罚之，所获必厚[29]。"元起然之。李膺谏曰："使君前有严敌[30]，后无继援，山民[31]始附，于我观德[32]。若纠以刻薄[33]，民必不堪[34]，众心一离，虽悔无及。何必起疾可以济师[35]！膺请出图之[36]，不患资粮不足也。"元起曰："善。一以委卿[37]！"膺退，帅富民上军资米[38]，得三万斛[39]。

（以上为第七段，写南朝萧梁平定益州之乱。）

【注释】

[1]"上遣左右"句：左右，身边侍从。陈建孙，萧衍的侍从人员。刘季连任辅国将军、益州刺史，居于上游，因为政酷苛遭百姓痛恨，郡人多反之。后据蜀反叛。传见《梁书》卷二十。子弟三人，《梁书·刘季连传》曰："送季连弟通直郎子渊及季连二子使蜀。" [2]谕旨：皇帝对臣子下的命令、指示。 [3]饬（chì）还装：整理返回建康的行装。饬，整理。 [4]邓元起：字仲居，南郡当阳人。南齐时，原为萧颖胄的部下，萧宝融被拥立为帝后，邓元起率军东下，对萧衍篡齐颇有功绩，封当阳县侯。后讨伐益州刺史刘季连，平定蜀地。为都督征讨诸军事，后被杀。传见《梁书》卷第十。始得之官：这才能到益州任职。 [5]都录：总领班。胡三省曰："都录，盖郡之首吏，总录诸吏者也。"《梁书·刘季连传》"都录"作"典签"。朱道琛：南梁南郡太守刘季连的

都录。［6］公私虚耗：官府与百姓都很穷。虚耗，府库空虚。耗，亏损。［7］刘益州：即刘季连，时为益州刺史。临归：马上就要离开益州，返回朝廷。［8］岂办远遣迎候：他哪里顾得上派遣官吏沿途做迎接您的准备呢？岂办，哪里顾得，哪里能做好。［9］先使检校：先派人去检查一下。［10］缘路奉迎：让他们做好沿途接待您的准备。［11］万里资粮：漫漫长路上的各种花销。［12］言语不恭：对刘季连出语不恭。［13］历造：一一造访，到各个头面人物的家里拜访。［14］辄（zhé）：总是。［15］不获：得不到手，人家不给他。［16］会当属人：反正是终归要属于别人。会当，必将。［17］苦惜：苦苦地吝啬不放。惜，吝惜。［18］军府：督军府与刺史府。［19］党与：同党之人。［20］匡社稷：拯救国家。匡，匡正，救助。社稷，代指国家。［21］退不失作刘备：最不济还能像刘备那样割据益州以称王。［22］舍此安之：丢掉这么好的地盘，还能到哪里去找？［23］"巴西太守"句：巴西郡治在今四川绵阳市。朱士略，南梁萧衍时为巴西太守。涪（fú）令，涪县的县令。涪县，古县名，县治在今四川绵阳市涪城区。李膺，字公胤，广汉人，有才辩，为南梁涪县令。传见《梁书》卷十。［24］新故三万余人：指新归附的蜀地人与原跟随邓元起入蜀的士兵共三万余人。［25］政慢：政治涣散、懈怠。［26］诈疾：假称有病，以逃避兵役、劳役。胡三省曰："谓民多诈疾，注之于籍，以避征役。"［27］籍注：指户口册上有关病疫的记载。［28］因：趁机。［29］所获必厚：必然能收取很多弄虚作假者的罚款。［30］严敌：凶恶的敌人。［31］山民：在山中居住的百姓，平时受压迫最重。［32］于我观德：来观察我们军队的德行如何。胡三省曰："言山民观望，我德则附，否则携贰。"［33］纠以刻薄：以残暴的法令惩办之。纠，督察，惩办。［34］不堪，不能忍受。［35］起疾：向那些假称有病的人勒索军需。济师：供应军队需要。济，满足。［36］请出图之：请让我来给您办理这件事。［37］一以委卿：那就全部委托你来办了。一，一切，一概。［38］上军资米：捐献军粮。军资米，军用的粮食。资，资助。［39］三万斛：即三万石。一斛相当一石，一石为十斗。

秋，八月，丁未[1]，命尚书删定郎济阳蔡法度[2]损益王植之集注旧律[3]，为《梁律》[4]，仍[5]命与尚书令王亮、侍中王莹、尚书仆射沈约、吏部尚书范云等九人同议定。

上素善钟律[6]，欲厘正雅乐[7]，乃自制四器，名之为"通[8]"。每通施三弦，黄钟[9]弦用二百七十丝，长九尺，应钟[10]弦用一百四十二丝，长四尺七寸四分差强[11]，中间十律，以是为差[12]。因以通声转推月气[13]，悉无差违[14]，而还得相中。又制十二笛[15]，黄钟笛长三尺八寸，应钟笛长二尺三寸，中间十律以是为差，以写通声[16]，饮古钟玉律[17]，并皆不差。于是，被以八音[18]，施以七声[19]，莫不和韵。先是，宫悬止有四镈钟[20]，杂以编钟[21]、编磬[22]、衡钟[23]，凡十六虡[24]。上始命设十二镈钟，各有编钟、编磬，凡三十六虡，而去衡钟，四隅植建鼓[25]。

魏高祖[26]之丧，前太傅平阳公丕[27]自晋阳来赴[28]，遂留洛阳。丕年八十余，历事六世[29]，位极公辅[30]，而还为庶人[31]。魏主以其宗室耆旧[32]，矜[33]而礼之。乙卯[34]，以丕为三老[35]。

魏扬州刺史任城王澄表请攻钟离[36]，魏主使羽林监敦煌范绍诣寿阳[37]，共量进止[38]。澄曰："当用兵十万，往来百日，乞朝廷速办粮仗。"绍曰："今秋已向末[39]，方欲调发[40]，兵仗可集，粮何由致！有兵无粮，何以克敌！"澄沈思良久曰："实如卿言。"乃止。

九月，丁巳[41]，魏主如邺[42]。冬，十月，庚子[43]，还至怀[44]，与宗室近侍射远，帝射三百五十余步[45]，群臣刻铭以美之。甲辰[46]，还洛阳。

十一月，己未[47]，立小庙以祭太祖之母[48]，每祭太庙[49]毕，以一太牢[50]祭之。

甲子[51]，立皇子统[52]为太子。

魏洛阳宫室始成[53]。

十二月，将军张嚣之侵魏淮南[54]，取木陵戍[55]；魏任城王澄遣辅国将军成兴[56]击之，嚣之败走，魏复取木陵。

刘季连遣其将李奉伯[57]等拒邓元起，元起与战，互有胜负。久之，奉伯等败，还成都，元起进屯西平[58]。季连驱略[59]居民，闭城固守。元起进屯蒋桥，去成都[60]二十里，留辎重于郫[61]。奉伯等间道[62]袭郫，陷之，军备尽没。元起舍郫，径围州城[63]，城局参军江希之[64]谋以城降，不克[65]而死。

魏陈留公主[66]寡居，仆射高肇、秦州刺史张彝皆欲尚[67]之，公主许彝而不许肇。肇怒，谮[68]彝于魏主，彝坐沈废累年[69]。

是岁，江东[70]大旱，米斗五千，民多饿死。

（以上为第八段，写南朝梁武帝萧衍志欲改革，令尚书郎制定刑法《梁律》，订正礼乐制度；北魏任城王元澄欲出兵攻打南朝钟离，因无法筹粮而作罢。）

【注释】

［1］丁未：八月二十二日。［2］尚书删定郎：执掌文书奏章。蔡法度：南梁济阳人，南朝法律学家。家传律学。南齐《永明律》制定后未颁布施行，律文散失，蔡法度能记述其内容。梁武帝萧衍任其为尚书删定郎，增损永明旧本，制定律令；后上《梁律》二十卷、《令》三十卷、《科》四十卷，下诏颁行天下。［3］"损益"句：损益，修改，补充。王植之，南齐的律法学家。旧律，指晋张斐、杜预注释的旧律。南齐武帝萧赜时，删定郎王植之曾将二人的注释合为一书，共一千五百三十条，事见《资治通鉴》前文卷一百三十七永明元年（483）。［4］《梁律》：南梁法典。蔡法度为兼尚书删定郎，损益旧本，以为《梁律》，又使尚书令王亮、侍中王莹等参议断定，定为二十篇，二千五百二十九条，其体例、内容与《晋律》大致相同。篇目有刑名、法例、盗劫、贼叛、诈伪、受赇、告劾、讨捕、系讯、断狱、杂、户、擅兴、毁亡、卫宫、水火、仓库、厩、关市、违制等。［5］仍：同"乃"，与现今的"仍"字用法不同。［6］善钟律：擅长于钟磬的乐律。［7］厘正雅乐：改正古雅乐中音律与节奏中的失调之处。厘正，改正。雅乐，指用于宗庙与朝堂的庄重之乐，与应用于日常生活的俗乐相对而言。［8］通：有四器，每通三弦，依次可表示冬、春、夏、秋四时和每个月的节气。胡三省引《五代史志》曰："通，受声广九寸，宣声长九尺，临岳高一寸二分。每通皆施三弦。一曰'玄英通'，二曰'青阳通'，三曰'朱明通'，四曰'白藏通'。"［9］黄钟：古乐十二律之一，声音最洪亮。［10］应钟：十二律中的第十二律。［11］差强：略长一点。［12］以是为差：将这中间的差距分成十份。古人推算十二律的方法，上下相生，三分益一或三分去一。又叫"三分损益法"。［13］月气：节气。用"通"的弦声转推节气，是我国古代"作乐器，随月律"，用乐律与时令相结合的传统做法。［14］悉无差违：全部没有差错。差违，差错。［15］十二笛：十二个定音管。［16］以写通声：把十二笛的音高移置到通弦上。十二笛开孔以弦音为根据，所以十二笛的音高与通的十二弦相同。［17］饮：胡三省曰："乐有饮声，饮者随其声而酌其清浊高下也。"玉律：玉制的律管。［18］被以八音：应用到各种物质制成的乐器上。八音，古代的八种乐器，指金（钟、镈、铙）、石（磬）、丝（琴、瑟）、竹（箫、篪）、匏（笙、竽）、土（埙、缶）、革（鼓）、木（柷、敔，打击乐器）。［19］施以七声：确定七种音调的音高，即宫、商、角、徵、羽、变宫、变徵。［20］"宫悬"句：指宫廷雅乐的钟磬等悬挂乐器。帝王悬挂四面，象征宫室四面墙壁，故称"宫悬"。止，同"只"，只有。镈（bó）钟，单独悬挂的大钟。镈，古代击乐器，形状像钟。钟，古代打击乐器，青铜制，也称乐钟。［21］编钟：小钟，十六枚，按其音调高低悬挂在一个架子上，大小不等。［22］编磬（qìng）：排挂的磬，十六枚，按其音调高低悬挂在一个架子上。磬，古代击乐器，用石或玉制成，形如曲尺，悬于架上，用木槌击奏。单一的叫特磬，成套的叫编磬。［23］衡钟：古代金属乐器的一种，与古文钟、千石钟、九乳钟等，都属于俗乐部的金属乐器之一。［24］凡十六虡（jù）：一共有十六个悬挂编钟编磬的木架子。虡，悬挂钟磬的架子。［25］四隅植建鼓：宫悬的四个角落架有大鼓。植，竖立，架设。建鼓，大鼓。［26］魏高祖：即孝文帝，元宏，庙号高祖，故称。传见《魏书》卷七。［27］平

阳公丕（pī）：即元丕，也称拓跋丕，北魏宗室、大臣，封平阳郡公，官室三公。传见《魏书》卷十四。［28］晋阳：古郡名，郡治在今山西太原市。来赴：前来奔丧。［29］历事六世：在北魏的六代皇帝驾下称臣。六世，指太武帝拓跋焘、景穆帝拓跋晃、文成帝拓跋浚、献文帝拓跋弘、孝文帝元宏、今主宣武帝元恪。［30］公辅：指三公，朝廷的最高行政长官。［31］还为庶人：因牵连穆泰搞分裂，被免为庶人。事见《资治通鉴》卷一百四十一齐明帝建武四年（497）。［32］宗室耆（qí）旧：本家族的老人。耆，六十岁以上的老人。［33］矜（jīn）：同情，可怜。［34］乙卯：八月三十日。［35］三老：荣誉官号，朝廷授予年高有德的老人，以表明朝廷的尊老敬贤之意。［36］钟离：梁国北部边界的军事要地名，在今安徽蚌埠市东南。［37］羽林监：皇帝警卫部队的监军。范绍：敦煌龙勒人，字始孙，北魏官员，既通儒学又长于实践活动，曾主持屯田以及工程技术之事。初为门下通事令史，迁强弩将军、公车令，加给事中，迁羽林监；除安北将军、并州刺史，入为太常卿。后为尔朱荣杀于河阴。传见《魏书》卷七十九。寿阳：古郡名，郡治在今安徽寿县，时为北魏扬州刺史的州治所在地。［38］共量进止：共同商议进攻还是停止。量，商量。［39］秋已向末：秋季已经快要过去了。［40］方欲调发：才提出来调集粮食武器。方，才，刚刚。［41］丁巳：九月二日。［42］邺（yè）：即邺城，古城名，在今河北临漳县西南，时为北魏相州州治所在地。［43］庚子：十月十六日。［44］怀：北魏县名，县治在今河南武陟县西南，当时属于河内郡。［45］步：古时的一步相当于五尺。［46］甲辰：十月二十日。［47］己未：十一月五日。［48］小庙以祭太祖之母：小庙，与“太庙”相对而言，帝王之庶出者为其生母所立之庙。太祖之母，萧顺之之母，萧衍的祖母。太祖，是萧衍追赠其父萧顺之的庙号。［49］太庙：古庙名，皇帝的祖庙。［50］一太牢：指一牛、一羊、一猪的祭品。太牢，古代祭祀时，牛、羊、猪三牲全备。［51］甲子：十一月十日。［52］皇子统：即萧统，字德施，梁武帝萧衍长子，南梁太子、文学家。天监元年（502）立为太子，未及即位，中大通三年（531）去世，谥号昭明，史称“昭明太子”。后追尊昭明皇帝，庙号高宗。编有《文选》，是我国现存最早的古代诗文集，通称《昭明文选》行于世。传见《梁书》卷八。［53］洛阳宫室始成：南齐武帝永明十一年（493）魏始营洛阳，至是宫室乃成。［54］淮南：北魏郡名，郡治寿阳，在今安徽寿县。［55］木陵戍：北魏的军事据点，在今河南光山县南。［56］成兴：北魏辅国将军。［57］李奉伯：南梁益州刺史刘季连的将领。［58］西平：古县名，县治在今四川成都市内。胡三省曰：“晋安帝以秦、雍流民立怀宁郡，宋文帝元嘉十六年（439）寄治成都，其属县有西平，盖亦寄治成都城外，遂为实土。”［59］驱略：驱赶，胁迫。［60］屯蒋桥，去成都：蒋桥，古地名，在今四川成都市郊区。去成都，距离成都。［61］留辎重于琕：辎（zī）重，由后勤部队运送的军用物资。琕（pí），同“郫”，古县名，县治在今四川成都市西北。［62］间（jiàn）道：偏僻的小路。［63］州城：即益州治所，今四川成都市。［64］城局参军：州刺史的僚属，主管修城与守城事宜。胡三省曰：“宋有十八曹参军，城局其一也。”江希之：时为刘季连的城局参军。［65］不克：不果，没有实现。［66］陈留公主：北魏孝文帝元宏的妹妹。［67］“仆射”句：高肇（zhào），宣武帝元恪舅父，北魏外戚、权臣。张彝（yí），字庆宾，平陆侯张灵真之子，宣武帝元恪时，任侍中、秦州都督，授光禄大夫。传见《魏书》卷六十四。尚，娶公主为妻的敬称。［68］谮（zèn）：谗毁，故意说人坏话。［69］彝坐沈废累年：彝，此字原无，据章校补。坐，因某事而犯罪。沈废，被压抑，被免官。沈，同“沉”。累年，长达数年。［70］江东：古区域名，长江以南地区。此指南梁。

二年（癸未，503年）

春，正月，乙卯[1]，以尚书仆射沈约为左仆射，吏部尚书范云为右仆射，尚书令王亮为左光禄大夫。丙辰[2]，亮坐正旦诈疾不登殿[3]，削爵，废为庶人[4]。

乙亥[5]，魏主耕籍田[6]。

魏梁州氐杨会[7]叛，行梁州事杨椿[8]等讨之。

成都城中食尽，升米三千，人相食。刘季连食粥累月，计无所出。上遣主书赵景悦[9]宣诏受季连降，季连肉袒[10]请罪。邓元起迁季连于城外，俄而造焉[11]，待之以礼。季连谢曰：“早知如此，岂有前日之事[12]！”郫城亦降。元起诛李奉伯等，送季连诣建康。初，元起在道，惧事不集[13]，无以为赏，士之至者皆许以辟命[14]，于是受别驾、治中檄者[15]将二千人。

季连至建康，入东掖门[16]，数步一稽颡[17]，以至上前。上笑曰：“卿欲慕刘备[18]，而曾不及公孙述[19]，岂无卧龙之臣[20]邪！”赦为庶人。

三月，己巳[21]，魏皇后蚕于北郊[22]。

庚辰[23]，魏扬州刺史任城王澄遣长风戍主奇道显[24]入寇，取阴山、白藁[25]二戍。

萧宝寅伏于魏阙[26]之下，请兵伐梁，虽暴风大雨，终不暂移[27]；会陈伯之降魏，亦请兵自效[28]。魏主乃引八坐、门下入定议[29]。

夏，四月，癸未朔[30]，以宝寅为都督东扬[31]等三州诸军事、镇东将军、扬州刺史、丹杨公、齐王，礼赐甚厚，配兵一万，令屯东城[32]；以伯之为都督淮南诸军事、平南将军、江州刺史，屯阳石[33]，俟秋冬大举[34]。宝寅明当拜命[35]，自夜恸哭至晨[36]。魏人又听[37]宝寅募四方壮勇，得数千人，以颜文智、华文荣[38]等六人皆为将军、军主。宝寅志性雅重[39]，过期[40]犹绝酒肉，惨形悴色[41]，蔬食粗衣，未尝嬉笑。

癸卯[42]，蔡法度上《梁律》二十卷，《令》三十卷，《科[43]》四十卷。诏班行[44]之。

五月，丁巳[45]，霄城文侯范云[46]卒。

云尽心事上，知无不为，临繁处剧[47]，精力过人。及卒，众谓沈约宜当枢管[48]，上以约轻易[49]，不如尚书左丞徐勉[50]，乃以勉及右卫将军周舍[51]同参国政[52]。舍雅量[53]不及勉，而清简[54]过之，两人俱称"贤相"，常留省内，罕得休下[55]。勉或时还宅[56]，群犬惊吠；每有表奏，辄焚其稿。舍豫[57]机密二十余年，未尝离左右，国史、诏诰、仪体、法律、军旅谋谟皆掌[58]之，与人言谑[59]，终日不绝，而竟不漏泄机事，众尤服之。

壬申[60]，断诸郡县献奉二宫[61]，惟诸州及会稽许贡任土[62]，若非地产，亦不得贡。

甲戌[63]，魏杨椿等大破叛氐，斩首数千级。

六月，壬午朔[64]，魏立皇弟悦[65]为汝南王。

魏扬州刺史任城王澄表称："萧衍频断东关[66]，欲令巢湖泛溢以灌淮南诸戍[67]。吴、楚便水[68]，且灌且掠，淮南之地将非国有。寿阳去江[69]五百余里，众庶惶惶[70]，并惧水害，脱[71]乘民之愿，攻敌之虚，豫勒诸州[72]，纂集[73]士马，首秋[74]大集，应机经略[75]，虽混壹[76]不能必果，江西自是无虞[77]矣。"丙戌[78]，魏发冀、定、瀛、相、并、济[79]六州二万人，马一千五百匹，令仲秋之中[80]毕会淮南，并寿阳先兵[81]三万，委澄经略[82]；萧宝寅、陈伯之皆受澄节度[83]。

（以上为第九段，写南梁益州叛首刘季连投降朝廷，叛乱平定；重用贤臣徐勉、周舍，参掌机枢；投奔北魏的萧宝寅、元澄请求南下，北魏调发六州兵力定于中秋中期会合淮南。）

【注释】

[1]乙卯：正月二日。 [2]丙辰：正月三日。 [3]正旦：正月一日，这里指正月一日举行

的朝拜皇帝的朝廷盛典。诈疾不登殿：假装生病，不上殿朝贺。《梁书·王亮传》曰："元日朝会万国，亮辞疾不登殿，设馔别省，而语笑自若。" [4]削爵，废为庶人：削去所封的爵位、官职，贬为一般平民。《梁书·王亮传》曰："数日，诏公卿问讯，亮无疾色，御史中丞乐蔼奏大不敬，论弃市刑。诏削爵废为庶人。" [5]乙亥：正月二十二日。 [6]耕籍田：皇帝在特定的日子到一块特定的土地上去示范农业耕作，表现皇帝对发展农业的重视，以鼓励全国农民积极从事农业生产。籍田，皇帝亲自耕种的示范田。 [7]梁州氐（dī）杨会：梁州地区的氐族头领名杨会。梁州，北魏州名，州治骆谷城，在今甘肃成县西北，当时也是仇池郡的郡治所在地。 [8]行梁州事：代理梁州刺史。杨椿：字延寿，弘农华阴（今陕西华阴市）人，洛州刺史杨懿第二子，北魏大臣。传见《魏书》卷五十八。 [9]主书：中书省的属官，掌管文书。赵景悦：南梁武帝萧衍时为主书，后为北兖州刺史。 [10]肉袒（tǎn）：脱去上衣，露出身体的一部分，这是古人表示请罪的一种姿态。 [11]俄而造焉：时间不长，就登门拜访。造，造访，访问。 [12]早知如此，岂有前日之事：胡三省曰："盖言前日所以阻兵拒命，实为朱道琛构间也。" [13]惧事不集：担心事情不能成功，即无法制服刘季连。不集，不成功。 [14]辟命：聘任其为官。辟，聘。 [15]受别驾、治中檄（xí）：接受到邓元起聘书答应其为别驾、为治中者。别驾、治中，都是州刺史的高级僚属。檄，这里指聘任书、委任状。 [16]东掖门：皇宫的东侧门。 [17]稽（qǐ）颡（sǎng）：古代一种跪拜礼，屈膝下拜，以额触地，表示极度的虔诚。颡，前额。 [18]欲慕刘备：指前面所说的"退不失作刘备"之语。 [19]曾不及公孙述：结果连公孙述也比不上。西汉末，公孙述据蜀称帝十二年，被兴武帝大将吴汉讨平。传见《后汉书》卷四十三。 [20]无卧龙之臣：没有诸葛亮那样的臣子。 [21]己巳：三月十七日。 [22]蚕于北郊：在洛阳城的北郊行采桑养蚕之礼，以鼓励民间妇女勤于养蚕织布。与前文的皇帝"耕籍田"意思相同。蚕，用作动词，指行采桑养蚕之礼。 [23]庚辰：三月二十八日。 [24]长风戍主：长风据点的驻军头领。长风戍，《魏书·田益宗传》云："进至阴山关南八十余里，据长风城。"胡三省注曰："据《水经注》，阴山关在弋阳县西南。"弋阳县在今河南潢川县，则长风城位于今潢川县西南方，在今河南光山县附近，长风戍当依长风城而设，亦当位于光山县附近处。戍主，原文为"城主"，据章校改。奇道显：北魏长风戍主。 [25]阴山、白蒿二戍：古军事据点名，原属于南朝，在弋阳郡（今河南潢川县西）西南。 [26]魏阙：北魏皇宫的正门。因古代宫廷的正门外立有双阙，类似今故宫午门的五凤楼，故称宫门曰"阙"。 [27]不暂移：跪在原地，一动不动。 [28]自效：自己出征，为北魏效力。 [29]八坐：尚书省的八位长官，指尚书令、左右仆射，与五个部门的尚书。门下：指门下省的长官，即侍中、散骑常侍等。入定议：进入议事厅，议定其事。 [30]癸未朔：四月一日。 [31]东扬：即东扬州，北魏州名，州治在今安徽寿县一带，因在南朝境内，又在北魏扬州州治的寿春以东，故指其地以任之。 [32]东城：古县名，在今安徽定远县东南，滁州市西北。 [33]阳石：古地名，又作"羊石"，在今安徽舒城县西北。 [34]俟（sì）秋冬大举：等待，等候秋冬时大举进攻南梁。 [35]明当拜命：在明天就要接受任命。 [36]自夜恸哭至晨：以言其为了报父兄之仇不得不倚靠外邦的矛盾痛苦心情。［37］听：听任，允许。［38］颜文智、华文荣：南梁叛臣萧宝寅的属将。胡三省曰："颜文智将宝寅投华文荣，文荣等将宝寅投北。"［39］雅重：文雅、庄重，言行不轻率。［40］过期：超过服丧的时间。［41］惨形悴色：忧伤憔悴，形容枯槁。［42］癸卯：四月二十一日。［43］科：也是法律条文的一种。［44］班行：同"颁行"，颁布实行。班，同"颁"。［45］丁巳：五月六日。［46］霄城文侯范云：范云被封为霄城县侯。当时的霄城县即日后的竟陵县，在今湖北潜江市城西南。死后谥号"文"。［47］临繁处剧：擅长处理非常复杂、非常繁难的事务。繁剧，复杂，艰难。［48］枢管：轴心，关键。这里指中书省、门下省的主要长官，如中书令、中书侍郎、侍中等，都是侍候在皇帝身边，为之筹谋划策、起草文件、下达命令的关键人物。［49］轻易：说话、办事不太稳重。胡三省曰："以此观之，沈约之位虽在范云之右，而亲任不及云远矣。"［50］尚书左丞：尚书令的佐官。徐勉：字修仁，东海郯县（今山东郯城县）人，南昌相徐融之子，南梁宰相、文学家。传见《梁书》卷二十五。［51］右卫将军：古将军名号，为禁卫军统帅之一。周舍：字升逸，汝南安城人，南齐中书侍郎周颙之子，南梁大臣。博学多才，尤善礼制。为尚书祠郎、中书侍郎，身参机要二十余年。传见《梁书》卷二十五。［52］同参国政：意即同时担任中书侍郎之职。［53］雅量：说话、办事及一举一动的风度、气量。［54］清简：简要，不烦琐。［55］罕得休下：很少有时间歇班、回家。休下，休息，下班。［56］或时还宅：偶尔有时回家。［57］豫：同"与"，参与。［58］仪体：意同"仪礼"，国家的重大典礼、仪式。谋谟（mó）：谋划。谟，谋略，韬略。掌，主管，办理。［59］言谑（xuè）：谈笑。谑，开玩笑。［60］壬申：五月二十一日。［61］断：禁止。献奉二宫：给皇帝宫与太子宫进献物品。［62］惟诸州及会稽许贡任土：只有各州的刺史与会稽郡的太守许可他们进贡一些当此出产的东西。胡三省曰："会稽，东土大郡也，故使之同于诸州。"［63］甲戌：五月二十二日。［64］壬午朔：六月一日。［65］皇帝悦：即元悦，北魏宣武帝元恪之弟，封汝南王，历任中书监、骠骑将军，拜侍中、太尉公。传见《魏书》卷二十二。［66］频断东关：屡屡地挖断东关一带的堤墙。东关，古地名，在今安徽含山县西南的濡须山上，北控巢湖，南扼长江，是当时的军事要地。［67］巢湖：古湖名，位于安徽中部，中国五大淡水湖之一。淮南诸戍：地处淮水以南的北魏的诸军事据点，如寿春、雍丘等。［68］吴、楚：春秋、战国时的古国名，吴国的都城在今江苏苏州市，楚国的都城在今安徽寿县。这里代指南朝占据的长江中下游与淮河以南地区。便水：擅长于水上作战。［69］去江：距离长江。［70］众庶惶惶：指淮南地区的百姓的人心惶惶，害怕自己的土地、屋舍被淹。［71］脱：假如，万一。［72］豫勒诸州：预先命令北魏南部边境上的诸州郡。豫，同"预"。勒，命令。［73］纂集：聚集，集中。［74］首秋：初秋的七月。原文作"有秋"，据章校改。［75］应机经略：随机应变地进行出动进攻。［76］混壹：消灭南朝，统一天下。壹，同"一"，统一。［77］江西自是无虞：长江以西可以从此不再操心，意即整个淮南地区可以为我所有。江西，古代泛指今安徽中部的淮河以南地区，因其地处长江之西。［78］丙戌：六月五日。［79］冀、定、瀛、相、并、济：北魏六州名，冀州的州治在今河北衡水市冀州区，定州的州治在今河北定州市，瀛州的州治在今河北河间市，相州的州治邺城，在今河北临漳县西南，并州的州治在今山西太原市南，济州的州治虑县，在今山东东阿县西北。［80］仲秋之中：八月中旬。［81］寿阳先兵：早就屯驻于寿阳的军队。［82］委澄经略：委托元澄统一指挥。［83］受澄节度：接受元澄的统一调度。

谢朏轻舟出，诣阙[1]，诏以为侍中、司徒、尚书令。朏辞脚疾不堪拜谒[2]，角巾自舆诣云龙门[3]谢。诏见于华林园[4]，乘小车就席。明旦，上幸朏宅，宴语[5]尽欢。朏固陈本志[6]，不许；因请自还东[7]迎母，许之。临发，上复临幸[8]，赋诗饯别[9]；王人[10]送迎，相望于道。及还，诏起府于旧宅，礼遇优异。朏素惮烦[11]，不省职事[12]，众颇失望。

甲午[13]，以中书监王莹为尚书右仆射。

秋，七月，乙卯[14]，魏平阳平公丕[15]卒。

魏既罢盐池之禁，而其利皆为富强所专。庚午[16]，复收监池利入公。

辛未[17]，魏以彭城王勰为太师，勰固辞。魏主赐诏敦谕[18]，又为家人书[19]，祈请恳至[20]；勰不得已，受命。

八月，庚子[21]，魏以镇南将军元英都督征义阳[22]诸军事。司州[23]刺史蔡道恭闻魏军将至，遣骁骑将军杨由帅城外居民三千余家保贤首山[24]，为三栅[25]。冬，十月，元英勒诸军围贤首栅，栅民任马驹[26]斩由降魏。

任城王澄命统军党法宗、傅竖眼、太原王神念[27]等分兵寇东关、大岘、淮陵、九山，高祖珍将三千骑为游军[28]，澄以大军继其后。竖眼，灵越[29]之子也。魏人拔关要、颍川[30]、大岘三城，白塔、牵城、清溪[31]皆溃。徐州刺史司马明素[32]将兵三千救九山，徐州长史潘伯邻[33]救淮陵，宁朔将军王燮保焦城[34]。党法宗等进拔焦城，破淮陵，十一月，壬午[35]，擒明素，斩伯邻。

先是，南梁太守冯道根[36]戍阜陵[37]，初到，修城隍[38]，远斥候[39]，如敌将至，众颇笑之。道根曰："怯防勇战[40]，此之谓也。"城未毕，党法宗等众二万奄至城下[41]，众皆失色。道根命大开门，缓服登城，选精锐二百人出与魏兵战，破之。魏人见其意思闲暇[42]，战又不利，遂引去。道根将百骑击高祖珍，破之。魏诸军粮运绝，引退。以道根为豫州刺史[43]。

（以上为第十段，写南朝萧梁重用名士谢朏，而谢朏漫不经心；北魏南下之军，打下焦城，攻破淮陵，而在阜陵，遇到顽强的阻击，粮运阻断，不得已撤军。）

【注释】

[1]诣阙（què）：到都城建康宫廷去。阙，宫门，此指朝廷。［2］不堪拜谒（yè）：不能拜伏。非不能者，乃不愿也。［3］角巾：方巾，古代隐士的帽子，这里指一套隐士的装束。自舆：坐着车子。《梁书·谢朏传》作“肩舆”，即软轿、滑竿。云龙门：宫廷的内门。［4］华林园：古园囿名，在宫廷后面，与宫廷相通的皇家园林。［5］宴语：也作“燕语”，私语，不拘礼节地倾心交谈。宴，安闲。［6］固陈本志：再三表达不乐仕宦之意。［7］还东：指回会稽。谢朏住在会稽。［8］临幸：临幸谢朏在京的宅院。［9］饯（jiàn）别：设酒宴送行。［10］王人：朝中的官员。胡三省曰：“凡将上命者皆谓之王人。”［11］惮（dàn）烦：怕麻烦。［12］不省职事：不关心、不过问职内的事务。［13］甲午：六月十三日。［14］乙卯：七月五日。［15］平阳平公丕：元丕封地平阳郡，谥号平。平阳郡治在今山西临汾市西南。平，《谥法解》曰：“执事有制曰‘平’，布纲治纪曰‘平’。”［16］庚午：七月二十日。［17］辛未：七月二十一日。［18］敦谕：劝勉，晓喻。［19］为家人书：不以君臣之礼，而以平常人家叔侄的关系写信。家人，平民百姓。［20］祈（qí）请：虔诚地请求。恳至：恳切，情深意切。［21］庚子：八月二十日。［22］义阳：南梁北部前线的军事重镇，在今河南信阳市。［23］司州：南梁州名，州治在今河南信阳市。［24］杨由：司州刺史蔡道恭部属骁骑将军，被部下所杀。保贤首山：依据贤首山进行防守。贤首山，古山名，在今河南信阳市西。［25］三栅（zhà）：三重围栏。［26］任马驹：人名，南梁贤首山的围栏人员，叛投北魏。［27］傅竖眼、王神念：北魏任城王元澄部属。三人为统军，各统一军的将领，分头侵扰南梁的东关、大岘、淮陵、九山。东关：古地名，在今安徽含山县西南的濡须山上；大岘（xiàn）：古军事据点名，在和州，今安徽和县西北。淮陵：南朝的侨置县名，在当时的钟离郡界，在今安徽凤阳县城东。九山，又名“九山湾”，在淮北，是北兵渡淮的津要。［28］高祖珍：北魏将领。游军：机动灵活的小部队，负责四处策应。［29］灵越：即傅灵越，冀州清河（今河北清河县）人，初仕北魏，为镇远将军、青州刺史，后归顺刘宋为名将，反对刘彧，被杀。传见《宋书》卷八十八。［30］拔：攻下，攻破。关要：即东关关塞要地。颍川：胡三省曰：“霍州有北颍川郡，领颍川等三县。”［31］白塔、牵城、清溪：三地名，具体方位不详。此指驻扎在此三地的南梁军队。［32］徐州：南梁的州治在钟离，在今安徽蚌埠市东南。司马明素：梁朝徐州刺史。在抗击北魏中兵败被俘。［33］潘伯邻：梁朝徐州刺史的长史，在抗击

北魏中兵败被杀。［34］王燮（xiè）：梁朝将领，为宁朔将军。焦城：古地名，在今安徽明光市东北。［35］壬午：此语疑有误，十一月无壬午日。［36］南梁：古郡名，郡治寿春。冯道根：南梁名将，任南梁太守时，曾以两百精兵横击两万北魏军，立下大功。官至散骑常侍、左军将军，封豫宁县伯。赠左卫将军，谥号威。传见《梁书》卷十八。［37］戍阜陵：带兵驻守阜陵。阜陵，古县名，在今安徽全椒县陈浅乡。［38］修城隍（huáng）：修筑城墙与深挖护城河。隍，护城河。［39］远斥候：把侦察兵远远地派出去侦察。斥候，侦察兵。［40］怯防勇战：小心设防，好像害怕敌人，而作战则要非常勇敢。［41］奄（yǎn）至城下：突然来到城下。奄，突然，出其不意地。［42］意思闲暇：神情举止毫不慌乱，像没事人一样。［43］以道根为豫州刺史：胡三省曰："此时梁豫州治晋熙，道根盖犹戍阜陵，特带刺史耳。"豫州，梁朝的豫州州治本在寿春，这时已经属北魏。

武兴安王杨集始卒。己未[1]，魏立其世子绍先[2]为武兴王；绍先幼，国事决于二叔父集起、集义[3]。

乙亥[4]，尚书左仆射沈约以母忧[5]去职。

魏既迁洛阳，北边荒远，因以饥馑，百姓困弊[6]。魏主加尚书左仆射源怀侍中、行台[7]，使持节巡行北边六镇，恒、燕、朔[8]三州，赈给贫乏，考论殿最[9]，事之得失皆先决后闻[10]。怀通济有无[11]，饥民赖之。沃野镇将于祚[12]，皇后之世父[13]，与怀通婚。时于劲[14]方用事，势倾朝野，祚颇有受纳[15]。怀将入镇[16]，祚郊迎道左，怀不与语，即劾奏免官[17]。怀朔镇将元尼须[18]与怀旧交，贪秽狼藉[19]，置酒请怀，谓怀曰："命之长短，系卿之口，岂可不相宽贷[20]！"怀曰："今日源怀与故人饮酒之坐，非鞫狱[21]之所也。明日，公庭始为使者检[22]镇将罪状之处耳。"尼须挥泪无以对，竟按劾抵罪[23]。怀又奏："边镇事少而置官猥多[24]，沃野一镇自将[25]以下八百余人，请一切五分损二[26]。"魏主从之。

乙酉[27]，将军吴子阳与魏元英战于白沙[28]，子阳败绩[29]。

魏东荆州蛮樊素安[30]作乱，乙酉[31]，以左卫将军李崇为镇南将军、都督征蛮诸军事，将步骑讨之。

冯翊吉翂[32]父为原乡令[33]，为奸吏所诬，逮诣廷尉[34]，罪当死。翂年十五，挝登闻鼓[35]，乞代父命。上以其幼，疑人教之，使廷尉卿蔡法度严加诱胁[36]，取其款实[37]。法度盛陈拷讯之具，诘[38]㻾曰：“尔求代父，敕已相许，审能死不[39]？且尔童骙[40]，若为人所教，亦听悔异[41]。”㻾曰：“囚虽愚幼，岂不知死之可惮！顾不忍见父极刑[42]，故求代之。此非细故[43]，奈何受人教[44]邪！明诏听代[45]，不异登仙[46]，岂有回贰[47]！”法度乃更和颜诱之曰：“主上知尊侯[48]无罪，行当得释[49]，观君足为佳童，今若转辞[50]，幸可父子同济[51]。”㻾曰：“父挂深劾[52]，必正刑书；囚瞑目引领[53]，唯听大戮[54]，无言复对。”时㻾备加杻械[55]，法度愍[56]之，命更著小者，㻾不听，曰：“死罪之囚，唯宜益[57]械，岂可减乎！”竟不脱。法度具以闻，上乃宥[58]其父罪。

丹杨尹王志[59]求其在廷尉事，并问乡里[60]，欲于岁首举充纯孝[61]。㻾曰：“异哉王尹，何量㻾之薄[62]乎！父辱子死，道固当然；若㻾当此举乃是因父取名，何辱如之[63]！”固拒而止[64]。

（以上为第十一段，写北魏派遣尚书左仆射源怀巡视北方三州六镇，济贫惩贪；南朝萧梁十五岁的吉㻾敲登闻鼓，为父鸣冤，代父赎罪，梁武帝萧衍宽恕其父罪过。）

【注释】

[1]己未：十一月十一日。 [2]绍先：即杨绍先，武兴王杨集始世子，武兴国第四位国主。传见《魏书》卷一百一。 [3]集起、集义：即杨集起、杨集义，武兴王杨绍先的叔叔，曾撺掇绍先独立称王，被北魏攻灭，仅存在四个月。 [4]乙亥：十一月二十七日。 [5]以母忧去职：因为母亲守孝三年而辞去官职。 [6]困弊：困顿，凋敝。弊，同“敝”。 [7]源怀：北魏太尉陇西王源贺之子，北魏大臣。为雍州刺史，清俭有惠政，迁尚书令。传见《魏书》卷四十一。行台：朝廷尚书台的派出机构，此指为主持行台事务的首脑。 [8]恒、燕、朔：北魏北部的三个州名，恒州的州治在今山西大同市，燕州的州治在今河北涿鹿县，朔州的州治盛乐，在今内蒙古和林格尔县城北。 [9]考论殿最：考评官吏政绩的优劣，上等为最，下等为殿。 [10]先决后闻：先处理、解决问题，而后再向朝廷上报。闻，使朝廷知晓。 [11]通济有无：通融、调剂贫富。 [12]沃野：北边的六大军镇之一，其军镇在今内蒙古乌拉特前旗东南。于祚（zuò）：孝文帝时代的亲信大臣于烈的嫡子，袭封巨鹿侯，外放沃野镇将，个性贪残，贪污受贿，坐罪免官。传见《魏书》卷三十一。 [13]世父：伯父。 [14]于劲：于栗磾之孙，于烈之弟，尚书令于洛拔之子，于祚叔父，北魏外戚。凭借女儿成为宣武帝元恪顺皇后，进封太原郡公，出任镇北将军、定州刺史。传见《魏书》卷八十三下。 [15]受纳：接受贿赂。 [16]入镇：入镇检查工作。 [17]劾奏：弹劾上

奏。劾，揭发罪状。免官：免去于祚的官职。［18］怀朔：北魏军镇名，北方六镇之一，军镇在今内蒙古固阳县西南。元尼须：北魏怀朔镇将，品行不端。［19］贪秽狼藉：贪婪污秽，行为很坏。狼藉，杂乱的样子。胡三省引苏鹗《演义》曰："狼藉者，物杂乱之貌；狼所卧籍之草皆秽乱。"［20］宽贷：宽免，宽饶。贷，放过。［21］鞫（jū）狱：审理案件。鞫，审问，密查。［22］公庭：办公的场所。检：检核，查究。［23］按劾（hé）抵罪：按其罪行判处了应得之罪。劾，揭发别人的罪状。［24］猥（wěi）多：不应多而多。猥，杂，不当。［25］自将以下：镇将以下的各级办事人员。将，指镇将。［26］一切：一概。五分损二：五人里减少两人。［27］乙酉：十二月七日。［28］吴子阳：南梁时人，萧衍时为将军。白沙：白沙关，古地名，在今湖北麻城市北。［29］败绩：失败，溃散。［30］东荆州蛮：东荆州境内的少数民族。东荆州，北魏州名，州治在今河南泌阳县。樊素安：北魏东荆州蛮族起事领袖，与南梁军队联合，多次大败魏军。北魏派李崇率军镇压，次年被击斩。［31］乙酉：《魏书·世宗纪》作"庚寅"，十二月十二日。［32］冯翊（yì）：古郡名，郡治高陆，在今陕西西安市高陵区，此时属于北魏。吉翂（fēn）：字彦霄，冯翊莲勺（今陕西渭南市东北）人。世居襄阳，幼有孝性。父为吴兴原乡令，为吏所诬，当杀头。吉翂年十五，敲登闻鼓，乞代父命。帝疑其受教于人，命廷尉胁诱取实，乃至刑具加身，终不屈挠。乃宥其父。后征其为本州主簿，出监万年县。后病死。传见《梁书·孝行传》卷四十七。［33］原乡令：原乡县的县令。原乡，古县名，县治在今浙江安吉县北，上属于吴兴郡。［34］逮诣廷尉：被捉到刑部下了狱。［35］挝（zhuā）登闻鼓：到宫门外击登闻鼓为其父鸣冤。挝，敲打，敲击。登闻鼓，古代于朝堂外悬鼓，以使有冤情或急案者击鼓上闻，从而予以审理。［36］廷尉卿：廷尉的副职。诱胁：诱骗，胁迫。胡三省曰："诱者，开之以生路；胁者，威之以缧索杻械，示将拷讯之。"［37］取其款实：摸清他的真实情况。款，真情。［38］诘（jié）：诘问，责问。［39］审能死不（fǒu）：真的能替你的父亲死吗？胡三省曰："所谓胁之也。"审，果真。不，同"否"。［40］童騃（ái）：小孩子不懂事。騃，无知，不明事理。［41］亦听悔异：你还可以反悔，改变说法。胡三省曰："所谓诱之也。"听，许可，任凭。［42］顾：转折语词，只不过。极刑：最重的刑法，即死刑。［43］此非细故：这可不是小事情。细故，小事情。［44］奈何受人教：怎么能受人指使呢？［45］明诏听代：皇上英明，允许由儿子顶替。［46］不异登仙：无异于登上仙界，到了极乐世界。［47］岂有回贰：哪里有反悔的道理呢？胡三省曰："反前说为回，异前说为贰。"［48］尊侯：敬称对方的父亲。［49］行：即将，马上。［50］转辞：反悔，推翻以前说的话。［51］父子同济：父子同被免罪。济，度过劫难。［52］父挂深劾（hé）：父亲被诬犯了大罪。深劾，深入推究。［53］瞑（míng）目引领：闭着眼睛，伸长脖子，等着领罪。［54］听大戮（lù）：听任被杀而陈尸示众。［55］备加杻（niǔ）械：戴着全套的手铐和脚镣。［56］愍（mǐn）：同情，怜悯。［57］益：增加，加重。［58］宥（yòu）：宽赦，减免。［59］丹杨尹：当时都城建康的行政长官，位同郡太守，但其地位高于一般郡守。丹杨，一作"丹阳"。王志：南齐司空王僧虔之子，小皇帝萧宝卷时任右卫将军，入梁迁冠军将军、丹阳尹。传见《梁书》卷二十一。［60］并问乡里：胡三省曰："魏、晋以来举士皆由州乡，故问其乡里。"乡里，县以下的居民组织。据《宋书·百官志》，一万户为一乡，一百户为一里。举充纯孝：把吉翂作为大孝子的身份由州郡向朝廷上报。［61］何量（liáng）翂之薄：为何把我吉翂估计得如此浅薄。量，估计，估量。薄，浅薄。［62］当此举：接受了这次的推荐。［63］何辱如之：还有什么别的耻辱能比这个更严重？［64］固拒而止：胡三省曰："翂之拒王志是也；梁武帝知翂之孝节而不能叙用以厉流俗，非也。"

魏主纳高肇兄偃之女为贵嫔[1]。

魏散骑常侍赵修[2]，寒贱[3]暴贵，恃宠骄恣，陵轹[4]王公，为众所疾[5]。魏主为修治第舍[6]，拟[7]于诸王，邻居献地者或超补大郡[8]。修请告归[9]葬其父，凡财役所须[10]，并从官给[11]。修在道淫纵[12]，左右乘其出外，颇发[13]其罪恶；及还，旧宠小衰[14]。高肇密构成其罪[15]，侍中、领御史中尉甄琛、黄门郎李凭[16]、廷尉卿阳平王显，素皆谄附于修[17]，至是惧相连及[18]，争助肇攻之。帝命尚书元绍检讯[19]，下诏暴其奸恶[20]，免死，鞭一百，徙敦煌[21]为兵。而修愚疏[22]，初不之知[23]，方在领军于劲第樗蒲[24]，羽林[25]数人称诏呼之，送诣领军府[26]。甄琛、王显监罚，先具问事有力者[27]五人，迭[28]鞭之，欲令必死。修素肥壮，堪忍楚毒[29]，密[30]加鞭至三百不死。即召驿马[31]，促之上道，出城不自胜[32]，举缚置鞍中[33]，急驱之，行八十里，乃死。帝闻之，责元绍不重闻[34]，绍曰："修之佞幸[35]，为国深蠹[36]，臣不因衅除之[37]，恐陛下受万世之谤[38]。"帝以其言正，不罪也。绍出，广平王怀[39]拜之曰："翁[40]之直过于汲黯[41]。"绍曰："但恨戮[42]之稍晚，以为愧耳。"绍，素之孙也。明日，甄琛、李凭以修党皆坐免官，左右与修连坐死黜[43]者二十余人。散骑常侍高聪与修素亲狎[44]，而又以宗人谄事[45]高肇，故独得免。

（以上为第十二段，写北魏佞臣赵修为所欲为，因归葬其父，被权臣高肇抓住机会，告发其罪，受到杖刑；谄事者甄琛等趁此将其鞭打致死，尚书元绍追究赵修党羽，诛杀二十余人。）

【注释】

［1］贵嫔：后妃封号名，位次于皇后。［2］赵修：字景业，北魏幸臣。初给事东宫，为白

衣左右，颇有膂力。元恪即帝位，仍充禁侍，爱遇日隆。天性暗塞，不参文墨，后赐死。传见《魏书》卷九十三。［3］寒贱：微贱，门第卑下。［4］陵轹（lì）：欺压、践踏。陵，同“凌”。［5］为众所疾：为众人所痛恨。［6］为修治第舍：即为之修建府第。［7］拟：比拟，视同。［8］超补大郡：破格任用为大郡的太守。补，委任官职。［9］告归：请假回家。［10］财役所须：所需要的一切财力、人力。［11］并从官给：一概由官府供给。［12］在道：在回家的路途中，即从洛阳到其故乡赵郡的途中。淫纵，邪恶放纵，纵欲淫乱。［13］颇：很，甚。发：揭发，追究。［14］小衰：稍微减弱。小，同“稍”，渐渐。［15］构成其罪：添油加醋地罗织罪行，使人获罪。［16］甄（chēn）琛、李凭、王显：三人均为北魏宣武帝时大臣。甄琛，中散大夫兼御史中尉，传见《魏书》卷六十八。李凭，雍州长史李恢之子，给事黄门侍郎、武卫将军。传见《魏书》卷四十九。王显，廷尉少卿，出为平北将军、相州刺史。传见《魏书》卷九十一。［17］素皆谄附于修：谓甄琛、李凭、王显等人一向巴结投靠赵修。素，一向，平时。谄（chǎn）附，逢迎，趋附。［18］惧相连及：害怕自己以党附连坐及祸。［19］尚书：北魏的尚书相当于尚书令。元绍：字丑伦，常山康王拓跋素之孙，常山简王拓跋陪斤之子，北魏宗室、官员。累授尚书右丞。刚正不阿，不避权贵。时为尚书，赵修佞幸，遂杖罚之致死。元恪责之，元绍正言以对，遂不致罪。后为凉州刺史。传见《魏书》卷十五。检讯：检查，审问。［20］暴其奸恶：公布其罪恶。暴，揭发，公布。［21］敦煌：古郡名，郡治在今甘肃敦煌市。［22］愚疏：愚蠢，粗心。［23］初不之知：事先一点也没有察觉。［24］樗（chū）蒲：古代赌博用的一种工具，类似今之掷骰子。［25］羽林：皇家禁卫军的代称，其意为国之羽翼，如林之盛。［26］领军府：领军将军的衙门。［27］先具问事有力者：预先找好了履行杖刑有力气的人。问事，行杖者。［28］迭：轮流。［29］楚毒：痛苦。楚，本指荆条，为杖刑的工具。［30］密：私下。［31］驿马：驿站的马，古代为国家传递公文、军事情报、物资。［32］不自胜：无法自己骑在马上。［33］举缚置鞍中：胡三省曰：“修困极不能自胜乘骑，两人对举而置之马上，缚着鞍中。”缚，捆绑。［34］不重闻：没有再次请示报告。皇上元恪仅令鞭打一百，而甄琛、王显私自加刑到三百，又强令其带着重伤乘马上路等，此事应再次上奏。［35］佞幸：以谄媚而得到宠幸。［36］深蠹（dù）：大蛀虫。蠹，蛀木的虫子。［37］因衅（xìn）除之：趁机会杀掉他。衅，空隙，机会。［38］谤：毁誉。［39］广平王怀：即元怀，字宣义，宣武帝元恪同母弟，封广平王。元恪猜忌近亲，胞弟元怀贪婪奢侈，将其软禁于华林别馆，元恪去世后放还。后第三子元修即位，为北魏孝武帝，追谥武穆皇帝。传见《魏书》卷二十二。［40］翁：广平王元怀对尚书元绍的敬称。胡三省曰：“广平王怀，孝文之子，以族属长幼之次，呼绍为‘翁’。”［41］直过于汲（jí）黯：比汉朝武帝时的汲黯还耿直。［42］戮（lù）：杀。［43］死黜：或被杀、或被免官。［44］高聪：字僧智，渤海修县（今河北景县）人，北魏文学之臣。广读经史，荐拜中书博士，奉诏出使南齐，扬北魏威德，配合迁都，迁散骑常侍，官至辅国将军，兼侍中。传见《魏书》卷六十八。亲狎（xiá）：亲近，亲密。狎，亲近而态度不庄重。［45］宗人：同一个族姓的人。谄事：逢迎，侍奉。

三年（甲申，504年）

春，正月，庚戌[1]，征虏将军赵祖悦[2]与魏江州刺史陈伯之战于东关，祖悦败绩。

癸丑[3]，以尚书右仆射王莹为左仆射，太子詹事柳惔[4]为右仆射。

丙辰[5]，魏东荆州刺史杨大眼[6]击叛蛮樊季安[7]等，大破之。季安，素安之弟也。

丙寅[8]，魏大赦，改元正始。

萧宝寅行及汝阴[9]，东城已为梁所取，乃屯寿阳栖贤寺[10]。二月，戊子[11]，将军姜庆真乘魏任城王澄在外[12]，袭寿阳，据其外郭[13]。长史韦缵仓猝失图[14]；任城太妃孟氏勒兵登陴[15]，先守要便[16]，激厉[17]文武，安慰新旧[18]，劝以赏罚[19]，将士咸有奋志[20]。太妃亲巡城守，不避矢石。萧宝寅引兵至，与州军合击之，自四鼓战至下晡[21]，庆真败走。韦缵坐免官。

任城王澄攻钟离[22]，上遣冠军将军张惠绍[23]等将兵五千送粮诣钟离，澄遣平远将军刘思祖等邀[24]之。丁酉[25]，战于邵阳[26]，大败梁兵，俘惠绍等十将，杀虏士卒殆[27]尽。思祖，芳之从子也。尚书[28]论思祖功，应封千户侯；侍中、领右卫将军元晖求二婢[29]于思祖，不得，事遂寝[30]。晖，素之孙也。

上遣平西将军曹景宗、后军王僧炳等帅步骑三万救义阳。僧炳将二万人据凿岘[31]，景宗将万人为后继，元英遣冠军将军元逞等据樊城[32]以拒之。三月，壬申[33]，大破僧炳于樊城，俘斩四千余人。

魏诏任城王澄，以"四月淮水将涨，舟行无碍，南军得时，勿昧利以取后悔[34]。"会大雨，淮水暴涨，澄引兵还寿阳。魏军还既狼狈[35]，失亡四千余人。中书侍郎齐郡贾思伯为澄军司[36]，居后为殿[37]，澄以其儒者，谓之必死，及至，大喜曰："仁者必有勇[38]，于军司见之矣。"思伯托以失道[39]，不伐其功[40]。有司奏夺澄开府[41]，仍降三阶[42]。上[43]以所获魏将士请易张惠绍于魏，魏人归之。

（以上为第十三段，写南朝萧梁与北魏的攻斗，南朝将军姜庆真抓住元澄外出的机会，袭击大本营寿阳，双方增兵交战，淮水暴涨，北魏宣武帝下令撤兵。）

【注释】

［1］庚戌：正月三日。［2］赵祖悦：南梁萧衍时为征虏将军，后为左游击将军。［3］癸丑：正月六日。［4］柳惔（dàn）：字文通，河东解县（今山西永济市）人，南齐尚书令柳世隆之子，柳忱之兄，南梁名臣。传见《梁书》卷十二。［5］丙辰：正月九日。［6］东荆州：北魏州名，州治在今河南泌阳县。杨大眼：氐族人，仇池首领杨难当之孙，北魏名将。传见《魏书》卷七十三。［7］樊季安：北魏时反叛的蛮人，被东荆州刺史杨大眼击败。［8］丙寅：正月十九日。［9］汝阴：古郡名，郡治在今安徽阜阳市。［10］栖贤寺：古寺庙名，在寿阳，在今安徽寿县。［11］戊子：二月十一日。［12］姜庆真：南梁将军。任城王澄在外：胡三省曰："去年魏遣澄入寇，宿师于外。"［13］外郭：外城。［14］韦缵（zuǎn）：北魏大臣，任尚书左丞。尚书令王肃出镇扬州，请为扬州长史，加平远将军。传见《魏书》卷四十五。仓猝（cù）失图：紧急之下一筹莫展。失图，拿不出办法。［15］任城太妃：任城王元澄的母亲，姓孟，事迹见于《魏书·列女传》。登陴（pí）：意即登城。陴，城上的女墙，可以从洞口向外瞭望。［16］要便：扼要和便于制敌的地方。胡三省曰："敌所必攻，我所必守曰'要'。便者，形胜可据，便于制敌之处。"［17］激厉：即激励，鼓励。厉，同"励"。［18］新旧：北来的将士与寿阳当地的兵民。［19］劝以赏罚：以什么表现该受奖赏，什么表现该受惩罚来鼓励将士。此四字原无，据章校补。［20］奋志：奋发的心志。［21］四鼓：同"四更"，凌晨一点到三点。下晡（bū）：古时称下午的三点到五点为申时，也称"晡时"，日未入之前为"下晡"。［22］钟离：南梁北部的军事要地，在今安徽凤阳县东北。［23］张惠绍：原曾为萧鸾的直阁将军，后归萧衍，破建康有功，又成为萧衍的亲信护卫。传见《梁书》卷十八。［24］刘思祖：彭城人，国子祭酒刘芳之侄，勇健有将略，北魏重要将领。传见《魏书》卷五十五。邀：拦截。［25］丁酉：二月二十日。［26］邵阳：即邵阳州，在当时钟离郡的城北。［27］杀虏：杀死、俘虏。虏，同"掳"，掳获，活捉。殆（dài）：几乎，将要。［28］尚书：古官署名，此指尚书省，总理六尚书事，下分各曹。为国家最高行政机构。［29］元晖：字景袭，常山王拓跋素之孙，冀州刺史拓跋德之子，领右卫将军，袭封河间郡公；拜吏部尚书时，为官贪婪；出任冀州刺史。传见《魏书》卷十五。婢（bì）：奴仆。［30］事遂寝：事情遂被搁置下来。胡三省曰："史言魏赏罚失当。"寝，搁置。［31］凿岘（xiàn）：古地名，也称凿岘口，在今河南信阳市南三十五里。［32］元逞：北魏汝阴王拓跋天赐之子，拜冠军将军、齐州刺史。传见《魏书》卷十九。樊城：古城名，在今湖北襄阳市，在汉水北岸，当时属北魏，而南岸的襄阳当时属南梁。［33］壬申：三月二十五日。［34］昧利：贪图取胜而不顾危险。昧，冒，只顾。后悔：隐指失败。［35］狼狈：窘迫不堪的样子。［36］中书侍郎：中书监、中书令的助手，主管为皇帝起草诏令。贾思伯：字仕休，齐郡太守贾道最之子，北魏步兵校尉、中书侍郎。传见《魏书》卷七十二。军司：意同"军师"。［37］为殿：为后卫，掩护整个军队的撤退事宜。［38］仁者必有勇：孔子的话，见于《论语·宪问》。原文曰："仁者必有勇，勇者不必有仁。"［39］托以失道：假说是因为迷失道路才来晚了。［40］不伐其功：不夸耀自己与追兵战斗的功劳。伐，夸

耀。[41]奏夺澄开府：建议北魏主元恪免去元澄开府仪同三司的荣誉性加官。夺，免去，撤销。[42]仍降三阶：于是给他降了三级，意即保留了他开府仪同三司的职衔。北魏官制，分九品三十级。仍，同“乃”，于是。三阶，三级。[43]上：皇上，以称南梁武帝萧衍。

魏太傅、领司徒、录尚书北海王详，骄奢好声色，贪冒无厌[1]，广营第舍，夺人居室，嬖昵左右[2]，所在请托[3]，中外嗟怨[4]。魏主以其尊亲[5]，恩礼无替[6]，军国大事皆与参决[7]，所奏请无不开允[8]。魏主之初亲政[9]也，以兵召诸叔[10]，详与咸阳[11]、彭城王共车而入，防卫严固。高太妃[12]大惧，乘车随而哭之。既得免[13]，谓详曰：“自今不愿富贵，但使母子相保，与汝扫市为生[14]耳。”及详再执政[15]，太妃不复念前事，专助详为贪虐[16]。冠军将军茹皓[17]，以巧思[18]有宠于帝，常在左右，传可门下奏事[19]，弄权纳贿[20]，朝野惮之，详亦附[21]焉。皓娶尚书令高肇从妹[22]，皓妻之姊为详从父安定王燮之妃[23]；详烝于燮妃[24]，由是与皓益相昵狎[25]。直阁将军刘胄[26]，本详所引荐，殿中将军常季贤[27]以善养马，陈扫静掌栉[28]，皆得幸于帝，与皓相表里[29]，卖权势[30]。

高肇本出高丽[31]，时望轻之[32]。帝既黜六辅[33]，诛咸阳王禧[34]，专委事于肇。肇以在朝亲族至少[35]，乃邀结朋援[36]，附之者旬月超擢[37]，不附者陷以大罪。尤忌诸王，以详位居其上，欲去之，独执朝政，乃谮[38]之于帝，云：“详与皓、胄、季贤、扫静谋为逆乱。”夏，四月，帝夜召中尉崔亮[39]入禁中，使弹奏详贪淫奢纵，及皓等四人怙权贪横[40]，收皓等系南台[41]，遣虎贲[42]百人围守详第。又虑详惊惧逃逸[43]，遣左右郭翼开金墉门驰出谕旨[44]，示以中尉弹状，详曰：“审如中尉所纠，何忧也！正恐更有大罪横至[45]耳。人与我物，我实受之。”诘朝[46]，有司奏处皓等罪，皆赐死。

帝引高阳王雍[47]等五王入议详罪。详单车防卫，送华林园，母妻随入，给小奴弱婢数人，围守甚严，内外不通。五月，丁未朔[48]，下诏宥[49]详死，免为庶人。顷之[50]，徙详于太府寺[51]，围禁弥急[52]，母妻皆还南第，五日一来视之。

初，详娶宋王刘昶[53]女，待之疏薄。详既被禁，高太妃乃知安定高妃[54]事，大怒曰："汝妻妾盛多如此，安用彼高丽婢[55]，陷罪至此！"杖之百余，被创[56]脓溃，旬余乃能立。又杖刘妃数十，曰："妇人皆妒，何独不妒！"刘妃笑而受罚，卒无所言。

详家奴数人阴结党辈[57]，欲劫出详，密书姓名，托侍婢通于详。详始得执省[58]，而门防主司遥见[59]，突入就详手中揽得[60]，奏之，详恸哭[61]数声，暴卒[62]。诏有司以礼殡葬。

（以上为第十四段，写北魏的宫廷斗争，太傅、北海王元详为所欲为，私欲膨胀，而外戚高肇欲专权，虎视眈眈，必欲除之，便诬告元详密谋叛乱，元详败亡。）

【注释】

[1]贪冒无厌：贪婪而永无满足。冒，不顾一切，不择手段。厌，止境，满足。[2]嬖昵（bì nì）左右：过分宠幸、亲昵身边的那些奸佞小人。[3]所在请托：身边的奸佞小人到处托人情、走后门，为非作歹。所在，到处。[4]中外嗟（jiē）怨：朝里朝外一片叹气声、怨恨声。[5]以其尊亲：看在他是自己的父辈。元详是北魏主元恪的亲叔父。[6]恩礼无替：在情感上、礼数上都没有改变。无替，不变，不衰。[7]皆与参决：都让他参与决策。[8]开允：答应，允许。[9]亲政：幼年继位的帝王，成年后亲自处理政务。[10]以兵召诸叔：即前文"帝命烈将直阁六十余人，宣旨召禧、勰、详，卫送至帝所"，事见《资治通鉴》卷一百四十四中兴元年（501）。[11]咸阳：咸阳王元禧。[12]高太妃：献文帝拓跋弘之妃，北海王元详的生母。[13]既得免：当时元恪没有处置元禧、元详、元勰三人。[14]扫市为生：扫取集市上的遗留物以维持生活。[15]详再执政：胡三省曰："齐和帝中兴元年（501）正月，魏主亲政，十一月，详为司徒。"[16]贪虐：贪婪，暴虐。[17]茹皓：字禽奇，阳平太守茹要之子，北魏主元恪时的宠臣，后被杀。传见《魏书》卷九十三。[18]巧思：高明、巧妙的设计才能。据本传，茹皓有设计园林的才能，曾为华林园修筑了许多景观，北魏主元恪很喜欢。[19]传可：传达，允许。可，口头批准。门下奏事：门下省官员向皇帝禀报、请示批复的奏章。[20]纳贿：收受贿赂。[21]附：依附于其门下。[22]从妹：堂妹，其叔伯之女。[23]安定王燮（xiè）：即元燮，字和平，安定王拓跋休次子，袭封安定王，迁太中大夫，出任征虏将军、华豳二州刺史。传见《魏书》卷十九下。[24]详烝（zhēng）于燮妃：与元详叔父元燮之妃私通。烝，晚辈之男与长辈之妇私通。[25]昵狎：亲近而态度不庄重。[26]直阁将军：古将军名，为皇帝统领起居与办公场所的警卫部队的武官。直，同"值"，值勤。刘胄（zhòu）：元恪时为直阁将军。[27]殿中将军：古将军名号，掌宫廷侍卫。常季贤：宣武帝元恪时任主马。帝好骑乘，因获宠，累迁至殿中将军、司药丞，仍主厩闲。与茹皓等擅权纳贿，势望渐隆，后为高肇所劾，被杀。[28]陈扫

静：为宣武帝元恪典栉梳。承奉茹皓，常侍帝左右，得爱幸，乃擅势纳贿。茹皓败，扫静死于家。掌栉（zhì）：主管给魏主梳头。栉，梳子，这里用如动词。［29］相表里：内外勾结，狼狈为奸。［30］卖权势：以权势谋私利，行权钱交易。［31］本出高丽：原本是高丽族人。［32］时望轻之：当时有身份的人都瞧不起他。［33］既黜六辅：指宣武帝元恪在亲政的第二年，废除了六位受孝文帝元宏遗诏的辅政大臣，见《资治通鉴》卷一百四十四南齐中兴元年（501）。六辅，即北海王元详、尚书令王肃、广阳王元嘉、吏部尚书宋弁、咸阳王元禧、任城王元澄。［34］诛咸阳王禧：咸阳王元禧因谋反被杀，事亦见于《资治通鉴》卷一百四十四中兴元年（501）。［35］至少：极少。［36］邀结朋援：结交招进了一群狐朋狗友。［37］超擢（zhuó）：破格提拔。［38］谮（zèn）：谗毁，故意说人坏话。［39］中尉：国家都城的治安长官，也是主办皇帝钦定大案的主要官员之一。崔亮：字敬儒，北魏大臣。传见《魏书》卷六十六。［40］怙（hù）权：依仗权势。贪横：贪污，跋扈。［41］南台：即御史台。其主官即御史中丞，主管监察、弹劾。［42］虎贲（bēn）：朝廷的卫戍部队。［43］逃逸：逃窜，逃跑。［44］郭翼：元恪时的侍卫服务人员。金墉门：洛阳城门。［45］横至：意外飞来，凭空而降。［46］诘（jí）朝：次日早晨。［47］高阳王雍：即元雍，也称拓跋雍，献文帝拓跋弘第五子，元恪之叔，封颍川王，改封高阳王。传见《魏书》卷二十一上。［48］丁未朔：五月一日。［49］宥（yòu）：宽赦，减免。［50］顷之：不久，时间不长。［51］太府寺：古官署名，掌管宫廷库储的出纳。［52］弥急：更加紧急、严实。［53］宋王：北魏对当年刘宋的降将刘昶的封号，意即以刘宋的土地封之，是一种名义，虚封。传见《魏书》卷五十九。［54］安定高妃：安定王元燮之妃高氏，乃高丽族人。［55］用：因为，由于。高丽婢：高丽族的奴婢。此为对高氏的蔑称。［56］被创：身上所受的棍棒之伤。［57］阴结党辈：暗中结党，抱团取暖。党辈，同党的人。［58］始得执省：刚拿起来看。省，视，看。［59］门防主司：看守北海王元详的主管官员。遥见：远远望见。［60］突入：突然闯进去。攬得：夺了过去。［61］恸（tòng）哭：大声嚎哭。恸，同“痛”，伤心至极。［62］暴卒：得急病突然死亡。

先是，典事史元显献鸡雏[1]，四翼四足，诏以问侍中崔光。光上表曰：“汉元帝初元[2]中，丞相府史家雌鸡伏子[3]，渐化为雄[4]，冠距鸣将[5]。永光[6]中，有献雄鸡生角，刘向[7]以为：‘鸡者小畜，主司时起居人[8]，小臣执事为政之象[9]也。竟宁元年[10]，石显伏辜[11]，此其效也。’灵帝光和元年[12]，南宫寺[13]雌鸡欲化为雄，但头冠未变，诏以问议郎蔡邕[14]，对曰：‘头为元首，人君之象也。今鸡一身已变，未至于头，而上知之，是将有其事而不遂成之象[15]也。若应之不精[16]，政无所改，头冠或成[17]，为患滋大。’是后黄巾破坏四方[18]，天下遂大乱。

今之鸡状虽与汉不同，而其应颇相类，诚可畏也。臣以向、邕言推之，翼足众多，亦群下相扇助[19]之象，雏而未大，足羽差小[20]，亦其势尚微，易制御[21]也。臣闻灾异之见[22]，皆所以示[23]吉凶，明君睹之而惧，乃能致福，暗主睹之而慢[24]，所以致祸。或者今亦有自贱而贵，关预[25]政事，如前世石显之比者邪！愿陛下进贤黜佞，则妖弭庆集[26]矣。”后数日，皓等伏诛，帝愈重光[27]。

高肇说帝，使宿卫队主帅羽林、虎贲[28]守诸王第，殆同幽禁[29]，彭城王勰[30]切谏，不听。勰志尚高迈[31]，不乐荣势，避事家居，而出无山水之适，处无知己之游，独对妻子，常郁郁[32]不乐。

魏人围义阳，城中兵不满五千人，食才支半岁。魏军攻之，昼夜不息，刺史蔡道恭随方抗御[33]，皆应手摧却[34]，相持百余日，前后斩获不可胜计。魏军惮之，将退。会道恭疾笃[35]，乃呼从弟骁骑将军灵恩[36]，兄子尚书郎僧勰[37]及诸将佐，谓曰：“吾受国厚恩，不能攘灭[38]寇贼，今所苦转笃[39]，势不支久[40]；汝等当以死固节[41]，无令吾没有遗恨[42]！”众皆流涕。道恭卒，灵恩摄行州事[43]，代之城守。

六月，癸未[44]，大赦[45]。

魏大旱，散骑常侍兼尚书邢峦[46]奏称：“昔者明王重粟帛，轻金玉，何则？粟帛养民而安国，金玉无用而败德故也。先帝深鉴奢泰[47]，务[48]崇节俭，至以纸绢为帐扆[49]，铜铁为辔勒[50]，府藏之金，裁给[51]而已，不复买积[52]以费国资。逮景明之初[53]，承升平之业[54]，四境清晏[55]，远迩来同[56]，于是贡篚相继[57]，商估交入[58]，诸所献纳[59]，倍多于常[60]，金玉恒[61]有余，国用恒不足[62]。苟非为之分限[63]，但恐岁计不充[64]，自今请非要须[65]者一切不受。”魏主纳之。

（以上为第十五段，写北魏权臣高肇专权，游说元恪围困诸王宅第，形同幽禁，贤臣元勰也无可奈何，郁郁寡欢；南朝萧梁名将蔡道恭多次打退北魏兵，而因病去世。）

【注释】

[1]元显：字法荣，道武帝拓跋珪玄孙，并州刺史拓跋吐万之子，袭封淮南王。传见《魏书》

卷十六。鸡雏（chú）：小鸡。［2］汉元帝：西汉第十一位皇帝刘奭。传见《汉书》卷九。初元（前48—前44）：西汉元帝刘奭的第一个年号，共五年。［3］丞相府史：丞相府的小吏。史，掌管文书的小吏。伏子：孵化小鸡。［4］渐化为雄：胡三省引师古曰："初尚伏子，后乃稍稍化为雄也。"［5］冠距鸣将：鸡冠、脚距、叫声都超过其他的公鸡，成了"鸡王"。距，公鸡脚爪后面突出像脚距的部分。将，群鸡的首领。胡三省曰："谓帅领其群也。"［6］永光（前43—前39）：西汉元帝刘奭的第二个年号，共五年。［7］刘向：原名刘更生，字子政，汉朝宗室大臣、文学家。著有《别录》，是我国最早的目录学著作。传见《汉书》卷三十六。［8］主司时起居人：主管掌握时间，到时候呼唤人们起床。胡三省引师古曰："至时而鸣，以为人起居之节。"［9］小臣执事为政之象：是将有小臣出来掌管国家大政的征兆。这就是汉代最惹人讨厌的那种"天人感应"的邪说。刘向作为一个学问家，竟也是这种荒诞迷信的吹鼓手，可见当时"天人感应"邪说风靡之盛。［10］竟宁元年：公元前33年。竟宁，西汉元帝刘奭的第四个年号，也是他的最后一个年号，使用一年。［11］石显：字君房，汉元帝宠臣，宦官。传见《汉书》卷九十三。伏辜：服罪，承担罪责而死。［12］灵帝：东汉第十二位皇帝刘宏。传见《后汉书》卷八。光和元年：公元178年。光和，东汉灵帝刘宏的第三个年号，共七年。［13］南宫寺：洛阳城里的寺庙名。［14］蔡邕（yōng）：字伯喈，东汉名臣，文学家、书法家、史学家，参与续写《东观汉记》及刻印熹平石经。传见《后汉书》卷六十下。［15］将有其事：将有篡国篡政之事。不遂成：没有篡夺成功。［16］应之不精：意即变化得不彻底，还有一些部分没有变完。［17］头冠或成：鸡冠如果也变成了雄性。或，如果。［18］黄巾破坏四方：指东汉末年的黄巾大起义。［19］群下相扇助：一些下层人士相互煽动造反。扇，同"煽"。［20］差小：略小，较小。［21］易制御：容易驾驭、控制。［22］灾异：阴阳五行家所说的上天为警示人类所出现的怪异现象，如日食、月食、山崩、地震、动物怪胎、植物变异等。如果出现一些好现象，如麒麟出、凤凰降、天降甘霖、地生灵芝等，就叫作"祥瑞"。见，同"现"，出现。［23］示：预示，作为一种将要发生什么变故的征兆。［24］慢：怠慢，置之不理。［25］关预：参与，过问。［26］妖弭（mǐ）庆集：反常的现象消失，喜庆的事物降临。妖，反常的东西或现象。弭，平息，消灭。庆，喜庆的好事。集，至，到来。［27］重光：表示再次见到光明。［28］宿卫队主：禁卫军的带兵头领。羽林、虎贲：都是禁卫军的称号名，或言其如鸟之快，或言其如虎之猛。这里即指禁卫军中的士兵。［29］殆（dài）：几乎，差不多。幽禁：软禁，囚禁。［30］高迈：高远，超俗，以言其不慕荣利、不慕权势。［31］无山水之适：没有贪恋山水的乐趣。适，乐趣，爱好。［32］郁郁：苦闷不乐的样子。［33］刺史：即司州刺史。南梁的司州州治在义阳，在今河南信阳市。蔡道恭：南梁司州刺史。传见《梁书》卷十。随方抗御：随机应变地抵抗。［34］应手摧却：及时地将其击退、挫败。［35］疾笃（dǔ）：病重。［36］灵恩：即蔡灵恩，蔡道慕之弟，南梁骁骑将军，后兵败投降北魏。［37］僧勰：即蔡僧勰（xié），南梁时人，蔡道恭之侄，萧衍时为尚书郎。［38］攘（rǎng）灭：消灭。［39］所苦转笃：所痛苦的是病痛加重。［40］势不支久：看来这病是好不了了，在世上活不了几天了。［41］以死固节：拼出一死，以保持自己的清白节操。［42］没（mò）：同“殁”，死。遗恨：到死还感到悔恨或不称心的事情。［43］摄行州事：代理司州刺史的职务。摄行，代行职务。［44］癸未：六月八日。［45］大赦：主语是南梁。［46］邢峦（luán）：徐、兖二州刺史，封平舒县伯，为殿中尚书。传见《魏书》卷六十五。［47］深鉴奢泰：深深地以奢侈浪费为教训。鉴，戒，教训。［48］务：致力于。［49］帐扆（yǐ）：床帐与座位周围的帐幕。扆，座位后面的屏风，这里即指帐幕。［50］辔（pèi）勒：系马的嚼子。通常用铜铁制造，帝王的坐骑常用金银制作。［51］裁给：刚刚够用，没有任何富余。裁，同“才”，仅仅。［52］不复买积：不买很多东西存着、备用。［53］逮：到，及。景明之初：即景明元年（500）。景明，北魏宣武帝元恪的第一个年号，共四年。［54］承升平之业：接续着孝文帝元宏的太平盛世。升平，太平。［55］清晏：河清海晏，指天下太平。晏，安。［56］远迩（ěr）来同：远近的番邦小国全来归附。迩，近。同，来归，来聚。［57］贡篚（fěi）相继：进贡的东西源源不断地送来。贡篚，盛贡品的各种竹筐，代指进贡的物品。古时称方形的竹器曰“筐”，圆形的竹器曰“篚”，常用来装贵细物品。《尚书·禹贡》有所谓“厥贡漆丝，厥篚织文”。［58］商估交入：各国的商人都涌到洛阳来。估，同“贾”，商人。交入，从各地而来。［59］献纳：贡献与缴纳。［60］倍多于常：比往常的多了一倍还要多。［61］恒：常常。［62］国用恒不足：国家需要的粮食与布帛常常不够用。［63］苟非为之分限：假如不给各方面的花销定出一个制度。［64］恐岁计不充：恐怕这一年的收入就不能满足各处的开销。［65］要须：必要，必须。

秋，七月，癸丑[1]，角城戍主柴庆宗[2]以城降魏，魏徐州刺史元鉴[3]遣淮阳太守吴秦生[4]将千余人赴之，淮阴援军[5]断其路，秦生屡战，破之，遂取角城。

甲子[6]，立皇子综为豫章王[7]。

魏李崇破东荆[8]叛蛮，生擒樊素安，进讨西荆[9]诸蛮，悉降之。

魏人闻蔡道恭卒，攻义阳益急，短兵日接。曹景宗顿凿岘不进，但耀兵游猎[10]而已。上复遣宁朔将军马仙琕救义阳，仙琕转战而前，兵势甚锐。元英结垒于士雅山[11]，分命诸将伏于四山，示之以弱。仙琕乘胜直抵长围[12]，掩[13]英营；英伪北[14]以诱之，至平地，纵兵击之。统军傅永擐甲执槊[15]，单骑先入，唯军主蔡三虎副之[16]，突陈横过[17]。梁兵射永，洞其左股[18]，永拔箭复入。仙琕大败，一子战死，仙琕退走。英谓永曰：“公伤矣，且还营。”永曰：“昔汉高扪足[19]不欲人知，下官虽微，国家一将，奈何使贼有伤将之名！”遂与诸军追之，尽夜[20]而返。时年七十余矣，军中莫不壮之。仙琕复帅万余人进击英，英又破之，杀将军陈秀之[21]。仙琕知义阳危急，尽锐[22]决战，一日三交，皆大败而返[23]。蔡灵恩势穷，八月，乙酉[24]，降于魏。三关[25]戍将闻之，辛酉[26]，亦弃城走。

英使司马陆希道为露版[27]，嫌其不精，命傅永改之。永不增文彩，直为之陈列军事处置形要[28]而已，英深赏之，曰："观此经算[29]，虽有金城汤池[30]，不能守矣。"初，南安惠王以预穆泰之谋，追夺爵邑，及英克义阳，乃复立英为中山王[31]。

御史中丞任昉[32]奏弹曹景宗[33]，上以其功臣，寝而不治[34]。

卫尉郑绍叔[35]忠于事上，外所闻知，纤豪无隐[36]。每为上言事，善则推功于上，不善则引咎归己[37]，上以是亲之。诏于南义阳[38]置司州，移镇关南[39]，以绍叔为刺史。绍叔立城隍，缮[40]器械，广田[41]积谷，招集流散[42]，百姓安之。

魏置郢州[43]于义阳，以司马悦[44]为刺史。上遣马仙琕筑竹敦、麻阳[45]二城三关南，司马悦遣兵攻竹敦，拔之。

九月，壬子[46]，以吐谷浑[47]王伏连筹[48]为西秦、河[49]二州刺史，河南王[50]。

柔然[51]侵魏之沃野及怀朔镇[52]，诏车骑大将军源怀出行北边[53]，指授方略[54]，随须征发[55]，皆以便宜从事[56]。怀至云中[57]，柔然遁去。怀以为用夏制夷[58]，莫如城郭[59]，还，至恒、代[60]，按视[61]诸镇左右要害之地，可以筑城置戍之处，欲东西为九城，及储粮积仗之宜，犬牙相救之势[62]，凡五十八条，表上之，曰："今定鼎成周[63]，去北遥远，代表诸国颇或外叛[64]，仍遭[65]旱饥，戎马甲兵十分阙八[66]。谓宜准旧镇[67]，东西相望，令形势相接[68]，筑城置戍，分兵要害，劝农[69]积粟，警急之日[70]，随便翦讨[71]。彼游骑之寇，终不敢攻城，亦不敢越城南出。如此，北方无忧矣。"魏主从之。

魏太和之十六年[72]，高祖诏中书监高闾与给事中公孙崇考定雅乐[73]，久之，未就。会高祖殂[74]，高闾卒。景明中[75]，崇为太乐令[76]，上所调金石及书[77]。至是，世宗始命八座已下[78]议之。

冬，十一月，戊午[79]，魏诏营缮国学[80]。时魏平宁日久，学业大盛，燕、齐、赵、魏[81]之间，教授者不可胜数，弟子著录[82]多者千余人，少者犹数百，州举茂异[83]，郡贡孝廉[84]，每年逾众[85]。

甲子[86]，除以金赎罪之科[87]。

十二月，丙子[88]，魏诏殿中郎陈郡袁翻[89]等议立律令，彭城王勰等监之。

己亥[90]，魏主幸伊阙[91]。

上雅好儒术[92]，以东晋、宋、齐虽开置国学，不及十年辄废之，其存亦文具[93]而已，无讲授之实。

（以上为第十六段，写南朝萧梁大将曹景宗坐山观虎斗，宁朔将军马仙琕力战而败，义阳归于北魏；北魏在北方修建九座城池，抵挡柔然游寇；北魏定雅乐，兴国学。）

【注释】

[1]癸丑：七月八日。 [2]角城戍主：角城军事据点的头领。角城，古地名，在淮水北岸，是南梁的军事重镇，南岸即淮阴镇。柴庆宗：南梁角城戍主，投降北魏。 [3]元鉴：字绍达，道武帝拓跋珪玄孙，武昌王拓跋平原之子，北魏徐州刺史。传见《魏书》卷十六。 [4]淮阳：北魏郡名，郡治在今安徽凤阳县。吴秦生：北魏淮阳太守。 [5]淮阴援军：胡三省曰："淮阴，梁重镇也。以角城叛，遣军援其不从叛者。"淮阴，古郡名，郡治怀恩，在今江苏淮安市东南。 [6]甲子：七月十九日。 [7]皇子综：即萧综，一作萧缵，字德文，齐东昏侯萧宝卷遗腹子，梁武帝萧衍养子（名义上的次子）。封豫章王，出任镇北将军、南兖州刺史。得知身世后，流亡北魏，得到殊礼对遇，以为司空、太尉公、高平郡公，任齐州刺史。传见《梁书》卷五十五。 [8]东荆：即东荆州，北魏州名，州治在今河南泌阳县。 [9]西荆：即北魏的荆州，州治在今河南邓州市。其地在东荆州之西，故称"西荆"。 [10]耀兵游猎：做出一种显示兵力的样子，似游猎，而不是真的援救义阳。 [11]结垒：构筑营垒。士雅山：原文为"上雅山"，据章校改。士雅山，原称大木山，在义阳城东。因晋将祖逖曾率家族避难于此山，祖逖字士雅，故当地人以"士雅"名此山。[12]直抵长围：一直进入魏军的伏击圈。 [13]掩：袭击。 [14]伪北：假装逃跑。北，同"背"，转身逃跑。 [15]傅永：字修期，北魏名将。传见《魏书》卷七十。擐（huàn）甲执槊：身披铠甲，手执长矛。擐，贯，穿。 [16]唯：只有。军主：即统军，一支部队的统领。蔡三虎：与傅永同为元英、部属军主。副之：紧随傅永身后为其辅助，并肩战斗。 [17]突陈横过：在梁军的阵前横冲直撞，一闪而过。陈，同"阵"。 [18]洞其左股：梁军的箭穿透了傅永的左腿。洞，用如动

词，穿透。股，大腿。［19］汉高扪（mén）足：刘邦与项羽对阵于荥阳，项羽的箭射中刘邦。刘邦伤胸，为了不动摇军心，故意弯下腰去摸脚，说："虏中吾趾！"事见《史记》卷八。扪，按，摸。［20］尽夜：一整夜。［21］陈秀之：梁将马仙琕部属将军，在与北魏作战中战死。［22］尽锐：投入全部的精锐部队。［23］大败而返：胡三省曰："马仙琕力战，使曹景宗以大军继之，魏必败退，义阳全矣。"［24］乙酉：八月十一日。［25］三关：当时义阳南面的三个关塞，即武胜关、平靖关、九里关。［26］辛酉：八月无"辛酉"，疑为"辛卯"，八月十七日。［27］司马：为部队中主管司法的高级僚佐。陆希道：北魏司空、平原王陆睿长子，中山王元英司马，随军攻克义阳，拜谏议大夫、廷尉少卿。传见《北史》卷二十八。露版：也称"露布"，向北魏主元恪报捷的公开文书。［28］直：仅，只。军事处置形要：指挥作战的大概情况。［29］经算：指筹划对敌的阵法与战法。［30］金城汤池：比喻守城工事坚固。金城，比喻城墙坚固。汤池，比喻护城河不可接近。汤，热水。［31］"南安惠王"四句：南安惠王：即拓跋桢，中山王元英之父，因参与穆泰反对孝文帝迁都洛阳孝文帝元宏的迁都洛阳，企图另在平城拥立皇太子为皇帝，分裂国家，事发后穆泰被处死，拓跋桢在事发前已死，被夺爵。今元英立功，则重新封立元英为中山王，复其封地中山郡。郡治在今河北定州市。［32］任昉（fǎng）：时任南梁御中中丞，上奏弹劾曹景宗。［33］奏弹曹景宗：以曹景宗奉命援救义阳，而逗挠不进，"耀兵游猎"，以致贻误军机。奏弹，上书列述其罪行，请求朝廷予以惩处。［34］寝（qǐn）而不治：压下弹奏的文书，而对犯罪者不予以惩处。寝，搁置。不治，不予治罪。［35］卫尉：主管护卫宫廷的官员。郑绍叔：南梁大臣。传见《梁书》卷十一。［36］纤豪无隐：毫无保留地都报告给萧衍。纤豪，一丝一毫。豪，同"毫"，长而细的毛。［37］引咎归己：把过失归于自己。［38］南义阳：郡治鹿城关，在今湖北安陆市东。［39］移镇关南：把原驻军于义阳的指挥部迁到鹿城关。［40］缮（shàn）：修缮，整理。［41］广田：开辟农田。［42］流散：流民。［43］郢州：胡三省引魏收《地形志》曰："郢州领安阳、城阳、汝南郡。"［44］司马悦：字庆宗，北魏外戚、大臣。传见《魏书》卷三十七。［45］竹敦、麻阳：古地名，在义阳三关南，在今河南信阳市境内。［46］壬子：九月八日。［47］吐谷（yù）浑：亦称吐浑，古代少数民族建立的小国名，其地在今甘肃洮河西南至青海北部一带。［48］伏连筹：《南齐书》卷五十九作"休留茂"，吐谷浑国主。在位时臣属于北魏，接受北魏官爵，并向其进贡。自刘宋以来又接受南朝的封号。传见《梁书》卷五十四。［49］西秦、河：南朝封与吐谷浑王的二州名，西秦州约当今甘肃兰州一带地区，河州约当今甘肃临夏东北一带地区，这些地区当时都在北魏的统治下。［50］河南王：此所谓河南，乃指今青海境内的黄河以南地区，如尖扎、同仁、贵德、同德等县。［51］柔然：亦称"蠕蠕"，古代北方少数民族名及汗国名，其后败于北魏，灭于突厥。事见《魏书》卷一百三。［52］沃野及怀朔镇：北魏北部边防上的军镇名，沃野镇在今内蒙古乌拉特前旗东南的黄河南岸，怀朔镇在今内蒙古固阳县城西南。［53］出行北边：到北部的沿边地区巡行视察。行，巡行。［54］指授：指导，传授。方略：指挥，处置。［55］随须征发：可以根据实际需要下令向所在地区征调人力、物资。［56］以便宜从事：遇有应该立即解决的事务，可以不必请示朝廷而先行处理，这是皇帝授予其所派大臣的一种特别权力。［57］云中：北魏郡名，郡治盛乐，在今内蒙古和林格尔县城北。［58］用夏制夷：用管理中原地区的办法管理少数民族。夏，中原，北魏人自称。夷，少数民族，指北方的柔然、南方的齐、梁以及氐族、羌族、吐谷浑等。［59］城郭：内城和外城，泛指城镇、城市。［60］恒、代：指北魏的旧都平城，在今山西大同市东北。平城既是恒州的州治所在地，又是代郡的郡治所在地。［61］按视：考察，巡视。［62］犬牙相救：各城戍交错排列，便于互相援救。犬牙生得不齐，以形容筑垒防守的相互交错勾连。［63］定鼎成周：意即建都于洛阳。定鼎，把传国的夏鼎安放在某地，通常指建都。成周，周初在王城东侧建立的都城，通常指洛阳。［64］代表诸国：代郡以北的少数民族国家，指柔然等。代表，代郡以北。颇或外叛：略有背叛者。［65］仍遭：频频地遭受。仍，同“频”，连续。［66］十分阙八：十成里面缺八成。阙，同“缺”。［67］谓宜准旧镇：我以为应该依照旧镇的样子。准，以之为标准。［68］令形势相接：让它们能够彼此相互呼应、相互救援。相接，彼此能够够得着。［69］劝农：鼓励发展农业，增加粮食。［70］警急之日：一旦出现危险、紧急的情况。［71］随便翦（jiǎn）讨：可以很及时、很方便地加以攻打、消灭。翦，同“剪”，剪灭。［72］太和之十六年：公元492年。［73］高祖：即孝文帝元宏，庙号高祖。高閭：本名高驴，字阎士，幽州刺史高洪之子，北魏儒臣。公孙崇：北魏官员，孝文帝拓跋宏时为给事中、大乐祭酒。奉诏与中书监高閭考定雅乐，为太乐令。雅乐：典雅纯正的音乐，是古代传统宫廷音乐，指帝王朝贺、祭祀天地等大典所用的音乐。雅，正。［74］高祖殂（cú）：孝文帝元宏死，事在公元499年。［75］景明中：景明年间。景明，北魏宣武帝元恪的第一个年号，共四年。［76］太乐令：掌管国家音乐的官员，主要管理朝廷与宗庙的音乐，即所谓“雅乐”。［77］上所调金石：把公孙崇调试过的钟磬之类的乐器上交给皇帝。调，指调试音阶的高低。书：将调试的情况形成文字，书写后呈送皇帝。［78］世宗：即北魏宣武帝元恪，庙号世宗。八座：尚书省的八位主要官员，指尚书令、尚书左右仆射与其下属的五部尚书郎。已下：即以下。已，同“以”。［79］戊午：十一月十五日。［80］营缮（shàn）国学：修缮，修建以国子监为首的官学，此指国学馆。［81］燕、齐、赵、魏：北魏的四个地区名。燕，指今河北北部和与之邻近的内蒙古东南部与辽宁西部等一带地区。齐，指今山东中部、西北部与东部地区。赵，指今河北南部。魏，指今山西南部与河南开封一带。［82］著录：登记在册。［83］州举茂异：各州按时向朝廷推荐的优秀人才。茂异，即汉朝所说的“茂才”“异等”，都是地方政府向朝廷推荐人才的科目名。茂才，即“秀才”，儒书读得好，会讲会用。异等，指行为表现好，办事能力强。［84］郡贡孝廉：地方各郡向州、向朝廷推荐人才的科目名。贡，推荐，进献。孝廉，主要指孝顺长辈、为政清廉等道德方面的优秀人才而言。［85］每年逾众：一年比一年加多。［86］甲子：十一月二十一日。［87］除以金赎罪之科：目的是突出法律的严肃性。除，废除。科，条例，规定。［88］丙子：十二月四日。［89］殿中郎：也称尚书殿中郎，北魏属殿中尚书，掌宿卫殿廷。袁翻：字景翔，陈郡项县（今河南沈丘县）人，北魏著作佐郎，参与史事。元恪即位，以为殿中郎、豫州中正。传见《魏书》卷六十九。［90］已亥：十二月二十七日。［91］伊阙（què）：山口名，在当时洛阳城南的伊水上，伊水流经其间，两岸山形对立如门。阙，宫门两侧的高台，相对如门。［92］雅好：平素爱好。儒术：儒家的原则、学说、思想。［93］文具：犹言“具文”，有名无实，摆摆样子。胡三省曰：“晋元帝建武元年（317），戴邈请建太学，王敦、苏峻之难，学校废矣。成帝咸康三年（337）复立，而儒术终不振。穆帝永和八年（352）殷浩以军兴罢太学生。宋文帝元嘉十五年（438），征雷次宗开馆教授，而儒、玄、文、史四学并立。齐高帝建元四年（482），置国子学生二百人，隆昌、建武之间已倚席而不讲矣。”

【点评】

魏孝文帝和梁武帝推进礼乐文化。梁武帝和魏孝文帝都很重视礼乐制度。中国历史上像梁武帝这样精通音律的皇帝很少，他素来精通钟律，想要整理、订正雅乐，而且他能够自己制作乐器“通”。神奇的是，梁武帝用通声转过来推算节气，一点差错也没有，而反过来再一推算，也能相合。梁武帝又制作了十二笛，以十二笛的声音对校于通声，并且对于古钟玉律，都互相符合没有差误。这些都说明梁武帝自小就受到良好的音乐教育，并且能够充分认识到音乐艺术对于人文关怀、社会教育的重大作用，所以努力推行礼乐。北魏的情况就特殊一些，自魏孝文帝开始注意并引进中原的礼乐制度，在太和十六年颁布诏书要高闾与公孙崇考订雅乐，到了景明年间，公孙崇担任太乐令，旧事重提，朝廷重新议定。从此看来，北魏的汉化进行得非常顺利，孝文帝开创的改革道路被顺利地推进。与此相呼应的是北魏国学馆的兴盛，北魏境内，这时兴学之风大盛，燕、齐、赵、魏等地，讲学授业的人不可胜数，其弟子登记在册者多的有一千多人，少的也有几百名，州里举荐“茂才异等”的卓越人才，郡里举贡孝廉，人数一年比一年多。

卷一四六　梁纪二

梁武帝天监四年至六年（505—507 年）

【起旃蒙作噩（乙酉，505 年），尽强圉大渊献（丁亥，507 年），凡三年】

【大事提要】

本卷记事起自公元 505 年，至公元 507 年，凡三年，当梁武帝天监四年至天监六年。本卷所载大事，主要是梁魏南北对峙，发生了两次大规模的战争，都以发动者的失败而告终。第一次战争，公元 505 年，梁武帝任命其弟扬州刺史临川王萧宏都督北讨诸军事北伐魏，公元 506 年战败而归。第二次战争，公元 507 年，北魏十万大军南下，因不习惯水战，失败而回。

高祖武皇帝二

天监四年（乙酉，505 年）

春，正月，癸卯朔[1]，诏曰："二汉登贤[2]，莫非经术[3]，服膺雅道[4]，名立行成[5]。魏、晋浮荡[6]，儒教沦歇[7]，风节罔树[8]，抑此之由[9]。可置《五经》博士[10]各一人，广开馆宇[11]，招内后进[12]！"于是，以贺玚及平原明山宾、吴兴沈峻、建平严植之补博士[13]，各主一馆，馆有数百生，给其饩廪[14]，其射策通明者即除为吏[15]。期年[16]之间，怀经负笈者云会[17]。玚，循之玄孙[18]也。又选学生，往会稽云门山[19]从何胤受业[20]，命胤选门徒中经明行修[21]者，具以名闻[22]。分遣博士祭酒[23]巡州郡立学。

初，谯国夏侯道迁[24]以辅国将军从裴叔业镇寿阳，为南谯太守，与叔业有隙，单骑奔魏。魏以道迁为骁骑将军，从王肃镇寿阳，使道迁守合肥。肃卒，道迁弃戍来奔，从梁、秦二州刺史庄丘黑镇南郑，以道迁为长史，领汉中太守。黑卒，诏以都官尚书王珍国为刺史，未至，道迁阴与军主考城江忱之[25]等谋降魏。

先是，魏仇池镇将杨灵珍叛魏来奔，朝廷以为征虏将军、假武都王，助戍汉中，有部曲六百人，道迁惮之。上遣左右吴公之[26]等使南郑，道迁遂杀使者，发兵击灵珍父子，斩之，并使者首送于魏。白马戍主尹天宝[27]闻之，引兵击道迁，败其将庞树[28]，遂围南郑。道迁求救于氐王杨绍先、杨集起、杨集义[29]，皆不应[30]。集义弟集朗引兵救道迁，击天宝，杀之[31]。魏以道迁为平南将军、豫州刺史、丰县侯。又以尚书邢峦[32]为镇西将军，都督征梁、汉[33]诸军事，将兵赴之。道迁受平南，辞豫州[34]，且求公爵[35]，魏主不许。

辛亥[36]，上祀南郊[37]，大赦。

乙丑[38]，魏以骠骑大将军高阳王雍[39]为司空，加尚书令广阳王嘉[40]仪同三司。

二月，丙子[41]，魏以宕昌世子梁弥博[42]为宕昌王。

上[43]谋伐魏，壬午[44]，遣卫尉卿杨公则[45]将宿卫兵塞洛口[46]。

壬辰[47]，交州刺史李凯[48]据州反，长史李畟[49]讨平之。

魏邢峦至汉中，击诸城戍，所向摧破。晋寿太守王景胤据石亭[50]，峦遣统军李义珍[51]击走之。魏以峦为梁、秦二州刺史。巴西太守庞景民[52]据郡不下，郡民严玄思[53]聚众自称巴州刺史，附于魏，攻景民，斩之。杨集起、集义闻魏克汉中而惧，闰月[54]，帅群氐叛魏，断汉中粮道，峦屡遣军击破之。

夏，四月，丁巳[55]，以行宕昌王梁弥博[56]为河、凉[57]二州刺史，宕昌王。

冠军将军孔陵等将兵二万戍深杭[58]，鲁方达戍南安[59]，任僧褒等戍石同[60]，以拒魏。邢峦遣统军王足[61]将兵击之，所至皆捷，遂入剑阁[62]。陵等退保梓潼[63]，足又进击，破之。梁州十四郡地[64]，东西七百里，南北千里，皆入于魏。

（以上为第一段，写南朝萧梁武帝萧衍下令设置《五经》博士，开办学校；北魏名将、梁秦二州刺史邢峦率军南下，一路势如破竹，梁州十四郡尽入北魏版图。）

【注释】

[1]癸卯朔：正月一日。 [2]二汉登贤：西汉与东汉两朝的进用贤人。 [3]经术：儒家学派治国安邦的理论与学说。经，历来被尊奉为典范的著作，此指儒家经典。 [4]服膺雅道：凡是能按照儒家学说严格要求自己，身体力行的人。服膺，牢记在心，并依照实行。雅道，正道，即儒家提倡遵行的生活方式。 [5]名立行成：能够名扬天下，事业有成。 [6]魏晋浮荡：魏、晋两朝崇尚虚浮放荡的老庄哲学。浮荡，虚浮，放荡，把一切都看成虚无，提倡自由放荡、摒弃一切的生活方式。 [7]沦歇：没落，衰败。歇，败落，停止。 [8]风节罔（wǎng）树：没有人再讲究、追求儒家的学说。风节，儒家的风度与人格。罔树，没法树立，没人讲究。 [9]抑此之由：就是由于统治者不重视、不提倡儒家的思想学说造成的。抑，虚词，用在句首，无义。 [10]《五经》博士：在太学里讲授儒家经典的教官。《五经》，是《诗》《书》《礼》《易》《春秋》五种儒家经典。博士，古代负责教学的一种官名，职掌传授一门的经学学问。 [11]广开馆宇：大规模地建造太学的教室与宿舍。馆宇，学馆，学校。 [12]招内后进：招收年轻学子到太学里学习。内，同“纳”，招进。后进，此指后辈，年轻的人。 [13]贺玚（chàng）、明山宾、沈峻、严植之：四位南梁著名学者，皆为太学博士。驾玚，字德琏，会稽山阴（今浙江绍兴市）人，入梁，为太常丞，兼《五经》博士。明山宾，字孝若，平原人，精通儒学经典。严植之，字孝源，秭归人，少学老、庄，后改习儒家经典《毛诗》《郑氏礼》《周易》《左传》。曾为庐陵王侍郎。南梁时，兼五经博士，师从听讲者千余人。撰有《凶礼仪注》四百七十九卷。明山宾，传见《梁书》卷四十八。驾玚、沈峻、严植之，三人传见《梁书》卷四十八。 [14]给其饩（xì）廪（lǐn）：由公家供给其伙食。饩，赠送食物。廪，粮库，这里即指粮食。 [15]射策通明：考试时回答问题清楚明白。射策，古代的考试方法，考官把考题写在竹简上，放在桌上，由应试者随意抽取回答。通明，通晓，明了。除为吏：任用为官吏。除，选用，任命。 [16]期年：一周年。 [17]怀经负笈（jí）：怀里揣着经书，背上背着书箱。笈，书箱，书籍。云会：如大风吹云之来会，极言其来人之多、之快。 [18]循：即贺循，字彦先，孙吴中书令贺邵之子，东晋初期的江南名士，也是当时当地的儒学首领。传见《晋书》卷六十八。胡三省曰：“晋氏南渡之初，以贺循为儒宗。”玄孙：四世孙。 [19]会稽：古郡名，郡治在今浙江绍兴市。云门山：古山名，在今浙江绍兴市城南三十一里，山上有云门寺，南齐时代的隐士何胤即隐居于此。 [20]从何胤受业：跟着何胤接受学业。受业，听老师讲课。 [21]经明行修：经书学得透彻，品行修得到家。 [22]具以名闻：把他们的姓名、业绩都报到朝廷。 [23]博士祭酒：太学的行政负责人，犹今之校长。 [24]夏侯道迁：沛国谯县人，南齐南谯太守，投北魏为骁骑将军，一度又南投梁朝为汉中太守，再复归北魏，为平南将军，豫州刺史。传见《魏书》卷七十一。 [25]江忱之：江悦之，字彦和，济阳考城人，南梁汉中太守夏侯道迁军主，与夏侯道迁一同投降魏国。传见《魏书》卷七十一。 [26]吴公之：梁武帝萧衍亲信，曾出使南郑，被杀。 [27]白马戍：古地名，在今陕西勉县西。尹天宝：梁武帝萧衍时为白马戍主，被杀。 [28]庞树：时为夏侯道迁属将，后随夏侯道迁一道投奔北魏。 [29]杨绍先、杨集起、杨集义：氐族人

所建武兴国君臣。杨绍先为国主，投附北魏受封为武都王。杨集起、杨集义。两人为兄弟，是杨绍先之叔，辅政杨绍光，煽动诸氐脱离北魏，被北魏派兵攻灭。传见《魏书》卷一百一。［30］皆不应：指杨绍先及辅臣杨集起、杨集义，不应夏侯道迁之请，不救援。［31］杀之：救援夏侯道迁的杨集朗攻杀了邀击夏侯道迁的白马戍主尹天宝。［32］邢峦（luán）：北魏名将。宣武帝元恪时，拜为征西将军、梁秦二州刺史。传见《魏书》卷六十五。［33］梁、汉：在今陕西的汉中一带地区，当时的汉中既是汉中郡的郡治所在地，又是梁州的州治所在地。［34］受平南，辞豫州：接受了平南将军的称号，不接受豫州刺史的职务。因为夏侯道迁希望做梁州刺史，不离开汉中。［35］公爵：古代五等爵的第一等，位在侯爵之上。夏侯道迁不满丰县侯爵位，要求为公爵。［36］辛亥：正月九日。［37］上祀南郊：梁武帝萧衍到南郊祭天。［38］乙丑：正月二十三日。［39］高阳王雍：即元雍，也称“拓跋雍”，宣武帝元恪之叔，初封颍川王，改封高阳王。传见《魏书》卷二十一上。［40］广阳王嘉：即元嘉，也称“拓跋嘉”，广阳王拓跋建之子，封广阳王。传见《魏书》卷十八。［41］丙子：二月五日。［42］宕（dàng）昌：当时的少数民族小国名，羌族，居住在今甘肃白龙江上游一带，在今甘肃宕昌县。传见《魏书》卷一百一。梁弥博：宕昌王梁弥机世子，继立为宕昌国君主，为人凶狠、暴虐。继位后，受吐谷浑势力所逼，逃奔仇池。后不知所终。［43］上：指梁武帝萧衍。［44］壬午：二月十一日。［45］卫尉卿：即卫尉，秦汉时为九卿，后代沿置，掌宫门卫士、宫中巡逻等事。胡三省曰：“自汉以来，卫尉与太常、太仆、廷尉、大鸿胪、宗正、大司农、少府为九卿（按：胡注九卿，缺载郎中令），而职名未带卿字，至梁分十二寺，始各带‘卿’字。”杨公则：字君翼，天水西县（今甘肃礼县盐官镇）人，南梁开国功臣，任卫尉卿。传见《梁书》卷十。［46］洛口：古地名，洛涧入淮的汇口，在今安徽淮南市东北。［47］壬辰：二月二十一日。［48］李凯：南梁交州刺史，反叛南梁，被讨平。［49］李畟（cè）：南梁交州长史，刺史李凯据州反叛，李畟讨平之，遂为交州刺史。后又斩杀反叛南梁的起事者阮宗孝。［50］晋寿：南梁郡名，郡治在今四川剑阁县东北。王景胤：南梁晋寿太守。时北魏大举向西南进攻取汉中，景胤败退入川。魏军进逼涪城（今四川绵阳市），景胤兵败阵亡。石亭：古军事据点名，在当时的晋寿城西。［51］李义珍：北魏镇西将军邢峦的属将。［52］巴西：南梁郡名，郡治在今四川绵阳市。庞景民：南梁巴西太守，被叛民所杀。［53］严玄思：巴西郡民，曾自称巴州刺史，杀害刺史，投奔北魏。［54］闰月：指闰二月。［55］丁巳：四月十七日。［56］行宕昌王：代理宕昌王。此前梁弥博虽已自称宕昌王，但还未得到南梁的应允，所以先称“行”。此时的宕昌既附魏，又附梁，获两处的封爵。［57］河、凉：今甘肃境内的古代二州名，河州的州治枹罕，在今甘肃临夏州东北。凉州的州治在今甘肃武威市。二州均在北魏的统治下，而南梁指之以封梁弥博，此为虚封，希望其征讨北魏。［58］深杭：南梁地名，方位不详。［59］鲁方达：南梁南安镇将，被北魏打败。南安：南梁郡名，郡治在今四川剑阁县。［60］任僧褒：南梁石同镇将，被北魏打败。石同：南梁地名，方位不详。［61］王足：北魏镇西将军邢峦部将。伐蜀之役，所在克捷。诏行益州刺史，围涪城，蜀人大震。寻宣武帝复以羊祉为益州刺史，足闻而引退。后投奔南梁。［62］剑阁：剑阁道，古山路名，在今四川剑阁县东北，是川陕间主要通道，自古是军事交通要地。［63］梓潼：南梁县名，在今四川梓潼县。［64］梁州十四郡地：胡三省曰："萧子显《齐志》，梁州注籍者二十二郡，荒郡不与焉。今魏取十四郡。"

初，益州刺史邓元起[1]以母老乞归，诏征为右卫将军[2]，以西昌侯渊藻[3]代之。渊藻，懿之子也。夏侯道迁之叛也，尹天宝驰使报元起。及魏寇晋寿，王景胤等并遣告急，众劝元起急救之，元起曰："朝廷万里，军不猝至[4]，若寇贼侵淫[5]，方须扑讨[6]，董督之任[7]，非我而谁[8]，何事忽忽救之[9]！"诏假[10]元起都督征讨诸军事，救汉中，而晋寿已陷。萧渊藻将至，元起营还装[11]，粮储器械，取之无遗[12]。渊藻入城，恨之；又求其良马[13]，元起曰："年少郎子[14]，何用马为！"渊藻恚[15]，因醉，杀之。元起麾下[16]围城，哭，且问故，渊藻曰："天子有诏。"众乃散。遂诬以反，上疑焉。元起故吏广汉罗研[17]诣阙讼之[18]，上曰："果如我所量[19]也。"使让[20]渊藻曰："元起为汝报仇[21]，汝为仇报仇[22]，忠孝之道如何！"乃贬渊藻号为冠军将军[23]，赠元起征西将军，谥曰忠侯[24]。

李延寿论曰[25]：元起勤乃胥附[26]，功惟辟土[27]，劳之不图[28]，祸机先陷[29]。冠军之贬[30]，于罚已轻，梁之政刑，于斯为失[31]。私戚[32]之端，自斯而启，年之不永[33]，不亦宜乎！

益州民焦僧护聚众数万[34]作乱，萧渊藻年未弱冠[35]，集僚佐议自击之。或陈不可，渊藻大怒，斩于阶侧。乃乘平肩舆巡行贼垒[36]，贼弓乱射，矢下如雨，从者举楯御矢[37]，渊藻命去之。由是人心大安，击僧护等，皆平之。

六月，庚戌[38]，初立孔子庙[39]。

豫州刺史王超宗将兵围魏小岘[40]。丁卯[41]，魏扬州刺史薛真度遣兼统军李叔仁等击之，超宗兵大败。

冠军将军王景胤、李畎[42]、辅国将军鲁方达等与魏王足战，屡败，秋，七月，足进逼涪城[43]。

八月，壬寅[44]，魏中山王英寇雍州[45]。

庚戌[46]，秦、梁二州刺史鲁方达与魏王足统军纪洪雅、庐祖迁[47]战，败，方达等十五将皆死。壬子[48]，王景胤等又与祖迁战，败，景胤等二十四将皆死。

杨公则至洛口，与魏豫州长史石荣[49]战，斩之。甲寅[50]，将军姜庆真与魏战于羊石[51]，不利，公则退屯马头[52]。

雍州蛮沔东太守田青喜[53]叛降魏。

魏有芝生于太极殿之西序[54]，魏主以示侍中崔光[55]，光上表，以为："此《庄子》[56]所谓'气蒸成菌[57]'者也。柔脆[58]之物，生于墟落秽湿之地[59]，不当生于殿堂高华[60]之处；今忽有之，厥状扶疏[61]，诚足异也。夫野木生朝[62]，野鸟入庙[63]，古人皆以为败亡之象[64]，故太戊、中宗[65]惧灾修德[66]，殷道[67]以昌，所谓'家利而怪先[68]，国兴而妖豫[69]'者也。今西南二方[70]，兵革未息，郊甸之内[71]，大旱逾时[72]，民劳物悴[73]，莫此之甚[74]，承天育民者所宜矜恤[75]；伏愿陛下侧躬耸意[76]，惟新圣道[77]，节[78]夜饮之乐，养方富之年[79]，则魏祚[80]可以永隆，皇寿[81]等于山岳矣。"于是[82]，魏主好宴乐[83]，故光言及之。

九月，己巳[84]，杨公则等与魏扬州刺史元嵩[85]战，公则败绩。

冬，十月，丙午[86]，上大举伐魏，以扬州刺史临川王宏[87]都督北讨诸军事，尚书右仆射柳惔[88]为副，王公以下各上国租及田谷[89]以助军。宏军于洛口。

杨集起、集义立杨绍先为帝，自皆称王。十一月，戊辰朔[90]，魏遣光禄大夫杨椿[91]将兵讨之。

（以上为第二段，南朝萧梁大臣邓元起功不可没，被迫乞归，又被萧渊藻杀之，诬以谋反，故吏罗研为其鸣冤；北魏侍中崔光善解太极殿内灵芝，寓含劝谏之意。）

【注释】

[1]益州：州治在今四川成都市。邓元起：字仲居，南郡当阳人，南梁开国功臣。封当阳县侯；讨伐叛乱的益州刺史刘季连，平定蜀地，任益州刺史。后被接任者萧渊藻所杀。谥号忠侯。传见《梁书》卷第十。 [2]右卫将军：古将军名号，为禁卫军统帅之一。 [3]渊藻：即萧渊藻，字靖安，小字迦叶，南齐尚书令萧懿之子，梁武帝萧衍之侄，封西昌侯，为益州刺史、太子

中庶子、后历任雍州、兖州、南兖州、南徐州刺史，迁中书令。传见《梁书》卷二十三。［4］军不猝（cù）至：救援之军不可能短时间来到。猝，突然，短时间。［5］侵淫：渐进，逐渐向益州境内推进。［6］方须扑讨：才应当出兵攻打。［7］董督之任：总指挥的责任。董督，犹言“统帅”。［8］非我而谁：舍我其谁的意思。［9］何事忽忽救之：胡三省曰：“史言邓元起乞归非由衷之请。”忽忽，倏忽，急速。［10］假：临时授予，让其暂时代理。［11］营还装：料理返京的行装。［12］取之无遗：意即想全部裹挟带走。［13］求其良马：向邓元起讨要他所骑乘的好马。［14］郎子：犹言“郎君”，对主人家子弟的称呼。萧渊藻是皇族子弟，邓元起是萧衍的部将，如此称呼，表面客气，其实是倚老卖老。［15］恚（huì）：愤怒到极点。［16］麾（huī）下：部下，属下。麾，大将的指挥旗。［17］罗研：字深微，广汉人，少有才辩，初为益州刺史邓元起辟为主簿，后西昌侯萧渊藻与元起有隙，杀元起，且诬其反，罗研诣阙讼之。［18］诣阙（què）讼（sòng）之：到朝廷为邓元起辩冤。阙，宫门，这里即指朝廷。讼，申诉。［19］量：估量，揣度。［20］让：责让，批评。［21］元起为汝报仇：萧渊藻之父萧懿是被东昏侯萧宝卷所杀，邓元起协同萧衍起兵杀了萧宝卷。［22］汝为仇报仇：你萧渊藻却杀了为你报仇的邓元起，替你的仇人萧宝卷报了仇。［23］贬渊藻号为冠军将军：萧渊藻原为益州刺史，贬为冠军将军，杂号将军之名。［24］忠侯：《谥法解》曰：“危身奉上曰‘忠’。”［25］李延寿：字遐龄，相州（今河南安阳市）人，唐代著名史学家。贞观年间，为崇贤馆学士，后任御史台主簿，官至符玺郎，兼修国史。曾参加过官修的《隋书》《五代史志》《晋书》及当朝国史的修撰，还独立撰成《南史》《北史》行于世，列入二十四史中。传见《旧唐书》卷七十三。论曰：以下所引见《南史》卷五十五。［26］勤乃胥附：殷勤地忠于萧衍，对破郢州的朝廷军颇有功劳。胡三省引毛苌语：“幸下亲上曰‘胥附’。”乃，犹“其”。［27］功惟辟土：有开拓疆土的功劳。邓元起很早就被任为益州刺史，在原刺史刘季连据蜀观望时，有平定蜀地之功。惟，虚词。［28］劳之不图：有了功劳并不贪图回报，言下之意，还没有受到朝廷的奖赏。［29］祸机先陷：就已经遭祸被杀了。邓元起被杀，宜有缘由。胡三省曰：“元起养寇自资，虽渊藻以私愤杀之，亦不为无罪也。”［30］冠军之贬：杀人者萧渊藻只被贬为冠军将军。［31］梁之政刑，于斯为失：梁朝的政治、刑律，在这件事上就表现出了重大失误。政刑：政令和刑罚。［32］私戚：偏袒自己的亲属。私，用作动词，偏爱，护短。［33］年之不永：王朝的命运不长，南梁只存在了五十四年。［34］焦僧护：天监四年（505），南梁益州农民起义首领，聚众数万人，攻占郫县（今四川成都市郫都区）城，焚烧官府，救济贫民，后被官军镇压。数万：二字原无，据章校补。［35］年未弱冠：年龄不到二十岁，尚未行加冠礼。古时男子二十岁行加冠礼，称“弱冠”。［36］平肩舆：软轿，今所谓“滑竿”，用人肩抬。巡行贼垒：在敌兵的营盘前巡视而过。垒，营盘，营寨。［37］举楯（dùn）御矢：举起盾牌为渊藻挡箭。楯，同“盾”，御，遮挡。［38］庚戌：六月十一日。［39］初立孔子庙：谓梁朝始下令立孔子庙，二百多年来所未有也。［40］豫州：南梁州名，州治皖城，在今安徽潜山市。王超宗：南梁州刺史。小岘（xiàn）：古军事据点名，在今安徽含山县西北，当时属北魏。［41］丁卯：六月二十八日。

[42]王景胤、李畎（quǎn）：南梁将领，与北魏犯边将领王足作战，战败。[43]涪（fú）城：涪县县城，在今四川绵阳市东南，当时为梓潼郡的郡治所在地。[44]壬寅：八月四日。[45]雍州：南梁州名，州治在今湖北襄阳市，其汉水对面的樊城区，早在几年前已被北魏占据。[46]庚戌：八月十二日。[47]纪洪雅、庐祖迁：北魏将领，大将王足的统军，是两个猛人，曾将秦、梁二州刺史鲁方达打败，攻杀十五将。[48]壬子：八月十四日。[49]石荣：北魏官员，为豫州长史。[50]甲寅：八月十六日。[51]姜庆真：南梁将军。羊石：也作"阳石"，古地名，在今安徽舒城县西北。[52]马头：南梁的北方军事要地名，也是郡名，在今安徽蚌埠市西南、淮南市东北。[53]沔（miǎn）东：南梁郡名，胡三省曰："考之《北史》，青喜所据之地盖在襄阳之东，竟陵之西。"沔，沔水，水名，汉水的上游，在陕西，古代也指整个汉水。田青喜：南梁雍州的少数民族首领，梁武帝萧衍时为沔东太守，叛投北魏。[54]芝：灵芝，菌类植物的一种。太极殿：皇宫的正殿。西序：殿西侧的廊檐下。胡三省曰："殿庑曰'序'。"[55]魏主：即宣武帝元恪。崔光：本名孝伯，字长仁，北魏儒学之臣、历史学家。孝文帝、宣武帝两朝，官至司徒。传见《魏书》卷六十七。[56]《庄子》：又名《南华经》，是战国中后期庄子及其后学所著道家学说的汇总，与《老子》《周易》合称"三玄"。[57]气蒸成菌：出自《庄子·齐物论》，原文为："乐出虚，蒸成菌。"意即湿暑气蒸，故能生成菌。[58]柔脆：柔弱，软弱。[59]墟（xū）落：废弃的村落、人迹罕至之处。秽（huì）湿：污浊潮湿的地方。[60]高华：高大华丽的地方。[61]厥（jué）：其。扶疏：枝叶茂盛的样子。[62]生朝：生于朝堂之上。[63]入庙：进入祖庙。[64]败亡之象：国破家亡的先兆。[65]太戊：商朝中期第十位商王，高宗：即商王武丁，商王盘庚之侄，小乙之子，商朝后期第二十三位君主，励精图治，殷道复兴，称为"盛世"，庙号高宗。传见《史记》卷三。[66]惧灾修德：相传太戊为帝时，有桑、谷共生于朝廷，一夜便长得有一拱（两手合围）那么粗。有人主张祭祀它，太戊则知惧而修德，于是怪树死去，殷朝以兴。又相传武丁祭成汤时，有雉飞到鼎上鸣叫，对于这种怪象，武丁勤政修德，结果国泰民安。以上二事见于《史记·殷本纪》。[67]殷道：商朝的国运。[68]家利而怪先：一个家族将要大吉大利时，可能开头出现一些怪现象，这是一种很好的提醒。[69]国兴而妖豫：一个国家将要兴旺时，可能预先出现一些妖妄的东西，这对我们是很好的警告。豫，同"预"，预先产生。[70]西南二方：西，指西南方的梁州、益州一带的对南梁的作战；南，指东南方淮河以南的对南梁的作战。[71]郊甸（diàn）：原指国都的郊区，古时国都百里之内称"郊"，郊外称"甸"。这里即指北魏本土巩固的统治区。[72]大旱逾时：干旱的时间出奇地长。逾时，超过应有的节气，接连数月。[73]民劳物悴（cuì）：民众劳苦，万物凋零。[74]莫此之甚：莫此为甚，没有再比这个更严重的了。[75]承天育民者：指皇帝。古代统治者总说他们的统治是上承天命来管辖黎民百姓的。育民，养民。不说是百姓养他，而说是他养百姓，统治者的逻辑就是如此。矜（jīn）恤（xù）：怜悯，抚恤。[76]伏愿：恳切地希望。侧躬耸意：谨慎恐惧，不敢有丝毫懈怠的样子。侧躬，反侧。耸，同"悚"，恐惧。[77]惟新圣道：认真实施您的方针大计，让它日新月异地越来越好。惟，同"维"，发语词。

新，用如动词。［78］节：控制，减少。［79］养方富之年：要好好保养您青年时代的身体。方富，指年轻，古人称此为“富于春秋”，时宣武帝元恪年二十一岁。古人特别警告这个年龄要戒酒、色。［80］魏祚（zuò）：魏国的国运。［81］皇寿：您的寿命，您的健康。［82］于是：当时。［83］宴乐：安享快乐，纵情酒色。［84］己巳：九月一日。［85］元嵩：也称“拓跋嵩”，字道岳，任城王拓跋云次子，元宏时，为左中郎将、武卫将军，封高平县侯；元恪即位后，兼侍中，出任安南将军、扬州刺史，后为部下所害。传见《魏书》卷十九中。［86］丙午：十月九日。［87］临川王宏：即萧宏，梁武帝萧衍之弟，南梁大臣。萧衍即位，封临川郡王，授扬州刺史，累授骠骑大将军、太尉公。传见《梁书》卷二十二。［88］尚书右仆射（yè）：位在尚书左仆射之下，为尚书令的副职。柳惔（dàn）：字文通，河东解县（今山西永济市）人，南齐尚书令柳世隆之子，南梁名臣。传见《梁书》卷十二。［89］国租：各自封国的收入。田谷：职田的收入。当时的官吏都有一份禄米田，按官品等级分配。［90］戊辰朔：十一月一日。［91］光禄大夫：掌顾问应对，隶属光禄勋，一般为加官及褒赠之官。杨椿：字延寿，本字仲考，弘农华阴（今陕西华阴市）人，洛州刺史杨懿第二子，北魏重要将领。历经孝文帝、宣武帝、孝明帝、孝庄帝四朝，先后治理豫州、济州、梁州、朔州、定州、南秦州、岐州、雍州等八州，为侍中、车骑大将军，拜司徒、太保。后被害。传见《魏书》卷五十八。

魏王足围涪城，蜀人震恐，益州城戍降魏者什二三［1］，民自上名籍［2］者五万余户。邢峦表于魏主，请乘胜进取蜀［3］，以为：“建康、成都，相去万里，陆行既绝［4］，惟资水路［5］，水军西上，非周年不达，益州外无军援，一可图也。顷经刘季连反，邓元起攻围，资储空竭［6］，吏民无复固守之志，二可图也。萧渊藻裙屐少年［7］，未洽治务［8］，宿昔名将［9］，多见囚戮［10］，今之所任，皆左右少年，三可图也。蜀之所恃，唯在剑阁［11］，今既克南安，已夺其险，据彼竟内［12］，三分已一；自南安向涪，方轨无碍［13］，前军累败，后众丧魄，四可图也。渊藻是萧衍骨肉至亲［14］，必无死理［15］，若克涪城，渊藻安肯城中坐而受困，必将望风逃去；若其出斗，庸、蜀士卒驽怯［16］，弓矢寡弱［17］，五可图也。臣内省文吏［18］，不习军旅［19］，赖将士竭力，频有薄捷［20］，既克重阻［21］，民心怀服［22］，瞻望［23］涪、益，旦夕可图，正以兵少粮匮［24］，未宜前出，今若不取，后图便难。况益州殷实［25］，户口十万，比寿春、义阳，其利三倍［26］。朝廷若欲进取，时不可失；若欲保境宁民，则臣居此无事，乞归侍养［27］。”魏主诏以“平蜀之举，当更听后敕［28］。寇难未夷[29]，何得以养亲为辞！”

峦又表称，“昔邓艾、钟会[30]帅十八万众，倾中国资储[31]，仅能平蜀，所以然者，斗实力[32]也。况臣才非古人[33]，何宜以二万之众而希平蜀！所以敢者，正以[34]据得要险，士民慕义，此往则易[35]，彼来则难[36]，任力而行[37]，理有可克[38]。今王足已逼涪城，脱得涪[39]，则益州乃成擒之物[40]，但得之有早晚耳。且梓潼已附民[41]户数万，朝廷岂可不守！又，剑阁天险，得而弃之，良可惜矣。臣诚知战伐[42]危事，未易可为。自军度剑阁以来，鬓发中白[43]，日夜战惧[44]，何可为心[45]！所以勉强[46]者，既得此地而自退不守，恐负陛下之爵禄[47]故也。且臣之意算[48]，正欲先取涪城，以渐而进。若得涪城，则中分益州之地[49]，断水陆之冲[50]，彼外无援军，孤城自守，何能复持久哉！臣今欲使军军相次[51]，声势连接[52]，先为万全之计，然后图功[53]，得之则大利，不得则自全。又，巴西、南郑[54]，相距千四百里，去州迢遰[55]，恒多扰动[56]。昔在南之日[57]，以其统绾势难[58]，曾立巴州[59]，镇静夷、獠[60]，梁州借利[61]，因而表罢[62]。彼土民望[63]，严、蒲、何、杨，非唯一族，虽率居山谷[64]，而豪右[65]甚多，文学风流[66]，亦为不少，但以去州既远，不获仕进[67]，至于州纲[68]，无由厕迹[69]，是以郁快[70]，多生异图[71]。比道迁建义[72]之始，严玄思[73]自号巴州刺史，克城以来，仍使行事[74]。巴西广袤[75]千里，户余四万，若于彼立州[76]，镇摄华、獠[77]，则大帖民情[78]，从垫江已还[79]，不劳征伐，自为国有。”魏主不从。

先是，魏主以王足行益州刺史。上遣天门太守张齐[80]将兵救益州，未至，魏主更以梁州军司泰山羊祉[81]为益州刺史。王足闻之，不悦，辄[82]引兵还，遂不能定蜀。久之，足自魏来奔[83]。邢峦在梁州，接豪右以礼，抚小民以惠，州人悦之。峦之克巴西也，使军主李仲迁[84]守之。仲迁溺[85]于酒色，费散兵储[86]，公事咨承[87]，无能见者。峦忿之切齿[88]，仲迁惧，谋叛，城人斩其首，以城来降。

十二月，庚申[89]，魏遣骠骑大将军源怀讨武兴氐，邢峦等并受节度。

司徒、尚书令谢朏[90]以母忧[91]去职。

是岁，大穰[92]，米斛[93]三十钱。

（以上为第三段，写北魏将领王足围攻涪城，蜀人震恐，上借归服；邢峦几次上书宣武帝元恪，分析可图之由，请求一鼓作气，乘胜进取蜀地，元恪没有采纳。）

【注释】

［1］什二三：十分之二三。什，同“十”。［2］自上名籍：自愿把自己的户口上到北魏的名册，表示归顺。［3］蜀：古地名，即古蜀国，今四川地区。［4］陆行既绝：陆路交通早已断绝。从建康经襄阳西行，走陆路经汉中可到益州，但汉中此时已被北魏所占，故此路不通。［5］惟资水路：只有靠着长江一条水路。资，借助。［6］资储：积蓄，贮备。竭：尽。［7］裙屐（jī）少年：犹言“纨绔子弟”，穿戴华美而无实际才能的年轻人。屐，木屐，走起来路来吱吱作响。［8］未洽（qià）治务：不熟悉为官治政的诀窍。洽，娴熟。［9］宿昔名将：老一辈有资历名望的将军。宿昔，过去的，旧有的，指老一辈。［10］见：被。囚戮：囚禁，杀害。［11］剑阁：古关名，在今四川北部的剑门关。［12］据彼竟内：占有益州之境的地盘。竟，同“境”。［13］方轨无碍：犹言大路畅通，无人阻拦。方轨，两车并行，极言道路之宽广。［14］骨肉至亲：萧渊藻是萧衍之兄萧懿之子，为侄子，故如此说。［15］必无死理：必定没有以死固守的道理。［16］庸、蜀：皆古国名，蜀国都城成都。庸国都城上庸，在今湖北竹山县西南。这里即泛指西蜀及其周边地区。驽怯：软弱，胆小。［17］弓矢寡弱：弓箭数量少、力度小。寡，少。［18］内省文吏：朝廷的文职官员。邢峦曾任中书侍郎、散骑常侍、尚书令等出入宫禁的官职，所以自称“内省文吏”。内省，也作“禁省”，指宫中或朝廷。［19］习：熟悉，熟练。军旅：有关军队及军队作战的事情。［20］频有薄捷：屡次获小胜。这里是谦词。［21］重阻：重重险阻。［22］民心怀服：益州的军民都怀有归服之心。怀服，归顺，敬服。［23］瞻（zhān）望：远望，展望。［24］正以：只是因为。正，仅，只。粮匮（kuì）：粮食匮乏。［25］殷实：富足。［26］比寿春、义阳，其利三倍：胡三省曰：“魏先此已得寿春、义阳，故云然。”［27］乞归侍养：请求回家侍奉父母。［28］更听后敕（chì）：再等待朝廷日后的命令。敕，特指皇帝的命令或诏书。［29］寇难未夷：敌寇之乱尚未平定。［30］邓艾、钟会：三国时曹魏灭蜀的两名大将。两人传见《三国志》卷二十八。［31］倾：倾尽所有，消耗完。中国：中原之国，代指曹魏。资储：积蓄，贮备。［32］斗实力：是双方拼斗实力的结果。［33］才非古人：没有邓艾、钟会那样的才干。这里是谦词。［34］正以：就是因为，实在是因为。正，的确，实在，表示肯定的强调语气。［35］此往则易：谓魏军已据险要之地，由此进攻蜀地，会比较容易。［36］彼来则难：他们蜀军向东抵挡，是很艰难的。［37］任力而行：凭着我们的力量向前推进。［38］理有可克：按道理来说，是可以攻下的。［39］脱得涪（fú）：如果攻下涪城。脱，假如。［40］成擒之物：已经擒获的物品，意思是定可攻下。［41］已附民：胡三省曰：“谓已上名籍之民也。”［42］战伐：攻打，讨伐。［43］鬓发

中白：头发有一半已经变白了。［44］战惧：战栗，恐惧。［45］何可为心：这是何等煎熬的一种心情，怎么能安心？［46］勉强：坚持努力，坚决挺住。［47］爵禄：爵位和俸禄。［48］意算：意想与打算。［49］中分益州之地：占有了益州的一半地区。［50］断水陆之冲：占据了益州水陆交通的要冲。胡三省曰："魏已得剑阁，进取成都，涪当其冲；梁兵由内水而上救成都，涪亦当其冲。"冲，冲要，指涪城。［51］军军相次：驻军与驻军之间相互连接。［52］声势连接：各据点之间建立好相互联络、相互支援的体系。［53］图功：图谋进取成功。［54］巴西：蜀郡名，郡治在今四川绵阳市，在当时的涪城西北，相距很近。南郑：在今陕西汉中市，当时北魏梁、汉都督府的驻地，邢峦镇西将军的大本营。［55］去州迢遰（dì）：与南郑的刺史府、督军府相隔太远。州，州府，州治所在地，即南郑，今陕西汉中市。迢遰，即迢递，路途遥远的样子。遰，同"递"。［56］恒多扰动：常有一些骚扰、动乱。［57］在南之日：在南齐王朝的时候。［58］统绾（wǎn）：统辖、管理。绾，同"管"。［59］曾立巴州：事在南齐高帝萧道成建元二年（480），当时因"群蛮数为叛乱，分荆、益置巴州以镇之"，州刺史兼任巴东太守，州治即在巴东，在今重庆奉节县。后于南齐武帝永明二年（484）废除。［60］镇静：平息，安定。夷、獠（liáo）：当时生活在梁、益地区的少数民族名。［61］梁州借利：梁州的官员不愿利归他人。因为建新州要割梁州之地，故而反对。借利，图利。借，凭借，贪图。［62］因而表罢：于是上表请求撤销了巴州。［63］彼土民望：那个地区的头面人物。［64］虽率居山谷：虽然彼此都住在山谷里。率，相率，彼此都是。［65］豪右：有势力的豪门大族。［66］文学风流：指深受文学流风教化的人，即文化修养高，并能影响一方的人物。［67］不获仕进：没有机会进入官场。［68］州纲：州里的高级僚属，如长史、别驾、治中等。纲，纲纪，骨干。［69］无由厕迹：没法让他们置身其间。厕迹，插足，置身。厕，同"侧"。［70］郁怏：郁闷不乐，心怀不满。［71］多生异图：制造了许多事端。［72］道迁建义：指夏侯道迁率领梁州投降北魏。［73］严玄思：巴西的起义军首领。北魏来攻，当时巴西太守庞景民据郡不降，而郡民严玄思聚众自称巴州刺史，附于魏，攻景民，斩之。［74］仍使行事：仍然让他代理巴州刺史的职务。［75］广袤（mào）：广大，阔大。袤，古称南北的距离。［76］于彼立州：在巴西郡设立巴州。［77］镇摄华、獠：镇抚华夏人与土著的蛮夷。华，指汉族人与北魏人。镇摄，亦作"镇慑"，以威力使畏服。［78］大帖民情：大顺民意。帖，同"贴"，顺应，符合。［79］垫江已还：指垫江以西。垫江，南梁县名，县治在今重庆市，当时为巴郡的郡治所在地。［80］天门：古郡名，郡治溇中，在今湖南慈利县西三官寺乡。张齐：字子响，冯翊人，南梁宁朔将军、天门太守。传见《梁书》卷十七。［81］梁州：北魏州名，州治仇池，在今甘肃西和县南，成县之西。军司：本称"军师"，晋朝为避司马师讳，改称"军司"，后世沿用，即朝廷派出的监军。羊祉（zhǐ）：字灵祐，泰山梁父（今山东新泰市）人，营州刺史羊规之子，北魏梁州军司，讨伐叛氐；历任益、秦、梁三州刺史，后授光禄大夫、平南将军。传见《魏书》卷八十九。［82］辄（zhé）：于是，便。［83］来奔：前来投降南梁。［84］李仲迁：北魏军主，代守益州，不理政事，被杀。［85］溺（nì）：沉迷不悟，过分。［86］费散兵储：耗散军费。

费，耗费，浪费。兵储，军中的储备。［87］公事咨承：僚属有公务向他请示报告。承，同“呈”，呈报，报告。［88］忿：同“愤”，愤怒。切齿：痛恨。［89］以城来降：带着巴西郡投降了南梁。［90］庚申：十二月二十四日。［91］母忧：母亲去世，子女守丧。古代凡有父母之丧，其子居官者例皆辞官回家守孝，称为丁忧。［92］大穰（ráng）：粮食大丰收。［93］斛（hú）：古代容量单位，一斛等于一石。钱：铜钱。

五年（丙戌，506年）

春，正月，丁卯朔[1]，魏于后[2]生子昌[3]，大赦[4]。

杨集义围魏关城[5]，邢峦遣建武将军傅竖眼[6]讨之，集义逆战[7]，竖眼击破之，乘胜逐北[8]，壬申[9]，克武兴[10]，执杨绍先，送洛阳。杨集起、杨集义亡走，遂灭其国[11]，以为武兴镇，又改为东益州[12]。

乙亥[13]，以前司徒谢朏为中书监、司徒。

冀州刺史桓和击魏南青州[14]，不克。

魏秦州屠各王法智[15]聚众二千，推秦州主薄吕苟儿[16]为主，改元建明[17]，置百官，攻逼州郡。泾州民陈瞻[18]亦聚众称王，改元圣明[19]。

己卯[20]，杨集起兄弟相帅降魏[21]。

甲申[22]，封皇子纲[23]为晋安王。

二月，丙辰[24]，魏主诏王公以下直言忠谏。治书侍御史阳固[25]上表，以为："当今之务，宜亲宗室，勤庶政[26]，贵农桑，贱工贾，绝谈虚穷微之论[27]，简桑门[28]无用之费，以救饥寒之苦。"时魏主委任高肇[29]，疏薄[30]宗室，好桑门之法，不亲政事，故固言及之。

戊午[31]，魏遣右卫将军元丽[32]都督诸军讨吕苟儿。丽，小新成之子也。

乙丑[33]，徐州刺史历阳昌义之[34]与魏平南将军陈伯之战于梁城，义之败绩。

将军萧昞[35]将兵击魏徐州，围淮阳[36]。

三月，丙寅朔[37]，日有食之。

己卯[38]，魏荆州刺史赵怡[39]、平南将军奚康生[40]救淮阳。

魏咸阳王禧[41]之子翼[42]，遇赦求葬其父[43]，屡泣请于魏主，魏主不许。癸未[44]，翼与其弟昌、晔来奔[45]。上以翼为咸阳王，翼以晔嫡母李妃之子也，请以爵让之，上不许。

辅国将军刘思效[46]败魏青州刺史元系于胶水[47]。

临川王宏[48]使记室吴兴丘迟[49]为书遗[50]陈伯之曰："寻君去就之际[51]，非有他故，直以不能内审诸己[52]，外受流言，沈迷猖獗[53]，以至于此。主上屈法申恩[54]，吞舟是漏[55]，将军松柏不翦[56]，亲戚安居[57]，高台未倾[58]，爱妾尚在[59]。而将军鱼游于沸鼎[60]之中，燕巢于飞幕[61]之上，不亦惑[62]乎！想早励良图[63]，自求多福。"庚寅[64]，伯之自寿阳梁城拥众[65]八千来降，魏人杀其子虎牙[66]。诏复以伯之为西豫州[67]刺史，未之任[68]，复以为通直散骑常侍[69]。久之，卒于家。

（以上为第四段，写北魏平定王法智、陈瞻的反叛；宣武帝元恪鼓励直谏，阳固直陈时弊；陈伯之投降北魏，文豪丘迟去信，伯之悔悟，又率军拥众从寿阳南下投降南朝萧梁。）

【注释】

[1]丁卯朔：正月一日。 [2]于后：即于皇后，北魏名将于栗䃅孙女，于劲之女，北魏宣武帝元恪首任皇后，静默宽容，性不妒忌，生元昌，元昌后封为临淮王。暴卒，谥号顺皇后。传见《魏书》卷十三。 [3]昌：宣武帝元恪嫡长子元昌，母为于顺皇后。出生的次年，母亲暴卒，不得照顾，三岁时早夭。传见《魏书》卷十三。 [4]大赦：对全国已判罪犯普遍赦免或减刑。宣武帝元恪如此做，是将元昌作为皇位接班人来考虑，可惜的是，宫廷斗争白热化，元昌以及皇后于氏都成了权力斗争的牺牲品。 [5]关城：即阳平关城，在今陕西勉县西白马河入汉水处。 [6]傅竖眼：清河贝丘（今山东淄博市淄川区）人，南宋名将傅灵越之子，傅灵越为拥立刘子勋而战死，傅竖眼逃到北魏，为名将。传见《魏书》卷七十。 [7]逆战：迎战，正面作战。 [8]逐北：追逐败军。北，逃跑的军队。 [9]壬申：正月六日。 [10]武兴：古郡名，郡治在今陕西略阳县，当时属于氐族杨氏。 [11]遂灭其国：胡三省曰："晋惠帝元康六年（296），氐王杨茂搜始据仇池百顷，其后浸盛，尽有汉武都郡之地，北侵陇西、天水，南侵汉中。拓跋既盛，取武都、仇池之地，杨氏仅据武兴。今魏既取汉中，遂灭杨氏。" [12]东益州：北魏州名，州治武兴，在今陕西略阳县。胡三省曰："领武兴、仇池、盘头、广长、广业、梓潼、洛丛郡。" [13]乙亥：正月九日。 [14]冀州：南梁州名，州治在今江苏连云港市。南青州：北魏州名，领东安、东莞郡。 [15]秦州：北魏州名，州治在今甘肃天水市。屠各：古少数民族名，为匈奴族的一支。王法智：北魏秦州匈奴屠

各部落领袖。曾聚众反叛北魏，推举秦州主簿吕苟儿为首领，改年号建明，设置百官，攻击州郡。北魏讨伐，被击败。［16］吕苟儿：秦州上邽（今甘肃清水县）人，羌族，北魏秦州屠各起义领袖。初为秦州主簿，正始三年（506）在秦州率屠各族起事，自称秦王，年号建明。遭到北魏右卫将军元丽讨伐，兵败投降。［17］改元：更改年号。建明（506.1—506.7），北魏秦州屠各族、羌族领导王法智、吕苟儿的年号，共计数月。［18］泾州：州治在今甘肃泾川县北。胡三省曰："魏置泾州，治临泾城，领安定、陇东、新平、赵平、平凉、平原等郡。"陈瞻：北魏时泾州人，起义军首领。正始三年（506），在泾州率屠各族起事，称王，年号圣明。北魏派太仆卿杨椿镇压，陈瞻据险自守，北魏军夜袭，陈瞻被击斩。［19］圣明：北魏秦州屠各族首领陈瞻的年号，共计数月。［20］己卯：正月十三日。［21］相帅降魏：彼此一同投降了北魏。魏：原文作"建"，据章校改。［22］甲申：正月十八日。［23］皇子纲：即萧纲，梁武帝萧衍第三子，昭明太子萧统同母弟，后为南梁第二位皇帝。传见《梁书》卷四。［24］丙辰：二月二十一日。［25］阳固：字敬安，北魏文学之臣。历官给事中、北平太守，有惠政，刚直雅正，不畏强御，居官清洁，家无余财。传见《魏书》卷七十二。［26］勤庶政：谓勤政，及时处理各种政务。［27］绝：断绝。谈虚穷微之论：即南朝士大夫长期以来盛行的谈玄，内容即老庄、佛法、《周易》等。谈虚，即讨论"有"与"无"的问题。穷微，深究其中细微的逻辑关系。［28］简：精简。桑门："沙门"的异译，指佛教、寺庙、僧尼等。［29］高肇（zhào）：字首文，宣武帝元恪舅父，北魏外戚、权臣，封平原郡公，凭借外戚身份，把持朝政，权倾朝野，残杀和迫害以彭城王元勰为首的宗室重臣，官至司徒、大将军。肃宗时被诸王所杀。传见《魏书》卷八十三下。［30］疏薄：疏远，刻薄。［31］戊午：二月二十三日。［32］元丽：字宝掌，河南洛阳人，济阴王拓跋小新成之子，袭封济阴王，拜宗正卿、右卫将军，迁光禄勋；出为秦州刺史，平定吕苟儿之乱，拜雍州刺史，迁冀州刺史。传见《魏书》卷十九上。［33］乙丑：二月三十日。［34］历阳：古郡名，郡治在今安徽和县。昌义之：历阳乌江（今安徽和县乌江镇）人，南梁名将。传见《梁书》卷十八。［35］萧昞（bǐng）：字子昭，南兰陵人，东阳太守萧崇之之子、梁武帝萧衍堂弟，南梁重臣。传见《梁书》卷二十四。［36］淮阳：古城名，在淮水北岸，距角城十八里。胡三省曰："角城在淮水之阳，淮阳又在角城北十八里，治宿预。梁后于角城置淮阳郡。"［37］丙寅朔：三月一日。［38］己卯：三月十四日。［39］荆州：北魏州名，州治在今河南鲁山县。赵怡：北魏荆州刺史。［40］奚康生：北魏名将，后期卷入政变被杀。传见《魏书》卷七十三。［41］咸阳王禧：即元禧，也称"拓跋禧"，字思永，孝文帝元宏之弟，封咸阳王。元宏去世，受遗诏辅政，拜太尉、录尚书事、司州牧。骄奢成性，贿赂公行。出任冀州刺史。后谋反被杀。传见《魏书》卷二十一上。［42］翼：即元翼，字仲和，咸阳王元禧庶子，再三请求埋葬其父，被宣武帝元恪拒绝，便投奔南梁，任信武将军、青冀二州刺史，镇守郁州，后来欲投降北魏，被杀。传见《魏书》卷二十一。［43］求葬其父：请求对其父亲元禧葬之以礼。元禧因谋反被杀，不得其葬，故其子请之。［44］癸未：三月十八日。［45］昌、晔（yè）：即元昌、元晔，咸阳王元禧之子，元翼之弟，与其兄元翼一起投奔南梁，元昌为直阁将军，元晔为桑乾王，拜散骑常侍。来奔：前来投降南梁。［46］刘思效：南齐时人，为员外散骑侍郎，后稍迁，为太仆卿，时为辅国将军。［47］青州：州治在今山东青州市。元系：北魏时人，宣武帝元恪时为青州刺史。胶水：这里指“北胶水”，源出山东诸城境内，北流入莱州湾。［48］临川王宏：即萧宏，梁武帝萧衍之弟，封临川郡王，授扬州刺史，累授骠骑大将军、太尉公。传见《梁书》卷二十二。［49］记室：也称“记室参军”，为诸王与将军的书记官。丘迟：字希范，南梁文学家。初仕南齐，后投入萧衍幕中，为其所重，随萧宏北伐，为记室，以一封《与陈伯之书》成功招降投奔北魏的原南齐将领陈伯之，后历任永嘉太守、拜中书郎，升司徒从事中郎。传见《梁书》卷四十九。［50］为书：写信。书即《与陈伯之书》，信中极言劝降陈伯之的利与弊，表达了丘迟爱祖国，爱民族的思想感情，促使陈伯之作出慎重抉择。此信非常著名，被称为是“民族主义的不朽奇文。”遗（wèi）：赠予，送给。［51］寻：寻思，回想。去就之际：在叛变南梁、投归北魏的时刻。［52］直以：只是因为。直，只。内审诸己：好好地反思一下自己。审，自省，细想。［53］沈迷猖獗（jué）：犹今所谓一时糊涂、蛮干。沈迷，执迷不悟。沈，同“沉”。猖獗，猖狂无忌，蛮干。［54］屈法申恩：宁可不顾法律，也要表现出不忘旧好。［55］吞舟是漏：意即法网宽大，竟能让吞舟的大鱼也跑出去。胡三省曰：“汉惩秦法之苛，禁罔疏阔，时称为漏吞舟之鱼。”［56］松柏不翦：祖先墓地的松柏没有剪除，意即祖墓保存完好，没有被毁。胡三省曰：“谓不毁夷其先世坟墓也。”翦，同“剪”，剪除。［57］亲戚安居：指陈伯之在江南的亲戚朋友都生活得平安无事，没有因为你的投降北魏而受到任何牵连。胡三省曰：“谓其亲戚在江南者皆不以叛党连坐，安居自若也。”［58］高台未倾：指陈伯之的旧宅仍然安在。胡三省曰：“谓居第未尝污潴，池台如故也。……昔雍门子见孟尝君，吟曰：‘高台既已倾，曲池既已平，坟墓生荆棘，牧竖游其上，孟尝君亦如是乎？’孟尝君为之喟然叹息。”［59］爱妾尚在：胡三省曰：“谓其婢妾犹守其家，不没于官及流落于他家也。”［60］鱼游于沸鼎：极言其处境之危险。胡三省曰：“鱼游釜中，古人多有是言，言将必至于焦烂。”沸鼎，盛着开水的锅。［61］燕巢于飞幕：语出《左传·襄公二十九年》，吴季札谓孙林父曰：“夫子之居此也，犹燕之巢于幕上。”飞幕，飘动的帷幕，亦比喻其境况极其危险。［62］惑：迷惑，糊涂。［63］早励良图：要及早想出一条好的出路，意即投归南梁。励，求，争取。［64］庚寅：三月二十五日。［65］寿阳、梁城：当时北魏的两个城邑。寿阳，在今安徽寿县。梁城，梁郡的郡治所在地，在今安徽寿县东北。拥众：带着两个城镇的部众。［66］虎牙：即陈虎牙，陈伯之之子，南齐小皇帝萧宝卷时为军主，此时在洛阳为魏主所杀。［67］西豫州：南梁州名，州治在今河南息县。［68］未之任：还未等其前往上任。［69］复以为通直散骑常侍：胡三省曰：“不使之出当边镇，恐其复叛也。”通直散骑常侍，皇帝的侍从官，以备参谋顾问。

初，魏御史中尉甄琛[1]表称：“《周礼》[2]，山林川泽有虞、衡之官[3]，为之厉禁[4]，盖取之以时，不使戕贼[5]而已，故虽置有司[6]，实为民守之也。夫一家之长，必惠养[7]子孙，天下之君，必惠养兆民[8]，未有为人父母而吝其醯醢[9]，富有群生而榷其一物[10]者也。今县官障护河东盐池[11]而收其利，是专奉口腹而不及四体[12]也。盖天子富有四海，何患于贫！乞弛监禁，与民共之！”录尚书事勰、尚书邢峦奏，以为“琛之所陈，坐谈则理高，行之则事阙[13]。窃惟[14]古之善治民者，必污隆随时[15]，丰俭称事[16]，役养消息以成其性命[17]。若任其自生，随其饮啄[18]，乃是刍狗万物[19]，何以君为[20]！是故圣人敛山泽之货以宽田畴之赋[21]，收关市之税以助什一之储[22]，取此与彼[23]，皆非为身[24]，所谓资[25]天地之产，惠[26]天地之民也。今盐池之禁，为日已久，积而散之[27]，以济军国，非专为供太官之膳羞[28]，给后宫之服玩。既利不在己，则彼我一也。然自禁盐以来，有司多慢[29]，出纳[30]之间，或不如法[31]。是使细民嗟怨[32]，负贩轻议[33]，此乃用之者[34]无方，非作之者[35]有失也。一旦罢之，恐乖本旨[36]。一行一改，法若弈棋[37]，参论理要[38]，宜如旧式[39]。”魏主卒从琛议，夏，四月，乙未[40]，罢盐池禁[41]。

庚戌[42]，魏以中山王英为征南将军，都督扬、徐二州诸军事，帅众十余万以拒梁军，指授诸节度[43]，所至以便宜从事[44]。

江州刺史王茂将兵数万侵魏荆州[45]，诱魏边民及诸蛮更立宛州[46]，遣其所署宛州刺史雷豹狼等袭取魏河南城[47]。魏遣平南将军杨大眼[48]都督诸军击茂，辛酉[49]，茂战败，失亡二千余人。大眼进攻河南城，茂逃还；大眼追至汉水，攻拔五城。

魏征虏将军宇文福[50]寇司州[51]，俘千余口而去。

五月，辛未[52]，太子右卫率张惠绍[53]等侵魏徐州，拔宿预[54]，执城主马成龙[55]。乙亥[56]，北徐州刺史昌义之拔梁城。

豫州刺史韦睿[57]遣长史王超等攻小岘[58]，未拔。睿行围栅[59]，魏出数百人陈于门外，睿欲击之，诸将皆曰：“向者轻来[60]，未有战备，徐还授甲[61]，乃可进耳。”睿曰：“不然。魏城中二千余人，足以固守，今无故出人于外[62]，必其骁勇[63]者也，苟能挫之，其城自拔。”众犹迟疑，睿指其节[64]曰：“朝廷授此，非以为饰，韦睿法不可犯[65]也！”遂进击之，士皆殊死[66]战，魏兵败走，因急攻之，中宿[67]而拔，遂至合肥。

先是，右军司马胡景略[68]等攻合肥，久未下，睿按山川[69]，夜，帅众堰肥水[70]，顷之，堰成水通，舟舰继至[71]。魏筑东、西小城夹合肥，睿先攻二城，魏将杨灵胤帅众五万奄至[72]。众惧不敌，请奏益兵[73]，睿笑曰："贼至城下，方求益兵，将何所及[74]！且吾求益兵，彼亦益兵，兵贵用奇，岂在众也！"遂击灵胤，破之。睿使军主王怀静[75]筑城于岸以守堰，魏攻拔之，城中千余人皆没[76]。魏人乘胜至堤下，兵势甚盛，诸将欲退还巢湖[77]，或欲保三叉[78]，睿怒曰："宁有此邪[79]！"命取伞扇麾幢[80]，树之堤下，示无动志。魏人来凿堤，睿亲与之争，魏兵却，因筑垒于堤以自固。睿起斗舰[81]，高与合肥城等，四面临之，城中人皆哭，守将杜元伦[82]登城督战，中弩死。辛巳[83]，城溃，俘斩万余级，获牛羊以万数。

睿体素羸[84]，未尝跨马，每战，常乘板舆督厉[85]将士，勇气无敌；昼接宾旅，夜半起，算军书[86]，张灯达曙[87]。抚循[88]其众，常如不及[89]，故投募之士争归之。所至顿舍[90]，馆宇藩墙[91]，皆应准绳[92]。

诸军进至东陵[93]，有诏班师[94]，去魏城既近，诸将恐其追蹑[95]，睿悉遣辎重[96]居前，身乘小舆殿后，魏人服睿威名，望之不敢逼，全军[97]而还。于是迁豫州治合肥[98]。

（以上为第五段，写北魏主听从御史中尉甄琛建议，撤销盐池禁令；南朝萧梁儒臣韦睿看似文弱书生，但富有军事才能，出其不意，以少胜多，折服北魏，全军而还。）

【注释】

[1]御史中尉：御史中丞的属官。甄（zhēn）琛（chēn）：字思伯，中山无极（今河北无极县）人，北魏大臣。传见《魏书》卷六十八。 [2]《周礼》：有关古代官制的书，儒家十三经之一，相传为周公所著，记载了先秦时期的社会政治、经济、文化、风俗、礼法诸制，与《仪礼》《礼记》合称"三礼"，是古代礼乐文化的理论形态，对礼法、礼义作了权威的记载与解释，对历代礼制的影响极为深远。经学大师郑玄为之作注。 [3]虞、衡：古官名，有山虞、泽虞，林衡、川衡，管理山林、河流、湖泽及有关开发利用的事宜。胡三省引《周礼》曰："山虞掌山林之政令，物为之

厉而为之守禁。令万民时斩材，有期日，凡窃木者有刑罚。林衡掌林麓之禁令而平其守，以时计林麓而赏罚之。川衡掌巡川泽之禁令而平其守，以时舍其守，犯禁者执而诛罚之。泽虞掌国泽之政令，为之厉禁，使其地之人守其财物，以时入于王府，颁其余于万民。”［4］厉禁：修理，看管。［5］戕（qiāng）贼：破坏，损害。戕，残杀，杀害。［6］置有司：委任管理此事的官员。［7］惠养：意即养育，为子孙造福。惠，仁爱，宽厚。［8］兆民：泛指众民、百姓。［9］吝（lìn）其醯醢（xī hǎi）：吝惜家里的油盐酱醋，不给子孙们食用。吝，小气，舍不得。醯醢，醋与肉酱。［10］富有群生：掌管着广大的黎民百姓。榷（què）其一物：把某一种东西垄断起来，实行专营。榷，独木桥，借用为“垄断”之意，官府专卖某些物品来增加收入。［11］县官：古称国家、政府，有时也指皇帝。障护河东盐池：把河东郡的盐池掌控起来。障护，设置关卡加以控制。河东，古郡名，相当于今山西运城市一带地区，其地有盐池。［12］专奉口腹而不及四体：比喻只顾富了皇帝而不管黎民百姓的生活。［13］行之则事阙（quē）：真正执行起来则有很多问题。事阙，对国家大政有损害。阙，同“缺”。［14］窃惟：窃以为，私下认为，谦词。［15］污隆随时：该高该低、该宽该严，都要随时局而定。污隆，高与低。污，同“洼”，低洼。［16］丰俭称事：豪华点还是节俭点，都要根据客观情况来定。丰，富裕，豪华。称事，与客观情况相称。［17］役养消息：有时役使、有时护养，有时令其消除、有时令其生长。以成其性命：以使其能尽天年。［18］随其饮啄（zhuó）：比喻像鸟兽一样随意生活。其，代指百姓。饮啄，饮水，啄食。啄，取。［19］刍（chú）狗万物：把万物当成刍狗般轻贱。刍狗，古时用草编结成的狗形，供祭祀用，用完即丢弃，也用来比喻轻贱无用之物。语出《老子》第五章：“天地不仁，以万物为刍狗。”刍，刍草。［20］何以君为：还要皇帝做什么。［21］敛山泽之货：征收开发山林湖海的赋税。敛：收集，征收。宽田畴之赋：以减少农业的税收。宽，放宽，减少。赋，赋税，税收。［22］收关市之税：征收货物流通、交易买卖中的税收。关市，关卡、集市。助什一之储：以补助农业税收之不足。收关市之税以助什一之储，胡三省曰：“此谓田畴什一之赋不足以供国用，故敛山泽、税关市以助之也。”助，补充。什一，代指农业税，收十斗，交一斗的公粮。汉代文帝、景帝时代有所谓十五税一,三十税一，那就被人称作“盛世”了。［23］取此与彼：向某些行业收取税费，给某些行业提供补贴。［24］身：自身，自己。［25］资：凭借。［26］惠：给人好处。［27］积而散之：积蓄起来再分散下去。［28］太官之膳（shàn）羞：皇帝厨房里美味的食物。太官，为皇帝掌管伙食的官署。羞，美食。［29］有司：有关主管部门。多慢：不认真管理各方面的事务。慢，怠慢，懈怠。［30］出纳：买入、卖出；花钱、收钱。指经营管理工商业。［31］或不如法：有人就不按章程办事。［32］细民：小民，平民。嗟怨：嗟叹，怨恨。［33］负贩：小商贩。轻议：轻狂草率地评论。［34］用之者：执行政策、章程的人。［35］作之者：制定政策、章程的人。［36］恐乖（guāi）本旨：恐怕就违背了制定政策的本意。乖，违反，背离。［37］法若弈（yì）棋：意思是变来变去，没有一定的章法。弈棋，下棋。［38］参论：参考，考究。理要：事理的要旨。［39］宜如旧式：还应按照旧的章程不变。［40］四月乙未：四月一日。［41］罢盐池禁：撤销了盐池的禁令。［42］庚戌：四月十六日。［43］指授诸节度：指挥、调度受节度的各路兵马。［44］所至以便宜从事：所到之处一律因地因时制宜，先办后奏。［45］江州：南梁州名，州治在今江西九江市。王茂：字休远，太原祁（山西祁县）人，南梁开国功臣。传见《梁书》卷九。荆州：北魏州名，州治在今河南邓州市。［46］更立宛州：胡三省曰："更魏荆州为宛州也。"［47］雷豹狼：南朝将领引诱北魏边境百姓及各少数民族再建宛州，任命雷豹狼为宛州刺史。河南城：河南郡的郡治所在地，胡三省以为应在今河南新野县境内。［48］杨大眼：氐族，仇池首领杨难当之孙，投附北魏后为名将。传见《魏书》卷七十三。［49］辛酉：四月二十七日。［50］宇文福：北魏将领。传见《魏书》卷四十四。［51］司州：南梁的司州州治义阳，在今河南信阳市。但此时义阳已被北魏所占，宇文福所攻掠者，乃南梁司州的余地。［52］辛未：五月七日。［53］张惠绍：字德继，义阳人，南梁将领。传见《梁书》卷十八。［54］宿预：古郡名，郡治在今江苏宿迁市东南。［55］马成龙：北魏时人，宣武帝元恪时为宿预城主，被南梁俘获。［56］乙亥：五月十一日。［57］豫州：南梁州名，州治寿阳，在今安徽寿县。韦睿：字怀文，京兆杜陵人，西汉丞相韦贤之后，南梁名将。早年任上庸太守，后随萧衍起兵，"多建策，皆见用"。南梁建立后，拜廷尉，为豫州刺史，大破北魏，因功进爵永昌侯，官至侍中、车骑将军。一生廉洁，家无余财。传见《梁书》卷十二。［58］王超：时为豫州刺史韦睿长史。小岘（xiàn）：古军事据点名，在今安徽含山县西北，当时属北魏。［59］行围栅（zhà）：巡视自己军队对小岘守军的包围圈。围栅，围绕敌人营垒所修建的工事。［60］向者轻来：刚才我们是轻装而来，意即未作进攻敌兵的准备。［61］徐还授甲：等我们回去换上铠甲。［62］出人于外：把一些人摆在外头。［63］骁（xiāo）勇：勇猛，刚猛。［64］节：此指旌节，皇帝授予大将或特使的信物，持此节者有生杀与临时处置之权。［65］法不可犯：此指韦睿的命令不可违背。［66］殊死：拼着性命，竭尽全力。［67］中宿：半夜。［68］胡景略：南梁右军司马。［69］按山川：考察合肥四周的山川形势。按，考察。［70］堰（yàn）肥水：把肥水的下游截断，令合肥附近的水位上涨。堰，堤坝，这里用如动词，筑堤，堵塞。肥水，一作"淝水"，在今安徽，源出合肥市西北将军岭，两岸自古即为用兵之地。［71］舟舰继至：南梁军的船只相继到达合肥城下。［72］杨灵胤（yìn）：北魏大将。奄（yǎn）至：突然到来。［73］请奏益兵：请求奏明皇帝增派救兵。［74］将何所及：怎么可能来得及呢？［75］王怀静：南梁军主。［76］没（mò）：同"殁"，被消灭。［77］巢湖：古水名，在今安徽巢湖市西，合肥市东南。［78］三叉：巢湖水分为三叉的地方。胡三省曰："退保于此，利于入船，故众欲之。"［79］宁有此邪：哪有这样的道理呢？宁，岂，难道。［80］伞扇麾（huī）幢（chuáng）：都是朝廷赐予韦睿的仪仗，以体现其地位与身份。麾、幢，古代表示不同含义的旗子。［81］起斗舰：建造一种楼台很高，易于和城上守军作战的大船。［82］杜元伦：北魏寿阳城的戍主，现为合肥城的守城将领，被射杀。［83］辛巳：五月十七日。［84］素羸（léi）：一向都很瘦弱。［85］乘：乘坐。板舆：两人抬着的椅子，类似所谓"滑竿"。督厉，亦作"督励"，督率，策励。厉，同"励"。［86］算军书：筹算行军作战的谋略计划。［87］达曙：一直到天亮。

[88]抚循：安抚，慰问。[89]常如不及：唯恐做得不够好。[90]顿舍：停留止息的宿舍、住所。[91]馆宇：房舍，馆舍。藩墙：篱落，垣墙。藩，篱笆。[92]皆应准绳：都符合相关的规定、法度，意即从不追求豪华，不奢侈浪费。[93]东陵：当时庐江金兰县的乡镇名，在今安徽庐江县。胡三省引《水经注》曰："庐江金兰县西北东陵乡大苏山，灌水之所出也。"[94]有诏班师：胡三省曰："班师之诏必在洛口师溃之后，史因书叡事而终言之。"[95]追蹑（niè）：追寻踪迹。蹑，追踪。[96]辎（zī）重：运送军用物资的后勤部队。[97]全军：保全整个军队完好无损。[98]迁豫州治合肥：南梁豫州的州治从此由晋熙迁到合肥。

壬午[1]，魏遣尚书元遥[2]南拒梁兵。

癸未[3]，魏遣征西将军于劲[4]节度秦、陇诸军[5]。

丁亥[6]，庐江太守闻喜裴邃克魏羊石城[7]；庚寅[8]，又克霍丘城[9]。

六月，庚子[10]，青、冀二州刺史桓和克朐山城[11]。

乙巳[12]，魏安西将军元丽击王法智，破之，斩首六千级。

张惠绍与假徐州刺史宋黑[13]水陆俱进，趣彭城[14]，围高冢戍[15]，魏武卫将军奚康生将兵救之，丁未[16]，惠绍兵不利，黑战死。

太子统[17]生五岁，能遍诵《五经》[18]；庚戌[19]，始自禁中出居东宫[20]。

丁巳[21]，魏以度支尚书邢峦都督东讨[22]诸军事。

魏骠骑大将军冯翊惠公源怀卒。怀性宽简，不喜烦碎，常曰："为贵人当举纲维[23]，何必事事详细！譬如为屋，但外望高显，楹栋[24]平正，基壁完牢，足矣，斧斤[25]不平，斫削[26]不密，非屋之病也。"

秋，七月，丙寅[27]，桓和击魏兖州[28]，拔固城[29]。

吕苟儿率众十余万屯孤山[30]，围逼秦州，元丽进击，大破之。行秦州事李韶掩击[31]孤山，获其父母妻子，庚辰[32]，苟儿帅其徒诣丽降。

兼太仆卿[33]杨椿别讨陈瞻，瞻据险拒守。诸将或请伏兵山蹊[34]，断其出入，待粮尽而攻之，或欲斩木焚山，然后进讨，椿曰："皆非计也。自官军之至，所向辄[35]克，贼所以深窜，正避死耳。今约勒[36]诸军，勿更侵掠，贼必谓我见险不前；待其无备，然后奋击，可一举平也。"

乃止屯不进。贼果出抄掠，椿复以马畜饵之[37]，不加讨逐。久之，阴简[38]精卒，衔枚[39]夜袭之，斩瞻，传首[40]。秦、泾二州皆平。

（以上为第六段，写南朝出兵攻打北魏，互有胜负；太子萧统是个奇才，五岁能诵《五经》；北魏大将元丽、太仆杨椿分别出兵攻打秦、泾叛军首领，获胜。）

【注释】

［1］壬午：五月十八日。［2］元遥：字太原，河南洛阳人，景穆帝拓跋晃之孙，京兆康王拓跋子推次子，官至右光禄大夫、领中护军，出任镇东将军、冀州刺史。传见《魏书》卷十九上。［3］癸未：五月十九日。［4］于劲：原姓万忸于氏，字钟葵，鲜卑族，于栗磾之孙，尚书令于洛拔之子，北魏外戚、大臣。传见《魏书》卷八十三下。［5］节度：指挥，调度。秦陇诸军：秦州与陇山一带的军队，北魏秦州的州治在今甘肃天水市，陇山在今陕西、甘肃、宁夏三省的交界处。［6］丁亥：五月二十三日。［7］庐江：古郡名，郡治在今安徽舒城县。闻喜：裴邃（suì），字渊明，河东闻喜人，南梁名将。传见《梁书》卷二十八。［8］庚寅：五月二十六日。［9］霍丘城：霍丘县城，在今安徽寿县东。［10］庚子：六月七日。［11］青、冀二州：南梁的青、冀二州合设一个刺史，其州治侨设在今江苏连云港市海州区。桓和：南齐时人，小皇帝萧宝卷时为青、冀二州刺史，以入援朝廷为名，投靠萧衍。现为青、冀二州刺史。朐（qú）山城：古地名，在今江苏连云港市海州区西南，时为北魏所占据。［12］乙巳：六月十二日。［13］假：代理。徐州：当时真正的徐州在北魏的管辖下，南齐的徐州州治钟离，在今安徽凤阳县。宋黑：南梁时人，武帝萧衍时为代理徐州刺史。［14］彭城：古郡名，郡治在今江苏徐州市，时为北魏占领，为北魏徐州州治所在地。［15］高冢（zhǒng）戍：北国的军事据点名，在当时的彭城城西。高冢，又名“楚元王冢”。楚元王是汉高祖刘邦之弟，封为楚王，建都彭城。北魏军依其冢墓建立了军事据点。［16］丁未：六月十四日。［17］太子统：即萧统，字德施，梁武帝萧衍长子，南梁太子、文学家。天监元年（502）立为太子，未及即位，中大通三年（531）去世，谥号昭明，史称“昭明太子”。后追尊昭明皇帝，庙号高宗。编有《文选》，是我国现存最早的古代诗文集，通称《昭明文选》。传见《梁书》卷八。太子，即储君，皇位继承人。［18］诵：读，这里为“背诵”的意思。《五经》：指《诗》《书》《礼》《易》《春秋》五种儒家经典。［19］庚戌：六月十七日。［20］禁中：禁令所及范围之内，指帝王所居宫内。东宫：太子所居之地。［21］丁巳：六月二十四日。［22］东讨：指讨伐南梁的马头、钟离、合肥等地区。［23］贵人：这里指担任朝廷官员。举纲维：注意大节，注意大的方面。［24］楹（yíng）栋：犹今所谓“梁柱”，支撑房子不倒的关键所在。楹，立柱。栋，大梁。［25］斧斤：斧子，这里指斧子所砍的痕迹。［26］斫（zhuó）削：这里指雕刻、装饰。斫，用刀斧砍。［27］丙寅：七月三日。［28］魏兖（yǎn）州：北魏兖州的州治在今山东济宁市兖州区西北，当时称作“瑕丘”。［29］固城：又名“五固”，在今山东滕州市东北，当时兖州的东南方。［30］孤山：古地名，在当时秦州州治的上邽，在今甘肃天水市的附近。［31］行秦州事：即代

理秦州刺史。李韶：字元伯，凉武昭王李暠玄孙，雍州刺史李承之子，北魏大臣。传见《魏书》卷三十九。掩击：突然袭击。［32］庚辰：七月十七日。［33］太仆卿：即太仆，为九卿之一，掌皇帝的舆马和马政。别讨：另率一支军队出讨。［34］山蹊（xī）：山间小路。［35］辄（zhé）：总是。［36］约勒：约束、管理好。［37］以马畜饵之：故意丢给他一些马匹做诱饵。饵，鱼饵，这里用作动词，即作诱饵。［38］阴：暗中，悄悄地。简：挑选。［39］衔枚（méi）：古代秘密行军时，常令兵士嘴里叼着横枚，防止说话出声，被敌方发觉。枚，像筷子的东西，两头有带，可以系在脖子上。［40］传首：将陈瞻的首级用传车送到北魏都城洛阳。

戊子[1]，徐州刺史王伯敖与魏中山王英战于阴陵[2]，伯敖兵败，失亡五千余人。

己丑[3]，魏发定、冀、瀛、相、并、肆六州十万人以益[4]南行之兵。上遣将军角念将兵一万屯蒙山[5]，招纳兖州之民，降者甚众。是时，将军萧及[6]屯固城，桓和屯孤山[7]。魏邢峦遣统军樊鲁[8]攻和，别将元恒[9]攻及，统军毕祖朽[10]攻念。壬寅[11]，鲁大破和于孤山，恒拔固城，祖朽击念，走之。

己酉[12]，魏诏平南将军安乐王诠[13]督后发诸军赴淮南。诠，长乐之子也。

将军蓝怀恭与魏邢峦战于睢口[14]，怀恭败绩，峦进围宿预。怀恭复于清南[15]筑城，峦与平南将军杨大眼合攻之，九月，癸酉[16]，拔之，斩怀恭，杀获万计。张惠绍弃宿预，萧昞[17]弃淮阳，遁还。

临川王宏以帝弟将兵，器械精新，军容甚盛，北人以为百数十年所未之有。军次洛口，前军克梁城，诸将欲乘胜深入，宏性懦怯[18]，部分乖方[19]。魏诏邢峦引兵渡淮，与中山王英合攻梁城，宏闻之，惧，召诸将议旋师[20]，吕僧珍[21]曰："知难而退，不亦善乎！"宏曰："我亦以为然。"柳惔曰："自我大众所临，何城不服，何谓难乎！"裴邃曰："是行也，固敌是求[22]，何难之避！"马仙琕[23]曰："王安得亡国之言！天子扫境内以属王[24]，有前死一尺，无却生一寸！"昌义之怒，须发尽磔[25]，曰："吕僧珍可斩也！岂有百万之师出未逢敌，望风遽[26]退，何面目得见圣主乎！"朱僧勇、胡辛生拔剑而退[27]，曰："欲退自退，下官当前向取死[28]。”议者罢出，僧珍谢诸将曰：“殿下昨来风动[29]，意不在军[30]，深恐大致沮丧[31]，故欲全师而返耳。”宏不敢遽违群议，停军不前。魏人知其不武[32]，遗以巾帼[33]，且歌之曰：“不畏萧娘与吕姥[34]，但畏合肥有韦虎[35]。”虎，谓韦睿也。僧珍叹曰：“使始兴、吴平为帅[36]而佐之[37]，岂有为敌人所侮如是乎！”欲遣裴邃分军取寿阳，大众停洛口，宏固执不听，令军中曰：“人马有前行者斩！”于是，将士人怀愤怒。魏奚康生驰遣杨大眼谓中山王英曰：“梁人自克梁城已后，久不进军，其势可见，必畏我也。王若进据洛水，彼自奔败。”英曰：“萧临川虽騃[38]，其下有良将韦、裴[39]之属，未可轻也。宜且观形势，勿与交锋。”

张惠绍号令严明，所至独克，军于下邳[40]，下邳人多欲降者，惠绍谕之曰：“我若得城，诸卿皆是国人[41]，若不能克，徒使诸卿失乡里[42]，非朝廷吊民[43]之意也。今且安堵复业[44]，勿妄自辛苦。”降人咸[45]悦。

己丑[46]，夜，洛口暴风雨，军中惊，临川王宏与数骑逃去。将士求宏不得[47]，皆散归，弃甲投戈，填满水陆，捐弃病者及羸老[48]，死者近五万人。宏乘小船济江，夜至白石垒[49]，叫城门求入。临汝侯渊猷[50]登城谓曰：“百万之师，一朝鸟散，国之存亡，未可知也。恐奸人乘间为变[51]，城不可夜开。”宏无以对，乃缒食馈之[52]。渊猷，渊藻之弟。时昌义之军梁城，闻洛口败，与张惠绍皆引兵退[53]。

（以上为第七段，写南朝萧梁临川王萧宏本是庸才，却委以北讨重任，临阵脱逃，北伐大军作“鸟兽散”，死亡五万多人，萧宏逃到建康，临汝侯萧渊猷拒绝接纳。）

【注释】

[1]戊子：七月二十五日。[2]徐州：此指南梁的北徐州，州治钟离，在今安徽蚌埠市东南。王伯敖：南梁南徐州刺史。阴陵：南梁县名，县治在当时的钟离郡西南，在今安徽蚌埠市东南。[3]己丑：七月二十六日。[4]定、冀、瀛（yíng）、相、并、肆：北魏的六州名，定州的州治在今河北定州市，冀州的州治在今河北衡水市冀州区，瀛州的州治在今河北河间市，相州的州治邺城，在今河北临漳县西南，并州的州治在今山西太原市西南，肆州的州治在今山西忻州市城北。益：增加，壮大。[5]角念：南梁将领。蒙山：山名，在当时兖州城东，今山东蒙阴县南。

胡三省曰："盖蒙山即古所谓东蒙也，与固城、孤山皆近魏兖州东界，故梁连兵据之，以招兖州之民。"［6］萧及：南梁将军。［7］孤山：古地名，在今山东滕州市东南。［8］樊鲁：北魏统军。［9］别将：另一支军队的将领。元恒，一作"元恒芝"，字景安，京兆康王拓跋子推之子，北魏宗室大臣。传见《魏书》卷十九。［10］毕祖朽：北魏将领。传见《魏书》卷六十一。攻念：攻击角念驻守的蒙山梁军。［11］壬寅：八月十日。［12］己酉：八月十七日。［13］安乐王诠（quán）：即元诠，字休贤，北魏文成帝拓跋浚之孙，安乐王拓跋长乐之子，袭封安乐王，拜征西将军，兼太子中庶子。传见《魏书》卷二十。［14］蓝怀恭：南梁将军，与北魏战，战败被杀。睢口：睢水入泗水的汇口，在今江苏宿迁市西北。胡三省引《水经注》曰："睢水过睢陵县故城北而东南流，迳下相县故城南，又东南流，入于泗，谓之睢口。"［15］清南：清水之南。当时的泗水也称清水。［16］癸酉：九月十一日。［17］张惠绍弃宿预：胡三省曰："此与后'张惠绍闻洛口败，引兵退'，本一事耳。"［18］懦怯：胆小，懦弱。［19］部分乖（guāi）方：指挥不当，处置失宜。萧衍攻打南齐时，倒是有不少的干将，怎么到了北伐，就用这些庸才？部分，指挥，处置。乖，背离，不正常。［20］旋师：班师。旋，回，归。［21］吕僧珍：字元瑜。为萧衍的开国元勋、心腹将领，任冠军将军、前军司马，封平固县侯。传见《梁书》卷十一。［22］固敌是求：本来就是追讨敌人，将其打败。［23］马仙琕（pín）：南梁著名将领。传见《梁书》卷十七。［24］扫境内以属王：扫荡境内所有的人力财力，交给您。扫，尽其所有。［25］须发尽磔（zhé）：胡子眉毛全都张开，竖了起来。磔，张开。《广雅·释诂》曰："磔，张也。"［26］遽（jù）：匆忙，慌忙。［27］朱僧勇、胡辛生：南梁将领。拔剑而退：胡三省曰："退，据《南史·宏传》，当作'起'。"［28］前向取死：杀上前去寻求战死。［29］昨来风动：昨晚得了疾病。风动，犹言疾病发作。［30］意不在军：心思不在军队、不在打仗上。［31］大致沮（jǔ）丧：导致大的伤亡、失败。沮丧：灰心失望，隐指失败。［32］不武：没有勇气，没有武略。［33］遗以巾帼（guó）：送给他妇女的头巾与发饰。帼，妇女的头饰。［34］萧娘与吕姥：把萧宏称作萧姑娘，把吕僧珍称作吕老太太。胡三省曰："言其怯懦，如妇人女子也。"娘，对年轻妇女的称呼。姥，对老年妇女的称呼。［35］韦虎：姓韦的老虎，此指合肥的梁国守将韦睿。［36］使始兴吴平为帅：如果是让始兴王萧憺或吴平侯萧昞为统帅。始兴，即始兴王萧憺（dàn），吴平，即吴平侯萧昞，也作"萧景"，萧衍的堂弟，南梁初期的名将。因唐人为李渊之父避讳，改"昞"字为"景"。［37］佐之：为他们当助手。［38］萧临川虽騃（sì）：临川王萧宏虽然是个白痴。騃，呆痴，不明事理。［39］韦、裴：韦睿、裴邃。［40］军于下邳（pī）：胡三省曰："前已言张惠绍弃宿预遁还矣，宿预在下邳东南百余里。此言军于下邳，是未弃宿预之前事，李延寿以此事载之《临川王宏传》，《资治通鉴》因亦连而书之。"下邳，古郡名，郡治在今江苏邳州市南，当时属北魏。［41］皆是国人：都是南梁的子民。［42］失乡里：指离乡背井地跟着我们逃难。［43］吊民：安慰人民，拯救民众于水火。［44］且安堵复业：暂且各自回去，该干什么还干什么。安堵，安居，以恢复旧业。［45］降人：指想要投降北魏的人。咸：皆，都。［46］己丑夜：九月二十七日的夜间。［47］求宏不得：寻找萧宏找不着了，失踪了。求，寻找。［48］捐弃：抛弃。羸（léi）老：病弱者与老年人。［49］白石垒：也称“白下城”，在当时建康城的城北，在今南京鼓楼区的狮子山，白下城在山麓。［50］临汝侯渊猷（yóu）：即萧渊猷，梁武帝萧衍的侄子，被封为临波侯，曾为中护军，镇守白下城，后为益州刺史。传见《南史》卷五十一。［51］乘间（jiàn）为变：利用这个机会发动叛乱。间，间隙，机会。［52］缒（zhuì）食馈（kuì）之：用绳子从城上给他系下去一些食物。缒，绳索，用绳索系东西。馈，馈赠，送给。［53］皆引兵退：胡三省曰：“此即张惠绍弃宿预一事也，《通鉴》因《南史·临川王宏传》所载者书之，遂致复出。”

魏主诏中山王英乘胜平荡[1]东南，逐北至马头[2]，攻拔之，城中粮储，魏悉迁之归北。议者咸曰：“魏运米北归，当不复南向。”上曰：“不然，此必欲进兵，为诈计耳。”乃命修钟离城[3]，敕昌义之为战守之备[4]。

冬十月，英进围钟离，魏主诏邢峦引兵会之。峦上表，以为：“南军虽野战非敌[5]，而城守有余，今尽锐攻钟离，得之则所利无几，不得则亏损甚大。且介在淮外[6]，借使束手归顺，犹恐无粮难守，况杀士卒[7]以攻之乎！又，征南士卒从戎二时[8]，疲弊[9]死伤，不问可知。虽有乘胜之资，惧无可用之力。若臣愚见，谓宜修复旧戍，抚循[10]诸州，以俟[11]后举，江东之衅[12]，不患其无。”诏曰：“济淮掎角[13]，事如前敕，何容犹尔盘桓[14]，方有此请[15]！可速进军！”峦又表，以为：“今中山[16]进军钟离，实所未解[17]。若为得失之计[18]，不顾万全，直袭广陵[19]，出其不备，或未可知。若正欲以八十日粮取钟离城[20]者，臣未之前闻[21]也。彼坚城自守，不与人战，城堑[22]水深，非可填塞，空坐至春，士卒自弊[23]。若遣臣赴彼[24]，从何致粮[25]！夏来之兵[26]，不赍冬服[27]，脱[28]遇冰雪，何方取济[29]！臣宁荷怯懦[30]不进之责，不受败损空行之罪。钟离天险，朝贵所具[31]，若有内应，则所不知；如其无也，必无克状[32]。若信臣言，愿赐臣停；若谓臣惮行[33]求还，臣所领兵，乞尽付中山，任其处分，臣止以单骑[34]随之东西。臣屡更为将[35]，颇知可否[36]，臣既谓难，何容强遣[37]！”乃召峦还，更命镇东将军萧宝寅[38]与英同围钟离。

侍中卢昶素恶[39]峦，与侍中、领右卫将军元晖共谮[40]之，使御史中尉崔亮弹峦在汉中掠人为奴婢[41]。峦以汉中所得美女赂晖，晖言于魏主曰："峦新有大功，不当以赦前小事案[42]之。"魏主以为然，遂不问。

晖与卢昶皆有宠于魏主而贪纵[43]，时人谓之"饿虎将军""饥鹰侍中"。晖寻迁吏部尚书[44]，用官皆有定价，大郡二千匹，次郡下郡递减其半，余官各有等差，选者谓之"市曹[45]"。

（以上为第八段，写北魏主元恪在中山王元英攻下马头城后，欲一鼓作气，攻取钟离城，便令大将邢峦配合，邢峦坚决反对，连上了两道表书，元恪将其召回。）

【注释】

[1]平荡：扫荡，平定。 [2]逐北至马头：追击败兵一直追到马头城。马头城在今安徽蚌埠市西南，相距不远，是当时南梁北部前线的军事要地。 [3]钟离城：钟离郡的郡城，南梁北部边境的军事重镇，在今安徽凤阳县东北。 [4]敕昌义之为战守之备：胡三省曰："马头城在钟离之西，马头既陷，魏必东攻钟离，故预为之备。" [5]非敌：不是我们的对手。 [6]介在淮外：意即钟离地处淮河南岸。介，同"界"，隔着。淮外，淮河以南。 [7]杀士卒：牺牲我们的士兵。[8]从戎二时：已经出征两个季度，即从夏至秋。 [9]疲弊：疲劳不堪。弊，同"敝"。 [10]抚循：安抚，慰问。 [11]俟（sì）：等待，等候。 [12]衅（xìn）：缝隙，机会。 [13]济淮犄（jǐ）角：渡过淮河，与元英形成相互协作的形势。济，渡过。犄角，也作"掎角"，捉兽时拖住兽脚叫"掎"，抓住兽角叫"角"，比喻两头牵制、两面夹击。 [14]犹尔盘桓：还这样徘徊不前。盘桓（huán），徘徊，逗留。 [15]方有此请：现在还有这个样子的建议提出来，真是不可思议。 [16]中山：指中山王元英。 [17]实所未解：实在是不理解他的意图。解，知晓，明白。 [18]得失之计：不计得失地给他们来个突然袭击。胡三省曰："谓为一切之计，成得或失，未可必也。" [19]广陵：古郡名，郡治在今江苏扬州市。 [20]正欲：只是想。以八十日粮取钟离城：这是元英对北魏主元恪夸口的原话。胡三省曰："英期以八十日粮取钟离，故峦云然。"据《魏书·元英传》，元英估计用两三个月的时间可以攻下钟离城。 [21]未之前闻：没有听说前辈的军事家们能打出这样的仗。 [22]城堑（qiàn）：护城河。 [23]自弊：不战而自己败溃。 [24]赴彼：到他那里，即也率军到钟离城下去。 [25]从何致粮：从哪里得到粮食？ [26]夏来之兵：北魏的军队夏天就到这里了。 [27]不赍（jī）冬服：没有准备冬天御寒的衣服。赍，携带，准备。 [28]脱：假如。 [29]何方取济：有什么办法能解决困难，渡过难关？ [30]宁荷（hè）：宁可承受。怯懦：胆小怕事。 [31]朝贵所具：是北魏国朝廷的权贵大臣们所共知的。 [32]必无克状：肯定没有取胜的可能。 [33]惮（dàn）行：害怕前去攻打钟离城。 [34]止以单骑：只以一个小兵的身份。止，只。 [35]屡更为将：曾经多次为将领。更，经历。 [36]颇知可否：很清楚地知道是否可

行。颇，很，相当。［37］何容强遣：又怎么能够勉强地接受派遣？［38］萧宝寅：齐明帝萧鸾第六子，投奔北魏，时为镇东将军。［39］卢昶（chǎng）：北魏儒学之臣卢玄之孙，青州刺史卢度世第三子，北魏大臣。历任中书侍郎、侍中、给事黄门侍郎、吏部尚书。传见《魏书》卷四十七。恶（wù）：讨厌，憎恨。［40］元晖：常山王拓跋素之孙，冀州刺史拓跋德之子。历任给事黄门侍郎，迁侍中，领右卫将军，袭封河间郡公。传见《魏书》卷十五。谮（zèn）：谗毁，故意说人坏话。［41］弹：弹劾，检举揭发。在汉中掠人为奴婢：胡三省引《峦传》曰："峦初至汉中，接豪右以礼，抚众以惠。岁余之后，颇因其去就，诛灭百姓，籍为奴婢者二百余口。"［42］赦前：指在本年正月北魏主元恪因生皇子发布的大赦以前。案：追究，查办。［43］贪纵：贪婪，横行不法。［44］寻：不久。吏部尚书：吏部长官，主管选拔、任命官吏，居各部尚书之首。［45］市曹：元晖为吏部尚书，照理应称为"选曹"，但他以卖官为务，如同市场上的管理员，故人们讥之为"市曹"。曹，古代分科办事的官署。

丁酉[1]，梁兵围义阳者夜遁[2]，魏郢州刺史娄悦[3]追击，破之。

柔然库者可汗[4]卒，子伏图立，号佗汗可汗[5]，改元始平。戊申[6]，佗汗遣使者纥奚勿六跋[7]如魏请和。魏主不报其使[8]，谓勿六跋曰："蠕蠕远祖社仑[9]，乃魏之叛臣[10]，往者包容，暂听通使[11]。今蠕蠕衰微，不及畴昔[12]，大魏之德，方隆周、汉[13]，正以江南[14]未平，少宽北略[15]，通和之事，未容相许。若修藩礼[16]，款诚昭著[17]者，当不尔孤[18]也。"

魏京兆王愉、广平王怀国臣多骄纵[19]，公行属请[20]，魏主诏中尉崔亮穷治之，坐死者三十余人，其不死者悉除名为民。惟广平右常侍杨昱[21]、文学崔楷[22]以忠谏获免。昱，椿之子也。

十一月，乙丑[23]，大赦。诏右卫将军曹景宗都督诸军二十万救钟离。上敕景宗顿道人洲[24]，俟众军齐集俱进。景宗固启求先据邵阳洲尾[25]，上不许。景宗欲专其功，违诏而进，值暴风猝起[26]，颇有溺者[27]，复还守先顿[28]。上闻之曰："景宗不进，盖天意也。若孤军独往，城不时立[29]，必致狼狈[30]，今破贼必矣。"

初，汉归义侯势[31]之末，群獠[32]始出，北自汉中，南至邛、笮[33]，布满山谷。势既亡，蜀民多东徙，山谷空地皆为獠所据。其近郡县与华民杂居者，颇输租赋[34]，远在深山者，郡县不能制。梁、益二州岁伐獠以自润[35]，公私利之。及邢峦为梁州[36]，獠近者皆安堵[37]乐业，远者不敢为寇。峦既罢去，魏以羊祉[38]为梁州刺史，傅竖眼为益州刺史[39]。祉性酷虐[40]，不得物情[41]。獽王赵清荆[42]引梁兵入州境为寇，祉遣兵击破之。竖眼施恩布信，大得獠和[43]。

十二月，癸卯[44]，都亭靖侯谢朏[45]卒。

魏人议乐[46]，久不决。

（以上为第九段，写北魏与柔然彼消此长，柔然向北魏求和而北魏不应；南朝名将曹景宗率军救援钟离；北魏治理梁益，羊祉酷虐而民反，傅竖眼施恩而民和。）

【注释】

［1］丁酉：十月六日。［2］夜遁：胡三省曰："闻洛口师溃，故亦遁。"遁，逃跑。［3］魏郢州：北魏的郢州州治，此时就在义阳，在今河南信阳市。娄悦：北魏郢州刺史。［4］库者可汗：即柔然郁久闾那盖可汗。传见《魏书》卷一百三。［5］伏图：即郁久闾伏图可汗之子佗汗可汗，带兵西征高车，战败，为高车王弥俄突俘杀，并被割下头送往北魏。传见《魏书》卷一百三。［6］戊申：十月十七日。［7］纥奚勿六跋：鲜卑族纥奚部人，柔然大臣。奉柔然可汗伏图命，曾两次出使北魏，请求通和，均被宣武帝元恪拒绝。［8］不报其使：不对柔然的派使来访作出回应。报，回应。［9］蠕蠕：北魏人对柔然族的蔑称。社仑：柔然即郁久闾社仑可汗，在位九年，与后秦和亲，对抗北魏。为魏军追击，率众西遁，死于道中。事见《魏书》卷一百三。［10］魏之叛臣：郁久闾社仑一度归附于北魏，后又背叛北魏，事见《资治通鉴》卷一百八晋孝武帝太元十九年（394）。［11］暂听通使：柔然与北魏一度平等通使，事见《资治通鉴》卷一百三十六齐武帝永明五年（487）。［12］畴（chóu）昔：往昔，当年。［13］方隆周、汉：正与当年的周王朝、汉王朝一样强盛。［14］江南：代指南梁政权。［15］少宽北略：稍微放松了对北方柔然的讨伐。北略，向北扩展地盘。［16］修藩礼：承认北魏是柔然的宗主国，对北魏行藩臣之礼。［17］款诚：忠诚，真诚。昭著：明显，显著。［18］当不尔孤：那么我也不会辜负你，意即答应。孤，同"辜"，辜负，不同意。［19］京兆王愉、广平王怀：两王北魏孝文帝之子，元愉为第三子，宣武帝元恪异母弟，元怀为第五子，元恪同母弟。两王骄奢贪纵，妄行不法。传见《魏书》卷二十二。国臣多骄纵：两王国的臣属郡王、县公领地上的行政官员，亦多骄横，放纵。［20］公行：公然行动，公然进行。属请：请托，在今之走后门、行贿赂。［21］惟：同"唯"，只有。广平右常侍：广平王元怀的侍从官员。杨昱（yù）：字元晷，弘农华阴（今陕西华阴市）人，洛州刺史杨懿之孙，太师杨椿之子，北魏大臣。起家广平王元怀右常侍，除太学博士、中书舍人。传见《魏书》卷五十八。［22］文学：郡王、县公身边的侍从兼训导官员，主管教导《五经》。胡三省曰："自晋以来，王国置师、友、文学各一人，左右常侍各一人。"崔楷：字季则，博陵安平（河北安平县）人，性刚烈

耿直，能摧挫豪强，广平王元怀文学。因其以数谏元怀获免。后为尚书左主客郎中、伏波将军、太子中舍人、左中郎将。传见《魏书》卷五十六。［23］乙丑：十一月四日。［24］顿道人洲：把军队驻扎在道人洲。道人洲，古地名，在当时钟离郡（今安徽凤阳县）的东北方，在邵阳洲的东面。［25］据邵阳洲尾：占据邵阳洲的尾端。邵阳洲，古地名，在今安徽凤阳县东北淮水中。［26］猝（cù）起：突然而起。［27］颇有溺（nì）者：溺水死亡的人很多。颇，很，甚。溺，淹没在水里。［28］守先顿：胡三省曰："谓还守道人洲也。"先顿，先前的屯兵处，即道人洲。［29］城不时立：一时不能筑起城邑来。［30］狼狈：即狼狈不堪，形容非常窘迫的样子。［31］汉：指十六国之一的成汉。归义侯势：即李势，字子仁，成汉昭文帝李寿之子，成汉国的末代国主。成汉灭亡后，被东晋封为归义侯。传见《晋书》卷一百二十一。［32］群獠（liáo）：各个被称作"獠"的少数民族部落。獠，中国的一个古民族，分布在今广西、湖南、四川、云南、贵州等地区，是当今南方各民族的先民。［33］邛（qióng）、筰（zuó）：古地名，在今四川南部。邛，又称"邛都"，在今四川西昌市。筰，古部落名，在今四川盐源盆地。［34］颇输租赋：略微向政府交纳一点赋税。［35］自润：自己得到好处。润，沾惠，收到好处。［36］为梁州：任梁州刺史。梁州，现为北魏州名，州治在今陕西汉中市。［37］安堵：安居，安定地生活。［38］羊祉（zhǐ）：字灵祐，北魏酷吏。传见《魏书》卷八十九。［39］为益州刺史：北魏去年得晋寿，置益州。［40］酷虐：残酷，暴虐。［41］不得物情：不受百姓拥护。物，他人。［42］獽（měng）王赵清荆：獽人的首领，姓赵，名清荆，生活在南梁武帝萧衍时期。［43］大得獽和：大受獽人的爱戴。［44］癸卯：十二月十二日。［45］都亭靖侯谢朏（fěi）：谢朏被封为都亭县侯，死后谥号靖。都亭，古县名，具体方位不详。［46］魏人议乐：北魏主元恪令其国大臣讨论乐事，在景明三年（502）。事见《资治通鉴》上卷。

六年（丁亥，507年）

春，正月，公孙崇请委卫军将军、尚书右仆射高肇监其事[1]；魏主知肇不学[2]，诏太常卿刘芳[3]佐之。

魏中山王英与平东将军杨大眼等众数十万攻钟离。钟离城北阻淮水[4]，魏人于邵阳洲两岸为桥，树栅[5]数百步，跨淮通道[6]。英据南岸攻城，大眼据北岸立城，以通粮运。城中众才三千人，昌义之督帅将士，随方抗御[7]。魏人以车载土填堑[8]，使其众负土[9]随之，严骑蹙其后[10]，人有未及回者，因以土迮之[11]，俄而[12]堑满。冲车[13]所撞，城土辄颓[14]，义之用泥补之，冲车虽入而不能坏[15]。魏人昼夜苦攻，分番[16]相代，坠而复升[17]，莫有退者。一日战数十合，前后杀伤万计，魏人死者与城平。

二月，魏主召英使还，英表称："臣志殄逋寇[18]，而月初已来，霖雨[19]不止，若三月晴霁[20]，城必可克，愿少赐宽假[21]！"魏主复诏曰："彼土蒸湿[22]，无宜久淹[23]。势虽必取，乃将军之深计，兵久力殆[24]，亦朝廷之所忧也。"英犹表称必克，魏主遣步兵校尉范绍[25]诣英议攻取形势。绍见钟离城坚，劝英引还，英不从[26]。

上命豫州刺史韦睿将兵救钟离，受曹景宗节度。睿自合肥取直道，由阴陵大泽[27]行，值涧谷[28]，辄飞桥以济师[29]。人畏魏兵盛，多劝睿缓行，睿曰："钟离今凿穴而处[30]，负户而汲[31]，车驰卒奔，犹恐其后[32]，而况缓乎！魏人已堕吾腹中[33]，卿曹勿忧也。"旬日至邵阳[34]，上豫敕[35]曹景宗曰："韦睿，卿之乡望[36]，宜善敬之！"景宗见睿，礼甚谨，上闻之曰："二将和，师必济[37]矣。"

景宗与睿进顿邵阳洲，睿于景宗营前二十里夜掘长堑[38]，树鹿角[39]，截洲为城，去魏城百余步。南梁太守冯道根[40]，能走马步地[41]，计马足以赋功[42]，比晓而营立[43]。魏中山王英大惊，以杖击地曰："是何神也！"景宗等器甲精新，军容甚盛，魏人望之夺气[44]。景宗虑城中危惧，募军士言义达[45]等潜行水底，赍敕[46]入城，城中始知有外援，勇气百倍。

杨大眼勇冠军中，将万余骑来战，所向皆靡[47]。睿结车为陈[48]，大眼聚骑围之，睿以强弩二千一时俱发，洞甲穿中[49]，杀伤甚众。矢贯大眼右臂，大眼退走。明旦，英自帅众来战，睿乘素木舆[50]，执白角如意以麾军[51]，一日数合，英乃退。魏师复夜来攻城，飞矢雨集[52]，睿子黯请下城[53]以避箭，睿不许[54]；军中惊[55]，睿于城上厉声呵之[56]，乃定。牧人过淮北伐刍稿[57]者，皆为杨大眼所略[58]；曹景宗募勇敢士千余人，于大眼城南数里筑垒，大眼来攻，景宗击却之。垒成，使别将赵草[59]守之，有抄掠[60]者，皆为草所获，是后始得纵刍牧[61]。

上命景宗等豫装高舰[62]，使与魏桥等[63]，为火攻之计，令景宗与睿各攻一桥，睿攻其南，景宗攻其北[64]。三月，淮水暴涨六七尺，睿使冯道根与卢江太守裴邃、秦郡太守李文钊等乘斗舰[65]竞发，击魏洲上军尽殪[66]。别以小船载草，灌之以膏[67]，从而焚其桥[68]，风怒火盛，烟尘晦冥[69]，敢死之士，拔栅斫[70]桥，水又漂疾[71]，倏忽[72]之间，桥栅俱尽。道根等皆身自搏战，军人奋勇，呼声动天地，无不一当百，魏军大溃。英见桥绝，脱身[73]弃城走，大眼亦烧营去。诸垒相次土崩，悉弃其器甲，争投水，死者十余万，斩首亦如之。睿遣报昌义之，义之悲喜，不暇答语，但叫曰："更生，更生[74]！"诸军逐北至濊水[75]上，英单骑入梁城，缘淮百余里，尸相枕藉[76]，生擒五万人，收其资粮、器械山积，牛马驴骡不可胜计。

义之德[77]景宗及睿，请二人共会[78]，设钱二十万，官赌[79]之。景宗掷得雉[80]；睿徐掷得卢[81]，遽取一子反之[82]，曰："异事！"遂作塞[83]。景宗与群帅争先告捷，睿独居后，世尤以此贤之[84]。诏增景宗、睿爵邑，义之等受赏各有差[85]。

（以上为第十段，写北魏中山王元英铁了心要围攻钟离；南朝派遣右卫将军曹景宗、豫州刺史韦睿救援，两人通力合作，韦睿更是智勇兼备，取得钟离保卫战的胜利。）

【注释】

[1]公孙崇：孝文帝拓跋宏时为给事中、大乐祭酒，奉诏与中书监考定雅乐。请委：奏请委任。卫军将军：即卫将军，为禁卫军统帅。监其事：监管组织、讨论雅乐的事情。此句乃接上段末尾"魏人议乐，久不决"一句而来。 [2]不学：不学无术，没有才学。 [3]太常卿：即太常，九卿之一，掌管礼乐与郊庙、社稷的祭祀等。北魏对于九卿的官职，一般都加"卿"字。刘芳：字伯文，彭城（今江苏徐州市）人，汉楚元王刘交之后，北魏儒学之臣，时任太常卿。传见《魏书》卷五十五。 [4]北阻淮水：北面以淮水为屏障。阻，以为依托。 [5]树栅（zhà）：用栅栏构筑攻防工事。 [6]跨淮通道：横跨淮河架起了一条通道。通，用作动词，开通道路。 [7]随方抗御：随机应变地抵抗敌人。 [8]堑（qiàn）：防御用的壕沟，护城河。 [9]负土：背土。[10]严骑蹙（cù）其后：后面有精壮的骑兵逼着。蹙，催逼。 [11]以土迮（zé）之：用土把他们埋在了里面。迮，逼迫，冲压。 [12]俄而：不久，一会儿。 [13]冲车：古代攻城用的战车。 [14]城土辄（zhé）颓（tuí）：把城墙上的泥土冲撞下来。颓，一般指倒塌，这里指掉落。[15]不能坏：指城墙没有被冲车撞坏。 [16]分番：分批，轮番。 [17]坠而复升：掉下来再爬上去。 [18]志殄（tiǎn）逋（bū）寇：决心要消灭尚未被灭的残敌。殄，消灭，灭绝。逋，逃亡。 [19]霖雨：连下几天的大雨。 [20]晴霁（jì）：晴朗。霁，雨止。 [21]少赐宽假：稍微

再宽限几天。少，同“稍”，稍微，略微。［22］蒸湿：热而潮湿。［23］久淹：久留。淹，滞留。［24］力殆（dài）：力量消耗殆尽。殆，尽。［25］步兵校尉：掌管警卫部队的军官。范绍：敦煌龙勒人，字始孙，北魏官员，既通儒学又长于实践活动，曾主持屯田以及工程技术之事。初为门下通事令史，迁强弩将军、除安北将军、并州刺史，入为太常卿，后为尔朱荣杀于河阴。传见《魏书》卷七十九。［26］英不从：胡三省曰：“元英违众议，志在必克钟离，恃义阳之胜而骄也。《兵法》曰‘常胜之家，难与虑敌’，又曰‘兵骄者败’，其谓是欤？”［27］阴陵大泽：阴陵县里的低洼沼泽地。阴陵，古县名，楚汉时为项羽兵败后迷失之处。故城在今安徽定远县西北。［28］值涧（jiàn）谷：每逢遇到溪涧、山谷。值，碰到，遇上。［29］辄（zhé）飞桥以济：总是在山沟、山涧上空架桥，让军队经过。［30］凿穴而处：房屋被敌人弄坏，民众无处栖身。［31］负户而汲（jí）：出门提水都得背着一块门板以挡着城外的来箭，说明战事紧急。户，门户，门板。汲，打水，提水。［32］犹恐其后：还怕来不及。［33］堕（duò）吾腹中：全在我的考虑之中、谋算之内了。［34］邵阳：即邵阳洲，在当时的钟离城（今安徽凤阳县）东北。［35］豫敕：预先告诫。豫，同“预”。［36］卿之乡望：你们同乡中的大名人。胡三省曰：“曹景宗，新野人，韦睿以京兆著姓居襄阳，既同州乡，而韦为望族。”［37］济：成功，胜利。［38］长堑（qiàn）：长围，战壕。［39］鹿角：古时阵地、营寨前的一种防御工事。把带枝的树干削尖，半埋入地下，以阻截敌人。［40］南梁：南梁郡名，郡治在今安徽寿县。冯道根：字巨基，南梁名将。出任南梁太守，曾以两百精兵横击两万北魏军，立下大功。官至散骑常侍、左军将军，封豫宁县伯。传见《梁书》卷十八。［41］走马步地：以跑马来丈量土地。［42］计马足以赋功：计算马跑的距离来合理分配工作量。赋功，论功，分配任务。［43］比晓而营立：等到天亮时，营垒已经建立起来了。营，营垒，城戍。［44］望之夺气：望着这样的甲兵，慑于声威，丧失胆气。［45］言义达：南梁士兵，善于潜水渡河。［46］赍（jī）敕（chì）：带着皇帝的命令。赍，持，携带。［47］所向皆靡（mǐ）：比喻力量所达到的地方，一切障碍全被扫除。靡，倒下。［48］结车为陈：把战车连接起来，作为防御工事。陈，同“阵”。［49］洞甲穿中：穿透铠甲，射中敌人的身体。［50］素木舆：未用油润饰的滑竿。［51］白角如意：用白色兽角雕削而成的如意。如意，搔痒的器具，时人常拿在手上，指指点点，当作一种时尚。麾（huī）军：指挥军队。麾，将军的指挥旗。［52］飞矢雨集：飞来的箭像雨点一样密集。［53］黯：即韦黯，字务直，名将韦睿之子，少习经史，南梁大臣。起家太子舍人，稍迁太仆卿、南豫州刺史、太府卿，后以功授轻车将军，加持节，赠散骑常侍、左卫将军。请下城：请求其父下城避箭。［54］睿不许：胡三省曰：“此确斗也。两军营垒相逼，旦暮接战，勇而无刚者不能支久，韦睿于此，是难能也。比年襄阳之守，使诸将连营而前，如韦睿之略，城犹可全，不至误国矣。呜乎，痛哉！”此乃胡三省联系宋代现实而发抒感慨。［55］军中惊：军中某部发生惊扰。［56］厉声：高声，大声。呵（hē）：呵斥，怒责。［57］伐刍（chú）稿：割取喂牲畜的干草。稿，枯干的草木。［58］略：同“掠”，擒拿，捉去。［59］别将：不是自己编制之内的其他下级将领。赵草：南梁将领。［60］有抄掠者：有前来抄掠伐割干草的北魏士兵。[61]纵刍牧：随意地出去割草放牧。纵，纵横无阻。[62]豫装高舰：事先装修高大的船舰。豫，同“预”。[63]与魏桥等：与北魏军队所造的桥一样高。等，等高，高度相同。[64]景宗攻其北：胡三省曰：“魏于邵阳洲两岸立桥，南桥以接元英之兵，北桥以接杨大眼之兵。”[65]秦郡：南梁的侨置郡名，郡治在今江苏南京市六合区。李文钊：南梁时人，武帝萧衍时为秦郡太守。斗舰：古代一种装备较好的战船。[66]殪（yì）：被杀死。[67]膏：油类。[68]从而焚其桥：放过去烧毁他们的桥。从，同“纵”，推出，放出。[69]晦（huì）冥（míng）：昏暗得如黑夜。冥，同“暝”，昏暗。[70]斫（zhuó）：砍。[71]漂疾：水势迅猛，流速快。[72]倏（shū）忽：很快地，一眨眼的时间。[73]脱身：抽身离开。[74]更生，更生：又活了，又活了。[75]逐北：追逐逃兵。北，同“背”，向相反的方向逃跑。濊（huì）水：也称“浍水”“涣水”，淮水的支流，流经今安徽亳州市城北，东南流至今固镇县汇入淮水。[76]枕藉：横七竖八地倒地躺在一起。[77]德：感恩戴德。[78]共会：一起到他的官衙聚会。[79]官赌：当着大众赌博。[80]掷得雉（zhì）：出手就掷了个大彩。雉、卢，都是古代赌博樗蒲中的一种术语。樗蒲类似今天的掷色子，共五颗子，用樗木削成，有黑白两面，一把撒出去，如五颗子皆呈黑色，称作“卢”，是最大的点儿，称头彩；如四颗黑色，一颗白色，称作“雉”，是其次的大点儿，称二彩；如五颗都是白色，称作“塞”，是最坏的点。[81]徐掷得卢：慢腾腾地一掷，结果呈现的是头彩。所谓“徐掷”，表现了韦睿想把赢家让给曹景宗，自己不想再掷的心理。[82]遽（jù）取一子反之：韦睿见自己要得头彩，赶紧趁大家尚未看清之际，将其一子迅速翻成背面，口中还念着“奇怪”。从这一细节中反映了韦睿的智慧。遽，急忙。[83]遂作塞：结果他这一把就变成了最坏的点儿。韦睿在整个赌博过程中表现的就是不想赢，想输给曹景宗。袁俊德曰：“睿掷得卢，本胜雉矣，乃故反其子而作塞，见能让不伐也。”袁黄曰：“并书，喜二将也，非景宗之能谦、韦睿之能让，不至是也。并书二将，所以著师克之在和也。”[84]以此贤之：胡三省曰：“史言韦睿有功不伐。”[85]各有差：随其功劳大小各有不同。

夏，四月，己酉[1]，以江州刺史王茂为尚书右仆射，安成王秀[2]为江州刺史。秀将发[3]，主者求坚船以为斋舫[4]，秀曰：“吾岂爱财而不爱士乎！”乃以坚者给参佐，下者载斋物，既而遭风，斋舫遂破[5]。

丁巳[6]，以临川王宏为骠骑将军、开府仪同三司，建安王伟[7]为扬州刺史，右光禄大夫沈约为尚书左仆射，左仆射王莹为中军将军[8]。

六月，丙午[9]，冯翊等七郡[10]叛降魏。

秋，七月，丁亥[11]，以尚书右仆射王茂为中军将军。

八月，戊子[12]，大赦。

魏有司奏：“中山王英经算失图[13]，齐王萧宝寅等守桥不固，皆处以极法[14]。”己亥[15]，诏英、宝寅免死，除名为民，杨大眼徙营州[16]为兵。以中护军李崇[17]为征南将军、扬州刺史。崇多事产业[18]，征南长史狄道辛琛[19]屡谏不从，遂相纠举[20]。诏并不问。崇因置酒谓琛曰：“长史后必为刺史，但不知得上佐何如人[21]耳。”琛曰：“若万一叨忝[22]，得一方正长史，朝夕闻过，是所愿也。”崇有惭色。

九月，己亥[23]，魏以司空高阳王雍为太尉，尚书令广阳王嘉为司空。

甲子[24]，魏开斜谷旧道[25]。

冬，十月，壬寅[26]，以五兵尚书徐勉[27]为吏部尚书。勉精力过人，虽文案填积[28]，坐客充满，应对如流，手不停笔。又该综百氏[29]，皆为避讳[30]。尝与门人夜集[31]，客虞暠求詹事五官[32]，勉正色[33]曰：“今夕止可谈风月[34]，不可及公事。”时人咸服其无私。

闰月，乙丑[35]，以临川王宏为司徒、行太子太傅[36]，尚书左仆射沈约为尚书令、行太子少傅，吏部尚书袁昂[37]为右仆射。

丁卯[38]，魏皇后于氏殂[39]。是时高贵嫔[40]有宠而妒，高肇势倾中外，后暴疾而殂，人皆归咎高氏，宫禁[41]事秘，莫能详也。

甲申[42]，以光禄大夫夏侯详[43]为尚书左仆射。

乙酉[44]，魏葬顺皇后于永泰陵[45]。

十二月，丙辰[46]，丰城景公夏侯详[47]卒。

乙丑[48]，魏淮阳镇都军主常邕和[49]以城来降。

（以上为第十一段，写南朝江州刺史萧秀将坚船让给士人乘坐，免于灾难；逃跑将帅萧宏仍然身居高位；北魏处置败将元英；南朝能吏徐勉公私分明，毫无私心。）

【注释】

[1]己酉：四月二十日。 [2]安成王秀：即萧秀，字彦达，梁武帝萧衍之弟，封安成郡王，为江州刺史，迁荆州刺史、安西将军，颇立政绩。传见《梁书》卷二十二。 [3]将发：将起身前往江州上任。 [4]斋舫：供萧秀乘坐住宿兼供运输其家财的船。胡三省曰：“以船载斋库物，因曰‘斋舫’。”斋库物即官僚的“小金库”，做官所搜刮归己的私人财产。现在改任他职，故需要用船搬家。 [5]斋舫遂破：结果那艘装载家财的次等船触礁沉没，众僚佐因乘坐坚船免于难。胡三省曰：“时诸王并下士，建安王伟与秀尤好人物，时人方之‘四豪’。” [6]丁巳：四月二十八日。

[7]建安王伟：即萧伟，字文达，梁武帝萧衍之弟，封建安王，后改封南平郡王，官至中书令、大司马。传见《梁书》卷二十二。［8］王莹：字奉光，东晋权臣王导的后代，光禄大夫王懋之子，南梁大臣，左仆射，迁中军将军。传见《梁书》卷十六。［9］丙午：六月十八日。［10］冯翊等七郡：都是南梁的侨置郡名，都在当时南梁的雍州界内。当时雍州的州治在今湖北襄阳市。［11］丁亥：七月三十日。［12］戊子：八月一日。［13］经算：筹划，谋算。失图：失算，方略错误。［14］极法：指死刑。［15］己亥：八月十二日。［16］徙营州：发配到营州。营州，州治和龙城，在今辽宁建昌县西北。胡三省曰："魏世祖真君五年置营州，治和龙城，领昌黎、建德、辽东、乐浪、冀阳郡。"［17］李崇：字继长，黎阳顿丘（今河南浚县）人，文成元皇后李诞之子，北魏外戚、大臣。传见《魏书》卷六十六。［18］多事产业：好置办家产、田产。［19］辛琛（chēn）：字僧贵，陇西狄道人，北魏官员，宽雅有度量，涉猎经史。宣武帝元恪时，历官扬州征南将军李崇府长史。李崇多事产业，琛每诤折之。后为南梁太守，居官奉法。传见《魏书》卷七十七。［20］相纠举：相互攻击、举报。［21］不知得上佐何如人：假如你当上刺史，长史会是什么样的人？上佐：敬称辛琛日后为刺史时任命的长史。［22］万一叨忝（tiǎn）：谦词，意即有朝一日如果真能像您所说的，我也当上了刺史。叨忝，犹言勉强地窃居其任。［23］己亥：《魏书·世宗纪》作"己未"，即九月三日。［24］甲子：九月八日。［25］斜谷旧道：即褒斜道。南北纷争，曾堵塞旧道，今魏已文据关陇汉中，欲就平易以通梁、益，故复开旧道。［26］壬寅：十月十六日。［27］五兵尚书：即后来的兵部尚书，主管全国军事，上属于尚书令。徐勉：字修仁，东海郯县（今山东郯城县）人，南昌相徐融之子，南梁宰相、文学家。传见《梁书》卷二十五。［28］文案填积：请示、报告的文书充塞、堆积。［29］该综百氏：熟悉朝廷百官的家世、出身。该综，总括。百氏，犹言百官。［30］皆为避讳：知道他们每个人父亲的名字叫什么、祖父的名字叫什么，说起话来都为之避讳，于是显得极其谦恭有礼。［31］夜集：夜间聚会饮宴。［32］虞暠（hào）：客人名。求詹事五官：谋求太子詹事属下的五官掾一职。詹事，即太子詹事，是皇太子属下的官员，其部下有五官掾，职同功曹。［33］正色：摆下脸来，正颜厉色。［34］止可谈风月：只可谈论风花雪月，不涉及官场及政治。止，同"只"。［35］闰月，乙丑：闰十月十日。［36］行：兼任，指以高级别兼任低职务。太子太傅：主管皇太子的训导、教育等事。袁黄曰："始书遣宏率师伐魏，继书宏逃归，今又书'以宏为司徒'，见其有罪不诛，宜黜而赏也。"［37］袁昂：本名千里，陈郡阳夏（今河南太康县）人。刘宋雍州刺史袁顗之子，南梁名臣、书法家、画家，谥号穆正。传见《梁书》卷三十一。［38］丁卯：闰十月十二日。［39］于氏：北魏太尉于烈的侄女，人言被未来的皇后高氏所害，传见《魏书》卷十三。殂（cú）：死亡。［40］高贵嫔：权臣高肇的妹妹，宣武帝元恪的贵嫔，后来为皇后。贵嫔，古代皇帝后宫妃嫔的最高位号之一，仅次于皇后。［41］宫禁：宫闱禁地，后宫。［42］甲申：闰十月二十九日。［43］夏侯详：字叔业，萧梁开国元勋。传见《梁书》卷十。［44］乙酉：闰十月三十。［45］顺皇后：即被高氏所害的于皇后，顺是其死后的谥号。永泰陵：北魏宣武帝元恪的皇后于氏的陵墓。［46］丙辰：十二

月二日。［47］丰城景公夏侯详：夏侯详生前被封为丰城县公，死后谥号景，故称。［48］乙丑：十二月十一日。［49］淮阳镇都军主：驻兵于淮阳镇的总统领。淮阳，北魏郡名，郡治睢陵，在今江苏睢宁县。都军主，犹今所谓“总统领”，职同军主，比军主地位更高。都，“总”的意思。常邕和：人名，北魏淮阳镇都军主，后来投奔南梁。

【点评】

南北朝对峙势均力敌。本卷所载南北两次大战，谁发动谁失败。第一次南朝发动，南朝失败。公元505年，梁武帝任命其弟扬州刺史临川王萧宏都督北讨诸军事，北伐北魏，公元506年战败而归。第二次，北朝发动，北朝失败。公元507年，北魏十万大军南下，水战中败退。到以后六镇起兵，北魏再也无力南侵。战争的失败，都因为双方君主用人不当，以梁而言，萧宏所领之兵是北方人眼中百数十年以来装备最好、军容最为整齐的军队。可是萧宏生性怯懦，指挥失当，最后一个人逃脱，军中谁也找不到他，岂不是怪事！再说北魏，围攻钟离，邢峦的建议是正确的，可是魏宣武帝却不能采纳，决策的失败说明了魏宣武帝判断失误。北魏与梁两次战争的结果，说明北魏与梁实力均等，谁都没有实力并吞对方，谁也无力战胜对方。

卷一四七　梁纪三

梁武帝天监七年至十三年（508—514 年）

【起著雍困敦（戊子，508 年），尽阏逢敦牂（甲午，514 年），凡七年】

【大事提要】

本卷记事起自公元 508 年，至公元 514 年，凡七年，时当梁武帝天监七年至天监十三年。本卷所载大事，南朝萧梁的大事有三件：其一，梁武帝恢复百家士族的权力。其二，为安置各地搜荐人才，令定百官九品为十八班，以班多者为贵。容纳数量巨大的士族出身的人，以扩大统治的基础。其三，公元 512 年，梁朝境内有州二十三个，郡三百五十个，县一千零二十二个。这以后州名越来越多，废置离合，不可胜记。北魏也同样如此。北朝北魏大事有两件：其一，宣武帝元恪于公元 500 年开始南伐，战事直到公元 508 年才结束，占领了扬州、荆州、益州等地。其二，魏宣武帝崇尚佛教，佛教盛于洛阳，除僧人外，从西域来的和尚还有三千多名，到了延昌年间，州郡共有一万三千多所寺院。

高祖武皇帝三

天监七年（戊子，508 年）

春，正月，魏颍川太守王神念[1]来奔。

壬子[2]，以卫尉吴平侯昺兼领军将军[3]。

诏吏部尚书徐勉定百官九品为十八班[4]，以班多者为贵[5]。二月，乙丑[6]，增置镇、卫将军[7]以下为十品，凡二十四班；不登十品[8]，别有八班。又置施外国将军[9]二十四班，凡一百九号[10]。

庚午[11]，诏置州望、郡宗、乡豪[12]各一人，专掌搜荐[13]。

乙亥[14]，以南兖州刺史吕僧珍为领军将军。领军掌内外兵要[15]，宋孝建[16]以来，制局用事[17]，与领军分兵权，典事以上皆得呈奏[18]，领军拱手[19]而已。及吴平侯昺在职峻切[20]，官曹肃然[21]。制局监皆近幸[22]，颇不堪命[23]，以是不得久留中[24]，丙子[25]，出为雍州[26]刺史。

三月，戊子[27]，魏皇子昌[28]卒，侍御师王显[29]失于疗治，时人皆以为承高肇之意也。

夏，四月，乙卯[30]，皇太子纳妃[31]，大赦。

五月，己亥[32]，诏复置宗正、太仆、大匠、鸿胪，又增太府、太舟[33]，仍先为十二卿[34]。

癸卯[35]，以安成王秀为荆州[36]刺史。先是，巴陵马营蛮[37]缘江为寇，州郡不能讨，秀遣防阁文炽[38]帅众燔其林木，蛮失其险，州境无寇。

秋，七月，甲午[39]，魏立高贵嫔为皇后。尚书令高肇益贵重用事。肇多变更先朝旧制，减削封秩[40]，抑黜勋人[41]，由是怨声盈路。群臣、宗室皆卑下之，唯度支尚书元匡与肇抗衡[42]，先自造棺置听事[43]，欲舆棺诣阙[44]论肇罪恶，自杀以切谏，肇闻而恶之。会匡与太常刘芳[45]议权量事[46]，肇主芳议[47]，匡遂与肇喧竞[48]，表肇指鹿为马[49]。御史中尉王显奏弹匡诬毁[50]宰相，有司处匡死刑；诏恕死[51]，降为光禄大夫[52]。

八月，癸丑[53]，竟陵壮公曹景宗卒。

初，魏主为京兆王愉纳于后之妹为妃，愉不爱，爱妾李氏，生子宝月[54]。于后召李氏入宫，棰之[55]。愉骄奢贪纵，所为多不法。帝召愉入禁中推按[56]，杖愉五十，出为冀州刺史。愉自以年长，而势位不及二弟[57]，潜怀愧恨[58]。又，身与妾屡被顿辱[59]，高肇数谮[60]愉兄弟，愉不胜忿[61]；癸亥[62]，杀长史羊灵引[63]、司马李遵[64]，诈称得清河王怿密疏[65]，云“高肇弑逆[66]”，遂为坛于信都[67]之南，即皇帝位，大赦，改元建平，立李氏为皇后。法曹参军崔伯骥[68]不从，愉杀之。在北州镇皆疑魏朝有变[69]，定州刺史安乐王诠[70]具以状告之，州镇乃安。乙丑[71]，魏以尚书李平[72]为都督北讨诸军，行冀州事[73]以讨愉。平，崇之从父弟也。

丁卯[74]，魏大赦，改元永平。

（以上为第一段，写南朝萧梁加强职官制度建设，增设太府、太舟，共为十二卿；北魏权臣高肇只手遮天，直臣元匡舆棺谏诤；京兆王元愉反叛北魏，称帝改元。）

【注释】

[1]颍川：北魏郡名，郡治长社，在今河南长葛市东北。王神念：太原祁县（今山西祁县）人。初仕北魏，官至颍川太守。后据郡投奔南梁，封南城县侯。历任安成、武阳、宣城三郡内史，为青、冀二州刺史。传见《梁书》卷三十九。[2]壬子：正月二十八日。[3]卫尉：守卫宫廷门户的卫队长官。吴平侯昺（bǐng）：即萧昺，梁武帝萧衍堂弟，封吴平县侯，时为卫尉，兼任领军将军，后为右卫将军，出任南兖州刺史。传见《梁书》卷二十四。领军将军：古将军名号，统管禁卫部队，与护军将军同掌国家军事长官之一。[4]九品：旧时官秩分九等，称为“九品”，每品又分正从。十八班：十八个等级。班，等级。[5]班多者为贵：与品级正好相反，以等级高者为尊贵。据胡三省注，丞相、太宰、太傅、太保、大司马、大将军、太尉、司徒、司空为第十八级；诸将军开府仪同三司，左、右光禄开府仪同三司为第十七级。尚书令、太子太傅、左、右光禄大夫为第十六级，以下不录。[6]乙丑：二月十一日。[7]镇、卫将军：镇军将军、卫军将军，皆古将军名号。[8]不登十品：十品以下的小官吏。[9]置施：设置，实行。外国将军：少数民族归附的、与外国前来投降的军官。[10]凡一百九号：共有一百零九个名号。[11]庚午：二月十六日。[12]州望、郡宗、乡豪：州、郡、乡三级行政区内的头面人物。望、宗，都是众望所归、众所拥戴的意思。豪，具有杰出才能的人。[13]搜荐：搜求并向朝廷推荐有才德的人士。[14]乙亥：二月二十一日。[15]内外：朝廷内外，代指全国。兵要：犹兵权。[16]孝建以来：指刘孝建年间以来。孝建，刘宋孝武帝刘骏的第一个年号，共三年。[17]制局：也称“制局监”，古官署名，属尚书省，分掌军事，实际是皇帝派出的监军或特派员一类的人物，级别不高，但权力甚大。用事：执政，当权。[18]典事以上：任命典事以上的官吏。典事，尚书诸曹属吏，掌庶务。皆得呈奏：都要向皇帝请示，实则是由皇帝派某个人员来做主。[19]拱手：抱拳，无所事事，一切听凭吩咐的样子。[20]在职峻切：严格执行规章制度。峻切，严厉。[21]官曹：官吏办事机关。肃然：严肃、谨慎的样子。[22]皆近幸：都是皇帝身边的一些宠幸小人。[23]颇：很，甚。不堪命：受不了萧昺的严格约束。[24]不得久留中：不能在朝廷、在宫中长期干下去，此指萧昺。中，朝内，宫内。[25]丙子：二月二十二日。[26]雍州：南梁的雍州州治在今湖北襄阳市襄州区。[27]戊子：三月五日。[28]魏皇子昌：即元昌，宣武帝元恪嫡长子，三岁时早夭。传见《魏书》卷十三。按：《资治通鉴》卷一四六写了宫嫔高氏杀害了于皇后，今又杀了于皇后所生之子元昌。[29]侍御师：帝王御用的医官。王显，字世荣，宣武帝元恪御医，封卫国县伯。元恪去世时，以治疗无效，坐罪被杀。传见《魏书》卷九十一。[30]乙卯：四月二日。[31]皇太子纳妃：梁武帝萧衍的太子萧统纳妃。[32]己亥：五月十七。[33]太府：

犹今所谓“国库”，此指为朝廷管钱、管物的官员。太舟：朝官名，为朝廷掌管航运、河务等事。[34]仍先为十二卿：指秦汉以来的九卿，又新增三卿为十二卿。南梁的十二卿，为太常、宗正、司农、太府、少府、太仆、卫尉、廷尉、大匠、光禄、鸿胪、太舟。南梁设立十二卿是新的制度。[35]癸卯：五月二十一日。 [36]安成王秀：即萧秀，武帝萧衍之弟，封安成郡王，为江州刺史，迁荆州刺史、安西将军，颇有政绩。传见《梁书》卷二十二。 [37]巴陵马营蛮：巴陵郡的少数民族名。巴陵，古郡名，郡治在今湖南岳阳市，上属于荆州。 [38]防阁文炽：萧秀王府的卫队长姓文名炽。 [39]甲午：七月十三日。 [40]减削封秩（zhì）：削减、降低北魏宗室王公的封爵和俸禄。 [41]抑黜（chù）勋人：压抑、贬退对国家立有功勋的人。 [42]元匡：字建扶，阳平幽王拓跋新成第五子，出嗣广平王元洛侯。个性耿介，颇有气节。元恪时，为恒州刺史，除度支尚书；元诩时，迁御史中尉，封济南王。传见《魏书》卷十九上。抗衡：对抗，对着干。 [43]听事：衙门里的正堂，接待下属与处理公事的场所。 [44]舆棺诣阙：用车拉着棺材上朝，准备豁出性命。舆，用车载。 [45]刘芳：字伯文，北魏大臣，任中书令，转太常卿，主管朝廷礼法、制度方面的事务。传见《魏书》卷五十五。 [46]议权量事：商量度量衡方面的事情。权，秤锤，这里指重量方面的制度，如斤、两等。量，指容积方面的制度，如升、斗一类的量器等。 [47]肇主芳议：高肇赞成刘芳的意见。主，赞成，力挺。 [48]喧竞：大声争吵。 [49]表：指责。指鹿为马：指着鹿，说是马，比喻擅权专横，故意颠倒黑白，混淆是非。此处元匡把高肇比作秦朝的赵高，是亡国的祸根。 [50]御史中尉：掌纠察百官。奏弹：上奏，弹劾。诬毁：污蔑，诽谤。[51]有司：有关主管部门。恕死：饶恕他，免于死刑。 [52]光禄大夫：没有具体职责的闲散官员。 [53]癸丑：八月二日。 [54]宝月：即元宝月，字子焕，临洮王元愉世子。父亲元愉反对外戚高肇执政，起兵于冀州，兵败被杀。元宝月少丧父母，守丧至孝，为清河王元怿抚养，承袭临洮王爵位，赠平西将军、秦州刺史。传见《魏书》卷二十二。 [55]棰（chuí）：用棍棒打。[56]推按：追究、审查其不法行为。 [57]势位：权势，地位。二弟：指清河王元怿与广平王元怀。传皆见于《魏书》卷二十二。 [58]潜怀：暗中怀有。愧恨：惭愧，悔恨。 [59]身：自身，自己。被，遭受。顿辱：侮辱。 [60]谮（zèn）：谗毁，在魏主前说其坏话。 [61]忿：同“愤”，气愤。 [62]癸亥：八月十二日。 [63]羊灵引：太山巨平（今山东泰安市南）人，好法律，元恪时，与高肇友善，以其为京兆王元愉长史，常激怒元愉。元愉举兵反叛，先将其杀之。赠平东将军、兖州刺史，谥号威。 [64]李遵：字仲敬，陇西狄道（今甘肃临洮县）人，凉武昭王李暠玄孙，李佐之子，北魏大臣。传见《魏书》卷三十九。 [65]诈称：谎称。清河王怿密疏：清河王元怿上给北魏主元恪的秘密表章。 [66]高肇弑（shì）逆：高肇阴谋弑君叛乱。弑，古代指子杀父、臣杀君。 [67]信都：古城名，冀州的州治所在地，在今河北衡水市冀州区。 [68]法曹参军：掌管刑法。崔伯骥：北魏京兆王元愉法曹参军。元愉反叛，崔伯骥不跟从，被害，赠东海太守。传见《魏书》卷二十四。 [69]在北州镇：指冀州以北的北魏各州、各军镇。 [70]定州：北魏州名，州治在今河北定州市。安乐王诠（quán）：即元诠，字休贤，安乐王拓跋长乐之子，袭封安乐王，拜征西将军，兼太子中庶子。时为定州刺史。首告京兆王元愉谋反之功，加侍中，除尚书左仆射。传见《魏书》卷二十。［71］乙丑：八月十四日。［72］李平：字昙定，北魏名臣尚书令李崇侄子，彭城郡王李嶷长子，北魏儒学大臣，时任度支尚书。传见《魏书》卷六十五。［73］行冀州事：代理冀州刺史，处理冀州事务。［74］丁卯：八月十六日。

魏京兆王愉遣使说平原太守清河房亮[1]，亮斩其使；愉遣其将张灵和[2]击之，为亮所败。李平军至经县[3]，诸军大集，夜，有蛮兵数千斫平营[4]，矢及平帐，平坚卧不动，俄而自定[5]。九月，辛巳朔[6]，愉逆战于城南草桥，平奋击，大破之，愉脱身走入城，平进围之。壬辰[7]，安乐王诠[8]破愉兵于城北。

癸巳[9]，立皇子绩为南康王[10]。

魏高后之立也，彭城武宣王勰固谏，魏主不听。高肇由是怨之，数谮勰于魏主，魏主不之信。勰荐其舅潘僧固为长乐[11]太守，京兆王愉之反，胁僧固与之同[12]，肇因诬勰北与愉通，南招蛮贼[13]。彭城郎中令魏偃[14]、前防阁高祖珍希肇提擢[15]，构成其事[16]。肇令侍中元晖以闻[17]，晖不从，又令左卫元珍[18]言之。帝以问晖，晖明勰不然；又以问肇，肇引魏偃、高祖珍为证，帝乃信之。戊戌[19]，召勰及高阳王雍、广阳王嘉、清河王怿、广平王怀、高肇俱入宴[20]。勰妃李氏方产，固辞不赴。中使[21]相继召之，不得已，与妃诀[22]而登车，入东掖门[23]，度小桥，牛不肯进，击之良久[24]，更有使者责勰来迟，乃去牛，人挽[25]而进。宴于禁中[26]，至夜，皆醉，各就别所消息[27]。俄而元珍引武士赍[28]毒酒而至，勰曰："吾无罪，愿一见至尊[29]，死无恨[30]！"元珍曰："至尊何可复见！"勰曰："至尊圣明，不应无事杀我，乞与告者一对曲直！"武士以刀镮筑[31]之，勰大言[32]曰："冤哉，皇天！忠而见杀。"武士又筑之，勰乃饮毒酒，武士就杀之，向晨[33]，以褥[34]裹尸载归其第，云王因醉而薨。李妃号哭大言曰："高肇枉理[35]杀人，天道有灵，汝安得良死[36]！"魏主举哀于东堂[37]，赠官、葬礼皆优厚加等。在朝贵贱，莫不丧气[38]，行路士女皆流涕，曰："高令公[39]枉杀贤王。"由是中外恶之益甚。

京兆王愉不能守信都，癸卯[40]，烧门，携李氏及其四子从百余骑突走。李平入信都，斩愉所置冀州牧韦超[41]等，遣统军叔孙头[42]追执愉，置信都，以闻。群臣请诛愉，魏主不许，命锁送洛阳，申以家人之训[43]。行至野王[44]，高肇密使人杀之。诸子至洛，魏主皆赦之。

魏主将屠李氏，中书令崔光[45]谏曰："李氏方妊[46]，刑至刳胎[47]，乃桀、纣所为[48]，酷而非法[49]。请俟[50]产毕，然后行刑。"从之。

李平捕愉余党千余人，将尽杀之，录事参军高颢[51]曰："此皆胁从[52]，前既许之原免[53]矣，宜为表陈[54]。"平从之，皆得免死。颢，祐之孙也。

济州刺史高植[55]帅州军击愉，有功当封，植不受，曰："家荷重恩，为国致效[56]，乃其常节，何敢求赏！"植，肇之子也。

加李平散骑常侍[57]。高肇及中尉王显素恶平，显弹平在冀州隐截官口[58]，肇奏除平名[59]。

（以上为第二段，写北魏平定京兆王元愉的反叛；彭城王元勰刚直无私，固谏北魏主元恪立高氏为皇后，被权臣高肇构陷，冤杀而死，中外丧气。）

【注释】

[1]平原：北魏郡名，郡治在今山东聊城市东北。房亮：字景高，清河人，是北魏有作为的地方官。京兆王元愉叛反，使人说房亮，房亮时任平原太守，斩使发兵，大破叛军。传见《魏书》卷七十二。 [2]张灵和：北魏时人，京兆王元愉的属将。 [3]经县：古县名，县治在今河北巨鹿县东南。 [4]蛮兵数千：李平部下的蛮人士兵，受元愉策动而叛乱。斫平营：从内部攻击李平的军营。斫，攻击。 [5]平坚卧不动：自己坚卧不动，以安众心，而派军中的纠察、司法人员以削平之，古名将例皆如此，如周亚夫之平七国，张辽威震逍遥津，都是这样。 [6]俄而自定：胡三省曰："蛮兵盖亦李平所统，欲为内变，而平不动，故自定。"俄而，不久，一会儿。 [7]辛巳朔：九月一日。 [8]壬辰：九月十二日。 [9]癸巳：九月十三日。 [10]皇子绩：即萧绩，字世谨，梁武帝萧衍第四子，封南康郡王，历任轻车将军、南徐州刺史，所任皆有善政，升任江州刺史，在护军将军的任上去世。传见《梁书》卷二十九。 [11]潘僧固：北魏时人，彭城王元勰的舅舅，为长乐太守，被迫参与元愉谋反，被杀，牵连元勰，惨遭毒害。长乐，古郡名，郡治信都，在今河北衡水市冀州区。《魏书·彭城王勰传》于此作"以其舅潘僧固为冀州乐陵太守"，与《资治通鉴》稍异。 [12]胁僧固与之同：威胁潘僧固与其一同造反。胡三省曰："冀州与长乐郡同治信都，故僧固为元愉所胁。" [13]南招蛮贼：招引洛阳以南各州、郡的蛮族人。此时，伊阙以南到

淮、汝、江、沔流域，有很多蛮族聚居的郡县，经常发生动乱。［14］彭城郎中令：彭城王元勰封地上的属官，其职责是护卫王府的安全。魏偃（yǎn）：时为彭城王元勰郎中令，性浮动，曲附高肇，对彭城王元勰落井下石，构成其事，为时所恶，后为骁骑将军。［15］高祖珍：曾经在元勰属下当过侍卫长，故称之为前防阁。心术不正，构陷元勰。希肇提擢（zhuó）：希望得到高肇的提拔。擢，提拔。［16］构成其事：有理有据地给元勰编织好了一套罪名。构，把某些事牵连到一起陷害他人。［17］元晖：字景袭，冀州刺史拓跋德之子，袭封河间郡公；拜吏部尚书，出任冀州刺史。后入为侍中、卫将军、尚书左仆射。传见《魏书》卷十五。以闻：诬陷元勰谋反事，向北魏主元恪报告。［18］元珍：字金雀，幽州刺史拓跋平之子，为武骑侍郎，转直阁将军。元恪即位后，曲事高肇，深受宠幸，参与杀害彭城王元勰，迁侍中、尚书左仆射。传见《魏书》卷十四。［19］戊戌：九月十八日。［20］“召勰”句：北魏宣武帝元恪宣召彭成王元勰，以及各位在京的宗室大臣高阳王元雍、广阳王元嘉、清河元怿、广平王元怀与高肇一同入宫宴会，借此杀害元勰。［21］中使：宫中派出的使者，即皇帝身边的太监。［22］诀：诀别，不再相见。［23］东掖（yè）门：皇宫东大门两边的小门。［24］良久：很久，有一会儿。［25］挽：拉。［26］禁中：宫中。［27］消息：意即休息，消散酒气，恢复精神。［28］俄而：不久，一会儿。赍（jī）：手持，拿着。［29］至尊：至高无上，代指皇上。［30］恨：遗恨，遗憾。［31］刀镮（huán）：即刀环，刀把上的圆环。镮，同“环”。筑：砸，击打。［32］大言：大声，高声。［33］向晨：将近早晨。［34］褥（rù）：用布、棉絮等制成的床上铺垫物。［35］枉理：冤枉，无故。［36］安得良死：不得好死。［37］东堂：宫廷中的东堂，与正殿相对而言，不是举行典礼或处理政事的正式场所。［38］丧气：意气颓丧。［39］高令公：高肇当时为尚书令，所以被称为高令公。［40］癸卯：九月二十三日。［41］韦超：元愉反叛所任命的冀州牧。［42］统军：部队的统领，相当于军主。［43］申以家人之训：像平民人家那样，用家庭之内的规矩教训他一顿。胡三省曰：“魏主弟也，故欲训责之。”元恪此举可谓虚伪之极，元愉可申以家人之训，元勰那样的勋戚独不可申以家人之训？［44］野王：北魏县名，在今河南沁阳市，当时为河内郡的郡治所在地。［45］崔光：北魏儒学之臣、历史学家。传见《魏书》卷六十七。［46］妊（rèn）：怀孕。［47］刑至刳（kū）胎：意即用刑其母而连及胎儿，没有人性至极。刳胎，剖腹挖出胎儿。［48］桀、纣所为：相传殷纣王宠爱妲己，妲己说她能透视孕妇胎儿之男女，纣王遂剖孕妇以验之。桀、纣，即夏桀王、殷纣王，历史上的两个暴君。［49］非法：不合法度。［50］俟（sì）：等待，等候。［51］高颢（hào）：兖州刺史高祐之孙，北魏外戚大臣，为录事参军，随尚书李平平定冀州元愉叛乱，迁征虏将军、中散大夫。传见《魏书》卷五十七。［52］胁从：被迫相从。胁，挟持，威逼。［53］原免：赦免。原，宽恕。［54］宜为表陈：应上书向皇上说明情况，请示其处理意见。［55］济州：州治卢县，在今山东聊城市东南。高植：字子建，司徒高肇之子，历任济、青、相、朔、恒等五州刺史，以精明能干著称，号为良吏。传见《魏书》卷八十三。［56］致效：贡献一些力量，做出一些成绩。［57］加李平散骑常侍：在李平原有官职的基础上，又特加散骑常侍之职。散骑常侍，皇帝的侍从官员，虽无具体职权，但活动在皇帝身边，地位重要。［58］隐截官口：把这次应抄没入官的叛党家属据为己有。隐截，隐瞒，截留。［59］奏除平名：从出入宫门的名册上除掉李平的名字，意即剥夺他出入宫门的资格。古制，把记有姓名、年龄、身份等的竹片挂在宫门外，经核对相符才能入宫。除名，胡三省曰："不得通籍禁门。"

初，显祖[1]之世，柔然万余户[2]降魏，置之高平、薄骨律[3]二镇，及太和之末[4]，叛走略尽，唯千余户在。太中大夫王通[5]请徙置淮北以绝其叛，诏太仆卿杨椿持节[6]往徙之，椿上言："先朝处之边徼[7]，所以招附殊俗[8]，且别异华、戎[9]也。今新附之户甚众，若旧者见徙，新者必不自安，是驱之使叛也。且此属衣毛[10]食肉，乐冬便寒[11]，南土湿热，往必歼尽[12]。进失归附之心，退无藩卫[13]之益，置之中夏[14]，或生后患，非良策也。"不从，遂徙于济州，缘河处之[15]。及京兆王愉之乱，皆浮河赴愉[16]，所在抄掠[17]，如椿之言。

庚子[18]，魏郢州司马彭珍[19]等叛魏，潜引梁兵趋义阳，三关戍主侯登[20]等以城来降。郢州刺史娄悦婴城[21]自守，魏以中山王英[22]都督南征诸军事，将步骑三万出汝南[23]以救之。

冬，十月，魏悬瓠军主白早生[24]杀豫州刺史司马悦，自号平北将军，求救于司州刺史马仙琕[25]。时荆州刺史安成王秀为都督[26]，仙琕签求应赴[27]。参佐咸谓宜待台报[28]，秀曰："彼[29]待我以自存，援之宜速，待敕虽旧[30]，非应急也。"即遣兵赴之。上亦诏仙琕救早生。仙琕进顿楚王城[31]，遣副将齐苟儿[32]以兵二千助守悬瓠。诏以早生为司州刺史。

丙寅[33]，以吴兴太守张稷为尚书左仆射。

魏以尚书邢峦行豫州事，将兵击白早生。魏主问之曰："卿言，早生走也，守也？何时可平？"对曰："早生非有深谋大智，正以司马悦暴虐，乘众怒而作乱，民迫于凶威，不得已而从之。纵使梁兵入城，水路不通，粮运不继，亦成禽耳。早生得梁之援，溺于利欲[34]，必守而不走[35]。若临以王师[36]，士民必翻然[37]归顺，不出今年，当传首京师。"魏主悦，命峦先发，使中山王英继之。

峦帅骑八百，倍道兼行，五日至鲍口[38]。丙子[39]，早生遣其大将胡孝智[40]将兵七千，离城二百里逆战，峦奋击，大破之，乘胜长驱至悬瓠。早生出城逆战，又破之，因渡汝水[41]，围其城。诏加峦都督南讨诸军事。

丁丑[42]，魏镇东参军成景儁[43]杀宿豫戍主严仲贤[44]，以城来降。时魏郢、豫二州，自悬瓠以南至于安陆[45]诸城皆没，唯义阳一城为魏坚守。蛮帅田益宗[46]帅群蛮以附魏，魏以为东豫州[47]刺史，上以车骑大将军、开府仪同三司、五千户郡公招之，益宗不从。

十一月，庚寅[48]，魏遣安东将军杨椿将兵四万攻宿豫。

魏主闻邢峦屡捷，命中山王英趣义阳，英以众少，累表请兵，弗许。英至悬瓠，辄[49]与峦共攻之。十二月，己未[50]，齐苟儿等开门出降，斩白早生及其党数十人。英乃引兵前趋义阳。宁朔将军张道凝[51]先屯楚王城，癸亥[52]，弃城走，英追击，斩之。

（以上为第三段，写北魏郢州司马彭珍反叛北魏，悬瓠军主白早生投靠南朝，南朝派兵救援，北魏派军前去打，很快平定了叛乱。）

【注释】

［1］显祖：即北魏献文帝拓跋弘，庙号显祖。传见《魏书》卷六。［2］万余户：原文为“万余口”，据章校改。［3］高平、薄骨律：北魏二军镇名，高平镇在今宁夏固原市，薄骨律镇在今宁夏灵武市西南。［4］太和之末：孝文帝元宏的太和末年。［5］王通：北魏宣武帝元恪时为太中大夫。［6］杨椿：字延寿，弘农华阴（今陕西华阴市）人，洛州刺史杨懿次子，北魏名将。传见《魏书》卷五十八。持节：拿着符节。节，符节，以竹为竿，上缀以旄牛尾，是用以表示其身份、权威的信物。［7］边徼（jiào）：边界线上。徼，边界线上所立的栅栏。［8］招附殊俗：吸引、招纳其他的外族人前来归降。殊俗，指外族人，这里指柔然人。［9］别异华、戎：以保持北魏本族人及外族人的界限，意即不让他们进入内地，与北魏的内地人混杂在一起。华，北魏人的自称。戎，指北魏以外的少数民族，这里指柔然。［10］此属：此辈，这些人，含有轻蔑的意思。毛衣：穿毛皮衣服。［11］乐冬便寒：喜欢冬天，习惯于住在寒冷的地方。［12］歼尽：灭绝，死光。［13］藩卫：守卫，屏卫。藩，屏障，这里用如动词。［14］中夏：中原内地，指上文所说的淮北。［15］缘河处之：安排他们住在黄河两岸。［16］浮河赴愉：乘船沿水路投奔元愉。河，古代一般专指黄河，而依当时的形势而论，由济州北往冀州，可以辗转乘船前往，但不可能由黄河乘船直达。故此，此“河”并非专用名词，而代指水路。［17］所在抄掠：这些人走到哪里抢到哪

里。抄掠，抢劫，掠夺。［18］庚子：九月二十日。［19］郢州：即南齐的司州，入魏后改置郢州，州治在当时的义阳，在今河南信阳市。彭珍：郢州司马，州刺史的僚属，主管司法。［20］三关：当时义阳城南的三座关塞，即平靖关、武阳关、黄岘关。侯登：北魏义阳三关戍主将之一，投降南梁。［21］娄悦：北魏郢州刺史。婴城：环城，绕城。［22］中山王英：即元英，曾为荆州刺史，为前将军。正始四年（507）在钟离之战中惨败，因罪免官。次年重授为征南将军，平定郢州叛乱，收复三关，累迁尚书仆射。传见《魏书》卷十九下。［23］汝南：北魏郡名，郡治上蔡，也称“悬瓠城”，在今河南汝南县，当时为北魏豫州的州治所在地。［24］悬瓠（hù）军主：悬瓠城驻军的统领。白早生：又作“白皂生”，北魏悬瓠军主。永平元年（508），因豫州刺史司马悦暴虐，杀之，据城投奔南梁，自号平北将军。南梁授以司州刺史。后被魏中山王元英所杀。［25］司州：南梁州名，州治在今湖北孝昌县，亦即当时所谓的“南义阳”。刺史：二字原无，据章校补。马仙琕（pín）：字灵馥，南梁名将，此时任司州刺史，所驻守的孝昌县，在三关之南，离三关不远。传见《梁书》卷十七。［26］安成王秀为都督：当时安成王萧秀为荆州刺史，司州在其所督的范围之内。［27］签求应赴：派典签前去请求荆州刺史，应急速支援白早生。［28］参佐：萧秀身边的僚属。台报：朝廷的批示。台，指朝廷，因朝廷的决策机构曰“台”、曰“省”，故称之。［29］彼：他，他们，指归降者白早生。［30］待敕（chì）虽旧：等待朝廷的批示，虽然是平时的制度。敕，皇帝的诏令。［31］楚王城：也称“楚王戍”，在今河南信阳市的东北方。［32］齐苟儿：南梁司州刺史马仙琕的副将。［33］丙寅：十月十六日。［34］溺（nì）于利欲：因南梁赐给他的名利而陶醉。溺，沉溺，沉浸。利欲：贪图名利的欲望。［35］守而不走：坚守悬瓠而不撤退。［36］临以王师：北魏的大军一旦到达城下。［37］翻然：也作“幡然”，很快而彻底地改变的样子。［38］鲍口：古地名，在今河南漯河市郾城区东南四十里沱沟。［39］丙子：十月二十六日。［40］胡孝智：白早生的将领，随其投降南梁，被北魏派兵打败。［41］汝水：淮水的支流，流经今河南汝南县城北。［42］丁丑：十月二十七日。［43］成景儁：字超，号少泰，范阳（今河北定兴县）人，在北魏任镇东参军，后弃北魏投奔南梁，为徐州刺史，转豫州刺史，调齐州刺史并摄荆州事。［44］宿豫戍主：驻守宿豫城的魏军统领。宿豫，原是南朝的北部军镇，在此之前已被北魏军占领。此时是北魏南徐州的州治所在地，在今江苏宿迁市西南。严仲贤：北魏宿豫戍主，被叛投南梁的镇东参军成景儁所杀。［45］安陆：古郡名，郡治在今湖北安陆市。［46］蛮帅：生活在今河南息县一带的少数民族头领。田益宗：光城（今河南光山县）蛮人，少有将略。归附北魏，任东豫州刺史。传见《魏书》卷六十一。［47］东豫州：北魏州名，州治在今河南息县。胡三省曰：“魏东豫州治新息广陵城，领汝南、东新蔡、新蔡、弋阳、长陵郡。”［48］庚寅：十一月十一日。［49］辄（zhé）：于是，便。［50］己未：十二月十日。［51］张道凝：南梁宁朔将军，屯守楚王城，被北魏杀害。［52］癸亥：十二月十四日。

魏义阳太守狄道辛祥[1]与娄悦共守义阳，将军胡武城、陶平虏[2]

攻之，祥夜出袭其营，擒平虏，斩武城，由是州境获全。论功当赏，娄悦耻功出其下，间之于执政[3]，赏遂不行[4]。

壬申[5]，魏东荆州[6]表："桓晖[7]之弟叔兴前后招抚太阳蛮[8]，归附者万余户，请置郡十六，县五十。"诏前镇东府长史郦道元[9]案行置之[10]。道元，范之子也。

是岁，柔然佗汗可汗复遣纥奚勿六跋献貂裘于魏，魏主弗受，报之如前[11]。

初，高车侯倍穷奇[12]为嚈哒[13]所杀，执其子弥俄突[14]而去，其众分散，或奔魏，或奔柔然。魏主遣羽林监河南孟威[15]抚纳降户，置于高平镇[16]。高车王阿伏至罗[17]残暴，国人杀之，立其宗人跋利延[18]。嚈哒奉弥俄突以伐高车，国人杀跋利延，迎弥俄突而立之。弥俄突与佗汗可汗战于蒲类海[19]，不胜，西走三百余里。佗汗军于伊吾北山[20]。会高昌王麴嘉[21]求内徙于魏，时孟威为龙骧将军，魏主遣威发凉州[22]兵三千人迎之，至伊吾，佗汗见威军，怖而遁去[23]。弥俄突闻其离骇[24]，追击，大破之，杀佗汗于蒲类海北，割其发[25]送于威，且遣使入贡于魏。魏主使东城子于亮[26]报之，赐遗甚厚。高昌王嘉失期不至，威引兵还。

佗汗可汗子丑奴[27]立，号豆罗伏跋豆伐可汗，改元建昌。

宋、齐[28]旧仪，祀天皆服衮冕[29]，兼著作郎高阳许懋[30]请造大裘[31]，从之。

上将有事太庙[32]，诏以"斋日不乐[33]，自今舆驾始出[34]，鼓吹从而不作[35]，还宫，如常仪[36]。"

（以上为第四段，写柔然派遣使者向北魏进贡；高车国内震荡，立弥俄突为王，与高昌战，先败而后胜，杀死高昌王，亦派遣使者向北魏进贡。）

【注释】

[1]辛祥：字万福，陇西狄道人，北魏义阳太守。白早生杀刺史司马悦据城南附，郢、豫二州各地守将多降南梁，唯辛祥坚城独守，后又智破南梁军，州境获保全。传见《魏书》卷四十五。[2]胡武城、陶平虏：南梁将领，攻打北魏义阳城，败绩，胡武城被杀，陶平虏被擒。[3]间(jiàn)之于执政：在北魏的当权人物高肇跟前说辛祥的坏话。间，挑拨。[4]赏遂不行：胡三省

曰："史言高肇专政，赏罚无章。"［5］壬申：十二月二十三日。［6］东荆州：北魏州名，州治在今河南泌阳县。［7］桓晖：字道进，东晋末年的叛乱分子桓玄之孙，桓诞之子，幼时流入大阳蛮，及长，被拥为蛮首，附北魏，官至龙骧将军、东荆州刺史，时常出来抄掠、袭击南齐的边境。事见《晋书》卷九十九。［8］叔兴：桓晖之弟，前后抚慰大阳蛮归附者一万多户，后率部南附。传见《魏书》卷一百一。太阳蛮：也写作"大阳蛮"，当时居住在今湖北北部与陕西交界地区的少数民族名。［9］郦（lì）道元：字善长，范阳涿州（今河北涿州市）人，青州刺史郦范之子，北魏官员、著名地理学家。时任镇东将军府长史，后历任青州刺史、东荆州刺史、河南尹，执法严峻，颇有威名，后被杀。著有《水经注》四十卷行于世，为中国游记文学的开创者。传见《魏书》卷八十九。［10］案行置之：巡行考察并相应地设立郡县。［11］报之如前：北魏主回答柔然使者，如同前次一样，如要归附称臣是可以的，如想彼此平等，那是不可能的。［12］高车：古代西北方的少数民族名，又名"铁勒""敕勒"，祖先是匈奴人，居住在柔然的北面，其活动地区约在今之蒙古国北部与俄罗斯相邻的一带地区。侯倍：高车语，意思是"太子""储君"。穷奇：人名。柔然可汗郁久闾豆仑进攻北魏，阿伏至罗和穷奇率西部高车十余万人，叛离柔然西迁，在车师前部西北，建立高车王国，自称候娄匐勒，以穷奇为候倍（储君）。之后，多次击败柔然，使豆仑东徙；又向北魏进贡，一起夹击柔然。之后，中亚的嚈哒进攻高车，穷奇被杀死，高车衰落。［13］嚈（yàn）哒：大月氏的后裔，古代生活在欧亚大陆的游牧民族，约在今新疆北部的阿勒泰一带，史家称之为"白匈奴"，建都拔底延城，势力曾达到康居、安息、疏勒、于阗等国。每遣使节至北魏，后为突厥所破，部落分散。［14］弥俄突：西部高车君主，候倍（储君）穷奇之子。曾在蒲类海以北杀死西征的柔然可汗佗汗可汗郁久闾伏图，把他的头献给北魏。后伏图之子豆罗伏跋豆伐可汗郁久闾丑奴西征，杀死弥俄突，为父报仇，将他拴在马上拖死，头颅做成酒杯。［15］羽林监：皇帝警卫部队的监军。孟威：河南郡人，孝文帝元宏、宣武帝元恪时的重要将领，官至骠骑大将军。传见《魏书》卷四十四。［16］高平镇：北魏北部的军镇名，在今宁夏固原市。［17］阿伏至罗：姓副伏罗氏，穷奇的堂兄弟，高车族副伏罗部落首领，起初臣服柔然，拥有十万部众，后柔然侵犯北魏，阿伏至罗在劝阻无果的情况下，率众西走至车师前部西北，自立为高车国王，号候娄匐勒。屡次击败柔然追兵，迫使柔然率众东迁。后性情残暴，被杀死。传见《魏书》卷一百三。［18］跋利延：西部高车君主阿伏至罗的族人。高车国王阿伏至罗暴虐，被臣下所杀，跋利延被立为国主。之后，嚈哒杀死跋利延，立穷奇的儿子弥俄突为王，高车成了附庸。［19］蒲类海：古地名，今名巴里坤湖，在今新疆巴里坤哈萨克县境内。［20］伊吾北山：伊吾军事据点以北的山区。古代的伊吾戍在今新疆哈密市西北，与现今的伊吾县相距甚远。［21］高昌：古西域小国名，都城高昌，在今新疆吐鲁番市城东，尚有古城遗址巍然耸立。麴嘉：字灵凤，金城榆中（今甘肃榆中县）人，高昌王马儒以为右长史。后部众杀马儒，立麴嘉为王，麴氏始得高昌。先附于柔然，继附高车，屡向北魏朝贡，并求内徙。北魏以为持节、平西将军、瓜州刺史、泰临县伯。事见《魏书》卷一百二。［22］凉州：北魏州名，州治在今甘肃武威市。［23］怖而遁去：害怕得不得了，慌忙逃走。［24］离骇（hài）：惊惶，逃跑。［25］割其发：以头发代首级。［26］东城子：因功封为东城子。子，爵位名，五等爵的第四等。于亮：北魏的有功之臣。［27］丑奴：即郁久闾丑奴，佗汗可汗之子，在佗汗可汗被高车王俘杀后继位，改年号为建昌，称豆罗伏跋豆伐可汗（意为威名远扬之王），为了替父报仇，率军西征，大败高车，俘杀高车王弥俄突。在位时，国力有所恢复。后为其母所杀。传见《魏书》卷一百三。［28］宋、齐：指南朝刘宋、萧齐。［29］衮冕：衮衣和官帽，古代帝王与上公的礼服和礼帽。［30］许懋：字昭哲，高阳新城（今河北高阳县）人，南齐、南梁儒学礼法之臣。传见《梁书》卷四十。［31］大裘：黑羔裘。胡三省引郑众注："大裘，黑羔裘，服以祀天，示质。"［32］有事太庙：意即到太庙举行祭祀。太庙：古代皇帝的宗庙，供奉皇帝先祖的地方。［33］斋日不乐：斋戒的日子不奏乐。［34］舆驾始出：从皇帝出门前往太庙开始。［35］鼓吹：演奏宗庙雅乐的乐队，其乐器有鼓、钲、箫、笳等。郭茂倩《乐府诗集》中有"鼓吹曲辞"一类，盖此乐队所演奏。从而不作：只是跟在队伍里走，不演奏乐曲。［36］还宫，如常仪：等祭祀完毕，车驾回宫的时候，再照常演奏帝王出行的音乐。

八年（己丑，509年）

春，正月，辛巳[1]，上祀南郊[2]，大赦。时有请封会稽、禅国山[3]者，上命诸儒草封禅仪[4]，欲行之[5]。许懋建议[6]，以为"舜柴岱宗[7]，是为巡狩[8]。而郑引《孝经钩命决》[9]云：'封于太山，考绩柴燎[10]；禅乎梁甫，刻石纪号[11]。'此纬书之曲说[12]，非正经之通义[13]也。舜五载一巡狩[14]，春夏秋冬周遍四岳[15]，若为封禅，何其数也[16]！又如管夷吾所说七十二君[17]，燧人[18]之前，世质民淳[19]，安得泥金检玉[20]！结绳而治[21]，安得镌文告成[22]！夷吾又云：'唯受命之君[23]然后得封禅。'周成王非受命之君[24]，云何得封太山禅社首[25]！神农即炎帝也[26]，而夷吾分为二人，妄亦甚矣[27]。若圣主[28]，不须封禅[29]；若凡主[30]，不应封禅[31]。盖齐桓公[32]欲行此事，夷吾知其不可，故举怪物以屈之[33]。秦始皇尝封太山[34]，孙皓尝遣兼司空董朝至阳羡封禅国山[35]，皆非盛德之事，不足为法[36]。然则封禅之礼，皆道听[37]所说，失其本文[38]，由主好名于上[39]，而臣阿旨于下[40]也。古者祀天祭地，礼有常数[41]，诚敬之道，尽此而备[42]，至于封禅，非所敢闻[43]。"上嘉纳之[44]，因推演懋议[45]，称制旨以答请者[46]，由是遂止。

（以上为第五段，写南朝梁武帝萧衍欲行封禅礼，在会稽祭天，在国山祭地，儒学臣许懋谏止。）

【注释】

[1]辛巳：正月三日。 [2]上祀南郊：皇帝萧衍到南郊祭天。 [3]封会稽，禅国山：意即到会稽山祭天，到国山祭地。封、禅，是帝王祭祀天地的典礼。在某山山头筑坛加土以祭天曰“封”；在某小山除地为场以祭地曰“禅”。会稽山，在今浙江绍兴市东南；国山，在今江苏宜兴市。过去秦始皇、汉武帝的封禅，都是封泰山、禅梁父，如今泰山、梁父都落入北魏之手，南梁的皇帝再想玩这一套把戏，也就只好在长江以南了。 [4]草封禅仪：起草一套祭天、祭地所行典礼的具体步骤与礼节仪式。 [5]欲行之：意即诸儒已经起草完毕，皇帝就要付诸实行。 [6]建议：提出自己的主张。 [7]舜柴岱宗：虞舜曾经祭过泰山。舜，即上古圣王虞舜。柴，烧柴以祭天，古代的一种祭祀方法。岱宗，泰山的别称，在今山东泰安市城北。 [8]是为巡狩：是他在外出巡狩的时候顺便所做的一件事情。巡狩，意同“巡守”，今之所谓视察。天子到各地去巡视诸侯为天子守土尽职的情况。 [9]郑引《孝经钩命决》：郑玄在注释《尚书·舜典》中的“东巡守至于岱宗，柴望秩于山川”时曾经引用《孝经钩命决》的句子。郑玄是东汉著名的经学家，传见《后汉书》卷六十五。《孝经钩命决》，东汉时流传的一种纬书，是《孝经纬》的一种，撰者不明，今已失传。主要讲孝道与自然灾害的关系，充满着荒诞迷信的东西。 [10]封于太山，考绩柴燎：意思是虞舜在封泰山时，曾考核诸侯的成绩，而后燔柴祭天。太山，即泰山，是秦始皇、汉武帝登封过的名山。柴燎，古代祭祀之一，烧柴祭天。 [11]禅乎梁甫，刻石纪号：意思是在禅梁甫的时候，曾在梁甫山刻石记下了自己的年号。梁甫，泰山东南侧的小山名，也写作“梁父”，在今山东泰安市的东南方。纪号：记年号。以上四句是《孝经钩命决》中叙述虞舜封泰山的原话。 [12]纬书：汉代七经（《诗经》《尚书》《仪礼》《周易》《春秋》《论语》《孝经》）的注译书，以神学迷信附会儒家经义，其中保存了不少古代神话传说，也记录了一些有关古代天文、历法、地理等方面的知识。曲说：瞎编出来的话，是不合事实的捏造。 [13]非正经之通义：不是真正儒家传授下来的通行四海的道理。 [14]舜五载一巡狩：舜帝五年巡回视察天下一次。巡狩，帝王离开国都，巡行境内。 [15]春夏秋冬周遍四岳：要在一年的时间里巡遍天下各地。四岳，可以指四方的名山，诸如东岳泰山、南岳衡山、西岳华山、北岳恒山；也可以指四方的诸侯，四岳就是四方的诸侯之长。舜的这种巡狩，都是为了检查工作。周遍四岳，胡三省引《尚书·舜典》曰：“岁二月，东巡狩至于岱宗，柴望秩于山川。五月，南巡狩至于南岳。八月，西巡狩至于西岳。十有一月，北巡狩至于北岳。” [16]若为封禅，何其数也：如果像纬书所说是为了封禅，那么岂不太频繁、太密集了吗？数，频繁，密集。 [17]管夷吾所说七十二君：管仲所说的封泰山的七十二家君主。这也是后人以管仲的名义所编造的谎言。《史记·封禅书》也有所谓“管仲曰‘古者封泰山、禅梁父者七十二家，而夷吾所记者十有二焉’”的话。管夷吾，春秋时辅佐齐桓公称霸的管仲。夷吾是名，仲是字。传见《史记》卷六十二。 [18]燧（suì）人：即燧人氏，相传是古代发明钻木取火的一位圣王。燧

人氏在商丘发明钻木取火，教人熟食，结束了远古人类茹毛饮血的历史，使人类与禽兽的生活习性区别开来，开创了华夏文明，被后世奉为“火祖”。燧人氏生伏羲氏、女娲氏。［19］世质民淳（chún）：世风朴实，民情淳厚。质，朴实。淳，厚道。［20］泥金检玉：帝王把祭天的活动记录封存起来，极言封禅皇帝所使用的祭天的策书文告之贵重华丽。泥金，用金末做封泥。检玉，用玉做成的盒子把祭天的策文收装起来。［21］结绳而治：在古代没有文字以前，据说那时的人们是用结绳来帮助记事。［22］安得镌（juān）文告成：意思是既然那时连文字都没有，封禅的帝王又怎么能够把文字刻在金策上向天神报告自己的事业成功呢？镌文，在石头上刻字。告成，向上天告成功。［23］受命之君：指一个王朝开国的帝王。古代凡是推翻旧王朝，开创一个新王朝的人，总把自己说成是奉上帝之命来结束那个罪恶的旧王朝，来解救黎民百姓于水火，如商汤、周文王、周武王等。［24］周成王：即周武王之子姬诵，周朝第二位君主。亲政后，营造新都成周，大封诸侯，派兵东征，制礼作乐，巩固了西周王朝的统治。传见《史记》卷四。非受命之君：周成王是继承其父的王位统治天下的，所以说他不是受命之君，即不是开国君主。［25］封太山、禅社首：古代帝王的封禅，祭天的所谓“封”总是在泰山顶上进行，至于祭地的所谓“禅”，则不是固定的一处，有的在梁父，有的在云云，有的在社首，都是泰山周围的小山，距离泰山不远。社首，古山名，在今山东泰安市西南。［26］神农即炎帝：说神农与炎帝是一个人，这是古代的一种传说，流传比较广。［27］妄亦甚矣：实在是太荒谬了。妄，虚妄，无稽之谈。［28］圣主：圣明的帝王。［29］不须封禅：用不着封禅，用不着向上帝祈求什么。［30］凡主：凡庸的帝王。［31］不应封禅：意即没有封禅的资格。［32］齐桓公：春秋时姜姓齐国第十六位国君，任管仲为相，推行改革，注重因民所欲发展经济，打出“尊王攘夷”旗号，九合诸侯，一匡天下，恢复与稳定周天子统治地位，为春秋五霸之首，晚年昏庸。传见《史记》卷三十二。［33］举怪物以屈之：管仲不赞成齐桓公封禅，说在齐桓公时，社会上还没有出现若干表现祥瑞的东西，故认为齐桓公还不太够格。据《史记·封禅书》载管仲说：“古之封禅，鄗上之黍，北里之禾，所以为盛；江淮之间，一茅三脊，所以为藉也。东海致比目之鱼，西海致比翼之鸟，然后物有不召而自至者十有五焉。今凤皇麒麟不来，嘉谷不生，而蓬蒿藜莠茂，鸱枭数至，而欲封禅，毋乃不可乎？”怪物，反常的东西。［34］秦始皇、尝封太山：《史记·秦始皇本纪》载：“二十八年（前219），始皇东行郡县，上邹峄山。立石，与鲁诸儒生议，刻石颂秦德，议封禅望祭山川之事。乃遂上泰山，立石，封，祠祀。下，风雨暴至，休于树下，因封其树为五大夫。禅梁父。刻所立石。”太山，即泰山。［35］孙皓尝遣兼司空董朝至阳羡封禅国山：事见《三国志》卷四十八，其中曰：“吴兴阳羡山有空石，长十余丈，名曰石室，在所表为大瑞。乃遣兼司徒董朝、兼太常周处至阳羡县，封禅国山。”孙皓，三国时吴国末主，董朝，孙吴官吏。阳羡，古地名，在今江苏宜兴市。［36］不足为法：不配做我们的榜样。［37］道听：即道听途说，没有史实根据。［38］失其本文：已经离开了本来的真相。［39］主好名于上：为皇帝的在上面带头追求虚名。好名，追求虚名。［40］臣阿（ē）旨于下：作为臣子，就在下头迎合奉承地折腾起来。阿旨，曲意逢迎，顺从皇上的意图。

[41]礼有常数：都有一定的规矩制度。[42]尽此而备：能做好这些也就足够了。[43]非所敢闻：谦词，实际意思是这些说法都是没有道理的。[44]上嘉纳之：梁武帝嘉许采纳了许懋不封禅的建议。[45]推演懋议：引用并发挥许懋的说法。演，引申，发挥。[46]称制旨以答请者：以皇帝圣旨的形式谢绝了继续请求封禅的人。制旨，皇帝的命令。

魏中山王英至义阳，将取三关，先策[1]之曰："三关相须[2]如左右手，若克一关，两关不待攻而破；攻难不如攻易，宜先攻东关[3]。"又恐其并力于东，乃使长史李华帅五统向西关[4]，以分其兵势，自督诸军向东关。

先是，马仙琕使云骑将军马广屯长薄[5]，军主胡文超屯松岘[6]。丙申[7]，英至长薄，戊戌[8]，长薄溃，马广遁入武阳，英进围之。上遣冠军将军彭瓮生、骠骑将军徐元季[9]将兵援武阳，英故纵之使入城，曰："吾观此城形势易取。"瓮生等既入，英促兵攻之，六日而拔，虏[10]三将及士卒七千余人。进攻广岘[11]，太子左卫率李元履[12]弃城走；又攻西关，马仙琕亦弃城走。

上使南郡太守韦睿将兵救仙琕，睿至安陆[13]，增筑城二丈余，更开大堑[14]，起高楼。众颇讥其示怯，睿曰："不然，为将当有怯时，不可专勇。"中山王英急追马仙琕，将复邵阳之耻[15]，闻睿至，乃退。上亦有诏罢兵。

初，魏主遣中书舍人鲖阳董绍[16]慰劳叛城[17]，白早生袭而囚之，送于建康。魏主既克悬瓠[18]，命于齐苟儿等四将之中分遣二人[19]，敕扬州为移[20]，以易绍及司马悦首[21]。移书未至，领军将军吕僧珍[22]与绍言，爱其文义[23]，言于上，上遣主书霍灵超[24]谓绍曰："今听卿还，令卿通两家之好，彼此息民，岂不善也[25]！"因召见，赐衣物，令舍人周舍[26]慰劳之，且曰："战争多年，民物涂炭[27]，吾是以不耻先言[28]与魏朝通好，比亦有书全无报者[29]，卿宜备申此意[30]。今遣传诏周灵秀[31]送卿至国，迟有嘉问[32]。"又谓绍曰："卿知所以得不死不[33]？今者获卿，乃天意也。夫立君以为民也，凡在民上，岂可以不思此乎！若欲通好，今以宿豫还彼[34]，彼当以汉中见归[35]。"绍还魏言之，魏主不从。

（以上为第六段，写北魏中山王元英，采用各个击破方法，攻下"义阳三关"，南朝派韦睿救援，顿驻安陆，北魏退军；南梁提出用宿豫交换汉中，北魏不同意。）

【注释】

［1］策：分析、估计形势。［2］相须：相互需要，相互依存。［3］东关：即义阳三关中的武阳关，又名东关、武胜关，在今河南信阳市南。［4］李华：北魏中山王府长史。帅五统：率领着五个统军所管的士兵。西关：指义阳三关的平靖关，在武阳关的西北方，相距不远。［5］马广：南梁司州刺史马仙琕部属，为云骑将军。长薄：古关隘名，在今河南信阳市南，近豫、鄂交界处。《读史方舆纪要》谓在武阳关北。［6］胡文超：南梁军主。松岘（xiàn）：古关隘名，在今河南罗山县西南。［7］丙申：正月十八日。［8］戊戌：正月二十日。［9］彭瓮生、徐元季：南梁将领，分别为冠军将军、骠骑将军。［10］虏：同“掳”，掳获，俘虏。［11］广岘（xiàn）：即义阳三关中的黄岘关，在武阳关的东北方，今湖北境内。［12］太子左卫率：太子卫队的统领，主领兵卒、门卫，以卫东宫，亦任征伐。卫率，“率”同“帅”，守卫东宫的将领。李元履：南梁太子左卫率，历仕衡广青冀四州刺史。传见《南史》卷四十六。［13］安陆：南梁郡名，郡治在今湖北安陆市，北距三关百余里。［14］堑（qiàn）：壕沟，护城河。［15］复邵阳之耻：报复邵阳洲失败之耻。天监六年（507），元英进攻钟离，在邵阳洲被南梁军打得大败，事见《资治通鉴》上卷。［16］董绍：字兴远，鲖阳人，北魏文学之臣。为国子助教，积射将军，兼中书舍人。善于辞令，为宣武帝元恪所赏识。传见《魏书》卷七十九。慰劳叛城：到郢州的州治义阳与豫州的州治悬瓠这些有北魏军叛乱的地方慰劳军队，意即鼓励为北魏坚守者，规劝叛乱归南梁者。［17］悬瓠（hù）：古军事重镇名，北魏豫州州治所在地，在今河南汝南县。［18］齐苟儿等四将：齐苟儿是南梁将领马仙琕部下，奉命往助叛变的北魏将领白早生驻守悬瓠城，北魏将领邢峦攻克悬瓠城，白早生被杀，齐苟儿等人投降北魏。事见上卷。分遣二人：从投降的四个人中分派两人。［19］敕（chì）扬州为移：让驻守寿春的北魏扬州刺史给南梁朝廷写一封信。敕，命令。为移，写一封公开信。移，古文体名，与“檄”相近，是布告一类的官方文书。北魏朝廷不自己写，而让扬州刺史代写，这是为表示身份的区别。［20］以易绍及司马悦首：以换回董绍与被白早生所杀的豫州刺史司马悦的人头。［21］领军将军：主管京城以内的全部驻军，且管理诸将，地位崇重。吕僧珍：时为南梁领军将军。［22］爱其文义：喜欢董绍的文章与义理。这种“文义”既表现在说，也表现在写。［23］主书：中书省里的官名，主管为皇帝起草文书。霍灵超：南梁主书。［24］听：听任，同意。［25］岂不善也：“也”字同“耶”，反问语气。［26］舍人：即中书通事舍人，掌管起草诏令。周舍：字升逸，汝南安城人，南齐中书侍郎周颙之子，南朝梁大臣，身参机要二十多年。传见《梁书》卷二十五。［27］民物：犹言民众、黎民百姓。物，“人”的意思。涂炭：烂泥与炭火，犹言水深火热。［28］不耻先言：犹言“不以先言为耻”。先言，首先提出来。［29］比亦有书：在此以前，也给北魏主写过书信。比，近来。全无报者：犹如石沉大海，一点儿回音也没有。［30］备申此意：特别强调这一点。［31］传诏：传达诏命的使者。周灵秀：“周”，原作“霍”，据《魏书·董

绍传》，作“周”，故改之。周灵秀，南梁官员，武帝萧衍时为传诏。［32］迟有嘉问：我在这里静候你们的好消息。迟，等待。嘉问，嘉音。问，意同“闻”。［33］得不死不（fǒu）：能不被杀吗？得，能。不，同“否”。［34］以宿豫还彼：我把去年占领的你们的宿豫城还给你们。宿豫，原是北魏南部的边防重镇，在今江苏宿迁市东南。在去年，北魏宿豫守将严仲贤被其部下成景隽所杀，成景隽以宿豫城投降南梁。［35］彼当以汉中见归：你们应当把汉中郡还给我们。汉中郡长期以来是南朝西北部的边防重镇，郡治在今陕西西南部的汉中市。天监三年（504），南梁的梁州刺史夏侯道迁以梁州叛降于北魏，属北魏已经五年。

三月，魏荆州刺史元志[1]将兵七万寇潺沟[2]，驱迫群蛮，群蛮悉渡汉水来降，雍州刺史吴平侯昺[3]纳之。纲纪皆以蛮累为边患[4]，不如因此除之，昺曰：“穷来归我[5]，诛之不祥[6]。且魏人来侵，吾得蛮以为屏蔽[7]，不亦善乎！”乃开樊城[8]受其降，命司马朱思远[9]等击志于潺沟，大破之，斩首万余级。志，齐之孙也。

夏，四月，戊申[10]，以临川王宏为司空，加车骑将军王茂开府仪同三司。

丁卯[11]，魏楚王城主李国兴[12]以城降。

秋，七月，癸巳[13]，巴陵王萧宝义[14]卒。

九月，辛巳[15]，魏封故北海王详子颢[16]为北海王。

魏公孙崇[17]造乐尺，以十二黍为寸[18]；刘芳非之，更以十黍为寸。尚书令高肇等奏：“崇所造八音之器及度量皆与经传不同，诘[19]其所以然，云‘必依经文，声则不协。’请更令芳依《周礼》[20]造乐器，俟成集议并呈[21]，从其善者。”诏从之。

冬，十月，癸丑[22]，魏以司空广阳王嘉为司徒。

十一月，己丑[23]，魏主于式乾殿为诸僧及朝臣讲《维摩诘经》[24]。时魏主专尚释氏[25]，不事经籍[26]，中书侍郎河东裴延儁[27]上疏，以为：“汉光武、魏武帝[28]，虽在戎马[29]之间，未尝废书[30]，先帝迁都行师[31]，手不释卷[32]，良以学问多益[33]，不可暂辍[34]故也。陛下升法座[35]，亲讲大觉[36]，凡在瞻听，尘蔽俱开[37]。然《五经》，治世之模楷[38]，应务之所先[39]，伏愿经书互览[40]，孔、释兼存[41]，则内外俱周[42]，真俗斯畅[43]矣。”

时佛教盛于洛阳，中国沙门[44]之外，自西域[45]来者三千余人，魏主别为之立永明寺[46]千余间以处之。处士南阳冯亮有巧思[47]，魏主使与河南尹甄琛[48]、沙门统僧暹[49]择嵩山形胜之地立闲居寺[50]，极岩壑[51]土木之美。由是远近承风[52]，无不事佛，比及延昌[53]，州郡共有一万三千余寺。

是岁，魏宗正卿元树[54]来奔，赐爵邺王[55]。树，翼[56]之弟也。时翼为青、冀二州刺史[57]，镇郁洲[58]，久之，翼谋举州降魏，事泄而死。

（以上为第七段，写北魏宣武帝元恪崇尚佛教，不读经籍，佛教盛于洛阳，除本地僧人，西域沙门来者三千多人，到了延昌年间，州郡共有寺院一万三千多所。）

【注释】

[1]荆州：北魏州名，州治在今河南鲁山县。元志：字猛略，河间公拓跋齐之孙，起家洛阳县令，迁太尉主簿，转从事中郎，除荆州刺史，拜廷尉卿。传见《魏书》卷十四。 [2]寇：侵扰。潺（chán）沟：古河水名，汉水北侧的小支流，向南汇入汉水。 [3]雍州：南梁州名，州治在今湖北襄阳市。吴平侯昺：即萧昺（bǐng），前文作“萧景”，字子昭，梁武帝萧衍堂弟，南梁宗室、重臣。有才辩，能决断大事，历官骠骑将军行参军、步兵校尉。南梁建立后，封吴平县侯，为领军将军、右卫将军，出任南兖州刺史。传见《梁书》卷二十四。 [4]纲纪：指萧昺的主要僚属。纲、纪，都是网上的大绳，引申为起主要作用的人员。胡三省曰：“州郡上佐，谓之‘纲纪’，言其纲纪州郡之事也。”累为边患：屡次骚扰边疆。累，屡次。 [5]穷来归我：活不下去了来投奔我们。穷，走投无路。 [6]不祥：不吉利。 [7]屏蔽：屏障，像屏风那样遮挡着的东西。 [8]樊城：古地名，在今湖北襄阳市。 [9]朱思远：南梁司马。 [10]戊申：四月一日。 [11]丁卯：四月二十日。 [12]李国兴：北魏楚王城主，后以城投降南梁。 [13]癸巳：七月十七日。 [14]巴陵王萧宝义：齐明帝萧鸾庶长子，南齐宗室、大臣。因有残疾，萧衍篡国后，不将其视为威胁，而封其为巴陵王，一直到死。传见《南齐书》卷五十。 [15]辛巳：九月六日。 [16]子颢：即北海王元详之子元颢（hào），字子明，北海王元详世子，北魏主元恪之叔，为人贪淫邪恶，袭封北海王，为散骑常侍、抚军将军、徐州刺史，后投靠南梁，借助南梁兵力，杀回北魏，称帝于睢阳，年号孝基，兵败被杀。传见《魏书》卷五十。 [17]公孙崇：孝文帝拓跋宏时为给事中、大乐祭酒。奉诏与中书监考定雅乐，为太乐令，曾制造乐尺，也是用来校正乐器音高的律器。 [18]以十二黍（shǔ）为寸：古代确定长度的方法之一，排列若干黍子的长度为寸。黍，黍子，一年生草本植物，碾成米叫黄米。 [19]诘（jié）：诘问，责问。 [20]《周礼》：有关古代官制的书，儒家经

典之一，相传为周公所著，记载了先秦时期社会政治、经济、文化、风俗、礼法诸制，与《仪礼》《礼记》合称“三礼”。是古代礼乐文化的理论形态，对礼法、礼义作了权威的记载与解释，对历代礼制的影响极为深远。经学大师郑玄为之作注。［21］俟（sì）成集议并呈：等到制成以后，集体讨论鉴定，一并呈送皇上。俟，等待，等候。［22］癸丑：十月九日。［23］己丑：十一月十五日。［24］式乾殿：古宫殿名。《维摩诘经》：大乘佛教的经书，宣传大乘教义，阐扬大乘般若性空的思想。维摩诘，大乘佛教居士，是著名的在家菩萨，称为大菩萨。才智超群，享尽人间富贵，又擅论佛法，深得佛祖尊重。［25］专尚释氏：专门崇尚佛教。释氏，佛姓释迦的略称。［26］不事经籍：不用心于儒家的经典。［27］中书侍郎：中书监、中书令的助手，主管为皇帝起草诏令。裴延儁：字平子，河东闻喜（今山西闻喜县）人，晋平远将军裴双虎之孙，北魏文学之臣，熙平年间，因平定少数民族起义有功，被任为安南将军、中书令兼侍中。此时任中书侍郎，官职吏部尚书。传见《魏书》卷六十九。［28］汉光武：即东汉开国君主刘秀。魏武帝：即曹魏奠基者曹操，其子曹丕篡汉后追尊其为武帝。庙号太祖。传见《三国志》卷一。［29］戎马：军马，借指军旅、战争。［30］废书：放下书，谓中止阅读。［31］先帝：即孝文帝元宏。迁都行师：迁都洛阳，率军出征。［32］手不释卷：手不离书本，形容勤学不倦。［33］良以：实在是因为。多益：多多益善。［34］暂辍（chuò）：停顿，停止。［35］法座：佛教徒讲经说法的讲坛。［36］大觉：佛教语，意思是佛的觉悟。这里指佛教的经书。［37］凡在瞻听，尘蔽俱开：凡是瞻仰和聆听讲经的人，心中的疑惑都一扫而光。尘蔽，被尘遮蔽，迷障。［38］模楷：即楷模、典范，必须遵照实行的金科玉律。［39］应务之所先：处理政务首先需要的。［40］伏愿经、书互览：希望您能佛经、儒典同时并举，二者等量齐观。伏愿：虔诚地希望。经，佛经。书，儒书。［41］孔、释兼存：意即儒、佛同时并存。孔，即孔子，儒家学派创始人。释，指释迦牟尼，原名乔达摩·悉达多，佛教的创始人。［42］内外俱周：修身养性与治理国家同时兼顾。［43］真俗斯畅：追求出世与管好世俗两方面都不耽误。真俗，真性情和世俗。畅，顺畅。［44］中国沙门：北魏本地的和尚。“中国”，二字原无，据章校补。［45］西域：古区域名，指玉门关、阳关以西，葱岭以东，巴尔喀什湖东、南及新疆广大地区。［46］永明寺：宣武帝元恪在洛阳建造的专为外国沙门居留之所，在今河南洛阳市东北汉魏故城西。详情见《洛阳伽蓝记》。［47］处士：意同隐士，有才干而不愿进入官场的人。冯亮：字灵通，南阳人，平北将军蔡道恭外甥，南朝佛学家。少傅览诸书，又笃好佛理。随道恭至义阳，北魏中山王元英所率的军队占领义阳后，素闻其名，以礼相待。冯亮性清净，至洛阳，便北行到嵩山隐居。传见《魏书》卷九十。有巧思：有出类拔萃的构思与设计才能。［48］河南尹：意同河南郡太守，但因为河南郡是北魏都城洛阳所在的郡，故而其太守被称为河南尹，其郡名也叫河南尹。甄琛：字思伯，中山无极（今河北无极县）人，北魏大臣，孝文帝元宏时，为中书博士，迁谏议大夫，转通直散骑侍郎；宣武帝元恪时，拜中散大夫兼御史中尉，转通直散骑常侍，迁侍中，为河南尹，加平南将军。传见《魏书》卷六十八。［49］沙门统：管理佛教事务的和尚。僧暹（xiān）：法名。［50］嵩山：通称为中岳，中国五大名山之一，也是道教全真派圣地，中部以少林河为界，东为太室山，西为少室山，绵延起伏于黄河南岸，是中华文明的重要发源地。形胜之地：风景优美的地方。闲居寺：嵩山上的寺庙名。 [51]岩壑（hè）：山峦，溪谷。 [52]承风：深受影响，形成风气。 [53]比及：及至，等到。延昌：北魏主元恪的第四个年号，共三年余。 [54]宗正卿：古官名，掌皇族外戚属籍，一般由宗室充任。元树：字秀和，北魏献文帝拓跋弘之孙，咸阳王元禧之子，南梁大臣。在北魏，累迁宗正卿。后投奔南梁，封邺王，拜员外散骑常侍，迁云麾将军、郢州刺史，出任侍中、镇北将军、都督北讨诸军事，后兵败被俘，赐死于洛阳。传见《梁书》卷三十九。 [55]邺（yè）王：封地邺郡，郡治在今河北临漳县西南。 [56]翼：即元翼，字仲和，元树亡兄，投奔南梁，任信武将军、青冀二州刺史，镇守郁州，后来欲投降北魏，被杀。传见《魏书》卷二十一上。 [57]翼为青、冀二州刺史：元禧被杀后，其子元翼多次上书请求宣武帝元恪为其父平反，元恪不从，元翼遂携其弟元昌一道投降南梁，被南梁任为青、冀二州刺史。当时南梁的青、冀二州共设一个刺史，州治侨设在今江苏连云港市海州区。[58]郁洲：古地名，当时是东大海中的岛屿，称作郁洲，后来逐渐与大陆相连，在今江苏连云港市海州区东的云台山一带，南齐、南梁时是南朝东北部地区边防重镇。胡三省引《水经注》曰：“朐山东北海中有大洲，谓之‘郁洲’。”

九年（庚寅，510年）

春，正月，乙亥[1]，以尚书令沈约为左光禄大夫，右光禄大夫王莹为尚书令。约文学高一时[2]，而贪冒荣利[3]，用事十余年，政之得失，唯唯[4]而已。自以久居端揆[5]，有志台司[6]，论者亦以为宜，而上终不用[7]；及求外出[8]，又不许。徐勉[9]为之请三司之仪[10]，上不许。

庚寅[11]，新作缘淮塘[12]，北岸起石头迄东冶[13]，南岸起后渚[14]篱门迄三桥。

三月，丙戌[15]，魏皇子诩[16]生，大赦[17]。诩母胡充华[18]，临泾[19]人，父国珍袭武始伯[20]。充华初选入掖庭[21]，同列以故事祝之[22]，曰[23]：“愿生诸王、公主，勿生太子[24]。”充华曰：“妾之志异于诸人，奈何畏一身之死而使国家无嗣乎！”及有娠[25]，同列劝去之，充华不可，私自誓曰：“若幸而生男，次第当长[26]，男生身死，所不憾[27]也。”既而生诩。

先是，魏主频丧皇子，年渐长，深加慎护[28]，择良家宜子者以为乳保[29]，养于别宫，皇后、充华皆不得近。

己丑[30]，上幸国子学[31]，亲临讲肄[32]。乙未[33]，诏皇太子以下及王侯之子年可从师者皆入学。

旧制：尚书五都令史皆用寒流[34]。夏，四月，丁巳[35]，诏曰："尚书五都[36]，职参政要[37]，非但总领众局[38]，亦乃方轨二丞[39]；可革用士流[40]，秉此群目[41]。"于是，以都令史视奉朝请[42]，用太学博士刘纳兼殿中都[43]，司空法曹参军刘显兼吏部都[44]，太学博士孔虔孙兼金部都[45]，司空法曹参军萧轨兼左右户都[46]，宣毅墨曹参军王颙兼中兵都[47]，并以才地兼美[48]，首膺其选[49]。

（以上为第八段，写南朝萧梁重视教育，皇上萧衍亲临国子学讲学视察；改革人事制度，下令尚书五都令史都选用寒门出身的人，这是一项意义极为深远的重大改革。）

【注释】

[1]乙亥：正月二日。[2]文学：文才。高一时：高过当代人。[3]贪冒荣利：争名夺利。[4]唯唯：恭敬的应答声，引申为恭顺谨慎，无所作为。[5]久居端揆（kuí）：长期居于群臣之首，指做尚书令。端揆，犹言"首辅"。[6]有志台司：一心想得个三公的称号。台司，三台、三司，指司徒、司马、司空，当时是最高荣誉的加官。[7]上终不用：梁武帝萧衍对沈约帮着自己篡取帝位所做的种种努力是感谢的，但对沈约在这些活动中所表现出的狠毒又感到讨厌，故有这种表现。[8]求外出：请求离开朝廷去做地方官。沈约知道萧衍对他的态度，心存恐惧，故有这种表现。[9]徐勉：字修仁，东海郯县（今山东郯城县）人，南昌相徐融之子，南梁宰相、文学家。传见《梁书》卷二十五。[10]三司之仪：南梁的加官名，全称是"开府同三司之仪"。胡三省注曰："梁官制有开府同三司之仪，在开府仪同三司下。"[11]庚寅：正月十七日。[12]缘淮塘：秦淮河的第二道大堤。塘，这里是"堤坝"的意思。[13]起石头迄东冶：由石头城修到东冶。石头城，在当时建康城西北，在今江苏南京市石头城公园一带；东冶，是当时的冶炼厂，是奴隶、囚犯集中劳动之处，也是驻兵所在地。[14]后渚（zhǔ）：古地名，故址在今江苏南京市西南，秦淮河上别渚。渚，水中的小块陆地。迄：到，至。三桥：方位不详。[15]丙戌：三月十四日。[16]皇子诩（xǔ）：即元诩，宣武帝元恪嫡次子，北魏第九位皇帝。幼年继位，随着权臣元乂、母后胡氏相继擅权乱政，大失人心，引发六镇起义，国势日衰。元诩不满胡太后专权，密诏岳父尔朱荣进京勤王，密诏外泄，遭到太后毒杀，年仅十九岁，谥号明，庙号肃宗。传见《魏书》卷九。[17]大赦：二字原无，据章校补。[18]胡充华：本名胡仙真，安定临泾（今甘肃镇原县）人，宣武帝元恪皇后。其子元诩即位，以皇太后身份垂帘听政十三年，实际掌握了北魏最高政治权力。好射箭，爱登山，临朝听政初期，颇有政绩。后大肆崇佛、荒淫无节，导致河阴之变，后被沉入黄河溺死。传见《魏书》卷十三。充华，嫔妃的封号名。[19]临泾（jīng）：古县名，在今甘肃泾川县

北。［20］国珍：即胡国珍，字世玉，安定临泾人，武始侯胡深之子，宣武灵太后之父，北魏外戚大臣。袭封武始侯，封为光禄大夫。其女灵太后胡充华临朝后，加任侍中，封安定郡公，参决万机，拜中书监、仪同三司，拜骠骑大将军、雍州刺史、司徒公。传见《魏书》卷八十三下。袭武始伯：袭其父之爵为武始县伯，其父胡渊原为北夏赫连氏之臣，因及早投降北魏有功，封武始伯。武始，县名，县治在今河北邯郸市西南。［21］掖（yè）庭：宫中旁舍，妃嫔居住的地方，代指宫廷。［22］同列：同一班列，与胡充华身份一样的嫔妃们。以故事祝之：按过去的惯例祝福她。故事，惯例，旧例。［23］曰：此字原无，据章校补。［24］勿生太子：因为北魏的后妃一旦生了太子，其母照例就得被赐死。［25］娠（shēn）：怀孕。［26］次第当长（zhǎng）：按次序最年长，意即将为太子。长，排行第一。［27］憾（hàn）：悔恨失望，心中感到不满意。［28］慎护：小心保护。［29］良家宜子者：出身正当、家世清白而又善于生养孩子的女人。乳保：在今所谓“奶妈”“保姆”。［30］己丑：三月十七日。［31］国子学：古代教育管理机关和最高学府。［32］讲肄（yì）：讲习。肄，研习。［33］乙未：三月二十三日。［34］尚书五都令史：尚书省内五曹的都令史，即各曹（后来的各部）的令史之长。皆用寒流：一律选用寒门的人士充任。寒流，寒门，与世家豪门相对而言，不一定是穷人。［35］丁巳：四月十六日。［36］尚书五都：即上文所说的“尚书五都令史”。据下文，“五都”为殿中都、吏部都、金部都、左右户都、中兵都。［37］职参政要：他们的职务都涉及国家大事。［38］总领众局：总管尚书省的各个部门。局，曹，也就是后来的各部。［39］方轨二丞：与尚书左、右二丞的职责不相上下。方轨，两车前行，比喻地位不相上下。［40］革用士流：改用出身门第高的人士前来担任。士流，世家大族出身的人。革，革新，改用。［41］秉此群目：执掌这几个部门的工作。秉，掌管；主持。［42］视奉朝请：与奉朝请的级别一样。视，比。奉朝请，古官名，用以安置闲散官员，在一定的节日有资格随群臣进朝拜见皇帝。［43］太学博士：古官名，太学里的教官。刘纳：南梁学者、官员，梁武帝萧衍时为太学博士，迁为殿中都令史。殿中都：殿中曹的都令史，主殿中事务。殿中，尚书省内的一个部。［44］司空法曹参军：司空府的高级佐官。法曹参军，古官名，掌管刑法。刘显：字嗣芳，沛国相县（今安徽淮北市相山区）人，本名颋，齐武帝以字难识，改名显。好学，博涉多通，举秀才，起家中军临川王行参军，后迁尚书仪曹郎，再迁尚书左丞，授国子博士，后为平西咨议参军，加授戎昭将军。传见《梁书》卷四十。吏部都：吏部曹的都令史，主管官吏的任免、考课、升降、调动等事务。［45］孔虔孙：南梁学者、官员，梁武帝萧衍时为太学博士，迁为金部都令史。金部都：金部曹的都令史。金部后来改为度支，主管财政收支。［46］萧轨：南梁官员，梁武帝萧衍时为司空法曹参军，迁为左右户都令史。左右户都：左右户部曹的都令史，主管全国的户籍、赋税等。［47］宣毅墨曹参军：宣毅将军属下的墨曹参军，掌刑法。王颙（yóng）：南梁官员，梁武帝萧衍时为宣毅墨曹参军，迁为中兵曹都令史。中兵都：中兵曹的都令史，协助尚书左、右丞管理都省事务，监督诸曹尚书，参与政要。［48］才地兼美：本人的才干与其门第出身都好。［49］首膺其选：第一个当选。膺，受，当。

六月，宣城郡吏吴承伯[1]挟妖术聚众，癸丑[2]，攻郡杀太守朱僧勇，转屠旁县。闰月，己丑[3]，承伯逾山，奄至吴兴[4]。东土人素不习兵，吏民恇扰[5]奔散，或劝太守蔡撙[6]避之，撙不可，募勇敢闭门拒守。承伯尽锐攻之，撙帅众出战，大破之，临陈[7]，斩承伯。撙，兴宗[8]之子也。承伯余党入新安[9]，攻陷黟、歙[10]诸县，太守谢览[11]遣兵拒之，不胜，逃奔会稽[12]，台军[13]讨贼，平之。览，瀹之子也。

冬，十月，魏中山献武王英[14]卒。

上即位之三年，诏定新历，员外散骑侍郎祖暅[15]奏其父冲之[16]考古法为正[17]，历不可改[18]。至八年，诏太史课新旧二历[19]，新历密，旧历疏[20]，是岁，始行冲之《大明历》[21]。

魏刘芳奏："所造乐器及教文、武二舞[22]，登歌、鼓吹曲[23]等已成，乞[24]如前敕集公卿群儒议定，与旧乐参呈[25]。若臣等所造，形制合古[26]，击拊会节[27]，请于来年元会[28]用之。"诏："舞[29]可用新，余且仍旧[30]。"

（以上为第九段，写南朝平定宣城郡吏吴承伯的聚众叛乱；启用祖冲之《大明历》；北魏确定元旦朝会所使用的乐舞，舞用新的文、武二舞，其余的沿袭旧制。）

【注释】

[1]宣城：古郡名，郡治在今安徽宣城市。吴承伯：宣城人，南梁时宣城农民起义将领。初为郡吏，利用宗教，于天监九年（510）在宣城发富力城叛乱，杀太守朱僧勇，攻吴兴，有众两万。次年，为南梁军镇压，承伯阵亡。 [2]癸丑：六月十三日。 [3]朱僧勇：南梁宣城太守，被叛军所杀。 [4]闰月，己丑：闰六月十九日。 [5]奄至吴兴：突然地攻入吴兴郡。吴兴，古郡名，在宣城郡的东侧，郡治在今浙江湖州市。 [6]恇（kuāng）扰：惊慌失措。恇，害怕。 [7]蔡撙（zǔn）：字景节，济阳考城（今河南民权县）人，刘宋左光禄大夫蔡兴宗之子，南梁吴兴太守，后官至中书令、吏部尚书。传见《梁书》卷二十一。 [8]临陈：即临阵。陈，同"阵"。 [9]新安：南梁郡名，郡治在今浙江淳安县西北。 [10]黟（yī）、歙（shè）：古二县名，黟县的县治在今安徽黟县西，歙县的县治在今安徽歙县。 [11]谢览：太子詹事谢瀹之子，时任梁朝新安太守，后官至五兵尚书、吏部尚书，以吴兴太守致仕。传见《梁书》卷十五。 [12]会稽：古郡名，郡治在今浙江绍兴市。 [13]台军：朝廷的军队。台，古代中央官署名，代指朝廷。 [14]中山献武元英：元英生前被封为中山王，死后谥号献武。 [15]员外散骑侍郎：古官名，挂名的侍从官员，

比员外散骑常侍的职级略低。祖暅（gèng）：一作“祖暅之”，字景烁，范阳遒县（今河北涞水县）人，祖冲之之子，南朝数学家、天文学家，曾任员外散骑侍郎、太府卿、南康太守、材官将军、奉朝请等，同父亲祖冲之一起圆满解决了球面积的计算问题，得到正确的体积公式，并据此提出了著名的“祖暅原理”。传见《南齐书》卷五十二。［16］冲之：即祖冲之，字文远，范阳遒县（今河北涞水县）人，南朝杰出的数学家、天文学家，一生钻研自然科学，主要贡献在数学、天文历法和机械制造三个方面。他首次将“圆周率”精算到小数第七位，即在3.1415926和3.1415927之间；他撰写的《大明历》是当时最科学最进步的历法。主要著作有《安边论》《述异记》《历议》等。传见《南齐书》卷五十二。［17］考古法为正：验证古历而制定的新历法是正确的。［18］历不可改：祖冲之的历法非常精确，不容置疑，不可改变。大明历在发明之初，有人曾认为是“诬天背经”，大明六年（462）上表改历法，未被施行。［19］课新旧二历：考核比较新旧两种历法。课，考核。旧历，指刘宋元嘉以来所采用的何承天的元嘉历法。新历，指祖冲之已经制定而未被采用的历法。［20］新历密，旧历疏：祖冲之的新历法比较细致，何承天的旧历法比较粗疏。［21］大明历：也称“甲子元历”。在历法中，祖冲之首次引入了“岁差”的概念，从而使得历法更加精确，是中国第二次较大的历法改革。因此历法于大明六年（462）已经完成，故仍称之《大明历》，而不以付诸实行之今年为名。［22］文、武二舞：文武与武舞，宫廷乐舞，宣扬皇帝的文德与武功。［23］登歌：祭典与朝会开始时乐师登堂演奏的乐曲。鼓吹曲：用鼓、钲、箫、笳等乐器合奏，皇帝出行或举行军事演练时使用的乐曲。［24］乞：请求。［25］参呈：一并呈上。［26］形制合古：样子与规格如果符合古代的规定。形制，制作式样。［27］击拊（fǔ）会节：演奏起来合乎古代节律。拊，拍，敲。［28］来年元会：明年正月一日的朝会盛典。［29］舞：指新编的文武二舞。［30］余且仍旧：其余如所造乐器与登歌、鼓吹曲等，暂时还用旧的。

十年（辛卯，511年）

春，正月，辛丑[1]，上祀南郊，大赦。

尚书左仆射张稷[2]，自谓功大赏薄[3]，尝侍宴乐寿殿[4]，酒酣[5]，怨望形于辞色[6]。上曰：“卿兄杀郡守[7]，弟杀其君[8]，有何名称[9]！”稷曰：“臣乃无名称，至于陛下[10]，不得言无勋[11]。东昏暴虐，义师[12]亦来伐之，岂在臣而已[13]！”上捋[14]其须，曰：“张公可畏人[15]！”稷既惧且恨，乃求出外[16]，癸卯[17]，以稷为青、冀二州刺史[18]。

王珍国亦怨望[19]，罢梁、秦二州刺史[20]还，酒后于坐启云[21]：“臣近入梁山便哭。”上大惊曰：“卿若哭东昏，则已晚；若哭我，我复未死！”珍国起拜谢[22]，竟不答[23]，坐即散，因此疏退[24]，久之，除都官尚书[25]。

丁巳[26]，魏汾州山胡刘龙驹[27]聚众反，侵扰夏州[28]，诏谏议大夫薛和[29]发东秦、汾、华、夏[30]四州之众以讨之。

辛酉[31]，上祀明堂[32]。

三月，琅邪民王万寿[33]杀东莞、琅邪二郡太守刘晰[34]，据朐山[35]，召魏军。

壬戌[36]，魏广阳懿烈王嘉[37]卒。

魏徐州刺史卢昶[38]遣郯城戍副张天惠[39]、琅邪戍主傅文骥[40]相继赴朐山，青、冀二州刺史张稷遣兵拒之，不胜。夏，四月，文骥等据朐山，诏振远将军马仙琕击之。魏又遣假安南将军萧宝寅、假平东将军天水赵遐[41]将兵据朐山，受卢昶节度[42]。

甲戌[43]，魏薛和破刘龙驹，悉平其党，表置东夏州[44]。

五月，丙辰[45]，魏禁天文学[46]。

以国子祭酒张充[47]为尚书左仆射。充，绪之子也。

马仙琕围朐山，张稷权顿六里以督馈运[48]，上数发兵助之。秋，魏卢昶上表请益兵六千、米十万石，魏主以兵四千给之。冬，十一月，己亥[49]，魏主诏扬州刺史李崇等治兵寿阳[50]，以分朐山之势。卢昶本儒生，不习军旅。朐山城中粮樵[51]俱竭，傅文骥以城降；十二月，庚辰[52]，昶引兵先遁，诸军相继皆溃，会大雪，军士冻死及堕手足者三分之二，仙琕追击，大破之。二百里间，僵尸相属[53]，魏兵免者什一二[54]，收其粮畜器械，不可胜数。昶单骑而走，弃其节传、仪卫俱尽[55]；至郯城，借赵遐节以为军威[56]。魏主命黄门侍郎甄琛驰驲锁昶[57]，穷其败状，及赵遐皆免官。唯萧宝寅全军而归。

卢昶之在朐山也，御史中尉游肇[58]言于魏主曰："朐山蕞尔[59]，僻在海滨，卑湿难居，于我非急，于贼为利。为利，故必致死以争之；非急，故不得已而战；以不得已之众击必死之师[60]，恐稽延岁月[61]，所费甚大。假令得朐山，徒致交争[62]，终难全守，所谓无用之田[63]也。闻贼屡以宿豫求易朐山，若必如此，持此无用之地，复彼旧有之疆[64]，兵役时解[65]，其利为大。"魏主将从之，会昶败，迁肇侍中。肇，明根之子也。

马仙琕为将，能与士卒同劳逸，所衣不过布帛，所居无帏幕衾屏[66]，饮食与厮养[67]最下者同。其在边境，常单身潜入敌境，伺知[68]壁垒村落险要处，所攻战多捷，士卒亦乐为之用。

（以上为第十段，写南朝琅邪民王万寿占据朐山反叛，杀掉郡守，召请北魏军；南朝令振远将军马仙琕率军反击，马仙琕与士卒同甘苦，于朐山大胜北魏，北魏军队狼狈逃奔。）

【注释】

[1]辛丑：正月四日。[2]张稷（jì）：字公乔，吴郡吴县（今江苏苏州市）人，刘宋右光禄大夫张永之子，南梁开国功臣。任尚书左仆射。传见《梁书》卷十六。[3]自谓功大赏薄：张稷有杀死南齐小皇帝萧宝卷为萧衍清道的大功，但萧衍也正因此认为张稷为人善变而薄情寡义，对之存有戒心。[4]乐寿殿：古宫殿名，东昏侯萧宝卷所造。[5]酒酣（hān）：喝酒尽兴、畅快，忘乎所以。[6]怨望：怨恨，怪罪。形于辞色：内心活动表露在脸上和言辞之中。[7]卿兄杀郡守：张稷之兄张瑰，在刘宋末期为散骑常侍。时萧道成掌权，宗室大臣刘秉欲谋杀萧道成，与其弟时任吴郡太守的刘遐相互声援，张瑰时在吴郡，遂组织同党为萧道成袭杀了吴郡太守刘遐。事见《资治通鉴》卷一百三十四。[8]弟杀其君：即指张稷杀了南齐小皇帝萧宝卷。[9]有何名称：能有什么好名声流传于世？[10]至于陛下：至于对陛下您来说。[11]不得言无勋：不能说没有功劳。[12]义师：指萧衍的军队。这里其实如同说“您”。[13]岂在臣而已：难道就是我一个人反对东昏侯吗？这句话含有讽意，皇上说我杀了皇帝萧宝卷，名声不好，您起兵东下，不也是要置皇帝于死地吗？名声又能好到哪儿去？[14]捋（lǚ）：用手指顺着抹过去。[15]张公可畏人：你张先生是个令人望而生畏的人。这倒的确是说出了萧衍的心里话。[16]求出外：离开朝廷去任地方官。[17]癸卯：正月六日。[18]青、冀二州刺史：当时南梁的青、冀二州共设一个刺史，州治侨设在今江苏连云港市海州区。[19]王珍国：字德重，沛国相县（今安徽濉溪县）人，南齐车骑将军王广之之子，原为南齐青、冀二州刺史，在萧衍进攻建康的关键时刻，与张稷联合杀死萧宝卷，率部归顺萧衍，入梁，为护军将军、丹阳尹。传见《梁书》卷十七。亦怨望：也对萧衍愤愤不平。望，也是恨的意思。胡三省曰：“王珍国与稷同杀东昏侯，其怨望之心与稷同。”[20]罢：指罢免王珍国梁、秦二州刺史之职。梁、秦二州刺史：当时南梁的梁、秦二州共设一个刺史，州治在今陕西汉中市。[21]启云：向萧衍启奏说。[22]拜谢：道歉自己失言。[23]竟不答：萧衍什么话都没有说。[24]疏退：疏远，贬退。[25]除都官尚书：被任为都官尚书。除，选任。都官尚书，古官名，尚书省内分管都城事务的长官。[26]丁巳：正月二十日。[27]汾（fén）州山胡：汾州境内山区的匈奴族人。汾州，北魏州名，州治在今山西隰县。

刘龙驹：汾州人，山胡，北魏起义首领，攻夏州，兵败被杀。［28］夏州：北魏州名，州治统万，在今陕西榆林市横山区西。夏州在汾州的西侧，隔黄河相对。［29］谏议大夫：古官名，专掌议论。薛和：字导穆，北魏薛昙贤之弟，为司空长流参军、太尉府主簿，升谏议大夫。传见《魏书》卷四十二。［30］东秦、汾、华、夏：北魏的四州名，东秦州的州治在今陕西黄陵县南。华州的州治在今陕西蒲城县。胡三省曰："魏高祖太和十一年（487），分秦州置华州，治华阴，领华山、登城、白水郡。又置夏州，治统万，领化政、阐熙、金明、代各郡。"［31］辛酉：正月二十四日。［32］明堂：儒家所倡导的一种礼仪性质的建筑，供皇帝祭天、讲礼、尊贤与发布政令诸事之用的场所。［33］琅邪：南梁的侨置郡名，郡治朐山城，在今江苏连云港市的西部。［34］刘晰：刘芳族侄，南梁琅邪、东莞二郡太守，防戍朐山，被杀。［35］朐（qú）山：古山名，当时的朐山不仅是南梁东莞、琅邪二郡的郡治，还是青、冀二州的州治所在地，州治在朐山城的东侧，其东又有郁洲，当时在海岛上，三城相距甚近，都在现今的连云港市。［36］壬戌：三月二十六日。［37］广阳懿烈王嘉：即元嘉，生前被封为广阳王，死后谥号懿烈。［38］卢昶（chǎng）：时任北魏徐州刺史。传见《魏书》卷四十七。［39］郯城：在今山东郯城县城西北，东距南梁占据的朐山不到一百公里。张天惠：北魏郯城戍副。［40］傅文骥：北魏清河人，傅竖眼族侄，时任北魏琅邪戍主。徐州刺史卢昶遣守朐山，粮草既竭而卢昶军不进，文骥遂弃母、妻以城投降南梁。后以货赂光州刺史罗衡，偷送其母、妻至南梁。［41］赵遐（xiá）：北魏官员，赤城镇将赵逸的后代，孝文帝元宏、宣武帝元恪时的著名将领，初为军主，官至平西将军、汾州刺史。传见《魏书》卷五十二。［42］节度：调度，指挥。［43］甲戌：四月九日。［44］表置东夏州：上表请求设立东夏州，东夏州的州治在今陕西延安市东北。［45］丙辰：五月二十一日。［46］魏禁天文学：因北魏主迷信佛教，天文学所讲与佛教迷信不合。天文学，古代的天文学主要研究星象及风云霜电等自然现象。［47］国子祭酒：古官名，太学的管理官，犹如今之大学校长。张充：字延符，吴郡吴县（今江苏苏州）人，南齐国子祭酒张绪之子。南齐时，官至中书侍郎，入梁后，初官太常卿，迁吏部尚书，出为晋陵太守，征拜国子祭酒。传见《梁书》卷二十一。［48］权顿六里：临时寄住在六里。六里，古地名，距朐山六里。张稷原是南梁青、冀二州刺史，也驻兵于朐山，因被北魏军打败，狼狈失据，故寄住于六里。以督馈（kuì）运：帮着马仙琕督运粮草。馈，传输。［49］己亥：十一月七日。［50］李崇：魏国名臣、名将。寿阳，北魏郡名，当时是魏国扬州的州治所在地。［51］粮樵（qiáo）：粮食，柴草。［52］庚辰：十二月十九日。［53］僵尸相属：北魏兵的尸体在地上一个挨一个。僵尸，犹言伏尸。相属，相连。［54］什一二：十分之一二。什，同"十"。［55］节传、仪卫：朝廷授予的旌节、符传，以及表现其身份的仪仗队、卫队。俱尽：丧失殆尽。此指卢昶全军覆灭。［56］以为军威：以表现他在军中的地位、权威。［57］驰驲（rì）：乘驿马急行。驲，驿马。锁昶：拘捕卢昶。锁，装入囚车。［58］游肇：字伯始，广平任县（今河北邢台市任泽区）人，大鸿胪游明根之子，北魏儒学之臣。传见《魏书》卷五十五。［59］蕞（zuì）尔：形容其极小的样子。［60］必死之师：为守卫其地而不惜拼命相搏，根本就没想能再活到事后的军队。［61］稽延岁月：时间拖得很长。稽延，拖延，延迟。［62］徒致交争：白白地引起今后的反复争夺。［63］无用之田：又称“石田”。语见《左传·哀公十一年》：“吴将伐齐，子胥谏曰：‘得志于齐，犹获石田也，无所用之。’”［64］复彼旧有之疆：收回我们原有的宿豫镇。宿豫原被北魏长期占有，于天监七年（508）宿豫的守军兵变杀其将岩仲窦投降于南梁，现为南梁所有。［65］兵役时解：双方的军事争夺可以立时结束。时，立时，即刻。［66］衾（qīn）屏：布制的屏障。［67］厮养：干杂活的仆役，如喂马、烧火等。［68］伺知：暗中打探明白。伺，侦察。

魏以甄琛为河南尹，琛表曰：“国家居代[1]，患多盗窃，世祖发愤[2]，广置主司里宰[3]，皆以下代令长[4]及五等散男有经略者[5]乃得为之。又多置吏士为其羽翼，崇而重之[6]，始得禁止[7]。今迁都已来，天下转广[8]，四远赴会[9]，事过代都[10]，五方杂沓[11]，寇盗公行[12]，里正职轻任碎[13]，多是下材[14]，人怀苟且[15]，不能督察[16]。请取武官八品将军已下干用贞济者[17]，以本官俸恤领里尉之任[18]，高者领六部尉[19]，中者领经途尉[20]，下者领里正。不尔，请少高里尉之品[21]，选下品中应迁者进而为之，督责有所[22]，辇毂可清[23]。”诏曰：“里正可进至勋品[24]，经途从九品[25]，六部尉正九品[26]，诸职中简取[27]，不必武人。”琛又奏以羽林为游军[28]，于诸坊巷司察[29]盗贼，于是洛城清静，后常踵[30]焉。

是岁，梁之境内有州二十三[31]，郡三百五十，县千二十二。是后州名浸多[32]，废置离合，不可胜记。魏朝亦然。

上敦睦九族[33]，优借朝士[34]，有犯罪者，皆屈法申之[35]。百姓有罪，则案之如法[36]，其缘坐[37]则老幼不免，一人逃亡，举家质作[38]，民既穷窘[39]，奸宄益深[40]。尝因郊祀[41]，有秣陵老人遮车驾[42]言曰：“陛下为法，急于庶民[43]，缓[44]于权贵，非长久之道。诚能反是[45]，天下幸甚。”上于是思有以宽之。

（以上为第十一段，写北魏河南尹甄琛治理洛阳得法，后世沿用；南朝增设州郡，达二十三州；又，南梁原来用法宽于亲族权贵，严于民众，武帝萧衍听取秣陵老人的建议而加以改进。）

【注释】

[1]国家居代：北魏过去建都平城的时候。[2]世祖：即北魏太武帝拓跋焘，庙号世祖。传见《魏书》卷四上。发愤：下决心。[3]主司里宰：专管清查逮捕盗贼的主司、里长。《宋书·百官志》曰："十什为里。"十户为一什。[4]下代令长：官爵低于代京的县令、县长的人。[5]五等散男：公、侯、伯、子、男五等爵位中的男爵而居散官者。胡三省引《魏书》曰："魏公、侯、伯、子、男，有开国，有散，凡散各降开国一品。"所谓"散"，与"开国"的爵位称号相对而言，如经由世袭或其他途径而来，低一个品级。有经略者：有干才、有谋略的人。[6]崇而重之：提高他们的名位与身份。[7]始得禁止：这才达到了平息盗贼的效果。[8]天下转广：国家管辖的地盘越来越大。[9]四远赴会：四面八方的人员都要到京城来办事。[10]事过代都：要办的事情比起当年在平城的时候要复杂得多了。[11]五方杂沓（tà）：现在洛阳城里的人，五花八门，鱼龙混杂。杂沓，纷杂、杂乱的样子。[12]公行：明目张胆地公然行动。[13]里正：一种基层官职，主要负责掌管户口和纳税。任碎：事务琐碎。[14]下材：才能一般。材，同"才"。[15]人怀苟且：每个人都是敷衍了事，得过且过。苟且，凑合，马虎。[16]不能督察：不能严格地尽职尽责。[17]已下：即以下。已，同"以"。干用贞济者：八品以下的有才干且又品德公正廉洁，而又坚贞能成大事的人。[18]以本官俸恤（xù）领里尉之任：仍享受原来的较高待遇而来兼任这种名位较低的里尉之职。俸恤，胡三省曰："魏官既给俸，又给恤亲之禄，故谓之'俸恤'。"里尉，管理城市街道治安的武官。[19]领六部尉：充当洛阳城六个区域的治安长官。胡三省曰："魏分洛阳城中为六部，置六部尉。"部，洛阳城中的行政区。[20]经途尉：洛阳城里各大主干道的治安长官。经途，一个城市的主干道。[21]少高里尉之品：稍稍提高一些城市基层治安人员的行政级别。少，同"稍"，稍微。[22]督责有所：基层的治安一旦有了专人负责。[23]辇毂（gǔ）可清：京城的治安状况就会好了。辇毂，原指皇帝的车驾，后来用以代指京城。[24]可进至勋品：可以达到勋品的最低一级。勋品，即旧时朝廷命官的品级，通常即九品。九品以下的小吏，就不算是官员了。[25]从九品：古代的官职品级，是九品十八级官制中的第十八等级。[26]正九品：古代九品十八级官员等级的第十七等级 。[27]诸职中简取：从治安人员中选拔。简，选。[28]羽林：皇家禁卫军的代称，取其义为为国羽翼，如林之盛。为游军：放流动哨，四出巡行视察。[29]坊巷：城市住宅区的街坊里巷之间。坊，城市住宅区。司察：督察，检查。司，同"伺"。[30]后常踵（zhǒng）：后世经常沿用这些做法。踵，跟从，仿效。[31]州二十三：胡三省曰："此据《五代史志》。按萧子显《齐志》，齐有扬、南徐、豫、兖、南兖、北徐、青、冀、江、广、交、越、荆、巴、郢、司、雍、梁、秦、益、宁、湘、南豫二十三州。时已废巴州，当以王茂所立宛州足之。"[32]浸多：越来越多。浸，同"渐"，逐渐。[33]敦睦（mù）九族：对本家族的人亲厚和睦。九族，泛指本家族。[34]优借朝士：宽待满朝的群臣士大夫。优借，优待，宽待。[35]屈法申之：放宽法度，为他们开脱。申，同"伸"，舒展，这里是"开脱"的意思。[36]案之如法：按照法律条文进行追究。案，处置。[37]缘坐：意即"连

坐”，因有亲属关系而受牵连。［38］举家质作：全家充当人质，被罚劳役。作，劳役。［39］穷窘（jiǒng）：穷困、窘迫，被逼得走投无路。［40］奸宄（guǐ）益深：犯法作乱的人越来越厉害。奸宄，旧说“在外曰奸，在内曰宄”，通常泛指作乱的人。［41］尝：曾，曾经。郊祀：皇帝到南郊祭天，到北郊祭地。［42］秣（mò）陵：当时建康城郊的县名，属丹阳郡，在今江苏南京市城区的秦淮河以南。遮车驾：拦着皇帝的车子。遮，拦。［43］急：严厉，苛刻。庶民：一般民众，百姓。［44］缓：宽缓，缓和。［45］反是：反过来，变为“急于权贵，缓于庶民”。

十一年（壬辰，512年）

春，正月，壬辰[1]，诏：“自今逋谪之家及罪应质作[2]，若年有老小，可停将送[3]。”

以临川王宏为太尉，骠骑将军王茂为司空、尚书令。

丙辰[4]，魏以车骑大将军、尚书令高肇为司徒，清河王怿为司空，广平王怀进号骠骑大将军，加仪同三司。肇虽登三司，犹自以去要任[5]，怏怏形于言色[6]，见者嗤[7]之。尚书右丞高绰[8]、国子博士封轨[9]，素以方直自业[10]，及肇为司徒，绰送迎往来[11]，轨竟不诣肇[12]。绰顾不见轨，乃遽归[13]，叹曰：“吾平生自谓不失规矩，今日举措，不如封生远矣。”绰，允之孙；轨，懿之族孙也。

清河王怿有才学闻望[14]，惩彭城之祸[15]，因侍宴，谓肇曰：“天子兄弟讵有几人[16]，而翦之几尽[17]！昔王莽头秃[18]，借渭阳之资[19]，遂篡汉室[20]。今君身曲[21]，亦恐终成乱阶[22]。”会大旱，肇擅录囚徒[23]，欲以收众心。怿言于魏主曰：“昔季氏旅于泰山[24]，孔子疾之[25]。诚以君臣之分，宜防微杜渐[26]，不可渎[27]也。减膳录囚[28]，乃陛下之事；今司徒行之，岂人臣之义[29]乎！明君失之于上，奸臣窃之于下，祸乱之基[30]，于此在矣。”帝笑而不应。

夏，四月，魏诏尚书与群司鞫理狱讼[31]，令饥民就谷燕、恒二州及六镇[32]。

乙酉[33]，魏大赦，改元延昌[34]。

（以上为第十二段，写北魏权臣高肇由尚书令升为司徒，认为是丢了要职，怏怏不乐；高肇擅自重新审理囚徒，想以此收买人心，却种下祸根。）

【注释】

［1］壬辰：正月一日。［2］逋（bū）谪（zhé）之家：家有犯罪逃亡和被判为流放的人家。逋，逃亡。谪，流放。罪应质作：受牵连应逮捕为质与应被罚苦役的人。［3］可停将送：可不再遣送。将，也是“送”的意思。胡三省曰：“所谓宽庶民者，如此而已。而不能绳权贵以法，君子是以知梁政之乱也。”［4］丙辰：正月二十五日。［5］去要任：离开了重要的职位，指尚书令。［6］怏（yàng）怏：失落、不满意的样子。形于言色：将内心活动表露在脸上和言辞之中。［7］嗤（chī）：讥笑。［8］高绰：字僧裕，渤海蓨县（今河北景县）人，中书监高允之孙，北魏大臣。传见《魏书》卷四十八。［9］封轨：字广度，勃海蓨县（今河北景县）人，儒学名臣封懿的族孙，时任北魏国子博士、通直散骑常侍。传见《魏书》卷三十二。［10］以方直自业：以端方正直的原则要求自己。自业，自持，自守。［11］送迎往来：殷勤相待的样子。［12］轨竟不诣肇：封轨竟然不与高肇相接触。［13］遽（jù）归：起身返回。遽，立即。［14］清河王怿：北魏清河王元怿。闻望：名望，声望。［15］惩彭城之祸：有感于彭城王元勰被高肇所害的悲惨事实。惩，接受教训。［16］讵（jù）有几人：一共能有几个。讵，哪里，表示反问的语气。［17］翦之几尽：都快一个个地杀光了。宣武帝元恪的长兄元恂被孝文帝元宏所杀，其弟元愉不久前又被高肇所害。翦，同“剪”，灭。［18］王莽：西汉末年的外戚，篡夺帝位，建立新朝，当即被绿林、赤眉农民大起义军攻杀，新朝灭亡。传见《汉书》卷九十九。头秃：秃头。［19］借渭阳之资：凭借他是孝平皇帝刘衎的舅舅。渭阳，隐称甥舅关系，因《诗经·渭阳》写了秦康公给其舅父晋文公送别的情景，后人遂多以“渭阳”比甥舅。而如今的高肇又是宣武帝元恪的舅舅。［20］篡汉室：篡夺汉朝皇位，改朝换代。［21］身曲：驼背。［22］终成乱阶：日后恐怕也要走上篡位的道路。乱阶，致乱的基础，致乱的阶梯。［23］擅录囚徒：擅自复查罪犯，为含冤者平反。这是皇帝在某种情况下要做的事情。［24］季氏旅于泰山：春秋时鲁国权臣季氏潜越祭礼泰山，表现了不臣之心。［25］孔子疾之：《论语·八佾篇》曰：“季氏旅于泰山。子谓冉有曰：‘女弗能救与？’对曰：‘不能。’子曰：‘呜呼！曾谓泰山不如林放乎？’”疾，痛恨。［26］防微杜渐：指在错误、或坏事刚露出苗头的时候就加以制止，不使其发展。［27］不可渎（dú）：不能混淆，不能破坏。渎，轻视，不经心。［28］减膳录囚：当一个国家发生重大灾难性事件，该国的君主为了向上帝表示请罪，因而做出一些特殊的规定，如“减膳”，降低自己的伙食标准；如“录囚”，省察囚犯是否有冤情，为含冤者平反等。［29］人臣之义：做臣子的所应为。义，宜也。［30］祸乱之基：大祸的开始。基，始，开头。［31］尚书与群司：尚书省与其他各有关部门。鞫（jū）理：意同审理。鞫，盘问，审问。［32］就谷：到有粮食的地方找饭吃。燕、恒：北魏的二州名，燕州的州治在今河北涿鹿县，恒州的州治平城，在今山西大同市东。六镇：北魏北部沿边的六个军事驻防区，即御夷镇，在今河北赤城县北；怀荒镇，在今河北张北县；柔玄镇，在今内蒙古兴和县西北；抚冥镇，在今内蒙古四子王旗东南；武川镇，在今内蒙古武川县西；怀朔镇，在今内蒙古固阳县西南。［33］乙酉：四月二十五日。［34］延昌：北魏主元恪的第四个年号。

冬，十月，乙亥[1]，魏立皇子诩为太子，始不杀其母[2]。以尚书右仆射郭祚领太子少师[3]。祚尝从魏主幸东宫，怀黄觚[4]以奉太子；时应诏左右赵桃弓[5]深为帝所信任，祚私事[6]之，时人谓之"桃弓仆射""黄觚少师"。

十一月，乙未[7]，以吴郡太守袁昂[8]兼尚书右仆射。

初，齐太子步兵校尉平昌伏曼容[9]表求制一代礼乐[10]，世祖[11]诏选学士十人修五礼[12]，丹杨尹王俭[13]总之。俭卒，以事付国子祭酒何胤[14]。胤还东山[15]，齐明帝[16]敕尚书令徐孝嗣[17]掌之。孝嗣诛，率多散逸[18]，诏骠骑将军何佟之[19]掌之。经齐末兵火，仅有在者[20]。帝即位[21]，佟之启审省置之宜[22]，敕使外详[23]。时尚书以为庶务权舆[24]，宜俟隆平[25]，欲且省礼局[26]，并还尚书仪曹[27]，诏曰："礼坏乐缺，实宜以时修定[28]。但顷之[29]修撰不得其人，所以历年不就[30]，有名无实。此既经国所先[31]，可即撰次[32]。"于是，尚书仆射沈约等奏："请五礼各置旧学士[33]一人，令自举学古一人相助抄撰，其中疑者[34]，依石渠、白虎故事[35]，请制旨断决[36]。"乃以右军记室参军明山宾[37]等分掌五礼，佟之总[38]其事。佟之卒，以镇北咨议参军伏暅[39]代之。暅，曼容之子也。至是，《五礼》成，列上之[40]，合八千一十九条，诏有司遵行。

己酉[41]，临川王宏以公事左迁[42]骠骑大将军。

是岁，魏以桓叔兴为南荆州[43]刺史，治安昌，隶东荆州[44]。

（以上为第十三段，写北魏立元诩为太子，始不杀其母；南朝武帝萧衍重视礼乐，开展修撰《五礼》的工作，历经几任主持，终于完成，诏令有关部门予以施行。）

【注释】

[1]乙亥：十月十八日。 [2]始不杀其母：北魏自拓政珪开始，凡立某个儿子为太子，必将其生母杀死，将这个婴儿交由另一位妃嫔抚养长大。这种制度历经百余年，至此宣告废除。拓跋珪立拓跋嗣为太子，杀其母刘贵人，事见《魏书》卷三。 [3]郭祚（zuò）：字季祐，太原晋阳（今山西太原市）人，北魏文学之臣。协助孝文帝谋划汉化改革，任侍中，拜尚书，封东光县伯；后

任吏部尚书、并州大中正，进金紫光禄大夫，迁尚书左仆射。被权臣矫诏所害。传见《魏书》卷六十四。领：兼任，以位高兼低职曰“领”，或曰“摄”。太子少师：古官名，皇太子的训导官。［4］黄瓟（pián）：一种黄色的甜瓜。［5］应诏左右：在皇帝身边听候呼唤的侍者。赵桃弓：北魏时人，宣武帝元恪侍从。［6］私事：郭祚私下向赵桃弓讨好，为之做事。［7］乙未：十一月九日。［8］袁昂：本名千里，南梁名臣、书法家。南梁吴兴太守兼尚书右仆射、中书监，立朝三十年，为台鼎之臣。传见《梁书》卷三十一。［9］太子步兵校尉：古官名，掌管太子宫门的卫兵。伏曼容：字公仪。刘宋时，官至辅国长史、南海太守；南齐时，官至武昌太守、中散大夫、临海太守等。一生治学，尤善《老子》《周易》。［10］表求制一代礼乐：上书请求让他主导来制定一套南齐的礼乐。［11］世祖：指南齐武帝萧赜。［12］五礼：指吉、凶、军、宾、嘉五种礼仪制度。吉者指朝廷之礼与祭祀天地宗庙等，凶者指丧葬之礼，军者指兵阵之礼与行军之礼等，宾者指接待国内、国外的宾客之礼，嘉者指冠礼、婚礼等。［13］丹杨尹：当时都城建康的行政长官，位同郡太守，但其地位高于一般郡守。丹杨，一作“丹阳”。王俭：字仲宝，东晋丞相王导五世孙、刘宋侍中王僧绰之子，南齐名臣、文学家。传见《南齐书》卷二十三。［14］国子祭酒：古官名，国家太学的主管官员，以当朝名儒任之。何胤（yìn）：字子季，庐江灊人，齐武帝萧赜的信任之臣，齐明帝萧鸾时为散骑常侍，归隐于会稽山。入梁，为特进、光禄大夫。传见《南齐书》卷五十四。［15］东山：东方之山，即会稽若邪山。［16］明帝：即齐明帝萧鸾。［17］徐孝嗣：字始昌，小字遗奴，司空徐湛之之孙，南齐武帝萧赜时的权臣，袭封枝江县公。后被萧鸾的儿子萧宝卷所杀。传见《南齐书》卷四十四。［18］率：几乎，差不多。散逸：指人员散逸，也指整理的资料散失。［19］何佟（tóng）之：字士威，南齐骠骑将军、国子助教，入梁为尚书左丞。所著文章礼义百余篇传世。［20］仅有在者：意即幸存下来的五礼仪文只有一点点。仅有，很少有。［21］帝即位：萧衍篡取帝位后。［22］佟之启审省置之宜：何佟之启禀皇帝萧衍重新审查研究礼乐问题的机构，看是该取消，还是该保留。省，取消。置，保留。［23］使外详：交给大臣们认真讨论。［24］庶务权舆：各种新制度的创始与兴办。胡三省曰：“此言王业创始也。”权舆，意即开头、初办的意思。《诗经·秦风》中有《权舆》一篇，其中有所谓“不承权舆”，意即不如开始的时候。［25］宜俟隆平：应该等社会更加繁荣昌盛的时候再办。隆平，昌盛，太平。［26］且省礼局：暂且把这个研究礼乐问题的机构撤销。且，暂且。［27］并还尚书仪曹：把他们现有的这个制礼局的人员与事务，都并到尚书省的仪曹中去。仪曹，古官名，掌礼乐制度。［28］以时修定：意即立刻修定。以时，应时，及时。［29］顷之：近来，指前些时候，原先。［30］历年不就：多年来一直没有完成。［31］经国所先：治理国家应该首先要注重的。胡三省引《左传》曰：“礼，经国家，定社稷，序人民，利后嗣者也。”［32］可即撰次：可以马上就开始撰写、编定。［33］五礼：古代的五种礼制，即吉礼、凶礼、军礼、宾礼、嘉礼。旧学士：指南齐时已经参加该项工作的学士。胡三省曰：“旧学士十人共修五礼，今请分五礼，各置学士。”［34］其中疑者：在撰写、编定过程中遇到的疑难问题。［35］依石渠、白虎故事：可以像过去的石渠阁、白虎观那样组织讨论。石渠阁，西汉宫中藏书的地方，汉宣帝刘询甘露三年（前51）曾组织儒生在这里讨论经书。白虎观，是东汉时的殿阁名。建初四年（79）汉章帝刘炟曾组织儒生在这里讨论《五经》同异，用皇帝名义制成定论，形成了《白虎通德论》。［36］请制旨断决：遇到争论不休的问题，最后由皇帝做出定论。制旨，皇帝的诏命。［37］右军记室参军：右军将军的记室参军。右军将军是皇帝禁军的统领者之一，记室参军是将军的僚属。参军，二字原无，据章校补。明山宾：字孝若，平原鬲县（今山东德州市西）人，十三岁博通经传，南齐时为奉朝请、广德令；南梁时置五经博士，首应其选。历国子博士、北兖州刺史，东宫新置学士，又以其应选，并兼国子祭酒，著有《吉礼仪注》《礼仪》《孝经丧礼服义》等。传见《梁书》卷二十七。［38］总：统管，总负责。［39］镇北咨议参军：镇北将军的属官。咨议参军，古官名，职掌咨询谋议军事，地位在诸参军之上。伏暅（xuǎn）：字玄耀，平昌安丘（今山东安丘市）人，著名儒士伏曼容之子，南齐、南梁良吏，能言玄理，知名于世。［40］列上之：抄写清楚、排列整齐地进呈给皇帝。列，按次序。［41］己酉：十一月二十三。［42］以公事左迁：由于处理公事的重大失误被降职。左迁，降职，由司徒降为骠骑大将军。［43］南荆州：北魏州名，州治安昌，在今河南确山县南。［44］隶东荆州：属东荆州管辖。东荆州，北魏州名，州治在今河南泌阳县。

十二年（癸巳，513 年）

春，正月，辛卯[1]，上祀南郊，大赦。

二月，辛酉[2]，以兼尚书右仆射袁昂为右仆射。

己卯[3]，魏高阳王雍进位太保[4]。

郁洲[5]迫近魏境，其民多私与魏人交市[6]，朐山之乱[7]，或阴与魏通，朐山平，心不自安。青、冀二州刺史张稷不得志，政令宽弛，僚吏颇多侵渔[8]。庚辰[9]，郁洲民徐道角[10]等夜袭州城，杀稷，送其首降魏，魏遣前南兖州刺史樊鲁[11]将兵赴之。于是，魏饥，民饿死者数万，侍中游肇谏，以为“朐山滨海，卑湿难居，郁洲又在海中，得之尤为无用。其地于贼要近[12]，去此间远[13]，以间远之兵攻要近之众，不可敌也。方今年饥[14]民困，唯宜安静，而复劳以军旅，费以馈运，臣见其损，未见其益。”魏主不从，复遣平西将军奚康生[15]将兵逆之。未发，北兖州刺史康绚[16]遣司马霍奉伯[17]讨平之。

辛巳[18]，新作太极殿[19]。

上尝与侍中、太子少傅建昌侯沈约各疏栗事[20]，约少上三事[21]，出，谓人曰：“此公护前[22]，不则羞死[23]！”上闻之怒，欲治其罪，徐勉固谏而止。上有憾于张稷[24]，从容[25]与约语及之，约曰："左仆射出作边州[26]，已往之事，何足复论！"上以为[27]约与稷昏家相为[28]，怒曰："卿言如此，是忠臣邪！"乃辇归内殿。约惧，不觉上起，犹坐如初；及还，未至床而凭空[29]，顿于户下[30]，因病。梦齐和帝以剑断其舌[31]，乃呼道士奏赤章于天[32]，称"禅代之事，不由己出[33]。"上遣主书黄穆之[34]视疾，夕还，增损不即启闻[35]，惧罪[36]，乃白赤章事。上大怒，中使谴责者数四[37]。约益惧，闰月，乙丑[38]，卒。有司谥曰"文[39]"，上曰："情怀不尽[40]曰'隐'。"改谥隐侯。

（以上为第十四段，写南朝平定郁洲的民众起事；太子少傅沈约曾为萧衍篡夺南齐政权出谋划策，立下汗马功劳，隐私而被谴责，忧病而死。）

【注释】

[1]辛卯：正月六日。 [2]辛酉：二月六日。 [3]己卯：二月二十四日。 [4]太保：古高官名，西汉时始置，与太傅、太师同为三公。 [5]郁洲：古地名，今江苏连云港市海州区东的海岛名，岛上有小城，曰"郁洲"。 [6]交市：交易，做买卖。 [7]朐（qú）山之乱：事在天监十年（511）。 [8]侵渔：掠夺他人财物。 [9]庚辰：二月二十五日。 [10]徐道角：南梁郁洲之民，聚众反叛，杀刺史张稷，投降北魏，后被平定。 [11]前南兖州刺史樊鲁：曾任南兖州刺史的北魏人樊鲁。北魏的南兖州州治即马头郡，在今安徽蒙城县。 [12]于贼要近：对于南梁来说，其地地势重要，是海路的要道，离江、淮很近，是都城建康的北方门户。 [13]去此间（jiàn）远：离我们的都城就遥远了。间远，阻隔，遥远，一为"闲远"，无关紧要。胡三省曰："魏图东南，其用兵必于淮、汉之间；郁洲介在海中，又非兵冲，故曰'闲远'。" [14]方：正当。年饥：收成不好，闹饥荒。 [15]奚康生：本姓达奚，镇北大将军奚直之孙，北魏名将。传见《魏书》卷七十三。逆：迎，迎徐道角入北魏。 [16]北兖（yǎn）州：南梁州名，州治淮阴，在今江苏淮安市淮阴区。康绚：字长明，蓝田人，南梁名将。传见《梁书》卷十八。 [17]司马：古官名，为军中司法官员。霍奉伯：南梁北兖州刺史康绚的司马官，曾讨平郁洲民徐道角的叛乱。 [18]辛巳：二月二十六日。 [19]新作：重新建造。太极殿：南梁都城建康城皇宫的正殿。 [20]各疏栗事：各自写出有关栗子的成语典故。据《梁书·沈约传》，沈约侍宴，正好豫州献栗，长一寸半，萧衍觉得新奇，于是与沈约一起回忆有关栗子的典故。疏，分条陈述。栗事：有关栗子的史事。 [21]少上三事：故意少写了三条典故。 [22]此公护前：萧衍这个人好逞能，护自己的短，不愿在人前暴露自己的短处，不愿让别人表现出比他强。胡三省曰："帝每集文学之士策经史事，群臣多引短推长，帝乃悦。故约退有是言。护前者，自护其所短，不使人在己前。" [23]不则羞死：否则，萧衍就会无地自容。 [24]有憾于张稷：对张稷有不满之心。即前所说的张稷既为南齐小

皇帝萧宝卷的大臣，又狠毒地将其杀死。憾，恨，不满意。［25］从容：自然而然地，故意装作漫不经心的样子。［26］左仆射：敬称张稷，张稷在出任青、冀二州刺史前，在朝廷为尚书左仆射。出作边州：出去任青、冀二州刺史。边州：与北魏的地盘逼近。［27］“为”：此字原无，据章校补。［28］约与稷昏家相为：萧衍认为沈约是由于他和张稷是亲戚，所以才这么为张稷说话。十二行本有此字，乙十一行本同，故补之。昏家，儿女亲家。昏，同“婚”。［29］未至床而凭空：还没有走到座位前就落座，结果坐空了。床，坐具。凭空，无依靠，落空。［30］顿于户下：一头摔倒在房门旁。胡三省曰：“踣而首先至地为顿。”户，门。［31］齐和帝：即萧宝融。以剑断其舌：意即痛恨沈约说坏话害人。［32］奏赤章于天：用红纸写一道表章焚之以告上帝，分辩杀南齐和帝萧宝寅不是自己的罪过。赤章，道士祈天时所用的赤色奏章。［33］禅代之事，不由己出：萧衍篡夺齐国的政权，不是自己出的主意。禅（shàn）代，禅位，替代，即帝王传位给另一个族姓的人。［34］主书：皇帝身边的侍从人员，皇帝说的话，随即记录下来。黄穆之：梁武帝萧衍时为主书。［35］增损不即启闻：有关沈约病情的好坏，没有及时向上禀报。增损，指病情的变化。［36］惧罪：害怕因为有所隐瞒而被皇帝怪罪。［37］中使谴责者数四：皇帝萧衍多次派使者谴责沈约。胡三省曰：“帝本信释氏报应之说，谓天可欺也，故因赤章之事而怒责约。”中使，宫中派出的使者，多指宦官。［38］闰月，乙丑：闰三月十一日。［39］文：《谥法解》曰：“经纬天地曰‘文’。”盖赞扬沈约的襄助萧衍的消灭南齐、建立南梁之功，为褒谥。［40］情怀不尽：一个人的思想感情不实在、不专一。萧衍将沈约的谥号改为“隐”，为贬谥，反映了萧衍对沈约的厌恶程度。

夏，五月，寿阳久雨，大水入城，庐舍皆没。魏扬州刺史李崇勒兵泊[1]于城上，水增未已，乃乘船附于女墙[2]，城不没者二板[3]。将佐劝崇弃寿阳保北山[4]，崇曰：“吾忝守藩岳[5]，德薄致灾，淮南万里，系于吾身，一旦动足，百姓瓦解，扬州之地，恐非国物，吾岂爱一身，取愧王尊[6]！但怜此士民无辜同死，可结筏随高[7]，人规自脱[8]，吾必与此城俱没，幸诸君勿言！”

扬州治中裴绚帅城南民数千家泛舟南走[9]，避水高原，谓崇还北[10]，因自称豫州刺史[11]，与别驾郑祖起等送任子[12]来请降。马仙琕遣兵赴之[13]。

崇闻绚叛，未测虚实，遣国侍郎韩方兴单舸[14]召之。绚闻崇在，怅然[15]惊恨，报曰：“比因大水颠狈[16]，为众所推。今大计已尔[17]，势不可追[18]，恐民非公民[19]，吏非公吏，愿公早行，无犯将士。”崇遣从弟宁朔将军神[20]等将水军讨之，绚战败，神追拔其营。绚走，为村民所执，还，至尉升湖[21]，曰："吾何面见李公乎！"乃投水死。绚，叔业之兄孙也。郑祖起等皆伏诛。崇上表以水灾求解州任，魏主不许。

崇沈深[22]宽厚，有方略，得士众心，在寿春十年[23]。常养壮士数千人，寇来无不摧破，邻敌谓之"卧虎"。上屡设反间以疑之，又授崇车骑大将军、开府仪同三司、万户郡公，诸子皆为县侯；而魏主素知其忠笃[24]，委信不疑。

六月，癸巳[25]，新作太庙[26]。

秋，八月，戊午[27]，以临川王宏为司空。

魏恒、肆[28]二州地震、山鸣，逾年不已，民覆压死伤甚众。

魏主幸东宫[29]，以中书监崔光为太子少傅，命太子拜之；光辞不敢当，帝不许。太子南面再拜，詹事[30]王显启请从太子拜，于是宫臣[31]皆拜；光北面立，不敢答，唯西面拜谢[32]而出。

（以上为第十五段，写大水淹没寿阳城，北魏扬州刺史李崇坚持与寿阳城共存亡；治中裴绚率领民众投降南朝，被平定；李崇深得皇上的信任，驻守寿春十年。）

【注释】

[1]泊（bó）：停靠。 [2]女墙：城上的垛口小墙。 [3]二板：只还存有四尺高。板，筑墙的夹板，一板二尺。 [4]北山：寿阳城北的八公山，当年淮南王刘安与其宾客一起著书、生活过的地方。 [5]忝（tiǎn）守藩岳：意即愧为扬州刺史之职。忝，愧，无资格居此职，谦词。藩岳，藩镇、四岳，古代以称大邦诸侯。南北朝时的刺史位高权重，相当于古代的诸侯，故称之。[6]取愧王尊：与古代的优秀地方官王尊相比，自感有愧。王尊，字子赣，涿郡高阳（今河北高阳县）人，西汉末年著名大臣。在任东郡（今河南濮阳市）太守时，洪水泛滥，及水盛堤坏，吏民皆奔走，王尊为安民心，止宿堤上，始终未曾离开。事见《汉书》卷七十六。 [7]结筏随高：扎起木筏，随水势向高处转移。 [8]人规自脱：大家都想办法各自谋取生路。规，谋划，寻求。[9]扬州治中：扬州刺史李崇的高级僚属，主管刺史府的主要事务。裴绚：裴彦先之弟，裴叔业之侄，河东闻喜人，时为扬州治中，时大雨，水入州城，裴绚率城南民人数千家泛舟南走，避水高原，以为李崇北退，乃以众投南梁。李崇闻裴绚反，勒兵讨之，裴绚投水死。传见《魏书》卷七十一。南走：向南投奔南梁。 [10]谓崇还北：以为李崇已经离开寿阳，回到北魏的都城了。[11]自称豫州刺史：胡三省曰："自宋以来，置豫州于寿阳，绚乘水聚民，自称豫州刺史，以求梁应援。" [12]郑祖起：时为扬州刺史李崇别驾，因寿阳发大水，投附南梁。送任子：送自己的儿子前去做人质。任子，人质，为取信对方而用作抵押的人。 [13]遣兵赴之：派兵前往迎接、抚

慰。[14]国侍郎：李崇封地的管理官员。李崇是李诞之子，袭其父爵为陈留郡公。管理郡公封地事务的官员有国侍郎。这里的所谓“国”，即指公侯的封地。韩方兴：时为扬州刺史李崇封地的管理员。舸（gě）：大船。[15]怅（chàng）然：因不如意而不痛快的样子。[16]比：近来。颠狈：同“颠沛”，即颠沛流离，狼狈不堪。[17]大计已尔：指投降南梁已成事实。[18]势不可追：即使返回，也改变不了叛国的事实，已无可挽回了。[19]民非公民：民众已经不是北魏的民众了。[20]神：李崇堂弟，时为李崇部属宁朔将军。传见《魏书》卷七十。[21]尉升湖：一名“熨湖”，古湖泊名，在今安徽寿县西南。[22]沈深：性格深沉。沈，同“沉”。[23]在寿春十年：胡三省曰：“天监六年（507），魏主命李崇镇寿春，至是年才七年耳，至十五年乃征拜尚书左仆射，适十年，史终言之。”[24]忠笃（dǔ）：忠厚，笃实。[25]癸巳：六月十日。[26]新作太庙：重新建造祖庙。[27]戊午：八月癸未朔，无戊午。《梁书·武帝纪》作“九月戊午”，当是。九月戊午，九月七日。[28]恒、肆：北魏二州名，恒州的州治平城，在今山西大同市平城区；肆州的州治在今山西忻州市城北。胡三省曰：“魏世祖真君七年（446）置肆州，领新兴、秀容、雁门郡，治九原。”[29]幸东宫：到太子所住的宫殿视察。[30]詹（zhān）事：古官名，管理太子宫中事务的官员。[31]宫臣：在太子宫任职的所有官员。[32]西面拜谢：面向西方拜谢，称不敢当。

十三年（甲午，514年）

春，二月，丁亥[1]，上耕藉田[2]，大赦。宋、齐藉田皆用正月，至是始用二月，及致斋祀先农[3]。

魏东豫州刺史田益宗[4]衰老，与诸子孙聚敛无厌[5]，部内[6]苦之，咸言欲叛。魏主遣中书舍人刘桃符慰劳[7]益宗，桃符还，启[8]益宗侵扰之状。魏主赐诏曰：“桃符闻卿息鲁生在淮南[9]贪暴，为尔不已[10]，损卿诚效[11]。可令鲁生赴阙[12]，当加任使[13]。”鲁生久未至，诏徙益宗为镇东将军、济州[14]刺史；又虑其不受代[15]，遣后将军李世哲[16]与桃符帅众袭之，奄入广陵[17]。鲁生与其弟鲁贤、超秀皆奔关南[18]，招引梁兵，攻取光城已南[19]诸戍。上以鲁生为北司州[20]刺史，鲁贤为北豫州[21]刺史，超秀为定州[22]刺史。三月，魏李世哲击鲁生等，破之，复置郡戍[23]。以益宗还洛阳，授征南将军、金紫光禄大夫[24]。益宗上表称为桃符所谗，及言“鲁生等为桃符逼逐使叛，乞摄桃符与臣对辩虚实[25]。”诏不许，曰：“既经大宥[26]，不容方更为狱[27]。”

秋，七月，乙亥[28]，立皇子纶为邵陵王，绎为湘东王，纪为武陵王[29]。

冬，十月，庚辰[30]，魏主遣骁骑将军马义舒慰谕[31]柔然。

魏王足之入寇[32]也，上命宁州刺史涪人李略御[33]之，许事平用为益州[34]。足退，上不用，略怨望，有异谋，上杀之。其兄子苗[35]奔魏，步兵校尉泰山淳于诞[36]尝为益州主簿，自汉中入魏，二人共说魏主以取蜀之策，魏主信之。辛亥[37]，以司徒高肇为大将军、平蜀大都督，将步骑十五万寇益州；命益州刺史傅竖眼出巴北[38]，梁州刺史羊祉出庾城[39]，安西将军奚康生出绵竹[40]，抚军将军甄琛出剑阁[41]；乙卯[42]，以中护军元遥[43]为征南将军，都督镇遏梁、楚[44]。游肇谏，以为："今频年[45]水旱，百姓不宜劳役。往昔开拓，皆因城主归款[46]，故有征无战[47]。今之陈计者真伪难分[48]，或有怨于彼，不可全信。蜀地险隘[49]，镇戍无隙[50]，岂得虚承浮说[51]而动大军！举不慎始，悔将何及！"不从，以淳于诞为骁骑将军，假李苗龙骧将军，皆领乡导统军[52]。

魏降人王足[53]陈计，求堰淮水[54]以灌寿阳。上以为然，使水工陈承伯、材官将军祖暅[55]视地形，咸谓"淮内沙土漂轻[56]不坚实，功不可就[57]。"上弗听，发徐、扬民率二十户取五丁[58]以筑之，假太子右卫率[59]康绚都督淮上诸军事，并护堰作于钟离[60]。役人及战士合二十万，南起浮山[61]，北抵巉石[62]，依岸筑土[63]，合脊于中流[64]。

魏以前定州刺史杨津为华州[65]刺史，津，椿之弟也。先是，官受调绢[66]，尺度特长[67]，任事因缘，共相进退[68]，百姓苦之。津令悉依公尺[69]，其输物尤善者[70]，赐以杯酒；所输少劣[71]，亦为受之，但无酒以示耻。于是人竞相劝[72]，官调[73]更胜旧日。

魏太子尚幼，每出入东宫，左右乳母而已[74]，宫臣皆不知之[75]。詹事杨昱[76]上言："乞自今召太子必降手敕[77]，令臣等翼从[78]。"魏主从之，命宫臣在直者从至万岁门[79]。

魏御史中尉王显谓治书侍御史阳固[80]曰："吾作太府卿[81]，府库充实，卿以为何如？"固曰："公收百官之禄四分之一，州郡赃赎[82]，悉输京师，以此充府，未足为多[83]。且'有聚敛之臣，宁有盗臣[84]'，可不戒[85]哉！”显不悦，因事奏免固官。

（以上为第十六段，写北魏宣武帝元恪听从南朝降将李苗、淳于诞的献策，出动大军攻蜀；南朝梁武帝萧衍听从北魏降将王足的献策，发兵筑坝拦堵淮水，以淹灌寿阳。）

【注释】

［1］丁亥：二月八日。［2］上耕藉田：皇帝萧衍亲自到示范田上去进行耕作劝农。［3］及致斋祀先农：致斋祀在耕藉田的同时，皇帝还要斋戒并祭祀农神。致斋，祭祀前整洁身心。先农，古代教民稼穑的农神，或指神农氏，或指后稷。［4］田益宗：原是豫鄂边界的少数民族头领，因率众投降北魏，被北魏主任为东豫州刺史，盘踞在今河南息县一带。［5］聚敛无厌：无限制地搜刮民财，没有个满足的时候。［6］部内：统辖区内，在今河南息县一带。［7］刘桃符：中山卢奴人，宣武帝元恪时羽林监，领主书，累迁中书舍人，后为豫州刺史。慰劳：抚问，这里实指劝告、安抚。［8］启：陈述。［9］卿息鲁生：您的儿子田鲁生。息，子息，儿子。淮南：古区域名，淮河以南一带地区。［10］为尔不已：如此这样地对百姓搜刮个没完。［11］损卿成效：使你归顺北魏的功劳大大受损。［12］赴阙（què）：意即回朝，返回朝廷。阙，宫阙，代指朝廷。［13］当加任使：意即另作安排。［14］济州：北魏州名，州治卢县，在今山东东阿县西北。［15］虑：考虑，担心。不受代：不接受新的任命，也不允许新官来接替他的原来职务。［16］李世哲：字世哲，尚书令李崇长子，北魏大臣。少经战役，颇有将才，时为后将军。传见《魏书》卷六十六。［17］奄入广陵：出其不意地冲进了广陵城。此“广陵”，即新息县的广陵邑，在今河南息县。［18］鲁贤、超秀：即田鲁贤、田超秀，田益宗之子，田鲁生之弟，后投奔南梁。关南：东豫州的城关以南。［19］光城：北魏郡名，郡治在今河南光山县。已南：即以南。已，同“以”。［20］北司州：在田鲁生新占有的地区设立北司州。［21］北豫州：在田鲁贤新占有的地区设立北豫州。胡三省曰：“北司、北豫，因各人所统之地而授以刺史。”［22］定州：胡三省引魏收《志》曰：“定州治蒙笼城，领弋阳、汝阴、安定、新蔡、北建宁郡，皆蛮郡也。”郡在今河南南部与湖北东北部交界地区。［23］复置郡戍：在一度被南梁占去的光城郡以南诸戍，又重新设立起北魏的郡与各个驻兵点。［24］金紫光禄大夫：古官名，一般为加官，荣誉官职，备参谋顾问，以其佩金印紫绶，故称之。［25］乞摄：请求拘捕。对辩：当面对质。虚实：真假。［26］既经大宥（yòu）：已经赦免了田益宗以往谋叛的罪过。宥，宽恕，原谅。［27］方更为狱：重新再闹起一场官司。方更，另外，再一次。狱，争讼，官司。［28］乙亥：七月二十九日。［29］“立皇子纶”句：梁武帝萧衍封立三个儿子为王。第六子萧纶，封邵陵郡王；第七子萧绎，封湘东王；第八子萧纪封邵陵郡王。三王之传，分别见《梁书》卷二十九、《梁书》卷五、《梁书》卷五十五。［30］庚辰：十月五日。［31］马义舒：北魏骁骑将军。慰谕：抚慰，晓喻。［32］魏王足之入寇：即天监四年（505），北魏将邢峦、王足率军攻入剑门，势如破竹地攻下了南梁的许多郡县，事见《资治

通鉴》前文卷一百四十六。［33］宁州：古州名，州治同乐，在今云南陆良县东北、曲靖西南。李略：南梁宁州刺史。御：抵御，抵抗。［34］用为益州：任用李略李略为益州刺史。益州，古州名，州治在今四川成都市。［35］苗：即李苗，字子宣，李略之兄南梁尚书郎李膺之子，为报其叔李略仇而投奔北魏。初从大将军高肇攻梁益州，为乡导统军，加襄武将军，迁龙骧将军。后死于尔朱荣兵乱。传见《魏书》卷七十一。［36］步兵校尉：古官名，领步兵，属领军将军。淳于诞：字灵远，太山博人，南齐南安太守淳于兴宗之子。在南齐曾为益州主簿，在南梁曾为步兵校尉，后自汉中投归北魏，积极主张伐蜀，为北魏经营梁、益一带，颇有功效。传见《魏书》卷七十一。［37］辛亥：即十一月六日。［38］傅竖眼：清河贝丘（今山东淄博市淄川区）人，南宋名将傅灵越之子，傅灵越为拥立刘子勋而战死，傅竖眼逃到北魏，为名将。积功为散骑常侍、冠军将军，梁州刺史。传见《魏书》卷七十。巴北：巴郡以北。巴郡，古郡名，郡治在今重庆市。［39］梁州：北魏州名，州治仇池，在今甘肃西和县南，成县之西。羊祉（zhǐ）：字灵祐，泰山梁父（今山东新泰市）人，营州刺史羊规之子，北魏酷吏。兖四州刺史。传见《魏书》卷八十九。庾城：古城名，具体地址不详。［40］绵竹：南梁县名，在今四川绵竹市东南。［41］抚军将军：古将军名号。出剑阁：古关名，在今四川北部的剑门关。［42］乙卯：十一月十日。［43］中护军：古将军名号，职同护军将军，掌管京城以外的所有军队。资浅者为中护军，资深者为护军将军。元遥：景穆帝拓跋晃之孙、京兆康王拓跋子推次子，时为中护军。传见《魏书》卷十九上。［44］都督镇遏梁、楚：驻镇在古代的梁国与楚国的交界线。胡三省曰："此梁、楚，谓古梁、楚大界汴、汝之间也。"战国时梁国与楚国的交界线，一度在今河南南部的信阳一带。［45］频年：连年。［46］城主归款：南梁守城的官长自动投诚。归款，归顺。［47］有征无战：有大军远行，却无战斗。胡三省曰："不因薛安都、常珍奇、沈文秀，魏不得淮、汝、青、徐；不因裴叔业，魏不得寿阳。游肇之言，可谓深知当时疆事者。"［48］陈计：献策，给君主出主意。真伪难分：不是真正了解敌方的情况。［49］险隘（ài）：关口险要。［50］镇戍无隙：镇守没有疏漏，找不到破绽。［51］虚承浮说：顺着他们那些凭空且不真实的情报。承，顺从。［52］皆领乡导统军：于诞、李苗两人都兼任向导兼统军，统领各自的部队。［53］魏降人王足：王足原是北魏的名将，在天监四年（505）与邢峦统军伐蜀，攻入剑阁，势如破竹。邢峦给北魏主元恪上书请求增兵一举拔取益州，元恪不从；邢峦又请在已经夺取的地区设立州郡，派兵巩固所得，元恪又不从。致使邢峦等退兵，前功尽弃，王足一怒投降南梁。事见《资治通鉴》前文卷一百四十六。［54］堰（yàn）淮水：修筑拦河坝以提高淮河的水位。堰，遮拦，堵塞。［55］水工：古代水利工程的技术工作者。陈承伯：南梁官员，武帝萧衍时为水工。材官将军：古将军名号，管理土木工程的武官。祖暅（gèng）：南梁材官将军。［56］漂轻：轻飘，不坚实。［57］功不可就：不能成功，劳而无功。就，成。［58］徐、扬民：徐、扬二州的百姓。南梁的徐州州治在钟离，今安徽蚌埠市东。扬州的州治在建康，今江苏南京市。率二十户取五丁：差不多是每四家出一个劳工。率，大概。［59］假：命令。太子右卫率：古官名，统兵防护太子宫的官员，是深受朝廷信任的人。［60］护堰作：监督修筑拦河大坝的工程。钟离：古郡名，郡治在今安徽凤阳县东北，是南梁北部边界的重镇。［61］浮山：古山名，在当时的钟离城东，今江苏盱眙县城西，处于淮河南侧，北对巉石山。［62］抵：抵达。巉（chán）石：古山名，处于淮河的北侧，与南岸的浮山隔河相对。胡三省引《水经注》曰："淮水自钟离县又东径浮山，山北对巉石山。"［63］依岸筑土：从岸边向河中央逐渐填土筑坝。［64］合脊（jǐ）于中流：最后在河中央大坝合拢。脊，坝身。中流，淮河中。［65］前定州刺史：此说与《魏书》本传不合。《魏书》是说杨津先在华州任职优秀，其后乃任定州刺史，正与《资治通鉴》所叙颠倒。杨津：字延祚，小字罗汉，弘农华阴（今陕西华阴市）人，洛州刺史杨懿之子，魏国名将杨播与杨椿之弟，北魏外戚、大臣，起家侍御中散，累官定州刺史。后为吏部尚书，迁侍中、司空公、并州刺史，被害。传见《魏书》卷五十八。华州：北魏州名，在今陕西渭南市华州区。［66］官受调绢：官府在接受百姓向官府上交调税绢帛的时候。调，是当时赋税的一种，指每个成年男子每年向官府应交的绢帛。［67］尺度特长：官府收调绢所用的尺子与一般市面上用的尺子不同，特别长。这是官吏们惯用的盘剥百姓的手段之一。［68］任事因缘，共相进退：具体经手这件事情的人员又趁机与主管官员狼狈为奸，共同作恶。任事，任事者，具体管理这项事务的人员。因缘，趁机会，钻空子。［69］公尺：国家规定的尺子，大家共同使用的尺子。［70］输物尤善：上交绢帛，质地优良。［71］少劣：稍微差一点。少，同"稍"。［72］竞相劝：彼此相互勉励，都越做越好。［73］官调：国家的征税收入。［74］左右乳母而已：跟在太子身边的只有乳母和几个侍候太子的人。［75］皆不知之：都不知道太子出入东宫之事。［76］杨昱（yù）：字元晷，太师杨椿之子，北魏大臣。传见《魏书》卷五十八。［77］必降手敕：必须由皇帝亲自下手谕。［78］翼从：跟从在身后与两侧。［79］在直：正在值班的太子身边的官员。直，同"值"。万岁门：胡三省曰："洛阳宫城之东门。"［80］治书侍御史：古官名，御史中丞的下属官员，掌弹劾。阳固：字敬安，北平无终（今河北玉田县）人，北魏文学之臣。此时为任御史中尉王显的僚属治书侍御史，为其掌管文书。传见《魏书》卷七十二。［81］太府卿：古官名，掌管国家仓库的官员。［82］赃赎（shú）：犯罪官员为赎罪所交的钱财。赃，非法所得的财物。赎，赎罪的钱物。［83］未足为多：不值得称赞。多，赞美。［84］有聚敛之臣，宁有盗臣：语出《礼记·大学》："与其有聚敛之臣，宁有盗臣。"意思是与其有搜刮民财的官员，还不如有土匪强盗那样的官员了。因为用规章制度搜刮民财所造成的危害，比土匪强盗直接抢夺所造成的危害还要大。敛，在正当收益之外，另立名目搜刮财物。盗，公开窃取。［85］戒：鉴戒，引以为戒。

【点评】

南北朝推进文化建设。这一时期相对稳定，南北都有文化建设。其一，梁实行祖冲之的《大明历》。员外散骑侍郎祖暅上奏称他的父亲祖冲之考定古法正确，历法不可以改。到了天监八年的时候，梁武帝又诏令太史核定新旧两种历法，新历法密，旧历法疏，于是，在这一年，开始实行祖冲之的《大明历》。另一件事，梁修订五礼

（即吉、凶、军、宾、嘉）完成，共有八千零一十九条。诏令有司颁布施行。

其二，北魏制定了乐器标准。北魏刘芳上奏："所制造的乐器以及教的文武二舞、登歌、鼓吹曲等已经完成，请求如以前圣旨所命令的那样召集公卿群儒议定，与旧乐一起上呈。如果臣等所制造的乐器，形式制度符合古式，敲奏符合节奏的话，请于来年元旦朝会的时候使用。"诏令："舞蹈可以采用新的，其余的暂且沿袭旧制。"

卷一四八　梁纪四

梁武帝天监十四年至十七年（515—518 年）

【起旃蒙协洽（乙未，515 年），尽著雍阉茂（戊戌，518 年），凡四年】

【大事提要】

本卷记事起自公元 515 年，至公元 518 年，凡四年，当梁武帝天监十四年至天监十七年。本卷所载大事，南朝萧梁修筑浮山堰城，引淮水灌寿阳。秋天，沿淮城戍村落十余万口漂流入海。公元 515 年，魏孝明帝立，胡太后临朝称制。魏宣武帝修建瑶光寺，没有能够建成。这一年，胡太后又修建永宁寺，都建在宫殿旁边。又修筑石窟寺在伊阙口，都穷尽了土木建筑的华美。而永宁寺尤其盛大。北魏胡太后派使者宋云和僧人惠生到西域去求取佛经。到达天竺，至正光二年（521）始还。此外，崔广上奏修补洛阳石经。

高祖武皇帝四

天监十四年（乙未，515 年）

春，正月，乙巳朔[1]，上冠太子于太极殿[2]，大赦。

辛亥[3]，上祀南郊[4]。

甲寅[5]，魏主有疾；丁巳[6]，殂于式乾殿[7]。侍中、中书监、太子少傅崔光，侍中、领军将军于忠，詹事王显，中庶子代人侯刚迎太子诩于东宫[8]，至显阳殿[9]。王显欲须明[10]行即位礼，崔光曰："天位不可暂旷[11]，何待至明！"显曰："须奏中宫[12]。"光曰："帝崩，太子立，国之常典[13]，何须中宫令也！"于是，光等请太子止哭，立于东序[14]，于忠与黄门郎元昭[15]扶太子西面哭十余声止。光摄太尉[16]，奉策进玺绶[17]，太子跪受，服衮冕之服[18]，御[19]太极殿，即皇帝位。光等与夜直群官[20]立庭中，北面稽首称"万岁"[21]。昭，遵之曾孙也。

高后欲杀胡贵嫔[22]，中给事谯郡刘腾[23]以告侯刚，刚以告于忠。

忠问计于崔光，光使置贵嫔于别所，严加守卫，由是贵嫔深德四人[24]。戊午[25]，魏大赦。己未[26]，悉召西伐、东防兵[27]。

骠骑大将军广平王怀扶疾入临[28]，径至太极西庑[29]，哀恸[30]，呼侍中、领军、黄门、二卫[31]，云："身欲上殿哭大行[32]，又须[33]入见主上。"众皆愕然[34]相视，无敢对者。崔光攘衰振杖[35]，引汉光武崩赵憙扶诸王下殿故事[36]，声色甚厉，闻者莫不称善。怀声泪俱止，曰："侍中以古义裁我[37]，我敢不服！"遂还，仍频遣左右致谢[38]。

先是高肇擅权，尤忌宗室有时望[39]者，太子太傅任城王澄[40]数为肇所谮，惧不自全，乃终日酣饮[41]，所为如狂，朝廷机要无所关豫[42]。及世宗[43]殂，肇拥兵于外[44]，朝野不安。于忠与门下议[45]，以肃宗[46]幼，未能亲政，宜使太保高阳王雍[47]入居西柏堂省决庶政[48]，以任城王澄为尚书令，总摄百揆[49]，奏皇后请即敕授[50]。王显素有宠于世宗，恃势使威[51]，为众所疾[52]，恐不为澄等所容，与中常侍孙伏连[53]等密谋寝门下之奏[54]，矫皇后令[55]，以高肇录尚书事[56]，以显与勃海公高猛[57]同为侍中。于忠等闻之，托以侍疗无效[58]，执显于禁中[59]，下诏削爵任。显临执呼冤，直阁以刀镮撞其掖下[60]，送右卫府[61]，一宿而死。庚申[62]，下诏如门下所奏，百官总己听于二王[63]，中外悦服。

二月，庚辰[64]，尊皇后[65]为皇太后。

魏主称名为书告哀于高肇[66]，且召之还。肇承变[67]忧惧，朝夕哭泣，至于羸悴[68]，归至瀍涧[69]，家人迎之，不与相见[70]；辛巳[71]，至阙下[72]，衰服号哭，升[73]太极殿尽哀。高阳王雍与于忠密谋，伏直寝邢豹[74]等十余人于舍人省[75]下，肇哭毕，引入西庑，清河诸王皆窃言目之[76]。肇入省，豹等搤杀[77]之，下诏暴其罪恶[78]，称肇自尽[79]，自余亲党悉无所问[80]，削除职爵[81]，葬以士礼[82]；逮昏[83]，于厕门[84]出尸归其家。

（以上为第一段，写北魏宣武帝元恪去世，太子元诩即位，中书监崔光等人随机处理，处变不惊；召回权臣高肇，被搤死；元诩之母胡贵妃被保住性命，深深感怀于忠等大臣。）

【注释】

［1］乙巳朔：正月一日。［2］上冠（guàn）太子：南梁武帝萧衍亲手把帽子戴到太子萧统的头上，表示萧统已到成人。时萧统虚年十八岁。太极殿：皇宫正殿，国家政治活动、元旦大朝、新皇即位、大赦改元、政治决策等重要国事活动都在太极殿内进行。［3］辛亥：正月七日。［4］祀南郊：到南郊祭天。［5］甲寅：正月十日。［6］丁巳：正月十三日。［7］殂（cú）：死亡，意同“崩”，表示皇帝之死。式乾殿：北魏洛阳宫城中宫殿名。［8］东宫：即太子宫，因方位得名。［9］显阳殿：洛阳皇宫宫殿名。［10］须明：等待天明。须，等待。［11］不可暂旷：一刻也不能空缺。暂，片刻，一会儿。旷，空。［12］须奏中宫：应该禀明皇后。中宫，代指皇后。［13］常典：常例，固定的法典、制度。［14］东序：大殿上的东侧。［15］黄门郎：古官名，给事黄门侍郎的省称，门下省的副长官，掌宫内侍奉。元昭：昭成帝拓跋什翼犍之孙拓跋遵的曾孙，封乐城县公，此时任黄门侍郎。传见《魏书》卷十五。［16］摄太尉：暂时以太尉的身份。摄，代理。［17］奉策：捧着老皇帝传位于太子的诏书。策，策书，古代皇帝发布的敕令，这里指遗书。玺（xǐ）绶（shòu）：皇帝的印玺。绶，印玺上所系的彩色丝带。［18］服衮冕（miǎn）之服：穿着皇帝的龙袍与戴着皇帝的冠冕。［19］御：登临。［20］夜直群官：守夜值勤的一应官员。直，同“值”。［21］北面稽（qǐ）首称“万岁”：胡三省曰：“苍猝不暇集百官，备高氏也。”稽首，古代一种跪拜礼，叩头到地。［22］高后：即高英，权臣高肇侄女，北魏宣武帝元恪第二任皇后。欲杀胡贵嫔：胡贵嫔是新皇帝元诩的生母，高皇后仍想奉行老皇帝拓跋珪时的规矩，凡立为太子者杀其母。贵嫔，古代皇帝后宫妃嫔的最高位号之一。［23］中给事：古官名，在宫内侍候帝后的宦官。刘腾：字青龙，平原（今山东平原县）人，北魏时宦官大臣。传见《魏书》卷九十四。［24］贵嫔深德四人：胡贵嫔深深感激刘腾、侯刚、于忠、崔光四位大臣。［25］戊午：正月十四日。［26］己未：正月十五日。［27］悉召西伐、东防兵：命令西伐益州与东援寿阳的两支军队撤回。悉，尽。［28］扶疾入临：勉强支撑着病体入宫以哭其兄元恪。扶疾，抱病。临，哭悼死者。［29］太极西庑（wǔ）：太极殿的西厢房。时元恪停灵于太极殿。西庑，舍人省的办公所在地。庑，堂下周围的廊屋。［30］哀恸（tòng）：悲哀到了极点。［31］二卫：左卫、右卫将军，皇宫禁卫军首领。［32］身。我，自己。大行：指已经去世，正在办丧事而尚未安葬的皇帝。大行，一去不返的意思。［33］又须：还要。主上：指新继位的小皇帝元诩。［34］愕（è）然：惊讶、吃惊的样子。［35］攘衰（cuī）振杖：挽起丧服，举起丧杖。攘，挽。衰，古代用粗麻布制成的毛边丧服。［36］“引汉光武崩”句：崔光引用东汉光武帝驾崩太尉赵熹扶持诸位藩王下殿的旧例，扶广平王元怀下殿。扶诸王下殿，汉光武帝刘秀死后，在办理丧事的时候，众皇子与皇太子共坐一席，太尉赵熹认为这不合规矩，于是正色横剑，扶诸王下殿，以明尊卑。故事，旧例。［37］以古义裁我：引证古代的礼节来批评我的失误。裁，压制，抑止。［38］频遣左右致谢：一连几次派人向崔光为自己的莽撞行为表示歉意。崔光严格不准诸王上殿与太子接近，是担心有人心怀不轨，伤及太子，故采取如此防范措施。［39］时望：有名望，被当时的朝野人士归心。

[40]太子太傅：古官名，主管皇太子的训导、教育等事。任城王澄：即元澄，也作“拓跋澄”，北魏有功勋有干略的老臣，袭封任城王。传见《魏书》卷十九中。 [41]酣（hān）饮：畅饮，痛饮。 [42]机要：机密要事，代指国家大事。无所关豫：一概不过问、不关心。豫，同“预”，干预，参加。 [43]世宗：即宣武帝元恪，庙号世宗。 [44]拥兵于外：高肇当时为大将军，都督各路伐蜀的军队。 [45]门下：即门下省，古官署名，宫内侍从官的办事机构。此指门下省的主要官员，即侍中崔光等。 [46]肃宗：小皇帝元诩的庙号。元诩是个小娃娃，才即位，就以庙号称之，似乎有些不伦不类。 [47]高阳王雍：即拓跋雍，也称“元雍”，献文帝拓跋弘第五子，孝文帝元宏之弟，小皇帝元诩叔祖，封颍川王。改封高阳王。传见《魏书》卷二十一上。 [48]西柏堂：皇宫殿堂名。省决庶政：过问、裁决国家的各项大政方针。 [49]总摄百揆（kuí）：总领百官，管理好文武群臣。摄，管理。百揆，百官。 [50]即敕（chì）授：胡三省曰：“请即以手敕授二王，仓猝不及下诏，虑有沮阁者也。”敕，命令。 [51]恃势使威：倚仗权势，狐假虎威。 [52]疾：恨。 [53]中常侍：古官名，在宫廷侍从皇帝的人员，以备参谋顾问。孙伏连：宣武帝元恪时为中常侍。 [54]寝门下之奏：把门下省上报的文件压下。寝，搁置，压下不报。 [55]矫皇后令：假传元恪高皇后的命令，此高皇后即高肇的侄女。 [56]录尚书事：兼管尚书省的各项事务，一下子就使真正的尚书令变得无职无权了。录，兼管，分管。 [57]高猛：字景略，司徒高肇之侄，袭封勃海郡公，出任安西将军、夏州刺史，入为殿中尚书，谥号文。传见《魏书》卷八十三下。 [58]托以侍疗无效：给王显加了一个给宣武帝元恪治病无效的罪责。 [59]禁中：宫中。 [60]刀镮（huán）：即刀环，刀把上的圆环。镮，同“环”。掖（yè）下：同“腋下”，俗称“胳肢窝”，人体的要害部位。 [61]右卫府：右卫将军府。 [62]庚申：正月十六日。 [63]总己：约束自己，意即老老实实地服从。 [64]庚辰：二月七日。 [65]皇后：即高皇后，高肇的侄女。 [66]称名为书：在书信中直称高肇之名，这是一种严肃的不讲客气的态度。告哀于高肇：向高肇通报宣武帝元恪的死讯。 [67]承变：意即接到告哀的书信，知道了朝廷所发生的变化，以及自己所面临的处境。 [68]羸悴：疲困，憔悴。 [69]瀍（chán）涧：瀍水和涧水的并称。瀍水直穿古洛阳城中，涧水环绕其西，故多以二水连称。此指当时洛阳城西的瀍水，旧址在今河南洛阳市城内。 [70]不与相见：家人前往迎接，而高肇不与家人相见，表现出一种公家的大事未办，不能先忙个人私事的礼节，而他心中也有一些忐忑不安，不知朝廷的状况究竟如何，有何变故。 [71]辛巳：二月八日。 [72]阙（què）下：宫阙之下，借指帝王所居的宫廷。 [73]升：登。 [74]直寝：在皇帝卧室周围值勤的武官。直，同“值”。邢豹：小皇帝元诩时为直寝。 [75]舍人省：古官署名，属中书省，以中书通事舍人为长官，实际已脱离中书令的控制，直接受命于皇帝，负责草拟诏书，受理文书章奏，监督指导尚书省及中央、地方各机构执行政务，成为政权的中枢。 [76]清河诸王：清河王元怿等人，皆宣武帝元恪的兄弟，小皇帝元诩之叔。清河，古郡名，郡治在今河北清河县东南。窃言目之：私下交谈，眼睛盯着高肇。元怿等人应是参与元雍、于忠等人的谋划，以静观事态的发展。 [77]扼（è）杀：掐住脖子，使窒息而死。 [78]暴其罪恶：公布高肇的罪行。

暴，公布，宣布。［79］称肇自尽：隐瞒事情的真相，对外宣称高肇是自杀，以掩人耳目。高肇也算是罪有应得，当年高肇借宣武帝元恪之力谋害彭城王元勰，也宣称是酒醉而死。［80］悉无所问：一概不予追究。悉，尽。问，追究。［81］职爵：职务与爵位。高肇为司徒、大将军，封平原郡公。［82］葬以士礼：意即允许家人以士大夫之礼安葬高肇。［83］逮（dài）昏：等到天黑下来。逮，及，到。［84］厕门：即侧门。厕，同“侧”。

魏之伐蜀也，军至晋寿[1]，蜀人震恐。傅竖眼将步兵三万击巴北[2]，上遣宁州刺史任太洪[3]自阴平间道入其州[4]，招诱氐、蜀[5]，绝魏运路。会魏大军北还，太洪袭破魏东洛、除口[6]二戍，声言梁兵继至，氐、蜀翕然[7]从之。太洪进围关城[8]，竖眼遣统军姜喜[9]等击太洪，大破之，太洪弃关城走还。

癸未[10]，魏以高阳王雍为太傅、领太尉，清河王怿为司徒，广平王怀为司空。

甲午[11]，魏葬宣武皇帝于景陵[12]，庙号世宗。己亥[13]，尊胡贵嫔为皇太妃。三月，甲辰朔[14]，以高太后为尼[15]，徙居金墉瑶光寺[16]，非大节庆，不得入宫。

魏左仆射郭祚[17]表称：“萧衍狂悖[18]，谋断川渎[19]，役苦民劳，危亡已兆[20]，宜命将出师，长驱扑讨。”魏诏平南将军杨大眼督诸军镇荆山[21]。

魏于忠既居门下[22]，又总宿卫[23]，遂专朝政，权倾一时。初，太和[24]中，军国多事[25]，高祖[26]以用度不足，百官之禄四分减一，忠悉命归所减之禄[27]。旧制：民税绢一匹别输绵八两[28]，布一匹别输麻十五斤，忠悉罢之[29]。乙丑[30]，诏文武群官各进位一级。

夏，四月，浮山堰[31]成而复溃，或言蛟龙[32]能乘风雨破堰，其性恶铁[33]，乃运东、西冶铁器数千万斤沈[34]之，亦不能合。乃伐树为井干[35]，填以巨石，加土其上；缘淮百里内木石无巨细皆尽，负檐者肩上皆穿[36]，夏日疾疫，死者相枕，蝇虫昼夜声合[37]。

魏梁州刺史薛怀吉破叛氐于沮水[38]。怀吉，真度之子也。五月，甲寅[39]，南秦州刺史崔暹[40]又破叛氐，解武兴之围[41]。

六月，魏冀州沙门法庆以妖幻[42]惑众，与勃海人李归伯[43]作乱，推法庆为主。法庆以尼惠晖[44]为妻，以归伯为十住菩萨[45]、平魔军司、定汉王，自号大乘[46]。又合狂药[47]，令人服之，父子兄弟不复相识，唯以杀害为事。刺史萧宝寅遣兼长史崔伯驎[48]击之，伯驎败死。贼众益盛，所在毁寺舍，斩僧尼，烧经像，云“新佛出世，除去众魔。”秋，七月，丁未[49]，诏假右光禄大夫元遥征北大将军[50]以讨之。

魏尚书裴植[51]，自谓人门不后王肃[52]，以朝廷处之不高[53]，意常怏怏[54]，表请解官隐嵩山[55]，世宗[56]不许，深怪[57]之。及为尚书，志气骄满，每谓人曰：“非我须尚书，尚书亦须我[58]。”每入参议论[59]，好面讥毁群官[60]，又表征南将军田益宗[61]，言：“华、夷异类[62]，不应在百世衣冠[63]之上。”于忠、元昭见之切齿[64]。

尚书左仆射郭祚，冒进[65]不已，自以东宫师傅[66]，望封侯、仪同[67]，诏以祚为都督雍、岐、华[68]三州诸军事，征西将军、雍州刺史。

祚与植皆恶[69]于忠专横，密劝高阳王雍使出之[70]。忠闻之，大怒，令有司诬奏其罪。尚书奏[71]：“羊祉告植姑子皇甫仲达[72]云：‘受植旨[73]，诈称被诏[74]，帅合部曲欲图[75]于忠。’臣等穷治[76]，辞不伏引[77]；然众证明昞[78]，准律当死[79]。众证虽不见植[80]，皆言‘仲达为植所使，植召仲达责问而不告列[81]’。推论情状，不同之理不可分明[82]，不得同之常狱[83]，有所降减，计同仲达[84]，处植死刑。植亲帅城众，附从王化[85]，依律上议[86]，乞赐裁处[87]。”忠矫诏[88]曰：“凶谋既尔[89]，罪不当恕，虽有归化[90]之诚，无容上议，亦不须待秋分[91]。”八月，己亥[92]，植与郭祚及都水使者杜陵韦俊[93]皆赐死。俊，祚之婚家也。忠又欲杀高阳王雍，崔光固执不从，乃免雍官，以王还第。朝野冤愤[94]，莫不切齿。

（以上为第二段，写北魏朝廷内斗惨烈，胡贵嫔为太妃，高太后贬为尼，被幽闭；领军将军于忠控制皇宫，权倾朝野；尚书裴植、左仆射郭祚恶之，被处死。）

【注释】

[1]晋寿：古郡名，郡治在今四川剑阁县东北，当时是北魏益州刺史傅竖眼的驻兵之地。

[2]巴北：指当时的北巴西郡，郡治在今四川阆中市。[3]宁州：古州名，州治同乐，在今云南陆良县东北、曲靖西南。任太洪：南梁宁州刺史，后为梁州刺史，被北魏名将傅竖眼击杀。[4]阴平：古县名，县治在今四川剑阁县西。间道：不为人知的小道。入其州：进入傅竖眼所占据的益州州治，即晋寿郡。[5]氐（dī）、蜀：指当地的氐族人与蜀地的其他民众。氐，少数民族名，居住在今陕西、甘肃、四川三省的交界地区。[6]东洛：古军事据点名，即当时的白水县，在今四川广元市西北。除口：又名"蒢口"，古地名，是当时蘧蒢溪入汉水的汇口。[7]翕（xī）然：形容言论、行为一致的样子。[8]关城：即白水关城，在今四川青川县东北方、广元市西北方。[9]统军：一支部队的军事统领。姜喜：北魏统军。[10]癸未：二月十日。[11]甲午：二月二十一日。[12]景陵：北魏宣武帝元恪的陵寝，在河南洛阳市北的邙山上。[13]己亥：二月二十六日。[14]甲辰朔：三月一日。[15]以高太后为尼：对高太后采取的一种惩罚措施。高太后曾杀死皇子元昌，杀死前皇后于氏，又为人妒忌等，随着高肇的倒台，现在是秋后算账的时候了。[16]金墉（yōng）：当时洛阳城西北角的小城名，历来为帝后被贬之所。瑶光寺：北魏宣武帝元恪在洛阳金墉城所建的尼姑寺庙。[17]郭祚（zuò）：字季祐，太原晋阳（今山西太原市）人，北魏文学之臣。协助孝文帝谋划汉化改革，任侍中，拜尚书，封东光县伯。传见《魏书》卷六十四。[18]狂悖：狂妄，悖逆。[19]谋断川渎（dú）：指萧衍听王足建议为壅水以灌寿阳而修筑浮山堰截断淮河。渎，大河。[20]危亡已兆：已出现败亡的苗头。兆，征兆，苗头。[21]杨大眼：氐族，仇池首领杨难当之孙，降魏后为北魏名将，时任北魏荆州刺史。传见《魏书》卷七十三。荆山：古山名，在今安徽怀远县西南，当时属北魏。[22]居门下：指任侍中之职。[23]总宿卫：总管朝廷的所有警卫部队，指任领军将军。领军将军既总管朝廷的警卫部队，也总管全国所有的军队。[24]太和：北魏孝文帝元宏的第三个年号。[25]军国多事：指多次与南齐、柔然作战。[26]高祖：即孝文帝元宏。[27]归所减之禄：从此给各官僚发放全额的俸禄。胡三省曰："史言于忠擅魏，欲收众心。"[28]民税绢一匹别输绵八两：民众缴纳一匹绢的赋税，增收八两丝绵。绢，丝织品。别，另外，增加。输，输送，缴纳。绵，丝绵。[29]悉罢之：全部免去另外加的丝与麻。罢，停止缴纳。[30]乙丑：三月二十二日。[31]浮山堰：淮河上修建的拦河大坝，位于安徽五河、嘉山及江苏泗洪三县交界的淮河浮山峡内。南梁天监十三年（514），为夺回北魏所占的寿阳（今安徽寿县），采取水攻，在浮山峡筑坝拦淮，壅高水位，回水淹没寿阳。[32]蛟龙：古代传说中的一种善变化、能兴云雨、利万物的神异动物。[33]其性恶铁：据说蛟龙生性害怕铁。恶，讨厌，害怕。[34]东、西冶（yě）铁器：东、西两个冶铁场所铸造的铁器。东冶、西冶，都在当时的建康城内。沈：同"沉"，沉没。[35]为井干：用木头做成井栏的形状，意即做成各种形状的大木笼。井干，井口的围栏，常为四角或八角形。[36]负檐（yán）：同"负担"，扛石头与挑土。檐，同"担"，用扁担挑东西。皆穿：肩上都磨破皮。穿，穿透。[37]昼夜声合：一天到晚叫声不停。[38]梁州：北魏州名，州治仇池，在今甘肃西和县南，成县之西。薛怀吉：北魏征西将军薛真度庶长子，北魏勇将，后迁汾州刺史。传见《魏书》

卷六十一。沮（jū）水：沔水的上游，在今陕西勉县西。［39］甲寅：五月十二日。［40］南秦州：北魏州名，州治骆谷城，在今甘肃成县西。崔暹（xiān）：字元钦，清河东武城人，北魏酷吏。传见《魏书》卷八十九。［41］解武兴之围：时有叛乱的氐人围困武兴，故刺史崔暹击破之。武兴，北魏郡名，郡治在今陕西略阳县。［42］法庆：北魏冀州僧人，以大乘教组织农民，聚众起事，杀阜城县令，攻破渤海郡，后战死。妖幻：指怪异的幻术。［43］李归伯：北魏渤海郡人，初为国子博士，后信奉大乘教，成为大乘教主法庆的信徒，支持法庆于武邑郡阜城聚众叛乱，建立大乘政权。［44］尼：尼姑，出家修行的女子。惠晖：北魏时的尼姑。［45］十住菩萨：佛名，据《魏书·元遥传》，杀一人为一住菩萨，杀十人为十住菩萨。这是法庆自定的佛名。［46］大乘（515—517）：北魏时法庆自立的年号，共三年。［47］合狂药：配制狂药。［48］崔伯驎（lín）：冀州刺史萧宝寅长史。和尚法庆在冀州起兵，伯驎率军镇压，兵败被杀。［49］丁未：七月六日。［50］假右光禄大夫元遥征北大将军：意即让右光禄大夫元遥暂时代理征北大将军。假，暂时代理。元遥，传见《魏书》卷十九上。［51］裴植：字文远，河东闻喜（今山西闻喜县）人，裴叔业之兄裴叔宝之子，原仕南齐，为长水校尉，随叔业在寿春，投降北魏，任兖州刺史，封崇义县侯。官至度支尚书，加金紫光禄大夫。传见《魏书》卷七十一。［52］人门：自己的人品与出身门第。不后王肃：不在王肃之下。王肃，东晋名臣王导的后代，出身名门望族。初仕南齐，齐梁换代之隙际出奔北魏，深受孝文帝元宏的赏识与器重，将其比作刘备与诸葛亮，授辅国将军、大将军长史，出任平南将军、豫州刺史、尚书令。传见《魏书》卷六十三。［53］处之不高：裴植认为北魏给他的官位不高，没有受到器重。［54］意常怏（yàng）怏：心中不愉快，闷闷不乐的样子。［55］嵩山：古山名，古代所称的五岳之一，在今河南登封市北，洛阳的东南方。［56］世宗：即宣武帝元恪，庙号世宗。［57］怪：责备。［58］尚书亦须我：意思是这个尚书非我不行。［59］入参议论：入宫在北魏主元恪身边议论一些重大事项。［60］好面讥毁群官：喜欢当面嘲笑、诋毁朝廷官员。［61］表：上书评议。田益宗：北魏南司州刺史，与南梁作战，屡有战功。后为金紫光禄大夫，加散骑常侍，封曲阳县伯。传见《魏书》卷六十一。［62］华、夷异类：少数民族与中原人不是同类人。古有“非我族类，其心必异”之语。［63］百世：世代，百代。衣冠：中原士大夫的穿戴，后多指士大夫、官绅，这里指汉族人与鲜卑人。当时北魏人早以华人自居，但若说“百代衣冠”则含义更窄，就把鲜卑人也排斥在外了。田益宗是豫鄂交界地区的蛮族人，因率众投降北魏，此时被任为征南将军、金紫光禄大夫。虽无多少实权，但职位显要，故裴植以为田益宗不该居于自己这个“百代衣冠”之上。［64］见之切齿：于忠、元昭两位正在当权的北魏人，虽然现在都以华人自居，但他们毕竟是北来的鲜卑人，故对裴植说这种话非常恼火。切齿：痛恨。［65］冒进：贪求仕进。冒，贪婪。［66］自以东宫师傅：以为自己既然当了太子少师。东宫，太子所居之宫，代指太子。［67］望封侯、仪同：希望被封为公侯，享受三公待遇。仪同，全称是“开府仪同三司”，意即让其享有像三司一样的隆重待遇，可以开设官署，自己聘请僚属。汉制，唯三公可以开府，魏、晋以后开府者日多，故别置此名号。为加官，没有任何实权。［68］雍、岐、华：北魏三州名。雍州，州治在今陕西西安市。岐（qí）州，州治在今陕西宝鸡市凤翔区南。华州，在今陕西渭南市华州区。［69］恶（wù）：讨厌，憎恨。［70］出之：让他离开朝廷，到地方上任职。［71］尚书奏：此出面揭发裴植罪行的尚书，一定是被于忠收买的郭祚的部下。［72］羊祉（zhǐ）告：据羊祉揭发报告。羊祉，字灵祐，泰山梁父（今山东新泰市）人，营州刺史羊规之子，北魏酷吏。传见《魏书》卷八十九。植姑子皇甫仲达：裴植的表弟，姓皇甫，名仲达，北魏人。［73］受植旨：接受裴植的指使，秉承裴植的意旨。旨，旨意，意图。［74］诈称被诏：假说是奉了皇帝的命令。被诏，接受诏令。［75］帅合部曲：率领部下。部曲，指部下的士兵与私家的党羽。图：图谋，谋害。［76］穷治：彻底查办。［77］辞不伏引：意即拒不认罪。伏引，同"引伏"，服罪，认罪。［78］众证明昞：意即证据确凿。昞，同"炳"，清楚，明确。［79］准律当死：按照法律应当判处死刑。准，按照。［80］众证：诸证人。虽不见植：虽然没有亲眼见到裴植的行动。［81］植召仲达责问而不告列：都说裴植曾召仲达询问过情况，但没有对人说问了什么。告列，告诉众人。［82］不同之理不可分明：没有办法证明裴植与仲达不是同伙。不同，不参与其中，不是同伙。不可分明：说不清楚。［83］常狱：平常的官司、案件。［84］计同仲达：我们打算把裴植与仲达同等对待。［85］植亲帅城众，附从王化：指当年裴植曾与其叔父裴叔业一道率领寿阳的军民投降北魏。事见《资治通鉴》前文卷一百四十三。王化，天子的教化，代指北魏。［86］依律上议：按规定应由朝廷再组织大臣进行合议，由皇上裁定。当时北魏对重要人物或对事关重大的案件有所谓"八议之律"，由尚书省的八位长官共同合议。［87］裁处：裁决，处分。［88］矫诏：假传圣旨。［89］凶谋既尔：凶恶的谋划已经是这样了。［90］归化：归顺，服从。［91］无容上议，不须待秋分：既不需要通过朝廷高层的讨论定罪，报皇上裁准，也不必等到秋分后再执行死刑，可立即处死。魏旧制，秋分之后处决死刑。［92］已亥：八月二十九日。《魏书·肃宗纪》作"乙亥"，八月五日。［93］都水使者：古官名，掌管陂池灌溉、保守河渠，总领水官。韦俊：北魏官员，曾任荆州治中、都水使者，所在有声，因与郭祚是亲戚，遂被于忠所害。传见《魏书》卷四十五。［94］冤愤：冤屈而愤恨。

丙子[1]，魏尊胡太妃为皇太后，居崇训宫[2]。于忠领崇训卫尉[3]，刘腾为崇训太仆[4]，加侍中，侯刚为侍中抚军将军[5]。又以太后父国珍为光禄大夫[6]。

庚辰[7]，定州刺史田超秀[8]帅众三千降魏。

戊子[9]，魏大赦[10]。

己丑[11]，魏清河王怿进位太傅，领太尉，广平王怀为太保，领司徒，任城王澄为司空。庚寅[12]，魏以车骑大将军于忠为尚书令，特进崔光为车骑大将军，并加开府仪同三司。

魏江阳王继[13]，熙之曾孙也[14]，先为青州刺史，坐以良人为婢夺爵[15]。继子叉[16]娶胡太后妹，壬辰[17]，诏复继本封[18]，以叉为通直散骑侍郎[19]，叉妻为新平郡君[20]，仍拜女侍中[21]。

群臣奏请太后临朝称制[22]，九月，乙未[23]，灵太后始临朝听政[24]，犹称令[25]以行事，群臣上书称殿下[26]。太后聪悟，颇好读书属文[27]，射能中针孔，政事皆手笔自决[28]。加胡国珍侍中，封安定公[29]。

自郭祚等死，诏令生杀皆出于忠，王公畏之，重足胁息[30]。太后既亲政，乃解忠侍中、领军、崇训卫尉，止[31]为仪同三司、尚书令。后旬余，太后引门下侍官于崇训宫[32]，问曰："忠在端揆[33]，声望[34]何如？"咸曰："不称厥任[35]。"乃出忠为都督冀、定、瀛[36]三州诸军事，征北大将军，冀州刺史；以司空澄领尚书令。澄奏："安定公宜出入禁中[37]，参咨大务[38]。"诏从之。

甲寅[39]，魏元遥破大乘贼，擒法庆并渠帅[40]百余人，传首洛阳。

左游击将军赵祖悦[41]袭魏西硖石[42]，据之以逼寿阳[43]；更筑外城，徙缘淮之民以实城内。将军田道龙[44]等散攻诸戍，魏扬州刺史李崇[45]分遣诸将拒之。癸亥[46]，魏遣假镇南将军崔亮[47]攻西硖石，又遣镇东将军萧宝寅决淮堰[48]。

冬，十月，乙酉[49]，魏以胡国珍为中书监、仪同三司，侍中如故。

甲午[50]，弘化太守杜桂[51]举郡降魏。

初，魏于忠用事，自言世宗许其优转[52]，太傅雍等皆不敢违，加忠车骑大将军。忠又自谓新故之际有定社稷[53]之功，讽[54]百僚令加己赏，雍等议封忠常山郡公[55]。忠又难于独受，乃讽朝廷，同在门下者皆加封邑，雍等不得已复封崔光为博平县公[56]，而尚书元昭等上诉不已[57]。太后敕公卿再议，太傅怿等上言："先帝升遐[58]，奉迎乘舆[59]，侍卫省闼[60]，乃臣子常职，不容以此为功。臣等前议授忠茅土[61]，正以[62]畏其威权，苟免暴戾[63]故也。若以功过相除[64]，悉不应赏，请皆追夺。"崔光亦奉送章绶茅土[65]，表十余上，太后从之。

高阳王雍上表自劾[66]，称："臣初入柏堂[67]，见诏旨之行一由门下[68]，臣出君行[69]，深知其不可而不能禁；于忠专权，生杀自恣[70]，而臣不能违。忠规欲[71]杀臣，赖在事执拒[72]；臣欲出忠于外，在心未行，返[73]为忠废。忝官尸禄[74]，孤负恩私[75]，请返私门[76]，伏听司败[77]。"太后以忠有保护之功[78]，不问[79]其罪。十二月，辛丑[80]，以（忠）[雍]为太师[81]，领司州牧[82]，寻复[83]录尚书事，与太傅怿、太保怀、侍中胡国珍入居门下，同厘庶政[84]。

（以上为第三段，写北魏的宫廷斗争，尊胡太妃为皇太后，临朝称制，掌控朝政，原来专权擅政的于忠外放为地方官，协同执政的元雍、崔光等，自我贬劾。）

【注释】

[1]丙子：八月六日。[2]崇训宫：洛阳宫城内宫名，在今河南洛阳市东北汉魏洛阳故城。[3]领崇训卫尉：兼任崇训宫的禁卫军统领，意在控制太后，总揽朝权。卫尉，古官名，守卫宫廷门户的卫队统领。[4]崇训太仆：主管为皇太后赶车。太仆，古官名，为九卿之一，掌皇帝的舆马与马政。[5]抚军将军：古将军名号，为杂号将军，地位略同于四镇将军。[6]国珍：即胡国珍，字世玉，安定临泾人，武始侯胡深之子，宣武灵太后之父，北魏外戚大臣。袭封武始侯，拜为光禄大夫。传见《魏书》卷八十三下。[7]庚辰：八月十日。[8]定州刺史田超秀：田超秀是投降北魏的蛮族头领田益宗之子，上年因被北魏将刘桃符所袭，与其兄弟田鲁生、田鲁贤一起投降南梁，南梁任田鲁生为北司州刺史，任田鲁贤为北豫州刺史，任田超秀为定州刺史。此处所谓"北司州""北豫州""定州"，即以他们当时所占之地以称之，与实际地名没有关系。[9]戊子：八月十八日。[10]魏大赦：因胡氏为太后的缘故。[11]己丑：八月十九日。[12]庚寅：八月二十日。[13]江阳王继：即元继，字世仁，道武帝拓跋珪之曾孙，南平安王元霄之子，早年过继给伯父拓跋根，袭封江阳郡王。传见《魏书》卷十六。[14]熙之曾孙也：此记载有误，应为"熙之从孙也"。据《魏书》卷十六《道武七王传》载：阳平王元熙为道武帝第三子，元继之祖京兆王元黎，乃道武帝第八子，是元熙之弟，即元熙是元继的伯祖父，而非曾祖。[15]坐以良人为婢夺爵：因为元继掠取平民家的女子为奴婢而被夺去了王爵。坐，因某事犯罪。[16]叉：即元叉，字伯儁，小字夜叉，太师江阳王元继长子，北魏乱臣。起家员外散骑侍郎，拜散骑常侍、光禄卿，累迁侍中、领军将军、卫将军，后发动宣光之变，把持朝政，胡作非为，迁骠骑大将军，后被赐死。传见《魏书》卷十六。[17]壬辰：八月二十二日。[18]复继本封：恢复元继原有的江阳王位。[19]通直散骑侍郎：古官名，皇帝身边的侍从官名，主管传达诏命。直，同"值"。[20]新平郡君：此女以胡太后之妹得封为新平君，食邑新平郡。汉武帝曾封其同母异父姐为修成君，异姓女子如此受封者历史上尚不多见。[21]仍拜女侍中：任命胡太后之妹为女侍中，如此

封拜为以前所未有，吕后当年曾封其妹为林光侯，但未闻授其职权。仍，同“乃”。女侍中，宫中女官名，能出入宫禁。［22］临朝称制：以代理皇帝的姿态临朝执政，以皇帝的名义发号施令。［23］乙未：九月五日。［24］灵太后：即胡太后，死后谥号灵，这里是预支使用。灵，《谥法解》曰：“乱而不损曰‘灵’，不勤成名曰‘灵’。”听政：坐朝处理政务，执政。［25］称令：胡太后发出指令，不称“制”而称“令”。［26］殿下：古代对皇帝敬称“陛下”，对皇后、皇太子、公主、诸王敬称“殿下”。［27］颇好：特别爱好。颇，很甚。属（zhǔ）文：写文章。胡太后亦是女才子。［28］手笔自决：亲手写出对一些事情的决定。［29］安定公：封地安定郡，郡治在今甘肃泾川县。［30］重（chóng）足胁息：小心翼翼，一点儿不敢动、大气不敢出的样子。重足，并着脚站立，处于高度紧张的状态。胁息，敛缩气息，比喻极端惧怕。胡三省曰：“屏气鼻不敢息，唯两胁潜动以舒气息耳。”［31］止：同“只”，只留下。［32］门下侍官：门下省的主要官员，指侍中、散骑常侍、侍郎。崇训宫：古宫殿名，胡太后所居宫。［33］端揆：犹言“首辅”，朝廷的一号大臣。［34］声望：官声，名望。［35］不称厥（jué）任：与其职务不相称。这些人也是投其所好，乘人之危，如果于忠还是大权在握，他们敢这样说吗？厥，其。［36］冀、定、瀛（yíng）：北魏三州，冀州的州治在今河北衡水市冀州区，定州的州治在今河北定州市，瀛州的州治在今河北河间市。［37］安定公：即胡国珍，胡太后的父亲。禁中：宫中。［38］参咨大务：参与商讨国家重大事务。［39］甲寅：九月十四日。［40］渠帅：大首领。［41］左游击将军：古将军名号，为杂号将军。赵祖悦：南梁征虏将军，后为左游击将军，守浮山，北魏率兵来攻，祖悦战败，被俘杀。［42］西硖（xiá）石：北魏军事据点名，在当时寿阳城西北方的淮水西岸，在今安徽凤台县城南。胡三省引《水经注》曰：“淮水东过寿春县北，又北径山峡中，谓之峡石。对岸山上结二城以防津要。在淮水西岸者，谓之西峡石。”［43］寿阳：古郡名，郡治在今安徽寿县，时为北魏扬州刺史的州治所在地，为北魏军事要地。［44］田道龙：南梁将领，武帝萧衍时为将军。［45］扬州：北魏州名，州治寿阳。李崇：字继长，北魏外戚、大臣，有文武之才。历治八州，五拜都督将军。时为扬州刺史。传见《魏书》卷六十六。［46］癸亥：九月二十三日。［47］假：代理。崔亮：北魏镇南将军。传见《魏书》卷六十六。［48］淮堰：即浮山堰。堰，堤坝。［49］乙酉：十月十六日。［50］甲午：十月二十五日。［51］弘化：南梁郡名，郡治不详。胡三省曰：“盖亦缘边蛮郡也。”杜桂：南梁弘化太守，举郡投降北魏。［52］许其优转：答应把他的官职往上提。优转，高升。［53］新故之际：新老皇帝的交替之间。定社稷：安定国家。社稷，土地神和谷神，代指国家。［54］讽：吹风，用含蓄的话予以劝告。［55］常山郡公：封地常山郡，郡治在今河北石家庄市东北。［56］博平县公：封地博平县，县治在今山东聊城市茌平区。［57］上诉不已：元昭当时也在门下省，同有拥立之功，却没有封爵，因此不断上诉。［58］先帝升遐（xiá）：指宣武帝元恪去世。升遐，升天远去，犹今所谓“仙逝”。［59］乘舆：皇帝的车驾，代指皇帝。［60］侍卫省闼（tà）：守卫宫廷。闼，宫门。［61］授忠茅土：即封于忠为常山郡公。古代天子分封某人为诸侯，都要取国家社稷坛上的一包代表那个方向的土，用茅草包起来，交给受封的人让他带到受封的那个地方去立社祭祀。［62］正以：只是因为。正，仅，只。［63］苟免暴戾（lì）：以免他发脾气逞凶，受到迫害。暴戾，凶暴，残忍。［64］相除：相互抵消。［65］奉送章绶（shòu）茅土：把印章、绶带、茅土都交回朝廷。［66］自劾（hé）：检举自己的过失。［67］柏堂：即前文所说的“西柏堂”，诸国执政大臣的议事厅。［68］一由门下：完全由门下省的人说了算。［69］臣出君行：于忠出主意，以皇帝的名义颁行。胡三省曰：“谓杀生予夺皆出于于忠之意，而以诏旨行之。”臣，指于忠。［70］自恣：随心所欲。［71］规欲：图谋，打算。［72］赖在事执拒：多亏了在位主事的大臣坚持反对。在位主事的大臣指崔光。执拒，坚定地拒绝。［73］返：同“反”，反而。［74］忝（tiǎn）官尸禄：空居其官，白享其禄。忝，不当居而居。尸禄，像尸一样享受祭祀。尸，古代祭祀时，代表死者受祭的人。［75］孤负恩私：辜负了朝廷的恩典。孤，同“辜”。恩私，恩情。［76］请返私门：请允许我返回家门，意即辞官还家。私门，家门。［77］伏听司败：等待国家司法部门的惩处。司败，司寇，周朝的官名，犹如后代的廷尉、刑部尚书等。［78］有保护之功：指宣武帝元恪去世后，元诩即帝位，高皇后欲杀胡贵嫔，被崔光等人加以保护，才免于难，胡太后深德之。［79］不问：不加处理。［80］辛丑：本年十二月无“辛丑”日，辛丑日是闰十二月三日。［81］雍：原文为“忠”，即于忠，据严衍《资治通鉴补》改。雍，即元雍。太师：古高官名，国家三公之一。［82］领：兼任。司州牧：首都洛阳所在州的行政长官。历来北方的各朝都把都城洛阳所在的州称作“司州”，司州的州长称“牧”，比一般的州等级要高。［83］寻：不久。复：重任，再任。［84］同厘庶政：共同处理各项政务。厘，治理，处理。

己酉[1]，魏崔亮至硖石，赵祖悦逆战而败，闭城自守，亮进围之。

丁卯[2]，魏主及太后谒景陵。

是冬，寒甚，淮、泗尽冻，浮山堰士卒死者什七八[3]。

魏益州刺史傅竖眼，性清素[4]，民、獠[5]怀之。龙骧将军元法僧[6]代竖眼为益州刺史[7]，素无治干[8]，加以贪残；王、贾诸姓，本州士族，法僧皆召为兵。葭萌民任令宗因众心之患魏[9]也，杀魏晋寿太守，以城来降，民、獠多应之。益州刺史鄱阳王恢[10]遣巴西、梓潼二郡太守张齐[11]将兵三万迎之。法僧，熙之曾孙也。

魏岐州刺史赵王谧[12]，干之子也，为政暴虐。一旦，闭城门大索[13]，执人而掠之[14]，楚毒[15]备至，又无故斩六人，阖城凶惧[16]；众遂大呼，屯门[17]，谧登楼毁梯以自固。胡太后遣游击将军王靖驰驲[18]谕城人，城人开门谢罪，奉送管籥[19]，乃罢谧刺史。谧妃，太后从女[20]也。至洛，除大司农卿[21]。

太后以魏主尚幼，未能亲祭，欲代行祭事，礼官博议[22]，以为不可。太后以问侍中崔光，光引汉和熹邓太后[23]祭宗庙故事[24]，太后大悦，遂摄行祭事[25]。

魏南荆州刺史桓叔兴[26]表请不隶东荆州[27]，许之。

（以上为第四段，写北魏益州刺史傅竖眼清淡廉洁，得到民众拥护；齐州刺史元谧贪婪暴虐，被罢免；胡太后代幼主孝明帝祭祀。）

【注释】

[1]己酉：闰十二月十一日。[2]丁卯：闰十二月二十九日。[3]什七八：十分之七八。什，同“十”。[4]清素：清正，廉洁。[5]獠（liáo）：古少数民族，分布在今广西、湖南、四川、云南、贵州等地，是当今南方各民族的先民。[6]元法僧：道武帝拓跋珪玄孙，江阳郡王拓跋钟葵之子，起家太尉（元继）参军，累迁益州刺史，后趁北魏大乱，称帝，为安乐王元鉴所败，投奔南梁，授侍中、司空，封始安郡公。传见《魏书》卷十六。[7]为益州刺史：胡三省曰：“此魏之东益州也。”东益州，北魏州名，州治武兴，在今陕西略阳县。[8]治干：治政的才干。[9]葭（jiā）萌民任令宗：葭萌城里的百姓任令宗。葭萌，古城名，当时为晋寿郡的郡治所在地，在今四川广元市南。患魏：讨厌北魏人。[10]鄱（pó）阳王恢：即萧恢，字弘达，梁武帝萧衍异母弟。南梁建立后，任侍中、前将军，封鄱阳郡王。传见《梁书》卷二十二。[11]巴西、梓潼：南梁二郡名。当时巴西、梓潼二郡合设一个太守，郡治在今四川绵阳市。张齐：字子响，冯翊人，南梁将领，时为巴西、梓潼二郡太守。传见《梁书》卷十七。[12]岐（qí）州：北魏州名，州治雍县，在今陕西宝鸡市东北。赵王谧（mì）：即元谧，字道安，献文帝拓跋弘之孙，赵郡王元干之子，封赵郡王。时为冠军将军、岐州刺史。传见《魏书》卷二十一。[13]大索：大肆搜捕。[14]执人而掠之：把人捉起来严刑拷打。掠，拷打。[15]楚毒：指酷刑。[16]阖（hé）城：满城。凶惧：恐惧，不安。凶，同“恼”，人怀危惧。[17]屯门：夺取、占领了岐州城的城门。[18]王靖：北魏小皇帝元诩时为游击将军。驰驲（rì）：乘驿马急行。驲，驿马。[19]管籥（yuè）：锁匙，钥匙。籥，通“钥”。[20]从女：侄女。[21]除大司农卿：可见胡太后的任人唯亲，不讲一点原则。除，任命。大司农卿，即大司农，古官名，国家主管财政的长官。[22]礼官：主管礼仪的官员。博议：全面详尽地讨论、评议。[23]汉和熹邓太后：汉和帝的皇后，即邓绥，南阳新野（今河南新野县）人，东汉开国元勋太傅邓禹孙女、护羌校尉邓训之女，汉和帝刘肇第二任皇后。和帝去世后，邓绥先后拥立汉殇帝刘隆和汉安帝刘祜，临朝称制十六年，谥号和熹皇后。传见《后汉书》卷十。[24]祭宗庙故事：邓太后在临朝称制期间，曾代替皇帝祭祀过刘氏宗庙。故事：旧例。[25]摄行祭事：代替小皇帝祭祀北魏的宗庙。胡三省曰：“史言崔光逢女主之恶。”[26]南荆州：北魏州名，州治安昌，在今河南确山县南。桓叔兴：北魏南荆州刺史，传见《魏书》

卷一百一。［27］表请不隶东荆州：南荆州原来隶属东荆州管辖，桓叔兴上书，要求直属朝廷管辖。东荆州，北魏州名，州治在今河南泌阳县。

十五年（516 年）

春，正月，戊辰朔[1]，魏大赦，改元熙平。

魏崔亮攻硖石未下，与李崇约水陆俱进，崇屡违期不至。胡太后以诸将不壹，乃以吏部尚书李平为使持节、镇军大将军兼尚书右仆射，将步骑二千赴寿阳，别为行台[2]，节度[3]诸军，如有乖异[4]，以军法从事。萧宝寅遣轻车将军刘智文等渡淮，攻破三垒；二月，乙巳[5]，又败将军垣孟孙[6]等于淮北。李平至硖石，督李崇、崔亮等刻日[7]水陆进攻，无敢乖互[8]，战屡有功。

上使左卫将军昌义之将兵救浮山[9]，未至，康绚[10]已击魏兵，却之。上使义之与直阁王神念溯淮[11]救硖石。崔亮遣将军博陵崔延伯守下蔡[12]，延伯与别将伊瓮生[13]夹淮为营。延伯取车轮去辋[14]，削锐其辐[15]，两两接对，揉竹为絚[16]，贯连相属[17]，并十余道，横水为桥，两头施大鹿卢[18]，出没随意，不可烧斫[19]。既断赵祖悦走路[20]，又令战舰不通，义之、神念屯梁城[21]不得进。李平部分[22]水陆攻硖石，克其外城；乙丑[23]，祖悦出降，斩之，尽俘其众。

胡太后赐崔亮书，使乘胜深入。平部分诸将，水陆并进，攻浮山堰；亮违平节度，以疾请还，随表辄发[24]。平奏处亮死刑，太后令曰："亮去留自擅[25]，违我经略[26]，虽有小捷，岂免大咎[27]！但吾摄御万机[28]，庶几恶杀[29]，可听[30]特以功补过。"魏师遂还。

（以上为第五段，写北魏攻打南朝浮山堰将心不齐，派李平为使持节，从中调度，大将崔亮私自回军，导致失败而归；胡太后既究其罪，又宽赦之，听任将功赎罪。）

【注释】

［1］戊辰朔：正月一日。［2］别为行台：临时建立了一个中央的派出机构。行台，临时的朝廷，有如皇帝亲临。［3］节度：即节制，调动、指挥。［4］乖（guāi）异：不服从命令，有反常行为。［5］乙巳：二月八日。［6］垣（yuán）孟孙：南梁将军。［7］刻日：定好日期。

此二字原无，据章校补。［8］乖（guāi）互：同前“乖异”，自行其是，不服从指挥。［9］浮山：即浮山堰，淮河上修建的拦河大坝。［10］康绚：字长明，蓝田人，南梁名将。传见《梁书》卷十八。［11］王神念：太原祁县（今山西祁县）人，南梁将领。传见《梁书》卷三十九。溯淮：沿淮水逆流而上。［12］崔延伯：博陵安平（今河北安平县）人，北魏将领。传见《魏书》卷七十三。下蔡：古城名，在今安徽凤台县，在当时寿阳城的北方，夹淮水筑有新旧两城。［13］伊瓮生：北魏将领。［14］辋（wǎng）：车轮周围的框子，即外圈。［15］削锐：削尖。辐：车轮的辐条。［16］揉竹为絙：用抽成丝条的竹皮子搓成大绳索。［17］相属（zhǔ）：相接连。［18］鹿卢：今作“辘轳”，可用来汲水或拉举重物的装置。［19］斫（zhuó）：砍，凿。［20］走路：乘船逃走之路。［21］梁城：梁郡的郡治所在地，在今安徽寿县东北，凤阳县西南。［22］部分：指挥、派遣。［23］乙丑：二月二十八日。［24］随表辄（zhé）发：刚上表请假，不等回复，就离开岗位。辄，便。发，动身。［25］自擅：自作主张，随心所欲。［26］经略：方略、总体规划。［27］大咎（jiù）：大罪。［28］摄御万机：代理皇帝职权。［29］庶几恶杀：尽量地争取不杀人。胡三省曰：“亮，崔光之族弟也，故平奏不行。”［30］听：听任，听凭。

魏中尉元匡奏弹[1]于忠：“幸国大灾[2]，专擅朝命[3]，裴、郭受冤[4]，宰辅黜辱[5]。又自矫旨为[6]仪同三司、尚书令，领崇训卫尉，原其此意[7]，欲以无上自处[8]。既事在恩后[9]，宜加显戮[10]，请遣御史一人就州行决[11]。自去岁世宗晏驾[12]以后，皇太后未亲览[13]，以前诸不由阶级[14]，或发门下诏书[15]，或由中书宣敕[16]，擅相拜授[17]者，已经恩宥[18]，正可免罪[19]，并宜追夺[20]。”太后令曰：“忠已蒙特原[21]，无宜追罪，余如奏。”

匡又弹侍中侯刚掠杀羽林[22]。刚本以善烹调为尚食典御[23]，凡三十年，以有德于太后[24]，颇专恣[25]用事，王公皆畏附之。廷尉处刚大辟[26]，太后曰：“刚因公事掠人，邂逅致死[27]，于律不坐[28]。”少卿陈郡袁翻[29]曰：“邂逅，谓情状已露[30]，隐避不引[31]，考讯以理[32]者也。今此羽林[33]，问则具首[34]，刚口唱打杀[35]，挝筑非理[36]，安得谓之‘邂逅’！”太后乃削刚户三百，解尚食典御[37]。

（以上为第六段，写北魏的宫廷斗争，御史中尉元匡上书弹劾曾经擅权用事的于忠以及尚食典御侯刚，欲处以极刑，胡太后念其活命之恩，和稀泥，免其过。）

【注释】

[1]元匡：阳平幽王拓跋新成第五子，出嗣广平王元洛侯，个性耿介，颇有气节。元诩即位，迁御史中尉、镇东将军、齐州刺史，封济南王。传见《魏书》卷十九上。奏弹：上书弹劾。[2]幸国大灾：对国家有大难幸灾乐祸，欲从中捞取好处。幸，希望。大灾，指宣武帝元恪去世，小皇帝元诩继位。[3]专擅（shàn）朝命：把持朝政，独断专行。擅，专权。[4]裴、郭受冤：指裴植、郭祚被于忠所杀。[5]宰辅黜辱：指高阳王元雍被免职。胡三省曰："谓高阳王雍被黜，后又以授忠茅土，乞自贬退也。"[6]矫旨为：假传圣旨，任命自己。[7]原其此意：推断他本来的意思。原，追究。[8]以无上自处：以地位最高自居。无上，上面没有比他地位高的人。[9]事在恩后：事情发生在大赦之后。恩，施恩，指发布大赦令。[10]宜加显戮：应当给予公开惩处。显戮，明正典刑，陈尸示众。[11]就州行决：到冀州去把他杀死，此时于忠任冀州刺史。[12]晏驾：宫车晚出，隐称皇帝之死。晏，迟，晚。[13]未亲览：未主持朝廷政事。览，同"揽"，总揽，操持。[14]不由阶级：不是按等级一步一步升上来的官员。[15]发门下诏书：由门下省发布的皇帝命令。[16]由中书宣敕（chì）：由中书省派人口传的皇帝命令。[17]擅相拜授：擅自相互封任。拜授，授予官爵。[18]恩宥（yòu）：降恩宽恕。宥，原谅。[19]正可免罪：只可免去他们个人的罪责，不以犯罪论处，意即不能再让他们继续担任官职。正，同"只"。[20]追夺：追究，剥夺。[21]特原：破例宽宥。[22]掠杀羽林：将羽林卫士拷打致死。掠，用棍子或鞭子打。羽林，皇家禁卫军的代称，其意为国之羽翼，如林之盛。[23]尚食典御：古官名，胡三省曰："掌调和御食，温凉寒热，以时供进则尝之。"典御，分管皇帝饮食的官员。御，用。[24]有德于太后：指小皇帝元诩即位之初，高皇后欲按照旧例处死胡贵嫔，被侯刚等人保护下来，胡太后非常感恩。[25]颇：很，甚。专恣：专横，放肆。[26]廷尉：古官名，全国最高的司法长官，相当于后代的刑部尚书。大辟（pì）：古指死刑，杀头。[27]邂（xiè）逅（hòu）致死：偶然致人死命。邂逅，意外。[28]不坐：不予定罪。[29]少卿：古官名，一般为副长官的意思。袁翻：字景翔，陈郡项县（今河南沈丘县）人，北魏大臣。传见《魏书》卷六十九。[30]情状已露：犯罪的事实已经显露。[31]隐避不引：但他就是隐瞒不承认。不引，不服罪。[32]考讯以理：按律法予以拷问。考讯：拷打，审问。考，同"拷"。[33]此羽林：即指掠杀羽林士兵之事。[34]具首：全部招认。[35]口唱打杀：口中高喊打死他。[36]挝（zhuā）筑非理：不合理的用刑。挝筑，鞭打。挝，敲打。筑，打，击。[37]解尚食典御：解除了他尚食典御的职务。尚，原文为"尝"，据严校改。

三月，戊戌朔[1]，日有食之。

魏论西硖石之功，辛未[2]，以李崇为骠骑将军，加仪同三司，李平为尚书右仆射，崔亮进号镇北将军。亮与平争功于禁中，太后以亮为殿中尚书[3]。

魏萧宝寅在淮堰，上[4]为手书诱之，使袭彭城，许送其国庙及室家诸从[5]还北，宝寅表上其书于魏朝[6]。

夏，四月，淮堰成，长九里，下广[7]一百四十丈，上广四十五丈，高二十丈，树以杞柳[8]，军垒[9]列居其上。

或谓康绚曰："四渎[10]，天所以节宣其气[11]，不可久塞，若凿湫东注[12]，则游波宽缓[13]，堰得不坏。"绚乃开湫[14]东注。又纵反间于魏曰："梁人所惧开湫，不畏野战[15]。"萧宝寅信之，凿山深五丈，开湫北注[16]，水日夜分流犹不减，魏军竟罢归。水之所及，夹淮方[17]数百里。李崇作浮桥于硖石戍间，又筑魏昌城于八公山[18]东南，以备寿阳城坏，居民散就冈陇[19]，其水清澈，俯视庐舍冢墓，了然在下。

初，堰起于徐州境内[20]，刺史张豹子[21]宣言，谓己必掌其事；既而康绚以他官来监作[22]，豹子甚惭。俄而[23]敕豹子受绚节度，豹子遂谮绚与魏交通[24]，上虽不纳，犹以事毕征绚还。

（以上为第七段，写北魏将领崔亮、李平争功；南朝梁武帝萧衍招降萧宝寅，没有成功；淮河大坝建成，建营垒于坝上，而北魏开湫水，淮河方圆数百里成了泽国。）

【注释】

[1]戊戌朔：三月无戊戌日，疑记载有误。 [2]辛未：三月四日。 [3]殿中尚书：古官名，北魏初置，掌管殿内兵马、仓库。 [4]上：皇上，指南梁武帝萧衍。 [5]国庙：南齐宗庙里所供奉的列祖列宗的灵牌。室家诸从：萧宝寅留在南方的家室与诸位堂兄弟。 [6]上其书于魏朝：把萧衍的来信送交了北魏朝廷，以表示自己绝不与南梁有任何牵连。 [7]下广：大坝的底宽。 [8]树：种植，栽植。杞柳：树名，与柳树的性质接近，容易成活，枝条柔韧，可编织箱筐等物。 [9]军垒：军队营垒，军营周围的防御工事。 [10]四渎（dú）：古代所称的四条大河，即长江、黄河、淮水、济水。 [11]节宣其气：以调节大自然阴阳二气的收敛与散发。节宣，犹言吐纳。胡三省引《国语》曰："天地成而聚于高，归物于下，疏为川谷以导其气，陂塘污庳以钟其美。" [12]凿湫（qiū）东注：在拦河大坝上凿出一个深洞放水向东流。湫，同"湫"，洞穴，水潭。 [13]游波宽缓：大坝所阻拦的淮河水就不那么汹涌了。 [14]开湫：指放淮水以淹南梁人。 [15]不畏野战：不怕与北魏人在平原上作战。 [16]开湫北注：在北魏人占领的区域也放满了水，以阻止南梁人的进攻。 [17]方：方圆，纵横。 [18]魏昌城：北魏城名，在今安徽省

寿县北八公山东南。八公山，古山名，在寿阳城正北方的不远处，当年淮南王刘安曾在此山召集宾客文人修《淮南子》与炼丹制药等。［19］冈陇：山岗与高丘。［20］堰起于徐州境内：截淮筑坝的地段是在徐州刺史的管辖区域。南梁徐州的州治钟离，在今安徽蚌埠市东南，凤阳的东北侧，而康绚率军筑坝的浮山就在钟离城东侧不远。［21］张豹子：南梁官员，武帝萧衍时为徐州刺史。［22］康绚以他官来监作：康绚在来此前在朝任太子右卫率，没有将监作淮河大坝的任务交给张豹子。［23］俄而：不久。［24］谮（zèn）：谗毁，故意说人坏话。交通，勾结，串通。

魏胡太后追思于忠之功，曰："岂宜以一谬弃其余勋[1]！"复封忠为灵寿[2]县公，亦封崔光为平恩[3]县侯。

魏元法僧遣其子景隆[4]将兵拒张齐，齐与战于葭萌[5]，大破之，屠十余城，遂围武兴[6]。法僧婴城自守[7]，境内皆叛，法僧遣使间道告急于魏。魏驿召[8]镇南军司[9]傅竖眼于淮南，以为益州刺史、西征都督，将步骑三千以赴之。竖眼入境，转战三日，行二百余里，九遇皆捷。五月，竖眼击杀梁州刺史任太洪。民、獠闻竖眼至，皆喜，迎拜于路者相继。张齐退保白水[10]，竖眼入州[11]，白水以东民皆安业。

魏梓潼太守苟金龙领关城戍主[12]，梁兵至，金龙疾病[13]，不堪部分[14]，其妻刘氏帅厉[15]城民，乘城[16]拒战，百有余日，士卒死伤过半。戍副高景[17]谋叛，刘氏斩景及其党与数千人[18]，自余将士，分衣减食，劳逸必同，莫不畏而怀[19]之。井在城外，为梁兵所据，会天大雨，刘氏命出公私布绢及衣服悬之，绞而取水，城中所有杂物[20]悉储之。竖眼至，梁兵乃退，魏人封其子为平昌县子[21]。

六月，庚子[22]，以尚书令王莹为左光禄大夫、开府仪同三司，尚书右仆射袁昂为左仆射，吏部尚书王暕为右仆射。暕，俭之子也。

张齐数出白水，侵魏葭萌，傅竖眼遣虎威将军强虬[23]攻信义将军杨兴起[24]，杀之，复取白水。宁朔将军王光昭又败于阴平[25]，张齐亲帅骁勇二万余人与傅竖眼战，秋，七月，齐军大败，走还，小剑、大剑诸戍[26]皆弃城走，东益州[27]复入于魏。

八月，乙巳[28]，魏以胡国珍为骠骑大将军、开府仪同三司、雍州[29]刺史。国珍年老，太后实不欲令出，止欲示以方面之荣[30]，竟不行[31]。

康绚既还，张豹子不复修淮堰。九月，丁丑[32]，淮水暴涨，堰坏，其声如雷，闻三百里，缘淮城戍村落十余万口皆漂入海。初，魏人患淮堰，以任城王澄为大将军、大都督南讨诸军事，勒众十万，将出徐州来攻堰，尚书右仆射李平以为“不假兵力[33]，终当自坏。”及闻破，太后大喜，赏平甚厚，澄遂不行。

壬辰[34]，大赦。

魏胡太后数幸宗戚勋贵之家，侍中崔光表谏曰：“《礼》[35]，诸侯非问疾吊丧而入诸臣之家，谓之君臣为谑[36]。不言王后夫人[37]，明无适臣家之义[38]。夫人，父母在有归宁[39]，没则使卿宁[40]。汉上官皇后[41]将废昌邑[42]，霍光，外祖也，亲为宰辅[43]，后犹御武帐以接群臣[44]，示男女之别也。今帝族方衍[45]，勋贵增迁[46]，祗请遂多[47]，将成彝式[48]。愿陛下简息游幸[49]，则率土属赖[50]，含生仰悦[51]矣。”

任城王澄以北边镇将选举弥轻[52]，恐贼虏窥边[53]，山陵危迫[54]，奏求重镇将之选，修警备之严，诏公卿议之。廷尉少卿袁翻[55]议，以为“比[56]缘边州郡，官不择人[57]，唯论资级。或值贪污之人，广开戍逻[58]，多置帅领[59]，或用其左右姻亲[60]，或受人货财请属[61]，皆无防寇之心，唯有聚敛[62]之意。其勇力之兵，驱令抄掠[63]，若遇强敌，即为奴虏，如有执获[64]，夺为己富。其羸弱[65]老小之辈，微解金铁之工[66]，少闲草木之作[67]，无不搜营穷垒[68]，苦役百端[69]。自余或伐木深山，或芸草平陆[70]，贩贸往还[71]，相望道路。此等禄既不多，赀[72]亦有限，皆收其实绢[73]，给其虚粟[74]，穷其力，薄其衣，用其功，节其食，绵冬历夏[75]，加之疾苦，死于沟渎者什常七八[76]。是以邻敌伺间[77]，扰我疆埸[78]，皆由边任[79]不得其人故也。愚谓自今已后[80]，南北边诸藩[81]，及所统郡县、府佐、统军至于戍主[82]，皆令朝臣王公已下各举所知，必选其才，不拘阶级[83]；若称职及败官[84]，并所举之人随事赏罚[85]。”太后不能用。及正光[86]之末，北边盗贼群起[87]，遂逼旧都[88]，犯山陵[89]，如澄所虑[90]。

（以上为第八段，写北魏刘氏英勇抗战百余日，守住白水关城；崔光用《礼仪》劝谏胡太后；胡太后不能采纳任城王元澄注重选派守边将领请求，终成祸患。）

【注释】

[1]以一谬弃其余勋：胡三省曰："胡后以于忠拥护为功；若忠之专横，其谬固非一也。"谬，谬误，罪过。［2］灵寿：古县名，县治在今河北灵寿县。［3］平恩：古县名，县治在今河北邱县邱城镇西南。［4］景隆：即元景隆，鲜卑族，太尉元法僧之子，本为北魏宗室，后随父投降南梁为大臣，任徐州刺史，封彭城郡王。传见《梁书》卷四十一。［5］葭（jiā）萌：古城名，当时为晋寿郡的郡治所在地，在今四川广元市南。［6］武兴：北魏郡名，郡治在今陕西略阳县。［7］婴城自守：据城而守。婴城，环城，凭借四周的城墙。［8］驿召：由驿站车马急召。此时傅竖眼任崔亮军司，驻淮南。［9］镇南军司：镇南将军属官。时崔亮为镇南将军。军司：本称"军师"，晋朝为避司马师讳，改称"军司"，后世沿用，即朝廷派出的监军。［10］白水：南梁郡名，郡治在今四川广元市西北，即白水关。［11］入州：即进驻到武兴城。当时北魏益州州治即武兴。［12］梓潼：北魏郡名，郡治在今四川梓潼县。苟金龙：北魏梓潼太守。领关城戍主：兼任白水关城驻军统领。［13］疾病：病重。［14］不堪部分：不能调度、指挥。［15］帅厉：率领并激励。厉，同"励"。［16］乘城：登上城楼。［17］高景：北魏为白水关戍副，南梁军压境，欲谋叛，被杀。［18］党与：同伙，同党之人。数千人：《魏书·刘氏传》作"数十人"。［19］怀：归心，意即拥护。［20］杂物：指各种能盛水的坛坛罐罐。［21］平昌：古县名，县治在今四川平昌县。子：子爵，古代五等侯的第四等。［22］庚子：六月五日。［23］强虬：人名，北魏虎威将军。［24］杨兴起：南梁信义将军，被北魏将领强虬攻杀。［25］王光昭：南梁宁朔将军。阴平：南梁郡名，郡治在今四川剑阁县西北，白水郡的西南方。［26］小剑大剑诸戍：指小剑山、大剑山上的各军事据点。大剑山在今四川剑阁县北，小剑山在大剑山的西北方。［27］东益州：北魏曾设立过的州名，州治武兴，在今陕西略阳县。胡三省曰："领武兴、仇池、凿头、广长、广业、梓潼、洛丛七郡。"［28］乙巳：八月十一日。［29］雍州：北魏州名，州治在今陕西西安市。［30］止：同"只"。方面之荣：主持一方军政的荣耀。［31］竟：最终。不行：没有赴任。［32］丁丑：九月十三日。［33］不假兵力：用不着出兵动武。假，借，使用。［34］壬辰：九月二十八日。［35］《礼》：即《礼记》，又名《小戴礼记》《小戴记》，成书于汉代，为西汉礼学家戴圣所编，主要写先秦的礼制，是古代礼学的经典。［36］君臣为谑（xuè）：语见《礼记·礼运》。胡三省引《礼记》注曰："无故而相之，是戏谑也，陈灵公与孔宁、仪行父数如夏氏，以取弑焉。"谑，戏谑。［37］不言王后夫人：没有说天子的王后与诸侯的夫人也可以因为问疾吊丧而入诸臣之家。在西周与春秋时代，天子的正妻称王后，诸侯的正妻称夫人。［38］明无适臣家之义：说明没有到诸臣家里去的道理。适，去，前往。［39］归宁：已出嫁的女子回家探视父母。宁，向父母问安。［40］没则使卿宁：诸侯夫人的父母已经去世，如再问候其家，则由朝廷派卿一级的大臣前往。没，同"殁"，去世。［41］上官皇后：陇西上邽（今甘肃天水市）人，上官桀之女，大将军霍光外孙女，汉昭帝刘弗陵皇后。昭帝死，昌邑王刘贺为帝，尊其为皇太后；刘贺被废，汉宣帝刘询即位，尊其为太皇太后，是中国历史上最年轻的太皇太后。传见《汉书》卷九十七上。［42］将

废昌邑：昭帝死，无子，朝廷选立了他的侄子昌邑王刘贺为帝。在位二十七天，因其因荒淫无度、品行不端而被废为庶人，史称汉废帝，是西汉历史上在位时间最短的皇帝。后汉宣帝刘询封其为海昏侯。传见《汉书》卷六十八。［43］亲为宰辅：是如此亲近的人身为执政大臣。宰辅，元宰，首辅。［44］后犹御武帐以接群臣：但上官皇后在接见群臣宣布命令的时候，仍要躲在帐子后面以示男女有别。御，临。武帐，帝王所用的帷帐，内陈兵器以示威武。［45］帝族方衍：皇帝元氏家族不断有生子之庆。衍，繁衍，人口增多。［46］勋贵增迁：勋臣贵戚都屡有升官增俸之喜。［47］祗（zhī）请遂多：敬请您前去参加的事情会越来越多。祗，恭敬。胡三省曰："宗戚勋贵之家，凡有吉庆，皆请太后临幸。"［48］将成彝（yí）式：这些发展下去都会成为章程。彝，章程，法式。［49］简息：减少，停止。游幸：指帝王或后妃出行。［50］率土属赖：举国上下都将托您的福。率土，"率土之滨"之省，谓整个国家的疆土。属赖，依托。［51］含生：凡有生命的物体，泛指一切人，甚至一切动植物。曹植的《对酒行》有诗曰："含生蒙泽，草木茂延。"仰悦：感戴，欣悦。［52］选举弥（mí）轻：北边镇将的选拔任用越来越草率、粗疏。弥，更加。轻，轻视，不被重视。［53］窥边：窥伺边境。［54］山陵：指北魏先王的陵墓。显祖拓跋弘以上诸帝的陵墓都在云中郡，郡治在今内蒙古和林格尔县城北。危迫：危险而急迫。［55］廷尉少卿：古官名，为廷尉卿次官。［56］比：近来。［57］不择人：不选择适当的人，不管其本人的实际能力如何。［58］广开戍逻：大规模地扩展边防哨所与巡逻人员。戍逻，边戍、哨所。［59］帅领：将帅，统领。［60］左右：帝王身边亲近的人。姻（yīn）亲：因婚姻关系而形成的亲属。［61］请属（zhǔ）：请托，走后门，求人帮着办事。属，同"嘱"，嘱托，嘱咐。［62］聚敛：用重税等搜刮民财。［63］抄掠：抢劫，掠夺。［64］执获：捉到敌兵，夺得敌财。［65］羸（léi）弱：瘦弱。［66］微解金铁之工：稍微懂得一些冶炼金铁技艺的工匠。［67］少闲草木之作：稍微熟悉一些养花种树技术的人员。闲，同"娴"，熟习。［68］搜营穷垒：从营房、堡垒之中把他们找出来，搜索殆尽。［69］苦役百端：让他们从事各种痛苦的劳动。［70］芸（yún）草平陆：到平原上割草。芸，割草。［71］贩贸往还：更有些是让他们去走南闯北地做买卖。［72］赀（zī）：古同"资"，资财。［73］收其实绢：让他们交纳的是真正的钱财。绢，南北朝与隋唐时用绢帛充当货币使用。［74］给其虚粟：发给他们的是一张写有粮食若干的支票。［75］绵冬历夏：从冬到夏。绵，接连不断。［76］什常七八：十有七八。什，同"十"。［77］邻敌：指柔然人。伺间（jiàn）：窥伺时机。间，间隙，机会。［78］疆埸（yì）：边疆。埸，边境。［79］边任：防守边疆的职官。［80］已后：即以后。已，同"以"。［81］诸藩：各州的刺史。藩，古代以称各国诸侯，南北朝时即指各州刺史，因其兼掌军政，雄据一方，有如古之诸侯，故称之。［82］郡县：古代郡太守及县长、县令。府佐：古代高级官署中的佐治官吏。统军：古代军队的统领。戍主：古代驻守一地的长官。［83］不拘阶级：不论他们原来的职务是多么低微。［84］败官：指不称职，品行恶劣的官吏。［85］所举之人：举荐他们任职的人。随事赏罚：按照所举之人的称职或渎职，一同封赏或惩罚。［86］正光（520年7—525年6）：北魏主孝明帝元诩的第三个年号，共近5年。［87］盗贼群起：胡三省曰："正光四年（523），破六韩拔陵、卫可孤等反；孝昌初年，云中没矣。”［88］旧都：指代京平城，在今山西大同市。［89］犯山陵：侵扰皇帝的陵墓。［90］虑：思考，担心。

冬，十一月，交州刺史李畟[1]斩交州反者阮宗孝[2]，传首建康。

初，魏世宗作瑶光寺，未就，是岁，胡太后又作永宁寺[3]，皆在宫侧；又作石窟寺于伊阙口[4]，皆极土木之美[5]。而永宁尤盛，有金像高丈八者一，如中人[6]者十，玉像二。为九层浮图[7]，掘地筑基，下及黄泉[8]；浮图高九十丈，上刹[9]复高十丈，每夜静，铃铎[10]声闻十里。佛殿如太极殿[11]，南门如端门[12]。僧房千间，珠玉锦绣，骇人心目[13]。自佛法入中国[14]，塔庙[15]之盛，未之有也。扬州刺史李崇上表，以为："高祖迁都垂三十年[16]，明堂[17]未修，太学[18]荒废，城阙府寺颇亦颓坏[19]，非所以追隆堂构[20]，仪刑万国[21]者也。今国子虽有学官[22]之名，而无教授[23]之实，何异兔丝、燕麦[24]，南箕、北斗[25]！事不两兴，须有进退，宜罢尚方雕靡[26]之作，省永宁土木之功，减瑶光材瓦之力，分石窟镌琢[27]之劳，及诸事役非急者，于三时农隙修此数条[28]，使国容严显[29]，礼化[30]兴行，不亦休哉[31]！"太后优令答之[32]，而不用其言。

太后好事佛，民多绝户为沙门[33]，高阳王友李玚[34]上言："三千之罪莫大于不孝[35]，不孝之大无过于绝祀[36]，岂得轻纵背礼之情[37]，肆其向法[38]之意，一身亲老[39]，弃家绝养[40]，缺当世之礼而求将来之益[41]！孔子[42]云：'未知生，焉知死[43]？'安有弃堂堂之政[44]而从鬼教乎！又，今南服未静[45]，众役仍烦[46]，百姓之情，实多避役，若复听之，恐捐弃孝慈[47]，比屋[48]皆为沙门矣。"都统僧暹[49]等忿玚谓之"鬼教"，以为谤佛，泣诉于太后。太后责之，玚曰："天曰'神'，地曰'祇[50]'，人曰'鬼'。《传》[51]曰：'明则有礼乐，幽则有鬼神[52]。'然则明者为堂堂[53]，幽者为鬼教。佛本出于人，名之为鬼，愚谓[54]非谤。"太后虽知玚言为允，难违暹等之意，罚玚金一两。

魏征南大将军田益宗求为东豫州[55]刺史，以招二子[56]，太后不许，竟卒于洛阳。

柔然[57]伏跋可汗[58]，壮健善用兵，是岁，西击高车[59]，大破之，执其王弥俄突[60]，系其足于驽马[61]，顿曳[62]杀之，漆其头为饮器[63]。邻国先羁属[64]柔然后叛去者，伏跋皆击灭之，其国复强。

（以上为第九段，写北魏胡太后崇信佛教，大修永宁寺、石窟寺，穷极侈靡；柔然伏跋可汗战胜高车，重新强大。）

【注释】

[1]交州：南梁州名，州治龙编，在今越南河内市东北。李叒（cè）：南梁交州长史，刺史李凯据州反叛，李叒讨平之，遂为交州刺史。后又斩杀反叛南梁的起事者阮宗孝。 [2]阮宗孝：南梁交州人，起兵反叛，很快被平定。 [3]永宁寺：胡太后建于洛阳的寺庙名，主体建筑物为九层木塔，是一座很壮观的佛塔，始建于516年，焚毁于534年，现存遗址位于河南洛阳市东15公里的汉魏洛阳城址内。 [4]石窟寺：又称“伊阙石窟寺”，在今之龙门石窟，在今河南洛阳市南龙门。伊阙（què）口：伊阙山的两山相对如门处，伊水在其下流过。伊阙，古山名，又名龙门山，在今河南洛阳市城南。 [5]极土木之美：建筑极其精美，到了登峰造极的地步，是建筑艺术中的佼佼者。 [6]如中人：和平常人一样大小。 [7]九层浮图：九层佛塔。浮图，佛教术语，此指佛塔。 [8]下及黄泉：挖坑打地基，挖到出水的深度。黄泉，地中的泉水，指地下深处。胡三省引杜预曰：“地中之泉，故曰‘黄泉’。” [9]上刹（chà）：胡三省曰：“刹，柱也，浮图上柱，今谓之‘相轮’。” [10]铃铎（duó）：塔上的风铃。铎，大铃。 [11]太极殿：皇帝宫殿的正殿。 [12]端门：皇帝宫殿的南大门。 [13]骇（hài）人心目：华贵得让人吃惊。骇，震惊。 [14]自佛法入中国：据记载，佛教传入中国是在西汉末期，中国的第一座寺庙建于东汉明帝刘庄时期，在今洛阳的白马寺。 [15]塔庙：泛指寺塔。胡三省曰：“佛弟子收奉舍利，建宫宇，号为塔，亦胡言，犹宗庙也，故世称塔庙。” [16]高祖：即孝文帝元宏，也称拓跋宏，去世后庙号高祖。垂三十年：将近三十年。北魏自孝文帝元宏太和十七年（493）从平城迁都到洛阳，今为熙平元年（516），二十四年。 [17]明堂：古堂名，为儒家所宣传的古代帝王进行祭祀、讲礼、尊贤与发布政令的场所。 [18]太学：朝廷举办国立大学，为国家的最高学府，以培养各级官僚为宗旨。 [19]城阙（què）府寺：京城皇宫与各中央官府衙门。城阙，城门两旁的瞭望阁楼，代指京城、宫殿。府寺，犹言府衙、官舍。这里的“寺”字，与宗教无关。颇：大都。颓（tuí）坏：颓倾，坍坏。 [20]非所以：还不是做这件事的时候。追隆堂构：光大祖先的遗业。堂构，语出《尚书·周书·大诰》，有所谓“若考作室，既底法，厥子乃弗肯堂，矧肯构。”意思是父亲为盖房子画出了蓝图，但做儿子的连修筑堂基都不肯，更何况让他建造屋宇了。后来人们遂以“堂构”比喻祖先的遗业。 [21]仪刑万国：给国内的各地区与其境外的其他邦国作模范。仪刑，为法，做楷模。 [22]国子：即国子学，这里即指“太学”。学官：学校。 [23]教授：教课授徒，以教书育人。 [24]兔丝、燕麦：比喻

徒有其名，而无实际用途。兔丝，是蔓生植物，虽名为丝，不能织布。燕麦，是一种野生植物，苗与麦同，名虽为麦，但穗细长而疏，不可以吃。胡三省引古歌曰："田中兔丝，如何可络！道边燕麦，何尝可获！"［25］南箕（jī）、北斗：二星名，名为箕、斗，却不可以当做盛东西的物件。《诗经》有所谓"维南有箕，不可以簸扬；维北有斗，不可以挹酒浆"，都比喻不能起实际作用，名存实亡。［26］罢尚方雕靡之作：停止为宫廷服务的机构再制造没有实用而白白耗费人力物力的东西。尚方，即尚方署，古官署名，为宫廷制造器物的机构。雕靡，奢靡，浪费。［27］镌（juān）琢：雕刻。镌，雕刻金属。琢，雕刻玉石。［28］三时农隙：春、夏、秋三个务农季节的空闲时间。修此数条：指明堂、太学、城阙、府寺等国家的急需之所。［29］国容：国家的颜面。严显：庄严，显明。［30］礼化：礼乐教化。［31］不亦休哉：这岂不是更好吗？休，美好。［32］优令答之：下诏书予以肯定、表扬，但就是不采纳。优令，意同"优诏"，用好话安慰之。［33］绝户为沙门：人人去当和尚，没有一个儿子留下来，不顾家庭的灭绝，可见当和尚具有强大的诱惑力。沙门，和尚。［34］高阳王友：高阳王元雍的僚属。友，是闲散官名，如同幕僚、宾客。李玚（yáng）：字琚罗，秦州刺史李孝伯从孙，北魏官员。时为高阳王友、正主簿，转尚书郎，加伏波将军。传见《魏书》卷五十三。［35］三千之罪莫大于不孝：语出《孝经·五刑》，曰："五刑之属三千，而罪莫大于不孝。要君者无上，非圣人者无法，非孝者无亲，此大乱之道也。"意即在所有的罪过中没有比这个更大了。［36］绝祀：没有后代。古语有所谓"不孝有三，无后为大"的说法。［37］轻纵：随意地放纵。背礼之情：指不守孝道，抛家去当和尚。［38］肆：放任，随便。向法：崇尚佛法。［39］一身亲老：只有一个儿子，父母又已年老。［40］弃家绝养：抛弃家庭，不肯赡养双亲。［41］求将来之益：胡三省曰："佛法以今世修种为来生因果。"即希望下一辈子享福。［42］孔子：春秋时儒家学派创始人。传见《史记》卷四十七。［43］未知生，焉知死：连活着的事情都无法预知，又怎么能知道死后的事情呢？这是孔子回答子路的话，见《论语·先进》。［44］堂堂之政：光明正大的政教，指儒家倡导的治国之道。鬼教：旧时对佛教的侮称。因佛教讲来生、讲轮回，故称之。［45］南服未静：南方战线尚未平静。南服，指江南的南梁政权。服，指王畿以外的地域。［46］众役仍烦：兵役、劳役接连不断。仍烦，犹言频繁、繁多。［47］捐弃：抛弃，放弃。孝慈：本指孝敬父母、慈爱子女、亲善兄弟姊妹，这里指亲人。［48］比屋：一家挨一家。［49］都统：古官名，掌管佛教与僧侣的官员。僧暹（xiān）：沙门统和尚的法名。［50］祇（qí）：地神。［51］《传》：本是解释经文的一种文体，如《左传》，而据下句所引文，则此《传》则是指《礼记》，应是经文，而非传文，应称为《礼》。［52］明则有礼乐，幽则有鬼神：明处，执政者要提倡礼乐文明、伦理道德，用以教化人；暗处，执政者要利用好鬼神思想，利用好宗教，去约束人。语出《礼记·乐记第十九》，曰："和故百物不失，节故祀天祭地，明则有礼乐，幽则有鬼神。"。［53］堂堂：形容光明、盛大的样子。［54］愚："我"的谦辞。谓：以为。［55］东豫州：北魏州名，州治在今河南息县。［56］以招二子：田益宗的三个儿子田鲁生、田鲁贤、田超秀于天监十三年（514）一同投降南梁，皆被授为刺史，其中田超秀于上年又叛降归北魏。此时在南梁的是田鲁生与田鲁贤。[57]柔然：也作“蠕蠕”，古代北方少数民族名，是蒙古草原上继匈奴、鲜卑等之后崛起的部落制汗国，当时活动在今内蒙古及蒙古国南部地区。事见《魏书》卷一百三。[58]伏跋可汗：传见《魏书》卷一百三。[59]高车：也称“铁勒”“敕勒”，北方的少数民族名，当时活动在柔然民族的北方，约当今之蒙古国与俄罗斯的邻近地区。传见《魏书》卷一百三。[60]弥俄突（？—516年）：西部高车君主，候倍（储君）穷奇之子。曾在蒲类海以北杀死西征的柔然可汗佗汗可汗郁久闾伏图，把他的头献给北魏。后伏图之子豆罗伏跋豆伐可汗郁久闾丑奴西征，杀死弥俄突，为父报仇，将他拴在马上拖死，头颅做成酒杯。[61]驽（nú）马：劣马。[62]顿曳（yè）：拖拉，牵引。[63]饮器：饮水、饮酒之器，也有解为溺器。[64]羁（jī）属柔然：大体上服从于柔然。羁属，羁縻属之，意即松散地服从，附属。

十六年（丁酉，517年）

春，正月，辛未[1]，上祀南郊[2]。

魏大乘[3]余贼复相聚，突入瀛州[4]，刺史宇文福[5]之子员外散骑侍郎延帅奴客[6]拒之。贼烧斋阁[7]，延突火[8]抱福出外，肌发皆焦，勒众[9]苦战，贼遂散走，追讨，平之。

甲戌[10]，魏大赦。

魏初，民间皆不用钱，高祖太和十九年[11]，始铸太和五铢钱[12]，遣钱工在所[13]鼓铸；民有欲铸钱者，听就官炉，铜必精练[14]，无得殽杂[15]。世宗永平三年[16]，又铸五铢钱，禁天下用钱不依准式[17]者。既而洛阳及诸州镇所用钱各不同，商货不通。尚书令任城王澄上言，以为：“不行之钱[18]，律有明式[19]，指谓鸡眼、镮凿[20]，更无余禁[21]。计河南诸州今所行悉非制限[22]，昔来绳禁[23]，愚窃惑焉[24]。又河北既无新钱，复禁旧者，专以单丝之缣、疏缕之布[25]，狭幅促度[26]，不中常式[27]，裂匹为尺[28]，以济有无[29]，徒成杼轴之劳[30]，不免饥寒之苦，殆非所以救恤冻馁[31]，子育黎元[32]之意也。钱之为用，贯绳相属[33]，不假度量，平均简易，济世之宜，谓为深允[34]。乞并下诸方州镇[35]，其太和与新铸五铢及古诸钱方俗所便用[36]者，但内外全好[37]，虽有大小之异，并得通行，贵贱之差[38]，自依乡价[39]。庶货环海内[40]，公私无壅[41]。其鸡眼、镮凿及盗铸、毁大为小、生新巧伪不如法者[42]，据律罪之。”诏从之。然河北少钱，民犹用物交易，钱不入市。

魏人多窃冒[43]军功，尚书左丞卢同阅吏部勋书[44]，因加检核[45]，得窃阶[46]者三百余人，乃奏："乞集吏部、中兵二局勋簿[47]，对句奏案[48]，更造两通[49]，一关吏部[50]，一留兵局[51]。又，在军斩首成一阶[52]以上者，即令行台军司给券[53]，当中竖裂[54]，一支付勋人[55]，一支送门下[56]，以防伪巧[57]。"太后从之。同，玄之族孙也。中尉元匡奏取景明元年已来[58]，内外考簿[59]、吏部除书[60]、中兵勋案[61]、并诸殿最[62]，欲以案校窃阶盗官[63]之人，太后许之。尚书令任城王澄表以为："法忌烦苛[64]，治贵清约[65]。御史之体[66]，风闻是司[67]，若闻有冒勋妄阶[68]，止应摄其一簿[69]，研检虚实[70]，绳以典刑[71]。岂有移一省之案[72]，寻两纪之事[73]，如此求过，谁堪其罪！斯实圣朝所宜重慎[74]也。"太后乃止。又以匡所言数不从，虑其辞解[75]，欲奖安之，乃加镇东将军[76]。二月，丁未[77]，立匡为东平王[78]。

（以上为第十段，写北魏任城王元澄上书，指出钱币铸造出现的混乱，建议打击奸伪不法者；尚书左丞上书，建议彻底清查假冒军功的问题，二者都不能贯彻下去。）

【注释】

[1]辛未：正月九日。[2]上祀南郊：南梁武帝萧衍到南郊祭天。[3]大乘：佛教的一派，认为人皆可以成佛，强调解救他人，普度众生，以区别于强调自我解脱的小乘。此指沙门法庆的僭号，事见《资治通鉴》卷一百四十七。[4]瀛（yíng）州：北魏州名，州治在今河北河间市。[5]宇文福：河南洛阳人，鲜卑族，北魏将领。宣武帝元恪即位，出任镇北将军、瀛州刺史。传见《魏书》卷四十四。[6]员外散骑侍郎：古官名，挂名的侍从官员，比员外散骑常侍的职级略低。延：即宇文延，字庆寿，宇文福第三子，北魏官员。任员外散骑侍郎，因父亲年老，下诏听从随侍在瀛州；后授假节、建威将军、西道别将。传见《魏书》卷四十四。奴客：家奴与门客。[7]斋阁：此指刺史办公的厅堂。[8]突火：冒着大火。[9]勒众：统领部众。[10]甲戌：正月十二日。[11]高祖：即北魏孝文帝元宏，庙号高祖。太和十九年：公元495年，相当于南齐明帝萧鸾建武二年。[12]太和五铢（zhū）钱：北魏孝文帝元宏于太和十九年（495）铸造，形制类五铢钱，然制作粗疏。铢，古重量单位，二十四铢等于旧制一两。[13]在所：在各规定的铸钱场所。[14]精练：精纯。[15]殽（yáo）杂：掺杂，混杂。[16]世宗：即北魏宣武帝元恪，庙号世宗。永平三年：510年，相当于南梁武帝天监九年。[17]准式：国家规定的标准样式。[18]不行之钱：不进入流通的铜钱。[19]律有明式：法律上有明确的标准和规定。[20]鸡

眼、镮（huán）凿：两种劣质小铜钱名，都是明令禁止通行。鸡眼，指钱薄小，钱眼如鸡眼一样小。镮凿，把里圈凿去，仅剩外圈。镮，同“环”。［21］更无余禁：没有别的钱需要禁止。［22］计：考虑，考虑目前的情况。悉非制限：都不是过去法律所禁止的。制限，法律明令制止、限制的。［23］昔来：近期以来。绳禁：所发布的禁令。［24］愚窃惑焉：私下对这个问题感到迷惑不解。［25］单丝之缣（jiān）、疏缕之布：指粗织的、单薄的丝绢，用麻线粗织的、单薄的麻布。两者都是当做货币使用的丝织品。［26］狭（xiá）幅促度：又狭又短，宽度、长度都不够标准尺寸。幅，指宽度。度，指长度。［27］不中常式：与平常的规格不相符合。［28］裂匹为尺：因为不够一匹的长度，只好分成若干块按尺计算。［29］以济有无：指充当货币使用。济有无，交换物品。［30］徒成杼（zhù）轴之劳：白白花去了织绢、织布的劳苦。杼轴，织布机上的两个部件，即用来持纬（横线）的梭子和用来承经（直线）的筘，代指纺织。［31］殆（dài）：几乎，差不多。救恤（xù）冻馁（něi）：救助挨冻受饿者。恤，哀怜。馁，饥饿。［32］子育黎元：善待黎民百姓。子育，像养育亲生儿子一样的善待。［33］贯缫（qiǎng）相属（zhǔ）：用绳索串连在一起。贯、缫，都是穿钱的绳索。［34］深允：很合适，很公平。［35］乞：请求。并下诸方州镇：同时下令给各个州、镇。［36］方俗所便用：为各方的百姓所喜欢使用。方俗，地方的习俗。［37］但内外全好：只要铜钱本身没有破损。［38］贵贱之差：各种不同的铜钱之间的贵贱比率。［39］乡价：以往的价格。乡，同“向”，向来，以往。［40］庶货环海内：以期能让货物在全国之内流通无阻。庶货：各种货物。环，环形，周转。［41］壅（yōng）：壅塞，堵塞。［42］生新巧伪：又生出新的弄虚作假的办法。［43］窃冒：假冒。［44］尚书左丞：古官名，尚书令的佐官，总领尚书台庶务，主管吏民章奏及台内小吏。卢同：字叔伦，范阳涿（今河北涿州市）人，卢玄族孙，北魏大臣。传见《魏书》卷七十六。吏部勋书：吏部所编制的记载功勋的文书。［45］检核：检校，审核。［46］窃阶：偷升等级。［47］集吏部、中兵二局勋簿：把不同机关所掌管的记功簿调到一起。吏部，古代主管官员的官署，为尚书省六部之首，长官称为吏部尚书。中兵二局，指五兵尚书所管的左中兵、右中兵两个部门，属五兵尚书，都是管理京城守卫部队的机构。［48］对句奏案：对照进行考核，而后写出上报的结论。对句，对照，考核。［49］更造两通：形成二份。通，量词，份。［50］一关吏部：一份交给吏部。关，通知，这里即交给，交给吏部按此授勋发奖。［51］一留兵局：另一份留在中兵二局存档。［52］斩首成一阶：斩一个敌兵之首而获升一级。这是早从商鞅变法就实行的奖赏军功的规定。阶，级。［53］行台：行尚书台的简称，出现于魏晋之际，最初是皇帝出行、巡省时设置的流动中央政府，同时会在都城相对地设“留台”，处理政务、军务、祭祀等事宜。北魏后期，多设置非皇帝行台，用于处理地方各种事务，权力极大。军司：即是“军司马”简称，实际上是军队中主管司法事务的高级官员，地位仅次于方面军主将，多为中央直接任命，亦有以军司一职统兵征战者。给券：发给证明文件。［54］当中竖裂：从中间剖开，一式两支。［55］一支付勋人：一半发给立功应受奖的人。［56］一支送门下：另一半则同时送交门下省。门下省直接管理军事，早在汉武帝时的中朝就是如此。［57］伪巧：弄虚作假。［58］景明元年：公元500年，相当于南齐永元二年。景明，北魏宣武帝元恪的第一个年号。［59］内外考簿：对朝内官员与地方官员的考核记录。簿，记录本。［60］吏部除书：吏部任命官吏的文书。除，任命。［61］中兵勋案：中兵局所掌管的立功受奖者的档案。［62］诸殿最：对官吏业绩考核的记录，谁是第一名，谁是最后一名。殿，最后。最，第一。［63］案校窃阶盗官之人：彻底清查骗取等级与骗取官职的人。案校，审查，核定。［64］烦苛：繁琐，苛刻。［65］清约：清廉，俭约。［66］御史之体：御史这个职位的主要责任。体，性，性能。［67］风闻是司：是把所听到的事情都搜集起来。风闻，传闻。［68］冒勋妄阶：冒领功劳，骗取官位。［69］止：同"只"。摄其一簿：对这一本都进行检查。摄，拿，取。［70］研检虚实：研究、审核其真假情况。［71］绳以典刑：绳之以法。典刑：法律，刑法。［72］移一省之案：取一个机关部门的全部文书档案。移：古代的一种文体。胡三省曰："取尚书省之案赴御史台，所谓'移'也。"［73］寻两纪之事：检查二十四年间的所有事情。古称十二年为一纪。从世宗景明元年（500）至今共十八年，"两纪"是其约数。寻，询查，考究。［74］重慎：即慎重，谨慎从事。［75］虑：担心。辞解：请求辞职解官。［76］镇东将军：古将军名号，为四镇将军之一，地位略高于杂号将军。［77］丁未：二月十六日。［78］东平王：封地东平郡，郡治无盐，在今山东东平县东北。

三月，丙子[1]，敕织官，文锦[2]不得为仙人鸟兽之形，为其裁翦[3]，有乖仁恕[4]。

丁亥[5]，魏广平文穆王怀[6]卒。

夏，四月，戊申[7]，魏以中书监胡国珍为司徒。

诏以宗庙用牲，有累冥道[8]，宜皆以面为之[9]。于是朝野喧哗[10]，以为宗庙去牲[11]，乃是不复血食[12]，帝竟不从[13]。八坐乃议以大脯代一元大武[14]。

秋，八月，丁未[15]，诏魏太师高阳王雍入居门下[16]，参决尚书奏事[17]。

冬，十月，诏以宗庙犹用脯脩[18]，更议代之，于是以大饼代大脯，其余尽用蔬果。又起至敬殿、景阳台，置七庙座[19]，每月中再设净馔[20]。

乙卯[21]，魏诏，北京士民未迁者[22]，悉听留居为永业[23]。

十一月，甲子[24]，巴州[25]刺史牟汉宠[26]叛，降魏。

十二月，柔然伏跋可汗遣俟斤尉比建[27]等请和于魏，用敌国之礼[28]。

是岁，以右卫将军冯道根为豫州[29]刺史。道根谨厚木讷[30]，行军能检敕[31]士卒；诸将争功，道根独默然[32]。为政清简，吏民怀之。上尝叹曰："道根所在，令朝廷不复忆有一州[33]。"

魏尚书崔亮奏请于王屋[34]等山采铜铸钱，从之。是后民多私铸，钱稍[35]薄小，用之益轻[36]。

（以上为第十一段，写南朝下令宗庙祭祀禁止用牲，用面粉代替；南朝豫州刺史冯道根为政清廉，无为而治。）

【注释】

[1]丙子：三月十五日。[2]文锦：有图案花纹的丝织品。文，同"纹"，花纹。[3]裁翦：指用料时对着仙人、鸟兽下剪子。翦，同"剪"。[4]有乖（guāi）仁恕：违背了仁爱、宽恕的原则。[5]丁亥：三月二十六日。[6]广平文穆王怀：即元怀，北魏宣武帝元恪之弟，被封为广平王，谥号文穆。[7]戊申：四月十八日。[8]有累冥（míng）道：使祖先的威灵蒙受损失。因为佛教提倡不杀生，后人为祭祀祖先而杀生，这就会使祖先蒙受不慈悲之名。冥，幽，这里指先人的鬼魂。[9]以面为之：用面粉做成牛、猪、羊之形，以代替用活的动物作供品。[10]喧哗：大声嚷嚷，议论纷纷。[11]去牲：祭祀时不用牛、猪、羊为供品。[12]不复血食：意即不再享受后人的祭祀，亦即国家灭亡，子孙失去了统治权力。这是从远古以来人们就习惯于杀牲祭祀宗庙而言。[13]竟不从：最终没有听从这些议论。[14]八坐：北魏八位议事的国家大臣，即尚书令，尚书左右仆射，再加五部的尚书。大脯：大肉干。一元大武：指祭祀所用的牛。《礼记·曲礼》曰："牛曰'一元大武'。"一元，一头。大武，大脚印。[15]丁未：八月十八日。[16]诏魏：胡三省曰："'魏'字当在'诏'字之上。"是北魏发出的诏令。入居门下：到门下省帮着太后与几位侍中参谋政事。门下：即门下省，古官署名，侍中诸官的办公之处。[17]参决尚书奏事：一起参谋决定尚书省所提出的处理诸事的意见。[18]脯脩（xiū）：肉干。[19]七庙座：萧衍七代祖先的灵牌。[20]再设净馔（zhuàn）：再用素食祭祀一回。馔，食物。[21]乙卯：十月二十七日。[22]北京士民未迁者：按当初规定，平城的百姓应该搬迁到洛阳城来的。北京，指北魏旧都平城。[23]留居为永业：允许留在平城为永久的居民，意即不用再搬迁了。[24]甲子：十一月七日。[25]巴州：此指北巴州，州治巴西郡，在今之四川绵阳市。[26]牟汉宠：人名，南梁官员，武帝萧衍时为巴州刺史。[27]俟（sì）斤：突厥语的音译，对突厥部落首领的称呼，其先世官俟斤者，遂以为氏。尉比建：人名，柔然使者，曾出使北魏。[28]敌国：地位平等的国家。敌，对，相等。[29]冯道根：字巨基，广平酂县（今湖北老河口市）人，南梁开国功臣、名将。雍州刺史萧衍在襄阳起兵，他率乡人子弟归附。南梁建立后，拜骁骑将军，出任南

梁太守，曾以两百精兵横击两万北魏军，立下大功。官至散骑常侍、左军将军，封豫宁县伯。赠左卫将军，谥号威。传见《梁书》卷十八。豫州：南梁州名，州治寿阳，在今安徽寿县。［30］谨厚：谨慎，厚道。木讷：不善言辞。［31］检敕（chì）：约束，管理。敕，通“饬”，整治。［32］默然：沉默不语的样子。［33］不复忆有一州：几乎可以让人忘却这个州的存在，因为它从不给朝廷添任何麻烦，让朝廷为之操心。［34］王屋：山名，在今山西阳城县与垣曲县之间。［35］稍：渐渐。［36］益轻：越来越不值钱，即所谓“贬值”。

十七年（戊戌，518年）

春，正月，甲子[1]，魏以氐酋杨定为阴平王[2]。

魏秦州羌[3]反。

二月，癸巳[4]，安成康王秀[5]卒。秀虽与上布衣昆弟[6]，及为君臣，小心畏敬过于疏贱[7]，上益以此贤之。秀与弟始兴王憺[8]尤相友爱，憺久为荆州［刺史］[9]，常中分其禄[10]以给秀，秀称心[11]受之，亦不辞[12]多也。

甲辰[13]，大赦[14]。

己酉[15]，魏大赦，改元神龟。

魏东益州氐[16]反。

魏主引见柔然使者，让之以藩礼不备[17]，议依汉待匈奴故事[18]，遣使报之。司农少卿张伦[19]上表，以为：“太祖经启帝图[20]，日有不暇[21]，遂令竖子游魂一方[22]，亦由中国多虞[23]，急诸华[24]而缓夷狄也。高祖方事南辕[25]，未遑北伐[26]。世宗遵述遗志[27]，虏使之来[28]，受而弗答[29]。以为大明临御[30]，国富兵强，抗敌之礼[31]，何惮而为之[32]，何求而行之[33]！今虏虽慕德而来，亦欲观我强弱；若使王人衔命虏庭[34]，与为昆弟[35]，恐非祖宗之意也。苟事不获已[36]，应为制诏[37]，示以上下之仪[38]，命宰臣致书[39]，谕以归顺之道，观其从违[40]，徐以恩威进退[41]之，则王者之体[42]正矣。岂可以戎狄兼并[43]，而遽亏典礼[44]乎！”不从。伦，白泽之子也。

三月，辛未[45]，魏灵寿武敬公于忠[46]卒。

魏南秦州氐反，遣龙骧将军崔袭持节谕[47]之。

（以上为第十二段，写柔然逐渐强大，出使北魏，要求双方行对等之礼，北魏仍以宗主国自居，责备他们没有尽到臣节，而按汉朝对待匈奴的办法，派使者回复。）

【注释】

[1]甲子：正月八日。[2]氐（dī）酋：氐族头领。氐，少数民族名，居住在今陕西、甘肃、四川三省的交界地区。杨定：氐族，杨孟孙之子，当时该地区氐族世代头领杨氏家族的后代，阴平国第六任国主。北魏加封杨定为阴平王。[3]秦州羌（qiāng）：秦州地区的少数民族。秦州，北魏州名，州治上邽，在今甘肃天水市。[4]癸巳：二月七日。[5]安成康王秀：即萧秀，字彦达，梁武帝萧衍之弟，南梁宗室、重臣。封安成郡王，为江州刺史，迁荆州刺史、安西将军，颇立政绩。后调任镇北将军、雍州刺史。传见《梁书》卷二十二。安成，古郡名，郡治在今江西安福县。[6]布衣昆弟：平民时期的亲兄弟。[7]过于疏贱：比那些远亲和地位低下的人还要小心谨慎。[8]始兴王憺：即萧憺（dàn）：字僧达，文帝萧顺之第十一梁武帝萧衍异母弟。萧衍起兵东下，萧憺留守雍州；萧颖胄死后，南下接管荆州事务，控制了和帝小傀儡王朝的一切权力，升安西将军、荆州刺史，封始兴郡王。传见《梁书》卷二十二。[9]刺史：二字原无，据章校补。[10]中分其禄：把自己所得的俸禄分出一半。当时的荆州是南朝以来最大、最重要的州，俸禄收入非其他州所可比。胡三省曰："秀、憺，皆吴太妃之子。……荆州总西夏之寄，俸入优厚。"[11]称心：安心，心安理得。[12]辞：推辞。[13]甲辰：二月十八日。[14]大赦：主语是南梁武帝萧衍。[15]己酉：二月二十三日。[16]东益州氐：东益州境内的氐族人。东益州，北魏州名，州治武兴，在今陕西略阳县。[17]让：责备、轻度地谴责。藩礼不备：不像一个附属国对待宗主国的样子。藩，古代称属国属地或分封的土地。[18]议依：计划按照。汉待匈奴故事：像西汉后期对待匈奴人的样子。胡三省曰："汉宣帝待呼韩邪位在诸侯王上，盖称臣也。按张伦表谏与为昆弟，盖用汉文、景故事。"故事：旧例。[19]张伦：字天念，殿内中尚书张白泽长之子，北魏大司农少卿。传见《魏书》卷二十四。[20]太祖经启帝图：指太祖拓跋珪在中原地区经营创建北魏政权。启，开发，扩大。图，开始营建帝业。[21]日有不暇：没有一点空闲时间。[22]令竖子游魂一方：指在拓跋珪经营中原时期，柔然的首领社仑占领了漠北一带地区。游魂，游荡的鬼魂，比喻苟延残喘，对柔然人活动的轻贱称呼。[23]中国多虞（yú）：中原地区可忧虑的事情很多，指东晋、刘宋以来北魏与南朝接连不断的战争。虞，忧虑，忧患。[24]急诸华：把对南朝的战争放在第一位。诸华，周朝自称为'华'，所以分封的中原许多诸侯国，称作'诸华'。华，古称华夏，与"夷"相对。《左传·定公十年》曰："裔不谋夏，夷不乱华。"[25]高祖方事南辕：孝文帝正忙于迁都洛阳，进军淮、汉。高祖，即孝文帝元宏，庙号高祖。南辕，车驾南行。[26]未遑（huáng）北伐：顾不上讨伐北方的柔然。未遑，无暇，没有时间。[27]世宗遵述遗志：宣武帝元恪遵循孝文帝的遗志，继续把与南朝的斗争放在第一位。世宗，即宣武帝元恪，庙号世宗。遵述，遵循。述，继续。[28]虏使：柔然的使者。[29]受而弗答：只是接受其朝献而不派使者

回报。［30］大明临御：英明的皇帝治理国家。大明，英明之极。临御，谓君临天下，治国理政。［31］抗敌之礼：两国对等的礼节。此前柔然曾多次遣使请求与北魏建立平等的国家关系。抗敌，对等、平等的意思。［32］何惮（dàn）而为之：为什么惧怕而答应这样的请求呢？宣武帝元恪曾严厉地斥责柔然人的这种请求。惮，害怕，畏惧。［33］何求而行之：有什么必要答应这样的条件呢？［34］王人：天子的使者。衔命虏庭：奉命出使柔然。［35］与为昆弟：与其结为兄弟之邦。［36］事不获已：不得已而为之。［37］应为制诏：应该给他们下一道诏书。［38］示以上下之仪：给他们讲清北魏与柔然的宗主国与藩国的关系。上下，指君臣关系。［39］命宰臣致书：让辅政大臣给他们写信。［40］观其从违：看他们听还是不听。［41］进退：鼓励与谴责。［42］体：体面，体统。［43］戎狄兼并：指伏跋可汗新破高车及灭邻国叛者而使柔然国力强盛。［44］遽（jù）亏典礼：使北魏的国家地位在礼法上受到损害。按：此处《资治通鉴》的文字似有疏漏，据以往宣武帝元恪对柔然的态度，与此处之"让之以藩礼不备"看，此处的"遣使报之"，绝对应该是使柔然人称臣；但据张伦的上书，似乎又是北魏答应了与柔然以兄弟之礼相交。二者有歧义。遽，竟，最终。典礼，典法，礼仪。［45］辛未：三月十六日。［46］灵寿武敬公于忠：于忠生前被封为灵寿县公，谥号武敬。［47］崔袭：北魏元诩时为龙骧将军。持节：拿着符节，表示为皇帝的特使。谕：晓谕，告诫。

夏，四月，丁酉[1]，魏秦文宣公胡国珍[2]卒，赠假黄钺、相国、都督中外诸军事、太师，号曰"太上秦公[3]"，葬以殊礼，赠䘵仪卫[4]，事极优厚。又迎太后母皇甫氏之柩与国珍合葬，谓之"太上秦孝穆君"。谏议大夫常山张普惠[5]以为前世后父无称"太上"者，"太上"之名不可施于人臣，诣阙[6]上疏陈之，左右莫敢为通。会胡氏穿圹[7]，下有磐石[8]，乃密表，以为："天无二日，土无二王，'太上'者，因'上'而生名[9]也，皇太后称'令'以系'敕'下[10]，盖取三从之道[11]，远同文母[12]，列于十乱[13]，今司徒为'太上'，恐乖系敕之意[14]。孔子称'必也正名乎[15]！'比克吉定兆[16]，而以浅改卜[17]，亦或天地神灵所以垂至戒[18]、启圣情[19]也。伏愿停逼上之号[20]，以邀谦光之福[21]。"太后乃亲至国珍宅，召集五品以上博议[22]。王公皆希[23]太后意，争诘难[24]普惠；普惠应机辩析，无能屈者。太后使元叉宣令于普惠曰："朕之所行，孝子之志。卿之所陈，忠臣之道。群公已有成议，卿不得苦夺朕怀[25]。后有所见[26]，勿难言[27]也。"

太后为太上君[28]造寺，壮丽埒于永宁[29]。

尚书奏复征民绵麻之税[30]，张普惠上疏，以为："高祖废大斗，去长尺，改重称[31]，以爱民薄赋。知军国须绵麻之用，故于绢增税绵八两，于布增税麻十五斤，民以称尺所减，不啻绵麻[32]，故鼓舞供调[33]。自兹以降[34]，所税绢布，浸复长阔[35]，百姓嗟怨[36]，闻于朝野。宰辅不寻其本在于幅广度长[37]，遽罢绵麻[38]。既而尚书以国用不足，复欲征敛[39]。去天下之大信，弃已行之成诏，追前之非[40]，遂后之失[41]。不思库中大有绵麻[42]，而群臣共窃之[43]也。何则？所输之物，或斤羡百铢[44]，未闻有司依律以罪州郡；或小有滥恶[45]，则坐户主[46]，连及三长[47]。是以在库绢布，逾制[48]者多，群臣受俸[49]，人求长阔厚重[50]，无复准极[51]，未闻以端幅有余还求输官[52]者也。今欲复调[53]绵麻，当先正称、尺[54]，明立严禁[55]。无得放溢[56]，使天下知二圣之心爱民惜法如此，则太和之政复见于神龟[57]矣。"

普惠又以魏主好游骋[58]苑囿，不亲视朝，过崇佛法，郊庙之事多委有司[59]，上疏切谏，以为："殖不思之冥业[60]，损巨费于生民，减禄削力[61]，近供无事之僧，崇饰云殿[62]，远邀未然之报[63]，昧爽之臣稽首于外[64]，玄寂之众遨游于内[65]，愆礼忤时[66]，人灵未穆[67]。愚谓修朝夕之因[68]，求祇劫之果[69]，未若收万国之欢心以事其亲，使天下和平，灾害不生也。伏愿淑慎威仪[70]，为万邦作式[71]，躬致郊庙之虔[72]，亲纡朔望之礼[73]，释奠成均[74]，竭心千亩[75]，量撤僧寺不急之华[76]，还复百官久折之秩[77]，已造者务令简约速成，未造者一切不复更为，则孝弟可以通神明[78]，德教可以光[79]四海，节用爱人，法俗俱赖[80]矣。"寻敕外议释奠之礼[81]，又自是每月一陛见群臣[82]，皆用普惠之言也。

普惠复表论时政得失，太后与帝引普惠于宣光殿[83]，随事诘难[84]。

（以上为第十三段，写北魏谏议大夫张惠普上书建言多被采纳，胡太后和魏明帝遇事亦向张普惠请教。）

【注释】

[1]丁酉：四月十二日。 [2]秦文宣公胡国珍：胡国珍，胡太后之父，生前被封为秦郡公，

谥号文宣。［3］太上秦公：至高无上的秦公。［4］赠襚（suì）仪卫：朝廷赠给胡国珍家的丧礼以及出殡时派出仪仗队。襚，赠给死者的衣被，实际指赠给死者家庭的一笔财礼。［5］谏议大夫：古官名，专掌议论。张普惠：字洪赈，常山九门人，北魏儒学礼法之臣。传见《魏书》卷七十八。［6］诣（yì）阙（quē）：来到皇宫。诣，到，至。阙，宫门，这里即指朝廷。［7］穿圹（kuàng）：挖坟坑。圹，坟墓。［8］下有磐（pán）石：挖地挖到巨大的石头，意思是应该另选别的地方。［9］因“上”而生名：意即位在皇帝之上，如刘邦称其父曰“太上皇”，即在刘邦之上。上，皇上，皇帝。［10］以系‘敕’下：把太后的“令”字放置在皇帝的“敕”字之下。［11］三从之道：指在家从父，既嫁从夫，夫死从子。［12］远同文母：像当年周武王的母亲太姒一样。文母，即太姒，周文王姬昌的正妃，周武王姬发之母。与姬昌生有十子，严加教育，善于治理政事，深得文王厚爱和臣下敬重，被尊称为“文母”，谥号文定皇后，陵曰德陵。［13］列于十乱：十位治世的贤臣。当年周武王曾曰“予有乱臣十人”。此十臣是太公望、周公旦、召公爽、毕公高、荣公、太颠、闳夭、散宜生、南宫括、文母。乱，治理乱世，意即治理。［14］恐乖（guāi）系“敕”之意：恐怕会有违于置“令”于“敕”下的道理。乖，违背。［15］必也正名乎：语出《论语·子路》，意即首先应该把名分确立了。正名：名实相符。［16］比：比来，今日。克吉定兆：克吉定兆：能根据吉兆选定墓地。兆，墓地的范围。［17］以浅改卜：因挖坑遇到大石而改选他处。浅，指原址下有磐石，无法再向下挖。［18］垂至戒：给我们提出了严肃的警告。垂，垂示，留下。至，切实，到位。戒，同“诫”，告诫。［19］启圣情：启发圣上的内心觉悟。［20］伏愿：表示愿望的敬辞。逼上之号：逼迫，甚至高出帝王的称号。指太上秦公、太上秦孝穆君。［21］以邀谦光之福：以求得到谦虚的美誉。谦光，谓尊者谦虚而显示其光明的美德。［22］博议：全面详尽地讨论、评议。［23］希太后意：迎合胡太后的想法。希，逢迎，迎合。［24］争诘（jié）难普惠：争先恐后地对张普惠提出责难，施加压力。［25］苦夺朕怀：非要改变我的想法。胡太后在这里自称“朕”，实际上暴露了他的想法，就是将自己等同于皇上，既然历史上皇帝之父可称为“太上”，那么，我的父亲为什么不能称为“太上”，而普惠拘泥于太后位在皇帝之下，故如此认为。［26］后有所见：日后遇到其他问题，又有什么想法。［27］勿难言也：还是希望你能照常提出来。［28］太上君：即胡太后之亡母，封为“太上秦孝穆君”，简称“太上君”。［29］埒（liè）于永宁：与永宁寺差不多。埒，相当，相等。［30］尚书奏复征民绵麻之税：尚书省建议朝廷恢复向百姓征收绵麻之税。北魏原有的制度规定，天下百姓每人每年缴纳绢布一匹之外，还要交绵麻八两。延昌四年（515），宣武帝元恪去世后，尚书令于忠专权，将其全部免除。［31］改重称：不再使用重秤。称，同“秤”。重称，斤两大的秤，与上文“大斗”“长尺”相同，都是贪官污吏用来搜刮百姓、获取额外民财的手段。［32］不啻（chì）绵麻：不只是在绵麻这些实物，更重要的是体现了国家的信义。啻，只，仅。［33］鼓舞供调：欢欣鼓舞地向国家交纳赋税。调，古代赋税的一种。［34］自兹以降：从此以后。以降，以来。［35］浸复长阔：征收的绢帛渐渐地又长起来了、宽起来了。浸，同“渐”，逐渐。［36］嗟（jiē）怨：嗟叹，怨恨。［37］宰辅：当时的执政大臣，指于忠。幅广度长：指上交的绢帛比规定的尺寸又宽又长。［38］遽（jù）罢锦麻：匆忙地下令废除了对绵麻的征收。于忠罢绵麻事见《资治通鉴》卷一四七天监十四年（515）。遽，急忙，匆忙。［39］征敛：征收赋税。［40］追前之非：又继续起以前的错误章程，指又使用起“大斗”“长尺”“重称”。［41］遂后之失：又拾起了后来的错误办法，指重新征收绵麻。［42］库中大有绵麻：国库储存有大量的绵麻。［43］群臣共窃之：被众臣盗为已有。［44］或斤羡百铢：此即重秤，征收一斤，实际要比公平秤多出百铢。羡，多出。铢，一两的二十分之一。［45］小有滥恶：稍微有点小毛病。小，同“稍”，稍微，略有。滥恶，瑕疵，粗劣。［46］坐户主：交赋税的户主就要受到惩处。坐，因某事而获罪。［47］三长：指邻长、里长、党长。［48］逾制：超过应有的数额。［49］受俸：领取国库里的绢帛为薪俸。［50］人求长阔厚重：谁都挑选那些超过实际数额的东西拿。［51］无复准极：谁也不说我只要我应得的数量。准极，恰够标准和质与量。［52］端幅有余：说是几端几匹，实则多出好多。端幅，古代布帛六丈为一端、四丈为一匹。端，指长度；幅，指面宽。还求输官：还请求给官家还回去。输官，送还有关部门。［53］复调绵麻：再收取绵麻充当赋税。调，当时赋税的一种。［54］先正称、尺：先把收税用的量器测定好。称，同“秤”。［55］严禁：严厉的禁令。［56］放溢：放纵，泛滥。［57］太和之政：孝文帝太和年间的美好政治。太和，北魏孝文帝元宏的第三个年号。复见于神龟：又在今天的神龟年间出现了。［58］游骋：游览，驰骋。［59］郊庙之事：南郊祭天与祭祀宗庙之事。多委有司：都让有关部门的官员代替前去。［60］殖不思之冥（míng）业：广建了许多不可想象的宗教事业。殖，增建。冥业，指寄一切希望于来生的佛教。［61］减禄削力：减少百官的俸禄，消耗百姓的劳力。［62］崇饰云殿：把寺院盖得高入云霄，又极力装饰。［63］远邀：远求。未然之报：未必有结果的回报。［64］昧爽之臣：天不亮就来上朝的群臣。昧爽，天未全明。稽首于外：在宫门外磕头，见不到皇帝。稽（qǐ）首，古代的跪拜礼，为臣子拜见君主时所用，跪下并拱手至地，头也至地。［65］玄寂之众：指和尚尼姑。遨游于内：反而自在地到宫内游玩。［66］愆（qiān）礼忤（wǔ）时：该行的礼节不亲行，该守的节令不遵守。愆，缺少，指不行祭祀天地宗庙之礼。忤，触犯，动息不遵时令，指游驰园囿。［67］人灵未穆：臣民与鬼神都不安心宁静。穆，美好。［68］修朝夕之因：搞一点眼前的修行，如吃斋、念佛等。［69］求祇（qí）劫之果：以求不知多少年代以后的善报。祇劫，佛语，表示很长一段时间。胡三省曰：“释氏之言祇劫，犹云无数劫也。”［70］淑慎威仪：注意自己的一举一动。淑慎，贤良，谨慎。威仪，行动，作派。［71］为万邦作式：为普天下的臣民做好楷模。式，榜样。［72］躬致郊庙之虔：该祭天地宗庙的时候要亲自前往，极尽虔敬之礼。［73］亲纡（yū）朔望之礼：要亲自参加初一、十五的祭祀天地鬼神之事。纡，屈尊，这里指参加。［74］释奠成均：要参加太学的活动，给太学的先师敬酒。释奠，为礼敬先师而洒酒于地。成均，古代学校的名称。胡三省曰：“五帝之学曰‘成均’。”［75］竭心千亩：努力做好耕种藉田的礼仪。天子耕种藉田，以表示其对国家农业的重视。千亩，天子亲耕的示范田。［76］量撤：适当地减少。撤，裁剪。不急之华：不急需的华丽之饰。［77］还复：归还，发给。久折之秩：好久以来所克扣的薪俸。［78］孝弟可以通神明：皇帝的孝悌之德可以感动神明。孝弟，同“孝悌”，孝敬父母，尊重爱护兄弟姐妹。神明，即神灵。［79］光：光大，发扬。［80］法俗俱赖：僧俗两类皆赖以得福。［81］寻敕（chì）：不久又下令。议释奠之礼：商议供奉先师的礼仪。释奠，古代在学校设置酒食以奠祭先圣先师的一种典礼。［82］陛见群臣：在朝堂上会见群臣。［83］宣光殿：北魏洛阳皇宫宫殿名。［84］诘（jié）难：讨论，责难。

临川王宏[1]妾弟吴法寿杀人而匿[2]于宏府中，上敕宏出之[3]，即日伏辜[4]。南司[5]奏免宏官，上注[6]曰："爱宏者兄弟私亲，免宏者王者正法，所奏可。"五月，戊寅[7]，司徒、骠骑大将军、扬州刺史、临川王宏免[8]。

宏自洛口之败[9]，常怀愧愤，都下每有窃发[10]，辄以宏为名[11]，屡为有司所奏，上每赦之。上幸光宅寺[12]，有盗伏于骠骑航[13]，待上夜出；上将行，心动，乃于朱雀航[14]过。事发，称为宏所使，上泣谓宏曰："我人才[15]胜汝百倍，当此犹恐不堪[16]，汝何为者[17]？我非不能为汉文帝[18]，念汝愚耳！"宏顿首称无之，故因匿法寿免宏官。

宏奢僭过度[19]，殖货无厌[20]。库屋垂[21]百间，在内堂之后，关籥甚严[22]，有疑是铠仗[23]者，密以闻。上于友爱[24]甚厚，殊不悦。他日，送盛馔[25]与宏爱妾江氏曰："当来就汝欢宴。"独携故人射声校尉丘佗卿[26]往，与宏及江大饮，半醉后，谓曰："我今欲履行汝后房[27]。"即呼舆径[28]往堂后，宏恐上见其货贿[29]，颜色怖惧[30]。上意益疑之，于是屋屋检视，每钱百万为一聚，黄榜标之，千万为一库，悬一紫标，如此三十余间。上与佗卿屈指计，见钱三亿余万，余屋贮布绢丝绵漆蜜纻[31]蜡等杂货，但见满库，不知多少。上始知非仗，大悦，谓曰："阿六[32]，汝生计大可[33]！"乃更剧饮[34]至夜，举烛而还。兄弟方更敦睦[35]。

宏都下有数十邸[36]，出悬钱立券[37]，每以田宅邸店悬上文契[38]，期讫[39]，便驱券主夺其宅[40]，都下东土百姓[41]，失业[42]非一。上后知之，制悬券不得复驱夺[43]，自此始。

侍中、领军将军吴平侯昺[44]，雅有风力[45]，为上所重，军国大事皆与议决，以为安右将军[46]，监扬州[47]。昺自以越亲居扬州[48]，涕泣恳让[49]，上不许。在州尤称明断[50]，符教严整[51]。

辛巳[52]，以宏为中军将军[53]、中书监，六月，乙酉[54]，又以本号行司徒[55]。

臣光曰：宏为将则覆[56]三军，为臣则涉大逆[57]，高祖贷[58]其死罪可矣。数旬[59]之间，还为三公[60]，于兄弟之恩诚厚矣，王者之法果安在哉！

（以上为第十四段，写南朝临川王萧宏是个庸才，率军北伐，全军覆没；而敛财却是好手，巧取豪夺三亿多钱，梁武帝萧衍却置国法不顾，处处维护，将其升官。）

【注释】

[1]临川王宏：即萧宏，字宣达，梁武帝萧衍之弟，封临川郡王，授扬州刺史，累授骠骑大将军、太尉公。传见《梁书》卷二十二。 [2]吴法寿：临川王萧宏的妾弟。匿（nì）：隐藏，躲藏。[3]敕宏出之：命令萧宏交出来。 [4]伏辜：伏法，指被诛杀。 [5]南司：胡三省曰：“御史台曰‘南台’，亦曰‘南司’。” [6]注：批注，批示。 [7]戊寅：五月二十四日。 [8]免：被免职。萧宏被免去司徒、骠骑大将军、扬州刺史的职务。 [9]洛口之败：萧宏为大帅统兵与北魏军相会于洛口，因其懦弱无能，单身逃脱，致使南梁军队惨败，事见《资治通鉴》卷一百四十梁武帝天监五年（506）。 [10]都下每有窃发：建康城里每有事故发生。都下，京师，都城建康。窃发，暗中发动，不知不觉地产生的事情。 [11]辄（zhé）以宏为名：总说是受萧宏的指使，萧宏成了“冤大头”。 [12]光宅寺：古寺庙名。胡三省曰：“帝以三桥旧宅为光宅寺，三桥在秣陵县同夏里。” [13]骠骑航：临川王萧宏府前的浮桥。胡三省曰：“宏府面秦淮，于府前为浮桥，谓之骠骑航，以宏官名航也。”当时萧宏任骠骑大将军。 [14]朱雀航：又作“朱雀桁”，当时建康城南侧横跨秦淮河的最大浮桥，以船舶连接而成。因在建康城正南的朱雀门外，故名。 [15]人才：才能，才华。[16]当此犹恐不堪：做这个皇帝还感到不能承受。 [17]汝何为者：你想干什么？潜在的意思是，即使我被杀了，你能当这个皇帝吗？你有这个才能吗？ [18]我非不能为汉文帝：我不是不能像汉文帝杀淮南王那样也杀掉你。淮南厉王刘长，是汉文帝之弟，因骄横不法，被汉文帝流放，途中绝食而死。见《史记·淮南衡山列传》。 [19]奢僭（jiàn）过度：奢侈挥霍与行为放纵，都超越本分。 [20]殖货无厌：聚敛财货没有满足。殖，增殖，巧取豪夺。货，钱财。 [21]垂：将近。[22]关籥（yuè）甚严：门窗关锁得严严实实。关籥，门关，钥匙。籥，同“钥”。 [23]铠仗：铠甲，兵器。 [24]友爱：兄弟手足之情。 [25]盛馔（zhuàn）：丰盛的饮食。 [26]射声校尉：古官名，宫廷禁卫部队的统领之一，上属于领军将军。丘佗（tuó）卿：南梁时人，武帝萧衍的亲信，为射声校尉。 [27]履行汝后房：看看你的宅院。履行，巡行，这里犹言随便走一走，看一

看。[28]呼舆：令属下备轿。舆，软轿，在今所谓滑竿。径，径直，直往。[29]货贿：财宝，财物。[30]怖惧：恐怖，惊惧。[31]纻（zhù）：苎麻，也指用苎麻纤维织的布。[32]阿六：萧宏于诸弟次第六。阿，用在排行、小名或姓的前面，有亲昵的意味。[33]汝生计大可：你这日子过得不错。大可，很不错。[34]剧饮：痛饮。[35]敦睦（mù）：友好，和睦。[36]都下有数十邸（dǐ）：在京城里有几十套房子。邸，宅院，屋舍。[37]出悬钱立券：在放债于人立借据的时候。悬钱，放债以收利息，犹现在的空头支票。券，借据，证券。[38]以田宅邸（dǐ）店悬上文契（qì）：把借债人可以做抵押的田宅邸店也写在契约上。邸，高级官员居住的处所。悬上，预先写在上面，如"若到期不能还钱，则将某处房子一所，抵给放债人"之类。文契，买卖或借贷双方所订立的契约。[39]期讫：到期之后。[40]驱券主夺其宅：意思是即使借债者有钱还也不要钱，而是硬将人家从房子里赶走。[41]都下东土百姓：建康城里与建康城外的东方地区的百姓。[42]失业：被剥夺房地产业。业，这里指产业。[43]制悬券：下令所有放债的人。驱夺：驱逐，掠夺。[44]吴平侯昺：即萧昺（bǐng），前文作"萧景"，字子昭，梁武帝萧衍堂弟，因功封吴平县侯，为领军将军、右卫将军，出任南兖州刺史。传见《梁书》卷二十四。[45]雅有风力：素有风骨，气节。[46]安右将军：胡三省曰："帝所置百号将军之一也。"[47]监扬州：尚未正式任之为扬州刺史，先令其监管扬州之事。[48]越亲居扬州：超越了梁武帝的几个亲兄弟而当了扬州刺史。扬州刺史的驻地就在都城建康，地位崇高，通常都由皇帝的至亲担任。[49]恳让：恳求推让。[50]明断：明辨是非，决断精准。[51]符教：所下的各种命令。符、教，都是文体名，指王公大臣所下的各种命令。严整，严谨，严密。[52]辛巳：五月二十七日。[53]中军将军：古将军名号，地位显要。在萧衍看来，萧宏只要不是隐藏铠甲，准备谋反，其他的事都不是事儿，被免职后，很快就委以重任，将兄弟之情凌驾于国法之上。[54]乙酉：六月一日。[55]以本号行司徒：以中军将军、中书监的称号代理司徒之职，提高其政治地位。行，代理。[56]覆：倾覆，被人消灭。[57]涉：涉嫌。大逆：阴谋刺杀武帝萧衍。[58]贷：饶，放过。[59]数旬：几十天。旬，十日为一旬。[60]三公：古代辅佐皇帝的最高官职。周朝为太师、太傅、太保，西汉为丞相（大司徒）、太尉（大司马）、御史大夫（大司空），魏晋后三公多无实权，为荣誉职务。

初，洛阳有汉所立《三字石经》[1]，虽屡经丧乱而初无损失[2]。及魏[3]，冯熙[4]、常伯夫相继为洛州[5]刺史，毁取以建浮图精舍[6]，遂大致颓落[7]，所存者委于榛莽[8]，道俗[9]随意取之。侍中、领国子祭酒[10]崔光请遣官守视，命国子博士李郁[11]等补其残缺，胡太后许之。会元乂、刘腾作乱[12]，事遂寝[13]。

秋，七月，魏河州羌却铁忽反[14]，自称水池王[15]；诏以主客郎源子恭[16]为行台[17]以讨之。子恭至河州，严勒[18]州郡及诸军，毋得[19]犯民一物，亦不得轻与贼战，然后示以威恩，使知悔惧。八月，铁忽等相帅[20]诣子恭降，首尾不及二旬[21]。子恭，怀之子也。

魏宦者刘腾，手不解书[22]，而多奸谋，善揣[23]人意。胡太后以其保护之功[24]，累迁至侍中、右光禄大夫，遂干预政事，纳赂为人求官，无不效者[25]。河间王琛[26]，简[27]之子也。为定州[28]刺史，以贪纵著名，及罢州[29]还，太后诏曰："琛在定州，唯不将中山宫来[30]，自余无所不致，何可更复叙用[31]！"遂废[32]于家。琛乃求为腾养息[33]，赂腾金宝巨万[34]计。腾为之言于太后，得兼都官尚书[35]，出为秦州[36]刺史。会腾疾笃[37]，太后欲及其生而贵之[38]，九月，癸未朔[39]，以腾为卫将军[40]，加仪同三司。

魏胡太后以天文有变[41]，欲以崇宪高太后当之[42]。戊申[43]夜，高太后暴卒；冬，十月，丁卯[44]，以尼礼葬于北邙[45]，谥曰"顺皇后[46]"。百官单衣邪巾[47]送至墓所，事讫而除[48]。

（以上为第十五段，写北魏河州羌人反叛，主客郎源子恭用恩德感化，很快平定；胡太后重用宦官刘腾，刘腾专权放纵，为所欲为；因天象变化，害死高太后。）

【注释】

[1]《三字石经》：也称《三体石经》，东汉灵帝熹平四年（175），蔡邕用隶体书《五经》文字，刻石立于洛阳太学门外，称为《熹平石经》《一字石经》。至曹魏正始二年（241），又用古文、小篆、汉隶三种字体书写石经，立在汉碑西侧，称《三体石经》，刻有《尚书》《春秋》和部分《左传》，是继东汉《熹平石经》后建立的第二部石经。 [2]初无损失：一点损坏也没有。初，根本，完全。 [3]魏：指北魏。 [4]冯熙：字晋国，长乐信都（今河北衡水市）人，北燕太宰冯朗之子，孝文帝元宏岳父，北魏外戚大臣。传见《魏书》卷八十三上。 [5]常伯夫：辽西肥如（今河北迁安市）人，常太后的堂兄弟，北魏官员。为散骑常侍、选部尚书，封范阳公，后官至洛州刺史，因贪污和欺骗，被征召回京，在京城斩首。洛州：北魏州名，州治在今河南洛阳市。北魏在孝文帝迁都到洛阳之前，洛阳一直是洛州刺史的驻地。胡三省曰："魏都平城，以洛阳为洛州，既迁洛，始改为司州。" [6]毁取：指毁取刻有《五经》文字的石材。浮图精舍：即佛教寺院，僧人修炼、居住的地方。 [7]大致颓（tuí）落：大部分被损坏。颓，毁损，废弃。 [8]委于榛（zhēn）莽（mǎng）：丢弃在杂乱丛生的草木之中。榛，木名，为落叶灌木。莽，草丛，密生的草。 [9]道俗：僧人与平民百姓。 [10]领：兼任。国子祭酒：古官名，是管理太学的行政官员。 [11]国

子博士：古官名，太学里的教官。太学里的学生称博士弟子。国子，即国子学，古代教育管理机关和最高学府。李郁：北魏元诩时为国子博士。［12］会：恰逢。元叉、刘腾作乱：事在梁武帝普通二年（521），见《资治通鉴》下卷。［13］事遂寝：事情遂被搁置起来。寝，搁置。［14］河州羌（qiāng）却铁忽：河州地区的羌族头领名叫却铁忽。河州，北魏州名，州治枹罕，在今甘肃临夏县东北。却铁忽，北魏河州人，羌族。神龟元年（518），聚众反于本州，自称水池王。后降于北魏行台源子恭。［15］水池王：水池是河州治下的一个县名，县治在今甘肃临洮县西南洮水西岸，上属于洪和郡，却铁忽在此县内割据称王。［16］主客郎：即尚书主客郎，北魏官名，主管接待外国、外族的宾客。源子恭：本姓秃发氏，字灵顺，西平乐都（今青海海东市乐都区）人，鲜卑族，太尉源贺之孙，司徒源怀之子，北魏到东魏大臣，时为主客郎。传见《魏书》卷四十一。［17］行台：朝廷的派出机构，此指为主持行台事务的长官。［18］严勒：严厉控制。［19］毋（wú）得：不得。［20］相帅：彼此一道。［21］首尾不及二旬：胡三省曰："言自子恭至河州及于贼降，首尾不及二旬也。"［22］手不解书：不会写字。解，能，会。［23］揣（chuǎi）：揣测，揣摩。［24］保护之功：指宣武帝元恪死，太子元诩即位，高太后欲杀太子之母胡贵嫔，由于刘腾及时地报告给了侯刚、于忠等，从而使胡氏获救，并当上了太后。［25］无不效者：没有不成功的。效，效果，成功。［26］河间王琛：即元琛（chēn），字昙宝，文成帝拓跋濬之孙，齐郡顺王拓跋简之子，出继河间孝王拓跋若，袭封河间王。为定州刺史，因过分贪纵，免官归家。行贿于侍中刘腾，担任都官尚书、秦州刺史。传见《魏书》卷二十。［27］简：即元简（460—499），也称"拓跋简"，字叔亮，河南洛阳人，鲜卑族，文成帝拓跋濬第四子，孝文帝元宏叔父，北魏宗室、大臣。封为齐郡王，授中都坐大官，掌刑狱，转内都坐大官，酷爱饮酒，不能理顺公私之事。累拜太保。谥号灵。传见《魏书》卷二十。［28］定州：古州名，州治在今河北定州市。［29］罢州：罢去定州刺史的职务。［30］唯不将中山宫来：除了没有把中山国的王宫也搬回来之外。中山宫，后燕的皇宫，在中山郡。将，携带，搬取。［31］叙用：按级进用。［32］废，免官。［33］为腾养息：为刘腾做干儿子，认刘腾为养父。［34］金宝：金银珠宝，泛指贵重财物。巨万：万万，即所谓"亿"。［35］部官尚书：北魏官名，主管首都地区的监察与弹劾。［36］秦州：北魏州名，州治在今甘肃天水市。［37］疾笃（dǔ）：病重。［38］生而贵之：活着的时候，就官位显赫。［39］癸未朔：九月一日。［40］卫将军：古加官名，在将军序列中级别很高，只低于骠骑将军、车骑将军。［41］天文有变：指日食、月食、彗星等。天文，天体在宇宙间的分布、运行等现象。［42］欲以崇宪高太后当之：想用杀死高太后的办法来搪塞这一劫。自西汉以来，常有处死丞相或其他大臣以冲顶这种劫难者。崇宪，二字不知出自何处，查《魏书·皇后列传》，无此二字，如果说是谥号，则是"顺皇后"。高太后，北魏宣武帝元恪第二任皇后。孝明帝元诩即位，尊奉为皇太后。随着其兄司徒高肇倒台，遭到胡太妃排挤，出家为尼。后发生月食，遭到秘密处死。谥号顺皇后。传见《魏书》卷十三。当，担当，承当。［43］戊申：九月二十六日。［44］丁卯：十月十五日。［45］以尼礼：像葬一个尼姑一样。北邙（máng）：山名，在洛阳城北，历来是官僚贵族死后埋葬的地方。[46]顺皇后：《谥法解》曰："慈和便服曰'顺'。"[47]单衣邪巾：单层布帛的长衣，斜压在头上的便帽，这是一种次于朝服的礼服。胡三省曰："邪巾者，邪厌于首。舍衰绖丧冠而单衣邪巾，示不成丧也。"意即高太后根本不配办丧事，故草率从事。邪，同"斜"。[48]事讫而除：下葬后就算完事大吉了。

乙亥[1]，以临川王宏为司徒。

魏胡太后遣使者宋云[2]与比丘惠生如西域[3]求佛经。司空任城王澄奏："昔高祖迁都，制城内[4]唯听置尼、寺各一，余皆置于城外；盖以道俗殊归[5]，欲其净居尘外[6]故也。正始三年[7]，沙门统惠深[8]，始违前禁，自是卷诏不行[9]，私谒弥众[10]，都城之中，寺逾五百，占夺民居，三分且一[11]，屠沽尘秽[12]，连比[13]杂居。往者代北有法秀之谋[14]，冀州有大乘之变[15]。太和、景明之制[16]，非徒使缁素殊途[17]，盖亦以防微杜渐[18]。昔如来阐教[19]，多依出林，今此僧徒，恋著城邑[20]，正以诱于利欲[21]，不能自己[22]，此乃释氏之糟糠[23]，法王之社鼠[24]，内戒[25]所不容，国典[26]所共弃也。臣谓都城内寺未成可徙者，宜悉徙于郭外[27]，僧不满五十者，并小从大[28]；外州亦准此[29]。"诏从之[30]，然卒[31]不能行。

是岁，魏太师雍等奏："盐池天藏[32]，资育群生[33]，先朝为之禁限[34]，亦非苟与细民[35]争利。但利起天池[36]，取用无法，或豪贵封护[37]，或近民吝守[38]，贫弱远来[39]，邈然绝望[40]。因置主司[41]，令其裁察[42]，强弱相兼[43]，务令得所[44]。什一之税[45]，自古有之，所务者远近齐平，公私两宜耳。及甄琛[46]启求罢禁[47]，乃为绕池之民尉保光等擅自固护[48]；语其障禁[49]，倍于官司[50]，取与自由[51]，贵贱任口[52]。请依先朝禁之为便。"诏从之

（以上为第十六段，写北魏胡太后派使者宋云、惠生等到西域求经，满载而归；北魏僧人违犯前朝禁令，占据城邑，广建寺庙；重申对盐池的开采，实行前代的禁令。）

【注释】

[1]乙亥：十月二十三日。[2]宋云：敦煌人，北魏孝明帝元诩时的僧统，即管理僧侣的官

员。神龟元年（518），与崇立寺沙门惠生，奉胡太后之命，自洛阳出使西域求经。经今之青海、新疆，越葱岭，历游乌场、犍陀罗等地，进入西域。正光三年（522），携大乘经论一百七十部返回洛阳。撰有《魏国以西十一国事》《家记》等书。［3］比丘：和尚的另一种称呼。惠生：一作“慧生”，住崇立寺。曾奉胡太后之命，与宋云等自洛阳出使西域求经。著有《使西域记》一卷。如西域：实际是去印度，但古代之所以说“如西域”或“上西天”，这是因为当时人们无法从云南一带出发前往，只能经新疆再往南绕行。而当时的新疆就是人们所说的“西域”了。［4］制城内：规定洛阳城内。［5］道俗殊归：和尚与平民百姓走的不是一条路，各自的目标不同。［6］欲其净居尘外：想让他们去住在人迹罕至之处。［7］正始三年：公元507年。［8］沙门统：洛阳佛教的头领。惠深：和尚名，北魏元诩时为沙门统。［9］卷诏不行：把孝文帝元宏颁布的诏书收卷起来，表示不再执行。［10］私谒弥众：私自向有关官员请求建立寺庙。［11］三分且一：已经快到三分之一。且，将有。［12］屠沽（gū）：一作“屠酤”，宰牲和卖酒。尘秽（huì）：污秽，污染。［13］连比：紧挨着。［14］法秀之谋：指和尚法秀以妖术惑众，在平城发动叛乱，事见《资治通鉴》卷一百三十五齐高帝建元三年（481）。法秀，北魏沙门，与兰台御史张求等反于平城，寻为征北大将军苟颓所杀。［15］大乘之变：冀州的和尚法庆自称“大乘”，发动叛乱，事见本卷前文。［16］太和、景明之制：孝文帝与宣武帝的两次下诏做出规定。太和，北魏孝文帝元宏的第三个年号。景明，北魏宣武帝元恪的第一个年号。［17］非徒：不仅仅。使缁（zī）素殊途：让僧人与百姓分开居住，互不干涉。缁，黑衣，僧服。素，白衣，指士民之服。［18］盖亦：更加重要的是。防微杜渐：及时地预防各种灾变的发生。［19］昔如来阐教：想当初如来佛给世人讲经布道的时候。如来，即佛教创始者释迦牟尼佛，印度人，当时的悉达多太子，在世口授身传宣传佛法。阐教，阐释教义。［20］恋著（zhuó）城邑：依恋在城镇里面。恋著，留恋。著，同“着”。［21］诱于利欲：被世俗的利益欲望所吸引。［22］不能自已：无法克制自己。自已，自止。［23］释氏之糟糠：佛门中的渣滓。糟糠，穷人用来充饥的酒渣、米糠等粗劣食物。［24］法王之社鼠：释迦牟尼身边的败类。法王，犹言佛祖，佛教对释迦牟尼的尊称。社鼠，托身在社树洞穴中的老鼠。因为社树是供人们祭祀用的，不能对之熏烧，故老鼠有恃无恐，比喻仗势作恶的人。［25］内戒：佛教的戒律。［26］国典：国家的法律。［27］悉徙于郭外：全部搬迁到洛阳的外城之外。郭，外城。［28］并小从大：把一些小寺庙都加以归并，合成几个大寺庙。［29］准此：照此办理。［30］诏从之：北魏主下诏说同意照办；此三字原无，据章校补。［31］卒：最终。［32］盐池天藏：晋南地区的大盐池是上天赐给人们的大宝藏。天藏，老天爷的大宝库。［33］资育群生：养育着远近的黎民百姓。［34］为之禁限：为采盐做出过一些规定。禁限，禁令，限制。［35］苟与细民争利：只是与平民百姓争利。［36］利起天池：其可图之利是盐池自然生成的。［37］豪贵封护：被豪门贵族控制垄断。［38］近民吝守：被当地人贪婪地把持起来。吝，贪吝。［39］贫弱远来：贫弱的当地人与远来的外乡人。［40］邈（miǎo）然绝望：眼巴巴地看着没有一点办法。邈然，看不到一点希望的茫然的样子。［41］因置主司：因此国家才设置了专门机构和管理官员。［42］裁察：裁断，审察。［43］强弱相兼：让那些有钱有势的与无钱无势的人都能得到好处。兼，兼顾。［44］务令得所：各自找到自己的位置，发挥各自的作用，即有钱的出钱，有力的出力。［45］什（shí）一之税：指农业税，农民种田向国家交税。什一，即十分之一。什，同“十”。［46］甄（zhēn）琛（chēn）：字思伯，中山无极（今河北无极县）人，北魏大臣。传见《魏书》卷六十八。［47］启求罢禁：请求朝廷取消盐池禁令，事见《资治通鉴》前文卷一百四十六梁武帝天监五年（506）。当时的执政大臣元勰等就以为不可取。（禁集）罢禁，原文为“禁集”，据章校改。［48］绕池之民：盐池周围的百姓。尉保光：人名，盐池附近的平民。擅自固护：专门保护他们一群人的利益。擅，专。固护，坚守。［49］语其障禁：说起他们所建立的种种规章。［50］倍于官司：比起原来官府的两倍还要多。［51］取与自由：开采多少与卖给什么人，都由他们说了算。［52］贵贱任口：盐价的高低，都凭他们信口开河，没有任何依据。

【点评】

北魏胡太后佞佛。胡太后临朝执政后，把北魏崇佛之风推向高潮。本卷所记相关两件大事：一件是孝明帝神龟元年（518）受胡太后派遣，宋云与僧人惠生前往西域求取佛经。宋云，敦煌人，曾为僧官。与惠生等西行取经，并宣扬国威，结好与国。正光年中返回。

另一件事是，胡太后于执政之初的熙平元年（516）便把在洛阳大兴佛事作为要务，修建了规模宏大的永宁寺，又在伊阙口修筑石窟寺，开工的那一天，胡太后亲自率领文武群臣“表基立刹”，表现了对修造该寺的重视。她所建的永宁寺影响深远，对北魏时期佛教在河洛地区的兴盛起了推波助澜的作用。《洛阳伽蓝记》卷一《城内》云：“永宁寺，熙平元年，灵太后胡氏所立也。”站上寺中的高塔“视宫中如掌内，临京师若家庭”。见过这座塔的人，都不由极力称道，“佛事精妙，不可思议。绣柱金铺，骇人心目。至于高风永夜，宝铎和鸣，铿锵之声闻及十余里”。

卷一四九　梁纪五

梁武帝天监十八年至普通四年（519—523 年）

【起屠维大渊献（己亥，519 年），尽昭阳单阏（癸卯，523 年），凡五年】

【大事提要】

本卷记事起自公元 519 年，至公元 523 年，凡五年，当梁武帝天监十八年至普通四年。本卷所载大事，集中在北魏，有三件大事。其一，北魏柔玄镇平民杜洛周在上谷聚众造反，高欢等人都追随杜洛周。高欢事迹开始，高欢是一个极具政治眼光的人。其二，北魏的选拔任用官员制度出了问题：第一点，张仲瑀上书请求限制武将，不能列入士大夫的清品，因此被武将们打死，胡太后只杀掉闹事的首恶分子，其余就不再追究；第二点，从崔亮开始论资排辈这种办法，这些都预示着北魏种下了动乱的根子。其三，公元 523 年，破六韩拔陵率沃野镇兵民起义，杀镇将，六镇起义开始。

高祖武皇帝五

天监十八年（己亥，519 年）

春，正月，甲申[1]，以尚书左仆射袁昂为尚书令[2]，右仆射王暕为左仆射，太子詹事徐勉为右仆射。

丁亥[3]，魏主[4]下诏，称："太后临朝践极[5]，岁将半纪[6]，宜称'诏'以令宇内[7]。"

辛卯[8]，上祀南郊[9]。

魏征西将军张彝[10]之子仲瑀上封事[11]，求铨削选格[12]，排抑[13]武人，不使豫清品[14]。于是，喧谤盈路[15]，立榜大巷[16]，克期会集[17]，屠害[18]其家。彝父子晏然[19]，不以为意。二月，庚午[20]，羽林、虎贲[21]近千人，相帅至尚书省诟骂[22]，求仲瑀兄左民郎中始均[23]

不获，以瓦石击省门；上下慑惧[24]，莫敢禁讨[25]。遂持火掠道中薪蒿[26]，以杖石为兵器，直造其第[27]，曳[28]彝堂下，捶辱极意[29]，唱呼动地[30]，焚其第舍。始均逾垣[31]走，复还拜[32]贼，请其父命[33]，贼就殴击[34]，生投之火中。仲瑀重伤走免[35]，彝仅有余息[36]，再宿[37]而死。远近震骇[38]。胡太后收掩[39]羽林、虎贲凶强者八人斩之，其余不复穷治[40]。乙亥[41]，大赦以安之[42]，因令武官得依资入选。识者知魏之将乱矣。

时官员既少，应选者多，吏部尚书李韶铨注不行[43]，大致怨嗟[44]；更以殿中尚书[45]崔亮为吏部尚书。亮奏为格制[46]，不问士之贤愚，专以停解月日为断[47]，沈滞者皆称其能[48]。亮甥司空咨议刘景安[49]与亮书曰："殷、周以乡塾贡士[50]，两汉由州郡荐才[51]，魏、晋因循[52]，又置中正[53]，虽未尽美，应什收六七[54]。而朝廷贡才[55]，止求其文[56]，不取其理[57]，察孝廉唯论章句[58]，不及治道[59]；立中正不考才行[60]，空辩氏姓[61]，取士之途不博[62]，沙汰之理未精[63]。舅属当铨衡[64]，宜改张易调[65]，如何反为停年格以限[66]之，天下士子谁复修厉名行[67]哉！"亮复书曰："汝所言乃有深致[68]。吾昨为此格[69]，有由而然[70]。古今不同，时宜须异[71]。昔子产铸刑书以救弊[72]，叔向讥之以正法[73]，何异汝以古礼难权宜[74]哉！"洛阳令代人薛琡[75]上书言："黎元[76]之命，系于长吏[77]，若以选曹唯取年劳[78]，不简能否[79]，义均行雁，次若贯鱼[80]，执簿呼名，一吏足矣，数人而用[81]，何谓铨衡！"书奏，不报。后因请见，复奏"乞令王公贵臣荐贤以补郡县[82]"，诏公卿议之，事亦寝[83]。其后甄琛[84]等继亮为吏部尚书，利其便己，踵而行之[85]，魏之选举失人，自亮始也。

（以上为第一段，写北魏的官吏选拔，张仲瑀上书请求限制武将，被痛揍，武将依旧入选；崔亮为吏部尚书，论资排辈，后继者"依样画葫芦"，北魏由盛转衰。）

【注释】

[1]甲申：正月四日。 [2]尚书令：古高官名，尚书台主管官员，主持处理国家政务。"书"字原无，据章校补。 [3]丁亥：正月七日。 [4]魏主：即北魏孝明帝元诩。 [5]临朝践极：特指太后摄政称制。古时后宫是不能上厅堂的，所以后妃要掌权就要"临朝"。践极，犹言登基、

即位。［6］半纪：六年。古称十二年为一纪。胡太后自延昌四年（515）临朝，至今五年，所以说“将半纪”。［7］宜称“诏”以令宇内：皇帝的命令称“诏”，胡太后虽实际掌握政权，但执政以来仍是称“令”而未称“诏”。宇内，国内。［8］辛卯：正月十一日。［9］上祀南郊：皇上，指南梁皇帝萧衍到南郊祭天。［10］张彝（yí）：字庆宾，清河东武城（今河北故城县）人，平陆侯张灵真之子，北魏官员。宣武帝元恪时，任侍中、秦州刺史，治理州务有方，授光禄大夫。此时任征西将军。传见《魏书》卷六十四。［11］仲瑀（yǔ）：张彝次子张仲瑀，北魏的正直官员，初为司空祭酒、给事中。神龟二年（519），上书求铨别选格，排抑武人，使不预清品，遭羽林虎贲袭击。屋宇被焚，父被捶辱几死，己亦负伤，后走避荥阳。传见《魏书》卷六十四。封事：密封的奏章。［12］求铨（quán）削选格：请求修改选拔官员的条例。［13］排抑：排斥，贬抑。［14］不使豫清品：不把武将列入高雅的人群。豫，同“与”，参与，加入。贬抑武将是南朝北朝士族的恶习，张氏也效此恶劣的一套。［15］喧谤：公开喧哗，攻击、诽谤。［16］立榜大巷：在大街上竖起布告栏。榜，大牌子，告示。［17］克期会集：约定时间大家集合。克，约定。［18］屠害：杀害，消灭。［19］父子晏然：胡三省曰：“方羽林、虎贲立榜克期之初，魏朝既不为之严加禁遏，纵彝父子欲以为意，奈之何哉？”晏然，安然，不当一回事的样子。［20］庚午：二月二十日。［21］羽林、虎贲：都是皇帝禁卫军中的称号名，所谓“羽林”，盖言其为国羽翼，如林之盛，行动如飞鸟之快；所谓“虎贲”，盖言其勇猛如同老虎奔走。贲，同“奔”。［22］相帅至尚书省诟骂：相帅，即相率，相继，前后连贯，一个接一个。帅，同“率”。尚书省，古官署名，中央最高政令机构，为中央政府最高权力机构之一。诟（gòu）骂，辱骂，当众辱骂予人难堪。［23］求：寻找。左民郎中：左民尚书属下的郎中。左民尚书即后代的户部尚书。始均：即张始均，字子衡，张彝长子，北魏官员。端洁好学，有文才，为著作佐郎。改陈寿《魏书》为编年之体，广益异闻为三十卷。除兼左民郎中、迁员外常侍。因其弟张仲瑀上封事，排抑武人，不使预在清品，激怒羽林虎贲，焚其家宅，死于火。传见《魏书》卷六十四。［24］上下慑（shè）惧：整个尚书省的官员都惶恐不安。慑，恐惧。［25］莫敢禁讨：没有人敢出来制止他们、派兵镇压他们。禁讨，据张校，应作“禁呵”，制止，呵斥。［26］掠道中薪蒿：掠，此指“烧”的意思。薪蒿（hāo），柴草。［27］直造其第：直奔张彝之家。造，向，抵达。［28］曳（yè）：拽，拉。［29］捶辱极意：随心所欲地捶打、侮辱。［30］唱呼动地：呼号之声震天动地。此四字原无，据章校补。［31］逾垣（yuán）：越墙。垣，墙。［32］拜：拜求，乞求。［33］请其父命：请不要伤害父亲，留其性命。［34］殴击：殴打，拍击。［35］走免：逃奔免死。［36］仅有余息：仅有一些微弱的气息，比死人多一口气。胡三省曰：“言气息奄奄，仅未绝耳。”［37］再宿：第二天夜里。［38］震骇（hài）：震动，震惊。［39］收掩：拘捕。［40］不复穷治：不再彻底追究。［41］乙亥：二月二十五日。［42］大赦以安之：不严惩凶犯，反而大赦，胡氏何以如此惧怕羽林、虎贲？盖以此次事件即由禁卫军队之统领所掀起的，或许胡太后对禁卫军的闹事就有默许的成分。［43］李韶：北魏大臣，时为吏部尚书。谥号文恭。传见《魏书》卷三十九。铨（quán）

注不行：不给应接受任命的官员做出鉴定、写出评语。这里指不进行选官、任官的工作。铨注，对官吏的考选登录。不行，不采取行动，渎职。［44］大致怨嗟（jiē）：招致很多埋怨、报怨。怨嗟，怨恨，叹息。［45］殿中尚书：古官名，北魏初置，掌管殿内兵马、仓库。［46］奏为格制：给朝廷制订了一套选官的条例。［47］停解月日：即停选年限，指任满后等待铨选的时间长短。为断：为标准。［48］沈滞者：仕宦者被积压了很长时间，而不得晋升的人。沈，同“沉”。称其能：称赞崔亮的才能。［49］司空咨议：司空府的属官。咨议参军，古官名，职掌咨询谋议军事，地位在诸参军之上。刘景安：吏部尚书崔亮的外甥，北魏元诩时为司空咨议。［50］殷、周：即商朝、周朝。以乡塾贡士：从乡学里选拔人才。胡三省引《周官·王制》曰：“命乡论秀士，升之司徒，曰‘选士’；司徒论秀士而升之学，曰‘俊士’。”乡塾，乡学。［51］两汉：即西汉、东汉，或称前汉、后汉。由州郡荐才：按照贤良方正、秀才异等、孝廉等科目由州郡逐级向上推荐人才。［52］魏、晋：即曹魏、两晋时期。因循：依沿旧例，不思改进。［53］中正：主管评议推荐人才的官名。在州、郡两级都设此职，负责考察本地人才的品德、门第、才干，分为九等，作为朝廷选拔官吏的依据。正式设立此官，实行九品中正制是在曹魏文帝黄初元年（220）。［54］应什收六七：还是能选中个六七成。什，同“十”。［55］朝廷贡才：朝廷主管部门执行的选择推荐人才的标准。［56］止求其文：只求文章写得好。止，同“只”，仅仅。文，文章。［57］不取其理：不考察其人的治理才能如何。理，治理，管理。［58］察：考察，选拔。孝廉：孝顺亲长、廉能正直，是汉武帝时设立的察举制考试，以任用官员的一种科目。唯论章句：只看他对古书的篇章、字句的理解如何。［59］不及治道：不管他处理政务工作的能力如何。治道，治国平天下的本领。［60］不考才行：不考察才能和品行。［61］空辩氏姓：只分析他们的家族出身如何。空，只，仅。［62］博：广博，宽广。［63］沙汰：淘汰。未精：不准确，不合适。［64］属当铨（quán）衡：主管评定人才的工作，指任吏部尚书。属当，正当，应当。铨衡，即权衡，品鉴、衡量人才。［65］改张易调：本指调整乐器的弦，使声音和谐，此处比喻改变过去选任官员的做法。胡三省引董仲舒曰：“譬如琴瑟不调，必改而更张之。”不调，不和的意思。［66］停年格：即此前崔亮采取的办法，一律按照在任官员任职年限的长短依次序补官。限：限制，埋没人才。［67］修厉名行：修养磨炼以求不断提高。厉，同“砺”，磨炼。名行，才名，操行。［68］深致：深意，境界高。［69］吾昨为此格：我近来制定的选举办法。昨，先前，近来。格：条例。［70］有由而然：这样做是有缘由的。由，原因。［71］时宜须异：采取的措施也应该随之变化。《韩非子》有所谓“时移则事异，事异则备变”，此约用其意。［72］子产：春秋时期郑国的著名宰相。他在郑国进行了一系列的改革。铸刑书：子产为了让人们都懂得法律、遵守法律，曾破天荒地把法律条文刻在了铜鼎上，以便让人们看到。事见《左传·昭公六年》。救弊：纠正时弊。［73］叔向：即羊舌肸（xī），字叔向，春秋时期晋国大夫、政治家，与郑国的子产、齐国的晏婴齐名，但思想比较守旧。讥之以正法：叔向面对礼崩乐坏，旧秩序一去不返的情景很是伤感，对子产这种具有新思想的人物持批评的态度。他反对子产的以法治国，主张用礼用乐，用忠孝仁义等，从正面引导整个社会，比后来儒家的学说还要保守。正法，指礼乐治国的老生常谈。正法，传统做法。［74］以古礼难权宜：用古代的礼法来责难当今临时制宜、根据时代变化作采取的变通措施。［75］洛阳令：洛阳的县令。薛琡（chù）：字昙珍，本姓叱干氏，北徐州刺史薛豹之子，北魏官员。宣武帝元恪时为典客令；孝明帝元诩时，行洛阳令，东魏孝静帝时，高欢引为丞相长史。累迁尚书仆射。传见《北齐书》卷二十六。［76］黎元：百姓，民众。［77］长吏：地位较高的县级官吏，此泛指官吏、官员。［78］选曹：主持选拔官吏之事。年劳：混得年头长，没有功劳也有苦劳。［79］不简能否：不考虑是否能够胜任。简，选拔。［80］义均行雁，次若贯鱼：比喻论资排辈。行雁，天空上的雁行，一个跟着一个。贯鱼，穿成一串的鱼，一条挨着一条。［81］数（shǔ）人而用：数着人头任用，即不加简选。［82］补郡县：以补充有空缺的郡守与县令。［83］寝：搁置。［84］甄琛（chēn）：北魏大臣。传见《魏书》卷六十八。［85］踵而行之：踵（zhǒng），接踵，跟在后面。意即继续如此，不予改革。

初，燕燕郡太守高湖奔魏[1]，其子谧为侍御史[2]，坐法徙怀朔镇[3]，世居北边，遂习鲜卑之俗。谧孙欢[4]，沈深有大志[5]，家贫，执役在平城[6]，富人娄氏女见而奇之，遂嫁焉。始有马，得给镇为函使[7]，至洛阳，见张彝之死，还家，倾赀以结客[8]。或问其故，欢曰："宿卫相帅[9]焚大臣之第，朝廷惧其乱而不问，为政如此，事可知矣，财物岂可常守邪！"欢与怀朔省事云中司马子如、秀容刘贵、中山贾显智、户曹史咸阳孙腾、外兵史怀朔侯景、狱掾善无尉景、广宁蔡俊特相友善[10]，并以任侠雄于乡里[11]。

夏，四月，丁巳[12]，大赦[13]。

五月，戊戌[14]，魏以任城王澄为司徒，京兆王继为司空。

魏累世强盛，东夷、西域[15]贡献不绝，又立互市[16]以致南货，至是府库盈溢[17]。胡太后尝幸绢藏[18]，命王公嫔主从行者百余人各自负绢[19]，称力取之[20]，少者不减百余匹[21]。尚书令、仪同三司李崇，章武王融，负绢过重，颠仆[22]于地，崇伤腰，融损足，太后夺其绢，使空出，时人笑之。融，太洛之子也。侍中崔光止[23]取两匹，太后怪其少，对曰："臣两手唯堪两匹。"众皆愧之。

时魏宗室权幸[24]之臣，竞为豪侈，高阳王雍，富贵冠一国，宫室园圃，侔于禁苑[25]，僮仆[26]六千，伎女[27]五百，出则仪卫[28]塞道路，归则歌吹[29]连日夜，一食直钱[30]数万。李崇富埒于雍而性俭啬[31]，尝[32]谓人曰："高阳一食[33]，敌我千日[34]。"

河间王琛，每欲与雍争富，骏马十余匹，皆以银为槽，窗户[35]之上，玉凤衔铃，金龙吐旆[36]。尝会诸王宴饮，酒器有水精锋、马脑碗、赤玉卮[37]，制作精巧，皆中国[38]所无。又陈女乐、名马及诸奇宝，复引诸王历观府库，金钱、缯布[39]，不可胜计，顾谓章武王融曰："不恨我不见石崇[40]，恨石崇不见我[41]。"融素以富自负，归而惋叹[42]，卧疾[43]三日。京兆王继闻而省之[44]，谓曰："卿之货财计不减于彼[45]，何为愧羡乃尔[46]？"融曰："始谓富于我者独高阳[47]耳，不意复有河间[48]！"继曰："卿似袁术在淮南[49]，不知世间复有刘备[50]耳。"融乃笑而起。

太后好佛，营建诸寺，无复穷已[51]，令诸州各建五级浮图[52]，民力疲弊[53]。诸王、贵人、宦官、羽林各建寺于洛阳，相高以壮丽[54]。太后数设斋会[55]，施僧物动以万计，赏赐左右无节，所费不赀[56]，而未尝施惠及民。府库渐虚，乃减削百官禄力[57]。任城王澄上表，以为："萧衍常蓄窥觎之志[58]，宜及国家强盛，将士旅力[59]，早图混壹[60]之功。比年[61]以来，公私贫困，宜节省浮费以周急务[62]。"太后虽不能用，常优礼[63]之。

魏自永平[64]以来。营明堂、辟雍[65]，役者多不过千人，有司复借以修寺及供他役，十余年竟不能成。起部郎源子恭[66]上书，以为："废经国[67]之务，资不急之费[68]，宜彻减诸役[69]，早图就功[70]，使祖宗有严配之期[71]，苍生有礼乐之富[72]。"诏从之，然亦不能成[73]也。

（以上为第二段，写北齐建立者高欢出场，深沉有大志，散财交友；导致南朝大乱的侯景也首次出现；北魏富盛一时，大臣竞相比富，遍修佛塔，百姓财匮，劳役不断。）

【注释】

[1]燕燕郡：后燕时代的燕郡。燕郡，古郡名，郡治蓟县，在今北京市西南。高湖奔魏：事见《资治通鉴》卷一百一十一晋安帝隆安三年（399）。高湖，字大渊，后燕吏部尚书高泰之子，北魏大臣。先在后燕主慕容垂、慕容宝手下为臣，曾任燕郡太守，反对与北魏作对。至慕容宝被北

魏大破于参合陂后，率众投降北魏主拓跋珪，授右将军、东部大人，封东阿郡侯。后率军灭北凉，任凉州刺史。传见《魏书》卷三十二。［2］谧（mì）：即高谧，《北齐书》作“高谥”，字安平，凉州刺史高湖第三子，北魏大臣。官至治书侍御史，坐罪流放怀朔镇。传见《魏书》卷三十二。侍御史：古官名，御史中丞的下属官员，掌弹劾。［3］坐法：因某事犯法。怀朔镇：北魏北方的军镇名，地址在今内蒙古固阳县西南。［4］欢：即高欢，小字贺六浑，出身怀朔镇兵户，东魏权臣，北齐奠基人。高欢拥立孝武帝元修有功，以大丞相、渤海王的身份控制北魏朝政，又逼孝武帝西投宇文泰而另立孝静帝元善见，分裂北魏为东、西两魏。后宇文泰篡西魏为北周，高欢次子高洋篡东魏建立北齐。北魏灭亡。高洋追尊高欢为神武帝。传见《北齐书》卷一、卷二。［5］沈深：深沉，志向远大。沈，同“沉”。［6］执役：服劳役。平城：古城名，北魏原都城，在今山西大同市。［7］给镇为函使：给军镇上当骑马往京城送信的人。镇，军镇，即指怀朔镇。函使，信使。胡三省曰：“凡书表皆函封，函使者，使奉函诣京师也。”［8］倾赀（zī）：花出全部家财。赀，同“资”，资财。结客：交结朋党。［9］宿卫：值宿宫禁，担任警卫，指京城警备部队。相帅：成群结伙，一齐行动。［10］“欢与怀朔省事司马子如……广宁蔡俊特相友善”句：高观见时局有变，特意结交豪杰蓄聚势力。怀朔军镇的巡管小吏司马子如、秀容人刘贵、中山人贾显智、咸阳人孙腾、怀朔人侯景、善无人尉景、广宁人蔡俊等七人成为高欢创业以及北齐政权的骨干。司马子如，在北魏官至相州刺史，后成为高欢的重要谋臣，北齐建立后，拜司空、太尉公。谥号文明。传见《北齐书》卷十八。刘贵，早年交好高欢，东魏建立后，历任陕州刺史、御史中尉，传见《北齐书》卷十。贾显智，最初是尔朱荣的部下，帮助高欢灭掉了尔朱氏。授伏波将军、冗从仆射，官至骠骑大将军。传见《魏书》卷八十。孙腾，初为北魏户曹史，任冗从仆射，拜后将军、晋州长史，东魏时，授相州刺史，历任侍中、左仆射、司空公、尚书令、太保，封咸阳郡公。传见《北齐书》卷十八。侯景，剽悍好武，擅长骑射。初为北魏将领尔朱荣部下，为定州刺史；后归高欢，拜吏部尚书，迁河南尹；高欢死，投降南梁，拜使持节、大将军、大行台，封河南王。后举兵叛乱，攻破建康，囚杀梁武帝萧衍父子，篡位称帝，史称“侯景之乱”。传见《梁书》卷五十六。尉景，鲜卑族，东魏大臣，高欢姐夫。高欢信都起兵后，拜冀州刺史，镇守邺城，北齐建立后，追封长乐王。传见《北齐书》卷十五。蔡俊，本姓大利稽氏，字景彦，为人豪爽，颇有胆气。与高欢深相亲附，随高欢信都起兵，累有战功，为济州刺史，迁扬州刺史。追赠侍中、大将军、尚书令、司空公、冀州刺史，谥号威武。传见《北齐书》卷十九。［11］任侠：以行侠仗义为己任。雄于乡里：称雄于本乡本土。乡、里，都是古代居民的基层编制名。［12］丁巳：四月八日。［13］大赦：主语省略，为南梁武帝萧衍。［14］戊戌：五月二十日。［15］东夷：东方的少数民族政权，如契丹、库莫奚、高句丽等。西域：自古以来的西域小国，如车师、高昌、鄯善等。［16］互市：对外贸易的场所。［17］府库：古代收藏文书财物和兵器的地方。盈溢：充裕，满盈。北魏此时处于极盛时期，从此就要衰落了。司马迁说：“物盛而衰，固其变也。”［18］幸：驾临。绢藏：收藏丝绸绢帛的仓库。［19］王公嫔（pín）主：王公，指魏国的宗室诸郡王，与郡王之子被封为公者，及群臣以功勋被封为公者。嫔，指北魏皇帝之诸妃妾。主，公主，指皇帝的诸姐妹、诸女。负绢：扛着绢帛回家。负，背着，扛着。［20］称力取之：尽着自己的力气随便取，能取多少是多少。称力，量力。［21］少者不减百余匹：最少的也不低于上百匹。古代的一匹约相当于现在的十丈。不减，不少于。［22］颠仆：跌倒，跌落。［23］止：同“只”，仅仅。［24］权幸：有权势而得到帝王宠爱的大臣。［25］侔（móu）于禁苑：与皇家的园林差不多。侔，相当，相比美。［26］僮（tóng）仆：家僮，仆役。［27］伎（jì）女：女歌舞艺人［28］仪卫：仪仗队、卫队。［29］歌吹：歌唱与鼓吹。［30］直钱：即值钱，价钱高，有价值。直，同“值”。［31］富埒（liè）于雍：富足的程度与元雍不相上下。埒，相当，相比。俭啬（sè）：吝啬，小气。［32］尝：曾经。［33］高阳一食：高阳王元雍家的一顿饭。［34］敌我千日：顶得上我们家的一千天。敌，顶，相等。［35］窗户：门窗。［36］吐旆（pèi）：口中叼着下垂的饰物。旆，旗子一类的饰品。［37］水精锋：一作“水精钟”，水晶制成的酒杯。水精，今作“水晶”，稀有矿物，宝石的一种，石英结晶体。马脑碗：玛瑙制成的碗。马脑，同“玛瑙”，玉髓类矿物的一种，是混有蛋白石和隐晶质石英的纹带状块体。赤玉卮（zhī）：赤玉做成的酒杯。卮，酒杯。［38］中国：指北魏所处的中原地区。［39］缯布：丝织的绢帛与麻织品，当时都可以当钱币使用。［40］不恨我不见石崇：意即石崇算什么，我还瞧不起呢！不恨，没有遗憾。石崇，字季伦，小名齐奴，西晋大臣，鹰扬将军、南中郎将、南蛮校尉、荆州刺史，劫掠往来富商，富可敌国，以豪富与奢靡著称。传见《晋书》卷三十三。［41］恨石崇不见我：只恨石崇没有见到我，他若见到我，恐怕是羞愧得无地自容，他就那点财富，还敢与人比富斗财！［42］惋（wǎn）叹：悲叹，叹息。［43］卧疾：二字原无，据章校补。［44］省（xǐng）之：前往探看章武王元融。由此句乃知上句尤不可少“卧疾”二字。省，探视。［45］计不减于彼：绝对不比河间王元琛少。［46］何为愧羡乃尔：为什么羞愧、羡慕到这样的地步呢？［47］高阳：即高阳王元雍。［48］不意复有河间：怎么也想不到，河间王元琛也比我富，我还有什么面子！［49］袁术：字公路，东汉末年割据淮南的军阀。曾狂妄地一度称帝于寿春，骄奢淫逸，横征暴敛，后被刘备击败，元气大伤，呕血而死。传见《后汉书》卷一百五。［50］不知世间复有刘备：怎么也没有想到，还有刘备，能够乘时而起，意即你想不到的事情还多着呢，又何必在意呢？胡三省曰：“物盛而衰，固其理也。史言魏君臣骄侈，乃其衰乱之渐。”［51］无复穷已：没完没了。［52］五级浮图：五层高的佛塔。［53］疲弊：人力、物力受到消耗而困乏不足。弊，同“敝”，凋敝。［54］相高以壮丽：以壮丽相高，看谁建造得更壮丽。相高，相互竞赛。［55］斋会：向僧人施舍的佛教活动。［56］不赀（zī）：无法计算。赀，计量。［57］禄力：百官的俸禄与为之服务的人员。力，官员的侍从与奴仆。当时的各个官府中都有为之效力做工的奴仆。［58］窥觎（yú）之志：伺机进攻我们的意图。窥觎，伺隙图谋，暗中找空子、找机会。［59］旅力：愿意为国家出力、效力。［60］混壹：统一天下。壹，同“一”。［61］比年：近年，连年。［62］浮费：不必要的开支。周急务：供给紧急事务的开支。周，周济，供给。［63］优礼：优待，礼遇。［64］永平：北魏主元恪的第三个年号。［65］营明堂、辟（bì）雍：建造国家的礼仪性建筑。明堂，儒家所宣传的古代帝王祭祀、尊贤、讲礼、发布政教的场所。辟雍，古代太学里的中心建筑，是帝王亲临讲学的场所。［66］起部郎：古官名，主管建筑、营造的官员，相当于后代的工部尚书。源子恭：本姓秃发氏，字灵顺，西平乐都（今青海海乐市乐都区）人，鲜卑族，太尉源贺之孙，司徒源怀之子，北魏到东魏大臣、将领。传见《魏书》卷四十一。［67］经国：治理国家。［68］资不急之费：把钱用到不重要、不急需的项目上。资，投资，把钱用于。［69］彻减诸役：撤销那些营建佛寺的各种劳役。彻减，同“撤减”，撤除、削减。［70］就功：建成那些明堂、辟雍一类的重要工程。［71］严配之期：指尊敬其父，使其享受配天之祭，也就是当皇帝祭天的时候，将自己祖先的牌位摆在老天爷灵位的旁边，陪着老天爷享受祭祀。《孝经》中有孔子曰：“孝莫大于严父，严父莫大于配天。昔者周公郊祀后稷以配天，则周公其人也。宗祀文王于明堂以配上帝。”［72］苍生：全国的黎民百姓。有礼乐之富：能过上礼乐治世的幸福生活。［73］不能成：就是建不成明堂与辟雍。

魏人陈仲儒[1]请依京房[2]立准以调八音[3]。有司诘[4]仲儒：“京房律准[5]，今虽有其器，晓之者鲜[6]，仲儒所受何师，出何典籍？”仲儒对言；“性颇爱琴，又尝读司马彪[7]《续汉书》[8]，见京房准术[9]，成数昞然[10]。遂竭愚思，钻研甚久，颇有所得。夫准者所以代律[11]，取其分数，调校乐器[12]。窃寻调声之体[13]，宫、商宜浊[14]，徵、羽宜清[15]。若依公孙崇[16]，止以十二律声[17]，而云还相为宫[18]，清浊悉足[19]。唯黄钟管最长[20]，故以黄钟为宫[21]，则往往相顺[22]。若均之八音[23]，犹须错采众音[24]，配成其美。若以应钟[25]为宫，蕤宾[26]为徵，则徵浊而宫清[27]，虽有其韵，不成音曲[28]。若以中吕[29]为宫，则十二律中全无所取[30]。今依京房书，中吕为宫[31]，乃以去灭[32]为商，执始为徵[33]，然后方韵[34]。而崇乃以中吕为宫[35]，犹用林钟[36]为徵，何由可谐！但音声精微[37]，史传简略，旧志准十三弦[38]，隐间九尺[39]，不言须柱以不[40]。又，一寸之内有万九千六百八十三分，微细难明[41]。仲儒私曾考验[42]，准当施柱[43]，但前却柱中[44]，以约准分[45]，则相生之韵已自应合[46]。其中弦粗细[47]，须与琴宫相类[48]，施轸以调声[49]，令与黄钟相合[50]。中弦下依数画六十律清浊之节[51]，其余十二弦须施柱如筝[52]，即于中弦按尽一周之声[53]，度著十二弦上[54]。然后依相生之法[55]，以次运行，取十二律之商、徵[56]。商、徵既定，又依琴五调调声之法以均乐器[57]，然后错采众声以文饰之[58]，若事有乖此[59]，声则不和[60]。且燧人[61]不师资而习火[62]，延寿[63]不束修以变律[64]，故云知之者欲教而无从[65]，心达者体知而无师[66]，苟有一毫所得，皆关心抱[67]，岂必要经师受然后为奇[68]哉！”尚书萧宝寅奏仲儒学不师受，轻欲制作[69]，不合依许[70]，事遂寝[71]。

（以上为第三段，写北魏琴师陈仲儒关于制定音律的提案被否决。）

【注释】

[1]陈仲儒：北魏元诩时的琴家，曾提出过京房律准的使用方法问题，以回答有关机构的问难而知名于史。 [2]京房：本姓李，字君明，东郡顿丘（今河南清丰县西南）人，西汉学者，今文《易》学的创始人，推律自定为京氏，通晓音律。受学于梁人焦延寿，举孝廉为郎，后任魏郡太守。多次上疏论说灾异，引《春秋》《易》为说，得罪宦官石显，被弃市。传见《汉书》卷八十八。[3]立准：制造一个定音的乐器。准，定音的乐器。八音：八种用不同材质制造的乐器，即匏、土、革、木、石、金、丝、竹八类。这里泛指古代的一切乐器。 [4]有司：有关主管部门。诘（jié）：诘责，责难。 [5]京房律准：京房制造的定调的乐器，相传其状如瑟。 [6]晓之者鲜：明白如何使用的人很少。鲜，少。 [7]司马彪：字绍统，司马懿的侄孙，西晋史学家，起家骑都尉。晋武帝司马炎时，历任秘书郎、秘书丞、通直散骑侍郎。曾作《九州春秋》《续汉书》八十三卷、《庄子注》二十一卷，《兵记》二十卷，均已失佚。传见《晋书》卷八十二。 [8]《续汉书》：西晋史学家司马彪所著的纪传体断代史，全书共八十三卷，分为纪、传、志和颇具史书编撰特色的序传，主要记载了自东汉光武帝刘秀至孝献帝刘协约二百年的历史。范晔的《后汉书》问世后，司马彪的《续汉书》逐渐被淘汰，纪、传部分已经亡失，唯有八志现存于范晔的《后汉书》中，乃后人取司马彪书以补范晔书之缺。 [9]见京房准术：意即陈仲孺是从司马彪《续汉书》的《礼乐志》中见到了京房制造的定音乐器的技术原理。司马彪有关此问题的文字，胡三省在注释《资治通鉴》时已经全文引入。因篇幅太长，又太专门、太琐细，故此处不加转录。 [10]成数昞（bǐng）然：各项数据都写得清清楚楚。昞然，明亮、清晰的样子。 [11]准者所以代律：京房要制造一个准器，本是为了让它代替此前所用的十二支律管。律，律管。 [12]调校乐器：调整校对各种乐器的音值。 [13]调声之体：调整五个音阶的音值。声，中国古代的音阶，也叫五声、五音，指宫、商、角、徵、羽。 [14]宫：古代五音之一，相当于简谱的“1”。商：古代五音之一，相当于简谱的“2”。浊：音低。 [15]徵（zhǐ）：古代五音之一，相当于简谱的“5”。羽：古代五音之一，相当于简谱的“6”。清：音高。 [16]公孙崇：北魏官员。孝文帝拓跋宏时为给事中、大乐祭酒。奉诏与中书监考定雅乐，为太乐令，曾制造乐尺，也是用来校正乐器音高的律器。事见《资治通鉴》卷一百四十七梁武帝天监八年（509）。 [17]止以十二律声：只用过去的十二个律管来检测各种乐

器的音高。止，同“只”，仅仅。十二律，古代用以校定音高的十二个律管，即阳律的黄钟、太簇、姑洗、蕤宾、夷则、亡射；与阴律的大吕、夹钟、中吕、林钟、南吕、应钟。十二律各有固定的音高。［18］还相为宫：也称“旋相为宫”，十二律更迭为宫。在中国古代音乐中，宫、商、角、徵、羽五声皆可作为音阶的第一级音，同时也就可以形成五种不同的调式。但宫、商、角、徵、羽只有相对的音高，没有绝对的音高，在实际音乐中它们的音高要用律来确定。而这种用律来定宫音，以形成多种调式的方法，叫做“还相为宫”。还，同“旋”。［19］清浊悉足：各种音高音低的问题就全都解决了。［20］黄钟管最长：在十二根定音管中，黄钟是十二律之始，声音最洪亮。黄钟，古乐律名，乐律十二律中的第一律。［21］以黄钟为宫：用黄钟来确定宫音。五音只有相对的音高，在实际音乐中要用律来定乐调。［22］相顺：和谐，流畅。［23］均之八音：如果使用各种乐器一起演奏时。均，调和。八音，泛指乐器。［24］错采众音：意即“旋相为宫”，交叉使用各种调式。错，错杂。［25］应钟：古乐律名，乐律十二律之一。［26］蕤（ruí）宾：古乐十二律中第七律，为阳律。［27］徵浊而宫清：使得徵音低沉，宫音反而高飘。［28］虽有其韵，不成音曲：虽然也有一定的韵律，但就不是和谐流畅的曲调了。［29］中吕：也作“仲吕”，古乐十二律的第六律。［30］十二律中全无所取：十二律中的各种调式就全不会成为乐音了。［31］中吕为宫：用中吕管来定宫音。［32］去灭：京房所制六十律中的新律名。［33］执始：京房所制六十律中的新律名。［34］然后方韵：这样才能成为和谐的曲调。韵，成曲韵。［35］以中吕为宫：以中吕作为宫调。［36］林钟：古乐十二律之一。［37］精微：精深，微妙。［38］旧志准十三弦：旧史书上记载说京房的律准是十三根弦。［39］隐间九尺：琴上有九尺长的纹饰。［40］曲不言须柱以不（fǒu）：也没有说需不需要有架弦的柱。柱，是琴瑟一类的乐器上将弦架起来的支柱。以不，同“与否”。［41］微细难明：那些细密而繁多的刻度究竟表明什么，让人看不明白。［42］私曾考验：暗自研究考察。［43］准当施柱：京房的律准上应该是有柱的。［44］但：只要。前却柱中：与柱为中心，向前或向后移动。［45］以约准分：以对好那些微细难明的刻度。［46］则相生之韵已自应合：那种合乎韵律的乐音就自然而然的发出来了。［47］其中弦粗细：京房律准十三根弦的中弦的粗细。［48］须与琴宫相类：大致与琴上的大弦差不多。琴宫，琴中的宫声。［49］施轸（zhěn）：京房的律准上也要有轸的装置。轸，琴腹下调弦的木柱，即控制琴弦松紧的转轴。［50］令与黄钟相合：将其中弦的声音调得与黄钟律的高低相一致。［51］中弦下依数画六十律清浊之节：在紧靠中弦后面的一根弦上，依五声十二律旋相为宫的规律刻划出六十宫调的高低刻度。六十律，五音与十二律相配的六十个乐调。［52］其余十二弦须施柱如筝（zhēng）：其他的十二根弦也都装上柱，和筝的样子相似。筝，木制长形的拨弦乐器。［53］于中弦按尽一周之声：先在中弦上把六十律的每个音都弹一遍。按，抚弦。一周之声，六十律的每一个音。［54］度著十二弦上：把它们都标明在十二根弦上。［55］依相生之法：即按照三分损益法。［56］取十二律之商、徵：找到十二条弦上的用十二律确定的商音与徵音的位置。［57］五调（diào）调（tiáo）声之法：依宫、商、角、征、羽五种调式调声的方法。均乐器：调定乐器。

[58]错采众声以文饰之：把不同乐器发出的不同音质、不同音色的声音通通修饰一遍。文饰，修饰。 [59]事有乖此：稍有一点不按这种规矩进行。 [60]声则不和：就得不到和谐、流畅的乐曲。 [61]燧（suì）人：即燧人氏，相传是古代发明钻木取火的氏族。燧人氏在商丘发明钻木取火，教人熟食，结束了远古人类茹毛饮血的历史，使人类与禽兽的生活习性区别开来，开创了华夏文明，被后世奉为"火祖"。燧人氏生伏羲氏、女娲氏。 [62]不师资而习火：没有向老师学习就发明了钻木取火。不师资，没有老师为凭借。 [63]延寿：即焦延寿，或作"焦赣"，名赣，字延寿。梁国睢阳（今河南商丘市）人，西汉著名哲学家。自幼发愤苦读，涉猎广泛，曾为小黄县县令。后来又专心读书，尤其下工夫研究《易经》，一边讲授，一边著书，著有《焦氏易林》。代表徒弟有京房。 [64]不束脩（xiū）以变律：没有拜过老师，也能变十二律为六十律。束脩，一小捆干肉，古时送给老师的薄礼。不束脩，即没有拜过老师。变律，变十二律为六十律。 [65]欲教而无从：想传授给人，但没有合适的受教者。 [66]心达者：聪明一看就懂的人。体知而无师：没有老师也能够自学成才。体知：体会，理解。 [67]皆关心抱：都是通过用心思考、用心学习得来的。心抱，心怀，心得。 [68]经师受：经过老师的传授。受，通"授"，传授。为奇：做出奇特的贡献。 [69]轻欲制作：轻率地想制定音律。 [70]不合依许：不该准其制作。不合，不该。合，原文为"敢"，据章校改。 [71]寝（qǐn）：搁置，无声无息，没有下文。

魏中尉东平王匡[1]以论议数为任城王澄所夺[2]，愤恚[3]，复治其故棺[4]，欲奏攻澄[5]。澄因奏匡罪状三十余条，廷尉处以死刑[6]。秋，八月，己未[7]，诏免死，削除官爵，以车骑将军侯刚代领中尉。三公郎中辛雄奏理匡[8]，以为"历奉三朝[9]，骨鲠之迹[10]，朝野具知，故高祖赐名曰'匡'[11]。先帝既已容之于前[12]，陛下亦宜宽之于后，若终贬黜[13]，恐杜忠臣之口[14]。"未几[15]，复除匡平州[16]刺史。雄，琛之族孙也。

九月，庚寅[17]，胡太后游嵩高[18]；癸巳[19]，还宫。

太后从容谓兼中书舍人杨昱[20]曰："亲姻[21]在外，不称人心[22]，卿有闻，慎勿讳隐[23]！"昱奏扬州刺史李崇五车载货[24]、恒州刺史杨钧[25]造银食器饷领军元义[26]。太后召义夫妻，泣而责之[27]。义由是怨昱。昱叔父舒[28]妻，武昌王和[29]之妹也。和即义之从祖。舒卒，元氏频请别居[30]，昱父椿[31]泣责，不听，元氏恨之。会瀛州民刘宣明[32]谋反，事觉，逃亡。义使和及元氏诬告昱藏匿宣明，且云："昱父定州[33]刺史椿，叔父华州刺史津[34]，并送甲仗[35]三百具，谋为不逞[36]。"义复构成[37]之。遣御仗[38]五百人夜围昱宅，收之[39]，一无所获。太后问其状，昱具对为元氏所怨。太后解昱缚，处和及元氏死刑，既而义营救[40]之，和直[41]免官，元氏竟不坐[42]。

冬，十二月，癸丑[43]，魏任城文宣王澄[44]卒。

庚申[45]，魏大赦。

是岁，高句丽王云[46]卒，世子安[47]立。

魏以郎选[48]不精，大加沙汰[49]，唯朱元旭、辛雄、羊深、源子恭及范阳祖莹等八人以才用见留[50]，余皆罢遣。深，祉之子也。

（以上为第四段，写北魏朝廷的权臣内斗，东平王元匡以死弹劾任城王元澄，差点被处死；中书舍人杨昱揭发领军将军元义收受贿赂，被诬，差点丢了性命。）

【注释】

[1]中尉：即御史中尉，古官名，御史中丞的属官，掌纠察百官。东平王匡：即元匡：字建扶，阳平幽王拓跋新成第五子，出嗣广平王元洛侯，承袭广平王，改封济南王。元诩时，迁御史中尉、镇东将军、齐州刺史。传见《魏书》卷十九上。[2]所夺：所驳回，所否定。[3]愤恚（huì）：痛恨，怨恨。[4]复治其故棺：又重新准备他已经做好的棺材。元匡此前曾与外戚高肇拼死相斗，抬着棺材上朝，见《资治通鉴》卷一百四十七梁武帝天监七年（508）。现又准备与元澄拼死相斗。[5]欲奏攻澄：准备向皇帝上书，攻击弹劾元澄。[6]廷尉：古官名，国家的最高司法长官。处以死刑：处元匡以死刑，完全秉着元澄的意旨行事。[7]己未：八月十二日。[8]三公郎中：古官名，为尚书省三公曹长官。辛雄：字世宾，陇西狄道（今甘肃临洮县）人，北魏直臣南梁太守辛琛之族孙，北魏大臣，当时正直敢言的官吏。传见《魏书》卷七十七。奏理匡：上书为元匡辩理、申诉。[9]历奉三朝：指元匡先后在孝文帝元宏、宣武帝元恪、今之魏帝元诩驾下为臣。[10]骨鲠（gěng）之迹：正直刚强的形象。鲠，耿直，刚正。[11]高祖赐名曰“匡”：孝文帝元宏给元匡改掉旧名，让他叫元匡，事见《魏书》卷七十七。匡：匡正，匡扶。[12]容之于前：元匡前与高肇以死相拼，被高肇一党定为死罪，宣武帝元恪赦之，将其降为光禄大夫。[13]贬黜：降职，罢官，这里隐指判处死刑。[14]杜忠臣之口：让忠正之臣日后不敢说话。杜，堵塞。言下之意，让奸臣气焰嚣张。[15]未几：没过多久。[16]平州：北魏州名，州治肥如，在今河北迁安市东北。[17]庚寅：九月十四日。原文“庚寅”下衍“朔”字，据章校。[18]嵩高：即中岳嵩山，在今河南登封市北。[19]癸巳：九月十七日。[20]从容：平和、随意的样子。杨昱（yù）：字元晷，弘农华阴（今陕西华阴市）人，洛州刺史杨懿之孙，功勋大臣杨椿之子，北魏大臣，为人直正敢言。除太学博士、太尉府掾、中书舍人，为征虏将军，出为徐州刺史。后为陇西王尔朱天光所害。传见《魏书》卷五十八。[21]亲姻：由婚姻关系结成的亲属。[22]不称人心：

不合人意，被人憎恨。［23］讳（huì）隐：回避，隐瞒。［24］五车载货：极言其向人行贿所用的财货之多。［25］恒州：原文作“相州”，据章校改。杨钧：恒农华阴人，杨播族弟，拜恒州刺史、怀朔镇将。官至七兵尚书、北道行台。［26］饷领军元义：给领军将军元义送礼。饷，馈赠，这里即指行贿。元义：《魏书》作“元叉”，《资治通鉴》也有写作“元叉”，字伯儁，小字夜叉，太师江阳王元继长子，胡太后的妹夫。北魏乱臣，后被赐死。传见《魏书》卷十六。［27］泣而责之：胡三省曰：“爱诲之意也。”［28］舒：即杨舒，北魏时人，恒州刺史杨昱叔父。［29］武昌王和：元和，字善意，武昌简王拓跋平原之子，袭封武昌王爵位。历任谏议大夫、太子率更令，出任凉州刺史，迁东郡太守。传见《魏书》卷十六。［30］频（pín）请别居：元和之妹杨舒，一再地请求分家搬出去单住。频，多次，再三。［31］椿：即杨椿，字延寿，洛州刺史杨懿次子，北魏名将。历孝文帝、宣武帝、孝明帝、孝庄帝四朝，先后治理豫州、济州、梁州、朔州、定州、南秦州、岐州、雍州八州，拜车骑大将军、开府仪同三司，为司徒、太保兼侍中。传见《魏书》卷五十八。［32］瀛（yíng）州：北魏州名，州治在今河北河间市。刘宣明：北魏瀛州人，曾谋叛。［33］定州：北魏州名，州治在今河北定州市。［34］华州：北魏州名，州治在今陕西蒲城县东。津：即杨津，杨椿之弟，北魏外戚，时为华州刺史。传见《魏书》卷五十八。［35］甲仗：铠甲与兵器。［36］谋为不逞：即阴谋造反。不逞，不快，不满意。这里即指“谋反”。［37］构成：编织罪证，使罪名成立。［38］御仗：御林军。［39］收之：将其逮捕，抄家，寻找谋反证据。［40］营救：斡旋，援救。［41］直：仅。［42］不坐：不受刑法的惩处。胡三省曰：“史言灵后昵庇元义以自遗患。”［43］癸丑：十二月八日。［44］任城文宣王澄：元澄被封为任城郡王，死后谥号文宣。［45］庚申：十二月十五日。［46］高句丽：朝鲜族所建立的古国名，都城丸都，在今吉林集安市。云：即高云，高句丽国王。传见《魏书》卷一百。［47］安：即高安，高云之子，继位为高句丽国王。［48］郎选：朝廷各部门郎官一职的选拔与委任。当时朝廷各部门如尚书省、中书省、门下省、秘书省等都有郎、郎中等职。［49］沙汰：犹今所谓淘汰。胡三省曰：“以水淘去沙石，谓之沙汰，故以谕去不肖。”［50］才用：才干，才能。见留：被留用。

普通元年（庚子，520 年）

春，正月，乙亥朔[1]，改元，大赦。

丙子[2]，日有食之。

己卯[3]，以临川王宏[4]为太尉、扬州刺史，金紫光禄大夫王份[5]为尚书左仆射。份，奂之弟也。

左军将军豫宁威伯冯道根[6]卒。是日上春[7]，祠二庙[8]，既出宫，有司以闻[9]。上问中书舍人朱异[10]曰：“吉凶同日[11]，今可行乎[12]？”

对曰：“昔卫献公闻柳庄死[13]，不释祭服而往[14]。道根虽未为社稷之臣[15]，亦有劳王室[16]，临之[17]，礼也。”上即幸其宅，哭之甚恸[18]。

高句丽世子安遣使入贡[19]。二月，癸丑[20]，以安为宁东将军、高句丽王，遣使者江法盛[21]授安衣冠剑佩。魏光州[22]兵就海中执之，送洛阳。

魏太傅、侍中、清河文献王怿[23]，美风仪[24]，胡太后逼而幸之[25]。然素有才能，辅政多所匡益[26]，好文学，礼敬士人，时望甚重[27]。侍中、领军将军元义在门下[28]，兼总禁兵[29]，恃宠骄恣，志欲无极，怿每裁之以法[30]，义由是怨之。卫将军、仪同三司刘腾[31]，权倾内外，吏部希腾意[32]，奏用腾弟为郡[33]，人资乖越[34]，怿抑而不奏，腾亦怨之。龙骧府长史宋维[35]，弁之子也，怿荐为通直郎[36]，浮薄无行[37]。义许维以富贵，使告司染都尉韩文殊父子谋作乱立怿[38]。怿坐禁止[39]，按验[40]，无反状，得释，维当反坐[41]；义言于太后曰：“今诛维，后有真反者，人莫敢告。”乃黜维为昌平[42]郡守。

义恐怿终为己害，乃与刘腾密谋，使主食中黄门胡定自列[43]，云：“怿货定[44]使毒魏主，若己得为帝，许定以富贵。”帝时年十一，信之。秋，七月，丙子[45]，太后在嘉福殿[46]，未御[47]前殿，义奉帝御显阳殿[48]，腾闭永巷[49]门，太后不得出。怿入，遇义于含章殿[50]后，义厉声不听怿入[51]，怿曰：“汝欲反邪！”义曰：“义不反，正欲缚反者耳！”命宗士及直斋执怿衣袂[52]，将入含章东省[53]，使人防守之。腾称诏[54]集公卿议，论怿大逆[55]；众咸畏义，无敢异者，唯仆射新泰文贞公游肇抗言[56]以为不可，终不下署[57]。

义、腾持公卿议入[58]，俄而得“可”[59]，夜中杀怿[60]。于是，诈[61]为太后诏，自称有疾，还政于帝。幽太后于北宫宣光殿[62]，宫门昼夜长闭，内外断绝，腾自执管钥[63]，帝亦不得省见[64]，裁听传食[65]而已。太后服膳俱废，不免饥寒，乃叹曰：“养虎得噬[66]，我之谓矣。”又使中常侍贾粲侍帝书[67]，密令防察动止[68]。义遂与太师高阳王雍等同辅政，帝谓义为姨父。义与腾表里擅权，义为外御，腾为内防，常直禁省[69]，共裁刑赏[70]，政无巨细，决于二人，威振内外，百僚重迹[71]。

朝野闻怿死，莫不丧气，胡夷为之剺面[72]者数百人。游肇愤邑[73]而卒。

（以上为第五段，写北魏权臣元义与刘腾专政，元义谋杀清河王元怿，以谋反的名义构陷，威逼群臣签字，唯有大臣游肇抗言；元义又幽禁胡太后，北魏进入了动乱的年代。）

【注释】

［1］乙亥朔：正月一日。［2］丙子：正月二日。［3］己卯：正月五日。［4］临川王宏：即萧宏，梁武帝萧衍之弟，封临川郡王，授扬州刺史，累授骠骑大将军、太尉公。传见《梁书》卷二十二。［5］金紫光禄大夫：古官名，一般为加官，荣誉官职，备参谋顾问，以其佩金印紫绶，故称之。王份：字季文，东晋丞相王导之后，刘宋开府仪同三司王僧朗之孙，南齐尚书左仆射王奂之弟，南梁大臣。为宣城太守，迁尚书左仆射，加侍中。传见《梁书》卷二十一。［6］冯道根：南梁名将。传见《梁书》卷十八。［7］上春：农历正月。［8］祠二庙：南梁武帝萧衍往祭太庙及太祖太夫人的小庙。［9］有司以闻：有关官员将冯道根死的消息报告给武帝萧衍。［10］朱异：字彦和，吴郡钱唐（今浙江杭州市）人，南梁武帝萧衍的宠臣，因善于迎合武帝萧衍的心思，在南梁大权独揽三十余年。传见《梁书》卷三十八。［11］吉凶同日：祭祀太庙、小库，算是吉礼；冯道根死，前往吊唁，算是凶礼，二者发生在同一天。［12］今可行乎：今天可以去吊唁冯道根吗？［13］卫献公：即卫衎（kàn），春秋时卫国第二十五任国君。传见《史记》卷三十七。柳庄：卫国的太史，一位主管祭祀的官员。［14］不释祭服而往：没有换下祭祀的礼服，就去吊唁柳庄了。因为柳庄的官虽不大，但卫庄公认为他是社稷之臣，故而当卫庄公正在祭祀，听到柳庄去世的消息时，再拜稽首，曰："有臣柳庄也者，非寡人之臣，社稷之臣也。闻之死，请往。"就采取了这种匆忙的措施。事见《礼记·檀弓》。［15］虽未为社稷之臣：虽然称不上是与国家政权同生死、共命运的骨干大臣。社稷，代指国家。［16］有劳王室：对国家政权做过贡献，立有功劳。王室，帝王的家庭。［17］临之：帝王前去哭吊。临，哭吊死者。［18］甚恸（tòng）：十分哀伤。［19］遣使入贡：高句丽王的世子名安，上年其父（名云）死，今年世子安刚即王位，故派使者到宗主国来告新王即位，这是应有的礼节。［20］癸丑：二月九日。［21］江法盛：南梁使者。［22］光州：北魏州名，州治在今山东莱州市。胡三省曰："魏皇兴四年（470），分青州置光州，领东莱、长广、东牟郡，治掖。"［23］清河文献王怿：即元怿，字宣仁，孝文帝元宏第四子，宣武帝元恪异母弟，封清河郡王，授侍中、尚书仆射、司州牧，太子太师。元诩即位，历任司徒、太傅、太尉公，掌管门下省事务。被权臣所杀。谥号文献。传见《魏书》卷二十二。［24］美风仪：风度翩翩，仪容美好。［25］逼而幸之：逼着清河王元怿与她发生关系。［26］匡益：匡

正，补益。［27］时望甚重：在当时的社会上威望很高。［28］门下：指门下省，当时元义在门下省任侍中。［29］兼总禁兵：统管皇宫卫戍部队，皇帝的安危便掌握在他的手上。［30］裁之以法：以正当的礼法对之有所裁抑。裁，抑制，约束。［31］卫将军：古将军名号，为禁卫军统帅。刘腾：字青龙，平原（今山东平原县）人，北魏时宦官大臣。因护持胡太后有功，封长乐县公，为太仆、卫将军、仪同三司，加官侍中。后发动“宣光政变”，拜司空，权倾朝野。传见《魏书》卷九十四。［32］希腾意：迎合刘腾的心思。［33］为郡：意即为郡太守。［34］人资乖越：人品与资历都不够条件。胡三省曰：“人非其才为‘乖’，资非其次为‘越’。”［35］龙骧府长史：龙骧将军府的高级僚属。为长史。宋维：字伯绪，吏部尚书宋弁之子，北魏官员，浮薄无行。少袭父爵，坐谄事高肇，出为益州龙骧府长史，辞疾不行。现又依附王义，陷害清河王元怿，被荐为散骑侍郎，迁通直常侍，后被赐死。传见《魏书》卷六十三。［36］通直郎：古官名，是通直散骑侍郎的简称，为皇帝身边的侍从官员，主管传达诏命。直，同“值”。［37］浮薄无行：轻薄，不朴实，品行恶劣。［38］司染都尉：古官名，上属太府寺，主管为宫廷造作衣物，掌练染。韩文殊：北魏元诩时为司染都尉，被权臣元义诬为谋反。立怿：意即立元怿为皇帝。［39］怿坐禁止：元怿因此被禁闭在宫中。［40］按验：查验。［41］维当反坐：宋维理应以诬告被治罪。反坐，胡三省曰：“诬告失实者以其所告之罪坐之。”［42］黜（chù）：贬职。昌平：古郡名，郡治在今河北蔚县东北。［43］主食中黄门：为皇帝主管饮食的宦官。胡定：北魏元诩时的宦官，为主食中黄门。自列：自陈，坦白自首。［44］货定：用钱收买胡定。［45］丙子：七月四日。［46］嘉福殿：北魏都城洛阳皇宫的后宫里的殿名。［47］御：驾临。［48］显阳殿：洛阳皇宫的宫殿名。［49］永巷门：由前殿通往后宫的门。永巷，后宫中的长巷。［50］含章殿：洛阳皇宫的宫廷前部的殿名。［51］厉声：高声，声嘶力竭地发声。不听怿入：不许元怿进入后宫。不听，不许，不让。［52］宗士：宗师手下的吏士。宗师，职犹宗正，掌管皇帝家族事务的官员。元怿是皇族的大臣，要动他必须通过宗师，故元义事先就安排了这方面的人。直斋：意同“直阁”，在皇帝办公的殿阁周围值勤的武官。直，同“值”。衣袂（mèi）：衣袖。［53］将入：拉入，挟持进入。含章东省：含章殿东侧的门下省，亦即元义等人上班议事的地方。［54］称诏：假借皇帝的名义。［55］论怿大逆：判定元怿要造反。论，判，治罪。［56］仆射（yè）：此即尚书右仆射，尚书省副主管官员，位列尚书左仆射后。新泰文贞公游肇：字伯始，广平任县（今河北邢台市任泽区）人，儒学老臣、大鸿胪游明根之子，北魏儒学之臣，为官清正，忠直敢言。时任太常卿，迁尚书右仆射。传见《魏书》卷五十五。抗言：毫不掩饰地说。［57］不下署：不在文件上下笔签名。［58］持公卿议入：拿着群臣讨论的意见入奏小皇帝元诩。［59］俄而得“可”：很快地就得到了小皇帝的批准。俄而，不久。可，皇帝批示之语。这时的元诩，就是一个傀儡，是个“大头宝宝”。［60］夜中杀怿：着急慌忙地在半夜就杀了元怿。［61］诈（zhà）：诈称，撒谎。［62］幽：禁闭。［63］管钥（yuè）：钥匙。［64］省见：进见问候。省，看视，请安。［65］裁听传食：只允许给胡太后送去一些吃的。裁，同“才”，只。［66］噬（shì）：咬。［67］中常侍：是受宠太监所任的官名，经常在皇帝的身边服务。贾粲：字季宣，酒泉人，北魏宦官，孝文帝元宏时坐事被处宫刑；宣武帝元恪时得充内侍，自崇训丞时为中常侍，迁光禄大夫。为元叉党羽，参与幽闭胡太后之事。后胡太后重新执政，出为济州刺史，被杀。传见《魏书》卷九十四。侍帝书：陪着皇帝读书。[68]防察：监察，观测。动止：动静，行动。 [69]常直禁省：经常在门下省、中书省值班。禁省，皇帝所居与国家的决策部门所在地。 [70]共裁刑赏：共同决定杀谁赏谁的大事。 [71]重迹：犹言“重足”，叠足而立，形容百官恭恭敬敬、不敢乱动的样子。胡三省曰：“言惧之甚，不敢妄举足而行，步步踏陈迹也。” [72]胡夷：偏指胡族，泛指外族或外族人。剺（lí）面：悲伤时用刀划脸，是某些少数民族的一种风俗。 [73]愤邑（yì）：愤怒，悲伤。邑，同“悒”，忧愁，不安。

己卯[1]，江、淮、海并溢。

辛卯[2]，魏主加元服[3]，大赦，改元正光[4]。

魏相州刺史中山文庄王熙[5]，英之子也，与弟给事黄门侍郎略[6]、司徒祭酒纂[7]，皆为清河王怿所厚，闻怿死，起兵于邺[8]，上表欲诛元义、刘腾，纂亡奔邺[9]。后十日，长史柳元章[10]等帅城人鼓噪[11]而入，杀其左右，执熙、纂并诸子置于高楼。八月，甲寅[12]，元义遣尚书左丞卢同[13]就斩熙于邺街，并其子弟。

熙好文学，有风义[14]，名士多与之游，将死，与故知书曰：“吾与弟俱蒙皇太后知遇，兄据大州[15]，弟则入侍[16]，殷勤言色[17]，恩同慈母。今皇太后见废北宫[18]，太傅清河王横受屠酷[19]，主上幼年，独在前殿。君亲[20]如此，无以自安，故帅兵民欲建大义于天下。但智力浅短，旋见囚执[21]，上惭朝廷，下愧相知。本以名义干心[22]，不得不尔，流肠碎首，复何言哉！凡百君子，各敬尔仪[23]，为国为身，善勖名节[24]！”闻者怜之。熙首至洛阳，亲故莫敢视，前骁骑将军刁整[25]独收其尸而藏之。整，雍之孙也。卢同希义意[26]，穷治熙党与[27]，锁济阴内史杨昱赴邺[28]，考讯[29]百日，乃得还任。义以同为黄门侍郎[30]。

元略亡抵故人河内司马始宾[31]，始宾与略缚荻筏夜渡孟津[32]，诣屯留栗法光[33]家，转依西河太守刁双[34]，匿之经年[35]。时购略[36]甚急，略惧，求送出境，双曰：“会有一死[37]，所难遇者为知己死耳，愿不以为虑[38]。”略固求南奔，双乃使从子昌[39]送略渡江，遂来奔[40]，上封略为中山王[41]。双，雍之族孙也。义诬[42]刁整送略，并其子弟收系[43]之，御史王基等力为辩雪[44]，乃得免。

（以上为第六段，写北魏相州刺史元熙等于相州起兵反对元义，被杀；其弟元略逃亡，西河太守刁双鼎力相助，辗转经年，投奔南朝。）

【注释】

[1]己卯：七月七日。［2]辛卯：七月十九日。［3]加元服：行加冠礼。元服，冠、帽子。古代帝王行加冠礼多在十六岁，此时魏主元诩只有十一岁。元义等急于干此事，无非是想把胡太后踢开，将小皇帝元诩变成傀儡，自己专权弄政，并把他们的一些罪行移到小皇帝头上。［4]改元正光：将年号改为正光。［5]相州：北魏州名，州治邺城，在今河北临漳县西南的古邺镇。中山文庄王熙：即元熙，字真兴，河南洛阳人。景穆皇帝拓跋晃曾孙，中山献武王元英之子。颇有文才，轻躁浮动，袭封中山王，拜秘书监，授相州刺史。清河王元怿被杀，元熙起兵反抗，兵败被杀。后谥号文庄。传见《魏书》卷十九下。［6]略：即元熙之弟元略，字俊兴，为给事黄门侍郎。元叉掌权，贬其为怀朔镇副将，起兵勤王。兵败后，投奔南梁，后回归北魏，拜侍中、骠骑大将军、尚书令，封东平王。河阴之变时被害，谥号文贞。传见《魏书》卷十九下。［7]司徒祭酒：古官名，为司徒元怿的属官，主管府内之事。纂（zuǎn）：即元纂，字绍兴，中山王元英之子，北魏宗室大臣。宣光之变后，随从兄长相州刺史元熙举兵，反对权臣元义专政。事败被杀。传见《魏书》卷十九下。［8]邺（yè）：古城名，在今河北临漳县西南，当时是相州的州治所在地。［9]亡奔邺：从洛阳逃到邺城以就其兄。［10]长史柳元章：相州刺史元熙的长史柳元章，柳崇从父弟，历任太尉中兵参军、司空录事、司徒从事中郎，升相州平东府长史。刺史元熙起兵，欲除元义。柳元章与魏郡太守李孝怡等反叛拘执到元熙，为正平太守。后胡太后反政，削除官爵。传见《魏书》卷四十五。［11]城人：邺城里的兵民。鼓噪：鸣鼓喧哗，大喊大叫。［12]甲寅：八月十三日。［13]尚书左丞：古官名，尚书令的佐官，总领尚书台庶务，主管吏民章奏及台内小吏。卢同：字叔伦，范阳涿（今河北涿州市）人，儒学之臣卢玄的族人，北魏大臣。累迁尚书左丞，度支尚书，官幽州刺史，至侍中。党附元义杀害元熙。传见《魏书》卷七十六。［14]有风义：有风采、讲义气。［15]兄据大州：指自己为相州刺史，相州为上等州。兄，自称。［16]弟则入侍：指元略为给事黄门侍郎，服务于皇帝、太后身边。［17]殷勤言色：情意恳切的语言与态度。［18]见废北宫：被废黜、被囚禁于北宫。［19]横受屠酷：无端遭来横祸。屠酷，屠杀，杀害。［20]君亲：指皇帝元诩、胡太后。［21]旋见囚执：很快地被乱党所擒。旋，转眼之间。见，被。［22]本以名义干心：我之所以发动起义，乃是出于一种心存大义，想维护正当的名分。名义，即指上文的“建大义于天下”。干心，系心，存于心中。［23]各敬尔仪：都注意你们的行动举止。敬，谨慎。仪，仪范，举止。［24]善勖（xù）名节：好好注意自己的名声与节操。勖，勉励。［25]刁整：字景智，北魏南将军刁雍之孙，刁遵之子，北魏官员，为骁骑将军。中山王元熙反抗元叉被杀，刁整以姻亲收其尸，后为金紫光禄大夫。元恭称帝，任其为沧、冀、瀛三州刺

史。谥文献。传见《魏书》卷三十八。［26］希义意：迎合元义的心意。希，迎合。［27］党与：同党之人。［28］锁济阴内史杨昱赴邺：卢同之所以迫害杨昱，是因为杨昱曾检举元义大收贿赂，元义曾加害过杨昱，因胡太后发现杨昱冤枉，［29］考讯：拷打，审讯。考，同“拷”。［30］黄门侍郎：古官名，皇帝的侍从官员，上属于门下省。［31］亡抵：逃亡到。河内：古郡名，郡治野王，在今河南沁阳市。司马始宾：河内郡人，姓司马，名始宾，元略的旧相识，元略逃难时，由司马始宾护送他结筏渡河，到屯留县往依栗法光。［32］缚荻（dí）筏：用毛竹、芦苇捆扎成竹筏。荻，芦苇。孟津：也称盟津，黄河渡口名，在今河南孟州市南的黄河边上。［33］诣（yì）：到达。屯留：古县名，县治在今山西襄垣县，在长治的北方。栗法光：屯留县人，崇尚义气，他慷慨地接纳了元略，而后将元略护送给当时任西河太守的刁双。［34］西河太守刁双：西河，北魏郡名，郡治在今山西汾阳市。刁双，字子山，渤海饶安人，北魏官员。少好学，兼涉文史。受知于中山王元英，任西河太守，为政清简。元熙起兵讨元义失败，刁双藏匿元熙之弟元略。后胡太后临朝，迎还元略，刁双任西兖州刺史、济州刺史，迁骠骑大将军。传见《魏书》卷三十八。［35］经年：一年多。［36］购略：悬赏捉拿元略。［37］会有一死：人总是要有一死的。会，必，一定。［38］愿不以为虑：希望你不要怕连累我。［39］从子昌：即刁昌，北魏人，刁双之侄，亲自护送元略逃到南梁。［40］遂来奔：于是逃到了南梁王朝。［41］为中山王：此为虚封，中山在北魏境内。［42］诬：诬陷，冤枉。［43］收系：拘捕，关押。［44］御史王基：北魏执掌监察的官员，姓王，名基。辩雪：辩白，昭雪。

甲子[1]，侍中、车骑将军永昌严侯韦睿[2]卒。时上方崇释氏[3]，士民无不从风而靡[4]，独睿自以位居大臣[5]，不欲与俗俯仰[6]，所行略如平日[7]。

九月，戊戌[8]，魏以高阳王雍为丞相，总摄内外[9]，与元义同决庶务[10]。

初，柔然佗汗可汗纳伏名敦之妻候吕陵氏，生伏跋可汗及阿那瑰等六子[11]。伏跋既立，忽亡其幼子祖惠[12]，求募不能得。有巫地万[13]言祖惠今在天上，我能呼之[14]，乃于大泽中施帐幄[15]，祀天神，祖惠忽在帐中，自云恒在天上[16]。伏跋大喜，号地万为圣女，纳为可贺敦[17]。地万既挟左道[18]，复有姿色，伏跋敬而爱之，信用其言，干乱国政。如是积岁[19]，祖惠浸长[20]，语其母曰：“我常[21]在地万家，未尝上天，上天者地万教我也。”其母具以状告伏跋，伏跋曰：“地万能前知未然[22]，勿为谗[23]也。”既而地万惧，谮祖惠于伏跋[24]而杀之。候吕陵氏遣其大臣具列[25]等绞杀地万；伏跋怒，欲诛具列等。会阿至罗[26]入寇，伏跋击之，兵败而还。候吕陵氏与大臣共杀伏跋，立其弟阿那瑰为可汗。阿那瑰立十日，其族兄示发[27]帅众数万击之，阿那瑰战败，与其弟乙居伐[28]轻骑奔魏。示发杀候吕陵氏及阿那瑰二弟。

魏清河王怿死，汝南王悦了无[29]恨元义之意，以桑落酒候之[30]，尽其私佞[31]。义大喜，冬，十月，乙卯[32]，以悦为侍中、太尉。悦就怿子亶[33]求怿服玩[34]，不时称旨[35]，杖亶百下，几死[36]。

柔然可汗阿那瑰将至魏，魏主使司空京兆王继、侍中崔光[37]等相次迎之，赐劳[38]甚厚。魏主引见阿那瑰于显阳殿[39]，因置宴，置阿那瑰位于亲王[40]之下。宴将罢，阿那瑰执启立于座后[41]，诏引至御座前，阿那瑰再拜言曰："臣以家难，轻来诣阙[42]，本国臣民，皆已逃散。陛下恩隆天地[43]，乞兵送还本国，诛翦[44]叛逆，收集亡散[45]，臣当统帅遗民[46]，奉事陛下。言不能尽，别有启陈[47]。"仍以启[48]授中书舍人常景[49]以闻。景，爽之孙也。

十一月，己亥[50]，魏立阿那瑰为朔方公、蠕蠕王[51]，赐以衣服、轺车[52]，禄恤仪卫[53]，一如亲王。时魏方强盛，于洛水桥南御道东作四馆，道西立四里：有自江南来降者处之金陵馆[54]，三年之后赐宅于归正里[55]；自北夷降者处燕然馆[56]，赐宅于归德里[57]；自东夷降者处扶桑馆[58]，赐宅于慕化里[59]；自西夷降者处崦嵫馆[60]，赐宅于慕义里[61]。及阿那瑰入朝，以燕然馆处之。阿那瑰屡求返国，朝议异同不决[62]，阿那瑰以金百斤赂元义，遂听[63]北归。十二月，壬子[64]，魏敕怀朔都督简锐骑二千护送阿那瑰达境首[65]，观机招纳[66]。若彼迎候，宜赐缯帛车马礼饯而返[67]；如不容受[68]，听还阙庭[69]。其行装资遣[70]，付尚书量给[71]。

辛酉[72]，魏以京兆王继为司徒[73]。

魏遣使者刘善明来聘[74]，始复通好[75]。

（以上为第七段，写柔然可汗阿那瑰在内战中被打败，逃亡北魏，朝见魏明帝元诩，请求回国，派兵护送；北魏权臣元义之父元继晋升为司徒。）

【注释】

[1]甲子：八月二十三日。 [2]永昌严侯韦睿：南梁名将。因功进爵永昌侯，谥号严，故称。传见《梁书》卷十二。 [3]释氏：佛姓释迦的略称，代指佛教。 [4]从风而靡：如风之吹草，草随风倾倒，比喻盲目信仰。 [5]位居大臣：韦睿一生曾任豫州刺史、江州刺史、雍州刺史、散骑常侍、护军将军。大臣，官职尊贵之臣。 [6]与俗俯仰：从俗浮沉，随波逐流。 [7]略如平日：还和从前当平民、当小官的时候一样。胡三省曰："史言韦叡于事佛之朝，矫之以正，几于以道事君者。"略，大略，大致。 [8]戊戌：九月二十七日。 [9]总摄内外：统管朝内朝外政事。[10]庶务：各种政务。 [11]"柔然"二句：柔然佗汗可汗，娶了其侄伏名敦可汗的妻女子侯吕陵氏为妻女，生了伏跋可汗丑奴、阿那槐等六个儿子。传见《魏书》卷一百三。 [12]亡其幼子祖惠：丢失了幼子祖惠。祖惠，侯吕陵氏所生，佗汗可汗之第六子，伏跋可汗之小弟。年幼时，曾被巫女地万拐藏在家，作为地万得宠的"道具"。 [13]巫地万：柔然女巫医。曾假托鬼神、行巫术，混迹于上层和民间，人称"是豆浑（巫者的称号）地万"，为骗取伏跋可汗丑奴信赖，将丑奴之弟、年幼的祖惠拐藏在家，然后假施巫术，祈请上天，让其突然出现在帐中，称自天而降。地万被称为"圣女"，被丑奴纳为可贺敦（王后）。祖惠成年后，将地万的骗术告诉母亲侯吕陵氏，地万被侯吕陵氏杀害。 [14]我能呼之：我能喊他回来。 [15]帐幄（wò）：帷帐。 [16]恒在天上：一直住在天上。 [17]可贺敦：可汗正妻的名号，犹如中原国家的皇后。 [18]挟左道：会使巫术。左道，旁门邪道。 [19]积岁：过了一些年。 [20]浸长：渐渐长大。浸，同"渐"。 [21]常：通"尝"，曾经。 [22]前知未然：预先知道还没有发生的事情。 [23]勿为谗也：你不要说她的坏话。 [24]谮（zèn）祖惠于伏跋：在伏跋跟前说祖惠的坏话。谮，在尊长面前说坏话以害人。[25]具列：柔然大臣，曾绞杀柔然可汗丑奴的王后地万。 [26]阿至罗：当时的北方少数民族部落名，原居于北河以东，大致在内蒙古包头市附近。北魏兴起后，依附于北魏。胡三省曰："阿至罗，虏之别种，居北河之东，世附于魏。"所谓"北河"，即内蒙古河套地区的黄河北道，在今内蒙古杭锦后旗与五原的北侧。 [27]示发：郁久闾氏，丑奴、阿那瑰族兄，柔然贵族。北魏正光元年（520），柔然内讧，可汗丑奴兵败于高车阿至罗，为其母侯吕陵氏及大臣所杀，众立丑奴弟阿那瑰为主。示发不服，率数万人打败阿那瑰。次年，被兄弟婆罗门攻破，逃奔地豆于，被部人杀死。[28]乙居伐：柔然贵族，可汗阿那瑰之弟，投被北魏。 [29]汝南王悦了无：元悦，孝文帝元宏第六子，清河王元怿之弟，封汝南王。爱好佛经，博览群书，无品行。历任中书监、骠骑将军，拜侍中、太尉公。联合丞相高阳王元雍入居门下省，负责裁决政务，升任太保，后投奔南梁。传见《魏书》卷二十二。了无，一点也没有。 [30]以桑落酒候之：带着桑落酒前去拜见元义。桑落酒，当时河东郡（郡治在今山西永济市）出产的一种美酒。候，拜访，请安。 [31]尽其私佞（nìng）：极尽其谄媚讨好之能事。佞，说好话，用花言巧语讨好人。 [32]乙卯：十月十五日。 [33]亶（dǎn）：即元亶，字子亮，清河文献王元怿世子，孝静帝元善见生父，袭封清河王，迎娶胡太后的侄女胡智，授司徒。其子元善见即位，迁都邺城，建立东魏。赠相国，谥号文宣。传见《魏书》卷

十二。［34］求怿服玩：讨要元怿生前的服饰与玩赏之物。［35］不时称旨：元亶没有及时地满足他的要求。胡三省曰："既迁延不以时纳，所纳者又不称悦意也。"称旨，满意，合他的心思。［36］几死：差点没把元亶打死。［37］崔光：北魏儒学之臣、历史学家。时任司徒、太子太保。传见《魏书》卷六十七。［38］赐劳：赏赐，慰劳。［39］显阳殿：洛阳皇宫宫殿名。［40］亲王：古代皇帝嫡长子立皇太子，诸子封亲王。［41］执启立于座后：拿着一份奏章，不想退席，像是有话要说的样子。［42］轻来诣阙：匆忙地来到贵国宫前。轻，匆忙，草率，不具备一个国家首脑的来访之礼。［43］恩隆天地：恩情大于天地。隆，高，大。［44］诛翦：诛灭，消灭。翦，同"剪"，剪灭。［45］收集亡散：重新聚合起奔逃四散的旧日臣民。［46］遗民：亡国之民。［47］别有启陈：还有一封奏章作详细说明。启，奏章。［48］仍以启：于是把奏章……。仍，同"乃"，与今"仍旧"的"仍"含义不同。［49］常景：字永昌，河内温县（今河南温县西南）人，太常卿常林八世孙、著名儒生常爽之孙，北魏文学家。为律博士，历门下录事、太常博士，兼中书舍人。东魏初，官至车骑将军。为人"清俭自守，不营产业"。传见《魏书》卷八十二。［50］己亥：十一月二十九日。［51］朔方公、蠕蠕王：朔方公，封地朔方，此"朔方"非实指郡名，而是泛指北方，以柔然在北魏之北而名之。蠕蠕王，"蠕蠕"代指柔然，意为封为柔然王。［52］轺（yáo）车：一马拉的轻便车。［53］禄恤（xù）仪卫：当时北魏给贵族、大臣的优厚待遇。禄，指俸禄，在今所谓工资、薪水。恤，指照顾家庭老幼的补贴钱。仪，指出行时所用的仪仗队。卫，指警卫人员。［54］金陵馆：金陵是古代南京的别称，用以名馆，表示里面所住的都是来自江南王朝的人。［55］归正里：北魏在都城洛阳安置江南归附者的场所，位于城南宣阳门外永桥南、御道西。民间号为吴人坊，南来投附者，多居其内。近伊、洛二水，任其习御。里有三千余家，自立巷市，时人谓为鱼鳖市。归正，取其义为改邪归正的意思，北魏人标榜自己为正统。［56］燕然馆：燕然山是今蒙古国乌兰巴托市东南的大山，西汉名将霍去病大破匈奴后曾在此山刻石勒铭，用以名馆，表示住在里面的都是来自北方诸民族的人。［57］归德里：古地名，在今河南洛阳市东北汉、晋洛阳城南洛水南岸。北魏于此接待、安置北方诸国来人。［58］扶桑馆：扶桑是古代传说中的神树，是红日升起的地方，用以名馆，表示住在里面的都是来自东方各民族的人。［59］慕化里：古地名，在今河南洛阳市东北、汉晋洛阳故城南洛水南岸。北魏于此接待、安置东方诸国来人。［60］崦嵫馆：崦嵫，也是传说中的山名，是落日西沉的地方，用以名馆，表示住在里面的都是来自西方各国、各民族的人。北魏统治者的这种浮夸、炫耀，与当年秦始皇灭六国后，在渭水河北建造六国都城以安置六国降王相似。［61］慕义里：古地名，在今河南洛阳市东北、汉晋洛阳故城南、洛水南岸。北魏于此接待、安置西域诸国来人栖舍。［62］异同不决：有人同意放他走，有人反对放他走，彼此争论不休。［63］听：听任，批准。［64］壬子：十二月十三日。［65］"魏敕"句：怀朔都督，怀朔镇的驻军统帅。怀朔镇在今内蒙古固阳县西南，今包头市的正北方。简锐骑，挑选精锐的骑兵。简，选拔。境首，国境边上。［66］观机招纳：看机会量情进行招抚工作。［67］礼饯而返：按礼节给他们治宴，送他们回去。［68］容受：容纳，接受。［69］听还阙（què）

庭：任由阿那瑰返回洛阳。阙庭，朝廷，借指京城。［70］资遣：送行的财物。［71］付尚书量给：责成尚书省酌情供给。此时北魏由元义、元雍执政，对于这些事务的处理竟井井有条，情景可观。［72］辛酉：十二月二十二日。［73］以京兆王继为司徒：京兆王元继是元义之父，元义夫妻、父子一门鸡犬升天。［74］刘善明：北魏官员，小皇帝元诩时曾为使者出使南梁。来聘：前来进行友好访问。聘，两国间的礼节性互访。［75］始复通好：两国又恢复了平等友好的关系。通好，通问，交好。胡三省曰："自齐明帝建元二年（480）卢昶北归之后，魏不复遣使南聘，至是复通。"南北两朝近十几年来的战争不息始自南齐明帝时的北魏军大举南伐，其后双方在东线的钟离、寿阳，中路的义阳，西路的南阳等地一直争夺不休。入梁后，武帝萧衍曾乘交换战俘之际，向北魏主元恪提出停战讲和，元恪顽固不听。今之元义、元雍当政，竟实现了南北议和，不失为一项良政。

二年（辛丑，521年）

春，正月，辛巳[1]，上祀南郊。

置孤独园[2]于建康，以收养穷民。

戊子[3]，大赦。

魏南秦州氐[4]反。

魏发近郡兵万五千人，使怀朔镇将杨钧[5]将之，送柔然可汗阿那瑰返国[6]。尚书左丞张普惠[7]上疏，以为："蠕蠕久为边患，今兹天降丧乱，荼毒[8]其心，盖欲使之知有道[9]之可乐，革面稽首以奉大魏[10]也。陛下宜安民恭己[11]以悦服其心。阿那瑰束身归命[12]，抚之[13]可也；乃更先自劳扰，兴师郊甸[14]之内，投诸荒裔[15]之外，救累世之勍敌[16]，资天亡之丑虏[17]，臣愚未见其可也。此乃边将贪窃一时之功[18]，不思兵为凶器，王者不得已而用之。况今旱暵[19]方甚，圣慈降膳[20]，乃以万五千人使杨钧为将，欲定蠕蠕，干时而动[21]，其可济乎[22]！脱有颠覆之变[23]，杨钧之肉，其足食乎[24]！宰辅[25]专好小名，不图安危大计，此微臣所以寒心者也。且阿那瑰之不还，负何信义[26]，臣贱不及议[27]，文书所过[28]，不敢不陈[29]。"弗听[30]，阿那瑰辞于西堂，诏赐以军器、衣被、杂采[31]、粮畜，事事优厚，命侍中崔光等劳遣于外郭[32]。

阿那瑰之南奔也，其从父兄婆罗门[33]帅众数万入讨示发，破之，示发奔地豆干[34]，地豆干杀之，国人推婆罗门为弥偶可社句可汗[35]。杨钧表称："柔然已立君长，恐未肯以杀兄之人郊迎其弟。轻往虚返，徒损国威。自非广加兵众，无以送其入北。"二月，魏人使旧尝奉使柔然者牒云具仁[36]，往谕婆罗门，使迎阿那瓌。

（以上为第八段，写北魏征调数万兵马，护送柔然可汗阿那瓌回国，尚书左丞张普惠提出异议，当政者未予采纳，并晓谕柔然现任可汗婆罗门，让他迎接阿那瓌。）

【注释】

[1]辛巳：正月十二日。[2]孤独园：即养老院。[3]戊子：正月十九日。[4]南秦州氐（dī）：南秦州境内的少数民族。南秦州，北魏州名，州治骆谷城，在当时的仇池郡，在今甘肃成县西。[5]怀朔镇将杨钧：镇守怀朔镇的将领。杨钧，字季孙，弘农华阴（今陕西华阴市）人，雍州刺史杨播族弟，北魏怀朔镇将，后迁华州刺史。谥号恭。传见《魏书》卷五十八。[6]送柔然可汗阿那瓌返国：前文既云"魏敕怀朔都督简锐骑二千护送阿那瓌达境首"，今又云"发近郡兵万五千人，使怀朔镇将杨钧将之，送柔然可汗阿那瓌返国"，似有矛盾之处。参看《魏书·蠕蠕传》，大概是上次命令下时不知柔然境内已有新主，此次是知道柔然这时已有新可汗婆罗门上台，虑其不会让位，故增派重兵。[7]张普惠：字洪赈，常山九门人，北魏儒学礼法之臣。时为尚书左丞。传见《魏书》卷七十八。[8]荼（tú）毒其心：意即老天爷故意要给这些野蛮人一点苦头尝尝。荼毒，残害。[9]有道：指讲仁义道德的国家政权，指北魏。[10]革面稽首以奉大魏：比喻彻底悔改，尊崇北魏，听从北魏的管辖。[11]安民恭已：安定民心，皇帝自己也遵礼守道，意即先要治好自己的国家。恭已，恭谨以律已。[12]束身归命：指前来投奔北魏。束身，自缚其身，表示归顺。归命，归顺，投诚。[13]抚之：好好地接待他、安慰他。[14]兴师郊甸（diàn）：即前所谓"发近郡兵万五千人"。郊甸，京师的郊野。[15]投诸荒裔：把他们扔到荒无人烟的边远地方。[16]累世之勍（qíng）敌：多少代以来的强大敌人。古称三十年为"一世"，或称"一代"。勍，强。[17]丑虏：群盗，野蛮人。丑，坏人，恶人。[18]边将贪窃一时之功：据张普惠此文，边将是指杨钧，似乎是杨钧建议要征兵，要深入柔然。但据《魏书·蠕蠕传》，知杨钧亦反对此事。[19]旱暵（hàn）：干旱。暵，干枯。[20]圣慈降膳：连慈善的皇帝都降低了伙食标准。圣慈，即慈圣，代指皇帝。[21]干时：逆时。干，忤逆。[22]其可济乎：这样做，怎么能够成功呢？可济，可行，成功。[23]脱有颠覆之变：假如发生叛乱。[24]杨钧之肉，其足食乎：即使把杨钧杀了吃掉，又有什么用？[25]宰辅：犹言首辅大臣，指权臣元义。[26]负何信义：我们有什么对不起他。负，亏负。[27]臣贱不及议：我官小没有资格参加讨论。胡三省曰："汉自议郎以上皆得预朝廷大议，尚书二丞，于当时位不为卑，而以为贱不及议，盖自曹魏以后朝廷大议止及八坐以上。"贱，地位低。[28]文书所过：文书经过我的手。当时的朝廷文件都要经过尚书左、右二丞过目。[29]不敢不陈：不敢不说出自己的意见。[30]弗听：二

字原无，据章校补。［31］杂采：各种绢帛。［32］劳遣于外郭：在外城慰劳，送行。外郭，外城。［33］婆罗门：复姓郁久闾，朔方（今蒙古国）人，前任可汗豆仑之子，阿那瑰从兄，柔然第十八位可汗（520—521）。北魏孝文帝正光二年（521），被拥立为主，称号“弥偶可社句可汗”。为高车族所逐，率领十部落进入凉州，归降北魏，安置于西海郡（今内蒙古额济纳旗东南），册封西海郡王。传见《魏书》卷一百三。［34］地豆干：据《魏书·高句丽传》，“干”当作“于”。地豆于，古国名，在今内蒙古东乌珠穆沁旗一带，为游牧民族，“多牛羊，出名马，皮为衣服。无五谷，惟食肉酪”。［35］弥偶可社句可汗：当时鲜卑语所称的柔然可汗的名号，意思是“安静之王”。［36］牒（dié）云具仁：人名，姓牒云，名具仁。北魏使臣，多次出使柔然，为人有傲骨、勇气、条理。

辛丑[1]，上祀明堂[2]。

庚戌[3]，魏使假抚军将军邴虬[4]讨南秦叛氐。

魏元义、刘腾之幽[5]胡太后也，右卫将军奚康生预其谋，义以康生为抚军大将军、河南尹，仍使之领左右[6]。康生子难当[7]娶侍中、左卫将军侯刚女，刚子，义之妹夫也，义以康生通姻，深相委托[8]，三人率[9]多俱宿禁中，时或迭出[10]，以难当为千牛备身[11]。康生性粗武[12]，言气高下[13]，义稍惮之[14]，见于颜色[15]，康生亦微惧不安。

甲午[16]，魏主朝太后于西林园，文武侍坐，酒酣迭舞，康生乃为力士舞[17]，及折旋[18]之际，每顾视太后，举手、蹈足、瞋目、颔首[19]，为执杀之势[20]，太后解其意而不敢言。日暮，太后欲携帝宿宣光殿，侯刚曰：“至尊已朝讫[21]，嫔御在南[22]，何必留宿！”康生曰：“至尊，陛下之儿，随陛下将东西[23]，更复访谁[24]！”群臣莫敢应。太后自起援帝臂[25]，下堂而去。康生大呼，唱万岁[26]！帝前入阁[27]，左右竞相排[28]，阁不得闭。康生夺难当千牛刀，斫直后元思辅[29]，乃得定。帝既升宣光殿，左右侍臣俱立西阶下。康生乘酒势将出处分[30]，为义所执，锁于门下[31]。光禄勋贾粲绐太后[32]曰：“侍官怀恐不安[33]，陛下宜亲安慰。”太后信之，适下殿[34]，粲即扶帝出东序[35]，前御显阳殿，闭太后于宣光殿。至晚，义不出，令侍中、黄门、仆射、尚书等十余人就康生所讯其事[36]，处康生斩刑，难当绞刑。义与刚并在内，矫诏决之[37]。康生如奏，难当恕死从流[38]。难当哭辞父，康生慷慨[39]不悲，曰："我不反死[40]，汝何哭也[41]？"时已昏暗，有司驱康生赴市，斩之；尚食典御奚混[42]与康生同执刀入内，亦坐绞。难当以侯刚婿，得留百余日，竟流安州[43]。久之，义使行台卢同[44]就杀之。以刘腾为司空。八坐、九卿常旦造腾宅[45]，参其颜色[46]，然后赴省、府[47]，亦有终日不得者。公私属请[48]，唯视货多少，舟车之利[49]，山泽之饶[50]，所在榷固[51]，刻剥六镇[52]，交通互市[53]，岁入利息以巨万万计[54]，逼夺邻舍以广其居，远近苦之。

（以上为第九段，写北魏的宫廷斗争，权臣元义、侯刚以及奚康生参与幽闭胡太后的计划，奚康生与元义不和，渐生反悔，趁皇帝朝见太后之机发难，被执杀。）

【注释】

[1]辛丑：二月三日。[2]上祀明堂：梁武帝萧衍在明堂祭祀天地。明堂，是依照儒家学说建立的祭祀天地、宣明政教的地方。[3]庚戌：二月十二日。[4]假抚军将军邴虬（qiú）：代理抚军将军。假，临时充任。邴虬，北魏将领，小皇帝元诩时为假抚军将军、益州刺史。[5]幽：幽禁，扣留。[6]领左右：统领皇帝身边的禁兵，即掌控左、右卫将军。[7]难当：即奚难当，《魏书·奚康生传》作"奚难"。奚康生之子，为千牛备身。父死，徙安州，终被杀。传见《魏书》卷七十三。[8]深相委托：紧密勾结，相互狼狈为奸。[9]率多：大多，基本上都是。[10]时或迭出：有时轮番出去。迭，更替，轮流。[11]千牛备身：古侍卫官的一种名号，佩带千牛刀以侍卫宫中。千牛刀，一种锋利的刀，取自《庄子》语称其刀可以解千牛而刀刃不钝。[12]粗武：粗放，强硬。[13]言气高下：言谈气势随意高低，缺乏克制。[14]稍惮（dàn）之：对奚康生略有一些畏惧心理。惮，担忧，害怕。[15]见于颜色：脸上时而表现出不高兴的样子，即给人摆脸色。[16]甲午：三月二十六日。依例应在"甲午"前增"三月"二字。[17]力士舞：一种表现勇猛、壮健的舞蹈。[18]折旋：回身，旋转。[19]举手、蹈足、瞋（chēn）目、颔（hàn）首：一扬手、一跺脚、一瞪眼、一点头。[20]为执杀之势：意思是让胡太后下令把元义、刘腾等人抓起来杀掉。[21]朝讫（qì）：朝见太后已毕。[22]嫔御在南：侍候皇帝的女人都在南院。当时胡太后被禁闭在北宫宣光殿，小皇帝元诩被挟持居住在南宫。[23]随陛下将东西：意即随胡太后之意领着去哪里都行。陛下，这里以称胡太后。将，携，领。[24]更复访谁：还有什么必要征求别人的意见。访，询问。奚康生的立场是希望太后与皇帝在一起。[25]援帝臂：拉着皇帝的胳膊。援，引，拉着。[26]唱万岁：高呼万岁，赞成太后做得好。[27]帝前入阁：实即胡太后与皇帝元诩都进入了宣光殿。阁，殿门。[28]竞相排：相互拥挤推搡。[29]斫（zhuó）直后元思辅：砍倒了值后元思辅。直后，是在皇帝身后担任警卫的官名，与直斋、直阁相类似。元思辅，人名，时为直后，是元义、刘腾的一党。[30]处分：安排，布置。

[31]锁于门下：锁在了门下省。 [32]光禄勋：古官名，主管守卫宫廷门户的官员。贾粲：元义、刘腾的党羽。绐（dài）太后：欺骗胡太后。绐，哄骗。 [33]怀恐不安：心怀恐惧，惶惶不安。 [34]适下殿：刚刚走下宣光殿。 [35]出东序：由宣光殿的东侧屋走出。序，正屋两侧的小屋。 [36]就康生所讯其事：到关押奚康生的地方审问他究竟想要干什么。 [37]矫诏决之：假托皇帝的命令做出决定。 [38]恕死从流：饶过死罪，改为流放。恕，宽恕，饶恕。 [39]慷慨：大义凛然的样子，多大点事啊！ [40]我不反死：我不为死而反悔。 [41]汝何哭也：你有什么可哭的呢？也，同“耶”，反问语气。 [42]尚食典御奚混：皇帝的近侍，负责为皇帝先尝入口的东西。奚混为小皇帝元诩时的尚食典御，因带刀入内，被杀。 [43]安州：古州名，州治在今河北隆化县。 [44]行台卢同：行台，朝廷的派出机构，代表朝廷行使某种职权。胡三省曰：“魏太祖既得中山，将北还，虑中原有变，乃于邺、中山置行台，后因之。”卢同，元义的死党。 [45]八坐九卿常旦造腾宅：八坐，又作“八座”，即尚书八座，指尚书令、左右仆射及五部尚书。九卿，原是秦、汉时的朝廷官名，指太常、郎中令、卫尉、太仆、廷尉、大行令、宗正、大司农、少府。南北朝时没有实际的九卿一词，这里提到九卿，大约相当今之部长一级。旦造腾宅，每天早晨赶到刘腾府上。[46]参其颜色：摸摸他的心思。参，观察。[47]赴省府：再到各自的部门。省府，各省、各府，指朝廷的各种办事机构。 [48]属（zhǔ）请：请托，请求代为办事。 [49]舟车之利：意即控制水路、陆路各码头、各关口的税收。 [50]山泽之饶：各种山林湖海的出产。 [51]所在榷（què）固：在上述的各个领域都进行垄断，实行专买专卖。榷，本指独木桥，借用为垄断的意思。 [52]刻剥六镇：克扣缘边各军镇的军饷，逼迫军镇给他们进贡送礼。 [53]交通互市：开展边境贸易，收取关税。 [54]巨万万：巨万即亿，巨万万即万亿。古书行文常用“以巨万计”，形容财富之多。《魏书·刘腾传》作“以巨万计”。

京兆王继自以父子权位太盛，固请以司徒让车骑大将军、仪同三司崔光。夏，四月，庚子[1]，以继为太保，侍中如故，继固辞，不许，壬寅[2]，以崔光为司徒，侍中、祭酒、著作如故。

魏牒云具仁至柔然，婆罗门殊骄慢[3]，无逊避[4]心，责具仁礼敬[5]；具仁不屈，婆罗门乃遣大臣丘升头[6]等将兵二千随具仁迎阿那瑰。五月，具仁还镇[7]，具道其状，阿那瑰惧，不敢进，上表请还洛阳。

辛巳[8]，魏南荆州刺史桓叔兴[9]据所部来降[10]。

六月，丁卯[11]，义州刺史文僧明[12]、边城太守田守德[13]拥所部降魏，皆蛮酋[14]也。魏以僧明为西豫州刺史，守德为义州刺史。

癸卯[15]，琬琰殿火[16]，延烧后宫三千间。

秋，七月，丁酉[17]，以大匠卿裴邃为信武将军[18]，假节，督众军讨义州，破魏义州刺史封寿于檀公岘[19]，遂围其城；寿请降，复取义州。魏以尚书左丞张普惠为行台，将兵救之，不及。

以裴邃为豫州[20]刺史，镇合肥。邃欲袭寿阳[21]，阴结寿阳民李瓜花[22]等为内应。邃已勒兵为期日[23]，恐魏觉之，先移魏扬州[24]云："魏始于马头置戍[25]，如闻复欲修白捺故城[26]，若尔，便相侵逼[27]，此亦须营欧阳[28]，设交境[29]之备。今板卒已集[30]，唯听信还[31]。"扬州刺史长孙稚[32]谋于僚佐，皆曰："此无修白捺之意，宜以实报之。"录事参军杨侃[33]曰："白捺小城，本非形胜[34]，邃好狡数[35]，今集兵遣移[36]，恐有他意。"稚大寤[37]曰："录事可亟作移报之[38]。"侃报移曰："彼之纂兵[39]，想别有意，何为妄构白捺[40]！'他人有心，予忖度之[41]'，勿谓秦无人也[42]。"邃得移，以为魏人已觉，即散其兵。瓜花等以失期，遂相告发，伏诛者十余家。稚，观之子；侃，播之子。

（以上为第十段，写北魏京兆王元继颇有自知之明，欲辞去要职避祸；柔然可汗阿那瓌回国不成，又返回洛阳；南朝将领裴邃欲袭击北魏寿阳，被发觉而放弃。）

【注释】

[1]庚子：四月三日。[2]壬寅：四月五日。[3]殊：特别。骄慢，骄纵，傲慢。[4]逊避：自己退位，让位于阿那瓌。[5]责具仁礼敬：要求牒云具仁向他行礼。责，要求。[6]丘升头：人名，柔然将领。[7]还镇：回到怀朔镇。[8]辛巳：五月十四日。[9]桓叔兴：东晋末年的乱党头子桓玄之孙，桓诞之子，避难随父逃入鄂豫边境的少数民族地区，被推为头领，投魏任为南荆州刺史，以今河南确山县为其州治，但让他隶属于东荆州，桓叔兴不乐意，南降。上卷。[10]据所部来降：据《梁书·武帝纪》，桓叔兴据南荆州投降梁朝之事，在本年的七月，记载的是到达南朝之日。这里据《魏帝纪》为五月十四日，指出发之时。[11]丁卯：六月一日。[12]义州：南梁州名，州治在今河南光山县东南。文僧明：义州少数民族首领，梁武帝萧衍时为义州刺史，叛逃北魏。[13]边城太守田守德：边城，南梁郡名，郡治在今河南固始县东南。田守德，亦少数民族首领，梁武帝萧衍时为边城太守，叛逃北魏。[14]皆蛮酋（qiú）：指文僧明、田守德两人都是少数民族头领。[15]癸卯：六月无"癸卯"日，此处疑记载有误。[16]琬琰殿火：南梁的琬琰殿失火被焚。《梁书·武帝纪》叙此事于本年五月。[17]丁酉：七月一日。[18]大匠卿：古官名，即将作大匠，主管建筑诸事。裴邃（suì）：字渊明，河东闻喜人，南梁名将，时任大匠卿，累迁北徐州刺史、豫州刺史。曾统帅诸军北伐，连破多城，大败北魏。传见《梁

书》卷二十八。［19］封寿：北魏官员，小皇帝元诩时为义州刺史。檀公岘（xiàn）：古山名，大别山的俗称，在今安徽省金寨县西南。［20］豫州：南梁州名，州治合肥，在今安徽合肥市。［21］寿阳：古地名，在今安徽寿县。原为南齐豫州的州治所在地，裴叔业以寿阳投降北魏，现为北魏的扬州州治所在地。［22］李瓜花：北魏人，寿阳之民。［23］勒兵为期日：统兵，指挥军队约定好日期。［24］移魏扬州：向北魏的扬州刺史发出通告说。移，文体名，与檄的性质相似，约当今之"通告"。"魏"字，原文无，据章校补。扬州，北魏州名，州治寿阳。［25］始于马头置戍：起先是在马头建立了军事据点。北魏的马头郡在今安徽蒙城，在蚌埠的西北方。［26］如闻：近来仿佛听说。如，表示不确定。白捺（nà）故城：古城名，在今安徽淮南市东部或长丰县北境。胡三省曰："白捺当在马头东北或东南。"［27］若尔，便相侵逼：假如果真如此，这就是你们对我方进行威胁。侵逼，做出了一种进攻的姿态。［28］此亦须营欧阳：我方也要在欧阳建立军事据点。欧阳，古地名，应在今合肥的北方，靠近寿县一带。［29］交境：边境，两国的交界地带。［30］板卒已集：建筑工事的木板与士兵已经集合好。板，夯土集城使用的工具。［31］唯听信还：我们静候你们的回答。信，使者。还，给予回音。［32］长孙稚：字承业，原名冀归，上党靖王长孙道生曾孙，征南大将军、上党定王长孙观之子，封上党王，又改封冯翊王，后降为郡公。时为北魏扬州刺史。北魏分裂后，随孝武帝元修出关，投奔西魏掌权的宇文泰，受封太师，录尚书事。传见《魏书》卷二十五。［33］录事参军：古官名，总管文书档案。杨侃（kǎn）：侍中杨播之子，北魏大臣，时为录事参军。从平萧宝夤叛乱有功，除冠军将军、东雍州刺史，转岐州刺史；历任度支尚书、给事黄门侍郎，官至卫将军、金紫光禄大夫、侍中，封济北郡公。传见《魏书》卷五十八。［34］本非形胜：本来就不是什么重要的地方。形胜，指地形条件优越、便利。［35］好狡数（shù）：善于要滑头，玩阴谋诡计。狡数，狡猾的伎俩。数，方法，伎俩。［36］集兵遣移：集结军队，发出檄文。［37］寤（wù）：同"悟"。［38］亟（jí）作移报之：赶紧写一篇檄文回应他。亟，急忙，赶快。［39］彼之纂兵：你们的集结军队。彼，你，以称对方。纂，集结。［40］妄构白捺：凭空编造出我们在白捺屯兵的说法。［41］他人有心，予忖（cǔn）度（duó）之：别人的心思，我能猜得出来，语见《诗经·巧言》。这里是说你们的阴谋诡计骗不了我们。忖度，推测，揣度。［42］勿谓秦无人：春秋时晋国人对秦国进行欺诈，秦国的决策者没有体察，秦国的大夫绕朝在给晋国人送行时说："勿谓秦无人，吾谋适不用也。"事见《史记·晋世家》。这里的意思是你们不要觉得北魏没有人，不能识破你们的计谋！

初，高车[1]王弥俄突死，其众悉归嚈哒[2]；后数年，嚈哒遣弥俄突弟伊匐[3]帅余众还国。伊匐击柔然可汗婆罗门，大破之，婆罗门帅十部落诣凉州[4]，请降于魏。柔然余众数万相帅迎阿那瑰，阿那瑰表称："本国大乱，姓姓别居[5]，迭相抄掠[6]。当今北人鹄望待拯[7]，乞依前恩，给臣精兵一万，送臣碛北[8]，抚定荒民[9]。”诏付中书、门下博议[10]，凉州刺史袁翻[11]以为：“自国家都洛以来，蠕蠕、高车迭相吞噬[12]，始则蠕蠕授首[13]，既而高车被擒[14]。今高车自奋于衰微之中，克雪仇耻[15]，诚由种类繁多，终不能相灭。自二虏[16]交斗，边境无尘[17]，数十年矣，此中国[18]之利也。今蠕蠕两主[19]相继归诚，虽戎狄禽兽，终无纯固[20]之节，然存亡继绝[21]，帝王本务。若弃而不受，则亏我大德；若纳而抚养，则损我资储[22]；或全徙内地，则非直[23]其情不愿，亦恐终为后患，刘、石[24]是也。且蠕蠕尚存，则高车犹有内顾之忧[25]，未暇窥窬上国[26]；若其全灭[27]，则高车跋扈[28]之势，岂易可知！今蠕蠕虽乱而部落犹众，处处棋布[29]，以望旧主，高车虽强，未能尽服也。愚谓蠕蠕二主并宜存之，居阿那瑰于东，处婆罗门于西，分其降民，各有攸属[30]。阿那瑰所居非所经见[31]，不敢臆度[32]；婆罗门请修西海故城[33]以处之。西海在酒泉之北，去高车所居金山[34]千余里，实北虏往来之冲要[35]，土地沃衍[36]，大宜耕稼[37]。宜遣一良将，配以兵仗，监护婆罗门，因令屯田[38]，以省转输[39]之劳。其北则临大碛[40]，野兽所聚，使蠕蠕射猎，彼此相资[41]，足以自固。外以辅蠕蠕之微弱，内亦防高车之畔援[42]，此安边保塞之长计也。若婆罗门能收离聚散[43]，复兴其国者，渐令北转，徙度流沙[44]，则是我之外藩[45]，高车勍敌[46]，西北之虞[47]可以无虑。如其奸回反覆[48]，不过为逋逃[49]之寇，于我何损哉？”朝议是之。

九月，柔然可汗俟匿伐[50]诣怀朔镇请兵，且迎阿那瑰。俟匿伐，阿那瑰之兄也。冬，十月，录尚书事[51]高阳王雍等奏：“怀朔镇北吐若奚泉[52]，原野平沃，请置阿那瑰于吐若奚泉，婆罗门于故西海郡，令各帅部落，收集离散。阿那瑰所居既在境外，宜少优遣[53]，婆罗门不得比之。其婆罗门未降以前蠕蠕归化者[54]，悉令州镇部送怀朔镇以付阿那瑰。”诏从之。

十一月，癸丑[55]，魏侍中、车骑大将军侯刚加仪同三司。

魏以东益、南秦[56]氐皆反，庚辰[57]，以秦州刺史河间王琛为行台[58]以讨之。琛恃刘腾之势[59]，贪暴无所畏忌，大为氐所败。中尉弹奏，会赦，除名，寻复王爵。

魏以安西将军元洪超兼尚书行台[60]，诣敦煌[61]安置柔然婆罗门。

（以上为第十一段，写柔然现任可汗婆罗门被高车打败，也投奔北魏，而原来的可汗阿那瑰再次请求护送回国，北魏接受凉州刺史袁翻建议，将柔然二主分别安置。）

【注释】

[1]高车：古代西北方的少数民族名，又名“铁勒”“敕勒”，祖先是匈奴人，居住在柔然的北面，其活动地区约在今蒙古国北部与俄罗斯相邻的一带地区。 [2]嚈哒：古代西域小国名，为大月氏的后裔，古代生活在欧亚大陆的游牧民族，约在今新疆北部的阿勒泰一带地区。史家称之为“白匈奴”，建都拔底延城，势力曾达到康居、安息、疏勒、于阗等国。后为突厥所破，部落分散。[3]伊匐（fú）：弥俄突之弟，高车国王。曾客居嚈哒。弥俄突与柔然战，被杀，他回国继位，北魏遣使拜为镇西将军、西海郡公、高车王。复与柔然为敌，曾大破柔然可汗婆罗门之军。后为柔然战败，被其弟越居所杀。高车从此衰落。 [4]凉州：北魏州名，州治在今甘肃武威市。 [5]姓姓别居：指各姓部族分开居住。 [6]迭相抄掠：互相抢劫、杀掠。 [7]鹄（hú）望待拯：伸长脖子盼望解救。鹄，天鹅。天鹅的脖子长，以形容人的急切盼望之态。拯，拯救，解救。 [8]碛（qì）北：大漠以北。碛，沙石地。 [9]抚定荒民：安抚，平定百姓。 [10]中书、门下：台省名。中书，即中书省。门下，即门下省。博议：让两省官员全面详尽地讨论、评议。 [11]袁翻：时任凉州刺史，迁中书令，领给事黄门侍郎。传见《魏书》卷六十九。 [12]迭相吞噬（shì）：互相吞并。噬，咬。 [13]蠕蠕授首：指柔然首领被高车所杀。高车破柔然，遣使入贡于北魏。[14]高车被擒：指高车头领弥俄突被柔然打败，被擒杀。 [15]克雪仇耻：即克仇雪耻，报仇雪恨。 [16]二虏：指柔然与高车两国。 [17]边境无尘：指北魏与柔然的边境没有军事冲突，没有尘土飞扬。 [18]中国：此指居于中原地区的北魏。 [19]两主：指柔然可汗阿那瑰与婆罗门。[20]纯固：纯洁，坚定。 [21]存亡继绝：使灭亡之国得存，断绝之嗣得续。 [22]资储：积蓄，贮备。 [23]非直：不只，不仅仅是。 [24]刘、石：即刘渊、石勒。刘渊，汉赵开国皇帝，石勒，后赵开国皇帝。两人为患西晋，喻今之高车、柔然，乃为患北魏，两主相继归降，要妥善处置，不要犯刘、石为祸西晋的错误。 [25]内顾之忧：实即背后之忧，因为高车在柔然的北方。[26]未暇窥窬（yú）上国：顾不上乘机进攻我们北魏。窥窬，窥测时机。窬，缝隙，时机。上国，大国，宗主国。北魏人自称。 [27]若其全灭：若柔然被彻底消灭。 [28]跋扈（hù）：蛮横，霸道。 [29]棋布：像棋子似地分布着，形容多而密集。 [30]各有攸属：各有所属，每人分一半。[31]所居非所经见：阿那瑰居住的地方我们没有亲眼见过。 [32]不敢臆度（duó）：不敢瞎猜。臆，主观揣度，猜测。 [33]西海故城：指汉代在居延泽修筑的城堡，在今内蒙古额济纳旗东南，

今甘肃酒泉市的东北方。西海，古称居延泽。［34］金山：古山名，在今新疆北部的阿勒泰山，在居延泽的西北方。［35］冲要：要冲，必经之地。［36］沃衍：肥沃而宽广。［37］耕稼（jià）：指农业生产。稼，种植谷物。［38］屯田：军队且耕且守。［39］转输：指运输粮草等各种给养。［40］大碛（qì）：大沙漠。［41］彼此相资：相互补充，相互调剂。［42］畔援：跋扈、专横暴戾的样子。胡三省引郑玄曰："跋扈也。"［43］收离聚散：收聚离散的部落、百姓。［44］流沙：指中国西北的沙漠地区。［45］外藩：有封地的诸侯王，泛指藩属。［46］高车勍（qíng）敌：高车族的强大敌人。勍，强劲。［47］西北之虞：对西北地区的种种忧虑。虞，虑。［48］奸回反覆：奸邪叛变，反复无常。回，险恶。［49］逋（bū）逃之寇：一伙子逃跑了的毛贼。逋，逃。［50］俟（qí）匿伐：一作"俟匿代"，郁久闾氏可汗伏图之子，阿那瑰之兄，柔然后主。在柔然内讧中，阿那瑰即位刚十日，便被其族兄示发所败，逃入北魏，婆罗门打败示发，被立为可汗。不久，因婆罗门又被高车所逐归降北魏，俟匿伐遂被部众立为主。而后，至怀朔镇投北魏，请阿那瑰返柔然复位。［51］录尚书事：管理尚书省的一切政务。录，统领，管理。［52］吐若奚泉：古地名，在今内蒙古固阳县境。胡三省曰："吐若奚泉在怀朔镇北无结山下。"［53］宜少优遣：应该较多地馈送他一些东西。少，同"稍"。优遣：给予优厚的待遇，将他们打发过去。［54］归化者：投奔北魏的人。［55］癸丑：十一月十九日。［56］东益、南秦：皆北魏州名，东益州州治武兴，在今陕西略阳县；南秦州州治骆谷，在今甘肃成县西。［57］庚辰：十一月乙未朔，无庚辰，疑为十二月。《魏书·肃宗纪》作"十二月庚辰"，即十二月十七日。［58］秦州，北魏州名，州治上邽，在今甘肃天水市。为行台：打着朝廷的名义。行台是朝廷的派出机构。［59］恃刘腾之势：因河间王元琛曾无耻地自求给刘腾当了养子。恃，依恃，有恃无恐。［60］安西将军：古将军名号，为杂号将军。元洪超：昭成帝拓跋什翼健的后代，北魏宗室。曾兼尚书行台。传见《魏书》卷十五。尚书行台：临时设立代表中央的政务机构。［61］诣敦煌：到敦煌去。北魏朝廷要安排婆罗门居住在居延故城，而居延故城是敦煌的辖地。敦煌，古郡名，郡治在今甘肃敦煌市。

三年（壬寅，522年）

春，正月，庚子[1]，以尚书令袁昂为中书监，吴郡太守王暕为尚书左仆射。

辛亥[2]，魏主耕籍田[3]。

魏宋云与惠生自洛阳西行四千里，至赤岭[4]，乃出魏境，又西行，再期[5]，至乾罗国[6]而还。二月，达洛阳，得佛经一百七十部。

高车王伊匐遣使入贡于魏。夏，四月，庚辰[7]，魏以伊匐为镇西将军、西海郡公、高车王。久之，伊匐与柔然战败，其弟越居杀伊匐自立。

五月，壬辰朔[8]，日有食之，既[9]。

癸巳[10]，大赦[11]。

冬，十一月，甲午[12]，领军将军始兴忠武王憺[13]卒。

乙巳[14]，魏主祀圜丘[15]。

初，魏世宗[16]以《玄始历》浸疏[17]，命更造新历。至是，著作郎崔光表取荡寇将军张龙祥[18]等九家所上历，候验得失[19]，合为一历，以壬子为元[20]，应魏之水德[21]，命曰《正光历》[22]。丙午[23]，初行《正光历》，大赦。

（以上为第十二段，写北魏大臣宋云与和尚惠生到西域取经，历经数年，取得佛经回国；魏明帝元诩下令制定新的历法，以取代《玄始历》，经过验证得失，施行《正光历》。）

【注释】

[1]庚子：正月七日。[2]辛亥：正月十八日。[3]籍田：皇帝的农业示范田，皇帝亲自在籍田上劳动，表示对农业的重视，通过自己的示范作用，鼓励全国农民积极从事农业生产。据说籍田上收获的粮食用以祭祀宗庙。[4]赤岭：古山名，在今之日月山，在青海湟源县西，因土石皆赤，不生草木而得名。[5]再期：又过了一年。[6]乾罗国：古国名，与印度相邻。[7]庚辰：四月十九日。[8]壬辰朔：五月一日。[9]既：食尽，指日全食。[10]癸巳：五月二日。[11]大赦：对全国已判罪犯普遍赦免或减刑，主语是南梁。[12]甲午：十一月六日。[13]始兴忠武王憺：萧憺（dàn），字僧达，梁武帝萧衍异母弟，封始兴郡王。官至侍中、抚军将军、开府仪同三司、领军将军，谥号忠武。传见《梁书》卷二十二。[14]乙巳：十一月十七日。[15]圜（yuán）丘：皇帝祭天的坛台。今北京市天坛公园的圜丘，就是清代皇帝祭天的地方。[16]世宗：原文为“世祖”，据章校改。按，世祖指北魏太武帝拓跋焘；世宗，指宣武帝元恪。查《魏书》卷一百七《律历志》上，孝明帝所正之历，乃世宗时所造《景明历》上，世宗在延昌四年（515）还做了重修。[17]《玄始历》：古历法，北凉太史敦煌赵（匪文）著，北魏此前使用的历法，北凉玄始元年（412）开始使用，北魏继续使用，至北魏正光三年（522），用了111年，采用600年置221个闰月代替十九年七闰法，之后祖冲之《大明历》亦循之，弃“十九年七闰法”。沈约《宋书》称之为《甲寅元历》，《开元占经》称之为《凉赵历》。浸疏：差得越来越多。浸，同“渐”，逐渐。疏，差错。[18]张龙祥：一作“张农祥”，北魏元诩时为荡寇将军。[19]候验得失：经过验证得失。候验，观测，验证。[20]以壬子为元：以壬子年作为新历法推算的开端。[21]应魏之水德：目的是与北魏的以水德称帝相应。秦汉时代的方士们用五行相生相克的道理来附会王朝命运的兴废，称“五德”。鲜卑人也学着这一套，因他们是兴起于北方，故自称“水德”。胡三省

曰："壬癸，水也，水旺于子，故以壬子为元。"［22］《正光历》：北魏后期历法。宣武帝元恪以为《玄始历》有疏漏，命造新历法。延昌四年（515）冬，集议新历，立表实测日影；神龟元年（518），著作郎崔光总合屯骑校尉张洪、故太史令张明豫、校书郎李业兴、驸马都尉卢道虔、前太极采材军主卫洪显、殄寇将军太史令胡荣、雍州沙门统道融、司州河南人樊仲遵、定州巨鹿人张僧豫等九家之新历，为一历，以壬子为元，应魏之水德，号《神龟历》。魏孝明帝元诩改元正光，于正光三年（522）施行，对后代修历影响很大。［23］丙午：十一月十八日。

十二月，乙西[1]，魏以车骑大将军、尚书右仆射元钦[2]为仪同三司，太保京兆王继为太傅，司徒崔光为太保。

初，太子统[3]之未生也，上养临川王宏之子正德[4]为子。正德少粗险[5]，上即位，正德意望东宫[6]。及太子统生，正德还本[7]，赐爵西丰侯。正德怏怏[8]不满意，常蓄异谋。是岁，正德自黄门侍郎为轻车将军，顷之[9]，亡奔魏，自称废太子避祸而来。魏尚书左仆射萧宝寅上表曰："岂有伯[10]为天子，父作扬州[11]，弃彼密亲[12]，远投他国！不如杀之。"由是魏人待之甚薄，正德乃杀一小儿，称为己子，远营葬地[13]；魏人不疑，明年，复自魏逃归。上泣而诲[14]之，复其封爵。

柔然阿那瑰求粟为种，魏与之万石[15]。

婆罗门帅部落叛魏，亡归嚈哒。魏以平西府长史代人费穆[16]兼尚书右丞西北道行台[17]，将兵讨之，柔然遁去。穆谓诸将曰："戎狄[18]之性，见敌即走，乘虚复出，若不使之破胆[19]，终恐疲于奔命[20]。"乃简练[21]精骑，伏于山谷，以步兵之羸[22]者为外营，柔然果至，奋击，大破之。婆罗门为凉州军所擒，送洛阳。

（以上为第十三段，写南朝梁武帝萧衍开始收养萧正德，后还本，正德意望东宫，闷闷不乐，投奔北魏，又返回；柔然原可汗婆罗门反叛北魏，被费穆打得大败。）

【注释】

［1］乙酉：十二月二十七日。［2］元钦：字思若，景穆皇帝拓跋晃之孙，阳平王拓跋新成第三子，北魏宗室、大臣。传见《魏书》卷十九上。［3］太子统：即梁武帝萧衍长子，萧统。［4］正德：即萧正德，字公和，临川王萧宏第三子，梁武帝萧衍之侄。萧统未出生时，萧正德为萧衍养子。昭明太子萧统出生后，回归本宗，初封西丰县侯，后封临贺王，迁左卫将军。侯景叛乱，立其为帝，旋即被废，降为大司马，被杀。传见《梁书》卷五十五。［5］少粗险：自幼粗鲁阴险。

[6]意望东宫：希望当皇太子。[7]还本：还本位，又回到他生父萧宏那里。[8]怏（yàng）怏：闷闷不乐、愤愤不平的样子。[9]顷之：不久，没有多长时间。[10]伯：指萧衍。[11]父作扬州：指萧宏为扬州刺史。扬州的州治为都城建康，即今江苏南京市。[12]密亲：亲密，至亲。[13]远营葬地：离开洛阳远远地出去为其子寻觅地点、建造坟墓，其实是准备逃跑。营，挑选。[14]诲：教导，训导。[15]石（dàn）：古代重量单位，一百二十斤为一石。[16]代人费穆：代郡人费穆，北魏名将。传见《魏书》卷四十四。[17]西北道行台：西北地区的行台。行台，临时设立的代表中央的政务机构，此指主持行台事务的长官。[18]戎狄：古代对西方和北方的非华夏部落的统称，即北狄和西戎的合称。[19]破胆：以喻恐惧之极，此处指令其吃到苦头，接受教训。[20]终恐疲于奔命：难免日后老是前来征讨它。奔命，奉命奔走，应急出战。[21]简练：挑选。[22]羸（léi）：瘦弱，病弱。

四年（癸卯，523年）

春，正月，辛卯[1]，上祀南郊，大赦。丙午[2]，祀明堂。二月，乙亥[3]，耕籍田。

柔然大饥，阿那瑰帅其众入魏境，表求赈给[4]。己卯[5]，魏以尚书左丞元孚为行台尚书[6]，持节抚谕[7]柔然。孚，谭[8]之孙也。将行，表陈便宜[9]，以为："蠕蠕久来强大，昔在代京[10]，常为重备[11]。今天祚大魏[12]，使彼自乱亡，稽首请服[13]。朝廷鸠其散亡[14]，礼送令返，宜因此时善思远策。昔汉宣[15]之世，呼韩款塞[16]，汉遣董忠、韩昌领边郡士马送出朔方[17]，因留卫助[18]。又，光武时亦使中郎将段彬置安集掾史[19]，随单于所在，参察[20]动静。今宜略依旧事，借其闲地，听其田牧，粗置官署[21]，示相慰抚[22]。严戒边兵，因令防察[23]，使亲不至矫诈[24]，疏不容反叛[25]，最策之得[26]者也。"魏人不从。

柔然俟匿伐入朝于魏。

三月，魏司空刘腾卒。宦官为腾义息重服[27]者四十余人，衰绖[28]送葬者以百数，朝贵送葬者塞路满野。

夏，四月，魏元孚持白虎幡[29]劳阿那瑰于柔玄、怀荒[30]二镇之间。阿那瑰众号三十万，阴有异志，遂拘留孚，载以辒车[31]。每集其众，坐孚东厢[32]，称为行台，甚加礼敬。引兵而南，所过剽掠[33]，至平城，乃听孚还。有司奏孚辱命[34]，抵罪[35]。甲申[36]，魏遣尚书令李崇、左仆射元纂帅骑十万击柔然。阿那瑰闻之，驱良民二千、公私马牛羊数十万北遁，崇追之三千余里，不及而还。

纂使铠曹参军于谨[37]帅骑二千追柔然，至郁对原[38]，前后十七战，屡破之。谨，忠之从曾孙也，性深沈[39]，有识量[40]，涉猎[41]经史。少时，屏居田里[42]，不求仕进，或劝之仕，谨曰："州郡之职[43]，昔人所鄙[44]；台鼎之位[45]，须待时[46]来。"纂闻其名而辟[47]之。后帅轻骑出塞觇候[48]，属铁勒数千骑奄至[49]，谨以众寡不敌，退必不免，乃散其众骑，使匿丛薄[50]之间，又遣人升山指麾[51]，若部分[52]军众者。铁勒[53]望见，虽疑有伏兵，自恃其众，进军逼谨[54]。谨以常乘骏马，一紫一騧[55]，铁勒所识，乃使二人各乘一马突阵而出，铁勒以为谨也，争逐之；谨帅余军击其追骑，铁勒遂走[56]，谨因得入塞[57]。

（以上为第十四段，写北魏派尚书左丞元孚持节安抚柔然，柔然可汗阿那瑰反叛，扣留元孚；北魏派出大军攻打，干将于谨十七战皆胜，阿那瑰北逃，于谨乘胜追击。）

【注释】

［1］辛卯：正月四日。［2］丙午：正月十九日。［3］乙亥：二月十八日。［4］赈（zhèn）给：救济，供给。［5］己卯：原文作"己亥"。二月戊午朔，无己亥日，记载有误。《魏书·肃宗纪》作"己卯"，二月二十二日，据此改。［6］元孚（fú）：字秀和，北魏太武帝拓跋焘曾孙，临淮王元提之子，北魏宗室、大臣，时为尚书左丞，出任北道行台，后为冀州刺史，颇有善政，后跟随孝武帝入关，受封扶风郡王，累任司空兼尚书令、太保、太尉公。传见《魏书》卷十八。行台尚书：主持行台事务的官员。［7］抚谕：抚慰，晓谕。［8］谭：即拓跋谭，字受洛真，太武帝拓跋焘第四子，封燕郡王，改封临淮郡王，元孚之祖。传见《魏书》卷十八。［9］陈便宜：提出了临时制宜的解决办法。［10］代京：北魏旧都平城，在代郡，故称之。［11］重备：重点防备。［12］天祚大魏：老天爷保佑我们北魏。祚，福，这里用为动词，意即赐福、保佑。［13］稽（qǐ）首请服：磕头致意，请求臣服。稽首，古代一种跪拜礼，叩头到地。［14］鸠（jiū）其散亡：把逃散的柔然人集合起来。鸠，本指鸟类，这里用作动词，鸠集，聚合。［15］汉宣：即西汉宣帝刘询，中兴之主，其时政通人和，匈奴臣服。［16］呼韩款塞：匈奴呼韩邪单于在汉宣帝甘露三年，公元前51年前来归降汉王朝，从而结束了汉匈之间长达八十三年的战争。汉匈大决战，始于汉武帝元兴元年，公元前134年，至汉宣帝甘露三年，公元前51年，长达八十三年。款塞，叩边关的门，这里即指归降、投诚。款，敲打，叩。［17］送出朔方：送呼韩邪单于北出朔方郡回匈

奴。朔方，汉郡名，郡治在今内蒙古乌拉特前旗东南。［18］因留卫助：两员汉将就在呼韩邪单于的驻地留下来，帮助与保护呼韩邪单于开展各项活动。［19］“光武时”句：东汉光武帝刘秀派出中郎将被彬出使匈奴设置安集掾史，协助匈奴单于维护秩序。按：东汉初期的匈奴局势仍像西汉后期一样混乱，南边靠近汉朝的部分，称作“南匈奴”，基本上是依附于汉朝；靠北的部分称作“北匈奴”，比较凶狠好战，经常发动对南匈奴与汉朝边境的战争。刘秀派段彬出使南匈奴，为南匈奴设立安集掾史，是在建武二十六年（50）。当时的南匈奴居住在今内蒙古河套一带，经常受到北匈奴的侵扰，请求汉朝给予保护。于是汉朝设立了匈奴中郎将，率军驻扎在南匈奴地区。安集，安定，和睦。掾史，古官名，分曹治事的属官，级别不是很高。［20］参察：观察。［21］粗置官属：大体设立一个相应的办事衙门。粗，大致地。［22］示相慰抚：表示对柔然的友好与关照。［23］防察：监督，观察。［24］亲不至矫诈：关系最密近时，也要防备它，别被它欺骗。矫诈，虚伪，诡诈。［25］疏不容反叛：关系最疏远时，也要掌控它，别让它叛变。［26］最策之得：最好不过的状态就是如此。［27］义息：义子，干儿子。重服：亲缘关系近，穿最重的孝服，即斩衰，子为父母守丧。［28］衰（cuī）绖（dié）：身穿丧服，腰系麻绳。衰，丧服，有齐衰、斩衰之分。绖，麻织的带子，系在头上与腰间。［29］白虎幡：绣有白虎图像的竖条旗，朝廷的使者持之以宣布皇帝的诏令。［30］柔玄、怀荒：北魏北部边境上的两个军镇名，柔玄镇的驻地在今河北尚义县西，怀荒镇的驻地在今河北张北县。［31］辒（wēn）车：也称“辒凉车”，能防寒防晒、可坐可卧的车子。［32］坐孚东厢：让元孚坐在大堂的东侧。东厢，这里指坐在东侧，面向西。［33］剽（piāo）掠：抢劫，掠夺。［34］辱命：没有完成上级的命令。［35］抵罪：定罪，因犯罪而受到相应的处罚。抵，当，判处。［36］甲申：四月二十八日。［37］铠曹参军：古官名，掌仪卫兵仗的官员。于谨：大臣于忠的从曾孙，陇西太守于提之子，北朝名将。传见《周书》卷十五。［38］郁对原：古地名，具体方位不详。［39］深沈：深刻，周密。沈，同“沉”。［40］识量：胆识，器量。［41］涉猎：粗略地阅读、浏览。［42］屏（bǐng）居田里：隐居，不问世事地居住在田间。［43］州郡之职：指在州郡当小吏，并不是指任刺史、太守那种方面大员。［44］昔人所鄙：过去是被人瞧不起的。昔人，指东汉时的梁竦，他曾说：“州郡之职，徒劳人耳。”意思是做州郡的小吏，只是令人烦恼而已。事见《后汉书》卷六十四。［45］台鼎之位：指朝廷上的三公。过去常以三公与天上的三台星，鼎的三足相比，极言其地位之崇高与作用之重大。［46］时：时机，机遇。［47］辟：聘任，聘任于谨当自己的僚属。［48］觇（chān）候：伺探敌情。觇、候，都是窥视、伺探的意思。［49］属：正好，正好碰上。铁勒：也称“敕勒”，高车族的别称，古代西北方的少数民族名。胡三省曰：“高车部，或曰‘敕勒’，讹为‘铁勒’。”奄（yǎn）至：突然而至。［50］不免：不能逃脱，死路一条。［51］匿（nì）丛薄：躲藏到草木丛生的地方。［52］升山指麾（huī）：爬到山上做出一种像是指挥下面士兵行动的样子。升，登，爬上。指麾，意同“指挥”。［53］部分：分配，调动。［54］逼谨：向着于谨围拢过来。［55］騧（guā）：身黄嘴黑的马。［56］遂走：以为有大部队追赶，就逃奔而去。［57］入塞：回到北魏的边境之内。

塞，国境上的边防工事。

李崇长史巨鹿魏兰根[1]说崇曰："昔缘边初置诸镇，地广人稀，或征发中原强宗[2]子弟，或国之肺腑[3]，寄以爪牙[4]。中年[5]以来，有司号为'府户'[6]，役同厮养[7]，官婚班齿[8]，致失清流[9]，而本来族类[10]，各居荣显，顾瞻[11]彼此，理当愤怨。宜改镇立州，分置郡县，凡是府户，悉免为民，入仕次叙[12]，一准其旧，文武兼用，威恩并施。此计若行，国家庶无[13]北顾之虑矣。"崇为之奏闻，事寝[14]，不报[15]。

初，元义既幽胡太后，常入直[16]于魏主所居殿侧，曲尽佞媚[17]，帝由是宠信之。义出入禁中，恒令勇士持兵以自先后[18]。时出休于千秋门[19]外，施木栏楯[20]，使腹心防守以备窃发[21]，士民求见者，遥对之而已。其始执政之时，矫情自饰[22]，以谦勤接物[23]，时事得失，颇以关怀[24]。既得志，遂自骄慢[25]，嗜酒好色，贪吝宝贿[26]，与夺任情[27]，纪纲坏乱。父京兆王继尤贪纵，与其妻子各受赂遗[28]，请属有司[29]，莫敢违者。乃至郡县小吏亦不得公选[30]，牧、守、令、长率皆[31]贪污之人。由是百姓困穷，人人思乱。

武卫将军于景[32]，于忠之弟也，谋废叉[33]，叉黜为怀荒镇将。及柔然入寇，镇民请粮，景不肯给，镇民不胜忿，遂反，执景，杀之。未几，沃野镇民破六韩拔陵[34]聚众反，杀镇将，改元真王[35]。诸镇华、夷之民往往响应，拔陵引兵南侵，遣别帅卫可孤围武川镇[36]，又攻怀朔镇[37]。尖山贺拔度拔[38]及其三子允、胜、岳[39]皆有材勇[40]，怀朔镇将杨钧擢度拔为统军，三子为军主以拒之。

魏景明[41]之初，世宗命宦者白整[42]为高祖及文昭高后[43]凿二佛龛于龙门山[44]，皆高百尺。永平[45]中，刘腾复为世宗[46]凿一龛，至是二十四年，凡用十八万二千余工而未成。

（以上为第十五段，写北魏北边六镇发生大规模起义，破六韩拔陵率兵南侵；北魏在龙门山开凿佛龛，即龙门石窟。）

【注释】

[1]巨鹿：北魏郡名，郡治曲阳，在今河北晋州市西。魏兰根：巨鹿曲阳人，北魏大臣。仪

貌奇伟，博览群书，喜读《左传》《周易》，为定州长流参军、平北府长史、司徒掾，官至安东将军、中书令，封永兴县侯。此时为李崇的僚属。传见《北齐书》卷二十三。［2］强宗：豪族，有权势的人家。［3］国之肺腑：帝王的近亲。［4］寄以爪牙：把他们当作得力的将领，把边镇的安全寄托给他们。爪牙，以喻猛将，语出《诗经·祈父》："祈父！予王之爪牙。"［5］中年：中期。［6］号为"府户"：有人称这些军镇管辖区内的百姓叫做府户。［7］役同厮养：这些在军镇管辖下生活的人如同奴仆。厮、养，都是奴仆的意思，只是分工不同而已。《公羊传》韦昭注曰："析薪为厮，炊烹为养。"［8］官婚班齿：做官、联姻都要讲究门第高低，行伍出身或从事军队工作的官员都被人瞧不起。［9］致失清流：不被列入清流。清流，指清正儒雅的上流人。前写张彝因提出此主张而被禁军打死，可见矛盾之尖锐。不入清流的家族在进入官场、与人通婚等问题上都将受到严重的歧视。［10］本来族类：那些没有投身军界、没在军镇任职的家族。［11］顾瞻：回视，观察。［12］入仕次叙：进入官场与职位的升迁。次叙，按资格提升。叙，提升，任用。［13］庶无：一点儿也没有。庶，庶几，几乎。［14］寝：搁置。［15］不报：没有下文，没有回复。［16］直：同"值"，值班。［17］曲尽佞媚：极尽花言巧语、献媚讨好。［18］恒：常常。以自先后：在自己的前后护卫。［19］时：有时。千秋门：皇宫南门右边侧门。［20］施木栏楯（shǔn）：在自己休息的处所四围架起木栏杆。楯，栏杆。［21］窃发：暗中突然发生的事变。［22］矫情自饰：即伪君子，掩饰真情，外表装得好好的。［23］谦勤接物：谦虚礼貌的对待人。物，他人。［24］关怀：关心，放在心上。［25］骄慢：骄纵，傲慢。［26］贪吝（lìn）：贪求，眷恋。吝，同"恋"。宝贿（huì）：珠宝，财货。贿，本义为财物，引申为贿赂。［27］与夺任情：封赏谁与罢免谁，全凭自己的爱憎。［28］赂遗（wèi）：行贿的财物。［29］请属（zhǔ）有司：让各部门按照他们的心思办事。请属，要求与嘱托。属，同"嘱"。［30］不得公选：没法秉公任用。［31］牧、守、令、长：州刺史、郡太守、县令、县长。凡大县的长官称令，小县的长官称长。率皆：大概都是。［32］武卫将军：古官名，皇帝禁卫军队的统领官。于景：于忠之弟，字百年，北魏大臣。传见《魏书》卷三十一。［33］叉：即元义，《资治通鉴》前面都作"义"，此又作"叉"，《魏书》作"叉"。［34］沃野镇：北魏边镇名，镇址在今内蒙古乌拉特前旗东南的黄河南岸。破六韩拔陵：人名。北魏沃野镇的百姓，姓破六韩，又称"破洛汗"，名拔陵，匈奴单于后代，于当年五月发动北方地区数十万人起义，围武川镇，攻怀朔镇，在六镇地区建立政权，年号真王。北魏联合柔然剿杀六镇起义，拔陵兵败被杀。传见《北齐书》卷二十九。［35］改元真王：改用"真王"的年号。［36］卫可孤：破六韩拔陵的部将，自上年即率军攻怀朔镇，围城历一年，攻下怀朔，杀豪强窦乐，生俘贺拔胜及其父兄。武川镇：北魏边镇名，镇址在今内蒙古武川县西。［37］怀朔镇：北魏边镇名，镇址在今内蒙古固阳县西南。［38］贺拔度拔：字破胡，神武尖山县人，敕勒族，武川镇将贺拔尔逗之子，太宰贺拔胜之父，北魏将领，袭封龙城县男。正光末年，六镇起义时，带领三子救援怀朔镇大都督杨钧，联合独孤信杀死贼王卫可孤。之后，平定铁勒人叛乱时，战死。传见《北齐书》卷十九。［39］允、胜、岳：驾拔度拔的三个儿子，即驾拔允、驾拔胜，驾拔岳，后皆为北魏名将。三人同传，见《魏书》卷十九。［40］材勇：才智与勇力。材，同“才”。［41］景明：北魏主宣武帝元恪的第一个年号。［42］白整：人名，北魏孝文帝元宏、宣武帝元恪时的宦官，曾为长秋卿。卒赠平北将军、并州刺史。传见《魏书》卷九十四。［43］高祖：即孝文帝元宏，庙号高祖。文昭高后：即高照容，渤海蓨县（今河北景县）人，孝文帝元宏的贵人，宣武帝元恪的生母，渤海公高扬的女儿，司徒高肇的妹妹。入宫后封为贵人，生下儿子元恪、元怀，女儿元瑛。去世时年仅二十九岁，谥号昭。其子元恪即位后，追尊为文昭皇后。传见《魏书》卷十三。文昭，“文”为北魏主元宏的谥号，“昭”为高皇后的谥号。［44］佛龛（kān）：指掘凿岩崖为空，以安置佛像之所，在今之龙门石窟。龙门山：也称“伊阙”，在今河南洛阳城南。［45］永平（508年8月—512年4月），北魏主元恪的第三个年号，共四年余。［46］世宗：即北魏主宣武帝元恪，庙号世宗。

秋，七月，辛亥[1]，魏诏：“见在朝官[2]，依令七十合解者[3]，可给本官半禄，以终其身。”

九月，魏诏侍中、太尉汝南王悦入居门下，与丞相高阳王雍参决尚书奏事[4]。

冬，十月，庚午[5]，以中书监、中卫将军[6]袁昂为尚书令，即本号[7]，开府仪同三司。

魏平恩文宣公崔光疾笃[8]，魏主亲抚视[9]之，拜其子励为齐州[10]刺史，为之撤乐，罢游眺[11]。丁酉[12]，光卒，帝临，哭之恸[13]，为减常膳。

光宽和乐善，终日怡怡[14]，未尝忿恚[15]。于忠、元义用事，以光旧德[16]，皆尊敬之，事多咨决[17]，而不能救裴、郭、清河之死[18]，时人比之张禹、胡广[19]。

光且死，荐都官尚书贾思伯为侍讲[20]。帝从思伯受《春秋》[21]，思伯虽贵，倾身下士[22]。或问思伯曰：“公何以能不骄？”思伯曰：“衰至便骄[23]，何常之有[24]！”当时以为雅谈[25]。

十一月，癸未朔[26]，日有食之。

甲辰[27]，尚书左仆射王暕卒。

梁初，唯扬、荆、郢、江、湘、梁、益[28]七州用钱，交、广[29]用金银，余州杂以谷帛交易。上乃铸五铢钱[30]，肉好周郭[31]皆备。别铸无肉郭[32]者，谓之“女钱”。民间私用古钱[33]交易，禁之不能止，乃议尽罢铜钱。十二月，戊午[34]，始铸铁钱。

魏以汝南王悦为太保。

（以上为第十六段，写南朝大臣袁昂是个干才，连年升迁；北魏儒臣崔光去世，崔光德高望重，但只求自保；南朝铸造五铢钱，后商议废用铜钱，开始铸造铁钱。）

【注释】

[1]辛亥：七月二十七日。 [2]见在朝官：现在在职的朝廷官员。 [3]七十合解者：年满七十岁应该退休的人。解，解除职务。 [4]参决尚书奏事：协助皇帝处理尚书省上奏的重大事项，意即主持国家政务。参决，参与决策。 [5]庚午：十月十七日。 [6]中卫将军：古将军名号，为皇宫禁卫军统领。 [7]即本号：以中卫将军的名号。 [8]平恩文宣公崔光：崔光生前被封为平恩郡公，郡治在今河北邱县邱城镇西南；死后谥号文宣，故称。疾笃：病重。 [9]抚视：抚慰，探视。 [10]励：即崔励，字彦德，儒臣崔光之子，器学才行最有父风。举秀才，历官中书侍郎、齐州刺史。后死于尔朱荣河阴之难。传见《魏书》卷六十七。齐州：北魏州名，州治在今山东济南市。 [11]游眺（tiǎo）：游览，观光。眺，观览。 [12]丁酉：十一月十五日，其上应有“十一月”三字，《魏书·肃宗纪》作“十一月丁酉”。 [13]哭之恸（tòng）：哭得稀里哗啦，哀痛，悲伤。胡三省曰：“以光拥立之功也。” [14]怡（yí）怡：和悦的样子。 [15]忿恚（huì）：气愤，愤怒。 [16]旧德：德高望重的老臣。 [17]咨决：咨询，决断。 [18]裴、郭、清河：指北魏大臣裴植、郭祚、清河王元怿。三人在于忠、元义当权时蒙冤而死，崔光为三公受到于忠、元又敬重，未能尽力挽救三人之死，受到讥评。 [19]张禹、胡广：张禹，西汉成帝时丞相，封安昌侯，对外戚王莽的专权，视而不见，只图明哲保身。传见《汉书》卷八十一。胡广，历仕东汉六帝，为官三十余年，史称“一履司空，再作司徒，三登太尉”，性格圆滑，柔媚宦官，以奉行中庸之道著称。当时朝廷衰微，外戚宦官专政，胡广只图自保，京师为其作谚语道：“万事不理问伯始，天下中庸有胡公。”权德舆评其“多方善柔，保位持禄。”谥号文恭。传见《后汉书》卷七十四。崔光明哲保身是北魏末期时的张禹、胡广。 [20]都官尚书：古官名，尚书省内分管都城事务的长官。贾思伯：字仕休，青州益都（今山东青州市）人，齐郡太守贾道最之子，北魏大臣。传见《魏书》卷七十二。侍讲：从师读书，听其讲学。 [21]《春秋》：古代儒家典籍“六经”之一。 [22]倾身下士：为人谦恭，礼待士人。《魏书·贾思伯传》作“轻身下士”。 [23]衰至便骄：当一个人衰败到一定的地步，就要骄傲了。 [24]何常之有：这样的事，怎么可能经常发生呢？ [25]雅谈：高雅的言谈，至理之言。 [26]癸未朔：十一月一日。 [27]甲辰：十一月二十二日。 [28]扬、荆、郢、江、湘、梁、益：南梁七州名。扬州的州治建康，在今江苏南京市；荆州的州治江陵，在今湖北江陵县西北的纪南城；郢州的州治夏口，在今湖北武汉市；江州的州治浔阳，在今江西九

江市；湘州的州治在今湖南长沙市；梁州的州治在今陕西汉中市；益州的州治在今四川成都市。［29］交、广：南梁二州名。交州的州治龙编，在今越南河内市东北；广州的州治在今广东广州市。［30］五铢（zhū）钱：铜钱的重量为五铢，当时以二十铢为一两。［31］肉好、周郭：铜钱的钱体称肉，铜钱的方孔称好，铜钱周边厚起的部分称郭。［32］无肉郭：光有钱体而没有厚起的周边。［33］古钱：原文为“女钱”，据章校改。古钱，前代流传下来的铜钱。［34］戊午：十二月六日。

【点评】

柔然崛起为祸北魏。本卷所记载的北魏历史，如何面对北方的柔然和高车已经成为北魏非常重要的问题，朝廷为此进行了多次讨论。正光元年（520），柔然君主可汗丑奴被母亲和大臣杀死。丑奴的弟弟阿那瑰刚继位十来天，阿那瑰又被族兄示发战败，投归北魏，受到隆重迎接，位于藩王之下，安置于燕然馆，封之为朔方郡公、蠕蠕王。阿那瑰想要北归的时候，对于同意还是不同意，北魏朝廷多次讨论，没有统一的意见。阿那瑰贿赂权臣元义，遂得愿。北魏调发郡兵一万五千人护送回国。对此张普惠反对，上疏认为这是徒自劳扰的行为，于是停止护送。后来阿那瑰请求北魏借兵一万，送他到沙漠以北，抚定荒民。为此北魏朝廷讨论，袁翻指出面对当前形势，北魏应当采取保存柔然，分其势力，以牵制和抵御日益强盛的高车的策略。于是北魏把阿那瑰安置于怀朔镇（今内蒙古固阳西南）北的吐若奚泉，将婆罗门安置于居延海附近的故西海郡（治今内蒙古额济纳旗东南）。正光三年（522），婆罗门叛离北魏，抢掠凉州，欲投奔嚈哒，被北魏追擒归于洛阳。次年，柔然发生大饥荒，阿那瑰率领其众进入北魏境内，请求借粮。元孚向北魏朝廷上表提出对策：利用柔然天灾的机会，“大致按从前的办法去做，把闲置的土地借给他们，让他们去放牧，简单地设置官府，以表示对他们的关心爱护，同时在边境上严密布置兵力，命令防卫监视，使他们与我们亲近却不至于欺哄瞒骗我们，疏远却不允许到反叛的地步，这才是上上之策”。但是朝廷没有采纳元孚的建议。这一失误决策的后果是严重的。北魏元孚秉持白虎幡在柔玄、怀荒二镇之间慰问阿那瑰。阿那瑰手下共有三十万人马，他暗中怀有反叛之意，就扣留了元孚，阿那瑰率兵向南开进，所过之处横加掠劫，到了平城，才允许元孚回去。此时北魏派兵攻打柔然，阿那瑰听到消息，向北方逃窜而去，魏军追赶了三千多里，没有追上，只好撤回。北魏奸臣当道，丧失利用柔然内讧抚定的善策，让阿那瑰逃回，终为北魏祸患。

卷一五〇　梁纪六

梁武帝普通五年至六年（524—525 年）

【起阏逢执徐（甲辰，524 年），尽旃蒙大荒落（乙巳，525 年），凡二年】

【大事提要】

本卷记事起自公元 524 年，至公元 525 年，凡二年，当梁武帝普通五年至普通六年。本卷所载大事，南朝萧梁大事一件，梁武帝收纳东昏侯宠姬吴淑媛生子豫章王萧综，萧综得知身世后逃奔北魏，遂引出许多事情。北朝北魏大事有三件。其一，以六镇起义为主线。孝明帝时期，破六韩拔陵造反之后，高平镇起义，本卷的秦州莫折大提造反，死后儿子莫折念生为首，六镇接连起义，成为北魏政治的一条主线。广阳王元深上言准确地分析六镇起义发生的历史根源及高阙戍首义的原因。其二，胡太后复出临朝听政。其三，尔朱荣事迹开始。

高祖武皇帝六

普通五年（甲辰，524 年）

春，正月，辛丑[1]，魏主[2]祀南郊。

三月，魏以临淮王彧[3]都督北讨诸军事，讨破六韩拔陵[4]。

夏，四月，高平镇民赫连恩[5]等反，推敕勒酋长胡琛为高平王[6]，攻高平镇以应拔陵。魏将卢祖迁[7]击破之，琛北走。

卫可孤攻怀朔镇[8]经年，外援不至，杨钧使贺拔胜[9]诣临淮王彧告急。胜募敢死少年十余骑，夜伺隙溃围[10]出，贼骑追及之，胜曰："我贺拔破胡[11]也，"贼不敢逼。胜见彧于云中[12]，说之曰："怀朔被围，旦夕沦陷[13]，大王今顿兵不进；怀朔若陷，则武川[14]亦危，贼之锐气百倍，虽有良、平[15]，不能为大王计矣。"彧许为出师。胜还，复突围而入。钧复遣胜出觇[16]武川，武川已陷。胜驰还，怀朔亦溃，胜父子俱为可孤所虏[17]。

五月，临淮王彧与破六韩拔陵战于五原[18]，兵败，彧坐削除官爵。安北将军陇西李叔仁[19]又败于白道[20]，贼势日盛。

魏主引丞相、令、仆、尚书、侍中、黄门于显阳殿，问之曰："今寇连恒、朔[21]，逼近金陵[22]，计将安出？"吏部尚书元修义[23]请遣重臣督军镇恒、朔以捍寇[24]，帝曰："去岁阿那瓌[25]叛乱，遣李崇北征，崇上表求改镇为州[26]，朕以旧章难革[27]，不从其请。寻[28]崇此表，开镇户非冀之心[29]，致有今日之患[30]；但既往难追，聊复略论[31]耳。然崇贵戚重望[32]，器识英敏[33]，意欲遣崇行，何如？"仆射萧宝寅等皆曰："如此，实合群望[34]。"崇曰："臣以六镇遐僻[35]，密迩寇戎[36]，欲以慰悦[37]彼心，岂敢导之为乱！臣罪当就死，陛下赦之；今更遣臣北行，正是报恩改过之秋。但臣年七十，加之疲病[38]，不堪军旅，愿更择贤材[39]。"帝不许。修义，天赐之子也。

臣光曰：李崇之表，乃所以销祸于未萌[40]，制胜于无形[41]。魏肃宗[42]既不能用，及乱生之后，曾无愧谢之言[43]，乃更以为崇罪，彼不明之君，乌可[44]与谋哉！《诗》云[45]："听言则对，诵言如醉，匪用其良，覆俾我悖[46]。"其是之谓矣。

壬申[47]，加崇使持节、开府仪同三司、北讨大都督，命抚军将军崔暹[48]、镇军将军广阳王深皆受崇节度[49]。深，嘉之子也。

六月，以豫州刺史裴邃督征讨诸军事以伐魏。

魏自破六韩拔陵之反，二夏、豳、凉[50]，寇盗蜂起。秦州刺史李彦[51]，政刑残虐[52]，在下皆怨，是月，城内薛珍等聚党突入[53]州门，擒彦，杀之，推其党莫折大提[54]为帅，大提自称秦王。魏遣雍州刺史元志[55]讨之。

初，南秦州豪右杨松柏[56]兄弟，数为寇盗，刺史博陵崔游[57]诱之使降，引为主簿[58]，接以辞色[59]，使说下群氐[60]，既而因宴会[61]尽收斩之，由是所部莫不猜惧[62]。游闻李彦死，自知不安，欲逃去，未果；城民张长命、韩祖香、孙掩[63]等攻游，杀之，以城应大提。大提遣其党卜胡袭高平[64]，克之，杀镇将赫连略[65]、行台高元荣[66]。大提寻卒，子念生[67]自称天子，置百官，改元天建[68]。

丁酉[69]，魏大赦。

秋，七月，甲寅[70]，魏遣吏部尚书元修义兼尚书仆射，为西道[71]行台，帅诸将讨莫折念生。

（以上为第一段，写北魏六镇赋役沉重，边民不断反叛，大臣李崇提出改镇为州，减轻军镇赋役，销祸于未萌，魏明帝不予采纳，导致秦州莫折大提造反，称帝改元，魏明帝本末倒置，责备李崇提议引发反叛，受到司马光批评。北魏委任吏部尚书元修义督诸将讨伐。）

【注释】

[1]辛丑：正月二十日。 [2]魏主：即孝明帝元诩。 [3]临淮王彧（yù）：即元彧，太武帝拓跋焘玄孙，济南王元昌之子，封临淮王。历任侍中、卫将军、左光禄大夫、左仆射。六镇之乱时，拜东道大行台，讨伐破六韩拔陵。河阴之变后，投奔南梁武帝，后归国，被害。传见《魏书》卷十八。 [4]破六韩拔陵：北魏沃野镇人，姓破六韩，又称“破洛汗”，名拔陵，匈奴单于后代，曾于上年五月发动北方地区数十万人起义，围武川镇，攻怀朔镇，在六镇地区建立政权，年号真王。北魏联合柔然剿杀六镇起义，拔陵兵败被杀。传见《北齐书》卷二十九。 [5]高平镇：北魏北部军镇名，驻地在今宁夏固原市。赫连恩：一作“赫连贵恩”，北魏高平镇人，姓赫连，名恩，响应破六韩拔陵的反叛，推敕勒首领胡琛为高平王。 [6]敕勒：当时的少数民族名，也称“铁勒”“高车”，当时活动在柔然的北方，约当今蒙古国的乌兰巴托以北、俄罗斯的贝加尔湖以南地区。酋长：头领。胡琛（chēn）：北魏高平镇人，敕勒族首领，关陇起义领袖。响应六镇起义，发动高平起义，自称高平王，打败北魏将领萧宝寅。后北方起义军发生内讧，为破六韩拔陵所杀。 [7]卢祖迁：北魏将领，曾率军打败高平起义首领胡琛。 [8]卫可孤：北魏时人，破六韩拔陵的部将，自上年即率军攻怀朔镇，围城历一年，攻下怀朔，杀豪强窦乐，生俘贺拔胜及其父兄。怀朔镇：北魏边镇名，镇址在今内蒙古固阳县西南。 [9]杨钧：字季孙，弘农华阴（今陕西华阴市）人，雍州刺史杨播族弟，北魏怀朔镇将，抵抗破六韩拔陵起义军，迁华州刺史。传见《魏书》卷五十八。贺拔胜：复姓贺拔，字破胡，敕勒族，肆州刺史贺拔度拔第二子，北魏将领。传见《北齐书》卷十九。 [10]溃（kuì）围：突破包围。 [11]破胡：即贺拔胜，字破胡。 [12]云中：北魏郡名，郡治在今内蒙古和林格尔县北。 [13]沦陷：陷落到敌人手里。 [14]武川：北魏军镇名，驻地在今内蒙古武川县西，自上年就被破六韩拔陵的军队所围困。 [15]良、平：即西汉初佐刘邦定天下的谋臣张良、陈平。 [16]觇（chān）：探测。 [17]虏：同“掳”，俘获。[18]五原：古城名，汉时曾为五原郡的郡治所在地，在今内蒙古包头市西北，距今之五原距离甚远。 [19]李叔仁：陇西狄道（今甘肃临洮县）人，北魏安北将军。骁勇健壮，颇有武力。传见

《北史》卷三十七。［20］白道：古道路名，在今内蒙古呼和浩特市西北，是阴山南北的重要通道。胡三省曰：“武川镇北有白道谷，谷口有白道城，自城北出有高阪，谓之白道岭。”［21］寇连恒、朔：恒州、朔州的寇盗连成一片。恒州的州治平城，在今山西大同市，朔州的州治即当时云中郡的郡治所在地，在今内蒙古和林格尔县北。［22］逼近：迫近，靠近。金陵：北魏先公先王的陵园墓地，在云中郡境内。［23］元修义：本名元寿安，字修义，汝阴灵王拓跋天赐第五子，北魏宗室、大臣。授通直散骑侍郎，出任扬州司马，转司空长史，入为散骑常侍，治理相州、齐州、秦州，为政有声誉。传见《魏书》卷十九上。［24］镇恒、朔：收拾、调集恒、朔二州的军事力量。捍寇：捍卫边疆，消灭贼寇。［25］阿那瑰：柔然第十九位可汗。因部族内乱，归降北魏，受封朔方郡公、蠕蠕王。正光元年（520）回归继任可汗。传见《魏书》卷一百三。［26］改镇为州：撤销六镇的建制，改为州的建制。［27］难革：难以改革、改变。［28］寻：思考，追溯。［29］开镇户：引发了镇将与军镇上的各级将士。开，启发，引起。非冀之心：非分的愿望。［30］致有今日之患：此可谓倒打一耙，北魏主元诩居然是如此的是非不分，也难怪北魏很快就乱成一团了。［31］聊复略论：不过只是说说而已。聊，姑且，只是。［32］贵戚重望：既是贵戚，又有很高的威望。李崇是文成帝拓跋濬的元皇后之兄李诞之子。［33］器识：气度，见识。英敏：聪慧而有卓识。［34］实合群望：非常符合众望。［35］遐僻：指六镇为边远偏僻之地。［36］密迩（ěr）寇戎：靠近敌对的戎狄之邦。密迩，挨近，靠近。［37］慰悦：安抚而使之悦服。［38］疲病：年老力衰，加之多病。［39］贤材：贤能之才。材，同“才”。［40］销祸于未萌：消除祸灾于未发生的时候。销，同“消”。［41］制胜于无形：指将祸乱解决在未爆发之前。制胜，以制服对方而取得胜利。无形，祸患还没有发生、还没有形成。［42］肃宗：即北魏主元诩，去世后庙号肃宗。［43］曾无愧谢之言：竟然连句认错道歉的话都没有。曾，转折语词，竟然。［44］乌可：怎么可能，怎么可以。［45］《诗》云：下所引之诗，见《诗经·桑柔》。［46］听言则对，诵言如醉，匪用其良，覆俾（bǐ）我悖（bèi）：四句引诗的意思是，听到信口胡说的话就饶有兴趣，与之应对，见到诵读《诗》《书》的至理名言就装醉，不理不睬。不分好歹，不知听取善言，祸败临头了，又反而说我大逆不道。郑玄笺曰：“贪恶之人，见道听之言则应答之，见诵《诗》《书》之言，则冥卧如醉。”匪，同“非”。覆，颠覆，衰败。俾，使，认为。悖，狂悖，违理。［47］壬申：五月二十三日。［48］崔暹（xiān）：字元钦，北魏酷吏。为抚军将军，武川镇反，为贼所败，单骑潜还，被囚禁。以女妓园田贿赂权臣元义，获免。后遇害于河阴。传见《魏书》卷八十九。［49］广阳王深：即元深，本名元渊，唐史家避李渊讳而改之，字智远，太武帝拓跋焘曾孙，广阳王元嘉之子，袭爵广阳王。讨伐六镇起义。迁礼部尚书、定州刺史，为骠骑大将军、尚书仆射、东北道行台、前军将军。传见《魏书》卷十八。节度：指挥，调度。［50］二夏：夏州与东夏州，北魏二州名。夏州的州治统万城，在今陕西榆林市横山区西北；东夏州的州治在今陕西延安市东北。豳（bīn）、凉：北魏二州名。豳州的州治在今甘肃宁县，凉州的州治在今甘肃武威市。［51］秦州：北魏州名，州治在今甘肃天水市。李彦：字次仲，陇西狄道（今甘肃临洮县）人，镇北将军李宝之孙，姑臧穆侯李承之子，北魏秦州刺史，行政残暴。被杀。传见《魏书》卷三十九。［52］残虐：残暴，酷虐。［53］薛珍：人名，北魏秦州民，曾聚党起而反之。突入：冲入。［54］莫折大提：秦州羌族人，北魏起义领袖。正光五年（524），北魏秦州刺史李彦为政贪暴，士兵薛珍、刘庆等联合汉、羌、氐各族人民，于秦州城内起义，擒杀李彦，莫折大提被推为首领，称秦王。后病卒。［55］雍州：北魏州名，州治长安，在今陕西西安市西北。元志：字猛略，河间公元齐之孙，北魏宗室，历官洛阳县令、扬州刺史、雍州刺史、西征都督，以身殉国。传见《魏书》卷十四。［56］南秦州：北魏州名，州治仇池，在今甘肃西和县东南。豪右：豪门世家的代表人物。杨松柏：北魏南秦州豪族人物。［57］崔游：字延叔，博陵安平人，拜南秦州刺史，诛杀群氐，激起民变。被害。传见《魏书》卷五十七。［58］主簿：古官名，州刺史的高级僚属，为刺史掌管、起草文书。［59］接以辞色：和颜悦色地接待他们。［60］说下群氐（dī）：劝说各部落的氐族人，让他们投降。下，出降。氐，当时的少数民族名，居住在今陕西、甘肃、四川三省的交界地区。［61］因宴会：借着举办宴会的机会。［62］所部：在他统率下的各部。猜惧：猜疑，恐惧。［63］张长命、韩祖香、孙掩：北魏时南秦州人。关陇起义爆发后，杀死刺史崔游，响应莫折大提起义。后为东益州刺史魏子建所杀。［64］卜胡：古代西北部落名，为匈奴的一支。魏晋南北朝时大致活动于宁夏至甘肃南部一带。曾助北魏秦州义军莫折念生攻击北魏。后被高平镇义军击败。高平：古郡名，郡治在今宁夏固原市。［65］赫连略：复姓赫连，名略，北魏高平镇将，被叛首莫折大提的属下卜胡所杀。［66］行台：在所驻之地临时设立的代表中央的政务机构，此指为主持行台事务的长官。高元荣：渤海蓨人，高遵之子，北魏官员。长于案牍，位尚书右丞，后任西道行台，至高平镇，为关、陇起义军首领莫折大提将士所杀。［67］念生：即莫折念生，莫折大提第四子，北魏关陇起义首领。父亲去世后，念生继任起义军首领，建立大秦，年号天建，设立百官。先后攻取岐州和凉州，诈降于西道行台萧宝寅，取下陇东诸州，直下潼关，将逼洛阳，迫使北魏宣布戒严。后为叛徒杜粲暗杀。［68］天建：北魏时羌人莫折念生的年号，凡四年。［69］丁酉：六月十八日。［70］甲寅：七月六日。［71］西道：西部。

崔暹违李崇节度，与破六韩拔陵战于白道，大败，单骑走还。拔陵并力攻崇，崇力战，不能御，引还云中，与之相持。

广阳王深上言："先朝都平城[1]，以北边为重，盛简亲贤[2]，拥麾作镇[3]，配以高门子弟[4]，以死防遏[5]，非唯不废仕宦[6]，乃更独得复除[7]，当时人物忻慕[8]为之。太和[9]中，仆射李冲用事[10]，凉州土人悉免厮役[11]；帝乡旧门仍防边戍[12]，自非得罪当世，莫肯与之为伍。本镇驱使[13]，但为虞候、白直[14]，一生推迁，不过军主[15]；然其同族留京师者得上品通官[16]，在镇者即为清途所隔[17]，或多逃逸[18]。乃峻边兵之格[19]，镇人不听浮游在外[20]，于是少年不得从师[21]，长者不得游宦[22]，独为匪人[23]，言之流涕！自定鼎伊、洛[24]，边任益轻[25]，唯底滞凡才[26]，乃出为镇将，转相模习[27]，专事聚敛[28]。或诸方奸吏[29]，犯罪配边[30]，为之指踪[31]，政以贿立[32]，边人无不切齿[33]。及阿那瑰背恩纵掠[34]，发奔命追之[35]，十五万众度[36]沙漠，不日而还[37]。边人见此援师，遂自意轻中国[38]。尚书令臣崇求改镇为州，抑亦先觉[39]，朝廷未许。而高阙戍主御下失和[40]，拔陵杀之，遂相帅为乱，攻城掠地，所过夷灭[41]，王师屡北[42]，贼党日盛[43]。此段[44]之举，指望销平[45]；而崔暹只轮不返[46]，臣崇与臣遂巡复路[47]，相与还次云中[48]，将士之情莫不解体[49]。今日所虑，非止[50]西北，将恐诸镇寻[51]亦如此，天下之事，何易可量[52]！”书奏，不省[53]。

（以上为第二段，写北魏广阳王元深上言六镇不断反叛的历史根源，魏明帝元诩却连看都不看，致使事态不断扩大。）

【注释】

[1]平城：北魏旧都名，在今山西大同市。 [2]盛简亲贤：尽量地挑选那些与皇帝的血缘关系近，又有德有能的人。盛，极力。简，挑选，选拔。 [3]拥麾（huī）作镇：手持帅旗，担任镇将。麾，大将的指挥旗。 [4]配以高门子弟：派那些出身高贵的青年人来充当僚属。胡三省曰："高门子弟，谓其先世与魏同起于代北者，所谓大姓九十九。" [5]防遏（è）：防备，遏止。[6]非唯不废仕宦：不仅不妨碍官职的提升。 [7]乃更独得复除：还能特别地获得免除徭役。[8]当时人物：即当时的人。忻（xīn）慕：高兴而仰慕，向往。 [9]太和：北魏孝文帝元宏的第三个年号，共二十三年。 [10]李冲：字思顺，陇西狄道（今甘肃临洮县）人，孝庄帝元子攸外祖父，镇北将军李宝之子，北魏外戚，孝文帝元宏时的亲信大臣。传见《魏书》卷五十三。用事：专擅政事。 [11]凉州土人：凉州地区的平民百姓。土人，当地人。悉免厮役：都能免除军镇服役。胡三省曰："李宝自敦煌入朝于魏，至子冲亲贵，厚其乡人，故凉土之人悉免厮役。" [12]帝乡旧门：平城地区的旧族人。帝乡，北魏皇帝的同乡。防边戍：戍守边关，防敌入侵。 [13]本镇驱使：在本镇供职的士人。驱使，差遣，派用。 [14]但为虞候、白直：只能充当虞候、白直这种职务。虞候，古官名，原为守望山泽之官，后为官僚的侍从。白直，在职任事而不发给任何俸禄的人。直，同"值"。 [15]一生推迁，不过军主：在军中服务一辈子，顶多也就是个军主，即一支小部队的头领，类似连、排长。推迁，升迁。 [16]上品：上等，指最高的门阀品第。通官：达官，显官。 [17]为清途所隔：被清流士族所压抑，得不到好的前途。如上卷张仲瑀建言"武人不得预于清流"，即其例之一。隔，阻隔，断绝。 [18]逃逸：逃跑。 [19]峻边兵之格：意即

加强对边镇士兵的严格管理。峻，强化，严厉处置。格，规章制度。［20］不听浮游在外：不允许到外地漫游。听，听任，允许。［21］不得从师：不得到外地去求师。［22］不得游宦：不得到外地去谋差事。游宦，远离家乡到外地官府任职。［23］独为匪人：独自遭受非人的待遇。《诗经·何草不黄》有所谓“何草不玄，何人不矜？哀我征夫，独为匪民！”“匪民”“匪人”意思相同，后者乃唐人为避讳而改。匪，同“非”。［24］自定鼎伊、洛：自从迁都洛阳以来。定鼎，将传国之鼎安放下来，即指建都。［25］边任益轻：北部边镇远离都城，更加被轻视。［26］底滞凡才：不得升迁的平庸之人。底滞，滞留在最底层。［27］模习：效法，沿习。［28］聚敛（liǎn）：横征暴敛，搜刮财货。［29］诸方奸吏：各地区为非作歹的官吏。［30］配边：发配到边镇。［31］为之指踪：有人给他们出谋划策，指出明路。［32］政以贿立：于是，他们的政务也就这样靠着钱办成了。［33］切齿：痛恨。［34］背恩纵掠：即上卷所说的北魏使者元孚慰劳阿那瑰，阿那瑰挟持了他，率兵大掠魏边，直抵平城之事。［35］发奔命追之：发骑兵追之。主语是北魏。［36］度：度过，穿越。［37］不日而还：还没过几天就回来了。［38］遂自意轻中国：胡三省曰：“师速而疾，边人见其不能尽敌而反，意遂轻之。”［39］抑亦先觉：也是一种先见之明。抑，转折语词。［40］高阙戍主御下失和：高阙戍的镇守镇将与下属不和睦。高阙，古地名，在阴山下，今内蒙古杭锦后旗北。《水经注》有所谓“其山中断，两岸双阙云举，望若阙焉，故有高阙之名”。御下失和，统帅部下上级与下级不协调。［41］夷灭：屠灭，消灭。［42］屡北：屡败。北，同“背”，意即败。［43］日盛：一天比一天兴盛。［44］此段：这一段时间。［45］销平：铲除叛乱，早获安宁。［46］只轮不返：连战车的一只轮子都未能返回，比喻全军覆没。［47］逡（qūn）巡复路：迟疑徘徊了半天，最终又退了回来。逡巡，因顾虑而犹豫不前的样子。复路，来时的路。［48］还次云中：退回来驻守云中郡。次，驻，驻守。［49］将士之情莫不解体：将士们的情绪，彻底崩溃。解体，崩溃，瓦解。［50］止：只有。［51］寻：不久，即将。［52］何易可量（liáng）：哪有那么好预料的？量，估计，预测。［53］不省（xǐng）：不看，更谈不上回复而去实施了。

诏征崔暹系廷尉[1]，暹以女妓、田园赂元乂，卒得不坐[2]。

丁丑[3]，莫折念生遣其都督杨伯年攻仇鸠、河池二戍[4]，东益州刺史魏子建[5]遣将军伊祥[6]等击破之，斩首千余级。东益州本氐王杨绍先[7]之国，将佐皆以城民劲勇[8]，二秦反者皆其族类[9]，请先收其器械，子建曰：“城民数经行阵[10]，抚之足以为用，急之则腹背为患[11]。”乃悉召城民，慰谕[12]之，既而渐分其父兄子弟外戍诸郡，内外相顾，卒无叛者。子建，兰根之族兄也。

魏凉州幢帅于菩提[13]等执刺史宋颖[14]，据州反。

八月，庚寅[15]，徐州刺史成景俊拔魏童城[16]。

魏员外散骑侍郎李苗[17]上书曰："凡食少兵精，利于速战；粮多卒众，事宜持久。今陇贼[18]猖狂，非有素蓄[19]，虽据两城[20]，本无德义，其势在于疾攻[21]，日有降纳[22]，迟则人情离沮[23]，坐待崩溃。夫飙至风举[24]，逆者求万一之功[25]；高壁深垒[26]，王师有全制之策[27]。但天下久泰[28]，人不晓兵，奔利[29]不相待，逃难[30]不相顾，将无法令，士非教习，不思长久之计，各有轻敌之心。如令陇东[31]不守，汧军[32]败散，则两秦[33]遂强，三辅[34]危弱，国之右臂[35]于斯废矣。宜敕大将坚壁勿战，别命偏裨帅精兵数千出麦积崖[36]以袭其后，则汧、陇之下，群妖自散。"

魏以苗为统军，与别将淳于诞[37]俱出梁、益，未至，莫折念生遣其弟高阳王天生将兵下陇[38]。甲午[39]，都督元志与战于陇口[40]，志兵败，弃众东保岐州[41]。

东西部敕勒皆叛魏，附于破六韩拔陵，魏主始思李崇及广阳王深之言。丙申[42]，下诏："诸州镇军贯非有罪配隶者[43]，皆免为民。"改镇为州，以怀朔镇为朔州，更命朔州曰"云州[44]"。遣兼黄门侍郎郦道元[45]为大使，抚慰六镇。时六镇已尽叛，道元不果行[46]。

先是，代人迁洛者，多为选部所抑[47]，不得仕进[48]。及六镇叛，元义[49]乃用代来寒人为传诏以慰悦[50]之。廷尉评[51]代人山伟奏记[52]，称义德美[53]，义擢伟为尚书二千石郎[54]。

（以上为第三段，写北魏官员李苗建言与叛军坚壁不战，以安陇东之策，而李苗为帅与叛军交战不利；东西部敕勒都背叛北魏，魏明帝元诩这才认识到李崇与元深所建之言才是良策，实行改镇为州。）

【注释】

[1]系廷尉：下廷尉狱，送法庭受审。廷尉，古官名，全国的最高司法长官。[2]不坐：没罪，不受惩处。[3]丁丑：七月二十九日。[4]杨伯年：北魏时人，元诩时为六镇起义首领莫折念生的都督。仇鸠（jiū）、河池：古二戍名。仇鸠戍，在今甘肃徽县西。河池戍，在今甘肃徽县西北银杏树镇。胡三省曰："河池即今凤州河池县，有河池水。仇鸠亦当与河池相近。"[5]东益州：北魏州名，州治武兴，在今陕西略阳县。魏子建：字敬忠，巨鹿下曲阳（今河北晋州市鼓城村）人，文学家魏收之父，北魏岐州刺史魏兰根堂兄，北魏大臣。初任奉朝请，迁太尉从事中

郎，出为东益州刺史，镇抚武兴氐族。回京供职，授卫尉卿，迁左光禄大夫、散骑常侍、骠骑大将军。传见《北史》卷五十六。［6］伊祥：北魏将军。［7］氐（dī）王：氐族头领。杨绍先：甘肃成县人，氐族，武兴王杨集始世子，是仇池一带地区的氐族首领杨氏家族的后裔，袭其父爵为武兴国第四位国主。北魏封为武兴王。初以年幼，委事其叔杨集起、杨集义，后被北魏遣将攻灭，绍先被执送京师。魏末大乱，绍先复奔还武兴称王。西魏宇文泰定秦陇，绍先称藩。传见《魏书》卷一百一。［8］城民劲勇：武兴城的居民勇敢剽悍。［9］二秦：秦州与南秦州，北魏二州名。秦州的州治仇池，在今甘肃西和县东南；北秦州的州治在今甘肃天水市。族类：都是杨氏一族的人。［10］数（shuò）经行阵：都是久经战斗的人。数，屡次。行阵，军阵。［11］急之：如果把他们逼急了。腹背为患：我们将腹背受敌。因为在那一带地区到处都是氐族人。［12］慰谕：抚慰，晓谕。［13］凉州幢帅：凉州刺史属下的军官名，统领百余人，当时每百人授予一幢，其头领即称幢帅。幢，古军事编制名。凉州，古州名，州治在今甘肃武威市。于菩提：北魏凉州幢帅，曾起兵造反，不久被杀。［14］宋颖：字文贤，西河介休人，宋弁族弟，举秀才出身，累位魏郡太守，纳货于侍中刘腾。得到刘腾推荐，以为凉州刺史。后被起义军围攻，向吐谷浑求救。传见《北史》卷二十六。［15］庚寅：八月十二日。［16］徐州：南梁州名，州治钟离，在今安徽凤阳县。成景俊：字超，幽州范阳（今河北定兴县）人，北魏淮阳太守成安乐之子，南梁将领。父亲被杀，成景俊谋复仇，杀北魏宿预城主，举城归附南梁。后为北豫州刺史，讨伐北魏屡有战功。传见《南史》卷七十四。童城：僮县县城，在今在今安徽泗县东北。［17］李苗：字子宣，梓潼涪人，南梁尚书郎李膺之子，为人有文武才。其叔李略被南梁所杀后，为报仇而投奔北魏。初从大将军高肇攻梁益州，为乡导统军，加襄武将军，迁龙骧将军。后来，死于尔朱荣兵乱。传见《魏书》卷七十一。［18］陇贼：指莫折念生，莫折大提之子。陇，陇山，山名，在陕西、甘肃交界处。［19］素蓄：平时的蓄积，指粮草衣物兵器等储备。［20］两城：指秦州的州治（在今甘肃天水市）、高平镇的驻地（在今宁夏固原市）。胡三省曰："谓天水及高平。"［21］疾攻：急速进攻。疾，急，速。［22］日有降纳：每天都有人去归附他。［23］离沮（jǔ）：犹言瓦解、涣散。［24］飙（biāo）至风举：一哄而起、八方响应的突然来势，犹言风起云涌，来势凶猛。飙，暴风。［25］逆者求万一之功：迎战者总是像赌博一样，希求哪怕很小的一点成功。万一之功，侥幸的成功。［26］高壁深垒：准备打持久战。［27］全制之策：稳扎稳打地彻底打败敌人。面对急于取胜、一哄而起的敌人，严阵以待、稳扎稳打才是万全之策。［28］久泰：长期以来不打仗。泰，久安。［29］奔利：趋利，见到有利可图。［30］逃难：躲避困难危险。［31］陇东：古区域名，即陇山以东，指今陕西陇县、宝鸡市凤翔区一带地区。［32］汧（qiān）军：即当时元志所统领的军队。汧，河水名，从西北的陇山流来，经今陕西陇县、千阳县东南流，在宝鸡市东汇入渭水。［33］两秦：指莫折念生攻下的南、北秦州的百姓武装。［34］三辅：古指长安一带地区，在今陕西西安市一带的北魏统治地区。［35］国之右臂：北魏国都西部的骨干地区。［36］偏裨（pí）：偏将，小将，率领着小股的武装力量。麦积崖：即麦积山，在今甘肃天水市东南。［37］淳于诞：字灵远，太山博人，南齐南安太守淳于兴宗之子。随父向扬州。父于路为群盗所害，为父报仇。在南齐曾为益州主簿，在南梁曾为步兵校尉，后自汉中投归北魏，积极主张伐蜀，为北魏经营梁、益一带，颇有功绩。传见《魏书》卷七十一。［38］天生：即莫折天生，莫折大提之子，莫折念生之弟，北魏末年关陇起义首领。下陇：过陇山东下。［39］甲午：八月十六日。［40］陇口：陇山之口。胡三省曰："陇坻之口也。"［41］岐州：北魏州名，州治雍县，在今陕西宝鸡市东北。［42］丙申：八月十八日。［43］军贯：军籍，军人的身份。非有罪配隶者：不是由于犯罪而流放发配前来的。［44］云州：北魏州名，州治盛乐，在今内蒙古托克托县东北。［45］郦道元：字善长，范阳涿州（今河北涿州市）人，青州刺史郦范之子，北魏官员、著名的地理学家。著《水经注》四十卷行于世。传见《魏书》卷八十九。［46］不果行：没有成行。［47］选部：古官署名，即后来的吏部，为中央六部之首，主管官员的选拔、任用。抑：抑制，弃而不用。［48］不得仕进：不能进入官场为官。［49］元义：《魏书》作"元叉"，北魏乱臣。传见《魏书》卷十六。［50］代来寒人：从代郡迁到洛阳的非士族人员。寒人，出身门第低微的人，与士族相对而言。寒，此字原无，据章校补。传诏：古官名，地位不甚高，但地位重要。慰悦：抚慰，使其心悦。［51］廷尉评：古官名，即汉代的"廷尉平"，廷尉的属官，主管评议诉讼，后又改称"大理评事"。［52］山伟：字仲才，代人，移居河南洛阳，山强之孙、山稚之之子，北魏、东魏大臣。传见《魏书》卷八十一。奏记：文体名，群臣给皇帝所上的奏章。［53］称义德美：为元义歌功颂德。德美，操行品德高尚。［54］尚书二千石（dàn）郎：尚书省的郎官，执掌文书奏章。本来不到二千石，元义特别给他定为二千石级。二千石，通常为郡太守与诸侯相的级别。

秀容人乞伏莫于[1]聚众攻郡，杀太守；丁酉[2]，南秀容牧子万于乞真反[3]，杀太仆卿陆延[4]，秀容酋长尔朱荣[5]讨平之。荣，羽健[6]之玄孙也。其祖代勤[7]，尝出猎，部民射虎，误中其髀[8]，代勤拔箭，不复推问[9]，所部莫不感悦[10]。官至肆州[11]刺史，赐爵梁郡公[12]，年九十余而卒；子新兴[13]立。新兴时，畜牧尤蕃息[14]，牛、羊、驼、马，色别为群[15]，弥漫[16]川谷，不可胜数。魏每出师，新兴辄献马及资粮以助军，高祖[17]嘉之。新兴老，请传爵于子荣，魏朝许之。荣神机明决[18]，御众严整[19]。时四方兵起，荣阴有大志，散其畜牧资财，招合骁勇[20]，结纳豪桀[21]，于是侯景、司马子如、贾显度及五原段荣、太安窦泰皆往依之[22]。显度，显智之兄也。

戊戌[23]，莫折念生遣都督窦双攻魏盘头郡[24]，东益州刺史魏子建遣将军窦念祖[25]击破之。

九月，戊申[26]，成景俊拔魏睢陵[27]。戊午[28]，北兖州刺史赵景悦围荆山[29]。裴邃帅骑三千袭寿阳[30]，壬戌[31]夜，斩关而入，克其外郭[32]。魏扬州刺史长孙稚御[33]之，一日九战，后军蔡秀成[34]失道不至，邃引兵还。别将击魏淮阳[35]，魏使行台郦道元、都督河间王琛[36]救寿阳，安乐王鉴[37]救淮阳。鉴，诠之子也。

魏西道行台元修义得风疾[38]，不能治军。壬申[39]，魏以尚书左仆射齐王萧宝寅为西道行台大都督，帅诸将讨莫折念生。

宋颖密求救于吐谷浑王伏连筹[40]，伏连筹自将救凉州，于菩提弃城走，追斩之。城民赵天安等复推宋颖为刺史。

河间王琛军至西硖石[41]，解涡阳[42]围，复荆山戍。青、冀二州刺史王神念[43]与战，为琛所败。冬，十月，戊寅[44]，裴邃、元树攻魏建陵城[45]，克之，辛巳[46]，拔曲木[47]；扫虏将军彭宝孙拔琅邪[48]。

魏营州城民刘安定、就德兴执刺史李仲遵[49]，据城反。城民王恶儿[50]斩安定以降；德兴东走，自称燕王。

胡琛遣其将宿勤明达[51]寇豳、夏、北华[52]三州。壬午[53]，魏遣都督北海王颢帅诸将讨之。颢，详之子也。

甲申[54]，彭宝孙拔檀丘[55]。辛卯[56]，裴邃拔狄城[57]；丙申[58]，又拔甓城[59]，进屯黎浆[60]。壬寅[61]，魏东海太守韦敬欣以司吾城[62]降。定远将军曹世宗拔曲阳[63]；甲辰[64]，又拔秦墟[65]，魏守将多弃城走。

魏使黄门侍郎卢同持节诣营州慰劳，就德兴降而复反。诏以同为幽州刺史兼尚书行台[66]，同屡为德兴所败而还。

魏朔方胡[67]反，围夏州刺史源子雍[68]，城中食尽，煮马皮而食之，众无贰心。子雍欲自出求粮，留其子延伯守统万[69]，将佐皆曰："今四方离叛，粮尽援绝，不若父子俱去。"子雍泣曰："吾世荷[70]国恩，当毕命此城；但无食可守，故欲往东州[71]为诸君营数月之食，若幸而得之，保全必矣。"乃帅羸弱[72]诣东夏州运粮，延伯与将佐哭而送之。子雍行数日，胡帅曹阿各拔邀击[73]，擒之。子雍潜遣人赍书[74]，敕[75]城中努力固守。阖城[76]忧惧，延伯谕之曰："吾父吉凶未可知，方寸焦烂。但奉命守城，所为者重，不敢以私害公。诸君幸得此心[77]。”于是众感其义，莫不奋励[78]。子雍虽被擒，胡人常以民礼事之，子雍为陈祸福，劝阿各拔降。会阿各拔卒，其弟桑生竟[79]帅其众随子雍降。子雍见行台北海王颢，具陈诸贼可灭之状，颢给子雍兵，令其先驱[80]。时东夏州阖境皆反，所在屯结[81]，子雍转斗而前，九旬[82]之中，凡数十战，遂平东夏州，征税粟以馈统万,二夏由是获全[83]。子雍，怀[84]之子也。

（以上为第四段，写北魏秀荣酋长平定南秀荣放牧人的反叛；北方胡人反叛，夏州刺史源子雍父子坚守统万城，源子雍出城求援，留其子源延伯守卫夏州，父子两人奋命平定了叛乱，保全了两夏州。）

【注释】

[1]秀容：北魏郡名，也称“北秀容”，郡治在今山西原平市西南、忻州市的西北。胡三省引《水经注》曰：“魏立秀容护军以统胡人，其治所去汾水六十里。”又引《地形志》曰：“永兴二年（358）置秀容郡，属肆州。”乞伏莫于：北魏秀容人，曾聚众攻郡，杀太守，后被杀。 [2]丁酉：八月十九日。 [3]南秀容牧子：南秀容的放牧者。南秀容，古地名，在今山西岚县南。万于乞真：少数民族人名，北魏南秀容人，曾起兵造反，被尔朱荣所杀。反：此字原无，据章校补。 [4]陆延：字契胡提，陆真之子，北魏太仆卿。被反叛的放牧人万于乞真所杀害。传见《魏书》卷三十。[5]尔朱荣：姓尔朱，名荣，字天宝，北秀容（治今山西忻州市西北）人，契胡族，秀容一带的少数民族头领，北魏末年将领、权臣。曾率兵北讨柔然，举兵袭取肆州，自置官吏，招纳侯景、高欢等，兵势渐盛。后入据洛阳，迎立长乐王元子攸为帝，后发动河阴之变，杀胡太后、少帝，还师晋阳，遥控朝政。后被杀。传见《魏书》卷七十四。 [6]羽健：即尔朱羽健，尔朱荣的曾祖。世代游牧在尔朱川一带的契胡部落首领，因此以“尔朱”为氏。传见《魏书》卷七十四。 [7]代勤：即尔朱代勤，北秀容（治今山西忻州市西北）人，尔朱羽健之子，太原王尔朱荣祖父，太武帝拓跋焘敬哀皇后之舅，北魏官员。曾任肆州刺史，受赐爵位梁郡公，活了九十多岁才去世。传见《魏书》卷七十四。 [8]髀（bì）：大腿。 [9]推问：审问，讯问。 [10]感悦：感动而高兴。 [11]肆州：北魏州名，州治在今山西忻州市。 [12]梁郡公：封地梁郡，郡治睢阳，在今河南商丘市睢阳区。[13]新兴：即尔朱新兴，梁郡北秀容人，并州刺史尔朱代勤之子，太原王尔朱荣之父，北魏大臣。曾任秀容领民酋长、梁郡公。积极发展畜牧业，贡献朝廷马匹。追赠散骑常侍、平北将军、恒州刺史。传见《魏书》卷七十四。 [14]蕃息：繁衍，繁殖得很多。 [15]色别为群：相同颜色的牲畜归为一群，指牲畜数量很多。 [16]弥漫：布满，漫山遍野。 [17]高祖：即孝文帝元宏，庙号高祖，故称。 [18]神机明决：指尔朱荣为人英明果断。神机，神态，心机。 [19]御众：带兵。御，统领，指挥。严整：严明，整齐。 [20]骁（xiāo）勇：强劲勇猛之士。 [21]豪桀：即豪杰，

优秀杰出之士。桀，同“杰”。［22］“于是侯景……皆往依之”句：尔朱荣招致其麾下的豪杰有侯景、司马子如、贾显度、段荣、窦泰等人。侯景，朔州（今山西朔州市）人，羯族。剽悍好武，擅长骑射，尔朱荣部属，为定州刺史。后南下入梁乱政，史称“侯景之乱”。传见《梁书》卷五十六。司马子如，鲁阳太守司马兴龙之子，北魏相州刺史。传见《北齐书》卷十八。贾显度，沃野镇长史贾道监之子，贾显智之兄，北魏大臣。投靠肆州刺史尔朱荣，授直阁将军、左中郎将。传见《魏书》卷八十。段荣，武威姑臧（今甘肃武威市凉州区）人，安北司马段连之子，早年投奔肆州刺史尔朱荣，拜肆州法曹参军，历任定州、瀛州、相州、济州、泰州刺史，迁山东道大行台。谥号昭景。传见《北齐书》卷十六。窦泰，鲜卑族，统万镇将窦罗曾孙，赠司徒窦乐之子，早年投奔尔朱荣，拥立孝庄帝即位。传见《北齐书》卷十五。［23］戊戌：八月二十日。［24］窦双：北魏时人，叛将首领莫折念生封都督。盘头郡：北魏郡名，上属东益州，在今陕西略阳县附近。［25］窦念祖：北魏将军，为东益州刺史魏子建属将。［26］戊申：九月一日。［27］睢陵：古城名，在今江苏睢宁县。［28］戊午：九月十一日。［29］北兖（yǎn）州：南梁州名，州治在今江苏淮安市淮阴区。赵景悦：梁武帝萧衍时为主书，后为北兖州刺史。荆山：古县名，县治在今安徽蚌埠市西南。［30］寿阳：古郡名，郡治在今安徽寿县，时为北魏扬州刺史的州治所在地。［31］壬戌：九月十五日。［32］外郭：外城。［33］长孙稚：字承业，原名冀归，上党靖王长孙道生曾孙，征南大将军、上党定王长孙观之子，北魏、西魏将领、官员。历任前将军、抚军大将军，封上党王，又改封冯翊王，后降为郡公。传见《魏书》卷二十五。御：抵御，抵抗。［34］蔡秀成：南梁将领。［35］别将击魏淮阳：胡三省曰：“此梁所遣别将也，非裴邃所部。”淮阳，北魏郡名，郡治睢陵，已被南梁将领成景俊所拔，此又所谓“击淮阳”，乃击淮阳郡之余地。［36］行台：朝廷的派出机构，代表朝廷行使某种职权。河间王琛：元琛，字昙宝，齐郡顺王拓跋简之子，出继河间孝王拓跋若，封河间王，为定州刺史。传见《魏书》卷二十。［37］安乐王鉴：元鉴，字长文，安乐王元诠世子，北魏宗室、大臣。传见《魏书》卷二十。［38］得风疾：得了中风病。［39］壬申：九月二十五日。［40］伏连筹：复姓慕容，名伏连筹，《南齐书》卷五十九作“休留茂”，吐谷浑国主。在位时期，臣属于北魏，接受北魏官爵，并向其进贡。后期对周边少数民族进行攻伐兼并，在塞外号称富强之国。传见《魏书》卷一百一。［41］西硖石：北魏的军事要塞名，在当时寿阳城西北的淮水西岸，在今安徽凤台县的南侧。［42］涡（guō）阳：在今安徽蒙城县，当时为北魏马头郡的郡治，同时也是南兖州的州治所在地。［43］青、冀二州：南梁二州名，二州共设一刺史，州治在今江苏连云港市。王神念：太原祁县（今山西祁县）人，北魏、南梁将领。初仕北魏，官至颍川太守。后据郡投奔南梁，封南城县侯。历任安成、武阳、宣城三郡内史，为青、冀二州刺史，晚年入朝拜右卫将军、散骑常侍、爪牙将军。［44］戊寅：十月一日。［45］元树：字秀和，河南洛阳人，鲜卑族，北魏献文帝拓跋弘之孙，咸阳王元禧之子，投奔南梁，封邺王，拜员外散骑常侍，迁镇北将军、都督北讨诸军事，后兵败被俘，赐死于洛阳。传见《梁书》卷三十九。建陵城：即建陵县城。建陵，北魏县名，在今山东郯城县。［46］辛巳：十月四日。［47］曲木：

即曲沐，古镇戍名，在今山东境内。［48］彭宝孙：南梁将领，时为扫虏将军。拔：攻下。琅邪：北魏郡名，郡治在今山东临沂市西。［49］营州：北魏州名，州治在今辽宁朝阳市。刘安定、就德兴：两人营州人。于普通五年（524）囚执营州刺史据城反叛。李仲遵：北魏营州刺史。被反叛民众所获，被杀。［50］王恶儿：营州，曾斩杀反叛之民刘安定。［51］宿勤明达：复姓宿勤，字明达，夏州岩绿（今陕西榆林市横山区）人，羌族，北魏末年关陇起义将领。后兵败被擒，押送于洛阳处斩。［52］豳、夏、北华：北魏三州名。豳州的州治安定，在今甘肃宁县；夏州的州治统万，在今陕西榆林市横山区西；北华州的州治在今陕西宜君县东北。［53］壬午：二字原无，据章校补。壬午，十月五日。［54］甲申：十月七日。［55］檀丘：古地名，在今山东临沂市东北。［56］辛卯：十月十四日。［57］狄城：古地名，亦名荻丘、狄丘、荻城，在今安徽寿县东南小甸镇南筑城村。［58］丙申：十月十九日。［59］甓（pì）城：古地名，在今安徽寿县南。［60］黎浆：古地名，在今安徽寿县南。［61］壬寅：十月二十五日。［62］东海：北魏郡名，郡治司吾城，在今江苏新沂市南，上属于北魏徐州。韦敬欣：北魏东海太守，曾投降南梁。司吾城：司吾县的县城，当时为魏东海郡的郡治所在地。［63］曹世宗：下邳人，曹武之子，南梁官员。性严明，颇识兵势，为太子左卫率。赠左散骑常侍、左卫将军。曲阳：北魏县名，后废入定远县。［64］甲辰：十月二十七日。［65］秦墟：北魏军事据点名，距当时的曲阳不远。［66］幽州：北魏州名，州治在今北京市西南。尚书行台：北魏时在各地设立的主管军务的行政机构。后成为地方最高行政机构。亦指行台长官。［67］朔方胡：朔州境内的匈奴族。朔州的州治盛乐，在今内蒙古托克托县东北。［68］夏州：北魏州名，州治统万，在今陕西榆林市横山区西。源子雍：鲜卑族，太尉陇西王源贺之孙，骠骑大将军源怀之子，北魏大臣。传见《魏书》卷四十一。［69］延伯：即源延伯，仪同三司源子雍长子，北魏夏州刺史、当州都督，后战死沙场。传见《魏书》卷四十一。统万：古城名，在今陕西榆林市横山区西。［70］荷：承受，担负。［71］东州：东夏州，州治在今陕西延安市西北。［72］羸（léi）弱：瘦弱，病弱。［73］曹阿各拔：人名，姓曹，名阿各拔，朔方（今陕西子长市东南）人，北魏起义首领。邀击：拦路截击。［74］赍（jī）书：拿着书信送人。［75］敕（chì）：命令。［76］阖（hé）城：全城。阖，同“合”。［77］幸得此心：希望能体察这种心情。［78］奋励：奋厉，奋不顾身。［79］桑生：即曹桑生，北魏起义首领曹阿各拔之弟，阿各拔去世，桑生继任首领，后投降北魏。竟：居然，终于。［80］先驱：充当先锋。［81］所在屯结：各处都聚众坚守。［82］九旬：九十天，三个月。旬，十天为一旬。［83］二夏由是获全：胡三省曰：“史言源氏诸子皆有才具，而天降丧乱，终无救魏氏之衰也。”［84］怀：即源怀，鲜卑族，太尉陇西王源贺之子，北魏大臣。为雍州刺史，清俭有惠政，迁尚书令。传见《魏书》卷四十一。

魏广阳王深上言：“今六镇尽叛，高车二部[1]亦与之同，以此疲兵击之，必无胜理。不若选练精兵守恒州诸要[2]，更为后图。”遂与李崇引兵还平城。崇谓诸将曰："云中者，白道之冲[3]，贼之咽喉，若此地不全，则并、肆[4]危矣。当留一人镇之，谁可者？"众举费穆[5]，崇乃请穆为朔州[6]刺史。

贺拔度拔[7]父子及武川宇文肱纠合[8]乡里豪杰，共袭卫可孤，杀之。度拔寻与铁勒战死。肱，逸豆归之玄孙[9]也。

李崇引国子博士祖莹[10]为长史；广阳王深奏莹诈增首级，盗没军资，莹坐[11]除名，崇亦免官削爵征还。深专总[12]军政。

莫折天生进攻魏岐州，十一月，戊申[13]，陷之，执都督元志及刺史裴芬之[14]，送莫折念生杀之。念生又使卜胡等寇泾州[15]，败光禄大夫薛峦于平凉[16]东。峦，安都之孙也。

丙辰[17]，彭宝孙拔魏东莞[18]。壬戌[19]，裴邃攻寿阳之安城[20]，丙寅[21]，马头[22]、安城皆降。

高平人攻杀卜胡，共迎胡琛。

魏以黄门侍郎杨昱[23]兼侍中，持节监北海王颢军，以救豳州，豳州围解。蜀贼张映龙、姜神达[24]攻雍州，雍州刺史元修义请援，一日一夜，书移九通[25]。都督李叔仁迟疑不赴，昱曰："长安，关中基本[26]，若长安不守，大军自然瓦散，留此[27]何益？"遂与叔仁进击之，斩神达，余党散走。

十二月，戊寅[28]，魏荆山降。

壬辰[29]，魏以京兆王继[30]为太师、大将军，都督西道诸军以讨莫折念生。

乙巳[31]，武勇将军李国兴攻魏平靖关[32]，辛丑[33]，信威长史杨乾攻武阳关[34]，壬寅[35]，攻岘关[36]，皆克之。国兴进围郢州[37]，魏郢州刺史裴询[38]与蛮酋西郢州刺史田朴特相表里[39]以拒之。围城近百日，魏援军至，国兴引还。询，骏之孙也。

魏汾州[40]诸胡反；以章武王融[41]为大都督，将兵讨之。

魏魏子建招谕南秦诸氐，稍稍降附，遂复六郡十二戍，斩贼帅韩祖香[42]。魏以子建兼尚书，为行台，刺史如故[43]，梁、巴、二益、二秦诸州皆受节度[44]。

莫折念生遣兵攻凉州，城民赵天安复执刺史以应之。

是岁，侍中、太子詹事周舍[45]坐事免，散骑常侍钱唐朱异[46]代掌机密，军旅谋议，方镇改易，朝仪诏敕皆典[47]之。异好文义[48]，多艺能[49]，精力敏赡[50]，上以是任之。

（以上为第五段，写北魏叛首莫折大提之子莫折念生派兵攻打岐州、凉州，所到之处从风而靡；南梁攻打北魏信阳三关，先夺之，后弃之；朱异得宠，代掌机密，参决政事。）

【注释】

[1]高车二部：胡三省曰："高车自阿伏至罗与穷奇分为二部，所谓东、西部敕勒也。"阿伏至罗与穷奇分为两部在孝文帝太和十一年（487），阿伏至罗居北，穷奇居南。 [2]恒州诸要：恒州北部地区的各个要塞。恒州，北魏州名，州治在今山西大同市。 [3]云中：此指云中郡的郡治盛乐，在今内蒙古托克托县东北一带。白道之冲：正好对着敌方的白道。白道，柔然境内贯通南北的要道。冲，交通要道，必经之地。 [4]并、肆：北魏二州名。并州的州治在今山西太原市。肆州的州治在今山西忻州市。 [5]费穆：本姓费连氏，字朗兴，鲜卑族，怀州刺史费于之孙，梁国镇将费万之子，北魏名将。传见《魏书》卷四十四。 [6]请穆：奏请任命费穆。朔州：北魏州名，州治盛乐，在今内蒙古和林格尔县北。胡三省曰："时云中已改为云州，'朔'当作'云'。" [7]贺拔度拔：字破胡，敕勒族，武川镇将贺拔尔逗之子，太宰贺拔胜之父，北魏将领，袭封龙城县男。正光末年，六镇起义时，带领三子救援怀朔镇大都督杨钧，联合独孤信杀死贼王卫可孤。之后，平定铁勒人叛乱时，身殒战场。传见《北齐书》卷十九。 [8]宇文肱：北魏鲜卑宇文部首领，北周文帝宇文泰之父，数代居于武川。为人仗义有才干。孙子北周明帝宇文毓追尊他为德皇帝。传见《周书》卷一。纠合：集合，聚集。 [9]逸豆归：即宇文逸豆归，鲜卑宇文部末代首领。初为宇文部东部大人，驱逐了部落首领宇文乞得龟，自立为主，东晋康帝建元二年（344）遭到前燕主慕容皝讨伐，兵败后逃亡，不知所终。传见《周书》卷一。玄孙：四世孙，孙子的孙子。 [10]祖莹：字元珍，范阳遒县（今河北涞水县）人，安远将军祖季真之子，北魏博雅多学之臣，起家太学博士，迁司徒行参军。历任冀州长史、国子祭酒、黄门侍郎、秘书监，后官至车骑大将军。因帮助高欢迁东魏有功，进爵为伯。传见《魏书》卷八十二。[11]坐：因某事犯罪。[12]专总：犹言"独揽"。[13]戊申：十一月二日。 [14]裴芬之：字文馥，开府仪同三司裴叔业之子，北魏岐州刺史，封山荏县公。跟随元志镇压关陇起义退守岐州，为莫折念生所害。传见《魏书》卷七十一。 [15]泾州：北魏州名，州治安定，在今甘肃泾川县。 [16]薛峦（luán）：薛安都之孙，薛道次之子，历尚书郎、秦州刺史，陇西镇将、带陇西太守，迁平北将军、肆州刺史。为官贪秽不堪。时任光禄大夫之职，率军攻打王庆云，战败于平凉。传见《魏书》卷六十一。平凉：北魏郡名，郡治在今甘肃

平凉市西南。［17］丙辰：十一月十日。［18］东莞（guǎn）：北魏郡名，郡治在今山东莒县。［19］壬戌：十一月十六日。［20］寿阳之安城：寿阳附近的安城县。所以要特别提出“寿阳”，因寿阳是北魏于淮河以南的占领区，四周多是梁地，而安城乃属北魏。［21］丙寅：十一月二十日。［22］马头：北魏郡名，北魏东南前线的军事重镇，郡治涡阳，在今安徽蒙城县，在寿阳的西北方。［23］杨昱（yù）：字元晷，弘农华阴（今陕西华阴市）人，洛州刺史杨懿之孙，功勋大臣杨椿之子，北魏大臣，为人直正敢言。后为陇西王尔朱天光所害。传见《魏书》卷五十八。［24］蜀贼：胡三省曰：“蜀贼者，蜀人之徙关中者也，乘魏乱起而为盗，因谓之蜀贼。后尔朱天光西讨，蜀贼断路，皆其党也。”张映龙、姜神达：关中蜀人首领。［25］书移九通：发出求救的书信、移文共九件。移，文体名，与檄文的性质相近。这里即指文告。［26］基本：犹言“根本”。［27］留此：我们驻军在这里。［28］戊寅：十二月二日。［29］壬辰：十二月十六日。［30］京兆王继：即元继，字世仁，权臣元义之父。早年过继伯祖拓跋根，袭封江阳郡王。元恪时，拜青州、恒州刺史、度支尚书。传见《魏书》卷十六。［31］乙巳：十二月二十九日。“乙巳”当在“壬寅”后，疑文字次序有颠倒。［32］李国兴：南梁武勇将军。平靖关：古关名，在义阳郡（今河南信阳市）的西南方，豫鄂交界的三关之一，当时属北魏。［33］辛丑：十二月二十五日。［34］杨乾：南梁信威长史。武阳关：古关名，在义阳郡（今河南信阳市）的正南方，豫鄂交界的三关之一，当时属北魏。［35］壬寅：十二月二十六日。［36］岘（xiàn）关：又称“黄岘关”，在义阳郡（今河南信阳市）的东南方，豫鄂交界的三关之一，当时属北魏。［37］郢州：北魏州名，州治所在义阳郡，在今河南信阳市。［38］裴询：字敬叔，河东闻喜人，裴骏之孙，裴修之子，北魏郢州刺史。南梁将领李国兴攻打郢州，裴询固守得全，征为七兵尚书。尔朱荣入洛，被杀于河阴。传见《魏书》卷四十五。［39］西郢州：北魏州名，州治在今河南泌阳县，在义阳的西北方。田朴特：北魏西郢州刺史。相表里：相互为外援。［40］汾州：北魏州名，州治蒲子城，在今山西隰县。［41］章武王融：即元融，字永兴，南安惠王拓跋桢之孙，章武王元彬长子，袭封章武王。元诩即位，历任宗正卿、散骑常侍、青州刺史，迁秘书监，转中护军、河南尹，加号征东将军。为官贪污残暴，罢职免官。谥号庄武。传见《魏书》卷十九下。［42］贼帅：二字原无，据章校补。韩祖香：北魏南秦州（治今陕西汉中市南郑区）人，北魏起义首领。关陇起义爆发后，杀死刺史崔游，响应莫折大提起义，为东益州刺史魏子建所杀。［43］刺史如故：胡三省曰：“谓子建本为东益州刺史。”［44］梁、巴、二益：北魏四州名，实际只有少量地区属北魏，大多徒有虚名。胡三省曰：“魏置梁州于南郑（在今陕西汉中市），置巴州于汉巴西郡（在今四川绵阳市），置益州于晋寿郡（在今四川剑阁县东北），东益州于武兴郡（在今陕西略阳县）。”二秦：胡三省曰：“秦州于上邽（今甘肃天水市），南秦州于仇池（今甘肃西和县东南）。”节度：统一指挥、调度。［45］太子詹事：古官名，掌太子府官属。周舍：字升逸，汝南安城人，南齐中书侍郎周颙之子，南朝梁大臣，身参机要二十多年。传见《梁书》卷二十五。［46］朱异：字彦和，吴郡钱唐（今浙江杭州市）人，南梁武帝萧衍的宠臣，大权独揽三十余年。后劝萧衍纳侯景投降，导致了祸乱。传见《梁书》卷三十八。

[47]典：主管。[48]好文义：爱好文章、义理，意即有学问、有文采。[49]多艺能：指算学、书法、下棋等技能。[50]敏赡：思维敏捷、精力充沛。

六年（乙巳，525年）

春，正月，丙午[1]，雍州刺史晋安王纲[2]遣安北长史柳浑破魏南乡郡[3]；司马董当门破魏晋城[4]，庚戌[5]，又破马圈、雕阳[6]二城。

辛亥[7]，上祀南郊，大赦。

魏徐州刺史元法僧[8]，素附元义，见义骄恣[9]，恐祸及己，遂谋反。魏遣中书舍人张文伯至彭城[10]，法僧谓曰："吾欲与汝去危就安，能从我乎？"文伯曰："我宁死见文陵[11]松柏，安能去忠义而从叛逆乎！"法僧杀之。庚申[12]，法僧杀行台高谅[13]，称帝，改元天启[14]，立诸子为王。魏发兵击之，法僧乃遣其子景仲[15]来降。

安东长史元显和[16]，丽之子也，举兵与法僧战。法僧擒之，执其手，命使共坐，显和不肯，曰："与翁[17]皆出皇家，一朝以地外叛，独不畏良史乎！"法僧犹欲慰谕之，显和曰："我宁死为忠鬼，不能生为叛臣。"乃杀之。

上使散骑常侍朱异使于法僧[18]，以宣城太守元略[19]为大都督，与将军义兴陈庆之[20]、胡龙牙、成景俊[21]等将兵应接。

莫折天生军于黑水[22]，兵势甚盛。魏以岐州刺史崔延伯[23]为征西将军、西道都督，帅众五万讨之。延伯与行台萧宝寅军于马嵬[24]。延伯素骁勇，宝寅趣[25]之使战，延伯曰："明晨为公参贼勇怯[26]。"乃选精兵数千西渡黑水，整陈[27]向天生营；宝寅军于水东，遥为继援。延伯直抵天生营下，扬威胁[28]之，徐引兵还。天生见延伯众少，争开营逐之，其众多于延伯十倍，蹙延伯于水次[29]，宝寅望之失色。延伯自为后殿，不与之战，使其众先渡，部伍严整，天生兵不敢击。须臾[30]，渡毕，延伯徐渡，天生之众亦引还。宝寅喜曰："崔君之勇，关、张[31]不如。"延伯曰："此贼非老奴敌也，明公但安坐，观老奴破之。"癸亥[32]，延伯勒兵出，宝寅举军继其后。天生悉众逆战[33]，延伯身先士卒，陷[34]其前锋，将士尽锐竞进，大破之，俘斩十余万，追奔至小陇[35]，岐、雍及陇东皆平。将士稽留采掠[36]，天生遂塞陇道[37]，由是诸军不能进。

宝寅破宛川[38]，俘其民以为奴婢，以美女十人赏岐州刺史魏兰根，兰根辞曰："此县介于强寇[39]，不能自立，故附从以救死[40]。官军之至，宜矜而抚之[41]，奈何助贼为虐，翦以为贱役[42]乎！"悉求其父兄[43]而归之。

（以上为第六段，写北魏徐州刺史元法僧反叛、称帝，朝廷派兵讨伐；骁将崔延伯战胜叛首莫折天生于黑水，而滞留抢掠；岐雍陇东皆定，岐州刺史魏兰根安抚乡民。）

【注释】

[1]丙午：正月一日。[2]雍州：南梁州名，州治在今湖北襄阳市襄城区。晋安王纲：即萧纲，字世赞，梁武帝萧衍第三子，昭明太子萧统同母弟，南梁第二位皇帝。初封晋安郡王，昭明太子去世后，立为皇太子。即帝位，改元大宝。后被侯景废为晋安王，被杀，谥号简文皇帝，庙号太宗。传见《梁书》卷四。[3]柳浑：南梁安北将军萧纲的长史。南乡郡：北魏郡名，郡治在今河南淅川县南。[4]董当门：南梁安北将军萧纲的司马。晋城：古城名，距南乡郡不远。[5]庚戌：正月五日。[6]马圈：古地名，在今河南邓州市北。雕（diāo）阳：古地名，在今河南邓州市东。[7]辛亥：正月六日。[8]元法僧：北魏宗室、叛臣。起家太尉（元继）参军，累迁徐州刺史。后趁北魏大乱，称帝，为安乐王元鉴所败，投奔南梁，授侍中、司空，封始安郡公。传见《魏书》卷十六。[9]骄恣：骄纵，随心所欲。[10]张文伯：元诩时为中书舍人。彭城：古郡名，治今江苏徐州市。[11]文陵：孝文帝元宏的陵墓。[12]庚申：正月十五日。[13]高谅：字修贤，渤海蓨县（今河北景县）人，北魏大臣。出为徐州行台。行至彭城，正值元法僧反叛，逼迫高谅同之。高谅不从，为元法僧所害。传见《魏书》卷五十七。[14]改元天启：北魏叛臣元法僧以天启为年号。[15]景仲：即元景仲，元法僧之子。随父投降南梁，封枝江县公，历侍中、右卫将军、广州刺史。侯景叛乱时，以其为北魏帝族，遣使邀其同反，许奉以为主。景仲举兵，为西江督护陈霸先所败，自缢死。传见《魏书》卷十六。[16]元显和：景穆皇帝拓跋晃曾孙，左仆射元丽之子，时任安东将军元法僧的高级僚属长史。率军反抗徐州刺史元法僧叛乱，兵败被杀。传见《魏书》卷十九上。[17]翁：父辈。以族属论，元法僧是元显和的父辈。[18]使于法僧：出使到元法僧处，与之当面商谈。[19]宣城：古郡名，郡治在今安徽宣城市宣州区。元略：字俊兴，北魏中山王元英第四子，北魏宗室、大臣。曾起兵勤王，兵败后投奔南梁，为宣城太守，后回归北魏，拜侍中、骠骑大将军、尚书令，封东平王。后为姑父尔朱荣所害。传见《魏书》卷十九下。[20]陈庆之：字子云，南梁名将。富有胆略，善于筹谋，屡与北魏战有大功，后又大破侯景。传见《梁书》卷三十二。[21]胡龙牙、成景俊：南梁将军。[22]黑水：渭水的支流，在今陕西宜川县北，

南岸有黑城。[23]岐（qí）州：北魏州名，州治在今陕西宝鸡市凤翔区南。崔延伯：北魏将领。时为征西将军，行岐州刺史。率军西征秦陇叛军，战败殉国。传见《魏书》卷七十三。[24]马嵬（wéi）：古城名，在今陕西兴平市西。[25]趣：同“促”，督促。[26]参贼勇怯：检验一下敌兵是勇敢还是怯懦。参，检验。[27]整陈：排着整齐的行列。陈，同“阵”，阵列。[28]胁：威胁，胁迫。[29]蹙（cù）：挤，逼迫。水次：水边。[30]须臾：不久，一会儿。[31]关、张：三国时代蜀国的名将关羽与张飞。传见《三国志》卷三十六。[32]癸亥：正月十八日。[33]逆战：迎战。[34]陷：攻入，冲进。[35]小陇：小陇山，在今陕西陇县西。胡三省曰：“陇山有大陇山、小陇山。大陇山在清水县东北，小陇山在岐州武都郡南田县西北。”[36]稽留：停留，迁延。采掠：抄掠，抢劫。[37]陇道：岐州进入陇山以西的通道。[38]宛川：北魏县名，即陈仓县，在今陕西宝鸡市西南。[39]介于强寇：夹在强寇的中间。介，被夹在。[40]附从以救死：勉强服从以求活命。附从，依附贼寇。救死，求生，免死。[41]矜（jīn）而抚之：怜悯他们，并予以安抚。[42]翦以为贱役：掠之来做奴隶。翦，掠取。贱役，指做奴婢。[43]求其父兄：指寻求被俘的父老乡亲。

己巳[1]，裴邃拔魏新蔡郡[2]，诏侍中、领军将军西昌侯渊藻[3]将众前驱，南兖州刺史豫章王综[4]与诸将继进。癸酉[5]，裴邃拔郑城[6]，汝、颍[7]之间，所在响应。

魏河间王琛等惮邃威名，军于城父[8]，累月不进，魏朝遣廷尉少卿崔孝芬[9]持节、赍斋库刀以趣[10]之。孝芬，挺之子也。琛至寿阳，欲出兵决战。长孙稚[11]以为久雨未可出，琛不听，引兵五万出城击邃。邃为四甄[12]以待之，使直阁将军李祖怜[13]先挑战而伪退；稚、琛悉众追之，四甄竞发，魏师大败，斩首万余级。琛走入城，稚勒兵而殿[14]，遂闭门自固，不敢复出。

魏安乐王鉴将兵讨元法僧，击元略于彭城南，略大败，与数十骑走入城。鉴不设备，法僧出击，大破之，鉴单骑奔归。将军王希聃拔魏南阳平[15]，执太守薛昙尚[16]。昙尚，虎子之子也。甲戌[17]，以法僧为司空[18]，封始安郡公。

魏以安丰王延明[19]为东道行台[20]，临淮王彧为都督，以击彭城。

魏以京兆王继为太尉。

二月，乙未[21]，赵景悦拔魏龙亢[22]。

初，魏刘腾[23]既卒，胡太后及魏主左右防卫微缓[24]。元义亦自宽，时出游于外，留连不返，其所亲谏，义不纳；太后察知之。去秋，太后对帝谓群臣曰："今隔绝我母子，不听往来，复何用我为[25]！我当出家，修道于嵩山闲居寺[26]耳。"因自欲下发[27]，帝及群臣叩头泣涕，殷勤苦请，太后声色愈厉[28]。帝乃宿于嘉福殿[29]，积数日，遂与太后密谋黜义。然帝深匿形迹[30]，太后有忿恚[31]，欲得往来显阳[32]之言，皆以告义；又对义流涕，叙太后欲出家，忧怖之心日有数四[33]。义殊不以为疑，乃劝帝从太后所欲。于是太后数御显阳殿，二宫无复禁碍。义举元法僧为徐州，法僧反，太后数以为言[34]，义深愧悔。

丞相高阳王雍[35]，虽位居义上，而深畏惮[36]之。会太后与帝游洛水[37]，雍邀二宫幸其第。日晏[38]，帝与太后至雍内室，从官皆不得入，遂相与定图义之计。于是，太后谓义曰："元郎[39]若忠于朝廷，无反心，何故不去领军[40]，以余官[41]辅政！"义甚惧，免冠求解领军。乃以义为骠骑大将军、开府仪同三司、尚书令、侍中、领左右[42]。

戊戌[43]，魏大赦[44]。

壬辰[45]，莫折念生遣都督杨鲊等攻仇池郡[46]，行台魏子建击破之。

三月，己酉[47]，上幸白下城[48]，履行六军顿所[49]。乙丑[50]，命豫章王综权顿[51]彭城，总督众军，并摄徐州府事[52]。己巳[53]，以元法僧之子景隆为衡州[54]刺史，景仲为广州[55]刺史。上召法僧及元略还建康，法僧驱彭城吏民万余人南渡。法僧至建康，上宠待甚厚；元略恶[56]其为人，与之言，未尝笑。

（以上为第七段，写北魏徐州刺史元法僧反叛失败，投奔南朝，得到宠幸；北魏权臣元义渐渐放松对胡太后的控制，胡太后与魏明帝元诩共商除去元义，解除了其领军将军之职。）

【注释】

[1]己巳：原文为"乙巳"，据章校改。己巳，正月二十四日。 [2]新蔡郡：北魏郡名，郡治在今河南新蔡县。 [3]渊藻（zǎo）：即萧渊藻，武帝萧衍之侄，封西昌侯。传见《梁书》卷二十三。 [4]豫章王综：即萧综，一作萧缵，字德文，南齐东昏侯萧宝卷遗腹子，梁武帝萧衍养子（名义上的次子）。萧衍起兵攻入建康，占有怀孕的皇妃吴景晖。萧综出生后，封豫章王，后

出任镇北将军、南兖州刺史。得知身世后，流亡北魏，受到殊礼，以为司空、太尉公、高平郡公，迁骠骑大将军、开府仪同三司、齐州刺史。后病死。传见《梁书》卷五十五。［5］癸酉：正月二十八日。［6］郑城：古县名，县治在今安徽颍上县。［7］汝、颍：二水名，都由今之河南中部流入今安徽的西北部汇入淮河。［8］城父：古县名，县治在今安徽亳州市东南。［9］廷尉少卿：古官名，为廷尉卿次官。崔孝芬：字恭梓，北魏濮阳太守崔郁之孙，光州刺史崔挺之子，北魏大臣。后被高欢杀害。传见《魏书》卷五十七。［10］赍（jī）：手持，拿着。斋库刀：亦称“千牛刀”，犹如他时之所谓“尚方宝剑”。送千牛刀表示，如果再停止不前，将以此斩之。趣：同“促”，催促。［11］长孙稚：字承业，原名冀归，上党靖王长孙道生曾孙，征南大将军、上党王长孙观之子，北魏、西魏将领。时任扬州刺史，驻兵寿阳。北魏分裂后，投奔西魏权臣宇文泰，封太师，录尚书事。传见《魏书》卷二十五。［12］四甄（zhēn）：犹今所谓四面埋伏。甄，军队的左右两翼。［13］李祖怜：南梁直阁将军，统领禁军。［14］殿：殿后，位于最后。［15］王希聃（dān）：南梁将军。南阳平：北魏郡名，郡治在今安徽宿州市东南。此时已移郡治于彭城。［16］薛昙尚：北魏名将薛虎子之子，时为南阳平郡太守。后为兖州刺史。东魏时历刺史、将作大匠等。为官贪虐。卒年六十一。传见《魏书》卷四十四。［17］以法僧为司空：南梁封之官职。司空，古高官名，国家三公之一，一般为荣誉性官职，挂名而已。［18］甲戌：正月二十九日。［19］安丰王延明：元延明，字延明，文成帝拓跋濬之孙，安丰王拓跋猛嫡长子，袭封安丰王。传见《魏书》卷二十。［20］东道行台：北魏朝廷设在东方的分支机构，代行朝廷职权。［21］乙未：二月二十日。［22］龙亢：古县名，县治在今河南永城市龙岗镇。［23］刘腾：北魏宦官大臣权臣。传见《魏书》卷九十四。［24］微缓：监护胡太后及明帝元诩的防卫稍稍有所放松。［25］复何用我为：还要我干什么？［26］嵩山：古山名，古代所称的五岳之一，在今河南登封市北，洛阳市的东南方。闲居寺：嵩山上的寺庙名。［27］因：接着。下发：剪下头发，表示要出家。［28］声色愈厉：态度越发强硬。厉，严厉，强烈。［29］嘉福殿：时太后被限居于此处。［30］深匿形迹：内心的真实想法丝毫不表现出来。［31］忿恚（huì）：气愤，愤怒。忿，同“愤”。［32］欲得往来显阳：要求可以随意到显阳宫去。当时元诩居住在显阳宫。［33］忧怖：忧愁，害怕。日有数四：每天都说上四五次。［34］数以为言：屡次借此责备他。［35］高阳王雍：即元雍，也称“拓跋雍”，献文帝拓跋弘第五子，孝文帝元宏之弟，宣武帝元恪之叔，封颍川王，改封高阳王。传见《魏书》卷二十一上。［36］畏惮（dàn）：害怕，畏惧。［37］洛水：古水名，自西南方流来，经洛阳城的南面，去东北流入黄河。［38］日晏：日暮，傍晚。［39］元郎：因元义是胡太后的妹夫，故以亲昵之语呼之。［40］去领军：辞去领军将军的职务。领军将军是禁军统领，皇宫一切人等的安危，都掌握在他手上，故胡太后首先要解除元义的领军将军之职。［41］余官：当时元义的其他职务还有尚书令、侍中等官职。［42］骠骑大将军、开府仪同三司、尚书令、侍中、领左右：这五个职务都非常显赫，但不及领军将军一职。虽然其中有提拔元义的成分，但实际上把他架空了，不能对胡太后构成威胁了。领左右，统领皇帝身边的侍卫人员。［43］戊戌：二月二十二日。［44］魏大赦：此大赦的意义有二，一是胡太后被解除禁闭，庆幸恢复自由；二是赦免以往的犯罪，对元义之党能稳定其心。［45］壬辰：二月二十七日。［46］杨鲊（zhà）：叛首莫折念生的都督。仇池郡：北魏郡名，郡治骆谷城，在今甘肃西和县南。［47］己酉：三月五日。［48］白下城：在当时建康城北的长江东岸，即侨置琅邪郡的郡治所在地。随着南京城的不断扩大，现在已经到了南京下关区，白下城即在狮子山的山麓。［49］履行：步行巡视。六军顿所：皇帝禁卫军的驻地。［50］乙丑：三月二十一日。［51］权顿：暂时驻扎。［52］摄徐州府事：临时代理徐州都督府的一切事务。［53］己巳：三月二十五日。［54］景隆：即元景隆，随父元法僧入梁，拜衡州刺史，封沌阳县公，迁侍中、安右将军，转征北将军、徐州刺史，封彭城郡王。传见《梁书》卷四十一。衡州：南梁州名，州治在今广东英德市西北。［55］广州：南梁州名，州治在今广东广州市。［56］恶（wù）：讨厌，憎恨。

魏诏京兆王继班师[1]。

北凉州刺史锡休儒等自魏兴侵魏梁州[2]，攻直城[3]。魏梁州刺史傅竖眼遣其子敬绍[4]击之，休儒等败还。

柔然王阿那瑰为魏讨破六韩拔陵，魏遣牒云具仁赍杂物劳赐[5]之。阿那瑰勒众十万，自武川西向沃野，屡破拔陵兵。夏，四月，魏主复遣中书舍人冯俊[6]劳赐阿那瑰。阿那瑰部落浸[7]强，自称敕连头兵豆伐[8]可汗。

魏元义虽解兵权，犹总任内外，殊不自意有废黜[9]之理。胡太后意犹豫未决，侍中穆绍[10]劝太后速去之。绍，亮之子也。潘嫔[11]有宠于魏主，宦官张景嵩[12]说之云："义欲害嫔。"嫔泣诉于帝曰："义非独欲害妾，将不利于陛下。"帝信之，因义出宿，解义侍中。明旦，义将入宫，门者不纳。辛卯[13]，太后复临朝摄政[14]，下诏追削刘腾官爵，除义名为民。

清河国郎中令韩子熙[15]上书为清河王怿讼冤[16]，乞诛元义等曰："昔赵高柄秦[17]，令关东鼎沸[18]；今元义专魏，使四方云扰[19]。开逆之端[20]，起于宋维[21]，成祸之末，良由刘腾，宜枭首洿宫[22]，斩骸沈族[23]，以明其罪。"太后命发刘腾之墓，露散其骨，籍没家赀[24]，尽杀其养子[25]。以子熙为中书舍人。子熙，麒麟之孙也。

初，宋维父弁常曰："维性疏险[26]，必败吾家。"李崇、郭祚、游肇亦曰："伯绪凶疏[27]，终倾[28]宋氏，若得杀身[29]，幸矣。"维阿附[30]元义，超迁至洛州[31]刺史，至是除名，寻[32]赐死。

义之解领军[33]也，太后以义党与[34]尚强，未可猝制[35]，乃以侯刚[36]代义为领军以安其意[37]。寻出刚为冀州[38]刺史，加仪同三司，未至州，黜[39]为征虏将军，卒于家。太后欲杀贾粲[40]，以义党多，恐惊动内外，乃出粲为济州[41]刺史，寻追杀之，籍没其家[42]。唯义以妹夫，未忍行诛。

先是给事黄门侍郎元顺[43]以刚直忤义意[44]，出为齐州[45]刺史，太后征还，为侍中。侍坐于太后，义妻在太后侧，顺指之曰："陛下奈何以一妹之故，不正元义之罪[46]，使天下不得伸其冤愤！"太后嘿然[47]。顺，澄之子也。他日，太后从容[48]谓侍臣曰："刘腾、元义昔尝邀朕求铁券[49]，冀得不死[50]，朕赖不与[51]。"韩子熙曰："事关生杀，岂系铁券[52]！且陛下昔虽不与，何解今日不杀[53]！"太后怃然[54]。未几[55]，有告"义及弟瓜谋诱六镇降户反于定州[56]，又招鲁阳诸蛮侵扰伊阙[57]，欲为内应"，得其手书[58]，太后犹未忍杀之。群臣固执不已，魏主亦以为言，太后乃从之，赐义及弟瓜死于家，犹赠义骠骑大将军、仪同三司、尚书令。江阳王继废于家，病卒。前幽州刺史卢同[59]坐义党除名[60]。

（以上为第八段，写柔然王阿那瑰率军替北魏征讨叛军，多次打败叛军，其势渐强；北魏胡太后再次临朝听政，彻底清算元义诸党罪恶，元义被赐死，刘腾被开棺暴尸，余党除官。）

【注释】

[1]班师：回师。上年京兆王继为大都督，节度西道诸军，今胡太后将杀元义，故召其父使回。 [2]北凉州：胡三省曰："梁置北梁州于魏兴。'凉'当作'梁'。"北梁州，南梁州名，州治魏兴，在今陕西安康市西北。锡休儒：梁武帝萧衍时为北梁州刺史。梁州：北魏州名，州治南郑，在今陕西汉中市。 [3]直城：古城名，在魏兴的西北方。 [4]敬绍：即傅敬绍，北魏梁州刺史傅竖眼之子，颇览书传，微有胆力。然险暴不仁，聚货耽色，为害民人。阴怀异图，欲擅据南郑，事发，被执，白竖眼而杀之。传见《魏书》卷七十。 [5]牒（dié）云具仁：人名，姓牒云，名具仁。北魏使臣，多次出使柔然，为人有傲骨、勇气。赍（jī）：持，拿着。劳赐：慰劳，赏赐。 [6]冯俊：北魏中书舍人。 [7]浸：同"渐"，逐渐。 [8]敕连头兵豆伐：柔然语，意即"总揽"。[9]不自意：没有感觉到，不自知。废黜（chù）：罢免，革除官职。 [10]穆绍：元勋老臣穆崇

的后代，司空穆亮之子，北魏大臣。授驸马都尉、员外散骑侍郎，承袭顿丘郡公，官至卫将军、侍中、尚书令、司空公。传见《魏书》卷二十七。［11］潘嫔：即潘外怜，也称“潘充华”，北魏元诩的宠妃。传见《北史》卷十三。［12］张景嵩：为人机灵狡猾，任小黄门，侍奉小皇帝元诩，为帝所知，胡太后亦倚之。［13］辛卯：四月十七日。［14］临朝：特指太后摄政称制。古时后宫是不能上厅堂的，所以后妃要掌权就要“临朝”。摄政：执掌朝政。［15］韩子熙：字元雍，济州刺史韩麒麟之孙，韩显宗之子，北魏官员。初为清河王元怿郎中令，及胡太后临朝，引为中书舍人，寻修国史，转鸿胪少卿。后领著作郎。传见《魏书》卷六十。［16］清河王怿：即元怿，孝文帝元宏第四子，封清河王，被权臣元义所杀。传见《魏书》卷二十二。讼（sòng）冤：申辩冤屈。［17］赵高：秦始皇、秦二世时的宦官，专擅秦政，加速秦朝二世而亡。事见《史记》卷八十七。柄秦：执掌秦政之柄。［18］关东鼎沸：比喻陈胜、吴广带头发起的天下农民大起义之风起云涌。鼎沸，水涌流翻腾的样子，比喻形势纷扰动乱。［19］云扰：乱云翻滚，指国内国外到处起兵反叛北魏。［20］开逆之端：逆乱的最先开头。开逆，开启逆乱。开，引头。［21］宋维：字伯绪，孝文帝元宏时的亲幸之臣宋弁之子，北魏官员，浮薄无行。少袭父爵，自员外郎迁给事中。坐谄事高肇，出为益州龙骧府长史，辞疾不行。又依附元义，陷害清河王元怿，导致其被杀。后被赐死。传见《魏书》卷六十三。［22］枭（xiāo）首洿（wū）宫：将其本人斩首，悬其首于高竿示众；将其住所挖成大坑，灌满污水，以泄众人之愤。洿，挖掘。［23］斩骸（hái）沈族：将其躯体断为碎块，将其家族全部灭绝。骸，尸骨。沈，同“沉”，灭绝。［24］籍没家赀（zī）：没收其家庭的全部财产入官。籍没，登记所有的财产，加以没收。赀，同“资”，财产。［25］尽杀其养子：刘腾本无子，但许多攀附权贵者为其当养子，有一百多人，河间王元琛即其中之一。［26］疏险：粗暴，狠毒。［27］伯绪：即宋维，字伯绪。当宋维之父的面称宋维的字，是对其父的尊重。凶疏：凶悍，粗野。［28］倾：倾覆，败亡。［29］杀身：自身被杀，意即不连累家人。［30］阿附：巴结奉承，比附迎合。［31］洛州：北魏州名，州治在今陕西商洛市商州区。［32］寻：不久。［33］解领军：解除领军将军一职。［34］党与：朋党，同党之人。［35］猝（cù）制：一时之间全部拿下。［36］侯刚：宣武帝元恪宠臣，因护卫太子元诩继位为帝，护卫胡太后之安全皆有大功，为左卫将军。后与元义结党，自身无太大罪恶，被削封解职，又复任领军将军，以征虏将军终于家。传见《魏书》卷九十三。［37］以安其意：以稳住元义一党的心思。［38］冀州：北魏州名，州治在今河北衡水市冀州区。［39］黜：贬职，降职。［40］贾粲：北魏胡太后时代的宦官。为元义党羽，佐助元义幽禁胡太后；后胡太后重新执政，出为济州刺史，被杀。传见《魏书》卷九十四。［41］济州：北魏州名，州治卢县，在今山东东阿县西北、聊城市东南。［42］籍没其家：没收全部家户收入国库。［43］给事黄门侍郎：古官名，在宫廷内为皇帝服务的侍从官员，上属门下省。元顺：字子和，任城王元云之孙，元澄之子，继其父位为任城王。传见《魏书》卷十九中。［44］刚直：刚正，直言。忤（wǔ）义意：违背元义的意愿。忤，忤逆，触犯。［45］齐州：北魏州名，州治历城，在今山东济南市。［46］正元义之罪：治元义的罪，即拘捕法办，给予应有的惩处。［47］嘿（mò）然：同“默然”，闭口不言、没有作声的样子。［48］从容：从容不迫、漫不经心。［49］尝邀朕：曾经要挟我、逼迫我。邀，同“要”，要挟。铁券：也叫免死券，古代皇帝赐给功臣、重臣的一种带有奖赏和盟约性质的凭证，允其世代享有优厚待遇及免死罪的一种特别证件。［50］冀得不死：希望能够在犯了死罪的时候得以免死。冀，希望。［51］赖不与：幸亏没有给他。赖，幸亏，多亏。［52］岂系铁券：哪在他有没有铁券，意即即使有铁券，该杀也还得杀。［53］何解今日不杀：与今天的该杀而不杀有什么关系呢？［54］怃（wǔ）然：怅然，不痛快、伤心的样子。［55］未几：没过多久。［56］瓜：即元瓜，权臣元义之弟。六镇降户：北方的六镇所收抚的降人而被安置到定州的。六镇，指怀朔镇、武川镇、抚冥镇、柔玄镇、怀荒镇、御夷镇。定州：北魏州名，州治卢奴，在今河北定州市。［57］鲁阳：北魏郡名，郡治山北，在今河南鲁山县。伊阙（què）：古山名，又名龙门山，在今河南洛阳市城南。阙，此指伊阙口，伊阙山的两山相对如门，伊水在其下流过。［58］手书：指元义勾结鲁阳蛮的亲笔信。［59］幽州：北魏州名，州治在今北京市。卢同：元义党羽。传见《魏书》卷七十六。［60］坐义党除名：因党附元义，被免去一切职务。除名，古代对官吏犯罪的一种处罚方法，即开除官籍。

太后颇事妆饰［1］，数出游幸，元顺面谏曰：“《礼》［2］，妇人夫没自称未亡人，首去珠玉，衣不文采［3］。陛下母临天下［4］，年垂不惑［5］，修饰过甚，何以仪刑后世［6］！”太后惭而还宫，召顺，责之曰：“千里相征，岂欲众中见辱［7］邪！”顺曰：“陛下不畏天下之笑，而耻臣之一言乎！”

顺与穆绍同直［8］，顺因醉入其寝所，绍拥被［9］而起，正色让［10］顺曰：“身二十年侍中，与卿先君亟连职事［11］，纵卿方进用［12］，何宜相排突［13］也！”遂谢事［14］还家，诏谕久之，乃起［15］。

初，郑羲之兄孙俨为司徒胡国珍行参军，私得幸于太后，人未之知［16］。萧宝寅之西讨［17］，以俨为开府属［18］。太后再摄政，俨请奉使还朝，太后留之，拜谏议大夫［19］、中书舍人，领尝食典御［20］，昼夜禁中，每休沐［21］，太后常遣宦者随之，俨见其妻，唯得言家事［22］而已。中书舍人乐安徐纥［23］，粗有［24］文学，先以谄事赵修［25］；坐徙枹罕［26］。后还，复除中书舍人，又谄事清河王怿；怿死，出为雁门［27］太守。还洛，复谄事元义。义败，太后以纥为怿所厚，复召为中书舍人，纥又谄事郑俨。俨以纥有智数［28］，仗为谋主；纥以俨有内宠，倾身承接［29］，共相表里，势倾内外，号为徐、郑。

俨累迁至中书令、车骑将军；纥累迁至给事黄门侍郎，仍领舍人，总摄中书、门下之事，军国诏令莫不由之。纥有机辩强力[30]，终日治事，略无休息，不以为劳。时有急诏，令数吏执笔，或行或卧，人别占之[31]，造次俱成[32]，不失事理[33]。然无经国大体[34]，专好小数[35]，见人矫为恭谨[36]，远近辐凑附之[37]。

给事黄门侍郎袁翻、李神轨[38]皆领中书舍人，为太后所信任，时人云神轨亦得幸于太后，众莫能明也。神轨求婚于散骑常侍卢义僖[39]，义僖不许。黄门侍郎王诵[40]谓义僖曰："昔人不以一女易众男[41]，卿岂易之邪！"义僖曰："所以不从者，正为此耳。从之，恐祸大而速。"诵乃坚握义僖手曰："我闻有命，不敢以告人[42]。"女遂适[43]他族。临婚之夕，太后遣中使宣敕[44]停之，内外惶怖[45]，义僖夷然[46]自若。神轨，崇之子；义僖，度世之孙也。

（以上为第九段，写北魏胡太后好打扮，直臣元顺当面劝谏；郑俨、徐纥、袁翻、李神轨等，都是趋炎附势之人，大都与胡太后暧昧不明，互相勾结，秽乱朝廷。）

【注释】

[1]颇事妆饰：好梳妆打扮。颇，很，甚。 [2]《礼》：即《礼记》，又名《小戴礼记》《小戴记》，成书于汉代，为西汉礼学家戴圣所编，主要写先秦的礼制，是古代礼学的经典。 [3]衣不文采：不穿有花纹、有亮色的衣服。[4]母临天下：为天下之母，管理天下之民。[5]年垂不惑：年近四十岁。孔子曰："三十而立，四十而不惑。" [6]仪刑后世：给后代人做榜样。仪刑，仪范，典型，"楷模"的意思。刑，同"型"，典范。 [7]众中见辱：在大庭广众之中羞辱我。 [8]直：同"值"，值班，值宿。 [9]拥被：身上围裹着被子。 [10]正色：态度严肃，神色严厉。让：责让，批评。 [11]与卿先君：与您的父亲元澄。亟（qì）连职事：多次共事。亟，屡次，多次。[12]方进用：正蒙提拔、重用。 [13]何宜相排突：怎么能对人不讲一点礼貌。排突，唐突，不礼貌。 [14]谢事：辞职。 [15]起：重新任职。 [16]"郑羲"三句：意谓胡太后宠臣郑俨，北魏兖州刺史郑羲之兄的孙子，为胡太后父亲司徒胡国珍的行参军，是胡太后的情人，没人知道。[17]西讨：西讨莫折念生。 [18]开府属：古官名，开府有掾有属，都是佐吏。时萧宝寅为开府、西道行台、征西大都督，郑俨为其属官。 [19]谏议大夫：古官名，专掌议论。 [20]领尝食典御：给皇帝预先尝食的官。典御，掌管，统治。尝食，据张校，当为"尚食"。 [21]休沐：休假日，古代官吏在家休息、沐浴的日子。 [22]唯得言家事：不许说别的、干别的，因为郑俨是太

后的人。［23］徐纥（hé）：北魏末年幸臣。党附郑俨，势倾内外。联合胡太后鸩杀孝明帝，导致大将军尔朱荣发动“河阴之变”。传见《魏书》卷九十三。［24］粗有：略有。［25］谄事：拍马屁，逢迎。赵修：字景业，赵郡房子（今河北临城县）人，北魏宣武帝元恪幸臣，后被外戚高肇所杀。传见《魏书》卷九十三。［26］徙枹（fú）罕：流放到枹罕。赵修得罪，事见一百四十五卷天监二年（503）。枹罕，在今甘肃临夏市东北，当时为河州的州治所在地。［27］雁门：北魏郡名，郡治广武，在今山西代县西南。［28］智数：谋术，心计。［29］倾身承接：低三下四地巴结、奉承。［30］机辩：随机应变。强力：坚忍有毅力。［31］人别占之：分别对每人口授词句。［32］造次俱成：很快地就全部完成了。造次，匆忙之间，顷刻之间。［33］不失事理：都能合情合理。胡三省曰：“人必小有才也，然后能迎世取宠以窃一时之权，朱异、徐纥是也。”［34］无经国大体：没有处理国家大事的才能。［35］专好小数：专门在一些小事情上耍心眼。小数，小技。［36］矫为恭谨：内心傲慢，而表面上装作谦恭无比。［37］远近辐凑附之：远近的人都来趋从归附于他。辐凑，如辐条之归向车毂。［38］袁翻、李神轨：两人皆胡太后宠臣。袁翻传见《魏书》卷六十九。李神轨传见《魏书》卷六十六。［39］求婚：指李神轨为其子求婚于卢义僖之女。卢义僖（xī）：议曹郎卢敏长子，北魏大臣。传见《魏书》卷四十七。［40］王诵：字国章，琅邪临沂（今山东临沂市）人，黄门侍郎王融之子，名臣王肃之侄，北魏大臣。时任给事黄门侍郎。传见《魏书》卷六十三。［41］不以一女易众男：绝不为了一个女儿的安全而牺牲好几个儿子的性命。晋惠帝时，大臣乐广的女儿为成都王司马颖之妃。及司马颖造反时，长沙王司马乂派兵往讨，有人向司马乂进言，说乐广与司马颖勾结谋反。司马乂问乐广，乐广神色不变地说：“广岂以五男易一女哉？”意思是说我要是勾结司马颖谋反，女儿是保住了，而在朝廷的五个儿子都要被朝廷所杀。事见《资治通鉴》卷八十五晋惠帝太安二年（303）。易，交换。［42］我闻有命，不敢以告人：语出《诗经·扬之水》。这里借用诗句表示心知李神轨与魏胡太后的关系，而不敢明说。［43］适：嫁给。［44］中使：宫中派出的使者。宣敕（chì）：传达命令。［45］惶怖：惊慌，恐惧。［46］夷然：神色坦然的样子。

胡琛据高平，遣其大将万俟丑奴[1]、宿勤明达等寇魏泾州[2]，将军卢祖迁、伊瓮生[3]讨之，不克。萧宝寅、崔延伯既破莫折天生，引兵会祖迁等于安定[4]，甲卒十二万，铁马八千，军威甚盛。丑奴军于安定西北七里，时以轻骑挑战，大兵未交，辄委走[5]。延伯恃其勇，且新有功，遂唱议[6]为先驱击之。别造大盾，内为锁柱[7]，使壮士负以趋，谓之排城[8]，置辎重[9]于中，战士在外，自安定北缘原[10]北上。将战，有贼数百骑诈持文书，云是降簿[11]，且乞缓师。宝寅、延伯未及阅视，宿勤明达引兵自东北至，降贼自西竞下，覆背[12]击之，延伯上马奋击，逐北径抵[13]其营。贼皆轻骑，延伯军杂步卒，战久疲乏，贼乘间得入排城；延伯遂大败，死伤近二万人，宝寅收众，退保安定。延伯自耻其败，乃缮甲兵[14]，募骁勇，复自安定西进，去贼七里[15]结营。壬辰[16]，不告宝寅，独出袭贼，大破之，俄顷[17]，平其数栅[18]。贼见军士采掠[19]散乱，复还击之，魏兵大败，延伯中流矢卒，士卒死者万余人。时大寇未平，复失骁将，朝野为之忧恐。于是，贼势愈盛，而群臣自外来者，太后问之，皆言贼弱，以求悦媚[20]，由是将帅求益兵者往往不与。

五月，夷陵烈侯裴邃[21]卒。邃深沈有思略[22]，为政宽明，将吏爱而惮之。壬子[23]，以中护军夏侯亶[24]督寿阳诸军事，驰驿代邃[25]。

益州刺史临汝侯渊猷[26]遣其将樊文炽、萧世澄[27]等将兵围魏益州长史和安于小剑[28]，魏益州刺史邴虬[29]遣统军河南胡小虎、崔珍宝[30]将兵救之。文炽袭破其栅，皆擒之，使小虎于城下说和安令早降，小虎遥谓安曰："我栅失备，为贼所擒，观其兵力，殊不足言。努力坚守，魏行台、傅梁州[31]援兵已至。"语未终，军士以刀殴杀之。西南道军司淳于诞[32]引兵救小剑，文炽置栅于龙须山上以防归路[33]。戊辰[34]，诞密募壮士夜登山烧其栅，梁军望见归路绝，皆恼惧[35]，诞乘而击之，文炽大败，仅以身免，虏[36]世澄等将吏十一人，斩获万计。魏子建以世澄购[37]胡小虎之尸，得而葬之。

（以上为第十段，写北魏将领萧宝寅、崔延伯出兵讨伐叛首胡琛部将，被使用诈计，被打得大败；南朝益州刺史萧渊猷与北魏交战，被打得大败。）

【注释】

[1]万（mò）俟（qí）丑奴：复姓万俟，原州高平（治今宁夏固原市原州区）人，匈奴族。北魏末年西北少数民族起义首领。早年跟随胡琛起义，后继承军队指挥权，节制各部起义军队，声势日益浩大。自称天子，设置百官，国号大赵，年号神兽，定都高平，收降雍州刺史萧宝寅。后兵败被杀。 [2]宿勤明达：复姓宿勤，字明达，夏州岩绿（今陕西榆林市横山区）人，羌族，北魏末年关陇起义将领。早年跟随胡琛起义，击杀北魏名将崔延伯。后兵败被擒，押送于洛阳处斩。泾州：古州名，州治在今甘肃泾川县北。 [3]卢祖迁、伊瓮生：北魏将军。 [4]安定：古城名，即当时泾州的州治所在地，在今甘肃泾川县北。 [5]辄（zhé）委走：总是丢下一些铠甲兵器逃

去。委走，委弃，逃跑，不交战。［6］唱议：同“倡议”，提议。［7］内为锁柱：大盾牌的背面有立柱，并用大锁链连接。［8］排城：用巨木连成的活动城墙。［9］辎（zī）重：行军时由运输部队携带的军械、粮草、被服等物资。［10］缘原：沿着平坦宽阔的高坡。［11］降簿：投降之人的名册。［12］覆背：即腹背，前后。覆，同“腹”。［13］径抵：直达。［14］缮（shàn）甲兵：修缮铠甲、兵器。［15］去贼七里：在离着敌营只有七里远的地方。胡三省曰：“时贼屯安定西彭坑。”《魏书·崔延伯传》作“七十里”。［16］壬辰：四月十八日。［17］俄顷：不久，一会儿。［18］数栅：多个由栅栏围挡所形成的营垒。［19］采掠：收取，抢夺东西。［20］悦媚：逢迎，取悦。［21］夷陵烈侯裴邃（suì）：裴邃生前被封为夷陵侯，死后谥号烈。［22］深沈：即深沉，沉着。沈，同“沉”。思略：思路，谋略。［23］壬子：五月八日。［24］中护军：古官名，宫廷禁军的六大将军之一。夏侯亶（dǎn）：字世龙，谯郡谯县人，开国功臣夏侯详长子，南梁重臣。传见《梁书》卷二十八。［25］驰驿代邃（suì）：乘驿车飞快地前往军中接替裴邃的职务。［26］临汝侯渊猷（yóu）：即萧渊猷，梁武帝萧衍的侄子，封为临波侯，曾为中护军，镇守白下城。此时为益州刺史。传见《南史》卷五十一。［27］樊文炽、萧世澄：南梁将军，为益州刺史临汝侯萧渊猷的属将。［28］魏益州：州治晋寿，在今四川剑阁县东北。和安：人名，北魏益州长史。小剑：即小剑山，在今四川剑阁县西北，其地有北魏的军事据点。［29］邴（bǐng）虬（qiú）：北魏假抚军将军、益州刺史。［30］胡小虎、崔珍宝：北魏统军。［31］魏行台：指魏子建，时为行台、征西都督、东益州刺史，驻守武兴，在今陕西略阳县。行台、傅梁州：指傅竖眼，魏国名将，此时为梁州刺史，驻守在今陕西汉中市。［32］西南道军司：西南方面的军司。军司，意同“军师”，军中的参谋人员。晋人为避司马师之讳而改。淳于诞：字灵远，北魏名将。传见《魏书》卷七十一。［33］龙须山：古山名。防归路：防守自己的退路。［34］戊辰：五月二十四日。［35］恟（xiōng）惧：恐慌，惊惧。［36］虏：同“掳”，掳获，活捉。［37］购：求购，交换。

魏魏昌武康伯李崇卒。

初，帝纳东昏侯宠姬吴淑媛，七月而生豫章王综[1]，宫中多疑之。及淑媛宠衰怨望，密谓综曰：“汝七月生儿，安得比诸皇子！然汝太子次弟，幸保富贵，勿泄[2]也！”与综相抱而泣。综由是自疑，昼则谈谑[3]如常，夜则于静室闭户，披发席稿[4]，私于别室祭齐氏七庙[5]。又微服至曲阿拜齐太宗陵[6]，闻俗说割血沥骨[7]，渗[8]则为父子，遂潜发东昏侯冢，并自杀一男[9]试之，皆验，由是常怀异志[10]，专伺时变。综有勇力，能手制奔马[11]；轻财好士，唯留附身故衣[12]，余皆分施，恒致罄乏[13]。屡上便宜[14]，求为边任，上未之许。常于内斋布沙于地，终日跣行[15]，足下生胝[16]，日能行三百里。王、侯、妃、主及外人皆知其志，而上性严重[17]，人莫敢言。又使通问[18]于萧宝寅，谓之叔父。为南兖州[19]刺史，不见宾客，辞讼[20]隔帘听之，出则垂帷于舆，恶[21]人识其面。

及在彭城，魏安丰王延明、临淮王彧将兵二万逼彭城，胜负久未决。上虑综败没[22]，敕综引军还。综恐南归不复得至北边，乃密遣人送降款[23]于彧；魏人皆不之信，彧募人入综军验其虚实，无敢行者。殿中侍御史济阴鹿悆[24]为彧监军，请行，曰："若综有诚心，与之盟约；如其诈也，何惜一夫[25]！"时两敌相对，内外严固[26]，悆单骑间出[27]，径趣[28]彭城，为综军所执，问其来状[29]，悆曰："临淮王[30]使我来，欲有交易[31]耳。"时元略已南还[32]，综闻之，谓成景俊等曰："我常疑元略规欲反城[33]，将[34]验其虚实，故遣左右为略使[35]，入魏军中，呼彼一人。今其人果来，可遣人诈为略有疾在深室，呼至户外，令人传言谢之[36]。"综又遣腹心安定梁话[37]迎悆，密以意状[38]语之。悆薄暮[39]入城，先引见[40]胡龙牙，龙牙曰："元中山[41]甚欲相见，故遣呼卿[42]。"又曰："安丰、临淮[43]，将少弱卒[44]，规复此城[45]，容可得乎[46]！"悆曰："彭城，魏之东鄙[47]，势在必争，得否在天，非人所测。"龙牙曰："当如卿言。"又引见成景俊，景俊与坐，谓曰："卿不为刺客邪？"悆曰："今者奉使，欲返命本朝[48]，相刺之事，更卜后图[49]。"景俊为设饮食，乃引至一所，诈令一人自室中出，为元略致意[50]曰："我昔有以南向[51]，且遣相呼[52]，欲闻乡事[53]；晚来[54]疾作，不获相见[55]。"悆曰："早奉音旨[56]，冒险祗赴[57]，不得瞻见[58]，内怀反侧[59]。"遂辞退。诸将竞问魏士马多少，悆盛陈有劲兵数十万，诸将相谓曰："此华辞[60]耳！"悆曰："崇朝可验[61]，何华之有！"乃遣悆还。成景俊送之戏马台[62]，北望城堑[63]，谓曰："险固如此，岂魏所能取！"悆曰："攻守在人，何论险固[64]！"悆还，于路复与梁话申固盟约[65]。六月，庚辰[66]，综与梁话及淮阴苗文宠[67]夜出，步投魏军。及旦，斋内诸阁[68]犹闭不开，众莫知所以，唯见城外魏军呼曰："汝豫章王[69]昨夜已来，在我军中，汝尚何为！"城中求王不获，军遂大溃。魏人入彭城，乘胜追击梁兵[70]，复取诸城[71]，至宿预[72]而还，将佐士卒死没者什七八[73]，唯陈庆之帅所部得还。

上闻之，惊骇[74]，有司奏削综爵土，绝属籍[75]，更其子直姓悖氏[76]。未旬日[77]，诏复属籍，封直为永新侯[78]。

西丰侯正德[79]自魏还，志行无悛[80]，多聚亡命[81]，夜剽掠杀人[82]于道，以轻车将军从综北伐，弃军辄还[83]。上积其前后罪恶，免官削爵，徙临海[84]；未至，追赦之。

综至洛阳，见魏主，还就馆，为齐东昏侯举哀，服斩衰[85]三年。太后以下并就馆吊之，赏赐礼遇甚厚，拜司空，封高平郡公、丹杨王[86]，更名"赞"。以苗文宠、梁话皆为光禄大夫；封鹿悆为定陶县子[87]，除员外散骑常侍。

综长史济阳江革[88]、司马范阳祖暅之皆为魏所虏[89]，安丰王延明闻其才名，厚遇之。革称足疾不拜。延明使暅之作《欹器漏刻铭》[90]，革唾骂暅之曰："卿荷国厚恩，乃为虏立铭，孤负[91]朝廷！"延明闻之，令革作《大小寺碑》[92]《祭彭祖文》[93]，革辞不为。延明将棰[94]之，革厉色曰："江革行年六十，今日得死为幸，誓不为人执笔！"延明知不可屈，乃止；日给脱粟饭三升[95]，仅全其生而已。

（以上为第十一段，写南朝梁武帝萧衍收纳南齐东昏侯萧宝卷的宠姬吴淑媛，七月而生子萧综，萧综得知身世后，谋到边关任职，遂逃奔北魏，南朝蒙受重大损失。）

【注释】

[1]豫章王综：即萧综，一作萧缵，字德文，东昏侯萧宝卷遗腹子，梁武帝萧衍养子（名义上的次子），封豫章王，出任镇北将军、南兖州刺史。得知身世后，流亡北魏，得到殊礼待遇，以为司空，任齐州刺史。后病死。传见《梁书》卷五十五。 [2]勿泄：不要泄露你不是萧衍的儿子的秘密。 [3]谈谑（xuè）：谈笑，戏谑。 [4]披发席稿：披散着头发，睡在草席上，这是古人为父母守丧的礼节。因为萧综自认是南齐末帝东昏侯萧宝卷的遗腹子，所以他要为被杀的父亲守丧。稿，禾秆编织的席子。 [5]齐氏七庙：南齐王朝的列祖列宗之庙，指南齐高帝萧道成、武帝萧赜、郁林王萧昭业、海陵王萧昭文、明帝萧鸾、东昏侯萧宝卷、和帝萧宝融。 [6]太宗陵：当作"高宗陵"，即南齐明帝萧鸾的陵墓兴安陵，位于江苏丹阳市北。《梁书·豫章王综传》作"拜齐明帝陵"。 [7]割血沥（lì）骨：割取活人之血滴在死人的骨头上。沥，滴。 [8]渗（shèn）：渗

透，融合。［9］自杀一男：杀死自己的一个儿子来进行试验。男，男孩。［10］异志：存有推翻梁朝、恢复齐朝的心思。［11］手制奔马：徒步空手拽住奔跑的马。［12］附身故衣：贴身穿的旧衣服。［13］恒致罄（qìng）乏：经常把自己弄得缺衣少食。罄，尽，衣食断绝。［14］上便宜：上书给皇帝，论说国家当前的急务。［15］跣（xiǎn）行：光着脚在沙砾上行走。［16］胝（zhī）：胼胝，脚底磨出厚皮茧子。［17］严重：严厉，严肃。［18］通问：通消息。［19］南兖（yǎn）州：南梁州名，州治广陵，在今江苏扬州市。［20］辞讼：僚属或百姓有什么争执不下的问题。［21］恶（wù）：厌恶，讨厌。［22］败没：兵败陷没，被北魏人所俘。［23］降款：投降书。［24］殿中侍御史：古官名，主管宫中监察。鹿悆（yù）：字永吉，济阴乘氏（今山东菏泽市）人，兖州刺史鹿生之子，北魏殿中侍御史，监察临淮王元彧军队，劝降南梁豫章王萧综。传见《魏书》卷七十九。［25］一夫：一个普通人，指自己。［26］内外严固：营外人入营，与营内人出营都检查得很严。［27］间（jiān）出：犹言潜出，化装而出。［28］径趣：直奔。趣，同“趋”，奔赴。［29］来状：来意。［30］临淮王：即元彧，封临淮王。［31］欲有交易：有买卖要做，有东西要交换。［32］元略已南还：南梁方面的元略与北魏方面的元彧是平辈兄弟，都是北魏宗室，故鹿悆打着元彧的旗号，仿佛是找元略；而萧综则为了掩护自己，故意把事情推到了元略头上。［33］规欲反城：阴谋想从徐州反水，投降北魏。规，谋划。［34］将：为了。［35］为略使：假装是元略的使者。［36］令人传言谢之：假装是元略派人出去和他说话。［37］安定梁话：安定郡人姓梁名话，萧综的心腹。［38］意状：指萧综欲投降北魏的意图，与萧综为防成景俊所做出的种种表演。胡三省曰：“意者，传综欲降之意。状者，告以诡与成景俊设谋之状。”［39］薄暮：傍晚。［40］引见：引之使见。这是萧综为掩护自己故意的安排。［41］元中山：即元略。元略投降南梁后，被封为中山王。［42］故遣呼卿：所以派人叫你前来。［43］安丰、临淮：指北魏安丰王元延明、临淮王元彧。［44］将少弱卒：率领着数量不多而又疲弱无力的士兵前来。［45］规复此城：想把此城再夺回去。规，谋划。复，收回，夺回。［46］容可得乎：那怎么能办得到呢？容可，岂可。［47］东鄙：东方的边地。鄙，边鄙，边境。［48］欲返命本朝：还打算回朝向皇帝复命。返命，复命。［49］更卜后图：另外寻找别的机会，再做打算。这其实是一句戏言。［50］为元略致意：装成元略，向北魏使者鹿悆表明心意。［51］有以南向：想要到南方去办些事情，隐指袭击南梁王朝。［52］且遣相呼：故而派人招呼你来。［53］欲闻乡事：想听听家乡的消息，隐指与北魏军协调行动。［54］晚来：后来。［55］不获相见：没法再与你见面了。［56］早奉音旨：早已得知你的意图。音旨，言谈意旨。［57］冒险祗（zhī）赴：冒险恭敬地来到此地。祗，恭敬。［58］瞻见：拜见。瞻，仰视。［59］内怀反侧：内心很是不安。反侧，翻来覆去，惶恐不安。［60］华辞：空话，虚华不实的话。［61］崇朝（zhāo）可验：明天早晨你就可以看到。崇朝，终朝，从天亮到吃早饭之间，比喻时间短促。崇，尽，终。［62］戏马台：徐州城内的一处古迹，相传当年项羽为西楚霸王时，曾在此骑马，并检阅军队。［63］城堑（qiàn）：城墙、护城河。［64］何论险固：险固不险固，起不了什么作用。［65］申固盟约：牢牢地确定了盟约。胡三省曰：“鹿悆既得综之诚款，知彭城之必可取，与梁将语，率多大言。盖其中心喜跃，不能自揜于言语之间，使梁将有如臾骈、绨疵之流，必能察知其情矣。”［66］庚辰：六月七日。［67］苗文宠：萧综的心腹干将，与之一起投奔北魏。［68］斋内诸阁：萧综府内的内室之门。［69］豫章王：即萧综，封为豫章王。［70］梁兵：二字原无，据章校补。［71］复取诸城：将由于北魏将领元法僧叛变，随同徐州一起归于南梁的诸城重新夺回。［72］宿预：古城名，在今江苏宿迁市东，当时徐州的东南方。［73］死没：死亡。什七八：十分之七八。什，同“十”。［74］惊骇（hài）：惊慌，害怕。［75］绝属籍：从萧氏皇室的宗谱上削去他的名字。［76］更其子直姓悖氏：把萧综的儿子萧直改为姓“悖”。直，即萧直，字思方，武帝萧衍之孙，豫章王萧综之子。萧综叛逃北魏，萧衍起先将萧直改姓为“悖”，后来恢复他的家籍，封他为永新侯，任晋陵太守。［77］未旬日：不到十天。［78］永新侯：封地永新县，县治在今江西永新县西，当时上属于安成郡。［79］西丰侯：封地西丰县。正德：即萧正德，字公和，临川王萧宏第三子，梁武帝萧衍之侄。初为萧衍养子。昭明太子萧统出生后，他回归本宗，封西丰县侯。因未能为皇太子而耿耿于怀，曾于前年投奔北魏，现返回后又被封为西丰县侯。传见《梁书》卷五十五。［80］志行无悛（quān）：思想行为没有任何悔改。悛，悔改。［81］亡命：犯罪潜逃的人。［82］剽（piāo）掠：抢劫，掠夺。杀人：二字原无，据章校补。［83］弃军辄（zhé）还：随便地扔下军队就自己回家了。［84］徙临海：流放到临海郡，临海郡的郡治在今浙江临海市东南。［85］斩衰（cuī）：子女为父母所穿的孝服，用麻布做成，衣边不加缘饰。［86］高平郡公：封地高平郡，郡治在今宁夏固原市。丹杨王：此为虚封，意即将南梁都城封给他。丹杨，建康城所在的郡名，郡治在建康城南，在今江苏南京市。［87］定陶县子：封地定陶县，县治在今山东菏泽市定陶区；爵位为“子”，五等侯爵中的第四等。［88］江革：字休映，济阳考城（今河南民权县）人，南梁大臣。有才名，任御史中丞，出为广陵太守，跟随豫章王萧综镇守彭城，受到北魏攻击，兵败被俘。辗转回到建康，累迁都官尚书、度支尚书、吴郡太守，以光禄大夫致仕。传见《梁书》卷三十六。［89］祖暅（gèng）之：一作“祖暅”，字景烁，范阳遒县（今河北涞水县）人，祖冲之之子，曾任员外散骑侍郎、太府卿、南康太守、材官将军、奉朝请等。传见《南齐书》卷五十二。虏：同“掳”，俘获。［90］《攲（qī）器漏刻铭》：攲器、漏刻上的铭文。攲器，古代的一种盛酒器皿，因其容易倾覆，故名。攲，倾斜。漏刻，一种计时器。［91］孤负：即辜负，违背了别人的好意、希望。孤，同“辜”。［92］作《大小寺碑》：创作《大小寺碑》的碑文。大小寺碑，《通鉴考异》云：“《南史》作‘丈八寺碑’，今从《梁书》。”今山西长治市城南荫城镇桑梓村有寺名为“丈八寺”，寺内有塔名“丈八寺塔”，“大小”当为“丈八”之讹。［93］《祭彭祖文》：祭祀彭祖的文章。彭祖，传说中的五帝之一颛顼的后代，相传在尧时被封于彭城。胡三省曰：“彭城，大彭氏之墟也，故祭之。”［94］棰（chuí）：用棍棒打人。［95］脱粟：去皮的粗米。三升：当时的一升约当于现在的三百毫升，当时的三升还不到现在的一升。

上密召夏侯亶还，使休兵合肥，俟淮堰成[1]复进。

癸未[2]，魏大赦，改元孝昌[3]。

破六韩拔陵围魏广阳王深于五原[4]，军主贺拔胜募二百人开东门出战，斩首百余级，贼稍退。深拔军向朔州，胜常为殿[5]。

云州刺史费穆，招抚离散，四面拒敌。时北境州镇皆没，唯云中一城独存[6]。道路阻绝，援军不至，粮仗俱尽，穆弃城南奔尔朱荣于秀容，既而诣阙请罪[7]，诏原[8]之。

长流参军于谨[9]言于广阳王深曰："今寇盗蜂起，未易专用武力胜也。谨请奉大王之威命，谕以祸福，庶几稍可离[10]也。"深许之。谨兼通诸国语，乃单骑诣叛胡营，见其酋长，开示恩信[11]，于是西部铁勒酋长乜列河[12]等将三万余户南诣深降。深欲引兵至折敷岭[13]迎之，谨曰："破六韩拔陵兵势甚盛，闻乜列河等来降，必引兵邀[14]之，若先据险要，未易敌也。不若以乜列河饵之[15]，而伏兵以待之，必可破也。"深从之，拔陵果引兵邀击乜列河，尽俘其众，伏兵发，拔陵大败，复得乜列河之众而还。

柔然头兵可汗[16]大破破六韩拔陵，斩其将孔雀[17]等。拔陵避柔然，南徙渡河[18]。将军李叔仁以拔陵稍逼，求援于广阳王深，深帅众赴之。贼前后降附者二十万人，深与行台元纂[19]表："乞于恒州[20]北别立郡县，安置降户，随宜赈贷[21]，息其乱心。"魏朝不从，诏黄门侍郎杨昱分处之冀、定、瀛三州[22]就食。深谓纂曰："此辈复为乞活[23]矣。"

（以上为第十二段，写北魏云州刺史费穆坚守云中，直至兵疲粮绝才弃城而去；长流参军于谨，利用计谋，分化叛军，然后让叛军互攻，再予以袭击，大获全胜。）

【注释】

[1]俟（sì）淮堰成：梁武帝萧衍为了淹没寿阳，又在重修拦淮大坝。 [2]癸未：六月十日。 [3]孝昌：北魏主元诩的第四个年号。 [4]五原：古城名，在今内蒙古包头市西北。 [5]为殿：为后卫，以抵抗敌军的追击与骚扰。 [6]云中一城独存：胡三省曰："去年，李崇使费穆守云中。" [7]诣阙（què）请罪：到朝廷向皇帝主动承认过错并请求处罚。阙，宫阙，朝廷。 [8]原：原谅，宽恕。 [9]长流参军：古官名，诸王的僚属。胡三省曰："长流参军，主禁防，从公府置长流参军；小府无长流，置禁防参军。"于谨：北魏元勋于栗磾后代，陇西太守于提之子，北朝名将。

传见《北史》卷二十三。［10］庶几：或许。稍可离：能让他们渐渐地离开叛匪，归向朝廷。稍，渐渐。［11］开示恩信：向他们表示出朝廷的恩典与信义。开示，展示。［12］乜（niè）列河：人名，姓乜，名列河，为西部铁勒酋长。［13］折敷岭：在今内蒙古包头市西乌拉山。胡三省曰："《通典》作'折敦岭'。"［14］邀：半路截击。［15］以乜列河饵之：把乜列河当作诱饵，吸引破六韩拔陵上钩。饵，钓鱼用的小虫。［16］头兵可汗：即此前所说的柔然阿那瑰可汗，由于他的部落渐趋统一，又连败破六韩拔陵，势力渐大，故改号敕连头兵豆伐可汗，意即"把持一切"。事见《魏书》卷一百三。［17］孔雀：人名，叛首破六韩拔陵的将领。［18］渡河：渡过今内蒙古境内的东西走向的黄河而到达鄂尔多斯市一带。［19］元纂（zuǎn）：字绍兴，中山王元英之子，北魏宗室大臣。传见《魏书》卷十九下。［20］恒州：北魏州名，州治在今山西大同市。［21］随宜赈（zhèn）贷：根据实际情况进行救济。［22］冀、定、瀛（yíng）三州：都在今之河北境内。冀州的州治在今衡水市冀州区，定州的州治在今定州市，瀛州的州治在今河间市。［23］复为乞活：又成为要饭花子了。乞活，犹如今之乞丐帮，游手好闲，专以乞讨为生；又名为乞讨，其实连偷带抢，甚至具有某种黑社会的性质。早在东晋时代就有这种人，成为国家的一大祸害，故曰"复为"。

秋，七月，壬戌[1]，大赦。

八月，魏柔玄镇民杜洛周聚众反于上谷[2]，改元真王，攻没郡县，高欢、蔡俊、尉景及段荣、安定彭乐[3]皆从之。洛周围魏燕州刺史博陵崔秉[4]，九月，丙辰[5]，魏以幽州刺史常景[6]兼尚书为行台，与幽州都督元谭[7]讨之。景，爽[8]之孙也。自卢龙塞至军都关[9]，皆置兵守险，谭屯居庸关[10]。

冬，十月，吐谷浑遣兵击赵天安[11]，天安降，凉州[12]复为魏。

平西将军高徽[13]奉使嚈哒[14]，还，至枹罕[15]。会河州刺史元祚[16]卒，前刺史梁钊之子景进[17]引莫折念生兵围其城。长史元永等推徽行州事[18]，勒兵固守；景进亦自行州事[19]。徽请兵于吐谷浑，吐谷浑救之，景进败走。徽，湖之孙也。

魏方有事于西北[20]，二荆、西郢[21]群蛮皆反，断三鸦路[22]，杀都督，寇掠北至襄城[23]。汝水[24]有冉氏、向氏、田氏，种落最盛，其余大者万家，小者千室，各称王侯，屯据险要，道路不通。十二月，壬午[25]，魏主下诏曰："朕将亲御六师，扫荡逋秽[26]，今先讨荆蛮，疆理南服[27]。"时群蛮引梁将曹义宗等围魏荆州[28]，魏都督崔暹将兵数万救之，至鲁阳[29]，不敢进。魏更以临淮王彧为征南大将军，将兵讨鲁阳蛮，司空长史辛雄为行台左丞[30]，东趣叶城[31]。别遣征虏将军裴衍[32]、恒农太守京兆王罴[33]将兵一万，自武关[34]出通三鸦路，以救荆州。

衍等未至，彧军已屯汝上[35]，州郡被蛮寇者争来请救，彧以处分道别[36]，不欲应之，辛雄曰："今裴衍未至，王士众已集，蛮左唐突[37]，挠乱近畿[38]，王秉麾阃外[39]，见可而进，何论别道！"彧恐后有得失之责，邀雄符下[40]，雄以群蛮闻魏主将自出，心必震动，可乘势破也，遂符彧军，令速赴击。群蛮闻之，果散走。

魏主欲自出讨贼，中书令袁翻谏而止。辛雄自军中上疏曰："凡人所以临陈[41]忘身，触白刃而不惮者，一求荣名，二贪重赏，三畏刑罚，四避祸难，非此数者，虽圣王不能使其臣，慈父不能厉[42]其子矣。明主深知其情，故赏必行，罚必信，使亲疏贵贱勇怯贤愚，闻钟鼓之声[43]，见旌旗之列，莫不奋激[44]，竞赴敌场，岂厌久生[45]而乐速死哉？利害悬于前，欲罢不能耳。自秦、陇逆节[46]，蛮左乱常[47]，已历数载，凡在戎役数十万人，捍御三方[48]，败多胜少，迹其所由[49]，不明赏罚之故也。陛下虽降明诏，赏不移时[50]，然将士之勋，历稔[51]不决，亡军之卒[52]，晏然在家[53]，是使节士无所劝慕[54]，庸人无所畏慑[55]；进而击贼，死交而赏赊[56]，退而逃散，身全而无罪，此其所以望敌奔沮[57]，不肯尽力者也。陛下诚能号令必信，赏罚必行，则军威必张，盗贼必息矣。"疏奏，不省[58]。

曹义宗等取顺阳、马圈[59]，与裴衍等战于淅阳[60]，义宗等败退。衍等复取顺阳，进围马圈。洛州刺史董绍[61]以马圈城坚，衍等粮少，上书言其必败。未几，义宗击衍等，破之，复取顺阳。魏以王罴为荆州刺史。

（以上为第十三段，写北魏杜洛周在上谷聚众造反，二荆、西郢的群蛮也都反叛，北魏改换临淮王元彧从武关打通三鸦路，以救援荆州。）

【注释】

[1]壬戌：七月十九日。 [2]柔玄镇：北魏军镇名，故址在今内蒙古兴和县北。杜洛周：代郡柔玄镇人，高车族，北魏末年农民起义军首领。孝昌元年（525）八月，发动上谷起义，聚众反

抗北魏统治，年号真王，笼络高欢、尉景等人归附，得到安州戍兵响应。后为义军首领葛荣所杀。上谷：北魏郡名，郡治在今北京市延庆区。［3］高欢：传见《北齐书》卷一、卷二。蔡俊：传见《北齐书》卷十九。尉景：传见《北齐书》卷十五。彭乐：传见《北史》卷五十三。以上诸人，皆北魏末大军阀尔朱荣网罗的豪杰，祸乱北魏，蔡俊等又追随高欢，成为北齐开国之臣。［4］燕州：北魏州名，约当今河北张家口市和与之邻近的北京市西北部地区，州治在今河北涿鹿县。崔秉：博陵安平（今河北安平县）人，青州刺史崔鉴之子，北魏大臣，官至任骠骑大将军、开府仪同三司。传见《魏书》卷四十九。［5］丙辰：九月十四日。［6］常景：字永昌，河内温县（今河南温县西南）人，太常卿常林八世孙、宣威将军常爽之孙，北魏大臣、文学家。东魏初，官至车骑将军、右光禄大夫、加仪同三司。传见《魏书》卷八十二。［7］元谭：河南洛阳人，赵郡王元干之子，北魏宗室、大臣。督军讨伐杜洛周，除安西将军、秦州刺史。传见《魏书》卷二十一上。［8］爽：即常爽，北魏官员，著名儒生。研习《五经》百家。曾置馆于温水之右，教授门徒七百余人讲经二十余年，时人号为“儒林先生”。传见《魏书》卷八十四。胡三省曰：“魏之儒风振于常爽。”［9］卢龙塞：古关隘名，在今河北迁安市西。军都关：古关隘名，在居庸关的东北方。［10］居庸关：古关隘名，在今北京昌平区西北方，离八达岭不远。［11］赵天安：凉州人，于上年挟凉州刺史宋颖反叛北魏，以应莫折念生。［12］凉州：北魏州名，州治在今甘肃武威市。［13］高徽：字荣显，老臣高湖之孙，高拔之弟，高欢堂兄弟，北魏大臣。使于嚈哒，西域诸国莫不敬惮之。还，拜冗从仆射。后再使嚈哒，还至枹罕。时莫折念生起事于秦陇，高徽受推行河州事，后以无援，城破死。传见《魏书》卷三十二。［14］嚈（yàn）哒（dā）：古代西域国名，为大月氏的后裔，古代生活在欧亚大陆的游牧民族，约在今新疆北部的阿勒泰地区一带，史家称之为“白匈奴”。［15］枹（fú）罕：古城名，在今甘肃临夏市东北，当时的河州州治所在地。［16］河州：北魏州名，州治枹罕。元祚（zuò）：北魏河州刺史。［17］梁钊：元诩时为河州刺史。景进：即梁景进，河州刺史梁钊之子，曾引莫折念生兵围河州城。［18］元永：北魏河州长史。推徽行州事：元永推举高徽临时代理河州刺史。［19］亦自行州事：也自任为代理河州刺史。［20］有事于西北：西方有莫折念生作乱，北方有破六韩拔陵作乱。有事，有战事。［21］二荆：即西荆州与北荆州，北魏二州名，西荆州的州治上洛，在今陕西商洛市商州区；北荆州的州治襄城，在今河南襄城县。西郢：北魏州名，州治真阳，在今河南正阳县西北。［22］三鸦路：古道路名，在今河南鲁山县南，是南阳、洛阳之间最便捷的通道。［23］寇掠：攻打，劫掠。襄城：北魏郡名，郡治在今河南襄城县。［24］汝水：古水名，在今江西抚州市临川区东之抚河。［25］壬午：十二月十二日。［26］逋（bū）秽（huì）：逃亡在外，尚未归案的匪盗。此指北魏境内各地的叛贼。［27］疆理南服：整顿南方的秩序。疆理，治理。南服，南方的管辖地区。［28］曹义宗：雍州新野（今河南新野县）人，南梁开国名将曹景宗九弟。追随武帝萧衍起兵，历任梁、秦二州刺史，拜都督，于普通六年（525）率军北上，攻取了北魏顺阳郡，后据穰城、逼新野，为北魏将领费穆所擒，客死异乡。传见《南史》卷五十五。荆州：北魏州名，州治穰县，在今河南邓州市。［29］鲁阳：古城名，也称鲁阳关，在今河南鲁山县西南，是军事必争之地。［30］辛雄：字世宾，陇西狄道（今甘肃临洮县）人，北魏大臣，当时正直敢言的官吏。传见《魏书》卷七十七。行台左丞：古官名，即行台省尚书左丞，行台属官。［31］趣：同“趋”，趋向，奔向。叶城：叶县古城，在今河南叶县西南。［32］裴衍：字文舒，绛州闻喜县（今山西闻喜县）人，北魏将领。传见《魏书》卷七十一。［33］恒农：古郡名，即原来的弘农郡，因为显祖拓跋弘避讳而改称“恒农”，郡治在今河南灵宝市。王罴（pí）：字熊罴，京兆霸城（今陕西大荔县）人，北魏至西魏名将。传见《北史》卷六十二。［34］武关：古关隘名，在今陕西丹凤县东南。［35］汝上：汝水之滨。上，指水边。［36］处分道别：与皇帝交给的任务的前进方向不一致。处分，分配的任务。［37］蛮左唐突：这个地区的蛮夷嚣张横行。蛮左，蛮夷。胡三省曰：“自宋以来，豫部诸蛮率谓之蛮左，所置蛮郡谓之左郡。”唐突，触犯，冒犯。［38］挠乱近畿（jī）：直接威胁到洛阳郊区的安全。挠乱，扰乱。［39］秉麾（huī）阃（kǔn）外：执大将的指挥旗于京城之外。阃，国都城门的门槛。［40］邀雄符下：请求辛雄颁发命令，以作证明。当时辛雄为行台的尚书左丞，有下达命令的权力。邀，邀求，请求。符，调兵的凭证，这里即指尚书行台的命令。［41］临陈：亲临前线。陈，同“阵”，战阵。［42］厉：同“励”，勉励，激励。［43］钟鼓之声：军中的乐器鸣奏之声。［44］奋激：激动，振奋。［45］厌久生：不想多活些时候。厌，厌恶。久生，长生。［46］秦、陇逆节：指莫折大提、莫折念生发动叛乱。逆节，叛乱。［47］蛮左乱常：南方的蛮夷掀起叛乱。乱常，破坏纲常，也就是“造反”的意思。［48］凡在戎役数十万人，捍御三方：原文作“三方之师”，据章校改。捍御三方，指西讨秦陇之贼，北御边镇之乱，南击蛮左之叛。捍御，防卫，抵御。［49］迹其所由：追溯世事如此的原因。迹，追溯，寻根究底。［50］赏不移时：毫不耽搁地及时行赏。［51］历稔（rěn）：拖延一年多时间。稔，庄稼成熟，常用以指称一年的时间。［52］亡军之卒：打了败仗，损失了军队的人。“亡军”非士卒之罪，此处似应作“亡军之率”。［53］晏然在家：安然地待在家里，不受任何惩处。晏然，安然，自由自在的样子。［54］无所劝慕：得不到鼓励，也不能让人学习。［55］无所畏慑（shè）：不用担心受到惩罚。［56］死交而赏赊（shē）：丧命就在眼前，而获赏不知在何年何月。交，接触，极言其近。赊，延期，遥远，没有期限。［57］奔沮（jǔ）：逃跑，溃散。［58］不省：没有看，没有理睬。［59］顺阳：北魏郡名，郡治南乡，在今河南淅川县南。马圈：古城名，在今河南镇平县南，当时顺阳郡的东方。［60］淅阳：北魏郡名，郡治在今河南西峡县，在顺阳郡的北方。［61］董绍：字兴远，鲖阳人，北魏文学之臣。为国子助教、积射将军，兼中书舍人。善于辞令，为宣武帝元恪所赏识。孝明帝时历任右将军、洛阳刺史、梁州刺史、山南行台等职。后因议论朝政，被宇文泰杀害。传见《魏书》卷七十九。

邵陵王纶[1]摄南徐州事[2]，在州喜怒不恒[3]，肆行[4]非法。遨游[5]市里，问卖䱇[6]者曰：“刺史何如？”对言：“躁虐[7]。”纶怒，令吞鳝而死，百姓惶骇[8]，道路以目[9]。尝逢丧车，夺孝子服而著之，匍匐[10]号叫。签帅惧罪[11]，密以闻。上始严责纶，而不能改，于是遣代[12]。纶悖慢[13]逾甚，乃取一老翁短瘦类上者[14]，加以衮冕[15]，置之高坐，朝以为君，自陈无罪；使就坐剥褫[16]，捶之于庭[17]。又作新棺，贮司马崔会意[18]，以輀车挽歌[19]为送葬之法，使妪[20]乘车悲号。会意不能堪，轻骑还都以闻。上恐其奔逸[21]，以禁兵[22]取之，将于狱赐尽，太子统[23]流涕固谏，得免，戊子[24]，免纶官，削爵土。

魏山胡刘蠡升[25]反，自称天子，置百官。

初，敕勒酋长斛律金[26]事怀朔镇将杨钧为军主[27]，行兵用匈奴法[28]，望尘知马步多少，嗅地知军远近。及破六韩拔陵反，金拥众[29]归之，拔陵署[30]金为王。既而知拔陵终无所成，乃诣云州降[31]，仍稍引其众南出黄瓜堆[32]，为杜洛周所破，脱身归尔朱荣，荣以为别将[33]。

（以上为第十四段，写南朝邵陵王萧纶代理南徐州事，在州中横行不法，被免职削爵。敕勒酋长耶律金起兵，先归附叛首破六韩拔陵，后归北魏。）

【注释】

［1］邵陵王纶（lún）：即萧纶，梁武帝萧衍第六子，封邵陵郡王。以西中郎将权摄南徐州事，为扬州刺史、中卫将军、开府仪同三司。传见《梁书》卷二十九。［2］摄南徐州事：代理南徐州刺史。南徐州，南梁州名，州治在今江苏镇江市。［3］喜怒不恒：喜怒无常。［4］肆行：明目张胆地施行。［5］遨（áo）游：漫游，游历。［6］鳝（shàn）：同“鳝”，一种长相像蛇的鱼。［7］躁虐：暴躁，酷虐。［8］惶骇（hài）：惊惶，害怕。［9］道路以目：胡三省曰：“道路相逢者但以目相视，而不敢言。”［10］匍（pú）匐（fú）：趴在地上。［11］签帅惧罪：萧纶的典签怕皇帝怪罪到自己。签帅，即典签，诸侯、刺史的僚属，是皇帝委任，前来监视诸侯、刺史的特派员。因其权大，故人们称之为“签帅”。［12］遣代：另派了别人来代替他为刺史。［13］悖（bèi）慢：荒唐，野蛮。悖，反常。［14］类上者：长相像武帝萧衍的人。上，指萧衍。［15］加以衮（gǔn）冕（miǎn）：给他穿上龙袍、戴上皇冠。衮冕，皇帝的礼服、礼帽。［16］使就坐剥褫（chǐ）：打发人过去，在他所坐的位子上剥下他的衮冕。褫，剥下衣服。［17］捶（chuí）之于庭：在院里用棍子打他。［18］贮（zhù）司马崔会意：把他的僚属崔会意装在里头。贮，贮藏，装载。崔会意，南梁邵陵王萧纶的司马官。［19］輀（ér）车挽歌：把棺木装上輀车，让乐队唱着挽歌。輀车，古代载运灵柩的车。挽歌，送殡的歌曲。［20］妪（yù）：老年妇人。［21］奔逸：逃跑，逃到北魏。［22］禁兵：皇宫护卫之兵。［23］太子统：即梁武帝萧衍长子萧统。［24］戊子：十二月十八日。

[25]山胡：即稽胡，古族名，又称步落稽，源于南匈奴，南北朝时，居今山西、陕西北部山谷间。胡三省曰："即汾州之稽胡。"刘蠡（lǐ）升：雁门马邑（今山西朔州市朔城区）人，步落稽（稽胡）族，北魏到东魏时期割据势力。神嘉元年（525），自称天子，设置百官。受到东魏大丞相高欢讨伐，被部下北部王杀害。传见《北史》卷九十六。 [26]斛律金：姓斛律，名金，字阿六敦，朔州（今山西朔州市）人，敕勒族的酋长，北魏、东魏、北齐三朝将领。传见《北齐书》卷十七。 [27]军主：一支部队的队长。 [28]匈奴法：匈奴人作战的一套办法。 [29]拥众：率领部下。 [30]署：任命。 [31]乃诣云州降：乃到云州归降了北魏。当时驻守云州的将领是费穆，任云州刺史。云州，北魏州名，州治盛乐，在今内蒙古和林格尔县北。 [32]黄瓜堆：古地名，在今山西山阴县东北，当时云州的东南方。 [33]别将：配合主力军作战的部队将领，不在嫡系部属的序列之内。

【点评】

北魏六镇起义。对于北魏六镇起义的原因，北魏广阳王元深有着深入的探析。元深上言谓北方重镇戍守人选的选拔可以分为洛阳建都前后两期，前期的情况是："先朝建都平城时，以北部边境为重，郑重挑选亲近贤能，竖立大旗，担任镇将，并且配备以高门子弟，拼死防止边患，不但不影响仕宦前途，反而更独得提升，当时的人们，都欣然前去。"元深指出事情的变化在北魏迁都洛阳之后，边镇远离首都，其地位也随之变化："自从定鼎于伊洛以来，边防职任被看得轻了，只有那些长期不能升迁的庸碌之才，才出任镇将，这些人互相仿效，一心聚敛财物。或者各地方的奸吏，因犯罪而发配边关，边民们对此无不切齿痛恨。"广阳王元深认为转折点在阿那瓌之乱："阿那瓌背弃恩德，纵掠反叛而去，发兵长途追击。十五万大军越过沙漠，但不到几天工夫就返回来了，不能除尽反贼，边民见到这样的援军，于是便打心眼里瞧不起中原之国。"元深说这种情况不是没有人预见到，而是朝廷不予理睬："尚书令臣李崇请求改镇为州，或许是预先觉察到了，朝廷没有准许他的请求。"元深紧接着分析六镇之乱第一乱发生的原因："高阙戍的主将管制下属，上下失和，于是结伙叛乱，攻城略地，所过夷灭无遗。"沃野镇人破六韩拔陵因为"高阙戍主御下失和"，就杀掉戍主造反。元深毫不避讳地批评六镇之乱之所以愈演愈烈，与朝廷的处置有关："朝廷军队屡屡败北，贼党日益兴盛。这一段时间里的行动，原是指望能铲平叛乱，早获安定；但是崔暹不听指挥，全军覆灭，李崇与臣战不能前，犹豫许久，最后退守云中，将士人心离散。"元深仿佛预见到北魏政权兴亡与六镇起义之间的关系，从而表达了对天下大事深深的忧虑："现今的忧虑，不仅在于西北方面，恐怕各镇很快也会如此，天下之事，哪能容易地被预料呢！"最可惜的是，元深这样精辟的分析呈上之后被搁置起来，直到很久之后魏孝明帝才想起元深的奏折。北魏政权内部不是没有优秀的政治家，而是不被任用，意见不被采纳而已。

卷一五一　梁纪七

梁武帝普通七年至大通元年（526—527 年）

【起柔兆敦牂（丙午，526 年），尽强圉协洽（丁未，527 年），凡二年】

【大事提要】

本卷记事起自公元 526 年，至公元 527 年，凡二年，当梁武帝普通七年至大通元年。本卷所载大事，南朝萧梁的大事一件：梁武帝建同泰寺，使得梁朝佛教到达一个高峰。北魏大事四件。其一，开卷即是北魏各地接连的造反。其二，北魏朝政到了更加混乱的一个节点。元徽外表上温和谨慎，而内心非常嫉妒别人的才能，在赏罚方面随心所欲，北魏的朝政因此更加混乱了。其三，葛荣自称天子。其四，尔朱荣已经不把北魏朝廷放在眼里。北魏安北将军及都督恒、朔讨虏诸军事尔朱荣路过肆州，肆州刺史尉庆宾忌恨他，据城不出。尔朱荣发怒，领兵袭击肆州，抓住了尉庆宾，回到了秀容，让他的堂叔尔朱羽生代理肆州刺史，北魏朝廷不能制止。

高祖武皇帝七

普通七年（丙午，526 年）

春，正月，辛丑朔[1]，大赦。

壬子[2]，魏以汝南王悦领太尉[3]。

魏安州石离、穴城、斛盐三戍[4]兵反，应杜洛周，众合二万，洛周自松岍[5]赴之。行台常景使别将崔仲哲屯军都关以邀[6]之，仲哲战没，元谭军夜溃，魏以别将李琚代谭为都督。仲哲，秉之子也。

初，魏广阳王深通于城阳王徽[7]之妃。徽为尚书令，为胡太后所信任；会恒州[8]人请深为刺史，徽言深心不可测。及杜洛周反，五原降户[9]在恒州者谋奉深为主，深惧，上书求还洛阳[10]。魏以左卫将军杨津代深为北道大都督[11]，诏深为吏部尚书。徽，长寿之孙[12]也。

五原降户鲜于修礼等帅北镇流民反于定州之左城[13]，改元鲁兴，引兵向州城，州兵御[14]之不利。杨津至灵丘[15]，闻定州危迫，引兵救之，入据州城。修礼至，津欲出击之，长史许被[16]不听，津手剑[17]击之，被走得免。津开门出战，斩首数百，贼退，人心少安[18]。诏寻以津为定州刺史兼北道行台。魏以扬州刺史长孙稚为大都督北讨诸军事，与河间王琛共讨修礼。

二月，甲戌[19]，北伐众军解严[20]。

魏西部敕勒斛律洛阳反于桑干[21]西，与费也头牧子相连结[22]。三月，甲寅[23]，游击将军尔朱荣击破洛阳于深井、牧子于河西[24]。

夏，四月，乙酉[25]，临川靖惠王宏[26]卒。

魏大赦。

癸巳[27]，魏以侍中、车骑大将军城阳王徽为仪同三司。徽与给事黄门侍郎徐纥共毁侍中元顺[28]于太后，出为护军将军、太常卿。顺奉辞[29]于西游园，纥侍侧，顺指之谓太后曰："此魏之宰嚭[30]，魏国不亡，此终不死！"纥胁肩[31]而出，顺抗声叱[32]之曰："尔刀笔小才[33]，止堪供几案[34]之用，岂应污辱门下[35]，斁我彝伦[36]！"因振衣[37]而起。太后默然[38]。

魏朔州城民鲜于阿胡[39]等据城反。

杜洛周南出，钞掠蓟城[40]，魏常景遣统军梁仲礼[41]击破之。丁未[42]，都督李琚与洛周战于蓟城之北，败没。常景帅众拒之，洛周引还上谷[43]。

长孙稚行至邺，诏解大都督，以河间王琛代之。稚上言："向与琛同在淮南[44]，琛败臣全[45]，遂成私隙[46]，今难以受其节度[47]。"魏朝不听。前至呼沱[48]，稚未欲战，琛不从。鲜于修礼邀击稚于五鹿[49]，琛不赴救，稚军大败，稚、琛并坐除名[50]。

五月，丁未[51]，魏主下诏将北讨[52]，内外戒严[53]，既而不行。

（以上为第一段，写北魏天下大乱，各地接连发生反叛事件，朝廷应接不暇，再加之胡太后宠用奸佞徐纥等人，魏明帝元诩无所作为，政事败坏，到了一发不可收拾的地步。）

【注释】

[1]辛丑朔：正月一日。[2]壬子：正月十二日。[3]汝南王悦：封地汝南郡，郡治上蔡，也称“悬瓠城”，在今河南汝南县。悦：即元悦，孝明帝元诩之弟，封汝南王。传见《魏书》卷二十二。领太尉：兼任太尉。太尉，国家三公之一，主管全国军事。[4]安州石离、穴城、斛（hú）盐三戍：安州境内的石离、穴城、斛盐三个军事据点。安州，北魏州名，州治燕乐，在今河北隆化县。石离戍，具体方位不详。穴城戍，在今河北古北口以北潮河上游一带。斛盐戍，北魏置，在今河北滦平县南。[5]松岍（xíng）：古山岭名，即松陉岭，今辽宁建平县北、内蒙古老哈河之东沿河南北走向的山脉。[6]崔仲哲：司徒崔秉之子，北魏将领，随都督元谭平叛战死。军都关：古关隘名，在居庸关的东北方。邀：拦截。[7]城阳王徽：即元徽，字显顺，河南洛阳人，景穆帝拓跋晃曾孙，城阳王拓跋长寿之孙，城阳王元鸾之子，袭封父爵，除游击将军、河内太守。后拜司州牧、侍中、大司马、太尉公，总理朝政。后被害。传见《魏书》卷十九下。[8]恒州：北魏州名，州治在今山西大同市。[9]五原降户：五原郡的投降北魏之人。五原，北魏郡名，郡治在今内蒙古包头市西北。[10]求还洛阳：请求回到京都洛阳。[11]左卫将军：古将军名号，主管宫廷护卫。杨津：字延祚，小字罗汉，洛州刺史杨懿之子，魏国名将杨播与杨椿之弟，北魏外戚、大臣。传见《魏书》卷五十八。北道大都督：北部地区的军事总管。[12]孙：原文为“子”，乃“孙”字之讹。长寿之子为元鸾，元鸾之子为元徽，故元徽是长寿之孙。[13]鲜于修礼：复姓鲜于，敕勒川（今山西宁武县）人，丁零族，北魏末年河北起义领袖。孝昌元年（525），六镇起义失败后，余众安置于冀、定、瀛三州就食。后鲜于修礼率领北镇流民在定州左人城发动起义，建元“鲁兴”，会合杜洛周起义军，拥有部众十余万，大败征北大将军长孙稚与河间王元琛。后被杀。左城：即左人城，古城名，在今河北唐县城西。[14]御：抵抗，抵御。[15]灵丘：指北灵丘郡，郡治在今河北蔚县。[16]许被：杨津的长史。[17]手剑：亲手用剑击刺。[18]少安：稍微安心。少，同“稍”。[19]甲戌：二月五日。[20]解严：解除紧急军事状态。[21]斛律洛阳：敕勒人复姓斛律，名洛阳，叛军首领。桑干：河水名，也是郡名。桑干河是永定河的上游，桑干郡的郡治在今山西山阴县城东。桑干河就在桑干郡的城下由西南向东北流过。[22]费也头牧子：人名，姓费也头，名牧子，北魏宣武帝元恪时的起义军首领。相连结：相互勾连，互为倚重，《魏书》作“迭相掎角”。[23]甲寅：三月十五日。[24]深井：具体方位不详，应距桑干城不远。河西：胡三省曰：“北河之西。”所谓“北河”，即流经今内蒙古五原、杭锦后旗以北的黄河北道，当时称“北河”，现在也称乌加河。[25]乙酉：四月十七日。[26]临川靖惠王宏：即梁武帝萧衍之弟。传见《梁书》卷二十二。[27]癸巳：四月二十五日。[28]毁：诋毁，诽谤。元顺：景穆帝拓跋晃曾孙，任城王元澄之子，继其父位为任城王。时任侍中、护军将军。北魏正直之臣，河阴之变时，被害。传见《魏书》卷十九中。[29]奉辞：告辞，辞别。[30]宰嚭（pǐ）：即春秋时吴国佞臣伯嚭，为越王勾践做内奸，谗害元勋老臣伍子胥，吴王夫差非常信任他，导致吴国灭亡。事见《史记》卷六十六。[31]胁肩：耸起肩膀，讨好谄媚，装作一种无辜的样子。胁，收敛。

胡三省曰："朱元晦曰：胁肩，竦体也，小人侧媚之态。"［32］抗声：大声，厉声。叱（chì）：呵斥。［33］刀笔小才：只有抄抄写写的本事。刀笔，上古的书写工具，用笔写在竹木上，有错误则用刀削之。［34］止堪：只能。止，同"只"。几案：犹如今之写字台。［35］污辱门下：你在门下省做官，是玷污了门下省。徐纥当时任侍中，是门下省的官员。门下，即门下省，古官署名，侍中诸官的办公之处。［36］斁（dù）我彝（yí）伦：败坏我朝的纲常。斁，败坏。彝伦，纲常，常道。［37］振衣：犹言"拂袖""甩袖"，一副十分瞧不起、蔑视的样子。［38］默然：沉默不语的样子。［39］朔州：北魏州名，即原来的怀朔镇，在今内蒙古固阳县西南，原来的朔州已改名云州。鲜于阿胡：人名，姓鲜于，名阿胡，朔州城民，北魏反叛首领。［40］钞掠：同"抄掠"，掠夺。蓟（jì）城：蓟县县城，当时幽州的州治所在地，在今北京市西南。［41］统军：一支军队的统领。梁仲礼：北魏统军。［42］丁未：此处疑有误，本年的四月无"丁未"日。［43］上谷：古郡名，郡治在今北京市延庆区，杜洛周发动叛乱的原发之地。［44］淮南：古郡名，郡治在今安徽寿县，处于淮河南侧。［45］琛败臣全：指元琛被裴邃所败。当时，朝廷让元琛率领援军5万支援扬州刺史长孙稚，元琛进军至寿阳，在城父备战，希望与梁军决战，但长孙稚认为长时间下雨，不可轻易出兵，应坚守城池，元琛不听，出城攻打裴邃，结果被梁军出击包围，击败元琛。事见《资治通鉴》卷一百五十普通六年（525）。［46］私隙：私怨，个人之间的怨恨。［47］受其节度：意即听他调遣，受他指挥。节度，节制，调度。［48］呼沱（tuó）：今作滹沱河，从河北平山县出，汇入子牙河。［49］邀击：拦击，突然袭击。五鹿：古地名，在今河北大名县东。［50］坐：因某事犯罪。除名：古代对官吏犯罪的一种处罚方法，即开除官籍。［51］丁未：五月九日。［52］将北讨：意即御驾亲征，讨伐定州一带的叛乱。［53］内外戒严：在朝廷内外采取的一种非常的警戒措施。

衡州刺史元略[1]，自至江南，晨夕哭泣，常如居丧。及魏元叉死[2]，胡太后欲召之，知略因刁双获免[3]，征双为光禄大夫，遣江革、祖暅之南还以求[4]略。上备礼遣之，宠赠甚厚。略始济淮，魏拜略为侍中，赐爵义阳王，以司马始宾为给事中[5]，栗法光为本县令[6]，刁昌为东平太守[7]，刁双为西兖州[8]刺史。凡略所过，一餐一宿皆赏之。

魏以丞相高阳王雍为大司马。复以广阳王深为大都督，讨鲜于修礼；章武王融为左都督，裴衍[9]为右都督，并受深节度。

深以其子自随，城阳王徽言于太后曰："广阳王携其爱子，握兵在外，将有异志[10]。"乃敕融、衍潜为之备[11]。融、衍以敕示深，深惧，事无大小，不敢自决；太后使问其故，对曰："徽衔臣次骨[12]，臣疏远在外，徽之构臣[13]，无所不为。自徽执政以来，臣所表请[14]，多不从允。徽非但害臣而已，从臣将士，有勋劳者皆见排抑[15]，不得比他军，仍深被憎嫉[16]，或因[17]其有罪，加以深文[18]，至于殊死[19]，以是从臣行者，莫不悚惧[20]。有言臣善者，视之如仇雠[21]，言臣恶者，待之如亲戚。徽居中用事，朝夕欲陷臣于不测之诛，臣何以自安！陛下若使徽出临外州[22]，臣无内顾之忧，庶可以毕命贼庭[23]，展其忠力。”太后不听。

徽与中书舍人郑俨等更相阿党[24]，外似柔谨[25]，内实忌克[26]，赏罚任情，魏政由是愈乱。

（以上为第二段，写北魏胡太后迎回在元义专权时因起兵而败逃南梁的元略；城阳王元徽与中书舍人郑俨相互勾结，排除异己，使朝政更加混乱不堪。）

【注释】

[1]衡州：南梁州名，州治在今广东英德市西北。元略：字俊兴，景穆帝拓跋晃曾孙，中山王元英第四子，北魏大臣。其兄元熙因讨伐乱臣元义失败被杀，元略起兵勤王，兵败后投奔南梁，为衡州刺史，后回归，拜侍中、尚书令，封东平王。传见《魏书》卷十九下。[2]元叉死：胡太后恢复摄政，杀死元义。叉，本书或作“义”，或作“叉”，在注释中通作“义”。[3]因刁双获免：刁双是元略的旧相识，元略逃奔南梁前，曾依刁双避之年余，后在刁双的帮助下逃到南梁。后胡太后临朝，迎还元略，刁双任西兖州刺史、济州刺史，迁骠骑大将军。传见《魏书》卷三十八。[4]江革、祖暅：南梁大臣。萧综在徐州叛降北魏时，祖暅之与江革亦被北魏军所掳，胡太后以两人交换元略北返。求：购求，交换。[5]司马始宾：河内郡人，姓司马，名始宾，元略的旧相识，元略逃难时，由始宾护送他结筏渡河，到屯留县往依栗法光。给事中：古官名，宫廷内服务的官员，也是参谋顾问、拾遗补缺之类。[6]栗法光：屯留县人，崇尚义气，他慷慨地接纳了元略，而后将元略护送给当时任西河太守的刁双。本县令：栗法光是屯留人，本县令即屯留县令。屯留县在今山西长治市屯留区东北。[7]刁昌：北魏人，刁双之侄，亲自护送元略逃到南梁。东平：北魏郡名，郡治无盐，在今山东东平县东。[8]西兖（yǎn）州：北魏州名，州治左城，在今山东菏泽市定陶区西。胡三省曰：“魏孝昌三年置西兖州于定陶，领沛、济阴二郡。”[9]裴衍：字文舒，绛州闻喜县（今山西闻喜县）人，北魏将领。传见《魏书》卷七十一。[10]异志：图谋不轨的心思。[11]潜为之备：胡三省曰：“疑则勿任，任则勿疑。既以深为大督，而又使小督备之，何以责其殄寇乎？”[12]衔臣次骨：对我之恨深刻至骨。衔，怀恨。次骨，至骨。[13]构臣：给我编织罪名，构陷我。[14]臣所表请：凡我所上表请求的事情。[15]见：被。排抑：排斥，贬抑。[16]憎嫉：憎恨，嫉妒。[17]因：乘，趁机会。[18]深文：故意苛刻地援引法律条文给人定罪。[19]至于殊死：直至给人定为死刑。殊死，古代指斩首的死刑。[20]悚

(sǒng)惧：惊惧不安，害怕。［21］仇雠(chóu)：仇敌。［22］出临外州：到外地去担任州刺史。［23］庶可以：或许可以。毕命贼庭：与敌人作战，不惜牺牲自己。［24］更相阿党：相互吹拍，相互勾结。［25］外似柔谨：表面上好像是柔顺、恭谨。［26］内实忌克：内心里则是嫉妒别人，相互敌对。

戊申［1］，魏燕州刺史崔秉帅众弃城奔定州。

乙丑［2］，魏以安西将军宗正珍孙［3］为都督，讨汾州反胡［4］。

六月，魏绛蜀陈双炽［5］聚众反，自号始建王。魏以假镇西将军长孙稚为讨蜀都督［6］。别将河东薛修义［7］轻骑诣双炽垒下，晓以利害，双炽即降。诏以修义为龙门镇将［8］。

丙子［9］，魏徙义阳王略为东平王，顷之［10］，迁大将军、尚书令，为胡太后所委任，与城阳王徽相埒［11］，然徐、郑［12］用事，略亦不敢违［13］也。

杜洛周遣都督王曹纥真［14］等将兵掠蓟南，秋，七月，丙午［15］，行台常景遣都督于荣等击之于栗园［16］，大破之，斩曹纥真及将卒三千余级。洛周帅众南趣范阳［17］，景与荣等又破之。

魏仆射元纂以行台镇恒州［18］。鲜于阿胡拥朔州流民寇恒州，戊申［19］，陷平城，纂奔冀州［20］。

上闻淮堰水盛［21］，寿阳城几没［22］，复遣郢州刺史元树等自北道攻黎浆［23］，豫州刺史夏侯亶［24］等自南道攻寿阳。

八月，癸巳［25］，贼帅元洪业［26］斩鲜于修礼，请降于魏；贼党葛荣［27］复杀洪业自立。

魏安北将军，都督恒、朔讨虏诸军事尔朱荣过肆州［28］，肆州刺史尉庆宾［29］忌之，据城不出。荣怒，举兵袭肆州，执庆宾，还秀容［30］，署其从叔羽生［31］为刺史，魏朝不能制［32］。

初，贺拔允及弟胜、岳［33］从元纂在恒州，平城之陷也，允兄弟相失；岳奔尔朱荣，胜奔肆州。荣克肆州，得胜，大喜曰："得卿兄弟，天下不足平［34］也！"以为别将［35］，军中大事多与之谋。

九月，己酉［36］，鄱阳忠烈王恢［37］卒。

葛荣既得杜洛周之众，北趣瀛州[38]，魏广阳忠武王深自交津引兵蹑[39]之。辛亥[40]，荣至白牛逻[41]，轻骑掩击[42]章武庄武王融，杀之。荣自称天子，国号齐，改元广安[43]。深闻融败，停军不进。侍中元晏[44]密言于太后曰："广阳王盘桓[45]不进，坐图非望[46]。有于谨[47]者，智略过人，为其谋主[48]，风尘之际[49]，恐非陛下之纯臣[50]也。"太后深然之，诏榜[51]尚书省门，募能获谨者有重赏。谨闻之，谓深曰："今女主临朝，信用谗佞[52]，苟不明白殿下素心[53]，恐祸至无日[54]。谨请束身诣阙[55]，归罪有司[56]。"遂径诣榜下，自称于谨，有司以闻。太后引见，大怒。谨备论深忠款[57]，兼陈停军之状，太后意解，遂舍之[58]。

深引军还，趣定州，定州刺史杨津亦疑深有异志；深闻之，止于州南佛寺。经二日，深召都督毛谥[59]等数人，交臂[60]为约，危难之际，期相拯恤[61]。谥愈疑之，密告津，云深谋不轨。津遣谥讨深，深走出，谥呼噪[62]逐深。深与左右间行至博陵[63]界，逢葛荣游骑[64]，劫之诣荣。贼徒见深，颇有喜者，荣新立，恶之[65]，遂杀深。城阳王徽诬深降贼，录[66]其妻子。深府佐宋游道为之诉理[67]，乃得释。游道，繇之玄孙也。

（以上为第三段，写北魏叛军首领葛荣的势力不断壮大，自称天子，国号为齐；北魏任用奸佞，无端猜疑，广阳王元深送了性命；尔朱荣逐渐显露不臣之心。）

【注释】

[1]戊申：五月十日。 [2]乙丑：五月二十七日。 [3]宗正珍孙：复姓宗正，字珍孙，河南洛阳人，孝明帝时期，授安西将军、光禄大夫，先后参与平定葛荣起义、汾州薛羽叛乱、陈双炽叛乱。河阴之变后，据守河内郡，抵抗太原王尔朱荣进攻，兵败被杀。 [4]汾州反胡：即刘蠡升所统领的山胡。刘蠡升率山胡造反，自称天子，置百官，事见《资治通鉴》卷一百五十普通六年（525）。汾州，北魏州名，州治蒲子城，在今山西隰县。 [5]绛（jiàng）蜀：迁居绛郡的蜀人。胡三省曰："蜀人徙居绛郡者，谓之绛蜀。"绛郡，郡治在今山西绛县南。陈双炽（chì）：姓陈，名双炽，是迁居绛县的蜀人，曾聚众造反，自称为始建王。 [6]假：代理。讨蜀都督：以讨伐绛蜀为其主要任务。 [7]薛修义：字公让，河东龙门（今山西河津市）人，定阳郡守薛宝集之子，北魏到北齐大臣。六镇之乱爆发，募兵平叛有功，假安北将军、西道别将，封汾阴县侯。传见《北齐书》卷五十。 [8]龙门镇将：龙门要塞的驻军统领。龙门要塞在今山西河津市，西靠黄河，其西

北侧有龙门山。［9］丙子：六月九日。［10］顷之：不久。［11］相埒（liè）：相比，相等同。［12］徐、郑：即徐纥、郑俨，北魏胡太后宠信的两大奸臣，狼狈为奸，专权弄政。［13］略亦不敢违：胡三省曰："魏当时宗室，略其巨擘也。史言其居淫昏之朝，不能矫正。"［14］都督王曹纥真：杜洛周的部将曹纥真，被封为都督王。胡三省曰："时杜洛周、葛荣等作乱，其军中将领无不加以王爵，曹纥真以都督加王号，故曰都督王。"［15］丙午：七月九日。［16］于荣：常景部属都督。栗园：当在范阳固安，在今河北固安县。固安的栗子，在当时享有盛名。［17］趣：同"趋"，逃奔。范阳：北魏郡名，郡治在今河北涿州市。［18］元纂（zuǎn）：字绍兴，中山王元英之子，北魏宗室大臣。起家司徒祭酒，出继南平康王元浑。宣光之变后，随从兄长相州刺史元熙举兵，反对权臣元义专政。事败被杀。传见《魏书》卷十九下。恒州：北魏州名，州治平城，在今山西大同市东北。［19］戊申：七月十一日。［20］冀州：古州名，州治在今河北衡水市冀州区。［21］淮堰水盛：胡三省曰："观此，盖淮堰复成也。"［22］寿阳城：古城名，在今安徽寿县。几没：差不多被淹没。［23］郢州：南梁州名，州治夏口，在今湖北武汉市。元树：字秀和，咸阳王元禧之子，因元禧在北魏叛乱被杀，元树逃往南梁，受封邺王，郢州刺史，后出任侍中、镇北将军、都督北讨诸军事，兵败被北魏俘获，赐死洛阳。传见《梁书》卷三十九。黎浆：河水名，也是军事据点名，在当时的寿阳城南。［24］豫州：南梁州名，州治合肥，在今安徽合肥市。夏侯亶（dǎn）：字世龙，尚书左仆射夏侯详长子，南梁重臣。南梁将领裴邃病死于军中后，夏侯亶代之为豫州刺史，进号平北将军。传见《梁书》卷二十八。［25］癸巳：八月二十七日。［26］元洪业：北魏叛军首领鲜于修礼的属将，曾斩杀鲜于修礼，请降奔北魏，被另一叛军首领葛荣所杀。［27］葛荣：鲜卑族，本姓贺葛，沃野（今内蒙古巴彦淖尔市临河区）人，早年为怀朔镇将领。前往定州左人城，随同鲜于修礼起义。葛荣杀死叛将元洪业，成为起义部众的领袖，自称天子，国号大齐，年号广安，占据河北广大地区，合并杜洛周部众，拥兵数十万人，遂强大一时。后为太原王尔朱荣所破杀。［28］肆州：北魏州名，州治在今山西忻州市西北。［29］尉庆宾：本姓尉迟，名彝，字庆宾，太安狄那（今山西寿阳县）人，鲜卑族，太尉渔阳王尉眷之孙，北魏肆州刺史，遭到大将军尔朱荣驱逐。回到洛阳，授平东将军、光禄大夫、汝阴太守。传见《魏书》卷二十六。［30］秀容：北魏郡名，也称"北秀容"，郡治在今山西原平市西南、忻州市西北。［31］羽生：即尔朱羽生，太原王尔朱荣从叔，任肆州刺史，镇守尔朱氏族大本营。传见《魏书》卷七十五。［32］魏朝不能制：胡三省曰："此时尔朱荣已有无魏之心矣。"［33］贺拔允及弟胜、岳：贺拔允，以及两弟贺拔胜、驾拔岳，肆州刺史贺拔度拔之子，皆为北魏名将，同传，见《北齐书》卷十九。［34］天下不足平：平天下不在话下，极言贺拔氏三兄弟是将才，有了他们得天下极其容易。［35］别将：独当一面的将领。［36］己酉：九月十三日。［37］鄱（pó）阳忠烈王恢：即萧恢，字弘达，封鄱阳王，谥号忠，故称。梁武帝萧衍异母弟，南梁大臣。入齐，为北中郎将外兵参军、前军将军主簿。传见《梁书》卷二十二。［38］瀛（yíng）州：北魏州名，州治在今河北河间市。［39］交津：漳水与清水的交汇处，在今河北沧州市西南。蹑（niè）：跟踪。［40］辛亥：

九月十五日。［41］白牛逻：古地名，在今河北博野县。［42］掩击：袭击，冲杀。［43］广安：北魏起义军首领葛荣建立大齐的年号，共三年。［44］元晏：昭成皇帝拓跋什翼犍六世孙，中散大夫元乞之子，北魏宗室、大臣。起家奉朝请，累迁侍中，诬陷广阳王元渊，累迁吏部尚书，出为瀛州刺史。后卷入蒋天乐谋逆案，坐罪赐死。传见《北史》卷十五。［45］盘桓：徘徊，逗留。［46］非望：非分之想，此指意欲谋反。［47］于谨：北魏元勋于栗磾后代，陇西太守于提之子，北朝名将。传见《北史》卷二十三。［48］谋主：主谋，出谋划策的主要人物。［49］风尘之际：战乱之时。［50］纯臣：忠贞之臣。纯，指忠贞无二心。［51］榜：布告。这里用如动词，意即张榜。［52］谗佞：谗邪奸佞之人。［53］明白：明确地表白。殿下：敬称广阳王元深。素心：本心，纯洁之心。［54］祸至无日：犹言祸不旋踵，大祸临头就在顷刻之间。无日，没有多长时间了。［55］束身诣阙(què)：意即到朝廷自首。束身，自缚。阙，宫阙，朝廷。［56］归罪有司：向主管此事的部门投案。有司，有关部门。［57］忠款：忠实之心，忠诚之状。［58］舍之：不再追究，不再纠缠此事。［59］毛谧(shì)：北魏元深的属将。［60］交臂：互相碰臂，走得很近，关系亲密的样子。［61］期相拯恤（xù)：希望能相互关心、相互救助。［62］呼噪：鼓噪，大声叫喊。［63］博陵：北魏郡名，郡治在今河北安平县。［64］游骑：流动的侦察骑兵。［65］恶（wù）之：对元深很厌恶。葛荣见部下视元深而喜，担心他们会拥戴元深，危及自己，故而对元深恶之。恶，厌恶，讨厌。［66］录：拘捕。［67］府佐：高级官署中的佐治官吏。宋游道：北凉、北魏名臣宋繇玄孙，渤海太守宋季预之子。初为广平功曹，随广阳王元深北伐，为府佐铠曹参军，迁侍御史。刚正不阿，为元深诉理，辞官。入齐为名臣，官至御史中尉，兼任太府卿。传见《北齐书》卷四十七。诉理：申诉，理论。

甲申[1]，魏行台常景破杜洛周，斩其武川王贺拔文兴[2]等，捕虏四百人。

就德兴陷魏平州[3]，杀刺史王买奴[4]。

天水民吕伯度[5]，本莫折念生[6]之党也，后更据显亲[7]以拒念生；已而不胜，亡归胡琛[8]，琛以为大都督、秦王，资以士马，使击念生。伯度屡破念生军，复据显亲，乃叛琛，东引[9]魏军。念生窘迫[10]，乞降于萧宝寅[11]，宝寅使行台左丞崔士和据秦州[12]。魏以伯度为泾州[13]刺史，封平秦郡公[14]。大都督元修义停军陇口[15]，久不进，念生复反，执士和送胡琛，于道杀之。久之，伯度为万俟丑奴[16]所杀，贼势益盛，宝寅不能制。胡琛与莫折念生交通[17]，事破六韩拔陵浸慢[18]，拔陵遣其臣费律至高平[19]，诱琛，斩之，丑奴尽并其众。

冬，十一月，庚辰[20]，大赦[21]。

丁贵嫔[22]卒，太子[23]水浆不入口，上使谓之曰："毁不灭性[24]，况我在邪！"乃进粥数合[25]。太子体素肥壮，腰带十围[26]，至是减削过半。

夏侯亶等军入魏境，所向皆下。辛巳[27]，魏扬州刺史李宪[28]以寿阳降，亶猛将军陈庆之[29]入据其城，凡降城五十二，获男女七万五千口。丁亥[30]，纵[31]李宪还魏，复以寿阳为豫州[32]，改合肥为南豫州[33]，以夏侯亶为豫、南豫二州刺史。寿阳久罹兵革[34]，民多离散，亶轻刑薄赋，务农省役，顷之[35]，民户充复[36]。

杜洛周围范阳，戊戌[37]，民执魏幽州刺史王延年[38]、行台常景送洛周，开门纳之[39]。

魏齐州平原民刘树[40]等反，攻陷郡县，频败州军，刺史元欣[41]以平原房士达[42]为将，讨平之。

曹义宗[43]据穰城以逼新野[44]，魏遣都督魏承祖[45]及尚书左丞、南道行台辛纂[46]救之。义宗战不利，不敢进。纂，雄之从父兄也。

魏盗贼日滋，征讨不息，国用耗竭，豫征六年租调[47]，犹不足，乃罢百官所给酒肉[48]，又税入市者人一钱[49]，及邸店[50]皆有税，百姓嗟怨[51]。吏部郎中[52]辛雄上疏，以为："华夷之民相聚为乱，岂有余憾[53]哉？正以守令不得其人，百姓不堪其命[54]故也。宜及此时早加慰抚。但郡县选举[55]，由来共轻[56]，贵游俊才[57]，莫肯居此。宜改其弊，分郡县为三等，清官选补之法[58]，妙尽才望[59]，如不可并，后地先才[60]，不得拘以停年[61]。三载黜陟[62]，有称职者，补在京名官[63]；如不历守令[64]，不得为内职[65]。则人思自勉[66]，枉屈可申[67]，强暴[68]自息矣。"不听。

（以上为第四段，写北魏国内叛乱日益严重，征讨不断，国家财用耗竭，提前征收六年租调；郡县官吏选拔不被重视，辛雄上书，建议改革选拔办法，不被采纳。）

【注释】

[1]甲申：十月十八日。"甲申"前应增"十月"二字。 [2]贺拔文兴：北魏时人，叛军首领杜洛周手下的将领。 [3]就德兴：营州人，为营州的叛军头领，东走辽东，自称燕王。北魏派卢

同率兵往讨，被击败，请降于北魏。平州：北魏州名，州治肥如，在今河北迁安市东北。［4］王买奴：北魏元诩时为平州刺史，被叛军首领就德兴所杀。［5］吕伯度：北魏时天水人，本是叛军首领莫折大提的部下，后来投靠另一叛军领袖胡琛，被胡琛封为大都督、秦王。后被万俟丑奴所杀。［6］莫折念生：羌族，莫折大提第四子，北魏关陇叛军首领。父亲去世后，念生继任叛军首领，建立大秦，年号天建，设立百官。先后攻取岐州和凉州，诈降于西道行台萧宝寅，取下陇东诸州，直下潼关，将逼洛阳，迫使北魏宣布戒严。后为叛徒杜粲暗杀。［7］显亲：北魏县名，在今甘肃天水市西北。［8］胡琛（chēn）（?—526 年）：北魏高平镇人，敕勒族首领，关陇叛军领袖。自称高平王，打败北魏将领萧宝寅。后在内讧中为破六韩拔陵所杀。［9］引：招引。［10］窘（jiǒng）迫：处境困急。［11］萧宝寅：时为北魏尚书令，封齐王，雍州刺史，督率诸军讨伐关陇叛军。［12］行台左丞：古官名，即行台省尚书左丞，行台属官。崔士和：清河东武城（今河北故城县南）人，尚书仆射崔亮之子，时任西道行台（元修义）左丞、泾州刺史，引兵据秦州。秦州：北魏州名，州治上邽，在今甘肃天水市。［13］泾（jīng）州：北魏州名，州治在今甘肃泾川县北。［14］平秦郡公：封地平秦郡，郡治在今陕西宝鸡市凤翔区南。胡三省曰："魏太延二年，置平秦郡于雍县，属岐州。"［15］元修义：景穆皇帝拓跋晃之孙，汝阴灵王拓跋天赐第五子，北魏宗室、大臣。传见《魏书》卷十九上。陇口：陇山的山口，陕西与甘肃之间的重要通道。［16］万（mò）俟（qí）丑奴：叛军首领。［17］交通：相互往来。［18］事破六韩拔陵浸慢：胡琛刚于高平兴兵举事时，曾以响应、拥戴破六韩拔陵为名。事见《资治通鉴》卷一百五十普通五年（524）。浸慢，渐渐地傲慢起来，不再把尊崇破六韩拔陵当做一回事。浸，同"渐"，渐渐。［19］费律：北魏时人，叛军首领破六韩拔陵的属将，曾诱杀另一叛军首领胡琛。［20］庚辰：十一月十五日。［21］大赦：此指南梁实行大赦。［22］丁贵嫔：即丁令光，沛国谯郡（今安徽亳州市）人，南梁武帝萧衍的妃子，昭明太子萧统、简文帝萧纲生母。萧衍即位，封贵嫔，居显阳殿。仁厚宽恕，不喜华饰，深得后宫欢心。传见《梁书》卷七。［23］太子：即梁武帝萧衍长子，萧统。［24］毁不灭性：意思是因为父母之死而哀伤消瘦是应该的，但不能太过而危及自己的性命。语出《孝经·丧亲》，是孔子之语。毁，因哀伤而消瘦。灭性，有损于生命。性，生也。［25］数合：极言其少。合，容量单位，一升的十分之一。［26］十围：极言其腰围之粗。围，长度量词，两手大拇指与食指合拢的圆周长。［27］辛巳：十一月十六日。［28］李宪：字仲轨，西兖州刺史李式之子，北魏大臣。时任魏扬州刺史，领淮南大都督。传见《魏书》卷三十六。［29］陈庆之：南梁名将。传见《梁书》卷三十二。［30］丁亥：十一月二十二日。［31］纵：释放，放还。［32］为豫州：作为南梁豫州的州治所在地。胡三省曰："自宋以来，以寿阳为豫州。裴叔业叛齐降魏，魏以寿阳为扬州，复汉、魏之旧也。今复以寿阳为豫州，复宋、齐之旧也。"［33］改合肥为南豫州：早在南齐将领裴叔业以合肥投降北魏前，合肥就是南朝豫州的州治；裴叔业以合肥降魏后，合肥成了北魏的扬州州治。今合肥被南梁收复，豫州州治迁回寿阳，故将合肥作为南豫州的州治。［34］久罹（lí）兵革：长期地陷于战乱之中。罹，陷入，遭遇。［35］顷之：不久。［36］充复：充实，恢复。［37］戊戌：十二月四日。“戊戌”前依例应增“十二月”三字。［38］幽州：北魏州名，州治在今北京市西南。王延年：北魏宣武帝元恪时为幽州刺史。［39］开门纳之：胡三省曰：“常景击杜洛周，数战数胜，而终于为虏者，民乐于从乱而疾视其上也。”［40］齐州平原：指齐州的东平原郡。齐州的州治历城，在今山东济南市。东平原郡的郡治梁邹，在今山东邹平市北。胡三省曰：“宋武帝侨置平原郡于梁邹，属冀州；后入于魏，改冀州为齐州，平原为东平原郡。”刘树：北魏元诩时的齐州平原地区的起义军首领。［41］元欣：字庆乐，献文帝拓跋弘之孙，广陵惠王元羽之子，时任齐州刺史，封沛郡王。传见《北史》卷九十一。［42］房士达：房士隆之弟，时为北魏齐州刺史元欣属将，后任平原太守，抑挫豪强，境内肃然，转济南太守。传见《魏书》卷四十三。［43］曹义宗：雍州新野（今河南新野县）人，南梁开国名将曹景宗九弟，南梁将领。传见《南史》卷五十五。［44］穰（ráng）城：古城名，在今河南邓州市，时为北魏荆州州治所在地。新野：北魏郡名，郡治在今河南新野县，在穰城东南。［45］魏承祖：广陵人，北魏官员。常为统军，南北征伐，累有战功。历太原太守，至光禄大夫。［46］辛纂：字伯将，陇西狄道（今甘肃临洮县）人，尚书左仆射辛雄从兄，北魏大臣。传见《魏书》卷七十七。［47］豫征：预先征收。豫，同“预”。租调：泛称捐税。根据当时规定，每个成年男子每年向国家交粮食二石，是为租；交绢二丈、绵三两，是为调。［48］百官所给酒肉：根据规定，北魏当时除发给政府官吏固定的俸禄外，还发给他们一定数量的酒肉，作为生活补贴。［49］税入市者人一钱：向每个进入集市的人征收一个钱的税。税，用如动词，意即征收。［50］邸（dǐ）店：古代兼具货栈、商店、客舍性质的处所。［51］嗟（jiē）怨：叹息，怨恨。［52］吏部郎中：古官名，即吏部郎，为佐官。［53］余憾：其他的怨恨、不满。［54］不堪其命：在他们的管制下无法忍受，不能再活下去。［55］郡县选举：指对郡、县两级官员的任命。［56］由来共轻：长期以来都极其轻视，不当回事。［57］贵游：指出身高贵的名门子弟。俊才：指真正有才干的杰出人物。［58］清官选补之法：彻底整顿选任官吏的办法。清，清理，整顿。［59］妙尽才望：要善于把那些有才能、出身好的人才选拔上来。才望，才干与家庭的名望。［60］后地先才：把出身放在后头，把才干放在前面。地，门地。［61］不得拘以停年：不要受任职先后与所任时间的长短为限。停年，任此职的年头。北魏前些时候崔亮为吏部尚书，不管其人的才干、治绩如何，通通以任职年限为升迁依据，称作“停年格”，见《资治通鉴》卷一百四十九天监十八年（519）。［62］黜（chù）陟（zhì）：指人才的进退，官吏的升降。［63］补在京名官：补充任命为朝廷官员。名官，大官。名，大。［64］不历守令：没有担任郡守、县令的经历。［65］内职：朝廷内的官职。［66］人思自勉：为官吏者都会勉励自己尽职尽责。［67］枉屈可申：百姓的冤枉委屈可以获得申张昭雪。［68］强暴：指作乱、造反的行为。

大通元年[1]（丁未，527年）

春，正月，乙丑[2]，以尚书左仆射徐勉为仆射。

辛未[3]，上祀南郊。

甲戌[4]，魏以司空皇甫度[5]为司徒[6]，仪同三司萧宝寅为司空。

魏分定、相二州四郡置殷州[7]，以北道行台博陵崔楷[8]为刺史。楷表称："州今新立，尺刃[9]斗粮，皆所未有，乞资[10]以兵粮。"诏付外量闻[11]，竟无所给。或劝楷留家[12]，单骑之[13]官，楷曰："吾闻食人之禄者忧人之忧[14]，若吾独往，则将士谁肯固志[15]哉！"遂举家之官。葛荣逼州城，或劝减弱小以避之，楷遣幼子及一女夜出，既而悔之，曰："人谓吾心不固，亏忠而全爱[16]也。"遂命追还。贼至，强弱相悬，又无守御之具[17]；楷抚勉将士以拒之，莫不争奋[18]，皆曰："崔公尚不惜百口[19]，吾属何爱[20]一身！"连战不息，死者相枕，终无叛志。辛未[21]，城陷，楷执节不屈，荣杀之[22]，遂围冀州。

魏[23]萧宝寅出兵累年，将士疲弊。秦贼[24]击之，宝寅大败于泾州[25]，收散兵万余人，屯逍遥园，东秦州刺史潘义渊[26]以汧城降贼。莫折念生进逼岐州[27]，城人执刺史魏兰根[28]应之。豳州刺史毕祖晖[29]战没，行台辛深[30]弃城走，北海王颢[31]军亦败。贼帅胡引祖据北华州[32]，叱干麒麟据豳州以应天生[33]，关中大扰[34]。雍州刺史杨椿[35]募兵得七千余人，帅以拒守，诏加椿侍中兼尚书右仆射，为行台，节度关西诸将。北地功曹毛鸿宾[36]引贼抄掠渭北[37]，雍州录事参军杨侃将兵三千掩击[38]之；鸿宾惧，请讨贼自效，遂擒送宿勤乌过仁[39]。乌过仁者，明达之兄子也。莫折天生乘胜寇雍州，萧宝寅部将羊侃[40]隐身堑中射之，应弦而毙，其众遂溃。侃，祉之子也。

（以上为第五段，写北魏设置殷州，刺史崔楷举全家赴任，一腔忠义，拼死战斗，城破家亡；关中大乱，雍州录事参军羊侃射杀叛军首领莫折天生，叛众溃散。）

【注释】

[1]大通元年：公元527年，此年北魏为孝明帝元诩孝昌三年。 [2]乙丑：正月一日。 [3]辛未：正月七日。 [4]甲戌：正月十日。 [5]皇甫度：字文亮，胡太后亲舅，北魏外戚、大臣。传见《北史》卷八十。 [6]为司徒：皇甫度由司空改任司徒，官位相同，但所掌握的权力则不同，司徒名义上是管民事，但实际上相当于丞相，总管国家政务。胡太后二次掌权后，重用外戚，有些胡作非为。 [7]分定、相二州四郡置殷州：北魏将定州、相州的四个郡划出来，设置殷

州。定州，州治在今河北定州市。相州，州治邺城，在今河北临漳县西南的古邺镇。四郡，即赵郡、巨鹿、南巨鹿、广宗。殷州，州治广阿，在今河北隆尧县东。［8］崔楷：字季则，博陵安平（河北安平县）人，定州刺史崔辩之子，魏末名臣。传见《魏书》卷五十六。［9］尺刃：一尺长的小武器。［10］乞：请求。资：资助，供应。［11］付外量闻：让该部门的主管官员量情提出一个数字，报告皇帝知道。外，与宫内的帝、后相对而言，即职能部门。量，提出一个应该拨发的数目。闻，奏明皇帝、太后。［12］留家：留下家眷，只身到殷州去上任。［13］之：到，往。［14］食人之禄者忧人之忧：此为曾子之语，见《孔子家语·七十二弟子解》，曾子曰："食人之禄，则忧人之事。"意即接受人家的俸禄，就要为人家的事担忧。［15］固志：坚定心志，稳定情绪。［16］亏忠而全爱：对忠君之节有亏缺，对亲人的安危想得周全。爱，亲爱的人，亲人。［17］守御：守城，抗敌。御，抵抗。具：器具。［18］争奋：争先恐后，奋不顾身。［19］百口：代指崔楷全家老小。［20］爱：爱惜，吝惜。［21］辛未：是年正月乙丑朔，无辛未，《魏书·肃宗纪》作"辛巳"，当是。辛巳，正月十七日。［22］楷执节不屈，荣杀之：胡三省曰："藩翰之任，保境安民，上也，全城却敌，次也，死于城郭，岂得已哉！崔楷阖家并命，其志节有可怜矣，上之人实有罪焉。"［23］魏：此字原无，据章校补。［24］秦贼：指莫折念生的军队。［25］泾州：北魏州名，州治安定，在今甘肃泾川县西北。［26］东秦州：北魏州名，州治汧县，在今陕西陇县东南。胡三省曰："秦州既为贼所据，魏置东秦州于陇东郡，治汧城。"潘义渊：北魏元诩时为东秦州刺史。［27］岐（qí）州：北魏州名，州治雍县，在今陕西宝鸡市凤翔区南。［28］魏兰根：表字蓝根，巨鹿曲阳人，北魏岐州刺史。传见《北齐书》卷二十三。［29］豳（bīn）州：北魏州名，州治定安，在今甘肃宁县。毕祖晖：东平须昌人，毕元宾之子，北魏豳州刺史，捍卫州城战死。［30］辛深：北魏元诩时为行台，迫于叛军围困，弃城而走。［31］北海王颢（hào）：即元颢，字子明，献文帝拓跋弘之孙，北海王元详世子，袭封北海王，为散骑常侍、抚军将军、徐州刺史，任西道大行台，进号征西将军。传见《北史》卷十九。［32］胡引祖：当作"胡弘祖"，北魏元诩时为叛军首领。北华州：北魏州名，即原来的东秦州，州治在今陕西黄陵县南。［33］叱干麒麟：复姓叱干，名麒麟，北魏元诩时为关陇叛军首领之一。天生：即莫折天生，叛军首领莫折大提之子，莫折念生之弟，北魏末年关陇叛军首领之一。［34］大扰：大乱。［35］雍州：北魏州名，州治长安，在今陕西西安市。杨椿：字延寿，弘农华阴（今陕西华阴市）人，洛州刺史杨懿次子，北魏名将。传见《魏书》卷五十八。［36］北地功曹：北地郡的官员。北地，古郡名，郡治在今陕西铜川市耀州区东南。功曹，古官名，是郡太守的僚属，主管人事。毛鸿宾：本名毛远，字鸿宾，北地三原（今陕西三原县）人，骠骑大将军毛遐之弟，时为北地功曹，投叛军，后反正，成为北魏后期关中军阀。［37］抄掠：抢劫，掠夺。渭北：古地名，指渭河水以北。渭河发源于今甘肃渭源县鸟鼠山，在陕西潼关县汇入黄河。［38］录事参军：古官名，在州府总管文书档案。杨侃：字士业，弘农华阴（今陕西华阴市）人，侍中杨播第二子，北魏大臣。机敏有才干，起家太尉司兵参军，迁雍州录事参军。累迁卫将军、金紫光禄大夫、侍中，封济北郡公，助力孝庄帝斩杀权臣尔朱荣。传见《魏书》卷五十八。掩击：突然袭击。 [39]宿勤乌过仁：人名，姓宿勤，名乌过仁，叛首之一宿勤明达之侄，北魏叛军首领。 [40]羊侃（kǎn）：字祖忻，泰山梁父（今山东新泰市）人，北魏平北将军羊祉之子，早年效力于北魏，时为萧宝寅部将。后投归南梁，历任徐青冀兖四州刺史，迁侍中、太子左卫率、司徒左长史、都官尚书，封高昌县侯。侯景之乱爆发后，奉命坚守建康，多次击退叛军。传见《梁书》卷三十九。

魏右民郎阳平路思令[1]上疏，以为："师出有功，在于将帅，得其人则六合唾掌可清[2]，失其人则三河[3]方为战地。窃以比年[4]将帅多宠贵子孙，衔杯跃马[5]，志逸气浮[6]，轩眉扼腕[7]，以攻战自许；及临大敌，忧怖交怀[8]，雄图锐气，一朝顿尽。乃令羸弱在前以当寇[9]，强壮居后以卫身，兼复器械不精，进止无节[10]，以当负险之众[11]，敌数战之虏[12]，欲其不败，岂可得哉！是以兵知必败，始集而先逃；将帅畏敌，迁延[13]而不进。国家谓官爵未满[14]，屡加宠命[15]；复疑赏赉[16]之轻，日散金帛。帑藏空竭[17]，民财殚尽[18]，遂使贼徒益甚，生民凋弊[19]，凡以此也[20]。夫德可感义夫，恩可劝[21]死士。今若黜陟幽明[22]，赏罚善恶[23]，简练[24]士卒，缮修[25]器械，先遣辩士晓以祸福[26]，如其不悛[27]，以顺讨逆[28]，如此，则何异厉萧斧而伐朝菌[29]，鼓洪炉而燎毛发[30]哉！"弗听。

戊子[31]，魏以皇甫度为太尉。

己丑[32]，魏主以四方未平，诏内外戒严，将亲出讨，竟亦不行。

谯州刺史湛僧智围魏东豫州[33]，将军彭群、王辩围琅邪[34]，魏敕青、南青二州[35]救琅邪。司州刺史夏侯夔[36]帅壮武将军裴之礼[37]等出义阳道，攻魏平静、穆陵、阴山三关[38]，皆克之。夔，亶之弟；之礼，邃之子也。

魏东清河郡[39]山贼群起，诏以齐州长史房景伯[40]为东清河太守。郡民刘简虎尝无礼于景伯，举家亡去，景伯穷捕[41]，禽[42]之，署其子为西曹掾[43]，令谕[44]山贼。贼以景伯不念旧恶，皆相帅出降。

景伯母崔氏，通经[45]，有明识[46]。贝丘妇人列[47]其子不孝，景伯以白其母，母曰："吾闻闻名不如见面，山民未知礼义，何足深责！"乃召其母，与之对榻共食，使其子侍立堂下，观景伯供食。未旬日，悔过求还。崔氏曰："此虽面惭，其心未也，且置之[48]。"凡二十余日，其子叩头流血，母涕泣乞还，然后听之，卒以孝闻。景伯，法寿之族子也。

二月，秦贼据魏潼关[49]。

庚申[50]，魏东郡民赵显德[51]反，杀太守裴烟[52]，自号都督。

将军成景俊[53]攻魏彭城，魏以前荆州刺史崔孝芬[54]为徐州行台以御之。先是，孝芬坐元叉党与卢同等俱除名，及将赴徐州，入辞太后，太后谓孝芬曰："我与卿姻戚[55]，奈何内头元叉车中[56]，称'此老妪会须去之！'[57]"孝芬曰："臣蒙国厚恩，实无斯语。假令有之，谁能得闻！若有闻者，此于元叉亲密过臣远矣。"太后意解[58]，怅然[59]有愧色。景俊欲堰泗水[60]以灌彭城，孝芬与都督李叔仁[61]等击之，景俊遁还。

三月，甲子[62]，魏主诏将西讨，中外戒严。会秦贼西走，复得潼关，戊辰[63]，诏回驾北讨。其实皆不行。

葛荣久围信都[64]，魏以金紫光禄大夫源子邕[65]为北讨大都督以救之。

初，上作同泰寺[66]，又开大通门以对之，取其反语相协[67]，上晨夕幸寺，皆出入是门。辛未[68]，上幸寺舍身[69]；甲戌[70]，还宫[71]，大赦，改元[72]。

（以上为第六段，写北魏路思令上书言事，魏明帝元诩根本听不进去；清河郡守房景伯以孝治政；南朝梁武帝萧衍修建同泰寺，舍身，改元大通，成了忠实佛教徒。）

【注释】

[1]右民郎：古官名，即尚书右民郎，尚书令的属官。路思令：字季儁，阳平清渊（今河北馆陶县西北）人，北魏大臣。传见《魏书》卷七十二。 [2]六合：天、地、东、西、南、北，犹言天下。唾掌可清：胡三省曰："人欲举手有为，先唾其掌。……唾掌可清，言其易也。" [3]三河：指河东、河内、河南三郡，这里借指洛阳地区，京畿之内。 [4]比年：近年来，连年来。[5]衔杯跃马：饮酒后纵马驰骋，一副富贵得志的样子。 [6]志逸气浮：放纵，飘浮，犹言心高气傲，不可一世。 [7]轩眉扼腕：扬眉吐气，振臂高呼。轩眉，扬眉，得意的样子。 [8]忧怖交怀：焦虑、恐怖交织于心。 [9]羸（léi）弱：瘦弱。当寇：为自己挡住敌寇。当，同"挡"。[10]进止无节：以言其号令不明、纪律松散。 [11]当负险之众：向占据着险要地形的敌人发起

进攻。当，对，向着。负险，恃险。［12］敌数战之虏：去对付屡经战斗的敌人。［13］迁延：徘徊不前的样子。［14］官爵未满：加官进爵还不够。［15］屡加宠命：屡次提拔晋升不已。宠命，晋升职位的命令。［16］赏赉（lài）：赏赐财物。赉，赏赐。［17］帑（tǎng）藏：国库。帑，古代国库收藏的钱财。空竭：无，尽。［18］殚（dān）尽：被搜刮净尽。殚，尽。［19］生民凋弊：百姓们无法生活。［20］凡以此也：就是这样造成的。以此，因此。［21］劝：鼓励。［22］黜（chù）陟（zhì）幽明：撤掉昏庸，晋升英明。陟，提升。幽，昏暗，昏庸。［23］赏罚善恶：即赏善罚恶。［24］简练：选拔，操练。［25］缮（shàn）修：整修，维修。［26］辩士：能言善辩的人。晓以祸福：给变民乱党指明前途。［27］不悛（quān）：不思改悔。［28］以顺讨逆：以国家正义之师讨伐叛逆之军。［29］厉萧斧而伐朝（zhāo）菌：把磨好的大斧子向着粪堆上的小蘑菇砍去，极言其不费力气就能把它砍个稀巴烂。语出《说苑·善说》："夫以秦楚之强而报仇于弱薛，譬之犹磨萧斧而伐朝菌也。"厉，同"砺"，磨砺。萧斧，刚利的斧子，指古代杀人用的大斧。朝菌，一种菌类植物，天阴生粪上，见日则死。借喻生命极为短暂。《庄子》曰："朝菌不知晦朔。"［30］鼓洪炉而燎（liǎo）毛发：拉着风箱，把大炉子的火烧得旺旺的，去烧人的毛发。洪炉，大火炉。燎，烧。［31］戊子：正月二十四日。［32］己丑：正月二十五日。［33］谯（qiáo）州：北魏州名，州治新昌，在今安徽滁州市。湛（zhàn）僧智：一作"湛僧"，豫章樟树（今江西樟树市鹿江街道）人，南梁大臣，著名将领。官至谯州刺史，多次击败北魏军队。不求自己居功，只求有利于国，众称之为"君子人物"。东豫州：北魏州名，州治在今河南息县，息县也是汝南郡的郡治所在地。［34］彭群、王辩：梁武帝萧衍时为将军。琅邪：北魏郡名，郡治在今山东临沂市西。［35］青、南青二州：北魏州名，青州州治在今山东青州市东，南青州州治在今山东沂水县。［36］司州：南梁州名，州治本在义阳，在今河南信阳市，义阳被北魏占去后，改在今湖北孝昌县。夏侯夔：字季龙，谯郡谯县人，尚书左仆射夏侯详次子，豫州刺史夏侯亶之弟，南梁名将。时任司州刺史，后改为北司州刺史，累官至右卫将军，封保城县侯。传见《梁书》卷二十八。［37］裴之礼：字子义，裴邃之子，南朝将领。传见《梁书》卷二十八。［38］平静、穆陵、阴山三关：北魏关隘名。平静，即平靖关，在今河南信阳市西南方，地处今河南与湖北的交界线上；穆陵，也作"木陵"，在今河南新县南，在义阳的东南方；阴山，也称阴山戍，在今湖北麻城市东北，在穆陵关的东南方。［39］东清河郡：北魏郡名，郡治绎幕，在今山东淄博市西南。［40］房景伯：字长晖，清河绎幕人，北魏冀州刺史房法寿族子，北魏官员。为奉朝请，累迁齐州辅国长史，行州事；后除清河太守，迁司空长史，以母疾去官。传见《魏书》卷四十三。［41］穷捕：不惜一切地全力追捕。［42］禽：同"擒"，擒获。［43］署：任命。西曹掾（yuàn）：郡太守的僚属。掾，古代官署属员的通称。［44］令谕：号令，晓谕。［45］通经：精通经书。［46］明识：明理，有见识。［47］贝丘：古县名，即后来的淄川县，当时上属于东清河郡，在今山东淄博市淄川区。列：陈述，状告。［48］且置之：暂且放一放，犹言"再等一等"。［49］潼关：古代陕西、河南两地间的重要关塞，在今之陕西潼关县城，在两省的交界线上。［50］庚申：二月二十七日。［51］东郡：北魏郡名，郡治在今河南滑县东南。赵显德：北魏东郡人，曾起兵造反，自称都督，后兵败被杀。［52］裴烟：北魏元诩时为东郡太守，被造反民众赵显德所杀。［53］成景俊：字超，幽州范阳（今河北定兴县）人，北魏淮阳太守成安乐之子。父亲被杀，成景俊谋复仇，杀北魏宿预城主，举城归附南梁。为南梁将领。后为北豫州刺史，讨伐北魏屡有战功。传见《南史》卷七十四。［54］崔孝芬：字恭梓，博陵安平（今河北安平县）人，濮阳太守崔郁之孙，光州刺史崔挺之子，北魏大臣。传见《魏书》卷五十七。［55］与卿姻戚：崔孝芬之女为孝明帝元诩之妃。［56］内头元叉车中：把头伸进元叉的车中，犹今所谓上了他的贼船。内，同“纳”，伸进去。叉，又作义。［57］称“此老妪会须去之！”：说“这个老娘们必须除掉”。会须，必须。老妪，指胡太后。［58］意解：愤怒的情绪消解。［59］怅（chàng）然：不痛快的样子。［60］堰泗水：在泗水的下游筑坝以提高上游水位，又想仿前些年萧衍堰淮水以淹寿阳。［61］李叔仁：字叔仁，陇西狄道（今甘肃临洮县）人，北魏大臣。骁勇健壮，颇有武力，击破梁军将领王超宗，迁朔州刺史，转凉州刺史，官至车骑大将军、金紫光禄大夫、开府仪同三司。后暗中投靠东魏，事败被杀。传见《北史》卷三十七。［62］甲子：三月一日。［63］戊辰：三月五日。［64］信都：古地名，当时冀州的州治所在地，在今河北衡水市冀州区。［65］源子邕：《魏书》作“源子雍”，太尉陇西王源贺之孙，骠骑大将军源怀之子，北魏大臣。传见《魏书》卷四十一。［66］同泰寺：古寺庙名，在今江苏南京市珠江路北。［67］反语相协：用反切的字音相协。大，即“太”，同泰反；同，大通反。所谓“反”，即取上一个字的声母，下一个字的韵母。即“大通”与“同泰”二名互为反切，音韵相协，两名同义。［68］辛未：三月八日。［69］舍身：把自己的身子献给佛教，即出家当和尚。［70］甲戌：三月十一日。［71］还宫：群臣用了大批钱财把他从寺庙里赎回。［72］改元：这年本来称普通八年，从这天开始改为大通元年。

魏齐州广川民刘钧聚众反[1]，自署大行台；清河民房项[2]自署大都督，屯据昌国城[3]。

夏，四月，魏将元斌之[4]讨东郡，斩赵显德。

己酉[5]，柔然头兵可汗[6]遣使入贡于魏，且请讨群贼。魏人畏其反覆，诏以盛暑，且俟后敕[7]。

魏萧宝寅之败也，有司处以死刑，诏免为庶人[8]。雍州刺史杨椿有疾求解[9]，复以宝寅为都督雍、泾等四州诸军事，征西将军、雍州刺史、开府仪同三司、西讨大都督，自关以西皆受节度。椿还乡里[10]，其子昱将适[11]洛阳，椿谓之曰：“当今雍州刺史亦无逾于宝寅者，但其上佐[12]，朝廷应遣心膂[13]重臣，何得任其牒用[14]！此乃圣朝百虑之一失也。且宝寅不借刺史为荣[15]，吾观其得州，喜悦特甚，至于赏罚云为[16]，不依常宪[17]，恐有异心。汝今赴京师，当以吾此意启二圣[18]，并白宰辅[19]，更遣长史、司马、防城都督[20]，欲安关中，正须三人耳。如其不遣，必成深忧。”昱面启魏主及太后，皆不听。

五月，丙寅[21]，成景俊攻魏临潼、竹邑[22]，拔之。东宫直阁兰钦[23]攻魏萧城、厥固[24]，拔之，钦斩魏将曹龙牙[25]。

六月，魏都督李叔仁讨刘钧，平之。

秋，七月，魏陈郡民刘获、郑辩反于西华[26]，改元天授，与湛僧智通谋，魏以行东豫州刺史谯国曹世表[27]为东南道行台以讨之，源子恭代世表为东豫州[28]。诸将以贼众强，官军弱，且皆败散之余，不敢战，欲保城自固。世表方病背肿，舆出[29]，呼统军是云宝[30]谓曰：“湛僧智所以敢深入为寇者，以获、辩皆州民之望[31]，为之内应也。向[32]闻获引兵欲迎僧智，去此八十里；今出其不意，一战可破，获破，则僧智自走矣。”乃选士马付宝，暮出城，比晓而至，击获，大破之，穷讨，余党悉平。僧智闻之，遁还。郑辩与子恭亲旧，亡匿子恭所，世表集将吏面责子恭，收辩，斩之。

魏相州刺史乐安王鉴[33]与北道都督裴衍共救信都。鉴幸魏多故[34]，阴有异志，遂据邺叛，降葛荣。

己丑[35]，魏大赦。

初，侍御史辽东高道穆[36]奉使相州，前刺史李世哲[37]奢纵不法，道穆按[38]之。世哲弟神轨用事[39]，道穆兄谦之[40]家奴诉良[41]，神轨收谦之系廷尉[42]。赦将出，神轨启太后先赐谦之死，朝士[43]哀之。

彭群、王辩围琅邪，自夏及秋，魏青州刺史彭城王劭[44]遣司马鹿悆[45]，南青州刺史胡平[46]遣长史刘仁之[47]将兵击群、辩，破之，群战没。劭，勰之子也。

八月，魏遣都督源子邕、李神轨、裴衍攻邺[48]。子邕行及汤阴[49]，安乐王鉴遣弟斌之夜袭子邕营，不克；子邕乘胜进围邺城，丁未[50]，拔之，斩鉴，传首洛阳，改姓拓跋氏。魏因遣子邕、裴衍讨葛荣。

九月，秦州城民杜粲[51]杀莫折念生阖门皆尽，粲自行州事。南秦州城民辛琛[52]亦自行州事，遣使诣萧宝寅请降。魏复以宝寅为尚书令，还其旧封[53]。

（以上为第七段，写北魏各地反叛风起云涌，宗亲败类也乘机兴风作浪，萧宝寅战败后贬为庶人，现官复原职；元鉴反叛，被平定。）

【注释】

[1]齐州广川：齐州所属的广川郡，郡治在今山东淄博市西北。刘钧：北魏齐州广川人，孝明帝元诩时聚众反叛，自称“大行台”。[2]房项：北魏清河人，孝明帝元诩时聚众反叛，自称“大都督”。[3]昌国城：昌国县的县城，在今山东临朐县。昌国县当时属于青州。[4]元斌之：字子爽，文成帝拓跋濬曾孙，安乐武康王元诠之子，北魏宗室、大臣。参与元鉴反叛，兵败投降葛荣。后还朝。孝武帝元修即位，受封颍川郡王，迎战大丞相高欢，兵败投奔南梁。后北还，担任尚书令。传见《魏书》卷二十。[5]己酉：四月十七日。[6]头兵可汗：即阿那瑰可汗，柔然第十九位可汗。传见《魏书》卷一百三。[7]俟（sì）后敕（chì）：等待以后的命令。[8]庶人：普通百姓。[9]求解：请求辞职回乡。[10]还乡里：返回他的故乡华阴县。胡三省曰：“杨椿世居华阴。”[11]昱（yù）：即杨昱，字元晷，太师杨椿之子，北魏大臣。传见《魏书》卷五十八。适：到，至。[12]上佐：高级僚属。[13]心膂（lǚ）：心与脊骨，以喻亲信得力之人，即心腹，亲信。膂，脊椎骨。[14]任其牒（dié）用：听任他自己下文书聘用。牒用，任用。牒，任命官员的文件，在今之委任状。[15]不借刺史为荣：意即他的职位本来就比刺史高。[16]赏罚云为：如何奖赏、如何惩罚一类的事情。云为，犹言“言行”。[17]不依常宪：不按平常的惯例行事。常宪，常法。[18]启二圣：禀告给两位圣人，指胡太后与孝明帝元诩。[19]并白宰辅：同时也转告各位执政大臣。[20]长史、司马、防城都督：刺史属下的三位高级僚属。防城都督，主管防守城池诸事。[21]丙寅：五月四日。[22]临潼、竹邑：北魏二郡名，临潼郡的郡治在今安徽泗县东南，竹邑城在今安徽宿州市西北，当时为南济阴郡的郡治所在地。[23]东宫直阁：太子宫值勤的侍卫武官。直，同“值”。兰钦：字休明，冀州刺史兰子云之子，南梁名将，杰出的军事将领。自少勇决过人，授东宫直阁将军。后以连续打败北魏，进号仁威将军，出任平南将军、衡州刺史，封曲江县公。后被南安侯萧恬密谋毒害。传见《梁书》卷三十二。[24]萧城：萧县县城，在今安徽萧县西北，当时为沛郡郡治所在地。厥固：古邑名，在当时的萧县东南。[25]曹龙牙：北魏将领，被南梁名将兰钦阵斩。[26]陈郡：北魏郡名，郡治在今河南沈丘县。刘获、郑辩：北魏陈郡民众首领，孝明帝元诩时起兵造反，改元天授，被平定。西华：北魏县名，在今河南西华县南，当时陈郡的西北方。[27]曹世表：字景升，东魏郡（今山东济南市历城区）人，出身读书世家，自小博览群书，擅长词章。历任国子助教、司徒记室、左将军府司马，为官清廉公正。任豫州刺史，为东南道行台，打败刘获、郑辩的反叛，加封为左将军兼尚书东道行台。传见《魏书》卷七十二。[28]源子恭：太尉源贺之孙，司徒源怀之子，北魏到东魏大臣、将领。曹

世表为车南道行治，源子恭代为豫州刺史。传见《魏书》卷四十一。［29］舆出：乘担架而出。舆，软轿，在今所谓滑竿。［30］统军：带兵者，一支部队的统领，犹言"典军""军主"。是云宝：人名，北魏曹世表部属统军，后为东魏督将、扬州刺史，据州降西魏，拜车骑大将军、仪同三司、凉州刺史。西魏亡，入北周。北周明帝武成初，与吐谷浑作战死。［31］州民之望：受本州百姓所拥护、所仰戴的人。［32］向：刚才，刚刚。［33］相州：北魏州名，州治邺县，在今河北临漳县西南。安乐王鉴：即元鉴，字长文，文成帝拓跋濬曾孙，安乐王元诠世子，袭爵安乐王，授秘书监，率军讨伐元法僧叛乱，迁青州刺史，转相州刺史、北讨大都督；讨伐葛荣叛乱，迁尚书左仆射；后降附于葛荣，兵败被俘，赐死邺城。传见《魏书》卷二十。［34］幸魏多故：希望北魏的乱子越多越好。幸，以某事为幸事，幸灾乐祸。故，变故，乱事。［35］己丑：七月二十八日。［36］高道穆：渤海蓨人，名恭之，以字行，高崇之子，北魏官员，直臣。为御史，纠劾不避权贵。元子攸即位，除太尉长史，中书舍人。传见《魏书》卷七十七。［37］李世哲：字世哲，尚书令李崇长子，北魏大臣。传见《魏书》卷六十六。［38］按：纠察，查核。［39］神轨：即胡太后宠臣李神轨。传见《魏书》卷六十六。用事：当权。［40］谦之：即高谦之，字道让，中书舍人高道穆之兄，北魏大臣。传见《魏书》卷七十七。［41］诉良：控告其主子高谦之逼迫良民为其家当奴婢。诉，控告。胡三省曰："谓本是良民，压为奴婢。"［42］收：拘捕。系：关押。廷尉：此指廷尉府，古代中央司法机关。［43］朝士：朝廷群臣。［44］魏青州：州治在今山东青州市。彭城王劭（shào）：即元劭，字子讷，彭城王元勰嫡长子，孝庄帝元子攸同母兄，袭封彭城郡王。出任散骑常侍、平东将军、青州刺史，为御史中尉。弟元子攸即位后，尊为无上王，遇害于河阴之变，追封孝宣皇帝。传见《魏书》卷二十一。［45］鹿悆（yù）：字永吉，济阴乘氏（今山东菏泽市）人，兖州刺史鹿生之子，北魏大臣。传见《魏书》卷七十九。［46］胡平：北魏孝明帝元诩时为南青州刺史。［47］刘仁之：字山静，南青州刺史胡平长史，后为著作郎，兼中书令。东魏时，位至西兖州刺史。传见《魏书》卷八十一。［48］邺（yè）：古城，在今河北临漳县西南。［49］汤阴：古县名，县治在今河南汤阴县。［50］丁未：八月十七日。［51］杜粲：北魏孝明帝元诩时秦州农民起义军将领，封常山王，曾杀其主莫折念生。［52］辛琛（chēn）：字僧贵，北魏直臣，历官扬州征南府长史，后为南梁太守。居官奉法，敢谏上司之过。传见《魏书》卷七十七。［53］还其旧封：恢复其原有的一切官位爵土。胡三省曰："宝寅自泾州之败，免为庶人。旧封者，宝寅自丹杨郡公徙封梁郡公。"

谯州刺史湛僧智围魏东豫州刺史元庆和[1]于广陵[2]，魏将军元显伯[3]救之，司州刺史夏侯夔自武阳[4]引兵助僧智。冬十月，夔至城下，庆和举城降。夔以让僧智，僧智曰："庆和欲降公，不欲降僧智，今往，必乖[5]其意。且僧智所将应募乌合[6]之人，不可御以法[7]；公持军素严，必无侵暴，受降纳附，深得其宜。”夔乃登城，拔魏帜，建[8]梁帜；庆和束兵[9]而出，吏民安堵[10]，获男女四万余口。

臣光曰：湛僧智可谓君子[11]矣！忘其积时攻战[12]之劳，以授一朝新至之将，知己之短，不掩人之长，功成不取以济国事，忠且无私，可谓君子矣！

元显伯宵遁[13]，诸军追之，斩获万计。诏以僧智领东豫州刺史，镇广陵。夔引军屯安阳[14]，遣别将屠楚城[15]，由是义阳北道遂与魏绝。

领军曹仲宗[16]、东宫直阁陈庆之攻魏涡阳[17]，诏寻阳太守韦放[18]将兵会之。魏散骑常侍费穆引兵奄至[19]，放营垒未立，麾下[20]止有二百余人，放免胄下马，据胡床处分[21]，士皆殊死战，莫不一当百，魏兵遂退。放，睿之子也。

魏又遣将军元昭[22]等众五万救涡阳，前军至驼涧[23]，去涡阳四十里。陈庆之欲逆战[24]，韦放以魏之前锋必皆轻锐[25]，不如勿击，待其来至，庆之曰："魏兵远来疲倦，去我既远，必不见疑，及其未集，须挫其气。诸君若疑，庆之请独取之。"于是帅麾下二百骑进击，破之，魏人惊骇[26]。庆之乃还，与诸将连营而进，背涡阳城与魏军相持。自春至冬，数十百战，将士疲弊[27]。闻魏人欲筑垒于军后，曹仲宗等恐腹背受敌，议引军还，庆之杖节军门[28]曰："共来至此，涉历一岁，糜费极多。今诸君皆无斗心，唯谋退缩，岂是欲立功名，直聚为抄暴[29]耳！吾闻置兵死地，乃可求生[30]，须虏大合[31]，然后与战。审欲班师[32]，庆之别有密敕[33]，今日犯者，当依敕行之！"仲宗等乃止。

魏人作十三城，欲以控制梁军。庆之衔枚[34]夜出，陷其四城，涡阳城主王纬[35]乞降。韦放简[36]遣降者三十余人分报魏诸营，陈庆之陈其俘馘[37]，鼓噪[38]随之，魏[39]九城皆溃，追击之，俘斩略尽，尸咽涡水[40]，所降城中男女三万余口。

（以上为第八段，写南朝梁谯州刺史湛僧智谦让受降功劳，司马光誉为"君子"；东宫直阁陈庆之有勇有谋，在敌人连修十三座城堡的情况下，奋勇出击，攻下涡阳。）

【注释】

[1]元庆和：景穆帝拓跋晃曾孙，汝阴王拓跋逞之子，北魏东豫州刺史，大通元年，举城投降南梁，以为北道总督、假魏王。行至项城，北魏朝廷出师讨之，望风退走。萧衍责之曰："言同百舌，胆若鼷鼠。"遂徙于合浦。传见《魏书》卷十九。[2]广陵：北魏郡名，郡治在今河南息县，当时为北魏东豫州州治所在地。胡三省曰："此广陵城在新息县界。"[3]元显伯：北魏将军。[4]武阳：即武阳关，义阳三关之一，在今河南信阳市正南方。[5]乖（guāi）：违背。[6]所将：所统领。乌合：像乌鸦一样仓促聚合，形容一盘散沙。[7]不可御以法：无法以军纪约束之。御，驾御，管理。[8]建：树立，插上。[9]束兵：收起兵器。[10]安堵：安居，各安其位，不受任何惊扰。[11]君子：指品德高尚的人。[12]积时攻战：长期攻战。湛僧智自今年正月开始就攻围东豫州。[13]宵遁：乘夜逃跑。[14]安阳：古县名，县治在今河南正阳县。在息县的西北方，义阳的东北方。[15]别将：另外一支部队的统领。屠楚城：杀光了楚城的人。楚城，古城名，在今河南信阳市北。[16]领军：部队统领。曹仲宗：南梁领军。[17]涡（guō）阳：北魏地名，在今安徽涡阳县的东南方，北魏马头郡的郡治所在地。[18]寻阳：古郡名，郡治在今江西九江市。韦放：字元直，京兆杜陵（今陕西西安市东南）人，车骑将军韦睿长子，南梁将领。传见《梁书》卷二十八。[19]奄（yǎn）至：突然而至。[20]麾（huī）下：部下。麾，将军的指挥旗。[21]据胡床处分：坐在小椅子上指挥军队。胡床，古时一种可以折叠的轻便坐具。[22]元昭：字幼明，小字阿倪，昭成帝拓跋什翼犍玄孙，常山王拓跋陪斤第三子，北魏宗室、大臣。传见《魏书》卷十五。[23]驼涧（jiàn）：淮河上的河滩名，在今安徽寿县城西，北魏涡阳的正南方。[24]逆战：迎头出击。[25]轻锐：轻捷精锐的士兵。[26]惊骇（hài）：惊慌，害怕。[27]疲弊：即疲敝，疲劳不堪。弊，同"敝"，疲惫，困乏。[28]杖节军门：手秉旌节立于军门。杖，执持。节，古代授予出征将领作为凭证的信物。[29]抄暴：抄掠百姓的财物。[30]置兵死地，乃可求生：《孙子兵法》曰："置之死地而后生。"[31]大合：大量的军队聚合起来。[32]审欲班师：如果你们一定要撤退。审，确实，一定要。[33]密敕：密令，意即要制裁那些临阵脱逃者。[34]衔枚：古代行军时口中衔着枚，以防出声。枚，形如筷子。[35]王纬：北魏涡阳城主。[36]简：挑选，选拔。[37]陈其俘馘（guó）：把俘虏的敌兵与所割被杀敌兵的耳朵都展览在两军阵前。馘，割取所杀敌人或俘虏的左耳以计数献功。[38]鼓噪：擂鼓呐喊，以壮声势。[39]魏：此字原无，据章校补。[40]尸咽涡水：尸体堵塞涡水，使河水都流之不畅。咽，堵塞。

萧宝寅之败于泾州也，或劝之归罪洛阳[1]，或曰："不若留关中立功自效。"行台都令史河间冯景[2]曰："拥兵不还，此罪将大。"宝寅不从，自念[3]出师累年，糜费不赀[4]，一旦覆败[5]，内不自安；魏朝亦疑之。

中尉郦道元[6]，素名严猛，司州牧汝南王悦嬖人丘念[7]，弄权纵恣[8]，道元收念付狱；悦请之于胡太后，太后欲赦之，道元杀之，并以劾[9]悦。

时宝寅反状已露，悦乃奏以道元为关右大使[10]。宝寅闻之，谓为取己[11]，甚惧，长安轻薄子弟[12]复劝使举兵。宝寅以问河东柳楷[13]，楷曰："大王，齐明帝[14]子，天下所属[15]，今日之举，实允人望[16]。且谣言[17]'鸾生十子九子毈[18]，一子不毈关中乱[19]。'大王当治关中，何所疑！"道元至阴盘驿[20]，宝寅遣其将郭子恢[21]攻杀之，收殡[22]其尸，表言白贼[23]所害。又上表自理[24]，称为杨椿父子所谮[25]。

宝寅行台郎中武功苏湛[26]，卧病在家，宝寅令湛从母弟开府属天水姜俭[27]说湛曰："元略受萧衍旨[28]，欲见剿除[29]，道元之来，事不可测，吾不能坐受死亡，今须为身计[30]，不复作魏臣矣。死生荣辱，与卿共之。"湛闻之，举声[31]大哭。俭遽[32]止之曰："何得便尔[33]！"湛曰："我百口今屠灭，云何不哭！"哭数十声，徐谓俭曰："为我白齐王[34]，王本以穷鸟[35]投人，赖朝廷假王羽翼[36]，荣宠至此。属国步多虞[37]，不能竭忠报德，乃欲乘人间隙[38]，信惑行路无识之语[39]，欲以羸败之兵守关问鼎[40]。今魏德虽衰，天命未改。且王之恩义未洽于民[41]，但见其败，未见有成，苏湛不能以百口为王族灭[42]。"宝寅复使谓曰："我救死不得不尔[43]，所以不先相白[44]者，恐沮吾计[45]耳。"湛曰："凡谋大事，当得天下奇才与之从事，今但与长安博徒[46]谋之，此有成理不[47]？湛恐荆棘必生于斋阁[48]，愿赐骸骨[49]归乡里，庶得病死[50]，下见先人。"宝寅素重湛，且知其不为己用，听还武功[51]。

甲寅[52]，宝寅自称齐帝，改元隆绪[53]，赦其所部[54]，置百官。都督长史毛遐[55]，鸿宾之兄也，与鸿宾帅氐、羌起兵于马祗栅[56]以拒宝寅，宝寅遣大将军卢祖迁[57]击之，为遐所杀。宝寅方祀南郊[58]，行即位礼未毕，闻败，色变，不暇整部伍，狼狈而归。以姜俭为尚书左丞，委以心腹。文安周惠达[59]为宝寅使，在洛阳，有司欲收[60]之，惠达逃归长安。宝寅以惠达为光禄勋[61]。

丹杨王萧赞[62]闻宝寅反，惧而出走，趣白马山[63]，至河桥[64]，为人所获，魏主知其不预谋，释而慰之。行台郎封伟伯[65]等与关中豪桀谋举兵诛宝寅，事泄而死。

魏以尚书仆射长孙稚为行台以讨宝寅。

（以上为第九段，写北魏齐王萧宝寅由于攻打叛军失败，萌生了谋反的念头，听信谣言，不听苏湛劝阻，派将领杀掉关右大使郦道元，称帝长安，改元隆绪。）

【注释】

[1]归罪洛阳：回洛阳向北魏主元诩请罪。 [2]行台都令史：古官名，为行台的属官。胡三省曰："尚书有都令史，故行台亦置之。"河间：古郡名，郡治在今河北河间市。冯景：行台萧宝寅的行台都令史。 [3]自念：自己寻思。 [4]糜费不赀（zī）：所花费的钱财不可计算。赀，计算。 [5]覆败：倾覆，败亡。 [6]中尉：即御史中尉，御史中丞的属官，掌弹劾犯罪。郦（lì）道元：字善长，范阳涿州（今河北涿州市）人，青州刺史郦范之子，北魏官员、著名地理学家。出任尚书郎，升任治书侍御史，为御史中尉、北中郎将，官至东荆州刺史、河南尹。执法严峻，颇有威名。后被杀。著有《水经注》四十卷，为中国游记文学的开创者。传见《魏书》卷八十九。 [7]嬖（bì）人丘念：男宠，姓丘，名念。嬖，宠幸，宠溺。 [8]弄权纵恣：意谓依仗元悦的势力招权纳贿、肆意横行。 [9]劾（hé）：弹劾，揭发别人的罪状。 [10]关右大使：巡察安抚关西地区的特派大臣。关右，古区域名，指潼关以西，在地理上古人以西为右。大使，古官名，特派出巡的大臣。 [11]谓为取己：以为是来袭捕自己的。谓，以为。 [12]轻薄子弟：轻浮浅薄的贵族子弟。 [13]柳楷：河东解人，字孝则，柳庆和之弟，北魏官员。善草书，颇涉文史。初为员外散骑侍郎，后为肆州骠骑府长史，加中军将军，升为抚军司马。 [14]齐明帝：即南齐明帝萧鸾。传见《南齐书》卷六。 [15]天下所属（zhǔ）：您的一举一动都为天下人所瞩目。属，同"瞩"，瞩目。 [16]允人望：符合人们的愿望。允，符合，满足。 [17]谣言：社会上流传的具有某种预言性质的歌谣，即所谓"谶语"，实为一些准备作乱的野心家所编造，或者是事情在发生之后，后人编造的一种假预言，用以表现某种事件的神秘性。 [18]鸾生十子九子毈（duàn）：以比喻萧鸾的许多儿子都已被人早早杀死。毈，孵不出鸟的卵，比喻夭亡。 [19]一子不毈关中乱：剩下一个不死的儿子来搅动关中地区的风云。关中：古区域名，指今陕西中部的渭水流域地区，其地东有函谷关，南有武关，西有散关，北有萧关，处四关之中。 [20]阴盘驿：阴盘县的驿站。当时的阴盘县在今西安市临潼区的东北方。 [21]郭子恢：北魏时人，叛臣萧宝寅的属将，曾杀害关右大使郦道元。 [22]收殡：收其尸体装入棺材。 [23]白贼：当时活动在关中地区的一股土匪。胡三省曰："秦人谓鲜卑为白虏，自苻秦之乱，鲜卑之种有因而留关中者，是时亦相挺为盗，因谓之白贼。" [24]自理：为自己申诉冤情。 [25]所谮（zèn）：所诬陷。谮，在权势者跟前有目的地说人的坏话。 [26]行台郎中：古官名，行台省的属官。行台，中央派出机构，代表中央行使权力。苏湛（zhàn）：字景隽，京兆武功人，跟随齐王萧宝寅，任西征行台郎中。萧宝寅叛乱

时，力劝不成功，要求告老还乡。后征召入朝，任散骑都尉、尚书郎、中书侍郎。传见《周书》卷三十八。［27］从母弟：姨表兄弟。开府属：萧宝寅的僚属。当时萧宝寅的加官有开府仪同三司，有专人充当此职的僚属。属，开府中官名，佐吏。姜俭：字文简，北魏官员。萧宝寅出讨关西，让他做开府属，军机谋略，多所参与。萧宝寅反，任左丞，尤见信任，被其他人憎恨，后被城人杀之。［28］元略受萧衍旨：元略由南梁返回北魏时接受了萧衍的秘密旨意。胡三省曰："略自梁还魏，大见宠任，故宝寅托以为言。"［29］欲见剿除：准备消灭我们这些从南朝过来的人。剿除，讨伐，消灭。［30］须为身计：必须为自身的安全考虑。［31］举声：高声，放声。［32］遽（jù）：急忙，匆忙。［33］何得便尔：怎么突然就变成了这个样子？［34］白：告诉。齐王：指萧宝寅，萧宝寅投降北魏后被封为齐王。［35］穷鸟：走投无路的鸟。［36］假王羽翼：给您装配上了翅膀，以比喻给了他政权、兵权、名誉、地位。［37］属国步多虞：现在正当北魏多灾多难的时刻。属，正逢，正当。虞，忧患。［38］乘人间隙：趁着人家有空子、有灾难。［39］信惑：听信，被迷惑。行路无识之语：即前文所说的谣言。［40］羸（léi）败：瘦弱，破败。守关问鼎：胡三省曰："守关，谓宝寅欲守潼关之险，割据关中。问鼎，谓欲窥天位。成王定鼎于郏鄏，三代之世宝也，楚庄问鼎之大小轻重，欲以兵威胁取之，故以谕窥天位者。"［41］未洽于民：还没有做到让百姓都对您感恩戴德。洽，沾润。［42］不能以百口为王族灭：不能让全家人因为您被灭族，意即我不能跟着您去冒这个险。百口：代指全家。［43］救死不得不尔：为了活命，不得不这样。［44］不先相白：没有事先告诉你。［45］沮（jǔ）吾计：劝阻我的计划。沮，劝阻，败坏。［46］长安博徒：即前文所说的"长安轻薄子弟"。博徒，赌徒。［47］有成理不：有成功的道理吗？［48］荆棘必生于斋阁：意即您的府第今后将长满荒草，婉言谋反必败。此套用西汉伍被劝说淮南王不要造反的话。伍被当时先引伍子胥警告吴王夫差的话说"臣今见麋鹿游姑苏之台也"，并说"今臣亦见宫中生荆棘，露沾衣也。"参见《史记·淮南衡山列传》。斋阁，指宫廷。［49］赐骸（hái）骨：请求辞官为民的客气说法。骸骨，借指身体、本人。［50］庶得病死：我希望落一个病死，而不希望因造反被人所杀。庶，希望。［51］听还武功：由他辞职回了老家武功县。从这一点上来说，萧宝寅还是比较仁义的。［52］甲寅：十月二十五日。［53］改元隆绪：以隆绪为年号。隆绪，北魏时萧宝寅称帝的年号，共二年。［54］赦其所部：在他的管辖区内实行大赦。［55］都督长史：萧宝寅都督府的高级僚属。胡三省曰："宝寅都督雍、泾等四州，又为西讨大都督，以遐为府长史。"毛遐：字鸿远，西兖州刺史毛鸿宾之兄，北地三原（今陕西三原县）人，定州刺史毛天爱曾孙，北魏大臣。都督诸军平定叛臣萧宝寅，拜尚书兼雍秦二州行台。孝武帝元修入关，为尚书，分掌机事，迁骠骑大将军、仪同三司。［56］氐（dī）、羌（qiāng）：西北地区少数民族。马祗栅：古地名，在今陕西西安市西南。［57］卢祖迁：北魏将领，曾率军打败高平起义首领胡琛，此时为萧宝寅部属。［58］祀南郊：在其所在城的南郊举行祭天的典礼。祀南郊，是皇帝最隆重的典礼之一，萧宝寅自己称帝，故而也祀南郊。［59］周惠达：字怀文，章武文安（今河北文安县）人，平成令周信之子，北魏到西魏大臣。曾先后跟随萧宝寅、贺拔岳，任从事中郎，后归顺宇文泰，任行台尚书，官至卫大将军、左光禄大夫。传见《北史》卷六十三。［60］收：拘捕。［61］光禄勋：古官名，为皇宫守卫门户，汉代称为郎中令。［62］萧赞：即萧综，一作萧缵，东昏侯萧宝卷遗腹子，梁武帝萧衍养子。此时亦流亡北魏，改名萧赞，以为司空、太尉公、高平郡公，任北魏齐州刺史，封丹杨王。传见《梁书》卷五十五。［63］趣白马山：向白马山的方向逃跑。趣，同“趋”，奔向。白马山，旧称白马坂，在洛阳的东北方。［64］河桥：黄河上的桥梁，在洛阳城的东北方，今河南孟州市南。［65］行台郎：萧宝寅的僚属，萧宝寅当时为北魏朝廷的行台，也就是朝廷的派出机构。封伟伯：字君良，渤海蓨县（今河北景县）人，济州刺史封轨长子，北魏大臣。出任关西行台郎中。面对萧宝寅谋逆，密谋反击平叛。后事败被杀，追赠瀛州都督。传见《魏书》卷三十二。

正平民薛凤贤［1］反，宗人薛修义亦聚众河东［2］，分据盐池，攻围蒲坂［3］，东西连结以应宝寅。诏都督宗正珍孙讨之。

十一月，丁卯［4］，以护军萧渊藻［5］为北讨都督，镇涡阳。戊辰［6］，以涡阳为西徐州［7］。

葛荣围魏［8］信都，自春及冬，冀州刺史元孚［9］帅励将士，昼夜拒守，粮储既竭，外无救援，己丑［10］，城陷；荣执孚，逐出居民，冻死者什六七［11］。孚兄祐为防城都督［12］，荣大集将士，议其生死。孚兄弟各自引咎［13］，争相为死，都督潘绍［14］等数百人，皆叩头请就法以活使君［15］。荣曰：“此皆魏之忠臣义士。”于是同禁者五百人皆得免。

魏以源子邕为冀州刺史，将兵讨荣；裴衍表请同行，诏许之。子邕上言：“衍行，臣请留；臣行，请留衍。若逼使同行，败在旦夕。”不许。十二月，戊申［16］，行至阳平东北漳水曲［17］，荣帅众十万击之，子邕、衍俱败死。

相州吏民闻冀州已陷，子邕等败，人不自保。相州刺史恒农李神［18］志气自若，抚勉将士，大小致力［19］，葛荣尽锐攻之，卒不能克。

秦州民骆超杀杜粲［20］，请降于魏。

（以上为第十段，写北魏信都被叛首葛荣围困失陷，刺史元孚与其兄元祐被俘，各自引咎争死，葛荣义而释之；朝廷派源子邕与裴衍攻打葛荣，双双败亡，冀州失陷。）

【注释】

[1]正平：北魏郡名，郡治在今山西新绛县。薛凤贤：孝明帝元诩时为正平郡反叛军首领。[2]薛修义：字公让，河东龙门（今山西河津市）人，定阳郡守薛宝集之子，起初随宗人薛凤贤等作乱，在河东起兵自号黄钺大将军。后投降，助官军平定薛凤贤之乱，拜龙门镇军，封汾阴县侯。传见《北齐书》卷五十。河东：北魏郡名，郡治蒲坂，在今山西永济市西的黄河边。[3]盐池：古地名，在今山西运城市城南，在蒲坂的东北方。蒲坂：古县名，县治在今山西永济市。[4]丁卯：十一月八日。[5]护军：即护军将军。萧渊藻（zǎo）：字靖安，小字迦叶，梁武帝萧衍之侄，时任南梁护军将军。传见《梁书》卷二十三。[6]戊辰：十一月九日。[7]西徐州：大通元年（527），南梁取涡阳，改置西徐州，治所涡阳，在今安徽蒙城县涡河南岸。[8]魏：此字原无，据章校补。[9]元孚（fú）：字秀和，太武帝拓跋焘曾孙，临淮王元提之子，北魏冀州刺史，颇有善政。后跟随孝武帝入关，受封扶风郡王。传见《魏书》卷十八。[10]己丑：十一月三十日。[11]什六七：十分之六七。什，同“十”。[12]防城都督：古官名，北魏地方军事长官，负责城防之事。[13]引咎：把过失归于自己。[14]潘绍：北魏冀州刺史的都督。[15]使君：对刺史的尊称，此指元孚。[16]戊申：十二月二十日。[17]阳平：北魏郡名，郡治在今河北馆陶县。漳水曲：漳水的浦口。漳水，古水名，为黄河中、下游的最大支流。[18]李神：司州恒农人，益州刺史李洪之之子，北魏后期的名将。随从兄尚书令李崇征伐，有功，迁相州刺史，抵抗葛荣精锐进攻，迁车骑大将军，封安康郡公。传见《魏书》卷七十。[19]大小致力：大人小孩全都尽心竭力。[20]秦州民骆超杀杜粲：胡三省曰：“杜粲杀莫折念生，骆超又杀杜粲，群盗互相屠灭以邀一时之利，不足怪也。”骆超，秦州民众起义首领。

【点评】

北魏日衰。胡太后第二次摄政，任用郑俨、徐纥一帮佞臣，政事废弛，赏罚随心所欲，成为北魏朝政更加混乱的一个节点。加之国内叛乱日益增多，征讨不停，国家财用耗竭，提前征收了六年的租调，还不够用，于是停发了给百官的酒肉，又向每个进入集市的人征收一枚钱的税，以至投住旅店都要纳税，百姓无不嗟怨。统治的基础动摇了。为之后尔朱荣之乱埋下伏线。

卷一五二　梁纪八

梁武帝大通二年（528 年）

【著雍涒滩（戊申，528 年），凡一年】

【大事提要】

本卷记事公元 528 年，凡一年，当梁武帝大通二年。本卷所载大事有四，均集中在北魏。其一，本卷所记大事主要以魏孝明帝与胡太后母子之间的矛盾为开端，以尔朱荣事迹为主线。胡太后鸩杀孝明帝，激起尔朱荣、元天穆等起兵入洛阳，尊奉元子攸为皇帝。尔朱荣杀了胡太后及幼主，尔朱荣的胡兵又杀朝廷官员两千余人，史称“河阴之变”。其二，天下纷扰，各自称雄，万俟丑奴自称天子。其三，尔朱荣杀葛荣，五州皆平。其四，尔朱荣发现高欢的政治才能，高欢便经常参与尔朱荣的军事谋划，自此崭露头角。

高祖武皇帝八

大通二年（戊申，528 年）

春，正月，癸亥[1]，魏以北海王颢为骠骑大将军、开府仪同三司、相州刺史。

魏北道行台杨津守定州城[2]，居鲜于修礼、杜洛周之间，迭来攻围[3]；津蓄薪粮，治器械，随机拒击，贼不能克。津潜使人以铁券[4]说贼党，贼党有应津者，遗津书曰：“贼所以围城，正为取北人[5]耳。城中北人，宜尽杀之，不然，必为患。”津悉收北人内子城中[6]而不杀，众无不感其仁。

及葛荣代修礼统众，使人说津，许以为司徒，津斩其使，固守三年[7]。杜洛周围之，魏不能救。津遣其子遁[8]突围出，诣柔然头兵可汗求救。遁日夜泣请，头兵遣其从祖吐豆发[9]帅精骑一万南出；前锋至广昌[10]，贼塞隘口[11]，柔然遂还。乙丑[12]，津长史李裔[13]引贼入，执津，欲烹之，既而舍之。瀛州刺史元宁[14]以城降洛周。

乙丑[15]，魏潘嫔[16]生女，胡太后诈言皇子；丙寅[17]，大赦，改元武泰。

萧宝寅围冯翊，未下；长孙稚军至恒农，行台左丞杨侃[18]谓稚曰："昔魏武与韩遂、马超据潼关相拒[19]，遂、超之才，非魏武敌[20]也，然而胜负久不决[21]者，扼[22]其险要故也。今贼守御已固，虽魏武复生，无以施其智勇。不如北取蒲反[23]，渡河而西，入其腹心，置兵死地[24]，则华州之围[25]不战自解，潼关之守[26]必内顾而走，支节既解[27]，长安可坐取也。若愚计可取，愿为明公[28]前驱。"稚曰："子[29]之计则善矣，然今薛修义围河东[30]，薛凤贤据安邑[31]，宗正珍孙守虞坂不得进[32]，如何可往？"侃曰："珍孙行陈一夫[33]，因缘为将[34]，可为人使，安能使人！河东治在蒲反，西逼河滑[35]，封疆多在郡东[36]。修义驱帅士民西围郡城，其父母妻子皆留旧村，一旦闻官军来至，皆有内顾之心，必望风自溃矣。"稚乃使其子子彦[37]与侃帅骑兵自恒农北渡[38]，据石锥壁[39]，侃声言[40]："今且停此以待步兵，且观民情向背。"命送降名者[41]各自还村，"俟台军[42]举三烽，当亦举烽相应；其无应烽者，乃贼党也，当进击屠之，以所获赏军。"于是，村民转相告语，虽实未降者亦诈举烽，一宿之间，火光遍数百里，贼围城者不测其故，各自散归；修义亦逃还，与凤贤俱请降。丙子[43]，稚克潼关，遂入河东。

会有诏废盐池税[44]，稚上表以为："盐池天产之货，密迩京畿[45]，唯应宝而守之，均赡以理[46]。今四方多虞[47]，府藏罄竭[48]，冀、定扰攘[49]，常调之绢[50]不复可收，唯仰府库，有出无入。略论[51]盐税，一年之中，准绢而言[52]，不下三十万匹，乃是移冀、定二州置于畿甸[53]；今若废之，事同再失[54]。臣前仰违严旨[55]，不先讨关贼[56]，径解河东[57]者，非缓长安而急蒲反，一[58]失盐池，三军乏食。天助大魏，兹计不爽[59]。昔高祖升平之年[60]，无所乏少[61]，犹创置盐官而加典护[62]，非与物竞利[63]，恐由利而乱俗[64]也。况今国用不足，租征六年之粟[65]，调折来岁之资[66]，此皆夺人私财，事不获已[67]。臣辄符同监将、尉[68]，还帅所部，依常收税，更听后敕[69]。"

萧宝寅遣其将侯终德击毛遐[70]。会郭子恢[71]等屡为魏军所败，终德因其势挫[72]，还军袭宝寅；至白门[73]，宝寅始觉，丁丑[74]，与终德战，败，携其妻南阳公主及其少子帅麾下百余骑自后门出，奔万俟丑奴[75]。丑奴以宝寅为太傅[76]。

二月，魏以长孙稚为车骑大将军、开府仪同三司、雍州刺史、尚书仆射、西道行台[77]。

（以上为第一段，写北魏北道行台杨津防守定州因无援而失陷；西道行台长孙稚攻克潼关，进入河东郡，反对废盐池税；齐王萧宝寅据关中反叛，很快被平定。）

【注释】

［1］癸亥：正月五日。［2］北道行台：北魏尚书省设在地方的派出机构，其长官也被称为"行台"。杨津：字延祚，魏国名将杨椿之弟，时为定州刺史、北道行台，从定葛荣之乱。传见《魏书》卷五十八。定州城：在今河北定州市，当时为北魏定州的州治所在地。［3］迭来攻围：指叛军首领鲜于修礼与杜洛周轮番地前来攻击围困杨津所守的定州。［4］铁券：用铁页做成的证明文件，赐给真心归降者，持此券可赦其曾经从贼的罪过。［5］取北人：捉拿北方来的人，指没有汉化的北方民族。［6］内子城中：把这些北方人保护在内城中。内，同"纳"，收纳，掩蔽。子城，附于大城的小城、内城。［7］固守三年：胡三省曰："普通七年春，津守定州，至是三年。"［8］遁：即杨津之子杨遁，字山才，突出重围求救于柔然。后为尚书郎，孝庄帝时官至尚书左丞、光禄大夫。传见《魏书》卷五十八。［9］从祖吐豆发：阿那瑰的叔祖，名叫吐豆发，古代北方游牧民族官员，亦作吐豆登、吐头发、吐屯发、吐屯等。引兵南救杨津，未果北还。［10］广昌：北魏县名，县治在今河北涞源县北，上属代郡。［11］塞隘（ài）口：堵塞关口。胡三省曰："自广昌东南山南出倒马关，至中山上曲阳县，关山险隘，实为深峭，石磴逶迤，沿涂九曲。"［12］乙丑：正月七日。［13］津长史：杨津的高级僚属长史。李裔：赵郡平棘（今河北赵县）人，字徽伯，为汝南王元悦常侍、定州镇军长史，反叛，潜引杜洛周入城执州刺史杨津，被洛周封为定州王。后事葛荣，寻为尔朱荣所执，荣死获免。传见《魏书》卷三十六。［14］瀛（yíng）州：北魏州名，州治在今河北河间市。元宁（464—524）：瀛州刺史，投降叛军杜洛周。［15］乙丑：正月七日，与上文的"乙丑"为同一天。［16］潘嫔：即潘外怜，也称"潘充华"，北魏元诩的宠妃。传见《北史》卷十三。［17］丙寅：正月八日。［18］行台左丞：古官名，即行台省尚书左丞，行台属官。杨侃（kǎn）：字士业，弘农华阴（今陕西华阴市）人，侍中杨播之子，时为长孙稚行台左丞，从平萧宝寅叛乱有功，除冠军将军、东雍州刺史，转岐州刺史，官至卫将军、金紫光禄大夫、侍中，封济北郡公。传见《魏书》卷五十八。［19］"昔魏武"句：汉献帝建安十六年（211），曹操西征，攻灭割据关陇的军阀韩遂、马超。由于韩遂、马超据险扼守潼关，才略不世出的曹操初

期与之相持。［20］敌：匹敌，对手。［21］胜负久不决：此乃婉转之语，曹操开始时曾被马超在渭水河边打得大败，险些被马超所捉。事见《资治通鉴》卷六十六建安十六年（211）。［22］扼（è）：扼守，据守。［23］蒲反：即蒲坂，在山西永济市西的黄河边，当时为北魏河东郡的郡治所在地。［24］置兵死地：置兵于孤立无援之地，此兵必死里求生，奋勇作战，即所谓"置之死地而后生"。［25］华州之围：指冯翊之围。据《魏书·萧宝寅传》，萧宝寅反叛后，"派郭子恢东侵潼关，行台张始荣围攻华州刺史崔袭。"胡三省引《五代志》曰："冯翊郡，后魏置华州。"华州，北魏州名，当时的州治华阴，在今陕西大荔县。［26］潼关之守：当时萧宝寅曾派部将郭子恢东攻潼关，但未言攻克。观此言，萧宝寅据守潼关之将，乃是郭子恢。潼关：古关隘名，为陕西、河南两地之间的重要关塞，在今之陕西潼关县城，在两省的交界线上。［27］支节：细枝末节，非主干部分，此借指一般城池，与其心腹之地长安相对而言。支，同"枝"。［28］明公：古代对有名位者的尊称。此指长孙稚。［29］子：古代对人的尊称，以称老师或有道德、有学问的人。［30］薛修义：字公让，河东龙门（今山西河津市）人，定阳郡守薛宝集之子。六镇之乱爆发，薛宝集也于上年在河东发动叛乱攻围河东，后归附官军立功封侯，成为北魏、北齐大臣。传见《北齐书》卷五十。河东：古郡名，郡治蒲阪，在今山西永济市西的黄河边上。［31］薛凤贤：北魏正平人，是薛修义的同族，于上年在正平郡内组织部众造反以响应薛宝集。后投降，授龙骧将军、阳夏县子，封汾阴县侯。安邑：古县名，县治在今山西夏县西北，当时属于正平郡。［32］宗正珍孙：姓宗正，字珍孙，河南洛阳人，孝明帝时安西将军、光禄大夫，当时正受朝廷派遣率兵往讨薛凤贤、薛修义。守虞坂不得进：宗正珍孙停留在虞坂不敢再向前进军。虞坂，俗名青石槽，高原上的道路名，南通茅津渡，东北通夏县王峪口，在今山西运城市东，当时的安邑县东南。［33］行陈一夫：军中的普通一兵。行陈，即"行阵"，行伍。陈，同"阵"。［34］因缘为将：靠着机会当了将军。因缘，指乘乱世。缘，机缘，机遇。［35］西逼河漘（chún）：西靠黄河边。逼，逼近，靠近。漘，水边。［36］封疆多在郡东：管辖的地盘大都在河东郡治的东侧。封疆，地界，这里指地盘。［37］子彦：即长孙子彦，本名长孙俊，字子彦，河南洛阳人，鲜卑族，长孙稚长子，北魏到西魏大臣。传见《北史》卷二十二。［38］自恒农北渡：自今之三门峡一带北渡黄河，进入河东郡地面。［39］据石锥壁：占据了石锥山上的军事据点。胡三省引《五代志》曰："河东郡虞乡县有石锥山，于此筑垒壁也。"石锥，古山名，在当时的安邑县西南，今山西永济市虞乡镇东中条山支峰石锥山上。壁，壁垒，营垒。［40］声言：宣称。［41］送降名者：呈送投降名单的人。［42］俟（sì）：等候，等待。台军：官军，朝廷的军队。［43］丙子：正月十八日。［44］废盐池税：取消盐池的税收。胡三省曰："魏朝盖谓弛盐利以与民，可以得民也。"［45］密迩（ěr）京畿（jī）：靠近京城洛阳。密迩，靠近。京畿，京城与其郊区，这里即指京城。［46］均赡（shàn）以理：公平合理地管好它。均，均衡，合理。赡，供给与人。［47］多虞（yú）：多灾多难。虞，忧虑，灾难。［48］府藏罄（qìng）竭：府库空虚。罄，尽，竭。［49］冀、定扰攘：冀、定二州兵荒马乱。当时冀、定二州被葛荣、杜洛周所辗转攻击。冀州的州治信都，在今河北衡水市冀州区；定州的州治在今河北定州市。［50］常调之绢：正常的税收应收的绢帛。［51］略论：大致推论、估算。［52］准绢而言：以绢帛为标准折算。［53］移冀、定二州置于畿（jī）甸（diàn）：意思是冀、定二州的赋税全靠盐池税，就等于是将冀州、定州这两个州放置到京郊；如果免掉盐池税，就等于京郊不存在了。甸，古代指郊外的地方。［54］事同再失：胡三省曰："前此宣武帝用甄琛之言，废盐池税，已为失计；今又废之，是为再失。"［55］仰违严旨：大胆地违背皇帝的旨意。仰，表示恭敬。［56］关贼：关中之贼，指萧宝寅。［57］径解河东：直接地先来解决河东二薛的问题。［58］一：一旦。［59］兹计不爽：这个做法没有出差错，这如同押宝，我押对了。兹，此。［60］高祖：指孝文帝元宏。升平之年：指孝文帝元宏在位时的太平年代。［61］乏少：缺少。［62］典护：掌管护卫，管理。［63］非与物竞利：不是想和百姓争这几个小钱。物，即人。［64］由利而乱俗：如果让百姓群争而无管理，那就会造成更严重的秩序混乱。［65］租征六年之粟：北魏政府已向百姓预征了此后六年的租粮。［66］调折来岁之资：又向百姓预收明年的绢帛。调，即户调，指政府向成年男子征收丝帛。折，折合，折算。［67］事不获已：这实在是没有办法的事情啊，只好如此。已，同"矣"，语助词。［68］辄（zhé）：于是，便。符同监将、尉：《魏书·长孙稚传》作"符司监将、尉"，即以符节为凭证，给管理盐池的将军与校尉下令。符，下令。司监将、尉，主管监护盐池的将、尉。疑"同"为"司"字之误。［69］更听后敕（chì）：胡三省曰："谓合罢与否，更听后番敕下也。"敕，敕令，命令。［70］侯终德：齐王萧宝寅的部将，后来反叛。毛遐：字鸿远，北地三原（今陕西三原县）人，定州刺史毛天爱曾孙，北魏大臣。因平定万俟丑奴和叛臣萧宝寅有功，拜尚书兼雍秦二州行台。孝武帝元修入关，为尚书，分掌机事，迁骠骑大将军、仪同三司。［71］会：恰逢。郭子恢：叛臣萧宝寅的属将，曾杀害关右大使郦道元。［72］势挫：势力受到损伤。挫，挫折，挫伤。［73］白门：长安城西出的北数第三门。［74］丁丑：正月十九日。［75］奔万（mò）俟（qí）丑奴：往降万俟丑奴。［76］太傅：古高官名，国家三公之一，一般为荣誉性加官。万俟丑奴称帝，也有模有样地设置百官，故任命萧宝寅为太傅。［77］车骑大将军、开府仪同三司、雍州刺史、尚书仆射（yè）、西道行台：五个官职各有不同的含义。车骑大将军为将军名号，位仅次于骠骑大将军；开府仪同三司是享受的待遇，视同"三公"；雍州刺史时为雍州地区的最高行政长官；尚书仆射是表示在尚书省有一席之位，仅次于尚书令；西道行台，是表示在西部地区，代行尚书省的职权。行台，是尚书省的派出机构，也表示是行台的最高长官。

群盗李洪攻烧巩西阙口[1]以东，南结诸蛮；魏都督李神轨[2]、武卫将军费穆[3]讨之。穆败洪于阙口南，遂平之。

葛荣击杜洛周，杀之，并其众。

魏灵太后[4]再临朝以来，嬖幸用事[5]，政事纵弛[6]，恩威不立，盗贼蜂起，封疆日蹙[7]。魏肃宗年浸长[8]，太后自以所为不谨[9]，恐左右闻之于帝，凡帝所爱信者，太后辄以事去之，务为壅蔽[10]，不使帝知外事。通直散骑常侍昌黎谷士恢[11]有宠于帝，使领左右[12]；太后屡讽之[13]，欲用为州[14]，士恢怀宠[15]，不愿出外，太后乃诬以罪而杀之。有蜜多道人[16]，能胡语，帝常置左右，太后使人杀之于城南而诈悬赏购贼[17]。由是母子之间，嫌隙日深[18]。

（以上为第二段，写北魏胡太后再次临朝听政，政治日益败坏，自己行为不端，又怕传到儿子元诩耳中，便阻塞消息，又杀害元诩亲信，母子隔阂日益加深。）

【注释】

[1]李洪：孝明帝元诩时的变民首领。巩西阙口：巩县西南的伊阙口，在今之所谓龙门，在今河南洛阳市南。当时的巩县县治在今河南巩义市西，今洛阳市的正东偏北。 [2]都督：总督，统领。李神轨：字青肫，太尉李崇之子，袭封陈留郡公。胡太后宠臣。河阴之变时遭杀害。传见《魏书》卷六十六。 [3]武卫将军：古官名，皇帝禁卫军队的统领官。费穆：北魏名将。起家夏州别驾，历任泾州长史、安定太守，迁金紫光禄大夫、武卫将军。官至侍中、车骑将军。传见《魏书》卷四十四。 [4]灵太后：即胡太后。 [5]嬖（bì）幸：男宠。嬖，宠溺。用事：执政，当权。 [6]纵弛：放纵，松弛，敷衍了事。 [7]封疆日蹙（cù）：能管辖的地盘越来越小。蹙，萎缩。胡三省曰："谓秦、陇以西，冀、并以北，皆为盗区，淮、汝、沂、泗之间，皆为梁所侵也。" [8]肃宗：即孝明帝元诩，河南洛阳人，鲜卑族，宣武帝元恪嫡次子，北魏第九位皇帝。幼年继位，随着权臣元乂、母后胡氏相继擅权乱政，大失人心，引发六镇起义，国势日衰。不满胡太后专权，密诏岳父尔朱荣进京勤王。密诏外泄，遭到太后毒杀，年仅十九岁，谥号明，庙号肃宗。传见《魏书》卷九。年浸长：年龄越来越大。浸，同"渐"。 [9]所为不谨：指其养着许多男宠，行为不端。 [10]务为壅（yōng）蔽：尽量地让儿子元诩什么事也不知道。壅蔽：指用不正当手段有意隔绝别人的视听，使人不明真相。 [11]通直散骑常侍：古官名，皇帝的侍从官员，以备参谋顾问。谷士恢：姓谷，名士恢，字绍达，昌黎人，谷纂之弟，北魏官员。初为宣武帝元恪挽郎，后入侍孝明帝元诩，得宠。胡太后怀疑其向元诩言己隐私，示意其求外任。士恢恃帝宠，置之不理，遂被太后诬其罪杀之。传见《魏书》卷三十三。 [12]领左右，古官名，北魏置，为皇帝身边的亲信侍臣，掌禁中事务，权力很大。 [13]屡讽之：多次向他吹风示意。 [14]欲用为州：想派他出去担任刺史。 [15]怀宠：贪恋于受北魏主元诩之宠。怀，恋。 [16]蜜多道人：一个名叫蜜多的和尚。 [17]诈悬赏购贼：假意悬赏募人捉拿刺客。诈，此字原无，据章校补。 [18]嫌隙：犹今所谓矛盾，彼此相互猜疑。日深：一天比一天加深。

是时，车骑将军、仪同三司，并、肆、汾、广、恒、云[1]六州讨虏大都督尔朱荣[2]兵势强盛，魏朝惮[3]之。高欢[4]、段荣[5]、尉景[6]、蔡俊[7]先在杜洛周党中，欲图洛周不果，逃奔葛荣，又亡归尔朱荣。刘贵[8]先在尔朱荣所，屡荐欢于荣，荣见其憔悴[9]，未之奇[10]也。欢从荣之马厩[11]，厩有悍马[12]，荣命欢翦之[13]，欢不加羁绊[14]而翦之，竟不蹄啮[15]，起，谓荣曰："御恶人[16]亦犹是矣。"荣奇其言，坐欢于床下，屏左右[17]，访以时事，欢曰："闻公有马十二谷[18]，色别为群[19]，畜此竟[20]何用也？"荣曰："但言尔意！"欢曰："今天子暗弱[21]，太后淫乱，嬖孽擅命[22]，朝政不行。以明公雄武，乘时奋发，讨郑俨、徐纥[23]之罪以清帝侧，霸业可举鞭而成，此贺六浑[24]之意也。"荣大悦，语自日中至夜半乃出，自是每参军谋。

并州刺史元天穆[25]，孤之五世孙也，与荣善，荣兄事之。荣常与天穆及帐下都督贺拔岳[26]密谋，欲举兵入洛，内诛嬖幸[27]，外清群盗，二人皆劝成之。

荣上书以"山东群盗方炽[28]，冀、定覆没[29]，官军屡败，请遣[30]精骑三千东援相州[31]。"太后疑之，报以"念生枭戮[32]，宝寅就擒，丑奴请降[33]，关、陇已定[34]。费穆大破群蛮，绛蜀渐平[35]。又，北海王颢帅众二万出镇相州，不须出兵[36]。"荣复上书，以为："贼势虽衰，官军屡败，人情危怯[37]，恐实难用。若不更思方略，无以万全。臣愚以为蠕蠕主阿那瑰荷国厚恩[38]，未应忘报，宜遣发兵东趣下口[39]以蹑其背[40]，北海之军[41]严加警备以当其前。臣麾下[42]虽少，辄尽力命自井陉以北[43]，滏口[44]以西，分据险要，攻其肘腋[45]。葛荣虽并洛周，威恩未著，人类差异[46]，形势可分[47]。"遂勒兵召集义勇，北捍马邑[48]，东塞井陉。徐纥说太后以铁券间荣左右[49]，荣闻而恨之。

（以上为第三段，写北魏尔朱荣兵势强盛，高欢借剪马鬃对其谏说，深得其赏识，并参与谋划军事；尔朱荣按捺不住野心，反复上书胡太后，意欲出兵平乱。）

【注释】

[1]并、肆、汾、广、恒、云：北魏六州名。并州，州治晋阳，在今山西太原市。肆州，州治在今山西忻州市西北。汾州，州治蒲子城，在今山西隰县。广，当作"唐"，唐州，州治在今山

西翼城县。恒州，州治在今山西大同市。云州，州治盛乐，在今内蒙古托克托县东北。［2］尔朱荣：北秀容（今山西朔州市）人，契胡族，原是肆州秀容郡一带的土豪，后来发展成为地方军阀，后入据洛阳，迎立长乐王元子攸为帝，发动河阴之变，杀胡太后、少帝，还师晋阳，遥控朝政。后被杀。传见《魏书》卷七十四。［3］惮（dàn）：害怕，畏惧。尔朱荣是个猛人，势力壮大后，并不把北魏朝廷放在眼里，朝廷也拿他没办法。［4］高欢：小字贺六浑，出身怀朔镇兵户，东魏权臣，北齐奠基人。传见《北齐书》卷一。［5］段荣：字子茂，武威姑臧（今甘肃武威市凉州区）人，安北司马段连之子，北魏到东魏大臣，高欢的开国元勋，有勇有谋。早年投奔肆州刺史尔朱荣，拜肆州法曹参军；参加信都起兵，拜大行台右丞、西北道慰谕大使，加镇北将军。历任定州、瀛州、相州、济州、泰州刺史，迁山东道大行台。传见《北齐书》卷十六。［6］尉景：字士真，朔州善无人，鲜卑族，北齐神武帝高欢姐夫，东魏大臣。传见《北齐书》卷十五。［7］蔡俊：本姓大利稽氏，字景彦，广宁石门（今山西寿阳县）人，北魏宁朔将军蔡普之子，高欢的开国功臣。传见《北齐书》卷十九。［8］刘贵：本名刘懿，字贵珍，弘农华阴（今陕西华阴市）人，匈奴族，肆州刺史刘乾之子，北魏到东魏大臣。传见《北齐书》卷十九。［9］憔悴：瘦弱无力、脸色难看的样子。［10］未之奇：没有觉得他有什么不平常。［11］之马厩（jiù）：到马棚看马。之，到，往。［12］悍马：难以驯服的烈马。［13］翦之：剪马鬃。翦，同“剪”。［14］羁绊：胡三省曰：“马络首曰羁，系足曰绊。”［15］竟不蹄啮（niè）：意谓这匹悍马居然对高欢服服帖帖，不踢不咬。［16］御恶人：驾御、驯服凶恶的人。［17］屏（bǐng）左右：退去身边的人。［18］十二谷：胡三省曰：“荣畜牧蕃庶，以谷量马。”［19］色别为群：每群以不同的颜色相区别。［20］畜：同“蓄”，蓄养，养殖。竟：究竟，到底。［21］暗弱：昏庸，懦弱。［22］嬖（bì）孽（niè）擅命：犹言“小人当道”。嬖孽，男宠，受帝王宠幸的奸邪小人。擅命，擅自发号施令，不受节制。［23］郑俨、徐纥：两人皆胡太后嬖幸乱政之臣。两人传见《魏书》卷九十三。［24］贺六浑：即高欢，字贺六浑。［25］元天穆：字天穆，河南洛阳人，鲜卑族，平文帝拓跋郁律第四子拓跋孤之孙，元长生之子，北魏宗室、大臣。起家员外散骑侍郎，迁太尉掾，后交好肆州刺史尔朱荣，时任并州刺史，扑灭六镇起义，发动“河阴之变”，拥立孝庄帝元子攸即位，迁太宰、录尚书事、监修国史，后进封上党王。权倾朝野，荣极一时。后被杀。传见《魏书》卷十四。［26］贺拔岳：北魏名将。传见《北齐书》卷十九。［27］嬖（bì）幸：指被宠爱狎昵的乱臣。［28］山东：太行山以东地区。炽（chì）：炽热，气焰嚣张。［29］冀、定覆没：指相继落入杜洛周、葛荣之手。［30］请遣：请求由我尔朱荣派遣。［31］相州：北魏州名，州治邺城，在今河北临漳县西南的古邺镇。［32］念生：即莫折念生，北魏关陇反叛首领。后为叛徒杜粲暗杀。枭戮：被枭首示众。［33］宝寅就擒，丑奴请降：前文只言萧宝寅兵败，往投万俟丑奴，丑奴以其为太傅，无“宝寅被擒、丑奴请降”之事，此处叙事有误。［34］关、陇已定：指萧宝寅的叛乱已被平定。关，指陕西关中长安一带。陇，指今陕西陇县至甘肃平凉市一带地区。［35］绛蜀渐平：绛蜀，指徙居于河东绛县的蜀地之民。上卷曾有绛蜀陈双炽聚众反，自号始建王，被北魏将领长孙稚、薛修义招降；

本卷前文有“群盗”攻烧阙口以东，被费穆讨平，但未说这里的群盗就是“绛蜀”，前后叙事混乱、不完全吻合。［36］不须出兵：指不用你尔朱荣劳心出兵。［37］人情危怯：人心惶惶，惊慌失措。［38］蠕蠕主：即柔然可汗。柔然别称蠕蠕。阿那瑰荷国厚恩：阿那瑰之所以能当稳柔然可汗，又能有现时之强盛，都靠北魏当年的保护与援助。事见《资治通鉴》卷一百四十九。［39］宜遣发兵：应该让他发兵。东趣下口：东趋飞狐口。趣，同“趋”，奔赴。胡三省曰：“下口，盖指飞狐口。”飞狐口在今河北蔚县东南，恰当太行山脉和燕山、恒山山脉的交接点，是控制河北平原与北方边郡交通的咽喉。［40］以蹑（niè）其背：就是从葛荣军队的北侧对之进行攻击。当时葛荣往正南攻相州的元显。蹑，踩，踏。其，指葛荣。［41］北海之军：据守相州（州治邺城）的北海王元颢的军队。［42］麾（huī）下：指手下的将兵。［43］尽力命：竭尽智力与性命。井陉（xíng）：即井陉道，今山西与河北之间的翻越太行山的山路名，其西口在今所谓“娘子关”，在今山西阳泉市的东北方；其东口在今所谓“土门关”，在今河北井陉县的西北方。［44］滏（fǔ）口：古隘道名，即滏口陉，太行八陉之一，位于今河北邯郸市西南滏山，隘道中因有滏水（今滏阳河）源地，泉涌如釜扬汤，故名。［45］肘腋：胳膊肘与胳肢窝，比喻近要的地方。［46］人类差异：人的类别不同，指杜洛周的部下与葛荣的部下，彼此生活习性不同。［47］形势可分：其目前的优势可以分解、削弱，意即可以瓦解他们。胡三省曰：“杜洛周，柔玄镇民；葛荣，鲜于修礼之党；本非同类，吞并为一。及其新合，亟加招讨，则形势可分也。”［48］北捍马邑：向北抵抗来自马邑叛军的进攻。马邑，古县名，在今山西朔州市。［49］间荣左右：意即收买、分化尔朱荣的左右亲信。

魏肃宗亦恶俨、纥等，逼于太后，不能去，密诏荣举兵内向，欲以胁[1]太后。荣以高欢为前锋，行至上党[2]，帝复以私诏止之。俨、纥恐祸及己，阴与太后谋鸩[3]帝，癸丑[4]，帝暴殂[5]。甲寅[6]，太后立皇女为帝，大赦。既而下诏称：“潘充华[7]本实生女。故临洮王宝晖世子钊[8]，体自高祖[9]，宜膺大宝[10]。百官文武加二阶[11]，宿卫[12]加三阶。”乙卯[13]，钊即位。钊始生三岁，太后欲久专政，故贪[14]其幼而立之。

尔朱荣闻之，大怒，谓元天穆曰：“主上晏驾[15]，春秋十九，海内犹谓之幼君；况今奉未言之儿以临天下，欲求治安[16]，其可得乎！吾欲帅铁骑赴哀山陵[17]，翦除奸佞[18]，更立长君，何如？”天穆曰：“此伊、霍[19]复见于今矣。”乃抗表[20]称：“大行皇帝背弃万方[21]，海内咸称鸩毒致祸[22]。岂有天子不豫[23]，初不召医[24]，贵戚大臣皆不侍侧，安得不使远近怪愕[25]！又以皇女为储两[26]，虚行赦宥[27]，上欺天地，下惑朝野。已乃选君于孩提[28]之中，实使奸竖专朝[29]，隳乱纲纪[30]，此何异掩目捕雀，塞耳盗钟。今群盗沸腾，邻敌窥窬[31]，而欲以未言之儿镇安天下，不亦难乎！愿听臣赴阙[32]，参预大议[33]，问侍臣帝崩之由[34]，访侍卫不知之状[35]，以徐、郑之徒付之司败[36]，雪同天[37]之耻，谢远近之怨，然后更择宗亲以承宝祚[38]。"荣从弟世隆[39]，时为直阁[40]，太后遣诣晋阳慰谕[41]荣；荣欲留之，世隆曰："朝廷疑兄，故遣世隆来，今留世隆，使朝廷得预为之备，非计也。"乃遣之。

（以上为第四段，写北魏的宫廷斗争进入白热化，魏明帝元诩密诏尔朱荣出兵胁迫太后，太后则伙同奸佞郑俨、徐纥毒杀元诩，尔朱荣以此为口实，发出声讨令。）

【注释】

[1]胁：威胁，胁迫。 [2]上党：北魏郡名，郡治在今山西长治市北。 [3]鸩（zhèn）：古代传说中的毒鸟，羽毛泡酒喝了可以毒死人。此用作动词，毒杀。 [4]癸丑：二月二十五日。[5]帝暴殂（cú）：北魏主元诩突然死亡。胡三省曰："年十九。"魏主元诩七岁即位，在位十三年，当了十三年的傀儡，现在终于解脱了。 [6]甲寅：二月二十六日。 [7]潘充华：即潘外怜，前文称"潘嫔"，北魏主元诩的宠妃。传见《北史》卷十三。充华，妃嫔称号，为九嫔之末，地位不高，但元诩非常宠幸。 [8]临洮（táo）王宝晖：即元宝晖，字子光，孝文帝元宏之孙，临洮王元愉次子，北魏主元诩的堂兄弟，袭封临洮郡王。世子钊：元宝晖的世子元钊，是新死的北魏主元诩的堂侄。元诩去世，元钊进入宫中，过继给孝明帝元诩，在灵太后拥立下即位为帝。后被杀。 [9]体自高祖：元钊是高祖元宏的曾孙。高祖，指北魏孝文帝元宏。 [10]宜膺（yīng）大宝：理应继位做皇帝。膺，接受，承当。大宝，皇位。 [11]二阶：二级，即爵位的两个等级。[12]宿卫：宫中禁卫士兵。 [13]乙卯：二月二十七日。 [14]贪：贪恋，贪求。 [15]晏驾：时间已到而帝王的车子还未能出来，隐称皇帝之死。晏，迟，晚。 [16]治安：政治清明，国家安定。 [17]赴哀山陵：到洛阳去痛哭去世的皇帝。山陵，喻称皇帝的陵墓。 [18]翦除：去除，消灭。翦，同"剪"。奸佞：奸邪谄媚的小人。 [19]伊、霍：即伊尹、霍光，是古代能行废立的两位名臣，伊尹是商朝的大臣，其君太甲好酒没有君道，伊尹将他废掉，放之于桐宫；其后太甲悔过向善，伊尹又将其接回继续为帝。事见《史记》卷三。霍光是西汉的名臣，其君刘贺荒唐无道，霍光将其废掉，改立刘询，即历史上的汉宣帝。事见《汉书》卷六十八。 [20]抗表：上书指陈不同意见。抗，呈上。 [21]大行皇帝：已死而尚未安葬的皇帝。背弃万方：扔下全国的臣民百姓，喻指皇帝之死。 [22]鸩（zhèn）毒致祸：是被毒药毒死的。鸩，毒鸟，这里即指毒药。[23]不豫：不舒服，隐称患病。豫，悦。 [24]初不召医：根本不传医生诊治。初，根本，始终。[25]怪愕：惊异，惊奇。 [26]以皇女为储两：让皇帝的女儿冒充太子。储两，储君，未来的君

主，即太子。［27］虚行赦宥（yòu）：让她即位称帝，发布大赦令。新皇帝上台通常都下大赦令，以安民心。宥，宽恕。［28］已乃：然后又。已，已而，然后。孩提：小孩子。《孟子》赵岐注曰："二三岁之间，在襁褓知孩笑，可提抱者也。"孩笑，刚刚会咳、会笑。［29］奸竖：奸诈的竖子，指郑俨、徐纥等人。专朝：专权弄政。［30］隳（huī）乱：毁坏，搅乱。隳，同"毁"。纲纪：治国的大纲、要领。［31］邻敌窥窬（yú）：邻国的敌人趁机进攻我国。当时南梁已趁机攻占北魏的许多城池。窥窬，窥测间隙，伺机而动。［32］听：听任，允许。赴阙（què）：到朝廷去，言下之意，去主持朝政。阙，宫殿前的高台，代指朝廷。［33］参预：参与。预，同"与"。大议：国家大事。［34］问侍臣帝崩之由：问一问侍卫人员，皇帝元诩究竟是怎么死的？崩，古代称皇帝之死为"崩"，有山崩地裂的意思。［35］访侍卫不知之状：问问负责警卫的官员，你们怎么会不了解情况。［36］付之司败：交由司法部门进行审判。司败，古官名，春秋时陈国、楚国称司寇为司败，犹如后代的廷尉、大理寺。［37］同天：犹言普天下。胡三省曰："君父之雠，义不同天。"［38］承宝祚：继承帝位。宝祚（zuò），大宝，帝位。［39］世隆：即尔朱世隆，字荣宗，尔朱买珍之子，太原王尔朱荣族弟，北魏后期将领。为直阁将军，进位前将军，迁骠骑大将军、左仆射、肆州刺史。后继尔朱荣后掌国政，封乐平郡王。被杀。传见《魏书》卷七十五。［40］直阁：古将军名，即直阁将军，皇帝身边的侍卫武官。直阁，在皇帝办公与住宿的门前值勤。直，同"值"，值勤。阁，宫殿里的旁门、小门，代指皇宫。［41］诣（yì）：到，至。晋阳：古郡名，郡治在今山西太原市，时尔朱荣封为太原王，驻镇晋阳。慰谕：抚慰，晓谕。

三月，癸未[1]，葛荣陷魏沧州[2]，执刺史薛庆之[3]，居民死者什八九[4]。

乙酉[5]，魏葬孝明皇帝于定陵[6]，庙号肃宗。

尔朱荣与元天穆议，以彭城武宣王有忠勋[7]，其子长乐王子攸[8]，素有令望[9]，欲立之。又遣从子天光[10]及亲信奚毅[11]、仓头王相[12]入洛，与尔朱世隆[13]密议。天光见子攸，具论荣心，子攸许之。天光等还晋阳，荣犹疑之[14]，乃以铜为显祖诸子孙[15]各铸像[16]，唯长乐王像成。荣乃起兵发晋阳，世隆逃出，会荣于上党。灵太后闻之，甚惧，悉召王公等入议，宗室大臣皆疾[17]太后所为，莫肯致言[18]。徐纥独曰："尔朱荣小胡[19]，敢称兵向阙[20]，文武宿卫足以制之。但守险要以逸待劳，彼悬军千里[21]，士马疲弊[22]，破之必矣。"太后以为然，以黄门侍郎李神轨为大都督，帅众拒之，别将郑季明、郑先护将兵守河桥[23]，武卫将军费穆屯小平津[24]。先护，俨之从祖兄弟也。

荣至河内[25]，复遣王相密至洛，迎长乐王子攸。夏，四月，丙申[26]，子攸与兄彭城王劭、弟霸城公子正潜自高渚[27]渡河，丁酉[28]，会荣于河阳[29]，将士咸称万岁。戊戌[30]，济河，子攸即帝位[31]，以劭为无上王[32]，子正为始平王[33]；以荣为侍中、都督中外诸军事、大将军、尚书令、领军将军、领左右[34]，封太原王[35]。

郑先护素与敬宗善[36]，闻帝即位，与郑季明开城[37]纳之。李神轨至河桥，闻北中[38]不守，即遁还；费穆弃众先降于荣。徐纥矫诏夜开殿门，取骅骝厩[39]御马十匹，东奔兖州[40]，郑俨亦走还乡里[41]。太后尽召肃宗后宫，皆令出家，太后亦自落发。荣召百官迎车驾，己亥[42]，百官奉玺绶[43]，备法驾[44]，迎敬宗于河桥。庚子[45]，荣遣骑执太后及幼主[46]，送至河阴[47]。太后对荣多所陈说，荣拂衣[48]而起，沈[49]太后及幼主于河。

费穆密说荣曰："公士马不出万人，今长驱向洛，前无横陈[50]，既无战胜之威，群情素不厌服[51]。以京师之众，百官之盛，知公虚实，有轻侮[52]之心。若不大行诛罚，更树亲党，恐公还北之日，未渡太行而内变作[53]矣。"荣心然之，谓所亲慕容绍宗[54]曰："洛中人士繁盛，骄侈成俗，不加芟翦[55]，终难制驭[56]。吾欲因百官出迎，悉诛之，何如？"绍宗曰："太后荒淫失道，嬖幸弄权，淆乱[57]四海，故明公兴义兵以清朝廷。今无故歼夷多士[58]，不分忠佞[59]，恐大失天下之望，非长策也。"荣不听，乃请帝循河西至淘渚[60]，引百官于行宫[61]西北，云欲祭天。百官既集，列胡骑围之，责以天下丧乱，肃宗暴崩，皆由朝臣贪虐[62]，不能匡弼[63]，因纵兵杀之，自丞相高阳王雍、司空元钦、仪同三司义阳王略[64]以下，死者二千余人。前黄门郎王遵业[65]兄弟居父丧，其母，敬宗之从母[66]也，相帅出迎[67]，俱死。遵业，慧龙之孙也，俊爽涉学[68]，时人惜其才而讥其躁[69]。有朝士百余人后至，荣复以胡骑围之，令曰："有能为禅文[70]者免死。"侍御史赵元则[71]出应募，遂使为之。荣又令其军士言"元氏既灭，尔朱氏兴"，皆称万岁。荣又遣数十人拔刀向行宫，帝与无上王劭、始平王子正俱出帐外。荣先遣并州人郭罗刹[72]、西部高车叱列杀鬼[73]侍帝侧，诈言防卫，抱帝入帐，余人即杀劭及子正，又遣数十人迁帝于河桥，置之幕下[74]。

（以上为第五段，写北魏太原王尔朱荣杀入洛阳，立元子攸为帝，于河阴将胡太后和小皇帝元钊沉入黄河，并大开杀戒，杀死朝臣二千多人，史称“河阴之变”。）

【注释】

[1]癸未：三月二十六日。[2]陷：攻陷，攻下。沧州：北魏州名，州治饶安，在今河北盐山县西南。[3]薛庆之：字庆集，河东汾阴（今山西万荣县）人，河东太守薛骥驹之子，北魏沧州刺史，为葛荣起义军所围，城陷，被俘，不久病逝。[4]什八九：十分之八九。什，同“十”。[5]乙酉：三月二十八日。[6]定陵：北魏孝明帝元诩的陵墓，在今河南洛阳市东北郊西山头村南。[7]彭城武宣王：即元勰，传见《魏书》卷二十一下。忠勋：尽忠而有勋绩。胡三省曰：“谓侍孝文帝疾，立宣武帝，备极忠勤也。”[8]长乐王子攸：即元子攸，字彦达，彭城王元勰第三子，尔朱荣立为帝，为北魏第十二位皇帝。传见《魏书》卷二十一下。[9]令望：崇高的声望。令，美好。[10]从子：侄子。天光：即尔朱天光，字天光，太原王尔朱荣堂侄，北魏末年名将。传见《魏书》卷七十五。[11]奚毅：仪同三司奚建之子，北魏大臣。授直斋将军，奔投肆州刺史尔朱荣，成为亲信，助尔朱荣拥立元子攸即位，迁中军将军、金紫光禄大夫、太仆卿；参与平定葛荣、邢杲和元颢起义，拜车骑大将军、右光禄大夫，进爵上洛郡公；参与诛杀天柱王尔朱荣。后战死。谥号武。传见《魏书》卷二十九。[12]仓头：也写作“苍头”，有“丑仆”之意，也有“武士”之意，不是一般的仆人。王相：人名，太原王尔朱荣的亲信兼保镖。[13]犹疑之：担心不能成功。[14]显祖：即北魏文成帝拓跋弘，北魏第六位皇帝，庙号显祖。传见《魏书》卷六。[15]诸子孙：指拓跋弘的几个儿子及孙子，也就是孝文帝元宏的几个亲兄弟与他们的儿子。“子”：此字原无，据章校补。[16]各铸像：用金、铜给备选的几个人铸像，用以占卜选择哪个人好，像成为吉，不成为凶。北魏人在立太子、立皇后有犹豫时常用此法以为最后的决断。胡三省曰：“胡人铸像以卜君，其来尚矣，故尔朱荣效之。”[17]疾：痛恨。[18]致言：献言献策，发表意见。[19]小胡：尔朱荣为契胡族，称“小胡”，犹言“小杂种”，含有轻蔑的意思。[20]称兵向阙（què）：举兵杀向朝廷。称兵，举兵，兴兵。[21]悬军千里：越过遥远的敌占区域，即远离根据地，孤军深入。[22]疲弊：即疲敝，疲劳不堪。弊，同“敝”。[23]别将：另外一支部队的将领。郑季明、郑先护：北魏将领，奉命守河桥抗击尔朱荣，尔朱荣兵至，两人开门迎请。河桥：洛阳东北方的黄河大桥，在今河南洛阳市偃师区北、孟州市南。[24]小平津：古黄河的重要渡口名，在今河南洛阳市孟津区东北，当时洛阳城的正北方。[25]河内：北魏郡名，郡治野王，在今河南沁阳市，地处黄河以北，在当时洛阳城的东北方，南离河桥不远。[26]丙申：四月九日。[27]潜：悄悄地。自高渚渡河：渡黄河北投尔朱荣军。高渚，当时洛阳城北的黄河中的小岛名。[28]丁酉：四月十日。[29]河阳：古城名，位于黄河北岸，在当时洛阳城的正北方，孟州的西方。[30]戊戌：四月十一日。[31]子攸即帝位：即历史上的北

魏孝庄帝。子攸，是元勰第三子，尔朱荣之所以特别选中他，是因为子攸平常就与尔朱荣的关系好。［32］以劭为无上王：元劭是元子攸之兄，又是元勰的嫡子，元勰家族的继承者。元子攸被尔朱荣拥为帝，自己的底气不足，故封其兄为“无上王”以安慰之。胡三省曰：“封为无上王，言其尊无上也。有君而言无上，君子是以知魏主之不终也。”［33］子正为始平王：元子正是元子攸之弟，封始平王，封地始平郡，郡治在今陕西兴平市东南。［34］领左右：统领皇帝身边的侍从与警卫人员。胡三省曰：“领左右千牛备身也。”［35］太原王：封地太原郡。太原郡与其周围是尔朱荣的根据地，故以此地封之。［36］敬宗：新即位为帝的元子攸的庙号，即历史上所称的孝庄帝。［37］开城：打开河桥城北端的城门。［38］北中：古城名，即黄河北岸的河桥城。胡三省曰：“河北侧岸有二城相对，魏高祖置北中郎府，徙诸从隶府户并羽林虎贲领队防之。北中不守，可以平行至洛阳矣。”［39］骅骝（liú）厩（jiù）：专门喂养良马的马棚。骅骝，赤红色的骏马，周穆王的“八骏”之一，此代指骏马。胡三省曰：“骏马也，故魏以名御马厩。”［40］兖（yǎn）州：北魏州名，州治瑕丘，在今山东济宁市兖州区西北。［41］乡里：指郑俨的故乡开封，郑俨是荥阳开封人，在今河南开封市南。［42］己亥：四月十二日。［43］奉玺（xǐ）绶（shòu）：捧上皇帝的印玺。玺绶，印玺与绶带。绶，古代印玺上所系的彩色丝带。［44］法驾：皇帝车驾中的一种，用以迎请元子攸。［45］庚子：四月十三日。［46］幼主：即胡太后新立的小皇帝，元宝晖的儿子元钊，时年三岁。［47］河阴：也称平阴，古邑名，在今河南洛阳市孟津区东北，当时洛阳城的正北偏西，地处黄河南岸，也是重要的渡口，名叫平阴津。［48］拂衣：抖动衣服，表示愤怒。［49］沈：同“沉”，丢到水中。［50］前无横陈：前面无人阻挡。横陈，横在前面的阻拦的部队。陈，同“阵”。［51］群情：人心。不厌服：不满意、不心服。厌，满足。［52］轻侮：轻蔑，侮辱。［53］未度太行：不等您度过太行山。洛阳在太行、王屋之南，尔朱荣的根基在太行、王屋之北。内变：朝内掀起的反对尔朱荣的政变。作：发生。［54］慕容绍宗：字绍宗，昌黎棘城（今辽宁义县）人，鲜卑族，前燕太原王慕容恪之后，北魏、东魏名将。早年是尔朱氏部将，担任并州刺史。后归顺高欢，历任扬州刺史、青州刺史、度支尚书、晋州刺史、御史中尉、徐州刺史，尚书左仆射，进爵索卢县公。传见《北史》卷五十三。［55］芟（shān）翦：剪除，消灭。芟，铲除杂草。翦，同“剪”。［56］制驭：控制，驾驭。［57］淆乱：错杂，混乱。［58］歼夷多士：大规模地杀戮朝廷官员。歼夷，杀光，尽灭。夷，铲平，消灭。多士，王公大臣。《诗经·文王》有所谓“济济多士，文王以宁”，故通常以“多士”泛称士大夫。［59］忠佞：即忠奸，忠臣与奸佞。佞，善说，通常即指用花言巧语搬弄是非，乱政害人。［60］帝：指尔朱荣所立的皇帝元子攸。淘渚：古地名，在河阴城的西北三里，在今河南孟州市西南、洛阳市孟津区东北。［61］行宫：此指元子攸临时的歇息之处。［62］贪虐：贪婪，暴虐。［63］匡弼（bì）：匡正辅佐，纠正补救。弼，辅佐。［64］丞相高阳王雍、司空元钦、仪同三司义阳王略：三人为宗室大臣，被尔朱荣所杀。元雍，传见《魏书》卷二十一上。元钦，传见《魏书》卷十九上。元略，传见《魏书》卷十九下。［65］王遵业：中书令王琼之子，北魏著名文史学家。起家著作佐郎，参修皇帝的《起居注》。为孝明帝讲解《孝经》，文采誉满京城。遇害于“河阴之变”。传见《魏书》卷三十八。 [66]从母：王遵业的生母，是新皇帝元子攸的姨母。 [67]相帅出迎：都出来迎接元子攸，祝贺他即位称帝。[68]俊爽：英俊豪爽，才智出众。涉学：研究学问。 [69]惜：爱惜。躁：浮躁，躁进，好追逐名利。 [70]禅（shàn）文：皇帝宣布愿将皇位让给他人的文告。禅，禅让，统治者生前把首领之位让给别人。 [71]侍御史：古官名，御史中丞的下属官员，掌弹劾。赵元则：北魏官员，河阴之变时，迫于太原王尔朱荣的淫威，应募撰写皇帝的禅让之文。 [72]郭罗刹：人名，北魏时人，并州人，太原王尔朱荣的亲信。 [73]叱列杀鬼：也称“叱列平”，姓叱列，字杀鬼，代郡西部高车族人，北魏、东魏、北齐将领。容貌俊美，善于骑射，袭职第一领民酋长，为北魏平叛征战，后因尔朱氏的叛乱，投奔高欢，任兖州刺史。死于任上，谥号庄惠。传见《北史》卷五十三。[74]置之幕下：放在军队的大帐里，派人看管。

帝忧愤无计，使人谕旨于荣曰：“帝王迭兴[1]，盛衰无常。今四方瓦解[2]，将军奋袂而起[3]，所向无前，此乃天意，非人力也。我本相投，志在全生[4]，岂敢妄希天位[5]！将军见逼[6]，以至于此。若天命有归，将军宜时正尊号[7]；若推而不居[8]，存魏社稷[9]，亦当更择亲贤[10]而辅之。”时都督高欢劝荣称帝，左右多同之，荣疑未决。贺拔岳进曰：“将军首举义兵，志除奸逆[11]，大勋未立，遽[12]有此谋，正可速祸[13]，未见其福。”荣乃自铸金为像，凡四铸，不成。功曹参军燕郡刘灵助善卜筮[14]，荣信之，灵助言天时人事未可。荣曰：“若我不吉，当迎天穆立之。”灵助曰：“天穆亦不吉，唯长乐王[15]有天命耳。”荣亦精神恍惚[16]，不自支持[17]，久而方寤[18]，深思愧悔[19]曰：“过误[20]若是，唯当以死谢朝廷。”贺拔岳请杀高欢以谢天下，左右曰：“欢虽复愚疏[21]，言不思难[22]，今四方多事，须借武将，请舍之，收其后效[23]。”荣乃止。夜四更，复迎帝还营，荣望马首叩头请死。

荣所从胡骑杀朝士既多，不敢入洛城，即欲向北为迁都之计。荣狐疑[24]甚久，武卫将军泛礼[25]固谏。辛丑[26]，荣奉帝入城。帝御太极殿，下诏大赦，改元建义[27]。从太原王将士[28]，普加五阶，在京文官二阶，武官三阶，百姓复租役[29]三年。时百官荡尽[30]，存者皆窜匿[31]不出，唯散骑常侍山伟一人拜赦[32]于阙下。洛中士民草草[33]，人怀异虑[34]，或云荣欲纵兵大掠，或云欲迁都晋阳；富者弃宅，贫者襁负[35]，率皆逃窜，什不存一二，直卫[36]空虚，官守旷废[37]。荣乃上书，称："大兵交际[38]，难可齐壹[39]，诸王朝贵，横死[40]者众，臣今粉躯不足塞咎[41]，乞追赠亡者，微申私责[42]。无上王请追尊为无上皇帝，自余死于河阴者，王赠三司[43]，三品赠令、仆[44]，五品赠刺史，七品已下及白民赠郡镇[45]；死者无后听继[46]，即授封爵[47]。又遣使者循城劳问[48]。"诏从之。于是朝士稍出，人心粗安[49]。封无上王之子韶[50]为彭城王。

荣犹执迁都之议，帝亦不能违；都官尚书元谌[51]争之，以为不可，荣怒曰："何关君事，而固执也！且河阴之事[52]，君应知之[53]。"谌曰："天下事当与天下论之，奈何以河阴之酷而恐[54]元谌！谌，国之宗室，位居常伯[55]，生既无益[56]，死复何损，正使[57]今日碎首流肠，亦无所惧！"荣大怒，欲抵谌罪[58]，尔朱世隆固谏，乃止。见者莫不震悚[59]，谌颜色自若。后数日，帝与荣登高，见宫阙壮丽，列树成行，乃叹曰："臣昨愚暗，有北迁之意，今见皇居之盛，熟思元尚书[60]言，深不可夺[61]。"由是罢迁都之议。谌，谧[62]之兄也。

癸卯[63]，以江阳王继为太师[64]，北海王颢为太傅；光禄大夫李延寔为太保[65]，赐爵濮阳王；并州刺史元天穆为太尉，赐爵上党王；前侍中杨椿[66]为司徒；车骑大将军穆绍[67]为司空，领尚书令，进爵顿丘王；雍州刺史长孙稚为骠骑大将军、开府仪同三司，赐爵冯翊王；殿中尚书元谌为尚书右仆射，赐爵魏郡王；金紫光禄大夫广陵王恭[68]加仪同三司；其余起家暴贵[69]者，不可胜数。延寔，冲之子也，以帝舅[70]故，得超拜。

徐纥弟献伯为北海[71]太守，季产为青州[72]长史，纥使人告之，皆将[73]家属逃去，与纥俱奔泰山[74]。郑俨与从兄荥阳太守仲明[75]谋据郡起兵，为部下所杀。

丁未[76]，诏内外解严[77]。

（以上为第六段，写北魏尔朱荣放弃称帝；孝庄帝元子攸抚恤河阴之变惨死的朝臣；尔朱荣欲迁都，被都官尚书元谌谏止。）

【注释】

[1]迭兴：轮番兴起。[2]瓦解：瓦片碎裂，比喻全面崩溃。[3]奋袂（mèi）而起：袖子一挥站起来，形容奋然而起。奋袂，挥袖。[4]全生：全齐生命，意即防止受到胡太后的迫害。[5]妄希天位：梦想登基做皇帝。希，希图。天位，帝位。[6]将军见逼：被将军所逼（才登上帝位）。[7]宜时正尊号：请您自己及时地早日称帝。宜时，适时。尊号，帝位的代名词。[8]推而不居：推迟而不做这个皇帝。[9]存魏社稷：继续让元氏来即位登基。社稷，代指国家。[10]更择亲贤：重新选一位既亲且贤的人来充当这个角色。[11]奸逆：叛逆不忠的人。[12]遽（jù）：急速，匆忙。[13]速祸：让大祸加速地降临到自己的头上。[14]功曹参军：古官名，简称功曹，除掌人事外，还参与政务。刘灵助：燕郡人，好阴阳占卜。先事尔朱荣，因卜筮屡中，遂为功曹参军。后除抚军将军、幽州刺史。后尔朱荣死，孝庄帝元子攸被害，乃自号燕王，为帝举义兵，以方术诱民从之。后被骠骑大将军叱列延庆等斩杀。卜筮（shì）：用龟甲、筮草等工具占卜，预测吉凶。[15]长乐王：即元子攸，称帝前封为长乐王。[16]恍惚：神志不清，精神不集中。[17]不自支持：自己支撑不住。[18]久而方寤：胡三省曰："史言天位不可以诈力奸。"寤（wù），醒悟，头脑清醒。[19]愧悔：愧疚，悔恨。[20]过误：过失，指屠杀大批朝士，特别是杀害元子攸的家人。[21]愚疏：愚昧，粗疏。[22]言不思难：说话随便，不考虑困难。[23]收其后效：看其后来的表现。[24]狐疑：传说狐性多疑，所以称之，犹豫不决的意思。[25]武卫将军：古官名，皇帝禁卫军队的统领官。泛礼：人名，太原王尔朱荣属官，为武卫将军。[26]辛丑：四月十四日。[27]改元建义：更改年号，以建义为年号。建义，是北魏主孝庄帝元子攸的第一个年号，由尔朱荣掌握朝政，共六个月。[28]从太原王将士：凡是跟从尔朱荣来到洛阳的人。[29]复租役：免除赋税徭役。复，免除。[30]荡尽：在河阴之变中被尔朱荣杀光了，荡然无存。[31]窜匿：逃窜，隐藏。[32]散骑常侍：古官名，皇帝的侍从官员，以备顾问、应对等事。山伟：字仲才，河南洛阳人，北魏、东魏时大臣。涉猎文史，为侍御史。六镇之乱后，谄附元义，为谏议大夫；河阴之乱后，任安东将军、秘书监，著作郎。元善见登基，授卫大将军、中书令，监管修编《起居注》。传见《魏书》卷八十一。拜赦：拜谢皇帝颁布的大赦。[33]士民草草：犹言人心惶惶。草草，担心遭祸、忧惧不安的样子。[34]异虑：不同的心思，意即对元子攸称帝不认可，认为他是依附了"大魔头"尔朱荣，担心尔朱荣屠戮洛阳城。[35]襁（qiǎng）负：背后背着孩子，意即拖家带口外出避难。襁，背小孩用的布带。[36]直卫：宫中的值宿警卫。直，同"值"。[37]官守：官府职守。旷废：空缺，荒废。[38]大兵交际：意即兵荒马乱之时。交，交锋，交战。[39]难可齐壹：纪律难以严格掌握。齐壹，整齐划一。壹，同"一"。[40]横（hèng）死：遭遇意外，突然死亡，指死于河阴之变。[41]粉躯不足塞咎（jiù）：自己碎尸万段也不能补救过失。粉躯，将自己的身体碾得粉碎。塞咎，抵补罪过。[42]微申私责：稍稍弥补一点心亏。[43]王赠三司：已经封王的，追赠为司徒、司马、司空。[44]三品赠令、仆：三品官员追赠为尚书令、尚书左右仆射。[45]已下：即以下。已，同"以"。

“及”：此字原无，据章校补。白民：犹言“白丁”，没有官爵的平头百姓。赠郡镇：赠予郡守或镇将之职。［46］听继：允许任选继承人。［47］即授封爵：立刻就授予他相应的职位。［48］劳问：慰问。［49］粗安：大致安定下来。粗，略，大致。［50］韶：即元韶，字世胄，彭城王元勰之孙，无上王元劭之子，袭封彭城郡王。东魏时，录尚书事、司州牧、太傅，煊赫一时；入齐，降封彭城县公，幽禁而死。传见《北史》卷十九。［51］都官尚书：古官名，尚书省官员，佐督军事。元谌：字兴伯，献文帝拓跋弘之孙，赵郡王元干长子，起家正员郎，转黄门侍郎，累迁都官尚书。袭封赵郡王。起孝武帝元修即位，位至三公。传见《魏书》卷二十一上。［52］河阴之事：指河阴之变，尔朱荣一下子杀掉两千多名朝廷官员。［53］君应知之：恫吓之语，言外之意是你应该知道我的厉害。［54］恐：恐吓，吓唬。［55］常伯：古代君主身边的大臣，以从诸伯中选拔，故称之。《尚书·立政》曰：“王左右常伯、常任。”后因以称皇帝的近臣，如尚书、侍中、散骑常侍等。［56］无益：利益没有什么增加。［57］正使：即使。［58］欲抵谌罪：想治他一个罪名。抵，当，判处。［59］震悚（sǒng）：震惊，害怕。［60］元尚书：以称元谌，元谌为都官尚书。［61］深不可夺：实在是不可辩驳、不可动摇。夺，改变。［62］谧（mì）：即元谧，字道安，赵郡王元干之子，元谌之弟，胡太后侄女婿，封赵郡王。出为冠军将军、岐州刺史，性格暴虐，残暴不仁。因与胡太后是亲戚，故不受惩处。传见《魏书》卷二十一。［63］癸卯：四月十六日。［64］江阳王继：即元继，字世仁，南平安王元霄之子，早年过继给伯祖拓跋根，袭封江阳郡王。传见《魏书》卷十六。［65］李延寔（shí）：西凉武昭王李暠玄孙，尚书仆射李冲长子，元子攸的皇后之兄，北魏外戚、大臣。传见《魏书》卷八十三下。［66］杨椿（455—531）：字延寿，弘农华阴（今陕西华阴市）人，洛州刺史杨懿次子，北魏名将。历孝文帝、宣武帝、孝明帝、孝庄帝四朝，先后治理豫州、济州、梁州、朔州、定州、南秦州、岐州、雍州八州，拜车骑大将军、开府仪同三司，为司徒、太保兼侍中。传见《魏书》卷五十八。［67］穆绍：元勋老臣穆崇的后代，司空穆亮之子，北魏大臣。传见《魏书》卷二十七。［68］广陵王恭：即元恭，字修业，广陵王元羽之子，袭爵广陵王。孝庄帝元子攸死后，为尔朱世隆立为皇帝，年号普泰。高欢入洛，被废杀。西魏谥其为节闵皇帝，史称“前废帝”。传见《魏书》卷十一。［69］起家暴贵：从一个不起眼的家庭一步登天地成了大贵族。起家，从家中起用为官。［70］帝舅：皇帝元子攸的舅舅。孝庄帝元子攸的母亲李妃，是李冲之女。［71］献伯：即徐献伯，北魏奸臣徐纥的弟弟，为北海太守。北海：北魏郡名，郡治在今山东潍坊市西南。［72］季产：即徐季产，北魏奸臣徐纥的弟弟，为青州刺史。青州：北魏州名，州治在今山东青州市。［73］将：携带。［74］泰山：北魏郡名，郡治在今山东泰安市东南。［75］荥（xíng）阳：古郡名，郡治在今河南荥阳市。仲明：即郑仲明，北魏奸臣郑俨的堂兄，为荥阳太守。［76］丁未：四月二十日。［77］解严：解除紧急军事状态。

魏郢州刺史元显达[1]请降，诏郢州刺史元树[2]迎之，夏侯夔亦自楚城[3]往会之，遂留镇[4]焉。改魏郢州为北司州，以夔为刺史，兼督司州[5]。夔进攻毛城[6]，逼新蔡[7]；豫州刺史夏侯亶围南顿[8]，攻陈项[9]；魏行台源子恭[10]拒之。

庚戌[11]，魏赐尔朱荣子义罗爵梁郡王[12]。

柔然头兵可汗数入贡于魏，魏诏头兵赞拜不名[13]，上书不称臣。

魏汝南王悦[14]及东道行台临淮王彧[15]闻河阴之乱，皆来奔。先是，魏人降者皆称魏官为伪，彧表启独称魏临淮王；上亦体其雅素[16]，不之责。魏北海王颢将之相州[17]，至汲郡[18]，闻葛荣南侵及尔朱荣纵暴，阴为自安之计，盘桓[19]不进；以其舅殷州刺史范遵行相州事[20]，代前刺史李神[21]守邺。行台甄密知颢有异志[22]，相帅[23]废遵，复推李神摄州事[24]，遣兵迎颢，且察其变。颢闻之，帅左右来奔。密，琛之从父弟也。北青州刺史元世俊[25]、南荆州刺史李志[26]皆举州来降。

五月，丁巳朔[27]，魏加尔朱荣北道大行台[28]。以尚书右仆射元罗[29]为东道大使，光禄勋元欣[30]副之，巡方黜陟[31]，先行后闻[32]。欣，羽之子也。

尔朱荣入见魏主于明光殿[33]，重谢[34]河桥之事，誓言无复贰心[35]。帝自起止之，因复为荣誓[36]，言无疑心。荣喜，因求酒饮之，熟醉[37]；帝欲诛之，左右苦谏，乃止，即以床舆向中常侍省[38]。荣夜半方寤[39]，遂达旦不眠，自此不复禁中宿矣。

荣女先为肃宗嫔[40]，荣欲敬宗[41]立以为后，帝疑未决，黄门侍郎祖莹[42]曰："昔文公在秦[43]，怀嬴入侍[44]；事有反经合义[45]，陛下独何疑焉！"帝遂从之，荣意甚悦。

荣举止轻脱[46]，喜驰射，每入朝见，更无所为，唯戏上下马[47]；于西林园宴射[48]，恒请皇后[49]出观，并召王公、妃主[50]共在一堂。每见天子射中，辄自起舞叫，将相卿士悉皆盘旋[51]，乃至妃主亦不免随之举袂。及酒酣耳热，必自匡坐唱虏歌[52]；日暮罢归，与左右连手蹋地[53]唱《回波乐》[54]而出。性甚严暴，喜愠[55]无常，刀槊[56]弓矢，不离于手，每有瞋嫌[57]，辄行击射，左右恒[58]有死忧。尝见沙弥重骑一马[59]，荣即令相触[60]，力穷不能复动，遂使傍人以头相击[61]，死而后已。

（以上为第七段，写北魏政局不稳，权臣尔朱荣肆虐，宗室大臣以及州郡要员纷纷投奔南朝；尔朱荣为北道大行台，与孝庄帝元子攸达成政治交易，手舞足蹈。）

【注释】

[1]郢州：北魏州名，州治义阳，在今河南信阳市。元显达：原为北魏郢州刺史，投降南梁。[2]郢州：南梁州名，州治江夏，在今湖北武汉汉阳区。元树：字秀和，北魏献文帝拓跋弘之孙，咸阳王元禧之子，因元禧在北魏叛乱被杀，逃往南梁，封邺王。传见《梁书》卷三十九。[3]夏侯夔：字季龙，尚书左仆射夏侯详次子，南梁名将。传见《梁书》卷二十八。楚城：古城名，在今河南信阳市北，原为北魏地，上年被南梁将领夏侯夔所攻得。[4]留镇：指夏侯夔留镇北魏郢州，在今河南信阳市。[5]司州：南梁州名，州治本来在义阳，义阳被北魏占去后，改在今湖北安陆市。胡三省曰："梁初，义阳陷，侨置司州于关南，今黄州黄陂县之地。既复义阳，因以为北司州。"即州治安陆者为司州，今改郢州为北司州。[6]毛城：北魏城名，在今河南正阳县西北。[7]新蔡：古县名，县治在今河南新蔡县。[8]豫州：南梁州名，州治合肥，在今安徽合肥市。夏侯亶（dǎn）：字世龙，尚书左仆射夏侯详长子，夏侯夔之兄，南梁重臣。传见《梁书》卷二十八。南顿：北魏郡名，郡治在今河南项城市西。[9]陈项：即陈郡的郡治项县，在今河南沈丘县。[10]行台：即尚书行台，朝廷的派出机构，此指为主持行台事务的长官。源子恭：北魏本姓秃发氏，字灵顺，西平乐都（今青海海东市乐都区）人，北魏元勋老臣源贺之孙，司徒源怀之子，北魏到东魏大臣、将领。传见《魏书》卷四十一。[11]庚戌：四月二十三日。[12]义罗：即尔朱义罗，北魏太原王尔朱荣次子，封为梁郡王。梁郡：古郡名，郡治睢阳，在今河南商丘市睢阳区。[13]赞拜不名：在给皇帝行叩拜礼的时候，司仪的官员只唱叩拜人的官爵，不唱他的名字，以表示对他的格外敬重。[14]汝南王悦：即元悦，孝文帝元宏第六子，封汝南王，任中书监、骠骑将军，拜侍中、太尉公，升任太保。面对肆州刺史尔朱荣进犯洛阳，投奔南梁。传见《魏书》卷二十二。[15]临淮王彧（yù）：即元彧，本名元亮，字文若，临淮王拓跋提之孙，袭爵临淮王，拜东道大行台，讨伐破六韩拔陵。河阴之变后，投奔南梁武帝，后归国。被害。传见《魏书》卷十八。[16]体：体察，体谅。雅素：平素的操行，心口如一，怎么想就怎么说。[17]将之相州：元颢当时任相州刺史，准备前往州治邺城上任。[18]汲（jí）郡：北魏郡名，郡治在今河南卫辉市，在当时邺城的南方，相距不远。[19]盘桓（huán）：徘徊，逗留。[20]殷州：北魏州名，州治在今河北隆尧县东。范遵：北魏殷州刺史，有一姐妹嫁北海王元详，是元颢的舅舅。行相州事：代理相州刺史，主持相州事务。[21]李神：司州恒农人，益州刺史李洪之之子，北魏后期的名将。随从兄尚书令李崇征伐，有功，迁相州刺史，抵抗葛荣精锐进攻，迁车骑大将军，封安康郡公；后拜冀州刺史。传见《魏书》卷七十。[22]甄（zhēn）密：字叔雍，中山毋极（今河北无极县）人，司徒甄琛堂弟，北魏相州大行台，抵抗葛荣，援守邺城，加金紫光禄大夫。出为北徐州刺史。传见《魏书》卷六十八。[23]相帅：带领众人。帅，同"率"，率领。[24]摄州事：管理相州政务。摄，代理。[25]北青州：北魏州名，州治在今山东青州市，距南梁较远。元世

俊：字世俊，景穆帝拓跋晃曾孙，领军将军元嵩次子，时为北青州刺史，投奔南梁。传见《魏书》卷十九中。［26］南荆州：北魏州名，州治在今湖北枣阳市。李志：字鸿道，李彪之子，时为南荆州刺史，加征虏将军，投奔南梁。传见《魏书》卷六十二。［27］丁巳朔：五月一日。［28］北道大行台：代表北魏朝廷统管北部地区。大行台：管理辖区内的军政事务，为地方最高行政机构。［29］元罗：字仲纲，道武帝拓跋珪五世孙，太师元继之子，权臣元义之弟，北魏尚书左仆射，受命为东道大使。梁州刺史，后兵败投附萧衍。西魏时，得以回国，担任侍中、少师，袭封江阳郡王。传见《魏书》卷十六。［30］元欣：字庆乐，献文帝拓跋弘之孙，广陵惠王元羽之子，封沛郡王。改封广陵王，时任光禄勋，为东道大使元罗之副。后随孝武帝元修入关，列为西魏宗王之首，后以大丞相致仕。谥号容。传见《魏书》卷二十一上。［31］巡方黜陟（zhì）：巡行视察全国各地，对地方官可进行提升或降免。［32］先行后闻：先进行赏罚，而后再向朝廷报告。闻，奏明，报告。［33］明光殿：北魏洛阳宫殿，故址在今河南洛阳市东北汉魏故城内。［34］重谢：再次道歉、请罪。［35］无复贰心：再也不会三心二意了。［36］为荣誓：向着尔朱荣发誓。［37］熟醉：大醉，烂醉如泥。［38］床轝（yú）：软轿，滑竿。这里用如动词，即抬。轝，古同“舆”。中常侍省：即门下省，侍中、常侍等亲信官员集会办公之地。［39］寤（wù）：醒。［40］肃宗嫔：肃宗元诩的嫔妃。［41］敬宗：即元子攸，死后庙号敬宗。［42］祖莹：字元珍，范阳遒县（今河北涞水县）人，安远将军祖季真之子，北魏文学博雅之臣。黄门侍郎、秘书监，后官至车骑大将军。因帮助高欢迁东魏有功，进爵为伯。传见《魏书》卷八十二。［43］文公在秦：春秋时晋文公重耳周游到秦国的时候。［44］怀嬴入侍：秦穆公女怀嬴，原晋文公重耳侄儿之妻，当晋文公到秦国后，又入侍重耳，即怀嬴前后为晋重耳叔侄之妻。按：晋献公时政乱，其子重耳、夷吾外逃避难。重耳弟夷吾得秦穆公之助，先回国为晋君，是为晋惠公。惠公感恩秦穆公，故派其子怀公姬圉入秦为人质。秦穆公为了收买怀公，故将女儿嫁之为妻。惠公死后，怀公偷偷逃回晋国。秦穆公痛恨晋惠公父子的一系列反秦、叛秦行为，故而热心对待重耳，又把本已嫁给怀公为妻的女儿又嫁给了重耳。按辈分，重耳是怀公之叔，他开始不愿接受，后来想明白了这是一种政治需要，才接受了。怀嬴，秦穆公之女，胡三省曰：“秦，嬴氏也；圉谥怀公，故曰怀嬴。”怀嬴嫁给晋文公重耳后称“辰嬴”，生下一子，名姬乐。［45］反经合义：虽然违反常规，但却是办大事所必须的。胡三省曰：“汉儒以反经合道为权，祖莹本此。”经，常规，常理。义，宜也，眼下必须要做的。［46］轻脱：行动比较随便，不注意自己的身份以及贴身防卫等。［47］戏上下马：表演上马下马的动作以为笑乐。［48］宴射：在宴会上比赛射箭。［49］恒：常。皇后：即尔朱荣的女儿，前为肃宗嫔妃者。［50］妃主：嫔妃，公主。［51］盘旋：一种北方民族的舞姿，旋转起舞，唐代安禄山善胡旋舞，今之新疆维吾尔族舞蹈亦有旋转极快的动作。［52］匡坐：正坐。虏歌：即胡歌，用少数民族语言所唱的歌。［53］连手蹋地：胡三省曰：“蹋歌者，连手而歌，蹋地以为节。”蹋，同“踏”。［54］《回波乐》：北方少数民族的乐曲名，曲辞早佚。胡三省曰：“此所谓蹋歌也。”这些人也真能放得开，居然在皇家园林肆无忌惮，自得其乐，真是把皇宫当成自己的家了，眼中哪还有什么皇帝？［55］喜愠（yùn）：喜怒哀乐。愠，含怒，怨恨。［56］槊（shuò）：古代兵器，杆儿比较长的矛。［57］瞋（chēn）嫌：生气，怀恨。［58］恒：常。［59］沙弥：小和尚，刚出家的和尚。胡三省曰："去俗为僧，受度而未受戒者，谓之沙弥。"重骑一马：两人共骑一马。［60］相触：相撞，相扑。［61］傍人以头相击：旁边的人拉着两人的头相撞。傍，同"旁"。

辛酉[1]，荣还晋阳，帝饯之于邙阴[2]。荣令元天穆入洛阳，加天穆侍中、录尚书事、京畿大都督兼领军将军[3]，以行台郎中桑干朱瑞[4]为黄门侍郎兼中书舍人[5]，朝廷要官，悉用其腹心[6]为之。

丙寅[7]，魏主诏："孝昌[8]以来，凡有冤抑无诉[9]者，悉集华林东门[10]，当亲理[11]之。"时承丧乱之后，仓廪虚竭[12]，始诏"入粟八千石者赐爵散侯[13]，白民输五百石者赐出身[14]，沙门授本州统及郡县维那[15]。"

尔朱荣之趣洛也，遣其都督樊子鹄取唐州[16]，唐州刺史崔元珍[17]、行台郦恽[18]拒守不从。乙亥[19]，子鹄拔平阳，斩元珍及恽。元珍，挺之从父弟也。

将军曹义宗围魏荆州[20]，堰水[21]灌城，不没者数板[22]。时魏方多难，不能救，城中粮尽，刺史王罴[23]煮粥与将士均分食之，每出战，不擐甲胄[24]，仰天大呼曰："荆州城，孝文皇帝[25]所置，天若不佑国家，令箭中王罴额；不尔，王罴必当破贼。"弥历[26]三年，前后搏战甚众，亦不被伤[27]。癸未[28]，魏以中军将军费穆都督南征诸军事，将兵救之。

（以上为第八段，写北魏权臣尔朱荣回太原，留下元天穆掌管朝廷；孝庄帝元子攸亲自处理冤案，国库空虚，颁布交粮赐爵令；刺史王罴孤军坚守荆州城池三年。）

【注释】

［1］辛酉：五月五日。［2］邙（máng）阴：邙山北侧，古代以山北为阴。［3］侍中、录尚书事、京畿大都督兼领军将军：元天穆任以上四职，等于是把皇帝元子攸包围、"软禁"了。侍中负责侍从皇帝，皇帝的言行举动都在他的眼下；录尚书事主管国家政务；京畿大都督主管都城洛阳以及近郊的军队；领军将军总管宫廷宿卫。可以说，皇帝没有任何的"私人空间"，成了尔朱氏的代言人了。［4］行台郎中：行台属官。朱瑞：桑干人，复姓可朱浑氏，字元龙，鲜卑族，太原郡守朱惠之子，投靠尔朱荣，授肆州户曹参军；元子攸即位，任黄门侍郎、中书舍人，迁散骑常侍、安南将军、青州大中正，行台郎中，魏主忠臣。传见《魏书》卷八十。［5］中书舍人：古

官名，中书省的官员，为皇帝起草文件、传达诏命。［6］腹心：心腹，亲信。［7］丙寅：五月十日。［8］孝昌：北魏主孝明帝元诩的第四个年号，共近三年。［9］冤抑无诉：有冤屈而未得到申诉。冤抑：冤屈，冤枉。［10］华林东门：华林园的东门。华林园是洛阳城内的皇家园林。［11］亲理：皇帝元子攸亲自为其审理。［12］仓廪（lǐn）虚竭：国库空虚。廪，粮仓，泛指仓库。［13］散侯：古代有爵位而无封地、职守的侯爵，与汉代关内侯相似。胡三省曰："此有官入粟者之赐也。魏制，散侯降开国侯一品。"［14］白民：平头百姓。赐出身：改变其平头百姓的身份，享受最基本的士大夫待遇。［15］沙门：和尚，僧侣。本州统：该州所有僧众的头领。郡县维那：管理本郡或本县僧众的头领。维那，寺院的监察官，主管僧众威仪，进退纲纪。［16］樊子鹄：荆州襄阳（今湖北襄阳市）人，归义县侯樊兴之子，北魏将领。投靠尔朱荣，引为仓曹参军，入除直斋，拜平北将军、晋州刺史，吏部尚书、兼右仆射、骠骑大将军。后被杀。传见《魏书》卷八十。唐州：北魏州名，州治平阳，在今山西临汾市。［17］崔元珍：字元珍，博陵安平（今河北安平县）人，崔挺的堂兄弟，北魏唐州刺史，加右将军。坚守唐州，被尔朱荣部将樊子鹄攻杀，传见《魏书》卷五十七。［18］郦恽：字幼和，幽州涿县（今河北涿州市）人，安州刺史郦夔之子，吏部尚书郦道元堂弟，北魏大臣。从裴延儁为讨胡行台尚书，授行台郎，与唐州刺史崔元珍固守平阳，城陷被害。传见《魏书》卷四十二。［19］乙亥：五月十九日。［20］曹义宗：雍州新野（今河南新野县）人，开国名将曹景宗九弟，南梁将领。传见《南史》卷五十五。荆州：北魏州名，州治在今河南邓州市。胡三省曰："魏孝文太和中置荆州于穰城。"［21］堰（yàn）水：筑堤坝挡水。堰，挡水坝，此用作动词，蓄水。［22］不没：没有被淹没。板：筑墙用的夹板，其宽二尺。古时尺小，一尺约当23.1厘米。［23］王罴（pí）：字熊罴，京兆霸城（今陕西大荔县）人，北魏至西魏名将。起家殿中将军，历任雍州别驾、定州长史，迁荆州刺史，抵御南梁进攻，封霸城县公。后投奔关中大行台宇文泰，出任骠骑大将军、华州刺史。传见《北史》卷六十二。［24］不擐（huàn）甲胄（zhòu）：不穿铠甲，不戴头盔。擐，穿，套。［25］孝文皇帝：即元宏，死后谥号孝文。［26］弥历：久经，经历。弥，长久。［27］被伤：受伤。［28］癸未：五月二十七日。

魏临淮王彧闻魏主定位，乃以母老求还，辞情恳至。上惜其才而不能违，六月，丁亥[1]，遣彧还。魏以彧为侍中、骠骑大将军，加仪同三司。

魏员外散骑常侍高乾[2]，祐之从子也，与弟敖曹、季式皆喜轻侠[3]，与魏主[4]有旧。尔朱荣之向洛也，逃奔齐州[5]，闻河阴之乱，遂集流民起兵于河、济之间[6]，受葛荣官爵，频破州军。魏主使元欣谕旨，乾等乃降，以乾为给事黄门侍郎兼武卫将军，敖曹为通直散骑侍郎。荣以乾兄弟前为叛乱，不应复居近要，魏主乃听解官归乡里。敖曹复行抄掠，荣诱执之，与薛修义同拘于晋阳[7]。敖曹名昂，以字行[8]。

葛荣军乏食，遣其仆射任褒将兵南掠至沁水[9]，魏以元天穆为大都督东北道诸军事，帅宗正珍孙等讨之。

前幽州平北府主簿河间邢杲[10]帅河北流民十万余户反于青州之北海[11]，自称汉王，改元天统。戊申[12]，魏以征东将军李叔仁为车骑大将军[13]、仪同三司，帅众讨之。

辛亥[14]，魏主诏曰："朕当亲御六戎，扫静燕、代[15]。"以大将军尔朱荣为左军，上党王天穆为前军，司徒杨椿为右军，司空穆绍为后军。葛荣退屯相州之北。

秋，七月，乙丑[16]，魏加尔朱荣柱国大将军、录尚书事。

壬子[17]，魏光州民刘举聚众反于濮阳[18]，自称皇武大将军。

是月，万俟丑奴自称天子，置百官。会波斯国献师子[19]于魏，丑奴留之，改元神兽[20]。

（以上为第九段，写临淮王元彧听说元子攸即位，请求回归；万俟丑奴自称天子，置文武百官。）

【注释】

[1]丁亥：六月一日。 [2]高乾：字乾邕，渤海蓨县（今河北景县）人，东冀州刺史高翼长子，西兖州刺史高祐侄子，司徒高敖曹、卫将军高季式之兄，北魏大臣。出任河北道安抚大使。后随高欢信都起兵，起兵反抗尔朱氏，平定殷州。传见《魏书》卷五十七。 [3]喜轻侠：喜欢行侠仗义，为人轻生重义而勇于急人之难。 [4]魏主：指北魏孝庄帝元子攸。 [5]齐州：北魏州名，州治历城，在今山东济南市。 [6]河、济之间：黄河与济水流域，在今之河南北部与山东西北部一带地区。 [7]与薛修义同拘于晋阳：胡三省曰："薛修义为龙门镇将，附萧宝寅，既降而反侧，故亦被拘。" [8]以字行：是"以字行于世"的简称，即仅称呼此人的"字"，代替其名，久而久之，人们只知道高敖曹，而不知高昂。 [9]任褒：北魏叛军首领葛荣的仆射官。沁（qìn）水：北魏县名，县治在今河南济源市东北。 [10]邢（xíng）杲（gǎo）：字仲明，河间鄚县（今河北任丘市）人，左仆射邢晏堂弟，北魏青州流民起义首领。曾任北魏幽州主簿，率众流民发动起义，建立汉国，年号天统，部众十余万人。受到上党王元天穆、高欢、颍川王尔朱兆的镇压，兵败于济南，处死于洛阳。 [11]北海：北魏郡名，郡治在今山东潍坊市西南。 [12]戊申：六月二十二日。 [13]李叔仁：字叔仁，陇西狄道（今甘肃临洮县）人，北魏大臣。官至车骑大将军、金紫光禄大

夫、开府仪同三司，封陈郡公。后暗中投靠东魏，事败被杀。传见《北史》卷三十七。［14］辛亥：六月二十五日。［15］扫静：扫清，消灭，使之安定。燕、代：古区域名，今北京市与河北、山西两省的北部地区，指葛荣所率部活动的地区。［16］乙丑：七月十日。［17］壬子：此处疑有误，本年七月无壬子日。［18］光州：北魏州名，州治在今山东莱州市。刘举：北魏农民起义首领，曾起义于濮阳，自称皇武大将军。濮（pú）阳：北魏郡名，郡治在今山东鄄城县东北，与今河南濮阳县相隔较远。［19］波斯国：在今伊朗。师子：今写作"狮子"，有"百兽之王"的称号。［20］神兽：北魏叛军首领万俟丑奴的年号。

魏泰山太守羊侃[1]，以其祖规[2]尝为宋高祖祭酒从事[3]，常有南归之志[4]。徐纥往依之，因劝侃起兵，侃从之。兖州刺史羊敦[5]，侃之从兄也，密知之，据州拒侃。八月，侃引兵袭敦，弗克，筑十余城守[6]之，且遣使来降，诏广晋县侯泰山羊鸦仁[7]等将兵应接。魏以侃为骠骑大将军、泰山公、兖州刺史，侃斩其使者不受。

将军王弁[8]侵魏徐州，蕃郡民续灵珍[9]拥众万人攻蕃郡以应梁；魏徐州刺史杨昱击灵珍，斩之，弁引还。

甲辰[10]，魏大都督宗正珍孙击刘举于濮阳，灭之。

葛荣引兵围邺，众号百万，游兵已过汲郡，所至残掠，尔朱荣启求讨之。九月，尔朱荣召从子肆州[11]刺史天光留镇晋阳，曰："我身不得至处，非汝无以称我心。"自帅精骑七千[12]，马皆有副[13]，倍道兼行[14]，东出滏口[15]，以侯景为前驱。葛荣为盗日久，横行河北，尔朱荣众寡非敌，议者谓无取胜之理。葛荣闻之，喜见于色[16]，令其众曰："此易与[17]耳，诸人俱办[18]长绳，至则缚取。"自邺以北，列陈数十里，箕张而进[19]。尔朱荣潜军山谷，为奇兵[20]，分督将已上[21]三人为一处，处有数百骑，令所在扬尘鼓噪，使贼不测多少。又以人马逼战[22]，刀不如棒，勒军士赍袖棒[23]一枚，置于马侧，至战时虑废腾逐[24]，不听斩级[25]，以棒棒之[26]而已。分命壮勇所向冲突[27]，号令严明，战士同奋[28]。尔朱荣身自陷陈[29]，出于贼后，表里合击，大破之，于陈擒葛荣，余众悉降。以贼徒既众，若即分割，恐其疑惧，或更结聚，乃下令各从所乐[30]，亲属相随，任所居止[31]，于是群情大喜，登即[32]四散，数十万众一朝散尽。待出百里之外，乃始分道押领，随便安置[33]，咸得其宜。擢其渠帅[34]，量才授任，新附者咸安，时人服其处分机速[35]。以槛车[36]送葛荣赴洛，冀、定、沧、瀛、殷五州皆平。时上党王天穆军于朝歌[37]之南，穆绍、杨椿犹未发，而葛荣已灭，乃皆罢兵。

初，宇文肱[38]从鲜于修礼攻定州，战死于唐河[39]。其子泰[40]在修礼军中，修礼死，从葛荣；葛荣败，尔朱荣爱泰之才，以为统军。

乙亥[41]，魏大赦，改元永安[42]。

辛巳[43]，以尔朱荣为大丞相、都督河北畿外诸军事，荣子平昌公文殊、昌乐公文畅并进爵为王，以杨椿为太保，城阳王徽为司徒。

冬，十月，丁亥[44]，葛荣至洛，魏主御阊阖门引见[45]，斩于都市[46]。

（以上为第十段，写北魏太原王尔朱荣率领七千精锐骑兵，快马加鞭，一举消灭了葛荣的号称百万的军队，葛荣被押到都城洛阳斩首。）

【注释】

[1]泰山：北魏郡名，郡治在今山东泰安市南。羊侃（kǎn）：字祖忻，泰山梁父（今山东新泰市）人，北魏平北将军羊祉之子。早年效力于北魏，累迁征东将军、泰山太守，封巨平县侯，后投归南梁，为侍中、太子左卫率、司徒左长史、都官尚书，封高昌县侯。侯景之乱爆发后，奉命坚守建康，多次击退叛军。传见《梁书》卷三十九。 [2]其祖规：即祖父羊规，原为刘宋祭酒从事、大中正，后降北魏，任卫将军、营州刺史。 [3]宋高祖祭酒从事：刘宋皇帝刘裕的属官，祭酒从事，亦称“祭酒从事史”，州府主要僚属，掌州所置兵、贼、仓、史、户、水、铠诸曹事。祭酒，为群吏之首。刘裕早年为徐州刺史时，羊规曾为之当过祭酒从事。 [4]南归之志：返回南朝的心思。羊规原在徐州为官，北魏与刘宋的边境战争中羊规被刘宋叛将裹挟陷入了北方。 [5]兖（yǎn）州：即南兖州，州治广陵，在今江苏扬州市。羊敦：北魏官员，羊侃的堂兄，时为兖州刺史。 [6]守：围困。 [7]羊鸦仁：字孝穆，泰山巨平（今山东泰安市）人，南梁名将。自幼骁勇善战，起家泰山主簿。率众投归南梁，封广晋县侯。率军北伐，拜北司州刺史，迁豫州刺史，奉命接应侯景。太清之乱，率军回援建康，为侯景所败。后被害。传见《梁书》卷三十九。 [8]王弁（biàn）：南梁将军。 [9]蕃郡：北魏州名，郡治在今山东滕州市。续灵珍：人名，北魏蕃郡起义军首领，被北魏徐州刺史杨昱攻杀。 [10]甲辰：八月十九日。 [11]肆州：北魏州名，州治在今山西忻州市西北。此州原有北魏朝廷任命的刺史，因对尔朱荣不顺从，尔朱荣即攻

取之，令其侄尔朱天光为刺史，朝廷不敢不依。［12］精骑七千：胡三省引魏收《魏书》曰："帅骑七万。"［13］马皆有副：战马都另有备用的一匹。［14］倍道兼行：以加倍的速度赶路，一天行两天的路程。［15］东出滏口：经滏口越太行山东出到河北。［16］喜见于色：内心的喜悦表现在脸上，形容抑制不住内心的喜悦。色，面容。［17］易与：容易对付。［18］办：准备，预备。［19］箕（jī）张而进：像畚箕一样张着大口推压过来。［20］奇兵：出其不意的突袭部队。［21］督将：基层军官，相当于现今的连长。已上：即"以上"。已，同"以"。［22］逼战：近战，肉搏战。［23］赍（jī）袖棒：携带可置于衣袖的短棒。赍，携带。［24］虑废腾逐：怕耽误追击敌人。废，耽搁。腾逐，奔驰，追赶。［25］不听：不要再斩削敌人的人头。听，听任，允许。斩级，斩首以计功级。［26］以棒棒之而已：用袖棒将其打死就行了。［27］所向冲突：朝着指定的方向勇猛冲击。［28］战士同奋：所有将士齐心协力，奋起杀敌。［29］陷陈：冲入敌阵。陈，同"阵"。［30］各从所乐：各随自己的心愿。［31］任所居止：随意行动，任意居住、休息。任，听任。［32］登即：立即。［33］随便安置：根据现有条件进行安置。［34］擢（zhuó）：选拔。渠帅：头领，首领。［35］处分机速：处理问题、解决问题十分快速。机速，神速。［36］槛（jiàn）车：用栅栏封闭的车，囚车。［37］朝歌：古都城名，当初殷纣王时代的京城，在今河南淇县。［38］宇文肱（gōng）：代郡武川（今内蒙古武川县）人，北魏鲜卑宇文部首领，北周文帝宇文泰之父，数代居于武川。为人仗义有才干。曾纠合乡里人攻打叛首卫可孤，在战斗中不慎落马，后斩杀卫可孤；后加入叛魏队伍，被打败，阵亡。孙子北周明帝宇文毓追尊他为德皇帝。传见《周书》卷一。［39］唐河：河水名，流经今河北定州市、唐县西北。［40］泰：即宇文泰，字黑獭，代郡武川人，鲜卑族，西魏的实际掌权者，北周政权的奠基者。其子宇文觉，篡西魏为北周，追尊宇文泰为太祖文皇帝。传见《周书》卷一。［41］乙亥：九月二十一日。［42］永安：北魏孝庄帝元子攸的年号，共三年。［43］辛巳：九月二十七日。［44］丁亥：十月三日。［45］御：驾临。阊阖门：洛阳宫城之门。引见：将葛荣牵来，让北魏主元子攸见之。［46］都市：大集市，人烟密集的地方。

帝以魏北海王颢为魏王[1]，遣东宫直阁将军陈庆之将兵送之还北[2]。

丙申[3]，魏以太原王世子尔朱菩提[4]为骠骑大将军、开府仪同三司。丁酉[5]，以长乐[6]等七郡各万户，通前十万户，为太原王荣国[7]，戊戌[8]，又加荣太师，皆赏擒葛荣之功也。

壬子[9]，魏江阳武烈王继[10]卒。

魏使征虏将军韩子熙[11]招谕邢杲，杲诈降而复反。李叔仁击杲于潍水[12]，失利而还。

魏费穆奄至[13]荆州。曹义宗军败，为魏所擒，荆州之围始解[14]。

元颢袭魏铚城[15]而据之。

魏行台尚书左仆射于晖[16]等兵数十万，击羊侃于瑕丘[17]，徐纥恐事不济，说侃请乞师于梁，侃信之，纥遂来奔。晖等围侃十余重，栅中[18]矢尽，南军不进。十一月，癸亥[19]夜，侃溃围出，且战且行，一日一夜乃出魏境，至渣口[20]，众尚万余人，马二千匹。士卒皆竟夜[21]悲歌，侃乃谢曰："卿等怀土[22]，理不能相随[23]，幸适去留[24]，于此为别。"各拜辞而去。魏复取泰山。晖，劲之子也。

戊寅[25]，魏以上党王天穆为大将军、开府仪同三司，世袭并州刺史。

十二月，庚子[26]，魏诏于晖还师讨邢杲。

葛荣余党韩楼[27]复据幽州反，北边被其患。尔朱荣以抚军将军贺拔胜[28]为大都督，镇中山[29]；楼畏胜威名，不敢南出。

（以上为第十一段，写北魏太原王尔朱荣平定葛荣叛军，加官进爵，封十万户；泰山太守羊侃反叛，被行台尚书于晖打败；葛荣余党韩楼据幽州反叛。）

【注释】

[1]帝：指南梁武帝萧衍。魏王：北魏国的领土之王，与封萧宝寅为齐王相同。[2]东宫直阁将军：负责东宫宿卫的将领。陈庆之：字子云，南梁名将。传见《梁书》卷三十二。将兵送之还北：以武力送其回北魏以收拾北魏的残破局面。[3]丙申：十月十二日。[4]尔朱菩提：太原王尔朱荣之子，北魏将领。传见《魏书》卷七十四。[5]丁酉：十月十三日。[6]长乐：北魏郡名，郡治在今河北衡水市冀州区，也是当时冀州的州治所在地。[7]为太原王荣国：作为尔朱荣的封地。国，封国的领地。[8]戊戌：十月十四日。[9]壬子：十月二十八日。[10]江阳武烈王继：即元继，北魏乱臣元义之父，被封为江阳王，死后谥号武烈。[11]韩子熙：字元雍，昌黎棘城（今辽宁义县西北）人，济州刺史韩麒麟之孙，北魏官员。初为清河王元怿郎中令，胡太后临朝，引为中书舍人，寻修国史，转鸿胪少卿。后奉诏以征虏将军镇压邢杲，领著作郎。东魏初，除国子祭酒加卫大将军。[12]潍水：原文作"惟水"，据章校改。潍水：河水名，自东泰山流来，经今安丘市、昌邑市，北流入渤海。[13]奄（yǎn）至：突然而至。[14]荆州之围始解：胡三省曰："荆州受围三年始解。"[15]铚（zhì）城：北魏县名，县治在今安徽宿州市西南。[16]于晖：定州刺史于劲之子，北魏大臣。颇有气度和才干，袭爵太原郡公，累迁平北将

军、汾州刺史，交好肆州刺史尔朱荣，迁侍中、河南尹，出任尚书仆射、东南道行台，平定兖州羊侃叛乱。为北海王元颢所害。传见《魏书》卷八十三下。［17］瑕丘：古城名，在今山东济宁市兖州区西。［18］栅（zhà）中：犹言城中。栅，以竹木增修的防御工事。［19］癸亥：十一月十日。［20］渣口：古地名，在今江苏沭阳县西南。［21］竟夜：整夜。［22］怀土：怀恋故土。［23］理不能相随：的确是不能再跟着我走了。［24］幸适去留：请你们各随己意，想去则去，想留则留。［25］戊寅：十一月二十五日。［26］庚子：十二月无庚子，疑有误。［27］韩楼：北魏叛军首领葛荣的部将，葛荣在上年被北魏将领尔朱荣打败擒杀于邺城后，大势已去，但韩楼仍据幽州以反北魏。后被北魏大都督侯渊攻杀。［28］贺拔胜：复姓贺拔，字破胡，神武尖山县人，敕勒族，肆州刺史贺拔度拔之子，北魏将领。传见《北齐书》卷十九。［29］中山：北魏郡名，郡治在今河北定州市。

【点评】

胡太后杀子自毙。权力是很可怕的东西，绝对的权力更是容易激发出人性最为残酷的一面，本卷中胡太后母子就是一个例子。北魏胡太后再次掌权，唯恐失去权柄，这时便不再有母子亲情，将魏孝明帝所亲信的人尽皆废黜，母子之间的嫌隙由是与日俱增。郑俨、徐纥恐祸将及己，劝太后废掉孝明帝。魏孝明帝旋即暴毙。任性的胡太后便立三岁幼儿即皇帝位。这样的事情自然引起公愤，有力者必然会有表示，掌握一方兵权的尔朱荣大怒，引兵向京城，收太后、幼主于河阴，沉入黄河。又拥立子攸为帝，尔朱荣的目的初步达到，权力到手。当人劝尔朱荣诛杀大臣立威时，无限膨胀的尔朱荣自然接受，召见北魏百官，两千多官员被捕杀，北魏政权的官僚基础遭受极大打击。北魏政治转折在胡太后，权力吞噬了她的母性，遂给人以可乘之机。

卷一五三　梁纪九

梁武帝中大通元年（529 年）

【屠维作噩（己酉，529 年），凡一年】

【大事提要】

本卷记事公元 529 年，凡一年，当梁武帝中大通元年。本卷所载大事，南朝萧梁的大事紧紧围绕梁武帝，中心又在他如何佞佛。梁武帝亲临同泰寺，两次设置四部无遮大会，亲自讲解《涅槃经》。参加的僧人、俗众有五万多人。历代皇帝喜好佛教的不少，但是像他这样全身心投入的不多，像他这样能够读得懂佛经的少之又少，能够讲解佛经的更是凤毛麟角。北魏大事两件。其一，北海王元颢投降萧梁，任用梁名将陈庆之为卫将军、徐州刺史，引兵向北魏京城洛阳，凡经四十七战，取城三十二座，所向皆克。其二，元颢猜忌陈庆之，致使陈庆之攻克洛阳后却不能守住洛阳，结果大败而归，回到建康。

高祖武皇帝九

中大通元年（己酉，529 年）

春，正月，甲寅[1]，魏于晖所部都督彭乐[2]帅二千余骑叛奔韩楼，晖引还[3]。

辛酉[4]，上祀南郊[5]，大赦。

甲子[6]，魏汝南王悦求还国[7]，许之。

辛巳[8]，上祀明堂[9]。

二月，甲午[10]，魏主尊彭城武宣王[11]为文穆皇帝，庙号肃祖；母李妃为文穆皇后。将迁神主于太庙[12]，以高祖为伯考[13]，大司马兼录尚书临淮王彧[14]表谏，以为“汉高祖立太上皇庙于香街[15]，光武祀南顿君于舂陵[16]。元帝之于光武，已疏绝服[17]，犹身奉子道[18]，入继大宗[19]。高祖德洽寰中[20]，道超无外[21]，肃祖虽勋格宇宙[22]，犹北面为臣[23]。又，二后皆将配飨[24]，乃是君臣并筵[25]，嫂叔同室[26]，窃谓[27]不可。”吏部尚书李神俊[28]亦谏，不听。彧又请去“帝”著“皇”[29]，亦不听。

诏更定二百四十号将军为四十四班[30]。

壬寅[31]，魏诏济阴王晖业兼行台尚书[32]，都督丘大千等镇梁国[33]。晖业，小新成之曾孙也。

三月，壬戌[34]，魏诏上党王天穆讨邢杲，以费穆为前锋大都督。

夏，四月，癸未[35]，魏迁肃祖及文穆皇后神主于太庙，又追尊彭城王勰[36]为孝宣皇帝。临淮王彧谏曰：“兹事古所未有[37]，陛下作而不法[38]，后世何观[39]！”弗听。

魏元天穆将击邢杲，以北海王颢方入寇，集文武议之[40]，众皆曰：“杲众强盛，宜以为先。”行台尚书薛琡[41]曰：“邢杲，兵众虽多，鼠窃狗偷，非有远志。颢，帝室近亲[42]，来称义举[43]，其势难测，宜先去之。”天穆以诸将多欲击杲，又魏朝亦以颢为孤弱不足虑，命天穆等先定齐地，还师击颢，遂引兵[44]东出。

颢与陈庆之[45]乘虚自铚城进拔荥城[46]，遂至梁国。魏丘大千有众七万，分筑九城以拒之。庆之攻之，自旦至申[47]，拔其三垒[48]，大千请降。颢登坛燔燎[49]，即帝位于睢阳[50]城南，改元孝基[51]。济阴王晖业帅羽林兵二万军考城[52]，庆之攻拔其城，擒晖业。

（以上为第一段，写北魏孝庄皇帝元子攸将其父元勰迁到太庙祭祀，临淮王元彧上书，认为不合礼仪，被拒绝；北海王元颢借助南梁兵力，杀回北魏，即位睢阳。）

【注释】

[1]甲寅：正月二日。［2］彭乐：时为于晖部将，叛逃投葛荣残部韩楼。［3］晖引还：于晖收复兖州后，北魏朝廷曾令于晖进军青州以讨占据青州反叛的邢杲，时邢杲刚破北魏李叔仁军于潍水。但因于晖部下有人叛投韩楼，而且南梁又派兵送元颢入北魏占据铚城，故而于晖只好返回兖州。胡三省曰：“不敢复进军讨邢杲。”［4］辛酉：正月九日。［5］上祀南郊：南梁武帝萧衍到南郊祭天。［6］甲子：正月十二日。［7］汝南王悦：封地汝南郡，郡治上蔡，也称“悬瓠城”，在今河南汝南县。悦，即元悦，孝文帝元宏第六子，后投奔南梁。传见《魏书》卷二十二。求还国：元悦当时见北魏尔朱荣专政，又于河阴大肆屠戮宗室朝士，故于上年逃降于南梁，近来见北魏秩序

略定，人心粗安，故请求返回。［8］辛巳：正月二十九日。［9］祀明堂：在明堂祭祀天地。明堂，是依照儒家学说建立的祭祀天地、宣明政教的地方。［10］甲午：二月十二日。［11］魏主：即孝庄帝元子攸。彭城武宣王：即元勰（xié），字彦和，孝文帝拓跋宏之弟，孝庄皇帝元子攸的生父，封始平王，改封彭城王，被权臣高肇所杀。谥号武宣。孝武帝追封为文穆皇帝。［12］神主：古代为已死的君王作的牌位，用木或石制成。太庙：古代皇帝的宗庙，供奉皇帝先祖的殿堂。［13］以高祖为伯考：意即将元勰的灵牌与孝文帝元宏的灵牌并列，称孝文帝为伯父。高祖，指孝文帝元宏。伯考，对已故伯父的称呼。考，指死去的父亲。［14］临淮王彧（yù）：即元彧，太武帝拓跋焘玄孙，临淮王拓跋提之孙、济南王元昌之子，袭爵临淮王。河阴之变后，投奔南梁武帝，后归国。被害。谥号文穆。传见《魏书》卷十八。［15］汉高祖立太上皇庙于香街：意思是当年汉高祖刘邦称帝后，并没有把他父亲的灵牌放到太庙，而是在香街给他父亲单独立庙。太上皇，此指刘邦的父亲刘太公，刘邦尊为太上皇。是中国历史上唯一未曾为帝王，而被尊为太上皇的人。在栎阳宫去世，时年八十五岁。香街，胡三省曰："在汉长安城内，左冯翊府东北。"［16］光武祀南顿君于舂（chōng）陵：意思是东汉开国之君光武帝刘秀称帝后，也没有把父亲的灵牌供入太庙。舂陵，古县名，县治在今湖北枣阳市南，当年刘秀的故乡。［17］已疏绝服：意谓西汉元帝与东汉光武帝，已经疏远得出了五服，不再为之穿孝服了。刘秀打天下一直标榜自己是西汉皇帝的血脉，自称是景帝刘启的后代，用他自己支派的祖先比对，他的父亲刘钦相当于汉元帝刘奭一辈，于是，刘秀就说他是继承了汉元帝的世系，当作元帝的接班人，但实际上，他与汉元帝的血亲已经出了五服，是七世孙，但他在排列太庙里的历代皇帝的顺序时，还是把自己排在汉元帝之后，而把他的亲生父亲刘钦等人都挡在了太庙之外。疏，疏远。［18］犹身奉子道：指光武帝还是心甘情愿地去给汉元帝刘奭当儿子。［19］入继大宗：在太庙里祭祀元帝，行嫡长子后代礼，将自己排到汉高祖刘邦的父子相传的系统里。大宗，嫡长子相传的世袭宗派。［20］高祖：此指元宏。德洽寰（huán）中：意即威望被全国上下所承认，所悦服。洽，周遍。寰中，寰宇之中，天地之间。寰，广大的地域。［21］道超无外：道德高超，远播到全世界的一切角落。［22］肃祖：指元勰，儿子元子攸即位为孝庄帝，追封其父为文穆皇帝，迁神主于太庙，称肃祖。勋格宇宙：即功勋塞满宇宙。格，至，达到。［23］犹北面为臣：但他毕竟始终是一位臣子。即元勰不应与元宏平列，应在臣属的位置上。［24］二后皆将配飨（xiǎng）：指孝文帝元宏的皇后与彭城王元勰王妃（追尊文穆皇后）的灵牌同时放在太庙享受祭祀。配飨，又作"配享"，陪上帝一道享受祭祀，这里即指受祭祀。［25］君臣并筵（yán）：做皇帝的孝文帝元宏与做臣子的彭城王元勰同时共席。筵，筵席。［26］嫂叔同室：做嫂子的孝文帝元宏的皇后与做小叔的彭城王元勰坐在了同一间屋子里。古代视叔嫂同室为失礼。［27］谓：以为。［28］李神俊：本名李挺，字神俊，陇西狄道（今甘肃临洮县）人，西凉武昭王李暠玄孙，安南将军李佐之子，北魏才学之臣。传见《魏书》卷三十九。［29］去"帝"著"皇"：去掉"帝"字，只保留"皇"字。即追称彭城王元勰为文穆皇。胡三省曰："请去'帝'著'皇'，亦引汉悼皇、共皇为据。"汉悼皇即宣帝刘询生父，故太子刘据之子。汉共皇即刘康，其子刘欣即位后，追尊为共皇。［30］二百四十号将军：各种将军的名号共二百四十个。具体名目见《资治通鉴》卷一百五十二胡三省注引，语繁不录。为四十四班：分成四十四个等级。班，阶，级。［31］壬寅：二月二十日。［32］济阴王晖业：即元晖业，《梁书》作“元徽业”，字绍远，拓跋小新成之曾孙，济阴王元弼之子，袭封济阴郡王。传见《魏书》卷十九上。行台尚书：主持行台事务的官员。行台，临时设立的代表中央的政务机构，相当于政府派出机构。［33］丘大千：临淮公丘堆五世孙，北魏将领。传见《魏书》卷三十。镇梁国：驻兵在梁国。梁国，古诸侯国名，都城睢阳，在今河南商丘市睢阳区。［34］壬戌：三月十一日。［35］癸未：四月二日。［36］劭（shào）：即元劭，字子讷，号令言，河南洛阳人，彭城王元勰嫡长子，孝庄帝元子攸同母兄，袭封彭城郡王。出任散骑常侍、平东将军、青州刺史，为御史中尉。弟弟元子攸即位后，尊为无上王，遇害于河阴之变，追封孝宣皇帝。传见《魏书》卷二十一。［37］兹事：此事，指追尊亡兄为皇帝的事情。古所未有：胡三省曰：“言自古未有以皇帝追尊其兄者。今按自唐高宗以后，率多追谥其子弟为皇帝，作俑者魏敬宗也。”［38］作而不法：独出心裁而不合法度。作，做法。［39］后世何观：让后代子孙如何看待？［40］集文武议之：如承前，主语为元天穆；实际上是北魏主元子攸，主语省略，容易误解。［41］薛琡（chù）：字昙珍，本姓叱干氏，北徐州刺史薛豹之子，北魏官员。宣武帝元恪时为典客令；孝明帝元诩时，行洛阳令，豪猾敛迹，迁吏部郎中，上书列陈吏部尚书崔亮“停年格”之弊害。东魏孝静帝时，高欢引为丞相长史。累迁尚书仆射。传见《北齐书》卷二十六。［42］帝室近亲：北海王颢是北魏主元子攸的堂兄弟。［43］来称义举：是打着正义的旗号前来的。［44］引兵：领兵，率兵。［45］陈庆之：南梁名将。时为奉颢北还的梁将。［46］铚（zhì）城：北魏县名，县治在今安徽宿州市西南。荥（yíng）城：北魏县名，县治在今河南商丘市东南。［47］自旦至申：从清晨到下午的四时前后。申，指下午的三时至五时。［48］垒：营垒，堡垒。［49］燔（fán）燎：古代帝王祭天的一种仪式，即烧柴祭天。［50］睢（suī）阳：古城名，在今河南商丘市睢阳区。［51］改元孝基：以孝基为年号。随即到洛阳，改年号为建武。［52］考城：北魏县名，县治在今河南商丘市西北。

辛丑[1]，魏上党王天穆及尔朱兆破邢杲于济南[2]，杲降，送洛阳，斩之。兆，荣之从子也。

五月，丁巳[3]，魏以东南道大都督杨昱镇荥阳[4]，尚书仆射尔朱世隆镇虎牢[5]，侍中尔朱世承镇崿岅[6]。乙丑[7]，内外戒严[8]。

戊辰[9]，北海王颢克梁国。颢以陈庆之为卫将军、徐州刺史，引兵而西[10]。杨昱拥众七万，据荥阳，庆之攻之，未拔，颢遣人说昱使降，昱不从。天穆与骠骑将军尔朱吐没儿[11]将大军前后继至，梁士卒皆恐，庆之解鞍秣马[12]，谕将士曰："吾至此以来，屠城略地，实为不少；君等杀人父兄、掠人子女，亦无算[13]矣；天穆之众，皆是仇雠[14]。我辈众才七千，虏众三十余万，今日之事，唯有必死乃可得生耳。虏骑多，不可与之野战，当及其未尽至，急攻取其城而据之。诸君勿或狐疑[15]，自取屠脍[16]。"乃鼓之，使登城，将士即相帅蚁附[17]而入，癸酉[18]，拔荥阳，执杨昱[19]。诸将三百余人伏颢帐前请曰："陛下渡江三千里，无遗镞之费[20]，昨荥阳城下一朝杀伤[21]五百余人，愿乞杨昱以快众意！"颢曰："我在江东闻梁主[22]言，初举兵下都[23]，袁昂为吴郡不降[24]，每称其忠节[25]。杨昱忠臣，奈何杀之！此外唯卿等所取。"于是，斩昱所部统帅三十七人，皆刳[26]其心而食之。俄而[27]天穆等引兵围城，庆之帅骑三千背城力战，大破之，天穆、吐没儿皆走。庆之进击虎牢，尔朱世隆弃城走，获魏东中郎将辛纂[28]。

魏主将出避颢，未知所之[29]，或劝之长安[30]，中书舍人高道穆[31]曰："关中荒残[32]，何可复往！颢士众不多，乘虚深入，由将帅不得其人，故能至此。陛下若亲帅宿卫[33]，高募[34]重赏，背城一战，臣等竭其死力，破颢孤军必矣。或恐胜负难期[35]，则车驾不若渡河[36]，征大将军天穆、大丞相荣各使引兵来会，犄角[37]进讨，旬月之间，必见成功，此万全之策也。"魏主从之。甲戌[38]，魏主北行，夜，至河内郡北[39]，命高道穆于烛下作诏书数十纸，布告远近，于是四方始知魏主所在。乙亥[40]，魏主入河内。

临淮王彧，安丰王延明[41]，帅百僚，封府库，备法驾[42]迎颢。丙子[43]，颢入洛阳宫，改元建武[44]，大赦。以陈庆之为侍中、车骑大将军，增邑万户。杨椿[45]在洛阳，椿弟顺为冀州刺史，兄子侃为北中郎将，从魏主在河北。颢意忌[46]椿，而以其家世显重[47]，恐失人望[48]，未敢诛也。或劝椿出亡，椿曰："吾内外百口，何所逃匿[49]！正当坐待天命耳。"

（以上为第二段，写南朝名将陈庆之护送元颢入洛，遇到数十倍的敌人，沉着迎战，将其打败；北孝庄帝元子攸逃奔河内，元颢进入北魏都城洛阳。）

【注释】

［1］辛丑：四月二十日。［2］尔朱兆：太原王尔朱荣堂侄，北魏权臣。此时任车骑将军、左光禄大夫。尔朱荣被诛后，带兵攻陷洛阳，纵兵大掠，杀掉孝庄帝元子攸，后被高欢攻伐，兵败自杀。传见《魏书》卷七十五。济南：北魏郡名，郡治在今山东济南市。［3］丁巳：五月六日。［4］荥阳：北魏郡名，郡治在今河南荥阳市东北之古荥镇，古代为兵家必争之地。［5］尔朱世隆：太原王尔朱荣族弟，北魏后期将领。继尔朱荣后掌国政，封乐平郡王。被杀。此时任尚书仆射、前军都督。传见《魏书》卷七十五。虎牢：古关塞名，旧址在今河南荥阳市西北汜水镇。［6］尔朱世承：尔朱世隆之弟，尔朱荣的堂兄弟，北魏大臣。传见《魏书》卷七十五。崿（è）岅（bǎn）：古地名，在今河南登封市东南，为洛阳东南门户。［7］乙丑：五月十四日。［8］内外戒严：朝廷内外进行军事戒备。［9］戊辰：五月十七日。［10］引兵而西：意即直指洛阳。［11］尔朱吐没儿：太原王尔朱荣族人，时为骠骑将军。［12］秣（mò）马：给马喂饲料。［13］无算：无法计算。［14］仇雠（chóu）：仇敌。雠，同“仇”。［15］勿或狐疑：不要犹豫不决。或，语气词，在否定句中加强否定语气。［16］自取屠脍（kuài）：自取灭亡。屠脍，被屠杀，被宰割。脍，切肉成丝。［17］相帅：即相率，一个接着一个，接连不断。帅，同“率”。蚁附：像蚂蚁一样密集地向上爬。［18］癸酉：五月二十二日。［19］拔荥阳，执杨昱：胡三省曰：“杨昱轻庆之兵少，不料其肉薄急攻，故城陷。《传》曰：‘敌无小，不可轻也。’又曰：‘不备不虞，不可以师。’”［20］无遗镞（zú）之费：不费一箭一矢，极言其付出的代价之少。镞，箭头。［21］杀伤：被杀与受伤，犹言损失、牺牲。［22］江东：江南，代指南梁。梁主：即南梁武帝萧衍。［23］举兵下都：指萧衍从雍州起兵，沿江东下攻克建康城。下，用作动词。［24］袁昂为吴郡不降：袁昂为南齐坚守吴郡，不向萧衍军投降。事见《资治通鉴》卷一百四十四中兴元年（501）。袁昂，本名千里，陈郡阳夏（今河南太康县）人。刘宋雍州刺史袁顗之子，南梁名臣。传见《梁书》卷三十一。吴郡，古郡名，郡治在今江苏苏州市。［25］忠节：忠贞，有节操。［26］刳（kū）：剖，剖开。［27］俄而：不久，时间不长。［28］辛纂：字伯将，陇西狄道（今甘肃临洮县）人，尚书左仆射辛雄从兄，北魏大臣。传见《魏书》卷七十七。［29］未知所之：不知道要到哪里去。［30］之长安：到长安去。之，到，往。长安，古城名，在今陕西西安市。［31］高道穆：渤海蓨人，名恭之，以字行，高崇之子，北魏官员，直臣。为御史，纠劾不避权贵。元子攸即位，除中书舍人、御史中尉，外执直绳，内参机密，谏争尽言，无所顾忌。后被杀。传见《魏书》卷七十七。［32］荒残：荒凉，破败。［33］若：此指原无，据章校补。宿卫：值宿、守卫，皇宫卫戍部队，此代指精锐部队。［34］高募：悬高赏格以募勇士。［35］或恐：或许，也许。难期：难以预料。［36］渡河：到黄河以北。［37］犄（jī）角：两军相互策应。［38］甲戌：五月二十三日。［39］至河内郡北：胡三省曰：“河内郡治野王，魏主自洛北如河内，当夜至郡城南，不应至郡城北，恐误。”野王，古城名，在今河南沁阳市，今洛阳市东北方。［40］乙亥：五月二十四日。［41］安丰王延明：即元延明，文成帝拓跋濬之孙，安丰王拓跋猛嫡长子，袭封安丰王，历

任豫州、徐州、雍州刺史，官至卫大将军、东道仆射大行台，拜大司马兼尚书令。传见《魏书》卷二十。［42］法驾：皇帝的车驾。［43］丙子：五月二十五日。［44］改元建武：以建武为年号。建武，是北魏北海王元颢的年号，共三个月。［45］杨椿：字延寿，弘农华阴（今陕西华阴市）人，洛州刺史杨懿次子，北魏名将。历孝文帝、宣武帝、孝明帝、孝庄帝四朝，先后治理豫州、济州、梁州、朔州、定州、南秦州、岐州、雍州八州，拜车骑大将军、开府仪同三司，为司徒、太保兼侍中。孝庄时弟杨顺为冀州刺史，侄儿杨侃任中郎将。三人传见《魏书》卷五十八。［46］意忌：顾虑，忌讳。［47］家世显重：胡三省曰："杨播、杨椿兄弟仕魏，一门贵盛，子侄通显，累朝荣赫。"［48］恐失人望：句前省略"杀之"二字。人望，在社会上有声望。［49］逃匿（nì）：躲逃，隐藏。

颢后军都督侯暄[1]守睢阳为后援，魏行台崔孝芬[2]、大都督刁宣[3]驰往围暄，昼夜急攻，戊寅[4]，暄突走，擒斩之。

上党王天穆等帅众四万攻拔大梁[5]，分遣费穆将兵二万攻虎牢，颢使陈庆之击之。天穆畏颢，将北渡河，谓行台郎中济阴温子升[6]曰："卿欲向洛，为随我北渡[7]？"子升曰："主上以虎牢失守，致此狼狈[8]。元颢新入，人情[9]未安，今往击之，无不克者。大王平定京邑[10]，奉迎大驾[11]，此桓、文之举[12]也。舍此北渡，窃为大王惜之。"天穆善之而不能用，遂引兵渡河。费穆攻虎牢，将拔，闻天穆北渡，自以无后继，遂降于庆之。庆之进击大梁、梁国，皆下之。庆之以数千之众，自发铚县至洛阳，凡取三十二城；四十七战，所向皆克。

颢使黄门郎祖莹[13]作书遗魏主曰："朕泣请梁朝，誓在复耻[14]，正欲问罪于尔朱，出卿于桎梏[15]。卿托命豺狼[16]，委身虎口，假获民地[17]，本是荣物，固非卿有[18]。今国家隆替[19]，在卿与我。若天道助顺[20]，则皇魏[21]再兴；脱或不然[22]，在荣为福，于卿为祸。卿宜三复[23]，富贵可保。"

颢既入洛，自河以南州郡多附之。齐州刺史沛郡王欣集文武议所从[24]，曰："北海、长乐，俱帝室近亲[25]，今宗祏不移[26]，我欲受赦[27]，诸君意何如？"在坐莫不失色[28]。军司崔光韶独抗言[29]曰："元颢受制于梁，引寇仇之兵以覆宗国[30]，此魏之乱臣贼子[31]也；岂唯大王家事所宜切齿[32]，下官等皆受朝眷[33]，未敢仰从[34]！"长史崔景茂[35]等皆曰："军司议是。"欣乃斩颢使。光韶，亮之从父弟也。于是，襄州刺史贾思同[36]、广州刺史郑先护[37]、南兖州刺史元暹[38]亦不受颢命。思同，思伯之弟也。颢以冀州刺史元孚[39]为东道行台、彭城郡王，孚封送其书于魏主。平阳王敬先起兵于河桥[40]以讨颢，不克而死。

魏以侍中、车骑将军、尚书右仆射尔朱世隆为使持节、行台仆射、大将军、相州刺史，镇邺城[41]。

魏主之出也，单骑而去[42]，侍卫后宫皆按堵如故[43]。颢一旦得之[44]，号令己出[45]，四方人情想其风政[46]。而颢自谓天授[47]，遽有骄怠[48]之志，宿昔宾客近习[49]，咸见宠待[50]，干扰政事，日夜纵酒，不恤军国[51]，所从南兵[52]，陵暴[53]市里，朝野失望。高道穆兄子儒[54]自洛阳出从魏主，魏主问洛中事，子儒曰："颢败在旦夕，不足忧也。

（以上为第三段，写南朝名将陈庆之一路攻城略地，所向披靡，攻占了洛阳；北海王元颢建立政权，令由己出，而骄奢淫逸，很快失去人心，州郡不附。）

【注释】

[1]后军都督：古官名，北魏末北海王元颢置，统领后军事务。侯暄：北魏时人，北海王元颢的后军都督，被杀。[2]崔孝芬：字恭梓，博陵安平（今河北安平县）人，濮阳太守崔郁之孙，光州刺史崔挺之子，北魏大臣。时任镇东将军、东道行台。传见《魏书》卷五十七。[3]大都督：古代军事统帅，与"都督中外诸军事"同义，为全国或方面最高军事统帅，此为执政官出任临时统帅之称。刁宣：字季达，勃海饶安人，洛州刺史刁遵之子，北魏大臣。时为出征大都督。传见《北史》卷二十六。[4]戊寅：五月二十七日。[5]大梁：古城名，在今河南开封市，地处睢阳与洛阳之间，当时被元顺的军队所占领。[6]温子升：字鹏举，济阴宛朐（今山东菏泽市）人，晋朝大将军温峤后代，济阴太守温晖之子，北魏到东魏大臣、文学家。此时为元天穆的僚属行台郎中。传见《魏书》卷八十五。[7]卿欲向洛，为随我北渡：您是准备到洛阳去投降元颢呢，还是想随我渡河去河内寻找皇帝元子攸？[8]狼狈：艰难窘迫、仓皇逃奔的样子。[9]人情：人心。[10]平定京邑：意即收复洛阳京城。京邑，京都。[11]奉迎大驾：迎接北魏主元子攸的车驾返回朝廷。[12]此桓、文之举：这是当年齐桓公、晋文公尊王攘夷的光辉行为。温子升引此激励元天穆不要退却，勇赴虎牢迎敌陈庆之。[13]黄门郎：古官名，给事黄门侍郎的省称，门下省的副长官，掌宫内侍奉。祖莹：字元珍，范阳遒县（今河北涞水县）人，安远将军祖季真之子，北魏文学博雅之臣。起家太学博士，迁司徒行参军。历任冀州长史、员外散骑侍郎、国子祭酒、黄门

侍郎等职。后助高欢迁东魏有功，进爵为伯。传见《魏书》卷八十二。［14］复耻：复仇雪耻，雪国家社稷被尔朱荣所灭之耻。［15］出卿于桎（zhì）梏（gù）：把你从枷锁中解救出来。桎梏，木制刑具，系于手者曰‘桎’，系于足者曰‘梏’。［16］托命豺狼：把自己的性命交付于居心叵测的奸佞摆布，指以尔朱为靠山，做傀儡。豺狼，豺和狼，比喻凶恶残忍的人。［17］假获民地：即使你眼下也像是有些百姓、有些地盘。［18］固非卿有：胡三省曰："颢言尔朱荣擅命，颢所得一民尺地皆尔朱荣之物，非魏主之有。"［19］国家隆替：国家的兴盛与衰微。隆，兴盛，兴隆。替，衰微，灭亡。［20］天道助顺：如果老天爷帮助我们，指元颢获得胜利。［21］皇魏：皇皇大魏。皇，大，美好。［22］脱或不然：如果不是那样。［23］卿宜三复：你要好好思考我的这些话。三复，犹言"三思"，反复地思考。［24］齐州：北魏州名，州治历城，在今山东济南市。沛郡王欣：即元欣，字庆乐，献文帝拓跋弘之孙，广陵王元羽之子，封沛郡王，改封广陵王。后随孝武帝元修入关，列为西魏宗王之首，后以大丞相致仕。传见《魏书》卷二十一上。议所从：讨论应该投向元颢还是元子攸。［25］北海、长乐，俱帝室近亲：指洛阳的北海王元颢，河内的北魏主元子攸，都是孝文帝元宏的弟弟，是亲兄弟，亲缘关系都是一样的近亲。［26］宗祏（shí）不移：宗庙里供奉的祖先牌位不发生变化，意即没有落入其他的族姓。宗祏，古代盛放祖先牌位的石匣。［27］受赦：接受元颢的大赦令，意即向元颢投降。［28］莫不失色：没有不被吓得改变颜色的，说明这些人从未想过要投靠元颢。［29］军司：意同军师，军中的参谋人员。崔光韶：清河东武城（今河北故城县）人，尚书仆射崔亮从父弟，北魏大臣。元子攸即位，授东道军司，诛杀北海王元颢使者，迁廷尉卿，执法不避权贵。传见《魏书》卷六十六。抗言：大声地反对。［30］覆宗国：颠覆自己的祖国。宗国，祖宗与国家。［31］乱臣贼子：泛指心怀异志的人。［32］岂唯大王家事所宜切齿：难道只是因为这是大王的家族丑事而令人感到切齿痛恨？大王，此指沛郡王齐州刺史元欣。［33］朝眷（juàn）：朝廷的恩宠。眷，眷顾，关爱。［34］仰从：意即听从、顺从。仰，表示客气的说法。［35］崔景茂：崔模之孙，北魏官员。历任冀州别驾、青州长史、随郡太守，封武城男。传见《魏书》卷二十四。［36］襄州：北魏州名，州治在今河南襄城县。贾思同：传见《魏书》卷七十二。［37］广州：北魏州名，州治在今河南鲁山县。郑先护：传见《魏书》卷五十六。［38］南兖州：北魏州名，州治涡阳，在今安徽蒙城县。元暹：字叔照，元仲景之弟，北魏南兖州刺史。元颢入洛，元暹据州不屈；元子攸还宫，封汝阳王，迁秦州刺史，后任凉州刺史，贪暴无极。东魏时位至侍中、录尚书事。［39］元孚（fú）：字秀和，太武帝拓跋焘曾孙，临淮王元提之子，时为尚书左丞，出任北道行台。后跟随孝武帝入关，受封扶风郡王，官至三公。传见《魏书》卷十八。［40］平阳王敬先：即元敬先，道武帝拓跋珪六世孙，淮南王元遵之子，袭封淮南王，历任谏议大夫、散骑常侍、主衣都统。反对元颢反叛，后遇害。传见《魏书》卷十六。河桥：黄河上的桥名，也是古城名，在当时洛阳城的东北方，今河南孟州市城南。［41］邺（yè）城：古城名，在今河北临漳县西南。［42］单骑而去：指元子攸离开洛阳时，只是单骑一人离去。［43］按堵如故：指洛阳皇宫的宫廷侍卫及后宫嫔妃都依旧居住在京城，还像往常一样按部就班地在各自的岗位上。按堵，即安堵，安定，安闲。［44］一旦得之：指元颢不经意突然一天取得政权。［45］号令己出：指元颢进入洛阳，一切号令全由他自己发出。［46］人情：人心，心思。想其风政：希望他有好的为人风度与政策方针。风政，教化，政治，指政绩。［47］天授：上天所授予，天赋。［48］遽（jù）：就，竟。骄怠：傲慢，懈怠。［49］宿昔：平素，向来。近习：身边一些受宠的小人。［50］咸见宠待：都受到了宠爱优待。［51］不恤（xù）军国：不关心军国大事。恤，忧虑，关心。［52］所从南兵：跟着元颢过来的那些南梁士兵。［53］陵暴：欺凌，强暴。陵，同“凌”。［54］子儒：即高子儒（508—548），字孝礼，辽东人，祖籍渤海蓨县，洛阳令高崇之孙，赠营州刺史高谦之长子，高道穆之侄，北魏、东魏大臣。元颢作乱，面见孝庄帝元子攸陈述敌情，历任通直郎、安东将军、司徒中兵参军、殿中侍御史，为梁州、北豫州、西兖州三州检户使。传见《魏书》卷七十七。

尔朱荣闻魏主北出，即时驰传见魏主于长子[1]，行，且部分[2]。魏主即日南还[3]，荣为前驱。旬日之间，兵众大集，资粮器仗，相继而至。六月，壬午[4]，魏大赦[5]。

荣既南下，并、肆[6]不安，乃以尔朱天光[7]为并、肆等九州行台[8]，仍行并州事[9]。天光至晋阳，部分约勒[10]，所部皆安。

己丑[11]，费穆至洛阳[12]，颢引入，责以河阴之事而杀之[13]。颢使都督宗正珍孙与河内太守元袭[14]据河内[15]；尔朱荣攻之，上党王天穆引兵会之，壬寅[16]，拔其城[17]，斩珍孙及袭。

辛亥[18]，魏淮阴太守晋鸿以湖阳[19]来降。

闰月，己未[20]，南康简王绩[21]卒。

魏北海王颢既得志，密与临淮王彧、安丰王延明谋叛梁；以事难未平，借陈庆之兵力，故外同内异，言多猜忌[22]。庆之亦密为之备，说颢曰：“今远来至此，未服者尚多，彼若知吾虚实，连兵四合[23]，将何以御之！宜启天子[24]，更请精兵，并敕诸州[25]，有南人没此者悉须部送[26]。”颢欲从之，延明曰：“庆之兵不出数千，已自难制；今更增其众，宁肯复为人用乎[27]！大权一去，动息由人[28]，魏之宗庙[29]，于斯坠[30]矣。”颢乃不用庆之言。又虑庆之密启[31]，乃表于上曰：“今河北、河南一时克定[32]，唯尔朱荣尚敢跋扈[33]，臣与庆之自能擒讨。州郡新服，正须绥抚[34]，不宜更复加兵，摇动百姓。”上乃诏诸军继进者皆停于境上[35]。

洛中南兵不满一万，而羌、胡[36]之众十倍，军副马佛念为庆之[37]曰："将军威行河、洛[38]，声震中原，功高势重，为魏所疑[39]，一旦变生不测，可无虑乎[40]！不若乘其无备，杀颢据洛，此千载一时[41]也。"庆之不从[42]。颢先以庆之为徐州刺史，因固求之镇[43]，颢心惮[44]之，不遣，曰："主上以洛阳之地全相任委[45]，忽闻舍此朝寄[46]，欲往彭城，谓君遽取富贵[47]，不为国计[48]，非徒有损于君，恐仆并受其责[49]。"庆之不敢复言。

（以上为第四段，写北魏孝庄帝元子攸以权臣尔朱荣为后盾南还；北海王元颢自我托大，猜忌南朝名将陈庆之，陈庆之暗中为备，元颢之败，已是早晚的事了。）

【注释】

[1]驰传：乘坐着飞快的驿车。传，驿车。长子：北魏县名，县治在今山西长子县西南。[2]行，且部分：一边赶路，一边安排各项工作。部分，安排，部署。 [3]即日南还：胡三省曰："尔朱荣既至，魏主有所倚以攻颢，故即日南还。" [4]壬午：六月二日。 [5]魏大赦：指北魏主元子攸颁发的大赦令。 [6]并、肆：北魏二州名，并州的州治在今山西太原市，肆州的州治在今山西忻州市西北，都是太原王尔朱荣的大本营。 [7]尔朱天光：字天光，太原王尔朱荣堂侄，北魏末年的骁勇之将。传见《魏书》卷七十五。 [8]九州行台：管理并、肆等九州事务的中央特派员。此九州指并、肆、恒、朔、云、蔚、显、汾、晋。 [9]仍行并州事：并代理并州刺史的职务。仍，同"乃"。 [10]约勒：督率，整治。 [11]己丑：六月九日。 [12]费穆至洛阳：费穆与元天穆平定齐地后，准备回师攻击元颢。费穆为先驱，率领精锐部队围攻虎牢关，将要攻克的时候，而元天穆率军北渡，在既没有后续部队，军情又悖离沮丧的情况下，费穆投降元颢，被押至洛阳。 [13]责以河阴之事：追究其怂恿尔朱荣诛杀王公大臣两千人于河阴的责任。尔朱荣本无意或者没有想到诛杀大臣，而费穆劝说其大行诛罚，建树亲党，结果发生了惨烈的河阴之变，元颢便把他带进京都洛阳诘问斥责，然后处死。河阴，在黄河南边，县治在今河南洛阳市孟津区东北。[14]宗正珍孙、元袭：两人为北魏宗室大臣，堂兄弟，景穆皇帝拓跋晃曾孙，时从元颢，共守河内；被太原王尔朱荣袭杀。两人传见《魏书》卷十九。 [15]河内：古郡名，郡治野王，在今河南沁阳市。 [16]壬寅：六月二十二日。 [17]拔其城：攻下河内郡的郡治野王城。 [18]辛亥：应为闰六月之辛亥日，即闰六月一日。 [19]淮阴：魏郡名，郡治在今江苏淮安市。晋鸿：北魏元子攸时为淮阴太守。湖阳：北魏县名，县治在今河南唐河县西南，湖阳戍在此。湖阳县当时属西淮安郡。 [20]闰月，己未：闰六月九日。 [21]南康简王绩：即萧绩，字世谨，梁武帝萧衍第四子，封南康郡王，历任轻车将军、南徐州刺史，所任皆有善政，升任江州刺史，在护军将军的任

上去世。传见《梁书》卷二十九。［22］猜忌：猜疑，妒忌。［23］连兵四合：联合起来四面包围我们。［24］宜启天子：应当向南梁皇帝萧衍报告。［25］并敕诸州：给我们占领下的各州郡下命令。敕，命令，通告。［26］南人没此者：有陷没在各州郡的南朝人。悉须部送：全部安排遣送到京师洛阳来。［27］宁肯复为人用乎：还能再听别人使唤吗？人，别人，他人。［28］动息由人：一举一动都得听别人的。动息，何时该动，何时该停。［29］魏之宗庙：实指我们这个在人控制下的北魏小朝廷。［30］坠（zhuì）：掉落，隐指灭亡。［31］虑：担心。密启：秘密向南梁武帝萧衍报告。［32］一时克定：很快地都让我们所平定。［33］跋扈（hù）：气焰嚣张。［34］正须绥（suí）抚：还得要做一定的安抚工作。正须，仍须。绥抚，安抚。［35］皆停于境上：胡三省曰："陈庆之非尔朱荣敌也；是时梁之诸将又皆出庆之下。使相与继进至洛，与元颢互相猜阻，亦必同归于陷没。梁兵之不进，梁之幸也。武帝不务自治而务远略，所以有侯景之祸。"［36］羌（qiāng）、胡：此指北方的少数民族羌人、匈奴人。［37］军副：军中的副统帅，陈庆之的副职。马佛念：南梁将领，时为名将陈庆之的副职。为庆之：为庆之谋划。为，一作"谓"。［38］河、洛：黄河、洛水，即指今河南洛阳市与其周边一带地区。［39］为魏所疑：此"魏"字指元颢集团。［40］可无虑乎：难道不担心吗？［41］千载一时：千载难逢的好时机。［42］庆之不从：胡三省曰："马佛念有战国策士之气。然必有非常之才，然后可以行非常之事，陈庆之乌足以办此！"［43］固求之镇：陈庆之坚持要求去徐州上任。［44］惮（dàn）：畏惧，害怕。［45］主上：指南梁武帝萧衍。全相任委：全部委托给了我们俩。［46］舍此朝寄：丢下北魏朝廷的全部信托。朝寄，实指元颢小朝廷的寄托。［47］谓：以为。遽（jù）取富贵：只顾自己的功名富贵。遽，急。［48］不为国计：不为南梁的利益做考虑。因为南梁的本意是让陈庆之来支持、护卫元颢这个听命于南梁的分裂政权。［49］恐仆并受其责：恐怕让我也得跟着你担责任。责，责备，责任。仆，谦称。

尔朱荣与颢相持于河上[1]。庆之守北中城[2]，颢自据南岸[3]；庆之三日十一战，杀伤甚众[4]。有夏州义士[5]为颢守河中渚[6]，阴与荣通谋，求破桥立效[7]，荣引兵赴之。及桥破，荣应接不逮[8]，颢悉屠之，荣怅然[9]失望。又以安丰王延明缘河固守，而北军无船可渡，议欲还北，更图后举。黄门郎杨侃[10]曰："大王发并州之日，已知夏州义士之谋指来应之乎[11]，为欲广施经略匡复帝室[12]乎？夫用兵者，何尝不散而更合[13]，疮愈更战[14]；况今未有所损，岂可以一事不谐而众谋顿废[15]乎！今四方颙颙[16]，视公此举；若未有所成，遽[17]复引归，民情失望，各怀去就，胜负所在，未可知也。不若征发民材，多为桴筏[18]，间以舟楫[19]，缘河布列，数百里中，皆为渡势，首尾既远[20]，使颢不知所防，一旦得渡，必立大功。”高道穆曰：“今乘舆飘荡[21]，主忧臣辱[22]。大王拥百万之众，辅天子而令诸侯，若分兵造筏，所在散渡，指掌可克[23]；奈何舍之北归，使颢复得完聚[24]，征兵天下！此所谓养虺成蛇[25]，悔无及矣。”荣曰：“杨黄门已陈此策，当相与议之。”刘灵助[26]言于荣曰：“不出十日，河南必平。”

伏波将军正平杨标与其族居马渚[27]，自言有小船数艘，求为乡导[28]。戊辰[29]，荣命车骑将军尔朱兆与大都督贺拔胜[30]缚材为筏，自马渚西硖石[31]夜渡，袭击颢子领军将军冠受[32]，擒之；安丰王延明之众闻之，大溃。颢失据[33]，帅麾下数百骑南走，庆之收步骑数千，结陈[34]东还，颢所得诸城，一时复降于魏。尔朱荣自追陈庆之，会嵩高水涨[35]，庆之军士死散略尽，乃削须发为沙门[36]，间行出汝阴[37]，还建康，犹以功除右卫将军，封永兴县[38]侯。

中军大都督兼领军大将军杨津[39]入宿殿中，扫洒宫庭，封闭府库，出迎魏主于北邙[40]，流涕谢罪，帝慰劳之。庚午[41]，帝入居华林园[42]，大赦。以尔朱兆为车骑大将军、仪同三司，北来军士及随驾文武诸立义[43]者加五级，河北报事之官及河南立义者[44]加二级。壬申[45]，加大丞相荣天柱大将军[46]，增封通前二十万户[47]。

北海王颢自轘辕南出至临颍[48]，从骑分散，临颍县卒江丰斩之，癸酉[49]，传首洛阳。临淮王彧复自归于魏主，安丰王延明携妻子来奔[50]。

（以上为第五段，写北魏太原王尔朱荣率军勤王，与元颢军队战于黄河沿岸，将其消灭；陈庆之假扮成和尚，才得以逃脱；孝庄帝元子攸返回京都洛阳，大赏有功将士，元颢被斩，传首洛阳。）

【注释】

[1]河上：北魏都城洛阳城北的黄河一带。 [2]北中城：即黄河北岸的河桥城。胡三省曰：“晋杜预建河桥于富平津，河北侧岸有二城相对。” [3]南岸：河桥南岸。 [4]杀伤甚众：指自己的部下伤亡很多。杀，犹今所谓“牺牲”。 [5]夏州义士：夏州籍的一群兵勇，因其支持北魏的朝廷一方，故称为“义士”。夏州，北魏州名，州治统万，在今陕西靖边县。 [6]河中渚（zhǔ）：河中陆地。胡三省引《水经注》曰：“河中渚上有河平侯祠，河之南岸有一碑，题曰洛阳北界。意此中渚即唐时河阳之中渰城也。”中渰城，在今河南孟州市西南，在今黄河中郭家滩。 [7]破桥：拆

断河桥城下的黄河浮桥。立效：建功。［8］不逮（dài）：不及时，没有及时赶到接应。［9］怅然：不如意、不痛快的样子。［10］杨侃：此时为度支尚书、黄门侍郎，陪同在北魏主元子攸身边。［11］谋指：阴谋，计谋。指，同“旨”。来应之乎：与之里应外合。［12］广施经略：犹言“大展奇才”“大展宏图”。匡复：挽救国家，使转危为安。帝室：皇室，皇族，指北魏政权。［13］何尝：哪一回不是。不散而更合：被打散了再集合起来。［14］疮愈更战：包扎一下伤口接着再战。愈，伤好，这里即包扎伤口。［15］一事不谐：一次里应外合的事情未能成功。众谋顿废：许多重大的规划、谋略都抛弃不干了。顿，登时，即刻。［16］颙（yóng）颙：举首仰望的样子。［17］遽（jù）：着急，匆忙。［18］桴（fú）筏：泛指各种船只。胡三省曰：“编竹木以渡水，大者曰桴，小者曰筏。”［19］间（jiàn）以舟楫：中间也夹带着大大小小的船只。楫，划船用的桨。［20］首尾既远：欲以渡河的战线拉得很长。［21］乘舆飘荡：意即皇帝漂泊在外，行止无定所。乘舆，皇帝的车驾，这里指北魏主元子攸。［22］主忧臣辱：皇帝陷于忧患，群臣应为此感到耻辱。此句是自古以来的成语，《史记·越王句践世家》有“主忧臣劳，主辱臣死”；《史记·范雎蔡泽列传》有“主忧臣辱，主辱臣死”；《史记·韩长孺列传》有“主辱臣死”，意思相同。［23］指掌可克：犹言即刻可胜。指掌，手指和手掌，以喻办事之轻而易举。［24］复得完聚：重新修缮城郭，聚积粮草。［25］养虺（huǐ）成蛇：把小蛇养成大蛇。虺，这里指小蛇。胡三省曰：“《逸书》曰：‘为虺不摧，为蛇奈何？’以文义观之，盖以虺为小蛇。”［26］刘灵助：燕郡人，好阴阳占卜，为尔朱荣的谋士，是一个精通术数，具有神秘色彩的人物。因卜筮屡中，先受宠于尔朱荣，为功曹参军，后除抚军将军、幽州刺史。随讨葛荣、邢杲、元颢有功，被任为幽、平、营、安四州行台。后自号燕王，举义兵，以方术诱民从之，被骠骑大将军叱列延庆等斩杀。谥号恭。传见《魏书》卷九十一。［27］杨标：字显进，正平高凉人。西魏、北周将领。因忠义节烈闻名，提拔为伏波将军、给事中，助讨元颢，加镇远将军、步兵校尉等职。后为宇文泰部下的名将，出使邺城，招抚稽胡，多次与东魏交战，攻略其州郡城池。传见《周书》卷三十四。马渚：黄河中的小洲名，在今河南三门峡市东。［28］乡导：即向导。乡，同“向”。［29］戊辰：闰六月十八日。［30］贺拔胜：肆州刺史贺拔度拔之子，北魏名将。传见《北齐书》卷十九。［31］硖（xiá）石：山名，也是村镇名，在今河南三门峡市东南，地处黄河边上。［32］冠受：即元冠受，北海王元颢之子，时为元颢政权的领军将军，兵败被俘。［33］失据：失去依靠，没了主心骨。［34］结陈：即结阵，形成阵势。陈，同“阵”。［35］嵩高：在今河南嵩山，也称太室山，在登封市北，洛阳市的东南方。胡三省曰：“颍水出少室山（在今嵩山之西峰），五渡水出太室山（在今嵩山之东峰），入于颍水，嵩高水涨，指此水也。”［36］沙门：指和尚。［37］出汝阴：经由汝阴郡，南梁的汝阴郡治在今安徽合肥市。胡三省曰：“庆之所以得免者，亦由嵩高水涨，追兵不急，于军士死散之时得以挺身逸去，否则必为尔朱荣所擒矣。”元颢之败，是一败涂地，死伤殆尽，一副惨不忍睹的样子。［38］永兴县：古县名，县治在今浙江绍兴市附近。［39］杨津：洛州刺史杨懿之子，魏国名将杨播与杨椿之弟。时为北魏主元子攸的中军大部督兼领军大将军。后被害。传见《魏书》卷五十八。［40］北邙（máng）：山名，在当时的洛阳城北，黄河的南岸。［41］庚午：闰六月二十日。［42］华林园：古园林名，此指洛阳城内的皇家园林，与当时的皇宫相连接，是曹魏时代的统治者所建造，其后屡有增修。［43］北来军士：指随尔朱荣由并州一带南来的勤王之军。立义：指勤王护驾以及抵御过元颢叛逆集团的人。［44］河北报事之官：黄河中下游以北的各类在任官员。因河北官员多不从元颢，且有迎驾之功，故封赏之。报事，胡三省曰："谓报敌情曲折者。"河南立义者：指崔孝芬、刁宣等义勇之士，他们率军消灭了为元颢守睢阳的军队后军都督侯暄及其所领的叛逆之军。［45］壬申：闰六月二十二日。［46］天柱大将军：胡三省曰："天柱，前无此号，魏主以尔朱荣功高，特置以宠之。"［47］增封通前二十万户：胡三省曰："荣先以平葛荣之功增封至十万户，今又增为二十万户以赏之。"增封，增加封邑。通前，连同以前的加起来。［48］轘（huàn）辕：古关隘名，为洛阳东南方的关塞，在今河南登封市西北。临颍：北魏县名，县治在今河南临颍县西北，许昌市的东南方。［49］癸酉：闰六月二十三日。［50］来奔：奔来投靠南梁。

陈庆之之入洛也，萧赞[1]送启求还[2]。时吴淑媛[3]尚在，上使以赞幼时衣寄之，信未达而庆之败。庆之自魏还，特重北人[4]，朱异[5]怪而问之，庆之曰："吾始以为大江以北皆戎狄[6]之乡，比至[7]洛阳，乃知衣冠人物尽在中原[8]，非江东所及[9]也，奈何轻之？"

甲戌[10]，魏以上党王天穆为太宰，城阳王徽为大司马兼太尉。乙亥[11]，魏主宴劳[12]尔朱荣、上党王天穆及北来督将于都亭[13]，出宫人三百[14]，缯锦杂彩[15]数万匹，班赐[16]有差，凡受元颢爵赏阶复[17]者，悉追夺[18]之。

秋，七月，辛巳[19]，魏主始入宫[20]。

以高道穆为御史中尉[21]。帝姊寿阳公主行犯清路[22]，赤棒卒呵之，不止[23]，道穆令卒击破其车。公主泣诉于帝，帝曰："高中尉清直[24]之士，彼所行者公事，岂可以私责之也！"道穆见帝，帝曰："家姊行路相犯，极以为愧。"道穆免冠谢，帝曰："朕以愧卿，卿何谢也！"

于是，魏多细钱[25]，米斗几直[26]一千，高道穆上表，以为："在市铜价，八十一钱得铜一斤，私造薄钱，斤羸二百[27]。既示之以深利[28]，又随之以重刑，抵罪虽多，奸铸弥众[29]。今钱徒有五铢之名而无二铢之实[30]，置之水上，殆欲不沈[31]。此乃因循有渐[32]，科防不切[33]，朝廷失之，彼复何罪！宜改铸大钱，文载年号[34]，以记其始，则一斤所成止七十钱，计私铸所费不能自润[35]，直置无利[36]，自应息心[37]，况复严刑广设也！”金紫光禄大夫[38]杨侃亦奏乞听民与官并铸五铢钱，使民乐为而弊自改。魏主从之，始铸永安五铢钱[39]。

（以上为第六段，写南朝名将陈庆之当初进入洛阳颇有感触，认为衣冠人物尽在中原；北魏孝庄帝元子攸论功行赏，对尔朱氏一党的赏赐无以复加；铸造永安五铢钱。）

【注释】

[1]萧赞：又作即萧综，字德文，东海兰陵（今山东临沂市）人，东昏侯萧宝卷遗腹子，梁武帝萧衍养子（名义上的次子），得知身世后，流亡北魏，改名萧赞，以为司空、太尉公、齐州刺史，封丹杨王。后病死。传见《梁书》卷五十五。 [2]送启求还：给陈庆之写信，请求报告武帝萧衍，要求返回南梁。启，文体名，写给名公大臣的书信。 [3]吴淑媛：萧赞的生母，原是南齐末代皇帝萧宝卷的嫔妃，萧宝卷死后又成了深受萧衍宠幸的嫔妃。淑媛，是嫔妃的称号之一，为九嫔之首。 [4]重：看重。北人：居于中原地区的北魏人士。 [5]朱异：字彦和，吴郡钱唐（今浙江杭州市）人，南梁武帝萧衍的宠臣，大权独揽三十余年。官至左卫将军、中领军。后劝萧衍纳侯景投降，导致了祸乱。传见《梁书》卷三十八。 [6]戎狄：古代对西方和北方的非华夏部落的统称，即北狄和西戎的合称。 [7]比至：及至，到。 [8]衣冠人物：有才德、有名望的士大夫。尽在中原：都在北魏。尽，皆，都，对南梁的名士有所讥讽。 [9]非江东所及：南梁之江东的士人怎么也赶不上北魏之中原。胡三省曰：“陈庆之特有见于洛阳华靡之俗而为是言耳。” [10]甲戌：闰六月二十四日。 [11]乙亥：闰六月二十五日。 [12]宴劳：设宴，犒劳。 [13]督将：大将，独当一方的将领。都亭：招待外国来宾、各地官员进京的食宿之地。 [14]出宫人三百：用以赏赐有功将士。宫人，在宫廷从事各种服务工作的女子。 [15]缯（zēng）锦杂彩：各类丝织品。缯，丝织品。 [16]班赐：颁赐，分赏。班，同“颁”。 [17]爵赏阶复：提高级别爵位与享受免除劳役、赋税等优待的人。阶，官阶，等级。复，免除赋税徭役。 [18]追夺：撤销，收回。 [19]辛巳：七月二日。 [20]魏主始入宫：此前一直住在华林园。 [21]御史中尉：古官名，也称御史中丞，主管监察、弹劾的官员。 [22]行犯清路：冲撞、冒犯了皇帝出行的清道戒严。清路，清道，禁止行人来往。 [23]赤棒卒：执赤棒开道的士卒。呵之，不止：喝令她停步，她还是照样前行。 [24]清直：清廉，正直。 [25]于是：当此时。细钱：小钱，不合制度的铜钱。 [26]几：几乎，将近。直：同“值”，价值。 [27]斤赢（yíng）二百：一斤铜可造薄钱二百多。赢，超过。 [28]深利：丰厚的利润。 [29]奸铸：违法乱铸。弥（mí）众：更多。 [30]徒有五铢（zhū）之名而无二铢之实：名义上是五铢，实际上连二铢的重量都没有。铢，一两的二十分之一。

[31]殆欲不沈：几乎可以漂在水面上。殆，几乎。沈，同“沉”，沉没。 [32]因循有渐：沿袭旧习，逐渐发展，变成了这种样子。 [33]科防不切：条令管得不严。切，严厉。 [34]文载年号：钱上铸明是哪一年铸的。文，钱上刻铸的文字。 [35]不能自润：收不回成本，得不到利润。[36]直置无利：私铸者整天白干而得不到好处。胡三省曰：“言置私铸，直使无利。”直，但，只不过。 [37]自应息心：自然就会打消私铸的念头。 [38]金紫光禄大夫：古官名，一般为加官，荣誉官职，备参谋顾问，以其佩金印紫绶，故称之。 [39]永安五铢钱：北魏铜币名。自永安二年（529）九月至次年正月，官立炉开铸，文曰“永安五铢”。

辛卯[1]，魏以车骑将军杨津为司空。

初，魏以梁、益二州[2]境土荒远，更立巴州以统诸獠[3]，凡二十余万户，以巴酋严始欣[4]为刺史，又立隆城镇[5]，以始欣族子恺[6]为镇将。始欣贪暴，孝昌[7]初，诸獠反，围州城，行台魏子建抚谕[8]之，乃散。始欣恐获罪，阴来请降，帝遣使以诏书、铁券[9]、衣冠等赐之，为恺所获，以送子建。子建奏以隆城镇为南梁州[10]，用恺为刺史，囚始欣于南郑[11]。魏以唐永为东益州[12]刺史代子建，以梁州刺史傅竖眼为行台[13]。子建去东益而氐、蜀寻反[14]，唐永弃城走，东益州遂没[15]。

傅竖眼之初至梁州也，州人相贺[16]，既而久病，不能亲政事。其子敬绍[17]，奢淫贪暴，州人患之。严始欣重赂敬绍，得还巴州，遂举兵击严恺，灭之，以巴州来降，帝遣将军萧玩[18]等援之。傅敬绍见魏室方乱，阴有保据南郑[19]之志，使其妻兄唐昆仑于外扇诱[20]山民，相与围城，欲为内应。围合而谋泄，城中将士共执敬绍，以白[21]竖眼而杀之，竖眼耻恚[22]而卒。

八月，己未[23]，魏以太傅李延寔为司徒。甲戌[24]，侍中、太保杨椿致仕[25]。

九月，癸巳[26]，上幸同泰寺[27]，设四部无遮大会[28]。上释御服[29]，持法衣[30]，行清净大舍[31]，以便省为房[32]，素床瓦器[33]，乘小车，私人执役[34]。甲子[35]，升讲堂法座[36]，为四部大众开《涅槃经》题[37]。癸卯[38]，群臣以钱一亿万祈白三宝[39]，奉赎皇帝菩萨[40]，僧众默许。乙巳[41]，百辟[42]诣寺东门，奉表请还临宸极[43]，三请，乃许。上三答书，前后并称“顿首”[44]。

魏尔朱荣使大都督尖山侯渊[45]讨韩楼于蓟[46]，配卒甚少，骑止[47]七百，或以为言，荣曰："侯渊临机设变[48]，是其所长；若总大众[49]，未必能用。今以此众击此贼，必能取之。"渊遂广张军声[50]，多设供具[51]，亲帅数百骑深入楼境。去蓟百余里，值贼帅陈周马步[52]万余，渊潜伏以乘其背[53]，大破之，虏[54]其卒五千余人。寻还其马仗[55]，纵令入城[56]，左右谏曰："既获贼众，何为复资遣之[57]？"渊曰："我兵既少，不可力战，须为奇计以离间之，乃可克也。"渊度其已至[58]，遂帅骑夜进，昧旦[59]，叩其城门。韩楼果疑降卒为渊内应，遂走[60]，追擒之，幽州平。以渊为平州[61]刺史镇范阳[62]。

先是，魏使征东将军刘灵助兼尚书左仆射，慰劳幽州流民于濮阳顿丘[63]，因帅流民北还，与侯渊共灭韩楼，仍以灵助行幽州事[64]，加车骑将军，又为幽、平、营、安[65]四州行台。

万俟丑奴攻魏东秦州[66]，拔之，杀刺史高子朗[67]。

冬，十月，己酉[68]，上又设四部无遮大会，道、俗[69]五万余人。会毕，上御金辂[70]还宫，御太极殿，大赦，改元[71]。

（以上为第七段，写北魏巴州刺史严始欣率州投降南朝；太原王尔朱荣派将领侯渊智攻破叛军首领韩楼；南朝梁武帝萧衍一心向佛，两设无遮大会，亲讲佛经。）

【注释】

[1]辛卯：七月十二日。 [2]梁、益二州：北魏州名，梁州的州治南郑，在今陕西汉中市，益州的州治晋寿，在今四川剑阁县东北。 [3]巴州：北魏州名，州治在今四川巴中市东。獠(liáo)：古少数民族名，分布在今广西、湖南、四川、云南、贵州等地，是当今南方各民族的先民。 [4]巴酋(qiú)：巴族人的头领。严始欣：北魏人，巴地少数部族首领，任巴州刺史统率诸族。在任贪暴，诸族围攻巴州。始欣以中原多事，乃谋南归南梁。后北魏梁、益二州刺史遣将讨平，被杀。 [5]隆城镇：北魏军镇名，在今四川阆中市。隆城，胡三省引宋白曰："取其连冈地势高隆为名，后为隆州。" [6]恺(kǎi)：即严恺，北魏人，巴族头领严始欣之子，为隆城镇镇将。[7]孝昌：北魏主孝明帝元诩的第四个年号，共近三年。 [8]行台：尚书省设在地方的派出机构，其长官也被称为"行台"，犹如今所谓特派员。魏子建：字敬忠，文学家魏收之父，北魏大臣。初任奉朝请，迁太尉从事中郎，时任行台、征西都督、东益州刺史，镇抚武兴氐族。回京供职，授卫尉卿，迁左光禄大夫、散骑常侍、骠骑大将军。传见《北史》卷五十六。抚谕：抚慰，晓谕。[9]铁券：用铁页做成的证明文件，赐给真心归降者，持此券可赦其曾经从贼的罪过。 [10]南

梁州：北魏州名，州治隆城镇。［11］南郑：古县名，县治在今陕西汉中市，当时为梁州、汉中郡的郡治所在地。［12］唐永：北魏东益州刺史。东益州：北魏州名，州治武兴，在今陕西略阳县。［13］傅竖眼：北魏名臣。传见《魏书》卷七十。［14］去东益：魏子建离开东益州。氐（dī）：少数民族名，居住在今陕西、甘肃、四川三省的交界地区。蜀：四川蜀地流入汉中的民众。寻反：很快地就造反了。［15］东益州遂没：胡三省曰："魏置东益州于武兴，时为氐、蜀所攻没，梁不能有也。"［16］州人相贺：当时梁州的"民、獠闻竖眼至，皆喜，迎拜于路者相继"，又称"竖眼入州，白水以东民皆安业"。事见《资治通鉴》卷一百四十八梁武帝天监十五年（516）。［17］敬绍：即傅敬绍，北魏清河人，名臣傅竖眼之子，北魏官员。父傅竖眼病，代理梁州府事，险暴不仁，聚货耽色，为害民人，又图谋割据南郑，为城中将士执杀。［18］萧玩：南梁将军，上年受命往巴州接应叛投梁朝的刺史严始欣，遭北魏梁、益二州刺史遣将攻打，被击杀。［19］保据南郑：意即割据南郑而自立称王。［20］唐昆仑：北魏名臣傅竖眼之子傅敬绍的舅子。扇诱：煽动，诱惑。扇，同"煽"。［21］白：告白，告知。［22］耻恚（huì）：既羞耻又恼怒。［23］己未：八月十日。［24］甲戌：八月二十五日。［25］致仕：退休。［26］癸巳：九月十五日。［27］同泰寺：南梁武帝萧衍于大通元年（527）紧挨皇宫建造的一座寺庙，取名同泰寺。寺庙建成后，萧衍又在皇宫的围墙上凿了一个门，取名大通门，与同泰寺的庙门相对。同泰寺早已片瓦无存，今江苏南京市内的鸡鸣寺，就是在当年同泰寺的地址上建成。［28］设：举办。四部无遮大会：是佛教举行的一种广结善缘，以讲演佛经，为百姓求福为宗旨，不分贵贱、僧俗、智愚、善恶都一律平等对待的，任何人都能来参加的大法会。四部，指僧、尼、善男、善女，实即包括了人世间的一切人。无遮，佛教语，谓包容广大，没有遮隔。［29］释御服：脱去皇帝所穿的衣服。［30］持法衣：身穿和尚的服装。持，保持，这里即指身穿。［31］行清净大舍：把自己的身子全部舍给了寺庙。［32］以便省为房：把同泰寺里武帝萧衍曾经休息过的屋子当成他修行的住所。胡三省曰："便省，在同泰寺，上临幸时居之，故曰便省。"［33］素床瓦器：睡的是光板床，用的是粗瓷碗罐。瓦器，不上釉子的陶器，这里即指粗瓷。［34］私人执役：只有几个奴仆帮着干些粗活。［35］甲子：此语疑有误，本年的九月无"甲子"日。［36］法座：佛陀在说法会座上的座席，也称法席。［37］四部大众：即上文所说的"四部"。开《涅（niè）槃（pán）经》题：讲解《涅槃经》。开……题，即开讲题旨，讲解某某文章的中心意旨。《涅槃经》，佛教经典，于北凉玄始十年（421）由昙无谶译出，现为40卷，是阐释妙有思想最具代表性的一部经书。涅槃，也叫"圆寂"，佛教用语，指幻想的超脱生死的最高精神境界。［38］癸卯：九月二十五日。［39］祈（qí）白三宝：向寺庙的主持提出请求。祈白，祈告，请求。三宝，佛教称佛、法、僧为三宝，胡三省曰："释书以佛陀耶众为佛宝，达摩耶众为法宝，僧迦耶众为僧宝。"这里即指主事的和尚。［40］奉赎：奉上以赎，用"奉"表示虔敬。皇帝菩萨：敬指武帝萧衍。这时的萧衍既是尘世的皇帝，又是佛教的圣僧。菩萨，佛教中仅次于佛的圣僧。胡三省曰："菩，普也。萨，济也。菩萨，言能普济众生。"［41］乙巳：九月二十七日。［42］百辟：朝廷百官，满朝文武。［43］请还临宸（chén）极：请求萧衍还是回朝廷当皇帝。宸极，北极星。古代以北极星为最尊，故以喻帝位。胡三省引《唐韵》曰："宸，屋宇也，天子所居。"［44］前后并称顿首："顿首"是平辈之间写信常用的客气话，现萧衍给群臣回信也一律用"顿首"，表明他已经不再把自己当成君临天下的皇帝了。［45］尖山侯渊：尖山人侯渊。尖山，北魏县名，据胡三省注引《五代志》，在今山西东北部的桑干河流域，上属于神武郡。侯渊，神武尖山人，北魏将领。机警有胆略。六镇起义，侯渊随起义首领杜洛周南侵。后来与妻兄念贤投靠尔朱荣。经常跟从征伐，征讨葛荣、擒获韩楼、擒获刘灵助，屡立战功。尔朱荣死后，侯渊投降高欢，在韩陵击败尔朱氏联军。后投奔南梁，在途中被杀。传见《魏书》卷八十。［46］韩楼：北魏叛军首领葛荣的部将，葛荣死后，仍坚守幽州，后被北魏大都督侯渊攻杀。蓟（jì）：古县名，县治在今北京市西南，时为幽州州治所在地。［47］止：同"只"，只有，仅有。［48］临机设变：随机应变。［49］总大众：统领大部队。总，统领，总管。［50］广张军声：大张旗鼓。［51］多设供具：多为军队准备吃的用的，以虚张声势。供具，主要指粮草、酒食一类。［52］值：正好碰上。陈周：北魏时人，起义军首领韩楼的部将。马步：骑兵、步兵。［53］乘其背：从其背后发起攻击。乘，趁势而攻。［54］虏：同"掳"，掳获。［55］马仗：马匹与武器。［56］纵令入城：准许他们进蓟城看视。［57］复资遣之：又再给他们一些物资，还让他们回去。［58］已至：回到了他们的大营。［59］昧旦：天蒙蒙亮。［60］走：逃跑。［61］平州：北魏州名，州治肥如，在今河北迁安市东北。［62］镇范阳：驻军于范阳郡。范阳郡的郡治在今河北涿州市。［63］濮（pú）阳顿丘：北魏二郡名，濮阳郡的郡治在今河南濮阳县西南，顿丘郡的郡治在今濮阳县东北。［64］仍：同"乃"，于是。行幽州事：代理幽州刺史。［65］幽、平、营、安：北魏四州名，幽州的州治蓟县，在今北京市西南；平州的州治肥如，在今河北迁安市东北；营州的州治龙城，在今辽宁朝阳市；安州的州治方城，在今河北隆化县。［66］万（mò）俟（qí）丑奴：北魏末年西北少数民族起义首领。［67］高子朗：北魏孝庄帝元子攸时为东秦州刺史，被万俟丑奴所杀。［68］己酉：十月一日。［69］道、俗：犹言"僧、俗"，和尚与普通的平民百姓。［70］御金辂（lù）：乘坐着金饰的车驾。御，驾御，乘坐。辂，古代的一种车名。［71］改元：改元为中大通，称今年为中大通元年。

魏以前司空萧赞为司徒。

十一月，己卯[1]，就德兴[2]请降于魏，营州[3]平。

丙午[4]，魏以城阳王徽为太保，丹杨王萧赞为太尉，雍州刺史长孙稚[5]为司徒。

十二月，辛亥[6]，兖州刺史张景邕[7]、荆州刺史李灵起[8]、雄信将军萧进明[9]叛，降魏。

以陈庆之为北兖州[10]刺史。有妖贼僧强[11]，自称天子，土豪蔡伯龙[12]起兵应之，众至三万，攻陷北徐州[13]，庆之讨斩之。

魏以岐州刺史王罴[14]行南秦州事[15]，罴诱捕州境群盗，悉诛之。

（以上为第八段，写南朝僧强起兵造反，攻陷北徐州，名将陈庆之为北兖州刺史，率军前往平定；北魏岐州刺史王罴代理南秦州刺史，迅速平定了境内群盗。）

【注释】

［1］己卯：十一月二日。［2］就德兴：北魏营州的叛军头领。［3］营州：北魏州名，州治肥如，在今河北迁安市东北。［4］丙午：十一月二十九日。［5］长孙稚：时为北魏雍州刺史。传见《魏书》卷二十五。［6］辛亥：十二月四日。［7］兖州刺史张景邕：张景邕乃南梁、北魏交界线上的边民，因有功被南梁赐以"兖州刺史"之称。真正的兖州在北魏境内，南梁此时有"南兖州""北兖州"，与此无关。［8］荆州刺史李灵起：李灵起也是南梁、北魏交界线上的边民，因有功被南梁赐以"荆州刺史"之称，与实际荆州无关。［9］雄信将军萧进明：萧进明也是南梁、北魏交界线上的边民，因有功被南梁赐以"雄信将军"之称。胡三省曰："三人者，皆梁、魏境上民豪，以刺史、将军宠授之耳。"［10］北兖（yǎn）州：南梁州名，州治淮阴，在今江苏淮安市淮阴区。［11］僧强：僧人，名强，南梁时人。［12］土豪：地方豪强。蔡伯龙：南梁武帝萧衍时起兵响应僧强反叛，聚众3万人，攻陷北徐州等地。北兖州刺史陈庆之率军平之。［13］北徐州：南梁州名，州治钟离，在今安徽凤阳县东北。［14］岐（qí）州：北魏州名，州治雍县，在今陕西宝鸡市凤翔区。王罴（pí）：北魏至西魏名将。传见《北史》卷六十二。［15］行南秦州事：王罴时代理南秦州刺史。南秦州，北魏州名，州治仇池，在今甘肃西和县东南，陇南市武都区东北。

【点评】

陈庆之识见不凡。本卷大起大落的人物应该是梁将陈庆之了。北魏北海王元颢投降了梁，任用梁的名将陈庆之为卫将军、徐州刺史，引兵向西。本年四月，乘虚自铚县到了梁国，击败拥兵七万、筑垒九座相拒的北魏将丘大千。不久又于考城大败北魏将元晖业两万人。五月，引兵西进，接连拔取荥阳、虎牢二城，荥阳一战，以七千人克元天穆三十余万之众，护送元颢入洛阳。陈庆之凡四十七战，取城三十二座，所向皆克，功绩显赫，威震中原。尔朱荣大兵南下，陈兵数百里，羌、胡之众十倍于洛阳。陈庆之守北中城，战败，化装成和尚，方才逃脱回建康。若不是元颢猜疑，陈庆之不会败得如此惨烈。

陈庆之不仅是一员武将，其政治眼光也了得。他自北魏回到梁，特别重视北方人。朱异对此感到奇怪，问陈庆之为什么这样，陈庆之说："我当初认为长江以北地区都是戎狄之乡，等到了洛阳之后，才知道衣冠人物都在中原，不是江东所能企及的，有什么理由轻视北方人呢？”这一观点颠覆了千百年来对北方人，具体而言是对“戎狄”这些北方少数民族的蔑视。陈庆之正眼看待他们，不仅仅是正视，而且是高看一眼了。陈庆之撇开民族偏见，公正地看待戎狄，算是十分难能可贵了。衣冠人物，本在中原，晋南渡之后，士人集聚建康。陈庆之从建康到了洛阳，有了比较，又有客观的态度，所以才会有客观的结论，并且大胆地讲出来，尤其令人敬仰。洛阳之所以吸引衣冠人物，实乃魏孝文帝的改革之功，促进民族融合，士人向往。

卷一五四　梁纪十

梁武帝中大通二年（530年）

【上章阉茂（庚戌，530年），凡一年】

【大事提要】

本卷记事公元530年，凡一年，当梁武帝中大通二年。本卷所载大事，南朝萧梁大事一件，即梁将陈庆之包围北魏悬瓠。北魏大事三件，都是围绕着尔朱氏展开。其一，魏孝庄帝元子攸不甘大权旁落尔朱氏手中，于是诈称皇太子出生，召尔朱荣入朝。孝庄帝横刀膝下，亲手杀死了尔朱荣。其二，尔朱荣死后，汾州刺史尔朱兆为了替死去的叔父报仇，发兵攻入京师洛阳，俘虏了魏孝庄帝元子攸。长广王元晔被尔朱兆拥立登上了帝位。尔朱兆满载着掠夺的财物回到晋阳，留下叔父尔朱世隆牵制元晔。其三，高欢开始显山露水。

高祖武皇帝十

中大通二年（庚戌，530年）

春，正月，己丑[1]，魏益州刺史长孙寿[2]、梁州刺史元俊[3]等遣将击严始欣[4]，斩之，萧玩[5]等亦败死，失亡[6]万余人。

辛亥[7]，魏东徐州城民吕文欣[8]等杀刺史元大宾，据城反，魏遣都官尚书平城樊子鹄[9]讨之，二月，甲寅[10]，斩文欣。

万俟丑奴侵扰关中[11]，魏尔朱荣遣武卫将军贺拔岳讨之。岳私谓其兄胜曰："丑奴，勍敌[12]也，今攻之不胜，固有罪，胜之，谗嫉[13]将生。"胜曰："然则奈何？"岳曰："愿得尔朱氏一人为帅而佐之[14]。"胜为之言于荣，荣悦，以尔朱天光[15]为使持节，都督二雍、二岐[16]诸军事，骠骑大将军、雍州刺史，以岳为左大都督[17]，又以征西将军代郡侯莫陈悦[18]为右大都督，并[19]为天光之副以讨之。

天光初行，唯配军士千人，发洛阳以西路次民马[20]以给之。时赤水蜀贼[21]断路，诏侍中杨侃先行慰谕，并税其马[22]，贼持疑[23]不下。军至潼关[24]，天光不敢进，岳曰："蜀贼鼠窃，公尚迟疑，若遇大敌，将何以战！"天光曰："今日之事，一以相委[25]。"岳遂进击蜀[26]于渭北，破之，获马二千匹，简[27]其壮健以充军士，又税民马[28]合万余匹。以军士尚少，淹留[29]未进。荣怒，遣骑兵参军刘贵乘驿[30]至军中责天光，杖之一百，以军士二千人益之。

三月，丑奴自将其众围岐州，遣其大行台尉迟菩萨[31]、仆射万俟仵自武功[32]南渡渭，攻围趣栅[33]，天光使贺拔岳将千骑救之。菩萨等已拔栅而还，岳故杀掠其吏民以挑[34]之，菩萨率步骑二万至渭北。岳以轻骑数十自渭南与菩萨隔水而语，称扬国威，菩萨令省事[35]传语，岳怒曰："我与菩萨语，卿何人也！"射杀之。明日，复引百余骑隔水与贼语，稍引而东，至水浅可涉之处，岳即驰马东出[36]。贼以为走[37]，乃弃步兵轻骑南渡渭追岳，岳依横冈[38]设伏兵以待之，贼半渡冈东，岳还兵击之，贼兵败走。岳下令，贼下马者勿杀，贼悉投马[39]，俄[40]获三千人，马亦无遗[41]，遂擒菩萨；仍[42]渡渭北，降步卒万余，并收其辎重。丑奴闻之，弃岐州，北走安定[43]，置栅于平亭[44]。天光方自雍至岐[45]，与岳合。

夏，四月，天光至汧、渭之间[46]，停军牧马，宣言[47]："天时将热，未可行师，俟秋凉更图进止[48]。"获丑奴觇候者[49]，纵遣之[50]。丑奴信之，散众耕于细川[51]，使其太尉侯伏侯元进[52]将兵五千，据险立栅，其余千人以下为栅者甚众。天光知其势分[53]，晡时[54]，密严诸军[55]，相继俱发，黎明，围元进大栅，拔之，所得俘囚，一皆纵遣，诸栅闻之皆降。天光昼夜径进[56]，抵安定城下，贼泾州刺史侯几长贵[57]以城降。丑奴弃平亭走，欲趣高平[58]，天光遣贺拔岳轻骑追之，丁卯[59]，及于平凉[60]。贼未成列，直阁代郡侯莫陈崇[61]单骑入贼中，于马上生擒丑奴，因大呼，众皆披靡[62]，无敢当者，后骑益集，贼众崩溃，遂大破之。天光进逼高平，城中执送萧宝寅[63]以降。

壬申[64]，以吐谷浑王佛辅为西秦、河二州刺史[65]。

甲戌[66]，魏以关中平，大赦。万俟丑奴、萧宝寅至洛阳，置阊阖门外都街[67]之中，士女聚观凡三日。丹杨王萧赞表请宝寅之命[68]，吏部尚书李神俊[69]、黄门侍郎高道穆素[70]与宝寅善，欲左右[71]之，言于魏主曰："宝寅叛逆，事在前朝[72]。"会应诏王道习[73]自外至，帝问道习："在外何所闻？"对曰："惟闻李尚书、高黄门与萧宝寅周款[74]，并居得言之地[75]，必能全之[76]。且二人谓宝寅叛逆在前朝，宝寅为丑奴太傅，岂非陛下时邪？贼臣不翦[77]，法欲安施！"帝乃赐宝寅死于驼牛署[78]，斩丑奴于都市[79]。

（以上为第一段，写北魏叛军首领万俟丑奴侵扰关中，北魏将领尔朱天光率军讨伐，大获全胜，生擒丑奴，活捉其太傅萧宝寅，万俟丑奴被斩于洛阳闹市，萧宝寅被赐死。）

【注释】

[1]己丑：正月十三日。［2］益州：北魏州名，州治晋寿，在今四川剑阁县东北。长孙寿：北魏时人，孝庄帝元子攸时为益州刺史。［3］梁州：北魏州名，州治南郑，在今陕西汉中市。元俊：北魏孝庄帝元子攸时为梁州刺史。［4］严始欣：北魏人，巴地少数部族首领，任巴州刺史，图谋反叛归南梁，被北魏梁、益二州刺史遣将击杀。［5］萧玩：南梁武帝萧衍所遣将军，前往巴州接应叛投梁朝的刺史严始欣，被北魏梁、益二州刺史遣将攻杀。［6］失亡：散失，指被北魏军俘获。［7］辛丑：原文作"辛亥"。这年正月丁丑朔，无辛亥，据《魏书·孝庄帝纪》，当作"辛丑"而改。辛丑，正月二十五日。［8］东徐州：北魏州名，州治下邳，在今江苏睢宁县西北古邳镇。胡三省曰："魏孝昌元年（525），置东徐州于下邳。"吕文欣：北魏东徐州起义首领，曾刺杀本州刺史元大宾，后被讨杀。［9］樊子鹄：北魏将领。传见《魏书》卷八十。［10］甲寅：二月八日。［11］关中：古区域名，指今陕西中部的渭水流域地区，其地东有函谷关，南有武关，西有散关，北有萧关，处四关之中。［12］勍（qíng）敌：劲敌，强敌。勍，强，有力的样子。［13］谗嫉：谗害，嫉妒，因受妒忌而遭攻击。［14］愿得尔朱氏一人为帅而佐之：希望能请一个姓尔朱的来做统帅，我们帮着他。愿，希望。［15］尔朱天光：太原王尔朱荣堂侄，北魏末年的骁勇之将。出任使持节、骠骑大将军、雍州刺史，镇压关陇起义，俘虏万俟丑奴及叛将萧宝寅，授侍中、仪同三司、广宗公，封陇西王。后拥立元恭为帝，任尚书令、关西大行台。后被杀。传见《魏书》卷七十五。［16］都督：统领，总管。二雍、二岐（qí）：北魏四州名，指雍州、北雍州、岐州、南岐州。雍州的州治长安，在今陕西西安市西北；北雍州的州治华原，在今陕西渭南市华州区；岐州的州治雍县，在今陕西宝鸡市凤翔区；南岐州的州治梁泉，在今陕西凤县凤州镇。［17］左大都督：古官名，亦作左厢大都督，常统兵出征。［18］侯莫陈悦：代郡武川（今内蒙古武川县）人，鲜卑族，驼牛都尉侯莫陈婆罗门之子，北魏将领，尔朱荣的心腹部下。尔朱天光征讨关西，授侯莫

陈悦右厢大都督、鄯州刺史。传见《魏书》卷八十。［19］并：并列，同。指贺拔岳与侯莫陈悦同为尔朱天光之副。［20］发：征调。洛阳以西路次民马：从洛阳城往西直至陕西境内，沿途两侧的所有百姓家的马匹。路次，沿路各驻扎处。次，军队临时驻扎的地方。［21］赤水蜀贼：活动在赤水流域的来自蜀地的乱民。赤水，也称灌水，流经当时的郑县（今陕西渭南市华州区）城北。［22］税其马：征收他们的马匹以充赋税。［23］持疑：犹豫，迟疑。［24］潼关：河南与陕西之间的关塞名，在今陕西潼关县境内，地处陕西、河南、山西三省交界处。［25］一以相委：一概都委托给你了，我一概都听你的。［26］进击蜀：进击蜀贼，即关中的蜀地民众。［27］简：挑选，选拔。［28］税民马：实际上是抢夺民马，美其名为以充赋税。［29］淹留：逗留，迟迟不前。［30］刘贵：本名刘懿，匈奴族，肆州刺史刘乾之子，北魏到东魏大臣。早年交好高欢，成为奔走之友。投靠肆州刺史尔朱荣，初任骑兵参军。累迁骠骑大将军、仪同三司、肆州刺史、敷城县开国公。东魏建立后，历任陕州刺史、御史中尉。谥号忠武。传见《北齐书》卷十九。乘驿（yì）：骑乘驿站的快马。［31］尉迟菩萨：北魏关陇起义军首领万俟丑奴麾下的猛将，封为大行台。［32］万俟仵（wǔ）：又作万俟行丑，匈奴族，参加万俟丑奴领导的高平镇起义，任仆射。武功：北魏郡名，郡治在今陕西扶风县东南。［33］攻围趣栅（zhà）：攻围岐州城外的前沿防御工事。趣栅，扑向那些竹木建成的防御工事。趣，同"趋"，奔向。［34］挑：挑动，引诱。［35］省事：尉迟菩萨的官吏，通传口信的人。胡三省曰："盖犹今之通事，两敌相向，使之往来通传言语。"［36］东出：向东奔跑，装成逃跑的样子。［37］以为走：以为贺拔岳是逃跑了。［38］横冈：横挡在前面的丘陵。［39］投马：下马。投，扔掉，抛弃。［40］俄：一会儿。［41］无遗：没有遗漏，都捉过来。［42］仍：同"乃"，于是，便。［43］安定：北魏郡名，郡治在今甘肃泾川县北。［44］置栅：建立工事，意即扎营。平亭：古地名，在当时的安定城北。［45］自雍至岐：由当时的雍州（今陕西西安市）向西前进到了岐州（今陕西宝鸡市凤翔区）。［46］汧（qiān）、渭之间：汧水与渭水的夹角地区。汧水，原出于陇山，东南流经今陕西陇县、千阳县，至宝鸡市东入渭水；渭水，从今甘肃渭源县流来，东经天水市、陕西宝鸡市、咸阳市，东流入黄河。［47］宣言：扬言，放出话来。［48］俟（sì）：等候，等待。更图进止：再考虑下一步的进退、去留。［49］觇（chān）候者：侦察兵。［50］纵遣之：故意地将他们放走。［51］细川：古地区名，在当时的岐州以北，安定以南。［52］侯伏侯元进：关陇起义军首领之一。［53］势分：兵力已经分散。［54］晡（bū）时：申时，吃下午饭的时候，在今下午的三时到五时。［55］密严诸军：秘密地集合起所有军队。严，集合。［56］径（jìng）进：一直前进。［57］泾州：北魏州名，州治安定，在今甘肃泾川县西北。侯几长贵：关陇起义军将领，为泾州刺史。［58］高平：北魏军镇名，也是古城名，在今宁夏固原市原州区。［59］丁卯：四月二十二日。［60］及于平凉：追赶到平凉时追上了。平凉，北魏郡名，郡治在今甘肃平凉市西南，华亭市西。［61］侯莫陈崇：北魏、西魏到北周时将领。擅长骑射，勇猛无双，跟随贺拔岳击败元颢之乱，击破赤水蜀，曾单骑擒获关陇起义军首领万俟丑奴。西魏时，随从宇文泰屡立战功，拜柱国大将军。传见《北史》卷六十。［62］披靡（mǐ）：草木倒伏，泛指溃败、溃退。［63］萧宝寅：南齐小皇帝萧宝卷同母弟，宗室封建安王，后改封鄱阳王。萧衍篡夺齐国政权后，萧宝寅北逃投降北魏，受到亲幸，为尚书令，封齐王。后据关中自立为帝，兵败后投归起义军头领万俟丑奴，任太傅，被北魏俘获，赐死。传见《魏书》卷五十九。［64］壬申：四月二十七日。［65］佛辅：吐谷浑王，南梁封为宁西将军，后遣使至南梁贡方物。西秦、河二州：西秦州，州治在今甘肃天水市；河州，州治枹罕，在今甘肃临夏市东北。［66］甲戌：四月二十九日。［67］阊（chāng）阖（hé）门外都街：当时洛阳城阊阖门外的大街。阊阖门，北魏宫城的正南门。都街，大街。［68］表请宝寅之命：投奔北魏的丹杨王萧赞，萧宝寅之侄，上书乞求饶恕萧宝寅的性命。胡三省曰："赞以宝寅为叔父，故请其命。"盖为兔死狐悲，同病相怜。［69］李神俊：西凉武昭王李暠玄孙，安南将军李佐之子，北魏才学之臣。时为吏部尚书。传见《魏书》卷三十九。［70］高道穆：北魏直臣。元子攸即位，除太尉长史、中书舍人、黄门侍郎。谏诤尽言，无所顾忌。后被杀。传见《魏书》卷七十七。［71］左右：同"佐佑"，帮助，袒护。［72］事在前朝：是上一任皇帝时期的事。萧宝寅叛变约在梁武帝大通元年（527）、孝明帝孝昌三年，时北魏胡太后专权，故云前朝之事。［73］会：正赶上。应诏：也称"待诏"，以才学征召，已经来到皇帝身边，但尚未正式任命官职。王道习：时为待诏。［74］周款：亲密，友爱。［75］居得言之地：处于能够说得上话的地位。得言，说得上话，管得了用。［76］必能全之：一定能保住萧宝寅的性命。［77］翦：同"剪"，剪灭，消灭。［78］驼牛署：主管饲养驼牛驴骡等牲畜的官府。据胡三省注，太仆寺之属有驼牛署，掌饲驼骡驴牛，有令丞。署，其寺舍也。［79］都市：大市场。

六月，丁巳[1]，帝复以魏汝南王悦为魏王[2]。

戊寅[3]，魏诏胡氏亲属受爵于朝者皆黜[4]为民。

庚申[5]，以魏降将范遵为安北将军、司州[6]牧，从魏王悦北还[7]。

万俟丑奴既败，自泾、豳[8]以西至灵州[9]，贼党皆降于魏，唯所署行台万俟道洛[10]帅众六千逃入山中，不降。时高平大旱，尔朱天光以马乏草，退屯城东五十里，遣都督长孙邪利帅二百人行原州事[11]以镇之。道洛潜与城民通谋，掩袭[12]邪利，并其所部皆杀之。天光帅诸军赴之，道洛出战而败，帅其众西入牵屯山[13]，据险自守。尔朱荣以天光失邪利，不获道洛[14]，复遣使杖之一百，以诏书黜天光为抚军将军[15]、雍州刺史，降爵为侯[16]。

天光追击道洛于牵屯，道洛败走，入陇[17]，归略阳贼帅王庆云[18]。道洛骁果绝伦[19]，庆云得之，甚喜，谓大事可济，遂称帝于水洛城[20]，置百官，以道洛为大将军[21]。

秋，七月，天光帅诸军入陇，至水洛城，庆云、道洛出战，天光射道洛中臂，失弓还走，拔[22]其东城。贼并兵趣[23]西城，城中无水，众渴乏，有降者言庆云、道洛欲突走[24]。天光恐失之，乃遣人招谕庆云使早降，曰："若未能自决，当听诸人今夜共议，明晨早报[25]。"庆云等冀得少缓[26]，因待夜突出，乃报曰："请俟明日。"天光因使谓曰："知须水[27]，今相为小退[28]，任取涧[29]水饮之。"贼众悦，无复走心。天光密使军士多作木枪[30]，各长七尺，昏后[31]，绕城布列，要路加厚，又伏人枪中，备其冲突，兼令密缚长梯于城北。其夜，庆云、道洛果驰马突出[32]，遇枪，马各伤倒，伏兵起，即时擒之。军士缘梯入城，余众皆出城南，遇枪而止，穷窘[33]乞降。丙子[34]，天光悉收其仗而坑之[35]，死者万七千人，分其家口。于是三秦[36]、河、渭、瓜、凉、鄯州[37]皆降。

天光顿军略阳。诏复天光官爵，寻加侍中、仪同三司。以贺拔岳为泾州刺史，侯莫陈悦为渭州刺史。秦州城民谋杀刺史骆超[38]，南秦州城民谋杀刺史辛显[39]，超、显皆觉之，走归天光，天光遣兵讨平之。

（以上为第二段，写北魏王庆云称帝水洛城，被尔朱天光擒杀，三秦、河、渭、瓜、凉、鄯诸州的叛乱随之被平定。）

【注释】

[1]丁巳：六月十三日。 [2]帝：指南梁武帝萧衍。复以魏汝南王悦为魏王：又立了第二个北魏宗室为分裂北魏政权的头子。汝南王元悦，在尔朱荣大杀魏国宗室时逃降于南梁。传见《魏书》卷二十二。为魏王，南梁立元悦为魏王，与北魏封萧赞为丹杨王含义一样。 [3]戊寅：七月五日。据《魏书·孝庄帝纪》作"六月戊午"，恰在丁巳之后，为六月十四日。按：此节文字，《魏书》与《资治通鉴》记时不同，以朔日校正，当以魏书为是，此处"戊寅"，当为"戊午"，即六月十四日。 [4]黜（chù）：罢免，贬退。即清理朝中胡太后的亲党。 [5]庚申：六月十六日。[6]范遵：北魏殷州刺史，有一姐妹嫁北海王元详，是元颢的舅舅，后投降南梁。安北将军：古将军名号。设此名，含有扫平、安定北魏的意思。司州：南梁州名，州治义阳，在今河南信阳市，义阳被北魏占去后，侨置州改在今湖北孝昌县。 [7]从魏王悦北还：像上次的陈庆之一样，为这个北魏的分裂政权傀儡保驾护航。 [8]泾、豳（bīn）：北魏二州名，泾州的州治安定，在今甘肃泾川县西北；豳州的州治定安，在今甘肃宁县。 [9]灵州：北魏州名，即原来的薄骨律镇，孝昌中

改称灵州，州治在今宁夏灵武市西南，地处黄河东岸。胡三省引《括地志》注：“薄骨律镇城在河渚之中，随水上下，未尝陷没，故号灵州也。”［10］万（mò）俟（qí）道洛：北魏末年关陇起义将领，后被尔朱天光所杀。［11］长孙邪利：北魏都督，后被万俟道洛偷袭身亡。行原州事：代理原州刺史。原州，即高平镇，正光中改称原州，在今宁夏固原市。［12］掩袭：偷袭，出其不意地予以攻击。［13］牵屯山：古山名，在今宁夏泾源县北。［14］不获道洛：没有俘获万俟道洛。［15］以诏书：用北魏主元子攸的名义。黜天光为抚军将军：尔朱天光原为骠骑大将军，地位仅次于大将军，居一品。抚军将军为从一品。［16］降爵为侯：尔朱天光凭借镇压关陇起义，俘虏万俟丑奴及叛将萧宝寅的功勋，授侍中、仪同三司、广宗公，为五等爵的第一等，即公爵，现降为第二等，即侯爵。［17］入陇：逃进了陇山。陇山在今陕西陇县以西，是陕西与甘肃的分界线。［18］归：归降，投靠。略阳贼帅：略阳地区的起义军头领。略阳，北魏郡名，郡治陇城，在今甘肃秦安县东北。王庆云：略阳人，吐谷浑人，北魏末年关陇起义首领。登基称帝，设置文武百官。随即受到骠骑大将军尔朱天光讨伐，兵败被杀，被称为“半月天子”，过了一把皇帝瘾。［19］骁果绝伦：骁勇果敢，无与伦比，这评价可谓高矣。［20］水洛城：古城名，在当时的略阳郡东北，在今之甘肃庄浪县。［21］大将军：地位在丞相之上，满朝无出其右者。［22］拔：攻拔，攻下。［23］并：合并，归拢。趣：同“趋”，奔赴，奔向。［24］突走：突围而逃跑。［25］明晨早报：明天一早给我答复。报，答复。［26］冀得少缓：希望能够稍微缓冲一下。少，同“稍”。［27］知须水：知道你们需要水，以解燃眉之渴。须，同“需”。［28］相为小退：我为你们向后稍稍退回一步。［29］涧（jiàn）：山间小沟。［30］木枪：又称“拒马枪”，防御战具，用以布阵立营，使敌之骑兵不能奔突。胡三省引杜佑曰：“拒马枪，以木径二尺，长短随事，十字凿孔，纵横安检，长丈，锐其端以塞要路。”［31］昏后：黄昏，傍晚。［32］突出：冲突而出。［33］穷窘（jiǒng）：走投无路。［34］丙子：七月三日。［35］收其仗而坑之：把敌人的兵器都收缴过来，把敌人都活埋了。仗，兵器。坑，活埋。［36］三秦：指北魏的秦州、南秦州、东秦州。秦州的州治上邽，在今甘肃天水市；南秦州的州治南郑，在今陕西汉中市；东秦州的州治杏城，在今陕西黄陵县西南。［37］河、渭、瓜、凉、鄯（shàn）州：北魏五州名。河州的州治枹罕，在今甘肃临夏市东北；渭州的州治在今甘肃陇西县；瓜州的州治在今甘肃敦煌市；凉州的州治在今甘肃武威市；鄯州的州治都善，在今青海海东市乐都区。［38］骆超：北魏秦州刺史。［39］辛显：北魏南秦州刺史。

步兵校尉宇文泰[1]从贺拔岳入关，以功迁征西将军，行原州事。时关、陇凋弊[2]，泰抚以恩信，民皆感悦，曰：“早遇宇文使君[3]，吾辈岂从乱乎！”

八月，庚戌[4]，上饯魏王悦于德阳堂，遣兵送至境上。

魏尔朱荣虽居外藩[5]，遥制[6]朝政，树置亲党[7]，布列[8]魏主左右，伺察[9]动静，大小必知。魏主虽受制于荣，然性勤政事，朝夕不倦，数亲览辞讼[10]，理冤狱，荣闻之，不悦。帝又与吏部尚书李神俊议清治选部[11]，荣尝关补曲阳县令[12]，神俊以阶悬[13]，不奏，别更拟人[14]。荣大怒，即遣所补者[15]往夺其任；神俊惧而辞位，荣使尚书左仆射尔朱世隆摄选[16]。荣启北人为河南诸州[17]，帝未之许；太宰天穆[18]入见面论，帝犹不许。天穆曰："天柱[19]既有大功，为国宰相，若请普代天下官[20]，恐陛下亦不得违之，如何启数人为州[21]，遽不用[22]也！"帝正色[23]曰："天柱若不为人臣，朕亦须代[24]；如其犹存臣节[25]，无代天下百官之理。"荣闻之，大恚恨[26]，曰："天子由谁得立！今乃不用我语[27]！"

尔朱皇后性妒忌[28]，屡致忿恚[29]。帝遣尔朱世隆语以大理[30]，后曰："天子由我家置立，今便如此[31]；我父本即自作，今亦复决[32]。"世隆曰："止自不为[33]，若本自为之，臣今亦封王矣。"

帝既外逼于荣，内逼皇后[34]，恒怏怏不以万乘为乐[35]，唯幸寇盗未息，欲使与荣相持[36]。及关、陇既定，告捷之日，乃不甚喜，谓尚书令临淮王彧[37]曰："在今天下便是无贼[38]。"彧见帝色不悦，曰："臣恐贼平之后，方劳圣虑[39]。"帝畏余人怪之，还以他语乱之曰："然。抚宁荒余[40]，弥成不易[41]。"荣见四方无事，奏称"参军许周劝臣取九锡[42]，臣恶[43]其言，已斥遣令去[44]。"荣时望得殊礼[45]，故以意讽[46]朝廷，帝实不欲与之，因称叹其忠[47]。

（以上为第三段，写北魏权臣尔朱荣居处藩镇，却遥控朝政，与孝庄帝元子攸产生了不可调和的矛盾，正处于爆发的边缘。）

【注释】

[1]宇文泰：字黑獭，代郡武川人，鲜卑族，西魏的实际掌权者，北周政权的奠基者。北魏时为尔朱荣的部将，为关西大都督，孝武帝被逼于高欢，西奔依之，遂为西魏。后杀孝武帝，立文帝，自为太师，专政。其子宇文觉，篡西魏为北周，追尊宇文泰为太祖文皇帝。传见《周书》卷一。 [2]关、陇凋弊：关中与陇西一带地区残破、衰败。 [3]使君：当时对刺史、太守两级官员的敬称。 [4]庚戌：八月七日。 [5]居外藩：在地方上任方面大员。当时尔朱荣为使持节、天柱大将军、大丞相、太原王，驻兵于当时的晋阳，在今山西太原市。 [6]遥制：遥控，牵

制。［7］树置亲党：扶植、安插亲信与党羽。［8］布列：排列，围绕。［9］伺察：侦视，观察。［10］辞讼（sòng）：诉讼，官司。［11］清治选部：整顿人事部门。清治，清理，整顿。选部，即吏部，主管选任官员的部门。［12］关补曲阳县令：告诉吏部，他已补任曲阳县县令。关补，先任命官吏而后禀报吏部。曲阳，古县名，在今河北定州市西北，当时属于中山郡。胡三省曰："据荣《传》，即上曲阳县也，汉、晋属常山郡，后魏属中山郡。"［13］阶悬：级别差得太远。胡三省曰："言阶级相去悬绝，其人不应补为县令。"［14］别更拟人：又选择了别的对象。拟，选择。［15］所补者：已通知吏部他所选定的那个人。［16］尔朱世隆：字荣宗，太原王尔朱荣族弟，北魏后期将领。为直阁将军，进位前将军，迁骠骑大将军、左仆射、肆州刺史。继尔朱荣后掌国政，封乐平郡王。被杀。传见《魏书》卷七十五。摄选：兼管选部的事务，即兼任吏部尚书。摄，主持。［17］启北人：向朝廷推荐北方人，实即尔朱荣的部下、亲党，在北方州镇任职的人。启，推荐，启用。为河南诸州：充任黄河以南诸州的刺史。［18］天穆：即元天穆，平文帝拓跋郁律之后，元长生之子，北魏宗室、大臣。传见《魏书》卷十四。［19］天柱：即尔朱荣，被封为天柱大将军。［20］普代天下官：把整个国家的官员都更换一遍。代，取代，更换。［21］为州：为州刺史。［22］遽（jù）不用：就如此断然地拒绝。遽，就，竟然。［23］正色：态度严肃，正儿八经地说。［24］朕亦须代：我也应该被改换、取代掉了。［25］犹存臣节：还把自己当作是一个臣子。［26］恚（huì）恨：愤恨，怨恨。［27］不用我语：不听我的话。［28］妒忌：嫉妒，心怀怨恨。［29］屡致忿恚：屡屡因为吃醋发脾气。忿恚，愤怒。忿，同"愤"。［30］大理：大义。［31］今便如此：现在他竟然是这样，指违背他父亲的意愿。［32］今亦复决：现在也可再做决定，意即还可以让皇帝元子攸下台，她父亲来做皇帝。［33］止自不为：只是因为他自己不想做这个皇帝。胡三省曰，"'止'，当作'正'。"作"正"解，亦可。［34］内逼皇后：在宫内受尔朱皇后的欺压。［35］恒：常。怏（yàng）怏：闷闷不乐的样子。不以万乘为乐：不把做皇帝当成是开心的事情，做皇帝的烦心事也实在太多了。［36］使与荣相持：让这些反对派的势力与尔朱荣相对抗。［37］彧（yù）：即元彧，太武帝拓跋焘玄孙，时为尚书令。河阴之变后，投奔南梁武帝，后归国。被害。谥号文穆。传见《魏书》卷十八。［38］在今天下便是无贼：从今天开始，全国就没有盗贼了。在今，从今，从此。［39］方劳圣虑：让您操心的事才多呢！意即尔朱荣的问题会更难办。［40］抚宁荒余：解决战后的民生艰难，医治战争造成的创伤。荒余，战乱之后。所谓"王顾左右而言他"。［41］弥（mí）成不易：更加不容易。弥，更。［42］许周：权臣尔朱荣的僚属，为其参军。取九锡：向朝廷讨要九锡的待遇。九锡，是皇帝赐予有特大功勋之臣的九种器物，象征特别待遇。如此，离君位也就一步之遥。［43］恶（wù）：厌恶，讨厌。［44］已斥遣令去：我已经把他赶走了。尔朱荣在这里玩的是"此地无银三百两"的把戏。［45］望得殊礼：希望得到九锡。［46］讽：讽喻，吹风。［47］因称叹其忠：北魏主元子攸于是顺水推舟地把尔朱荣夸奖了一番。称叹，称赞，感慨。

荣好猎，不舍寒暑[1]，列围[2]而进，令士卒必齐壹[3]，虽遇险阻，不得违避，一鹿逸出[4]，必数人坐死[5]。有一卒见虎而走，荣谓曰："汝畏死邪！"即斩之，自是每猎，士卒如登战场。尝见虎在穷谷[6]中，荣令十余人空手搏之，毋得损伤，死者数人，卒[7]擒得之，以此为乐，其下甚苦之。太宰天穆从容[8]谓荣曰："大王勋业[9]已盛，四方无事，唯宜修政养民，顺时蒐狩[10]，何必盛夏驱逐，感伤和气[11]？"荣攘袂[12]曰："灵后[13]女主，不能自正[14]，推奉天子[15]，乃人臣常节。葛荣[16]之徒，本皆奴才，乘时作乱，譬如奴走[17]，擒获即已[18]。顷来[19]受国大恩，未能混壹海内[20]，何得遽言勋业[21]！如闻朝士犹自宽纵[22]，今秋欲与兄戒勒[23]士马，校猎嵩高[24]，令贪污朝贵[25]，入围搏虎[26]。仍出鲁阳[27]，历三荆[28]，悉拥生蛮[29]，北填六镇[30]，回军之际，扫平汾胡[31]。明年，简练[32]精骑，分出江、淮[33]，萧衍若降，乞万户侯[34]；如其不降，以数千骑径渡缚取[35]。然后与兄奉天子[36]，巡四方，乃可称勋耳。今不频猎[37]，兵士懈怠[38]，安可复用也！"

城阳王徽[39]之妃，帝之舅女；侍中李彧[40]，延寔之子，帝之姊婿[41]也。徽、彧欲得权宠，恶荣为己害[42]，日毁荣[43]于帝，劝帝除之。帝惩河阴之难[44]，恐荣终难保[45]，由是密有图荣之意，侍中杨侃、尚书右仆射元罗[46]亦预其谋。

会荣请入朝，欲视皇后娩乳[47]，徽等劝帝因其入，刺杀之。唯胶东侯李侃晞[48]、济阴王晖业[49]言："荣若来，必当有备，恐不可图。"又欲杀其党与[50]，发兵拒之。帝疑未定，而洛阳人怀忧惧[51]，中书侍郎邢子才[52]之徒已避之东出，荣乃遍与朝士书，相任去留[53]。中书舍人温子升以书呈帝[54]，帝恒望[55]其不来，及见书，以荣必来，色甚不悦。子才名劭，以字行[56]，峦之族弟也。时人多以字行者，旧史皆因之。

武卫将军奚毅[57]，建义初往来通命[58]，帝每期之甚重[59]，然犹以荣所亲信[60]，不敢与之言情[61]。毅曰："若必有变，臣宁死陛下[62]，不能事契胡[63]。"帝曰："朕保天柱无异心，亦不忘卿忠款[64]。"

（以上为第四段，写北魏权臣尔朱荣不分寒暑出猎，既有爱好打猎，也有训练士兵以统一天下而建功的意思；尔朱荣欲入朝，孝庄帝元子攸与谋臣策划将其杀之。）

【注释】

[1]不舍寒暑：不分冷热，一年四季都进行。[2]列围：排列成行，形成包围圈。[3]齐壹：整齐，一致。壹，同“一”。[4]逸出：逃脱。[5]坐死：因犯罪而被处死。坐，因。[6]穷谷：深山，山谷的尽头。穷，尽。[7]卒：终于。[8]从容：自然而然的，不动声色的。[9]勋业：功勋，功业。[10]顺时蒐（sōu）狩：按照季节时令举行狩猎，以不妨碍动物的繁殖。蒐，同“搜”，春天打猎。狩，冬天打猎。[11]感伤和气：夏天酷热，人应休息乘凉，尔朱荣驱人打猎，既伤人，又违自然之气。[12]攘袂（mèi）：捋起袖子，是一种表决心、发誓愿的情态。[13]灵后：即胡太后，谥号灵，故称。[14]不能自正：自己不正派，不能管好朝廷的政事。[15]推奉天子：因此我才拥立了当今的皇帝。推奉，推戴，拥护。[16]葛荣：六镇叛乱首领，曾称天子，建立大齐政权，后为太原王尔朱荣所破杀。[17]奴走：奴才，走狗。[18]擒获即已：我把他捉起来，也就没事了。即已，便止，完事。[19]顷来：最近以来。[20]未能混壹海内：我还未能统一天下。混壹，统一。壹，同“一”。[21]何得遽（jù）言勋业：怎么能就说我已经建立了功业呢？遽，着急，匆忙。[22]如闻：犹闻，仿佛听说。宽纵：懒散，放纵。[23]戒勒：整顿。[24]校猎嵩高：到离洛阳不远的嵩山上去大猎一回。校猎，通过打猎以检阅军队。校，检阅。[25]贪污朝贵：贪婪而肮脏的朝廷显贵们。贪污，非法取得财物。[26]入围搏虎：到狩猎包围圈里去与猛虎搏斗。[27]仍出鲁阳：而后我要向南经过鲁阳关。仍，同“乃”。鲁阳，即鲁阳关，在今河南鲁山县西南。[28]三荆：北魏的三个州名，即荆州，州治在今河南鲁山县；南荆州，州治在今湖北枣阳市南；东荆州，州治在今河南泌阳县。[29]悉拥生蛮：全部俘获那些未归附的蛮族人。拥，围，包围。[30]北填六镇：向北安抚六镇的疮痍与灾难。填，同“镇”，这里指抚慰。六镇，指魏国北部边地的怀朔镇、武川镇、抚冥镇、柔玄镇、怀荒镇、御夷镇。[31]汾胡：当时居住在汾州一带的匈奴部落。汾，汾州，古州名，州治在今山西隰县。[32]简练：挑选，训练。[33]分出：分道出兵。江、淮：长江、淮河，指南梁所辖的广大地区。[34]乞万户侯：可以请北魏皇帝封他为万户侯。[35]径渡缚取：直接渡过长江，去把他捉过来。[36]与兄：和你一道。兄，敬称说话的对方，即元天穆。奉天子：尊奉、拥戴皇帝。[37]频猎：频繁地出猎。[38]懈怠：松懈，懒散。[39]城阳王徽：即元徽，字显顺，城阳王拓跋长寿之孙，城阳王元鸾之子，袭封父爵，出除游击将军、河内太守。后拜司州牧、侍中、大司马、太尉公，总理朝政。后被害。传见《魏书》卷十九下。[40]李彧（yù）：字子文，濮阳郡公李延寔长子，北魏外戚大臣。娶彭城王元勰女丰亭公主元季望，封东平郡公。参与诛杀尔朱荣。后坐罪弃市。传见《魏书》卷八十三下。[41]姊婿：姐夫。[42]恶（wù）荣为己害：担心尔朱荣将来祸害自己。恶，厌恶，引申为担心。[43]日毁荣：每天都说尔朱荣的坏话。[44]惩河阴之难：吸取河阴之难的教训。惩，接受教训。河阴之难，指前年尔朱荣入洛后杀掉北魏朝臣两千人于河阴，事见《资治通鉴》卷一百五十一。[45]难保：难以依靠。保，依赖。[46]元罗：字仲纲，道武帝拓跋珪五世孙，太师元继之子，权臣元义之弟。起家司空参军，历任青州刺史、尚书令、梁州刺史，兵败

投附萧衍。西魏时，得以回国，担任侍中、少师，袭封江阳郡王。传见《魏书》卷十六。［47］娩乳：分娩，产子。［48］李侃晞：孝庄帝元子攸时，为散骑常侍，封胶东侯，为元子攸亲信。曾协助元子攸谋杀尔朱荣，后投奔南梁。［49］济阴王晖业：即元晖业，《梁书》作“元徽业”，字绍远，景穆帝拓跋晃玄孙，济阴王元弼之子，袭封济阴郡王。东魏时，历位三公。北齐时，迁特进、开府仪同三司，后坐罪被杀。传见《魏书》卷十九上。［50］党与：同党之人。［51］人怀忧惧：每个人都是提心吊胆。［52］邢子才：本名邢邵，字子才，小字吉少，北魏名将邢峦之弟，北魏到北齐大臣、著名文学家，北朝三才之一。传见《北齐书》卷三十六。［53］相任去留：听任他们愿去则去，愿留则留。［54］温子升：字鹏举，北魏到东魏大臣、文学家。此时为元天穆的僚属。传见《魏书》卷八十五。以书呈帝：将尔朱荣的书信呈送给皇帝元子攸。［55］恒望：常常希望。［56］以字行：在社会上大家都称其字。孝庄帝元子攸兄名元劭，所以邢劭在社会上称字不称名。［57］奚毅：本姓达奚，字武成，河南洛阳人，鲜卑族，仪同三司奚建之子，北魏大臣。时为武卫将军，参与平定葛荣、邢杲和元颢起义，拜车骑大将军、右光禄大夫，进爵上洛郡公；参与诛杀天柱王尔朱荣。后战死。谥号武。传见《魏书》卷二十九。［58］建义：是北魏主孝庄帝元子攸的第一个年号，由尔朱荣掌握朝政，共六个月。往来通命：在权臣尔朱荣与孝庄帝元子攸之间往来传递消息。［59］每：常常。期之甚重：对之抱有很大的期望。［60］犹以荣所亲信：是尔朱荣所亲近的人。［61］与之：与奚毅。言情：说心里话。情，真心，实话。［62］死陛下：为陛下而死。［63］契胡：前代匈奴族的一支，指尔朱荣，尔朱荣是胡人。［64］忠款：忠心，诚挚的心。

尔朱世隆疑帝欲为变，乃为匿名书自榜其门[1]云：“天子与杨侃、高道穆等为计，欲杀天柱[2]。”取以呈荣。荣自恃其强，不以为意，手毁其书，唾地曰：“世隆无胆。谁敢生心！”荣妻北乡长公主[3]亦劝荣不行，荣不从。

是月，荣将四五千骑发并州[4]，时人皆言“荣反”，又云“天子必当图荣。”九月，荣至洛阳，帝即欲杀之，以太宰天穆在并州，恐为后患，故忍未发，并召天穆。有人告荣云：“帝欲图之。”荣即具奏[5]，帝曰：“外人亦言王欲害我，岂可信之！”于是，荣不自疑，每入谒[6]帝，从人不过数十，又皆挺身不持兵杖[7]。帝欲止，城阳王徽曰：“纵不反，亦何可耐[8]，况不可保邪[9]！”

先是，长星出中台[10]，扫大角[11]；恒州人高荣祖[12]颇知天文，荣问之，对曰：“除旧布新之象也。”荣甚悦。荣至洛阳，行台郎中李显和[13]曰：“天柱至，那无九锡[14]，安须王自索[15]也！亦是天子不见机[16]。”都督郭罗察[17]曰：“今年真可作禅文[18]，何但九锡[19]！”参军褚光[20]曰：“人言并州城上有紫气[21]，何虑天柱不应之！”荣下人皆陵侮[22]帝左右，无所忌惮[23]，故其事皆上闻[24]。

奚毅又见帝，求间[25]，帝即下明光殿[26]与语，知其至诚，乃召城阳王徽及杨侃、李彧告以毅语。荣小女适帝兄子陈留王宽[27]，荣尝指之曰：“我终得此婿力。”徽以白帝，曰：“荣虑陛下终为己患，脱有东宫[28]，必贪立孩幼[29]，若皇后[30]不生太子，则立陈留[31]耳。”帝梦手持刀自割落十指，恶之，告徽及杨侃，徽曰：“蝮蛇螫手[32]，壮士解腕[33]，割指亦是其类，乃吉祥也。”

戊子[34]，天穆至洛阳，帝出迎之。荣与天穆并从入西林园宴射[35]，荣奏曰：“近来侍官[36]皆不习武，陛下宜将五百骑出猎[37]，因省辞讼[38]。”先是[39]，奚毅言荣欲因猎挟天子移都，由是帝益疑之。

辛卯[40]，帝召中书舍人温子升，告以杀荣状，并问以杀董卓事[41]，子升具道本末[42]。帝曰：“王允若即赦凉州人，必不应至此[43]。”良久，语子升曰：“朕之情理[44]，卿所具知。死犹须为，况不必死[45]，吾宁为高贵乡公死，不为常道乡公生[46]！”帝谓[47]杀荣、天穆，即赦其党，皆应不动[48]。应诏王道习曰：“尔朱世隆、司马子如[49]、朱元龙[50]特为荣所委任，具知天下虚实，谓不宜留。”徽及杨侃皆曰：“若世隆不全[51]，仲远、天光岂有来理[52]！”帝亦以为然。徽曰：“荣腰间常有刀，或能狼戾[53]伤人，临事愿陛下起避之。”乃伏侃等十余人于明光殿东。其日，荣与天穆并入，坐食未讫，起出，侃等从东阶上殿，见荣、天穆已至中庭，事不果[54]。

（以上为第五段，写北魏权臣尔朱荣来到都城洛阳，孝庄帝元子攸与心腹谋议诛除，第一次尝试没有成功。）

【注释】

[1]匿名书：不具名的书信。自榜其门：偷偷贴在自家的门上。榜，张贴。 [2]天柱：即尔朱荣，尔朱荣被封为天柱大将军。 [3]北乡长公主：尔朱荣之妻不是北魏宗室女，乃因尔朱荣功大而加封。胡三省曰：“荣妻非元氏也，以荣功封北乡长公主。”胡氏还认为，“北乡长公主”应作“乡郡长公主”，曰：“《资治通鉴》作‘北乡长公主’，传写之误耳。《五代志》：上党郡乡县，石勒

置武乡郡，后魏去‘武’字为乡郡。证以魏收《志》无‘北乡郡’，则从‘乡郡’为是。”［4］发并州：从并州出发向洛阳。并州，北魏州名，州治在今山西太原市。［5］具奏：把别人对自己讲的话一一向孝庄帝元子攸禀明，表示自己不相信、不在意。［6］入谒：入见，拜见。［7］挺身：空身，不带武器。挺，挺直、勇敢的样子。兵杖：亦作“兵仗”，兵器，武器。［8］亦何可耐：又怎么能忍受他的气焰。耐，忍受，忍耐。［9］况不可保邪：更何况不能保证他就不反呀。［10］长星出中台：长星出现在中台星的位置，古人以为这种星变对王公大臣不利。长星，古星名，类似彗星，有长形光芒。中台，古星名，为三台星之一，象征诸侯三公，唐白居易诗曰：“天上中台正，人间一品高。”［11］扫大角：长星在流行中，又扫上了大角星。大角，古星名，又名天栋，即所谓天王星座，被看作是天王的帝廷。《史记·天官书》曰：“大角者，天王帝廷。”［12］恒州：北魏州名，州治平城，在今山西大同市。高荣祖：北魏时恒州人。［13］李显和：北魏时人，尔朱荣的僚属。胡三省曰：“李显和盖为并、肆九州行台郎中，时从荣至洛阳。”［14］那无九锡：怎么可以没有九锡的封赠呢？那，同“哪”。［15］安须王自索：哪里用得着大王亲自来讨要呢？［16］不见机：不能辨清形势，把住机会。［17］郭罗察：一作“郭罗刹”，尔朱荣帐下的都督，铁杆亲信。［18］真可作禅文：简直可以替北魏主元子攸写一篇禅让的文告，意即元子攸应该把皇位让给尔朱荣。胡三省曰：“河阴之难，荣已募朝士作禅文，故罗察云然。”［19］何但九锡：何止是加九锡！九锡，古代帝王为赐给尊贵大臣的九种礼器，为最高礼遇。锡，同“赐”。［20］褚光：尔朱荣的部下，为参军，主要参谋军事。［21］紫气：紫色云气，古代以为是祥瑞之气，附会为帝王出现的预兆。［22］陵侮：欺凌，侮辱。陵，同“凌”。［23］无所忌惮：没有任何忌讳，为所欲为。［24］皆上闻：都传到了北魏主元子攸的耳朵里。［25］求间：请求屏除左右，单独说话。［26］明光殿：洛阳皇宫的宫殿名。［27］适帝兄子陈留王宽：嫁与北魏主的侄子陈留王元宽为妻。适，嫁。陈留王宽，协助孝庄帝诛杀尔朱荣。后为尔朱兆所害。孝武帝元修即位，平反，追赠使持节、卫大将军、青州刺史。传见《魏书》卷二十一。［28］脱有东宫：您一旦有了儿子。脱，假如，如果。东宫，指皇太子。［29］贪立孩幼：意即杀了您，改立您的儿子为皇帝，由他们控制政权。［30］皇后：即指尔朱皇后，尔朱荣的幼女，先是嫁给孝明帝元诩，后嫁给现任皇帝元子攸，立为皇后。［31］则立陈留：那他们一定要立陈留王元宽，意即您非被他们所杀不可。［32］蝮蛇螫（shì）手：一个人当被毒蛇咬了手的时候。蝮蛇，一种小型毒蛇。螫，咬，刺。［33］壮士解腕：如果是好汉，他就会毅然将手腕割断。因为只有如此才能保住性命。解，分开，割下。［34］戊子：九月十五日。［35］西林园：华林园的西部。宴射：古射礼之一，聚饮习射。［36］近来侍官：近来皇帝身边的这些侍从官员。［37］宜将五百骑出猎：意思是皇帝应带着这些侍卫骑兵出去行猎，让他们受些训练。将，率领。［38］因省辞讼：趁机会可以接触一些下面上报的诉讼材料。省，看。辞讼，申诉冤屈的文书。［39］先是：在此以前。史书在倒叙往事时，常用“先是”二字领起。［40］辛卯：九月十八日。［41］杀董卓事：即董卓被杀的情况。董卓，东汉末年的军阀、权臣，曾废杀少帝及何太后，拥立献帝刘协即位，出任太师，并挟天子以令诸侯，专断朝政，东汉政权从此名存实亡。后退守长安，自封相国，册封郿侯，广布亲信，司徒王允施展反间计，假董卓部将义子吕布刺杀了董卓。传见《后汉书》卷一百二。［42］具道本末：具体阐述此事的前因后果、细枝末节。［43］“王允”二句：意谓王允杀了首恶董卓后，如果立即赦免董卓部属凉州人，就不会有后来的祸乱。按：董卓死后，他的部属凉州将郭汜、李傕等人乞求王允赦免，王允不答应，于是众人听从贾诩之谋，率军攻入长安，杀了王允。［44］朕之情理：我的内心所想。情理，心理，心中所想。［45］死犹须为，况不必死：即使是冒死，也一定要这样做，更何况还不至于一定会死。［46］“宁为高贵乡公死”二句：宁可像曹髦那样，因反抗权臣而丢掉性命，也决不像曹奂那样忍辱偷生。曹魏后期权落司马懿及其二子司马师、司马昭之手，曹魏皇帝成为司马氏手中傀儡，前后三个皇帝被废，即齐王曹芳、高贵乡公曹髦、陈留王曹奂，史称三少帝，传见《三国志》卷四。曹髦曾被封高贵乡公，是曹魏第四位皇帝，不堪忍受司马师擅权，曾亲自率兵讨伐司马师，被杀，帝号被夺。时年二十。曹奂，曹魏末主，禅让帝位给司马昭之子司马炎，被废为陈留王。曹奂，曾封常道乡公，故称。［47］谓：以为。［48］皆应不动：杀了尔朱荣、元天穆后，赦免其他人的罪过，其他人都会感恩戴德，不会有什么行动。元子攸想得太天真了，几乎把政治当成了儿戏。［49］司马子如：字遵业，尔朱荣亲信，相州刺史。后来投奔大将军高欢，成为重要谋臣。东魏建立后，拜尚书令，成为朝廷“四贵”之一。北齐建立后，拜司空、太尉公。传见《北齐书》卷十八。［50］朱元龙：即朱瑞（483—531），北魏将领。投靠大将军尔朱荣，授肆州户曹参军，历任黄门侍郎、中书舍人，迁卫将军。后被尔朱世隆所杀。传见《魏书》卷八十。［51］不全：不能赦免，即被杀。［52］仲远、天光：尔朱荣的亲信部属，宗室将领。尔朱仲远，太原王尔朱荣堂弟，尔朱天光，尔朱荣从祖兄子。两人得知尔朱荣伏诛，支持颍川王尔朱兆反叛。传见《魏书》卷七十五。岂有来理：还能前来归顺朝廷吗？胡三省曰：“尔朱仲远时镇徐州，天光时镇关、陇。”［53］狼戾（lì）：暴戾，凶狠。狼，当作“狠”。［54］事不果：事情没有结果，指行刺没有成功。

壬辰[1]，帝忌日[2]；癸巳[3]，荣忌日[4]。甲午[5]，荣暂入[6]，即诣陈留王家饮酒，极醉，遂言病动[7]，频日不入[8]。帝谋颇泄，世隆又以告荣，且劝其速发[9]，荣轻帝，以为无能为，曰：“何匆匆！”

预帝谋者皆惧，帝患[10]之。城阳王徽曰：“以生太子为辞[11]，荣必入朝，因此毙之。”帝曰：“后怀孕始九月，可乎？”徽曰：“妇人不及期而产者多矣，彼必不疑。”帝从之。戊戌[12]，帝伏兵于明光殿东序[13]，声言皇子生，遣徽驰骑至荣第告之。荣方与上党王天穆博，徽脱荣帽，欢舞盘旋[14]，兼殿内文武传声趣[15]之，荣遂信之，与天穆俱入朝。帝闻荣来，不觉失色，中书舍人温子升曰：“陛下色变[16]。”帝连索酒饮之[17]。帝令子升作赦文，既成，执以出，遇荣自外入，问："是何文书？"子升颜色不变，曰"敕"，荣不取视而入。帝在东序下西向坐，荣、天穆在御榻西北南向坐。徽入，始一拜[18]，荣见光禄少卿鲁安[19]、典御李侃晞等抽刀从东户[20]入，即起趋御座，帝先横刀膝下，遂手刃之，安等乱斫[21]，荣与天穆同时俱死。荣子菩提[22]及车骑将军尔朱阳睹[23]等三十人从荣入宫，亦为伏兵所杀。帝得荣手版[24]，上有数牒启[25]，皆左右去留人名，非其腹心者悉在出限[26]，帝曰："竖子若过今日，遂不可制。"于是，内外喜噪，声满洛阳城。百僚入贺。帝登阊阖门，下诏大赦，遣武卫将军奚毅、前燕州刺史崔渊将兵镇北中[27]。是夜，尔朱世隆奉[28]北乡长公主帅荣部曲[29]，焚西阳门[30]，出屯河阴[31]。

（以上为第六段，写北魏孝庄帝元子攸假称皇后生子，哄骗尔朱荣入宫，亲手将其诛杀。）

【注释】

[1]壬辰：九月十九日。 [2]帝忌日：北魏主元子攸父母死的日子。胡三省曰："亲丧之日为忌日，《礼》曰：'忌日不乐。'" [3]癸巳：九月二十日。 [4]荣忌日：权臣尔朱荣父母死的日子。 [5]甲午：九月二十一日。 [6]暂入：突然进得宫来。暂，突然。 [7]病动：疾病发作。 [8]频日不入：一连好几天都没有进宫。 [9]速发：迅速下手。 [10]患：害怕，担心。 [11]为辞：为说辞，为借口。 [12]戊戌：九月二十五日。 [13]东序：东侧屋。 [14]脱荣帽，欢舞盘旋：当时少数民族的一种礼节，表示庆祝、祝贺。唐李太白诗曰："脱君帽，为君笑。" [15]兼：更有。趣：同"促"，催促。 [16]色变：脸色改变。 [17]索酒饮之：胡三省曰："酒能变貌，又能张胆，故连索饮之。" [18]始一拜：叩拜皇帝元子攸，才拜了一下子。 [19]光禄少卿：古官名，北魏始置，为光禄勋副职，协掌祭祀、朝会、宴会诸事。胡三省曰："汉九卿惟正卿一人，魏高祖太和十一年（487）始各置少卿一人。"鲁安：孝庄帝元子攸时为光禄少卿。 [20]典御：掌管，统管，此指尚食典御，掌御膳之事。东户：东门。 [21]斫（zhuó）：砍杀。 [22]菩提：即尔朱菩提，太原王尔朱荣之子，时为骠骑大将军、开府仪同三司、侍中、特进。与尔朱荣同日死。传见《魏书》卷七十四。 [23]尔朱阳睹（？—530）：尔朱荣的亲信，为车骑将军，随同尔朱荣进京，被杀。 [24]手版：即所谓笏，大臣上朝时手中所持，将所要启奏的事情扼要地写在上面。版，同"板"。 [25]数牒（dié）启：几条想对皇帝禀告的事情。牒启，奏札，写在手板上的启奏。 [26]出限：逐出，赶走，不让其在皇帝身边。 [27]燕州：北魏州名，州治广

宁，在今河北涿鹿县。崔渊：北魏时人，曾为燕州刺史。北中：古军事要塞名，即黄河北岸的河桥城，在今洛阳市东北、孟州市南。胡三省曰："晋杜预建河桥于富平津，河北侧岸有二城相对，魏高祖置北中郎府，徙诸从隶府户并羽林虎贲领队防之。"［28］尔朱世隆奉：五字原无，据章校补。［29］部曲：部属，手下将领。［30］西阳门：即洛阳城的西明门，是洛阳城西面最南头的城门。［31］河阴：在今洛阳市的西北方，地处黄河南岸。

卫将军贺拔胜与荣党田怡[1]等闻荣死，奔赴荣第。时宫殿门犹未加严防，怡等议即攻门，胜止之曰："天子既行大事，必当有备，吾辈众少，何可轻尔！但得出城，更为他计。"怡乃止。

及世隆等走，胜遂不从，帝甚嘉之。朱瑞[2]虽为荣所委，而善处朝廷之间，帝亦善遇之，故瑞从世隆走而中道逃还。

荣素厚金紫光禄大夫司马子如[3]，荣死，子如自宫中突出[4]，至荣第，弃家，随荣妻子走出城。世隆即欲还北，子如曰："兵不厌诈，今天下恟恟[5]，唯强是视[6]，当此之际，不可以弱示人，若亟北走[7]，恐变生肘腋[8]。不如分兵守河桥，还军向京师，出其不意，或可成功。假使不得所欲，亦足示有余力，使天下畏我之强，不敢叛散。"世隆从之。己亥[9]，攻河桥，擒奚毅等，杀之，据北中城。魏朝大惧，遣前华阳太守段育慰谕[10]之，世隆斩首以徇[11]。

魏以雍州刺史尔朱天光为侍中、仪同三司[12]。以司空杨津[13]为都督并、肆等九州[14]诸军事，骠骑大将军、并州刺史，兼尚书令、北道行台，经略河、汾[15]。

荣之入洛也，以高敖曹自随[16]，禁于驼牛署；荣死，帝引见，劳勉[17]之。兄乾[18]自东冀州[19]驰赴洛阳，帝以乾为河北大使[20]，敖曹为直阁将军[21]，使归，招集乡曲为表里形援[22]。帝亲送之于河桥[23]，举酒指水[24]曰："卿兄弟冀部[25]豪杰，能令士卒致死[26]，京城倘有变[27]，可为朕河上一扬尘[28]。"乾垂涕受诏，敖曹援剑起舞，誓以必死。

冬，十月，癸卯朔[29]，世隆遣尔朱拂律归[30]将胡骑一千，皆白服，来至郭下[31]，索太原王尸[32]。帝升大夏门[33]望之，遣主书牛法尚[34]谓之曰："太原王立功不终[35]，阴图衅逆[36]，王法无亲[37]，已正刑书[38]。罪止荣身[39]，余皆不问。卿等若降，官爵如故。"拂律归曰："臣等随太原王入朝，忽致冤酷[40]，今不忍空归。愿得太原王尸，生死无恨[41]。"因涕泣，哀不自胜，群胡皆恸哭[42]，声振城邑[43]。帝亦为之怆然[44]，遣侍中朱瑞赍铁券[45]赐世隆。世隆谓瑞曰："太原王功格天地[46]，赤心奉国，长乐不顾信誓[47]，枉加屠害，今日两行铁字，何足可信！吾为太原王报仇，终无降理！"瑞还，白帝，帝即出库物置城西门外，募敢死之士以讨世隆，一日即得万人，与拂律归等战于郭外[48]。拂律归等生长戎旅[49]，洛阳之人不习战斗，屡战不克。甲辰[50]，以前车骑大将军李叔仁[51]为大都督，帅众讨世隆。

（以上为第七段，写北魏权臣尔朱荣被杀后，他的党羽部属纷纷反叛，孝庄帝与尔朱荣余党矛盾激化，欲用铁券笼络，而其余党不论生死，铁了心要报仇，一时乌云笼罩洛阳城。）

【注释】

[1]田怡：尔朱荣的亲信。 [2]朱瑞：胡三省曰："本荣之行台郎中也。荣定魏主于洛阳，以瑞为黄门侍郎兼中书舍人。"传见《魏书》卷八十。 [3]司马子如：尔朱荣的部下，此时在朝为金紫光禄大夫，后为高欢的亲信。传见《北史》卷五十四。 [4]突出：不管不顾，冲突而出。[5]恂（xiōng）恂：惶恐不安的样子。 [6]唯强是视：谁的势力大就拥护谁。 [7]亟（jí）北走：只是急于向北逃命。亟，同"急"。 [8]变生肘腋：指身边有人发动叛乱。肘腋，胳膊肘与胳肢窝，极言其贴近自己。 [9]己亥：九月二十六日。 [10]华阳：北魏郡名，胡三省曰："魏分汉中之沔阳、西县置华阳郡，以其地在华山之南也。"段育：北魏华阳太守，权臣尔朱荣被杀后，曾代表朝廷去抚慰其余党，被杀。慰谕：抚慰，晓谕，传达朝廷命令。 [11]徇（xùn）：对众宣示。 [12]为侍中、仪同三司：尔朱天光是尔朱荣的干将，任此职，明是升格，实际是剥夺其指挥军队的权力，予以架空。 [13]杨津：字延祚，小字罗汉，魏国名将杨椿之弟，时为侍中、司空公、并州刺史。传见《魏书》卷五十八。 [14]并、肆：北魏二州名，并州的州治在今山西太原市，肆州的州治在今山西忻州市。此二州是尔朱荣的老巢、大本营。九州：并、肆、恒、朔、云、蔚、显、汾、晋。 [15]经略河、汾：经营治理尔朱荣的老巢地区。 [16]以高敖曹自随：将反对派高敖曹带在身边。高敖曹，东冀州刺史高翼第三子，司空高乾之弟。马槊绝世，勇猛无敌，时人比于楚霸王项羽。随兄高乾起兵，响应葛荣起义。后与尔朱荣战，兵败被俘，因于晋阳，现又被带到洛阳。后投奔大将军高欢，征战四方，官至司徒、骠骑大将军，封武城县侯。后遇害，谥号忠武。传见《北齐书》卷二十一。 [17]劳勉：慰劳，勉励。 [18]兄乾：即高昂之兄高乾，曾

与高昂一同参与葛荣起义，起兵反尔朱荣。后投降朝廷，出任河北道安抚大使。后随高欢信都起兵，起兵反抗尔朱氏，平定殷州。后被赐死。谥号文昭。传见《魏书》卷五十七。［19］东冀州：北魏州名，即当时的河、济之间，约当今之山东西北部。胡三省曰："盖因刘宋先置冀州于河、济间，而置东冀州以别河北之冀州也。"［20］河北：北魏郡名，当时的郡治大阳，在今山西平陆县西南。大使：犹言特使，代表朝廷行使权力。［21］直阁将军：古将军名，皇帝身边的侍卫武官。［22］乡曲：同乡的人。为表里形援：形成一种朝廷与地方相互呼应的局面。形援，指军事布局上的声援、呼应。［23］帝亲送之于河桥：胡三省曰："敖曹兄弟归乡里，路当东出，河桥在洛城北，帝不应送之于此，'河桥'二字，意必有误。"［24］指水：指着黄河水，表示发誓的意思。［25］冀部：冀州刺史的管辖区。［26］致死：献出生命。［27］倘（tǎng）有变：假如有突然事故发生，指尔朱氏余党攻占都城。倘，倘若，假如。［28］河上一扬尘：意即从冀州起兵，过黄河到京城一显神威。扬尘，指起兵。［29］癸卯朔：十月一日。［30］尔朱拂律归：胡三省引《通鉴考异》曰："《魏书》无拂律归名，《伽蓝记》有之。按，尔朱度律时在世隆所，或者'拂律归'即'度律'也。"［31］郭下：洛阳城的外城之下。［32］索太原王尸：讨要尔朱荣的尸体。太原王，即尔朱荣，生前被封为太原王。［33］大夏门：洛阳城的北门。胡三省曰："洛阳城北有大夏、广莫二门。"［34］主书：古官名，帝王的侍从官员，上属中书省，犹今之书记官。牛法尚：北魏时人，元子攸为帝时的主书。［35］立功不终：曾经立过大功，但没有坚持做好事到底。［36］阴图衅逆：暗中谋划造反。衅逆，乘隙为乱。衅，缝隙。［37］王法无亲：帝王的法律不能偏袒亲近的人。［38］已正刑书：已按刑法的条文进行了惩处。正，依法而行。［39］罪止荣身：该受惩处的只有尔朱荣一个人。［40］忽致冤酷：忽然间就蒙此奇冤，受此酷刑。［41］生死无恨：个人都死而无憾。生死，偏义复词，这里即指死。无恨，无遗憾。［42］恸（tòng）哭：大声哀嚎。［43］声振城邑：哭声震动了洛阳城。振，同"震"。城邑，即洛阳城，如此解，虽有些夸张，但胡人齐哭，动静不小。［44］怆（chuàng）然：哀伤、悲痛的样子。［45］赍（jī）：持，拿着。铁券：金属制作的一种证明文书，皇帝赐予有功之臣，可使其家族此后享受某种特别权利。这个时候，尔朱氏余党已铁了心要为尔朱荣报仇，元子攸这样做，还有什么用？到底是把这一事件想得简单了，故而失败，是必然的。［46］功格天地：功满天地，顶天立地。格，至。［47］长乐：指孝庄帝元子攸。元子攸在被拥立为北魏主之前被封为长乐王。信誓：表示诚信的誓言。［48］郭外：洛阳外城外。郭，外墙。［49］生长戎旅：生在军中，长在军中，自小在军队、在战斗中长大，自然强悍无比。戎旅，军旅，军队。［50］甲辰：十月二日。［51］李叔仁：官至车骑大将军、金紫光禄大夫。传见《北史》卷三十七。

戊申[1]，皇子生，大赦。以中书令魏兰根[2]兼尚书左仆射，为河北行台，定、相、殷三州皆禀兰根节度[3]。

尔朱氏兵犹在城下，帝集朝臣博议[4]，皆恇惧[5]不知所出。通直散骑常侍李苗奋衣[6]起曰:“今小贼唐突[7]如此，朝廷有不测之忧，正是忠臣烈士效节[8]之日。臣虽不武[9]，请以一旅之众为陛下径断河桥[10]。”城阳王徽、高道穆皆以为善，帝许之。乙卯[11]，苗募人从马渚[12]上流乘船夜下，去桥数里，纵火船焚河桥，倏忽[13]而至。尔朱氏兵在南岸者，望之，争桥北渡，俄而[14]桥绝，溺死者甚众。苗将百许人泊于小渚以待南援，官军不至[15]，尔朱氏就击之，左右皆尽，苗赴水死。帝伤惜之，赠车骑大将军、仪同三司，封河阳侯[16]，谥曰“忠烈”。世隆亦收兵北遁。丙辰[17]，诏行台源子恭[18]将步骑一万出西道，杨昱将募士[19]八千出东道以讨之，子恭仍镇太行丹谷[20]，筑垒以防之[21]。世隆至建州，刺史陆希质[22]闭城拒守，世隆攻拔之，杀城中人无遗类[23]，以肆其忿[24]，唯希质走免。

诏以前东荆州刺史元显恭为晋州[25]刺史，兼尚书左仆射、西道行台。

魏东徐州刺史广牧斛斯椿[26]素依附尔朱荣，荣死，椿惧，闻汝南王悦在境上，乃帅部众弃州归悦[27]。悦授椿侍中、大将军、司空，封灵丘郡公[28]，又为大行台前驱都督。

汾州刺史尔朱兆[29]闻荣死，自汾州帅骑据晋阳[30]；世隆至长子[31]，兆来会之。壬申[32]，共推太原太守、行并州事长广王晔[33]即皇帝位，大赦，改元建明。晔，英之弟子也。以兆为大将军，进爵为王；世隆为尚书令，赐爵乐平王，加太傅、司州牧；又以荣从弟度律[34]为太尉，赐爵常山王；世隆兄天柱长史彦伯[35]为侍中；徐州刺史仲远为车骑大将军，兼尚书左仆射、三徐州[36]大行台。仲远亦起兵向洛阳。

尔朱天光之克平凉[37]也，宿勤明达[38]请降，既而复叛，北走，天光遣贺拔岳讨之，明达奔东夏[39]。岳闻尔朱荣死，不复穷追，还泾州[40]以待天光。天光与侯莫陈悦亦下陇[41]，与岳谋引兵向洛。魏敬宗[42]使朱瑞慰谕天光，天光与岳谋，欲令帝外奔而更立宗室，乃频启云:“臣实无异心，唯欲仰奉天颜[43]，以申宗门之罪[44]。”又使其下僚属启云:“天光密有异图，愿思胜算[45]以防之。”

范阳太守卢文伟[46]诱平州刺史侯渊[47]出猎，闭门拒之[48]。渊屯于郡南，为荣举哀，勒兵南向，进，至中山[49]，行台仆射魏兰根邀击[50]之，为渊所败。

敬宗以城阳王徽兼大司马、录尚书事[51]，总统内外。徽意谓荣既死，枝叶自应散落，及尔朱世隆等兵四起，党众日盛，徽忧怖[52]，不知所出。性多嫉忌[53]，不欲人居己前[54]，每独与帝谋议，群臣有献策者，徽辄劝帝不纳，且曰："小贼何虑不平！"又靳惜[55]财货，赏赐率[56]皆薄少，或多而中减[57]，或与而复追[58]，故徒有糜费而恩不感物[59]。

（以上为第八段，写北魏权臣尔朱荣党羽尔朱世隆与尔朱兆会合于晋阳，拥戴长广王元晔即位；孝庄帝元子攸无计可施，重用庸才城阳王元徽，其败亡指日可待。）

【注释】

[1]戊申：十月六日。 [2]魏兰根：北魏大臣。仪貌奇伟，博览群书，喜读《左传》《周易》，传见《北史》卷五十六。 [3]定、相、殷：北魏三州名，定州的州治中山，在今河北定州市；相州的州治邺城，在今河北临漳县西南；殷州的州治在今河北隆尧县东。禀（bǐng）：禀告，古代为下级向上级报告的一种文件。节度：节制，调度。 [4]博议：集思广益，展开讨论。 [5]恇（kuāng）惧：恐慌，害怕。 [6]通直散骑常侍：古官名，皇帝的侍从官员，以备参谋顾问。李苗：字子宣，梓潼涪人，南梁尚书郎李膺之子，为人有文武材。其叔李略被南梁所杀后，为报仇而投奔北魏。传见《魏书》卷七十一。奋衣：振衣，抖动衣服，古人激动时所做出的姿态。 [7]唐突：犹言猖獗、张狂，冒冒失失。 [8]效节：尽忠，献身。 [9]不武：没有什么威名。武，威严，震慑力。 [10]一旅：一支小部队。旅，军队的编制单位，一旅五百人。径断河桥：直接将河桥斩断，将桥南桥北的敌兵分成两块。 [11]乙卯：十月十三日。 [12]马渚（zhǔ）：黄河中的小洲名，在洛阳城的西北方，当时北中城的黄河上游。渚，水中的小块陆地。 [13]倏（shū）忽：突然，很快地。 [14]俄而：不久，一会儿。 [15]官军不至：朝廷的军队没有及时到来。[16]河阳侯：河阳县侯，封地河阳县，就在当时北中城的西方，地处黄河北岸。 [17]丙辰：十月十四日。 [18]源子恭：鲜卑族，元勋老臣源贺之孙，司徒源怀之子，北魏到东魏大臣、将领。传见《魏书》卷四十一。 [19]杨昱（yù）：字元晷，太师杨椿之子，北魏大臣。传见《魏书》卷五十八。将募士：统领着新招募来的忠义之士。 [20]仍镇太行丹谷：驻兵在太行山的丹谷地区。仍，同"乃"。太行丹谷，在今山西晋城市东南，丹水的流域，其西有天井关。 [21]筑垒以防之：防止尔朱氏的军队由晋阳经此南攻洛阳。 [22]建州：北魏州名，州治高都，在今山西晋城市东北。陆希质：谥号文。建州刺史。传见《魏书》卷四十。 [23]无遗类：没有留下同类，指全部杀光。 [24]以肆其忿：以发泄他的愤怒之情。肆，尽情发泄。 [25]东荆州：北魏州名，州治在今河南泌阳县。元显恭：字怀忠，北魏晋州刺史。后被尔朱兆在晋阳杀害。晋州：北魏州名，州

治在今山西临汾市。［26］东徐州：北魏州名，北魏孝明帝孝昌元年（525）置，州治下邳，在今江苏邳州市。斛（hú）斯椿：复姓斛斯，名椿，字法寿，广牧富昌（今内蒙古准格尔旗）人，敕勒族，左牧令斛斯敦之子，北魏大臣。六镇之乱时，投奔尔朱荣，起家铠曹参军，官至骠骑大将军，封城阳郡公。传见《魏书》卷八十。［27］弃州归悦：扔掉了自己的东徐州刺史职务而投靠了分裂政权的元悦。当时元悦、范遵驻兵于南梁与北魏的交界地，而斛斯椿的东徐州也是临时所设，相距不远。［28］灵丘郡公：封地灵丘郡，郡治在今山西灵丘县，在山西的东北部，挨近河北。这其实只是空名而已。［29］汾州：北魏州名，州治蒲子城，在今山西隰县。尔朱兆：太原王尔朱荣堂侄，时任骠骑大将军、汾州刺史。尔朱荣被诛后，带兵攻陷洛阳，纵兵大掠，杀掉孝庄帝元子攸，后被高欢攻伐，兵败自杀。传见《魏书》卷七十五。［30］晋阳：北魏郡名，当时并州的州治所在地，在今山西太原市。［31］长子：北魏县名，县治在今山西长子县东，长治市的正南方。［32］壬申：十月三十日。［33］行并州事：代理并州刺史。长广王晔（yè）：即元晔，字华兴，南安王拓跋桢之孙、中山王元英之弟扶风王元怡次子。初封长广王，拜太原太守，代理并州刺史。在尔朱世隆拥立下，即位称帝，年号建明，成为傀儡皇帝。后失去利用价值，被迫禅让，降为东海王。传见《魏书》卷十九下。［34］度律：即尔朱度律，太原王尔朱荣堂弟，北魏大臣。尔朱荣死后，随尔朱世隆共赴晋阳，拥立长广王元晔继位，拜太尉公、四面大都督，封常山郡王。后兵败被俘，坐罪斩杀。传见《魏书》卷七十五。［35］天柱长史：尔朱荣天柱将军府的长史。彦伯：即尔朱彦伯，太原王尔朱荣从弟，北魏大臣。传见《魏书》卷七十五。［36］三徐州：北魏的三个州名，徐州的州治彭城，在今江苏徐州市；北徐州的州治琅邪，在今山东临沂市西；东徐州的州治下邳，在今江苏邳州市西南。［37］克平凉：指尔朱天光、贺拔岳攻克平凉，擒获万俟丑奴，事见本卷前文。［38］宿勤明达：羌族，北魏末年关陇起义将领。尔朱天光克平凉后，一度投降尔朱天光。后复叛，受到大都督贺拔岳讨伐，兵败逃奔东夏州。后兵败被擒，押送于洛阳处斩。［39］东夏：北魏州名，州治在今陕西延安市东北。［40］泾州：古州名，州治在今甘肃泾川县北。［41］下陇：由陇山下到平原，即泾州一带。在此之前贺拔岳等获萧宝寅于高平，击万俟道洛、王庆云于水洛城，皆在陇坂之上。［42］魏敬宗：即孝庄帝元子攸，庙号敬宗。［43］仰奉天颜：要与皇帝亲自见面的谦称。天颜，古称皇帝为天子，故称之。［44］申宗门之罪：申诉我们尔朱氏家族所蒙受的冤屈。申，申理，请求昭雪。［45］胜算：好的办法，足以致胜的计谋。尔朱天光既向北魏主元子攸提出严厉的要求，又让人上书向北魏主告密。胡三省曰："天光设两端以疑魏朝。"［46］范阳：北魏郡名，郡治在今河北涿州市。卢文伟：北魏到东魏大臣。起家幽州主簿，授尚书郎、北道行台郎中。孝庄帝元子攸死后，联合幽州刺史刘灵助、大将军高欢，消灭尔朱家族，历任安州、幽州、东雍州、青州刺史，加号骠骑大将军。传见《北史》卷三十。［47］平州：北魏州名，州治肥如，在今河北迁安市东北。侯渊：尔朱荣亲信部将，经常跟从征伐，屡立战功。尔朱荣死后，任平州刺史，投降高欢，在韩陵击败尔朱氏联军。后投奔南梁，在途中被杀。传见《魏书》卷八十。［48］闭门拒之：关闭涿州城门不让侯渊再回城。胡三省曰："渊本领平州，镇范阳。范阳，即涿郡。”意即侯渊当时是尔朱氏任命的代理平州刺史，暂时驻兵于范阳。因非朝廷正式任命，故不得去平州上任。［49］中山：北魏郡名，郡治在今河北定州市。［50］邀击：袭击，拦击。［51］录尚书事：古官名，管理尚书省的一切政务，实际上是朝廷总管。录，统领，管理。［52］忧怖：忧愁，害怕。［53］嫉（jí）忌：妒忌，忌恨。［54］居己前：官居自己之上。［55］靳（jìn）惜：吝啬，吝惜。靳、惜，都是“吝啬”的意思。［56］率：一般，大致。［57］多而中减：开始答应得多，到真正赏赐的时候就变少了。［58］与而复追：都已经给人发出去的东西又要了回来。［59］徒有糜费：白白浪费钱财。恩不感物：不能以恩惠感动众人。胡三省曰：“史言徽误魏主。”感物，即感人。

十一月，癸酉朔[1]，敬宗以车骑将军郑先护[2]为大都督，与行台杨昱共讨尔朱仲远[3]。

乙亥[4]，以司徒长孙稚[5]为太尉，临淮王彧为司徒。

丙子[6]，进雍州刺史广宗公尔朱天光爵为王。长广王亦以天光为陇西王。

尔朱仲远攻西兖州[7]，丁丑[8]，拔之，擒刺史王衍[9]。衍，肃之兄子也。癸未[10]，敬宗以右卫将军贺拔胜为东征都督；壬辰[11]，又以郑先护兼尚书左仆射为行台，与胜共讨仲远。戊戌[12]，诏罢魏兰根行台，以定州刺史薛昙尚[13]兼尚书，为北道行台。郑先护疑贺拔胜[14]，置之营外。庚子[15]，胜与仲远战于滑台[16]东，兵败，降于仲远。

初，尔朱荣尝从容[17]问左右曰：“一日无我，谁可主军？”皆称尔朱兆。荣曰：“兆虽勇于战斗，然所将不过三千骑，多则乱矣。堪[18]代我者，唯贺六浑[19]耳。”因戒[20]兆曰：“尔非其匹[21]，终当为其穿鼻[22]。”乃以高欢为晋州[23]刺史。及兆引兵向洛，遣使召欢，欢遣长史孙腾[24]诣兆，辞以“山蜀[25]未平，今方攻讨，不可委去[26]，致有后忧。定蜀之日[27]，当隔河为掎角之势[28]。”兆不悦，曰：“还白高晋州[29]，吾得吉梦，梦与吾先人登高丘，丘旁之地，耕之已熟[30]，独余马蔺[31]，先人命吾拔之，随手而尽。以此观之，往无不克[32]。”腾还报，欢曰：“兆狂愚[33]如是，而敢为悖逆[34]，吾势不得久事尔朱[35]矣。”

（以上为第九段，写高欢原来投奔尔朱荣，尔朱荣对他非常赏识，青眼有加，认为他非尔朱兆等人所能比。）

【注释】

［1］癸酉朔：十一月一日。［2］郑先护：荥阳开封（今河南荥阳市）人，骁骑将军郑羲从子，北魏大臣。起家员外散骑侍郎，元子攸即位，封平昌县侯，除南广州刺史，迁豫州刺史。尔朱荣死，以骠骑大将军、大都督、兼尚书右仆射，讨伐尔朱仲远。兵败后投奔南梁，为征北将军。传见《魏书》卷五十六。［3］尔朱仲远：尔朱荣的堂兄弟，此时北逃到山西的太原，与尔朱度律共同拥立长广王元晔为皇帝，以与洛阳的北魏主相对抗。［4］乙亥：十一月三日。［5］长孙稚：时为扬州刺史。传见《魏书》卷二十五。［6］丙子：十一月四日。［7］西兖（yǎn）州：北魏州名，孝文帝太和年间的州治滑台，在今河南滑县东；孝明帝孝昌年间改在定陶，在今山东菏泽市定陶区西北。这里仍指滑台。当时尔朱仲远任徐州刺史、都督三徐州军事，由徐州进逼洛阳，一定要经过滑台，故攻之。［8］丁丑：十一月五日。［9］王衎：字文舒，司空王肃之侄，北魏西兖州刺史。传见《魏书》卷六十三。［10］癸未：十一月十一日。［11］壬辰：十一月二十日。［12］戊戌：十一月二十六日。［13］定州：北魏州名，州治在今河北定州市。薛昙（tán）尚：名将薛虎子第四子，薛昙宝之弟，北魏大臣。随孝明帝元诩南征曾被梁军俘获；后归北魏复官，为兖州刺史。东魏时历刺史、将作大匠，为官贪虐。传见《魏书》卷四十四。［14］疑贺拔胜：因为贺拔胜原是尔朱荣的部将。［15］庚子：十一月二十八日。［16］滑台：古城名，在今河南滑县东。［17］从容：非常淡定，有意无意地。［18］堪：能。［19］贺六浑：即高欢，小字贺六浑，专擅东魏朝政16年。次子高洋废元善见建立北齐，追尊其为神武帝。传见《北齐书》卷一。［20］戒：告诫。戒，同"诫"。［21］非其匹：不是他的对手，和他不是同一个等级。匹，对手。［22］为其穿鼻：受他的制约，听他的使唤，盖以驯牛为喻。胡三省曰："譬之以牛，牛鼻既穿，则为人所制。"［23］晋州：北魏州名，州治在今山西临汾市。［24］孙腾：字龙雀，咸阳石安（今陕西咸阳市渭城区）人，北凉中书舍人孙通之孙，赠冀州刺史孙机之子，北魏到东魏大臣。随从肆州刺史尔朱荣进入洛阳，任冗从仆射；后隶属高欢帐下，拜后将军、晋州长史；东魏时，授相州刺史，历任侍中、左仆射、司空公、尚书令、太保，封咸阳郡公。谥号文。传见《北史》卷五十四。［25］辞：推辞，婉拒。山蜀：在晋州依山而居住的蜀人，当时这些人正聚众反对北魏政权，时人称为"山蜀"或"绛蜀"。山蜀大规模作乱之事，见前文卷一百五十二大通二年（528）。［26］委去：扔下不管而离开。委，放下。［27］定蜀之日：等我平定山蜀之后。［28］隔河为犄角之势：那时你在河南岸，我在河北岸，可以成为一种相互合作、相互支援的态势。［29］白：告知。高晋州：即高欢，时为晋州刺史。［30］耕之已熟：已经是久经耕种的良田。［31］马蔺（lìn）：也称马连、马兰，一种野草名，叶子像兰而硬，牛马都不吃，此用以比喻高欢的一小撮。［32］往无不克：意思是到时候我去消灭你，轻而易举。［33］狂愚：狂妄，愚昧。［34］敢为悖（bèi）逆：还敢对我发动叛乱。悖逆，大逆不道。［35］不得久事尔朱：为尔朱家做事的日子不可能太长了。

十二月，壬寅朔[1]，尔朱兆攻丹谷，都督崔伯凤[2]战死，都督史仵龙开壁[3]请降，源子恭退走。兆轻兵倍道兼行[4]，从河桥西涉渡[5]。先是，敬宗以大河[6]深广，谓兆未能猝济[7]，是日，水不没马腹。甲辰[8]，暴风，黄尘涨天，兆骑叩宫门[9]，宿卫乃觉，弯弓欲射，矢不得发[10]，一时[11]散走。华山王鸷[12]，斤之玄孙也，素附尔朱氏。帝始闻兆南下，欲自帅诸军讨之，鸷说帝曰："黄河万仞[13]，兆安得渡！"帝遂自安。及兆入宫，鸷复约止[14]卫兵不使斗。帝步出云龙门[15]外，遇城阳王徽乘马走[16]，帝屡呼之，不顾而去[17]。兆骑执帝，锁于永宁寺[18]楼上，帝寒甚，就兆求头巾[19]，不与。兆营于尚书省[20]，用天子金鼓，设刻漏[21]于庭；扑杀皇子[22]，污辱嫔御妃主[23]，纵兵大掠，杀司空临淮王彧、尚书左仆射范阳王诲[24]、青州刺史李延寔[25]等。

城阳王徽走至山南[26]，抵前洛阳令寇祖仁[27]家。祖仁一门三刺史，皆徽所引拔[28]，以有旧恩，故投之。徽赍[29]金百斤，马五十匹，祖仁利其财，外虽容纳，而私谓子弟曰："如闻尔朱兆购募[30]城阳王，得之者封千户侯。今日富贵至矣！"乃怖[31]徽云官捕将至，令其逃于他所，使人于路邀杀[32]之，送首于兆；兆亦不加勋赏。兆梦徽谓己曰："我有金二百斤、马百匹在祖仁家，卿可取之。"兆既觉[33]，意[34]所梦为实，即掩捕[35]祖仁，征[36]其金、马。祖仁谓人密告[37]，望风款服[38]，云"实得金百斤、马五十匹。"兆疑其隐匿，依梦征之，祖仁家旧有金三十斤、马三十匹，尽以输[39]兆。兆犹不信，发怒，执祖仁，悬首高树[40]，大石坠足[41]，捶之至死[42]。

尔朱世隆至洛阳，兆自以为己功，责世隆曰："叔父在朝日久[43]，耳目应广，如何令天柱[44]受祸！"按剑瞋目[45]，声色甚厉；世隆逊辞拜谢[46]，然后得已，由是深恨之。尔朱仲远亦自滑台至洛。

（以上为第十段，写北魏尔朱兆率军攻入洛阳，囚禁孝庄帝元子攸；北魏前洛阳令寇祖仁贪财杀害恩人城阳王元徽，自己亦因财送命；尔朱世隆入洛与尔朱兆争功，产生嫌隙。）

【注释】

[1]壬寅朔：十二月一日。 [2]崔伯凤：北魏官员，年轻时善于射箭骑马，强壮勇敢，从奉

朝请、员外郎逐渐升任镇远将军、前将军，担任将帅。和都督源子恭守卫丹谷，战死。传见《魏书》卷二十四。［3］史仵（wǔ）龙：北魏安东将军，奉命抵御尔朱氏余党尔朱兆的军队，被打败，投降。开壁：打开营垒。［4］倍道兼行：以加倍的速度赶路，一天行两天的路程。［5］涉渡：涉水渡过黄河。［6］大河：即黄河。［7］猝（cù）济：仓促、突然地渡过黄河。［8］甲辰：十二月三日。［9］叩（kòu）宫门：意即直至宫城门下。［10］矢不得发：《魏书·尔朱兆传》作"袍拨弦矢，不得发"，意思是风太大，战袍拨动弦箭，射不出去。［11］一时：登时，立刻。［12］华山王鸷（zhì）：即元鸷，字孔雀，平文帝拓跋郁律六世孙，高凉王拓跋斤之玄孙，冀州刺史拓跋瑰之子，封华山郡王。北魏抚军将军、柔玄镇都大将，镇守边镇。孝庄帝元子攸时，交好尔朱荣家族，除护军将军、京畿大都督，封昌安县侯。传见《魏书》卷十四。［13］万仞（rèn）：这里是极言黄河之深。仞，为长度单位，以八尺为一仞。元鸷为尔朱氏做内奸，故意说一些麻痹北魏主元子攸的话。［14］约止：约束，制止。［15］云龙门：为洛阳宫城南门，在今河南洛阳市东北白马寺东。［16］乘马走：骑着马逃跑。［17］不顾而去：连头也不回地径直跑走。胡三省曰："徽预国大谋，败不即死，去将安之？"［18］永宁寺：古寺庙名，北魏熙平元年（516）胡太后时建，位于今河南洛阳市东的北魏宫城西南。［19］求头巾：意即讨要一顶帽子。头巾，里头保暖的布帽。［20］营：扎营，驻镇。尚书省：古官署名，国家最高政令机构，为中央政府最高权力机构之一。［21］刻漏：也称"漏刻"，古代的计时器。［22］皇子：尔朱皇后所生的儿子。［23］嫔御：指在宫廷服务的女子。妃主：嫔妃与公主。［24］范阳王诲：即元诲，字孝规，孝文帝元宏之孙，广平王元怀之子，封范阳郡王，时任车骑大将军、左仆射。为尔朱兆所害，谥号文景。传见《魏书》卷一百三。［25］青州：北魏州名，州治在今山东青州市。李延寔（shí）：本名李禧，字延寔，西凉武昭王李暠玄孙，尚书仆射李冲长子，元子攸的母亲之兄，北魏外戚、大臣。东道大行台、青州刺史。遇害。传见《魏书》卷八十三下。［26］山南：伊阙山之南，在今之河南洛阳市龙门石窟以南。［27］寇祖仁：即寇弥，字祖仁，以字行，寇治之弟，北魏官员。兼任尚书郎，受到城阳王元徽的亲近优待，尔朱兆攻入洛阳后，元徽困而投之，祖仁加害，时人深责之。［28］引拔：推荐，提拔。［29］赍（jī）：持。［30］购募：悬赏格以求举报。［31］怖：恫吓，吓唬。［32］邀杀：拦截，截杀。［33］既觉：睡醒之后。［34］意：猜想，估计。［35］掩捕：乘其不备而逮捕。［36］征：令其交出。［37］谓人密告：以为是有人告密。［38］望风款服：立即顺从地说了实话，招认服罪。［39］输：输送，交给。［40］悬首高树：勒着脖子把他吊在树上。［41］大石坠（zhuì）足：用大石头扣着脚，使其下坠。［42］捶（chuí）之至死：又拿棍子打他，一直到死。胡三省曰："徽背敬宗，而祖仁亦背徽，恶殃之报何速哉？苍苍之不可欺也如此！"［43］叔父：指尔朱世隆。尔朱世隆是尔朱荣的堂弟，尔朱兆是尔朱荣的侄子，所以称世隆为叔父。在朝日久：尔朱世隆早在胡太后掌权时就在朝任直斋、直阁，加前将军，在庄宗时任车骑将军、尚书右仆射；又任骠骑大将军、尚书左仆射等。［44］天柱：即太原王尔朱荣，曾被封为天柱大将军，一时权倾朝野，到了无以复加的地步。［45］按剑瞋（chēn）目：手抓着剑柄，瞪着眼睛，似乎要吃人一般。［46］逊辞拜谢：低声下气地表示歉意。

戊申[1]，魏长广王[2]大赦。

尔朱荣之死也，敬宗诏河西贼帅纥豆陵步蕃使袭秀容[3]。及兆入洛，步蕃南下，兵势甚盛，故兆不暇久留，亟还晋阳以御[4]之，使尔朱世隆、度律、彦伯等留镇洛阳。甲寅[5]，兆迁敬宗于晋阳，兆自于河梁监阅财资[6]。高欢闻敬宗向晋阳，帅骑东巡[7]，欲邀之[8]，不及，因与兆书，为陈祸福，不宜害天子，受恶名；兆怒，不纳。尔朱天光轻骑入洛，见世隆等，即还雍州[9]。

初，敬宗恐北军[10]不利，欲为南走之计，托云征蛮，以高道穆为南道大行台，未及发而兆入洛。道穆托疾[11]去，世隆杀之。主者请追[12]李苗封赠，世隆曰："当时众议，更一二日[13]即欲纵兵大掠，焚烧郭邑，赖苗之故，京师获全；天下之善一也[14]，不宜复追。"

尔朱荣之死也，世隆等征兵于大宁太守代人房谟[15]，谟不应[16]，前后斩其三使，遣弟毓[17]诣洛阳。及兆得志，其党建州刺史是兰安定[18]执谟系州狱，郡中蜀人闻之，皆叛。安定给谟弱马，令军前慰劳，诸贼见谟，莫不遥拜。谟先所乘马，安定别给将士，战败，蜀人得之，谓谟遇害，莫不悲泣，善养其马，不听人乘之[19]，儿童妇女竞投草粟，皆言"此房公马"也。尔朱世隆闻之，舍其罪[20]，以为其府[21]长史。

北道大行台杨津，以众少，留邺召募，欲自滏口[22]入并州，会尔朱兆入洛，津乃散众，轻骑还朝。

尔朱世隆与兄弟密谋，虑长广王母卫氏[23]干预朝政，伺其出行，遣数十骑如劫盗者于京巷[24]杀之，寻悬榜[25]以千万钱募贼。

甲子[26]，尔朱兆缢敬宗于晋阳三级佛寺[27]，并杀陈留王宽[28]。

（以上为第十一段，写尔朱兆杀害北魏孝庄帝元子攸。）

【注释】

［1］戊申：十二月七日。［2］长广王：即尔朱荣余党所立的傀儡皇帝元晔，原为长广王。［3］河西贼帅：河西地区的起义军头领。河西，指今内蒙古磴口县、乌海市一带的黄河以西。纥豆陵步蕃：姓纥豆陵，名步蕃，扶风平陵（今陕西西安市）人，北魏起义军首领。孝庄帝元子攸诛杀

权臣尔朱荣后，步蕃奉命攻打秀容郡，被高欢与尔朱兆联军围攻，兵败于乐平，阵亡于石鼓山，部众四散逃亡。纥豆陵，古代北方鲜卑姓氏，出自汉姓窦氏改姓。使袭秀容：敬宗招安之，使之偷袭尔朱荣的老根据地秀容郡。当时的秀容郡在今山西忻州市西北，原平市西南。［4］亟（jí）：同“急”，着急慌忙。御：抵御，抵抗。［5］甲寅：十二月十三日。［6］自于河梁：亲自在黄河的桥上。河梁，河桥。监阅财资：监督清点从洛阳所获得的钱财。监阅，监督，查看。［7］东巡：东行。［8］欲邀之：想把敬宗元子攸抢去，留在自己身边。挟天子以令诸侯，此奇货可居也。邀，拦截。［9］即还雍州：此时尔朱天光任雍州刺史。雍州的州治长安，在今陕西西安市。［10］北军：驻守太行丹谷（今山西晋城市东南）的源子恭的军队。［11］托疾：称病。［12］主者：当时主持封赠事宜的官员。追：追回，撤销。［13］更一二日：再过一两天。［14］天下之善一也：凡是做了对天下有益的事情，谁都应该承认是好事。［15］大宁：即前泰宁，北魏郡名，郡治在今山西沁水县，上属于建州。大，胡三省曰：“当作‘泰’。”房谟（mó）：鲜卑族，北魏到北齐大臣。起家昌平县令，迁代郡太守，归顺肆州刺史尔朱荣，除太宁郡守，效忠于孝庄帝元子攸，故不应世隆。后投高欢，迁颍川太守、丞相右长史、大行台左丞。赠司空，谥号文惠。传见《北史》卷五十五。［16］不应：不答应，不派兵。［17］毓（yù）：即房毓，房谟之弟。［18］是兰安定：人名。姓是兰，名安定，为尔朱氏余党的建州刺史。［19］不听人乘之：不让任何人骑。不听，不允许。［20］舍其罪：免掉房谟的罪名。［21］其府：尔朱世隆的将军府。［22］滏（fǔ）口：古隘道名，即滏口陉，太行八陉之一，位于今河北邯郸市西南滏山，隘道中因有滏水（今滏阳河）源地，泉涌如釜扬汤，故名。［23］长广王母卫氏：长广王元晔的生母，姓卫，元怡之妻。［24］京巷：洛阳的曲巷。胡三省曰：“直曰‘街’，曲曰‘巷’。”［25］悬榜：很快地就贴出告示。［26］甲子：十二月二十三日。［27］缢敬宗于晋阳三级佛寺：将皇帝元子攸处死。缢，勒死。三级佛寺，坐落于晋阳的一座佛教寺院。［28］陈留王宽：即元宽，北魏敬宗之侄，尔朱荣小女儿的丈夫。

是月，纥豆陵步蕃大破尔朱兆于秀容，南逼晋阳。兆惧，使人召高欢并力。僚属皆劝欢勿应召，欢曰：“兆方急，保无他虑。”遂行。欢所亲贺拔焉过儿[1]请缓行以弊之[2]，欢往往逗留[3]，辞以河无桥[4]，不得渡。步蕃兵日盛，兆屡败，告急于欢，欢乃往从之。兆时避步蕃南出，步蕃至乐平郡[5]，欢与兆进兵合击，大破之，斩步蕃于石鼓山[6]，其众退走。兆德欢[7]，相与誓为兄弟，将数十骑诣欢，通夜宴饮。

初，葛荣部众流入并、肆者二十余万，为契胡凌暴[8]，皆不聊生[9]，大小二十六反，诛夷[10]者半，犹谋乱不止。兆患之，问计于欢，欢曰：“六镇反残[11]，不可尽杀，宜选王腹心[12]使统之，有犯者罪其帅，则所罪者寡矣。”兆曰：“善！谁可使者？”贺拔允[13]时在坐，请使欢领之。欢拳殴其口，折一齿，曰：“平生天柱时[14]，奴辈伏处分如鹰犬[15]。今日天下事取舍在王[16]，而阿鞠泥敢僭易妄言[17]，请杀之！”兆以欢为诚，遂以其众委焉[18]。欢以兆醉，恐醒而悔之，遂出[19]，宣言[20]：“受委统州镇兵[21]，可集汾东[22]受号令。”乃建牙阳曲川[23]，陈部分[24]。军士素恶兆而乐属欢，莫不皆至。

（以上为第十二段，写北魏军队频频得胜，进逼晋阳，尔朱兆召请高欢并力攻打，高欢缓行，使其疲困，又设法获取信任，遂获得六镇残余兵马，后乘势而起。）

【注释】

[1]贺拔焉过儿：字天惠，高车族，北魏将领。北魏末，从高欢入河北，任帐内都督。随高欢大败尔朱氏于韩陵（今河南安阳市东北），力战有功，封安定王，后历任数州刺史，进太保、右丞相、录尚书事。 [2]弊之：困顿，衰败。这里是使动用法，即使尔朱兆饱经消耗，此乃一石二鸟之计。 [3]往往：犹言时时、处处。逗留，打断行程，中途停留。 [4]辞以河无桥：推说渡汾河没有桥梁。河，此指汾河。当时高欢为晋州刺史，晋州的州治在今山西临汾市，北救并州，基本上是沿汾河北行，但河道弯曲，为直线进军须经常渡河。 [5]乐平郡：原文作“平乐郡”，据胡注改。乐平郡，北魏郡名，郡治在今山西昔阳县西南。 [6]石鼓山：古山名，在今山西原平市东。胡三省引魏收《志》曰：“秀容郡秀容县有石鼓山。” [7]德欢：感激高欢。 [8]契胡：尔朱荣所属的少数民族种姓。凌暴：欺侮，虐待。 [9]不聊生：无以为生，生活无着落。 [10]诛夷：诛灭，消灭。 [11]六镇反残：六镇造反者的残部。 [12]腹心：心腹，亲信。 [13]贺拔允：肆州刺史贺拔度拔之子，北魏名将。善于骑射，胆略过人。为尔朱荣将，与其弟贺拔岳攻杀叛将卫可孤，投奔广阳王元深麾下，拜积弩将军，后迁征东将军、光禄大夫、寿阳县公。跟随高欢起兵，为其心腹，拜司徒，领尚书令。传见《北齐书》卷十九。 [14]平生天柱时：旧日尔朱荣在世的时候。平生，平时，这里指当初、昔日。天柱，即尔朱荣，曾被北魏朝廷封为天柱大将军。 [15]奴辈：像奴隶一样，如同“龟孙子”。伏处分：服从尔朱荣的安排、部署。伏，同“服”，敬服。如鹰犬：意即非常驯服。胡三省曰：“欢自谓也，诡为逊辞，使兆不疑己。”观其文义，“奴辈”似是指贺拔允，当然也包括自己，固然是“逊辞”，但高欢主要是借教训贺拔允来让尔朱兆释怀。 [16]取舍在王：干什么与不干什么，都听大王的。王，指尔朱兆，傀儡皇帝元晔封其为王。 [17]阿鞠泥：即贺拔允，其字为阿鞠泥。僭（jiàn）易妄言：超越本分地随便说话。僭易，犹言冒昧、轻慢。 [18]其众：指流入并、肆二州的葛荣部众。委焉：交给高欢统领。 [19]遂出：于是，立刻走出帐外。 [20]宣言：宣称，这里即下令。 [21]受委统州镇兵：受尔朱兆的委托，统领这些原属葛荣的部众。州镇兵，胡三省曰：“魏改六镇为州，葛荣部众皆六镇人，故曰‘州镇兵’。” [22]可：犹言“请”。集汾东：在汾水以东集合队伍。 [23]建牙阳曲川：于是在汾水旁边树起大

旗。建牙，树起牙旗。牙旗，将军出征，在军营前树立旗帜，旗杆饰有象牙，因此得名。阳曲川，即指汾水，阳曲县在汾水东。［24］陈部分：列队而部署。陈，列队。

居无何[1]，又使刘贵请兆[2]，以“并、肆频岁霜旱[3]，降户[4]掘田鼠而食之，面无谷色[5]，徒污人境内[6]，请令就食山东[7]，待温饱更受处分[8]。”兆从其议。长史慕容绍宗[9]谏曰：“不可。方今四方纷扰，人怀异望，高公雄才盖世，复使握大兵于外，譬如借蛟龙以云雨[10]，将不可制矣。”兆曰：“有香火重誓[11]，何虑邪！”绍宗曰：“亲兄弟尚不可信，何论香火！”时兆左右已受欢金，因称绍宗与欢有旧隙，兆怒，囚绍宗，趣欢发[12]。欢自晋阳出滏口[13]，道逢北乡长公主[14]自洛阳来，有马三百匹，尽夺而易之[15]。兆闻之，乃释绍宗而问之，绍宗曰：“此犹是掌握中物[16]也。”兆乃自追欢，至襄垣[17]，会漳水[18]暴涨，桥坏，欢隔水拜曰：“所以借公主马，非有他故，备山东盗耳。王信公主之谗，自来赐追[19]，今不辞渡水而死[20]，恐此众便叛[21]。”兆自陈无此意，因轻马[22]渡水，与欢坐幕下，授欢刀，引颈使欢斫之[23]，欢大哭曰：“自天柱之薨，贺六浑更何所仰[24]！但愿大家[25]千万岁，以申力用[26]耳。今为旁人所构间[27]，大家何忍复出此言！”兆投刀于地，复斩白马[28]，与欢为誓，因留宿夜饮。尉景[29]伏壮士欲执兆，欢啮臂[30]止之，曰：“今杀之，其党必奔归聚结，兵饥马瘦，不可与敌，若英雄[31]乘之而起，则为害滋甚[32]，不如且置之[33]。兆虽骁勇[34]，凶悍[35]无谋，不足图[36]也。”旦日，兆归营，复召欢[37]，欢将上马诣之，孙腾[38]牵欢衣，欢乃止。兆隔水肆骂[39]，驰还晋阳。兆腹心念贤[40]领降户家属别为营，欢伪与之善，观其佩刀，因取杀之。士众感悦，益愿附从。

（以上为第十三段，写高欢得到六镇残兵的统领权，又思考如何逃出虎口，便请求率军到太行山以东就食，尔朱兆有勇无谋，轻率答应，高欢从此犹龙入大海。）

【注释】

［1］居无何：没过多久。［2］使刘贵请兆：高欢让部将刘贵向尔朱兆请示。刘贵，本名刘懿，字贵珍，匈奴族，肆州刺史刘乾之子，北魏到东魏大臣。早年交好高欢，成为奔走之友。时为高欢亲信部将，东魏建立后，历任陕州刺史、御史中尉。传见《北齐书》卷十九。请，请示。［3］并、

肆：北魏二州名，是尔朱兆的统治区。频岁：连年。霜旱：即大旱，田地白如霜，没有收成。［4］降户：即这批原属葛荣，后来投降了尔朱氏的部众。这些人都是兵民一体，拉家带户，故称“降户”。［5］面无谷色：没有一点吃谷物的颜色，形容难民的饥饿之状。古语说孔子“菜色陈蔡”，可为一比。［6］污人境内：污染你们管辖区的美好环境。［7］请令就食山东：请您下令让他们到太行山以东去找饭吃。胡三省曰：“并、肆、冀、定、瀛、相、殷以太行、常山为限，并、肆在山西，余州皆在山东。欢欲引众就食山东，正欲远兆，得以从容收众心，因之以起兵也。”山东，此指太行山以东。［8］更受处分：再做别的安排。处分，部署，安排。［9］慕容绍宗：字绍宗，昌黎棘城（今辽宁义县）人，鲜卑族，前燕太原王慕容恪之后，北魏、东魏名将。早年是尔朱氏部将，担任并州刺史。时为尔朱兆长史，后归顺高欢，历任扬、青、晋、徐等州刺史，官至尚书左仆射，进爵索卢县公。传见《北史》卷五十三。［10］借蛟龙以云雨：给蛟龙提供云雨，以比喻为之提供一切方便条件，将来能够翻云覆雨。［11］香火重誓：在神鬼之前焚香盟下的誓愿，指结为兄弟等。［12］趣欢发：催促高欢，赶紧带着这些人离开。趣，通“促”，催促。［13］出滏（fǔ）口：出今之山西，进入今河北地面。滏口，在今河北武安市南。［14］北乡长公主：尔朱荣之妻。［15］夺而易之：硬逼着用自己的坏马换走了尔朱荣妻所带来的好马。易，更换。［16］此：这时的高欢。掌握中物：意谓高欢现时的能量还不大，消灭他还不难。物，人。［17］襄垣：北魏郡名，郡治在今山西襄垣县，当时属上党郡，离高欢夺马的滏口不甚远。［18］漳水：发源于当时的并州境内，东流出太行山，经滏口之南、邺城之南，东北流入清水。［19］自来赐追：亲自前来追杀我。用“赐”字加以调侃。［20］今不辞渡水而死：如果我要是过水来向您请罪，让您把我杀死。不辞，不推辞。［21］恐此众便叛：我估计这些降户就要造反了。［22］轻马：指不加任何防范、不做任何警戒，轻装乘马。［23］引颈使欢斫之：胡三省曰：“古之豪雄推赤心置人腹中者，必其威望有以服其心，智力足以制其命，然后行之以安反侧，然亦未至如尔朱兆之轻率也。”［24］更何所仰：意即除了您，我还倚靠谁。［25］愿：希望。大家：宫中近臣称皇帝为“大家”，高欢假意把尔朱兆奉为自己的君主，故称之。胡三省曰：“欢之此言，亦谬为恭敬耳。欢以主事兆，故称为大家。”［26］以申力用：让我好好地为您效力。申，施展，贡献。胡三省曰：“欢之此言，亦谬为恭敬耳。”［27］构间：离间。［28］斩白马：古人在盟誓时常杀鸡或杀狗、杀马，取其血洒在酒中或涂于口上。［29］尉景：字士真，朔州善无人，鲜卑族，北齐神武帝高欢姐夫。原是尔朱荣的部下，后成为高欢的心腹。迎娶高欢长姐。传见《北齐书》卷十五。［30］啮（niè）臂：古人发誓时所做的一种姿态。啮，咬。［31］英雄：真正有才干、有目标、有方略的人。［32］滋（zī）甚：更加厉害。［33］且置之：暂且留着尔朱兆这种没有才略的人。置之，放开。［34］骁（xiāo）勇：勇猛，矫健。［35］凶悍：凶恶，强悍。［36］不足图：不值得考虑，意即灭掉这样的人用不着花力气。［37］召欢：叫高欢过河去饮酒。［38］孙腾：原是尔朱荣的部将，后成为高欢的心腹。传见《北齐书》卷十八。［39］兆隔水肆骂：胡三省曰：“当是时，尔朱兆已知高欢之不可制，而无如之何。”肆骂，肆口谩骂。［40］念贤：字盖卢，金城枹罕（今甘肃临夏市枹罕镇）人，北魏到西魏大臣。传见《北史》卷四十九。

齐州城民赵洛周[1]闻尔朱兆入洛，逐刺史丹杨王萧赞[2]，以城归兆。赞变形为沙门[3]，逃入长白山[4]，流转[5]，卒于阳平[6]。梁人或盗其柩[7]以归，上犹以子礼葬于陵次[8]。

魏荆州刺史李琰之[9]，韶之族弟也。南阳太守赵修延[10]，以琰之敬宗外族[11]，诬琰之欲奔梁，发兵袭州城，执琰之，自行州事[12]。

魏王悦改元更兴[13]，闻尔朱兆已入洛，自知不及事[14]，遂南还。斛斯椿复弃悦奔魏[15]。

是岁，诏以陈庆之[16]为都督南、北司等四州[17]诸军事，南、北司二州刺史。庆之引兵围魏悬瓠[18]，破魏颍州刺史娄起等于溱水[19]，又破行台孙腾等于楚城[20]。罢义阳镇兵[21]，停水陆漕运[22]，江、湖诸州[23]并得休息；开田六千顷，二年之后，仓廪[24]充实。

（以上为第十四段，写南朝投奔北魏的齐州刺史萧赞被驱逐，辗转流亡而死；南朝名将陈庆之为南朝镇守北疆，兵围北魏悬瓠，罢除义阳镇兵，让当地民众休养生息，仓廪充实。）

【注释】

[1]齐州：北魏州名，州治在今山东济南市。赵洛周：北魏时齐州人，曾驱逐刺史，投靠尔朱兆。 [2]丹杨王萧赞：即北投魏的梁武帝养子萧综，一作萧缵，北魏虚封其为丹杨王。传见《梁书》卷五十五。 [3]沙门：和尚。 [4]长白山：在今山东邹平市南，济南市章丘区与淄博市之间。 [5]流转：接着又辗转流亡。 [6]阳平：北魏县名，郡治在今河北馆陶县。 [7]柩（jiù）：装着尸体的棺材。 [8]葬于陵次：葬在了梁武帝萧衍陵墓的旁边。次，旁边。胡三省曰："豫章王综奔魏，改名赞，事见一百五十卷普通六年（525）。赞不以帝为父，而帝犹以赞为子，可谓爱其所不当爱矣。" [9]荆州：北魏州名，州治在今河南鲁山县。李琰（yǎn）之：字景珍，小字默蠡，西凉武昭王李暠玄孙，北魏员外散骑侍郎李景超之子，司空李韶族弟，时为北魏荆州刺史。传见《魏书》卷八十二。 [10]南阳：古郡名，郡治在今河南南阳市。赵修延：北魏官员。为南阳太守，敬宗元子攸被杀后，赵修延诬其荆州刺史李琰之意图谋反，而发兵袭州城，执琰之，自行州事。[11]敬宗外族：是北魏敬宗元子攸母亲方面的亲戚。敬宗的生母，彭城王元勰妃是北魏名臣李冲之女。李韶是李冲的侄子。 [12]自行州事：代理荆州刺史，掌管政事。 [13]改元更兴：以更兴为年号。更兴，梁武帝扶立北魏君主汝南王元悦的年号，共两年余。 [14]不及事：犹言来不

及，即来不及乘乱到洛阳夺取政权。［15］弃悦奔魏：斛斯椿一向依附尔朱荣，尔朱荣被北魏主所杀后，畏惧朝廷，时汝南王元悦在境上，遂率部弃州归悦，悦授予侍中、大将军、司空。今元悦回南，尔朱氏势力又大，故斛斯椿回到北魏。［16］陈庆之：南梁名将。传见《梁书》卷三十二。［17］南、北司等四州：即南梁的南司州、北司州、豫州、西豫州。南司州的州治在今湖北安陆市；北司州的州治义阳，在今河南信阳市；豫州的州治寿春，在今安徽寿县；西豫州的州治在今河南息县。［18］悬瓠（hù）：古城名，在今河南汝南县，当时为北魏的豫州州治所在地。［19］颍（yǐng）州：北魏州名，州治汝阴，在今安徽阜阳市。娄起：北魏颍州刺史。溱（zhēn）水：汝水的支流，在今河南汝南县南入汝水。［20］楚城：古城名，在今河南信阳市北，当时属北魏。胡三省以为："孙腾此时犹从高欢在并、冀、殷、相之间，庆之破腾必非此年事。"［21］罢义阳镇兵：撤退在义阳一带集结的重兵。义阳，古郡名，郡治在今河南信阳市。［22］停水陆漕运：停止水旱两路向前线运送粮草。［23］江、湖诸州：沿着长江及洞庭湖、彭蠡湖一带的各州。［24］仓廪（lǐn）：仓库。

【点评】

尔朱兆非高欢对手。高欢胜过尔朱兆，是在二人斗争中显现出来的。首先，文中借助尔朱荣之口评价高欢非等闲之辈。尔朱荣曾将尔朱兆与高欢相比较："尔朱兆虽然战斗勇猛，但他率领的部队至多不能超过三千骑，再多就会乱了。能够代替我的人，只有贺六浑啊！"尔朱荣并因此告诫尔朱兆说："你不是他的对手，最终要被他穿了牛鼻子。"此话一言成谶，尔朱兆最后果然死于高欢之手。（高欢派窦泰出击秀容郡，尔朱兆正在庭中宴会，突闻高欢军驰至，仓皇惊走，高欢军袭破尔朱兆于秀容城。尔朱兆遂杀死骑乘的白马，自缢在一棵树上，他的残部都投降了高欢。）尔朱兆与高欢相比较还有一事，当尔朱兆率军向洛阳的时候，派人召请高欢，高欢献上一计却不被采纳，尔朱兆口出狂言，使得高欢对其有了一个基本判断，对自己的所向所从有了明确的考虑："尔朱兆如此猖狂愚蠢，竟敢做叛乱之事，看来我不能长久侍奉尔朱氏了。"

又一件事，尔朱兆将孝庄帝迁至晋阳，自己在河梁监督掠取财货，高欢听说孝庄帝要被押至晋阳，便率骑兵东巡，打算截住，但未能赶上，便给尔朱兆写了一封信，向尔朱兆陈述利害，劝他不要伤害天子，以免承受恶名。本是好计策，不料尔朱兆非但不听从，反而大怒。

再一件事，尔朱兆将六镇事务交于高欢，放虎归山，正好为高欢兴起创造了条件。最愚蠢的是，尔朱兆竟然不知道政治斗争的残酷性，不知道你死我活，不知道天下只能留一位枭雄的道理，只是信从兄弟结拜的牢靠，再一次放走了高欢，养虎遗患，自食恶果。

卷一五五　梁纪十一

梁武帝中大通三年至四年（531—532 年）

【起重光大渊献（辛亥，531 年），尽玄默困敦（壬子，532 年），凡二年】

【大事提要】

本卷记事起自公元 531 年，至公元 532 年，凡二年，当梁武帝中大通三年至中大通四年。本卷所载大事，南朝萧梁大事一件，公元 531 年，梁昭明太子萧统去世。其所编撰的《文选》对后世影响甚大。北魏大事三件。其一，公元 531 年，北魏尔朱世隆逼迫元晔禅位于曾装聋扮哑达八年之久的广陵王元恭。做了 5 个月皇帝的元晔，此后生死不明。其二，晋州刺史高欢以讨伐尔朱氏为名乘机攻占洛阳，立元朗为帝，是为后废帝。其三，公元 532 年，高欢废节闵帝及后废帝，立元修为孝武帝，自为大丞相。

高祖武皇帝十一

中大通三年（辛亥，531 年）

春，正月，辛巳[1]，上祀南郊，大赦。

魏尚书右仆射郑先护闻洛阳不守，士众逃散，遂来奔[2]。丙申[3]，以先护为征北大将军。

二月，辛丑[4]，上祀明堂[5]。

魏自敬宗被囚，宫室空近百日。尔朱世隆镇洛阳，商旅流通，盗贼不作。世隆兄弟密议，以长广王疏远[6]，又无人望[7]，欲更立近亲[8]。仪同三司广陵王恭[9]，羽之子也，好学有志度[10]，正光中领给事黄门侍郎[11]，以元叉擅权，托喑病居龙华佛寺，无所交通[12]。永安[13]末，有白敬宗言王阳喑[14]，将有异志[15]，恭惧，逃于上洛山[16]，洛州[17]刺史执送之，系治[18]久之，以无状[19]获免。关西大行台郎中薛孝通[20]

说尔朱天光曰:“广陵王，高祖犹子[21]，夙有令望[22]，沈晦[23]不言，多历年所[24]，若奉以为主，必天人允叶[25]。”天光与世隆等谋之，疑其实喑[26]，使尔朱彦伯潜往敦谕[27]，且胁[28]之，恭乃曰:“天何言哉[29]！”世隆等大喜。孝通，聪之子也。

己巳[30]，长广王至邙山[31]南，世隆等为之作禅文[32]，使泰山太守辽西窦瑗[33]执鞭独入，启[34]长广王曰:“天人之望[35]，皆在广陵，愿行尧、舜之事[36]。”遂署禅文[37]。广陵王奉表三让[38]，然后即位，大赦，改元普泰[39]。黄门侍郎邢子才为赦文[40]，叙敬宗枉杀太原王荣之状，节闵帝[41]曰:“永安手翦强臣[42]，非为失德[43]，直以天未厌乱[44]，故逢成济之祸[45]耳。”因顾左右取笔，自作赦文，直言[46]:“门下[47]:朕以寡德[48]，运属乐推[49]，思与亿兆[50]，同兹大庆[51]，肆眚之科[52]，一依常式[53]。”帝闭口八年，至是乃言[54]，中外欣然[55]以为明主，望至太平[56]。

庚午[57]，诏以“三皇称‘皇’，五帝称‘帝’[58]，三代称‘王’[59]，盖递为冲挹[60]，自秦以来，竞称‘皇帝’[61]，予今但称‘帝’，亦已褒矣[62]。”加尔朱世隆仪同三司，赠尔朱荣相国、晋王，加九锡[63]。世隆使百官议荣配飨[64]，司直刘季明[65]曰:“若配世宗[66]，于时无功；若配孝明[67]，亲害其母[68]；若配庄帝[69]，为臣不终[70]。以此论之，无所可配。”世隆怒曰:“汝应死！”季明曰:“下官既为议首[71]，依礼而言，不合圣心，翦戮唯命[72]！”世隆亦不之罪。以荣配高祖庙廷[73]。又为荣立庙于首阳山[74]，因周公[75]旧庙而为之，以为荣功可比周公。庙成，寻为火所焚[76]。

尔朱兆以不预[77]废立之谋，大怒，欲攻世隆，世隆使尔朱彦伯往谕[78]之，乃止。

（以上为第一段，写北魏尔朱氏原立长广王元晔为帝，感到没有利用价值，重立广陵王元恭；元恭在元义擅权时作哑，逃到寺庙、深山，冷观朝局变动，今出山为帝。）

【注释】

［1］辛巳：正月十日。［2］遂来奔：于是南逃来归南梁。胡三省曰："去年，魏敬宗遣郑先护讨东郡。"［3］丙申：正月二十五日。［4］辛丑：二月一日。［5］祀明堂：在明堂祭祀天地。明堂，是依照儒家学说建立的祭祀天地、宣明政教的地方。［6］长广王疏远：长广王元晔是景穆帝拓跋晃曾孙、南安王拓跋桢之孙、扶风王元怡次子，被尔朱兆等扶持的取代敬宗元子攸的傀儡皇帝，距离承袭帝位的孝文帝元宏、宣武帝元恪、孝明帝元诩的血缘关系已经很远，已有四代，快出五服了。傀儡皇帝元晔为北魏第十三位皇帝，被尔朱世隆废为东海王，后被杀。传见《魏书》卷十九下。［7］人望：声望，威望。［8］更立近亲：更立一个与孝文帝元宏、宣武帝元恪、孝明帝元诩的血缘关系亲近的人为傀儡皇帝。［9］广陵王恭：即元恭，字修业，广陵王元羽之子，孝文帝元宏之侄，尔朱世隆所立傀儡皇帝，为北魏第十四任皇帝。年号普泰。两年后，高欢入洛，被废杀。西魏谥其为节闵皇帝，史称"前废帝"，传见《魏书》卷十一。［10］有志度：有志气，有度量。［11］正光中：正光年间。正光，北魏孝明帝拓跋诩（也称元诩）的第三个年号。给事黄门侍郎：古官名，在宫廷内为皇帝服务的侍从官员，上属门下省。元恭在孝明帝正光年间任给事黄门侍郎。［12］托喑（yīn）病：假说得病，变成了哑巴。喑，哑，失语症。元恭装哑避祸，入龙华寺为沙门。龙华佛寺：古寺庙名，位于当时的洛阳城东，在今汉魏洛阳故城遗址东。胡三省引《考异》曰："《伽蓝记》云：'庄帝疑恭奸诈，夜，遣人盗掠衣物，拔刀剑欲杀之，恭张口以手指舌，竟乃不言。庄帝信其真，放令归第。'"无所交通：跟谁都不联系。［13］永安：北魏主孝庄帝元子攸的年号，共三年。［14］白：告知。言王阳喑：说广陵王元恭这个哑巴是假装的。阳，同"佯"，假装。［15］异志：不同寻常的心思，隐指谋反、叛逆。［16］上洛山：古山名，在今陕西商洛市商州区境内。［17］洛州：北魏州名，州治上洛，在今陕西商洛市。［18］系治：关在监狱里审察。［19］无状：没有谋反的迹象，无证据。［20］薛孝通：字士达，河东汾阴（今山西万荣县）人，仪同三司薛聪之子，北魏大臣。起家骠骑参军，迁员外散骑侍郎，辅佐雍州刺史尔朱天光镇守关右，为关西大行台郎中，主管行台事务的一个方面，封汾阴县侯；拥戴节闵帝元恭，拜银青光禄大夫、散骑常侍、中书郎，内典机密，外参朝政。传见《北史》卷三十六。［21］高祖：即孝文帝元宏。犹子：孝文帝元宏的侄子。犹子，义同"从子"，兄弟之子，即侄子。［22］夙（sù）有令望：一向有很好的名声。夙，平素，平常。［23］沈晦：沉沦，韬晦，泯灭行迹，指隐居。沈，同"沉"。［24］多历年所：就这样地过了好多年。年所，年头，年月。此指积累了阅历、经历。［25］天人允叶（xié）：犹言应天顺人，既合天意，又顺人心。允叶，妥帖。叶，同"协"。［26］疑其实喑：担心他真是个哑巴。［27］尔朱彦伯：本名尔朱宏，字彦伯，始昌郡公尔朱侯真之孙，华州刺史尔朱买珍之子，太原王尔朱荣从弟，北魏大臣。传见《魏书》卷七十五。敦谕：敦促，劝他出山。［28］胁：逼迫，恐吓。［29］天何言哉：老天爷他说话吗？言下之意，即我有什么可说的呢？表示同意了。此句本孔子语，见《论语·阳货》："子曰'天何言哉？四时行焉，百物生焉，天何言哉？'"四个字，足见元恭的气度，一句顶一万句。［30］己巳：二月二十九日。

[31]长广王：即尔朱兆所傀儡帝元晔。邙（máng）山：位于洛阳城北，也称“北邙”，黄河南岸的矮山，古代称为风水宝地，当时有“生在苏杭，死葬北邙”的说法。［32］为之作禅文：为长广王元晔准备好了让位给广陵王元恭的文告。禅，禅让，让出地位。［33］窦瑗：字世珍，辽西阳乐（今河北卢龙县）人，北魏泰山太守。传见《魏书》卷八十八。［34］启：启奏。［35］天人之望：天道人心。［36］愿行尧、舜之事：希望您能像尧把帝位让给舜一样地把帝位让给广陵王。［37］遂署禅文：长广王元晔很顺从地就在禅让文告上签了名字。署，签名。［38］奉表三让：历代这种禅让都是要让者连让三次，受者也推辞三次而后接受。汉献帝让位给曹丕、曹奂让位给司马炎、晋恭帝让位给刘裕，以及其后萧道成的上台、萧衍的上台，无一不如此。元恭即位，不足一年为高欢所废，史称节闵帝。［39］改元普泰：以普泰为年号。普泰，北魏节闵帝元恭的年号，历时九个月。［40］邢子才：本名邢邵，字子才，小字吉少，河间鄚县（今河北任丘市）人，北魏到北齐大臣，著名文学家，北朝三才之一。孝明帝元诩继位后，授奉朝请，迁著作郎，累官中书侍郎、尚书令、黄门侍郎。后入北齐，出为骠骑将军、西兖州刺史，累迁太常卿，兼中书监，摄国子祭酒，授特进。传见《北齐书》卷三十六。为赦文：替广陵王元恭准备好了大赦尔朱氏的赦令。［41］节闵帝：即新即位的皇帝元恭，谥号节闵，史称节闵帝。［42］永安：本为北魏主元子攸在位时的年号，此以称元子攸。以年号称之，表示尊敬。手翦强臣：亲手杀了骄悍之臣尔朱荣。翦，同“剪”，剪灭，消灭。［43］非为失德：不能说是干了错事。由此看出，元恭虽然由尔朱氏扶持为帝，但对尔朱氏的行为并不满意。［44］直以天未厌乱：实在是因为老天爷还不想出现太平局面。厌乱，厌恶战乱。［45］故逢成济之祸：于是敬宗皇帝遂被强悍之臣的下属杀害了。曹魏末年，皇帝曹髦亲自率兵讨伐司马昭，司马昭的亲信贾充指挥其部下成济当场将皇帝曹髦杀害。这里将尔朱兆杀害魏敬宗比作当年贾充、成济杀害魏帝曹髦，足见元恭之胆气不凡。［46］直言：直接写道。［47］门下：即门下省，古官署名，侍中诸官的办公之处。胡三省曰：“魏晋以来，出命皆由门下省，故其发端必曰‘敕门下’。”［48］朕以寡德：古代帝王所下诏书中的自谦语，意同“凭着这渺渺之身”。寡，少。［49］运属乐推：时逢乐于推荐贤良的世道，被你们拥立为皇帝。属，正当，正逢。乐推，乐于推贤。［50］思与亿兆：想和全国臣民一道。亿兆，指全国百姓。［51］同兹大庆：共同享受这齐天洪福。兹，此。［52］肆眚（shěng）之科：有关赦免罪犯的法律。肆眚，宽赦罪过。眚，过错，罪过。［53］一依常式：一概按照通常的规矩办。常式，常法。以上数句，是皇帝对门下省所做的批示，不是直接面向全国臣民的公告。他是命令门下省的官员本着这个批示的精神给全国下一道赦令，像通常的赦令一样，而不是谴责上一任的皇帝，承认杀尔朱荣是一种错误。［54］至是乃言：到现在又重新开口说话。古语有所谓“不鸣则已，一鸣惊人”，此之谓也。［55］中外：朝廷内外。欣然：高兴、愉快的样子。［56］望至太平：都盼着从此过上太平的好日子。至，当作“致”，达到。［57］庚午：二月三十日。［58］三皇、五帝：传说时代的圣王。三皇、五帝，均有多种说法。唐司马贞作《三皇本纪》以伏羲氏、女娲氏、神农氏为三皇。西汉司马迁著《史记》，以黄帝、颛顼、帝喾、尧、舜为五帝。皇，大也，广阔如天。帝，王

天下之号。［59］三代称“王”：三代时期的帝王都称为“王”。三代指夏、商、周三朝。［60］递为冲挹（yì）：越往后越谦虚自抑。胡三省曰：“谓皇降称帝，帝降称王，盖递为谦下也。”冲，弱小。挹，压缩，贬损。［61］自秦以来，竞称“皇帝”：合三皇、五帝之称为“皇帝”。秦始皇统一六国，自认为功过五帝，地广三王，改称尊号为皇帝，从此历代依仿。竞，争相。［62］亦已褒矣：这都已经感到有点过分了。褒，褒扬。元恭改称“皇帝”为“帝”，去掉“皇”字，以示谦虚。［63］九锡：是皇帝赐予有特大功勋之臣的九种器物，不一一列举。权臣享此殊荣，离弑君篡位也就不远了。锡，同“赐”。［64］配飨（xiǎng）：古代在祭祀某个皇帝的时候，有时也把某个大臣的灵牌摆在旁边陪同这位皇帝享受祭祀。这是古代对某些有特殊功勋大臣的一种特别尊宠。飨，同“享”，享用。［65］司直：古官名，北魏时为廷尉属官，主管监察弹劾，复核廷尉、御史、诸官吏所监察、弹劾、审判的案件。胡三省引杜佑《通典》曰：“后魏永安三年，高道穆奏廷尉置司直十人，位在正、监上，不署曹事，唯覆理御史检劾事。”刘季明：时为北魏司直。［66］配世宗：配飨于宣武帝元恪。世宗，即元恪，庙号世宗，史称。［67］配孝明：配飨于肃宗元诩。孝明，即元诩，谥号明，故称孝明帝。［68］亲害其母：元诩的生母胡太后是被尔朱荣投入黄河淹死的。［69］庄帝：即元子攸，谥号庄。［70］为臣不终：元子攸本来是尔朱荣等拥立起来的，但后来对其无礼，没能善始善终。［71］议首：议事之官的领头人。［72］翦（jiǎn）戮（lù）唯命：该杀该免，听任裁处。翦戮，剪除，斩杀。翦，同“剪”。［73］配高祖庙廷：配飨在孝文帝的庙里。［74］首阳山：相传为商末周初伯夷、叔齐饿死的地方，在今山西永济市南，一说在今河南洛阳市北的邙山，因日出先照而得名。还有其他说法，不一一具列。［75］周公：即姬旦，姬姓，名旦，周文王姬昌第四子，武王姬发之弟，西周开国贤相，是古代名臣的代表，被儒家称为圣人。因其采邑在周，爵为上公，故称周公。［76］寻为火所焚：胡三省曰：“因周公旧庙而祀尔朱荣，周公岂以夺余飨为嫌哉？天人之心固不许也。”寻，不久，很快地。［77］不预：没有能参加。预，同“与”，参与。［78］往谕：登门打招呼，说明原因。

初，敬宗使安东将军史仵龙、平北将军阳文义各领兵三千守太行岭[1]，侍中源子恭镇河内[2]；及尔朱兆南向，仵龙、文义帅众先降，由是子恭之军望风亦溃，兆遂乘胜直入洛阳。至是，尔朱世隆论仵龙、文义之功，各封千户侯，魏主曰：“仵龙、文义，于王有功，于国无勋。”竟不许。尔朱仲远镇滑台[3]，表用其下都督为西兖州[4]刺史，先用后表[5]，诏答曰：“已能近补，何劳远闻[6]！”尔朱天光之灭万俟丑奴也，始获波斯所献师子，送洛阳，及节闵帝即位，诏曰：“禽兽囚之，则违其性。”命送归本国。使者以波斯道远不可达，于路杀之而返，有司劾[7]违旨，帝曰：“岂可以兽而罪人[8]！”遂赦之。

魏镇远将军清河崔祖螭[9]等聚青州七郡之众围东阳[10]，旬日之间，众十余万。刺史东莱王贵平[11]帅城民固守，使太傅咨议参军崔光伯出城慰劳[12]，其兄光韶[13]曰："城民陵纵[14]日久，众怒甚盛，非慰谕[15]所能解，家弟往，必不全[16]。"贵平强之，既出外，人射杀之。

幽、安、营、并[17]四州行台刘灵助[18]，自谓方术可以动人[19]，又推算知尔朱氏将衰，乃起兵自称燕王、开府仪同三司、大行台，声言为敬宗复仇，且妄述图谶[20]，云："刘氏当王。"由是幽、瀛、沧、冀[21]之民多从之，从之者夜举火为号，不举火者诸村共屠之。引兵南至博陵之安国城[22]。

尔朱兆遣监军孙白鹞[23]至冀州，托言[24]调发民马，欲俟高乾兄弟送马而收[25]之。乾等知之，与前河内太守封隆之[26]等合谋，潜部勒壮士[27]，袭据信都，杀白鹞，执刺史元嶷[28]。乾等欲推其父翼行州事[29]，翼曰："和集[30]乡里，我不如封皮[31]。"乃奉隆之行州事，为敬宗举哀，将士皆缟素[32]，升坛誓众，移檄州郡[33]，共讨尔朱氏，仍受刘灵助节度。隆之，磨奴[34]之族孙也。

殷州刺史尔朱羽生[35]将五千人袭信都，高敖曹不暇擐甲[36]，将十余骑驰击之，乾在城中绳下[37]五百人，追救未及，敖曹已交兵，羽生败走。敖曹马矟绝世[38]，左右无不一当百，时人比之项籍[39]。

高欢屯壶关大王山[40]，六旬，乃引兵东出，声言讨信都。信都人皆惧，高乾曰："吾闻高晋州[41]雄略盖世，其志不居人下。且尔朱无道，弑[42]君虐民，正是英雄立功之会[43]，今日之来，必有深谋，吾当轻马[44]迎之，密参意旨[45]，诸君勿惧也。"乃将十余骑与封隆之子子绘[46]潜谒欢于滏口[47]，说欢曰："尔朱酷逆[48]，痛结人神[49]，凡曰有知，孰不思奋[50]！明公威德素著，天下倾心，若兵以义立[51]，则屈强[52]之徒不足为明公敌矣。鄗州[53]虽小，户口不下十万，谷秸之税[54]，足济军资，愿公熟思其计[55]。"乾辞气慷慨[56]，欢大悦，与之同帐寝[57]。

（以上为第二段，写北魏广陵王元恭为帝，初步显示其智慧和才干，但最终败于不善韬光养晦；高欢驻军两个月后，率军东进，高乾洞晓高欢志向，轻马相迎，相见甚欢，劝高欢讨伐尔朱氏。）

【注释】

［1］太行岭：即太行山，位于山西省与华北平原之间。［2］河内：北魏郡名，郡治野王，在今河南沁阳市，地处黄河以北。［3］镇滑台：驻守滑台。滑台，是当时的重要军镇名，也称白马，在今之河南滑县东南，当时的黄河在今滑县与当时的滑台中间向东流过。此时尔朱仲远任徐州刺史、东道大行台。［4］西兖（yǎn）州：北魏州名，州治济阴，在今山东菏泽市定陶区西。［5］先用后表：先使其就任，而后再向朝廷奏明。［6］已能近补，何劳远闻：表示拒绝的一种说辞，意即不要麻烦你了。［7］劾（hé）：弹劾，揭发别人的罪状。［8］岂可以兽而罪人：胡三省曰："史言节闵帝贤明而不终者，制于强臣也。"［9］崔祖螭（chī）：清河东武城（今山东武城县西北）人，小字社客，任镇远将军兼统军。普泰元年（531），与国子博士张僧皓起兵反魏，聚青州七郡之众十余万人，围东阳百余天，射杀太傅咨议参军崔光伯，后被征东将军李浑擒杀。传见《魏书》卷二十四。［10］青州七郡：青州是北魏州名，所辖七郡，胡三省以为是齐郡、北海、乐安、勃海、高阳、河间、乐陵。东阳：古城名，当时青州的州治所在地，在今山东青州市，以其在广固城之东，阳水之北，故名。［11］东莱王贵平：即元贵平，字珍，景穆帝拓跋晃之孙，安定王拓跋休之子，封东莱郡王，进任青州刺史，平定崔祖螭叛乱，入为左卫将军、宗师。被害。传见《魏书》卷十九下。［12］太傅咨议参军崔光伯：时元贵平被加授太傅官，崔光伯为其僚属任参军。慰劳：出城安抚、劝解乱民。［13］光韶：即崔光韶，尚书仆射崔亮从父弟崔光伯之兄，北魏大臣。传见《魏书》卷六十六。［14］陵纵：指肆意纵暴、欺压。此言东阳城里的百姓依仗自己占有州治所在地的优势，肆意欺压属郡的人。口里说是"城民"，实际是指以元贵平为首的地方权贵集团。胡三省曰："盖言东阳之民，挟州家之势，陵暴属郡，恣纵之日久矣。"陵，同"凌"。［15］慰谕：安抚，晓谕。［16］家弟往，必不全：家弟前往，决不会生还。果然，崔光伯出城安抚，被乱民射杀。［17］幽、安、营、并：北魏四州名。幽州的州治在今北京市；安州的州治燕乐，在今河北隆化县；营州的州治龙城，在今辽宁朝阳市；并州的州治晋阳，在今山西太原市。并州与幽、安、营三州相隔较远，似不应如此封任。《魏书·术艺传》作"幽、平、营、安"，比较合理。平州，州治肥如，在今河北迁安市东北。［18］刘灵助：燕郡人，好阴阳占卜，为尔朱荣的谋士，是一个精通术数，具有神秘色彩的人物。因卜筮屡中，先受宠于尔朱荣，为功曹参军，后除抚军将军、幽州刺史。随讨葛荣、邢杲、元颢有功，被任为幽、平、营、安四州行台。后自号燕王，举兵反，以方术诱民从之，被骠骑大将军叱列延庆等斩杀。谥号恭。传见《魏书》卷九十一。［19］方术：古代指天文、气象、医药、占卜等各方面的学问，其中也有一些自然科学成分，主流是荒唐迷信的东西。可以动人：可以蛊惑人、煽动人起来造反。［20］图谶（chèn）：即"谶书"，古代一些别有用心者为达到某种目的所编造的一种用以煽动百姓的隐语或预言，或事后牵强附会地曲解古书，用作吉凶的符验或征兆。这种手段也常为某些政治人物所采用。［21］幽、瀛、沧、冀：北

魏四州名，瀛州的州治在今河北河间市；沧州的州治在今河北沧州市东南；冀州的州治信都，在今河北衡水市冀州区。胡三省曰：“魏熙平二年（517）分瀛、冀二州置沧州，治饶安城，领浮阳、乐陵、安德三郡。”［22］博陵之安国城：博陵郡的安国县城。博陵，北魏郡名，郡治在今河北安平县，安国城在今河北安国市东南。［23］监军：古官名，代表朝廷协理军务，督察将帅。孙白鹞（yào）：时为尔朱兆的监军。［24］托言：假称。［25］俟（sì）：等候，等待。高乾兄弟：高乾与其弟高慎、高昂。高乾，字乾邕，渤海蓨县（今河北景县）人，东冀州刺史高翼长子，司徒高敖曹之兄，北魏大臣。曾一度追随葛荣叛乱，后投降朝廷，与敬宗元子攸相知，出任河北道安抚大使。后随高欢信都起兵反抗尔朱氏，平定殷州。后被赐死。谥号文昭。传见《魏书》卷五十七。收：拘捕。［26］封隆之：字祖裔，渤海蓨县（今河北景县）人，封回之子，北魏、东魏大臣。曾为北魏河内太守，入东魏任冀州刺史。传见《北齐书》卷二十一。［27］潜部勒壮士：暗中组织精干士兵。部勒，部署，约束。［28］元嶷：时为北魏冀州刺史，被高乾偷袭抓获。传见《魏书》卷十五。［29］翼：即高翼，字次同，高乾之父，北魏官员。传见《北齐书》卷二十一。行州事：临时出任冀州刺史。行，代理。［30］和集：同“和辑”，团聚，安抚。［31］封皮：即封隆之，小字皮。传见《北齐书》卷二十一。［32］缟（gǎo）素：缟与素都是白色的生绢，引申为白色，指丧服。［33］移檄（xí）州郡：向各州各郡发出文告。移、檄，都是文体名，是一种公开的文告，以表达某种思想观点，号召人们响应，共同采取行动。移，也可视为动词，即发给、传布到。移檄，发布檄文。［34］磨奴：即封磨奴，字君明，封隆之同族的祖辈，北魏官员。曾受刑为宦官。后出任冠军将军、怀州刺史。传见《魏书》卷三十二。［35］殷州：北魏州名，州治在今河北隆尧县东。尔朱羽生：太原王尔朱荣从叔，北魏大臣。任肆州刺史，镇守尔朱氏族大本营。后改任殷州都督，镇压高昂和刘灵助起义。时为殷州刺史，遭到李元忠和高乾攻击，兵败被杀。传见《魏书》卷七十五。［36］高敖曹（501—538）：名昂，字敖曹，东冀州刺史高翼第三子，司空高乾之弟，北魏、东魏名将。投奔大将军高欢，征战四方，官至司徒、骠骑大将军，封武城县侯。后遇害，传见《北齐书》卷二十一。擐（huàn）甲：披挂铠甲。擐，穿，披。［37］绳下：用绳子送下去。［38］马矟（shuò）：在马上使用的长矛。矟，长矛。绝世：盖世无双，无人能比。［39］项籍：即秦末西楚霸王项羽。［40］壶关：古关塞名，也是古城名，在今山西长治市北，当时为上党郡的郡治所在地。大王山：也称凤凰山，当时在屯留县境内，在今长治市西北方，离长治不远。［41］高晋州：敬指高欢，时高欢任晋州刺史。［42］弑（shì）：杀，特指子杀父、臣杀君的悖逆行为。［43］立功之会：建立功勋的时机。会，时机。［44］轻马：意即轻装简行，快马加鞭地去迎接。［45］密参意旨：暗中弄清楚他的真正意图。参，参详，探测。［46］子绘：即封子绘，字仲藻，太子太保封隆之之子，北齐开国功臣。传见《北齐书》卷二十一。［47］谒：拜谒，拜会。滏（fǔ）口：即滏口陉，太行山的山道名，在今河北武安市南。［48］酷逆：残酷，悖逆。［49］痛结人神：人神共愤，非常痛恨。结，共，相互。［50］孰不思奋：哪个不想起而讨之。奋，奋起。［51］兵以义立：军队之所以无敌，是因为它符合正义。［52］屈强：即“倔强”，横行，蛮干。屈，同“倔”。［53］鄙州：边地之州，谦辞。［54］谷秸（jiē）之税：能征收起来的粮草。秸，禾秆，为喂马饲料。［55］熟思其计：认真思考为天下立功的方略。［56］慷慨：大义凛然的样子。［57］同帐寝：表示对高乾高度信任，亲密无间，笼络人的一种手段。

初，河南太守赵郡李显甫[1]，喜豪侠，集诸李数千家于殷州[2]西山方五六十里居之。显甫卒，子元忠[3]继之。家素富，多出贷[4]求利，元忠悉焚券免责[5]，乡人甚敬之。时盗贼蜂起，清河有五百人西戍[6]，还，经赵郡[7]，以路梗[8]，共投元忠；元忠遣奴为导，曰：“若逢贼，但道李元忠遣。”如言[9]，贼皆舍避[10]。及葛荣起[11]，元忠帅宗党作垒以自保，坐大槲树[12]下，前后斩违命者凡三百人，贼至，元忠辄[13]击却之。葛荣曰：“我自中山[14]至此，连为赵李[15]所破，何以能成大事！”乃悉众攻围，执元忠以随军。贼平[16]，就拜南赵郡太守[17]，好酒，无政绩。

及尔朱兆弑敬宗[18]，元忠弃官归，谋举兵讨之。会高欢东出，元忠乘露车[19]，载素筝浊酒[20]以奉迎，欢闻其酒客，未即见之。元忠下车独坐，酌酒擘脯[21]食之，谓门者曰：“本言公招延[22]俊杰，今闻国士[23]到门，不吐哺辍洗[24]，其人可知[25]，还吾刺[26]，勿通[27]也！”门者以告，欢遽见[28]之，引入，觞再行[29]，元忠车上取筝鼓[30]之，长歌慷慨[31]，歌阕[32]，谓欢曰：“天下形势可见，明公犹事尔朱邪？”欢曰：“富贵皆因彼所致[33]，安敢不尽节[34]！”元忠曰：“非英雄也！高乾邕兄弟[35]来未？”时乾已见欢，欢绐[36]之曰：“从叔辈粗[37]，何肯来！”元忠曰：“虽粗，并解事[38]。”欢曰：“赵郡醉矣[39]。”使人扶出。元忠不肯起，孙腾[40]进曰：“此君天遣来[41]，不可违也。”欢乃复留与语，元忠慷慨[42]流涕，欢亦悲不自胜[43]。元忠因进策曰：“殷州小，无粮仗，不足以济大事。若向冀州，高乾邕兄弟必为明公主人[44]，殷州便以赐委[45]。冀、殷既合，沧、瀛、幽、定自然弭服[46]，唯刘诞黠胡或当乖拒[47]，然非明公之敌。”欢急握元忠手而谢焉。

欢至山东[48]，约勒[49]士卒，丝毫之物不听[50]侵犯，每过麦地，欢辄步牵马，远近闻之，皆称高仪同将兵整肃[51]，益归心焉[52]。

欢求粮于相州刺史刘诞，诞不与；有车营租米[53]，欢掠取[54]之。进至信都，封隆之、高乾等开门纳之。高敖曹时在外略地[55]，闻之，以乾为妇人，遗以布裙[56]；欢使世子澄[57]以子孙礼见之[58]，敖曹乃与俱来。

（以上为第三段，写北魏赵郡李元忠向高欢献策，建议以信都为大本营；驻镇信都的高乾兄弟亦投靠高欢，开门迎接；高欢纪律严明，秋毫无犯，深得民心。）

【注释】

[1]李显甫：巨鹿公李灵之孙，定州刺史李恢之子，北魏大臣，时为河南太守。传见《魏书》卷四十九。 [2]殷州：北魏州名，州治广阿，在今河北隆尧县东。 [3]元忠：即李元忠，安州刺史李显甫之子，北魏到东魏大臣。传见《北齐书》卷二十二。 [4]出贷：放债。 [5]焚券免责：焚毁借据，免除债务。券，契约，借据。责，通“债”。 [6]清河：北魏郡名，郡治在今河北清河县东南。西戍：到西部的某地驻防。 [7]赵郡：古郡名，郡治平棘，在今河北赵县。 [8]路梗（gěng）：道路被盗贼拦阻，阻塞，不通。 [9]如言：于是他们就按着李元忠所说的去做。如，按照。 [10]舍避：退避，让开道路，让他们通过。舍，放行。此前后所叙，皆数年以前之事。[11]葛荣起：起义军将领葛荣获鲜于修礼之众，成为领袖，在南梁武帝普通七年（526）；攻下冀州在大通元年（527）；击杀杜洛周，并杜洛周之众在大通二年（528）；同年，统兵百万攻邺城，被尔朱荣所败，被擒杀。 [12]大槲（hú）树：树名，也称柞栎、橡树。 [13]辄（zhé）：总是，随即。 [14]中山：古封国名，也是郡名，郡治在今河北定州市。 [15]赵李：赵郡的李氏家族。 [16]贼平：指尔朱荣破杀葛荣，河北地区长达数年的叛乱风潮被平定。 [17]就拜南赵郡太守：到李元忠家任命李元忠为南赵郡太守。南赵郡，北魏郡名，郡治在今河北隆尧县，亦即当时的所谓段州。 [18]尔朱兆弑敬宗：事在上年（530）十二月。 [19]露车：没有帷盖的车，平常用以载物。 [20]素筝浊酒：以言其真诚朴实，不讲任何虚套。素筝，未加装饰的筝。 [21]酌（zhuó）酒：自斟自饮。擘（bò）脯：手撕干肉而食。脯，干肉。 [22]本言：原以为。招延：招引，招纳。延，引，吸纳。 [23]国士：一国之中的杰出之士。 [24]不吐哺辍（chuò）洗：不赶紧像周公、像刘邦那样出来迎接。相传周公曾一沐三握发、一饭三吐哺地接待来访之士。吐哺，吐出正咀嚼的食物。又，刘邦在打天下时，狂士郦食其前去见之，当时刘邦正在洗脚，很不礼貌。食其数落刘邦，迅即醒悟，立即停止洗脚，向郦食其道歉，延请上座。辍，停止。 [25]其人可知：这个人可想而知，没有什么了不起。 [26]刺：犹今之名片，请人通报时，起自我介绍之用。[27]勿通：不要再去通报了，意即放弃了。 [28]遽（jù）见：急忙召见。 [29]觞（shāng）再行：饮过第二遍酒。觞，进酒，劝饮。行，义同“巡”，斟酒一周为一巡。 [30]鼓：弹奏。 [31]慷慨：情绪激昂。 [32]歌阕（què）：歌曲唱罢之后。阕，终了。 [33]富贵皆因彼所致：高欢最

初曾投在尔朱荣门下，高欢的晋州刺史是尔朱氏所任命。［34］尽节：尽做臣仆的良心与责任。［35］高乾邕：即高乾，字乾邕。［36］绐（dài）：骗，假说。［37］从叔辈粗：我的那些叔叔们，生性粗犷。从叔辈，指高乾兄弟。高欢与高乾兄弟同是渤海人，高乾等比高欢大一辈，故高欢称之为从叔。［38］并解事：都很明白国家大事。［39］赵郡醉矣：此高欢故意打岔，以掩盖其反尔朱氏的形迹。赵郡，以官衔敬称李元忠。［40］孙腾：字龙雀，咸阳石安（今陕西咸阳市渭城区）人，北魏到东魏大臣。传见《北齐书》卷十八。［41］天遣来：是上天派来的。［42］慷慨：悲慨，激动。［43］悲不自胜：非常悲伤，自己无法承受起这种痛苦。［44］必为明公主人：一定会好好地接待你这位贵客，以尽其地主之谊，意即会带着冀州归附于你。［45］殷州便以赐委：至于殷州，你就交给我就行了。［46］弭（mǐ）服：顺服。弭，低，顺。［47］刘诞：北魏时人，此时为相州刺史，胡人。相州的州治邺城，在今河北临漳县西南。黠（xiá）胡：狡猾的胡人。或当乖（guāi）拒：有可能对你违抗。乖，违背。［48］欢至山东：高欢到太行山以东之后。此处的“山东”，即指河北地区。［49］约勒：统领，约束。［50］不听：不准，不允许。［51］高仪同：敬称高欢，高欢当时的荣誉职衔是开府仪同三司。整肃：整齐，严肃。［52］益归心焉：越发地拥护高欢。胡三省曰：“史言高欢能收众心，以倾尔朱。”［53］有车营租米：正好有一个运送税粮的车队。营，经营，运送。租米，向百姓征来的粮食。［54］掠取：掠夺而归为己有。［55］略地：开拓地盘。略，开拓，与“攻”“取”的涵义不同。［56］道以布裙：意思是嫌其兄懦弱，不赞成如此轻而易举地让高欢得势。［57］世子澄：即高澄，字子惠，传见《北齐书》卷三。以子孙礼见之：以晚辈子孙的礼节拜见高敖曹。［58］乃与俱来：一起到冀州来会见高欢。

癸酉[1]，魏封长广王晔为东海王[2]，以青州刺史鲁郡王肃[3]为太师，淮阳王欣[4]为太傅，尔朱世隆为太保，长孙稚为太尉，赵郡王谌[5]为司空，徐州刺史尔朱仲远、雍州刺史尔朱天光并为大将军，并州刺史尔朱兆为天柱大将军；赐高欢爵勃海王，征使入朝[6]。长孙稚固辞太尉[7]，乃以为骠骑大将军、开府仪同三司。尔朱兆辞天柱，曰：“此叔父所终之官，我何敢受！”固辞，不拜，寻加都督十州诸军事，世袭并州刺史。高欢辞不就征[8]。尔朱仲远徙镇大梁[9]，复加兖州刺史[10]。

尔朱世隆之初为仆射也，畏尔朱荣之威严，深自刻厉[11]，留心几案[12]，应接[13]宾客，有开敏[14]之名。及荣死，无所顾惮[15]，为尚书令，家居视事[16]，坐符台省[17]，事无大小，不先白世隆，有司不敢行。使尚书郎宋游道、邢昕[18]在其听事东西别坐[19]，受纳辞讼[20]，称命施行[21]；公为贪淫[22]，生杀自恣[23]；又欲收军士之意[24]，泛加阶级[25]，皆为将军，无复员限[26]，自是勋赏之官大致猥滥[27]，人不复贵[28]。是时，天光专制关右[29]，兆奄有并、汾[30]，仲远擅命徐、兖[31]，世隆居中用事[32]，竞为贪暴[33]。而仲远尤甚，所部[34]富室大族，多诬以谋反，籍没其妇女财物入私家[35]，投其男子于河，如是者不可胜数。自荥阳[36]已东，租税悉入其军，不送洛阳[37]。东南州郡自牧守以下至士民，畏仲远如豺狼。由是四方之人皆恶尔朱氏[38]，而惮[39]其强，莫敢违也。

（以上为第四段，写北魏广陵王元恭即位后，尔朱氏当权，从中央到地方，尔朱世隆、尔朱天光、尔朱兆、尔朱仲远等各霸一方，贿赂公行，朝局乌烟瘴气，不得人心。）

【注释】

[1]癸酉：三月三日。[2]东海王：封地东海郡，郡治在今江苏邳州市东南。[3]鲁郡王肃：即元肃，字敬忠，景穆帝拓跋晃曾孙，扶风王元怡长子。拥立孝庄帝元子攸即位，封鲁郡王。传见《魏书》卷十九下。鲁郡王，封地鲁郡，郡治原在今山东曲阜市。[4]淮阳王欣：即元欣，字庆乐，献文帝拓跋弘之孙，广陵王元羽之子，传见《魏书》卷二十一上。淮阳王，封地淮阳郡，郡治淮阳，在今河南周口市淮阳区。[5]赵郡王谌（chén）：即元谌，字兴伯，献文帝拓跋弘之孙，赵郡王元干长子，袭封赵郡王。传见《魏书》卷二十一上。[6]征使入朝：只以勃海王的爵位，而没有任何具体职务地召高欢进京，以见北魏主元恭与尔朱氏诸人都对高欢不信任。[7]固辞太尉：胡三省曰："世衰难佐，故辞。"盖太尉职为统管全国军事，当时乱哄哄的一片，无法收拾，故辞而不任。[8]辞不就征：推辞升赏，不到朝廷来。[9]徙镇大梁：将其徐州都督的军府迁到大梁，在今河南开封市。[10]复加兖州刺史：胡三省曰："大梁，兖州统内，故加兖州。"[11]深自刻厉：严格地要求自己。[12]留心几案：很注意做好本官职内的工作。胡三省曰："谓留心于尚书省文书也。"几案，放文书的小桌，这里指尚书省的各种文书案卷。[13]应接：接待。[14]开敏：思想开明，办事敏捷。[15]顾惮（dàn）：顾忌。惮，害怕，畏惧。[16]家居视事：坐在家里处理公务。视事，处理公务。[17]坐符台省：坐在家中给朝廷的各部门发号施令。台省，泛指朝廷的各部门。符，向下属发出命令或通知。[18]宋游道、弄昕（xīn）：时任尔朱世隆的尚书郎，分坐尚书省办事大厅的东西两旁，处理公案。后两人追随高欢为东魏大臣。[19]听事：古厅堂名，长官办公、理事的正厅。东西别坐：在东西两头各坐着一个。[20]受纳辞讼：接受各方面的请示报告。[21]称命施行：这两个人听过之后就以尔朱世隆的口气决断实行。胡三省曰："称命者，称世隆之命也。"[22]公为：公然，明目张胆。贪淫：贪得无厌。[23]自恣：随意，随心所欲。[24]收军士之意：按照下层士官的意愿。收，收取，按照。[25]泛加阶级：普遍地、广泛地提高级别。[26]无复员限：没有什么名额限制。[27]勋赏：对有功勋

的人予以赏赐。大致猥（wěi）滥：一下子变得杂乱不堪。致，使，造成。猥，杂。［28］人不复贵：没有人再看重它们。［29］专制关右：独揽关西的一切军政大权。关右，即关西，函谷关以西。［30］奄（yǎn）有并、汾（fén）：广泛地占有并、汾二州。奄，覆盖，占有。汾州，北魏州名，州治在今山西隰县。［31］擅命徐、兖（yǎn）：在徐、兖二州独断专行，一个人说了算。兖州，古州名，北魏的州治瑕丘，在今山东济宁市兖州区西北。［32］居中用事：在朝廷控制政权。［33］竞为贪暴：一个比一个地贪婪、横暴。［34］所部：所管辖的区域。［35］籍没：全部没收。入私家：归入尔朱仲远一人之家。［36］荥（xíng）阳：古郡名，郡治在今河南荥阳市东北的古荥镇。［37］不送洛阳：不向朝廷上交任何东西。［38］恶（wù）尔朱氏：厌恶、讨厌尔朱氏家族。［39］惮（dàn）：害怕，畏惧。

己丑[1]，魏以泾州刺史贺拔岳为岐州[2]刺史，渭州刺史侯莫陈悦为秦州[3]刺史，并加仪同三司。

魏使大都督侯渊[4]、骠骑大将军代人叱列延庆[5]讨刘灵助，至固城[6]，渊畏其众，欲引兵西入[7]，据关拒险以待其变，延庆曰："灵助庸人，假[8]妖术以惑众，大兵一临，彼皆恃其符厌[9]，岂肯戮力致死[10]，与吾兵争胜负哉！不如出营城外[11]，诈言西归，灵助闻之必自宽纵[12]，然后潜军击之，往则成擒[13]矣。"渊从之。出顿城西，声云欲还，丙申[14]，简[15]精骑一千夜发，直抵灵助垒[16]，灵助战败，斩之，传首洛阳。初，灵助起兵，自占胜负，曰："三月之末，我必入定州[17]，尔朱氏不久当灭。"及灵助首函[18]入定州，果以是月之末[19]。

夏，四月，乙巳[20]，昭明太子统[21]卒。太子自加元服[22]，上即使省录[23]朝政，百司进事[24]，填委[25]于前，太子辩析诈谬[26]，秋毫必睹[27]，但令[28]改正，不加按劾[29]，平断法狱[30]，多所全宥[31]，宽和容众，喜愠不形于色。好读书属文[32]，引接[33]才俊，赏爱[34]无倦；出宫[35]二十余年，不畜声乐[36]。每霖雨[37]积雪，遣左右周行闾巷[38]，视贫者赈[39]之。天性孝谨[40]，在东宫，虽燕居[41]，坐起恒西向[42]，或宿被召当入[43]，危坐达旦[44]。及寝疾[45]，恐贻帝忧[46]。敕参问[47]，辄自力手书[48]。及卒，朝野惋愕[49]，建康[50]男女，奔走宫门，号泣道路。

癸丑[51]，魏以高欢为大都督、东道大行台、冀州刺史；又以安定王尔朱智虎为肆州[52]刺史。

魏尔朱天光出夏州[53]，遣将讨宿勤明达[54]，癸亥[55]，擒明达[56]，送洛阳，斩之。

丙寅[57]，魏以侍中、骠骑大将军尔朱彦伯为司徒。

魏诏有司不得复称伪梁[58]。

五月，丙子[59]，魏荆州城民斩赵修延[60]，复推李琰之行州事[61]。

魏尔朱仲远使都督魏僧勖[62]等讨崔祖螭于东阳，斩之。

初[63]，昭明太子葬其母丁贵嫔[64]，遣人求墓地之吉者[65]。或赂宦者俞三副求卖地[66]，云若得钱三百万，以百万与之。三副密启上[67]，言："太子所得地[68]，不如今地于上为吉[69]。"上年老多忌，即命市之[70]。葬毕[71]，有道士云："此地不利长子[72]，若厌之[73]，或可申延[74]。"乃为蜡鹅及诸物埋于墓侧长子位[75]。宫监鲍邈之、魏雅[76]初皆有宠于太子，邈之晚见疏于雅[77]，乃密启上云："雅为太子厌祷[78]。"上遣检掘[79]，果得鹅物，大惊，将穷其事[80]，徐勉固谏而止[81]，但诛道士。由是太子终身惭愤，不能自明。及卒，上征其长子南徐州刺史华容公欢[82]至建康，欲立以为嗣[83]，衔其前事[84]，犹豫久之，卒不立，庚寅[85]，遣还镇[86]。

臣光曰：君子之于正道，不可少顷离[87]也，不可跬步失[88]也。以昭明太子之仁孝，武帝之慈爱，一染嫌疑之迹[89]，身以忧死，罪及后昆[90]，求吉得凶，不可湔涤[91]，可不戒哉！是以诡诞之士[92]，奇邪之术[93]，君子远之。

（以上为第五段，写南朝太子萧统去世，令人唏嘘，司马光感慨，萧统一旦沾上嫌疑，终身难以自明，忧郁而死，甚至影响子孙，亲君子，远小人，可不慎哉！）

【注释】

[1]己丑：三月十九日。 [2]泾（jīng）州：北魏州名，州治在今甘肃泾川县北。岐（qí）州：北魏州名，州治在今陕西宝鸡市凤翔区南。 [3]渭州：北魏州名，永安三年（530）置，因渭水得名，州治襄武，在今甘肃陇西东南。秦州：北魏州名，州治上邽，在今甘肃天水市。 [4]侯渊：北魏将领。传见《魏书》卷八十。 [5]叱列延庆：代人，鲜卑族，北魏将领。传见《魏书》卷八十。 [6]固城：当时刘灵助占据安国城，在今河北安国市西南。胡三省曰："当在中山城东

北，安国城西南。”［7］西入：西进入山。［8］假：借助。［9］恃其符厌：靠着符咒以保命胜敌。厌，同“压”，靠鬼神的作用压倒邪魔。［10］戮力致死：努力杀敌，不怕牺牲。［11］出营城外：扎营在安国城的城外。［12］宽纵：放松，放纵。［13］往则成擒：去了就能不费劲地把他捉来。成擒，现成的俘虏。［14］丙申：三月二十六日。［15］简：挑选，选拔。［16］灵助垒：刘灵助的大营。垒，营垒。［17］定州：北魏州名，州治卢奴，在今河北定州市。［18］函：匣。［19］果以是月之末：刘灵助原说尔朱氏三月当灭，结果是他自己被尔朱氏灭了，只是人头进了定州，这是一个极大的嘲笑和讽刺。［20］乙巳：四月六日。［21］昭明太子统：即梁武帝萧衍长子萧统。传见《梁书》卷八。［22］太子：即指萧统。自加元服：自从行加冠礼，进入成年以来。元服，即帽子。元，头。萧统加元服在梁武帝天监十四年（515）。［23］省录：观察、总领。［24］进事：禀告与请求批示。［25］填委：堆积。委，聚积。［26］辩析诈谬：分辨群臣上报材料中弄虚作假的东西。辩，通“辨”，区分。［27］秋毫必睹：即明辨秋毫，一丝一毫都看得非常清楚。睹，看，了解透晰。［28］但令：只是要求。［29］不加案劾（hé）：不追究、追查他们的责任。案劾，追查、弹劾。［30］平断法狱：甄别、平反刑事案件。平断，公平、公正地判决。［31］全宥（yòu）：保全，赦免。宥，宽恕，原谅。［32］属（zhǔ）文：写文章。属，缀辑，撰写。［33］引接：迎接，接待。［34］赏爱：欣赏，爱惜。［35］出宫：指离开父母居住的宫廷，独立地到东宫（太子宫）居住。［36］不畜声乐：不养歌儿舞女。畜，同“蓄”，蓄养。声乐，美声美色之人与歌舞乐队。［37］霖（lín）雨：连续下雨，久雨。［38］周行：巡行，查看。闾（lú）巷：街头巷尾。［39］赈（zhèn）：赈济，救济。［40］孝谨：孝顺，小心翼翼，生怕行差踏错。［41］燕居：平常安闲无事的时候。燕，同“晏”，安闲。［42］坐起恒西向：起身、入座，都面朝西，面对父母所在的皇宫，以见其对父母的依恋、思念之情。恒，常。［43］宿被召当入：当头天晚上得通知让第二天一早进宫见皇帝。宿，头天晚上。胡三省曰：“隔夜为宿。”［44］危坐达旦：早早地起床穿好衣服，正襟端坐，静等天亮。危坐，端坐。［45］寝疾：卧病在床。［46］恐贻（yí）帝忧：怕引起父亲为自己健康的担心忧虑。贻，带来，造成。［47］敕（chì）参问：当皇帝有话询问病情的时候。敕，皇帝的传话、命令。［48］辄（zhé）：总是。自力手书：强打精神，自己亲笔写信报告病情，以做出一种不甚严重的样子。［49］惋（wǎn）愕（è）：惋惜，惊讶。［50］建康：南梁都城，在今江苏南京市。［51］癸丑：四月十四日。［52］尔朱智虎：颍川王尔朱兆之弟，北魏大臣。元恭称帝，拜骠骑大将军、开府仪同三司、肆州刺史、安定王。参与韩陵之战，兵败逃走，被高欢擒获，后来赦免了他。传见《魏书》卷七十五。肆州：北魏州名，州治在今山西忻州市西北，原平市南。［53］夏州：北魏州名，州治统万，在今陕西靖边县北。［54］宿勤明达：羌族，北魏末年关陇起义将领。受到大都督贺拔岳讨伐，兵败逃奔东夏州（州治在今陕西延安市东北），被擒，押送洛阳处斩。［55］癸亥：四月二十四日。［56］擒明达：胡三省曰：“尔朱天光既擒万俟丑奴，又擒宿勤明达，河、陇平矣，不知乃为宇文泰之资也。”［57］丙寅：四月二十七日。［58］不得复称伪梁：不要再称南梁为“伪梁”。胡三省曰：“魏不竞于梁故也。”［59］丙子：五月七日。［60］荆州：北魏州名，州治在今河南鲁山县。赵修延：北魏官员。原为南阳太守，敬宗元子攸被杀后，赵修延诬其荆州刺史李琰之意图谋反，而发兵袭州城，执琰之，自行州事。事见《资治通鉴》上卷。［61］李琰（yǎn）之：字景珍，小字默蠡，陇西狄道（今甘肃临洮县）人，员外散骑侍郎李景超之子，司空李韶族弟，北魏文学之臣。出任卫将军、荆州刺史。传见《魏书》卷八十二。行州事：代理荆州刺史。［62］魏僧勖（xù）：北魏元恭时为都督。［63］初：当初，指南梁武帝普通七年（526）。［64］丁贵嫔：即丁令光，梁武帝萧衍的妃子，昭明太子萧统、简文帝萧纲生母。萧纲即位后，追赠皇后，史称“武穆皇后”。传见《梁书》卷七。贵嫔，古代皇帝后宫妃嫔的最高位号之一。［65］求墓地之吉者：意即给其母找了一块风水好的墓地，进行安葬。［66］或：后来有人。宦者俞三副：昭明太子身边的宦者，姓俞，名三副。［67］密启上：偷偷地向武帝萧衍报告说。上，皇上，皇帝。［68］太子所得地：指昭明太子为葬其母所找的好地。［69］今地：行贿者所求卖之地。于上为吉：对于皇帝您更有利。［70］市之：把这个地块买了下来。［71］葬毕：将太子之母安葬之后。［72］不利长子：不利于昭明太子萧统的长子。［73］厌之：用方术骗子们所讲的办法将不利因素加以控制。厌，以诅咒驱避可能出现的灾祸。［74］申延：让该产生的灾祸向后延展。申，同“伸”，延，移后。［75］蜡鹅及诸物：此即骗子们所讲的可用以控制灾祸、使其延后的手段。长子位：日后为其长子做墓的地方。［76］宫监：太子属下官名。胡三省曰：“东宫有外监殿局、内监殿局。宫监者，即唐内直局之职也。”鲍邈之：南梁太子萧统身边的太监，颇受信任。后被疏远，便向皇上萧衍密告太子请道士作法，埋蜡鹅咒皇上早死，密谋夺权篡位。太子受此不白之冤，又无法辩解，气急交加，一病不起。后太子胞弟萧纲当上太子，就将其诛杀，为萧统报仇。魏雅：南梁太子萧统身边的太监，颇受信任。［77］见疏于雅：与魏雅比起来，鲍邈之与太子的关系要疏远一些，意即鲍邈之不及魏雅被重用。有的解为魏雅疏远，不妥，应是被太子萧统疏远，不再宠幸。［78］厌祷：为某种目的进行巫术活动。［79］检掘：搜查、挖掘。［80］穷其事：将其事追查到底。［81］徐勉固谏而止：徐勉出面劝谏，劝梁武帝萧衍不再追究，制止了这件事件的继续发酵，但问题是，徐勉的劝谏，没有给太子洗白冤屈，没有拔掉萧衍心中的刺，使得太子终身不能自明，最后忧死，而太子的长子也因此不受信任。就这一事情来看，萧统忧死，南梁的根基动摇，与而后很快灭亡，是有相当关系的。徐勉，字修仁，东海郯县（今山东郯城县）人，南昌相徐融之子，南梁宰相，为干练并公正有为之臣。梁朝建立后，拜中书侍郎，转尚书左丞，迁太子詹事；拜吏部尚书，迁侍中、右仆射、中书令，号称贤相。传见《梁书》卷二十五。［82］南徐州：南梁州名，州治在今江苏镇江市。华容公欢：即萧欢，字孟孙，武帝萧衍嫡长孙，昭明太子萧统嫡长子，南梁宗室、大臣。传见《南史》卷五十三。华容公，封地华容郡，郡治在今湖南华容县。［83］立以为嗣（sì）：立为太孙，为皇位接班人。嗣，继承人。［84］衔其前事：还是忘不了其父萧统的厌祷之事而生恨。衔，记恨，由于忘不了某事而怀恨。［85］庚寅：五月二十一日。［86］遣还镇：打发萧欢回去，到徐州刺史的任所。也就是说，因为武帝萧衍记恨太子萧统的厌祷之事，遂把立萧欢为未来皇帝的美事搞砸了。胡三省曰："史因帝不立孙，究言事始。呜呼！帝于豫章王综、临贺王正德，虽犯恶逆，犹容忍之，至于昭明被谗，则终身衔其事，盖天夺其魄也。"［87］不可少顷离：片刻不能离。少顷，片刻，一会儿。［88］不可跬（kuǐ）步失：半步不能错。跬步，古称一举足（一脚向前迈出后着地）的距离为跬，两举足的距离为步。［89］一染嫌疑之迹：一旦遭遇让人生疑，而自己又无法说明的事情。染，沾染，牵连。嫌疑，猜疑、怀疑，被怀疑与某人和某事有牵连。［90］罪及后昆：牵连着后代都跟着倒霉。后昆，后代，后嗣。［91］不可湔（jiān）涤（dí）：没法洗刷。湔涤，洗涤，洗雪。［92］诡诞之士：搞邪门歪道的人。［93］奇邪之术：不合正道的法术。

丙申[1]，立太子母弟晋安王纲[2]为皇太子。朝野多以为不顺[3]，司议侍郎周弘正[4]，尝为晋安王主簿[5]，乃奏记[6]曰："谦让道废[7]，多历年所[8]。伏惟明大王殿下[9]，天挺将圣[10]，四海归仁[11]，是以皇上发德音[12]，以大王为储副[13]。意者愿闻殿下抗目夷上仁之义[14]，执子臧大贤之节[15]，逃玉舆而弗乘[16]，弃万乘如脱屣[17]，庶改浇竞之俗[18]，以大吴国之风[19]。古有其人，今闻其语，能行之者，非殿下而谁！使无为之化复生于遂古[20]，让王之道不坠于来叶[21]，岂不盛软[22]！"王不能从。弘正，舍之兄子[23]也。

太子以侍读东海徐摛为家令[24]，兼管记[25]，寻带领直[26]。摛文体轻丽[27]，春坊[28]尽学之，时人谓之"宫体[29]"。上闻之，怒，召摛，欲加诮责[30]。及见，应对明敏[31]，辞义可观，意更释然[32]，因问经史及释教[33]，摛商较从横[34]，应对如响[35]，上甚加叹异，宠遇日隆。领军朱异[36]不悦，谓所亲曰："徐叟出入两宫[37]，渐来见逼[38]，我须早为之所[39]。"遂乘间白[40]上曰："摛年老，又爱泉石[41]，意在一郡自养[42]。"上谓[43]摛真欲之，乃召摛，谓曰："新安[44]大好山水。"遂出为新安太守。

六月，癸丑[45]，立华容公欢为豫章王[46]，其弟枝江公誉为河东王[47]，曲阿公詧[48]为岳阳王。上以人言不息，故封欢兄弟以大郡，用慰其心。久之，鲍邈之坐诱掠[49]人，罪不至死，太子纲追思昭明之冤，挥泪诛之。

（以上为第六段，写南朝昭明太子萧统同母弟萧纲被立为太子；其侍读徐摛的宫体诗受到梁武帝萧衍欣赏，形成雕琢、华靡的文风。）

【注释】

[1]丙申：五月二十七日。 [2]母弟：即胞弟，一母所生的弟弟，以区别其他同父异母的兄弟而言。晋安王纲：即萧纲，字世赞，武帝萧衍第三子，昭明太子萧统同母弟，南梁第二位皇帝。初封晋安郡王，累迁骠骑将军、扬州刺史。昭明太子去世后，立为皇太子。即帝位，改元大宝。后被侯景废为晋安王，被杀，谥号简文皇帝，庙号太宗。传见《梁书》卷四。 [3]以为不顺：不合顺序，按顺序应立萧统之嫡子萧欢，也就是皇太孙为接班人。 [4]司议侍郎：古官名，为光禄勋属郎官，掌顾问应对。胡三省认为，此时周弘正乃任司文义郎，是一个研究学问的官，不是朝堂上的言官，因此"司议侍郎"应作"司义侍郎"。周弘正：字思行，南梁、南陈大臣。传见《南史》卷三十四。 [5]晋安王主簿：晋安王萧纲的僚属。主簿，古官名，掌管文书簿籍。 [6]奏记：给晋安王萧纲上书。奏，进献。记，文体名，一种论述事物的书信。 [7]谦让道废：为人谦让的美德已经被人们抛在脑后。 [8]多历年所：已经多年没有人讲究了。 [9]伏惟：在我看来，依我的想法。伏，谦词。明大王殿下：英明的大王殿下您。敬指萧纲。 [10]天挺将圣：上天使你将要成为大圣人。挺，力挺，支持。 [11]四海归仁：天下都称道您是仁者。 [12]德音：福音，美好的声音。 [13]储副：储君，皇太子，帝位的继承人。 [14]意者：心想，料想。愿闻殿下：很希望听到您。抗目夷上仁之义：表现出像目夷那样高尚的仁德。抗，匹敌，相当。目夷，子姓，名目夷，字子鱼，是宋桓公的长子，完全有资格继其父当宋国的国君，但他觉得自己不是正夫人所生，于理欠妥，于是断然地让给了嫡子兹父，即历史上的宋襄公。宋襄公即位后，目夷担任左师，处理朝政大事，宋国由此安定太平。事见《史记》卷三十八。上仁，至仁。 [15]执子臧大贤之节：坚持伟大贤者子臧那样的气节。执，执持，坚持。子臧，姬姓，名欣时，春秋时曹国公族，曹宣公之子，著名节士，有让国之贤。曹宣公死后，公子负刍杀太子自立，是为曹成公，各国诸侯和曹国人都认为新立的曹君不义，晋国抓住曹成公，想要让周天子立子臧为曹君，子臧不愿跟着搅浑水，离开曹国，以成全曹君继续在位。事见《左传·成公十三年》。后世赞颂子臧让国之举，称赞子臧为节士。历史上把目夷与子臧都称作坚持道义、不贪权位的人。 [16]逃玉舆而弗乘：逃避王者的车子而不乘坐，意即不愿居帝王之位。相传越国人为争夺王位已经多次相互仇杀，当国人强迫越王的儿子子搜登上国王的车子时，子搜仰天而呼说："君乎君，独不可以舍我乎？"事见《庄子·让王》。玉舆，当作"王舆"，王者所乘的车驾。 [17]弃万乘如脱屣（xǐ）：语出《孟子·尽心上》："舜视弃天下，犹弃敝屣也。"万乘，周制，天子地方千里，能出兵车万乘，因以"万乘"代指天子、帝王。屣，鞋子。 [18]庶改浇竞之俗：或许能通过您的行动使长期以来形成的浮薄躁进、急于思进取之风有所改变。庶，庶几，差不多。浇，浇薄，社会风气虚浮、不厚道。竞，奔逐，不顾一切地追求。 [19]大吴国之风：发扬、光大当年吴太伯让国那样的风气。 [20]无为之化：指影响整个社会的不争不抢的谦让之风。复生于遂古：古代传说的那种谦让之风，在现代又出现了。遂古，往古。 [21]让王之道：谦让王位的举动。不坠于来叶：后代还有人像古人那样继续行谦让之道。来叶，来世。 [22]岂不盛欤：这难道不是大好事吗？盛，盛大，宏伟。 [23]舍之兄

子：据《南史·周朗传》，此处似应作“舍之弟子”。周舍，南梁大臣。博学多才，尤善礼制，与周弘正同传，《南史》卷三十四。［24］侍读：古官名，为帝王、皇子讲学之官。徐摛（chī）：字士秀，东海郯（今山东郯城县）人，南朝著名诗人，“宫体诗”的开创者。萧纲为太子前，徐擒即为其僚属，萧纲为太子后，徐擒任太子家令。传见《梁书》卷三十。家令：即太子家令，为太子府管理家事，掌太子府刑狱、谷货、饮食。［25］管记：职同记室，太子的书记官，主管起草文件。［26］寻：不久。带领直：兼统东宫的警卫军队。带，兼管。领直，统领值勤的侍卫人员。［27］轻丽：轻巧，精美。［28］春坊：即太子宫。古代以“东”配春，故称太子宫曰“春坊”。［29］宫体：即宫体诗，讲究辞藻美丽、声韵和谐、对偶用典，以描写贵族生活为事。［30］诮（qiào）责：训斥，责备。［31］明敏：聪明，机敏。［32］释然：消除了怒气、疑虑的样子。［33］释教：佛教。指释尊（佛祖释迦牟尼）所说之教法。［34］商较从横：侃侃说来，头头是道。商较，商量考校，以言其涉及方面之广，所表现的见解之深。从横，同“纵横”，无所不知、头头是道的样子。［35］应对如响：回答问题，皆顺口而出，如同响之应声，不带迟疑，不须思考。［36］领军：古官名，领军将军的简称，统领京城的一切驻军，位在所有将军之上。朱异：梁武帝萧衍宠臣，大权独揽三十余年。后劝萧衍纳侯景投降，导致了祸乱。传见《梁书》卷三十八。［37］徐叟：徐老头子，含有轻蔑的意思。出入两宫：意即受到皇帝与皇太子两方面的宠信。［38］渐来见逼：渐渐地威胁到了我的头上，意思是权宠就要被他夺去。见，被。［39］早为之所：尽快地给他另找个工作岗位。所，处所，出处。［40］乘间（jiàn）：利用机会，趁空子。白：告白，告知。［41］爱泉石：喜好山水，过着闲散的隐士生活。［42］意在一郡自养：想要当个太守去颐养天年。［43］谓：以为。［44］新安：南梁郡名，郡治在今浙江淳安县西，在富春江流域。［45］癸丑：六月十五日。［46］豫章王：封地豫章郡，郡治在今江西南昌市。［47］枝江公誉：即萧誉，字重孙，梁武帝萧衍之孙，昭明太子萧统次子，封枝江县公，晋封河东郡王。传见《梁书》卷五十五。河东王：封地河东郡，南梁的河东郡郡治不详。［48］曲阿公詧（chá）：即萧詧，昭明太子萧统第三子，封曲江县公，加封岳阳王，拜东扬州刺史，迁雍州刺史。后建立西梁，年号大定。谥号宣皇帝，庙号中宗。传见《北史》卷九十三。［49］坐：因某事犯罪。诱掠：诱骗，掠夺。据《南史·梁昭明太子统传》，“因邈之与乡人争婢，议以为诱掠之罪牒宫。”

魏高欢将起兵讨尔朱氏，镇南大将军斛律金[1]、军主善无库狄干[2]与欢妻弟娄昭[3]、妻之姊夫段荣[4]皆劝成之。欢乃诈为书，称尔朱兆将以六镇人配契胡为部曲[5]，众皆忧惧。又为并州符[6]，征兵讨步落稽[7]，发万人，将遣之。孙腾与都督尉景[8]为请留五日，如此者再[9]，欢亲送之郊，雪涕执别[10]，众皆号恸[11]，声震原野。欢乃谕之[12]曰：“与尔俱为失乡客[13]，义同一家，不意在上征发乃尔[14]！今直西向[15]，已当死[16]；后军期[17]，又当死[18]；配国人[19]，又当死[20]，奈何[21]？”众曰：“唯有反耳！”欢曰：“反乃急计[22]，然当推一人为主，谁可者？”众共推欢，欢曰：“尔乡里难制[23]。不见葛荣乎[24]？虽有百万之众，曾无[25]法度，终自败灭。今以吾为主，当与前异，毋得陵汉人[26]，犯军令，生死任吾则可；不然，不能为天下笑[27]。”众皆顿颡[28]曰：“死生唯命[29]！”欢乃椎牛飨士[30]，庚申[31]，起兵于信都[32]，亦未敢显言[33]叛尔朱氏也。

会李元忠举兵逼殷州，欢令高乾帅众救之[34]。乾轻骑入见刺史[35]尔朱羽生，与指画[36]军计，羽生与乾俱出[37]，因擒斩之，持羽生首谒[38]欢。欢抚膺[39]曰：“今日反决矣[40]！”乃以元忠为殷州刺史，镇广阿[41]。欢于是抗表[42]罪状尔朱氏[43]，尔朱世隆匿之不通[44]。

（以上为第七段，写北魏高欢决意起兵讨尔朱氏，先用计谋，煽起士兵的反叛情绪，并制定约束律令；后让高乾谋杀尔朱氏干将尔朱羽生，而后正式宣布诛讨尔朱氏。）

【注释】

[1]斛（hú）律金：字阿六敦，朔州（今山西朔州市）人，敕勒族的酋长，北魏、东魏、北齐三朝将领。高欢的得力部属。北齐建立后，被封为咸阳郡王。传见《北齐书》卷十七。 [2]库狄干：高欢的妹夫，猛将。曾任北魏恒州刺史、大都督；东魏三公；北齐太宰、章武王。传见《北齐书》卷十五。 [3]娄昭：本姓匹娄氏，字菩萨，代郡平城（今山西大同市）人，北齐外戚、名将。随高欢信都起兵，以为中军大都督，授领军将军，封濮阳郡公。传见《北齐书》卷十五。 [4]段荣：字子茂，武威姑臧（今甘肃武威市凉州区）人，安北司马段连之子，北魏到东魏大臣，高欢的姐夫。传见《北齐书》卷十六。 [5]六镇人：魏国北部边境地区的六个军镇所属的百姓。镇，是军政合一的机构，由镇将任其首领。配契胡为部曲：分配到每个契胡的部下做奴隶。契胡，尔朱氏所属的少数民族，这里即指尔朱氏一族。部曲，属下的士兵与农户，都有人格依附，类似奴隶的性质。 [6]为并州符：假称是并州发出的命令。尔朱兆当时任并州刺史，此即挑动六镇百姓痛恨尔朱氏，因为他们还在尔朱氏手下受尽了压迫。 [7]步落稽：也称稽胡，当时与尔朱氏作对的一个少数民族名。 [8]尉景：字士真，朔州善无人，鲜卑族，北齐神武帝高欢姐夫，东魏大臣。高欢信都起兵后，拜冀州刺史，镇守邺城，以勋贵，迁太保、太傅，封长乐郡公。传见《北齐书》卷十五。 [9]如此者再：一连请留了好几回。胡三省曰：“孙腾、尉景既为镇人请留，必又因其愿留之情扇动之于下，此当以意会也。” [10]雪涕执别：擦拭眼泪，握手送别。涕，泪。 [11]号

恸（tòng）：悲伤得号啕大哭。［12］欢乃谕之：高欢这才给他们讲道理。胡三省曰："先感动其心，而后谕之。"［13］失乡客：背井离乡的漂泊之人。高欢是怀朔镇人，所以这样说。［14］在上：当权者，指尔朱氏。征发乃尔：征调百姓当兵竟到如此程度。［15］今直西向：按上头的命令到西线作战。［16］当死：指将死于战场。［17］后军期：路上迟到，没按规定时间到达。［18］又当死：指违期问斩。［19］配国人：把你们编入到他们那些人的名下。国人，在北魏地位较高的人，本来泛指低级贵族，这里即指契胡，尔朱氏家族所属的部落。［20］又当死：指受他们的欺压虐待。［21］奈何：横竖都是死，我们应当怎么办。以上连用三个"死"了，套用陈涉起义用语，以"死"动员大众，同样是死，不如造反，说不定还有一条生路。［22］急计：急中生智，无可奈何之计。［23］尔乡里难制：你们的这些老乡们难以管理。［24］不见葛荣乎：没有看到葛荣是怎么失败而死的吗？［25］曾无：一点儿也没有。［26］陵汉人：欺侮汉族人。陵，同"凌"。［27］不能为天下笑：意即组织军队，没有章法，招致失败，遭人耻笑，这种事我是不干的。胡三省曰："高欢先立法制以齐其众，故能成大事，史言'盗亦有道'。"高欢组织起义，手法比陈胜更细，且不假妖祥。［28］顿颡（sǎng）：磕头触地。颡，额头。［29］唯命：一切都听您的。［30］椎（chuí）牛：击杀牛。椎，同"槌"，捶打，击杀。古人杀牛多用此法。飨（xiǎng）士：犒劳士兵。飨，用酒肉招待。［31］庚申：六月二十二日。［32］信都：古城名，冀州的州治所在地，在今河北衡水市冀州区。［33］显言：明说。［34］令高乾帅众救之：表面仍是救殷州，以助尔朱氏。胡三省曰："高乾预欢密谋，而使之救殷州，此不过使之诱擒尔朱羽生耳。"［35］刺史：二字原无，据章校补。［36］指画：商议，谋划。［37］羽生与乾俱出：尔朱羽生被高乾骗出殷州城外。［38］谒（yè）：见。［39］抚膺：手拍胸膛。［40］今日反决矣：今天算是决心造反了。胡三省曰："高欢反谋非一日矣，及尔朱羽生授首，方言反决，盖其初犹有疑李元忠、高乾邕之心。元忠既举兵逼殷州，乾邕又斩羽生，欢于是深悉二人之心，而冀、殷之势已合，于是决反。"［41］广阿：古县名，县治在今河北隆尧县东，即当时殷州的州治所在地。［42］抗表：公开上表。［43］罪状尔朱氏：罗列尔朱氏的罪状。［44］匿（nì）之不通：封锁消息，不向北魏主元恭报告此事。

魏杨播及弟椿、津皆有名德[1]。播刚毅[2]，椿、津谦恭[3]，家世孝友[4]，缌服同爨[5]，男女百口，人无间言[6]。椿、津皆至三公[7]，一门七郡太守，三十二州刺史。敬宗之诛尔朱荣[8]也，播子侃预其谋；城阳王徽[9]、李彧[10]，皆其姻戚[11]也。尔朱兆入洛，侃逃归华阴[12]，尔朱天光使侃妇父韦义远[13]招之，与盟，许贳其罪[14]。侃曰："彼虽食言[15]，死者不过一人[16]，犹冀[17]全百口。"乃出应之，天光杀之。时椿致仕[18]，与其子昱[19]在华阴，椿弟冀州刺史顺[20]、司空津、顺子东雍州刺史辨[21]、正平太守仲宣[22]皆在洛。秋，七月，尔朱世隆诬奏杨氏谋反，请收治[23]之，魏主不许；世隆苦请，帝不得已，命有司检按以闻[24]。壬申[25]夜，世隆遣兵围津第，天光亦遣兵掩[26]椿家于华阴，东西之族无少长皆杀之[27]，籍没其家[28]。世隆奏云："杨氏实反，与收兵[29]相拒，已皆格杀[30]。"帝惋怅[31]久之，不言而已，朝野闻之，无不痛愤。津子逸为光州[32]刺史，尔朱仲远遣使就杀之。唯津子愔于被收时适[33]出在外，逃匿，获免，往见高欢于信都，泣诉家祸，因为言讨尔朱氏之策，欢甚重之，即署行台郎中[34]。

（以上为第八段，写北魏尔朱世隆等人上演最后的疯狂，丧心病狂地将杨播一族全部杀光，唯有杨愔一人逃过灾难。）

【注释】

[1]杨播：字元休，洛州刺史杨懿长子。椿、津：杨椿、杨津，皆杨播之弟。皆有名德：杨氏兄弟三人，北魏将领，都有很好的名望与德行。传见《魏书》卷五十八。[2]刚毅：刚强，坚毅。[3]谦恭：谦虚，恭敬。[4]家世孝友：世代孝悌。孝友，孝敬，友爱。[5]缌（sī）服同爨（cuàn）：五服以内的家人都在一个锅里吃饭。缌服，丧服名，五服中最轻的一种，这里指凡五服之内的亲属。同爨，同灶，不另起火做饭，意即不分居。爨，烧火做饭。[6]人无间（jiàn）言：没有人能说他们家族关系的坏话。间言，找岔子，挑毛病。[7]椿、津皆至三公：杨椿曾为仪同三司，杨津曾为司空。[8]敬宗之诛尔朱荣：事在上年八月，见《资治通鉴》卷一百五十四。[9]城阳王徽：即元徽，阳王元鸾之子，北魏宗室、大臣。孝庄帝元子攸亲信，参与谋杀尔朱荣。传见《魏书》卷十九下。[10]李彧（yù）：字子文，濮阳郡公李延寔长子，尚孝庄帝元子攸姐丰亭公主，封东平郡公。传见《魏书》卷八十三下。[11]姻戚：犹姻亲，因婚姻关系而产生的亲属。按城阳王元徽后妻是李彧之姐妹，两人为郎舅关系。李彧之妻为庄帝之姐，其母李氏为庄帝之母，即李彧丈母娘乃李彧之姑。这种亲上加亲的关系，使元徽与李彧两人为庄帝亲信，共同谋杀了尔朱荣。今高欢起兵讨尔朱氏，两人自然成了高欢的同盟者。[12]华阴：北魏县名，在华山之北，今陕西华阴市东。杨椿家族世居于华阴。[13]韦义远：韦祉之子，北魏岐州刺史，在关西去世。[14]贳（shì）其罪：宽饶他参与杀害尔朱荣的罪过。贳，赦，宽饶。[15]彼虽食言：尔朱天光即使是说话不算数，即指杀了杨侃。[16]死者不过一人：指杨侃，牺牲自己，保全大家。[17]冀：希冀，希望。[18]致仕：退休在家。[19]昱：杨昱（yù），字元晷，弘农华阴（今陕西华阴市）人，洛州刺史杨懿之孙，功勋大臣杨椿之子，北魏大臣，为陇西王尔朱天光

所害。时为东南道大都督。传见《魏书》卷五十八。［20］冀州刺史顺：冀州，北魏州名，州治信都，在今河北衡水市冀州区。顺：即杨顺，字延和，洛州刺史杨懿第四子，名将杨椿之弟，北魏大臣。预立孝庄帝有功，封三门县伯。出为平北将军、冀州刺史，进号抚军将军。为尔朱兆所害。传见《魏书》卷五十八。［21］东雍州：古州名，州治在今陕西渭南市华州区。辨：即杨辨，一作“杨辩”，字僧达，太尉杨顺之子，北魏官员。历任通直常侍、平东将军、东雍州刺史。传见《魏书》卷五十八。［22］正平：北魏郡名，郡治在今山西新绛县。仲宣：即杨仲宣，字粲，太尉杨顺第二子，北魏大臣。传见《魏书》卷五十八。［23］收治：收捕，法办。［24］检按以闻：先进行审查，而后向朝廷报告。［25］壬申：七月四日。［26］掩：突然袭击。［27］无少长皆杀之：胡三省曰：“世隆、天光先已约同夷杨氏，故东西一时俱发。居华阴者为西族，居洛者为东族。”［28］籍没其家：将其家产全部登记没收充公。［29］收兵：前往执行逮捕命令的政府之兵。［30］格杀：击杀。［31］惋怅：惆怅，叹息。北魏主元恭也只能是叹息而已，他是尔朱氏所立，有什么能耐与之抗衡呢？［32］逸：即杨逸，字遵道，司空杨津第二子，北魏大臣。为徐州刺史尔朱仲远所害。传见《魏书》卷五十八。光州：北魏州名，州治在今山东莱州市。［33］津子愔：即杨愔，字遵彦，小字秦王，北魏司空杨津之子，后为北齐宰相。传见《北史》卷四十一。适：恰巧，正好。［34］署行台郎中：胡三省曰：“杨愔门地既高，又有干用，高欢起兵之初，借人望以为重，借才干以为用，所以擢而用之。”

乙亥［1］，上临轩策拜太子，大赦。

丙戌［2］，魏司徒尔朱彦伯以旱逊位［3］，戊子［4］，以彦伯为侍中、开府仪同三司。彦伯于兄弟中差无过恶［5］。尔朱世隆固让太保，魏主特置仪同三师［6］之官，位次上公之下［7］，庚寅［8］，以世隆为之。斛斯椿［9］谮朱瑞于世隆［10］，世隆杀之。

庚寅［11］，诏：“凡宗戚有服属者［12］，并可赐汤沐［13］，食乡亭侯［14］，随远近为差。”

壬辰［15］，以吏部尚书何敬容［16］为尚书右仆射。敬容，昌寓之子也。

魏尔朱仲远、度律［17］等闻高欢起兵，恃其强，不以为虑，独尔朱世隆忧之。尔朱兆将步骑二万出井陉［18］，趣殷州，李元忠弃城奔信都。八月，丙午［19］，尔朱仲远、度律将兵讨高欢。九月，己卯［20］，魏以仲远为太宰，庚辰［21］，以尔朱天光为大司马。

癸巳［22］，魏主追尊父广陵惠王［23］为先帝，母王氏为先太妃，封弟永业为高密王[24]，子昶为勃海王[25]。

冬，十月，己酉[26]，上幸同泰寺[27]，升法坐[28]，讲《涅槃经》[29]，七日而罢。

乐山侯正则[30]，先有罪徙郁林[31]，招诱亡命，欲攻番禺[32]，广州刺史元仲景[33]讨斩之。正则，正德[34]之弟也。

孙腾说高欢曰："今朝廷隔绝，号令无所禀[35]，不权有所立[36]，则众将沮散[37]。"欢疑之，腾再三固请，乃立勃海太守元朗[38]为帝。朗，融之子也。壬寅[39]，朗即位于信都城西，改元中兴。以欢为侍中、丞相、都督中外诸军事、大将军、录尚书事、大行台，高乾为侍中、司空，高敖曹为骠骑大将军、仪同三司、冀州刺史，孙腾为尚书左仆射，河北行台魏兰根为右仆射。

（以上为第九段，写北魏尔朱氏听说高欢起兵，不以为意，尔朱兆调度兵马前往讨伐；高欢在孙腾的再三劝说下，在信都拥立勃海太守元朗为帝，改元中兴。）

【注释】

[1]乙亥：七月七日。[2]丙戌：七月十八日。[3]以旱逊位：因为旱灾辞去司徒的职位。[4]戊子：七月二十日。[5]差无过恶：基本上没有什么大的过错。差无，几乎没有。[6]仪同三师：胡三省曰："太师、太傅、太保为三师。"意即享用三师的仪仗与排场，但没有实权。仪，仪容，仪仗。师，原文为"司"，据章校改。[7]位次上公之下：地位在三公以下。三公，指太尉、司徒、司空。这时的三公只是加官，享有荣誉，但没有实权。[8]庚寅：七月二十二日。[9]斛（hú）斯椿：字法寿，敕勒族，左牧令斛斯敦之子，北魏大臣。六镇之乱时，投奔尔朱荣，起家铠曹参军。后参与拥立前废帝元恭为帝，授侍中、骠骑大将军、开府仪同三司，封城阳郡公。韩陵之战失败后，诛杀尔朱世隆、尔朱彦伯兄弟，结交大丞相高欢。谥号文宣。传见《魏书》卷八十。[10]谮（zèn）朱瑞于世隆：胡三省曰："以朱瑞为敬宗所亲遇也。"谮，诬陷，在权势者跟前有目的地说人的坏话。朱瑞，复姓可朱浑氏，字元龙，代郡桑乾（今山西山阴县）人，鲜卑族，太原郡守朱惠之子，北魏将领。投靠大将军尔朱荣，授肆州户曹参军，官至卫将军、左光禄大夫、侍中，封乐陵郡公，后被尔朱世隆所杀。传见《魏书》卷八十。[11]庚寅：重申七月二十二日之事件。[12]宗戚：皇室，亲族。有服属：血缘关系在五服之内的同族人。[13]赐汤沐：赐给汤沐邑。汤沐邑，也称采邑、领地，该地面上的收入供受封者个人之生活所需。[14]食乡亭侯：胡三省曰："妇人赐汤沐邑，男子食乡亭侯也。"[15]壬辰：七月二十四日。[16]何敬容：字国礼，庐江灊县（今安徽霍山县）人，太常卿何攸之之孙，吏部尚书何昌寓之子，南梁大臣、文学家。

后死于侯景之乱。传见《梁书》卷三十七。［17］度律：即尔朱度律，太原王尔朱荣堂弟，跟从尔朱荣征伐，拜安西将军。尔朱荣死后，随尔朱世隆赴晋阳，拥立长广王元晔，拜太尉公、四面大都督，封常山郡王。元恭时，为尚书令。后兵败被俘，坐罪斩杀。传见《魏书》卷七十五。［18］井陉（xíng）：翻越太行山的山道名，其西口即娘子关，东口称井陉口，也称土门关，在今河北井陉县西。是河北中部与山西之间的重要通道。［19］丙午：八月九日。［20］己卯：九月十二日。［21］庚辰：九月十三日。［22］癸巳：九月二十六日。［23］广陵惠王：即魏主节闵帝元恭之父元羽。传见《魏书》卷二十一上。［24］永业：节闵帝元恭之弟。封为高密王，东魏时为金紫光禄大夫。［25］子恕：即元恕，《魏书》《北史》作“元子恕”，节闵帝元恭之子。元恭即位，封为勃海王，后改封沛郡王。［26］己酉：十月十三日。［27］同泰寺：古寺庙名，建康城里离皇宫最近的庙宇，紧靠宫墙，寺门与皇宫的大通门相对。［28］升法坐：萧衍登上和尚讲经的讲坛。法坐，同“法座”。［29］《涅槃经》：佛教的重要经典之一，于北凉玄始十年（421）由昙无谶译出，是阐释妙有思想最具代表性的一部。涅槃，也叫圆寂，佛教用语，指幻想的超脱生死的最高精神境界。［30］乐山侯正则：即萧正则，字公衡，梁武帝萧衍之侄，临川王萧宏之子。以王子封乐山侯，累迁太子洗马、舍人。坐匿劫盗，削爵徙郁林。后被杀。传见《梁书》卷五十五。［31］有罪徙郁林：萧正则因奴役百姓、私铸钱币、窝藏匪盗等罪被流放到郁林郡，郡治在今广西桂平市。［32］番禺：古城名，当时为广州的州治所在地，在今广东广州市。［33］元仲景：《梁书》作“元景仲”。原是魏国的宗室，其父元法僧为徐州刺史，欲自立为帝，北魏军进讨，元法僧率部以城投降南梁。元仲景随父投降南梁，封枝江县公，拜侍中、右卫将军；后为持节，都督广、越等十三州诸军事，广州刺史。［34］正德：即萧正德，字公和，临川王萧宏第三子，梁武帝萧衍之侄。初为萧衍养子。昭明太子萧统出生后，他回归本宗，封西丰县侯。因未能为皇太子而耿耿于怀，曾于前年投奔北魏，现返回后又被封为西丰县侯。侯景叛乱，立其为帝，旋即被废，降为大司马，被杀。传见《梁书》卷五十五。［35］号令无所禀（bǐng）：没有一个能让我们信赖、能向之请示的部门。禀，受命。［36］不权有所立：如果不临时拥立一个有号召力的领导者。权，临时制宜。［37］沮（jǔ）散：瓦解四散。［38］元朗：字仲哲，景穆帝拓跋晃曾孙，章武王元融第三子，为渤海太守。高欢起兵讨伐尔朱氏，立其为皇帝，是北魏第十五任皇帝。即位于信都，年号中兴，寻迁邺都。高欢灭尔朱氏，帝至河阳，又为高欢所废。降封安定郡王。后坐事死。史称“后废帝”。传见《魏书》卷十一。［39］壬寅：十月六日。

己酉[1]，尔朱仲远、度律与骠骑大将军斛斯椿，车骑大将军、仪同三司贺拔胜、车骑大将军贾显智军于阳平[2]。显智名智，以字行，显度之弟也。尔朱兆出井陉，军于广阿，众号十万。高欢纵反间，云：“世隆兄弟谋杀兆。”复云：“兆与欢同谋杀仲远等。”由是迭相猜贰[3]，徘徊不进。仲远等屡使斛斯椿、贺拔胜往谕兆，兆帅轻骑三百来就仲远，同坐幕下，意色不平[4]，手舞马鞭，长啸凝望[5]，疑仲远等有变，遂趋出[6]，驰还。仲远遣椿、胜等追，晓说之，兆执椿、胜还营，仲远、度律大惧，引兵南遁。兆数胜罪，将斩之，曰："尔杀卫可孤[7]，罪一也。天柱薨，尔不与世隆等俱来[8]，而东征仲远，罪二也。我欲杀尔久矣，今复何言？"胜曰："可孤为国巨患，胜父子诛之，其功不小，反以为罪乎？天柱被戮，以君诛臣，胜宁负王，不负朝廷。今日之事，生死在王。但寇贼密迩[9]，骨肉构隙[10]，自古及今，未有如是而不亡者。胜不惮死，恐王失策。"兆乃舍之。

高欢将与兆战，而畏其众强，以问亲信都督段韶[11]，韶曰："所谓众者，得众人之死[12]；所谓强者，得天下之心。尔朱氏上弑天子，中屠公卿，下暴百姓，王以顺讨逆，如汤沃雪[13]，何众强之有！"欢曰："虽然，吾以小敌大，恐无天命不能济也。"韶曰："韶闻'小能敌大，小道大淫[14]。''皇天无亲，惟德是辅[15]。'尔朱氏外乱天下，内失英雄心，智者不为谋，勇者不为斗，人心已去，天意安有不从者哉！"韶，荣之子也。辛亥[16]，欢大破兆于广阿，俘其甲卒[17]五千余人。

十一月，乙未[18]，上幸同泰寺，讲《般若经》[19]，七日而罢。庚辰[20]，魏高欢引兵攻邺，相州刺史刘诞婴城[21]固守。

是岁，魏南兖州城民王乞得劫刺史刘世明，举州来降[22]。世明，芳之族子也。上以侍中元树[23]为镇北将军、都督北讨诸军事，镇谯城[24]。以世明为征西大将军、郢州[25]刺史，加仪同三司。世明不受，固请北归，上许之。世明至洛阳，奉送所持节[26]，归乡里，不仕而卒[27]。

（以上为第十段，写北魏将领尔朱兆率军攻打高欢，气势汹汹；高欢采用反间计，大破尔朱兆于广阿；南兖州刺史刘世明被挟持到南朝，返回北魏洛阳，不再出仕。）

【注释】

[1]己酉：十月十三日。 [2]阳平：北魏县名，也是郡名，县治在今河北馆陶县。胡三省曰："此阳平县也，汉时属东郡，魏、晋以来属阳平郡。" [3]迭相猜贰：相互疑忌，彼此三心二意。 [4]意色不平：彼此互不服气、互不信任的样子。意色，神色。 [5]长啸：出长声、吹口哨，表示怀疑和气愤，一种旁若无人的样子。啸，蹙口而出声。凝望：另有所思的样子。 [6]趋

出：原指小步疾行，是一种表示恭敬的姿态，这里即指疾行而出。趋，同“促”，急速。［7］杀卫可孤：事见一百五十卷普通五年（524）。卫可孤，北魏破六韩拔陵的部将，率领起义的军队围攻北魏的军镇，声势甚猛，围城历一年，攻下怀朔，杀豪强窦乐，生俘贺拔胜及其父兄。后被贺拔胜等人袭杀。［8］不与世隆等俱来：尔朱荣被北魏主元子攸杀害后，贺拔胜先与尔朱世隆一道向朝廷问罪，后来尔朱世隆率军北撤时，贺拔胜脱离尔朱氏归顺了元子攸的朝廷一方，且随朝廷军东讨尔朱仲远。［9］密迩（ěr）：近在身边。［10］骨肉构隙：亲近的兄弟、叔侄之间彼此猜疑内斗。构隙，成了冤家对头。隙，感情上的裂痕。［11］亲信都督：古官名，犹如今之卫士长，掌管亲兵、卫队。胡三省曰：“魏末诸将擅兵，始置是官，以领亲兵。”段韶：字孝先，小字铁伐，武威姑臧（今甘肃武威市凉州区）人，姑臧侯段荣长子，北齐开国功臣，“北齐三杰”之首。擅长骑射，有将帅之才，得到姨夫高欢器重，授亲信都督，随军消灭尔朱兆。高欢临终时，选为托孤大臣。戎马一生，立下汗马功劳。外统军旅，内参朝政，出将入相，功勋卓著。谥号忠武。传见《北齐书》卷十六。［12］得众人之死：得众人效死力。［13］如汤沃雪：极言其易被所灭。沃，浇灌。［14］小能敌大，小道大淫：乃春秋时随大夫季梁之语，见《左传·桓公六年》，意思说小国之所以能抵抗大国，是因为小国有道，而大国邪恶。道，指对百姓忠心，对神灵诚信。淫，邪淫，凶暴。［15］皇天无亲，惟德是辅：出于《尚书·周书·蔡仲之命》，意为皇天公正无私，不偏向谁，总是帮助品德高尚的人。［16］辛亥：十月十五日。［17］甲卒：穿着铠甲的士兵。［18］乙未：十一月二十九日。［19］《般（bō）若（rě）经》：大乘佛教的重要经典之一，全称《大般若波罗蜜多经》，简称《般若经》，为宣说诸法皆空之义的大乘般若类经典的汇编。唐玄奘译，共六百卷。［20］庚辰：十一月十四日。“庚辰”下一句“魏高欢引兵攻邺”云云，按时间顺序应在上句“乙未，上幸同泰寺”云云之前。此处记事前后颠倒。［21］婴城：环城，绕城。婴，缠绕，围绕。［22］南兖州：北魏州名，州治谯城，在今河南商丘市南。王乞：北魏时南兖州人，高欢围困邺城，王乞挟持刺史刘世明举州投降南梁。刘世明：字伯楚，彭城从亭里（今江苏徐州市）人，轻车将军刘僧利之子，青州刺史、太常卿刘芳族子。传见《魏书》卷五十五。来降：来归降于南梁。［23］上：指南梁武帝萧衍。元树：字秀和，北魏献文帝拓跋弘之孙，咸阳王元禧之子。因其父元禧在北魏叛乱被杀，元树逃往南梁，封邺王，拜员外散骑常侍，迁云麾将军、郢州刺史，出任侍中、镇北将军、都督北讨诸军事，后兵败被北魏军俘获，赐死于洛阳。传见《梁书》卷三十九。［24］谯城：谯县县城，在今安徽亳州市。［25］郢州：南梁州名，州治江夏，在今湖北武汉市，辖今湖北的南部地区。［26］奉送所持节：将任南兖州刺史时北魏所赐的旌节，归还给朝廷。［27］不仕而卒：胡三省曰：“‘陈力就列，不能者止’，刘世明有焉。刘氏世居彭城。”

四年（壬子，532年）

春，正月，丙寅[1]，以南平王伟[2]为大司马，元法僧为太尉，袁昂为司空。

立西丰侯正德为临贺王。正德自结于朱异，上既封昭明诸子，异言正德失职[3]，故王之[4]。

以太子右卫率薛法护为司州牧[5]，卫送魏王悦入洛[6]。

庚午[7]，立太子纲之长子大器[8]为宣城王。

魏高欢攻邺，为地道，施柱而焚之[9]，城陷入地。壬午[10]，拔邺，擒刘诞，以杨愔为行台右丞[11]。时军国多事，文檄教令[12]，皆出于愔及开府咨议参军崔㥄[13]。㥄，逞之五世孙也。

二月，以太尉元法僧为东魏王[14]，欲遣还北，兖州刺史羊侃[15]为军司马，与法僧偕行[16]。

扬州刺史邵陵王纶[17]遣人就市赊买[18]锦彩丝布数百匹，市人皆闭邸店[19]不出；少府丞何智通依事启闻[20]。纶被责还弟[21]，乃遣防阁戴子高等以槊刺智通于都巷[22]，刃出于背。智通识子高，取其血以指画车壁为"邵陵"字，乃绝[23]，由是事觉。庚戌[24]，纶坐免为庶人，锁之于弟[25]，经二旬，乃脱锁，顷之复封爵[26]。

辛亥[27]，魏安定王追谥敬宗[28]曰"武怀皇帝"，甲子[29]，以高欢为丞相、柱国大将军、太师；三月，丙寅[30]，以高澄为骠骑大将军。丁丑[31]，安定王帅百官入居于邺[32]。

尔朱兆与尔朱世隆等互相猜阻[33]，世隆卑辞厚礼谕兆，欲使之赴洛，唯其所欲，又请节闵帝[34]纳兆女为后；兆乃悦，并与天光、度律更立誓约，复相亲睦。

斛斯椿阴谓贺拔胜曰："天下皆怨毒[35]尔朱，而吾等为之用，亡无日矣，不如图之。"胜曰："天光与兆各据一方，欲尽去之甚难，去之不尽，必为后患，奈何？"椿曰："此易致耳。"乃说世隆追天光等赴洛，共讨高欢。世隆屡征天光，天光不至，使椿自往邀之，曰："高欢作乱，非王不能定，岂可坐视宗族夷灭邪！"天光不得已，将东出，问策于雍州刺史贺拔岳，岳曰："王家跨据三方[36]，士马殷盛[37]，高欢乌合[38]之众，岂能为敌！但能同心戮力[39]，往无不捷。若骨肉相疑，则图存之不暇，安能制人！如下官所见，莫若且镇关中以固根本，分遣锐师与众军合势，进可以克敌，退可以自全。”天光不从。闰月，壬寅[40]，天光自长安，兆自晋阳，度律自洛阳，仲远自东郡[41]皆会于邺，众号二十万，夹洹水[42]而军，节闵帝以长孙稚为大行台，总督之。

高欢令吏部尚书封隆之守邺，癸丑[43]，出顿紫陌[44]，大都督高敖曹将乡里部曲王桃汤[45]等三千人以从。欢曰：“高都督所将皆汉兵，恐不足集事[46]，欲割鲜卑[47]兵千余人相杂用之，何如？”敖曹曰：“敖曹所将，练习已久，前后格斗，不减鲜卑[48]。今若杂之，情不相洽[49]，胜则争功，退则推罪，不烦更配[50]也。”

庚申[51]，尔朱兆帅轻骑三千夜袭邺城，叩西门[52]，不克而退。壬戌[53]，欢将战马不满二千，步兵不满三万，众寡不敌，乃于韩陵为圆陈[54]，连系[55]牛驴以塞归道，于是将士皆有死志[56]。兆望见欢，遥责欢以叛己，欢曰：“本所以戮力[57]者，共辅帝室。今天子何在[58]？”兆曰：“永安枉害天柱[59]，我报仇耳。”欢曰：“我昔闻天柱计[60]，汝在户[61]前立，岂得言不反邪[62]！且以君杀臣，何报之有[63]！今日义绝矣。”遂战。欢将中军，高敖曹将左军，欢从父弟岳将右军。欢战不利，兆等乘之，岳以五百骑冲其前，别将斛律敦收散卒蹑[64]其后，敖曹以千骑自栗园出横击[65]之，兆等大败，贺拔胜与徐州刺史杜德于陈[66]降欢。兆对慕容绍宗抚膺[67]曰：“不用公言[68]，以至于此！”欲轻骑西走[69]，绍宗反旗鸣角[70]，收散卒成军而去。兆还晋阳，仲远奔东郡。尔朱彦伯闻度律等败，欲自将兵守河桥，世隆不从。

度律、天光将之洛阳，大都督斛斯椿谓都督贾显度、贾显智曰：“今不先执尔朱氏，吾属死无类[71]矣。”乃夜于桑下盟，约倍道先还[72]。世隆使其外兵参军阳叔渊单骑驰赴北中[73]，简阅[74]败卒，以次内之[75]。椿至，不得入城，乃诡说[76]叔渊曰：“天光部下皆是西人，闻欲大掠洛邑，迁都长安，宜先内[77]我以为之备。”叔渊信之。夏，四月，甲子朔[78]，椿等入据河桥，尽杀尔朱氏之党。度律、天光欲攻之，会大雨昼夜不止，士马疲顿，弓矢不可施，遂西走，至灅陂津[79]，为人所擒，送于椿所。椿使行台长孙稚诣洛阳奏状，别遣贾显智、张欢帅骑掩袭[80]世隆，执之。彦伯时在禁直[81]，长孙稚于神虎门启陈[82]：“高欢义功既振[83]，请诛尔朱氏。”节闵帝使舍人郭崇[84]报彦伯，彦伯狼狈走出，为人所执，与世隆俱斩于阊阖门[85]外，送其首并度律、天光于高欢。

节闵帝使中书舍人卢辩[86]劳欢于邺，欢使之见安定王，辩抗辞[87]不从，欢不能夺，乃舍之。辩，同之兄子也。

（以上为第十一段，写北魏尔朱氏集中兵力于邺城，被高欢击败，尔朱世隆被斛斯椿斩首于洛阳，尔朱彦伯亦被擒杀。）

【注释】

[1]丙寅：正月一日。 [2]南平王伟：即萧伟，字文达，梁武帝萧衍之弟，封南平郡王，官至中书令、大司马。传见《梁书》卷二十二。 [3]失职：指失皇太子位。南梁武帝萧衍在未得太子萧统前，曾收其侄萧正德为过继儿子。后来自己生了儿子，便将萧正德又退回到其生父萧宏的家里。因为萧正德本想当太子，而没能当成，故曰“失职”。胡三省曰：“言帝尝养正德为子，既而还本，爵秩不得与诸子齿也。” [4]故王之：因其本有当太子的可能，故加照顾封临贺王，否则郡王的儿子照例只能封侯。 [5]太子右卫率（lǜ）：古官名，皇太子的侍卫官，统领禁兵。卫率之名，取义约束卫士，维护律法。率，同“律”。薛法护：北魏官员，孝文帝拓跋宏时为广州刺史，逃降于南齐，为太子右卫率。司州牧：南梁州名，州治义阳，在今河南信阳市。 [6]卫送魏王悦入洛：再次送元悦回北魏。元悦此前曾到两国边境伺机进入北魏，未能成功，又退了回来，现再武装进入。魏王，南梁以北魏封给元悦，实际上是一种“恶作剧”。 [7]庚午：正月五日。 [8]大器：即萧大器，字仁宗，梁武帝萧衍之孙，简文帝萧纲嫡长子，封宣城郡王。后侯景寇京师，令萧大器为台内大都督，立为皇太子。后被侯景杀害。叔父湘东王萧绎即位后，追封他为哀太子。传见《南史》卷二十二。 [9]施柱而焚之：胡三省曰：“穴城下为地道而未成，恐其土颓落而不得究功，故施柱。地道既成，乃焚其柱，故城陷入地。” [10]壬午：正月十七日。 [11]行台右丞：行台属官。行台，是尚书省的派出机构，在行台管辖区域内代行尚书省职能。 [12]文檄（xí）教令：皆文体名。文檄，即通告一类的文字，也称檄移，可用于声讨、警告、劝谕、说明、昭示等。教令，是军政方面大员通知，劝谕部下僚属、军民的书信一类的文字。 [13]开府：古代高级官员，建立府署并自选随员或职员。咨议参军：古官名，职掌咨询谋议军事，地位在诸参军之上。崔㥄（líng）：北魏主拓跋珪尚书，崔逞之五世孙，先曾为太学博士，后投归高欢，成为高欢的功臣，北齐时官至侍中。传见《北齐书》卷二十三。 [14]为东魏王：南梁又树立第三个分裂北魏政权的头目。胡三省曰：“上既以元悦为魏王，使自西道入；又使元法僧从东道入，故谓之东魏王。” [15]羊侃（kǎn）：字祖忻，泰山梁父（今山东新泰市）人，北魏平北将军羊祉之子，早年效力于北魏，累迁征东将军、泰山太守。后投归南梁，为侍中、太子左卫率、司徒左长史。侯景之乱爆发后，奉命坚守建康，多次击退叛军。传见《梁书》卷三十九。 [16]偕行：同行。 [17]邵陵王纶（lún）：即萧纶，字世调，梁武帝萧衍第六子，封邵陵郡王。以西中郎将权摄南徐州事，为

扬州刺史、中卫将军、开府仪同三司。侯景叛乱，被杀。传见《梁书》卷二十九。［18］赊（shē）买：强买东西而不付钱。赊，赊欠。［19］闭邸（dǐ）店：紧闭店门。邸店，这里即指店铺。［20］少府丞：古官名，主管为宫廷采购日常生活需要的东西。何智通：南梁少府丞，被邵陵王萧纶派人刺杀。依事启闻：按照事实报告了梁武帝萧衍。［21］被责还弟：被谴责解职回家。弟，通"第"，府第。［22］防阁：王、公贵族的卫士。皇帝身边有直阁，与之同类。戴子高：南梁邵陵王萧纶的属官，为防阁。都巷：街巷。胡三省曰："犹前言京巷也。"［23］绝：断气。［24］庚戌：二月十五日。［25］锁：套在脖子上的刑具。弟：通"第"，府第。［26］顷之复封爵：不久就恢复爵位。梁武帝萧衍只是做做样子而已，何尝把国法当回事？这样的事情已不仅仅是这一次，对于萧宏、萧正德等，哪一个不是如此？［27］辛亥：二月十六日。［28］安定王：即元朗，被高欢所立的傀儡皇帝，不久又被高欢废去，被降为安定王，此提前用以称之。敬宗：即元子攸，庙号敬宗。谥号武怀。［29］甲子：二月二十九日。［30］丙寅：三月二日。［31］丁丑：三月十三日。［32］入居于邺（yè）：由信都迁居于邺，亦即以邺城为都城。邺城，古城名，在今河北临漳县西南。［33］猜阻：因猜忌而有隔阂。［34］节闵帝：即元恭，死后谥号节闵。［35］怨毒：怨恨。［36］王家：大王你们家族。跨据三方：尔朱兆据并、汾；尔朱天光据关、陇；尔朱仲远据徐、兖。［37］殷盛：富足，强盛。［38］乌合：像乌鸦一样聚合，一哄而起，指没有严格的组织纪律。［39］同心戮（lù）力：齐心协力。戮，并，合。［40］闰月，壬寅：闰三月八日。［41］东郡：北魏郡名，郡治在今河南滑县东南。胡三省曰："秦置东郡，晋改为濮阳国，后复曰'东郡'，治滑台城。"［42］洹（huán）水：古河水名，在今之安阳河，流经邺城之南。［43］癸丑：闰三月十九日。［44］紫陌：又称"祭陌"，古地名，在今河北临漳县境内。［45］王桃汤：时为高欢的大都督高敖曹的乡里部曲头领。［46］集事：成事，取得胜利。［47］鲜卑：古代游牧民族名，兴起于大兴安岭，为魏晋南北朝时期对中国影响最大的游牧民族，起源于东胡族，分布在中国北方。［48］不减鲜卑：不比鲜卑人差。［49］洽：融洽，和谐。［50］不烦更配：用不着再往里头配属鲜卑兵士。［51］庚申：闰三月二十六日。［52］叩（kòu）西门：攻击邺城的西门。用"叩"字显得生动活泼。［53］壬戌：闰三月二十八日。［54］韩陵：古地名，在今河南安阳市东北。圆陈：即圆形的战阵。陈，同"阵"。［55］连系：拴在一起，以起阻挡之用。［56］死志：拼出一死的决心。［57］本所以戮力：当初所以和你并肩合作。戮力，合力。［58］今天子何在：此天子指北魏敬宗元子攸，已被尔朱兆杀之于晋阳。［59］永安：北魏主孝庄帝元子攸的第二个年号，共三年。此代指元子攸，指元子攸在永安年间杀了权臣尔朱荣。枉害天柱：没有道理地杀了天柱将军尔朱荣。枉，无理，不正直。［60］昔闻天柱计：我听到尔朱荣阴谋杀害皇帝的话。这是高欢当面撒谎，无事实。［61］户：门。［62］岂得言不反邪：胡三省曰："对两军发其阴谋，以正尔朱之罪。"［63］以君杀臣，何报之有：《左传·昭公十四年》有所谓"君讨臣，谁敢仇之？"即平常所说的"君叫臣死，臣不得不死"。［64］别将：另外一支部队的将领。斛（hú）律敦：复姓斛律，名敦，北魏时人，高欢的将领。蹑（niè）：追踪，跟进。［65］栗园：古地名，有多处地方称“栗园”，此在今河南安阳市东北。横击：拦腰攻击、冲杀。［66］杜德：原为尔朱兆的部将，在韩陵大战中被打败，投降高欢。陈：同“阵”，阵地，战场。［67］慕容绍宗：字绍宗，昌黎棘城（今辽宁义县）人，鲜卑族，前燕太原王慕容恪之后，北魏、东魏名将。早年是尔朱氏部将，担任并州刺史。归顺高欢后，历任扬州刺史、青州刺史等职。传见《北史》卷五十三。抚膺：摸着胸口，表示从内心发出的真心话。膺，胸。［68］不用公言：指慕容绍宗劝阻尔朱兆把六镇之兵交给高欢统辖。［69］西走：西返晋阳。［70］反旗鸣角：调转旌旗，吹起号角，以集合自己的军队。［71］死无类：即死无遗类，整个家族被杀得一干二净。［72］倍道先还：加快行程地返回洛阳。［73］外兵参军：古官名，诸公、军府的僚属，掌外兵曹事务，兼备参谋咨询。阳叔渊：尔朱世隆的亲信，为外兵参军。单骑：二字原无，据章校补。北中：古城名，原是北中郎将的府城，在河桥北岸，是洛阳城北面的重要门户。［74］简阅：观察，察看。［75］以次内之：不让他们一哄而进洛阳，盖防止生乱。内，通“纳”。［76］诡说：骗说。［77］内：同“纳”。［78］甲子朔：四月一日。［79］漯（lěi）陂津：古渡口名，在河桥的西边。胡三省曰：“亦曰雷波，即尔朱兆犯洛帅骑踏浅涉渡之处。”［80］张欢：北魏将领，在韩陵之战后，斛斯椿派他和贾显智袭击并捉拿尔朱世隆，导致尔朱政权的灭亡。后被杀。［81］禁直：在宫廷官署中值班。［82］神虎门：洛阳宫城门，位于宫城西墙中段。启陈：上奏，陈说。［83］义功既振：伸张正义的大功已经告成。振，兴起。［84］郭崇：北魏元恭时为中书舍人。［85］阊（chāng）阖（hé）门：洛阳皇宫的正南门。［86］卢辩：字景宣，范阳涿县（今河北涿州市）人，北魏侍中卢同之兄太常寺丞卢靖之子，任太学博士，元恭即位，任中书舍人，持节慰劳高欢。后历北齐、北周，成为北魏、北齐、北周三朝名臣。传见《魏书》卷七十六。［87］抗辞：义正辞严地说话，直言推辞。抗，高，不屈。

辛未[1]，骠骑大将军、行济州事侯景降于安定王，以景为尚书仆射、南道大行台、济州刺史。

尔朱仲远来奔[2]。仲远帐下都督乔宁、张子期自滑台诣欢降。欢责之曰：“汝事仲远，擅其荣利[3]，盟契百重[4]，许同生死。前仲远自徐州为逆[5]，汝为戎首[6]；今仲远南走，汝复叛之。事天子则不忠，事仲远则无信，犬马尚识饲之者[7]，汝曾[8]犬马之不如！”遂斩之。

尔朱天光之东下[9]也，留其弟显寿[10]镇长安，召秦州刺史侯莫陈悦[11]欲与之俱东。贺拔岳知天光必败，欲留悦共图显寿以应高欢，计未有所出。宇文泰谓岳曰：“今天光尚近，悦未必有贰心，若以此告之，恐其惊惧。然悦虽为主将，不能制物[12]，若先说其众，必人有留心[13]；悦进失尔朱之期[14]，退恐人情变动，乘此说悦，事无不遂。”岳大喜，即令泰入悦军说之，悦遂与岳俱袭长安[15]。泰帅轻骑为前驱，显寿弃城走，追至华阴[16]，擒之。欢以岳为关西大行台[17]，岳以泰为行台左丞，领府司马[18]，事无巨细皆委之[19]。

尔朱世隆之拒高欢[20]也，使齐州行台尚书房谟[21]募兵趣四渎[22]，又使其弟青州刺史弼趣乱城[23]，扬声北渡[24]，为掎角之势[25]。及韩陵既败，弼还东阳[26]，闻世隆等死，欲来奔，数与左右割臂为盟。帐下都督冯绍隆[27]，素为弼所信待[28]，说弼曰："今方同契阔[29]，宜更割心前之血以盟众。"弼从之，大集部下，披胸[30]令绍隆割之，绍隆因推刃[31]杀之，传首洛阳[32]。

（以上为第十二段，写北魏尔朱氏"兵败如山倒"，势力接近消亡，尔朱仲远投降南朝；尔朱显寿被俘获，关西归于高欢；尔朱弼被杀，山东的地盘也归于高欢。）

【注释】

[1]辛未：四月八日。 [2]来奔：前来投降南梁。 [3]擅其荣利：享有他给你的一切富贵尊荣。擅，拥有。 [4]盟契（qì）百重：与尔朱氏多次地宣誓结盟。契，结约。百重，极言其次数之多。 [5]为逆：指中大通二年（530）尔朱仲远进兵洛阳之事。 [6]戎首：军队主帅，为开路先锋。 [7]饲之者：喂养的人。 [8]曾：竟然，连个。 [9]尔朱天光之东下：此叙以前之事。[10]显寿：即尔朱显寿，尔朱天光之弟，曾镇守长安。 [11]秦州：北魏州名，州治在今甘肃天水市。侯莫陈悦：北魏秦州刺史，尔朱荣的心腹部下。传见《魏书》卷八十。 [12]不能制物：在其部众面前没有威信，不能统领其众。物，即指人，人心。 [13]人有留心：全都愿意留在长安，不愿随之东讨。人，人人，指侯莫陈悦的部下。 [14]失尔朱之期：不能按尔朱氏规定的日期到达。 [15]俱袭长安：胡三省曰："岳为雍州刺史，本治长安，盖天光东下，使之出捍西北也。"[16]华阴：北魏县名，在今陕西华阴市，因在华山之北而得名，在当时的长安之东约二百多里。[17]关西大行台：犹言关西地区的大总管，全权处理军政事务。 [18]领府司马：兼任贺拔岳雍州刺史府的司马。领，兼任。司马，古官名，在军中主管司法。 [19]事无巨细皆委之：宇文泰的势力从此而起。 [20]尔朱世隆之拒高欢：此亦追叙以前之事。 [21]齐州：北魏州名，州治历城，在今山东济南市。行台尚书：一般为行台属官，分曹理事。而在未设行台尚书令或行台仆射时，乃为行台长官。房谟（mó）：原尔朱荣部属，后为尔朱世隆所信任，为齐州行台；后投降大丞相高欢，迁颍川太守、丞相右长史、大行台左丞。传见《北史》卷五十五。 [22]四渎：即四渎津，古渡口名，在今山东济南市长清区西南。所谓"四渎"，指此水可通四渎而言。胡三省引《水经注》曰："以其自河入济，自泗入淮，自淮达江，水往周流，故有四渎之名。"[23]弼：即尔朱弼，字辅伯，并州刺史尔朱侯真之孙，华州刺史尔朱买珍之子，权臣尔朱世隆之弟，北魏青州刺史，封朝

阳王。后为帐下都督冯绍隆所杀。传见《魏书》卷七十五。乱城：古城名，在今山东滨州市滨城区南。［24］扬声北渡：扬言沿黄河而北，以夺取高欢的根据地。［25］掎（jǐ）角之势：军事用语，以喻两支部队相互策应、相互支援，共同对付一支敌兵的态势。掎，拖住，牵引。［26］东阳：古城名，在今山东青州市，当时为北魏的青州州治所在地。［27］帐下都督：古官名，北魏所置，为主将亲信，统领帐下亲军，侍卫主将。冯绍隆：时为尔朱弼的帐下都督。［28］信待：犹言“信赖”，信任，依靠。［29］同契（qiè）阔：犹言“同生死、共患难”。《诗经·邶风·击鼓》有所谓“死生契阔”，意为无论生死离合，我们都要在一起。［30］披胸：露出胸膛。披，打开，敞露。［31］推刃：泛指用刀刺杀。［32］传首洛阳：用传车将尔朱弼的首级送到洛阳。

丙子[1]，安东将军辛永以建州[2]降于安定王。

辛巳[3]，安定王至邙山[4]。高欢以安定王疏远[5]，使仆射魏兰根慰谕[6]洛邑，且观节闵帝之为人，欲复奉之[7]。兰根以帝神采高明[8]，恐于后难制，与高乾兄弟及黄门侍郎崔㥄共劝欢废之。欢集百官问所宜立，莫有应者，太仆代人綦毋俊[9]盛称节闵帝贤明，宜主社稷，欢欣然[10]是之。㥄作色曰[11]：“若言贤明，自可待我高王[12]，徐登大位。广陵既为逆胡所立[13]，何得犹为天子！若从俊言，王师何名义举？”欢遂幽节闵帝于崇训佛寺[14]。

欢入洛阳，斛斯椿谓贺拔胜曰：“今天下事，在吾与君耳，若不先制人，将为人所制。高欢初至，图之不难。”胜曰：“彼有功于时，害之不祥。比数夜[15]与欢同宿，具序往昔之怀[16]，兼荷兄恩意甚多[17]，何苦惮之[18]！”椿乃止[19]。

欢以汝南王悦，高祖之子，召欲立之，闻其狂暴无常，乃止。

时诸王多逃匿[20]，尚书左仆射平阳王修[21]，怀之子也，匿于田舍。欢欲立之，使斛斯椿求之。椿见修所亲员外散骑侍郎太原王思政[22]，问王所在，思政曰：“须知问意。”椿曰：“欲立为天子。”思政乃言之。椿从思政见修，修色变，谓思政曰：“得无卖我邪[23]？”曰：“不也。”曰：“敢保之乎[24]？”曰：“变态百端，何可保也！”椿驰报欢。欢遣四百骑迎修入毡帐[25]，陈诚[26]，泣下沾襟，修让以寡德，欢再拜，修亦拜。欢出备服御[27]，进汤沐，达夜严警[28]。昧爽[29]，文武执鞭以朝[30]，使斛斯椿奉劝进表[31]。椿入帷门[32]，磬折延首[33]而不敢前，修令思政取表视之，曰："便不得不称朕矣[34]。"乃为安定王作诏策而禅位[35]焉。

戊子[36]，孝武帝[37]即位于东郭[38]之外，用代都旧制，以黑毡蒙七人，欢居其一，帝于毡上西向拜天毕，入御太极殿[39]，群臣朝贺，升阊阖门大赦，改元太昌[40]。以高欢为大丞相、天柱大将军、太师，世袭定州刺史。庚寅[41]，加高澄侍中、开府仪同三司。

（以上为第十三段，写北魏立君王如同儿戏，元恭是尔朱氏所立，今高欢得势，便另立新帝，平阳王元修被推上皇帝位，即魏孝武帝。）

【注释】

[1]丙子：四月十三日。 [2]辛永：北魏元恭时为安东将军，以建州投靠高欢。建州：北魏州名，州治在今山西晋城市西北，高平市东南。 [3]辛巳：四月十八日。 [4]至邙山：由邺城入洛阳，先经过洛阳城北的邙山。 [5]安定王疏远：安定王元朗与北魏皇帝的血缘关系疏远，立之为帝，号召力不强。元朗是献文帝元弘的侄孙，与明帝元诩的血缘关系相对较远。 [6]仆射（yè）：即尚书仆射。魏兰根：巨鹿曲阳人，北魏大臣，高欢的亲信。传见《北史》卷五十六。慰谕：抚慰，晓谕。 [7]欲复奉之：想继续拥戴元恭为帝。 [8]神采高明：神采奕奕，精明。[9]太仆：古官名，为九卿之一，掌皇帝的舆马与马政。綦（qí）毋俊：高欢的属官，为太仆。[10]欣然：十分高兴的样子。 [11]悛作色曰：崔悛拉下脸来，严肃地说。 [12]若言贤明，自可待我高王：要是说到贤明，自是应该等待我们的高王。高王，指高欢。 [13]广陵：指节闵帝元恭，因其在被拥立为帝前继其父为广陵王。为逆胡所立：元恭是被尔朱世隆拥立为帝。逆胡，指尔朱氏。 [14]幽：幽囚，扣留。崇训佛寺：即崇训寺，洛阳城内的佛寺名。 [15]比数夜：近日来的一连几个晚上。比，近，一连。 [16]具序往昔之怀：一一诉说旧日的情怀。序，同"叙"，诉说。具，原文为"且"，据章校改。且，指谈话中涉及；具，一一诉说，具字好，且改之。[17]兼荷兄恩意甚多：其中说了许多对你感恩的话。荷，负戴，感恩。 [18]何苦惮（dàn）之：你何必怕他呢？ [19]椿乃止：胡三省曰："史言贺拔胜有才武而无远识，高欢能以奸诈玩弄时辈而悦其心。斛斯椿者小有才，反覆人也，其图欢之志固在孝武帝未立之前矣。" [20]逃匿（nì）：逃亡，躲藏。 [21]平阳王修：即元修，字孝则，孝文帝元宏之孙，孝文帝第五子广平武穆王元怀第三子，高欢拥立为傀儡皇帝，成为北魏末代皇帝。传见《魏书》卷十一。 [22]王思政：太原祁县（今山西祁县）人，初任员外散骑侍郎，元修即位后，凭借拥戴之功，封祁县侯，迁中军将军，总领禁军。护送元修迁都长安，投奔夏州刺史宇文泰，授光禄勋、并州都督，进封太原郡公。参加河桥之战，授侍中、东道行台、并州都督。传见《北史》卷六十二。 [23]得无卖我邪：莫非是骗我吗？得无，难道，莫非。卖，哄骗。 [24]敢保之乎：你能担保我不会有危险吗？ [25]毡（zhān）帐：高欢所居住与办公的大帐篷，亦即穹庐、蒙古包。 [26]陈诚：表达诚意。 [27]备

服御：准备称帝用的衣服与车马。［28］严警：严密警戒。［29］昧爽：天蒙蒙亮。［30］执鞭以朝：胡三省曰："军中不能备朝服，故执鞭以为敬。"［31］奉劝进表：向元修呈上劝其进位称帝的表章。［32］帷门：毡帐的门口。［33］磬（qìng）折延首：弯着腰，伸着脖子。磬，古代的石制乐器，形如曲尺，故用以形容人的弯腰。胡三省引张守节曰："磬折，谓曲体揖之，若石磬之形曲折也。磬形皆中屈垂两头，言人屈腰则似也。"［34］便不得不称朕矣：胡三省曰："平阳王视劝进表而发此言，骄满之气溢于肝鬲之上，君子以是知其不能终。"［35］禅（shàn）位：让出帝位。［36］戊子：四月二十五日。［37］孝武帝：即元修，死后谥号孝武。［38］东郭：洛阳外城的东门外。［39］入御太极殿：胡三省曰："魏自孝文帝用夏变夷，宣武、孝明即位皆用汉、魏之制，今复用夷礼。"［40］改元太昌：更改年号，为太昌。太昌（532 年 4 月—12 月），北魏主孝武帝元修的第一个年号，共使用数月。［41］庚寅：四月二十七日。

初，欢起兵信都，尔朱世隆知司马子如与欢有旧，自侍中、骠骑大将军出为南岐州[1]刺史。欢入洛，召子如为大行台尚书，朝夕左右，参知军国。广州刺史广宁韩贤[2]，素为欢所善，欢入洛，凡尔朱氏所除官爵例皆削夺，唯贤如故。

以前御史中尉樊子鹄[3]兼尚书左仆射，为东南道大行台，与徐州刺史杜德追尔朱仲远；仲远已出境，遂攻元树于谯[4]。

丞相欢征贺拔岳为冀州刺史，岳畏欢，欲单马入朝。行台右丞薛孝通说岳曰："高王以数千鲜卑破尔朱百万之众，诚亦难敌。然诸将或素居其上，或与之等夷[5]，屈首[6]从之，势非获已[7]。今或在京师，或据州镇，高王除之则失人望[8]，留之则为腹心之疾。且吐万人[9]虽复败走，犹在并州，高王方内抚群雄，外抗勍敌[10]，安能去其巢穴[11]，与公争关中之地乎！今关中豪俊皆属心于公[12]，愿效其智力。公以华山为城，黄河为堑[13]，进可以兼山东[14]，退可以封函谷[15]，奈何欲束手受制于人乎！"言未卒，岳执孝通手曰："君言是也。"乃逊辞为启而不就征[16]。

壬辰[17]，丞相欢还邺，送尔朱度律、天光于洛阳，斩之。

五月，丙申[18]，魏主鸩节闵帝于门下外省[19]，诏百司[20]会丧，葬用殊礼[21]。

以沛郡王欣[22]为太师，赵郡王谌[23]为太保，南阳王宝炬[24]为太尉，长孙稚为太傅。宝炬，愉之子也。丞相欢固辞天柱大将军，戊戌[25]，许之。己酉[26]，清河王亶[27]为司徒。

侍中河南高隆之[28]，本徐氏养子，丞相欢命以为弟[29]，恃欢势骄公卿[30]，南阳王宝炬殴之，曰："镇兵何敢尔[31]！"魏主以欢故，六月，丁卯[32]，黜宝炬为骠骑大将军，归第[33]。

魏主避广平武穆王[34]之讳，改谥武怀皇帝曰"孝庄皇帝"[35]，庙号敬宗。

秋，七月，庚子[36]，魏复以南阳王宝炬为太尉。

壬寅[37]，魏丞相欢引兵入滏口，大都督库狄干入井陉，击尔朱兆。庚戌[38]，魏主使骠骑大将军、仪同三司高隆之帅步骑十万会丞相欢于太原，因以隆之为丞相军司[39]。欢军于武乡[40]，尔朱兆大掠晋阳，北走秀容[41]。并州[42]平。欢以晋阳四塞[43]，乃建大丞相府而居之[44]。

魏夏州迁民郭迁据青州[45]反，刺史元嶷[46]弃城走，诏行台侯景等讨之，拔其城。迁来奔[47]。

魏东南道大行台樊子鹄围元树于谯城[48]，分兵攻取蒙县[49]等五城，以绝援兵之路。树请帅众南归，以地还魏，子鹄等许之，与之誓约。树众半出，子鹄击之，擒树及谯州刺史朱文开[50]以归。羊侃行至官竹[51]，闻树败而还。九月，树至洛阳，久之，复欲南奔，魏人杀之。

乙巳[52]，以司空袁昂领尚书令。

冬，十一月，丁酉[53]，日南至[54]，魏主祀圜丘[55]。

甲辰[56]，魏杀安定王朗、东海王晔[57]。

己酉[58]，以汝南王悦为侍中、大司马。

魏葬灵太后胡氏[59]。

上闻魏室已定，十二月，庚辰[60]，复以太尉元法僧为郢州刺史[61]。

魏主以汝南王悦属近地尊[62]，丁亥[63]，杀之。

魏大赦，改元永兴[64]，以与太宗同号[65]，复改永熙[66]。

魏主纳丞相欢女为后，命太常卿李元忠纳币[67]于晋阳。欢与之宴，论及旧事，元忠曰："昔日建义[68]，轰轰大乐[69]，比来寂寂无人问[70]。"欢抚掌笑曰："此人逼我起兵[71]。"元忠戏曰："若不与侍中[72]，当更求建义处[73]。"欢曰："建义不虑无[74]，止畏如此老翁不可遇[75]耳。"元忠曰："止为此翁难遇，所以不去。"因捋欢须大笑[76]。欢悉其雅意[77]，深重之。

尔朱兆既至秀容，分守险隘[78]，出入寇抄[79]。魏丞相欢扬声[80]讨之，师出复止者数四[81]，兆意怠[82]。欢揣[83]其岁首当宴会，遣都督窦泰[84]以精骑驰之，一日一夜行三百里，欢以大军继之。

（以上为第十四段，写北魏孝武帝元修不是"省油灯"，即位后，把三个傀儡皇帝都杀了，以绝后患；尔朱氏只剩下尔朱兆，高欢亲率大军奔袭。）

【注释】

[1]南岐（qí）州：北魏州名，州治梁泉，在今陕西凤县凤州镇。[2]韩贤：字普贤，广宁石门（今山西寿阳县）人，投靠尔朱荣家族，封帐内都督、汾阳县伯，迁广州刺史。高欢起兵于信都，暗中通诚，成为高欢心腹，拜建州刺史，封昌黎郡王。东魏时，拜特进、中军将军、洛州刺史。传见《北齐书》卷十九。[3]御史中尉：古官名，主管监察、弹劾的官员。樊子鹄：荆州襄阳（今湖北襄阳市）人，归义县侯樊兴之子，北魏将领。传见《魏书》卷八十。[4]攻元树于谯（qiáo）：元树叛变北魏投降南梁后，被任为郢州刺史，又被派率军北伐北魏，攻得谯郡，并驻兵守之。谯，北魏郡名，郡治在今安徽亳州市。[5]等夷：平等，地位相当。[6]屈首：俯首，低头。[7]势非获已：实在是出于不得已。[8]失人望：令众人因失望而离心。[9]吐万人：即尔朱兆，字吐万人。[10]勍（qíng）敌：势力强大的敌人。[11]去其巢穴：离开他的巢穴，这里即指都城洛阳。[12]属心于公：心向着您。属心，归心。[13]堑（qiàn）：壕沟，护城河。[14]兼山东：吞并华山以东，指今之河南、山西、河北、山东、安徽等广大地区。山东，华山以东，也可以说崤山之东。[15]封函谷：意即守住函谷关，在关中地区割据称王。封，堵塞，挡住。[16]逊辞为启：上书说客气话，找理由推托。不就征：不听招呼，不到洛阳去。[17]壬辰：四月二十九日。[18]丙申：五月三日。[19]鸩（zhèn）：毒杀。门下外省：门下省正门以外的屋舍。门下省即侍中与诸侍郎办公、议事之地。[20]百司：意同"百官"。[21]葬用殊礼：用特殊优厚的礼节予以安葬。胡三省曰："加九旒、銮辂、黄屋、左纛、班剑百二十人，盖其礼特异于诸王之丧耳。"元恭被高欢所杀时，年三十五岁，谥号武怀。[22]沛郡王欣：即元欣，献文帝元弘之孙，广陵王元羽之子，节闵帝元恭之兄，封沛郡王。传见《魏书》卷二十一。[23]赵郡王谌（chén）：即元谌，献文帝元弘之孙，赵郡王元干之子，被孝庄帝元子攸封为赵郡王。传见《北史》卷十九。[24]南阳王宝炬：即元宝炬，字子明，北魏孝文帝元宏之孙，临洮王元愉之子，封南阳郡王，西魏开国皇帝。进封南阳郡王。传见《魏书》卷二十二。[25]戊戌：五月五日。[26]己酉：五月十六日。[27]清河王亶（dǎn）：即元亶，字子亮，孝文帝元宏孙子，清河文献王元怿世子，孝静帝元善见生父，袭封清河郡王，迎娶胡太后的侄女胡智，授司徒。

出任大司马，居于尚书省摄政。其子元善见即位，迁都邺城，建立东魏。赠相国，谥号文宣。传见《魏书》卷十二。［28］高隆之：字延兴，雍州刺史高乾之子，随高欢平定尔朱氏，拜骠骑大将军、并州刺史，入朝理政，与孙腾、司马子如、高岳合称“四贵”，历任太保、左仆射、吏部尚书。北齐时，为宗正卿、录尚书事，封阳夏王。传见《北齐书》卷十八。［29］命以为弟：呼之为弟。命，名。［30］势骄公卿：盛气凌人，公卿大臣不在眼下。［31］镇兵何敢尔：一个镇兵安敢如此嚣张。镇兵，当时洛阳一带的士大夫对北方边境军官的通称。胡三省曰：“魏迁洛阳，北人留居北镇者率隶尺籍，故詈之曰‘镇兵’。”［32］丁卯：六月五日。［33］归第：意即免除其现有职务，只以骠骑大将军的身份回家赋闲。［34］广平武穆王：即元怀，孝文帝之子，是高欢新立的现时魏主元修之父。广平，古郡名，郡治广平县，在今河北鸡泽县东南。武穆是其死后的谥号。［35］改谥武怀皇帝曰“孝庄皇帝”：为了避新立魏主元修之父元怀之讳，故改“武怀帝”为“孝庄帝”。［36］庚子：七月八日。［37］壬寅：七月十日。［38］庚戌：七月十八日。［39］军司：意同“军师”，参谋总长。［40］武乡：北魏县名，在今山西武乡县东北。［41］秀容：北魏郡名，郡治在今山西忻州市西北，当时上属于肆州。［42］并州：北魏州名，州治晋阳，在今山西太原市。［43］晋阳四塞：太原四面皆有险可守。胡三省曰：“太原郡之地，东阻太行、常山，西有蒙山，南有霍太山、高壁岭，北阨东陉、西陉关，故亦以为四塞之地。”［44］建大丞相府而居之：胡三省曰：“自此至于高齐建国，遂以晋阳为陪都。”［45］夏州迁民：被强迫从夏州迁居到青州的百姓。夏州，北魏州名，州治统万，在今陕西靖边县北。青州：北魏州名，州治东阳，在今山东青州市。［46］元嶷：字子仲，河南洛阳人，昭成皇帝拓跋什翼犍六世孙，光州刺史元悝之子，北魏青州刺史。传见《魏书》卷十五。［47］迁来奔：郭迁逃来归顺南梁。［48］围元树于谯城：去年，南梁派元树镇谯城，今年四月，北魏御史中尉樊子鹄率军攻之。［49］蒙县：北魏县名，县治在今河南商丘市东北。［50］朱文开：南梁谯州刺史，被北魏俘获。［51］官竹：北魏邑名，在今河南商丘市东南。［52］乙巳：九月十四日。［53］丁酉：十一月七日。［54］日南至：太阳到了南回归线，也就是到了冬至节。［55］祀圜（yuán）丘：到天坛祭天。圜丘，皇帝祭天的圆台，即后代所说的“天坛”。胡三省曰：“古者因天事天，故祭天于圜丘，其圜象天。”［56］甲辰：十一月十四日。［57］杀安定王朗、东海王晔：胡三省曰：“二王皆尝拥立，虽已废退，居嫌疑之地，故见杀。”再加上前已杀元恭，自孝庄帝元子攸被尔朱兆所杀后所立的三个傀儡皇帝都被杀了，真可谓“无情最是帝王家”，皇帝没做几天，倒把小命送掉了。［58］己酉：十一月十九日。［59］魏葬灵太后胡氏：即被尔朱荣沉于黄河的胡太后，谥号灵，故称。至今正式安葬。［60］庚辰：十二月二十一日。［61］复以太尉元法僧为郢州刺史：今春北魏形势混乱时，南梁曾任元法僧为东魏王，以分裂北魏，近来北魏形势稳定，故停止分裂之举，改任元法僧为郢州刺史。郢州，南梁州名，州治江夏，在今湖北武汉汉阳区。［62］属近地尊：血缘亲近，职位尊贵。元悦是现任魏主元修的亲叔父，官居大司马之职。［63］丁亥：十二月二十八日。［64］改元永兴：将年号改为永兴。永兴，北魏主孝武帝元修的第二个年号，历时一个月。［65］与太宗同号：与明元帝拓跋嗣的年号相同。拓跋嗣的第一个年号称“永兴”。［66］复改永熙：将年号由“永兴”改为“永熙”。永熙，北魏主孝武帝元修的第三个年号，历时二年。［67］纳币：送聘礼，俗称“过定”。婚前男方给女子送聘礼，女家受礼后回报男方，表示两人的婚姻已定。［68］建义：举行反尔朱荣的起义。［69］轰轰大乐：热热闹闹地大干了一场。乐，欢乐，热闹。［70］比来寂（jì）寂无人问：近来寂静冷清，好像把我们都忘记了，感到被冷落了。［71］逼我起兵：逼着我起来造反，意即逼着我当皇帝。［72］不与侍中：不答应我的请求，不接受我的建议。与，赞成，接受。侍中，李元忠自指。［73］当更求建义处：我会去找另一个人起来夺取皇帝位。［74］建义不虑无：想干这件事的人不愁没有。［75］止畏：只是害怕。止，同“只”。如此老翁不可遇：像我高欢这样的老头儿可不好找。［76］因捋欢须大笑：李元忠于是捋着高欢的胡须大笑起来。［77］悉其雅意：明白他的意思。悉，明白，了解。雅意，一片好意。［78］险隘（ài）：关口。［79］寇抄：劫掠。［80］扬声：扬言。［81］数四：意即多次。［82］怠：懈怠，放松警惕。［83］揣：揣测，估计。［84］窦泰：统万镇将窦罗曾孙，赠司徒窦乐之子，北魏至东魏将领。早年投奔尔朱荣，后辅佐晋州刺史高欢，作为妹夫，授镇城都督，参谋军事；从平尔朱兆，迁车骑大将军，官至侍中、京畿大都督。传见《北齐书》卷十五。

【点评】

高欢称帝呼之欲出。尔朱氏在高欢穷追猛打之下，节节败退，溃不成军。高欢一心想做皇帝，但是遮遮掩掩，推出了一个又一个皇帝，就是不肯自己当皇帝。高欢的顾虑在天下人心。李元忠是高欢的老友，深知高欢的心事，他以开玩笑的方式挑明话题，说：“如果不给我封侍中，我就另找一处起兵的地方了。”北朝侍中是皇帝身边典机密的侍从，常受遗诏辅政，有“小宰相”之称。高欢听了心领神会，也交心说：“起兵的人不是没有，只是恐怕像我这样的老头儿你不会再遇到了。”意思是说，这皇帝早晚是我高欢的，你不用离开我，跟着干就是了。

高欢虽然出身卑微，但是他天生有政治头脑，魏孝武帝娶丞相高欢的女儿为皇后，这事肯定是高欢一手操办，为的是政治联姻。但是高欢主宰朝廷大权之后的种种表现，仍然显露出他的短板，高欢以不讲信义为由杀了乔宁和张子期，却不记得自己和尔朱兆的承诺，显然不能自圆其说；侍中河南人高隆之，本是徐氏的养子，高欢认他为弟，高隆之倚仗高欢的权势，对公卿们的态度很骄横，连皇帝也无可奈何，这只能解释为高欢的放纵。还没有坐天下，就已经不能自敛，高欢的轻佻，由此可见。

卷一五六　梁纪十二

梁武帝中大通五年至六年（533—534 年）

【起昭阳赤奋若（癸丑，533 年），尽阏逢摄提格（甲寅，534 年），凡二年】

【大事提要】

本卷记事起自公元 533 年，至公元 534 年，凡二年，当梁武帝中大通五年、六年和魏孝武帝永熙二年、三年。此时南朝承平，无事可述，而北魏发生政权更迭的大事变，故本卷内容集中记述北魏命丧权臣的短命皇帝孝武帝一朝的事变，然后详载北魏分裂为东魏和西魏的始末，为北齐和北周的兴起伏笔。

高祖武皇帝十二

中大通五年（癸丑，533 年）

春，正月，辛卯[1]，上祀南郊[2]，大赦。

魏窦泰[3]奄至[4]尔朱兆[5]庭，军人因宴休惰，忽见泰军，惊走，追破之于赤洪岭[6]，众并降散。兆逃于穷山，命左右西河张亮[7]及苍头[8]陈山提[9]斩己首以降，皆不忍；兆乃杀所乘白马，自缢于树。欢[10]亲临，厚葬之。慕容绍宗[11]携尔朱荣[12]妻子及兆余众诣欢降，欢以义故[13]，待之甚厚。兆之在秀容[14]，左右皆密通款[15]于欢，唯张亮无启疏[16]，欢嘉之，以为丞相府参军[17]。

魏罢诸行台[18]。

辛亥[19]，上祀明堂[20]。

丁巳[21]，魏主[22]追尊其父为武穆帝[23]，太妃冯氏[24]为武穆后，母李氏[25]为皇太妃。

劳州[26]刺史[27]曹凤[28]、东荆州[29]刺史雷能胜[30]等举城降魏。

魏侍中[31]斛斯椿[32]闻乔宁、张子期之死[33]，内不自安，与南阳王宝炬[34]、武卫将军[35]元毗[36]、王思政[37]密劝魏主图丞相欢。毗，遵[38]之玄孙也。舍人[39]元士弼[40]又言欢受诏不敬，帝由是不悦。椿劝帝置阁内都督[41]部曲[42]，又增武直[43]人数，自直阁已下，员别数百[44]，皆选四方骁勇者充之。帝数出游幸，椿自部勒[45]，别为行陈[46]，由是朝政、军谋，帝专与椿决之。帝以关中[47]大行台[48]贺拔岳[49]拥重兵，密与相结，又出侍中贺拔胜[50]为都督三荆等七州[51]诸军事，欲倚胜兄弟以敌欢，欢益不悦。

侍中、司空[52]高乾[53]之在信都[54]也，遭父丧，不暇终服[55]。及孝武帝即位，表请解职行丧，诏听解侍中，司空如故。乾虽求退，不谓遽[56]见许，既去内侍，朝政多不关预[57]，居常怏怏[58]。帝既贰[59]于欢，冀乾为己用，尝于华林园宴罢，独留乾，谓之曰："司空奕世忠良[60]，今日复建殊效[61]，相与虽则君臣，义同兄弟，宜共立盟约，以敦情契。"殷勤逼之。乾对曰："臣以身许国，何敢有贰。"时事出仓猝，且不谓帝有异图，遂不固辞，亦不以启欢。及帝置部曲，乾乃私谓所亲曰："主上不亲勋贤而招集群小，数遣元士弼、王思政往来关西与贺拔岳计议，又出贺拔胜为荆州，外示疏忌[62]，内实树党，令其兄弟相近，冀据有西方。祸难将作，必及于我。"乃密启欢。欢召乾诣并州，面论时事，乾因劝欢受魏禅，欢以袖掩其口曰："勿妄言！今令司空复为侍中，门下之事一以相委。"欢屡启请，帝不许。乾知变难将起，密启欢求为徐州；二月，辛酉[63]，以乾为骠骑大将军[64]、开府仪同三司[65]、徐州[66]刺史，以咸阳王坦[67]为司空。

癸未[68]，上幸同泰寺[69]，讲《般若经》[70]，七日而罢，会者数万人。

魏正光[71]以前，阿至罗[72]常附于魏。及中原多事，阿至罗亦叛，丞相欢招抚之，阿至罗复降，凡十万户。三月，辛卯[73]，诏复以欢为大行台[74]，使随宜裁处。欢与之粟帛，议者以为徒费无益，欢不从，及经略河西[75]，大收其用。

高乾将之徐州，魏主闻其漏泄机事，乃诏丞相欢曰："乾邕与朕私有盟约，今乃反覆两端。"欢闻其与帝盟，亦恶之，即取乾前后数启论时事者遣使封上，帝召乾，对欢使责之，乾曰："陛下自立异图，乃谓臣为反覆，人主加罪，其可辞乎！"遂赐死。帝又密敕东徐州[76]刺史潘绍业[77]杀其弟敖曹[78]，敖曹先闻乾死，伏壮士于路，执绍业，得敕书于袍领，遂将十余骑奔晋阳[79]。欢抱其首哭曰："天子枉害司空。"敖曹兄仲密[80]为光州刺史，帝敕青州[81]断其归路，仲密亦间行奔晋阳。仲密名慎，以字行。

魏太师[82]鲁郡王肃[83]卒。

丙辰[84]南平元襄王伟[85]卒。

丁巳[86]，魏以赵郡王谌[87]为太尉[88]，南阳王宝炬为太保[89]。

魏尔朱兆之入洛也，焚太常乐库[90]，钟磬俱尽。节闵帝[91]诏录尚书事[92]长孙稚[93]、太常卿[94]祖莹[95]等更造之，至是始成，命曰大成乐。

魏青州民耿翔[96]聚众寇掠三齐[97]，胶州刺史裴粲[98]专事高谈，不为防御；夏，四月，翔掩袭州城[99]。左右白贼至，粲曰："岂有此理！"左右又言已入州门，粲乃徐曰："耿王[100]来，可引之听事[101]，自余部众，且付城民。"翔斩之，送首来降。

五月，魏东徐州民王早[102]等杀刺史崔庠[103]，以下邳[104]来降。

六月，壬申[105]，魏以骠骑大将军樊子鹄[106]为青、胶大使[107]，督济州刺史蔡俊[108]等讨耿翔。秋，七月，魏师至青州，翔弃城来奔，诏以为兖州刺史。

壬辰[109]，魏以广陵王欣[110]为大司马[111]，赵郡王谌为太师，庚戌[112]，以前司徒[113]贺拔允[114]为太尉。

初，贺拔岳遣行台郎[115]冯景[116]诣晋阳，丞相欢闻岳使至，甚喜，曰："贺拔公讵[117]忆吾邪！"与景歃血[118]，约与岳为兄弟。景还，言于岳曰："欢奸诈有余，不可信也。"府司马[119]宇文泰[120]自请使晋阳以观欢之为人，欢奇其状貌，曰："此儿视瞻非常。"将留之，泰固求复命；欢既遣而悔之，发驿急追，至关[121]不及而返。

泰至长安[122]，谓岳曰："高欢所以未篡者，正惮公兄弟耳；侯莫陈悦[123]之徒，非所忌也。公但潜为之备，图欢不难。今费也头[124]控弦之骑不下一万，夏州刺史斛拔弥俄突[125]胜兵[126]三千余人，灵州刺史曹泥[127]、河西流民纥豆陵伊利[128]等各拥部众，未知所属。公若引军近陇[129]，扼其要害，震之以威，怀之以惠，可收其士马以资吾军。西辑氐、羌，北抚沙塞[130]，还军长安，匡辅魏室，此桓、文[131]之举也。”岳大悦，复遣泰诣洛阳请事，密陈其状。魏主喜，加泰武卫将军[132]，使还报。八月，帝以岳为都督雍、华等二十州[133]诸军事、雍州刺史，又割心前血[134]，遣使者赍以赐之。岳遂引兵西屯平凉[135]，以牧马为名。斛拔弥俄突、纥豆陵伊利及费也头万俟受洛干[136]、铁勒[137]斛律沙门[138]等皆附于岳，唯曹泥附于欢。秦、南秦、河、渭四州[139]刺史同会平凉，受岳节度。岳以夏州[140]被边要重，欲求良刺史以镇之，众举宇文泰，岳曰："宇文左丞[141]，吾左右手，何可废也！”沉吟累日，卒表用[142]之。

九月，癸酉[143]，魏丞相欢表让王爵，不许；请分封邑十万户颁授勋义[144]，从之。

冬，十月，庚申[145]，以尚书右仆射[146]何敬容[147]为左仆射[148]，吏部尚书[149]谢举[150]为右仆射。

十一月，癸巳[151]，魏以殷州刺史中山邸珍[152]为徐州大都督[153]、东道行台、仆射，以讨下邳[154]。

十二月，丁巳[155]，魏主狩于嵩高[156]；己巳[157]，幸温汤[158]；丁丑[159]，还宫。

魏荆州刺史贺拔胜寇雍州[160]，拔下迮戍[161]，扇动诸蛮；雍州刺史庐陵王续[162]遣军击之，屡为所败，汉南[163]震骇。胜又遣军攻冯翊、安定、沔阳、酂城[164]，皆拔之。续遣电威将军[165]柳仲礼[166]屯谷城[167]以拒之，胜攻之，不克，乃还；于是沔北[168]荡为丘墟矣。仲礼，庆远[169]之孙也。

魏丞相欢患贺拔岳、侯莫陈悦之强，右丞[170]翟嵩[171]曰："嵩能间之，使其自相屠灭。”欢遣之。欢又使长史[172]侯景[173]招抚纥豆陵伊利，伊利不从。

（以上为第一段，写北魏孝武帝内惩高欢亲信高乾，外结贺拔岳、贺拔胜兄弟；

高欢优抚阿至罗，拉拢与离间关中诸将，君臣双方明争暗斗，北魏政权危机四伏。）

【注释】

［1］辛卯：正月二日。［2］祀南郊：在南郊举行祭天之礼。梁制，自天监八年（509）开始，每隔一年的正月上辛日（某月第一次用天干辛配地支的日子，就叫做上辛日），在京城建康（今江苏南京市）南郊的圆丘祭天。［3］窦泰（？—537）：字世宁，大安捍殊（今山西寿阳县北）人。东魏京畿大都督，领御史中尉，爵广阿子。高欢得力战将。传见《北齐书》卷十五、《北史》卷五十四。［4］奄至：突然冲到。［5］尔朱兆（？—533）：复姓尔朱，字万仁，尔朱荣从子。北魏末都督十州诸军事，世袭并州刺史。传见《魏书》卷七十五、《北史》卷四十八。［6］赤谼（hóng）岭：山名。在今山西吕梁市离石区内。［7］张亮：字伯德，西河隰城（今山西汾阳市）人。北齐时官至中领军。传见《北齐书》卷二十五、《北史》卷五十五。［8］苍头：奴仆。以汉代奴仆多以青巾裹头而得名，此指随身保镖。［9］陈山提：北齐时，官至特进、开府、东兖州刺史，封谢阳王。北周灭齐，因女陈月仪为周宣帝皇后，拜大将军，封淅阳郡公。后授上柱国，进封邸国公。传见《北齐书》卷五十、《周书》卷九、《北史》卷十四。［10］欢：高欢（？—547），字贺六浑，勃海蓨（今河北景县）人。后迁居怀朔镇（今内蒙古包头市东北）。曾参加杜洛周、葛荣领导的河北大起义，后投降北魏，官至大丞相，爵勃海王。逐走魏孝武帝，扶立孝静帝，垄断东魏朝政长达 16 年（534—549）。其子高洋代魏建北齐，追尊他为高祖神武皇帝。传见《北齐书》卷一、卷二，《北史》卷六。［11］慕容绍宗（?–549）：复姓慕容，东魏燕郡公。平定侯景叛乱，别封永乐县子。传见《北齐书》卷二十、《北史》卷五十三。［12］尔朱荣（492—529）：字天宝，北秀容（山西朔州市西北）人。先祖居住尔朱川，以此为复姓。官至北魏大丞相、都督河北畿外诸军事，爵太原王。传见《魏书》卷七十四、《北史》卷四十八。［13］义故：受过恩惠的故旧。这里指慕容绍宗曾力谏尔朱兆不让高欢握有重兵，前往山东就食。兆死后，绍宗才保护尔朱荣妻子投降高欢。高欢认为他忠义可嘉，所以十分器重他。［14］秀容：郡名，北魏置，治所秀容，在今山西忻州市西北，尔朱氏的根据地。［15］通款：向敌对一方表示通好讲和。［16］启疏：信函。［17］参军：官名。北朝时三公、三师、大司马、大将军及各领军府、护军府、刺史府都设有此职，掌谋划，大多由主吏的亲信担任。［18］行台：东晋以来，以代表中央处理地方特定行政区军事要务为主的临时性机构名。首长大多由官高权重的大臣兼领。北魏熙平元年（516）初置，正光（520—525）末年，遍置各道行台。至此才撤销，但不久又恢复如初。［19］辛亥：正月二十二日。［20］明堂：古代帝王举办朝会、祭祀、庆赏、选士、养老、讲学等大典的殿堂，用来宣扬政教。［21］丁巳：正月二十八日。［22］魏主：此指孝武帝元修（510—534），又称出帝，北魏第十二任国君，公元 532 年至 534 年在位。事详《魏书》卷十一、《北史》卷五。［23］武穆帝：北魏广平王元怀的谥号，传见《魏书》卷二十二、《北史》卷十九。［24］冯氏：名不详。［25］李氏：名不详。［26］劳州：州名，北魏置，州治辖郡不详。［27］刺史：官名，南北朝时期实行州、郡、县三级地方行

政机构制度，刺史是州政府长官。［28］曹凤：人名。原梁朝人。［29］东荆州：州名，北魏置，治所比阳，在今河南泌阳县。［30］雷熊胜：人名。原梁朝人。［31］侍中：官名。侍从皇帝，出入宫廷，典掌机要，在北魏有“小宰相”之称。［32］斛斯椿（495—537）：复姓斛斯，字法寿，广牧富昌（今内蒙古鄂尔多斯市东胜区）人。北魏权臣，反复无常。入西魏，官至太傅，封常山郡公。传见《魏书》卷八十、《北史》卷四十九。［33］乔宁、张子期之死：乔宁、张子期，两人皆尔朱仲远部将都督，被高欢处死。［34］宝炬：元宝炬（507—551），北魏末，封南阳王，官至太保、尚书令。后随武帝元修到长安，拜太宰，录尚书事。孝武帝死，即位为西魏文帝，公元535年至551年在位，是个由宇文泰控制的傀儡皇帝。事详《北史》卷五。［35］武卫将军：武官名，掌宫中宿卫。［36］元毗：字休弼，力主孝武帝出奔长安，封魏郡王。传见《北史》卷十五。［37］王思政：太原祁（今山西祁县）人。西魏大将军，爵太原郡公。传见《周书》卷十八、《北史》卷六十二。［38］遵：元遵，北魏常山王，辅佐拓跋珪建立北魏王朝。传见《魏书》卷十五、《北史》卷十五。［39］舍人：官名。原指皇帝亲近侍从，这里实指中书舍人，即中书省所辖舍人，掌传达诏命。此外太子府、皇子王国府也各设舍人一职，掌传达太子或皇子的谕令。［40］元士弼：任散骑常侍。因协助斛斯椿夺高欢的权，被高欢灭族。［41］阁内都督：指御仗正副都督、直荡正副都督、直卫正副都督、直突都督等宫中禁卫武官。［42］部曲：军士。［43］武直：宫中值勤的武士。［44］员别数百：权臣高欢迫使魏孝武帝扩充禁军编制，武官成百增加。宫中禁卫由领军府及其下属左右卫府和领左右府负责。其中直阁属官朱衣直阁、直阁将军以下，还有武贲中郎将、羽林监各十五人，冗从仆射三十人，骑都尉六十人，积弩、积射、强弩等将军及武骑常侍各二十五人，殿中将军五十人，员外将军一百人，殿中司马督五十人，员外司马督一百人。从中可以看出当年扩编幅度之大。［45］部勒：部署约束。［46］行陈：行（háng），行列；陈，通“阵”。此指护卫孝武帝出巡的军阵。［47］关中：地区名，相当于今陕西中部。旧指北萧关、南武关、东函谷关、西大散关之间的地区。［48］大行台：任职特重的地区行台长官称大行台。关中是仅次于河洛京畿的战略要地，所以行台称大行台。［49］贺拔岳（?—534）：复姓贺拔，字阿斗泥，神武尖山（今山西平陆县北）人。北魏末，官至骠骑大将军、侍中、尚书左仆射，封清水郡公。后与宇文泰联合对付高欢，被侯莫陈悦所杀。传见《魏书》卷八十、《周书》卷十四、《北史》卷四十九。［50］贺拔胜（?—544）：字破胡，贺拔岳之兄，魏琅邪郡公，一度降梁，后投奔宇文泰，授太师，加中军大都督。传见《魏书》卷八十、《周书》卷十四、《北史》卷四十九。［51］三荆等七州：指荆州、北荆州、东荆州、南雍州、南襄州、郢州、南郢州。［52］司空：官名。北魏三公之一，无实权，为荣誉衔。上有“侍中”，是加官，得以亲近皇帝，参与机密。［53］高乾（497—533）：字乾邕，勃海蓨人。北魏末封长乐郡公，因泄露孝武帝密谋铲除高欢事被赐死。传见《北齐书》卷二十一、《北史》卷十一。［54］信都：县名，治所在今河北衡水市冀州区。［55］终服：服尽丧期。子对父要守三年之丧。［56］不谓：不认为，没想到。遽（jù）：立即。［57］关预：参与。［58］怏（yàng）怏：因不满而郁闷不乐。［59］贰：二心，此指不信任。［60］奕世忠良：代代相续，皆为忠良。自高允辅佐恭宗、高宗以来，勃海高氏代有名臣。［61］殊效：特殊功勋。［62］疏忌：疏远猜忌。［63］辛酉：二月三日。［64］骠骑大将军：官名。北魏定制，骠骑将军加"大"字，位在都督中外诸军事下，诸将军之上。［65］开府仪同三司：特许成立府署，自选僚属，与三公同例。当时多以将军或州刺史获此名号，处理军务。［66］徐州：州名，北魏置，治所彭城，在今江苏徐州市。［67］坦：元坦，封咸阳王。传见《魏书》卷二十一上、《北齐书》卷二十八、《北史》卷十九。［68］癸未：二月二十五日。［69］上幸同泰寺：梁武帝驾临同泰寺。上，指梁武帝，幸，皇帝驾临称幸。同泰寺，寺院名，在建康城中。［70］《般（bō）若经》：为佛教大乘空宗的经典，全称《大般若波罗蜜多经》。［71］正光：北魏孝明帝年号，起于公元520年，止于公元525年。［72］阿至罗：国名。高车人所建，在今新疆吐鲁番市西北一带。事详《魏书·高车传》。［73］辛卯：三月三日。［74］复以欢为大行台：正月刚撤销诸道行台，现重新设置，想叫高欢招抚阿至罗。［75］河西：地区名，指山西吕梁山以西黄河两岸地区。［76］东徐州：州名，北魏置，治所宿豫，在今江苏宿迁市东南。［77］潘绍业（483—538）：名永基，字绍业，长乐广宗（今河北威县东）人。传见《魏书》卷七十二、《北史》卷四十五。［78］敖曹：高昂（？—538），字敖曹，高乾三弟。骁勇善战，为高欢所倚重，任东魏军司大都督，统七十六都督，封京兆郡公。传见《魏书》卷五十七、《北齐书》卷二十一、《北史》卷三十一。［79］晋阳：县名。县治在今山西太原市，为并州州治。［80］仲密：高慎，字仲密，东魏时官至御史中尉。出任北豫州刺史时降于西魏，官至太尉。传见《北齐书》卷二十一、《北史》卷三十一。［81］青州：州名，北魏置，治所东阳，在今山东青州市。高仲密想从光州州治掖县（今山东莱州市）返回勃海老家，必须经过青州，所以孝武帝命令青州刺史截断他的去路。［82］太师：官名。北魏"三师"之一，一般由功勋卓著、德行高尚的人担任。是一个荣誉崇高但无实权的职位。［83］肃：元肃（?—533），爵鲁郡王。传见《魏书》卷十九下。［84］丙辰：三月二十八日。［85］伟：萧伟（476—533），梁武帝萧衍之弟。封南平王，谥号元襄。传见《梁书》卷二十二、《南史》卷五十一。［86］丁巳：三月二十九日。［87］谌：元谌（？—536），性子和，无才识，但屡历高位，封赵郡王。传见《魏书》卷二十一上、《北史》卷十九。［88］太尉：官名。北魏三公之一，是荣誉衔，无实权。［89］太保：官名。北魏三师之一，位居太师、太傅下，是荣誉衔。［90］太常乐库：太常卿所辖的乐器库，属太乐令管理。［91］节闵帝（498—532）：元恭，北魏第十任国君，公元531年至532年在位。事详《魏书》卷十一、《北史》卷五。［92］录尚书事：尚书省掌机密，录尚书事则是总理朝政的意思。北魏多以诸王领此衔，是实际上的宰相。［93］长孙稚（？—535）：复姓长孙，名稚。原名冀归，字承业，封上党王。后随孝武帝西迁长安。传见《魏书》卷二十五、《北史》卷二十二。［94］太常卿：官名。掌陵庙祭祀、礼乐仪制和天文历算等事。［95］祖莹（？—534）：字元珍，范阳遒（今河北涞水县）人。以文学著称，爵文安县伯。传见《魏书》卷八十二、《北史》卷四十七。［96］耿翔：人名。［97］三齐：地区名。秦汉时指齐、胶东、济北三封国，此借指今山东大部分地区。［98］裴粲（469—533）：字文亮，封舒县子，曾任中书令。为人骄豪，华而不实。传见《魏书》卷七十一、《北史》卷四十五。［99］州城：胶州治所东武城，在今山东诸城市。［100］耿王：对耿翔的尊称。［101］听事：刺史府正堂。［102］王早：人名。［103］崔庠（？—533）：字文序，清河（今山东临清市东）人。曾任颍川太守，颇有政绩。封平原伯。传见《魏书》卷六十七、《北史》卷四十四。［104］下邳：县名。县治在今江苏睢宁县西北。也是下邳郡郡治。［105］壬申：六月十五日。［106］樊子鹄（？—535）：代郡平城（今山西大同市）人。官至尚书右仆射，封南阳郡公。曾参与扫除尔朱氏余党有功，忠于孝武帝。传见《魏书》卷八十、《北史》卷四十九。［107］大使：官名。是负有特殊使命的出巡官员，非常设。此次任命樊子鹄出巡青、胶二州，目的是督讨耿翔起义。［108］蔡俊（495—536）：广宁石门（今山西寿阳县）人。为政有才干而性酷暴，常受贿而善施恩惠。爵乌洛县侯。传见《北齐书》卷十九、《北史》卷五十三。［109］壬辰：七月六日。［110］广陵王欣：元欣（？—554），字庆乐，爵广陵王。后随孝武帝至长安，是西魏八柱国之一。传见《魏书》卷二十一上、《北史》卷十九。［111］大司马：官名。非常设，委任者大多是亲近权重的大臣，参与军事。［112］庚戌：七月二十四日。［113］司徒：官名。北魏三公之一，为无实权的荣誉衔。［114］贺拔允（487—534）：贺拔胜之兄，字可泥。骁勇有谋略，封燕郡王。传见《北史》卷四十九、《魏书》卷八十。［115］行台郎：官名。行台的侍从官员，备顾问和差遣。［116］冯景：字长明，河间武垣（今河北河间市南）人。以迎孝武帝入关功，封高阳县伯，官至散骑常侍、行台尚书。传见《周书》卷二十二、《北史》卷六十三。［117］讵：岂。［118］歃（shà）血：自先秦流传下来的一种立盟仪式。立盟者或口含牲畜血，或以血涂唇，宣誓取信。［119］府司马：官名。指贺拔岳关中大行台府中的司马，协助行台处理军府事务。［120］宇文泰（507—556）：复姓宇文，字黑獭，代郡武川镇（今内蒙古武川县）人。贺拔岳部将。岳死后，据有关中。拥立元宝炬为西魏皇帝，任大丞相，总理国政，与高欢相对抗。曾施行均田制，首创府兵制。其子宇文觉代魏建北周，追尊他为太祖文皇帝。事详《周书》卷一、卷二，《北史》卷九。［121］关：指函谷关，自先秦以来一直是国内最重要的军事关隘之一。关址在今河南灵宝市。［122］长安：古都名。当时是雍州州治所在，在今陕西西安市。［123］侯莫陈悦（？—534）：复姓侯莫陈，代郡人。北魏末封白水郡公，时任都督陇右诸军事、秦州刺史。传见《魏书》卷八十、《周书》卷十四、《北史》卷四十九。［124］费也头：族名，匈奴别支。［125］斛拔弥俄突：人名，一作“斛律弥俄突”，又作“解拔弥俄突”。［126］胜（shēng）兵：劲卒。［127］曹泥：人名。［128］纥豆陵伊利：人名，复姓纥豆陵。［129］陇：地区名。又称陇右，在今甘肃六盘山以西、黄河以东地区。［130］沙塞：大漠中的要塞。指安抚好北方少数民族，就巩固了北方要塞。［131］桓、文：即齐桓公、晋文公。春秋前期先后成为挟天子以令诸侯的霸主。［132］武卫将军：官名。宫禁卫府中左、右卫将军的副将，掌宿卫。此为兼领。［133］二十州：指雍、华、东华、岐、南岐、豳、原、河、渭、泾、夏、东夏、秦、南秦、梁、南梁、东梁、巴、益、东益诸州。［134］割心前血：刺左胸取血。鲜卑习俗，以明信誓。［135］平凉：郡名。北魏置，治所鹑阴，在今甘肃华亭市西。［136］万（mò）俟（qí）

受洛干：复姓万俟，费也头人的一个首领。名洛，字受洛干。后追随高欢，河阴之战，勇却西魏军，当时推为名将。封建昌郡公。传见《北齐书》卷二十七、《北史》卷五十三。［137］铁勒：族名。源出丁零人，又称高车，或称敕勒。［138］斛律沙门：人名，复姓斛律。［139］四州：指秦、南秦、河、渭四州。秦州，治所上邽城，避北魏道武帝珪讳，改称上封城，在今甘肃天水市东。南秦，治所洛谷城，在今甘肃成县洛谷镇。河州，治所枹罕，在今甘肃临夏市东北。渭州，治所襄武，在今甘肃陇西县东南。［140］夏州：州名。治所岩绿，在今陕西靖边县。［141］宇文左丞：即宇文泰。贺拔岳任关中大行台时，委泰任行台左丞，领府司马，事无巨细，由泰处理。以职代名，是表示倚重的意思。［142］表用：正式上表奏请任命。［143］癸酉：九月丙戌朔，无癸酉。按《魏书·出帝平阳王纪》作"八月"，癸酉是八月十七日。疑《资治通鉴》误。［144］勋义：指跟随高欢从信都起兵，讨灭尔朱兆及其残余势力有功勋的旧部下。［145］庚申：十月五日。［146］尚书右仆射（yè）：官名。尚书省副职，常兼领祠部尚书，为实际上的副相。［147］何敬容（？—549）：字国礼，庐江（今安徽舒城县）人。南齐时为驸马都尉。入梁，久在尚书省任要职。侯景之乱，死于台城中。传见《梁书》卷三十七、《南史》卷三十。［148］左仆射：官名，尚书省副职，尚书令空缺时，由他处理省内事务。位次略高于右仆射。［149］吏部尚书：官名。主尚书省吏部、考功、主爵三曹，掌管全国主要官吏任免、考课、调动、封爵等事。［150］谢举（？—548）：字言扬，陈郡阳夏（今河南太康县）人。出身名门，三次出任梁朝吏部尚书，为当时所仅见。死于侯景之乱。传见《梁书》卷三十七、《南史》卷二十。［151］癸巳：十一月九日。［152］邸珍：字宝安，中山上曲阳（今河北曲阳县）人。性贪暴，后被百姓所杀。传见《北齐书》卷四十七、《北史》卷八十七。［153］大都督：官名。本指全国最高军事首脑。此指徐州一州最高军事长官。［154］讨下邳：指讨伐王早义军。［155］丁巳：十二月三日。［156］嵩高：山名。即嵩山，在今河南登封市北。［157］己巳：十二月十五日。［158］温汤：温泉。此泉当在今河南汝州市。［159］丁丑：十二月二十三日。［160］雍州：州名。梁侨置，治所襄阳，在今湖北襄阳市。［161］下迮（zé）戍：梁军事据点，在今襄阳市北汉水与唐白河的交汇处。［162］续：萧续（504—547），梁庐陵王，字世祈，梁武帝第五子。骁勇异常，被比作曹操之子曹彰。传见《梁书》卷二十九、《南史》卷五十三。［163］汉南：汉水以南地区，即荆襄一带。［164］冯翊、安定、沔阳、酂城：皆郡名。冯（píng）翊（yì），郡名，梁侨置，治所兰水，在今湖北钟祥市。安定，郡名。梁侨置，治所南漳，在今湖北南漳县。沔阳，郡名。梁置，治所沔阳，在今湖北仙桃市南。酂城，郡名，梁置，治所阴城，在今湖北襄阳西北。［165］电威将军：官名。梁二百四十号将军之一，位居中等偏下。［166］柳仲礼：封阳泉县侯。侯景之乱时，抗御有功。后转投梁元帝，江陵失陷，客死于西魏。传见《南史》卷三十八。［167］谷城：县名。县治在今湖北谷城县。［168］沔北：沔水以北。沔水即汉江。［169］庆远：柳庆远（458—514），字文和，河东解（今山西永济市东）人。官至雍州刺史，封云杜侯。传见《梁书》卷九、《南史》卷三十八。［170］右丞：官名。即尚书右丞，尚书令属官。［171］翟嵩：人名。［172］长史：官名。凡丞相、三公、带将军衔的刺史均设长史，是他们的主要助手之一。侯景所任是丞相长史。［173］侯景（？—552）：字万景，朔方怀朔镇（今内蒙古包头市东北）人。初投尔朱荣，后归附高欢，节制河南。太清元年（547）降梁，封为河南王。转年，发动叛乱，攻破建康。大宝二年（551）自立为帝，国号汉。次年败亡。传见《梁书》卷五十六、《南史》卷八十。

六年（甲寅，534年）

春，正月，壬辰[1]，魏丞相欢击伊利于河[2]西，擒之，迁其部落于河东。魏主让之曰："伊利不侵不叛，为国纯臣，王忽伐之，讵有一介行人[3]先请之乎！"

魏东梁州[4]民夷[5]作乱，二月，诏以行东雍州事[6]丰阳泉企[7]讨平之。企世为商、洛[8]豪族，魏世祖[9]以其曾祖景言[10]为本县令，封丹水侯，使其子孙袭之。

壬戌[11]，魏大赦。

癸亥[12]，上耕藉田[13]；大赦。

魏永宁浮图[14]灾[15]，观者皆哭，声振城阙。

魏贺拔岳将讨曹泥，使都督[16]武川赵贵[17]至夏州与宇文泰谋之，泰曰："曹泥孤城阻远，未足为忧。侯莫陈悦贪而无信，宜先图之。"岳不听，召悦会于高平[18]，与共讨泥。悦既得翟嵩之言，乃谋取岳。岳数与悦宴语，长史武川雷绍[19]谏，不听。岳使悦前行，至河曲[20]，悦诱岳营坐，论军事，悦阳称[21]腹痛而起，其婿元洪景[22]拔刀斩岳。岳左右皆散走，悦遣人谕之云："我别受旨，止取一人，诸君勿怖。"众以为然，皆不敢动。而悦心犹豫，不即抚纳，乃还入陇，屯水洛城[23]。岳众散还平凉，赵贵诣悦请岳尸葬之，悦许之。岳既死，悦军中皆相贺，行台郎中[24]薛憕[25]私谓所亲曰："悦才略素寡，辄害良将，吾属今为人虏矣，何贺之有！"憕，真度[26]之从孙也。

岳众未有所属，诸将以都督武川寇洛[27]年最长，推使总诸军；洛素无威略，不能齐众，乃自请避位。赵贵曰："宇文夏州[28]英略冠世，远近归心，赏罚严明，士卒用命，若迎而奉之，大事济矣。"诸将或欲南召贺拔胜，或欲东告魏朝，犹豫不决。都督盛乐[29]杜朔周[30]曰："远水不救近火，今日之事，非宇文夏州无能济者，赵将军议是也。朔周请轻骑告哀，且迎之。”众乃使朔周驰至夏州召泰。

泰与将佐宾客共议去留，前太中大夫[31]颍川韩褒[32]曰：“此天授也，又何疑乎！侯莫陈悦，井中蛙耳，使君[33]往，必擒之。”众以为：“悦在水洛，去平凉不远，若已有贺拔公之众，则图之实难，愿且留以观变。”泰曰：“悦既害元帅[34]，自应乘势直据平凉，而退据水洛，吾知其无能为也。夫难得易失者，时也。若不早赴，众心将离。”

夏州首望[35]都督弥姐元进[36]阴谋应悦，泰知之，与帐下都督高平蔡祐[37]谋执之，祐曰：“元进会当反噬，不如杀之。”泰曰：“汝有大决[38]。”乃召元进等入计事，泰曰：“陇贼逆乱，当与诸人戮力讨之，诸人似有不同者，何也？”祐即被甲持刀直入，瞋目谓诸将曰：“朝谋夕异，何以为人！今日必断奸人首！”举坐皆叩头曰：“愿有所择。”祐乃叱元进，斩之，并诛其党，因与诸将同盟讨悦。泰谓祐曰：“吾今以尔为子，尔其以我为父乎？”泰与帐下轻骑驰赴平凉，令杜朔周帅众先据弹筝峡[39]。时民间惶惧，逃散者多，军士争欲掠之，朔周曰：“宇文公方伐罪讨民，奈何助贼为虐乎！”抚而遣之，远近悦附；泰闻而嘉之。朔周本姓赫连，曾祖库多汗[40]避难改焉，泰命复其旧姓，名之曰达。丞相欢使侯景招抚岳众，泰至安定[41]遇之，谓曰：“贺拔公虽死，宇文泰尚存，卿何为者！”景失色曰：“我犹箭耳，唯人所射。”遂还。

泰至平凉，哭岳甚恸，将士皆悲喜。

欢复使侯景与散骑常侍[42]代郡张华原[43]、义宁太守太安王基[44]劳泰，泰不受，欲劫留之，曰：“留则共享富贵，不然，命在今日。”华原曰：“明公欲胁使者以死亡，此非华原所惧也。”泰乃遣之。基还，言“泰雄杰，请及其未定击灭之”。欢曰：“卿不见贺拔、侯莫陈乎！吾当以计拱手取之。”

魏主闻岳死，遣武卫将军元毗慰劳岳军，召还洛阳，并召侯莫陈悦。毗至平凉，军中已奉宇文泰为主；悦既附丞相欢，不肯应召。泰因元毗上表称：“臣岳忽罹非命，都督寇洛等令臣权掌[45]军事。奉诏召岳军入京，今高欢之众已至河东[46]，侯莫陈悦犹在水洛，士卒多是西人，顾恋乡邑，若逼令赴阙，悦蹑[47]其后，欢邀[48]其前，恐败国殄民，所损更甚。乞少赐停缓，徐事诱导，渐就东引。”魏主乃以泰为大都督，即统岳军。

初，岳以东雍州刺史李虎[49]为左厢大都督[50]，岳死，虎奔荆州，说贺拔胜使收岳众，胜不从。虎闻宇文泰代岳统众，乃自荆州还赴之，至阌乡[51]，为丞相欢别将所获，送洛阳。魏主方谋取关中，得虎甚喜，拜卫将军[52]，厚赐之，使就泰。虎，歆[53]之玄孙也。

泰与悦书，责以“贺拔公有大功于朝廷。君名微行薄，贺拔公荐君为陇右行台。又高氏专权，君与贺拔公同受密旨，屡结盟约；而君党附国贼，共危宗庙，口血未干[54]，匕首已发。今吾与君皆受诏还阙，今日进退，唯君是视：君若下陇东迈，吾亦自北道同归[55]；若首鼠两端[56]，吾则指日相见！”

魏主问泰以安秦、陇之策，泰表言：“宜召悦授以内官[57]，或处以瓜、凉一藩[58]，不然，终为后患。”

原州刺史史归[59]素为贺拔岳[60]所亲任，河曲之变，反为悦守。悦遣其党王伯和、成次安[61]将兵二千助归镇原州[62]，泰遣都督侯莫陈崇[63]帅轻骑一千袭之。崇乘夜将十骑直抵城下，余众皆伏于近路；归见骑少，不设备。崇即入，据城门，高平令[64]陇西李贤[65]及弟远、穆[66]在城中，为崇内应。于是，中外鼓噪，伏兵悉起，遂擒归及次安、伯和等归于平凉。泰表崇行原州事。三月，泰引兵击悦，至原州，众军毕集。

夏，四月，癸丑朔[67]，日有食之。

魏南秦州刺史陇西李弼[68]说侯莫陈悦曰：“贺拔公无罪而公害之，又不抚纳其众，今奉宇文夏州以来，声言为主报仇，此其势不可敌也，宜解兵以谢之！不然，必及祸。”悦不从。

宇文泰引兵上陇，留兄子导[69]为都督，镇原州。泰军令严肃，秋毫无犯，百姓大悦。军出木狭关[70]，雪深二尺，泰倍道兼行，出其不意。悦闻之，退保略阳[71]，留万人守水洛，泰至，水洛即降。泰遣轻骑数百趣[72]略阳，悦退保上邽[73]，召李弼与之拒泰。弼知悦必败，阴遣使诣泰，请为内应。悦弃州城[74]，南保山险，弼谓所部曰：“侯莫陈公欲还秦州，汝辈何不装束！”弼妻，悦之姨也，众咸信之，争趣上邽。弼先据城门以安集之，遂举城降泰，泰即以弼为秦州刺史。其夜，悦出军将战，军自惊溃。悦性猜忌，既败，不听左右近己，与其二弟并子及谋杀岳者七八人弃军迸走[75]，数日之中，盘桓往来，不知所趣。左右劝向灵州[76]依曹泥，悦从之，自乘骡，令左右皆步从，欲自山中趣灵州。宇文泰使原州都督贺拔颖[77]追之，悦望见追骑，缢死于野。

泰入上邽，引薛憕[78]为记室参军[79]。收悦府库，财物山积，泰秋毫不取，皆以赏士卒。左右窃一银瓮以归，泰知而罪之，即剖赐将士。

悦党豳州[80]刺史孙定儿[81]据州不下，有众数万，泰遣都督中山刘亮[82]袭之。定儿以大军远，不为备；亮先竖一纛[83]于近城高岭，自将二十骑驰入城。定儿方置酒，猝见亮至，骇愕，不知所为，亮麾兵斩定儿，遥指城外纛，命二骑曰：“出召大军！”城中皆慑服，莫敢动。

先是，故氐王杨绍先[84]乘魏乱逃归武兴[85]，复称王。凉州刺史李叔仁[86]为其民所执，氐、羌、吐谷浑所在蜂起，自南岐[87]至瓜、鄯[88]，跨州据郡者不可胜数。宇文泰令李弼镇原州，夏州刺史拔也恶蚝[89]镇南秦州，渭州刺史可朱浑道元[90]镇渭州[91]，卫将军赵贵行秦州事，征豳、泾、东秦、岐[92]四州之粟以给军。杨绍先惧，称藩送妻子为质。

夏州长史于谨[93]言于泰曰：“明公据关中险固之地，将士骁勇，土地膏腴。今天子在洛，迫于群凶，若陈明公之恳诚，算时事之利害，请都关右[94]，挟天子以令诸侯，奉王命以讨叛乱，此桓、文之业，千载一时也！”泰善之。

丞相欢闻泰定秦、陇，遣使甘言厚礼以结之，泰不受，封其书，使都督济北张轨[95]献于魏主。斛斯椿问轨曰：“高欢逆谋，行路皆知之，人情所恃，唯在西方，未知宇文何如贺拔？”轨曰：“宇文公文足经国，武能定乱。”椿曰：“诚如君言，真可恃也。”

魏主命泰发二千骑镇东雍州[96]，助为势援，仍命泰稍引军而东。泰以大都督武川梁御[97]为雍州刺史，使将步骑五千前行。先是，丞相欢遣其都督太安韩轨[98]将兵一万据蒲反[99]以救侯莫陈悦，雍州刺史贾显度[100]以舟迎之。梁御见显度，说使从泰，显度即出迎御，御入据长安。

魏主以泰为侍中、骠骑大将军、开府仪同三司、关西大都督、略阳县公，承制封拜[101]。泰乃以寇洛为泾州刺史，李弼为秦州刺史，前略阳太守张献[102]为南岐州刺史。南岐州刺史卢待伯[103]不受代，泰遣轻骑袭而擒之。

（以上为第二段，写宇文泰乘乱崛起，据有关中。）

【注释】

[1]壬辰：正月九日。 [2]河：指苦水河，在今宁夏境内，于吴忠市入黄河。下同。 [3]行人：出行之人，指使者。 [4]东梁州：州名。治所金城，在今陕西安康市。 [5]民夷：在民族杂居地方，汉民与少数民族的合称。《魏书》卷十一作“夷民”，则指当地少数民族。疑《资治通鉴》误倒。 [6]行东雍州事：行东雍州刺史事，即代理东雍州刺史。 [7]泉企（？—537）：一作泉仓（xiān）。字思道，上洛丰阳（今陕西山阳县）人。为西魏对抗高欢，位车骑大将军、洛州刺史，封上洛郡公。传见《周书》卷四十四、《北史》卷六十六。 [8]商、洛：皆县名。商县治在今陕西丹凤县。洛县为上洛县之省称，县治在今陕西商洛市商州区。 [9]魏世祖（408—452）：即太武帝拓跋焘，北魏第三任国君，公元424年至452年在位。事详《魏书》卷四、《北史》卷二。 [10]景言：泉景言，人名，曾任建节将军。 [11]壬戌：二月九日。 [12]癸亥：二月十日。 [13]藉田：专指古代帝王于春耕前，象征性地亲翻农田的典礼，含有劝民务农的意思。藉田上收获的庄稼，供宗庙祭祀用。 [14]永宁浮图：洛阳永宁寺塔。 [15]灾：火灾。 [16]都督：官名。中级武官。 [17]赵贵（？—557）：字元贵，天水南安（今甘肃西和县北）人。西魏八柱国之一，赐姓乙弗氏。北周时，位至大冢宰，进封楚国公。传见《周书》卷十六、《北史》卷五十九。 [18]高平：郡名。魏置，治所在今宁夏固原市。 [19]雷绍：字道宗，武川镇人。西魏渭州刺史，封昌国伯。传见《北史》卷四十九。 [20]河曲：地区名。在今宁夏吴忠市至灵武市一带黄河多曲之处。 [21]阳称：谎称。 [22]元洪景：人名。 [23]水洛城：城名。在今甘肃庄浪县东南。 [24]行台郎中：官名。职同行台郎。 [25]薛憕（chéng）：字景猷，河东汾阴（今山西万荣县南）人。有文才，官至中书侍郎，爵夏阳县伯。传见《周书》卷三十八、《北史》卷三十六。 [26]真度：薛真度，北魏时曾任大司农卿，封敷西伯。传见《魏书》卷六十一、《北史》三十九。 [27]寇洛（487—539）：上谷昌平（今北京市昌平区）人。西魏京兆郡公，任华州刺史。传见《周书》卷十五、《北史》卷五十九。 [28]宇文夏州：即宇文泰，时任夏州刺史。 [29]盛乐：古城名，在今内蒙古和林格尔县西北，北魏早期都城，因此，盛乐是北魏宗室祖先园陵区所在地。 [30]杜朔周（？—573）：即赫连达，字朔周，盛乐（今内蒙古和林格尔县）人。曾祖库多汗因避难而将赫连姓氏改为姓杜。朔周有勇有谋，东拒高欢，南夺梁朝汉中之地，屡建功勋。位至

柱国，进封乐川郡公。传见《周书》卷二十七、《北史》卷六十五。［31］太中大夫：官名。掌议论国政。［32］韩褒（？—572）：字弘业，颍川颍阳（今河南许昌市西南）人。历任六州刺史，理政有方，颇得民心。封三水县公。传见《周书》卷三十七、《北史》卷七十。［33］使君：对州郡长官的尊称。［34］元帅：军中主帅，此指贺拔岳。［35］首望：当地第一大族。［36］弥姐（zǐ）元进：人名。弥姐，羌族的复姓。［37］蔡祐（504—557）：字承先，陈留圉（今河南杞县南）人。官至大将军，封怀宁郡公，赐姓大利稽氏。传见《周书》卷二十七、《北史》卷六十五。［38］大决：能处理大事。［39］弹筝峡：地名。在今宁夏固原市境内。因风吹过峡口水面发出的声响如同弹筝的声音而得名。又叫都卢峡。［40］库多汗：人名。［41］安定：县名。县治在今甘肃泾川县北。也是泾州和安定郡的治所。［42］散骑常侍：官名。随侍皇帝左右，规谏过失，以备顾问。是一个名誉颇高，又常预国政的职务。［43］张华原：字国满，代郡人。传见《北齐书》卷四十六、《北史》卷八十六。［44］王基（478—542）：太安狄那（今山西寿阳县北）人。传见《北齐书》卷二十五、《北史》卷八十六。［45］权掌：因变故暂且执掌。［46］河东：指苦水河以东。［47］蹑（niè）：追踪进击。［48］邀：设伏阻击。［49］李虎：入西魏为八柱国之一，封陇西开国郡公。唐高祖李渊的祖父。［50］左厢大都督：官名。魏晋南北朝尚左，此是关中大行台的主要将领。［51］阌（wén）乡：县名。县治在今河南灵宝市西。［52］卫将军：官名。二品将军，略低于骠骑、车骑将军。［53］歆：李歆（？—420），西凉王，公元417年至420年在位。后被沮渠蒙逊所灭。传见《魏书》卷九十九、《北史》卷一百。［54］口血未干：歃血为盟还没完，口角沾的血都没干。［55］自北道同归：宇文泰军驻扎在平凉，即陇山之北。如果奔赴洛阳，必取道泾州，所以称北道。［56］首鼠两端：犹豫不决。喻指侯莫陈悦在魏孝武帝与高欢之间举棋不定，脚踏两只船。［57］授以内官：改任无实权的朝官，含剥夺侯莫陈悦军权之意。［58］处以瓜、凉一藩：安置侯莫陈悦在瓜州、凉州做一个藩臣。瓜、凉，皆州名。瓜州治所在今甘肃敦煌市西。凉州治所武威，在今甘肃武威市。藩，潘臣。这里指让侯莫陈悦做一个边将，离开西北军事要地，远置边地，即使叛变，也无伤大局。［59］史归：人名。［60］贺拔岳：北魏名将。被侯莫陈悦所杀。［61］王伯和、成次安：两人名。［62］原州：州名。治所高平城，在今宁夏固原市。［63］侯莫陈崇（？—563）：字尚乐，代郡武川（今内蒙古武川县）人。入西魏为八柱国之一，封梁国公。传见《周书》卷十六、《北史》卷六十。［64］令：官名。一县行政之长。大县称令，小县称长。［65］李贤（502—569）：字贤和，陇西成纪（今甘肃秦安县）人。官至大将军，封河西郡公。传见《周书》卷二十五、《北史》卷五十九。［66］远、穆：两人名，李远、李穆。李远（507—557），字万岁，位至柱国大将军，封阳平郡公。传见《周书》卷二十五、《北史》卷五十九。李穆（519—586），字显庆，入隋为太师，爵申国公。传见《隋书》卷三十七。［67］癸丑朔：四月一日。［68］李弼（494—557）：字景和，辽东襄平（今辽宁辽阳市）人。入西魏为八柱国之一，封赵国公。传见《周书》卷十五、《北史》卷六十。［69］导：宇文导（511—554），字菩萨，宇文泰兄子。拜大将军，封章武郡公。传见《周书》卷十、《北史》卷五十七。［70］木狭关：关口名。在今甘肃平凉市西南。“狭”当作“峡”。［71］略阳：郡名。治所陇城，在今甘肃秦安县陇城镇。［72］趣：同“趋”，趋向。这里是直指目标之意。［73］上邽：县名。县治在今甘肃天水市。该县是秦陇地区的交通枢纽，秦州治所，兵家必争之地。［74］州城：即上邽。［75］迸（bèng）走：落荒而逃。［76］灵州：州名。治所薄骨律镇，在今宁夏灵武市西南。［77］贺拔颖：人名。［78］薛憕：人名。见前注25。［79］记室参军：官名，掌起草文书，参议军事。多设于诸王、三公及高级将领的府中。是主要亲信属吏之一。［80］豳（bīn）州：州名。治所定安，在今甘肃宁县。［81］孙定儿：人名。［82］刘亮（508—547）：本名道德，中山（今河北定州市）人。以功被宇文泰赐名亮，并赐姓侯莫陈。传见《周书》卷十七、《北史》卷六十五。［83］纛（dào）：黑色大军旗。［84］杨绍先（？—535年）：氐人首领，魏末自称王，曾于天监五年（506）被北魏军所俘。故此处称他乘魏乱逃归武兴，复称王。传见《魏书》卷一百一、《周书》卷四十九、《北史》卷九十六。［85］武兴：县名。县治在今陕西略阳县。［86］李叔仁：陇西（今甘肃陇西县）人。封陈郡公。后企图降东魏被杀。传见《北史》卷三十七。［87］南岐：州名。治所梁泉，在今陕西宝鸡市西南。［88］鄯：鄯州，州名。治所西都，在今青海海东市乐都区。［89］拔也恶蚝（háo）：复姓拔也，回纥族人。［90］可朱浑道元（？—559）：复姓可朱浑，名元，字道元。自称辽东人，从曾祖护野肱迁居怀朔镇。从小与高欢为友。东魏时官至车骑大将军。入北齐，封扶风王。传见《北齐书》卷二十七、《北史》卷五十三。［91］渭州：州治襄武县，在今甘肃陇西县西南。［92］泾、东秦、岐：皆州名。泾州，治所临泾，在今甘肃镇原县南。东秦州，后改作北华州，治所杏城，在今陕西黄陵县西南。岐州，治所雍城，在今陕西宝鸡市凤翔区南。［93］于谨（493—568）：字思敬，河南洛阳人。入西魏为八柱国之一。入北周，官至大宗伯，与李弼、侯莫陈崇参议朝政，为耆老重臣。封燕国公。传见《周书》卷十五、《北史》卷二十三。［94］关右：地区名。即关中，又称关西。［95］张轨（501—555）：字元轨，济北临邑（今山东东阿县）人。历官车骑大将军、度支尚书。传见《周书》卷三十七、《北史》卷七十。［96］东雍州：州名。治所郑县，在今陕西渭南市华州区。［97］梁御（？—538）：字善通。祖籍安定，后迁居武川，改姓纥豆陵氏。西魏时，官至尚书右仆射，封广平郡公。传见《周书》卷十七、《北史》卷五十九。［98］韩轨（？—553）：字百年，太安狄那人。北齐安德郡王。传见《北齐书》卷十五、《北史》卷五十四。［99］蒲反：县名。县治在今山西永济市西。反，读“坂”。［100］贾显度：中山无极（今河北无极县）人。传见《魏书》卷八十、《北史》卷四十九。［101］承制封拜：以皇帝名义直接委任军府和关西地区州、郡、县各级官吏。承制，以皇帝名义发号施令，即代理朝政。［102］张献：人名。［103］卢待伯：人名。《魏书》卷四十七、《北史》卷三十均作“卢侍伯”。《资治通鉴》从《周书》。

侍中封隆之[1]言于丞相欢曰：“斛斯椿等今在京师，必构祸乱。”隆之与仆射孙腾[2]争尚魏主妹平原公主[3]，公主归[4]隆之，腾泄其言于椿，椿以白帝。隆之惧，逃还乡里，欢召隆之诣晋阳。会腾带仗入省[5]，擅杀御史，惧罪，亦逃就欢。领军[6]娄昭[7]辞疾归晋阳。帝以斛斯椿兼领军，改置都督及河南、关西诸刺史。华山王鸷[8]在徐州，欢使大都督邸珍[9]夺其管钥。建州刺史韩贤[10]、济州刺史蔡俊，皆欢党也；帝省建州[11]以去贤，使御史举俊罪，以汝阳王叔昭[12]代之。欢上言："俊勋重，不可解夺；汝阳懿德，当受大藩；臣弟永宝[13]，猥任定州[14]，宜避贤路。"帝不听。五月，丙子[15]，魏主增置勋府庶子[16]，厢别六百人[17]；又增骑官，厢别二百人。

魏主欲伐晋阳，辛卯[18]，下诏戒严，云"欲自将伐梁"。发河南诸州兵，大阅于洛阳，南临洛水，北际邙山[19]，帝戎服与斛斯椿临观之。六月，丁巳[20]，魏主密诏丞相欢，称"宇文黑獭、贺拔胜颇有异志，故假称南伐，潜为之备；王亦宜共为形援。读讫燔之。"欢表以为"荆、雍[21]将有逆谋，臣今潜勒兵马三万，自河东[22]渡，又遣恒州刺史库狄干[23]等将兵四万自来违津[24]渡，领军将军娄昭等将兵五万以讨荆州，冀州刺史尉景[25]等将山东[26]兵七万、突骑五万以讨江左[27]，皆勒所部，伏听处分[28]。"帝知欢觉其变，乃出欢表，令群臣议之，欲止欢军。欢亦集并州僚佐[29]共议，还以表闻，仍云："臣为嬖佞[30]所间，陛下一旦赐疑。臣若敢负陛下，使身受天殃，子孙殄绝。陛下若垂信赤心，使干戈不动，佞臣一二人愿斟量废出。"

丁卯[31]，帝使大都督源子恭[32]守阳胡[33]，汝阳王暹守石济[34]，又以仪同三司贾显智[35]为济州刺史，帅豫州刺史斛斯元寿[36]东趣济州。元寿，椿之弟也。蔡俊不受代，帝愈怒。辛未[37]，帝复录洛中文武议意以答欢，且使舍人温子升[38]为敕赐欢曰："朕不劳尺刃，坐为天子，所谓生我者父母，贵我者高王[39]。今若无事背王，规相攻讨，则使身及子孙，还如王誓[40]。近虑宇文为乱，贺拔应之，故戒严，欲与王俱为声援。今观其所为，更无异迹。东南不宾，为日已久，今天下户口减半，未宜穷兵极武。朕既暗昧，不知佞人为谁。顷高乾之死，岂独朕意！王忽对昂言兄枉死，人之耳目何易可轻！如闻库狄干语王云：'本欲取懦弱者为主，无事立此长君，使其不可驾御。今但作十五日行[41]，自可废之，更立余者。’如此议论，自是王间勋人[42]，岂出佞臣之口！去岁封隆之叛，今年孙腾逃去，不罪不送，谁不怪王！王若事君尽诚，何不斩送二首！王虽启云‘西去’，而四道俱进，或欲南度洛阳，或欲东临江左，言之者犹应自怪，闻之者宁能不疑！王若晏然居北，在此虽有百万之众，终无图彼之心；王若举旗南指，纵无匹马只轮，犹欲奋空拳而争死。朕本寡德，王已立之，百姓无知，或谓实可。若为他人所图，则彰朕之恶；假令还为王杀，幽辱齑粉[43]，了无遗恨！本望君臣一体，若合符契[44]，不图今日分疏[45]至此！”

中军将军[46]王思政言于魏主曰：“高欢之心，昭然可知。洛阳非用武之地，宇文泰乃心王室，今往就之，还复旧京，何虑不克？”帝深然之，遣散骑侍郎[47]河东柳庆[48]见泰于高平，共论时事。泰请奉迎舆驾，庆复命，帝复私谓庆曰：“朕欲向荆州何如？”庆曰：“关中形胜，宇文泰才略可依。荆州地非要害，南迫梁寇，臣愚未见其可。”帝又问阁内都督宇文显和[49]，显和亦劝帝西幸。时帝广征州郡兵，东郡太守河东裴侠[50]帅所部诣洛阳，王思政问曰：“今权臣擅命，王室日卑，奈何？”侠曰：“宇文泰为三军所推，居百二之地[51]，所谓己操戈矛，宁肯授人以柄！虽欲投之，恐无异避汤入火[52]也。”思政曰：“然则如何而可？”侠曰：“图欢有立至之忧，西巡有将来之虑，且至关右徐思其宜耳。”思政然之，乃进侠于帝，授左中郎将[53]。

初，丞相欢以洛阳久经丧乱，欲迁都于邺[54]，帝曰：“高祖定鼎河洛[55]，为万世之基；王既功存社稷，宜遵太和[56]旧事。”欢乃止。至是复谋迁都，遣三千骑镇建兴[57]，益河东及济州兵，拥诸州和籴粟[58]，悉运入邺城。帝又敕欢曰：“王若厌伏人情[59]，杜绝物议[60]，唯有归河东之兵，罢建兴之戍，送相州[61]之粟，追济州之军，使蔡俊受代，邸珍出徐，止戈散马，各事家业，脱须粮廪[62]，别遣转输，则谗人结舌，疑悔不生，王高枕太原，朕垂拱[63]京洛矣。王若马首南向，问鼎轻重[64]，朕虽不武[65]，为社稷宗庙之计，欲止不能。决在于王，非朕能定，为山止篑[66]，相为惜之。”欢上表极言宇文泰、斛斯椿罪恶。

帝以广宁太守广宁任祥[67]兼尚书左仆射加开府仪同三司，祥弃官走，渡河，据郡[68]待欢。帝乃敕文武官北来者任其去留，遂下制书数欢咎恶，召贺拔胜赴行在所。胜以问太保掾[69]范阳卢柔[70]，柔曰：“高欢悖逆，公席卷赴都，与决胜负，生死以之，上策也。北阻鲁阳[71]，南并旧楚[72]，东连兖、豫[73]，西引关中，带甲百万，观衅而动，中策也。举三荆之地，庇身于梁，功名皆去，下策也。”胜笑而不应。

帝以宇文泰兼尚书仆射，为关西大行台，许妻以冯翊长公主[74]，谓泰帐内都督秦郡杨荐[75]曰：“卿归语行台，遣骑迎我！”以荐为直阁将军。泰以前秦州刺史骆超[76]为大都督，将轻骑一千赴洛，又遣荐与长史宇文侧[77]出关候接。

丞相欢召其弟定州刺史琛使守晋阳，命长史崔暹[78]佐之。暹，挺[79]之子也。欢勒兵南出，告其众曰：“孤以尔朱擅命，建大义于海内，奉戴主上，诚贯幽明[80]；横为斛斯椿谗构[81]，以忠为逆，今者南迈，诛椿而已。”以高敖曹为前锋。宇文泰亦移檄[82]州郡，数欢罪恶，自将大军发高平，前军屯弘农[83]。贺拔胜军于汝水[84]。

秋，七月，己丑[85]，魏主亲勒兵十余万屯河桥[86]，以斛斯椿为前驱，陈于邙山之北。椿请帅精骑二千夜渡河掩其劳弊[87]，帝始然之；黄门侍郎[88]杨宽[89]说帝曰：“高欢以臣伐君，何所不至！今假兵于人，恐生他变。椿若渡河，万一有功，是灭一高欢，生一高欢矣。”帝遂敕椿停行，椿叹曰：“顷荧惑入南斗[90]，今上信左右间构[91]，不用吾计，岂天道乎！”宇文泰闻之，谓左右曰：“高欢数日行八九百里，此兵家所忌，当乘便击之。而主上以万乘[92]之重，不能渡河决战，方缘津[93]据守。且长河万里，捍御为难，若一处得渡，大事去矣。”即以大都督赵贵为别道行台，自蒲反济，趣并州[94]，遣大都督李贤将精骑一千赴洛阳。

帝使斛斯椿与行台长孙稚、大都督颍川王斌之[95]镇虎牢[96]，行台长孙子彦[97]镇陕[98]，贾显智、斛斯元寿镇滑台[99]。斌之，鉴[100]之弟；子彦，稚之子也。欢使相州刺史窦泰趣滑台，建州刺史韩贤趣石济[101]。窦泰与显智遇于长寿津[102]，显智阴约降于欢，引军退。军司[103]元玄[104]觉之，驰还，请益师，帝遣大都督侯几绍[105]赴之，战于滑台东，显智以军降，绍战死。北中郎将[106]田怗[107]为欢内应，欢潜军至野王[108]，帝知之，斩怙。欢至河北十余里，再遣使口申诚款；帝不报。丙午[109]，欢引军渡河。

魏主问计于群臣，或欲奔梁，或云南依贺拔胜，或云西就关中，或云守洛口[110]死战，计未决。元斌之与斛斯椿争权，弃椿还，绐帝云："高欢兵已至！"丁未[111]，帝遣使召椿还，遂帅南阳王宝炬、清河王亶[112]、广阳王湛[113]以五千骑宿于瀍西[114]南阳王别舍，沙门[115]惠臻[116]负玺持千牛刀[117]以从。众知帝将西出，其夜，亡者过半，亶、湛亦逃归。湛，深[118]之子也。武卫将军云中独孤信[119]单骑追帝，帝叹曰："将军辞父母，捐妻子而来，'世乱识忠臣'，岂虚言也！"戊申[120]，帝西奔长安，李贤遇帝于崤中[121]。己酉[122]，欢入洛阳，舍于永宁寺，遣领军娄昭等追帝，请帝东还。长孙子彦不能守陕，弃城走。高敖曹帅劲骑追帝至陕西[123]，不及。帝鞭马长骛[124]，糗[125]浆[126]乏绝，三二日间，从官唯饮涧水。至湖城[127]，有王思村民以麦饭壶浆献帝，帝悦；复一村十年[128]。至稠桑[129]，潼关[130]大都督毛鸿宾[131]迎献酒食，从官始解饥渴。

八月，甲寅[132]，丞相欢集百官谓曰："为臣奉主，匡救危乱，若处不谏争，出不陪从，缓则耽宠[133]争荣，急则委之逃窜，臣节安在！"众莫能对，兼尚书左仆射辛雄[134]曰："主上与近习[135]图事，雄等不得预闻。及乘舆西幸，若即追随，恐迹同佞党；留待大王，又以不从蒙责，雄等进退无所逃罪。"欢曰："卿等备位大臣，当以身报国，群佞用事，卿等尝有一言谏争乎？使国家之事一朝至此，罪欲何归！"乃收雄及开府仪同三司叱列延庆[136]、兼吏部尚书崔孝芬[137]、都官尚书[138]刘廞[139]、兼度支尚书[140]天水杨机[141]、散骑常侍元士弼，皆杀之。孝芬子司徒从事中郎[142]猷[143]间行入关，魏主使以本官奏门下事[144]。欢推司徒清河王亶为大司马，承制决事，居尚书省。

宇文泰使赵贵、梁御帅甲骑二千[145]奉迎，帝循河西行，谓御曰："此水东流，而朕西上，若得复见洛阳，亲诣[146]陵庙，卿等功也。"帝及左右皆流涕。泰备仪卫迎帝，谒见于东阳驿[147]，免冠流涕曰："臣不能式[148]遏寇虐，使乘舆播迁[149]，臣之罪也。"帝曰："公之忠节，著于遐迩。朕以不德，负乘致寇[150]，今日相见，深用厚颜。方以社稷委公，公其勉之！”将士皆呼万岁。遂入长安，以雍州廨舍[151]为宫，大赦，以泰为大将军[152]、雍州刺史，兼尚书令[153]，军国之政，咸取决焉。别置二尚书，分掌机事，以行台尚书[154]毛遐[155]、周惠达[156]为之。时军国草创，二人积粮储，治器械，简士马[157]，魏朝赖之。泰尚冯翊长公主，拜驸马都尉[158]。

先是，荧惑入南斗，去而复还，留止六旬[159]。上以谚云“荧惑入南斗，天子下殿走”，乃跣[160]而下殿以禳之[161]，及闻魏主西奔，惭曰：“虏亦应天象邪！”

己未[162]，武兴王杨绍先为秦、南秦二州刺史。

辛酉[163]，魏丞相欢自追迎魏主。戊辰[164]，清河王亶下制大赦。欢至弘农，九月，癸巳[165]，使行台仆射元子思[166]帅侍官迎帝，己酉[167]，攻潼关，克之，擒毛鸿宾，进屯华阴长城[168]，龙门都督[169]薛崇礼以城降欢。

贺拔胜使长史元颖[170]行荆州事，守南阳[171]，自帅所部西赴关中。至淅阳[172]，闻欢已屯华阴，欲还，行台左丞崔谦[173]曰：“今帝室颠覆，主上蒙尘[174]，公宜倍道兼行，朝于行在，然后与宇文行台同心戮力，唱举大义，天下孰不望风响应！今舍此而退，恐人人解体，一失事机，后悔何及！”胜不能用，遂还。

欢退屯河东，使行台[175]长史薛瑜[176]守潼关，大都督库狄温[177]守封陵[178]，筑城于蒲津[179]西岸，以薛绍宗[180]为华州刺史，使守之，以高敖曹行豫州事。

欢自发晋阳，至是凡四十启，魏主皆不报。欢乃东还，遣行台侯景等引兵向荆州，荆州民邓诞[181]等执元颖以应景。贺拔胜至，景逆击之，胜兵败，帅数百骑来奔。

魏主之在洛阳也，密遣阁内都督河南赵刚[182]召东荆州刺史冯景昭[183]帅兵入援，兵未及发，魏主西入关。景昭集府中文武议所从，司马[184]冯道和[185]请据州待北方[186]处分。刚曰：“公宜勒兵赴行在所。”久之，更无言者。刚抽刀投地曰：“公若欲为忠臣，请斩道和；如欲从贼，可速见杀！”景昭感悟，即帅众赴关中。侯景引兵逼穰城[187]，东荆州民杨祖欢[188]等起兵，以其众邀景昭于路，景昭战败，刚没蛮[189]中。

冬，十月，丞相欢至洛阳，又遣僧道荣[190]奉表于孝武帝曰："陛下若远赐一制[191]，许还京洛，臣当帅勤文武，式清[192]官禁。若返正无日，则七庙[193]不可无主，万国须有所归，臣宁负陛下，不负社稷。"帝亦不答。欢乃集百官耆老[194]，议所立，时清河王亶出入已称警跸[195]，欢丑之，乃托以"孝昌[196]以来，昭穆失序[197]，永安[198]以孝文为伯考[199]，永熙[200]迁孝明于夹室，业丧祚短[201]，职此之由。"遂立清河王世子善见[202]为帝，谓亶曰："欲立王，不如立王之子。"亶不自安，轻骑南走，欢追还之。丙寅[203]，孝静帝即位于城东北[204]，时年十一，大赦，改元天平[205]。

魏宇文泰进军攻潼关，斩薛瑜，虏其卒七千人，还长安，进位大丞相。东魏行台薛修义[206]等渡河据杨氏壁[207]；魏司空参军河东薛端[208]纠帅村民击却东魏，复取杨氏，丞相泰遣南汾州刺史苏景恕[209]镇之。

丁卯[210]，以信武将军[211]元庆和[212]为镇北将军[213]，帅众伐东魏。

初，魏孝武既与丞相欢有隙，齐州刺史侯渊[214]、兖州刺史樊子鹄、青州刺史东莱王贵平[215]阴相连结，以观时变；渊亦遣使通于欢所。及孝武帝入关，清河王亶承制，以汝阳王暹[216]为齐州刺史。暹至城西，渊不时纳。城民刘桃符[217]等潜引暹入城[218]，渊帅骑出走，妻子部曲悉为暹所虏。行及广里[219]，会承制以渊行青州事。欢遗渊书曰："卿勿以部曲单少，惮于东行，齐人浇薄[220]，唯利是从，齐州尚能迎汝阳王，青州岂不能开门待卿也。"渊乃复东，暹归其妻子部曲。贵平亦不受代，渊袭高阳郡[221]，克之，置累重[222]于城中，自帅轻骑游掠于外。贵平使其世子帅众攻高阳，渊夜趣东阳，见州民馈粮者，绐之曰："台军[223]已至，杀戮殆尽。我，世子之人也，脱走还城，汝何为复往！"闻者皆弃粮走。比晓，复谓行人曰："台军昨夜已至高阳，我是前锋，今至此，不知侯公竟在何所！"城民恟惧，遂执贵平出降。戊辰[224]，渊斩贵平，传首洛阳。

庚午[225]，东魏以赵郡王谌[226]为大司马，咸阳王坦为太尉，开府仪同三司高盛[227]为司徒，高敖曹为司空。坦，树[228]之弟也。

丞相欢以洛阳西逼西魏，南近梁境，乃议迁邺，书下三日即行。丙子[229]，东魏主发洛阳，四十万户狼狈就道。收百官马，尚书丞郎已上非陪从者[230]，尽令乘驴。欢留后部分[231]，事毕，还晋阳。改司州为洛州[232]，以尚书令元弼为洛州刺史，镇洛阳。以行台尚书司马子如[233]为尚书左仆射，与右仆射高隆之[234]、侍中高岳[235]、孙腾[236]留邺，共知朝政[237]。诏以迁民赀产未立，出粟一百三十万石以赈之。

十一月，兖州刺史樊子鹄据瑕丘以拒东魏，南青州刺史大野拔[238]帅众就之。

庚寅[239]，东魏主至邺，居北城相州之廨，改相州刺史为司州牧，魏郡太守为魏尹[240]。是时，六坊[241]之众从孝武帝西行者不及万人，余皆北徙，并给常廪，春秋赐帛以供衣服，乃于常调[242]之外，随丰稔之处，折绢籴粟[243]以供国用。

十二月，魏丞相泰遣仪同李虎、李弼、赵贵击曹泥于灵州。

闰月，元庆和克濑乡[244]而据之。

魏孝武帝闺门无礼[245]，从妹不嫁者三人，皆封公主。平原公主明月[246]，南阳王宝炬之同产也，从帝入关，丞相泰使元氏诸王取明月杀之；帝不悦，或时弯弓，或时椎案[247]，由是复与泰有隙。癸巳[248]，帝饮酒遇鸩[249]而殂[250]。泰与群臣议所立，多举广平王赞[251]。赞，孝武之兄子也。侍中濮阳王顺[252]，于别室垂涕谓泰曰："高欢逼逐先帝，立幼主以专权，明公宜反其所为。广平冲幼[253]，不如立长君而奉之。"泰乃奉太宰[254]南阳王宝炬而立之。顺，素[255]之曾孙也。殡孝武帝于草堂佛寺，谏议大夫[256]宋球[257]恸哭呕血，浆粒不入口者数日，泰以其名儒，不之罪也。

魏贺拔胜之在荆州也，表武卫将军独孤信为大都督。东魏既取荆州，魏以信为都督三荆州诸军事、尚书右仆射、东南道行台、大都督、荆州刺史以招怀之。

蛮酋樊五能[258]攻破淅阳郡以应魏，东魏西荆州[259]刺史辛纂[260]

欲讨之，行台郎中李广[261]谏曰："淅阳四面无民，唯一城之地，山路深险，表里群蛮。今少遣兵，则不能制贼；多遣，则根本[262]虚弱；脱[263]不如意，大挫威名，人情一去，州城难保。"篡曰："岂可纵贼不讨！"广曰："今所忧在心腹，何暇治疥癣[264]！闻台军不久应至，公但约勒属城，使完垒抚民以待之，虽失淅阳，不足惜也。"篡不从，遣兵攻之，兵败，诸将因亡不返。

城民密召独孤信。信至武陶[265]，东魏遣恒农[266]太守田八能[267]帅群蛮拒信于淅阳，又遣都督张齐民[268]以步骑三千出信之后。信谓其众曰："今士卒不满千人，首尾受敌，若还击齐民，则土民[269]必谓我退走，必争来邀我；不如进击八能，破之，齐民自溃矣。"遂击破八能，乘胜袭穰城；辛篡勒兵出战，大败，还趣城。门未及阖，信令都督武川杨忠[270]为前驱，忠叱门者曰："大军已至，城中有应，尔等求生，何不避走！"门者皆散。忠帅众入城，斩篡以徇[271]，城中慑服。信分兵定三荆。居半岁，东魏高敖曹、侯景将兵奄至城下，信兵少不敌，与杨忠皆来奔。

（以上为第三段，写北魏分裂始末，孝武帝不武，灭狼未果，反落虎口，既丧性命，更葬送了北魏政权。）

【注释】

[1]封隆之（485—545）：字祖裔，小名皮，勃海蓨人。助高欢铲除尔朱氏，因此官拜侍中，封安德郡公。是高欢的主要心腹谋臣之一。传见《魏书》卷三十二、《北齐书》卷二十一、《北史》卷五十四。 [2]孙腾（481—548）：字龙雀，咸阳石安（今陕西泾阳县）人。高欢心腹。传见《北齐书》卷十八、《北史》卷五十四。 [3]平原公主：魏京兆王元愉女，名明月。魏孝武帝从妹，时寡居。 [4]归：古时女子出嫁称归。此作想嫁给封隆之解。 [5]带仗入省：指孙腾带着甲仗进入禁苑。按制度，除皇帝特许外，臣民一律不许带仗入省。 [6]领军：官名。掌禁军，主宿卫宫殿。 [7]娄昭：字菩萨，代郡平城人。高欢娄皇后的弟弟。正直有谋，封濮阳郡公，死于定州刺史任。传见《北齐书》卷十五、《北史》卷五十四。 [8]鸷：元鸷（？—540），字孔雀，北魏华山王。曾助尔朱兆夺取洛阳。东魏时，官至大司马，加侍中。传见《魏书》卷十四、《北史》卷十五。[9]邸珍：人名。 [10]韩贤：字普贤，广宁石门人。东魏初，曾任洛州刺史。传见《北齐书》卷十九、《北史》卷五十二。 [11]省建州：撤销建州。建州，州名。治所高都，在今山西晋城市。是从晋阳到洛阳的必经之地。魏孝武帝此举，既想驱逐高欢党羽，又想切断高欢南下之路。

[12]叔昭：元暹，字叔昭，一作叔照。北魏汝阳王，以贪暴著称。传见《魏书》卷十九上、《北史》卷十七。[13]永宝：即高琛，字永宝，一作元宝。魏南赵郡公，历官骠骑大将军、散骑常侍、御史中丞。传见《北齐书》卷十三、《北史》卷五十一。[14]定州：州名。治所卢奴，在今河北定州市。[15]丙子：五月壬午朔，无丙子。《魏书》卷十一作“丙戌”，是五月五日。《资治通鉴》误。[16]勋府庶子：宫中宿卫，出自勋贵子弟。[17]厢别六百人：禁军以厢为编制单位，此指每厢增勋贵子弟六百人。[18]辛卯：五月十日。[19]邙山：山名。在今河南洛阳市北。[20]丁巳：六月六日。[21]荆、雍：荆州、雍州之省称，用以指代贺拔胜、宇文泰。两人当时贺拔胜任荆州刺史，宇文泰控制雍州之地。[22]河东：郡名。治所蒲坂，在今山西永济市北。[23]库狄干：复姓库狄，善无（今山西右玉县）人。高欢妹夫，官至太师，威重当朝，封章武郡王。传见《北齐书》卷十五、《北史》卷五十四。[24]来违津：黄河渡口，在今大同市西。过河后可直插夏州。[25]尉景：字士真，善无人。高欢姐夫，历官太傅、骠骑大将军，封长乐郡公。传见《北齐书》卷十五、《北史》卷五十四。[26]山东：地区名。指崤山以东地区。又称关东。[27]江左：地区名。指芜湖、南京以东，长江以南地区。此专指梁朝。[28]处分：吩咐，调遣。[29]并州僚佐：时高欢建大丞相府于并州晋阳，所谓并州僚佐实指丞相府官员。[30]嬖佞：受宠幸的善于巧言献媚的人，这里是高欢谦词，意谓亲信。[31]丁卯：六月十六日。[32]源子恭（？—538）：字灵顺，西平乐都（今青海海东市乐都区）人。官至吏部尚书，封新城县子。后任高欢府军司。传见《魏书》卷四十一、《北史》卷二十八。[33]阳胡：城名。在今山西垣曲县。[34]石济：即古棘津，在今河南延津县东北。[35]贾显智：即贾智，贾显度之弟。魏义阳县公，曾擒尔朱世隆兄弟。后投靠高欢。传见《魏书》卷八十、《北史》卷四十九。[36]斛斯元寿：魏桑干县公。传见《北史》卷四十九。[37]辛未：六月二十日。[38]温子升（？—547）：字鹏举，太原人。博学多闻，文章清婉，北魏末诏书多由他起草。传见《魏书》卷八十五、《北史》卷八十三。[39]高王：即勃海王高欢。[40]王誓：即高欢前文所述“身受天殃，子孙殄绝”的誓词。这里魏孝武帝引用，表示与高欢一样信任对方。[41]十五日行：指从晋阳出兵到洛阳，只需十五天。[42]勋人：有功勋的部下。[43]齑（jī）粉：粉身碎骨。[44]若合符契：如验明的符信一样相吻合。[45]分疏：分离疏远。[46]中军将军：官名。北魏三将军之首，从第二品，次于四镇将军。[47]散骑侍郎：官名。与散骑常侍共同评判尚书的奏事。[48]柳庆（517—566）：字更兴，河东解人。随孝武帝西迁，位至尚书左仆射。入北周，任司会中大夫，爵平齐县公。传见《周书》卷二十二、《北史》卷六十四。[49]宇文显和（498—554）：西魏车骑大将军，长广县公。传见《周书》卷四十、《北史》卷五十七。[50]裴侠（？—559）：字嵩和，河东解人。西魏时，以清廉奉公著称，号独立君。入周，爵清河县公。传见《周书》卷三十五、《北史》卷三十八。[51]百二之地：比喻形势险要的地方，军力可以倍增。百二，《汉书》苏林注作百分之二解释，以为是秦兵二万可敌诸侯百万之众的意思。[52]避汤入火：指魏孝武帝避开高欢挟制，又入宇文泰笼中。[53]左中郎将：官名。主左署郎，轮流值勤于殿内。[54]鄴：县名。县治在今河北

临漳县西南。［55］高祖定鼎河洛：指北魏孝文帝拓跋宏迁都洛阳事。孝文帝（467—499），北魏第六代国君，庙号高祖，公元471年至499年在位。初由冯太后临朝，推行了三长制和均田制。亲政后，迁都洛阳，加速鲜卑族的汉化。事详《魏书》卷七、《北史》卷三。定鼎，定都。河洛，指洛阳，处于黄河之南，洛水之北。［56］太和：孝文帝年号，起于公元477年，迄于公元499年。［57］建兴：郡名。治所高都，在今山西晋城市西北。［58］和籴粟：高欢所创征收军粮之制。名为官民议价交易，以充军粮。实则按户摊派，限期逼取。为害百姓，甚于赋税。［59］厌伏人情：使人心信服。［60］物议：众人的评论。［61］相州：州名。治所邺县。［62］脱须粮廪：所缺的必需的粮米。［63］垂拱：垂衣拱手，原意是指无为而治，这里是指不妄动干戈。［64］问鼎轻重：典出《左传》宣公三年，楚子向周定王使者王孙满询问周鼎的轻重大小，隐含取而代之的威胁。以后便用此语比喻篡夺天下的企图。［65］不武：缺少武略。此为谦词，谓不足以显示威武。［66］为山止篑（kuì）：典出《论语·子罕》篇。只差一竹筐的土，不能堆成土山。即功亏一篑的意思。［67］任祥（494—538）：字延敬，广宁（今山西沁水县）人。北魏西河县公。后追随高欢，历任侍中、大都督、徐州刺史。传见《北齐书》卷十九、《北史》卷五十三。［68］据郡：占据广宁郡，治所在沁水。［69］太保掾：官名。太保属下的文吏。［70］卢柔：字子刚，范阳涿人。后投奔西魏，位至中书监，而常典机密。入周，进位开府仪同三司。传见《魏书》卷四十七、《周书》卷三十二、《北史》卷三十。［71］鲁阳：郡名。治所山北，在今河南鲁山县。［72］旧楚：地区名。指今湖北江陵一带。春秋战国时期是楚郢都所在，所以称旧楚。［73］兖、豫：两州名。兖州，治所瑕丘，在今山东济宁市兖州区东北。豫州，治所悬瓠（hù），在今河南汝南县。［74］冯翊长公主（？—541）：魏孝武帝之妹。传见《周书》卷九、《北史》卷十四。［75］杨荐：字承略，秦郡宁夷（今陕西礼泉县东北）人。西魏骠骑大将军。入周，官至大司徒，封南安郡公。传见《周书》卷三十三、《北史》卷六十九。［76］骆超：人名。［77］宇文侧（499—546）：字澄镜。西魏广川县公。历守汾州、绥州，东魏、突厥不敢犯界。传见《周书》卷二十七、《北史》卷五十七。而二史均作“宇文测”。章校：甲十一行本、乙十一行本、孔本“侧”均作“测”。［78］崔暹（？—559）：字季伦，博陵安平（今河北安平县）人。历官御史中尉、度支尚书。高欢亲信。传见《魏书》卷五十七、《北齐书》卷三十、《北史》卷三十二。［79］挺（445—503）：北魏光州刺史崔挺。《魏书》卷五十七载，崔暹是崔挺族子崔穆之子。《北齐书》《北史》均同。据章校，甲十一行本、乙十一行本、孔本均作“族孙”。张校同。疑胡刻本误。［80］诚贯幽明：一片赤诚，人神共知。幽，暗，指神灵。明，指人间。［81］谗构：被谗言所陷害。［82］移檄：发布声讨高欢的文告。［83］弘农：县名。县治在今河南灵宝市北。［84］汝水：水名。在河南中部地区。贺拔胜驻军于北汝河附近的河南襄城县。［85］己丑：七月九日。［86］河桥：桥名。约在今河南孟州市西南至孟津区东北一带的黄河之上，是守卫洛阳的军事要地。［87］掩其劳弊：偷袭远来疲惫的高欢军队。［88］黄门侍郎：官名。侍从皇帝，传达诏命。［89］杨宽（？—561）：字景仁，一作蒙仁，弘农华阴（今陕西华阴市）人。从魏武帝入关，封华山郡公。入周，官至大将军。以清简著称。传见《魏书》卷五十八、《周书》卷二十二、《北史》卷四十一。［90］荧惑入南斗：火星运行到斗宿星区。荧惑，星名，即火星。南斗，星名，即斗宿。古时以荧惑为罚星，斗宿为天庙，火星运行到斗宿星区，以为是“天子下殿走”的征兆。［91］间构：离间陷害。［92］万乘：周王畿地方千里，可出兵车一万辆。后据此作为帝王的代称。［93］缘津：凭借渡口。［94］趣并州：进逼并州。并州治晋阳，是高欢老巢。宇文泰此举，想攻其必救，断其退路，以减轻洛阳的压力。［95］斌之：元斌之，爵颍川王。一度降梁，后返长安，位尚书令。传见《魏书》卷二十、《北史》卷十九。［96］虎牢：关名。军事重镇，在今河南荥阳市汜水镇。［97］长孙子彦：名俊，字子彦。入西魏为尚书令，封高平郡公。传见《魏书》卷二十五、《北史》卷二十二。［98］陕：县名。县治在今河南三门峡市陕州区。［99］滑台：城名。在今河南滑县东，为河南四镇之一。［100］鉴：元鉴，魏安乐王。传见《魏书》卷二十、《北史》卷十九。［101］石济：即古棘津，黄河渡口名，在今河南延津县东北，已湮。［102］长寿津：黄河渡口，在今河南滑县东北。［103］军司：官名。即军师，避司马师讳而改。职监军。［104］元玄：人名。传见《魏书》卷十五、《北史》卷十五。［105］侯几绍：人名。复姓侯几。［106］北中郎将：官名。护军府属将。［107］田怙：人名。［108］野王：县名。县治在今河南沁阳市。［109］丙午：七月二十六日。［110］洛口：洛水入黄河河口，在今河南巩义市东北。［111］丁未：七月二十七日。［112］亶：元亶，爵清河王。东魏孝静帝元善见之父。［113］湛：元湛，爵广阳王。传见《魏书》卷十八，《北史》卷十六。［114］瀍西：瀍水之西。水源出洛阳西北，东南向流入洛水。［115］沙门：出家修行的僧人。［116］惠臻：僧人法名。［117］千牛刀：天子的防身刀。［118］深：即元渊，唐人避高祖讳而改。字智远，北魏广阳忠武王。被葛荣所杀。传见《魏书》卷十八、《北史》卷十六。［119］独孤信（503—557）：本名如愿，云中（今山西原平市）人。后移居武川。西魏八柱国之一，北周卫国公。传见《周书》卷十六、《北史》卷六十一。［120］戊申：七月二十八日。［121］崤中：地区名。即崤山之中，主峰在河南灵宝市。［122］己酉：七月二十九日。［123］陕西：陕县以西。［124］长骛（wù）：长途急驰。［125］糗（qiǔ）：用米或麦炒熟或熬熟，再经晾晒而成的干粮。［126］浆：饮料。［127］湖城：县名。县治在今河南灵宝市东。［128］复一村十年：全村免除十年的赋税和徭役。［129］稠桑：驿站名。在湖城县西。［130］潼关：关名。在今陕西潼关县北。［131］毛鸿兵：北地三原（今陕西三原县西北）人。传见《北史》卷四十九。［132］甲寅：八月四日。［133］耽宠：沉溺于争宠。［134］辛雄（？—534）：字世宾，陇西狄道（今甘肃临洮县）人。传见《魏书》卷七十七、《北史》卷五十。［135］近习：近身习见之人。指皇帝的宠信近臣。［136］叱列延庆（？—534）：复姓叱列，魏北海郡公，时任中军大都督。传见《魏书》卷八十、《北史》卷四十九。［137］崔孝芬（？—534）：字恭梓，博陵安平人。有文才，善谈论。传见《魏书》卷五十七、《北史》卷三十二。［138］都官尚书：官名。尚书省重要官员，主持都官、二千石、比部、水部、膳部五曹事务。［139］刘廞（xīn）（？—534）：字景兴，彭城（今江苏徐州市）人。传见《魏书》卷五十五、《北史》卷四十二。［140］度支尚书：官名。尚书省重要官员，主持度支、仓部、左户、右户、金部、库部六曹事务。［141］杨机（？—534）：人名。传见《魏书》卷七十七、《北史》卷五十。［142］从事中郎：官名。三公僚属，掌纠察及处理文书。［143］猷：崔猷（？—584）：字宣猷，博陵安平人。历事北魏、西魏、北周、隋四朝十三帝。传见《魏书》卷五十七、《周书》卷三十五、《北史》卷三十二。［144］以本官奏门下事：凡门下省事，由崔猷以从事中郎的本官身份上奏，以表示孝武帝的优宠。［145］二千：张校："二"当作"一"。［146］亲诣：据章校，甲十一行本、乙十一行本、孔本"诣"均作"谒"。张校同。［147］东阳驿：驿站名。在今陕西西安市临潼区东。［148］式：语词。［149］乘舆播迁：皇帝流离失所。乘舆，皇帝所乘的车，代指皇帝。［150］负乘致寇：让小人染指君子之器，招致盗贼篡夺的事。［151］廨舍：官署。此指以雍州刺史办公署暂时作宫室用。［152］大将军：官名。时位在三公之上。多由权臣担任。［153］尚书令：官名。典掌机密，弹纠诸事。在魏晋南北朝时期是实际上的宰相。［154］行台尚书：官名。处理行台内机密文书事宜。［155］毛遐：字鸿远，北地三原人，毛鸿宾之兄。任侠有谋，官至西魏骠骑大将军。传见《北史》卷四十九。［156］周惠达（？—544）：字怀文，章武文安（今河北文安县北）人。西魏文安县公，礼乐仪制多由他改定。传见《周书》卷二十二、《北史》卷六十三。［157］简士马：挑选军士和战马。［158］驸马都尉：官名。与公主成婚者，按例授此职，无实际职责。［159］旬：十天。［160］跣（xiǎn）：赤脚。古代请罪时的礼俗。［161］禳（ráng）：祭祷以求消灾。［162］己未：八月九日。［163］辛酉：八月十一日。［164］戊辰：八月十八日。［165］癸巳：九月十三日。张校："癸"作"乙"。则是九月二十五日。［166］元子思：字众念，魏安定县子。传见《魏书》卷十四、《北史》卷十五。［167］己酉：九月二十九日。［168］华阴长城：战国时期魏长城遗迹，在华阴县境内。旧华阴县治，在今陕西华阴市。［169］龙门都督：官名。黄河龙门口的镇守武官，辖地在今山西河津市。［170］元颖：人名。汝南王元悦的儿子。［171］南阳：郡名。治所宛城，在今河南南阳市。［172］淅（xī）阳：县名。县治在今河南淅川县东南。［173］崔谦（？—569）：字士逊，博陵安平人。传见《周书》卷三十五、《北史》卷三十二。［174］蒙尘：蒙受风尘之苦，专指皇帝蒙难，此指孝武帝逃亡于途中。［175］使行台：据章校，甲十一行本、乙十一行本、孔本"行台"下均有"尚书"二字，张校同。疑胡本脱。［176］薛瑜：人名。《魏书》作"薛长瑜"；《周书》作"薛瑾"；《北史》卷五同《魏书》，卷九同《周书》，卷六则同《北齐书》作"薛瑜"。未详孰是。［177］库狄温：人名。［178］封陵：关名。即风陵关，在今山西永济市南风陵渡。［179］蒲津：即蒲坂的黄河渡口。［180］薛绍宗：人名。［181］邓诞：人名。［182］赵刚：字僧庆，河南洛阳人。曾镇守颍川，屡破东魏军。官至骠骑大将军、光禄卿。入周，封浮阳郡公。传见《周书》卷三十三、《北史》卷六十九。［183］冯景昭：人名。［184］司马：官名。时诸将军府、校尉府、行台内、刺史及边郡郡衙中均设有此职，掌军务谋划。［185］冯道和：人名。［186］北方：指高欢。［187］穰城：县名。县治在今河南邓州市，时为荆州治所。［188］杨祖欢：人名。［189］蛮：族名。泛指南方各族。此指泌阳河流域的蛮族。［190］道荣：僧侣的法号。

[191]一制：一纸制书。 [192]式清：打扫干净。 [193]七庙：即天子宗庙，包括太祖及三昭、三穆共七祖的庙位。在此喻指国家。 [194]耆老：元老。 [195]警跸：帝王出入时，禁绝行人的戒严仪式。元亶自以为当继承帝位，因此擅自使用此仪。 [196]孝昌：魏孝明帝年号。起公元525年，迄公元527年。 [197]昭穆失序：古代宗法制度中，确立始祖后，按世系左昭右穆，共七世，列于宗庙祭祀。北魏诸帝多不是嫡系子继承帝位，各尊各自的父祖，所以庙主多变。[198]永安：魏孝庄帝年号。起公元528年，迄公元530年。此代指孝庄帝。 [199]伯考：伯父。孝庄帝尊其父彭城王元勰为文穆皇帝，入七庙，号肃宗。以伯父孝文帝为伯考。 [200]永熙：魏孝武帝年号。起公元532年，迄公元534年。此代指孝武帝。因孝明帝是孝武帝的堂兄，依礼兄弟不得入宗庙，因而迁庙主牌位于侧夹室供奉。 [201]业丧祚短：大业沦丧，享国日短。[202]世子善见：嫡长子元善见。世子，继承爵位的儿子，一般是嫡长子。善见，即元善见（524—551），清河王元亶之长子，东魏孝静帝，公元534年至550年在位。事详《魏书》卷十二、《北史》卷五。按，元善见是清河王元怿的孙子。元怿和孝明帝父宣武帝同是孝文帝的儿子，所以元善见和孝明帝如同父子。他即位后，明帝庙主可以重入宗庙，这样昭穆的次序就又顺了。[203]丙寅：十月十七日。 [204]城东北：洛阳城东北。 [205]天平：孝静帝年号。起公元535年，迄公元537年。从此东、西魏分立。 [206]薛修义（478—554）：字公让，河东汾阴（今山西万荣县西南）人。北齐太子太保，正平郡公。传见《北齐书》卷二十、《北史》卷五十三。[207]杨氏壁：胡三省以为是华阴杨氏避乱时所建的壁垒，在今陕西韩城市至华阴市之间。[208]薛端：字仁直，河东汾阴人。本名沙陀。西魏时曾任吏部尚书。入周，封文城郡公。传见《周书》卷三十五、《北史》卷三十六。 [209]苏景恕：名让，字景恕。传见《周书》卷三十八、《北史》卷六十三。时南汾州在东魏境内，所以宇文泰委任苏景恕侨置州于杨氏壁。 [210]丁卯：十月十八日。 [211]信武将军：官名。梁朝五德将军之一。 [212]元庆和：北魏降将，汝阴王元天赐的孙子。梁武帝封他为魏王，后以战败流放到合浦（今广西合浦县）。传见《魏书》卷十六、《北史》卷十七。 [213]镇北将军：官名。是镇守建康以北地区的重要将领。 [214]侯渊：神武尖山（今山西神池县北）人。反复无常，而无法在北方立足，死于投梁的路上。传见《魏书》卷八十、《北史》卷四十九。 [215]贵平：元贵平，北魏东莱王，为孝武帝所信任。传见《魏书》卷十九下。 [216]暹：元暹，字叔照，治州以凶暴嗜杀著称。封汝阳王。传见《魏书》卷十九上、《北史》卷十七。 [217]刘桃符：人名。 [218]入城：进入齐州州治历城，在今山东济南市。[219]广里：里名。在今山东济南市长清区内。 [220]浇薄：风俗轻浮，唯利是图。 [221]高阳郡：此指代治所高阳，在今河北高阳县东。 [222]累重：指侯渊的家属和财产，以及军用物资。[223]台军：东魏政府军。 [224]戊辰：十月十九日。 [225]庚午：十月二十一日。 [226]谌：元谌，字兴伯。北魏赵郡王。东魏初，任大司马。传见《魏书》卷二十一上、《北史》卷十九。[227]高盛（？—536）：从高欢起兵信都，位至太尉，封广平郡公。传见《魏书》卷三十二、《北齐书》卷十四、《北史》卷五十一。 [228]树：元树，字秀和，魏邺王。传见《魏书》卷二十一上、

《北史》卷十九。［229］丙子：十月二十七日。［230］非陪从者：不是陪同皇帝的从二品以上的官员。尚书丞郎，从二品。［231］留后部分：留在后面处理善后事宜。［232］改司州为洛州：汉时京都所在称司隶校尉部，所以自晋朝以来首都所在的州就被称作司州。孝文帝迁都洛阳，于太和十七年（493）改洛州为司州。现在迁都到邺城，相州称作司州，洛州于是恢复旧名。［233］司马子如（488—551）：字遵业，河内温（今河南温县）人。高欢亲信，东魏邺都四贵之一。官至尚书令，封阳平郡公。入齐，任至太尉。传见《北齐书》卷十八、《北史》卷五十四。［234］高隆之（494—554）：字延兴。本姓徐，高平金乡（今山东金乡县）人。高欢亲信，东魏邺都四贵之一，常居尚书省。入齐，封平原王，后被高洋逼死。传见《魏书》卷三十二、《北齐书》卷十八、《北史》卷五十四。［235］高岳（512—555）：字洪略，高欢从父弟。入齐，封清河王。后遭高归彦陷害而死。传见《魏书》卷三十二、《北齐书》卷十三、《北史》卷五十一。［236］孙腾（481—548）：字龙雀，咸阳石安（今陕西泾阳县）人。东魏邺都四贵之一。屡掌机密，封咸阳郡公。传见《北齐书》卷十八、《北史》卷五十四。［237］共知朝政：指司马子如、高隆之、高岳、孙腾等四人共掌朝政。此四人高欢亲信，号邺都四贵。［238］大野拔：人名。复姓大野，一作达野。［239］庚寅：十一月十一日。［240］魏尹：魏郡太守。从汉制改京都所在郡太守一职为尹。［241］六坊：魏宫中宿卫军士分为六坊。［242］常调：正常额定征收的户调和粟租。户年交帛二匹、絮二斤、丝一斤、粟二十石。［243］折绢籴粟：丰收之地增收帛粟，作为军费开支和官司俸禄的办法。［244］濑（lài）乡：乡名。在今河南鹿邑县境内。［245］闺门无礼：叔伯兄妹间淫乱。［246］明月：元明月，孝武帝堂妹，时封平原公主。［247］椎（zhuī）案：用椎捶击桌案，反映盛怒的样子。［248］癸巳：闰十二月十五日。［249］鸩：毒酒。［250］殂（cú）：死亡。孝武帝被宇文泰派人毒死。［251］赞：元赞，封广平王。［252］顺：元顺，字敬叔，西魏濮阳王。以善射著称。位侍中，后出任秦州刺史。传见《北史》卷十五。［253］冲幼：年纪幼小。［254］太宰：官名。名为百官之长，实为无实权的荣誉衔。［255］素：元素，爵常山王。传见《魏书》卷十五、《北史》卷十五。［256］谏议大夫：官名。掌侍从劝谏。［257］宋球：人名。［258］樊五能：人名。一作樊大能。［259］西荆州：州名。即荆州，因治所穰城在东荆州之西而得名。［260］辛纂（？—534）：字伯将，陇西狄道人。传见《魏书》卷七十七、《北史》卷五十。［261］李广：字弘基，范阳人。有文才。传见《北齐书》卷四十五、《北史》卷八十三。［262］根本：指州城穰城。［263］脱：倘若、如果。［264］今所忧在心腹，何暇治疥癣：与州城难保这一心腹大患相比，叛乱就如身上长疥疮长皮癣一样，无足轻重。疥癣，皮肤病；此指淅阳蛮夷叛乱。［265］武陶：不详所在。胡三省以为是“武关”之误，是当时关中的南门户，在今陕西丹凤县东南。［266］恒农：即弘农，魏避拓跋弘讳而改。［267］田八能：人名。［268］张齐民：人名。［269］土民：淅阳城中的土著居民。［270］杨忠（507—568）：小名奴奴，弘农华阴人。因先祖杨元寿移居神武郡殊颓县（今山西寿阳县北），所以自称武川人氏。隋文帝杨坚之父，北周随国公。传见《周书》卷十九、《北史》卷十一。［271］徇（xùn）：以辛纂的首级示众。

【点评】

孝武帝败亡。高欢因发难平定尔朱氏之乱，拥立孝武帝，由一个边将一跃成为权臣，但根基不厚，只好保守晋阳根本，安插亲信遥控洛阳北魏政权。孝武帝不甘做一个傀儡皇帝，奋起抗争，虽然败亡，可歌可泣。当时，高欢军事力量和政治力量并不占优势，孝武帝不费吹灰之力就赶走了朝中高欢安插的亲信高乾、高隆之等人，振兴皇室显露出一丝曙光。可惜孝武帝才略平庸，猜忌任性，得不到良辅，策略失当，又急于求成，矛盾迅速激化，政权未稳而兵锋骤起，于是事不可为。孝武帝又不修内行，威仪扫地，人心涣散，只两年时间就在政争中结束了生命，葬送了北魏王朝，使自己成了一个可怜可叹的悲剧人物。

卷一五七　梁纪十三

梁武帝大同元年至三年（535—537年）

【起旃蒙单阏（乙卯，535年），尽强圉大荒落（丁巳，537年），凡三年】

【大事提要】

本卷记事起自公元535年，至公元537年，凡三年，当梁武帝大同元年、二年、三年，西魏文帝大统元年、二年、三年，东魏孝静帝天平二年、三年、四年。南朝梁武帝无所作为，南朝无事，修好北方。本卷主要载述东西两魏初分，权臣当政，各立新君傀儡，高欢与宇文泰各自内修政理，外示用武，两次大战形成势均力敌的局面。

高祖武皇帝十三

大同元年（乙卯，535年）

春，正月，戊申朔[1]，大赦，改元。

是日，魏文帝即位于城西[2]，大赦，改元大统[3]，追尊父京兆王[4]为文景皇帝，妣杨氏[5]为皇后。

魏渭州刺史可朱浑道元先附侯莫陈悦，悦死，丞相泰攻之，不能克，与盟而罢。道元世居怀朔[6]，与东魏丞相欢善，又母兄皆在邺，由是常与欢通。泰欲击之，道元帅所部三千户西北渡乌兰津[7]抵灵州，灵州刺史曹泥资送至云州[8]。欢闻之，遣资粮迎候，拜车骑大将军[9]。

道元至晋阳，欢始闻孝武帝之丧，启请举哀[10]制服[11]。东魏主使群臣议之，太学博士[12]潘崇和[13]以为："君遇臣不以礼则无反服[14]，是以汤之民不哭桀，周武之民不服纣。"国子博士[15]卫既隆[16]、李同轨[17]议以为："高后[18]于永熙[19]离绝未彰[20]，宜为之服。"东魏从之。

魏骁骑大将军、仪同三司李虎等招谕费也头之众，与之共攻灵州，凡四旬，曹泥请降。

己酉[21]，魏进丞相略阳公泰为都督中外诸军[22]、录尚书事、大行台，封安定王；泰固辞王爵及录尚书，乃封安定公。以尚书令斛斯椿为太保，广平王赞为司徒。

乙卯[23]，魏主立妃乙弗氏[24]为皇后，子钦[25]为皇太子。后仁恕节俭，不妒忌，帝甚重之。

稽胡[26]刘蠡升，自孝昌[27]以来，自称天子，改元神嘉，居云阳谷[28]；魏之边境常被其患，谓之"胡荒[29]"。壬戌[30]，东魏丞相欢袭击，大破之。

勃海世子澄[31]通于欢妾郑氏[32]，欢归，一婢告之，二婢为证；欢杖澄一百而幽之[33]，娄妃[34]亦隔绝不得见。欢纳魏敬宗[35]之后尔朱氏[36]，有宠，生子湝[37]，欢欲立之。澄求救于司马子如。子如入见欢，伪为不知者，请见娄妃；欢告其故。子如曰："消难[38]亦通子如妾，此事正可掩覆。妃是王结发妇，常以父母家财奉王；王在怀朔被杖，背无完皮，妃昼夜供侍；后避葛贼[39]，同走并州，贫困，妃然马矢，自作靴；恩义何可忘也！夫妇相宜，女配至尊[40]，男承大业[41]。且娄领军[42]之勋，何宜摇动！一女子如草芥，况婢言不必信邪！"欢因使子如更鞫[43]之。子如见澄，尤之曰："男儿何意畏威自诬！"因教二婢反其辞，胁告者自缢，乃启欢曰："果虚言也。"欢大悦，召娄妃及澄。妃遥见欢，一步一叩头，澄且拜且进，父子、夫妇相泣，复如初。欢置酒曰："全我父子者，司马子如也！赐之黄金百三十斤。

甲子[44]，魏以广陵王欣为太傅，仪同三司万俟寿洛干为司空[45]。

己巳[46]，东魏以丞相欢为相国[47]，假黄钺[48]，殊礼；固辞。

东魏大行台尚书司马子如帅大都督窦泰、太州[49]刺史韩轨等攻潼关，魏丞相泰军于霸上[50]。子如与轨回军，从蒲津宵济[51]，攻华州[52]。时修城未毕，梯倚城外，比晓，东魏人乘梯而入。刺史王罴[53]卧尚未起，闻阁外匈匈[54]有声，袒身露髻[55]徒跣，持白梃[56]大呼而出，东魏人见之惊却。罴逐至东门，左右稍集，合战，破之，子如等遂引去。

二月，辛巳[57]，上祀明堂。

壬午[58]，东魏以咸阳王坦为太傅，西河王悰[59]为太尉。

东魏使尚书右仆射高隆之发十万夫撤洛阳宫殿，运其材入邺。

丁亥[60]，上耕藉田。

东魏仪同三司娄昭等攻兖州，樊子鹄使前胶州刺史严思达守东平[61]，昭攻拔之。遂引兵围瑕丘，久不下，昭以水灌城；己丑[62]，大野拔见子鹄计事，因斩其首以降。始，子鹄以众少，悉驱老弱为兵，子鹄死，各散走。诸将劝娄昭尽捕诛之，昭曰："此州不幸，横被残贼，跂望官军以救涂炭，今复诛之，民将谁诉！"皆舍之。

戊戌[63]，司州刺史陈庆之伐东魏，与豫州刺史尧雄[64]战，不利而还。

三月，辛酉[65]，东魏以高盛为太尉，高敖曹为司徒，济阴王晖业[66]为司空。

东魏丞相欢伪与刘蠡升约和，许以女妻其太子。蠡升不设备，欢举兵袭之，辛酉，蠡升北部王[67]斩蠡升首以降。余众复立其子南海王[68]，欢进击，擒之，俘其皇后、诸王、公卿以下四百余人，华、夷五万余户。

壬申[69]，欢入朝于邺，以孝武帝后妻彭城王韶[70]。

魏丞相泰以军旅未息，吏民劳弊，命所司斟酌古今可以便时适治者，为二十四条新制，奏行之。

泰用武功苏绰[71]为行台郎中，居岁余，泰未之知也，而台中皆称其能，有疑事皆就决之。泰与仆射周惠达论事，惠达不能对，请出议之。出，以告绰，绰为之区处[72]，惠达入白之，泰称善，曰："谁与卿为此议者？"惠达以绰对，且称绰有王佐之才，泰乃擢绰为著作郎[73]。泰与公卿如昆明池[74]观渔，行至汉故仓池[75]，顾问左右，莫有知者。泰召绰问之，具以状对。泰悦，因问天地造化之始，历代兴亡之迹，绰应对如流。泰与绰并马徐行，至池，竟不设网罟[76]而还。遂留绰至夜，问以政事，卧而听之；绰指陈为治之要，泰起，整衣危坐[77]，不觉膝之前席[78]，语遂达曙不厌。诘朝[79]，谓周惠达曰："苏绰真奇士，吾方任之以政。”即拜大行台左丞，参典机密，自是宠遇日隆。绰始制文案程式朱出[80]、墨入[81]及计帐[82]、户籍之法，后人多遵用之。

东魏以封延之[83]为青州刺史，代侯渊。渊既失州任而惧，行及广川[84]，遂反，夜袭青州南郭[85]，劫掠郡县。夏，四月，丞相欢使济州刺史蔡俊讨之。渊部下多叛，渊欲南奔，于道为卖浆者[86]所斩，送首于邺。

元庆和攻东魏城父[87]，丞相欢遣高敖曹帅三万人趣项[88]，窦泰帅三万人趣城父，侯景帅三万人趣彭城[89]，以任祥为东南道行台仆射，节度[90]诸军。

五月，魏加丞相泰柱国[91]。

元庆和引兵逼东魏南兖州[92]，东魏洛州刺史韩贤拒之。六月，庆和攻南顿[93]，豫州刺史尧雄破之。

秋，七月，甲戌[94]，魏以开府仪同三司念贤[95]为太尉，万俟寿洛干为司徒，开府仪同三司越勒肱[96]为司空。

益州刺史鄱阳王范[97]、南梁州刺史樊文炽[98]合兵围晋寿[99]，魏东益州刺史傅敬和[100]来降。范，恢[101]之子；敬和，竖眼[102]之子也。

魏下诏数高欢二十罪，且曰：“朕将亲总六军，与丞相扫除凶丑。”欢亦移檄于魏，谓宇文黑獭、斛斯椿为逆徒，且言“今分命诸将，领兵百万，刻期[103]西讨。”

东魏遣行台元晏[104]击元庆和。

或告东魏司空济阴王晖业与七兵尚书[105]薛琡[106]贰于魏，八月，辛卯[107]，执送晋阳，皆免官。

甲午[108]，东魏发民七万六千人作新宫于邺，使仆射高隆之与司空胄曹参军[109]辛术[110]共营之，筑邺南城周二十五里。术，琛[111]之子也。

赵刚自蛮中往见东魏东荆州刺史赵郡李愍[112]，劝令附魏，愍从之，刚由是得至长安。丞相泰以刚为左光禄大夫[113]。刚说泰召贺拔胜、独孤信等于梁，泰使刚来请之。

九月，丁巳[114]，东魏以开府仪同三司襄城王旭[115]为司空。

冬，十月，魏太师上党文宣王[116]长孙稚卒。

魏秦州刺史王超世，丞相泰之内兄也，骄而黩货[117]，泰奏请加法，诏赐死。

十一月，丁未[118]，侍中、中卫将军[119]徐勉[120]卒。勉虽骨鲠[121]不及范云[122]，亦不阿意苟合，故梁世言贤相者称范、徐云。

癸丑[123]，东魏主祀圜丘[124]。

甲午[125]，东魏阊阖门[126]灾。门之初成也，高隆之乘马远望，谓其匠曰："西南独高一寸。"量之果然。太府卿[127]任忻集[128]自矜其巧，不肯改。隆之恨之，至是谮于丞相欢曰："忻集潜通西魏，令人故烧之。"欢斩之。

北梁州刺史兰钦[129]引兵攻南郑[130]，魏梁州刺史元罗[131]举州降。

东魏以丞相欢之子洋[132]为骠骑大将军、开府仪同三司，封太原公。洋内明决而外如不慧[133]，兄弟及众人皆嗤鄙之；独欢异之，谓长史薛琡曰："此儿识虑过吾。"幼时，欢尝欲观诸子意识，使各治乱丝，洋独抽刀斩之，曰："乱者必斩！"又各配兵四出，使都督彭乐[134]帅甲骑伪攻之，兄澄等皆怖桡[135]，洋独勒众与乐相格，乐免胄言情，犹擒之以献。

初，大行台右丞杨愔[136]从兄岐州刺史幼卿[137]，以直言为孝武帝所杀，愔同列郭秀[138]害其能，恐之曰："高王欲送卿于帝所。"愔惧，变姓名逃于田横岛[139]。久之，欢闻其尚在，召为太原公开府司马，顷之，复为大行台右丞。

十二月，甲午[140]，东魏文武官量事给禄[141]。

魏以念贤为太傅，河州刺史梁景叡[142]为太尉。

是岁，鄱阳[143]妖贼鲜于琛[144]改元上愿，有众万余人。鄱阳内史[145]吴郡陆襄[146]讨擒之，按治党与，无滥死者。民歌之曰："鲜于平后善恶分，民无枉死赖陆君。"

柔然[147]头兵可汗[148]求婚于东魏，丞相欢以常山王[149]妹为兰陵公主[150]，妻之。柔然数侵魏，魏使中书舍人[151]库狄峙[152]奉使至柔然，与约和亲，由是柔然不复为寇。

（以上为第一段，写西魏、东魏巩固政权的军政措施。西魏宇文泰起用苏绰，东魏高欢起用次子高洋，并与柔然结约和亲以安宁北疆。这一年，东魏、西魏与梁朝三方交错发生边境磨擦，但无大的战事。）

【注释】

［1］戊申朔：正月一日。［2］魏文帝：即元宝炬。谥号文。城西：长安城西。用北魏登基礼，先于西郊祭天，然后即位。［3］大统：魏文帝年号。起公元535年，迄公元551年。［4］京兆王：即元愉。［5］妣：亡母。杨氏东郡人，不详所出。［6］怀朔：军镇名。北魏六大军镇之一，在今内蒙古固阳县西南。［7］乌兰津：黄河渡口，在今甘肃靖远县境内。［8］云州：州名。初名朔州，此时寄治并州，治所在今山西祁县西。［9］车骑大将军：官名。位在都督中外诸军下，与骠骑大将军同居诸将之上。［10］举哀：哭丧。［11］制服：穿孝服。［12］太学博士：官名。掌太学教学。［13］潘崇和：人名。［14］反服：已脱离君臣关系的臣子为旧君服丧。潘崇和所说不反服的依据，出自《礼记·檀弓》和《孟子》。［15］国子博士：官名。掌国子学的教学。［16］卫既隆：人名。疑即《北史》中的“卫冀隆”。［17］李同轨（500—546）：赵郡高邑（今河北高邑县东南）人。通经学，明佛理，曾任著作郎。传见《魏书》卷三十六、《北史》卷三十三。［18］高后：高欢长女，魏孝武帝皇后。孝武西奔，高后留在邺都未走。［19］永熙：以年号代指魏孝武帝。［20］离绝未彰：并未正式解除夫妻关系。［21］己酉：正月二日。［22］都督中外诸军：官名。全国武装最高首脑。［23］乙卯：正月八日。［24］乙弗氏（510—540）：河南洛阳人，吐谷浑族。后被悼后郁久闾氏逼死。传见《北史》卷十三。［25］钦：元钦，西魏第二君，废帝，公元552年至554年在位。事详《北史》卷五。［26］稽胡：族名。一作步稽落，是南匈奴人后裔。［27］孝昌：魏明帝年号，起公元525年，迄公元527年。［28］云阳谷：地区名。地处今东起山西吕梁市，西至陕西子长市，约方圆七八百里的山谷地带。［29］胡荒：稽胡人侵扰中原，如同先秦荒服以外不化之民入侵一般，所以被称作“胡荒”。［30］壬戌：正月十五日。［31］勃海世子澄：高澄（520—548），高欢长子。北齐受东魏禅，追谥澄为文襄皇帝。事详《北齐书》卷三、《北史》卷六。［32］郑氏：即冯翊太妃，名大车，原魏广平王妃。东魏都邺后，被高欢纳为妃。传见《北史》卷十四。［33］幽之：秘密囚禁。［34］娄妃（501—562）：齐武明皇后，高欢嫡妻，名昭君，性宽厚俭约，明断有识。事详《北齐书》卷九、《北史》卷十四。［35］魏敬宗（507—530）：即孝庄帝元子攸。［36］尔朱氏：尔朱荣之女，一度为尼。入齐，为彭城太妃，被文宣帝所害。事见《北史》卷十四。［37］湝：高湝（533—564），北齐彭城王。传见《北齐书》卷十、《北史》卷五十一。［38］消难：司马消难，司马子如长子，是反复无常的人，先后在东魏、北齐、北周、陈、隋诸朝为官。传见《北齐书》卷十八、《周书》卷二十一、《北史》卷五十四。［39］葛贼：指北魏末河北大起义的领袖葛荣，自号齐王。［40］女配至尊：高欢长女是孝武帝皇后，次女是孝静帝皇后，都是娄妃所生。［41］男承大业：指世子高澄，将继承父业。［42］娄领军：即娄妃之弟娄昭，时任领军将军，掌宿卫。传见《北齐书》卷十五。［43］鞫（jū）：审讯。［44］甲子：正月十七日。［45］万俟寿洛干：即万俟受洛干。［46］己巳：正月

二十二日。［47］相国：官名。即总领百官的丞相，魏晋南北朝时期非常设。担任此职的，都是权臣。［48］假黄钺：假，特赐。黄钺，用黄金为饰的斧子，是帝王的仪仗。凡特赐拥有黄钺仪仗的大臣，可代表皇帝决定征伐事宜。［49］太州：即泰州，州名，治所蒲坂，在今山西永济市西。胡三省以为是"秦州"之误，恐非。［50］霸上：地名。护卫长安的军事要地，在今陕西西安市东。［51］宵济：夜渡。［52］华州：州名。治所华山，在今陕西渭南市华州区。［53］王罴（？—541）：字熊罴，京兆霸城（今陕西西安市东北）人。性刚直忠勇，镇守河东，东魏不敢犯界。传见《周书》卷十八、《北史》卷六十二。［54］訇訇：喧哗的声音。［55］露髻：没戴帽子，露出头顶的发结。［56］白梃：大木杖。［57］辛巳：二月四日。［58］壬午：二月五日。［59］悰（cóng）：元悰，字魏庆，封西河王。传见《魏书》卷十九、《北史》卷十七。［60］丁亥：二月十日。［61］东平：郡名。治所范县，在今河南范县。［62］己丑：二月十二日。［63］戊戌：二月二十一日。［64］尧雄（？—542）：字休武，上党长子（今山西长子县东）人。屡任豫州刺史，威震西魏，爵平城县公。传见《魏书》卷四十二、《北史》卷二十七。［65］辛酉：三月十五日。［66］晖业：元晖业（？—551），爵济阴王。曾撰魏藩王家世为《辨宗室录》一书。传见《魏书》卷十九上、《北史》卷十七。［67］北部王：稽胡刘蠡升所封，名不详。［68］南海王：刘蠡升第三子封号。［69］壬申：三月二十六日。［70］彭城王韶：元韶（？—599），字世胄，爵彭城王。后被高洋饿毙。传见《魏书》卷二十一下、《北齐书》卷二十八、《北史》卷十九。［71］苏绰（495—546）：字令绰，京北武功（今陕西武功县）人。官西魏度支尚书、领著作、兼司农卿。传见《周书》卷二十三、《北史》卷六十三。［72］区处：条分缕析，逐一妥善处理。［73］著作郎：官名。掌编纂国史，拟写文书。［74］昆明池：池名。汉武帝所造的人工湖，故址在今陕西西安市西南。［75］仓池：池名。故址在今陕西西安市未央宫遗址西。［76］网罟（gǔ）：捕鱼的网具。［77］整衣危坐：正襟端坐，表示严肃端庄的姿态。［78］膝之前席：宇文泰被苏绰的谈论深深吸引，不知不觉身子在所坐的席上前移，靠近苏绰。古人跪坐，身向前移，膝盖必先动。［79］诘朝：第二天一早。［80］朱出：政府下达的文书用红笔书写。［81］墨入：指地方或中央官员上呈的文书用墨笔书写。［82］计帐：地方作出第二年的赋役预算报告，上报度支省，供中央政府制定财政规划时参考，并作为来年年底考核的依据。［83］封延之（487—540）：字祖业，封隆之的弟弟。传见《魏书》卷三十二、《北齐书》卷二十一。［84］广川：县名。县治在今河北景县西南广川镇。［85］南郭：州城的南外城。［86］卖浆者：卖酒的人。［87］城父：县名。县治在今安徽亳州市东南。［88］项：县名。县治在今河南项城市。［89］彭城：县名。县治在今江苏徐州市。［90］节度：掌控调度。［91］柱国：官名。柱国大将军的简称。西魏初最高军事统帅。后成为一种勋望爵衔，授予望实俱重的大臣共八人，号"八柱国"，以宇文泰为首。［92］南兖州：州名。治所谯城，在今安徽亳州市。［93］南顿：县名。县治在今河南项城市西。［94］甲戌：七月三十日。［95］念贤（？—539）：字盖卢。西魏安定郡公，官至太尉，录尚书事。传见《周书》卷十四、《北史》卷四十九。［96］越勒肱：人名。出于鲜卑的越勒部，因以为姓。［97］鄱阳王范：萧范（？—550），梁鄱阳王，字世仪。侯景之乱时，恚饿而死。传见《梁书》卷二十二、《南史》卷五十二。［98］樊文炽：曾任梁散骑常侍，封新蔡县侯。传附见《陈书》卷三十一、《南史》卷六十七。［99］晋寿：县名。县治在今四川广元市。［100］傅敬和：人名。传见《魏书》卷七十、《北史》卷四十五。［101］恢：萧恢（476—526），梁鄱阳忠烈王，字弘达，梁武帝之弟。传见《梁书》卷二十二、《南史》卷五十二。［102］竖眼：傅竖眼，清河人。历任北魏益州、梁州、岐州刺史，颇得民心。传见《魏书》卷七十、《北史》卷四十五。［103］刻期：限定日期。［104］元晏：曾任吏部尚书，家富藏书。传见《北史》卷十五。［105］七兵尚书：官名。北魏时置。辖左中兵、右中兵、左外兵、右外兵、骑兵、别兵、都兵七曹。［106］薛琡（？—550）：字昙珍。入周，官至尚书右仆射。传见《魏书》卷四十四、《北史》卷二十五。［107］辛卯：八月十七日。［108］甲午：八月二十日。［109］胄曹参军：官名。主治甲胄兵器，是司空属官。［110］辛术（500—559）：字怀哲，陇西狄道人。入齐，曾任吏部尚书，传见《魏书》卷七十七、《北齐书》卷三十八、《北史》卷五十。［111］琛：辛琛，字僧贵。传见《魏书》卷七十七、《北史》卷五十。［112］李愍（？—535）：字魔怜，赵郡柏人（河北隆尧县西）人。传见《北齐书》卷二十二。［113］左光禄大夫：官名。掌顾问应对。［114］丁巳：九月十四日。［115］襄城王旭：元旭，字显和，爵襄城郡王，任至大司马。传见《魏书》卷十九下。［116］上党文宣王：长孙稚爵上党王，谥号文宣。［117］黩货：贪污受贿。［118］丁未：十一月五日。［119］中卫将军：官名。梁四中将军之一。［120］徐勉（466—535）：字修仁。东海郯（今山东郯城县北）人。屡掌机密，传见《梁书》卷二十五、《南史》卷六十。［121］骨鲠：刚直。［122］范云（451—503）：字彦龙，南乡舞阴（河南泌阳县西北）人。久居梁尚书省，颇有政声。封霄城侯。传见《梁书》卷十三、《南史》卷五十七。［123］癸丑：十一月十一日。［124］圜丘：祭天之坛。［125］甲午：十一月癸卯朔，无甲午。十二月有甲午，已见下文，此不当出。《魏书》作“甲寅”，是十一月十二日。《资治通鉴》误。［126］阊阖门：皇宫正南门。［127］太府卿：官名。掌库藏财物及营造等事。［128］任忻集：人名。《北齐书》、《北史》均作“任集”。［129］兰钦：字休明，性果决，屡立战功，官至梁安南将军、广州刺史，封曲江县公。传见《梁书》卷三十二、《南史》卷六十一。［130］南郑：县名。县治在今陕西汉中市南郑区东。［131］元罗：字仲纲。降梁后封南郡王。入周，封固道郡公。传见《魏书》卷十六、《北史》卷十六。［132］洋：高洋（529—559），字子进，高欢第二子，北齐第一君，文宣帝，公元550年至559年在位，事详《北齐书》卷四、《北史》卷七。［133］外如不慧：表面看好像愚笨。［134］彭乐（？—551）：字兴，安定人。官太尉，封陈留王，以谋反诛。传见《北史》卷五十三。［135］怖挠：恐怖慌乱。［136］杨愔（511—560）：字遵彦，小名秦王，弘农华阴人。北齐重臣。传见《魏书》卷五十八、《北齐书》卷三十四、《北史》卷四十一。［137］幼卿：即杨稚卿，避唐讳改作“幼卿”。传见《魏书》卷五十八。［138］郭秀：范阳涿人，恃宠贪贿。传见《北齐书》卷五十、《北史》卷九十二。［139］田横岛：因汉初田横曾隐居于岛上而得名。在今山东青岛市即墨区东北海中。一说在今江苏连云港市东云台山附近。［140］甲午：十二月二十二日。［141］量事给禄：根据所任职的轻重程度发给相应的俸禄。［142］梁景叡：即梁览，字景叡。历凉州、河州刺史，吐谷浑不敢犯境。封安德郡公。传见《北史》卷四十九。［143］鄱阳：郡名。治所鄱阳，在今江西鄱阳县东。［144］鲜于琛：人名。一作“鲜于琮”。因修道法而被称为妖贼。［145］内史：官名。诸侯国内的民政长官，职同郡守。时鄱阳郡为鄱阳国。［146］陆襄（480—549）：字师卿，吴郡吴（今江苏苏州）人。梁余干县侯。死于侯景之乱。传见《梁书》卷二十七、《南史》卷四十八。［147］柔然：族名。出于东胡，又称蠕蠕、茹茹、芮芮等。［148］头兵可汗：即阿那瑰，柔然头领。此次为他的儿子庵罗辰求婚。［149］常山王：即元骘。［150］兰陵公主：原封乐安公主。［151］中书舍人：官名。是中书省属官，主管文书。［152］库狄峙（？—570）：本姓段，先祖从辽东迁居到代郡。西魏大将军，安丰郡公。传见《周书》卷三十三、《北史》卷六十九。

二年（丙辰，536年）

春，正月，辛亥[1]，魏祀南郊，改用神元皇帝[2]配。

甲子[3]，东魏丞相欢自将万骑袭魏夏州，身不火食[4]，四日而至，缚稍[5]为梯，夜入其城，擒刺史斛拔俄弥突，因而用之，留都督张琼[6]将兵镇守，迁其部落五千户以归。

魏灵州刺史曹泥与其婿凉州刺史普乐刘丰[7]复叛降东魏，魏人围之，水灌其城，不没者四尺。东魏丞相欢发阿至罗三万骑径度灵州，绕出魏师之后，魏师退。欢帅骑迎泥及丰，拔其遗户[8]五千以归，以丰为南汾州刺史。

东魏加丞相欢九锡[9]；固让而止。

上为文帝[10]作皇基寺以追福，命有司求良材。曲阿[11]弘氏[12]自湘州[13]买巨材东下，南津校尉[14]孟少卿欲求媚于上，诬弘氏为劫而杀之，没其材以为寺。

二月，乙亥[15]，上耕藉田。

东魏勃海世子澄，年十五，为大行台、并州刺史，求入邺辅朝政，丞相欢不许；丞相主簿[16]乐安孙搴[17]为之请，乃许之。丁酉[18]，以澄为尚书令，加领军、京畿大都督。魏朝虽闻其器识，犹以年少期之；既至，用法严峻，事无凝滞，中外震肃。引并州别驾[19]崔暹为左丞、吏部郎[20]，亲任之。

司马子如、高季式[21]召孙搴剧饮，醉甚而卒。丞相欢亲临其丧。子如叩头请罪，欢曰：“卿折我右臂，为我求可代者！”子如举中书郎[22]魏收[23]，欢以收为主簿。收，子建[24]之子也。他日，欢谓季式曰：“卿饮杀我孙主簿，魏收治文书不如我意；司徒尝称一人谨密者[25]为谁？”季式以司徒记室[26]广宗陈元康对[27]，曰：“是能夜中暗书[28]，快吏[29]也。”召之，一见，即授大丞相功曹[30]，掌机密，迁大行台都官郎[31]。时军国多务，元康问无不知。欢或出，临行，留元康在后，马上有所号令九十余条，元康屈指数之，尽能记忆。与功曹平原赵彦深[32]同知机密，时人谓之陈、赵。而元康势居赵前，性又柔谨，欢甚亲之，曰：“如此人，诚难得，天赐我也。”彦深名隐，以字行。

东魏丞相欢令阿至罗逼魏秦州刺史万俟普[33]，欢以众应之。

三月，戊申[34]，丹杨陶弘景[35]卒。弘景博学多艺能，好养生之术。仕齐[36]为奉朝请[37]，弃官，隐居茅山[38]。上早与之游，及即位，恩礼甚笃，每得其书，焚香虔受。屡以手敕招之，弘景不出。国家每有吉凶征讨大事，无不先咨之，月中[39]尝有数信，时人谓之“山中宰相”。将没，为诗曰：“夷甫[40]任散诞，平叔[41]坐论空[42]。岂悟昭阳殿，遂作单于宫[43]”！时士大夫竞谈玄理，不习武事，故弘景诗及之。

甲寅[44]，东魏以华山王鸷为大司马。

魏以凉州刺史李叔仁[45]为司徒，万俟洛[46]为太宰。

夏，四月，乙未[47]，以骠骑大将军、开府同三司之仪[48]元法僧[49]为太尉。

尚书右丞考城江子四[50]上封事，极言政治得失，五月，癸卯[51]，诏曰：“古人有言，‘屋漏在上，知之在下。’朕有过失，不能自觉，江子四等封事所言，尚书可时加检括，于民有蠹患者，宜速详启！”

戊辰[52]，东魏高盛卒。魏越勒肱卒。

魏秦州刺史万俟普与其子太宰洛、豳州刺史叱干宝乐[53]、右卫将军破六韩常[54]及督将三百人奔东魏，丞相泰轻骑追之，至河北[55]千余里，不及而还。

秋七月，庚子[56]，东魏大赦。

上待魏降将贺拔胜等甚厚，胜请讨高欢，上不许。胜等思归，前荆州大都督抚宁史宁[57]谓胜曰："朱异[58]言于梁主无不从，请厚结之。"胜从之。上许胜、宁及卢柔[59]皆北还，亲饯之于南苑。胜怀上恩，自是见禽兽南向者皆不射之。行至襄城，东魏丞相欢遣侯景以轻骑邀之，胜等弃舟自山路逃归[60]，从者冻馁，道死者太半。既至长安，诣阙谢罪，魏主执胜手歔欷曰[61]："乘舆播越，天也，非卿之咎。"丞相泰引卢柔为从事中郎，与苏绰对掌机密。

九月，壬寅[62]，东魏以定州刺史侯景兼尚书右仆射、南道行台，督诸将入寇。

魏以扶风王孚[63]为司徒，斛斯椿为太傅。

冬，十月，乙亥[64]，诏大举伐东魏。东魏侯景将兵七万寇楚州[65]，虏刺史桓和；进军淮上，南、北司二州刺史陈庆之[66]击破之，景弃辎重走。十一月，己亥[67]，罢北伐之师。

魏复改始祖神元皇帝为太祖，道武皇帝为烈祖[68]。

十二月，东魏以并州刺史尉景为太保。

壬申[69]，东魏遣使请和，上许之。

东魏清河文宣王亶卒。

丁丑[70]，东魏丞相欢督诸军伐魏，遣司徒高敖曹趣上洛，大都督窦泰趣潼关。

癸未[71]，东魏以咸阳王坦为太师。

是岁，魏关中大饥，人相食，死者什七八。

（以上为第二段，写东魏高欢势力的勃兴，其大事有高欢用人、亲征西魏、世子高澄初露头角，以及加九锡的预演。南朝梁武帝优礼北方降人，以及梁与东魏的边境战事。）

【注释】

[1]辛亥：正月九日。 [2]神元皇帝：北魏先祖拓跋力微，传见《魏书》卷一、《北史》卷一。北魏自太和十六年（492）起，以太祖道武皇帝拓跋珪配祀。至此西魏改用远祖。 [3]甲子：正月二十二日。 [4]身不火食：不埋锅做饭，全吃干粮，以免炊烟四起，惊动敌军。 [5]矟（shuò）：长矛。 [6]张琼：字连德，代人。传见《北齐书》卷二十、《北史》卷五十三。 [7]刘丰（？—

549)：字丰生，昔乐（今宁夏灵武市）人。果毅超人，屡立战功。东魏山鹿县公。后战死于长社。传见《北齐书》卷二十七、《北史》卷五十三。［8］拔其遗户：救出曹泥所辖灵州战后余生的民户。［9］九锡：古代帝王为尊礼国家重臣所赐的九件物品，即车马、衣服、乐则（编钟等成套乐器）、朱户（红门）、纳陛（登升殿堂的台阶）、虎贲（卫士）、弓矢、斧钺、秬（jù）鬯（chàng）（用于祭祀的黑米酒）。自汉献帝赐曹操九锡以后，成为旧王朝行将衰亡，权臣或其子孙即将篡位的例行程式。［10］文帝：萧顺之，梁武帝之父。南齐临湘县侯，历官侍中、卫尉、领军将军、丹杨尹。［11］曲阿：县名。县治在今江苏丹阳市。［12］弘氏：姓弘，名不详。［13］湘州：州名。治所临湘，在今湖南长沙市。［14］南津校尉：官名。梁普通六年（525）于南州津（今安徽当涂县西北）置校尉，以扼守采石矶这一军事要地。［15］乙亥：二月四日。［16］丞相主簿：官名。典领丞相府文书，参与机要。［17］孙搴（qiān）（？—536）：字彦举，乐安人。有才薄行。传见《北齐书》卷二十四、《北史》卷五十五。［18］丁酉：二月二十六日。［19］别驾：官名。州刺史的佐吏，因常别乘一车随刺史出巡而得名。［20］吏部郎：官名。吏部尚书的属官。［21］高季式（？—553）：字子通，高乾的四弟。官东魏时官王卫尉卿。入周，封乘氏县子。传见《北齐书》卷二十一、《北史》卷三十一。［22］中书郎：官名。中书省属官。［23］魏收（506—572）：字伯起，小字佛助，钜鹿下曲阳（今河北晋州市）人。史学家。人轻薄而有史才，历北魏、东魏、北齐三朝，均预修国史，撰成《魏书》凡一百三十卷。传见《魏书》卷一百四、《北齐书》卷三十七、《北史》卷五十五。［24］子建：魏子建（471—533），字敬忠，北魏东益州刺史，官迁至骠骑大将军。传见《魏书》卷一百四、《北史》卷五十六。［25］谨密者：谨慎细密的人。［26］司徒记室：官名。司徒属官，掌草拟章表文檄等文书事。［27］陈元康（507—549）：字长猷，广宗人。屡掌机密，参与决策。高澄遇刺时，同被害。传见《北齐书》卷二十四、《北史》卷五十五。［28］暗书：不借亮光而能在暗中书写。［29］快吏：快捷干练的官吏。［30］大丞相功曹：官名。以考查、登记丞相府官吏劳绩为主要职责。［31］大行台都官郎：官名。辅佐行台督理军事。［32］赵彦深（507—576）：自称南阳宛人赵熹之后，自高祖起定居平原（今山东平原县南）。本名隐，避齐庙讳，以字行。常典机密，任尚书令，封宜阳王。传见《北齐书》卷三十八、《北史》卷五十五。［33］万俟普：北齐河西郡公，万俟寿洛干之父。传见《北齐书》卷二十七、《北史》卷五十三。［34］戊申：三月七日。［35］陶弘景（456—536）：字通明，丹阳秣陵（今江苏南京市江宁区秣陵关）人。博闻多识，性好著述。后隐居为道士，谥贞白先生。传见《梁书》卷五十一、《南史》卷七十六。［36］齐：南齐。［37］奉朝请：闲散官员，无实职，多由勋戚、名士充任。［38］茅山：山名。在江苏西南部句容市及常州市金坛区内。［39］月中：一月之中。［40］夷甫：王衍字，西晋重臣。传见《晋书》卷四十三。［41］平叔：何晏字，曹魏著名玄学家。［42］坐论空：尚清谈。［43］遂作单于宫：隐指梁朝腐败，将被北方少数民族所推翻。［44］甲寅：三月十三日。［45］李叔仁：陇西人。西魏陈郡公、车骑大将军。后密谋降东魏，事发被诛。传见《魏书》卷七十三、《北史》卷三十七。［46］万俟洛：即万俟寿洛干。［47］乙未：四月二十五日。［48］开府同三司之仪：

官名。梁置，位在开府仪同三司下。［49］元法僧（454—536）：北魏江阳王元钟葵之子，普通五年（524）降梁，曾一度被立为魏主。传见《梁书》卷三十九。［50］江子四（？—548）：济阳考城（今河南民权县东）人。性刚烈。侯景围建康，子四与兄子一、子五冲陷敌营而死。传见《梁书》卷四十三、《南史》卷六十四。［51］癸卯：五月三日。［52］戊辰：五月二十八日。［53］叱干宝乐：人名。复姓叱干。［54］破六韩常：人名。复姓破六韩。［55］河北：指龙门（今山西河津市）、西河（今陕西韩城市、合阳县一带）沿黄河地区之北。［56］庚子：七月一日。此处疑脱"朔"字。［57］史宁（？—563）：字永和，建康表氏（今甘肃高台县西）人。北魏直阁将军，孝武帝入关，一度降梁。归长安后，出任凉州刺史，威服西羌、吐谷浑，大破柔然，封安政郡公。传见《周书》卷二十八、《北史》卷六十一。［58］朱异（483—549）：梁武帝宠臣。字彦和，吴郡钱塘（今浙江杭州）人。长期执掌机密。传见《梁书》卷三十八、《南史》卷六十二。［59］卢柔：字子刚。西魏散骑侍郎、中书监，与苏绰同掌机密。传见《魏书》卷四十七、《周书》卷三十二、《北史》卷三十。［60］自山路逃归：胡三省认为贺拔胜等当从三鸦（今河南南召、鲁山两县交界处）登陆进山，取道武关（今陕西丹凤县东南）而入关中。［61］歔（xū）欷（xī）：抽噎声。［62］壬寅：九月四日。［63］扶风王孚：元孚，字秀和。从孝武帝入关，位至太傅，封扶风王。传见《魏书》卷十八、《北史》卷十六。［64］乙亥：十月八日。［65］楚州：州名。治所楚城，在今安徽凤阳县。［66］陈庆之（484—539）：字子云，义兴国山（江苏宜兴西南）人。曾送元颢北上，夺取洛阳，威震北魏。后败归，封永兴县侯。传见《梁书》卷三十二、《南史》卷六十一。［67］己亥：十一月二日。［68］道武皇帝为烈祖：北魏太祖拓跋珪。孝文帝太和十五年（491）改烈祖为太祖，恢复旧庙号。传见《魏书》卷二。［69］壬申：十二月六日。［70］丁丑：十二月十一日。［71］癸未：十二月十七日。

三年（丁巳，537年）

春，正月，上祀南郊，大赦。

东魏丞相欢军蒲坂，造三浮桥，欲渡河。魏丞相泰军广阳[1]，谓诸将曰："贼掎[2]吾三面，作浮桥以示必渡，此欲缀[3]吾军，使窦泰得西入耳。欢自起兵以来，窦泰常为前锋，其下多锐卒，屡胜而骄，今袭之，必克，克泰，则欢不战自走矣。"诸将皆曰："贼在近，舍而袭远，脱有蹉跌[4]，悔何及也！不如分兵御之。"丞相泰曰："欢再攻潼关[5]，吾军不出灞上，今大举而来，谓吾亦当自守，有轻我之心，乘此袭之，何患不克！贼虽作浮桥，未能径渡，不过五日，吾取窦泰必矣！"行台左丞苏绰、中兵参军[6]代人达奚武[7]亦以为然。庚戌[8]，丞相泰还长安，诸将意犹异同。丞相泰隐其计，以问族子直事郎中[9]深[10]，深曰："窦泰，欢之骁将，今大军攻蒲坂，则欢拒守而泰救之，吾表里受敌，此危道也。不如选轻锐潜出小关[11]，窦泰躁急，必来决战，欢持重未即救，我急击泰，必可擒也。擒泰则欢势自沮，回师击之，可以决胜。"丞相泰曰："此吾心也。"乃声言欲保陇右，辛亥[12]，谒魏主而潜军东出，癸丑旦[13]，至小关。窦泰猝闻军至，自风陵渡，丞相泰出马牧泽[14]，击窦泰，大破之，士众皆尽，窦泰自杀，传首长安。丞相欢以河冰薄，不得赴救，撤浮桥而退，仪同代人薛孤延[15]为殿[16]，一日斫十五刀折[17]，乃得免。丞相泰亦引军还。

高敖曹自商山[18]转斗而进，所向无前，遂攻上洛[19]。郡人泉岳及弟猛略与顺阳人杜窋等谋翻城应之，洛州刺史泉企知之，杀岳及猛略。杜窋走归敖曹，敖曹以为向导而攻之。敖曹被流矢，通中者三[20]，殒绝[21]良久，复上马，免胄巡城。企固守旬余，二子元礼、仲遵[22]力战拒之，仲遵伤目，不堪复战，城遂陷。企见敖曹曰："吾力屈，非心服也。"敖曹以杜窋为洛州刺史。敖曹创甚，曰："恨不见季式[23]作刺史。"丞相欢闻之，即以季式为济州刺史。

敖曹欲入蓝田关[24]，欢使人告曰："窦泰军没，人心恐动，宜速还，路险贼盛，拔身可也[25]。"敖曹不忍弃众，力战全军而还，以泉企、泉元礼自随，泉仲遵以伤重不行。企私戒二子曰："吾余生无几，汝曹才器足以立功，勿以吾在东，遂亏臣节。"元礼于路逃还。泉、杜虽皆为土豪，乡人轻杜而重泉。元礼、仲遵阴结豪右，袭窋，杀之，魏以元礼世袭洛州刺史。

二月，丁亥[26]，上耕藉田。

己丑[27]，以尚书左仆射何敬容为中权将军[28]，护军将军[29]萧渊藻[30]为左仆射，右仆射谢举[31]为右光禄大夫[32]。

魏槐里[33]获神玺[34]，大赦。

三月，辛未[35]，东魏迁七帝神主[36]入新庙，大赦。

魏斛斯椿卒。

夏，五月，魏以广陵王欣为太宰，贺拔胜为太师。

六月，魏以扶风王孚为太保，梁景叡为太傅，广平王赞为太尉，开府仪同三司武川王盟[37]为司空。

东魏丞相欢游汾阳[38]之天池[39]，得奇石，隐起成文曰“六王三川”。以问行台郎中阳休之[40]，对曰：“六者，大王之字[41]；王者，当王天下。河、洛、伊为三川，泾、渭、洛[42]亦为三川。大王若受天命，终应奄有[43]关、洛。”欢曰：“世人无事常言我反，况闻此乎！慎勿妄言！”休之，固[44]之子也。行台郎中中山杜弼[45]承间[46]劝欢受禅[47]，欢举杖击走之。

东魏遣兼散骑常侍李谐[48]来聘，以吏部郎卢元明[49]、通直侍郎[50]李业兴[51]副之。谐，平[52]之孙；元明，昶[53]之子也。秋，七月，谐等至建康[54]，上引见，与语，应对如流。谐等出，上目送之，谓左右曰：“朕今日遇勍敌[55]。卿辈尝言北间全无人物，此等何自而来！”是时邺下言风流者，以谐及陇西李神俊[56]、范阳卢元明、北海王元景[57]、弘农杨遵彦[58]、清河崔赡[59]为首。神俊名挺，宝[60]之孙；元景名昕，宪[61]之曾孙也；皆以字行。赡，悛[62]之子也。

时南、北通好，务以俊乂[63]相夸，衔命[64]接客，必尽一时之选[65]，无才地[66]者不得与焉。每梁使至邺，邺下为之倾动，贵胜子弟盛饰聚观，礼赠优渥，馆门成市[67]。宴日，高澄常使左右觇[68]之，一言制胜，澄为之拊掌[69]。魏使至建康亦然。

独孤信求还北，上许之。信父母皆在山东[70]，上问信所适，信曰：“事君者不敢顾私亲而怀贰心。”上以为义，礼送甚厚。信与杨忠皆至长安，上书谢罪。魏以信有定三荆之功，迁骠骑大将军，加侍中、开府仪同三司，余官爵如故。丞相泰爱杨忠之勇，留置帐下。

魏宇文深劝丞相泰取恒农。八月，丁丑[71]，泰帅李弼等十二将伐东魏，以北雍州刺史于谨为前锋，攻盘豆[72]，拔之。戊子[73]，至恒农，庚寅[74]，拔之，擒东魏陕州刺史李徽伯[75]，俘其战士八千。

时河北[76]诸城多附东魏，左丞杨檦[77]自言父猛[78]尝为邵郡[79]白水[80]令，知其豪杰，请往说之，以取邵郡；泰许之。檦乃与土豪王覆怜等举兵，收邵郡守程保及县令四人，斩之。表覆怜为郡守，遣谍说谕东魏城堡，旬月之间，归附甚众。东魏以东雍州刺史司马恭镇正平[81]，司空从事中郎闻喜裴邃[82]欲攻之，恭弃城走，泰以杨檦行正平郡事。

上修长干寺阿育王塔，出佛爪发舍利[83]。辛卯[84]，上幸寺，设无碍食[85]，大赦。

九月，柔然为魏侵东魏三堆[86]，丞相欢击之，柔然退走。

行台郎中杜弼以文武在位多贪污，言于丞相欢，请治之。欢曰："弼来，我语尔！天下贪污，习俗已久。今督将家属[87]多在关西，宇文黑獭常相招诱，人情去留未定；江东[88]复有吴翁[89]萧衍，专事衣冠礼乐，中原士大夫望之以为正朔[90]所在。我若急正纲纪，不相假借，恐督将尽归黑獭，士子悉奔萧衍，人物流散，何以为国！尔宜少待，吾不忘之。"欢将出兵拒魏，杜弼请先除内贼。欢问内贼为谁，弼曰："诸勋贵掠夺百姓者是也。"欢不应，使军士皆张弓注矢，举刀，按矟，夹道罗列，命弼冒出[91]其间，弼战栗流汗。欢乃徐谕之曰："矢虽注不射，刀虽举不击，矟虽按不刺，尔犹亡魄失胆。诸勋人身犯锋镝，百死一生，虽或贪鄙，所取者大，岂可同之常人也！"弼乃顿首谢不及。

欢每号令军士，常令丞相属[92]代郡张华原宣旨，其语鲜卑则曰："汉民是汝奴，夫为汝耕，妇为汝织，输汝粟帛，令汝温饱，汝何为陵[93]之？"其语华人[94]则曰："鲜卑是汝作客[95]，得汝一斛粟、一匹绢，为汝击贼，令汝安宁，汝何为疾之？"

时鲜卑共轻华人，唯惮高敖曹；欢号令将士，常鲜卑语，敖曹在列，则为之华言[96]。敖曹返自上洛，欢复以为军司、大都督，统七十六都督。以司空侯景为西道大行台，与敖曹及行台任祥、御史中尉[97]刘贵[98]、豫州刺史尧雄、冀州刺史万俟洛同治兵于虎牢。敖曹与北豫州刺史郑严祖[99]握槊[100]，贵召严祖，敖曹不时遣[101]，枷其使者。使者曰："枷则易，脱则难。"敖曹以刀就枷刎之，曰："又何难！"贵不敢校[102]。明日，贵与敖曹坐，外白治河役夫多溺死，贵曰："一钱汉[103]，随之死[104]！"敖曹怒，拔刀斫贵；贵走出还营，敖曹鸣鼓会兵，欲攻之，侯景、万俟洛共解谕，久之乃止。敖曹尝诣相府，门者不纳，敖曹引弓射之，欢知而不责。

闰月，甲子[105]，以武陵王纪[106]为都督益、梁等十三州诸军事、益州刺史。

东魏丞相欢将兵二十万自壶口[107]趣蒲津，使高敖曹将兵三万出河南。时关中饥，魏丞相泰所将将士不满万人，馆谷[108]于恒农五十余日，闻欢将济河，乃引兵入关，高敖曹遂围恒农。欢右长史薛琡言于欢曰："西贼连年饥馑，故冒死来入陕州[109]，欲取仓粟。今敖曹已围陕城，粟不得出，但置兵诸道，勿与野战，比及麦秋，其民自应饿死，宝炬、黑獭何忧不降！愿勿渡河。"侯景曰："今兹举兵，形势极大，万一不捷，猝难收敛。不如分为二军，相继而进，前军若胜，后军全力；前军若败，后军承之。"欢不从，自蒲津济河。

丞相泰遣使戒华州刺史王罴，罴语使者曰："老罴当道卧，貉子那得过！"欢至冯翊[110]城下，谓罴曰："何不早降！"罴大呼曰："此城是王罴冢，死生在此。欲死者来！"欢知不可攻，乃涉洛，军于许原[111]西。

泰至渭南，征诸州兵，皆未会。欲进击欢，诸将以众寡不敌，请待欢更西以观其势。泰曰："欢若至长安，则人情大扰；今及其远来新至，可击也。"即造浮桥于渭，令军士赍三日粮，轻骑渡渭，辎重自渭南夹渭而西。冬，十月，壬辰[112]，泰至沙苑[113]，距东魏军六十里。诸将皆惧，宇文深独贺。泰问其故，对曰："欢镇抚河北，甚得众心，以此自守，未易可图。今悬师渡河，非众所欲，独欢耻失窦泰，愎谏[114]而来，所谓忿兵[115]，可一战擒也。事理昭然，何为不贺！愿假深一节[116]，发王罴之兵邀其走路[117]，使无遗类。"泰遣须昌县公达奚武觇欢军，武从三骑，皆效欢将士衣服，日暮，去营数百步下马，潜听得其军号，因上马历营，若警夜者，有不如法，往往挞之，具知敌之情状而还。

欢闻泰至，癸巳[118]，引兵会之。候骑告欢军且至，泰召诸将谋之。开府仪同三司李弼曰："彼众我寡，不可平地置陈，此东十里有渭曲[119]，可先据以待之。"泰从之，背水东西为陈，李弼为右拒，赵贵为左拒，命将士皆偃戈于苇中，约闻鼓声而起。晡时[120]，东魏兵至渭曲，都督太安斛律羌举[121]曰："黑獭举国而来，欲一死决，譬如猘狗[122]，或能噬人；且渭曲苇深土泞，无所用力，不如缓与相持，密分精锐径掩长安，巢穴既倾，则黑獭不战成擒矣。”欢曰：“纵火焚之，何如？”侯景曰：“当生擒黑獭以示百姓，若众中烧死，谁复信之！”彭乐盛气请斗，曰：“我众贼寡，百人擒一，何忧不克！”欢从之。东魏兵望见魏兵少，争进击之，无复行列。兵将交，丞相泰鸣鼓，士皆奋起，于谨等六军与之合战，李弼帅铁骑横击之，东魏兵中绝为二，遂大破之。李弼弟檦[123]，身小而勇，每跃马陷阵，隐身鞍甲之中，敌见皆曰：“避此小儿！”泰叹曰：“胆决如此，何必八尺之躯！”征虏将军武川耿令贵[124]杀伤多，甲裳尽赤，泰曰：“观其甲裳，足知令贵之勇，何必数级！”彭乐乘醉深入魏陈，魏人刺之，肠出，内之复战。丞相欢欲收兵更战，使张华原以簿[125]历营点兵，莫有应者，还，白欢曰：“众尽去，营皆空矣！”欢犹未肯去。阜城侯斛律金[126]曰：“众心离散，不可复用，宜急向河东。”欢据鞍未动，金以鞭拂马，乃驰去，夜，渡河，船去岸远，欢跨橐驼就船，乃得渡，丧甲士八万人，弃铠仗十有八万。丞相泰追欢至河上，选留甲士二万余人，余悉纵归。都督李穆曰：“高欢破胆矣，速追之，可获。”泰不听，还军渭南，所征之兵甫至，乃于战所人植柳一株以旌武功。

侯景言于欢曰：“黑獭新胜而骄，必不为备，愿得精骑二万，径往取之。”欢以告娄妃，妃曰：“设如其言，景岂有还理！得黑獭而失景，何利之有！”欢乃止。

魏加丞相泰柱国大将军，李弼十二将[127]皆进爵增邑有差。

高敖曹闻欢败，释恒农，退保洛阳。

己酉[128]，魏行台宫景寿等向洛阳，东魏洛州大都督韩贤击走之。州民韩木兰作乱，贤击破之。一贼匿尸间，贤自按检收铠仗，贼欻起[129]斫之，断胫而卒。

魏复遣行台冯翊王季海[130]与独孤信将步骑二万趣洛阳，洛州刺史李显趣三荆，贺拔胜、李弼围蒲坂。

东魏丞相欢之西伐也，蒲坂民敬珍[131]谓其从祖兄祥[132]曰：“高欢迫逐乘舆，天下忠义之士皆欲剚刃[133]于其腹；今又称兵西上，吾欲与兄起兵断其归路，此千载一时也。”祥从之，纠合乡里，数日，有众万余。会欢自沙苑败归，祥、珍帅众邀之，斩获甚众。贺拔胜、李弼至河东，祥、珍帅猗氏[134]等六县十余万户归之，丞相泰以珍为平阳[135]太守，祥为行台郎中。

东魏秦州刺史薛崇礼守蒲坂，别驾薛善[136]，崇礼之族弟也，言于崇礼曰："高欢有逐君之罪，善与兄忝[137]衣冠绪余[138]，世荷国恩，今大军已临，而犹为高氏固守，一旦城陷，函首送长安，署为逆贼，死有余愧，及今归款，犹为愈也。"崇礼犹豫不决。善与族人斩关纳魏师，崇礼出走，追获之。丞相泰进军蒲坂，略定汾、绛[139]，凡薛氏预开城之谋者，皆赐五等爵。善曰："背逆归顺，臣子常节，岂容阖门大小俱叨[140]封邑！"与其弟慎[141]固辞不受。

东魏行晋州[142]事封祖业[143]弃城走，仪同三司薛修义追至洪洞[144]，说祖业还守。祖业不从；修义还据晋州，安集固守。魏仪同三司长孙子彦[145]引兵至城下，修义开门伏甲以待之；子彦不测虚实，遂退走。丞相欢以修义为晋州刺史。

独孤信至新安[146]，高敖曹引兵北渡河。信逼洛阳，洛州刺史广阳王湛弃城归邺，信遂据金墉城[147]。孝武之西迁也，散骑常侍河东裴宽[148]谓诸弟曰："天子既西，吾不可以东附高氏。"帅家属逃于大石岭[149]；独孤信入洛，乃出见之。时洛阳荒废，人士流散，惟河东柳虬[150]在阳城[151]，裴诹之[152]在颍川[153]，信俱征之，以虬为行台郎中，诹之为开府属。

东魏颍州长史贺若统[154]执刺史田迄[155]，举城降魏，魏都督梁迥[156]入据其城。前通直散骑侍郎郑伟[157]起兵陈留[158]，攻东魏梁州[159]，执其刺史鹿永吉[160]。前大司马从事中郎崔彦穆[161]攻荥阳[162]，执其太守苏淑[163]，与广州长史刘志[164]皆降于魏。伟，先护[165]之子也。丞相泰以伟为北徐州刺史，彦穆为荥阳太守。

十一月，东魏行台任祥帅督将尧雄、赵育、是云宝[166]攻颍川，丞相泰使大都督宇文贵、乐陵公辽西怡峰[167]将步骑二千救之。军至阳翟[168]，雄等军已去颍川三十里，祥帅众四万继其后。诸将咸以为"彼众我寡，不可争锋。"贵曰："雄等谓吾兵少，必不敢进。彼与任祥合兵攻颍川，城必危矣。若贺若统陷没，吾辈坐此何为！今进据颍川，有城可守，又出其不意，破之必矣。”遂疾趋，据颍川，背城为陈以待。雄等至，合战，大破之，雄走，赵育请降，俘其士卒万余人，悉纵遣之。任祥闻雄败，不敢进，贵与怡峰乘胜逼之，祥退保宛陵[169]；贵追及，击之，祥军大败。是云宝杀其阳州刺史那椿，以州[170]降魏。魏以贵为开府仪同三司，是云宝、赵育为车骑大将军。

都督杜陵韦孝宽[171]攻东魏豫州，拔之，执其行台冯邕。孝宽名叔裕，以字行。

丙子[172]，东魏以骠骑大将军、仪同三司万俟普为太尉。

司农[173]张乐皋[174]等聘于东魏。

十二月，魏行台杨白驹与东魏阳州刺史段粲战于蓼坞[175]，魏师败绩。

魏荆州刺史郭鸾攻东魏东荆州刺史清都慕容俨[176]，俨昼夜拒战，二百余日，乘间出击鸾，大破之。时河南诸州多失守，唯东荆获全。

河间邢磨纳[177]、范阳卢仲礼[178]、仲礼从弟仲裕[179]等皆起兵海隅[180]以应魏。

东魏济州刺史高季式有部曲千余人，马八百匹，铠仗皆备。濮阳[181]民杜灵椿等为盗，聚众近万人，攻城剽野，季式遣骑三百，一战擒之，又击阳平贼路文徒[182]等，悉平之，于是远近肃清。或谓季式曰：“濮阳、阳平[183]乃畿内之郡，不奉诏命，又不侵境，何急而使私军[184]远战！万一失利，岂不获罪乎！”季式曰：“君何言之不忠也！我与国家同安共危，岂有见贼而不讨乎！且贼知台军猝不能来，又不疑外州有兵击之，乘其无备，破之必矣。以此获罪，吾亦无恨。”

（以上为第三段，写东西魏两次大规模会战，都是势强的东魏高欢先发制人进讨西魏，但高欢恃众而骄，均未抓住战机而失败；西魏宇文泰筹策妙算，以弱胜强，以少胜众，积极应战而获胜。西魏扩张，东魏缩小，一涨一消而近于势均力敌。这一年，梁朝通好东魏。）

【注释】

[1]广阳：县名。县治在今陕西西安市临潼区北。 [2]掎：牵制。 [3]缀：吸引住。 [4]蹉跌：失足跌倒，以比喻出现差错。 [5]再攻潼关：此前高欢于永熙三年（534）、大统元年

(535)二攻潼关，这是第三次进攻。［6］中兵参军：官名。七兵尚书所辖中兵曹属吏，协理宫中、京都警卫和保管在外都督告身等事。［7］达奚武（504—570）：复姓达奚，字成兴，代人。善骑射，屡立战功，进位大将军，封高阳郡公。入周，拜柱国，进封郑国公。传见《周书》卷十九、《北史》卷六十五。［8］庚戌：正月十四日。［9］直事郎中：官名。在尚书省当值的郎中，位在诸曹郎之上。［10］深：宇文深（？—568），字奴干，性鲠直，有谋略，常参与筹划军政大事。入周，封安化县公。传见《周书》卷二十七、《北史》卷五十九。［11］小关：关名。在潼关北边。［12］辛亥：正月十五日。［13］癸丑旦：正月十七日凌晨。［14］马牧泽：地名。在潼关北边的古桃林塞，那里水草丰泽，是放牧军马的地方，因而得名。［15］薛孤延：复姓薛孤，一作萨孤，代（今河北蔚县）人。骁勇善战，常任前锋。以功封平秦郡公。入周，拜太子太傅。传见《北齐书》卷十九、《北史》卷五十三。［16］为殿：押后，抗击追兵。［17］斫（zhuó）十五刀折：拼死抗击宇文泰追兵，因用力过猛而接连砍断了十五把刀。［18］商山：山名。在今陕西商洛市商州区东南。［19］上洛：郡名，治所上洛城，在今陕西商洛市商州区。［20］通中者三：有三支箭射穿躯体。［21］殒绝：死亡。此作昏死解。［22］元礼、仲遵：泉元礼，名不详；泉仲遵，名恭。两人均以字行。传见《周书》卷四十四、《北史》卷六十六。［23］季式：高季式，高敖曹的弟弟。［24］蓝田关：关名。即峣关，在今陕西蓝田县。［25］拔身可也：弃军一人脱身就可以了。［26］丁亥：二月二十二日。［27］己丑：二月二十四日。［28］中权将军：官名。是宫中主要将领之一，奉卫舆辇。梁独置。［29］护军将军：官名。主武官选拔。［30］萧渊藻（483—549）：字靖艺，梁西昌县侯，官至尚书左仆射、侍中、中书令，颇受梁武帝器重。侯景之乱，绝食死。传见《梁书》卷二十三、《南史》卷五十一。［31］谢举（？—548）：字言扬，与何敬容齐名。传见《梁书》卷三十七、《南史》卷二十。［32］右光禄大夫：官名。是散官，无正职，论议时政，以供顾问。［33］槐里：县名。县治在今陕西兴平市东南。［34］神玺：疑是汉代帝王八玺之一。此玺以镇中国，藏而不用。［35］辛未：三月丙申朔，无辛未。《魏书·孝静帝纪》《北史·孝静帝纪》均作“四月辛未”，则是四月六日。《资治通鉴》误。［36］七帝神主：道武、明元、太武、文成、献文、孝文、宣武七帝的庙主牌位。［37］武川王盟（？—545）：武川王元盟，字子仵，祖居乐浪（今朝鲜平壤），后移居武川。西魏长乐郡公、太傅。传见《周书》卷二十、《北史》卷六十一。［38］汾阳：县名。县治在今山西静乐县西。［39］天池：在管涔山上，湖面方一里有余。在今山西宁武县西南。［40］阳休之（507—582）：字子烈，右北平无终（今天津市蓟州区）人。北齐燕郡王。传见《魏书》卷七十二、《北齐书》卷四十二、《北史》卷四十七。［41］大王之字：高欢字贺六浑，有“六”字。［42］洛：此洛水为关中之北洛河，源出陕北白于山，南至华阴入渭水。［43］奄有：拥有。［44］固：阳固，字敬安，性刚直不阿，居官清廉。传见《魏书》卷七十二、《北史》卷四十七。［45］杜弼（491—559）：字辅弼，中山曲阳（今河北曲阳县）人。高欢亲信，典掌机密，封定阳县侯。入齐，以定策功，别封长安县伯。传见《北齐书》卷二十四、《北史》卷五十五。［46］承间：趁一个机会。［47］受禅：接受东魏主禅让帝位。［48］李谐：字虔和，北魏彭城侯，位至大司农。传见《魏书》卷六十五、《北史》卷四十三。［49］卢元明：字幼章，博览群书，性好玄理。曾以散骑常侍监修起居注。传见《魏书》卷四十七、《北史》卷三十。［50］通直侍郎：官名。即通直散骑侍郎，掌论议。［51］李业兴：上党长子（今山西长子县）人。传见《魏书》卷八十四、《北史》卷八十一。［52］平：李平，字昙定，北魏武邑郡公。历任中书令、吏部尚书，掌处机密十余年，名噪一时。传见《魏书》卷六十五、《北史》卷四十三。［53］昶：卢昶，字叔达。曾任黄门侍郎、散骑常侍、吏部尚书等职，中庸守职，无创见。传见《魏书》卷四十七、《北史》卷三十。［54］建康：梁都城，在今江苏南京市。［55］勍（qíng）敌：劲敌。［56］李神俊（478—541）：即李挺，小名提。北魏千乘县侯。东魏时官至侍中。传见《魏书》卷三十九、《北史》卷一百。［57］王元景（？—559）：即王昕，北海剧（今山东昌乐县）人。德行学业，为人师表。曾任秘书监。传见《魏书》卷三十三、《北齐书》卷三十一、《北史》卷二十四。［58］杨遵彦：即杨愔。［59］崔赡（519—572）：一作崔瞻。字彦通。传见《北齐书》卷二十三、《北史》卷二十四。［60］宝：李宝（407—459），魏敦煌公。传见《魏书》卷三十九、《北史》卷一百。［61］宪：王宪（378—466），魏北海公。传见《北史》卷二十四。［62］㥄（líng）：崔㥄（494—554），字长孺，清河东武城人。北魏武城县公。传见《魏书》卷六十九、《北齐书》卷二十三、《北史》卷二十四。［63］俊乂：有才德的人士。［64］衔命：奉命出使。［65］尽一时之选：选用当时最杰出的博学善应对的人才。［66］才地：才干和门第。［67］馆门成市：来使下榻的客馆门外，人群攒集，如同集市。［68］觇（chān）：窥视。［69］拊掌：击掌，含叫好的意思。［70］山东：地区名。泛指崤山以东、长江以北地区。又称作关东。此指东魏。［71］丁丑：八月十四日。［72］盘豆：城名。在今河南灵宝市内。［73］戊子：八月二十五日。［74］庚寅：八月二十七日。［75］李徽伯（？—537）：即李裔，字徽伯，赵郡平棘（今河北赵县）人。东魏固安县伯，陕州刺史。传见《魏书》卷三十六、《北史》卷三十三。［76］河北：黄河以北。此专指今晋南地区。［77］杨檦：字显进，正平高凉（今山西新绛县西南）人。西魏肥如侯，建州刺史，镇守正平，屡立战功。后军败降北齐。传见《周书》卷三十四、《北史》卷六十九。［78］猛：杨猛，曾任过县令。［79］邵郡：郡名。治所阳胡城，在今山西垣曲县。［80］白水：县名。县治在今山西垣曲县。［81］正平：郡名。治所正平，在今山西新绛县。［82］裴邃：河东闻喜人。西魏澄城县子，安东将军、银青光禄大夫。传见《周书》卷三十七、《北史》卷三十八。［83］出佛爪发舍利：出土佛指甲、头发和身骨舍利子。事详《南史》卷七十八《扶南传》。［84］辛卯：八月二十八日。［85］无碍食：即无遮食，意思是开佛法大会，向到场的所有僧众施舍斋饭。［86］三堆：县名。县治在今山西静乐县。［87］督将家属：指可朱浑道元、万俟普、刘丰生诸部下大将的亲属。［88］江东：泛指原孙吴辖地。［89］吴翁：萧衍辖地与孙吴略同，故欢戏称他为吴翁。［90］正朔：正为一年之始，朔是一月之始，都是夏历的专用语。于此比喻中华正统。［91］冒出：穿过。［92］丞相属：丞相府属吏。［93］陵之：欺侮他们。［94］华人：指汉族人。［95］作客：雇工。［96］华言：汉族语言。［97］御史中尉：官名。原称御史中丞，北魏时置此官，用来督察百官。［98］刘贵（？—539）：秀容阳曲（今山西阳曲县西南）人。尔朱荣亲信，北魏敷城县公。后转投高欢，以严酷著称。传见《北齐书》卷十九、《北史》卷五十三。［99］郑严祖：轻躁薄行，官至鸿胪卿。传见《北齐书》卷十九、《北史》卷五十三。［100］握槊（shuò）：传自西域少数民族的赌博游戏，如同“双陆”一类。［101］不时遣：不立即遣回。［102］不敢校：不敢追究。［103］一钱汉：说汉族人贱，不值一钱。［104］随之死：随便他们死，不必管。［105］甲子：闰九月一日。［106］武陵王纪：萧纪（508—553），字世询，梁武帝第八子，封武陵王。侯景之乱，纪称帝于蜀。与其兄梁元帝萧绎争国，战败而死。传见《梁书》卷五十五、《南史》卷五十三。［107］壶口：山名。在今山西吉县西。［108］馆谷：就食。［109］陕州：州名。治所陕城，在今河南三门峡市陕州区。［110］冯翊：郡名。治所高陵，在今陕西西安市高陵区。［111］许原：地名。在今陕西富平县西南。［112］壬辰：十月一日。［113］沙苑：地名。在今陕西大荔县南、渭水与洛水之间。［114］愎（bì）谏：不听劝谏。［115］忿兵：因怒而草率发兵。［116］一节：一军令凭证。节，符节。［117］走路：退路。［118］癸巳：十月二日。［119］渭曲：地名。渭水弯道处，在今陕西大荔县东南。［120］晡（bū）时：黄昏时分。［121］斛律羌举：复姓斛律，名羌举。太安（今山西寿阳县西）人。世任部落酋长，历任清州、东夏州刺史，封密县侯。传见《北齐书》卷二十、《北史》卷五十三。［122］猘（zhì）狗：疯狗。［123］檦：李檦（？—564），字灵杰，胆略过人。西魏骠骑大将军。入周，封汝南郡公。传见《周书》卷十五、《北史》卷六十。［124］耿令贵（516—550）：即耿豪，本名令贵。钜鹿（今河北晋州市）人。凶悍狂傲，以军功位至侍中、骠骑大将军、开府仪同三司。宇文泰每优容相待。传见《周书》卷二十九、《北史》卷六十六。［125］簿：花名册。［126］斛律金（458—537）：字阿六敦，朔州敕勒部（在今内蒙古黑河流域）人。性敦直，善骑射。随高欢起义于信都，屡立战功，封石城郡公。入齐，封咸阳郡王，位左丞相。传见《北齐书》卷十七、《北史》卷五十四。［127］十二将：即李弼、独孤信、梁御、赵贵、于谨、若干惠、怡峰、刘亮、王德、侯莫陈崇、李远、达奚武等人。［128］己酉：十月十八日。［129］欻（xū）起：突然跃起。［130］季海：元季海，字元泉，封冯翊王，位中书令。传见《北史》卷十五。［131］敬珍：字国宝，河东蒲坂人。位至绛州刺史。传见《周书》卷三十五。［132］祥：敬祥，拜龙骧将军，领相里防主。传见《周书》卷三十五。［133］剚（zì）刃：插入刀子。［134］猗氏：县名。县治在今山西临猗县。［135］平阳：郡名。治所白马城，在今山西临汾市西南。［136］薛善：字仲良，河东汾阴（今山西万荣县西南）人。北魏官至司农少卿，封博平县公。入周，位至少傅。传见《周书》卷三十五、《北史》卷三十六。［137］忝（tiǎn）：愧为。［138］衣冠绪余：意为命官末尾，谦称。［139］汾、绛：皆州名。汾，南汾州，治所文城，在今山西吉县。绛，绛州，治所玉壁，在今山西稷山县。［140］叨（tāo）：辱承。谦称。［141］慎：薛慎，字佛护，有文才，善草书。任宇文泰行台学师，封淮南县子。入周，出任湖州刺史，开化蛮族。传见《周书》卷三十五、《北史》卷三十六。［142］晋州：州名。治所白马城，在今山西临汾市。［143］封祖业（487—540）：名延之，字祖业，封隆之的弟弟。有吏才。传见《魏书》卷三十二、《北齐书》卷二十一、《北史》卷二十四。［144］洪洞：县名。县治在今山西洪洞县。［145］长孙子彦：即公孙俊。［146］新安：县名。县治在今河南渑池县东。［147］金墉城：城名。在今河南洛阳东，俗称阿斗城。［148］裴宽：字长宽，河东闻喜（今山西闻喜县）人。西魏车骑大将军。入周，爵夏阳县子。任沔州刺史时，被陈人所擒，死于建康。传见《周书》卷三十四、《北史》卷三十八。［149］大石岭：山名。在今河南伊川县西南。［150］柳虬（501—554）：字仲盘，河东解（今山西运城市西南解州镇）人。归西魏，封美阳县男。传见《周书》卷三十八、《北史》卷六十四。［151］阳城：县名。县治在今河南登封市东南。［152］裴诹（zōu）之：字士正，博闻强记，号"洛阳遗彦"。传见《魏书》卷八十八、《北齐书》卷三十五、《北史》卷三十八。［153］颍川：郡名。治所颍阴，在今河南许昌市。［154］贺若统：复姓贺若，代人。西魏兖州刺史，封当阳县公。传见《周书》卷二十八、《北史》卷六十八。［155］田迄：人名。《魏书》《北齐书》《周书》均作"田迅"。疑《资治通鉴》误。［156］梁迥（jiǒng）：人名。章校甲十一行本、乙十一行本、孔本均作"梁迥"。又《周书》卷二、《北史》卷九均作"梁迁"，而《魏书》卷十二则作"梁回"，录以备考。［157］郑伟（515—571）：字子直，小名阇提，荥阳开封（今河南开封市西南）人。尔朱氏作乱，一度随父降梁。孝武帝西迁，隐居乡里。此次归从宇文泰后，屡立战功，任中军将军，封襄城郡公。传见《周书》卷三十六、《北史》卷三十五。［158］陈留：郡名。治所浚仪，在今河南开封市西北。［159］梁州：州名。治所大梁城，在今河南开封市西北。［160］鹿永吉：即鹿悆（yù），字永吉。济阴乘氏（今山东菏泽）人。北魏时任御史中尉。传见《魏书》卷七十九、《北史》卷四十六。［161］崔彦穆（？—581）：以字行，清河东武城（今河北清河县西）人。有才学，被时人誉为王佐之才。投西魏，转入宇文泰幕府，兼掌文翰。入周，位上大将军、襄州总管，爵东郡公。传见《周书》卷三十六、《北史》卷六十七。［162］荥阳：县名。也是荥阳郡郡治。县治在今河南荥阳市。［163］苏淑：字仲和，武邑（今河北武邑）人。东魏晋阳男，历任荥阳、中山太守，是当时著名的循吏。传见《魏书》卷八十八、《北史》卷八十六。［164］刘志（？—570）：弘农华阴人，本名思，宇文泰赐名志。入周，封鲁公，任刑部中大夫，执法公允。传见《周书》卷三十六。［165］先护：郑先护，北魏平昌郡公。被尔朱仲远所害。传见《魏书》卷五十六、《北史》卷三十五。［166］尧雄、赵育、是云宝：皆人名。赵育，西魏车骑大将军。传见《周书》卷十九。是云宝，西魏大将军、凉州刺史，封洞城郡公。死于与吐谷浑人的战斗。传见《周书》卷十九。［167］怡峰（500－549）：原姓默台，字景阜，辽西人。以骁勇闻名。西魏车骑大将军、开府仪同三司，爵乐陵郡公。传见《周书》卷十七、《北史》卷六十五。［168］阳翟：县名。县治在今河南禹州市。［169］宛陵：县名。当作苑陵，县治在今河南新郑市东北。［170］州：即阳州，州名。治所宜阳，在今河南宜阳县。［171］韦孝宽（509—580）：京兆杜陵（今陕西西安东南）人。本名叔裕，以字行。西魏名将，爵建忠郡公。入周，位柱国，封郧国公。定灭北齐之策。传见《周书》卷三十一、《北史》卷六十四。［172］丙子：十一月十五日。［173］司农：官名。主管钱粮。［174］张乐皋：梁朝使者，官拜散骑常侍，未任过司农。又《魏书》卷六十九、卷八十五、卷九十八，《北史》卷八十三，《南史》卷七，均作“张皋”。疑“乐”字是衍文。又胡三省认为“司农”下有脱文，当是。［175］蓼坞：坞壁名。在今陕西潼关北。［176］慕容俨（？—570）：字恃德，清都成安人。通兵法，工骑射。北齐义安王。传见《北齐书》卷二十、《北史》卷五十三。［177］邢磨纳：人名。一作摩纳。［178］卢仲礼：名礼，字仲礼。［179］仲裕：《魏书》和《北史》均作“卢景裕，字仲孺”，疑《资治通鉴》误。景裕小字白头，好经学，世号居士。以《周易》注传世。传见《魏书》卷八十四、《北史》卷三十。［180］海隅：沿海地区。此指河间郡，即今河北献县一带，范阳郡即今河北涿州市，均属滨海地区。［181］濮阳：郡名。治所鄄城，在今山东鄄城县北。［182］路文徒：人名。严校以为当作“路叔文”。［183］阳平：郡名。治所馆陶，在今河北馆陶县。［184］私军：高季式部曲由他私人供衣食军械，对他本人效忠，不用政府粮饷，所以称私军。

【点评】

北朝分为东西两魏。东魏据有中原腹地，奄有北方天下三分之二，军力、经济力强于西魏，占有绝对优势。但东魏权臣高欢有逐君之累，西魏权臣宇文泰有救驾之功，人心归向西魏，政治上宇文泰占了上风。高欢虽为枭雄，但个人才智与临机果决逊于一时人杰宇文泰，两次大战，高欢败北，优势丧失，东西两魏终于势均力敌。于是北方分裂为二，与梁鼎足而立，其势不可逆转。

卷一五八　梁纪十四

梁武帝大同四年至十年（538—544 年）

【起著雍敦牂（戊午，538 年），尽阏逢困敦（甲子，544 年），凡七年】

【大事提要】

本卷载述公元 538 年至公元 544 年，凡七年间南北朝史事，时当梁武帝大同四年至十年，西魏文帝大统四年至十年，东魏孝静帝元象元年、兴和元年至四年、武定元年、二年。重点仍是写东西魏争战，势均力敌，进一步巩固了北方的分裂形势。其间东西魏着手整顿吏治，改革政治，检括户口，休养生息，出现了一些新气象。这一时期，梁朝无大事记述，梁武帝例行祭天、大赦、亲耕籍田，无所作为，政治腐败，对交趾小小豪民的边境反叛，不仅久征不下，而且颠倒是非，枉杀良将，梁朝呈现衰败势头。

高祖武皇帝十四

大同四年（戊午，538 年）

春，正月，辛酉[1]朔，日有食之。

东魏砀郡[2]获巨象，送邺。丁卯[3]，大赦，改元元象[4]。

二月，己亥[5]，上耕藉田。

东魏大都督善无贺拔仁[6]攻魏南汾州，刺史韦子粲[7]降之，丞相泰灭子粲之族。东魏大行台侯景等治兵于虎牢，将复河南诸州，魏梁迥、韦孝宽、赵继宗[8]皆弃城西归。侯景攻广州[9]，未拔，闻魏救兵将至，集诸将议之，行洛州事[10]卢勇[11]请进观形势。乃帅百骑至大隗山[12]，遇魏师。日已暮，勇多置幡旗于树颠，夜，分骑为十队，鸣角直前，擒魏仪同三司程华，斩仪同三司王征蛮而还。广州守将骆超[13]遂以城降东魏，丞相欢以勇行广州事。勇，辩[14]之从弟也。于是南汾、颍、豫、广四州复入东魏。

初，柔然头兵可汗始得返国，事魏尽礼[15]。及永安[16]以后，雄据北方，礼渐骄倨[17]，虽信使不绝，不复称臣。头兵尝至洛阳，心慕中国，乃置侍中、黄门等官；后得魏汝阳王[18]典签[19]淳于覃，亲宠任事，以为秘书监，使典文翰。及两魏分裂，头兵转不逊，数为边患。魏丞相泰以新都关中，方有事山东，欲结婚以抚之，以舍人元翌[20]女为化政公主，妻头兵弟塔寒。又言于魏主，请废乙弗后，纳头兵之女[21]。甲辰[22]，以乙弗后为尼，使扶风王孚迎头兵女为后。头兵遂留东魏使者元整[23]，不报其使。

三月，辛酉[24]，东魏丞相欢以沙苑之败，请解大丞相，诏许之；顷之，复故[25]。

柔然送悼后[26]于魏，车七百乘，马万匹，驼二千头。至黑盐池[27]，遇魏所遣卤簿[28]仪卫。柔然营幕，户席皆东向[29]，扶风王孚请正南面[30]，后曰："我未见魏主，固柔然女也。魏仗南面，我自东向。"丙子[31]，立皇后郁久闾氏。丁丑[32]，大赦。以王盟为司徒。丞相泰朝于长安，还屯华州。

夏，四月，庚寅[33]，东魏高欢朝于邺；壬辰[34]，还晋阳。

五月，甲戌[35]，东魏遣兼散骑常侍郑伯猷[36]来聘。

秋，七月，东魏荆州刺史王则[37]寇淮南[38]。

癸亥[39]，诏以东冶[40]徒李胤之得如来舍利，大赦。

东魏侯景、高敖曹等围魏独孤信于金墉，太师欢帅大军继之；景悉烧洛阳内外官寺民居，存者什二三。魏主[41]将如洛阳拜园陵[42]，会信等告急，遂与丞相泰俱东，命尚书左仆射周惠达辅太子钦守长安，开府仪同三司李弼、车骑大将军达奚武帅千骑为前驱。

八月，庚寅[43]，丞相泰至谷城[44]，侯景等欲整陈以待其至，仪同三司太安莫多娄贷文[45]请帅所部击其前锋，景等固止之。贷文勇而专，不受命，与可朱浑道元以千骑前进，夜，遇李弼、达奚武于孝水[46]。弼命军士鼓噪，曳柴扬尘，贷文走，弼追斩之，道元单骑获免，悉俘其众送恒农。

泰进军瀍东[47]，侯景等夜解围去。辛卯[48]，泰帅轻骑追景至河上，景为陈，北据河桥[49]，南属邙山[50]，与泰合战。泰马中流矢惊逸[51]，遂失所之[52]。泰坠地，东魏兵追及之，左右皆散，都督李穆下马，以策抶[53]泰背骂曰："笼东[54]军士！尔曹王[55]何在，而独留此？"追者不疑其贵人，舍之而过。穆以马授泰，与之俱逸。

魏兵复振，击东魏兵，大破之。东魏兵北走。京兆忠武公[56]高敖曹，意轻泰，建旗盖[57]以陵陈，魏人尽锐[58]攻之，一军皆没，敖曹单骑走投河阳[59]南城[60]。守将北豫州刺史高永乐[61]，欢之从祖兄子也，与敖曹有怨，闭门不受。敖曹仰呼求绳，不得，拔刀穿阖[62]未彻[63]而追兵至。敖曹伏桥下，追者见其从奴持金带，问敖曹所在，奴指示之。敖曹知不免，奋头[64]曰："来！与汝开国公[65]。"追者斩其首去。高欢闻之，如丧肝胆，杖高永乐二百，赠敖曹太师、大司马、太尉。泰赏杀敖曹者布绢万段，岁岁稍与之，比及周亡，犹未能足。魏又杀东魏西兖州刺史宋显[66]等，虏甲士万五千人，赴河死者以万数。

初，欢以万俟普尊老[67]，特礼之，尝亲扶上马。其子洛免冠稽首[68]曰："愿出死力以报深恩。"及邙山之战，诸军北渡桥，洛独勒兵不动，谓魏人曰："万俟受洛干在此，能来可来也！"魏人畏之而去，欢名其所营地为回洛。

是日，东、西魏置陈既大，首尾悬远[69]，从旦至未[70]，战数十合，氛雾四塞，莫能相知。魏独孤信、李远居右，赵贵、怡峰居左，战并不利；又未知魏主及丞相泰所在，皆弃其卒先归。

开府仪同三司李虎、念贤等为后军，见信等退，即与俱去。泰由是烧营而归，留仪同三司长孙子彦守金墉。

王思政下马，举长矟左右横击，一举辄踣[71]数人。陷陈既深，从者尽死，思政被重创，闷绝[72]，会日暮，敌亦收兵。思政每战常着破衣弊甲，敌不知其将帅，故得免。帐下督雷五安于战处哭求思政，会其已苏，割衣裹创，扶思政上马，夜久，始得还营。

平东将军蔡佑下马步斗，左右劝乘马以备仓猝，佑怒曰："丞相爱我如子，今日岂惜生乎！"帅左右十余人合声大呼，击东魏兵，杀伤甚众。东魏围之十余重，佑弯弓持满，四面拒之。东魏人募厚甲长刀者直进取之，去佑可三十步，左右劝射之，佑曰："吾曹之命，在此一矢，岂可虚发！"将至十步，佑乃射之，应弦而倒，东魏兵稍却，佑徐引还。

魏主至恒农，守将[73]已弃城走，所虏降卒[74]在恒农者相与闭门拒守，丞相泰攻拔之，诛其魁首数百人。

蔡佑追及泰于恒农，夜，见泰，泰曰："承先[75]，尔来，吾无忧矣。"泰惊不得寝，枕佑股，然后安。佑每从泰战，常为士卒先，战还，诸将皆争功，佑终无所言。泰每叹曰："承先口不言勋，我当代其论叙。"泰留王思政镇恒农，除侍中、东道行台。

魏之东伐，关中留守兵少，前后所虏东魏士卒散在民间，闻魏兵败，谋作乱。李虎等至长安，计无所出，与太尉王盟、仆射周惠达等奉太子钦出屯渭北。百姓互相剽掠，关中大扰。于是沙苑所虏东魏都督赵青雀、雍州民于伏德等遂反，据长安子城[76]，伏德保咸阳[77]，与咸阳太守慕容思庆各收降卒以拒还兵。长安大城民相帅以拒青雀，日与之战。大都督侯莫陈顺[78]击贼，屡破之，贼不敢出。顺，崇之兄也。

扶风公王罴镇河东，大开城门，悉召军士谓曰："今闻大军失利，青雀作乱，诸人莫有固志。王罴受委于此，以死报恩。有能同心者可共固守；必恐城陷，任自出城。"众感其言，皆无异志。

魏主留阌乡。丞相泰以士马疲弊，不可速进，且谓青雀等乌合，不能为患，曰："我至长安，以轻骑临之，必当面缚。"通直散骑常侍[79]吴郡陆通[80]谏曰："贼逆谋久定，必无迁善之心，蜂虿[81]有毒，安可轻也！且贼诈言东寇将至，今若以轻骑临之，百姓谓为信然[82]，益当惊扰。今军虽疲弊，精锐尚多，以明公之威，总大军以临之，何忧不克！"泰从之，引兵西入。父老见泰至，莫不悲喜，士女相贺。华州刺史宇文导引兵入咸阳，斩思庆，擒伏德，南渡渭，与泰会，攻青雀，破之。太保梁景睿以疾留长安，与青雀通谋，泰杀之。

东魏太师欢自晋阳将七千骑至孟津，未济，闻魏师已遁，遂济河，遣别将追魏师至崤，不及而还。欢攻金墉，长孙子彦弃城走，焚城中室屋俱尽，欢毁金墉而还。

东魏之迁邺也，主客郎中[83]裴让之[84]留洛阳；独孤信之败也，让之弟诹之随丞相泰入关，为大行台仓曹郎中。欢囚让之兄弟五人[85]，让之曰："昔诸葛亮兄弟，事吴、蜀各尽其心，况让之老母在此，不忠不孝，必不为也。明公推诚待物，物亦归心；若用猜忌，去霸业远矣。"欢皆释之。

九月，魏主入长安，丞相泰还屯华州。

东魏大都督贺拔仁击邢磨纳、卢仲礼等，平之。

卢景裕本儒生，太师欢释之，召馆于家[86]，使教诸子。景裕讲论精微，难者[87]或相诋诃[88]，大声厉色，言至不逊，而景裕神采俨然，风调如一[89]，从容往复[90]，无际可寻[91]。性清静，历官屡有进退，无得失之色；弊衣粗食，恬然[92]自安，终日端严，如对宾客。

冬，十月，魏归高敖曹、窦泰、莫多娄贷文之首于东魏。

散骑常侍刘孝仪[93]等聘于东魏。

十二月，魏是云宝袭洛阳，东魏洛州刺史王元轨弃城走。都督赵刚袭广州，拔之。于是自襄[94]、广以西城镇复为魏。

魏自正光[95]以后，四方多事，民避赋役，多为僧尼，至二百万人，寺有三万余区。至是，东魏始诏"牧守、令长，擅立寺者，计其功庸[96]，以枉法论。"

初，魏伊川[97]土豪李长寿[98]为防蛮都督[99]，积功至北华州刺史。孝武帝西迁，长寿帅其徒拒东魏，魏以长寿为广州刺史。侯景攻拔其壁，杀之。其子延孙[100]复收集父兵以拒东魏，魏之贵臣广陵王欣、录尚书长孙稚等皆携家往依之，延孙资遣卫送，使达关中。东魏高欢患之，数遣兵攻延孙，不能克。魏以延孙为京南[101]行台、节度河南诸军事、广州刺史。延孙以澄清伊、洛为己任，魏以延孙兵少，更以长寿之婿京兆韦法保[102]为东洛州刺史，配兵数百以助之。法保名佑，以字行，既至，与延孙连兵置栅[103]于伏流[104]。独孤信之入洛阳也，欲缮修宫室，使外兵郎中[105]天水权景宣[106]帅徒兵三千出采运。会东魏兵至，河南皆叛，景宣间道西走，与李延孙相会，攻孔城[107]，拔之，洛阳以南寻亦西附。丞相泰即留景宣守张白坞[108]，节度东南诸军应关西者。是岁，延孙为其长史杨伯兰[109]所杀，韦法保即引兵据延孙之栅。

东魏将段琛[110]等据宜阳[111]，遣阳州刺史牛道恒诱魏边民。魏南兖州刺史[112]韦孝宽患之，乃诈为道恒与孝宽书，论归款[113]之意，使谍人遗之于琛营，琛果疑道恒。孝宽乘其猜阻[114]，出兵袭之，擒道恒及琛，崤、渑[115]遂清；东道行台王思政以玉壁[116]险要，请筑城自恒农徙镇之，诏加都督汾、晋、并州诸军事[117]、并州刺史，行台如故。

东魏以高澄摄吏部尚书，始改崔亮[118]年劳之制[119]，铨擢贤能；又沙汰尚书郎，妙选人地[120]以充之。凡才名之士，虽未荐擢，皆引致门下，与之游宴、讲论、赋诗，士大夫以是称之。

（以上为第一段，写东魏与西魏进行了最激烈长久的大战，基本奠定了东西魏的疆域。东魏经过半年的整备，于七月进兵洛阳发起反击；西魏也积极备战，与北方柔然结和亲，无后顾之忧，集中全国兵力东伐，西魏文帝御驾亲征，两军在洛阳地区于七、八、九三个月大战。西魏军败退，东魏收复洛阳，也无力西进，渑池以西为西魏所有。梁朝仍与东魏通好。）

【注释】

[1]辛酉：正月一日。 [2]砀（dàng）郡：郡名。治所下邑城，在今安徽砀山县。 [3]丁卯：正月七日。 [4]元象：东魏孝静帝年号，起公元538年，迄公元539年。 [5]己亥：二月十日。 [6]贺拔仁（？—570）：字天惠，恒州善无（今山西右玉县西）人。曾从高欢破尔朱氏于韩陵。入北齐，封安定郡王，官至右丞相、录尚书事。传见《北史》卷五十三。 [7]韦子粲：字晖茂，京兆杜陵人。北齐西夔县男，任豫州刺史。传见《魏书》卷四十五、《北齐书》卷二十七、《北史》卷二十六。 [8]赵继宗：原是颍川百姓，北魏末杀郡太守自称豫州刺史，兵败奔西魏。[9]广州：州名。治所襄城，在今河南襄城县。 [10]行洛州事：行使洛州刺史职权。行，代理。东魏洛州治所在洛阳。 [11]卢勇（513—544）：字季礼，范阳涿（今河北涿州市）人。葛荣起义时，为燕王。后投奔高欢，累功授仪同三司、阳州刺史。传见《北齐书》卷二十二、《北史》卷三十。 [12]大隗山：山名。在今河南禹州市北。又作大瑰（guī）山。 [13]骆超：北魏秦州刺史。西魏大都督。退斋校：一作“骆越”。 [14]辩：卢辩，字景宣，范阳涿人。博通经籍，曾注《大戴礼记》。仕于西魏，官至尚书右仆射、大将军，爵范阳公。传见《周书》卷二十四、《北史》卷三十。 [15]尽礼：指按时朝贡。 [16]永安：北魏孝庄帝年号，起公元528年，迄公元530年。[17]骄倨（jù）：骄纵傲慢。 [18]汝阳王：即元暹，时任秦州刺史。 [19]典签：官名。处理文书的官吏。 [20]元翌：西魏尚书左仆射。传见《魏书》卷十五、《北史》卷十五。 [21]头兵之女：西魏文帝悼皇后郁久闾氏（525—540），阿那瑰长女，在皇后位二年死。传见《北史》卷十三。 [22]甲辰：二月十五日。 [23]元整（？—538）：曾任武卫将军、大都督。本年九月被

阿那瑰处死。［24］辛酉：三月二日。［25］复故：兴和元年（539），因邙山大捷而恢复大丞相职。［26］悼后：郁久闾后。十六岁时因生育而亡，所以上谥号悼。《谥法》："年中早夭曰悼。"［27］黑盐池：池名。在五原县（今陕西定边县）内，又称乌池。［28］卤簿：仪仗队。［29］户席皆东向：郁久闾氏按柔然习俗，营帐门朝东开，坐席也坐西朝东。［30］请正南面：按西魏礼制，皇后坐北朝南。所以元孚有此请求。［31］丙子：三月十七日。［32］丁丑：三月十八日。［33］庚寅：四月二日。［34］壬辰：四月四日。［35］甲戌：五月十六日。［36］郑伯猷（486—549）：荥阳开封人。曾任南青州刺史，因暴敛受贿被治罪。传见《魏书》卷五十六、《北史》卷三十五。［37］王则：人名。随侯景投奔梁朝，任行台左民郎中。侯景攻陷郢州，几次想杀颜之推，靠王则相救而获免。［38］淮南：指淮水上游的南岸，此指光城（今河南光山县）、弋阳（今河南潢川县西）一带。［39］癸亥：七月六日。［40］东冶：此沿用汉时地名。梁时称侯官县，是晋安郡郡治，在今福建福州市。［41］魏主：此指西魏文帝元宝炬。［42］园陵：指在洛阳的北魏历代帝、后寝庙。［43］庚寅：八月三日。［44］谷城：县名，在今河南新安县东。［45］莫多娄贷文（？—538）：复姓莫多娄，太安狄那人。骁勇有胆气，常为先锋，时任车骑大将军。传见《北齐书》卷十九、《北史》卷五十三。［46］孝水：河名。在今河南新安县境内。［47］瀍东：瀍水的东岸。［48］辛卯：八月四日。［49］北据河桥：在北边据守黄河桥，保住退往晋阳的路。［50］南属邙山：军阵从河桥向南，一直排列到邙山脚下，说明侯景军人数众多。［51］惊逸：马受惊狂窜。［52］遂失所之：于是迷失方向。［53］策抶：用马鞭抽打。策，马鞭。抶，抽打。［54］笼东：懵懂谐音，形容因战败而失魂落魄的样子。［55］王：据章校，甲十一行本、乙十一行本、孔本均作"主"。熊校同。［56］忠武公：高敖曹死后追赠的谥号。［57］旗盖：旌旗和伞盖，都是当时主将临阵指挥时的标志。［58］尽锐：集中全部精锐部队。［59］河阳：县名。在今河南孟州市西，是洛阳北面重镇。［60］南城：河阳的南城在河桥南岸，北岸称北中城。［61］高永乐：东魏阳州县公。后曾任济州刺史。传见《魏书》卷三十二、《北齐书》卷十四。又《周书》卷三十六作"高永洛"。［62］阖（hé）：门扇。此指城下木门。［63］未彻：没有穿透。［64］奋头：昂起头。［65］与汝开国公：说得了他的首级向宇文泰请赏，可封开国公爵。［66］宋显（？—538）：字仲华，敦煌效谷（今甘肃瓜州县）人。传见《北齐书》卷二十、《北史》卷五十三。［67］尊老：爵位尊贵而年纪又老。［68］免冠稽首：脱帽行跪拜礼。古人去冠，表示谢罪。［69］首尾悬远：军阵的头和尾相隔遥远。［70］旦：辰时，早七八点钟，清晨。未：未时，下午一至三时。［71］踣（bó）：倒毙。［72］闷绝：昏死过去。［73］守将：指西魏守将。［74］所虏降卒：此前捉获的东魏投降的士兵。［75］承先：蔡佑的字。［76］子城：附属于长安大城的内城或月城。此指长安北门外的月城，即瓮城。［77］咸阳：郡名。治所池阳，在今陕西泾阳县。［78］侯莫陈顺（？—557）：初从尔朱荣，封木门县子。后投靠宇文泰，先后平定赵青雀和氐人苻安寿的叛乱，拜大将军，封安平郡公。入周，位柱国。传见《周书》卷十九、《北史》卷六十。［79］通直散骑常侍：官名。在集书省，掌评议百官，随时进呈建议。［80］陆通

（？—572）：字仲明，吴郡人。曾祖随刘裕北伐，被俘于长安，臣属于北魏。陆通投宇文泰，有谋略，常随侍泰左右。位大司马，封绥德郡公，赐姓步六孤氏。传见《周书》卷三十二、《北史》卷六十九。［81］蜂虿（chài）：语见《左传》僖公二十二年，是臧文仲劝谏鲁僖公的话。陆通借用，把赵青雀等比作黄蜂和蝎子等毒虫，以为不可轻视。［82］今若以轻骑临之，百姓谓为信然：如派少量军队出击，长安百姓会以为是东魏前锋来袭，反而会相信赵青雀散布的谣言。［83］主客郎中：官名。尚书省祠部尚书所辖主客曹的郎中，负责接待南朝或各少数民族政权的使节，以及其他种种来访者。［84］裴让之（？—约550）：字士礼，河东闻喜人。以能诗善赋著称。传见《魏书》卷八十八、《北齐书》卷三十五、《北史》卷三十八。［85］兄弟五人：除裴让之外，还有裴諏之，字士平，历任许昌、伊川太守；裴谋之，字士令，为高湛府参军；裴讷之，字士言，任太子舍人；裴谒之，字士敬，任壶关令。传见《北史》卷三十八。［86］召馆于家：召卢景裕到家中设立讲馆。［87］难者：质疑的人。多是当朝的名儒。［88］诋诃（hé）：斥责。［89］风调如一：风度和声调一如既往。［90］往复：回答。［91］无际可寻：无懈可击。［92］恬然：心神安宁。［93］刘孝仪（484—550）：梁朝使者。名潜，字孝仪，彭城（今江苏徐州）人。有文才，曾任建康令、豫章内史。传见《梁书》卷四十一、《南史》卷三十九。［94］襄：襄州。州治襄城，在今湖北襄阳市。［95］正光：北魏孝明帝年号，起公元520年，讫公元525年。［96］计其功庸：本指功劳，此作计算一下造寺所耗费的人力和财物解，用来作为论罪的依据。［97］伊川：郡名。治所陆浑，在今河南嵩县东北。［98］李长寿：西魏清河郡公，位至卫大将军、北华州刺史。传见《周书》卷四十三、《北史》卷六十六。［99］防蛮都督：官名。为防止伊阙以南山谷中戎蛮劫掠而专设的官职。［100］延孙：李延孙（？—538），初为贺拔胜帐下都督。后返伊川，积功至车骑大将军、仪同三司，封华山郡公。传见《周书》卷四十三、《北史》卷六十六。［101］京南：指旧京洛阳以南地区。［102］韦法保（？—549）：名佑，字法保，京兆山北（今陕西蓝田西南）人。屡建战功，位至骠骑大将军、开府仪同三司，封固安县公。传见《周书》卷四十三、《北史》卷六十六。［103］栅：木栅栏。在依山傍水之处，多采用这种方法构建营地。［104］伏流：县名。时称陆浑，隋时以境内有伏流岭而改名。［105］外兵郎中：官名。初置于曹魏。北魏时是尚书省五兵尚书所辖左外兵曹的郎中，管河南及潼关以东诸州丁户和征兵事宜。［106］权景宣（？—567）：字晖远，天水显亲（今甘肃秦安县西北）人。晓兵法，有谋略，位荆州总管，封千金郡公。传见《周书》卷二十八、《北史》卷六十一。［107］孔城：城名。新城郡郡治。在今河南伊川县西南。［108］张白坞：土堡名。在今河南宜阳县西北。［109］杨伯兰：人名。一作"杨伯简"，误。［110］段琛：字怀宝，代人。北齐天保（550—559）年间，任光州刺史（一作兖州刺史）。传见《北齐书》卷十九、《北史》卷五十三。［111］宜阳：郡名。治所宜阳，在今河南宜阳县西。也是阳州州治所在。［112］南兖州刺史：时南兖州治谯城，在东魏境内，所以属虚领。［113］归款：投诚通好。［114］猜阻：怀疑的意思。猜，猜疑。阻，疑惑。［115］崤、渑：指崤山、渑池。均在今河南渑池县西。［116］玉壁：城名。在今山西稷山县南的稷王山下。［117］诏加都督汾、晋、并州诸军事：时东、西魏在山西汾州各据险而分界，晋、并二州则在东魏手上。此项任命要求王思政在与东魏的对抗中，伺机进取二州。［118］崔亮（458—521）：字敬儒，清河东武城人。北魏孝文帝改制时，任吏部郎，主持官吏选拔近十年。孝明帝时，再任吏部尚书，制定停年格，不问人才贤愚高下，只按年资深浅选拔官吏，使吏治日趋腐败。传见《魏书》卷六十六、《北史》卷四十四。［119］年劳之制：即停年格。［120］人地：指人的才德和门第。此指出身名门的才学之士。

五年（己未，539年）

春，正月，乙卯[1]，以尚书左仆射萧渊藻为中卫将军，丹杨尹[2]何敬容为尚书令，吏部尚书张缵[3]为仆射。缵，弘策[4]之子也。自晋、宋以来，宰相皆以文义自逸[5]，敬容独勤簿领[6]，日旰[7]不休，为时俗所嗤鄙。自徐勉[8]、周舍[9]既卒，当权要者，外朝[10]则何敬容，内省[11]则朱异[12]。敬容质悫[13]无文，以纲维为己任；异文华敏洽，曲营[14]世誉：二人行异而俱得幸于上。异善伺候人主意为阿谀，用事三十年，广纳货赂，欺罔视听，远近莫不忿疾。园宅、玩好、饮膳、声色穷一时之盛。每休下[15]，车马填门，唯王承[16]、王稚[17]及褚翔[18]不往。承、稚，暕[19]之子；翔，渊[20]之曾孙也。

丁巳[21]，御史中丞参礼仪事[22]贺琛[23]奏："南、北二郊及藉田，往还并宜御辇[24]，不复乘辂[25]。"诏从之，祀宗庙仍乘玉辇。琛，玚[26]之弟子也。

辛酉[27]，东魏以尚书令孙腾为司徒。

辛未[28]，上祀南郊。

魏丞相泰于行台置学，取丞郎、府佐德行明敏者充学生，悉令旦治公务，晚就讲习。

东魏丞相欢，以徐州刺史房谟[29]、广平太守羊敦、广宗太守窦瑗[30]、平原[31]太守许惇[32]有政绩清能，与诸刺史书，褒称谟等以劝之。

夏，五月，甲戌[33]，东魏立丞相欢女为皇后，乙亥[34]，大赦。

魏以开府仪同三司李弼为司空。秋，七月，以扶风王孚为太尉。

九月，甲子[35]，东魏发畿内[36]十万人城邺[37]，四十日罢。冬，十月，癸亥[38]，以新宫成，大赦，改元兴和[39]。

魏置纸笔于阳武门外以求得失。

十一月，乙亥[40]，东魏使散骑常侍王元景[41]、魏收来聘。

东魏人以《正光历》[42]浸差，命校书郎[43]李业兴[44]更加修正，以甲子为元，号曰《兴光历》，既成，行之。

散骑常侍朱异奏："顷来置州稍广，而小大不伦，请分为五品，其位秩高卑，参僚[45]多少，皆以是为差。"诏从之。于是上品二十州，次品十州，次品八州，次品二十三州，下品二十一州。时上方事征伐，恢拓[46]境宇，北逾淮、汝[47]，东距彭城，西开牂柯[48]，南平俚洞[49]，纷纶[50]甚众，故异请分之。其下品皆异国之人，徒有州名而无土地，或因荒徼[51]之民所居村落置州及郡县，刺史守令皆用彼人[52]为之，尚书不能悉领，山川险远，职贡[53]罕通。五品之外，又有二十余州不知处所。凡一百七州。又以边境镇戍，虽领民[54]不多，欲重其将帅，皆建为郡，或一人领二三郡太守，州郡虽多而户口日耗矣。

魏自西迁以来，礼乐散逸，丞相泰命左仆射周惠达、吏部郎中北海唐瑾[55]损益旧章，至是稍备。

（以上为第二段，写公元539年北朝东西魏、南朝梁三方致力于内政，边境无战争。西魏宇文泰办府学，东魏嘉奖贤吏，梁朝整顿州郡建置。）

【注释】

[1]乙卯：正月一日。 [2]丹杨尹：官名。梁京畿地区最高长官，职同郡太守，依西汉京兆尹、东汉河南尹之例而称尹。 [3]张缵（498—548）：字伯绪，范阳方城（今河北固安县西南）人。梁驸马都尉，封利亭侯。任吏部尚书时，能举荐寒门。侯景之乱时，被萧詧所害。传见《梁书》卷三十四、《南史》卷五十五。 [4]弘策：张弘策（456—502），字真简，梁武帝舅舅。辅佐萧衍建立梁朝，任卫尉，封洮阳县侯。传见《梁书》卷十一、《南史》卷五十六。 [5]以文义自逸：以讲论文章为乐，不亲理政事。 [6]勤簿领：亲自处理公务。 [7]日旰（gàn）：从早到晚。 [8]徐勉（466—535）：字修仁，东海郯（今山东郯城县北）人。梁初任尚书右丞，典掌机密。后任吏部尚书，公正无私。进位尚书仆射、中卫将军。虽居显位，家无积蓄。传见《梁书》卷二十五、《南史》卷六十。 [9]周舍（469—520）：字升逸，汝南安城（今河南汝南县东南）人。梁初拜尚书祠部郎，礼仪制度多由他所制定，名重一时。传见《梁书》卷二十五、《南史》卷三十四。 [10]外朝：当时三公、卿、监和尚书为外朝官，是执行机构。 [11]内省：指中书、门下二省，

是典掌机要的机构，也是决策机构。［12］朱异（483—549）：字彦和，吴郡钱塘（今浙江杭州）人。出身寒门，以说经入仕，屡兼中书通事舍人职，参与机密。曾力主接纳侯景归附，侯景叛乱，忧愤发病死。传见《梁书》卷三十八、《南史》卷六十二。［13］质悫（què）无文：朴实无华。［14］曲营：婉转谋求。［15］每休下：每次休假，从省中回到私宅。［16］王承：字安期，琅邪临沂（今山东临沂）人。出身名门，独重经学，他继祖父王俭、父王暕之后，出任国子祭酒，三代为国师，一时传为美谈。传见《梁书》卷四十一、《南史》卷二十二。［17］王稚：王承之弟。承曾任东阳太守，号"大东阳"，稚即号"小东阳"。［18］褚翔（505—548）：字世举，河南阳翟（今河南禹州市）人。出身名门，以文学著称。传见《梁书》卷四十一、《南史》卷二十八。［19］暕：王暕（477—523），字思晦。传见《梁书》卷二十一、《南史》卷二十二。［20］渊：褚渊（435—482），字彦回，刘宋驸马都尉，爵都乡侯，屡掌机要。后助萧道成建立齐朝，居侍中、中书监、尚书令三职，封南康郡公，权重一时。传见《南齐书》卷二十三、《南史》卷二十八。［21］丁巳：正月三日。［22］御史中丞参礼仪事：官名。御史中丞是御史台长官，掌督察百官。参礼仪事为加官，是皇帝信任重用的表示。［23］贺琛（481—549）：字国宝，会稽山阴人。精通"三礼"，撰《新谥法》。侯景之乱时，被劫持而任伪职。传见《梁书》卷三十八、《南史》卷六十二。［24］辇：以人推拉的车。秦汉以后特指皇帝、皇后所乘的车。［25］辂：本指绑在车辕上供人推拉用的横木。在此指马拉的车。［26］玚：贺玚（452—510），字德琏，精于"三礼"，任齐太学博士。入梁为五经博士，撰《五经义》，并创定礼乐。传见《梁书》卷四十八、《南史》卷六十二。［27］辛酉：正月七日。［28］辛未：正月十七日。［29］房谟：字敬放，河南洛阳人。本姓屋引氏，祖居代郡。曾协助高欢处理丞相府事。入齐任晋州刺史。传见《北史》卷五十五。［30］窦瑗：字世珍，辽西阳乐（今河北秦皇岛市抚宁区）人。出身寒门，任北道大行台左丞，东魏初，治广宗，有清白誉。传见《魏书》卷八十八、《北史》卷八十六。［31］平原：郡名。北魏时已废，按《北史·许惇传》，时任阳平太守，以郡近邺都，处理政务又得当，而被评为天下第一。《资治通鉴》作"平原"误。［32］许惇（？—572）：字季良，高阳新城（今河北保定市徐水区西）人。初任司徒主簿，以明断号"入铁主簿"。入齐，官至尚书右仆射，封万年县子。传见《魏书》卷四十六、《北齐书》卷四十三、《北史》卷二十六。［33］甲戌：五月二十二日。［34］乙亥：五月二十三日。［35］甲子：九月十四日。［36］畿内：指京师邺城所在司州辖下的魏尹、阳平、广平、汲郡等十二郡。［37］城邺：扩建邺都城。［38］癸亥：十月辛巳朔，无癸亥日。按《魏书·孝静帝纪》，新宫建成在十一月，癸亥是十四日。《北史》同。疑《资治通鉴》引误。［39］兴和：孝静帝年号，起公元539年，迄公元542年。［40］乙亥：十一月二十六日。［41］王元景（？—559）：名昕，字元景，北海剧（今山东昌乐县西）人。苻秦丞相王猛之后。好清言，因切谏齐文宣帝高洋，被斩于御前，投尸漳水。传见《魏书》卷三十三、《北齐书》卷三十一、《北史》卷二十四。［42］《正光历》：北魏孝明帝元诩时，由崔光主持，合张洪、李业兴等九家之说，为一历，于是改元正光，定名《正光历》，颁行天下。事详《资治通鉴》卷一百四十九。［43］校书郎：官名。北魏太和年间，始置集书校书郎、秘书校书郎，专门从事图籍校理工作。［44］李业兴（484—549）：上党长子（今山西长子县）人。好学深思，尤精天文历算。《正光历》即以他的历法为主撰成。官至通直散骑常侍，封屯留县开国子。曾议定五礼，制定《甲子元历》和《九宫行棋历》，预议《麟趾新制》。传见《魏书》卷八十四、《北史》卷八十一。［45］参僚：即参佐，刺史的主要属吏的别称。［46］恢拓：开拓。［47］淮、汝：淮水和汝水流域。主要指皖北蒙城、蚌埠到豫南信阳之间的广大地区。［48］牂（zāng）柯（kē）：郡名。治所且兰，在今贵州凯里市附近。［49］俚洞：指俚人居住区。俚人大多数生活在山洞里，所以称其居所为俚洞。活动范围大约在今广东西南沿海和广西东南一带。［50］纷纶：杂乱的样子。［51］荒徼：荒蛮的边境地区。［52］彼人：土著居民。［53］职贡：应纳的赋税和贡品。［54］领民：镇守戍所所管理的民户。［55］唐瑾：字附磷，北海平寿（今山东潍坊市南）人。初为宇文泰处理军事文书。以功封姑藏县子。与燕公于谨结为兄弟，赐姓万纽于氏。转吏部尚书，号“六俊”之一。传见《周书》卷三十二、《北史》卷六十七。

六年（庚申，540年）

春，正月，壬申［1］，东魏以广平公库狄干为太保。

丁丑［2］，东魏主入新宫，大赦。

魏扶风王孚卒。

二月，己亥［3］，上耕藉田。

魏铸五铢钱。

东魏大行台侯景出三鸦，将复荆州；魏丞相泰遣李弼、独孤信各将五千骑出武关，景乃还。

魏文后既为尼，居别宫，悼后犹忌之，乃以其子武都王戊［4］为秦州［5］刺史，使文后随之官。魏主虽限以大计［6］，而恩好不忘，密令养发，有追还之意。会柔然举国渡河南侵，时颇有言柔然以悼后故兴师者，帝曰：“岂有兴百万之众为一女子邪！虽然，致人此言，朕亦何颜以见将帅！”乃遣中常侍曹宠赍手敕赐文后自尽。文后泣谓宠曰：“愿至尊千万岁，天下康宁，死无恨也！”遂自杀；凿麦积崖［7］而葬之，号曰寂陵。

夏，丞相泰召诸军屯沙苑以备柔然。右仆射周惠达发士马守京城，堑诸街巷，召雍州刺史王罴议之，罴不应召，谓使者曰：“若蠕蠕至渭北者，王罴自帅乡里［8］破之，不烦国家兵马，何为天子城中作如此惊扰！由周家小儿恇怯［9］致此。”柔然至夏州而退。未几，悼后遇疾殂［10］。

五月，乙酉[11]，魏行台宫延和、陕州刺史宫延庆[12]降于东魏，东魏以河北马场[13]为义州[14]以处之。

东魏阳州武公高永乐卒。

闰月，丁丑朔[15]，日有食之。

己丑[16]，东魏封皇兄景植为宜阳王，皇弟威为清河王，谦为颍川王。

六月，壬子[17]，东魏华山王鸷[18]卒。

秋，七月，丁亥[19]，东魏使兼散骑常侍李象[20]等来聘。

八月，戊午[21]，大赦。

九月，戊戌[22]，司空袁昂[23]卒，遗疏不受赠谥，敕诸子勿上行状[24]及立铭志[25]；上不许，赠本官，谥穆正公。

冬，十一月，魏太师念贤卒。

吐谷浑自莫折念生之乱[26]，不通于魏。伏连筹[27]卒，子夸吕[28]立，始称可汗，居伏俟城[29]。其地东西三千里，南北千余里，官有王、公、仆射、尚书、郎中、将军之号。是岁，始遣使假道柔然，聘于东魏。

（以上为第三段，写公元540年南北朝三方无大事，西魏与柔然因魏文帝悼后失宠发生一次边境战争，柔然与东魏通好。）

【注释】

［1］壬申：正月二十三日。［2］丁丑：正月二十八日。［3］己亥：二月二十一日。［4］武都王戊：元戊，废后乙弗氏之子，封武都王。［5］泰州：州名，治所蒲坂。然《北史·后妃传上》作“秦州”，依下文，乙弗后葬麦积山，正在秦州境。《资治通鉴》误。［6］限以大计：指魏文帝为利用柔然的势力对付东魏，不得已废乙弗氏而立柔然女为后。［7］麦积崖：即麦积山，在今甘肃天水市东南。［8］乡里：此指京都长安。王罴是京兆人，所以称长安为乡里。［9］恇怯：惊恐畏缩。［10］遇疾殂：因难产而死。［11］乙酉：五月戊申朔，无乙酉日。据张校，以为是“己酉”之误。按《魏书》《北史》正作“己酉”，是五月二日。张说是。［12］宫延庆：人名。《魏书》《北史》均作“宫元庆”。［13］河北马场：在汲郡，即今河南卫辉市一带。魏孝文帝太和十七年（493），因地处黄河以北，所以叫河北马场。［14］义州：州名。东魏新置，治所在汲郡陈城，在今河南卫辉市。辖五城、泰宁、新安、渑池、恒农、宜阳、金门七郡，主要安置西魏来的吏民。［15］丁丑朔：五月一日。［16］己丑：闰五月十二日。［17］壬子：六月八日。［18］鸷：元鸷，爵华山王，时任大司马。［19］丁亥：七月十二日。［20］李象（？—541）：字孟则，勃海蓨人。

爵蓨县男，是高澄的亲信。传见《魏书》卷七十二、《北史》卷四十五。［21］戊午：八月十三日。［22］戊戌：九月二十四日。［23］袁昂（461—540）：字千里，陈郡阳夏人。性正直，梁时历任侍中、吏部尚书、尚书令、中书监等要职。传见《梁书》卷三十一、《南史》卷二十六。［24］行状：当时官吏去世，由子弟或门生故吏书写生平事迹，上呈朝廷，求赐谥号，扬名后世，恩及子孙。这种文体称行状。［25］立铭志：在墓前立碑，有碑文记述墓主生平事迹。此风尚起于西汉，盛行于东汉，影响延续至今。［26］自莫折念生之乱：北魏正光五年（524），莫折大提据秦州反，自称秦王。不久，莫折念生代立，自称天子，年号天建，设立百官。［27］伏连筹：吐谷浑首领之一。魏孝文帝时，派世子贺鲁朝见于洛阳。于是拜伏连筹持节都督西垂诸军事、征西将军、领护西戎中郎将、西海郡开国公、吐谷浑王。传见《魏书》卷一百零一、《北史》卷九十六。［28］夸吕：吐谷浑可汗。夸吕当政，依中原之制，立王公、仆射、尚书、郎中、将军等官。虽有城郭而不住，仍逐水草而迁徙。一度与西魏通好，后又通使北齐，同西魏屡起战端。隋灭陈后，远遁，不再犯边。传同伏连筹。［29］伏俟（sì）城：古城名。在今青海省青海湖西布哈河河口。

七年（辛酉，541年）

春，正月，辛巳[1]，上祀南郊，大赦。辛丑[2]，祀明堂。

宕昌王梁仚定[3]为其下所杀，弟弥定[4]立。二月，乙巳[5]，以弥定为河、梁二州[6]刺史、宕昌王。

辛亥[7]，上耕藉田。

魏幽州[8]刺史顺阳王仲景[9]坐事赐死。

三月，魏夏州刺史刘平伏[10]据上郡[11]反，大都督于谨讨擒之。

夏，五月，遣兼散骑常侍明少遐[12]等聘于东魏。

秋，七月，己卯[13]，东魏宜阳王景植卒。

魏以侍中宇文测为大都督、行汾州事。测，深之兄也，为政简惠，得士民心。地接东魏，东魏人数来寇抄，测擒获之，命解缚，引与相见，为设酒殽，待以客礼，并给粮饩，卫送出境。东魏人大惭，不复为寇，汾、晋之间遂通庆吊，时论称之。或告测交通境外者，丞相泰怒曰："测为我安边，我知其志，何得间我骨肉！"命斩之。

魏丞相泰欲革易时政，为强国富民之法，大行台度支尚书兼司农卿苏绰尽其智能，赞成其事，减官员，置二长，并置屯田以资军国。又为六条诏书，九月，始奏行之：一曰清心[14]，二曰敦教化，三曰尽地利，四曰擢贤良，五曰恤狱讼，六曰均赋役。泰甚重之，尝置诸坐右，又令百司习诵之，其牧守令长非通六条及计帐，不得居官。

东魏诏群官于麟趾阁议定法制，谓之《麟趾格》[15]，冬，十月，甲寅[16]，颁行之。

乙巳[17]，东魏发夫五万筑漳滨堰[18]，三十五日罢。

十一月，丙戌[19]，东魏以彭城王韶[20]为太尉，度支尚书[21]胡僧敬[22]为司空。僧敬名虔，以字行，国珍[23]之兄孙，东魏主之舅也。

十二月，东魏遣兼散骑常侍李骞[24]来聘。

交趾李贲[25]世为豪右，仕不得志。同郡有并韶[26]者，富于词藻，诣选[27]求官，吏部尚书蔡撙[28]以并姓无前贤，除广阳门[29]郎；韶耻之。贲与韶还乡里[30]，会交州刺史武林侯谘[31]以刻暴失众心，时贲监德州[32]，因连结数州豪杰俱反；谘输贿于贲，奔还广州[33]。上遣谘与高州刺史孙冏[34]、新州刺史卢子雄[35]将兵击之。谘，恢[36]之子也。

是岁，魏又益新制十二条[37]。

东魏丞相欢以诸州调绢[38]不依旧式，民甚苦之，奏令悉以四十尺为匹。

魏自丧乱以来[39]，农商失业，六镇之民相帅内徙，就食齐、晋[40]，欢因之以成霸业。东西分裂，连年战争，河南州郡鞠[41]为茂草，公私困竭，民多饿死。欢命诸州滨河及津、梁皆置仓积谷以相转漕[42]，供军旅，备饥馑，又于幽、瀛、沧、青[43]四州傍海煮盐，军国之费，粗得周赡。至是，东方连岁大稔，谷斛至九钱，山东之民稍复苏息[44]矣。

东魏尚书令高澄尚静帝妹冯翊长公主[45]，生子孝琬[46]，朝贵贺之，澄曰："此至尊[47]之甥，先贺至尊。"三日，帝幸其第，赐锦彩布绢万匹。于是诸贵竞致礼遗，货满十室。

东魏临淮王孝友[48]表曰："令制百家为族，二十五家为闾，五家为比。百家之内有帅二十五[49]，征发[50]皆免，苦乐不均，羊少狼多[51]，复有蚕食，此之为弊久矣。京邑诸坊[52]，或七八百家唯一里正[53]、二史[54]，庶事无阙，而况外州乎！请依旧置三正[55]之名不改，而每闾止为二比，计族省十一丁[56]，赀绢[57]、番兵[58]，所益甚多[59]。"事下尚书[60]，寝不行。

安成[61]望族刘敬躬[62]以妖术惑众，人多信之。

（以上为第四段，写公元541年东西两魏调整内政，休息百姓，抚平连年的战争创伤，初见成效。西魏改革，推行有利民生的新政比东魏步子大，奠定了西魏强于东魏的基础。）

【注释】

[1]辛巳：正月九日。 [2]辛丑：正月二十九日。 [3]梁仚（xiān）定（？—541）：宕昌（今甘肃宕昌县）羌人首领梁勤之后，世代称王。自弥忽起至仚定凡九代，一直与北魏通好。北魏分裂，仚定与吐谷浑勾结，进攻金城。后兵败投降宇文泰，至此因再度叛乱而被部下所杀。传见《周书》卷四十九。 [4]弥定：被西魏立为宕昌王。保定四年（564）反叛，不久即被平灭。北周在他的领地上设立宕州。传见《周书》卷四十九。又《梁书·诸夷传》《南史·夷貊传》均作“弥泰”。 [5]乙巳：二月三日。 [6]河、梁二州：从弥定领地出发遥设二州，实为虚职，并未纳入梁朝版图。 [7]辛亥：二月九日。 [8]幽州：胡三省认为西魏无幽州，当是豳州之误。豳州治定安，在今甘肃宁县。 [9]仲景：元仲景（？—541），京兆王元子推之后。从孝武帝入关，任尚书右仆射，封顺阳王。传见《魏书》卷十九上、《北史》卷十七。 [10]刘平伏：匈奴别种稽胡人，为别帅。事见《周书》卷四十九、《北史》卷九十六。 [11]上郡：郡名。属东夏州，领石门、因城二县，郡治不详，约在今陕西延安市一带。 [12]明少遐：字处默，平原鬲（今山东平原县西北）人。梁都官尚书，后拜青州刺史。侯景之乱时，投奔北齐。传见《南史》卷五十。 [13]己卯：七月九日。 [14]清心：《周书·苏绰传》作“先治心”，《北史·苏绰传》作“先修心”。 [15]《麟趾格》：格，百官处理政务的法规。类似现在的行政法和官吏惩戒法。西汉张苍制定章程是格的初始，但以“格”命名法规，以麟趾格最早。惜已散失，具体内容无从研讨。 [16]甲寅：十月十六日。 [17]乙巳：十月七日。 [18]漳滨堰：在漳水边筑堰，以保护邺都免遭水淹。 [19]丙戌：十一月十八日。 [20]彭城王韶：元韶（？—559），字世胄，爵彭城王。高欢女婿，历位侍中、太尉、太傅。北齐高洋诛杀诸元氏时，下地牢绝食死。传见《魏书》卷二十一下、《北齐书》卷二十八、《北史》卷十九。 [21]度支尚书：官名。尚书省六部尚书之一，管理国家财政。[22]胡僧敬（？—541）：安定临泾（今甘肃镇原县东南）人。曾任泾州刺史，封安阳县侯。传见《魏书》卷八十三下、《北史》卷八十。 [23]国珍：胡国珍（439—518），字世玉，任侍中，封安定郡公。北魏灵太后之父，所以常出入禁中，参议大政。传见《魏书》卷八十三下、《北史》卷八十。 [24]李骞：字希义，赵郡平棘（今河北赵县）人。博涉经史，善于著文，官至尚书右丞。传见《魏书》卷三十六、《北史》卷三十三。 [25]李贲（？—549）：交趾（今越南河内东北）人。梁末叛乱，被梁将陈霸先讨灭。 [26]并韶：人名。并姓极罕见。 [27]诣选：到官应选。[28]蔡撙（467—523）：字景节，济阳考城（今江苏盱眙县西南）人。历任中书令、吴郡太守。传

见《梁书》卷二十一、《南史》卷二十九。［29］广阳门：建康南城西边第一座城门。［30］还乡里：章校、张校、退斋校都认为下脱“谋作乱”三字。［31］武林侯谘：萧谘，字世恭，封武林侯。曾任卫尉，后被仇人刁戎刺杀。传见《南史》卷五十二。［32］德州：州名，梁置，治所九德，在今越南荣市。［33］广州：州名，治所番禺，在今广东广州市。［34］孙冏（？—542）：曾任西江督护。一作“孙固”。［35］卢子雄（？—542）：讨李贲，因军中流行疫病而退兵，于是以逗留不进罪被处死。［36］恢：萧恢（476—526），梁武帝弟弟，封鄱阳王。以荆州刺史，都督荆湘雍梁益宁南北秦八州诸军事。传见《梁书》卷二十二、《南史》卷五十一。［37］益新制十二条：益，增加。在大统元年（53S）制新制二十四条基础上，宇文泰又增新制十二条。［38］调绢：调，户调。北魏规定凡接受国家授田的民户，上上户出绢五匹，上中户出绢四匹二丈，上下户出绢四匹；中上户出绢三匹二丈，中中户出绢三匹，中下户出绢二匹二丈；下上户出绢二匹，下中户出绢一匹二丈，下下户出绢一匹。东魏时地方官不遵旧制，随意增收，所以高欢作出统一规定。［39］丧乱以来：指孝昌（525—527）年间，北方六镇起义事件以来。六镇为沃野、怀朔、武川、抚冥、柔玄、怀荒，北魏政权由此走向崩溃。［40］齐、晋：地区名。此沿用春秋国名指称山东、山西地区。齐，指山东地区。晋，指山西和部分河北地区。［41］鞠：穷困。此指田园失耕，长满荒草。［42］转漕：从水路转运，以应急需。［43］幽、瀛、沧、青：四州名。幽，幽州，治所蓟县，在今北京市。瀛，瀛州，治所赵都军城，在今河北河间市。沧，沧州，治所饶安城，在今河北盐山县南。青，青州，治所广固，今山东青州市。［44］苏息：休养生息。［45］冯翊长公主：后被高洋凌辱至死。传见《北齐书》卷九、《北史》卷十四。［46］孝琬：高孝琬，高澄第三子，以母贵而立为嫡子。封河间王，迁尚书令、并州刺史。后被高洋所杀。传见《北齐书》卷十一、《北史》卷五十二。［47］至尊：指魏孝静帝。［48］孝友：元孝友（？—551），曾任沧州刺史，封临淮王。入齐，降爵为公，被高洋所杀。传见《魏书》卷十八、《北齐书》卷二十八、《北史》卷十六。［49］有帅二十五：百户之中置族帅一人，闾帅四人，比帅二十人。［50］征发：征收的赋税和摊派的兵役、徭役。［51］羊少狼多：喻官多于民。羊指百姓，狼指族、闾、比各帅。［52］坊：古代城市的居民单位，俗称街坊、里弄。［53］里正：管理一里的基层小吏。［54］史：里正的助手。［55］三正：即三长。北魏太和十年（486），给事中李冲建议，五家为一邻，设邻长；五邻为一里，设里长；五里为一党，设党长。元孝友建议恢复此三长之名。［56］族省十一丁：据章校，“十一”应作“十二”。按每闾省三个比长，一族共四闾，即应省十二个比长。［57］赀绢：按财产多少交纳绢，即调绢。［58］番兵：民户男丁轮流当兵。［59］所益甚多：元孝友以为当时东魏有二万余族，每族经减省乡吏，可少减免十二个丁男的赋税徭役，也就是说可较前多收十二匹绢，多十二个服兵役的男丁。全国每年可多得绢二十四万匹，兵一万六千人。［60］事下尚书：提案下转到尚书省评论。［61］安成：郡名。治所平都。在今江西安福县。［62］刘敬躬（？—542）：人名。一作“刘敬宫”。

八年（壬戌，542年）

春，正月，敬躬据郡反，改元永汉，署官属，进攻庐陵[1]，逼豫章[2]。南方久不习兵，人情扰骇，豫章内史张绾[3]募兵以拒之。绾，缵之弟也。二月，戊戌[4]，江州刺史湘东王绎[5]遣司马王僧辩[6]、中兵曹子郢讨敬躬，受绾节度。三月，戊辰[7]，擒敬躬，送建康，斩之。僧辩，神念[8]之子也，该博辩捷，器宇肃然，虽射不穿札[9]，而志气高远。

魏初置六军[10]。

夏，四月，丙寅[11]，东魏使兼散骑常侍李绘[12]来聘。绘，元忠[13]之从子也。

东魏丞相欢朝于邺。司徒孙腾坐事免[14]；乙酉[15]，以彭城王韶录尚书事，侍中广阳王湛为太尉[16]，尚书右仆射高隆之为司徒。初，太尉尉景与丞相欢同归尔朱荣，其妻，欢之姊也，自恃勋戚[17]，贪纵不法，为有司所劾，系狱；欢三诣阙泣请，乃得免死，丁亥[18]，降为骠骑大将军、开府仪同三司。欢往造之，景卧不起，大叫曰："杀我时趣邪！"欢抚而拜谢之。辛卯[19]，以库狄干为太傅，以领军将军娄昭为大司马，封祖裔[20]为尚书右仆射。六月，甲辰[21]，欢还晋阳。

八月，庚戌[22]，东魏以开府仪同三司、吏部尚书侯景为兼尚书仆射、河南道[23]大行台，随机防讨[24]。

魏以王盟为太保。

东魏丞相欢击魏，入自汾、绛[25]，连营四十里，丞相泰使王思政守玉壁[26]以断其道。欢以书招思政曰："若降，当授以并州[27]。"思政复书曰："可朱浑道元降，何以不得？"冬，十月，己亥[28]，欢围玉壁，凡九日，遇大雪，士卒饥冻，多死者，遂解围去。魏遣太子钦镇蒲坂。丞相泰出军蒲坂，至皂荚[29]，闻欢退渡汾，追之，不及。十一月，东魏以可朱浑道元为并州刺史。

十二月，魏主狩于华阴[30]，大享将士，丞相泰帅诸将朝之。起万寿殿于沙苑北。

辛亥[31]，东魏遣兼散骑常侍杨斐[32]来聘。

孙冏、卢子雄讨李贲，以春瘴[33]方起，请待至秋；广州刺史新渝侯映[34]不许，武林侯谘又趣[35]之。冏等至合浦[36]，死者什六七，众溃而归。映，憺[37]之子也。武林侯谘奏冏及子雄与贼交通，逗留不进，敕于广州赐死。子雄弟子略、子烈、主帅[38]广陵杜天合[39]及弟僧明[40]、新安周文育[41]等帅子雄之众攻广州，欲杀映、谘，为子雄复冤。西江[42]督护[43]、高要太守吴兴陈霸先[44]帅精甲三千救之，大破子略等，杀天合，擒僧明、文育。霸先以僧明、文育骁勇过人，释之，以为主帅。诏以霸先为直阁将军[45]。

魏丞相泰妻冯翊公主，生子觉[46]。

东魏以光州刺史李元忠为侍中。元忠虽处要任，不以物务干怀[47]，唯饮酒自娱。丞相欢欲用为仆射，世子澄言其放达常醉，不可委以台阁[48]。其子搔[49]闻之，请节酒，元忠曰："我言作仆射不胜饮酒乐，尔爱仆射，宜勿饮酒。"

（以上为第五段，写梁朝刘敬躬反于内地。平叛交趾的将领卢子雄等蒙冤而死，激起兵变，虽然平息，却警示了梁朝政治的腐败。）

【注释】

[1]庐陵：郡名。治所石阳，在今江西吉安市东北。 [2]豫章：郡名。治所南昌，在今江西南昌市。 [3]张绾（492—554）：字孝卿，任御史中丞，加通直散骑常侍。侯景之乱时，任尚书右仆射，投奔梁元帝。传见《梁书》卷三十四、《南史》卷五十五。 [4]戊戌：二月二日。 [5]绎：萧绎（508—555），即梁元帝，字世诚，小字七符，梁武帝第七子。在位四年，被西魏俘虏并杀害。事详《梁书》卷五、《南史》卷二。 [6]王僧辩（？—555）：字君才，太原祁（今山西祁县）人。萧绎的大将，讨平侯景之乱，以功位司徒，封永宁郡公。元帝亡，被陈霸先袭杀。传见《梁书》卷四十五、《南史》卷六十三。 [7]戊辰：二月丁酉朔，无戊辰日。疑为三月之误，是三月二日，《梁书》即作三月。 [8]神念：王神念（451—525），初任北魏颍川太守。天监七年（508），举家南渡降梁，封南城县侯。传见《梁书》卷三十九、《南史》卷六十三。 [9]射不穿札：札，铠甲上的铁片。春秋时楚将养由基号"神箭"，力可射穿七层铠甲。而王僧辩则膂力不足，武技较弱。[10]六军：西周天子之制，应设六军。东、西魏分裂之后，西魏第一次按天子之制设立六军。[11]丙寅：四月丙申朔，无丙寅日。据《北齐书》卷二十九、《北史》卷三十三，李绘出使梁朝，在武定元年（543）初，也就是梁大同九年初的事。《资治通鉴》所记误。 [12]李绘（？—550）：字敬文，赵郡平棘人。曾任丞相司马、司徒右长史。出使梁朝，梁人重其廉洁。传见《魏书》卷四十九、《北齐书》卷三十九、《北史》卷三十三。 [13]元忠：李元忠（486—545），赵郡柏人（河

北隆尧县西）人。曾任中书令、侍中。出任光州刺史时，朝廷允许出万石粮用来赈灾，而元忠动用了十五万石，朝廷嘉许而不降罪。传见《魏书》卷四十九、《北齐书》卷二十二、《北史》卷三十三。［14］坐事免：孙腾早先丢失一个女儿，任司徒后，疑他的女儿已沦为奴婢，所以凡有奴婢投诉，不论虚实，一律免为平民，多达千人，希望从中找到女儿。因此被免职。［15］乙酉：五月二十日。［16］太尉：据章校，当是“太傅”之误。《北齐书》《北史》均作“太傅”。张校同。［17］勋戚：有功劳的皇亲国戚。［18］丁亥：五月二十二日。［19］辛卯：五月二十六日。［20］封祖裔：即封隆之。［21］甲辰：六月十日。［22］庚戌：八月十六日。［23］河南道：时以黄河以南的豫州、广州、颍州、荆州、襄州、兖州、南兖州、齐州、东豫州、洛州、扬州、北荆州、北扬州为河南道，一并归侯景节制。［24］随机防讨：可以不需请示，根据实际情况，决定对付梁朝或西魏的军事行动，或防御，或进攻。［25］入自汾、绛：从汾州、绛州进入西魏界。［26］玉壁：城名。在今山西稷山县西南，后成为西魏南汾州、北周勋州州治。［27］授以并州：授予并州刺史职。高欢以晋阳为基地，是并州州治所在，该州刺史地位高于其他诸州。［28］己亥：十月六日。［29］皂荚：地名。今址不详。［30］华阴：县名。县治在今陕西华阴市。［31］辛亥：十二月十九日。［32］杨斐：字叔鸾，北平无终（天津市蓟州区）人。北魏时，封方城伯。北齐时任都水使者，曾监修长城，监瀛州事。传见《魏书》卷七十二、《北史》卷四十七。今本二史均作“阳斐”，与《资治通鉴》所本《魏书》异。［33］春瘴：春天初到，南方山林间常因湿热形成致人生病的地气，称春瘴。［34］新渝侯映：萧映，字元明，封新渝县侯。传见《南史》卷五十二。新渝，《南齐书·州郡志》作“新喻”，县名，在今江西新余市。按《元和郡县志》，新喻汉代作宜春县，吴孙皓分置新渝县，因县有渝水而命名。唐天宝以后因声变相承而作“喻”。《资治通鉴》不误。［35］趣：催促。［36］合浦：郡名。治所徐闻，在今广西博白县西南。［37］儋：萧儋（478—522），字僧达，梁武帝弟弟，封始兴王，谥忠武。在荆州刺史任，曾广开屯田，减省徭役，颇有政绩。传见《魏书》卷二十二、《南史》卷五十二。［38］主帅：中级将领名。［39］杜天合（？—542）：广陵临泽（今江苏高邮东北）人。［40］僧明：杜僧明（509—554），字弘照。人矮小，胆气过人，勇武善射。在平定侯景叛乱中，屡建奇功，封临江县侯。传见《陈书》卷八、《南史》卷六十六。［41］周文育（509—559）：字景德，义兴阳羡（今江苏宜兴市南）人。本居新安寿昌（今浙江淳安南），姓项，名猛奴。后被周荟收养，改姓名。从陈霸先后，讨侯景，屡有功，封南移县侯。又辅弼霸先建立陈朝，出镇江州。后被熊昙朗暗杀。传见《陈书》卷八、《南史》卷六十六。［42］西江：河名。源出广西，黔、郁、桂三水于梧州汇合而成西江，流入广东境内。此指梁广州刺史辖内西江流经地区，以高要郡（今广东肇庆市）为中心。［43］督护：官名。广州分西江和南江二大区，江流深远，为便于统治，各设一督护，专门负责征讨叛逆事。［44］陈霸先（503—559）：陈武帝，字兴国，小字法生，吴兴长城（今浙江长兴县）人。梁末，率军北上，平定侯景之乱，进位司空。公元557年接受禅让，建立陈朝，在位二年余而病逝。事详《陈书》卷一、《南史》卷九。［45］直阁将军：官名。梁置，全称朱衣直阁将军，以经略地方的大员担任，以示优宠。

[46]觉：宇文觉（542—557），北周节闵帝。事详《周书》卷三、《北史》卷九。［47］物务干怀：指军政事务烦扰于心。［48］台阁：尚书省。［49］播：李播（？—557），字德况，一作德沉。通音律，造八弦乐器。官至尚书仪曹郎。传见《魏书》卷四十九、《北齐书》卷二十二、《北史》卷三十三。

九年（癸亥，543年）

春，正月，壬戌[1]，东魏大赦，改元武定[2]。

东魏御史中尉高仲密取[3]吏部郎崔暹之妹，既而弃之，由是与暹有隙。仲密选用御史，多其亲戚乡党，高澄奏令改选；暹方为[4]澄所宠任，仲密疑其构己，愈恨之。仲密后妻李氏[5]艳而慧，澄见而悦之[6]，李氏不从，衣服皆裂，以告仲密，仲密益怨。寻出为北豫州[7]刺史，阴谋外叛。丞相欢疑之，遣镇城[8]奚寿兴典军事，仲密但知民务。仲密置酒延寿兴，伏壮士，执之。二月，壬申[9]，以虎牢叛，降魏。魏以仲密为侍中、司徒。

欢以仲密之叛由崔暹，将杀之，高澄匿暹，为之固请，欢曰："我丐[10]其命，须与苦手[11]。"澄乃出暹，而谓大行台都官郎[12]陈元康曰："卿使崔暹得杖，勿复相见。"元康为之言于欢曰："大王方以天下付大将军，大将军有一崔暹不能免其杖，父子尚尔，况于他人！"欢乃释之。

高季式在永安戍[13]，仲密遣信报之；季式走告欢，欢待之如旧。

魏丞相泰帅诸军以应仲密，以太子少傅[14]李远为前驱，至洛阳，遣开府仪同三司于谨攻柏谷[15]，拔之；三月，壬申[16]，围河桥南城。

东魏丞相欢将兵十万至河北[17]，泰退军瀍上，纵火船于上流以烧河桥；斛律金使行台郎中张亮以小艇百余载长锁，伺火船将至，以钉钉之，引锁向岸，桥遂获全。

欢渡河，据邙山为陈，不进者数日。泰留辎重于瀍曲[18]，夜，登邙山以袭欢。候骑白欢曰："贼距此四十余里，蓐食[19]干饭[20]而来。"欢曰："自当渴死！"乃正阵以待之。戊申[21]，黎明，泰军与欢军遇。东魏彭乐以数千骑为右甄[22]，冲魏军之北垂[23]，所向奔溃，遂驰入魏营。

人告彭乐叛，欢甚怒。俄而西北尘起，乐使来告捷，虏魏侍中、开府仪同三司、大都督临洮王柬[24]、蜀郡王荣宗、江夏王升、巨鹿王阐、谯郡王亮、詹事赵善[25]及督将僚佐四十八人。诸将乘胜击魏，大破之，斩首三万余级。

欢使彭乐追泰，泰窘，谓乐曰："汝非彭乐邪？痴男子！今日无我，明日岂有汝邪！何不急还营，收汝金宝！"乐从其言，获泰金带一囊以归，言于欢曰："黑獭漏刃，破胆矣！"欢虽喜其胜而怒其失泰，令伏诸地，亲捽[26]其头，连顿之，并数以沙苑之败，举刃将下者三，噤龂[27]良久。乐曰："乞五千骑，复为王取之。"欢曰："汝纵之何意，而言复取邪？"命取绢三千匹压乐背，因以赐之。'

明日，复战，泰为中军，中山公赵贵为左军，领军若于惠[28]等为右军。中军、右军合击东魏，大破之，悉俘其步卒。欢失马，赫连阳顺下马以授欢。欢上马走，从者步骑七人，追兵至，亲信都督尉兴庆[29]曰："王速去，兴庆腰有百箭，足杀百人。"欢曰："事济，以尔为怀州刺史；若死，用尔子。"兴庆曰："儿少，愿用兄。"欢许之。兴庆拒战，矢尽而死。

东魏军士有逃奔魏者，告以欢所在，泰募勇敢[30]三千人，皆执短兵，配大都督贺拔胜以攻之。胜识欢于行间，执槊与十三骑逐之，驰数里，槊刃垂及，因字之曰[31]："贺六浑，贺拔破胡必杀汝！"欢气[32]殆绝，河州刺史刘洪徽[33]从傍射胜，中其二骑，武卫将军段韶射胜马，毙之，比副马至，欢已逸去。胜叹曰："今日不执弓矢，天也！"魏南郢州刺史耿令贵，大呼，独入敌中，锋刃乱下，人皆谓已死，俄奋刀而还。如是数四，当令贵前者死伤相继，乃谓左右曰："吾岂乐杀人！壮士除贼，不得不尔。若不能杀贼，又不为贼所伤，何异逐坐人[34]也！"左军赵贵等五将战不利，东魏兵复振，泰与战，又不利。会日暮，魏兵遂遁，东魏兵追之；独孤信、于谨收散卒自后击之，追兵惊扰，魏诸军由是得全。若于惠夜引去，东魏兵追之；惠徐下马，顾命厨人营食，食毕，谓左右曰："长安死，此中死，有以异乎？"乃建旗鸣角，收散卒徐还，追骑疑有伏兵，不敢逼。泰遂入关，屯渭上。

欢进至陕，泰遣开府仪同三司达奚武等拒之。行台郎中封子绘[35]言于欢曰："混壹东西，正在今日。昔魏太祖[36]平汉中[37]，不乘胜取巴、蜀[38]，失在迟疑，后悔无及。愿大王不以为疑。"欢深然之，集诸将议进止，咸以为"野无青草，人马疲瘦，不可远追。"陈元康曰："两雄交争，岁月已久。今幸而大捷，天授我也，时不可失，当乘胜追之。"欢曰："若遇伏兵，孤何以济？"元康曰："王前沙苑失利，彼尚无伏；今奔败若此，何能远谋！若舍而不追，必成后患。"欢不从，使刘丰生将数千骑追泰，遂东归。

泰召王思政于玉壁，将使镇虎牢，未至而泰败，乃使守恒农。思政入城，令开门解衣而卧，慰勉将士，示不足畏。后数日，刘丰生至城下，惮之，不敢进，引军还。思政乃修城郭，起楼橹，营农田，积刍粟，由是恒农始有守御之备。

丞相泰求自贬，魏主不许。是役也，魏诸将皆无功，唯耿令贵与太子武卫率[39]王胡仁[40]、都督王文达[41]力战功多。泰欲以雍、岐、北雍三州授之，以州有优劣，使探筹[42]取之，仍赐胡仁名勇，令贵名豪，文达名杰，用彰其功。于是广募关、陇豪右以增军旅。

高仲密之将叛也，阴遣人扇动冀州豪杰[43]，使为内应，东魏遣高隆之驰驿[44]慰抚，由是得安。高澄密书与隆之曰："仲密枝党与之俱西者，宜悉收其家属，以惩将来。"隆之以为恩旨既行，理无追改，若复收治，示民不信，脱致惊扰，所亏不细[45]，乃启丞相欢而罢之[46]。

以太子詹事谢举为尚书仆射。

夏，四月，林邑王[47]攻李贲，贲将范修破林邑于九德[48]。

清水[49]氐酋李鼠仁[50]乘魏之败，据险作乱；陇右大都督独孤信屡遣军击之，不克。丞相泰遣典签天水赵昶[51]往谕之，诸酋长聚议，或从或否；其不从者欲加刃于昶，昶神色自若，辞气逾厉，鼠仁感悟，遂相帅降。氐酋梁道显叛，泰复遣昶谕降之，徙其豪帅四千[52]余人并部落于华州。泰即以昶为都督，使领之。

泰使谍潜入虎牢，令守将魏光[53]固守，侯景获之，改其书云："宜速去。"纵谍入城，光宵遁。景获高仲密妻子送邺，北豫、洛二州复入于东魏。五月，壬辰[54]，东魏以克复虎牢，降死罪已下囚，唯不赦高仲密家。丞相欢以高乾有义勋[55]，高昂死王事[56]，季式先自告，皆为之请，免其从坐[57]。仲密妻李氏当死，高澄盛服见之，曰："今日何如？"李氏默然，遂纳之。乙未[58]，以侯景为司空。

秋，七月，魏大赦。以王盟为太傅，广平王赞为司空。

八月，乙丑[59]，东魏以汾州刺史斛律金为大司马。

东魏遣兼散骑常侍李浑[60]等来聘。

冬，十一月，甲午[61]，东魏主狩于西山[62]；乙巳[63]，还宫。高澄启解侍中，东魏主以其弟并州刺史太原公洋[64]代之。

丞相欢筑长城于肆州[65]北山，西自马陵[66]，东至土𤫊[67]，四十日罢。

魏诸牧守共谒丞相泰，泰命河北太守裴侠[68]别立，谓诸牧守曰："裴侠清慎奉公，为天下最，有如侠者，可与俱立！"众默然，无敢应者。泰乃厚赐侠，朝野叹服，号为"独立君"。

（以上为第六段，写公元543年，因东魏高仲密叛降西魏引发东西魏邙山大战，两军全力交战，高欢与宇文泰各自九死一生，东魏大胜而无力追击，东西魏仍然势均力敌。）

【注释】

[1]壬戌：正月一日。[2]武定：孝静帝年号，起公元543年，迄公元549年。[3]取：娶。[4]方为：正被。[5]李氏：赵郡李徽伯的女儿。高仲密投降西魏之后，李氏被押，迫于高澄压力，被纳为昌仪。[6]悦之：挑逗李氏，想作非礼事。[7]北豫州：州名。治所虎牢，在今河南荥阳市西。[8]镇城：官名。即防城都督，负责守城。[9]壬申：二月十二日。[10]丐：施给。[11]苦手：让他受杖责之苦。[12]都官郎：官名。主管军事刑狱。[13]永安戍：戍所名。在永安城，亦是永安郡郡治，在今山西霍州市。当时高季式被解除晋州刺史职，镇守该戍所。高仲密借机想引诱他一起投降西魏。[14]太子少傅：官名。为加官，是荣誉虚衔。李远当时实授行台尚书。[15]柏谷：城名。在今河南宜阳县南。[16]壬申：三月辛卯朔，无壬申日。严校改作"壬辰"，是三月二日。按《北齐书·神武纪》正作"壬辰"。《资治通鉴》误。[17]河北：指河桥北城，在今河南孟州市南富平津渡口北侧。[18]瀍曲：即瀍水西。[19]蓐食：在被窝里吃饭，即早早地按正常还未起床的时间就吃饭。蓐，同"褥"，被褥。[20]干饭：先蒸或煮而后再晒干的饭。麦子、大米、小米都可以作原料。[21]戊申：三月十八日。[22]右甄：军阵

的右翼。［23］北垂：北边的军阵。［24］临洮王柬：元柬，爵临洮王。《魏书》卷十二作“元森”，《北史》卷五十三作“元东”，未知孰是。蜀郡王元荣宗，江夏王元升，巨鹿王元阐，谯郡王元亮，共五王都是西魏文帝哥哥的儿子。［25］赵善：字僧庆，爵襄城县公，任尚书左仆射，时兼领太子詹事。被俘后，客死于东魏。传见《周书》卷三十四、《北史》卷五十九。［26］捽（zuó）：揪住彭乐头上的发髻。［27］嚓齘（xiè）：咬牙切齿地忿恨。［28］若于惠（？—547）：复姓若于，字惠保，代郡武川人。初从尔朱荣，后拥戴宇文泰，以功进爵长乐郡公，任中领军，升至司空。传见《周书》卷十七、《北史》卷六十五。又据章校，“若于”疑是“若干”之误。《周书》《北史》本传均作“若干”，《魏书·官氏志》唯载“若干氏”。［29］尉兴庆：本名兴，字兴庆。因避高欢五世祖高庆的名讳，所以《北齐书》作“尉兴敬”。太安狄那人。北齐时，封集中县侯。传见《北齐书》卷十九、《北史》卷五十三。［30］勇敢：敢死队。［31］因字之曰：在槊尖刃即将刺及高欢时高呼高欢的字。［32］气：命。［33］刘洪徽：人名。后任北齐尚书右仆射、领军，助高演夺取帝位。［34］逐坐人：指当时舞文弄墨、坐而论事的文官。这是武将对文官的蔑称。这种认识在南北朝武将中十分流行。［35］封子绘（515—564）：字仲藻，小名搔，封隆之的儿子。明敏干练，深得高欢父子信任。传见《魏书》卷三十二、《北齐书》卷二十一、《北史》卷二十四。［36］魏太祖：指三国时魏曹操。［37］汉中：郡名。汉置，治所南郑，在今陕西汉中市东。［38］巴、蜀：两郡名。巴郡，汉末治所在江州，在今重庆市嘉陵江北岸。蜀郡，汉末治所在成都，在今四川成都市。三国时二郡控制在刘备手中。［39］太子武卫率：官名。原称东宫武卫将军，掌东宫卫队。［40］王胡仁：代郡武川人。勇力过人，屡立战功。魏恭帝元年（554），大败柔然，进爵新阳郡公，赐姓库汗氏。传见《周书》卷二十九、《北史》卷六十六。［41］王文达（515—579）：金城直城（今陕西汉阴县）人。号“万人敌”，爵都昌县公。江陵之役，生擒梁元帝，战功居首。入周，以勋望任上柱国。传见《周书》卷二十九、《北史》卷六十六。［42］筹：竹制的筹算，记数用。借用来抽签，以决定任何州刺史。［43］冀州豪杰：高仲密的哥哥高乾少任侠，在冀州老家极有影响力。仲密利用这一优势，煽动豪杰叛乱。［44］驰驿：利用驿站车马，加速赶往冀州。因封隆之曾任冀州刺史，颇得人心，所以高欢派他去安抚当地豪强。《资治通鉴》此处误为高隆之。［45］所亏不细：所损失的将会很大。［46］罢之：撤销了高澄的密命。［47］林邑王：林邑国所在原属汉代日南郡象林县，在今越南南方岘港一带。［48］九德：郡名。治所九德，在今越南荣市，也是德州州治。［49］清水：县名。县治在今甘肃清水县西。［50］李鼠仁：人名。事见《周书·异域传》《北史·氐传》。［51］赵昶（？—558）：字长舒，天水南安（今甘肃陇西县）人。拜安夷郡守，多次软硬兼施，平定氐人和羌人的叛乱。以功封长道郡公。传见《周书》卷三十三、《北史》卷六十九。［52］四千：据章校，甲十一行本、乙十一行本、孔本均作“四十”。按《周书·赵昶传》作“四十”。《北史·赵昶传》作“三十余人”。则“千”是“十”之误无疑。［53］魏光：人名。此前任东秦州刺史。［54］壬辰：五月三日。［55］义勋：指中大通三年（531）高乾起兵信都，拥戴高欢事。［56］死王事：指高敖曹战死于河阳事。［57］从坐：通称连坐，指受株连而被判罪。［58］乙未：

五月六日。［59］乙丑：八月八日。［60］李浑：字季初，赵郡柏人人。北齐太子少傅，曾删定《麟趾格》。传见《魏书》卷四十九、《北齐书》卷二十九、《北史》卷三十三。［61］甲午：十一月八日。［62］西山：山名。在今河北邯郸市西。［63］乙巳：十一月十九日。［64］洋：高洋，北齐文宣帝，时爵太原公。［65］肆州：州名。治所九原，在今山西忻州市。［66］马陵：地名。在今山西静乐县北。［67］土墱：寨名。在今山西原平市西北。［68］裴侠（？—559）：字嵩和，河东解人。本名协，沙苑一役战功卓著，宇文泰赐名侠，以表彰他的忠勇。入周，封清河县公。传见《周书》卷三十五、《北史》卷三十八。

十年（甲子，544 年）

春，正月，李贲自称越帝，置百官，改元大德[1]。

三月，癸巳[2]，东魏丞相欢巡行冀、定二州[3]，校河北户口损益，因朝于邺。

甲午[4]，上幸兰陵[5]，谒建宁陵[6]，使太子入守京城；辛丑[7]，谒修陵[8]。

丙午[9]，东魏以开府仪同三司孙腾为太保。

己酉[10]，上幸京口城[11]北固楼[12]，更名北顾；庚戌[13]，幸回宾亭，宴乡里故老及所经近县迎候者，少长数千人，各赉钱二千。

壬子[14]，东魏以高澄为大将军、领中书监，元弼为录尚书事，左仆射司马子如为尚书令，侍中高洋为左仆射。

丞相欢多在晋阳，孙腾、司马子如、高岳、高隆之，皆欢之亲党也，委以朝政，邺中谓之四贵，其权势熏灼中外，率多专恣骄贪。欢欲损夺其权，故以澄为大将军、领中书监，移门下机事总归中书[15]，文武赏罚皆禀于澄。

孙腾见澄，不肯尽敬[16]，澄叱左右牵下于床，筑以刀环，立之门外。太原公洋于澄前拜高隆之，呼为叔父[17]；澄怒，骂之。欢谓群公曰："儿子浸长，公宜避之。"于是公卿以下，见澄无不耸惧。库狄干，澄姑之婿也，自定州来谒，立于门外，三日乃得见。

澄欲置腹心于东魏主左右，擢中兵参军崔季舒[18]为中书侍郎。澄每进书于帝，有所谏请，或文辞繁杂，季舒辄修饰通之。帝报澄父子之语，常与季舒论之，曰：“崔中书，我乳母也。”季舒，挺之从子[19]也。

夏，四月，乙卯[20]，上还自兰陵。

五月，甲申朔[21]，魏丞相泰朝于长安。

甲午[22]，东魏遣散骑常侍魏季景[23]来聘。季景，收[24]之族叔也。

尚书令何敬容妾弟[25]盗官米，以书属[26]领军河东王誉。丁酉[27]，敬容坐免官。

东魏广阳王湛卒。

魏琅琊贞献公贺拔胜诸子在东者，丞相欢尽杀之，胜愤恨发疾而卒。丞相泰常谓人曰：“诸将对敌神色皆动，唯贺拔公临陈如平时，真大勇也！”

秋，七月，魏更权衡度量[28]，命尚书苏绰损益三十六条[29]之制，总为五卷，颁行之。搜简贤才为牧守令长，皆依新制而遣焉。数年之间，百姓便之。

魏自正光以后，政刑弛纵，在位多贪污。丞相欢启以司州中从事[30]宋游道[31]为御史中尉，澄固请以吏部郎崔暹为之，以游道为尚书左丞。澄谓暹、游道曰：“卿一人处南台[32]，一人处北省[33]，当使天下肃然。”暹选毕义云[34]等为御史，时称得人。义云，众敬[35]之曾孙也。

澄欲假[36]暹威势，诸公在坐，令暹后至，通名，高视徐步，两人挈裾[37]而入；澄分庭对揖，暹不让而坐，觞再行[38]，即辞去。澄留之食，暹曰：“适受敕在台检校。”遂不待食而去，澄降阶送之。他日，澄与诸公出，之东山[39]，遇暹于道，前驱为赤棒[40]所击，澄回马避之[41]。

尚书令司马子如以丞相欢故人，当重任，意气自高，与太师咸阳王坦黩货无厌[42]；暹前后弹子如、坦及并州刺史可朱浑道元等罪状，无不极笔[43]。宋游道亦劾子如、坦及太保孙腾、司徒高隆之、司空侯景、尚书元羡等。澄收子如系狱，一宿，发尽白，辞曰：“司马子如从夏州策杖投相王[44]，王给露车[45]一乘，犄牸牛犊[46]，犊在道死，唯犄角存，此外皆取之于人。”丞相欢以书敕澄曰：“司马令，吾之故旧，汝宜宽之。”澄驻马行街，出子如，脱其锁；子如惧曰：“非作事[47]邪？”八月，癸酉[48]，削子如官爵。九月，甲申[49]，以济阴王晖业为太尉；太师咸阳王坦以王还第[50]，元羡等皆免官，其余死黜[51]者甚众。久之，欢见子如，哀其憔悴，以膝承其首，亲为择虱，赐酒百瓶，羊五百口，米五百石。

高澄对诸贵极言褒美崔暹，且戒属[52]之。丞相欢书与邺下诸贵曰："崔暹居宪台，咸阳王、司马令皆吾布衣之旧，尊贵亲昵，无过二人，同时获罪，吾不能救，诸君其慎之！"

宋游道奏驳尚书违失数百条，省中豪吏[53]王儒之徒并鞭斥之，令、仆已下皆侧目。高隆之诬游道有不臣之言，罪当死。给事黄门侍郎杨愔曰："畜狗求吠；今以数吠杀之，恐将来无复吠狗。"游道竟坐除名[54]。澄谓游道曰："卿早从我向并州，不尔，彼[55]经略[56]杀卿。"游道从澄至晋阳，以为大行台吏部[57]。

己丑[58]，大赦。

东魏以丧乱之后，户口失实，徭赋不均，冬，十月，丁巳[59]，以太保孙腾、大司徒[60]高隆之为括户大使[61]，分行诸州，得无籍之户六十余万，侨居者皆勒还本属[62]。十一月，甲申[63]，以高隆之录尚书事，以前大司马娄昭为司徒。

庚子[64]，东魏主祀圜丘。

东魏丞相欢袭击山胡[65]，破之，俘万余户，分配诸州。

是岁，东魏以散骑常侍魏收兼中书侍郎，修国史[66]。自梁、魏通好，魏书[67]每云："想彼境内宁静，此率土安和。"上复书，去"彼"字而已。收始定书云："想境内清晏[68]，今万里安和。"上亦效之。

（以上为第七段，写东魏整顿吏治，检括户口，加重高澄权威。）

【注释】

[1]大德：据章校，甲十一行本、乙十一行本、孔本作"天德"。《南史·梁本纪》正作"天德"。[2]癸巳：三月九日。[3]定州：州名。治所卢奴，在今河北定州市。[4]甲午：三月十日。[5]兰陵：郡名。即南兰陵郡，梁置。治所延陵，在今江苏丹阳市南。[6]建宁陵：梁武帝母张皇后的陵墓。在今江苏丹阳市东北东城里山。按《梁书》《南史》均作"建陵"。[7]辛丑：三月十七日。[8]修陵：武帝郗皇后的陵墓。也在东城里山。[9]丙午：三月二十二日。[10]己酉：三月二十五日。[11]京口城：城名，是梁都建康的北门户。在今江苏镇江市。[12]北固楼：

楼在镇江城北北固山上，三面临长江。［13］庚戌：三月二十六日。［14］壬子：三月二十八日。［15］移门下机事总归中书：原国家机要大事由门下省侍中、给事中分掌。现由高澄领中书监，执掌中书省。机事于是移入中书，以扩大他的权力。［16］尽敬：完全按下属拜见上级的礼节进见，表示恭敬和服从。［17］呼为叔父：高欢认高隆之为弟，所以高洋呼作叔父。高澄骂高隆之，乃是提高威信的手段。［18］崔季舒（？—573）：字叔正，博陵安平（今河北安平县）人。初为高欢大行台都官郎中，后助高澄典掌中书。北齐后主时，监修《修文殿御览》及国史。传见《魏书》卷五十七、《北齐书》卷三十九、《北史》卷三十二。［19］挺之从子：崔季舒是崔挺弟弟崔振的儿子。挺，崔挺。［20］乙卯：四月一日。［21］甲申朔：五月一日。［22］甲午：五月十一日。［23］魏季景：博学有文才，东魏时官至大司农卿、魏郡尹。传见《北史》卷五十六。［24］收：魏收。［25］妾弟：名费慧明，时任导仓丞。［26］以书属：写信嘱托河东王萧誉协助开脱费慧明的罪。当时慧明关押在领军府。［27］丁酉：五月十四日。［28］更权衡度量：重新制定度量衡的标准。［29］三十六条：包括大统元年制定的二十四条和大统七年制定的十二条。此时合并加以修订。［30］中从事：官名。即治中从事，刺史属吏，主掌文书。［31］宋游道：敦煌（今甘肃敦煌）人。性抗直，为朝中权贵所畏忌。传见《魏书》卷五十二、《北齐书》卷四十七、《北史》卷三十四。［32］南台：御史台办公处，在宫阙的西南方。［33］北省：尚书省办公处，在宫阙北方。［34］毕义云：东平须昌（今山东东平县）人。任职不避权贵，但因迫使司马消难降周，声望大损。传见《魏书》卷六十一、《北齐书》卷四十七、《北史》卷三十九。［35］众敬：毕众敬，小名奈。原是南朝刘宋时的泰山太守。宋明帝时，随徐州刺史薛安都降魏，拜兖州刺史。传见《魏书》卷六十一、《北史》卷三十九。［36］欲假：想提高。［37］挈裾：提着袖子。［38］觞再行：再次敬酒。［39］东山：是东魏君臣游宴的地方。［40］赤棒：执法的红色棍棒。此指御史中尉崔暹仪仗队中在前开路的手执赤棒的士卒。［41］回马避之：调转马头，回避御史中丞的巡查队伍。［42］黩货无厌：贪污钱财没有止境。［43］无不极笔：下笔毫不留情。［44］从夏州策杖投相王：高欢大败尔朱氏之时，司马子如在南岐州任刺史。因华州、雍州道路被阻断，所以他取道夏州，投奔高欢。相王，高欢此时任丞相，爵齐王，所以称作相王。［45］露车：民间所用没有篷盖和车厢的车子。［46］犈（quán）牸（zì）牛犊：带卷角的母牛犊。［47］作事：执行死刑。［48］癸酉：八月二十一日。［49］甲申：九月三日。［50］以王还第：免去太师官职，仅保留王爵回家，不再参政。［51］死黜：或被处死，或被降职。［52］戒属：警告提醒。［53］豪吏：有威势的官吏。［54］除名：除去官籍，削职为民。［55］彼：指高隆之等人。［56］经略：策划。［57］大行台吏部：胡三省以为下脱一“郎”字，是。［58］己丑：九月八日。［59］丁巳：十月六日。［60］大司徒：北魏和东魏官制中只有司徒一职。胡三省以为“大”字是衍文，是。［61］括户大使：审查户籍的特命巡行官员。［62］勒还本属：勒令返回原籍。［63］甲申：十一月四日。［64］庚子：十一月二十日。［65］山胡：居住在汾州山中的稽胡人，南匈奴的后裔。

[66]修国史：撰写《魏书》，今存。[67]魏书：东魏给梁朝的文书。[68]清晏：原指天气晴朗，于此比喻国家清平安宁。

【点评】

七年大争斗，东西魏仍然势均力敌。七年间，东西魏发生两次最大规模的决战。大同四年争夺洛阳之战，大同九年邙山之战，东西魏都是扫境征兵，倾巢出动，全力争斗，结果双方损失惨重，势均力敌，进一步确立了东西魏与梁并存的鼎立之局。

卷一五九　梁纪十五

梁武帝大同十一年至中大同元年（545—546年）

【起旃蒙赤奋若（乙丑，545年），尽柔兆摄提格（丙寅，546年），凡二年】

【大事提要】

本卷记事起公元545年，至公元546年，凡两年，时当梁朝梁武帝大同十一年至中大同元年，西魏文帝大统十一年至十二年，东魏孝静帝武定三年至四年。东魏高欢委曲求全与柔然和亲，发动了他生前最后一次讨伐西魏的玉壁大战，兵败成疾，走到了他政治生涯的终点。梁武帝昏庸治国，拒谏饰非，刑法弛废，边境不宁，物价飞涨，民不聊生，国势衰微。

高祖武皇帝十五

大同十一年（乙丑，545年）

春，正月，丙申[1]，东魏遣兼散骑常侍李奖[2]来聘。

东魏仪同尔朱文畅[3]与丞相司马任胄[4]、都督郑仲礼[5]等，谋因正月望夜观打簇戏[6]作乱，杀丞相欢，奉文畅为主；事泄，皆死。文畅，荣[7]之子也；其姊，敬宗之后，及仲礼姊大车[8]，皆为欢妾，有宠，故其兄弟皆不坐。

欢上书言："并州，军器所聚，动须女功[9]，请置宫[10]以处配没之口[11]；又纳吐谷浑之女以招怀之[12]。"丁未[13]，置晋阳宫。二月，庚申[14]，东魏主纳吐谷浑可汗从妹为容华[15]。

魏丞相泰遣酒泉胡安诺槃陀[16]始通使于突厥[17]。突厥本西方小国，姓阿史那氏，世居金山[18]之阳，为柔然铁工[19]。至其酋长土门[20]，始强大，颇侵魏西边。安诺槃陀至，其国人皆喜曰："大国使者至，吾国其将兴矣。"。

三月，乙未[21]，东魏丞相欢入朝于邺，百官迎于紫陌[22]。欢握崔暹手而劳之曰："往日朝廷岂无法官，莫肯举劾。中尉尽心徇国，不避豪强，遂使远迩肃清。冲锋陷阵，大有其人；当官正色，今始见之。富贵乃中尉自取，高欢父子无以相报。"赐暹良马。暹拜，马惊走，欢亲拥之[23]，授以辔。东魏主宴于华林园[24]，使欢择朝廷公直者劝之酒；欢降阶跪曰："唯暹一人可劝，并请以臣所射[25]赐物千段赐之。"高澄退，谓暹曰："我尚畏羡，何况余人！"

然暹中怀[26]颇挟巧诈。初，魏高阳王斌[27]有庶妹[28]玉仪[29]，不为其家所齿，为孙腾妓，腾又弃之；高澄遇诸涂，悦而纳之，遂有殊宠，封琅邪公主。澄谓崔季舒曰："崔暹必造[30]直谏，我亦有以待之。"及暹咨事，澄不复假以颜色[31]。居三日，暹怀刺[32]坠之于前，澄问："何用此为？"暹悚然[33]曰："未得通[34]公主。"澄大悦，把暹臂，入见之。季舒语人曰："崔暹常忿吾佞，在大将军前，每言叔父[35]可杀；及其自作，乃过于吾。"

夏，五月，甲辰，东魏大赦。

魏王盟卒。

晋氏[36]以来，文章竞为浮华，魏丞相泰欲革其弊。六月，丁巳[37]，魏主飨[38]太庙。泰命大行台度支尚书、领著作[39]苏绰作《大诰》，宣示群臣，戒以政事；仍命"自今文章皆依此体。"

上遣交州刺史杨瞟讨李贲，以陈霸先为司马；命定州[40]刺史萧勃[41]会瞟于西江。勃知军士惮远役，因诡说留瞟。瞟集诸将问计，霸先曰："交趾叛换，罪由宗室[42]，遂使溷乱[43]数州，逋诛[44]累岁。定州欲偷安目前，不顾大计；节下[45]奉辞伐罪，当死生以之，岂可逗桡[46]不进，长寇沮众[47]也！"遂勒兵先发。瞟以霸先为前锋。至交州，贲帅众三万拒之，败于朱鸢[48]，又败于苏历江[49]口，贲奔嘉宁城[50]，诸军围之。勃，昺[51]之子也。

魏与柔然头兵可汗谋连兵伐东魏，丞相欢患之，遣行台郎中杜弼[52]使于柔然，为世子澄求婚。头兵曰："高王自娶则可。"欢犹豫未决。娄妃曰："国家大计，愿勿疑也。"世子澄、尉景亦劝之。欢乃遣镇南将军[53]

慕容俨[54]往聘之，号曰蠕蠕公主。秋，八月，欢亲迎于下馆[55]。公主至，娄妃避正室[56]以处之；欢跪而拜谢，妃曰："彼将觉之，愿绝勿顾。"头兵使其弟秃突佳来送女，且报聘[57]，仍戒曰："待见外孙乃归。"公主性严毅，终身不肯华言。欢尝病，不得往，秃突佳怨恚，欢舆疾就之[58]。

冬，十月，乙未[59]，诏有罪者复听入赎[60]。

东魏遣中书舍人[61]尉瑾[62]来聘。

乙未[63]，东魏丞相欢请释邙山俘囚桎梏，配以民间寡妇。

十二月，东魏以侯景为司徒，中书令韩轨为司空；戊子[64]，以孙腾录尚书事。

魏筑圜丘于城南[65]。

（以上为第一段，写东魏高欢委曲求全与柔然结和亲以备西魏。）

【注释】

[1]丙申：正月十七日。 [2]李奖：字道休，陇西狄道（今甘肃临洮县）人。十六国时凉王李暠的后裔。北魏广平侯。入齐，兼侍中，后拜魏郡尹。传见《魏书》卷三十九、《北史》卷一百。 [3]尔朱文畅（？—545）：尔朱荣第四子，魏昌乐王。时任肆州刺史。传见《魏书》卷七十四、《北齐书》卷四十八、《北史》卷四十八。 [4]任胄：任东郡太守，因贪污受劾，出为都督守晋州。好纵酒游乐，遭高欢斥责。于是与尔朱文畅谋刺杀高欢。传见《北齐书》卷十九、《北史》卷五十三。 [5]郑仲礼：因与任胄同饮酒，不理政事，遭到谴责，所以参与行刺密谋。传见《北齐书》卷四十八、《北史》卷三十五。 [6]打簇戏：魏国民俗中的一种游戏。凡能打中簇的，当场赏给绢帛。任胄让郑仲礼藏刀于裤子中，企图乘高欢来看游戏的机会，杀死高欢。 [7]荣：尔朱荣。 [8]大车：郑大车，人名。 [9]女功：女子的工作，制作旌旗和军服等。 [10]置宫：建立新宫。 [11]处配没之口：安置因亲人犯罪而受牵连，遭到发配和籍没为官奴的人。这里指的是女奴。 [12]招怀之：招抚安怀吐谷浑。高欢想通过孝静帝娶吐谷浑王之女为妻，来拉拢吐谷浑，以骚扰西魏的后方，使西魏难以全力对付东魏。 [13]丁未：正月二十八日。 [14]庚申：二月十一日。 [15]容华：借用汉代嫔妃的名称，当时待遇相当于二千石级别的官吏。 [16]安诺槃陀：人名。是出生在酒泉郡的胡人。 [17]突厥：古族名。匈奴的别支。 [18]金山：山名。今新疆阿尔泰山南麓。 [19]柔然铁工：臣属于柔然，为他们锻造铁器。 [20]土门：人名。突厥伊利可汗。 [21]乙未：三月十六日。 [22]紫陌：地名。在邺城西北五里处。以后专指帝都的道路。 [23]亲拥之：亲自拦住惊马保护崔暹上马。 [24]华林园：洛阳宫中的园名。邺都宫中仿洛阳制度，所以也建有华林园。 [25]射：燕射，是古代射礼的一种。只在宴饮时进行，凡中

靶的有赏赐。既提倡重武习射，又有一定的娱乐性。［26］中怀：胸中。［27］高阳王斌：元斌（？—551），字善集，少袭父爵为高阳王，位侍中、尚书左仆射。入齐，从征契丹，因罪处死。传见《魏书》卷二十一上、《北齐书》卷二十八、《北史》卷十九。［28］庶妹：庶出的妹妹。是元斌父妾所生。所以被人看不起，甚至沦为孙腾的侍妓。［29］玉仪：元玉仪，传见《北史》卷十四。［30］造：登门访问。［31］不复假以颜色：不再和颜悦色地对待崔暹。［32］刺：古代削竹木为简，上写姓名，称作刺。相当于现今的名片。［33］悚然：战战兢兢的样子。［34］通：通报。先把名刺递进，以争取晋见的机会。［35］叔父：指崔季舒，是崔暹的叔叔。［36］晋氏：指晋朝。疑"氏"是"世"之误。［37］丁巳：六月十日。［38］飨：用于祭祀的食物。此指祭祀。［39］领著作：兼著作郎之职，掌撰修国史，也起草政府文稿。时隶属秘书省。［40］定州：州名。指南定州，治所郁林，在今广西桂平市。［41］萧勃（？—557）：梁曲江乡侯。历任南定州、晋州、广州刺史，梁末位太保。陈霸先将行禅代，勃举兵反，兵败被杀。传见《南史》卷五十一。［42］罪由宗室：指武林侯萧谘苛酷残暴引起事端。［43］溷乱：混乱。［44］逋诛：拖延被消灭。［45］节下：部下。［46］逗挠：逗留阻挠。"桡"与"挠"通。［47］长寇沮众：助长敌寇气焰，败坏自家军心。［48］朱鸢（yuān）：县名。县治在今越南河内市东南。［49］苏历江：河名。是红河的支流，在宋平郡境，在今越南河内市南。［50］嘉宁城：城名。在今越南越池县。［51］昺：萧昺，字子昭，梁武帝从父弟。历任南兖州、雍州、扬州、郢州刺史，封吴平县侯。传见《梁书》卷二十四、《南史》卷五十一。［52］杜弼（490—558）：字辅玄，小字辅国，中山曲阳人。博学多闻，常典机密。入齐，以功迁卫尉卿，封长安县伯。传见《北齐书》卷二十四、《北史》卷五十五。［53］镇南将军：官名。是四镇将军之一，掌征伐。［54］慕容俨：字恃德，清都成安（今河北成安县）人。历任东雍州、东荆州、赵州、光州刺史，爵义安王。传见《北齐书》卷二十、《北史》卷五十三。［55］下馆：县名。一说在木井城，是阳曲县治，在今山西定襄县。一说在山西代县西北。［56］避正室：娄妃主动让出正妻之位给蠕蠕公主。正室，正妻。［57］报聘：酬答高欢求婚使节的礼仪性回访。［58］舆疾就之：抱病登车前往公主住处。［59］乙未：十月丙午朔，无乙未日，疑为"己未"之误，即十月十四日。《梁书·武帝纪》作"己未"。［60］复听入赎：梁天监三年（504），废除赎罪科。至此重又允许赎罪。［61］中书舍人：官名。在中书省中掌传宣和起草诏命。［62］尉瑾：字安仁，代郡（今山西大同市）人。屡掌机密，曾任吏部尚书、尚书右仆射，为高欢、高澄、高洋三主所信任。传见《魏书》卷二十六、《北齐书》卷四十、《北史》卷二十。［63］乙未：闰十月二十日。［64］戊子：十二月十四日。［65］城南：长安城南。

散骑常侍贺琛启陈四事：其一，以为"今北边稽服[1]，正是生聚[2]教训[3]之时，而天下户口减落，关外[4]弥甚。郡不堪州之控总[5]，县不堪郡之裒削[6]，更相呼扰[7]，惟事征敛，民不堪命，各务流移[8]，此岂非牧守之过欤！东境[9]户口空虚，皆由使命繁数，穷幽极远[10]，无不皆至，每有一使，所属搔扰；驽困守宰[11]，则拱手听其渔猎[12]，桀黠长吏[13]，又因之重为贪残，纵有廉平，郡犹掣肘。如此，虽年降复业之诏，屡下蠲赋之恩，而民不得反其居也。”其二，以为“今天下[14]所以贪残，良由风俗侈靡使之然也。今之燕喜[15]，相竞夸豪，积果[16]如丘陵，列肴同绮绣[17]，露台之产[18]，不周一燕[19]之资，而宾主之间，裁取满腹，未及下堂，已同臭腐。又，畜妓之夫，无有等秩[20]，为吏牧民者，致赀巨亿，罢归[21]之日，不支数年，率皆尽于燕饮之物、歌谣之具[22]。所费事等丘山，为欢止在俄顷，乃更追恨向所取之少；如复傅翼[23]，增其搏噬[24]，一何悖哉！其余淫侈，著之凡百[25]，习以成俗，日见滋甚，欲使人守廉白，安可得邪！诚宜严为禁制，道以节俭，纠奏浮华，变其耳目。夫失节之嗟[26]，亦民所自患，正耻不能及群，故勉强而为之；苟以纯素为先，足正彫流[27]之弊矣。”其三，以为“陛下忧念四海，不惮勤劳，至于百司，莫不奏事。但斗筲之人，既得伏奏帷扆[28]，便欲诡竞求进[29]，不论国之大体，心存明恕；惟务吹毛求疵，擘肌分理[30]，以深刻为能，以绳逐[31]为务。迹虽似于奉公，事更成其威福，犯罪者多，巧避滋甚，长弊增奸，寔[32]由于此。诚愿责其公平之效，黜其谗慝[33]之心，则下安上谧，无徼幸之患矣。”其四，以为“今天下无事，而犹日不暇给，宜省事、息费，事省则民养，费息则财聚。应内省职掌各检所部：凡京师治、署、邸、肆[34]及国容[35]、戎备[36]，四方屯、传、邸治[37]，有所宜除，除之，有所宜减，减之；兴造有非急者，征求有可缓者，皆宜停省，以息费休民。故畜其财者，所以大用之也；养其民者，所以大役之也。若言小事不足害财，则终年不息矣；以小役不足妨民，则终年不止矣。如此，则难可以语富强而图远大矣。”

启奏，上大怒，召主书[38]于前，口授敕书以责琛。大指以为：“朕有天下四十余年，公车[39]谠言[40]，日关听览[41]，所陈之事，与卿不异，每苦倥偬[42]，更增惛惑[43]。卿不宜自同阘茸[44]，止取名字，宣之行路，言‘我能上事，恨朝廷之不用。’何不分别显言：某刺史横暴，某太守贪残，尚书、兰台某人奸猾，使者渔猎，并何姓名？取与者谁？明言其事，得以诛黜，更择材良。又，士民饮食过差[45]，若加严禁，密房曲屋，云何可知？侻家家搜检，恐益增苛扰。若指朝廷，我无此事。昔之牲牢，久不宰杀[46]，朝中会同[47]，菜蔬而已；若复减此，必有《蟋蟀》之讥[48]。若以为功德事[49]者，皆是园中之物，变一瓜为数十种，治一菜为数十味；以变故多，何损于事！我自非公宴，不食国家之食，多历年所；乃至宫人，亦不食国家之食。凡所营造，不关材官及以国匠[50]，皆资雇借以成其事。勇怯不同，贪廉各用，亦非朝廷为之傅翼。卿以朝廷为悖，乃自甘之[51]，当思致悖所以！卿云'宜导之以节俭'，朕绝房室三十余年，至于居处不过一床之地，雕饰之物不入于宫；受生[52]不饮酒，不好音声，所以朝中曲宴[53]，未尝奏乐，此群贤之所见也。朕三更出治事，随事多少，事少午前得竟，事多日昃[54]方食，日常一食，若昼若夜；昔要腹过于十围[55]，今之瘦削才二尺余，旧带犹存，非为妄说。为谁为之？救物故[56]也。卿又曰'百司莫不奏事，诡竞求进'，今不使外人呈事，谁尸[57]其任！专委之人，云何可得？古人[58]云：'专听生奸，独任成乱，'二世[59]之委赵高[60]，元后[61]之付王莽[62]，呼鹿为马，又可法欤？卿云'吹毛求疵'，复是何人？'擘肌分理'，复是何事？治、署、邸、肆等，何者宜除？何者宜减？何处兴造非急？何处征求可缓？各出其事，具以奏闻！富国强兵之术，息民省役之宜，并宜具列！若不具列，则是欺罔朝廷。倚闻[63]重奏，当复省览，付之尚书，班下海内，庶惟新之美，复见今日。"琛但谢过而已，不敢复言。

上为人孝慈恭俭，博学能文，阴阳、卜筮、骑射、声律、草隶、围棋，无不精妙。勤于政务，冬月四更竟，即起视事，执笔触寒，手为皴裂。自天监中用释氏法[64]，长斋[65]断鱼肉，日止一食，惟菜羹、粝饭[66]而已，或遇事繁，日移中[67]则嗽口以过。身衣布衣，木绵[68]皂帐，一冠三载，一衾[69]二年，后宫贵妃以下，衣不曳地。性不饮酒，非宗庙祭祀、大飨宴及诸法事[70]，未尝作乐。虽居暗室，恒理衣冠，小坐[71]、盛暑，未尝褰[72]袒，对内竖小臣[73]，如遇大宾。然优假[74]士人太过，牧守多浸渔百姓，使者干扰郡县。又好亲任小人，颇伤苛察；

多造塔庙，公私费损。江南久安，风俗奢靡，故琛启及之。上恶其触实，故怒。

臣光曰：梁高祖之不终[75]也，宜哉！夫人君听纳[76]之失，在于丛脞[77]，人臣献替[78]之病，在于烦碎。是以明主守要道以御万机之本，忠臣陈大体以格[79]君心之非，故身不劳而收功远，言至约而为益大也。观夫贺琛之谏未至于切直，而高祖已赫然震怒，护其所短，矜其所长；诘贪暴之主名[80]，问劳费之条目，困以难对之状，责以必穷之辞。自以蔬食之俭为盛德，日昃之勤为至治，君道已备，无复可加，群臣箴规，举不足听。如此，则自余[81]切直之言过于琛者，谁敢进哉！由是奸佞[82]居前而不见，大谋颠错[83]而不知，名辱身危，覆邦绝祀，为千古所闵笑[84]，岂不哀哉！

上敦尚文雅，疏简刑法，自公卿大臣，咸不以鞫狱为意。奸吏招权弄法，货赂成市，枉滥者多。大率二岁刑已上岁至五千人；徒居作者具五任[85]，其无任者著升械[86]；若疾病，权[87]解之，是后囚徒或有优、剧[88]。时王侯子弟，多骄淫不法。上年老，厌于万几。又专精佛戒，每断[89]重罪，则终日不怿；或谋反逆，事觉，亦泣而宥之[90]。由是王侯益横，或白昼杀人于都街，或暮夜公行剽劫，有罪亡命者，匿于王家，有司不敢搜捕。上深知其弊，溺于慈爱，不能禁也。

魏东阳王荣[91]为瓜州[92]刺史，与其婿邓彦[93]偕行。荣卒，瓜州首望[94]表荣子康为刺史，彦杀康而夺其位；魏不能讨，因以彦为刺史，屡征不至，又南通吐谷浑。丞相泰以道远难于动众，欲以计取之，以给事黄门侍郎申徽[95]为河西大使，密令图彦。

徽以五十骑行，既至，止于宾馆；彦见徽单使[96]，不以为疑。徽遣人微劝彦归朝，彦不从；徽又使赞成其留计[97]；彦信之，遂来至馆。徽先与州主簿[98]敦煌令狐整[99]等密谋，执彦于坐，责而缚之；因宣诏慰谕吏民，且云“大军续至”，城中无敢动者，遂送彦于长安。泰以徽为都官尚书[100]。

（以上为第二段，写梁朝贺琛奏事始末，此为梁朝的一个大事件。贺琛谏奏揭示梁朝政治极端腐败的事实。赋徭沉重，户口日减，官吏贪残，浮华成风，刑法松弛而平民犯禁者众。梁武帝拒谏饰非，各种弊端病入膏肓，梁朝走向衰败不可逆转。）

【注释】

[1]稽服：拜服。此指东魏多次遣使通好，两国相安无事。[2]生聚：繁殖人口，积蓄物资。[3]教训：教导和训练。典出《左传》哀公元年。吴王不听劝告，接受勾践臣服讲和要求，伍子胥断言越国经过“十年生聚，十年教训”，必将灭亡吴国。贺琛则借用来建议梁武帝利用和平时机，加强国力，作好恢复中原的准备。[4]关外：指梁原边界外刚刚收复的淮、汝、潼、泗等州疆土。[5]控总：控制，管束。[6]裒削：搜刮。[7]更相呼扰：轮番下令，骚扰地方。[8]流移：流离失所，避往他乡。[9]东境：指梁国东部的三吴之地，即吴郡、吴兴、会稽（或指丹阳）三郡，在今苏杭一带。[10]穷幽极远：深入荒僻或偏远的地区。[11]驽困守宰：才能愚钝而低下的地方官。[12]渔猎：指搜刮。[13]桀黠长吏：残暴而狡猾的地方官。[14]今天下：据章校，下脱“守宰”二字。十二行本、乙十一行本、孔本均有，张校同。[15]燕喜：宴饮。[16]积果：堆积各色果品。[17]同绮绣：菜肴色泽艳丽，如同锦绣一般。[18]露台之产：汉文帝想修一个露台，一问需花费百金，即相当十家中等家庭一年的收入，于是决定不建。露台之产成为百金的代名词。[19]不周一燕：不够一次宴请。[20]无有等秩：没有不同等级的限制，指大小官僚争为奢侈，没有节度。[21]罢归：免官回家。[22]歌谣之具：乐器、道具和服装。[23]如复傅翼：重新装上翅膀。喻指再度做官。[24]搏噬：攫取食物。喻指搜刮民财。[25]凡百：泛指一切。也就是说，当时统治阶级的所作所为，无不与荒淫奢侈相联系。[26]失节之嗟：典出《易经·节卦》。原意是说应当节制而不能节制，咎由自取，造成令人叹息的结局。[27]彫流：陋俗。[28]帷扆（yǐ）：屏帷。此指登入殿堂之中。[29]诡竞求进：不择手段地争着上呈奏书以求得青睐。[30]擘肌分理：剖开肌肉以分辨它的纹路。比喻仔细得近乎苛刻。[31]绳逐：抓住把柄，纠正和斥责过失。[32]寔：即实，古通用。[33]谗慝：恶言恶意。[34]治、署、邸、肆：治，办事机构。署，官员休息的场所。邸，诸王侯的宅第，以及各郡为进京朝见官员设立的住所。肆，市场。[35]国容：礼乐、车旗等仪仗。[36]戎备：军事器械。[37]屯、传、邸治：屯，军队驻地。传，驿站。邸治，地方府衙。[38]主书：官名。梁中书省属官，掌起草诏令文书。[39]公车：汉代公车令掌管殿中司马门的宿卫，同时负责接待臣民的上书和征召。后专指向皇帝上书。[40]谠言：刚直有益的话。这里是梁武帝自诩一贯能接纳臣民的直言。[41]日关听览：每天都在接受臣下意见。关，接触。听览，当面上奏则听，书面上奏则览。[42]倥偬：繁忙。[43]惛惑：疑惑。[44]阘（tà）茸（róng）：卑门败草，喻指出身微贱、品格低下的人。[45]过差：超出应有的等级水平。[46]久不宰杀：国君的膳食包括马、牛、羊、猪、犬、鸡六牲。梁武帝信佛，所以停止宰杀。[47]会同：朝见会赐宴。[48]《蟋蟀》之讥：《蟋蟀》，《诗经·唐风》中的篇章。该诗讽刺晋僖公过于节俭，以至不合礼度。[49]功德事：指梁武帝供奉神佛，供给僧人，举办无遮会、无碍会等佛法事。[50]不关材官及

以国匠：不用国家的管理机关及财物工匠。材官，即材官将军，掌管宫廷苑囿的工匠、土木工程。国匠，即大匠卿，位同太仆，掌管国家土木公共工程。［51］乃自甘之：不过是个人一厢情愿而得出的结论。［52］受生：禀性。［53］曲宴：宫中的私宴。［54］日昃：未时。太阳开始偏西的下午 1 点至 3 点。［55］十围：形容腰腹肥壮过人。围，三寸为一围。［56］物故：世事，国事。［57］尸：主持。［58］古人：指西汉的邹阳。语见《汉书·邹阳传》，原作“偏听生奸，独任成乱”。［59］二世：秦二世胡亥。［60］赵高：秦宦官，始皇死，他立胡亥为帝，控制朝政。［61］元后：汉元帝王皇后，名政君，王莽的姑姑。［62］王莽：西汉末专朝政的外戚，元后的侄儿。他借元后的信任，乘机独揽朝政，代汉而立，建立新朝。［63］倚闻：凭靠传闻。［64］释氏法：佛教的规矩。［65］长斋：终年吃素。［66］粝饭：粗米饭。［67］日移中：日过正午。［68］木绵：又名攀枝花、英雄花，主要产于广西、云南、福建等地。果实中有白绵，南北朝时土人用铁杖碾去黑核，用竹制小弓弹绵，然后纺织成布，名为“吉贝”。［69］衾（qīn）：大被子。［70］法事：供奉佛祖的礼赞活动。［71］小坐：在宫中不涉公务的短暂休息。［72］褰（qiān）袒：撩起衣服，袒露胸腹。［73］内竖小臣：宦官。［74］优假：厚待。［75］不终：不得善终。［76］听纳：听取和接纳臣下的意见。［77］丛脞（cuǒ）：注意细节而不能把握要领。［78］献替：劝善纠过。［79］格：纠正。［80］主名：具体的某某人名。梁武帝责备贺琛在奏章中没有把贪残官吏的名字写上，一种拒谏的苛求。［81］自余：其他。［82］奸佞：指朱异、周石珍等人。［83］大谋颠错：指接纳侯景，酿成大乱。［84］闵笑：既可怜又可笑。［85］徒居作者具五任：判处服劳役的人中有专长的分担五类劳作。五任，指具备木工、铁匠、炮制毛皮、染色、制陶等技艺的人。［86］无任者著升械：没有技术的刑徒则要戴上木制脚镣等刑具服刑。旧用铁制刑具，三国时缺铁，魏武帝改用木制，至南朝仍沿用不变。［87］权：暂时。［88］优、剧：优，指有办法贿赂狱吏的可冒病获得去枷锁的优待。剧，那些没办法的有病的囚徒，不能去刑具而加剧痛苦。［89］断：判定。［90］宥之：指宽赦谋反逆的人。如豫章王萧综降魏，梁武帝初命削爵土，绝属籍，改姓为悖氏。但不久又下诏一切恢复如初，封他的儿子萧直为永新侯。又临贺王萧正德曾降魏，一年后逃回。梁武帝恢复他的爵位，还任命他为征虏将军。［91］东阳王荣：元太荣，又作元荣，爵东阳王。魏孝武帝西迁，河西出现混乱，元太荣整顿军伍，稳定了地方。［92］瓜州：州名。治所敦煌镇，在今甘肃敦煌市。［93］邓彦：人名。《周书》和《北史》的《申徽传》作“刘彦”，《册府元龟》卷六五七同。［94］首望：地方望族的首脑。［95］申徽：字世仪，魏郡（今河北临漳县西南）人。初任宇文泰大行台郎中，主起草文书。后以功封博平侯。历任瓜州、襄州、荆州刺史。传见《周书》卷二十二、《北史》卷六十九。［96］单使：率兵不多，单车出使，所以称作单使。［97］赞成其留计：表面同意邓彦留在敦煌的计划。［98］州主簿：官名。处理州中文书和相关事务的官吏，是刺史主要助手之一。［99］令狐整（513—573）：本名延，字延保，敦煌人。出身当地望族，能文能武，颇有谋略。助申徽诛除邓彦，又平定张保等人的叛乱。入齐，爵彭阳县公，进位大将军。传见《周书》卷三十六、《北史》卷六十七。［100］都官尚书：官名。尚书省六尚书之一，辖都官、二千石、比部、水部、膳部五曹，掌京畿内外督察、桥船水运和百官礼食。

中大同元年（丙寅，546年）

春，正月，癸丑[1]，杨嘌等克嘉宁城，李贲奔新昌[2]獠[3]中，诸军顿于江口[4]。

二月，魏以义州刺史史宁为凉州刺史；前刺史宇文仲和据州不受代，瓜州民张保杀刺史成庆以应之，晋昌[5]民吕兴杀太守郭肆，以郡应保。丞相泰遣太子太保独孤信、开府仪同三司怡峰与史宁讨之。

三月，乙巳[6]，大赦。

庚戌[7]，上幸同泰寺，遂停寺省[8]，讲《三慧经》。夏，四月，丙戌[9]，解讲，大赦，改元[10]。是夜，同泰寺浮图灾，上曰："此魔也，宜广为法事。"群臣皆称善。乃下诏曰："道高魔盛，行善鄣生，当穷兹土木，倍增往日。"遂起十二层浮图；将成，值侯景乱而止。

魏史宁晓谕凉州吏民，率皆归附，独宇文仲和据城不下。五月，独孤信使诸将夜攻其东北，自帅壮士袭其西南，迟明，克之，遂擒仲和。

初，张保欲杀州主簿令狐整，以其人望，恐失众心，虽外相敬，内甚忌之。整阳为[11]亲附，因使人说保曰："今东军[12]渐逼凉州，彼势孤危，恐不能敌，宜急分精锐以救之。然成败在于将领，令狐延保，兼资文武，使将兵以往，蔑不济矣[13]！"保从之。

整行及玉门[14]，召豪杰述保罪状，驰还袭之。先克晋昌，斩吕兴；进击瓜州，州人素信服整，皆弃保来降。保奔吐谷浑。

众议推整为刺史，整曰："吾属以张保逆乱，恐阖州之人俱陷不义，故相与讨诛之；今复见推，是效尤[15]也。"乃推魏所遣使波斯[16]者张道义行州事，具以状闻。丞相泰以申徽为瓜州刺史。召整为寿昌太守，封襄武男。整帅宗族乡里三千余人入朝，从泰征讨，累迁骠骑大将军、开府仪同三司，加侍中。

六月，庚子[17]，东魏以司徒侯景为河南大将军、大行台。

秋，七月，壬寅[18]，东魏遣散骑常侍元廓[19]来聘。

甲子[20]，诏："犯罪非大逆，父母、祖父母不坐。"

先是，江东唯建康及三吴、荆、郢、江、湘、梁、益[21]用钱，其余州郡杂以谷帛，交、广[22]专以金银为货[23]。上自铸五铢[24]及女钱[25]，二品并行，禁诸古钱。普通[26]中，更铸铁钱。由是民私铸者多，物价腾踊[27]，交易者至以车载钱，不复计数。又自破岭[28]以东，八十为百，名曰"东钱"；江、郢以上[29]，七十为百，名曰"西钱"；建康以九十为百，名曰"长钱"。丙寅[30]，诏曰："朝四暮三，众狙皆喜[31]，名实未亏而喜怒为用。顷闻外间多用九陌钱[32]，陌减则物贵，陌足则物贱，非物有贵贱，乃心有颠倒。至于远方，日更滋甚，徒乱王制，无益民财。自今可通用足陌钱！令书行后，百日为期，若犹有犯，男子谪运[33]，女子质作[34]，并同三年。"诏下而人不从，钱陌益少；至于季年[35]，遂以三十五为百云。

上年高，诸子心不相下[36]，邵陵王纶[37]为丹杨尹，湘东王绎[38]在江州，武陵王纪[39]在益州，皆权侔人主；太子纲[40]恶之，常选精兵以卫东宫。八月，以纶为南徐州刺史。

东魏丞相欢如邺[41]。高澄迁洛阳《石经》[42]五十二碑于邺。

魏徙并州刺史王思政为荆州刺史，使之举诸将可代镇玉壁者。思政举晋州刺史韦孝宽[43]，丞相泰从之。东魏丞相欢悉举山东之众，将伐魏；癸巳[44]，自邺会兵于晋阳；九月，至玉壁，围之。以挑西师，西师不出。

李贲复帅众二万自獠中出，屯典澈湖[45]，大造船舰，充塞湖中。众军惮之，顿湖口，不敢进。陈霸先谓诸将曰："我师已老[46]，将士疲劳；且孤军无援，入人心腹，若一战不捷，岂望生全！今借其屡奔，人情未固，夷、獠乌合，易为摧殄。正当共出百死，决力取之；无故停留，时事去矣！"诸将皆默然莫应。是夜，江水暴起七丈，注湖中。霸先勒所部兵乘流先进，众军鼓噪俱前；贲众大溃，窜入屈獠洞中。

冬，十月，乙亥[47]，以前东扬州刺史岳阳王詧为雍州刺史。上舍詧兄弟而立太子纲，内常愧之，宠亚诸子[48]。以会稽人物殷阜，故用詧兄弟迭为[49]东扬州以慰其心。詧兄弟亦内怀不平。詧以上衰老，朝多秕政[50]，遂蓄聚货财，折节下士，招募勇敢，左右至数千人。以襄阳形胜之地，梁业所基[51]，遇乱可以图大功。乃克己为政，抚循士民，数施恩惠，延纳规谏，所部称治。

东魏丞相欢攻玉壁，昼夜不息，魏韦孝宽随机拒之。城中无水，汲于汾[52]，欢使移汾，一夕而毕。欢于城南起土山，欲乘之以入。城上先有二楼，孝宽缚木接之[53]，令常高于土山以御之。欢使告之曰："虽尔缚楼至天，我当穿地取尔。"乃凿地为十道，又用术士李业兴《孤虚法》[54]，聚攻其北，北，天险也。孝宽掘长堑，邀其地道，选战士屯堑上；每穿至堑[55]，战士辄禽杀之。又于堑外积柴贮火，敌有在地道内者，塞柴投火，以皮排[56]吹之，一鼓皆焦烂[57]。敌以攻车[58]撞城，车之所及，莫不摧毁，无能御者。孝宽缝布为幔，随其所向张之，布既悬空，车不能坏。敌又缚松、麻于竿，灌油加火以烧布，并欲焚楼。孝宽作长钩，利其刃[59]，火竿将至，以钩遥割之，松、麻俱落。敌又于城四面穿地为二十道，其中施梁柱，纵火烧之，柱折，城崩。孝宽于崩处竖木栅以扞之，敌不得入。城外尽攻击之术，而城中守御有余。孝宽又夺据其土山。欢无如之何，乃使仓曹参军祖珽[60]说之曰："君独守孤城而西方无救，恐终不能全，何不降也？"孝宽报曰："我城池严固，兵食有余。攻者自劳，守者常逸，岂有旬朔[61]之间已须救援！适忧尔众有不返之危。孝宽关西男子，必不为降将军也！"珽复谓城中人曰："韦城主受彼荣禄[62]，或复可尔；自外军民，何事相随入汤火中！"乃射募格[63]于城中云："能斩城主降者，拜太尉，封开国郡公，赏帛万匹。"孝宽手题书背[64]，返射城外云："能斩高欢者准此。"珽，莹[65]之子也。东魏苦攻凡五十日，士卒战及病死者共七万人，共为一冢。欢智力皆困，因而发疾。有星坠欢营中，士卒惊惧。十一月，庚子[66]，解围去。

先是，欢别使侯景将兵趣齐子岭[67]，魏建州刺史杨檦镇车厢[68]，恐其寇邵郡，帅骑御之。景闻檦至，斫木断路六十余里，犹惊而不安，遂还河阳。

庚戌[69]，欢使段韶从太原公洋镇邺。辛亥[70]，征世子澄会晋阳。

魏以韦孝宽为骠骑大将军、开府仪同三司，进爵建忠公。时人以王思政为知人。

十一月，己卯[71]，欢以无功，表解都督中外诸军，东魏主许之。

欢之自玉壁归也，军中讹言韦孝宽以定功弩[72]射杀丞相；魏人闻之，因下令曰："劲弩一发，凶身自陨。"欢闻之，勉坐[73]见诸贵，使斛律金作《敕勒歌》[74]，欢自和之，哀感流涕。

魏大行台度支尚书、司农卿苏绰，性忠俭，常以丧乱未平为己任，纪纲庶政[75]；丞相泰推心任之，人莫能间。或出游，常预署[76]空纸以授绰；有须处分，随事施行，及还，启知而已。绰常谓"为国之道，当爱人如慈父，训人如严师。"每与公卿论议，自昼达夜，事无巨细，若指诸掌，积劳成疾而卒。泰深痛惜之，谓公卿曰："苏尚书平生廉让，吾欲全其素志[77]，恐悠悠之徒[78]有所未达；如厚加赠谥，又乖宿昔相知之心；何为而可？"尚书令史[79]麻瑶越次[80]进曰："俭约，所以彰其美也。"泰从之。归葬武功，载以布车[81]一乘，泰与群公步送出同州[82]郭外。泰于车后酹酒[83]言曰："尚书平生为事，妻子、兄弟所不知者，吾皆知之。唯尔知吾心，吾知尔志，方与共定天下，遽舍吾去，奈何！"因举声恸哭，不觉卮落于手。

东魏司徒、河南大将军、大行台侯景，右足偏短，弓马非其长，而多谋算。诸将高敖曹、彭乐等皆勇冠一时，景常轻之，曰："此属皆如豕突[84]，势何所至！"景尝言于丞相欢："愿得兵三万，横行天下，要须济江缚取萧衍老公，以为太平寺主[85]。"欢使将兵十万，专制河南，杖任[86]若己之半体。

景素轻高澄，尝谓司马子如曰："高王在，吾不敢有异；王没，吾不能与鲜卑小儿共事！"子如掩其口。及欢疾笃，澄诈为欢书以召景。先是，景与欢约曰："今握兵在远，人易为诈，所赐书皆请加微点。"欢从之。景得书无点，辞不至；又闻欢疾笃，用其行台郎颍川王伟[87]计，遂拥兵自固。

欢谓澄曰："我虽病，汝面更有余忧，何也？"澄未及对，欢曰："岂非忧侯景叛邪？"对曰："然。"欢曰："景专制河南，十四年矣[88]，常有飞扬跋扈之志，顾我能畜养，非汝所能驾御也。今四方未定，勿遽发哀。

库狄干鲜卑老公，斛律金敕勒老公，并性遒直[89]，终不负汝。可朱浑道元、刘丰生，远来投我，必无异心。潘相乐[90]本作道人[91]，心和厚，汝兄弟当得其力。韩轨少戆[92]，宜宽借[93]之。彭乐心腹难得[94]，宜防护之。堪敌侯景者，唯有慕容绍宗，我故不贵之，留以遗汝。"又曰："段孝先[95]忠亮仁厚，智勇兼备，亲戚[96]之中，唯有此子，军旅大事，宜共筹之。"又曰："邙山之战，吾不用陈元康之言，留患遗汝，死不瞑目。"相乐，广宁人也。

（以上为第三段，写公元546年东魏高欢率大军西讨，志在必得而兵挫于西魏边将之手，忧劳羞愧成疾，嘱托后事，走到了他的政治终点。南朝梁武帝年老昏耄，诸子不协，边境未宁，物价飞涨，国势日衰。）

【注释】

[1]癸丑：正月十日。[2]新昌：郡名。治所嘉宁城，在今越南越池市。[3]獠：对当地土著人的称呼，可能是对仡佬族的早期称呼。[4]江口：苏历江入海口。[5]晋昌：郡名。治所冥安，在今甘肃瓜州县东南。[6]乙巳：三月三日。[7]庚戌：三月八日。[8]寺省：设在同泰寺中供梁武帝歇息的便省。[9]丙戌：四月十四日。[10]改元：改"大同"为"中大同"，起546年，迄547年4月。[11]阳为：表面装作。[12]东军：独孤信所率从长安而来的西魏军。[13]蔑不济矣：没有不成功的。[14]玉门：县名。县治在今甘肃玉门市玉门镇。[15]效尤：犯同样错误。[16]波斯：古国名。在今伊朗高原，时值萨珊王朝时期。[17]庚子：六月二十九日。[18]壬寅：七月一日。[19]元廓：人名。与魏恭帝同名。[20]甲子：七月二十三日。[21]荆、郢、江、湘、梁、益：皆州名，梁置。荆，荆州，治所江陵，在今湖北江陵县。郢，郢州，治所夏口，在今湖北武汉市武昌区。江，江州，治所湓城，在今江西九江市。湘，湘州，治所临湘，在今湖南长沙市。梁，梁州，治所南郑，在今陕西汉中市南郑区。益，益州，治所成都，在今四川成都市。[22]交、广：交州、广州。交，交州治所交趾，在今越南河内市。[23]为货：作为货币。[24]五铢：梁五铢钱，两面都有内外郭，上有"五铢"二字，一百枚重一斤二两，铜质。[25]女钱：也叫公式女钱，是没有外郭的五铢钱。[26]普通中：普通年间。普通，梁武帝年号。起520年，迄527年。[27]腾踊：飞涨。[28]破岭：山名。在南兰陵，即今江苏丹阳市东。破岭以东，指建康以东以南徐州为主的地区。[29]江、郢以上：江州、郢州在长江中游，以上指长江上游的荆、益等各州。[30]丙寅：七月二十五日。[31]众狙皆喜：狙，猕猴。"朝四暮三"典出《庄子·齐物论》。说的是一养猴老翁决定早上每个猴喂三粒橡子，晚上喂四粒。群猴十分不满。当老翁将早晚餐数量对调后，群猴竟大喜。[32]九陌钱：陌，即一百文钱。九陌钱指建康地区盛行的以九十当一百的"长钱"。[33]谪运：罚为转

运物资的役徒。［34］质作：以人为抵押而服劳役。［35］季年：梁朝末年。［36］心不相下：心中互不甘居他人之下。［37］邵陵王纶：萧纶（519—551），字世调，梁武帝第六子，爵邵陵王。传见《梁书》卷二十九、《南史》卷五十三。［38］湘东王绎：梁武帝第七子萧绎，爵湘车王，前已有注。［39］武陵王纪：萧纪（506—551），字世询，别字大智，梁武帝第八子。益州刺史、征西大将军。侯景之乱时，纪不发兵救援京都，反而称帝于蜀地，改年号为天正。梁元帝萧绎派兵将他消灭，绝了萧纪及其家人的族籍，并改姓为饕餮氏，以示惩戒。传见《梁书》卷五十五、《南史》卷五十三。［40］太子纲：萧纲，即梁简文帝（503—551），字世缵，小字六通，梁武帝第三子。中大通三年（531）被立为太子。太清三年（549）五月即位，受侯景辖制。在位仅二年，被侯景党羽王伟杀害。事详《梁书》卷四。［41］如邺：高欢从晋阳到邺都，史文不称“朝邺”，而作“如邺”，是表示高欢的权势已远远凌驾于孝静帝之上。［42］洛阳《石经》：刻于汉灵帝熹平四年（175），所以又称“熹平石经”。碑刻成于光和六年（183），立于太学。今存残石，有字近万。［43］晋州刺史韦孝宽：晋州时属东魏，韦孝宽是遥领。［44］癸巳：八月二十三日。［45］典澈湖：湖名。通红河，在新昌郡境。［46］我师已老：自去年夏五月出兵，至此已近一年半。拖延时久，士气转衰，所以称“师老”。［47］乙亥：十月六日。［48］宠亚诸子：萧詧（chá）是昭明太子的第三子，梁武帝的孙子。因才能出众，深受武帝宠爱。加上昭明太子去世，本应由萧詧兄弟中的长子继任太子，由于武帝听受谗言，改立萧纲，所以心中有愧，对萧詧兄弟另眼相待，朝中地位仅次于各位叔伯。［49］迭为：相继担任东扬州刺史。［50］秕政：坏败不良的政治。［51］梁业所基：梁武帝是从襄阳起兵夺取天下的。［52］汾：汾河。［53］缚木接之：楼上再绑上木料，以加高楼的高度。［54］《孤虚法》：古代人用天干、地支排列年月日时，用占卜推算日时的办法叫孤虚法。当时人以为甲乙称为日，子丑称作辰，日辰不全，事情就办不成。“六甲孤虚法”指出，甲子旬中没有戌亥，戌亥就是孤，而辰巳就是虚。甲戌旬中没有申酉，申酉就是孤，寅卯就是虚。甲寅旬中没有子丑，子丑就是孤，午未就是虚。凡经推算，能做到避孤击虚，事情就能办成。［55］每穿至堑：每当地道打穿到堑壕中。［56］皮排：用兽皮做成的鼓风器具。［57］一鼓皆焦烂：将火气吹入地道中，地道中的敌方就被烧死或被烟熏而死。［58］攻车：高架的攻城楼车。［59］利其刃：磨快长钩的钩刃。［60］祖珽：字孝征，范阳遒（今河北涞水县）人。传见《北齐书》卷三十九、《北史》卷四十七。［61］旬朔：十天为旬，满一月则改朔。这里指十天到一个月左右时间。［62］受彼荣禄：接受宇文泰授予的官职和俸禄。［63］募格：悬赏韦孝宽人头的告示。［64］书背：写在悬赏文书的背面。［65］莹：祖莹。北魏护军将军，以文学才干见重一时，传见《魏书》卷八十二、《北史》卷四十七。［66］庚子：十一月一日。［67］齐子岭：山名。在今河南济源市西。［68］车厢：城名。是西魏建州州治，在今山西绛县东南。［69］庚戌：十一月十一日。［70］辛亥：十一月十二日。［71］己卯：十一月庚子朔，无己卯日。据章校当作“十二月”。［72］定功弩：一种大型可以远射的弩箭。［73］勉坐：勉强支撑病体坐着。［74］《敕勒歌》：敕勒部民歌。斛律金出生敕勒部，所以唱该部族人的歌。《古乐府》载有译成汉语的歌词：

“敕勒川，阴山下，天似穹庐，笼罩四野，天苍苍，野茫茫，风吹草低见牛羊。”［75］纪纲庶政：有法度地处理政务。［76］预署：预先签署姓名在空白公文纸上。［77］素志：以往坚持的志愿。［78］悠悠之徒：庸俗的人。［79］尚书令史：官名。尚书省中的低级文吏，一般极少有机会在廷议中议事。［80］越次：从后面较远的低级官员站立的位置来到朝堂前边。［81］布车：用布作帷子的车。［82］同州：州名。原作华州，西魏改，州治在今陕西大荔县。［83］酹酒：以酒泼地，祭奠亡灵。［84］如豕突：像乱冲乱撞的猪一样。讽刺高敖曹、彭乐等人有勇无谋。［85］太平寺主：太平寺在东魏京都邺城之中。侯景要把信佛的梁武帝擒来，放在太平寺中当个主持，说明他一直有夺取江南的想法。［86］杖任：依仗和信任。［87］王伟：侯景亲信谋士。侯景败亡，王伟不知所终。事见《梁书》卷五十六、《南史》卷八十。［88］十四年矣：从东魏天平元年（534）侯景夺取荆州算起，至此实十三年。胡三省以为高欢说此话或许是在第二年开春临死之时，所以说“十四年”。［89］遒直：耿直。［90］潘相乐：人名。本名乐，字相贵，或作相乐。［91］道人：僧人的别称。［92］少戆：稍有些愚直。［93］宽借：宽容。［94］心腹难得：心中所想难以摸透。邙山之役中，彭乐放跑宇文泰，高欢一直对他不放心。［95］段孝先：即段韶，字孝先。［96］亲戚：段韶是高欢娄皇后姐姐的儿子。

【点评】

高欢老年昏庸，集全国之兵败于西魏边城。东魏高欢集中全国兵力，大规模西征，受阻于西魏小小边城玉壁城下，攻围两月不克。因连年征战，东魏兵疲民困，高欢年老，急于求成，匆匆发动，筹谋未精，气势汹汹，师老气竭，故西魏不出大军，依赖有备之坚城与预选之良将，以逸待劳，拖垮了东魏大军。

卷一六〇　梁纪十六

梁武帝太清元年（547 年）

【强圉单阏（丁卯，547 年），凡一年】

【大事提要】

本卷记事公元 547 年，凡一年，当梁武帝太清元年，西魏文帝大统十三年，东魏孝静帝武定五年。本年着重记述东魏丞相高欢去世，侯景反叛东魏引发的事变。侯景先投奔西魏，又归顺于梁朝。东魏伐叛，西魏、梁朝救援，加上叛军侯景，共四方争战于河南。

高祖武皇帝十六

太清元年（丁卯，547 年）

春，正月朔[1]，日有食之，不尽如钩。

壬寅[2]，荆州刺史庐陵威王续[3]卒。以湘东王绎为都督荆、雍等九州诸军事、荆州刺史。续素贪婪，临终，有启遣中录事参军[4]谢宣融献金银器千余件，上方知其富，因问宣融曰："王之金尽此乎？"宣融曰："此之谓多，安可加也！大王之过如日月之食，欲令陛下知之，故终而不隐。"上意乃解。

初，湘东王绎为荆州刺史，有微过[5]，续代之，以状闻，自此二王不通书问。绎闻其死，入阁[6]而跃，屧为之破[7]。

丙午[8]，东魏勃海献武[9]王欢卒。欢性深密[10]，终日俨然，人不能测，机权之际[11]，变化若神。制驭军旅，法令严肃。听断明察，不可欺犯。擢人受任[12]，在于得才，苟其所堪，无问厮养[13]；有虚声无实者，皆不任用。雅尚俭素，刀剑鞍勒无金玉之饰。少能剧饮，自当大任，不过三爵[14]。知人好士，全护勋旧[15]；每获敌国尽节之臣，多不之罪[16]。由是文武乐为之用。世子澄秘不发丧，唯行台左丞陈元康知之。

侯景自念己与高氏有隙，内不自安。辛亥[17]，据河南叛，归于魏，颍州刺史司马世云[18]以城应之，景诱执豫州刺史高元成[19]、襄州刺史李密[20]、广州刺史怀朔暴显[21]等。遣军士二百人载仗暮入西兖州，欲袭取之，刺史邢子才觉之，掩捕，尽获之，因散檄[22]东方诸州，各为之备，由是景不能取。

诸将皆以景之叛由崔暹[23]，澄不得已，欲杀暹以谢景。陈元康谏曰："今虽四海未清，纲纪已定；若以数将在外，苟悦其心，枉杀无辜，亏废刑典，岂直上负天神，何以下安黎庶！晁错前事[24]，愿公慎之。"澄乃止。遣司空韩轨督诸军讨景。

辛酉[25]，上祀南郊，大赦；甲子[26]，祀明堂。

三月[27]，魏诏："自今应宫刑者，直没官，勿刑。"

魏以开府仪同三司若干惠为司空，侯景为太傅、河南道行台、上谷公。

庚辰[28]，景又遣其行台郎中丁和来，上表言："臣与高澄有隙，请举函谷以东，瑕丘[29]以西，豫、广、郢、荆、襄、兖、南兖、济、东豫、洛、阳、北荆、北扬等十三州内附，惟青、徐数州，仅须折简[30]。且黄河以南，皆臣所职，易同反掌。若齐、宋[31]一平，徐事燕、赵。"上召群臣廷议。尚书仆射谢举等皆曰："顷岁与魏通和，边境无事，今纳其叛臣，窃谓非宜。"上曰："虽然，得景则塞北可清；机会难得，岂宜胶柱[32]。"

是岁，正月，乙卯[33]，上梦中原牧守皆以其地来降，举朝称庆。旦，见中书舍人朱异，告之，且曰："吾为人少梦，若有梦必实。"异曰："此乃宇宙[34]混壹之兆也"。及丁和至，称景定计以正月乙卯，上愈神之。然意犹未决，尝独言[35]："我国家如金瓯[36]，无一伤缺，今忽受景地，讵是事宜[37]？脱致纷纭[38]，悔之何及？"朱异揣知上意，对曰："圣明御宇，南北归仰，正以事无机会，未达其心。今侯景分魏土之半以来，自非天诱其衷[39]，人赞其谋，何以至此！若拒而不内[40]，恐绝后来之望。此诚易见，愿陛下无疑。"上乃定议纳景。

壬午[41]，以景为大将军，封河南王，都督河南、北诸军事、大行台，承制如邓禹故事[42]。平西[43]咨议参军[44]周弘正[45]善占候[46]，前此谓人曰："国家数年后当有兵起。"及闻纳景，曰："乱阶在此矣！"

丁亥[47]，上耕藉田。

三月，庚子[48]，上幸同泰寺，舍身如大通故事[49]。

甲辰[50]，遣司州刺史羊鸦仁[51]督兖州刺史桓和[52]、仁州[53]刺史湛海珍[54]等，将兵三万趣悬瓠[55]，运粮食接应侯景。

魏大赦。

东魏高澄虑诸州有变，乃自出巡抚。留段韶守晋阳，委以军事；以丞相功曹赵彦深为大行台都官郎中。使陈元康豫作[56]丞相欢条教[57]数十纸付韶及彦深，在后以次行之。临发，握彦深手泣曰："以母、弟相托，幸明此心！"夏，四月，壬申[58]，澄入朝于邺。东魏主与之宴，澄起舞，识者知其不终[59]。

丙子[60]，群臣奉赎[61]。丁亥[62]，上还宫，大赦，改元[63]，如大通故事。

甲午[64]，东魏遣兼散骑常侍李系[65]来聘。系，绘之弟也。

五月，丁酉朔[66]，东魏大赦。

戊戌[67]，东魏以襄城王旭[68]为太尉。

高澄遣武卫将军元柱等将数万众昼夜兼行以袭侯景，遇景于颍川北，柱等大败。景以羊鸦仁等军犹未至，乃退保颍川。

甲辰[69]，东魏以开府仪同三司库狄干为太师，录尚书事孙腾为太傅，汾州刺史贺拔仁为太保，司徒高隆之录尚书事，司空韩轨为司徒，青州刺史尉景为大司马，领军将军可朱浑道元为司空，仆射高洋为尚书令、领中书监，徐州刺史慕容绍宗为尚书左仆射，高阳王斌为右仆射。戊午[70]，尉景卒。

韩轨等围侯景于颍川。景惧，割东荆[71]、北兖州[72]、鲁阳[73]、长社[74]四城赂魏以求救。尚书左仆射于谨曰："景少习兵，奸诈难测，不如厚其爵位以观其变，未可遣兵也。"荆州刺史王思政以为："若不因机进取，后悔无及。"即以荆州步骑万余从鲁阳关向阳翟[75]。丞相泰闻之，加景大将军兼尚书令，遣太尉李弼、仪同三司赵贵将兵一万赴颍川。

景恐上责之，遣中兵参军柳昕奉启于上，以为："王旅[76]未接，死亡交急，遂求援关中，自救目前。臣既不安于高氏，岂见容于宇文！但螫手解腕[77]，事不得已，本图为国，愿不赐咎！臣获其力，不容即弃，今以四州之地为饵敌之资，已令宇文遣人入守。自豫州以东，齐海以西，悉臣控压；见有之地，尽归圣朝，悬瓠、项城[78]、徐州、南兖，事须迎纳。愿陛下速敕境上，各置重兵，与臣影响[79]，不使差互[80]！"上报之曰："大夫出境，尚有所专[81]；况始创奇谋，将建大业，理须适事而行，随方以应。卿诚心有本，何假词费[82]！"

魏以开府仪同三司独孤信为大司马。

六月，戊辰[83]，以鄱阳王范为征北将军[84]，总督汉北[85]征讨诸军事，击穰城[86]。

东魏韩轨等围颍川，闻魏李弼、赵贵等将至，乙巳[87]，引兵还邺。侯景欲因会执弼与贵，夺其军；贵疑之，不往。贵欲诱景入营而执之，弼止之[88]。羊鸦仁遣长史[89]邓鸿将兵至汝水[90]，弼引兵还长安。王思政入据颍川。景阳称略地[91]，引兵出屯悬瓠。

景复乞兵于魏，丞相泰使同轨[92]防主[93]韦法保[94]及都督贺兰愿德[95]等将兵助之。大行台左丞蓝田王悦[96]言于泰曰："侯景之于高欢，始敦乡党之情[97]，终定君臣之契[98]，任居上将，位重台司；今欢始死，景遽外叛，盖所图甚大，终不为人下故也。且彼能背德于高氏，岂肯尽节于朝廷！今益之以势，援之以兵，窃恐贻笑将来也。"泰乃召景入朝。

景阴谋叛魏，事计未成[99]，厚抚韦法保等，冀为己用，外示亲密无猜间。每往来诸军间，侍从至少，魏军中名将，皆身自造诣。同轨防长史裴宽谓法保曰："侯景狡诈，必不肯入关，欲托款[100]于公，恐未可信。若伏兵斩之，此亦一时之功也。如其不尔，即应深为之防，不得信其诳诱，自贻后悔。"法保深然之，不敢图景，但自为备而已；寻辞还所镇[101]。王思政亦觉其诈，密召贺兰愿德等还，分布诸军，据景七州、十二镇。景果辞不入朝，遗丞相泰书曰："吾耻与高澄雁行[102]，安能比肩[103]大弟[104]！"泰乃遣行台郎中赵士宪悉召前后所遣诸军援景者。

景遂决意来降。魏将任约[105]以所部千余人降于景。

泰以所授景使持节、太傅、大将军、兼尚书令、河南大行台、都督河南诸军事回授王思政，思政并让不受；频使敦谕，唯受都督河南诸军事。

高澄将如晋阳，以弟洋为京畿大都督，留守于邺，使黄门侍郎高德政[106]佐之。德政，颢[107]之子也。丁丑[108]，澄还晋阳，始发丧。

秋，七月，魏长乐武烈公[109]若干惠卒。

丁酉[110]，东魏主为丞相欢举哀，服缌缞[111]，凶礼[112]依汉霍光故事[113]，赠相国、齐王，备九锡殊礼。戊戌[114]，以高澄为使持节、大丞相、都督中外诸军、录尚书事、大行台、勃海王；澄启辞爵位[115]。壬寅[116]，诏太原公洋摄理军国，遣中使[117]敦谕澄。

庚申[118]，羊鸦仁入悬瓠城。甲子[119]，诏更以悬瓠为豫州[120]，寿春为南豫州，改合肥为合州。以鸦仁为司、豫二州刺史，镇悬瓠；西阳[121]太守羊思达[122]为殷州[123]刺史，镇项城。

八月，乙丑[124]，下诏大举伐东魏。遣南豫州刺史贞阳侯渊明[125]、南兖州刺史南康王会理[126]分督诸将。渊明，懿[127]之子；会理，绩之子[128]也。始，上欲以鄱阳王范为元帅；朱异取急[129]在外，闻之，遽入曰："鄱阳雄豪盖世，得人死力，然所至残暴，非吊民[130]之材。且陛下昔登北顾亭以望，谓江右[131]有反气，骨肉为戎首，今日之事，尤宜详择。"上默然，曰："会理何如？"对曰："陛下得之矣。"会理懦而无谋，所乘襻舆[132]，施板屋[133]，冠以牛皮[134]。上闻，不悦。贞阳侯渊明时镇寿阳，屡请行，上许之。会理自以皇孙，复为都督，自渊明已下，殆不对接[135]。渊明与诸将密告朱异，追会理还，遂以渊明为都督。

辛未[136]，高澄入朝于邺，固辞大丞相；诏为大将军如故，余如前命。

甲申[137]，虚葬[138]齐献武王于漳水之西；潜凿[139]成安[140]鼓山[141]石窟佛寺之旁为穴，纳其柩而塞之，杀其群匠。及齐之亡也，一匠之子知之，发石取金而逃。

戊子[142]，武州刺史萧弄璋[143]攻东魏碛泉[144]、吕梁[145]二戍，拔之。

或告东魏大将军澄云:“侯景有北归之志。”会景将蔡道遵[146]北归,言“景颇知悔过”。景母及妻子皆在邺,澄乃以书谕之,语以阖门无恙,若还,许以豫州刺史终其身,还其宠妻、爱子,所部文武,更不追摄。景使王伟复书曰:“今已引二邦[147],扬旌北讨,熊豹齐奋;克复中原,幸自取之,何劳恩赐!昔王陵附汉,母在不归[148],太上囚楚,乞羹自若[149],矧[150]伊妻子,而可介意!脱谓[151]诛之有益,欲止不能,杀之无损,徒复坑戮,家累[152]在君,何关仆也!”

戊子[153],诏以景录行台尚书事。

(以上为第一段,写东魏高欢去世,侯景反叛,西结援西魏,南连梁朝。东魏讨叛,一至八月,以侯景为中心,东西两魏及梁朝卷入,四方兵连祸结,争逐河南。)

【注释】

[1]正月朔:初一,己亥日。[2]壬寅:正月四日。[3]庐陵威王续:萧续,爵庐陵王。因英勇果敢,善于骑射,被梁武帝比作曹操之子曹彰,所以死后谥号为“威”。传见《梁书》卷二十六、《南史》卷五十三。[4]中录事参军:梁皇弟、皇子府掌府阁机密的中级官员。[5]微过:小小过失。指萧绎私纳宫人李桃儿离任。[6]阁:卧室的小门。[7]屧为之破:此说萧绎因记前嫌,不顾兄弟之情,对萧续之死不仅不悲伤,反而背着人高兴得乱跳,连木鞋下的齿都撞断了。屧(xiè),下带齿的木底鞋。[8]丙午:正月八日。[9]献武:高欢死后的谥号。按谥法,聪明睿智称作“献”,克定祸乱称作“武”。[10]深密:性格严谨,心中所思深藏不露。[11]机权之际:际遇时运到了转折的关头。[12]受任:胡三省以为“受”当作“授”,即委以职权的意思。[13]无问厮养:高欢用人不问地位贵贱,唯才是举。厮养,贱役,如马夫等人。[14]三爵:即三杯。爵,饮酒器。[15]全护勋旧:保全和维护功臣和老部下。如尉景扶助高欢,屡立战功,但性贪财,又曾藏匿逃犯,触犯法律。高欢好意相劝,从宽处理,使尉景的品行有较大改正。[16]多不之罪:指高欢对敌方的忠义之士,大多不给处罚。如泉企效忠西魏,死守洛州。城破被俘之时,仍叮嘱儿子逃归西魏,不要以他在东魏为念。高欢一直善待于他,让他在邺都得以善终。[17]辛亥:正月十三日。[18]司马世云:司马子如的侄子,以贪污被追究而随侯景叛变。涡阳之役后,被侯景所杀。传见《北齐书》卷十八、《北史》卷五十四。[19]高元成:人名。又作高元盛。传见《魏书》卷十二、《北齐书》卷二。[20]李密:字希邕,平棘(今河北赵县)人。初受侯景劫持,侯景败亡,重返北齐,以旧功授散骑常侍,以医术闻名于世。传见《魏书》卷三十六、《北齐书》卷二十二、《北史》卷三十三。[21]暴显(503—568):字思祖,魏郡斥丘(今河北魏县西)人。祖父暴喟任北魏朔州刺史,于是全家迁居怀朔镇,所以称怀朔暴显。虽受侯景劫持,不

久便逃归，随慕容绍宗破侯景于涡阳。封定阳王。传见《北齐书》卷四十一、《北史》卷五十三。[22]散檄：散发告知侯景叛乱的公文。[23]叛由崔暹：崔暹以往纠察权贵毫不留情，诸将怀恨在心，利用侯景叛变事件，将责任归咎于崔暹。[24]晁错前事，汉景帝时采纳晁错建议，实行削藩。吴王刘濞为首的吴楚七国以清君侧、诛晁错为名发动叛乱。景帝听信袁盎等人的劝说，将晁错腰斩，导致忠臣被错杀的冤案。[25]辛酉：正月二十三日。[26]甲子：正月二十六日。[27]三月：据章校，乙十一行本作“二月”，张校、退斋校同。[28]庚辰：二月十三日。[29]瑕丘：县名。县治在今山东济宁市兖州区。是东魏兖州州治。[30]折简：一折为半的简牍。即随便写上一封书信，青、徐二州便可归降。[31]齐、宋：代指青州、徐州。齐，指青州，原春秋战国时齐国之地。宋，指徐州，原春秋时是宋国之地。[32]胶柱：把瑟的音柱粘牢，便无法调整音的高低。这里比喻拘泥旧规，不知变通。[33]乙卯：正月十七日。[34]宇宙：据章校，十二行本、乙十一行本、孔本均作“宇内”。《梁书·朱异传》同。胡刻本恐误。[35]尝独言：曾经自言自语。[36]金瓯：盛酒的器皿，借用来比喻国土。[37]讵是事宜：难道是恰当的事吗？讵，岂。[38]脱致纷纭：一旦招来混乱。[39]天诱其衷：上天诱导他的内心。[40]内：接纳。[41]壬午：二月十五日。[42]如邓禹故事：邓禹是东汉初名臣。刘秀起兵河北，想与赤眉争夺关中，派邓禹为前将军，命他自选偏裨以下将领，可不经请示处理前方军务。梁武帝以同样方式让侯景自行处理辖区的事务。[43]平西：指平西将军萧纶府。[44]咨议参军：官名。在府中参议军政要事的官员。[45]周弘正（496—574）：字思行，汝南安成（今河南平舆县西南）人。通《老子》《周易》，善讲玄理，任国子博士。一度依附侯景，改姓姬氏。后又先后投奔梁元帝、陈武帝，官至尚书右仆射。传见《陈书》卷二十四、《南史》卷三十四。[46]占候：根据天象的变化来预测未来吉凶。[47]丁亥：二月二十日。[48]庚子：三月三日。[49]如大通故事：大通元年（527）三月八日，梁武帝入同泰寺，舍身事佛，至三月十一日还宫，大赦天下，改原年号“普通”为“大通”。此次梁武帝再次舍身。[50]甲辰：三月七日。[51]羊鸦仁（？—549）：字孝穆，太山钜平（今山东宁阳县东北）人。从魏投奔梁朝，封广晋县侯。传见《梁书》卷三十九、《南史》卷六十三。[52]兖州刺史桓和：《梁书·羊鸦仁传》作“土州刺史桓和”，《南史》卷六十三同，未知孰是。土州，梁置。治所土山，在今湖北随州市东北。土山改名龙巢县。桓和，人名。[53]仁州：州名。州治赤坎城，在今安徽灵璧县东南。[54]湛海珍：人名。曾任超武将军。侯景之乱时，任东徐州刺史，以州降东魏。[55]悬瓠：城名。在今河南汝南县。是豫州和汝南郡的治所所在，为兵家必争之地。[56]豫作：预先拟出。[57]条教：教令。因政局不稳，所以在没有把握之前，仍不公布高欢死讯。[58]壬申：四月六日。[59]识者知其不终：古者以为在亲人丧期，如仍然宴饮歌舞，将遇到恶报。高澄在父丧期间，出席宴会并翩翩起舞，所以有识之士认为他会不得善终。[60]丙子：四月十一日。[61]群臣奉赎：梁武帝三月三日舍身，至此已三十七天。于是公卿共出钱一亿万交给同泰寺，赎出梁武帝之身。[62]丁亥：四月二十二日。胡三省以为当是“丁丑”之误，即公卿出钱的第二天。[63]改元：改年号“中大同”为“太清”。

［64］甲午：四月二十九日。［65］李系（？—547）：字乾经，颇有才学。任尚书主客郎，常应对梁朝来使，颇称职。传见《魏书》卷四十九、《北史》卷三十三。按二史均作“李纬”，作“李系”是史臣避北齐后主高纬名讳所改。［66］丁酉朔：五月一日。［67］戊戌：五月二日。［68］襄城王旭：元旭（？—554），字显和，魏庄帝时封襄城郡王。东魏末位至大司马。入齐，位仪同三司，以罪赐死。传见《魏书》卷十九下。［69］甲辰：五月八日。［70］戊午：五月二十二日。［71］东荆：州名。治所比阳城，在今河南泌阳县。［72］北兖州：东魏无此州，与西魏接壤的有北荆州，治伊阳，在今河南嵩县。胡三省以为《资治通鉴》误。［73］鲁阳：县名。县治在今河南鲁山县。是广州州治。［74］长社：县名。县治在今河南长葛市东。是颍州州治。［75］阳翟：县名。县治在今河南禹州市。［76］王旅：指羊鸦仁等所率的梁军。［77］螫手解腕：毒蛇咬了手掌，为求生存，只能从腕部将手砍断。侯景用此解释把四州之地让给西魏的原因。［78］悬瓠、项城：这里悬瓠代指豫州，项城代指北扬州。［79］影响：互相接应。［80］差互：差错。［81］尚有所专：引《春秋》大义，说明将在外，可以因事制宜，作出决断。［82］何假词费：何须借助文函解释。［83］戊辰：六月三日。［84］征北将军：官名。是四征将军之一，位次于镇、卫、骠骑、轻骑等将军，属梁朝高级将领。［85］汉北：汉水以北。［86］穰城：县名。县治在今河南邓州市。亦是西魏荆州州治。此举牵制西魏，接应侯景。［87］乙巳：六月丙寅朔，无乙巳。据章校，十二行本、乙十一行本、孔本均作“己巳”，是六月四日。胡刻本恐误。［88］弼止之：李弼认为此举只是捉住侯景，也不可能不战而夺取黄河以南诸州，反而替东魏除去一个心腹大患。不如留下侯景，让他牵制东魏和梁朝。［89］长史：官名。此指刺史的主要属吏，辅佐刺史，兼掌兵马。［90］汝水：河名。是洪河支流，源出河南泌阳县北，流经汝南、新蔡等县。沿汝水北上，可抵颍川。［91］阳称略地：伪称到颍川附近攻城略地。［92］同轨：城名。在今河南洛宁县。［93］防主：官名。城防主将。［94］韦法保：即韦祐。［95］贺兰愿德：人名。复姓贺兰，后曾随大将军达奚武攻取汉中，迫降梁宜丰侯萧循。［96］王悦：（？—561）：字众喜，京兆蓝田（今陕西蓝田县）人。助宇文泰初定关陇，封蓝田县伯。入周，官拜骠骑大将军，进爵河北县公。传见《周书》卷三十三、《北史》卷六十九。［97］乡党之情：高欢与侯景早先共同生活在怀朔镇，有同乡之谊。［98］契：名分。［99］事计未成：计谋策划得尚未成熟。［100］托款：委身投靠。［101］还所镇：返回原镇守地同轨。［102］雁行：如雁并行而飞。喻与晚辈高澄同朝为臣，平起平坐。［103］比肩：喻两人声望、地位、辈分相当。［104］大弟：对年轻同辈的亲切称呼。此指宇文泰。侯景口气虽谦恭，实自视甚高，不愿向宇文泰俯首臣服；决意降梁，利用武帝昏聩懦弱，一展抱负。［105］任约：随侯景降梁，曾任南豫州刺史。天保六年（555），又转投北齐。［106］高德政（？—559）：字士贞，勃海蓨人。高洋心腹，参掌机密。后助高洋代东魏而建立北齐，出任尚书右仆射，兼侍中，封蓝田公。曾劝高洋诛除东魏元氏诸族。晚年与杨愔争权，受愔暗算而被高洋处死。传见《北齐书》卷三十、《北史》卷三十一。［107］颢：高颢，爵建康子，任辅国将军、朝散大夫。［108］丁丑：六月十二日。［109］长乐武烈公：若干惠爵长乐公，谥号是武烈。

[110]丁酉：七月二日。 [111]服缌缞（cuī）：缌，缌麻，是用白细麻粗疏织成的布所做的丧服。缞，披在胸前的麻布条。 [112]凶礼：丧礼。 [113]依汉霍光故事：霍光初事汉武帝，后以大司马大将军辅佐昭、宣二帝，执政长达二十年。死后，宣帝与皇太后亲临灵堂，葬礼用具全与皇帝相同。下葬时，用辒辌车载灵柩，用黄屋左纛等帝王车舆仪仗，沿途由轻车、北军、五校士列军阵护送。置陵园，设官吏管理保护。高欢的葬礼仪式即仿照霍光的待遇办理。 [114]戊戌：七月三日。 [115]辞爵位：高澄辞去所承袭的勃海王爵位。 [116]壬寅：七月七日。 [117]中使：宫中派出的使者，多由宦官担任。 [118]庚申：七月二十五日。 [119]甲子：七月二十九日。[120]以悬瓠为豫州：刘宋时豫州治悬瓠（今河南汝南县），后被北魏所攻占，改治寿阳。后又失守，再移治历阳（今安徽和县）。梁武帝天监年间，不断北进。于是豫州先移治合肥，再徙治寿阳，至此恢复刘宋豫州旧治悬瓠。 [121]西阳：郡名。治所西阳，在今湖北黄冈市东。 [122]羊思达：人名。一作羊思建。 [123]殷州：州名，改东魏北扬州而设，治项城。 [124]乙丑：八月一日。 [125]渊明：萧渊明（？—556），字靖通。率军攻彭城，被东魏慕容绍宗所俘。梁元帝败亡后，北齐送他回建康，称尊号，改元天成。陈霸先杀王僧辩，废渊明，渊明背发疮而死，被追谥闵皇帝。传见《南史》卷五十一。因避唐讳，史或称"萧明"，或称"萧深明"。 [126]会理：萧会理（？—548），字长才，南康简王萧绩之子。年十五即拜车骑将军、湘州刺史，领石头戍军事。侯景破建康，逼梁武帝手诏召他入京。侯景赴晋熙，会理密谋夺取建康，事泄被杀。传见《梁书》卷二十九、《南史》卷五十三。 [127]懿：萧懿，字元达，梁武帝之兄。传见《梁书》卷二十三、《南史》卷五十一。 [128]续之子：按《梁书》卷二十三，萧续是会理的伯父。会理父萧绩，字世瑾，武帝第四子，曾任南徐、南兖、江州刺史，以节俭知名。传同会理。《资治通鉴》误。 [129]取急：有事休假。 [130]吊民：安抚百姓。 [131]江右：时以江州、郢州、扬州、南徐州等地为江左，即今武昌、九江、南京、镇江为中心的长江以南地区。而称豫州、南豫、南兖等州，即今寿县、合肥、扬州为中心的长江以北地区为江右。此次北伐，以江右为基地，握有重兵，诸王中如能以此建功，很可能会染指帝位。 [132]襻（pàn）舆：轿子。 [133]施板屋：用木板作轿身。 [134]冠以牛皮：用牛皮作轿顶。 [135]殆不对接：几乎不来往。 [136]辛未：八月七日。[137]甲申：八月二十日。 [138]虚葬：伪装埋葬。 [139]潜凿：暗地里开凿。 [140]成安：县名。县治在今河北成安县。 [141]鼓山：山名。在成安县境内。 [142]戊子：八月二十四日。[143]萧弄璋：人名。曾随萧纶攻侯景于钟山，败还。建康失陷后，侯景任命他为北兖州刺史，州民拒绝他到任。 [144]磧泉：戍城名。在彭城郡境，即今江苏徐州市附近。 [145]吕梁：戍城名。故址在徐州市东南。 [146]蔡道遵：人名。《北齐书》作"蔡遵道"，或作"蔡遵"，《资治通鉴》误倒其名。 [147]二邦：指梁朝和西魏。 [148]母在不归：王陵母被拘在项羽营中，以诱王陵归降。但陵母宁愿自杀，也不愿王陵离开刘邦。 [149]乞羹自若：广武之役，项羽想以烹刘邦父亲为威胁，迫使刘邦屈服。不料刘邦却说你我曾约为兄弟，我父即你父，一定要烹的话，请分我一碗肉羹。项羽无计可施，只好作罢。 [150]矧（shěn）：何况。 [151]脱谓：假如说。 [152]家累：

家属。[153]戊子：八月二十四日。

东魏静帝，美容仪，旅力过人，能挟石师子逾宫墙，射无不中；好文学，从容沈雅[1]。时人以为有孝文风烈[2]，大将军澄深忌之。始，献武王自病逐君之丑[3]，事静帝礼甚恭，事无大小必以闻，可否听旨[4]。每侍宴，俯伏上寿[5]；帝设法会，乘辇行香，欢执香炉步从，鞠躬屏气，承望颜色，故其下奉帝莫敢不恭。

及澄当国，倨慢顿甚[6]，使中书黄门郎[7]崔季舒察帝动静，大小皆令季舒知之。澄与季舒书曰："痴人[8]比复何似？痴势小差[9]未？宜用心检校。"帝尝猎于邺东，驰逐如飞，监卫都督[10]乌那罗受工伐[11]从后呼曰："天子勿走马，大将军嗔！"澄尝侍饮酒，举大觞属帝[12]曰："臣澄劝陛下酒。"帝不胜忿，曰："自古无不亡之国，朕亦何用此生为！"澄怒曰："朕？朕？狗脚朕！"使崔季舒殴帝三拳，奋衣而出。明日，澄使季舒入劳[13]帝，帝亦谢焉，赐季舒绢百匹。

帝不堪忧辱，咏谢灵运[14]诗曰："韩亡子房奋[15]，秦帝仲连耻[16]。本自江海人，忠义动君子。"常侍、侍讲[17]颍川荀济[18]知帝意，乃与祠部郎中[19]元瑾[20]、长秋卿[21]刘思逸[22]、华山王大器[23]、淮南王宣洪[24]、济北王徽[25]等谋诛澄。大器，鸷之子也。帝谬为敕[26]问济曰："欲以何日开讲？"乃诈于宫中作土山，开地道向北城。至千秋门，门者觉地下响，以告澄。澄勒兵入宫，见帝，不拜而坐，曰："陛下何意反？臣父子功存社稷，何负陛下邪！此必左右妃嫔辈所为。"欲杀胡夫人及李嫔。帝正色曰："自古唯闻臣反君，不闻君反臣。王自欲反，何乃责我！我杀王则社稷安，不杀则灭亡无日，我身且不暇惜，况于妃嫔！必欲弑逆，缓速在王！"澄乃下床叩头，大啼谢罪。于是酣饮，夜久乃出。居三日，幽帝于含章堂[27]。壬辰[28]，烹[29]济等于市。

初，济少居江东，博学能文。与上有布衣[30]之旧，知上有大志，然负气不服，常谓人曰"会于盾鼻[31]上磨墨檄之"。上甚不平。及即位，或荐之于上，上曰："人虽有才，乱俗好反，不可用也。"济上书谏上崇信佛法、为塔寺奢费，上大怒，欲集朝众[32]斩之；朱异密告之，济逃奔东魏。澄为中书监，欲用济为侍读[33]，献武王曰："我爱济，欲全之，故不用济。济入宫，必败[34]。"澄固请，乃许之。及败，侍中杨遵彦[35]谓之曰："衰暮何苦复尔？"济曰："壮气在耳！"因下辨[36]曰："自伤年纪摧颓[37]，功名不立，故欲挟天子，诛权臣。"澄欲宥其死，亲问之曰："荀公何意反？"济曰："奉诏诛高澄，何谓反！"有司以济老病，鹿车[38]载诣东市，并焚之。

澄疑咨议[39]温子升知瑾等谋，方使之作《献武王碑》，既成，饿于晋阳狱，食弊襦[40]而死。弃尸路隅，没其家口，太尉长史宋游道收葬之。澄谓游道曰："吾近书与京师诸贵[41]论及朝士，以卿僻于朋党[42]，将为一病；今乃知卿真是重故旧、尚节义之人，天下人代卿怖者[43]，是不知吾心也。"九月，辛丑[44]，澄还晋阳。

（以上为第二段，写东魏高澄逼辱孝静帝以树威，八月在邺城用酷刑烧杀反对派荀济等人于闹市。）

【注释】

[1]沈雅：庄重文雅。 [2]孝文风烈：有北魏革新国君孝文帝元宏的遗风。 [3]逐君之丑：指高欢逼走北魏孝武帝元修的丑事。 [4]可否听旨：有关国家要事的处理办法是批准还是否决，都听从孝静帝旨意。 [5]上寿：敬酒。常以祝寿为名。 [6]倨慢顿甚：既傲慢又疲沓。 [7]中书黄门郎：曹魏时，中书属官有黄门郎，即中书侍郎之任。胡三省以为北齐官制中，黄门侍郎属门下省，侍从皇帝左右；中书侍郎隶中书省，掌诏命文书。高澄为了监视孝静帝一切动静，所以让崔季舒兼任二职。但据《北齐书·崔季舒传》，高澄为中书监时，已移门下机密事归中书管理。所以崔季舒是以中书侍郎兼领黄门侍郎机密事，实为一职，与曹魏时相仿。 [8]痴人：喻孝静帝。 [9]小差：稍有好转。 [10]监卫都督：官名。皇帝贴身侍从武官。高氏为监视皇帝而特设。 [11]乌那罗受工伐：人名。复姓乌那罗。 [12]举大觞属帝：举起大酒杯劝酒，是同辈劝酒的形式。高澄失君臣之礼，不敬，所以孝静帝气愤难平。 [13]入劳：入宫安慰。 [14]谢灵运（385—433）：南朝刘宋的著名文学家。传见《宋书》卷六十七、《南史》卷十九。 [15]韩亡子房奋：韩被秦所灭，韩公子张良先于博浪沙椎击秦始皇，后辅佐刘邦推翻秦朝。 [16]秦帝仲连耻：秦昭王伐赵，鲁仲连听说魏将新垣衍建议赵王尊秦昭王为帝，以保存赵国。于是鲁仲连求见平原君，力陈此计不可行，并说如果让弃礼义而主赏战功的秦昭王为帝，他宁愿投东海而死。 [17]侍讲：在汉代原指给皇帝讲学的差事，多由他官兼任，不是正式的官职。但以后逐渐成为实职，南北朝时，各王府中也设此官，为王讲学。 [18]荀济（？—547）：字子通，颍川（今河南

许昌市）人。以文才见称。初居江左，与梁武帝为布衣交。后因不满武帝为帝而降魏。传见《北史》卷八十三。［19］祠部郎中：尚书省祠部尚书下辖祠部曹官员，掌医药和死丧官员将士的赐赠抚恤事务。［20］元瑾：广阳王元建的后代。传见《魏书》卷十八、《北史》卷十六。［21］长秋卿：官名。掌管诸宫室及宫中的花园、楼阁，大多由宦官担任。［22］刘思逸：平原（今山东平原县西南）人。以罪受腐刑，入宫为宦官。曾任中侍中。传见《魏书》卷九十四、《北史》卷九十二。［23］大器：元大器，爵华山王。传见《魏书》卷十四、《北史》卷十五。［24］宣洪：元宣洪，阳平王元熙的后代，爵淮南王。传见《魏书》卷十六。［25］徽：元徽，高阳王元雍的后代，爵济北王。传见《魏书》卷二十一上。［26］谬为敕：假装写敕令。敕中所言"何日开讲"，实寓"何日动手"的意思。［27］含章堂：宫中内殿之一。［28］壬辰：八月二十八日。［29］烹：死刑的一种。将死囚投入盛水的鼎中煮死。［30］布衣：平民。此指荀济与梁武帝萧衍在早年读书时，结为朋友。［31］盾鼻：盾牌的把手。荀济看出武帝有称帝的志向，因而扬言，如果萧衍起兵夺帝位，他也会起兵，并用盾牌作砚磨墨，起草讨伐檄文。［32］朝众：在朝百官。［33］侍读：与侍讲同，是为皇帝读讲经史的差事，多由他官兼领。［34］必败：指杀身之祸。荀济好做一些常人不敢做的事，极易触犯法律，招致灭亡。所以高欢不愿重用他，以便保全他的性命，利用他的文才。［35］杨遵彦：即杨愔。［36］下辨：定下罪由。［37］摧颓：衰老。［38］鹿车：手推小两轮车，能用布帷作车厢。平民出门，可以载货，也可以躺在里面休息。由于它灵便实用，体积小仅能容下一只鹿而被称作鹿车。［39］咨议：咨议参军的省称。［40］弊襦：破短袄。［41］诸贵：指司马子如、孙腾等人。［42］僻于朋党：因谋私利而互相勾结。［43］代卿怖者：替你害怕担心的人。［44］辛丑：九月七日。

上命萧渊明堰泗水于寒山以灌彭城[1]，俟得彭城，乃进军与侯景掎角。癸卯[2]，渊明军于寒山，去彭城十八里，断流立堰。侍中羊侃[3]监作堰，再旬而成。东魏徐州刺史太原王则[4]婴城[5]固守，侃劝渊明乘水攻彭城，不从。诸将与渊明议军事，渊明不能对，但云"临时制宜"。

冬，十一月，魏丞相泰从魏主狩于岐阳[6]。

东魏大将军澄使大都督高岳救彭城，欲以金门郡公潘乐为副。陈元康曰："乐缓于机变，不如慕容绍宗；且先王之命也。公但推赤心于斯人，景不足忧也。"时绍宗在外，澄欲召见之，恐其惊叛[7]；元康曰："绍宗知元康特蒙顾待[8]，新使人来饷金[9]；元康欲安其意，受之而厚答其书，保无异也。"乙酉[10]，以绍宗为东南道行台，与岳、乐偕行。初，景闻韩轨来，曰："啖[11]猪肠儿何能为！"闻高岳来，曰："兵精人凡。"

诸将无不为所轻者。及闻绍宗来，叩鞍有惧色，曰：“谁教鲜卑儿解遣绍宗来！若然，高王定未死邪？”

澄以廷尉卿[12]杜弼为军司，摄行台左丞，临发，问以政事之要、可为戒者，使录一二条。弼请口陈之，曰：“天下大务，莫过赏罚。赏一人使天下之人喜，罚一人使天下之人惧，苟二事不失，自然尽美。”澄大悦，曰：“言虽不多，于理甚要。”

绍宗帅众十万据橐驼岘[13]。羊侃劝贞阳侯渊明乘其远来击之，不从，旦日，又劝出战，亦不从；侃乃帅所领出屯堰上。

丙午[14]，绍宗至城下，引步骑万人攻潼州[15]刺史郭凤营，矢下如雨。渊明醉，不能起，命诸将救之，皆不敢出。北兖州刺史胡贵孙谓谯州刺史赵伯超[16]曰：“吾属将兵而来，本欲何为，今遇敌而不战乎？”伯超不能对。贵孙独帅麾下与东魏战，斩首二百级。伯超拥众数千不敢救，谓其下曰：“虏盛如此，与战必败，不如全军早归。”皆曰“善！”遂遁还。

初，侯景常戒梁人曰：“逐北不过二里。”绍宗将战，以梁人轻悍[17]，恐其众不能支，一一引将卒谓之曰：“我当阳退，诱吴儿使前，尔击其背。”东魏兵实败走，梁人不用景言，乘胜深入。魏将卒以绍宗之言为信，争共掩击之，梁兵大败，贞阳侯渊明及胡贵孙、赵伯超等皆为东魏所虏，失亡士卒数万人。羊侃结陈徐还。

上方昼寝，宦者张僧胤[18]白朱异启事，上骇之[19]，遽起升舆，至文德殿[20]阁。异曰：“韩山失律[21]。”上闻之，怳然[22]将坠床。僧胤扶而就坐，乃叹曰：“吾得无复为晋家乎！”

郭凤退保潼州，慕容绍宗进围之。十二月，甲子朔[23]，凤弃城走。

东魏使军司杜弼作檄移梁朝曰：“皇家垂统，光配彼天，唯彼吴、越，独阻声教[24]。元首[25]怀止戈之心，上宰[26]薄兵车之命，遂解縶南冠[27]，喻以好睦。虽嘉谋长算[28]，爰自我始，罢战息民，彼获其利。侯景竖子，自生猜贰，远托关、陇，依凭奸伪，逆主定君臣之分，伪相结兄弟之亲，岂曰无恩，终成难养，俄而易虑[29]，亲寻干戈。衅暴恶盈，侧首无托[30]，以金陵逋逃之薮[31]，江南流寓之地，甘辞卑礼，进执[32]图身[33]，诡言浮说，抑可知矣。而伪朝大小，幸灾忘义，主荒于上，臣蔽于下，连结奸恶，断绝邻好，征兵保境，纵盗侵国。盖物无定方，事无定势，或乘利而受害，或因得而更失。是以吴侵齐境，遂得句践之师[34]，赵纳韩地，终有长平之役[35]。矧乃鞭挞疲民，侵轶[36]徐部[37]，筑垒拥川，舍舟徼利[38]。是以援枹[39]秉麾[40]之将，拔距[41]投石[42]之士，含怒作色，如赴私仇。彼连营拥众，依山傍水，举螳螂之斧，被蛣蜣[43]之甲，当穷辙[44]以待轮，坐积薪而候燎。及锋刃才交，埃尘且接，已亡戟弃戈，土崩瓦解，掬指舟中[45]，衿甲鼓下[46]，同宗[47]异姓[48]，缧绁[49]相望。曲直既殊，强弱不等，获一人而失一国[50]，见黄雀而忘深阱，智者所不为，仁者所不向。诚既往之难逮[51]，犹将来之可追。侯景以鄙俚之夫，遭风云之会，位班三事[52]，邑启万家[53]，揣身量分，久当止足。而周章[54]向背，离披[55]不已，夫岂徒然，意亦可见。彼乃授之以利器[56]，诲之以慢藏[57]，使其势得容奸，时堪乘便。今见南风不竞[58]，天亡有徵，老贼奸谋，将复作矣。然推坚强者难为功，摧枯朽者易为力，计其虽非孙、吴猛将[59]，燕、赵精兵，犹是久涉行阵，曾习军旅，岂同剽轻之师[60]，不比危脆之众[61]。拒此则作气[62]不足，攻彼则为势有余，终恐尾大于身，踵粗于股，倔强不掉，狼戾[63]难驯，呼之[64]则反速而衅小，不征则叛迟而祸大。会应遥望廷尉，不肯为臣[65]，自据淮南，亦欲称帝[66]。但恐楚国亡猿，祸延林木[67]，城门失火，殃及池鱼[68]，横使江、淮士子，荆、扬人物，死亡矢石之下，夭折雾露之中。彼梁主者，操行无闻，轻险有素，射雀论功[69]，荡舟称力[70]，年既老矣，耄[71]又及之，政散民流，礼崩乐坏。加以用舍乖方[72]，废立失所[73]，矫情动俗[74]，饰智惊愚，毒螫满怀，妄敦戒业[75]，躁竞盈胸，谬治清净。灾异降于上，怨讟兴于下，人人厌苦，家家思乱，履霜有渐，坚冰且至[76]。传险躁之风俗，任轻薄之子孙，朋党路开，兵权在外。必将祸生骨肉，衅起腹心，强弩冲城，长戈指阙；徒探雀鷇[77]，无救府藏之虚，空请熊蹯，讵延晷刻之命[78]。外崩中溃，今实其时，鹬蚌相持，我乘其弊。方使骏骑追风，精甲辉日，四七并列[79]，百万为群，以转石之形[80]，为破竹之势。当使钟山渡江，青盖入洛[81]，荆棘生于建业之宫，麋鹿游于姑苏之馆[82]。但恐革车[83]之所辚轹[84]，剑骑之所蹂践，杞梓[85]于焉倾折，竹箭以此摧残。若吴之王孙，蜀之公子[86]，归款军门，委命下吏，当即授客卿之秩，特加骠骑之号。凡百君子，勉求多福。”其后梁室祸败，皆如弼言。

（以上为第三段，写梁朝军队救援侯景，讨伐东魏，将懦兵骄，大败于寒山，招致东魏轻视，移檄声讨，国家体面丧尽。）

【注释】

［1］泗水：河名。源出泗水县蒙山南侧，经曲阜、兖州至鲁桥，南折到徐州。梁军筑堰即在徐州段。寒山：地名。在徐州东南，筑成的堰称寒山堰。［2］癸卯：九月九日。［3］羊侃（495—548）：字祖忻，泰山梁甫（今山东泰安市南）人。雅爱文史，历任徐州、青冀二州、兖州、衡州刺史，封高昌县侯。侯景之乱时，为都官尚书，坚守建康。不久病死城中。传见《梁书》卷三十九、《南史》卷六十三。［4］王则：人名。太原（今山西太原市）人。［5］婴城：环城而守。［6］岐阳：地名。在岐山南麓，在今陕西岐山县。时有岐阳宫。［7］惊叛：时众将人人自疑，一旦召见，惟恐失去军权，或被处死，所以接到诏令，容易因惊惧而叛变。［8］顾待：照顾和信任。［9］饷金：赠送金钱。［10］乙酉：十一月甲午朔，无乙酉日，疑是“丁酉”之误。丁酉是十一月四日。［11］啖（dàn）：吞吃。［12］廷尉卿：官名。六卿之一，掌司法。［13］橐驼岘（xiàn）：山名。小而高的山称作岘。在彭城县东。唐时称定国山。［14］丙午：十一月十三日。［15］潼州：州名。梁置，治所取虑城，在今江苏睢宁县西南。［16］赵伯超：滑头梁将，多次临阵退逃。侯景之乱时，任侯景东道行台。侯景败亡，伯超饿死在江陵狱中。传见《南史》卷八十。［17］轻悍：轻捷强悍。［18］张僧胤：人名。虽为宦官，但较正直。刘之亨进军南郑，颇有战功，却遭兰钦陷害，未获封赏。张僧胤向梁武帝进言，于是之亨被封临江子。［19］上骇之：梁武帝因朱异在他休息时紧急求见，预感不妙，所以十分惊慌。［20］文德殿：建康宫前殿。［21］韩山失律：寒山失败。韩山，即寒山。［22］恍然：因震惊而视野模糊，精神恍惚。［23］甲子朔：十二月一日。［24］声教：政令。在此喻指统一。［25］元首：指东魏孝静帝。［26］上宰：高欢。［27］解絷南冠：典出《左传》成公九年。初楚伐郑，郑人俘虏了楚国郧公钟仪，并押送到晋国。钟仪头戴楚国的帽子，被晋侯发现，问明来历后，将他释放回国，通过他与楚国和解，结成同盟。杜弼引此喻指大同三年（537）梁与东魏停战通好一事。［28］长算：目光长远的计划。［29］易虑：改变主意。［30］侧首无托：令人侧目，无处依存。指侯景不能见容于东魏。［31］逋逃之薮：逃亡罪人的聚居地。［32］进孰：孰即熟，动听悦耳的话。［33］图身：寻求安身之地。［34］遂得勾践之师：吴王夫差北上争霸，在艾陵大败齐军，迫齐晋等国在黄池约盟，但被勾践乘虚攻入吴国，不久吴国灭亡。事详《左传》哀公十三年。［35］终有长平之役：周赧王五十三年（前262），秦攻韩，

韩国上党守将冯亭献城给赵国，赵王派平原君接受上党，于是遭秦国忌恨。前260年，秦赵战于长平，赵军大败，主将赵括以下四十五万人被杀。［36］侵轶：侵犯。［37］徐部：即徐州刺史部。［38］徼（yāo）利：求取利益。［39］援枹：手握鼓槌。［40］秉麾：手拿指挥军队的令旗。［41］拔距：古人比较力量的游戏。两人对坐于地，双脚相抵，双手互握，看谁能把对方拉起来。一说是看谁跳得远。［42］投石：也是古人比较力气的游戏。投掷石块以击人。［43］蛣（qī）蜣（qiāng）：一种黑色甲壳虫，俗名粪克螂。翅膀在甲壳之下。以上两句形容梁军虚弱。［44］穷辙：原有的车辙。此用螳臂当车的典故。［45］掬指舟中：晋楚邲之战，晋军大败。荀林父不知所措，令晋军中先渡过河者有赏。军士争先逃命，为抢人渡船，不少抓住船帮的士兵手指，被先上船者用刀剁断，落在舱里，随手一掬，便能捧起一把断指。事见《左传》宣公十二年。引此喻梁军伤亡惨重。［46］衿甲鼓下：晋军为救鲁国，与齐师战于平阴。齐师败逃，齐将殖绰、郭最殿后被俘，穿着甲胄而双臂反绑，跪在晋中军的令鼓之下。事详《左传》襄公十八年。引此喻梁军多名将领被俘。［47］同宗：指贞阳侯萧渊明，是梁武帝的亲侄子。［48］异姓：指胡贵孙、赵伯超诸梁将。［49］缧（léi）绁（xiè）：被囚禁的人。［50］获一人而失一国：典出《左传》庄公十二年。宋臣猛获协助南宫万杀死国君宋闵公，逃到卫国避难。宋人向卫国要人，石祁子说："得一人而失去一国，与恶人相交而放弃同盟国，不是好办法。"于是卫人将猛获交还宋国。引此是要说明梁朝得到侯景，却失去一个友好的盟国东魏，不是明智之举。［51］难逮：难以挽回。［52］三事：即三公。侯景曾任东魏司徒一职。［53］邑启万家：即万户侯的意思。侯景爵上谷郡公，食邑可称万户。［54］周章：钻营的样子。［55］离披：纷乱不可收束的样子。［56］利器：国家的权力。指梁朝以侯景为大将军，封河南王，都督黄河南北诸军事、大行台，给予自专的权力。［57］慢藏：管理不严，容易给盗贼留下可乘之机。［58］南风不竞：典出《左传》襄公十八年。时晋人围齐，楚乘机攻打郑国，晋人有些担心。但师旷说："没有关系。我屡次歌唱南方的歌曲，曲调不强，多有象征死亡的音节，楚国必定不会成功。"事情果然如他所料。这里指梁朝国力衰颓。［59］孙、吴猛将：孙武、吴起一样的猛将。［60］剽轻之师：强悍轻捷的军队。汉代指楚地的士兵多剽勇善战，但常轻敌冒进。杜弼以为梁军也是如此。［61］危脆之众：脆弱得随时会覆亡的军队。也是喻指梁军。［62］作气：力量。［63］狼戾：凶暴。［64］呼之：召回京师。［65］遥望廷尉，不肯为臣：指东晋苏峻叛乱时，对朝廷使者说："我宁山头望廷尉，不能廷尉望山头。"也就是说，他宁肯凭借已有的地盘，让代表国法的廷尉对他无可奈何，也不愿奉诏进京，让庾亮把他下到廷尉狱中，想回历阳而不可得。［66］自据淮南，亦欲称帝：指汉初英布任淮南王，在韩信、彭越等异姓王被刘邦一一铲除后，利用刘邦病重之机，在淮南发动叛变，而企图夺取帝位。以上都是说侯景会像苏峻、英布一样祸乱梁朝。［67］楚国亡猿，祸延林木：语出《庄子》。说的是楚王丢失了猿猴，为了捉回它，砍坏了大批林木。［68］城门失火，殃及池鱼：一说见于《风俗通义》，说的是城门失火，烧死了一个叫池仲鱼的人，于是流传出这么一首谣谚。一说城门着了火，人们救火时，取用大量护城河的水，使河中的鱼遭了殃。［69］射雀论功：典出《国语·晋语》。晋平公射鸩鸟，未射中。命内竖叫襄的去捉，也没捉住。平公大怒，要把襄关起来杀掉。叔向得知后跑来说："过去先君唐叔一箭射死兕，做成一副大铠甲，于是封在晋国。现在国君连个小鸟都射不死，这是宣扬你的耻辱。你既然要杀就快杀，不要叫这件事传出去。"平公十分惭愧，立刻释放了襄。［70］荡舟称力：典出《左传》僖公三年。齐桓公和蔡姬在池沼中划船，蔡姬有意荡船身，把桓公吓得脸色都变了，连叫蔡姬停下，蔡姬不听，于是桓公将她休回蔡国。以上两句主要用来讽刺梁武帝只会在宫中与宦官、姬妾游乐，昏聩无能，无力治理好国家。［71］耄：因年老而昏乱。［72］用舍乖方：指罢免周舍，斥责贺琛，而却宠信朱异。任免官吏，都不合用人之道。［73］废立失所：指昭明太子死后，不立嫡长孙为继承人，而立第三子萧纲为太子，有违旧制。［74］矫情动俗：为了表现自己节俭勤政，四更即起床处理政务，常顾不上吃饭。又长年吃斋，身穿木棉衣，宴会一般也不设乐舞。但却多次舍身事佛，多造塔寺，耗费大量公私财物。又亲近小人，放纵牧守。虽表面上赢得一些声誉，实际上乱了国政，乱了民心。［75］戒业：佛教戒律。［76］履霜有渐，坚冰且至：语出《周易·坤卦》。有霜说明寒冬正在到来，随之会出现坚冰。借用来说明由于梁武帝长期治政腐败，败亡的征兆日趋明显，大乱即将到来。［77］徒探雀鷇：战国时，赵武灵王让位于小儿子何，自号"主父"。但又怜悯长子章，想把赵国一分为二，封章为代王。章乘主父出游沙丘之机，发动叛乱。失败后，逃入沙丘宫中。主父收留了他，却同时被困，不久绝粮。主父只有去抓鸟巢中的雏鸟吃，最终被活活饿死。［78］讵延晷刻之命：典出《左传》文公元年。楚太子商臣遭废黜，于是发动叛乱，包围王宫。楚成王请求吃了熊掌后再死。熊掌难熟，成王想借以拖延时间，等待外援。商臣不许，成王只好自缢而死。［79］四七并列：光武帝刘秀任用邓禹、吴汉等二十八将，夺取天下，重兴汉室。后人赞辞有"四七授钺"一句，表彰他善于用人。此借用来形容东魏良将众多。［80］转石之形：《孙子兵法》说，作战如转木石，木石的特点是安则静、危则动、方则止、圆则行；所以善于作战的人把握有利形势，如同转圆石于高山之上。这里是说东魏将占据有利位置，展开进攻态势。［81］青盖入洛：吴末帝孙皓夺取晋西陵之地，请术士尚广卜筮。尚广说："庚子年，青盖当入洛阳。"即吴王将进入洛阳，取得天下。结果庚子年（280），吴国灭亡，孙皓被押入洛阳。杜弼喻指梁必灭亡。［82］麋鹿游于姑苏之馆：淮南王刘安企图夺取帝位，伍被劝谏他说："臣听说伍子胥谏吴王，吴王不听，于是他说'臣今天见到麋鹿游动于姑苏之台'，现在臣也看见宫中长出荆棘，露水沾湿了衣襟。"伍子胥和伍被的话，都指出必然败亡后的悲惨情景。［83］革车：战车。［84］辚（lìn）轹（lì）：也作躏轹，车轮碾过的意思。［85］杞（qǐ）梓：杞、梓都是东南地区出产的优质木材，在此比喻杰出的人才。［86］吴之王孙，蜀之公子：语出晋左思《三都赋》，杜弼用来喻指梁宗室和群臣。只要归降，就会像李斯入秦任客卿，孙秀降晋任骠骑将军一样，受到重用。

侯景围谯城不下，退攻城父[1]，拔之。壬申[2]，遣其行台左丞王伟等诣建康说上曰："邺中文武合谋，召臣共讨高澄，事泄，澄幽元善见于金墉，杀诸元六十余人。河北物情，俱念其主，请立元氏一人以从人望，如此，则陛下有继绝之名，臣景有立功之效，河之南北，为圣朝之郓、莒[3]，国之男女，为大梁之臣妾。"上以为然，乙亥[4]，下诏以太子舍人元贞[5]为咸阳王，资以兵力，使还北主魏，须渡江，许即位，仪卫以乘舆之副给之。贞，树[6]之子也。

萧渊明至邺，东魏主升阊阖门受俘，让而释之，送于晋阳，大将军澄待之甚厚。

慕容绍宗引军击侯景，景辎重数千两，马数千匹，士卒四万人，退保涡阳。绍宗士卒十万，旗甲耀日，鸣鼓长驱而进。景使谓之曰："公等为欲送客，为欲定雌雄邪？"绍宗曰："欲与公决胜负。"遂顺风布陈。景闭垒，俟风止乃出。绍宗曰："侯景多诡计，好乘人背[7]。"使备之，果如其言。景命战士皆被短甲，执短刀[8]，入东魏陈，但低视，斫人胫马足。东魏兵遂败，绍宗坠马，仪同三司刘丰生被伤，显州[9]刺史张遵业[10]为景所擒。

绍宗、丰生俱奔谯城，裨将[11]斛律光[12]、张恃显尤之，绍宗曰："吾战多矣，未见如景之难克者也。君辈试犯之！"光等被甲将出，绍宗戒之曰："勿渡涡水。"二人军于水北，光轻骑射之。景临涡水谓光曰："尔求勋而来，我惧死而去。我，汝之父友[13]，何为射我？汝岂自解不渡水南，慕容绍宗教汝也。"光无以应。景使其徒田迁射光马，洞胸；光易马隐树，又中之，退入于军。景擒恃显，既而舍之。光走入谯城，绍宗曰："今定何如，而尤我也！"光，金之子也。

开府仪同三司段韶夹涡而军，潜于上风纵火，景帅骑入水，出而却走，草湿，火不复然。

魏岐州久经丧乱，刺史郑穆[14]初到，有户三千，穆抚循安集，数年之间，至四万余户，考绩为诸州之最；丞相泰擢穆为京兆尹。

侯景与东魏慕容绍宗相持数月，景食尽，司马世云降于绍宗。

（以上为第四段，写东魏慕容绍宗征讨侯景，相持数月，侯景军粮尽，士气衰落。）

【注释】

［1］城父：县名。县治在今安徽亳州市东南。［2］壬申：十二月九日。［3］为圣朝之郲莒：郲、莒都是春秋时的小国，于此喻指东魏各州郡，将如同郲、莒一样投靠梁朝。［4］乙亥：十二月十二日。［5］元贞：北魏献文帝拓跋弘的后代。封咸阳王后，被梁武帝礼送到侯景军中。侯景想作乱，元贞获知后，多次请求还朝。武帝不许，于是逃奔东魏。传见《梁书》卷三十九、《魏书》卷二十一上、《北史》卷十九。［6］树：元树。中大通四年（532）被北魏将樊子鹄所俘，想再度南逃，被杀。［7］好乘人背：好从背后掩击敌人。［8］被短甲，执短刀：这是侯景置之死地而后生之计。士兵只有死战才能有生还的希望。［9］显州：州名。北魏永安年间（528—530）置，东魏沿置。治所六壁城，在今山西介休市西。［10］张遵业（？—547）：代人。讨元颢有功，封固安县子。传见《北齐书》卷二十。［11］禆将：副将。［12］斛律光（514—571）：字明月，斛律金之子。善骑射，号落雕都督，爵永乐县伯。入齐，历任晋州、并州刺史，屡败周兵。位至太傅，袭封咸阳王。后因周将韦孝宽使反间计，被北齐后主高纬所杀，并灭族。传见《北齐书》卷十七、《北史》卷五十四。［13］汝之父友：你父亲的朋友。当年侯景与斛律金同事尔朱荣，后又辅佐高欢，交谊很好。［14］郑穆（506—565）：本名道邕，字孝穆。晚年避周武帝讳，以字行，此省作“穆”。荥阳开封人。北魏骠骑将军，随孝武入关，历任岐州刺史、京兆尹。入周，历任宜州、华州、虞州、陕州刺史，有政绩。传见《周书》卷三十五、《北史》卷三十五。

【点评】

侯景祸乱三方。侯景狡诈，为祸三方。东魏讨叛而义正，师出不可挡。西魏识诈，以救援为名，收取大片土地而止军。唯有梁朝，主上昏耄，贪利纳景，臣下争功，庸将领军，寒山大败，咎由自取。“荆棘生于建业之宫，麋鹿游于姑苏之台”，梁朝祸乱，为期不远，恰如东魏杜弼之言。

卷一六一　梁纪十七

梁武帝太清二年（548 年）

【著雍执徐（戊辰，548 年），凡一年】

【大事提要】

本卷记事公元 548 年，凡一年，当梁武帝太清二年，西魏文帝大统十四年，东魏孝静帝武定六年。本年，北朝东西魏无大事，南朝梁武帝接纳奸人东魏叛将侯景，安置于腹心之地，引狼入室，酿成祸乱，史称“太清之祸”。

高祖武皇帝十七

太清二年（戊辰，548 年）

春，正月，己亥[1]，慕容绍宗以铁骑五千夹击侯景，景诳其众曰：“汝辈家属，已为高澄所杀。”众信之。绍宗遥呼曰：“汝辈家属并完，若归，官勋如旧。”被发向北斗为誓[2]。景士卒不乐南渡，其将暴显等各帅所部降于绍宗。景众大溃，争赴涡水，水为之不流。景与腹心数骑自硖石[3]济淮，稍收散卒，得步骑八百人，南过小城，人登陴[4]诟之曰：“跛奴[5]！欲何为邪！”景怒，破城，杀诟者而去。昼夜兼行，追军不敢逼。使谓绍宗曰：“景若就擒，公复何用！”绍宗乃纵之。

辛丑[6]，以尚书仆射谢举为尚书令，守吏部尚书[7]王克[8]为仆射。

甲辰[9]，豫州刺史羊鸦仁以东魏军渐逼，称粮运不继，弃悬瓠，还义阳[10]；殷州刺史羊思达亦弃项城走；东魏人皆据之。上怒，责让鸦仁；鸦仁惧，启申后期[11]，顿军淮上。

侯景既败，不知所适，时鄱阳王范除南豫州刺史，未至[12]。马头[13]戍主刘神茂[14]，素为监州事韦黯[15]所不容，闻景至，故往候之，景问曰：“寿阳去此不远，城池险固，欲往投之，韦黯其纳我乎？”神茂曰："黯虽据城，是监州耳。王若驰至近郊，彼必出迎，因而执之，可以集事。得城之后，徐以启闻，朝廷喜王南归，必不责也。"景执其手曰："天教也。"神茂请帅步骑百人先为向导。壬子[16]，景夜至寿阳城下；韦黯以为贼也，授甲登陴。景遣其徒告曰："河南王战败来投此镇，愿速开门！"黯曰："既不奉敕，不敢闻命。"景谓神茂曰："事不谐矣。"神茂曰："黯懦而寡智，可说下也。"乃遣寿阳徐思玉[17]入见黯曰："河南王，朝廷所重，君所知也。今失利来投，何得不受？"黯曰："吾之受命，唯知守城；河南[18]自败，何预吾事！"思玉曰："国家付君以阃外[19]之略，今君不肯开城，若魏兵来至，河南为魏所杀，君岂能独存！何颜以见朝廷？"黯然之。思玉出报，景大悦曰："活我者，卿也。"癸丑[20]，黯开门纳景，景遣其将分守四门，诘责黯，将斩之；既而抚手大笑，置酒极欢。黯，叡[21]之子也。

朝廷闻景败，未得审问[22]；或云："景与将士尽没。"上下咸以为忧。侍中、太子詹事何敬容诣东宫，太子曰："淮北始更有信[23]，侯景定得身免，不如所传。"敬容曰："得景遂死，深为朝廷之福。"太子失色，问其故，敬容曰："景翻覆叛臣，终当乱国。"太子于玄圃[24]自讲《老》、《庄》，敬容谓学士[25]吴孜曰："昔西晋祖尚玄虚，使中原沦于胡、羯。今东宫复尔，江南亦将为戎乎！"。

甲寅[26]，景遣仪同三司于子悦[27]驰以败闻，并自求贬削；优诏不许。景复求资给，上以景兵新破，未忍移易。乙卯[28]，即以景为南豫州牧，本官如故；更以鄱阳王范为合州刺史，镇合肥[29]。光禄大夫[30]萧介[31]上表谏曰："窃闻侯景以涡阳败绩，只马归命，陛下不悔前祸，复敕容纳。臣闻凶人之性不移，天下之恶一也。昔吕布杀丁原以事董卓[32]，终诛董而为贼；刘牢[33]反王恭[34]以归晋，还背晋以构妖[35]。何者？狼子野心，终无驯狎之性，养虎之喻，必见饥噬之祸矣。侯景以凶狡之才，荷高欢卵翼之遇[36]，位忝台司，任居方伯[37]，然而高欢坟土未干，即还反噬。逆力不逮，乃复逃死关西；宇文不容，故复投身于我。陛下前者所以不逆细流[38]，正欲比属国降胡以讨匈奴[39]，冀获一战之效耳；今既亡师失地，直是境上之匹夫，陛下爱匹夫而弃与国[40]。

若国家犹待其更鸣之辰，岁暮之效，臣窃惟侯景必非岁暮之臣；弃乡国如脱屣，背君亲如遗芥，岂知远慕圣德，为江、淮之纯臣乎！事迹显然，无可致惑。臣朽老疾侵，不应干预朝政；但楚囊将死，有城郢之忠[41]，卫鱼临亡，亦有尸谏之节[42]。臣忝为宗室遗老，敢忘刘向之心[43]！”上叹息其忠，然不能用。介，思话[44]之孙也。

己未[45]，东魏大将军澄朝于邺。

魏以开府仪同三司赵贵为司空。

魏皇孙生，大赦。

二月，东魏杀其南兖州刺史石长宣[46]，讨侯景之党也；其余为景所胁从者，皆赦之。

东魏既得悬瓠、项城，悉复旧境。大将军澄数遣书移，复求通好；朝廷未之许。澄谓贞阳侯渊明曰：“先王与梁主和好，十有余年。闻彼礼佛文云‘奉为魏主，并及先王[47]’，此乃梁主厚意；不谓一朝失信，致此纷扰，知非梁主本心，当是侯景扇动耳，宜遣使咨论[48]。若梁主不忘旧好，吾亦不敢违先王之意，诸人并即遣还，侯景家属亦当同遣。”渊明乃遣省事[49]夏侯僧辩奉启于上，称“勃海王弘厚长者，若更通好，当听渊明还。”上得启，流涕，与朝臣议之。右卫将军朱异、御史中丞张绾[50]等皆曰：“静寇息民，和实为便。”司农卿[51]傅岐[52]独曰：“高澄何事须和？必是设间[53]，故命贞阳遣使，欲令侯景自疑；景意不安，必图祸乱。若许通好，正堕其计中。”异等固执宜和，上亦厌用兵，乃从异言，赐渊明书曰：“知高大将军礼汝不薄，省启，甚以慰怀。当别遣行人，重敦邻睦。”

僧辩还，过寿阳，侯景窃访知之，摄问[54]，具服。乃写答渊明之书，陈启于上曰：“高氏心怀鸩毒，怨盈北土，人愿天从[55]，欢身殒越。子澄嗣恶，计灭待时，所以昧此一胜[56]者，盖天荡澄心[57]以盈凶毒耳。澄苟行合天心，腹心无疾，又何急急奉璧求和？岂不以秦兵[58]扼其喉，胡骑[59]迫其背，故甘辞厚币，取安大国。臣闻‘一日纵敌，数世之患[60]’，何惜高澄一竖，以弃亿兆[61]之心！窃以北魏安强，莫过天监之始，钟离之役[62]，匹马不归。当其强也，陛下尚伐而取之；及其弱也，反虑而和之。舍已成之功，纵垂死之虏，使其假命强梁[63]，以遗后世，非直[64]愚臣扼腕，实亦志士痛心。昔伍相[65]奔吴，楚邦卒灭；陈平去项[66]，刘氏用兴；臣虽才劣古人，心同往事。诚知高澄忌贾在翟，恶会居秦[67]，求盟请和，冀除其患。若臣死有益，万殒无辞；唯恐千载，有秽良史。”景又致书于朱异，饷金三百两；异纳金而不通其启。

己卯[68]，上遣使吊澄。景又启曰：“臣与高氏，衅隙已深，仰凭威灵，期雪仇耻；今陛下复与高氏连和，使臣何地自处！乞申后战，宣畅皇威！”上报之曰：“朕与公大义已定，岂有成而相纳，败而相弃乎！今高氏有使求和，朕亦更思偃武。进退之宜，国有常制，公但清静自居，无劳虑也！”景又启曰：“臣今蓄粮聚众，秣马潜戈，指日计期，克清赵、魏，不容军出无名，故愿以陛下为主耳。今陛下弃臣遐外[69]，南北复通，将恐微臣之身，不免高氏之手。”上又报曰：“朕为万乘之主，岂可失信于一物！想公深得此心，不劳复有启也。”

景乃诈为邺中书，求以贞阳侯易景，上将许之。舍人[70]傅岐曰：“侯景以穷归义，弃之不祥；且百战之余，宁肯束手就絷！”谢举、朱异曰：“景奔败之将，一使之力耳。”上从之，复书曰：“贞阳旦至，侯景夕返。”景谓左右曰：“我固知吴老公[71]薄心肠！”王伟说景曰：“今坐听亦死，举大事亦死，唯王图之！”于是始为反计：属城居民，悉召募为军士，辄停责[72]市估[73]及田租，百姓子女，悉以配将士。

三月，癸巳[74]，东魏以太尉襄城王旭为大司马，开府仪同三司高岳为太尉。辛亥[75]，大将军澄南临黎阳[76]，自虎牢济河至洛阳。魏同轨防长史裴宽与东魏将彭乐等战，为乐所擒，澄礼遇甚厚，宽得间逃归。澄由太行[77]返晋阳。

屈獠洞斩李贲，传首建康。贲兄天宝遁入九真[78]，收余兵二万围爱州[79]，交州司马陈霸先帅众讨平之。诏以霸先为西江督护、高要太守、督七郡诸军事。

夏，四月，甲子[80]，东魏吏部令史[81]张永和等伪假人官[82]，事觉，纠检[83]、首者[84]六万余人。

甲戌[85]，东魏遣太尉高岳、行台慕容绍宗、大都督刘丰生等将步骑十万攻魏王思政于颍川。思政命卧鼓偃旗，若无人者。岳恃其众，四面陵城[86]。思政选骁勇开门出战，岳兵败走。岳更筑土山，昼夜攻之，思政随方拒守，夺其土山，置楼堞[87]以助防守。

五月，魏以丞相泰为太师，广陵王欣为太傅，李弼为大宗伯[88]，赵贵为大司寇[89]，于谨为大司空[90]。太师泰奉太子巡抚西境，登陇，至原州，历北长城[91]，东趣五原，至蒲州[92]，闻魏主不豫而还。及至，已愈，泰还华州。

上遣建康令谢挺、散骑常侍徐陵[93]等聘于东魏，复修前好。陵，摛[94]之子也。

六月，东魏大将军澄巡北边。

秋，七月，庚寅朔[95]，日有食之。

乙卯[96]，东魏大将军澄朝于邺。以道士多伪滥，始罢南郊道坛[97]。八月，庚寅[98]，澄还晋阳，遣尚书辛术帅诸将略江、淮之北，凡获二十三州[99]。侯景自至寿阳，征求无已，朝廷未尝拒绝。景请娶于王、谢，上曰："王、谢门高非偶，可于朱、张[100]以下访之。"景恚曰："会将吴儿女配奴！"又启求锦万匹为军人作袍，中领军朱异议以青布给之。又以台所给仗多不能精，启请东冶锻工[101]，欲更营造。景以安北将军[102]夏侯夔[103]之子譒[104]为长史，徐思玉为司马，譒遂去"夏"称"侯"，托为族子。

上既不用景言，与东魏和亲，是后景表疏稍稍悖慢；又闻徐陵等使魏，反谋益甚。元贞知景有异志，累启还朝。景谓曰："河北事虽不果，江南何虑失之，何不小忍！"贞惧，逃归建康，具以事闻；上以贞为始兴[105]内史，亦不问景。

（以上为第一段，写梁武帝接纳侯景而与东魏交恶，丧师失众后重修旧好，却又厚待侯景，把他安置在腹心地寿阳，引狼入室，昏耄之至。）

【注释】

[1]己亥：正月七日。 [2]被发向北斗为誓：鲜卑习俗。披头散发，向着北斗发誓，以证明自己的话绝无谎言。 [3]硖石：山名。在今安徽凤台县西南，淮河从山中流过。 [4]登陴（pí）：从城墙的女墙上探出身子。 [5]跛奴：侯景右腿短一截，是个跛子。 [6]辛丑：正月九日。

[7]守吏部尚书：代理吏部尚书，负责官吏选拔和考课。［8］王克：出身琅邪王氏，在梁任司徒右长史、尚书仆射。侯景摄政时，位太宰、侍中，录尚书事。侯景败亡，迎候王僧辩入建康，出任尚书右仆射。传见《南史》卷二十三。［9］甲辰：正月十二日。［10］义阳：郡名。治所义阳，在今河南信阳市。也是北司州州治。［11］启申后期：上书请求宽限时日，以求进取。［12］未至：太清元年八月命萧范代萧渊明镇寿阳，至此仍拖延未到任。［13］马头：戍城名。是南北朝时期淮河边的重要军事据点，在今安徽怀远县西南。［14］刘神茂：初从侯景，任东道行台，先后攻杀吴兴太守张嵊、东扬州刺史萧大连。后改投梁元帝，兵败被杀。［15］韦黯（？—548）：字务直，性强直。曾任太子舍人、太仆卿、太府卿。侯景叛乱初，黯驻守六门，昼夜苦战，病死城中。传见《梁书》卷十二、《南史》卷五十八。［16］壬子：正月二十日。［17］徐思玉：寿阳人，原在东魏任职，现随侯景南奔，时任豫州司马。［18］河南：即河南王，指侯景。［19］阃（kǔn）外：郭门之外。于此引申为受领军事职务。［20］癸丑：正月二十一日。［21］睿：韦睿（442—520），字怀文，京兆杜陵（在今陕西西安市长安区）人。历宋、齐、梁三朝。天监四年（505），督梁师北伐，夺取合肥，有诏还师。天监五年，又取得邵阳大捷，进爵永昌侯。传见《梁书》卷十二、《南史》卷五十八。［22］审问：确实情报。［23］始更有信：方才又有报告。［24］玄圃：东宫中园名。据说昆仑山有三级，下层叫樊桐，中层叫玄圃，高层叫层城。层城是天帝的仙居，太子低于天帝，所以命此园为“玄圃”。［25］学士：官名。魏晋南北朝时期，政府广召文学之士，掌礼仪和编纂事宜，通称学士。诸王及持节将帅府也设学士，待若师友，无品秩员数。［26］甲寅：正月二十二日。［27］于子悦：侯景部下。太清三年（549），因在吴郡抢掠过甚，激起民变，被侯景下令捉拿回京处死。［28］乙卯：正月二十三日。［29］镇合肥：梁置合州，以合肥为治所，在今安徽合肥市。［30］光禄大夫：官名。光禄卿属官，掌顾问应对，无定员。梁朝一般由年老有病的资深官吏充任。［31］萧介：字茂镜，兰陵（今江苏常州市西北）人。梁武帝以他在职清白，任始兴太守。后位至侍中、都官尚书。因有病请求解职，梁武帝不许，派谒者到介家中授光禄大夫职。传见《梁书》卷四十一、《南史》卷十八。［32］吕布杀丁原以事董卓：吕布，丁原部将。东汉末，丁原为并州刺史，董卓为并州牧，两人奉大将军何进之命带兵入洛阳以诛宦官。董卓入洛，废少帝，改立献帝，专擅朝政。卓诱使吕布杀丁原。此以吕布喻侯景，示意侯景也是一个反复无常的人。［33］刘牢：刘牢之（？—402），字道坚，彭城人。东晋精锐北府兵主要将领。淝水之战时，先锋摧敌，迁龙骧将军，封武冈县男。传见《晋书》卷八十四。［34］王恭（？—398）：字孝伯，东晋孝武帝王皇后的哥哥。曾任前将军，青兖二州刺史。传见《晋书》卷八十四。［35］背晋以构妖：指刘牢之勾结桓玄叛晋事。［36］卵翼之遇：典出《左传》哀公十六年。白公胜因子西与郑结盟，不替他报郑国杀父之仇，而想杀子西。子西闻讯后说：“胜好比是卵，在我的羽翼保护下长大。我要是死了，令尹或司马一职非他莫属，他杀我干什么！”此借用来说明侯景是靠高欢重用而成名。［37］方伯：侯景节制河南，如同一路诸侯。［38］不逆细流：广为收纳，如同江海不嫌弃涓涓细流，汇成滚滚大河，聚为无垠大洋。典出《史记·李斯列传》所载《谏逐客书》。逆，拒

绝。［39］比属国降胡以讨匈奴：如同汉代为投靠的少数民族设置属国，加以管理，利用他们侦察、监视和打击匈奴。［40］与国：指东魏。又据章校，十二行本、乙十一行本孔本此句下均有“臣窃不取也”五字。张校、退斋校同。［41］有城郢之忠：典出《左传》襄公十四年。楚令尹子囊伐吴归来，将死时对子庚说：“一定要修好郢都的城墙！”作史者赞扬他临终不忘保卫社稷，是个忠臣。［42］尸谏之节：典出《孔子家语》。史鱼因卫灵公不用贤臣蘧伯玉，而用佞臣弥子瑕，死前叫儿子置尸于窗下。卫灵公吊唁时，问明情由，立即下令将史鱼改葬客位。提拔蘧伯玉，革退弥子瑕。孔子对此大加赞赏，认为史鱼虽死仍行尸谏，终于感动国君，是个忠臣。［43］敢忘刘向之心：刘向（？—前6），本名更生，字子政，汉楚元王刘交的后代。元帝时，宦官弘恭、石显专政；成帝时，王凤兄弟擅权。刘向屡次上书切谏，言辞痛切，发于至诚。萧介即效仿刘向。［44］思话：萧思话（400—455），刘宋初袭封封阳县侯。曾平定司马朗之兄弟叛乱。宋孝武帝起兵，思话响应有功，官至中书令。传见《宋书》卷七十八、《南史》卷十八。［45］己未：正月二十七日。［46］石长宣（？—548）：北魏洛州刺史石荣之子，侯景党羽。传见《魏书》卷九十四、《北史》卷九十二。［47］奉为魏主，并及先王：梁武帝向佛进献是为东魏国君祈福，兼及高澄之父高欢。［48］咨论：征询，商议。［49］省事：官名。是办事吏的一种名称，此是传令吏。［50］张绾（492—554）：字孝卿。大同四年（538），兄张缵任尚书仆射，绾任御史中丞，在朝位东西相对，前代未有，传为美谈。侯景之乱，转至江陵，辅佐梁元帝。江陵陷于西魏，绾不久病死。传见《梁书》卷三十四、《南史》卷五十五。［51］司农卿：官名。天监七年（508），梁改大司农为司农卿，与太常卿、宗正卿合称春卿。主管农事和仓储。［52］傅岐（？—549）：字景平，北地灵州（今宁夏灵武市）人。常以博学接待东魏使者。侯景之乱，以功封南丰侯。后突围病死家中。传见《梁书》卷四十二、《南史》卷七十。［53］设间：设离间计。［54］摄问：捉来审问。［55］人愿天从：百姓希望高氏败亡，上天依从民愿。［56］昧此一胜：有意隐忍让高澄取得涡阳战役的胜利。［57］天荡澄心：天动摇惑乱高澄的心。此语源出《左传》庄公四年。楚武王将伐随国，入告夫人说：“我的心跳荡不停。”夫人叹息说：“王的福禄快尽了，物满必荡，这是自然之理。先王已经知道了，所以在即将发布征伐命令时，动荡大王的心。”不久，武王死于进军途中。侯景套用此语，说明高澄灭亡在即。［58］秦兵：指据有原秦国之地的西魏军队。［59］胡骑：指柔然骑兵，从北方威胁东魏。［60］数世之患：这两句是春秋时晋国大臣先轸在秦晋崤之战前所说的话。也是上古三代流传下来的名言。［61］亿兆：指百姓。［62］钟离之役：天监六年（507），北魏中山王元英率兵数十万南下进攻钟离城（今安徽凤阳县），屡攻不克。梁豫州刺史韦睿从合肥率军赴援，一夜之间，筑起营垒，运用火攻计，大败魏军，毙敌二十余万，生擒五万余人。［63］强梁：凶横。［64］非直：非但。［65］伍相：伍子胥。他的父亲伍奢被楚平王所杀，子胥投奔吴王阖闾，得到重用。后终于举兵破楚，鞭平王尸以复仇。［66］项：项羽。项羽不用陈平，陈平转投刘邦，屡出奇计，覆灭项楚，统一天下。［67］忌贾在翟，恶会居秦：事详《左传》文公十三年。晋襄公死后，赵盾请立公子雍为君，贾季请立公子乐。赵盾杀公子乐于陈国，贾季于是逃往北狄（翟）。后赵盾又拒绝秦国送公子雍即位，改立灵公。迎接公子雍的士会只好投奔秦国，成为谋士。贾、会二人都熟悉晋国的底细，成为晋国的大患。当晋六卿相聚在诸浮时，赵盾感叹说："随会（即士会）在秦，贾季在狄，难日至矣，若之何？"侯景用来说明自身的价值。［68］己卯：二月十七日。［69］遐外：边远之地。［70］舍人：官名。即中书通事舍人。梁时任命此职十分慎重，注重才能，不限资历门第。通常以他官兼领此职，傅岐就是以司农卿兼任舍人。［71］吴老公：指梁武帝。因梁的疆土与孙吴相仿，同建都建康。这是侯景对武帝的蔑称。［72］停责：停止收取。［73］市估：市场中的商业税。［74］癸巳：三月二日。［75］辛亥：三月二十日。［76］黎阳：郡名。治所黎阳，在今河南浚县东。［77］太行：山名。北起拒马河谷，南至山西、河南交界的黄河岸边。也是分隔山西与河北的分界岭。［78］九真：郡名。郡境在今越南河内南顺化县北。［79］爱州：州名。梁置，治所在九真。［80］甲子：四月三日。［81］吏部令史：官名。尚书省吏部尚书所辖吏部曹属吏，处理褒奖、选补官吏事宜。［82］伪假人官：私自授予他人官职。［83］纠检：有关官员清查出的私授官员。［84］首者：自首的伪官。［85］甲戌：四月十四日。［86］陵城：登城。［87］楼堞：战楼和女墙。都建在夺取的土山上。［88］大宗伯：官名。相当于礼部尚书，掌礼仪、祭祀。［89］大司寇：官名。掌司法。［90］大司空：官名。掌公共工程。以上三官都是宇文泰仿西周古官制而设。［91］北长城：秦时所筑长城，在今宁夏灵武市至陕西定边县一线。［92］蒲州：州名。即原泰州，北周以治所在蒲坂（今山西永济市西）而改名。［93］徐陵（507—583）：字孝穆，东海郯（今江苏镇江市）人。出使东魏，以侯景之乱，不得返国。入陈，历任御史中丞、吏部尚书、尚书左仆射，封建昌县侯。力主吴明彻、裴忌北伐，收复了淮南。传见《陈书》卷二十六、《南史》卷六十二。［94］摛：徐摛：（472—549），字士秀。初随晋安王萧纲，任记室、咨议参军。萧纲为皇太子，摛转任太子家令，兼管文书，创"宫体"文体。萧纲遭侯景软禁，摛感愤而死。传见《梁书》卷三十、《陈书》卷二十六、《南史》卷六十二。［95］庚寅朔：七月一日。［96］乙卯：七月二十六日。［97］道坛：北魏太武帝拓跋焘崇信道士寇谦之，于始光年间（424—428）建天师道坛场于京城东南。太平真君三年（442），拓跋焘亲至道坛受符录，以后各帝每即位都前往礼拜。至此始罢除。［98］庚寅：八月二日。［99］凡获二十三州：此是总括辛术南征之所获。七月辛术出征，一直到太清三年（549），侯景攻占建康，才乘机夺取淮南二十三州。［100］朱、张以下：即朱异、张绾宗族以下诸门。［101］东冶锻工：东冶（今福建福州市）是著名海港，也以锻造技术闻名天下，为国家制造军械的锻工多出于该地。［102］安北将军：官名。是"八安"将军之一，为中级将军。［103］夏侯夔（483—538）：字季龙。曾攻克广陵，俘获北魏军数万人，控制了义阳北道，封保城县侯。传见《梁书》卷二十八、《南史》卷五十五。［104］譒（bò）：夏侯譒，曾随萧渊明北伐，彭城失利后被捕，转为侯景部下。传见《梁书》卷二十八、《南史》卷五十五。［105］始兴：郡名。治所曲江，在今广东韶关市南。

临贺王正德所至贪暴不法，屡得罪于上[1]，由是愤恨，阴养死士，储米积货，幸国家有变；景知之。正德在北[2]与徐思玉相知[3]，景遣思玉致笺于正德曰：“今天子年尊[4]，奸臣乱国，以景观之，计日祸败。大王属当储贰，中被废黜[5]，四海业业[6]，归心大王。景虽不敏，实思自效，愿王允副苍生，鉴斯诚款！”正德大喜曰：“侯公之意，暗与吾同，天授我也！”报之曰：“朝廷之事，如公所言。仆之有心，为日久矣。今仆为其内，公为其外，何有不济！机事在速，今其时矣。”

鄱阳王范密启景谋反。时上以边事专委朱异，动静皆关之，异以为必无此理。上报范曰：“景孤危寄命，譬如婴儿仰人乳哺，以此事势，安能反乎！”范重陈之曰：“不早翦扑[7]，祸及生民。”上曰：“朝廷自有处分，不须汝深忧也。”范复请以合肥之众讨之，上不许。朱异谓范使曰：“鄱阳王遂不许朝廷有一客！”自是范启，异不复为通。

景邀羊鸦仁同反，鸦仁执其使以闻。异曰：“景数百叛虏，何能为！”敕以使者付建康狱，俄解遣之。景益无所惮，启上曰：“若臣事是实，应罹国宪；如蒙照察，请戮鸦仁！”景又言：“高澄狡猾，宁可全信！陛下纳其诡语，求与连和，臣亦窃所笑也。臣宁堪粉骨，投命仇门[8]，乞江西一境[9]，受臣控督。如其不许，即帅甲骑，临江上，向闽、越，非唯朝廷自耻，亦是三公旰食[10]。”上使朱异宣语答景使曰：“譬如贫家，畜十客、五客，尚能得意；朕唯有一客，致有忿言，亦朕之失也。”益加赏赐锦彩钱布，信使相望。

戊戌[11]，景反于寿阳，以诛中领军朱异、少府卿[12]徐驎[13]、太子右卫率[14]陆验[15]、制局监[16]周石珍[17]为名。异等皆以奸佞骄贪，蔽主弄权，为时人所疾，故景托以兴兵。驎、验，吴郡人；石珍，丹杨人。驎、验迭为少府丞，以苛刻为务，百贾[18]怨之，异尤与之昵，世人谓之“三蠹”。

司农卿傅岐，梗直士也，尝谓异曰：“卿任参国钧，荣宠如此。比日所闻，鄙秽狼藉，若使圣主发悟，欲免得乎！”异曰：“外间谤黩，知之久矣。心苟无愧，何恤人言！”岐谓人曰：“朱彦和[19]将死矣。恃谄以求容，肆辩[20]以拒谏，闻难而不惧，知恶而不改，天夺之鉴[21]，其能久乎！”

景西攻马头，遣其将宋子仙[22]东攻木栅[23]，执戍主曹璆等。上闻之，笑曰：“是何能为！吾折棰笞之。”敕购斩景者，封三千户公，除州刺史。甲辰[24]，诏以合州刺史鄱阳王范为南道都督，北徐州刺史封山侯正表[25]为北道都督，司州刺史柳仲礼为西道都督，通直散骑常侍裴之高[26]为东道都督，以侍中开府仪同三司邵陵王纶持节董督众军以讨景。正表，宏[27]之子；仲礼，庆远之孙；之高，邃之兄子也。

九月，东魏濮阳武公娄昭卒。

侯景闻台军讨之，问策于王伟，伟曰：“邵陵若至，彼众我寡，必为所困。不如弃淮南[28]，决志东向，帅轻骑直掩建康；临贺[29]反其内，大王攻其外，天下不足定也。兵贵拙速[30]，宜即进路。”景乃留外弟[31]中军大都督[32]王显贵[33]守寿阳；癸未[34]，诈称游猎，出寿阳，人不之觉。冬，十月，庚寅[35]，景扬声趣合肥，而实袭谯州[36]，助防董绍先[37]开城降之。执刺史丰城侯泰[38]。泰，范之弟也；先为中书舍人，倾财以事时要[39]，超授谯州刺史。至州，遍发民丁，使担腰舆[40]、扇、伞等物，不限士庶；耻为之者，重加杖责，多输财者，即纵免之，由是人皆思乱。及侯景至，人无战心，故败。

庚子[41]，诏遣宁远将军[42]王质[43]帅众三千巡江防遏。景攻历阳太守庄铁[44]，丁未[45]，铁以城降。因说景曰：“国家承平岁久，人不习战，闻大王举兵，内外震骇，宜乘此际速趋建康，可兵不血刃而成大功。若使朝廷徐得为备，内外小安，遣羸兵[46]千人直据采石，大王虽有精甲百万，不得济矣。”景乃留仪同三司田英、郭骆守历阳[47]，以铁为导，引兵临江。江上镇戍相次启闻。上问讨景之策于都官尚书羊侃，侃请“以二千人急据采石，令邵陵王袭取寿阳；使景进不得前，退失巢穴，乌合之众，自然瓦解。”朱异曰：“景必无渡江之志。”遂寝其议。侃曰：“今兹败矣！”

戊申[48]，以临贺王正德为平北将军，都督京师诸军事，屯丹杨郡[49]。正德遣大船数十艘，诈称载荻[50]，密以济景。景将济，虑王质为梗，使谍视之。会临川[51]太守陈昕[52]启称：“采石急须重镇，王质水军轻弱，恐不能济[53]。”上以昕为云旗将军，代质戍采石，征质知丹杨尹事。昕，庆之[54]之子也。质去采石，而昕犹未下渚[55]。谍告景云：“质已退。”景使折江东树枝为验，谍如言而返，景大喜曰：“吾事办矣！”己酉[56]，自横江[57]济于采石，有马数百匹，兵八千人。是夕，朝廷始命戒严。

景分兵袭姑孰[58]，执淮南[59]太守文成侯宁[60]。南津校尉[61]江子一[62]帅舟师千余人，欲于下流邀景；其副[63]董桃生，家在江北，与其徒先溃走。子一收余众，步还建康。子一，子四之兄也。

（以上为第二段，写侯景反叛，皇室萧正德内应，侯景兵锋南指，顺利渡江。）

【注释】

［1］屡得罪于上：萧正德是临川王萧容的儿子。初，梁武帝无子，养正德为子。后武帝立昭明太子，正德心怀怨望，在任吴郡太守时，竟公开抢劫，招纳亡命。普通六年（525），逃奔北魏。第二年又逃回，但不知悔改。不久随萧综北伐，又弃军脱逃。武帝改封他为临贺王，任丹阳尹。但正德恶习不改，部下多行抢劫。再改任南兖州刺史，还是苛刻待民。于是武帝终于失望，将他免职。［2］在北：当年逃奔北魏时。［3］相知：结为知己。［4］年尊：年老。［5］中被废黜：指昭明太子替代他而立。［6］业业：敬畏的样子。［7］翦扑：消灭。［8］仇门：仇家之门，指高澄。［9］江西一境：即以豫州为中心的长江以西地区，在今安徽、苏北一带。［10］旰食：因忧心国事繁重，难以按时进餐，很晚才吃饭。典出《左传》昭公二十年。［11］戊戌：八月十日。［12］少府卿：官名。梁天监七年改少府所置，与太府卿、太仆卿同为夏官三卿，掌官府手工业。［13］徐骥（？—548）：吴郡吴（今江苏苏州市）人。传见《南史》卷七十七。［14］太子右卫率：官名。东宫属官，率崇荣、永吉、崇和、细射四营卫士，守卫东宫。［15］陆验：吴郡吴人。传见《南史》卷七十七。［16］制局监：官名。尚书省所辖低级官员，主管兵器制造。多以寒门出身的人任职。［17］周石珍（？—552）：建康城奴仆出身，家世代以贩卖绢帛为生。历位开阳令、直阁将军，封南丰县侯。后降于侯景，景篡位，制度仪仗全由周石珍制定。侯景之乱被平定后，被押至江陵腰斩。传见《南史》卷七十七。［18］百贾：众商人。［19］朱彦和：即朱异，字彦和。［20］肆辩：放肆地辩解。［21］天夺之鉴：上天夺走他的识鉴。［22］宋子仙：侯景得力部将。随侯景攻取建康，位至太保。巴陵之役，被王僧辩击败擒获。［23］木栅：地名。在荆山西边，即今安徽怀远县西南，马头城东北。［24］甲辰：八月十六日。［25］正表：萧正表，临川王萧宏之子，爵封山侯，后逃奔乐山。传见《南史》卷五十一。［26］裴之高：字如山。历任颍州、谯州、西豫州刺史。于青塘被侯景战败后，改投江陵，辅佐梁元帝，拜金紫光禄大夫。传见《梁书》卷二十八、《南史》卷五十八。［27］宏：萧宏，梁武帝之弟，封临川王。［28］淮南：指

寿阳，曾是淮南郡治所。［29］临贺：临贺王萧正德，是萧正表的哥哥。［30］拙速：实用而迅速。［31］外弟：表弟。［32］中军大都督：官名。主将直辖精锐部队的主要指挥官。［33］王显贵：人名。《陈书》《南史》作“王贵显”，《资治通鉴》依据《梁书》。［34］癸未：九月二十五日。［35］庚寅：十月三日。［36］谯州：即南谯州，州名。梁置，治所新昌，在今安徽滁州市。［37］董绍先（？—550）：此时以临江太守协助谯州刺史守城。后助侯景袭取广陵，迫降萧会理以后，被任命为南兖州刺史。大宝元年（550），被江都令祖皓所杀。［38］泰：萧泰，字世怡，封丰城侯。传见《南史》卷五十二。［39］时要：当时的显贵要人。［40］腰舆：便轿，高仅及腰部，常用肩抬，类似四川的滑竿。［41］庚子：十月十三日。［42］宁远将军：官名。在梁二十四班将军中，位列第十三班。［43］王质（511—570）：字子贞，梁武帝外甥，封甲口亭侯。曾随萧渊明北伐，失败逃回。侯景破建康，转投梁元帝，任吴州刺史。元帝死，依从陈霸先之子陈茜。入陈，官至都官尚书。传见《陈书》卷十八、《南史》卷二十三。［44］庄铁：初降侯景，后改投寻阳王萧大心，不久又归从萧范，引起两藩内讧。［45］丁未：十月二十日。［46］羸兵：弱兵。［47］历阳：郡名。治所历阳，在今安徽和县。［48］戊申：十月二十一日。［49］丹杨郡：治所建康故城，在今江苏南京市江宁区。［50］荻：植物名。与芦苇同属禾本科而异种，叶稍宽而柔韧。［51］临川：郡名。治所南城，在今江西南城县东南。［52］陈昕（516—548）：字君章，义兴国山（今江苏宜兴市西南）人。骁勇善战，曾败魏将尧雄于悬瓠，又平定过王勤宗起义。传见《梁书》卷三十二、《南史》卷六十一。［53］恐不能济：恐怕不能抵挡侯景军南下。［54］庆之：陈庆之（484—539），字子云。梁朝名将。自幼追随梁武帝。大通元年（527），夺取北魏涡阳，建西徐州。大通初，奉命送魏北海王元颢北上，仅140天，连克三十二城，夺取洛阳。传见《梁书》卷三十二、《南史》卷六十一。［55］渚：河中的沙洲。此指秦淮渚。在秦淮河入江口不远。［56］己酉：十月二十二日。［57］横江：渡口名。在今安徽和县东南，与江南岸的采石隔江相对。［58］姑孰：一作姑熟，城名。故址在今安徽当涂县，是建康的西南门户。［59］淮南：梁郡名。治所姑孰。［60］文成侯宁：萧宁（？—550），爵文成侯。不久吴郡人陆缉推萧宁为梁主，抵抗叛军。失利后，宁藏匿于民间。大宝元年再度起兵于吴郡西乡，兵败被杀。［61］南津校尉：官名。掌长江建康上流一带水军。［62］江子一（？—548）：字元贞，济南考城（今河南兰考县）人。为人高洁有志操，曾任通直散骑侍郎。侯景围建康，江子一壮烈赴死。传见《梁书》卷四十三、《南史》卷六十四。［63］其副：江子一的副将。

太子见事急，戎服入见上，禀受方略，上曰：“此自汝事，何更问为！内外军事，悉以付汝。”太子乃停中书省，指授军事，物情[1]惶骇，莫有应募者。朝廷犹不知临贺王正德之情，命正德屯朱雀门，宁国公大临[2]屯新亭[3]，大府卿韦黯屯六门，缮修宫城，为受敌之备。大临，大器之弟也。

己酉[4]，景至慈湖[5]。建康大骇，御街人更相劫掠，不复通行。赦东西冶[6]、尚方钱署[7]及建康系囚，以扬州刺史宣城王大器都督城内诸军事，以羊侃为军师将军副之，南浦侯推[8]守东府[9]，西丰公大春[10]守石头[11]，轻车长史[12]谢禧[13]、始兴太守元贞守白下[14]，韦黯与右卫将军柳津[15]等分守宫城诸门及朝堂。推，秀[16]之子；大春，大临之弟；津，仲礼之父也。摄诸寺库公藏钱，聚之德阳堂[17]，以充军实。

庚戌[18]，侯景至板桥[19]，遣徐思玉来求见上，实欲观城中虚实。上召问之。思玉诈称叛景请间陈事[20]，上将屏左右，舍人高善宝曰："思玉从贼中来，情伪难测，安可使独在殿上！"朱异侍坐，曰："徐思玉岂刺客邪！"思玉出景启，言"异等弄权，乞带甲入朝，除君侧之恶。"异甚惭悚。景又请遣了事舍人[21]出相领解[22]，上遣中书舍人贺季[23]、主书郭宝亮随思玉劳景于板桥。景北面受敕，季曰："今者之举何名？"景曰："欲为帝也！"王伟进曰："朱异等乱政，除奸臣耳。"景既出恶言，遂留季，独遣宝亮还宫。

百姓闻景至，竞入城，公私混乱，无复次第，羊侃区分防拟，皆以宗室间之。军人争入武库，自取器甲，所司[24]不能禁，侃命斩数人，方止。是时，梁兴四十七年[25]，境内无事，公卿在位及闾里士大夫罕见兵甲，贼至猝迫，公私骇震。宿将已尽，后进少年并出在外，军旅指㧑[26]，一决于侃，侃胆力俱壮，太子深仗之。

辛亥[27]，景至朱雀桁[28]南，太子以临贺王正德守宣阳门，东宫学士[29]新野庾信[30]守朱雀门，帅宫中文武三千余人营桁北。太子命信开大桁以挫其锋，正德曰："百姓见开桁，必大惊骇，可且安物情。"太子从之。俄而景至，信帅众开桁，始除一舶，见景军皆着铁面[31]，退隐于门。信方食甘蔗，有飞箭中门柱，信手甘蔗，应弦而落，遂弃军走。南塘[32]游军沈子睦[33]，临贺王正德之党也，复闭桁渡景。太子使王质将精兵三千援信，至领军府，遇贼，未陈而走。正德帅众于张侯桥[34]迎景，马上交揖，既入宣阳门，望阙而拜，歔欷流涕，随景渡淮。景军皆著青袍，正德军并着绛袍，碧里[35]，既与景合，悉反其袍。景乘胜至阙下，城中恟惧，羊侃诈称得射书云："邵陵王[36]、西昌侯[37]援兵已至近路。"众乃小安。西丰公大春弃石头，奔京口；谢禧、元贞弃白下走；津主[38]彭文粲等以石头城降景，景遣其仪同三司于子悦守之。

（以上为第三段，写萧正德驻防朱雀门，开门揖盗，侯景兵不血刃破建康。）

【注释】

［1］物情：人心。［2］大临：萧大临（527—551），字仁宣，梁简文帝之子。初封宁国公，大宝元年封南海王，任扬州刺史，领吴郡太守。被侯景派人杀死。传见《梁书》卷四十四、《南史》卷五十四。［3］新亭：地名。在今江苏南京市江宁区。［4］己酉：十月二十二日。［5］慈湖：地名。在今安徽当涂县境。［6］东、西冶：少府卿所辖管理冶炼锻造手工业的部门。工匠都是官奴和刑徒。［7］尚方钱署：少府卿所属管理铸钱币的部门。所用也多是刑徒。现恢复他们平民身份，上阵作战。［8］南浦侯推：萧推，字智进，封南浦侯。传见《梁书》卷二十二、《南史》卷五十二。［9］东府：城名。在今南京市秦淮区近秦淮河处。［10］大春：萧大春（530—551），字仁经，爵西丰公。在钟山被侯景军所俘。大宝元年封安陆王，转年被杀。传见《梁书》卷四十四、《南史》卷五十四。［11］石头：城名。在建康城西。［12］轻车长史：轻车将军的长史。［13］谢禧：谢举之子。［14］白下：城名。在南京金川门外。［15］柳津（？—549）：字元举，封云杜侯。传见《南史》卷三十八。［16］秀：萧秀（475—518），字彦达，梁武帝弟弟，封安成王。传见《梁书》卷二十二、《南史》卷五十二。［17］摄：收取。德阳堂：原名阅武堂，天监六年（507）改今名。在宫城南阙前。［18］庚戌：十二月二十三日。［19］板桥：地名。在南京大胜关南。［20］请间陈事：请求单独陈述有关事宜。［21］了事舍人：明白事理的舍人。了事，晓事。［22］领解：记录侯景所想说的事，并予以分判是非。［23］贺季：会稽山阴（今浙江绍兴市）人。明"三礼"，位至中书黄门郎，兼领著作。传见《梁书》卷四十八、《南史》卷六十二。［24］所司：指武库令及其属吏。［25］梁兴四十七年：梁武帝于公元502年建立梁朝，建元天监，至太清二年（548），凡47年。［26］指㧑：（huī）：指挥。［27］辛亥：十月二十四日。［28］朱雀桁（háng）：朱雀门外的浮桥。［29］东宫学士：太子宫中的学士。特置文德省，入选学士有徐陵、张长公、傅弘、庾信等人。［30］庾信（513—581）：字子山，南阳新野（今河南新野县）人。初任梁建康令。侯景之乱时，投奔梁元帝。出使西魏被扣留。入周任骠骑大将军、开府仪同三司，封义城县侯。世号"庾开府"。善写诗及骈体文，是南北朝宫廷文学的代表。传见《周书》卷四十一、《北史》卷八十三。［31］铁面：铁面具。［32］南塘：地名。在南京秦淮河北岸朱雀门一侧。［33］游军：巡逻的军队。沈子睦：人名。［34］张侯桥：在建康宫城附近。［35］碧里：青绿色里子。［36］邵陵王：萧纶，时率军渡江抵达钟离郡，援救京师。［37］西昌侯：萧渊藻，当时镇守京口。［38］津主：渡口守将。

壬子[1]，景列兵绕台城[2]，幡旗皆黑，射启于城中曰："朱异等蔑弄朝权，轻作威福，臣为所陷，欲加屠戮。陛下若诛朱异等，臣则敛辔北归。"上问太子："有是乎？"对曰："然。"上将诛之。太子曰："贼以异等为名耳；今日杀之，无救于急，适足贻笑将来，俟贼平诛之未晚。"上乃止。

景绕城既匝[3]，百道俱攻，鸣鼓吹唇[4]，喧声震地。纵火烧大司马、东、西华诸门。羊侃使凿门上为窍，下水沃火；太子自捧银鞍，往赏战士；直阁将军朱思帅战士数人逾城出外洒水，久之方灭。贼又以长柯斧[5]斫东掖门，门将开，羊侃凿扇[6]为孔，以槊刺杀二人，斫者乃退。景据公车府[7]，正德据左卫府[8]，景党宋子仙据东宫，范桃棒[9]据同泰寺。景取东宫妓数百，分给军士。东宫近城，景众登其墙射城内。至夜，景于东宫置酒奏乐，太子遣人焚之，台殿及所聚图书皆尽。景又烧乘黄厩[10]、士林馆[11]、太府寺[12]。癸丑[13]，景作木驴[14]数百攻城，城上投石碎之。景更作尖顶木驴，石不能破。羊侃使作雉尾炬[15]，灌以膏蜡，丛掷焚之，俄尽[16]。景又作登城楼，高十余丈，欲临射城中。侃曰："车高堑虚[17]，彼来必倒，可卧而观之。"及车动，果倒。

景攻既不克，士卒死伤多，乃筑长围[18]以绝内外，又启求诛朱异等。城中亦射赏格出外曰："有能送景首者，授以景位，并钱一亿万，布绢各万匹。"朱异、张绾议出兵击之，问羊侃，侃曰："不可。今出人若少，不足破贼，徒挫锐气；若多，则一旦失利，门隘桥小，必大致失亡。"异等不从，使千余人出战；锋未及交，退走，争桥赴水死者大半。

侃子鷟，为景所获，执至城下，以示侃，侃曰："我倾宗报主，犹恨不足，岂计一子，幸早杀之！"数日，复持来，侃谓鷟曰："久以汝为死矣，犹在邪！"引弓射之。景以其忠义，亦不之杀。

庄铁虑景不克[19]，托称迎母，与左右数十人趣历阳，先遣书给田英、郭骆曰："侯王已为台军所杀，国家使我归镇。"骆等大惧，弃城奔寿阳，铁入城，不敢守，奉其母奔寻阳[20]。

十一月，戊午朔[21]，刑白马，祀蚩尤[22]于太极殿前。

临贺王正德即帝位于仪贤堂[23]，下诏称："普通以来，奸邪乱政，上久不豫，社稷将危。河南王景，释位来朝[24]，猥用朕躬，绍兹宝位，可大赦，改元正平。"立其世子见理[25]为皇太子，以景为丞相，妻以女，并出家之宝货悉助军费。

于是景营于阙前，分其兵二千人攻东府；南浦侯推拒之，三日，不克。景自往攻之，矢石雨下，宣城王[26]防阁[27]许伯众[28]潜引景众登城。辛酉[29]，克之；杀南浦侯推及城中战士三千人，载其尸聚于杜姥宅[30]，遥语城中人曰："若不早降，正当如此！"

景声言上已晏驾[31]，虽城中亦以为然。壬戌[32]，太子请上巡城，上幸大司马门，城上闻跸声[33]，皆鼓噪流涕，众心粗安。

江子一之败还也，上责之。子一拜谢曰："臣以身许国，常恐不得其死；今所部皆弃臣去，臣以一夫安能击贼！若贼遂能至此，臣誓当碎首以赎前罪，不死阙前，当死阙后。"乙亥[34]，子一启太子，与弟尚书左丞子四、东宫主帅[35]子五[36]帅所领百余人开承明门出战。子一直抵贼营，贼伏兵不动。子一呼曰；"贼辈何不速出！"久之，贼骑出，夹攻之。子一径前，引槊刺贼；从者莫敢继，贼解其肩[37]而死。子四、子五相谓曰："与兄俱出，何面[38]独旋！"皆免胄赴贼。子四中稍，洞胸而死；子五伤脰[39]，还至堑，一恸而绝。

景初至建康，谓朝夕可拔，号令严整，士卒不敢侵暴。及屡攻不克，人心离沮[40]。景恐援兵四集，一旦溃去；又食石头常平诸仓既尽，军中乏食；乃纵士卒掠夺民米及金帛子女。是后米一升至七八万钱，人相食，饿死者什五六。

乙丑[41]，景于城东、西起土山，驱迫士民，不限贵贱，乱加殴捶，疲羸者因杀以填山，号哭动地。民不敢窜匿，并出从之，旬日间，众至数万。城中亦筑土山以应之。太子、宣城王已下，皆亲负土，执畚锸[42]，于山上起芙蓉层楼[43]，高四丈，饰以锦罽[44]，募敢死士二千人，厚衣袍铠，谓之"僧腾客"，分配二山[45]，昼夜交战不息。会大雨，城内土山崩；贼乘之，垂入，苦战不能禁。羊侃令多掷火，为火城以断其路，徐于内筑城，贼不能进。

景募人奴降者，悉免为良[46]；得朱异奴，以为仪同三司，异家赀产悉与之。奴乘良马，衣锦袍，于城下仰诟异曰："汝五十年仕宦，方得中领军；我始事侯王，已为仪同矣！"于是三日之中，群奴出就景者以千数，景皆厚抚以配军，人人感恩，为之致死。

荆州刺史湘东王绎闻景围台城，丙寅[47]，戒严，移檄所督湘州[48]刺史河东王誉、雍州[49]刺史岳阳王詧、江州刺史当阳公大心[50]、郢州刺史南平王恪[51]等，发兵入援。大心，大器之弟；恪，伟[52]之子也。

朱异遗景书，为陈祸福。景报书，并告城中士民，以为："梁自近岁以来，权幸用事，割剥齐民，以供嗜欲。如曰不然，公等试观：今日国家池苑，王公第宅，僧尼寺塔；及在位庶僚，姬姜[53]百室，仆从数千，不耕不织，锦衣玉食；不夺百姓，从何得之！仆所以趋赴阙庭，指诛权佞，非倾社稷。今城中指望四方入援，吾观王侯、诸将，志在全身，谁能竭力致死，与吾争胜负哉！长江天险，二曹[54]所叹，吾一苇航之[55]，日明气净。自非天人允协，何能如是！幸各三思，自求元吉！"

景又奉启于东魏主，称："臣进取寿春，暂欲停憩。而萧衍识此运终，自辞宝位；臣军未入其国，已投同泰[56]舍身。去月[57]二十九日，届此建康。江海未苏，干戈暂止，永言故乡，人马同恋。寻当整辔，以奉圣颜。臣之母、弟，久谓屠灭，近奉明敕，始承[58]犹在。斯乃陛下宽仁，大将军恩念，臣之弱劣，知何仰报！今辄赍启迎臣母、弟、妻、儿，伏愿圣慈，特赐裁放！"

己巳[59]，湘东王绎遣司马吴晔、天门[60]太守樊文皎[61]等将兵发江陵。

陈昕为景所擒，景与之极饮，使昕收集部曲，欲用之。昕不可，景使其仪同三司范桃棒囚之。昕因说桃棒，使帅所部袭杀王伟、宋子仙，诣城降。桃棒从之，潜遣昕夜缒入城。上大喜，敕镌银券[62]赐桃棒曰："事定之日，封汝河南王，即有景众，并给金帛女乐。"太子恐其诈，犹豫不决，上怒曰："受降常理，何忽致疑！"太子召公卿会议，朱异、傅岐曰："桃棒降必非谬。桃棒既降，贼景必惊，乘此击之，可大破也。"太子曰："吾坚城自守以俟外援，援兵既至，贼岂足平！此万全策也。今开门纳桃棒，桃棒之情，何易可知！万一为变，悔无所及；社稷事重，须更详之。”异曰：“殿下若以社稷之急，宜纳桃棒；如其犹豫，非异所知。”太子终不能决。桃棒又使昕启曰：“今止将所领五百人，若至城门，皆自脱甲，乞朝廷开门赐容。事济之后，保擒侯景。”太子见其恳切，愈疑之。朱异抚膺[63]曰：“失此，社稷事去矣！”俄而桃棒为部下所告，景拉杀之。陈昕不知，如期而出，景邀得之，逼使射书城中曰：“桃棒且轻将[64]数十人先入。”景欲衷甲随之，昕不肯，期以必死[65]，乃杀之。

景使萧见理与仪同三司卢晖略[66]戍东府。见理凶险，夜，与群盗剽劫于大桁，中流矢而死。

（以上为第四段，写侯景重兵攻围皇城，梁将羊侃指挥有方，应对有度，激战两月余，直到年底，叛军未能攻克皇城。）

【注释】

[1]壬子：十月二十五日。[2]台城：即梁朝台省（中央政府）和宫殿所在的内城。[3]绕城既匝：绕台城完成包围圈。[4]吹唇：吹口哨，也称啸指。[5]长柯斧：长柄斧子。[6]扇：城门门扇。[7]公车府：公车令衙门，卫尉下属机构，在台城门外。[8]左卫府：左卫率衙门。左卫率领果毅、统远、立忠、建宁、陵锋、夷寇、祚德七营兵，守卫台城。府衙也在台城外。[9]范桃棒：侯景部将，官拜仪同三司。后密谋降梁，事泄被杀。[10]乘黄厩：皇宫马厩之一。[11]士林馆：在台城西侧，是朱异、顾琛、孔子祛等人轮流讲述经义的地方。[12]太府寺：太府卿办事衙门.。[13]癸丑：十月二十六日。[14]木驴：攻城器具。木制，下装六脚，高七尺，可以容纳六名战士。上蒙湿牛皮，人在里面推进，可抵城下。后为尽量避免被石块砸碎，改作上尖下宽的形状。[15]雉尾炬：用芦苇扎成，尾分两歧，如同雉鸡尾巴，灌入油蜡，点燃成火炬。[16]俄尽：一会儿工夫便把木驴烧光。[17]堑虚：基础不稳。[18]筑长围：绕台城夯土成围子。[19]不克：不成功。[20]寻阳：郡名。治所寻阳，在今江西九江市西。[21]戊午朔：十一月一日。[22]蚩尤：传说中东方九黎族的首领，以铜作兵器。后于涿鹿（在今河北涿鹿县东南）被黄帝打败并杀死，黎族退入南方。因蚩尤善造兵器，骁勇善战，所以被尊作战神祭祀，祈求福祥。[23]仪贤堂；原名听讼堂，天监六年改今名，在台城南阙前。[24]释位来朝：《左传》中所指周朝诸侯放弃封国，来辅佐周天子处理政事。萧正德引用来表彰侯景对他的辅助。[25]见理：萧见理，字孟节，喜结纳群盗，夜出抢掠，后中流矢死。传见《南史》卷五十一。[26]宣城王：即萧大器。[27]防阁：即防阁将军，是诸王府中守卫斋阁的将领。[28]许伯众：人名。《梁书》作“许郁华”，时任东府东北楼守将。与《资治通鉴》异。[29]辛酉：十一月四日。[30]杜姥宅：住宅名。[31]晏驾：死亡。[32]壬戌：十一月五日。[33]闻

跸声：听到帝王出行的清道声。［34］乙亥：十一月十八日。据章校，十二行本、乙十一行本、孔本均作“癸亥”，即十一月六日。按下文有“乙丑”，是十一月八日，此前不可能有“乙亥”日，恐当以章校为是。［35］东宫主帅：官名。值卫于太子殿中。［36］子五：江子五，事见《梁书》卷四十三。［37］解其肩：砍断江子一的肩膀。［38］何面：有何脸面的意思。［39］脰：颈项。［40］离沮：离散沮丧。［41］乙丑：十一月八日。［42］畚锸：畚箕和锸铲。［43］芙蓉层楼：用斗拱和飞柳层层建起的木楼，形状如芙蓉花萼状而得名。［44］锦罽：丝织的彩帛和毛织的毳（cuì）布。［45］二山：台城中东、西各有一个土山。［46］悉免为良：全都免去奴婢的身份，成为良民百姓。［47］丙寅：十一月九日。［48］湘州：州名。梁置，治所临湘，在今湖南长沙市。［49］雍州：州名。梁置，治所襄阳，在今湖北襄阳市。［50］大心：萧大心（527—551），字仁恕。初封当阳公。历任郢州、江州刺史。建康失陷后，不久即遭侯景杀害。传见《梁书》卷四十四、《南史》卷五十四。［51］南平王恪：萧恪（？—552），字敬则，初任雍州刺史。元帝即位江陵，恪任尚书令、司空。讨平侯景后，死于赴扬州刺史任前夕。传见《南史》卷五十二。［52］伟：萧伟（？—532），字文达，梁武帝的弟弟。传见《梁书》卷二十二、《南史》卷五十二。［53］姬姜：古代贵族妇女的美称。此指妻妾。［54］二曹：指曹操和曹丕。前者败于赤壁，后者于黄初五年（224）至广陵，面对长江，叹道：“魏虽有武骑千群，无所用也！”于是退兵。［55］一苇航之：语见《诗经·国风·河广》。原意形容河道狭窄。侯景借用来说明，他之所以轻而易举地渡过天险长江，是上顺天意，下应民心的结果。［56］同泰：同泰寺。［57］去月：上个月。［58］始承：才从敕令中得知。［59］己巳：十一月十二日。［60］天门：郡名。治所澧阳，在今湖南石门县。［61］樊文皎（？—549）：梁益州刺史樊文炽的弟弟。［62］镌银券：雕有文字的银制契据。［63］抚膺：捶胸，气愤难平的样子。［64］轻将：略带，少带随从。［65］期以必死：声明必死的决心，绝不屈服。［66］卢晖略：人名。一作“卢辉略”。太宝二年（551），以石头城降于陈霸先。

邵陵王纶行至钟离，闻侯景已渡采石，纶昼夜兼道，旋军[1]入援，济江，中流[2]风起，人马溺者什一二。遂帅宁远将军西丰公大春、新涂公大成、永安侯确、安南侯骏、前谯州刺史赵伯超、武州[3]刺史萧弄璋等，步骑三万自京口西上。大成，大春之弟；确，纶之子；骏，懿之孙也。

景遣军至江乘[4]拒纶军。赵伯超曰：“若从黄城[5]大路”，必与贼遇，不如径指钟山[6]，突据广莫门，出贼不意，城围必解矣。”纶从之，夜行失道，迂[7]二十余里，庚辰旦[8]，营于蒋山。景见之大骇，悉送所掠妇女、珍货于石头，具舟欲走。分兵三道攻纶，纶与战，破之。时山巅寒雪，乃引军下爱敬寺[9]。景陈兵于覆舟山[10]北，乙酉[11]，纶进军玄武湖[12]侧，与景对陈，不战。至暮，景更约明日会战，纶许之。安南侯骏见景军退，以为走，即与壮士逐之；景旋军击之，骏败走[13]，趣纶军。赵伯超望见，亦引兵走，景乘胜追击之，诸军皆溃。纶收余兵近千人，入天保寺；景追之，纵火烧寺。纶奔朱方[14]，士卒践冰雪，往往堕足。景悉收纶辎重，生擒西丰公大春、安前司马[15]庄丘慧[16]、主帅霍俊[17]等而还。丙戌[18]，景陈所获纶军首虏铠仗及大春等于城下，使言曰："邵陵王已为乱兵所杀。"霍俊独曰："王小失利，已全军还京口。城中但坚守，援军寻至。"贼以刀殴其背，俊辞色弥厉；景义而释之，临贺王正德杀之。

（以上为第五段，写邵陵王萧纶首率勤王之师，进兵建康救援，兵败蒋山。）

【注释】

[1]旋军：回师。时萧纶正率军北上，进攻寿阳。不料侯景避开梁军，名攻合肥，实取谯州，并渡江直逼建康。纶于是回师入援。 [2]中流：江心。此指纶军刚渡到江心。 [3]武州：州名，治所武陵，在今湖南常德市。 [4]江乘：县名。县治在今江苏句容市北。 [5]黄城：地名。在今江苏南京市东。 [6]钟山：山名。孙权避祖讳改称蒋山，今名紫金山，在今南京市内。 [7]迂：曲绕。 [8]庚辰旦：十一月二十三日早晨。 [9]爱敬寺：梁武帝所建的寺院，为敬事他的父母文皇帝和献皇后，祈求福祐。 [10]覆舟山：山名。在今南京市内。 [11]乙酉：十一月二十八日。 [12]玄武湖：湖名。在今南京市内。 [13]走：败退。 [14]朱方：春秋时吴国的一个地名。梁时是南兰陵郡武进县，在今江苏镇江市。 [15]安前司马：官名。邵陵王萧纶曾任安前将军，庄丘慧任他的司马，所以称安前司马。 [16]庄丘慧：人名。《南史》作"庄丘慧达"，《梁书》作"庄丘惠达"疑《资治通鉴》脱"达"字。 [17]霍俊：人名。《通鉴考异》说：《典略》作"广陵令崔俊"，《南史》作"广陵令霍隽"。可见他是以广陵令的职务成为萧纶军中的一名主帅的。 [18]丙戌：十一月二十九日。

是日晚，鄱阳王范遣其世子嗣[1]与西豫州[2]刺史裴之高、建安[3]太守赵凤举各将兵入援，军于蔡洲[4]，以待上流诸军，范以之高督江右援军事。景悉驱南岸居民于水北[5]，焚其庐舍，大街已西，扫地俱尽。

北徐州刺史封山侯正表镇钟离，上召之入援，正表托以船粮未集，不进。景以正表为南兖州刺史，封南郡王。正表乃于欧阳[6]立栅以断援军，帅众一万，声言入援，实欲袭广陵[7]。密书诱广陵令刘询，使烧城为应，询以告南兖州刺史南康王会理。十二月，会理使询帅步骑千人夜袭正表，大破之；正表走还钟离。询收其兵粮，归就会理，与之入援。

癸巳[8]，侍中、都官尚书羊侃卒，城中益惧。侯景大造攻具，陈于阙前，大车高数丈，一车二十轮，丁酉[9]，复进攻城，以虾蟆车[10]运土填堑。

湘东王绎遣世子方等[11]将步骑一万入援建康，庚子[12]，发公安。绎又遣竟陵太守王僧辩将舟师万人，出自汉川[13]，载粮东下。方等有俊才，善骑射，每战，亲犯矢石，以死节自任。

壬寅[14]，侯景以火车焚台城东南楼。材官[15]吴景有巧思，于城内构地为楼，火才灭，新楼即立，贼以为神。景[16]因火起，潜遣人于其下穿城。城将崩，乃觉之；吴景于城内更筑迂城，状如却月[17]以拟之，兼掷火，焚其攻具，贼乃退走。

太子遣洗马[18]元孟恭将千人自大司马门出荡[19]，孟恭与左右奔降于景。

己酉[20]，景土山稍逼城楼，柳津命作地道以取其土，外山崩，压贼且尽。又于城内作飞桥[21]，悬罩[22]二土山。景众见飞桥迥出[23]，崩腾[24]而走；城内掷雉尾炬，焚其东山，楼栅荡尽，贼积死于城下。乃弃土山不复修，自焚其攻具。材官将军宋嶷降于景，教之引玄武湖水以灌台城，阙前皆为洪流。

上征衡州[25]刺史韦粲[26]为散骑常侍，以都督长沙欧阳頠[27]监州事。粲，放[28]之子也，还，至庐陵[29]，闻侯景乱，粲简阅部下，得精兵五千，倍道赴援。至豫章[30]，闻景已出横江，粲就内史刘孝仪[31]谋之，孝仪曰："必如此，当有敕。岂可轻信人言，妄相惊动！或恐不然。"时孝仪置酒，粲怒，以杯抵地曰："贼已渡江，便逼宫阙，水陆俱断，何暇有报！假令无敕，岂得自安！韦粲今日何情饮酒！"即驰马出部分[32]。将发，会江州刺史当阳公大心遣使邀粲，粲乃驰往见大心曰："上游藩镇[33]，江州去京最近，殿下情计诚宜在前。但中流任重，当须应接，不可阙镇。今宜且张声势，移镇湓城，遣偏将赐随[34]，于事便足。”大心然之，遣中兵[35]柳昕帅兵二千人随粲，粲至南洲，外弟司州刺史柳仲礼亦帅步骑万余人至横江，粲即送粮仗赡给之，并散私金帛以赏其战士。

西豫州刺史裴之高自张公洲[36]遣船渡仲礼，丙辰[37]夜，粲、仲礼及宣猛将军[38]李孝钦[39]、前司州刺史羊鸦仁、南陵太守陈文彻[40]，合军屯新林[41]王游苑[42]。粲议推仲礼为大都督，报下流众军[43]；裴之高自以年位，耻居其下，议累日不决，粲抗言于众曰：“今者同赴国难，义在除贼。所以推柳司州[44]者，正以久捍边疆，先为侯景所惮；且士马精锐，无出其前。若论位次，柳在粲下，语其年齿，亦少于粲，直以社稷之计，不得复论。今日形势，贵在将和，若人心不同，大事去矣。裴公朝之旧德，岂应复挟私情以沮大计！粲请为诸军解之[45]。”乃单舸至之高营，切让之曰：“今二宫危逼，猾寇滔天，臣子当戮力同心，岂可自相矛盾！豫州[46]必欲立异，锋镝便有所归[47]。”之高垂泣致谢，遂推仲礼为大都督。

宣城内史杨白华[48]遣其子雄将郡兵继至，援军大集，众十余万，缘淮树栅，景亦于北岸树栅以应之。

裴之高与弟之横[49]以舟师一万屯张公洲。景囚之高弟、侄、子、孙，临水陈兵，连锁列于陈前，以鼎镬、刀锯随其后，谓曰：“裴公不降，今即烹之。”之高召善射者使射其子，再发，皆不中。

景帅步骑万人于后渚[50]挑战，仲礼欲出击之。韦粲曰：“日晚我劳，未可战也。”仲礼乃坚壁不出，景亦引退。

湘东王绎将锐卒三万发江陵，留其子绥宁侯方诸[51]居守，咨议参军刘之迟[52]等三上笺请留，答教不许。

鄱阳王范遣其将梅伯龙攻王显贵于寿阳，克其罗城[53]；攻中城，不克而退，范益其众，使复攻之。

东魏大将军澄患民钱滥恶，议不禁民私铸；但悬称市门，钱不重五铢，毋得入市。朝议以为年谷不登，请俟他年，乃止。

魏太师泰杀安定国臣[54]王茂而非其罪[55]。尚书左丞柳庆[56]谏，泰怒曰：“卿党罪人，亦当坐！”执庆于前。庆辞色不挠，曰：“庆闻君蔽于事为不明，臣知而不争为不忠。庆既竭忠，不敢爱死，但惧公为不明耳。”泰寤，亟使赦茂，不及[57]，乃赐茂家钱帛，曰：“以旌吾过。”

丙辰晦[58]，柳仲礼夜入韦粲营，部分众军。旦日，会战，诸将各有据守，令粲顿青塘[59]。粲以青塘当石头中路，贼必争之，颇惮之。仲礼曰：“青塘要地，非兄不可；若疑兵少，当更遣军相助。”乃使直阁将军刘叔胤助之。

（以上为第五段，写梁朝勤王之师大集，众推柳仲礼为大都督，结营秦淮河。）

【注释】

[1]世子嗣：鄱阳王萧范的王位继承人萧嗣，字长胤。萧范死后，他坚守晋熙，后被侯景将任约所杀。传见《梁书》卷二十二、《南史》卷五十二。 [2]西豫州：州名。梁置，治所晋熙，在今湖北黄冈市。 [3]建安：郡名。治所建安，在今福建建瓯市。然而胡三省以为是建宁郡之误，在今湖北麻城市西南，与治所晋熙的西豫州相近。胡说是。 [4]蔡洲：江心洲，在今江苏南京江宁区长江段。 [5]水北：秦淮河北岸。 [6]欧阳：戍所名。在今江苏仪征市东北。 [7]广陵：郡名。治所广陵，在今江苏扬州市。 [8]癸巳：十二月七日。 [9]丁酉：十二月十一日。[10]虾蟆车：古战车名。用来载土，因体积庞大，需三百人才能推动，用来填平堑壕。 [11]世子方等：萧绎长子萧方等（528—549），字实相，后在麻溪被河东王萧誉攻杀。传见《梁书》卷四十四、《南史》卷五十四。 [12]庚子：十二月十四日。 [13]汉川：即汉水，流经竟陵，王僧辩水师即顺汉水而下。 [14]壬寅：十二月十六日。 [15]材官：官名。少府卿属官，负责宫中工匠和土木工程。 [16]景：此指侯景。 [17]却月：弯弯的月亮。 [18]洗马：官名。全称太子洗马，如同谒者掌出使和朝会，出则为太子作前导。 [19]出荡：出外扫荡。 [20]己酉：十二月二十三日。 [21]飞桥：凌空架设高桥。 [22]悬罩：悬空落向。 [23]迥出：从远处伸出。 [24]崩腾：如土崩一般飞快地逃走。 [25]衡州：州名。治所含洭，在今广东英德市西。 [26]韦粲（495—548）：字长蒨，韦睿之孙。曾任步兵校尉，爵永昌县侯。侯景攻建康，粲率军进援京师，于青塘战死。传见《梁书》卷四十三、《南史》卷五十八。 [27]欧阳頠（wěi）（498—563）：字靖世，长沙临湘（今湖南长沙市）人。以入援京师功，后被梁元帝任命为东衡州刺史。元帝死，转投陈霸先。平定岭南，任广州刺史，改封阳山郡公。传见《陈书》卷九、《南史》卷六十六。 [28]放：韦放（475—533），字元直，袭封永昌县侯。普通八年（527），于涡阳大捷中颇建战功，迁通直散骑常侍。传见《梁书》卷二十八、《南史》卷五十八。 [29]庐陵：郡名。治所石阳，在今江西吉安市东北。 [30]豫章：郡名。治所南昌，在今江西南昌市。 [31]刘孝仪：即刘潜（484—550），字孝仪。曾任太子洗马、建康令、都官尚书。传见《梁书》卷四十一、《南史》卷三十九。 [32]部分：布置赴援军务。 [33]藩镇：握有地方军政大权的诸侯或地方刺

史。［34］赐随：派遣部下随同韦粲赴援。［35］中兵：即中兵参军。［36］张公洲：即蔡洲。［37］丙辰：十二月三十日。［38］宣猛将军：官名。与超武、铁骑、楼船、平虏等九将军同班。［39］李孝钦：人名。平定侯景后，追随王琳，被陈霸先部将周迪生擒。［40］陈文彻：人名。原是广州俚人首领，后被兰钦收服，此时随军赴援京师。［41］新林：地名。在江苏南京西南长江边。［42］王游苑：梁朝宫廷园林名，在新林浦。［43］下流众军：驻扎在张公洲的裴之高、裴之横等人率领的援军。因韦粲从上流而来，所以称裴军为下流众军。［44］柳司州：即柳仲礼，时任司州刺史。［45］解之：和解此事。［46］豫州：指裴之高，时任西豫州刺史。［47］锋镝便有所归：言外之意，裴之高再要作梗，将率军夺了他的兵权。［48］杨白华：即杨华，武都仇池（今甘肃成县）人。被北魏胡太后所逼，南投梁朝。官至太仆卿，封益阳县侯。因妻子落在侯景手中，不得不降，因而忧愤死。传见《梁书》卷三十九、《南史》卷六十三。［49］之横：裴之横（515—555），字如岳。随萧范讨伐侯景。萧范死，投奔梁元帝，任东徐州刺史、中护军，封豫宁侯。传见《梁书》卷二十八、《南史》卷五十八。［50］后渚：地名。在建康中兴寺前。［51］方诸：萧方诸，字智相，封绥宁侯。善谈玄学。被侯景部将宋子仙袭杀。传见《梁书》卷四十四、《南史》卷五十四。［52］刘之讵：即刘之迟，曾任荆州中从事史。传见《南史》卷五十。［53］罗城：为增强防御能力，在城墙外加修的突出的小城。［54］安定国臣：宇文泰封安定公，有封国，所以他的属下可以称作“国臣”。［55］非其罪：并非犯有死罪，罚不当罪。［56］柳庆（517—566）：字更兴，解（在今山西运城市盐湖区）人。善于断案，抗直明辨，深得宇文泰信任，位骠骑大将军。入周，封平齐县公。传见《周书》卷二十二、《北史》卷六十四。［57］不及：赦令下得晚，王茂已被处死。［58］丙辰晦：十二月三十日。［59］青塘：即青溪塘，发源于钟山，在南京市江宁区境。

【点评】

侯景反叛。侯景一入梁境，即以残兵据寿阳，智者已识其为祸端矣。惜乎梁朝主上昏耄，贼臣专权，君与臣俱姑息养奸，乃至侯景反形已露，朝廷仍一味姑息。忠言一概不听，奸言受之如饴。元贞报警，羊鸦仁切谏，事实昭著，梁主武帝，权臣朱异，仍置之脑后。由是叛贼胆壮，侯景上书戏侮君前，昏主竟优诏答之。于是宗室潜疑，萧正德卖国求荣，通敌外叛，侯景以一旅之众，入腹心，渡长江，并非破竹之势，乃是入无人之境，遂长驱直指京师矣。

卷一六二　梁纪十八

梁武帝太清三年（549 年）

【屠维大荒落（己巳，549 年），凡一年】

【大事提要】

本卷记事公元 549 年，凡一年，当梁武帝太清三年，西魏文帝大统十五年，东魏孝静帝武定七年。是年，北朝东魏势力扩张，高澄乘梁朝内乱，蚕食梁朝淮南各州镇，又西败西魏名将王思政，收复因侯景反叛而丢失的全部河南疆土。本卷重点仍载述侯景叛乱的太清之祸。侯景兵围台城，四方勤王之师集于建康，繁华帝京，成为烽烟连绵的大战场，一百余日的激烈大战，建康士民死伤十之八九，数十万生灵遭涂炭，十里长街片瓦不存，变为废墟。台城破，梁武帝死，宗室诸王不思协力报君国之仇，反而各怀私心，互相攻伐，既使侯景苟延性命于内，又使大片国土丧失于外。梁朝纲纪不张，政治腐败，于兹可见。

高祖武皇帝十八

太清三年（己巳，549 年）

春，正月，丁巳朔[1]，柳仲礼自新亭徙营大桁。会大雾，韦粲军迷失道，比及青塘，夜已过半，立栅未合，侯景望见之，亟帅锐卒攻粲。粲使军主[2]郑逸逆击之，命刘叔胤以舟师截其后[3]，叔胤畏懦不敢进，逸遂败。景乘胜入粲营，左右牵粲避贼，粲不动，叱子弟力战，遂与子尼及三弟助、警、构、从弟昂皆战死，亲戚死者数百人。仲礼方食，投箸被甲，与其麾下百骑驰往救之，与景战于青塘，大破之，斩首数百级，沉淮水死者千余人。仲礼矟将及景，而贼将支伯仁[4]自后斫仲礼中肩，马陷于淖，贼聚矟刺之，骑将郭山石救之，得免。仲礼被重疮，会稽人惠臶吮疮断血，故得不死。自是景不敢复济南岸，仲礼亦气索[5]，不复言战矣。

邵陵王纶复收散卒，与东扬州刺史临城公大连[6]、新淦公大成等自东道并至；庚申[7]，列营于桁南，亦推柳仲礼为大都督。大连，大临之弟也。

朝野以侯景之祸共尤朱异，异惭愤发疾，庚申[8]，卒。故事：尚书官不以为赠[9]，上痛惜异，特赠尚书右仆射。

甲子[10]，湘东世子方等及王僧辩军至。

戊辰[11]，封山侯正表以北徐州降东魏，东魏徐州刺史高归彦[12]遣兵赴之。归彦，欢之族弟也。

己巳[13]，太子迁居永福省[14]。高州刺史李迁仕[15]、天门太守樊文皎将援兵万余人至城下。台城与援军信命久绝，有羊车儿献策，作纸鸱[16]，系以长绳，写敕于内，放以从风，冀达众军，题云："得鸱送援军，赏银百两。"太子自出太极殿前乘西北风纵之，贼怪之，以为厌胜[17]，射而下之。援军募人能入城送启者，鄱阳世子嗣左右李朗请先受鞭，诈为得罪，叛投贼，因得入城，城中方知援兵四集，举城鼓噪。上以朗为直阁将军，赐金遣之。朗缘钟山之后，宵行昼伏，积日乃达。

癸未[18]，鄱阳世子嗣、永安侯确，庄铁、羊鸦仁、柳敬礼[19]、李迁仕、樊文皎将兵渡淮，攻东府前栅，焚之；侯景退。众军营于青溪之东，迁仕、文皎帅锐卒五千独进深入，所向摧靡。至菰首桥[20]东，景将宋子仙伏兵击之，文皎战死，迁仕遁还。敬礼，仲礼之弟也。

仲礼神情傲狠，陵蔑诸将，邵陵王纶每日执鞭至门[21]，亦移时弗见，由是与纶及临城公大连深相仇怨。大连又与永安侯确有隙，诸军互相猜阻，莫有战心。援军初至，建康士民扶老携幼以候之，才过淮，即纵兵剽掠。由是士民失望，贼中有谋应官军者，闻之，亦止。

王显贵以寿阳降东魏。

（以上为第一段，写梁朝勤王之师四集，初战不利后的形势。太清三年正月，勤王之师初战失利，韦粲死，军魂夺。援军大都督柳仲礼初战受创，死里逃生而胆寒，坚壁不敢言战，傲慢乖张以树威，诸将离心，士气不振。）

【注释】

［1］丁巳朔：正月一日。［2］军主：军中的裨将。［3］截其后：截断侯景渡秦淮河的退路。［4］支伯仁：人名。《梁书》卷四十五作“支化仁”，是侯景骑将，兼鲁山城主，后降于王僧辩。而《梁书·简文帝纪》和《侯景传》都作“张化仁”。三名未详孰是。［5］气索：斗志殆尽。［6］大连：萧大连（530—551），字仁靖，封临城公。大宝元年，改封南郡王。转年被侯景所害。传见《梁书》卷四十四、《南史》卷五十四。［7］庚申：正月四日。［8］庚申：《梁书·武帝纪》作“乙丑”，是正月九日，与此异。恐当以《梁书》为是。［9］不以为赠：大臣死后追赠官位，始于东汉初年，六朝尤为盛行。但从不追赠尚书官，此为特例。［10］甲子：正月八日。《梁书·武帝纪》作“戊辰”。［11］戊辰：正月十二日。［12］高归彦：字仁英，高欢族弟。北齐时，封平秦王。以讨侯景功，别封长乐郡公，除领军大将军。领军加“大”字，从归彦开始。传见《魏书》卷三十二、《北齐书》卷十四、《北史》卷五十一。［13］己巳：正月十三日。［14］永福省：在宫禁中。从南朝宋开始，均由太子居住，取永久福祐国家的意思。［15］李迁仕（？—551）：梁武帝死后，顺从侯景。陈霸先北上，迁仕企图偷袭南康，被霸先派杜僧明擒杀。［16］纸鸱：风筝，做成鸟形。［17］厌胜：古代诅咒制服他人的一种巫术。［18］癸未：正月二十七日。［19］柳敬礼：台城失陷，侯景扣他为人质，胁迫柳仲礼出征。后敬礼与萧会理谋夺建康，事泄被杀。传见《梁书》卷四十二、《南史》卷三十八。［20］菰首桥：青溪河上的桥。菰首，即茭白。［21］执鞭至门：部将进见主帅之礼。萧纶虽贵为王，但推举柳仲礼为大都督，指挥解围军事，所以也行进见礼。

临贺王记室吴郡顾野王[1]起兵讨侯景，二月，己丑[2]，引兵来至。初，台城之闭也，公卿以食为念，男女贵贱并出负米，得四十万斛，收诸府藏钱帛五十万亿，并聚德阳堂，而不备薪刍、鱼盐。至是，坏尚书省为薪[3]。撤荐[4]，锉[5]以饲马，荐尽，又食以饭。军士无膎[6]，或煮铠[7]、熏鼠、捕雀而食之。御甘露厨[8]有干苔[9]，味酸咸，分给战士。军人屠马于殿省间，杂以人肉，食者必病。侯景众亦饥，抄掠无所获；东城[10]有米，可支一年，援军断其路。又闻荆州兵将至，景甚患之。王伟曰：“今台城不可猝拔，援兵日盛；吾军乏食，若伪求和以缓其势，东城之米，足支一年，因求和之际，运米入石头，援军必不得动，然后休士息马，缮修器械，伺其懈怠击之，一举可取也。”景从之，遣其将任约、于子悦至城下，拜表求和，乞复先镇[11]。太子以城中穷困，白上，请许之。上怒曰：“和不如死！”太子固请曰：“侯景围逼已久，援军相仗不战，宜且许其和，更为后图。”上迟回久之，乃曰：“汝自图之，勿令取笑千载。”遂报许之。景乞割江右四州[12]之地，并求宣城王大器出送，然后济江。中领军傅岐固争曰：“岂有贼举兵围宫阙而更与之和乎！此特欲却援军耳。戎狄兽心，必不可信。且宣城嫡嗣之重，国命所系，岂可为质！”上乃以大器之弟石城公大款[13]为侍中，出质于景。又敕诸军不得复进，下诏曰：“善兵不战，止戈为武。可以景为大丞相，都督江西四州诸军事，豫州牧、河南王如故。”己亥[14]，设坛于西华门外，遣仆射王克[15]、上甲侯韶[16]、吏部郎萧瑳[17]与于子悦、任约、王伟登坛共盟。太子詹事柳津出西华门，景出栅门，遥相对，更杀牲歃血为盟。既盟，而景长围不解，专修铠仗，托云“无船，不得即发”，又云“恐南军[18]见蹑”，遣石城公还台，求宣城王出送；邀求稍广，了无去志。太子知其诈言，犹羁縻不绝。韶，懿之孙也。

庚子[19]，前南兖州刺史南康王会理、前青、冀二州刺史湘潭侯退[20]、西昌侯世子彧[21]众合三万，至于马印洲[22]，景虑其自白下而上，启云：“请[23]北军[24]聚还南岸[25]，不尔，妨臣济江。”太子即勒会理自白下城移军江潭苑[26]。退，恢之子也。

辛丑[27]，以邵陵王纶为司空，鄱阳王范为征北将军，柳仲礼为侍中、尚书右仆射。景以于子悦、任约、傅士悊皆为仪同三司，夏侯譒为豫州刺史，董绍先为东徐州刺史，徐思玉为北徐州刺史，王伟为散骑常侍。上以伟为侍中。

乙卯[28]，景又启曰：“适有西岸[29]信至，高澄已得寿阳、钟离，臣今无所投足，求借广陵并谯州，俟得寿阳，即奉还朝廷。”又云：“援军既在南岸，须于京口渡江。”太子并答许之。

癸卯[30]，大赦。

庚戌[31]，景又启曰：“永安侯确、直阁赵威方[32]频隔栅见诟云：‘天子自与汝盟，我终当破汝。’乞召侯及威方入，即当引路。”上遣吏部尚书张绾召确，辛亥[33]，以确为广州刺史，威方为盱眙[34]太守。确累启固辞，不入，上不许。确先遣威方入城，因欲南奔[35]。邵陵王纶泣谓确曰：“围城既久，圣上忧危，臣子之情，切于汤火，故欲且盟而遣之，更申后计。成命已决，何得拒违！”时台使周石珍、东宫主书[36]左法生在纶所，确谓之曰："侯景虽云欲去而不解长围，意可见也。今召仆入城，何益于事！"石珍曰："敕旨如此，郎那得辞！"确意尚坚，纶大怒，谓赵伯超曰："谯州[37]为我斩之！持其首去！"伯超挥刃眄确曰："伯超识君侯，刀不识也。"确乃流涕入城。

上常蔬食，及围城日久，上厨蔬茹[38]皆绝，乃食鸡子。纶因使者暂通，上鸡子数百枚，上手自料简[39]，歔欷哽咽。

湘东王绎军于郢州之武城[40]，湘州刺史河东王誉军于青草湖[41]，信州[42]刺史桂阳王慥[43]军于西峡口[44]，托云俟四方援兵，淹留不进。中记室参军萧贲[45]，骨鲠士也，以绎不早下[46]，心非之，尝与绎双六[47]，食子未下，贲曰："殿下都无下意。"绎深衔之。及得上敕，绎欲旋师，贲曰："景以人臣举兵向阙，今若放兵[48]，未及渡江，童子能斩之矣，必不为也。大王以十万之众，未见贼而退，奈何！"绎不悦，未几，因事杀之[49]。慥，懿之孙也[50]。

东魏河内[51]民四千余家，以魏北徐州刺史司马裔[52]，其乡里也，相帅归之。丞相泰欲封裔，裔固辞曰："士大夫远归皇化，裔岂能帅之！卖义士以求荣，非所愿也。"

侯景运东府米入石头，既毕，王伟闻荆州军退[53]，援军虽多，不相统壹，乃说景曰："王以人臣举兵，围守宫阙，逼辱妃主，残秽宗庙，擢王之发，不足数罪[54]。今日持此，欲安所容身乎！背盟而捷，自古多矣，愿且观其变。"临贺王正德亦谓景曰："大功垂就，岂可弃去！"景遂上启，陈帝十失，且曰："臣方事睽违[55]，所以冒陈谠直。陛下崇饰虚诞，恶闻实录，以妖怪为嘉祯，以天谴为无咎。敷演六艺，排摈前儒，王莽之法也。以铁为货，轻重无常，公孙[56]之制也。烂羊镌印[57]，朝章鄙杂，更始[58]、赵伦[59]之化也。豫章以所天为血仇[60]，邵陵以父存而冠布[61]，石虎[62]之风也。修建浮图，百度糜费，使四民饥馁，笮融[63]、姚兴[64]之代也。"又言："建康宫室崇侈，陛下唯与主书参断万机，政以贿成，诸阉豪盛，众僧殷实。皇太子珠玉是好，酒色是耽，吐言止于轻薄，赋咏不出《桑中》[65]；邵陵所在残破；湘东群下贪纵；南康[66]、定襄[67]之属，皆如沐猴而冠耳。亲为孙侄，位则藩屏，臣至百日，谁肯勤王！此而灵长[68]，未之有也。昔鬻拳兵谏[69]，王卒改善，今日之举，复奚罪乎！伏愿陛下小惩大戒[70]，放谗纳忠，使臣无再举之忧，陛下无婴城之辱，则万姓幸甚！”

上览启，且惭且怒。三月，丙辰朔[71]，立坛于太极殿前，告天地，以景违盟，举烽鼓噪。初，闭城之日，男女十余万，擐甲者二万余人；被围既久，人多身肿气急[72]，死者什八九，乘城者不满四千人，率皆羸喘。横尸满路，不可瘗埋[73]，烂汁满沟。而众心犹望外援。柳仲礼唯聚妓妾，置酒作乐，诸将日往请战，仲礼不许。安南侯骏说邵陵王纶曰："城危如此，而都督不救，若万一不虞[74]，殿下何颜自立于世！今宜分军为三道，出贼不意攻之，可以得志。”纶不从。柳津登城谓仲礼曰："汝君父在难，不能竭力，百世之后，谓汝为何！”仲礼亦不以为意。上问策于津，对曰："陛下有邵陵，臣有仲礼，不忠不孝，贼何由平！”

戊午[75]，南康王会理与羊鸦仁、赵伯超等进营于东府城北，约夜渡军。既而鸦仁等晓犹未至，景众觉之，营未立，景使宋子仙击之，赵伯超望风退走。会理等兵大败，战及溺死者五千人。景积其首于阙下，以示城中。

景又使于子悦求和，上使御史中丞沈浚[76]至景所。景实无去志，谓浚曰："今天时方热，军未可动，乞且留京师立效。”浚发愤责之，景不对，横刀叱之。浚曰："负恩忘义，违弃诅盟，固天地所不容！沈浚五十之年[77]，常恐不得死所，何为以死相惧邪！”因径去不顾。景以其忠直，舍之。

于是景决石阙前水[78]，百道攻城，昼夜不息。邵陵世子坚[79]屯太阳门[80]，终日蒱饮[81]，不恤吏士，其书佐[82]董勋[83]、熊昙朗[84]恨之。丁卯[85]，夜向晓，勋、昙朗于城西北楼引景众登城，永安侯确力战，不能却，乃排闼入启上云："城已陷。”上安卧不动，曰："犹可一战乎？”确曰："不可。”上叹曰："自我得之，自我失之，亦复何恨！”因谓确曰："汝速去，语汝父：勿以二宫[86]为念。”因使慰劳在外诸军。

俄而景遣王伟入文德殿奉谒，上命褰帘开户引伟入，伟拜呈景启，称："为奸佞所蔽，领众入朝，惊动圣躬，今诣阙待罪。”上问："景何在？可召来。”景入见于太极东堂，以甲士五百人自卫。景稽颡殿下，典仪[87]引就三公榻[88]。上神色不变，问曰：“卿在军中日久，无乃[89]为劳！”景不敢仰视，汗流被面。又曰：“卿何州人，而敢至此，妻子犹在北邪？”景皆不能对。任约从旁代对曰：“臣景妻子皆为高氏所屠，唯以一身归陛下。”上又问：“初渡江有几人？”景曰：“千人。”“围台城几人？”曰：“十万。”“今有几人？”曰：“率土之内，莫非己有。”上俯首[90]不言。

景复至永福省见太子，太子亦无惧容。侍卫皆惊散，唯中庶子[91]徐摛、通事舍人[92]陈郡殷不害[93]侧侍。摛谓景曰：“侯王当以礼见，何得如此！”景乃拜。太子与言，又不能对。

景退，谓其厢公[94]王僧贵曰：“吾常跨鞍对陈，矢刃交下，而意气安缓，了无怖心；今见萧公，使人自慑，岂非天威难犯！吾不可以再见之。”于是悉撤两宫侍卫，纵兵掠乘舆、服御、宫人皆尽。收朝士、王侯送永福省，使王伟守武德殿，于子悦屯太极东堂。矫诏大赦，自加大都督中外诸军、录尚书事。

建康士民逃难四出。太子洗马萧允[95]至京口，端居不行，曰：“死生有命，如何可逃！祸之所来，皆生于利；苟不求利，祸从何生！”己巳[96]，景遣石城公大款以诏命解外援军。柳仲礼召诸将议之，邵陵王纶曰：“今日之命，委之将军。”仲礼熟视不对。裴之高、王僧辩曰：“将军拥众百万，致宫阙沦没，正当悉力决战，何所多言！”仲礼竟无一言，诸军乃随方各散。南兖州刺史临成公大连[97]、湘东世子方等、鄱阳世子嗣、北兖州刺史湘潭侯退[98]、吴郡太守袁君正[99]、晋陵太守陆经等各还本镇。君正，昂之子也。

邵陵王纶奔会稽。仲礼及弟敬礼、羊鸦仁、王僧辩、赵伯超并开营降，军士莫不叹愤。仲礼等入城，先拜景而后见上；上不与言。仲礼见父津，津恸哭曰：“汝非我子，何劳相见！”

湘东王绎使全威将军[100]会稽王琳[101]送米二十万石以馈军，至姑孰，闻台城陷，沈米于江而还。

景命烧台内积尸，病笃未绝者[102]亦聚而焚之。

（以上为第二段，梁皇太子懦弱畏敌，在勤王之师大集的形势下，中叛贼奸计许和，丧失战机，灭了自己勤王之师的士气，助长了贼人的威风，导致将士寒心，闸警坐观，皇城于是不守。）

【注释】

[1]顾野王（519—581）：字希冯，吴郡吴县人。熟读经史，通晓天文地理、占候，好丹青，善书法，名噪一时。台城失陷，转投陈霸先，历位大著作、黄门侍郎。传见《陈书》卷三十、《南史》卷六十九。［2］己丑：二月三日。［3］坏尚书省为薪：折毁尚书省梁椽作烧柴用。［4］荐：草席。［5］铿：铡碎。［6］膎（xié）：本指鱼肉干。此泛指熟肉食。［7］煮铠：当时铠甲多用兽皮制作，所以士兵用来煮着吃。［8］御甘露厨：佛教徒称厨房叫甘露厨，梁武帝信佛，把御膳房改用此称。［9］干苔：晒干的海苔菜，今南方仍多食用。［10］东城：东府城。在台城南。［11］先镇：指寿阳。此时已属东魏。［12］四州：即南豫、西豫、合、光四州。［13］大款：萧大款（？—555），字仁师，简文帝第三子。初封石城公，简文帝即位，进封江夏王。后投奔梁元帝，改封临川王。西魏陷江陵，即遇害。传见《南史》卷五十四。［14］己亥：二月十三日。［15］王克：出身琅邪王氏。台城失陷，被侯景任命为太宰、侍中、录尚书事。侯景败亡，入陈，位至尚书右仆射。传见《南史》卷二十二。［16］韶：萧韶，字德茂，爵上甲侯。后投奔梁元帝，改封长沙王。曾撰《梁太清纪》，多失实。传见《南史》卷五十一。［17］萧瑳：台城失陷，避难于东阳（今浙江金华市），被强盗所杀。传见《梁书》卷三十五。［18］南军：时援军大都屯扎在秦淮河南岸，所以被称作南军。［19］庚子：二月十四日。［20］退：萧退，封湘潭侯，后投奔东魏。北齐时，位金紫光禄大夫。传见《北齐书》卷三十三、《北史》卷二十九。［21］彧：萧彧，西昌侯萧藻的侯爵继承人。［22］马卬洲：长江江心洲之一，在今南京王家沙、老鹳嘴一带。［23］请：据章校，十二行本、乙十一行本、孔本“请”下都有“敕”字。张校同。疑胡刻本脱。［24］北军：指萧会理等所率兵马。因马卬洲在台城之北，所以称北军。［25］南岸：秦淮河南岸。［26］江潭苑：《梁书》作“兰亭苑”。在秦淮河南岸。［27］辛丑：二月十五日。［28］乙卯：二月二十九日。此事不当置于癸卯日前，疑有误。按，“乙卯，景又启”至“太子并答许之”一节，疑错简，应在“上常蔬食”之前。［29］西岸：指长江西岸的历阳（今安徽和县）。［30］癸卯：二月十七日。［31］庚戌：二月二十四日。［32］赵威方：人名。时任直阁将军。后归顺侯景，任湘州刺史，死于贝矶之役。［33］辛亥：二月二十五日。［34］盱眙：郡名。治所盱眙，在今江苏盱眙县。［35］南奔：奔往荆州、江州二镇。［36］东宫主书：官名。在东宫中掌起草文书。［37］谯州：赵伯超时任谯州刺史，所以萧纶以谯州代称赵伯超。［38］茹：蔬菜的总称之一。［39］料简：点数验收。［40］武城：又名武口城，在今湖北武汉市黄陂区东南。［41］青草湖：湖名。一名巴丘湖，北与洞庭湖相连，在今湖南湘阴县北。［42］信州：州名。治所白帝城，在今重庆市奉节县。［43］桂阳王慥：萧慥，字元贞。从台城返回信州后，遭张缵陷害，被萧绎下令处死。传

见《南史》卷五十一。［44］西峡口：即西陵峡口，在今湖北巴东县。［45］萧贲：字文奂，巴陵王萧昭胄之子。能书善画，撰《西京杂记》六十卷。传见《南史》卷四十四。［46］不早下：不尽快顺江而下，援救京师。［47］双六：博戏的一种，又称双陆。局如棋盘，左右各有六路，因而得名。每方有马十五枚，以骰子掷采而行马，白马从右到左，黑马从左到右，先走完者为胜。［48］放兵：放弃兵权。［49］因事杀之：因批评萧绎所拟檄文文句不当，被关到狱中饿死，并下令戮尸。［50］懿之孙也：萧慥是长沙宣武王萧懿第九子萧象的儿子，但萧象已过继给桂阳简王萧融，所以应作萧融之孙。［51］河内：郡名。东魏置，治所野王，在今河南沁阳市。［52］司马裔（？—571）：字遵胤。河南温县人。宋武帝诛除司马氏，他的曾祖司马楚之逃到北魏，重返故乡。魏孝武西迁，裔起义于温县。每与东魏战，必建功勋。入周，累官至大将军，封琅邪县公。传见《周书》卷三十六、《北史》卷二十九。［53］荆州军退：指湘东王萧绎已回师。［54］擢王之发，不足数罪：指侯景犯下的罪行之多，拔光侯景的头发来计算都不够用。［55］睽违：分离。此指撤军。［56］公孙：公孙述（？—36），扶风茂陵（今陕西兴平市）人。西汉末，割据巴蜀，称帝。曾废铜钱，推行铁官钱。后被刘秀所消灭。传见《后汉书》卷十三。［57］烂羊镌印：王莽末年，更始帝刘玄攻入长安，滥授官爵，长安城中传出民谣说："烂羊胃，骑都尉；烂羊头，关内侯。"说的是卖羊杂碎的小贩，也当了高官，获得爵位。侯景借用来讽刺梁武帝用人不当。［58］更始：即西汉末绿林起义军首领，在长安称帝的更始帝刘玄（？—25），字圣公，南阳蔡阳（今湖北枣阳市西南）人。传见《后汉书》卷十一。［59］赵伦：晋朝赵王司马伦，司马懿的第九子。永康元年（300），利用禁军起兵，杀贾皇后、张华等人。转年称帝，引发八王之乱。传见《晋书》卷五十九。［60］豫章以所天为血仇：豫章，即豫章王萧综，是梁武帝娶齐东昏侯宠妃吴淑媛所生。综自疑非武帝亲生，听说滴血在尸骨上，能渗入到骨中，便是亲父子。于是他掘开齐东昏侯墓进行试验，竟如同传说。为报所谓亲父东昏侯的血仇，综投降北魏，与梁武帝为敌。［61］邵陵以父存而冠布：邵陵指邵陵王萧纶，梁武帝第六子。在南徐州刺史任上，横行不法。一次遇到丧车，萧纶竟夺过孝子的丧服，自己穿起来，伏地号哭。虽遭武帝严责，仍不知悔改。［62］石虎（295—349）：字季龙，羯人，石勒的侄子。自立为后赵皇帝，在位十五年，以贪婪残暴闻名。生前父子相残，死后诸子相残，后赵迅即灭亡。传见《晋书》卷一百零六、卷一百零七。［63］笮融：汉献帝兴平初年的下邳相，在郡内大造佛事，招纳旁郡佛教徒五千余户。每办佛事，耗费以亿计。［64］姚兴：后秦主姚苌之子。即位后，奉鸠摩罗什为国师，亲帅群臣听他讲解佛经。又大造佛寺和佛塔，公卿以下百官，以及州郡士民，十有八九信奉佛教。［65］《桑中》：《诗经》中卫国的诗篇，内容淫靡。［66］南康：指南康王萧会理，当时正镇守广陵（今江苏扬州市）。［67］定襄：指定襄侯萧祗，当时镇守在淮阴（今江苏淮安市淮阴区）。［68］灵长：国祚长远的意思。［69］鬻拳兵谏：鬻拳强谏楚子，楚子不从。鬻拳拔出兵刃，逼向楚子。楚子害怕了，接受鬻拳的批评。鬻拳认为用兵器威胁国君，犯了大罪，于是用斧子斩断了自己的双脚。楚子认为他忠心为国，任命他为大阍，把守宫门。事详《左传》庄公十九年。［70］小惩大戒：语出《易·系辞下》，文作"子曰：小人不耻不仁，不畏不义，不见利不劝，不威不惩。小惩而大戒，此小人之福也。”即小人不能长向善，所以要经常给予惩戒，小人也因此可以得福。侯景把梁武帝比作需要经常惩戒的小人。［71］丙辰朔：三月一日。［72］气急：哮喘病。［73］瘗（yì）埋：埋葬。［74］不虞：事出意外。［75］戊午：三月三日。［76］沈浚：字叔源，吴兴武康（今浙江德清县）人。历任建康令、尚书左丞。刚直不阿，后被侯景杀害。传见《梁书》卷四十三、《南史》卷三十六。［77］五十之年：《梁书》本传作“六十之年”。《南史》同。《资治通鉴》恐误。［78］石阙前水：即玄武湖的水。［79］坚：萧坚，字长白，封汝南侯。传见《梁书》卷二十九、《南史》卷五十三。［80］太阳门：台城六门之一。［81］蒱（pú）饮：蒱，即蒲，也就是樗蒲，一种古代博戏。有子，有马，共有十采。其中卢、雉、犊、白是贵采，其他六种为杂采。流行于整个南北朝时期，有时也成为赌博的通称。所谓蒱饮，是一边赌博，一边饮酒。［82］书佐：处理文书的低级佐吏。［83］董勋：人名。《梁书》卷二十九、《南史》卷五十三均作“董勋华”。［84］熊昙朗：人名。《梁书》《南史》两史均作“白昙朗”。［85］丁卯：三月十二日。［86］二宫：指他本人和太子。［87］典仪：官名。主持朝见礼节，包括赞唱和安排位次。［88］三公榻：太尉、司徒、司空所就的坐榻。［89］无乃：岂不是。［90］俯首：低头。［91］中庶子：东宫官名。职比朝中侍中。［92］通事舍人：官名。即东宫通事舍人，职比朝中中书通事舍人。［93］殷不害（505—589）：字长卿，陈郡长平（今河南西华县）人。后投奔梁元帝，以中书郎兼廷尉卿。入陈官至司农卿、光禄大夫。传见《陈书》卷三十二、《南史》卷七十四。［94］厢公：侯景称他的亲信勋贵为左右厢公，是一种尊号。［95］萧允（506—589）：字叔佐，不慕荣利。陈宣帝即位，任黄门侍郎，迁光禄卿。陈亡，迁徙到关中。传见《梁书》卷四十一、《陈书》卷二十一、《南史》卷十八。［96］己巳：三月十四日。［97］南兖州刺史临成公大连：胡三省以为此句有脱文，当作“南兖州刺史南康王会理、东扬州刺史临成公大连”。胡说是。［98］北兖州刺史湘潭侯退：胡三省以为此句也有脱文，当作“北兖州刺史定襄侯祗、前青冀二州刺史湘潭侯退”。甚是。［99］袁君正：梁末历任东阳、吴郡太守。侯景将于子悦攻郡，袁君正想息事宁人，开门郊迎。不料子悦纵兵大掠，君正忧急而死。传见《梁书》卷三十一、《南史》卷二十六。［100］全威将军：官名。是杂号将军。［101］王琳（526—573）：字子珩，会稽山阴（今浙江绍兴市）人。平定侯景之乱，功居众将之首，拜湘州刺史。梁元帝死，陈霸先拥立敬帝，王琳不从，兵败投奔北齐，被任命为扬州刺史，封会稽郡公，镇守寿阳。陈将吴明彻北伐，琳城破被杀。传见《南史》卷六十四。［102］病笃未绝者：尚书外兵郎中鲍正病重，侯景军卒将他投入火中烧死。事见《梁书》卷五十六。

庚午[1]，诏征镇牧守可复本任。景留柳敬礼、羊鸦仁，而遣柳仲礼归司州，王僧辩归竟陵。初，临贺王正德与景约，平城之日，不得全二宫。及城开，正德帅众挥刀欲入，景先使其徒守门，故正德不果入。景更以正德为侍中、大司马，百官皆复旧职。正德入见上，拜且泣。上曰：“啜其泣矣，何嗟及矣！[2]”

秦郡[3]、阳平、盱眙三郡皆降景，景改阳平为北沧州[4]，改秦郡为西兖州。

东徐州刺史湛海珍、北青州[5]刺史王奉伯并以地[6]降东魏。青州刺史明少遐、山阳[7]太守萧邻弃城走，东魏据其地。

侯景以仪同三司萧邕为南徐州刺史，代西昌侯渊藻镇京口。又遣其将徐相攻晋陵，陆经以郡降之。

初，上以河东王誉为湘州刺史，徙湘州刺史张缵为雍州刺史，代岳阳王詧。缵恃其才望，轻誉少年，迎候有阙。誉至，检括州府付度事[8]，留缵不遣；闻侯景作乱，颇陵蹙缵。缵恐为所害，轻舟夜遁，将之雍部[9]，复虑詧拒之。缵与湘东王绎有旧，欲因之以杀誉兄弟，乃如江陵。及台城陷，诸王各还州镇，誉自湖口[10]归湘州。桂阳王慥以荆州督府[11]留军江陵，欲待绎至拜谒，乃还信州。缵遗绎书曰：“河东[12]戴樯[13]上水[14]，欲袭江陵，岳阳[15]在雍，共谋不逞。”江陵游军主[16]朱荣亦遣使告绎云：“桂阳留此，欲应誉、詧。”绎惧，凿船，沈米[17]，斩缆，自蛮中步道驰归江陵，囚慥，杀之。

侯景以前临江太守董绍先为江北行台，使赍上手敕，召南兖州刺史南康王会理。壬午[18]，绍先至广陵，众不满二百，皆积日饥疲，会理士马甚盛，僚佐说会理曰：“景已陷京邑，欲先除诸藩，然后篡位。若四方拒绝，立当溃败，奈何委全州之地以资寇手！不如杀绍先，发兵固守，与魏连和，以待其变。”会理素懦，即以城授之。绍先既入，众莫敢动。会理弟通理[19]请先还建康，谓其姊曰：“事既如此，岂可阖家受毙！前途亦思立效，但未知天命如何耳。”绍先悉收广陵文武部曲、铠仗、金帛，遣会理单马还建康。

湘潭侯退与北兖州刺史定襄侯祗出奔东魏。侯景以萧弄璋为北兖州刺史，州民发兵拒之；景遣直阁将军羊海将兵助之，海以其众降东魏，东魏遂据淮阴。祗，伟之子也。

癸未[20]，侯景遣于子悦等将羸兵数百东略吴郡。新城戍主戴僧遏有精甲五千，说太守袁君正曰：“贼今乏食，台中所得，不支一旬，若闭关拒守，立可饿死。”土豪陆映公恐不能胜而资产被掠，皆劝君正迎之。君正素怯，载米及牛酒郊迎。子悦执君正，掠夺财物、子女，东人[21]皆立堡拒之。景又以任约为南道行台，镇姑孰。

夏，四月，湘东世子方等至江陵，湘东王绎始知台城不守，命于江陵四旁七里树木为栅[22]，掘堑三重而守之。

（以上为第三段，写侯景攻破皇城，勤王之师四散，梁境内藩镇州牧郡守，皆无斗志，侯景遣将四出略地，扩大战果。）

【注释】

[1]庚午：三月十五日。 [2]啜其泣矣，何嗟及矣：出自《诗经·中谷有蓷》。大意是伤心得哭了又哭，想后悔也来不及了。啜，痛哭的样子。 [3]秦郡：郡名。梁置，治所尉氏，在今江苏南京市六合区。 [4]北沧州：州名。侯景置。大宝元年，又改入北兖州。不久即被北齐所拥有。 [5]北青州：州名。梁置，治所不详，一说在东海郡怀仁县，即今江苏连云港市赣榆区。 [6]并以地：据章校，十二行本、乙十一行本、孔本“并”上均有“淮南太守王瑜”六字。张校、退斋校同。疑胡刻本脱。 [7]山阳：郡名。梁置，治所山阳县，在今江苏淮安市。 [8]付度事：前后任刺史的交接事项。 [9]雍部：雍州刺史部。 [10]湖口：洞庭湖入长江口，地处巴陵，即今湖南岳阳市。 [11]荆州督府：太清元年，湘东王萧绎以荆州刺史都督荆、雍、湘、司、郢、宁、梁、南北秦九州诸军事。荆州地处建康上游，是梁朝的主要督府之一。萧慥、萧誉、萧詧都受萧绎辖制。慥想谒见萧绎，以赢得他的信任和保护。 [12]河东：指萧誉。 [13]戴樯：船已扬帆，喻萧誉水军已整装待发。 [14]上水：从洞庭湖到江陵，是溯江而上，所以称上水。 [15]岳阳：指萧詧，封岳阳王。 [16]游军主：官名。率领巡逻部队的将领。 [17]沈米：沈即沉。即前言想送往京师的二十万石米。 [18]壬午：三月二十七日。 [19]通理：萧通理，字仲宣，位太子洗马，封祁阳侯。传见《梁书》卷二十九、《南史》卷五十三。 [20]癸未：三月二十八日。 [21]东人：泛指江东的百姓。 [22]江陵四旁七里树木为栅：在江陵周围七里范围内的树木，都被砍伐掉用来做军营栅栏。

东魏高岳等攻魏颍川，不克。大将军澄益兵助之，道路相继，逾年犹不下。山鹿忠武公[1]刘丰生建策，堰洧水以灌之，城多崩颓，岳悉众分休迭进[2]。王思政身当矢石，与士卒同劳苦，城中泉涌，悬釜而炊。太师泰遣大将军赵贵督东南诸州兵救之，自长社以北，皆为陂泽，兵至穰，不得前。东魏使善射者乘大舰临城射之，城垂陷；燕郡景惠公[3]慕容绍宗与刘丰生临堰视之，见东北尘起，同入舰坐避之。俄而暴风至，远近晦冥，缆断，飘船径向城；城上人以长钩牵船，弓弩乱发，绍宗赴水溺死，丰生游上，向土山，城上人射杀之。

甲辰[4]，东魏进大将军勃海王澄位相国，封齐王，加殊礼[5]。

丁未[6]，澄入朝于邺，固辞；不许。澄召将佐密议之，皆劝澄宜膺朝命；独散骑常侍陈元康以为未可，澄由是嫌之，崔暹乃荐陆元规[7]为大行台郎以分元康之权。

湘东王绎之入援也，令所督诸州皆发兵，雍州刺史岳阳王詧遣府司马[8]刘方贵将兵出汉口[9]；绎召詧使自行，詧不从。方贵潜与绎相知，谋袭襄阳，未发；会詧以他事召方贵，方贵以为谋泄，遂据樊城[10]拒命，詧遣军攻之。绎厚资遣张缵使赴镇，缵至大堤[11]，詧已拔樊城，斩方贵。缵至襄阳，詧推迁未去[12]，但以城西白马寺处之；詧犹总军府之政，闻台城陷，遂不受代。助防杜岸[13]绐缵曰："观岳阳势不容使君，不如且往西山[14]以避祸。"岸既襄阳豪族，兄弟九人[15]，皆以骁勇著名。缵乃与岸结盟，著妇人衣，乘青布舆，逃入西山。詧使岸将兵追擒之，缵乞为沙门，更名法缵，詧许之。

荆州长史王冲等上笺于湘东王绎，请以太尉、都督中外诸军事承制主盟[16]；绎不许。丙辰[17]，又请以司空主盟；亦不许。

上虽外为侯景所制，而内甚不平。景欲以宋子仙为司空，上曰："调和阴阳，安用此物！"景又请以其党二人为便殿[18]主帅，上不许。景不能强，心甚惮之。太子入，泣谏，上曰："谁令汝来！若社稷有灵，犹当克复；如其不然，何事流涕！"景使其军士入直省中，或驱驴马，带弓刀，出入宫庭，上怪而问之，直阁将军周石珍对曰；"侯丞相甲士。"上大怒，叱石珍曰："是侯景，何谓丞相！"左右皆惧。是后上所求多不遂志，饮膳亦为所裁节，忧愤成疾。太子以幼子大圜[19]属湘东王绎，并剪爪发以寄之。五月，丙辰[20]，上卧净居殿，口苦，索蜜不得，再曰"荷！荷！"遂殂。年八十六。景秘不发丧，迁殡于昭阳殿，迎太子于永福省，使如常入朝。王伟、陈庆[21]皆侍太子，太子呜咽流涕，不敢泄声，殿外文武皆莫之知。

东魏高岳既失慕容绍宗等，志气沮丧，不敢复逼长社城。陈元康言于大将军澄曰："王自辅政以来，未有殊功，虽破侯景，本非外贼。今颍川垂陷，愿王自以为功。"澄从之。戊寅[22]，自将步骑十万攻长社，亲临作堰，堰三决，澄怒，推负土者及囊并塞之。

辛巳[23]，发高祖丧，升梓宫于太极殿。是日，太子即皇帝位，大赦，侯景出屯朝堂[24]，分兵守卫。

壬午[25]，诏北人在南为奴婢者，皆免之，所免万计；景或更加超擢，冀收其力。

高祖之末，建康士民服食、器用，争尚豪华，粮无半年之储，常资四方委输[26]。自景作乱，道路断绝，数月之间，人至相食，犹不免饿死，存者百无一二。贵戚、豪族皆自出采稆[27]，填委沟壑，不可胜纪。

癸未[28]，景遣仪同三司来亮入宛陵[29]，宣城太守[30]杨白华诱而斩之。甲申[31]，景遣其将李贤明攻之，不克[32]。景又遣中军[33]侯子鉴[34]入吴郡，以厢公苏单于为吴郡太守，遣仪同宋子仙等将兵东屯钱塘[35]，新城戍主戴僧逷拒之[36]。御史中丞沈浚避难东归，至吴兴[37]，太守张嵊[38]与之合谋，举兵讨景。嵊，稷[39]之子也。东扬州刺史临城公大连，亦据州不受景命。景号令所行，唯吴郡以西、南陵以北而已。

（以上为第四段，写侯景逼死梁武帝，士民离心，梁境内讨逆之声渐起，侯景的号令只在吴郡以西，南陵以北狭小地区施行。）

【注释】

［1］山鹿忠武公：刘丰生爵山鹿公，谥号为忠武。［2］分休迭进：轮流休息，轮番不停地进攻。［3］燕郡景惠公：慕容绍宗封燕郡公，谥号景惠。［4］甲辰：四月十九日。［5］加殊礼：即高澄上朝赞拜可以不称姓名，进见不必战战兢兢地趋步而行，可以佩带宝剑和穿着鞋子上殿。［6］丁未：四月二十二日。［7］陆元规：初任尚书郎。高洋建北齐，陆元规以文才任中书侍郎，掌草拟文书。传见《魏书》卷四十、《北史》卷二十八。［8］府司马：官名。王府司马，掌王国军马。［9］汉口：汉水入长江之处，在今湖北武汉市。［10］樊城：县名。县治在今湖北襄阳市。［11］大堤：县名。县治在今湖北宜城市。［12］推迁未去：拖延让出雍州，不想离开州治而应萧绎之召。［13］杜岸：字公衡，梁元帝时官至持节、平北将军、北梁州刺史，封江陵县

侯，邑一千户。传见《梁书》卷四十六、《南史》卷六十四。［14］西山：指中庐县内的群山，在今湖北襄阳市西南。［15］兄弟九人：即杜嵩、杜岑、杜巚、杜岌、杜巘、杜岸、杜崱、杜嵸、杜幼安九兄弟。其中杜岸、杜巘被萧詧所杀。杜崱投靠梁元帝，历任武州、江州刺史，爵枝江县侯，屡立战功。传见《梁书》卷四十六、《南史》卷六十四。杜幼安降侯景，被杀。杜巚曾任西荆州刺史。传见《南史》卷六十四。余不详。［16］主盟：成为各藩王的盟主。［17］丙辰：五月二日。［18］便殿：偏殿。［19］大圜：萧大圜，字仁显，初封乐梁郡王。侯景之乱平定，往依梁元帝，改封晋熙郡王。西魏攻克江陵，客居长安。入隋拜内史侍郎，出为西河郡守。好著述，撰有《梁旧事》等书。传见《南史》卷五十四、《周书》卷四十二、《北史》卷二十九。［20］丙辰：五月二日。［21］陈庆：侯景将，拜仪同三司。时防守太极殿。［22］戊寅：五月二十四日。［23］辛巳：五月二十七日。［24］出屯朝堂：从昭阳殿出来改住朝堂。［25］壬午：五月二十八日。［26］委输：将物品送置到舟车上叫作委，转送到指定地点交卸叫作输。此指全国各地向京城建康输送物资。［27］采稆：采集野生谷物。［28］癸未：五月二十九日。［29］宛陵：县名。县治在今安徽宣城市。［30］宣城太守：萧大器封宣城王，太守当作内史。《梁书》正作“宣城内史”。［31］甲申：五月三十日。［32］不克：《梁书》卷五十六作“华以郡降”，与此异。［33］中军：中军都督，官名。是中军主将。［34］侯子鉴：曾任南兖州刺史。［35］钱塘：县名。县治在今浙江杭州市。［36］拒之：据章校，十二行本、乙十一行本、孔本“拒”上均有“据县”二字。退斋校同。［37］吴兴：郡名。治所乌程，在今浙江湖州市。［38］张嵊（488—549）：字四山，曾任太府卿。举兵反侯景，城破而死。传见《梁书》卷四十三、《南史》卷三十一。［39］稷：张稷，字公乔，吴郡人。拥立梁武帝，封江安县侯，官至都官尚书、尚书左仆射，青冀二州刺史。州人与北魏暗通，发动叛乱而杀稷。传见《梁书》卷十六、《南史》卷三十一。

魏诏：“太和中代人改姓[1]者皆复其旧。”

六月，丙戌[2]，以南康王会理为侍中、司空。

丁亥[3]，立宣城王大器为皇太子。

初，侯景将使太常卿[4]南阳刘之遴授临贺王正德玺绶，之遴剃发僧服而逃之。之遴博学能文，尝为湘东王绎长史；将归江陵，绎素嫉其才，己丑[5]，之遴至夏口，绎密送药杀之，而自为志铭，厚其赙赠。

壬辰[6]，封皇子大心为寻阳王，大款为江陵王，大临为南海王，大连为南郡王，大春为安陆王，大成为山阳王，大封为宜都王。

长社城中无盐，人病挛肿[7]，死者什八九。大风从西北起，吹水入城，城坏。东魏大将军澄令城中曰：“有能生致王大将军者封侯；若大将军身有损伤，亲近左右皆斩。”王思政帅众据土山，告之曰：“吾力屈计穷，唯当以死谢国。”因仰天大哭，西向再拜[8]，欲自刎，都督骆训曰：“公常语训等：‘汝赍我头出降，非但得富贵，亦完一城人。’今高相[9]既有此令[10]，公独不哀士卒之死乎！”众共执之，不得引决。澄遣通直散骑赵彦深就土山遗以白羽扇[11]，执手申意，牵之以下。澄不令拜，延而礼之。思政初入颍川，将士八千人，及城陷，才三千人，卒无叛者。澄悉散配其将卒于远方，改颍州为郑州[12]，礼遇思政甚重。西阁祭酒[13]卢潜[14]曰：“思政不能死节，何足可重！”澄谓左右曰：“我有卢潜，乃是更得一王思政。”潜，度世[15]之曾孙也。

初，思政屯襄城，欲以长社为行台治所，遣使者魏仲启陈于太师泰，并致书于淅州刺史崔猷[16]，猷复书曰：“襄城控带京、洛，实当今之要地，如有动静，易相应接。颍川既邻寇境，又无山川之固，贼若潜来，径至城下。莫若顿兵襄城，为行台之所；颍川置州，遣良将镇守，则表里胶固，人心易安，纵有不虞，岂能为患！”仲见泰，具以启闻[17]。泰令依猷策。思政固请，且约：“贼水攻期年、陆攻三年之内，朝廷不烦赴救。”泰乃许之。及长社不守，泰深悔之。猷，孝芬之子也。

侯景之南叛也，丞相泰恐东魏复取景所部地，使诸将分守诸城。及颍川陷，泰以诸城道路阻绝，皆令拔军还。

（以上为第五段，写东魏趁南朝混乱，专力对抗西魏，颍川争夺战，擒西魏名将王思政，收复了因侯景反叛丢失于西魏的全部河南疆土。）

【注释】

[1]代人改姓：即北魏孝文帝下诏命鲜卑族人改从汉姓。如拓跋氏改姓元，拔拔氏改姓长孙等。[2]丙戌：六月二日。[3]丁亥：六月三日。[4]太常卿：官名。梁春卿之一。职同金紫光禄大夫，管理明堂、二庙、灵台、鼓乐、陵园、国学等事。[5]己丑：六月五日。[6]壬辰：六月八日。[7]挛肿：抽搐，浮肿。[8]西向再拜：因西魏在西方，所以向西方再三叩拜，与国君和家国辞别。[9]高相：高澄时任东魏大丞相。[10]此令：生献王思政封侯，有损伤则亲信部下斩首。[11]白羽扇：代替白旗，举以出降，顾全王思政的面子。[12]郑州：改名后移州治长社到颍阴，在今河南许昌市。[13]西阁祭酒：按北齐制度，太师、太傅、太保三师，太尉、司徒、司空三公，大司马、大将军二大，他们的府中都设东阁祭酒和西阁祭酒，掌经学咨议。[14]卢潜（517—573）：东阳涿（今河北涿州市）人。北齐初，曾任黄门侍郎、江州刺史。

后代王琳任扬州刺史，在淮南十三年，成为陈朝的劲敌。武平四年（573），被吴明彻所俘，死于建康。传见《魏书》卷四十七、《北齐书》卷四十二、《北史》卷三十。［15］度世：卢度世，字子迁。北魏太武帝时任中书侍郎、太常卿，出任过济州、青州刺史。在朝时常应对宋朝来使。传同卢潜。［16］崔猷（？—584）：字宣猷，博陵安平（今河北安平县）人。父被高欢所杀，于是入关，投奔孝武帝。初典掌文书，后累迁至骠骑大将军、开府仪同三司，爵固安县公。隋文帝登基，授大将军，进爵汲郡公。传见《魏书》卷五十七、《周书》卷三十五、《北史》卷三十二。［17］具以启闻：把王思政的请求和崔猷的意见，一并整理好转呈宇文泰。

上甲侯韶自建康出奔江陵，称受高祖密诏征兵，以湘东王绎为侍中、假黄钺、大都督中外诸军事、司徒、承制，自余藩镇并加位号。

宋子仙围戴僧逷，不克。丙午[1]，吴盗[2]陆缉[3]等起兵袭吴郡，杀苏单于，推前淮南太守文成侯宁[4]为主。

临贺王正德怨侯景卖己，密书召鄱阳王范，使以兵入；景遮得其书，癸丑[5]，缢杀正德。景以仪同三司郭元建[6]为尚书仆射、北道行台、总江北诸军事，镇新秦[7]；封元罗等诸元十余人皆为王。景爱永安侯确之勇，常置左右。邵陵王纶潜遣人呼之，确曰："景轻佻，一夫力耳，我欲手刃之，正恨未得其便。卿还启家王，勿以确为念。"景与确游钟山，引弓射鸟，因欲射景，弦断，不发，景觉而杀之。

湘东王绎娶徐孝嗣[8]孙女为妃，生世子方等。妃丑而妒，又多失行，绎二三年一至其室。妃闻绎当至，以绎目眇[9]，为半面妆以待之，绎怒而出，故方等亦无宠。及自建康还江陵，绎见其御军和整，始叹其能，入告徐妃，妃不对，垂泣而退。绎怒，疏其秽行，榜于大阁，方等见之，益惧。湘州刺史河东王誉，骁勇得士心，绎将讨侯景，遣使督其粮众[10]，誉曰："各自军府，何忽隶人！"使者三返，誉不与。方等请讨之，绎乃以少子安南侯方矩[11]为湘州刺史，使方等将精卒二万送之。方等将行，谓所亲曰："是行也，吾必死之；死得其所，吾复奚恨！"侯景以赵威方为豫章太守，江州刺史寻阳王大心遣军拒之，擒威方，系州狱，威方逃还建康。

湘东世子方等军至麻溪[12]，河东王誉将七千人击之，方等军败，溺死。安南侯方矩收余众还江陵，湘东王绎无戚容。绎宠姬王氏，生子方诸[13]。王氏卒，绎疑徐妃为之[14]，逼令自杀，妃赴井死，葬以庶人礼，不听诸子制服。

西江督护陈霸先欲起兵讨侯景，景使人诱广州刺史元景仲[15]，许奉以为主，景仲由是附景，阴图霸先。霸先知之，与成州刺史王怀明等集兵南海，驰檄以讨景仲曰："元景仲与贼合从，朝廷遣曲阳侯勃[16]为刺史，军已顿朝亭[17]。"景仲所部闻之，皆弃景仲而散。秋，七月，甲寅[18]，景仲缢于阁下。霸先迎定州刺史萧勃镇广州。

前高州刺史兰裕，钦之弟也，与其诸弟扇诱始兴等十郡，攻监衡州事欧阳頠。勃使霸先救之，悉擒裕等，勃因以霸先监始兴郡事。

湘东王绎遣竟陵太守王僧辩、信州刺史东海鲍泉[19]击湘州，分给兵粮，刻日就道。僧辩以竟陵部下未尽至，欲俟众集然后行，与泉入白绎，求申期。绎疑僧辩观望，按剑厉声曰："卿惮行拒命，欲同贼邪？今日唯有死耳！"因斫僧辩，中其左髀[20]，闷绝，久之方苏，即送狱。泉震怖，不敢言。僧辩母徒行流涕入谢，自陈无训，绎意解，赐以良药，故得不死。丁卯[21]，鲍泉独将兵伐湘州。

陆缉等竞为暴掠，吴人不附，宋子仙自钱塘旋军击之。壬戌[22]，缉弃城奔海盐[23]，子仙复据吴郡。戊辰[24]，侯景置吴州[25]于吴郡，以安陆王大春为刺史。

庚午[26]，以南康王会理兼尚书令。

鄱阳王范闻建康不守，戒严，欲入，僚佐或说之曰："今魏人已据寿阳，大王移足，则虏骑必窥合肥。前贼未平，后城失守，将若之何！不如待四方兵集，使良将将精卒赴之，进不失勤王，退可固本根。"范乃止。会东魏大将军澄遣西兖州刺史李伯穆[27]逼合肥，又使魏收为书谕范。范方谋讨侯景，借东魏为援，乃帅战士二万出东关[28]，以合州输伯穆，并遣咨议刘灵议送二子勤、广为质于东魏以乞师。范屯濡须以待上游之军，遣世子嗣将千余人守安乐栅[29]，上游诸军皆不下，范粮乏，采菰稗[30]、菱藕以自给。勤、广至邺，东魏人竟不为出师。范进退无计，乃溯流西上，军于枞阳[31]。景出屯姑孰，范将裴之悌以众降之。之悌，之高之弟也。

东魏大将军澄诣邺，辞爵位殊礼，且请立太子。澄谓济阴王晖业曰："比读[32]何书？"晖业曰："数寻伊、霍之传[33]，不读曹、马之书[34]。"

八月，甲申朔[35]，侯景遣其中军都督侯子鉴等击吴兴。

己亥[36]，鲍泉军于石椁寺[37]，河东王誉逆战而败；辛丑[38]，又败于橘洲[39]，战及溺死者万余人。誉退保长沙，众[40]引军围之。

辛卯[41]，东魏立皇子长仁[42]为太子。

勃海文襄王澄以其弟太原公洋次长[43]，意常忌之。洋深自晦匿，言不出口，常自贬退，与澄言，无不顺从。澄轻之，常曰："此人亦得富贵，相书[44]亦何可解！"洋为其夫人赵郡李氏[45]营服玩[46]小佳[47]，澄辄夺取之；夫人或恚未与，洋笑曰："此物犹应可求，兄须何容吝惜！"澄或愧不取，洋即受之，亦无饰让[48]。每退朝还第，辄闭阁静坐，虽对妻子，能竟日不言。或时袒跣[49]奔跃，夫人问其故，洋曰："为尔漫戏[50]。"其实盖欲习劳[51]也。

澄获徐州刺史兰钦子京[52]，以为膳奴[53]，钦请赎之，不许；京屡自诉[54]，澄杖之，曰："更诉，当杀汝！"京与其党六人谋作乱。澄在邺，居北城东柏堂，嬖[55]琅邪公主，欲其往来无间，侍卫者常遣出外。辛卯[56]，澄与散骑常侍陈元康、吏部尚书侍中杨愔、黄门侍郎崔季舒屏左右，谋受魏禅，署拟百官。兰京进食，澄却之[57]，谓诸人曰："昨夜梦此奴斫我，当急杀之。"京闻之，置刀盘下，冒言进食，澄怒曰："我未索食，何为遽来！"京挥刀曰："来杀汝！"澄自投伤足，入于床下，贼去床，弑之。愔狼狈走，遗一靴；季舒匿于厕中；元康以身蔽澄，与贼争刀被伤，肠出；库直[58]王纮[59]冒刃御贼；纥奚舍乐[60]斗死。时变起仓猝，内外震骇。太原公洋在城东双堂，闻之，颜色不变，指挥部分，入讨群贼，斩而脔之，徐出，曰："奴反，大将军被伤，无大苦也。"内外莫不惊异。洋秘不发丧。陈元康手书辞母[61]，口占[62]使功曹参军祖珽作书陈便宜[63]，至夜而卒；洋殡之第中，诈云出使，虚除[64]元康中书令。以王纮为领左右都督。纮，基之子也。

勋贵以重兵皆在并州，劝洋早如晋阳，洋从之。夜，召大将军督护[65]太原唐邕[66]，使部分将士，镇遏四方；邕支配须臾而毕，洋由是重之。

癸巳[67]，洋讽东魏主以立太子大赦。澄死问[68]渐露，东魏主窃谓左右曰："大将军今死，似是天意，威权当复归帝室矣！"洋留太尉高岳、太保高隆之、开府仪同三司司马子如、侍中杨愔守邺，余勋贵皆自随。甲午[69]，入谒东魏主于昭阳殿，从甲士八千人，登阶者二百余人，皆攘袂[70]扣刃[71]，若对严敌。令主者[72]传奏曰："臣有家事，须诣晋阳。"再拜而出。东魏主失色，目送之曰："此人又似不相容，朕不知死在何日！"晋阳旧臣、宿将素轻洋；及至，大会文武，神采英畅[73]，言辞敏洽，众皆大惊。澄政令有不便者，洋皆改之。高隆之、司马子如等恶度支尚书崔暹，奏暹及崔季舒过恶，鞭二百徙边。

侯景以宋子仙为司徒、郭子建[74]为尚书左仆射，与领军任约等四十人并开府仪同三司，仍诏："自今开府仪同不须更加将军[75]。"是后开府仪同至多，不可复记矣。

鄱阳王范自枞阳遣信告江州刺史寻阳王大心，大心遣信邀之。范引兵诣江州，大心以湓城处之。

吴兴兵力寡弱，张嵊书生，不闲军旅[76]；或劝嵊效袁君正以郡迎侯子鉴。嵊叹曰："袁氏世济忠贞[77]，不意君正一旦隳之。吾岂不知吴郡既没，吴兴势难久全；但以身许国，有死无贰耳！"九月，癸丑朔[78]，子鉴军至吴兴，嵊战败，还府，整服安坐，子鉴执送建康。侯景嘉其守节，欲活之，嵊曰："吾忝任专城，朝廷倾危，不能匡复，今日速死为幸。"景犹欲全其一子，嵊曰："吾一门已在鬼录，不就尔虏求恩！"景怒，尽杀之；并杀沈浚。

河东王誉告急于岳阳王詧，詧留咨议参军济阳蔡大宝[79]守襄阳，帅众二万、骑二千伐江陵以救湘州。湘东王绎大惧，遣左右就狱中问计于王僧辩，僧辩具陈方略，绎乃赦之，以为城中都督。乙卯，詧至江陵，作十三营以攻之；会大雨，平地水深四尺，詧军气沮。绎与新兴[80]太守杜崱有旧，密邀之。乙丑[81]，崱与兄岌、岸、弟幼安、兄子龛[82]各帅所部降于绎。岸请以五百骑袭襄阳，昼夜兼行；去襄阳三十里，城中觉之，蔡大宝奉詧母龚保林[83]登城拒战。詧闻之，夜遁，弃粮食、金帛、铠仗于滍水[84]，不可胜纪。张缵病足，詧载以随军；及败走，守者[85]恐为追兵所及，杀之，弃尸而去。詧至襄阳，岸奔广平，依其兄南阳太守巘。

湘东王绎以鲍泉围长沙久不克，怒之，以平南将军王僧辩代为都督，数泉十罪，命舍人罗重欢与僧辩偕行。泉闻僧辩来，愕然曰："得王竟陵来助我，贼不足平。"拂席[86]待之。僧辩入，背泉而坐，曰："鲍郎，卿有罪，令旨[87]使我锁卿，卿勿以故意[88]见期[89]。"使重欢宣令，锁之床侧。泉为启自申，且谢淹缓[90]之罪，绎怒解，遂释之。

冬，十月，癸未朔[91]，东魏以开府仪同三司潘相乐为司空。

初，历阳太守庄铁帅众归寻阳王大心，大心以为豫章内史。铁至郡即叛，推观宁侯永[92]为主。永，范之弟也。丁酉[93]，铁引兵袭寻阳，大心遣其将徐嗣徽[94]逆击，破之。铁走，至建昌[95]，光远将军[96]韦构邀击之，铁失其母弟妻子，单骑还南昌[97]，大心遣构将兵追讨之。

宋子仙自吴郡趣钱塘。刘神茂自吴兴趣富阳[98]，前武州刺史富阳孙国恩以城降之。

十一月，乙卯[99]，葬武皇帝于修陵[100]，庙号高祖。

百济[101]遣使入贡，见城关荒圮[102]，异于向来[103]，哭于端门；侯景怒，录[104]送庄严寺[105]，不听出。

壬戌[106]，宋子仙急攻钱塘，戴僧逷降之。

岳阳王詧使将军薛晖攻广平，拔之，获杜岸，送襄阳。詧拔其舌，鞭其面，支解而烹之。又发其祖父墓[107]，焚其骸而扬之，以其头为漆碗。

詧既与湘东王绎为敌，恐不能自存，遣使求援于魏，请为附庸[108]。丞相泰令东阁祭酒荣权[109]使于襄阳，绎使司州刺史柳仲礼镇竟陵以图詧，詧惧，遣其妃王氏[110]及世子嶚[111]为质于魏。丞相泰欲经略江、汉，以开府仪同三司杨忠都督三荆等十五州诸军事，镇穰城[112]。仲礼至安陆[113]，安陆太守柳勰[114]以城降之。仲礼留长史马岫与其弟子礼守之，帅众一万趣襄阳，泰遣杨忠及行台仆射长孙俭[115]将兵击仲礼以救詧。

宋子仙乘胜渡浙江[116]，至会稽。邵陵王纶闻钱塘已败，出奔鄱阳，鄱阳内史开建侯蕃[117]以兵拒之，范[118]进击蕃，破之。

魏杨忠将至义阳，太守马伯符以下溠城[119]降之，忠以伯符为向导。伯符，岫[120]之子也。

南郡王大连为东扬州刺史。时会稽丰沃，胜兵数万，粮仗山积，东土人惩侯景残虐，咸乐为用，而大连朝夕酣饮，不恤军事；司马东阳留异[121]凶狡残暴，为众所患，大连悉以军事委之。十二月，庚寅[122]，宋子仙攻会稽，大连弃城走，异奔还乡里，寻以其众降于子仙。大连欲奔鄱阳，异为子仙向导，追及大连于信安[123]，执送建康，帝[124]闻之，引帷自蔽，掩袂而泣。于是三吴尽没于景，公侯在会稽者，俱南度岭[125]。景以留异为东阳太守，收其妻子为质。

乙酉[126]，东魏以并州刺史彭乐为司徒。

邵陵王纶进至九江，寻阳王大心以江州让之，纶不受，引兵西上。

始兴太守陈霸先结郡中豪杰欲讨侯景，郡人侯安都[127]、张偲等各帅众千余人归之。霸先遣主帅杜僧明将二千人顿于岭[128]上，广州刺史萧勃遣人止之曰：“侯景骁雄，天下无敌，前者援军十万，士马精强，犹不能克，君以区区之众，将何所之！如闻岭北王侯又皆鼎沸，亲寻干戈[129]，以君疏外[130]，讵可暗投[131]！未若且留始兴，遥张声势，保太山之安也。”霸先曰：“仆荷国恩，往闻侯景渡江，即欲赴援，遭值元、兰[132]，梗我中道。今京都覆没，君辱臣死，谁敢爱命！君侯体则皇枝[133]，任重方岳，遣仆一军，犹贤乎已[134]，乃更止之乎！”乃遣使间道诣江陵，受湘东王绎节度。时南康[135]土豪蔡路养起兵据郡，勃乃以腹心谭世远为曲江令，与路养相结，同遏霸先。

魏杨忠拔随郡[136]，执太守桓和。

东魏使金门公潘乐等将兵五万袭司州，刺史夏侯强降之。于是东魏尽有淮南之地。

（以上为第六段，写东魏突发高澄被害事件，高洋执政掌权。梁朝全境混乱，萧梁诸王自相残杀，导致侯景控制了三吴地区，淮南土地丢失于东魏，江汉西境归于西魏。）

【注释】

[1]丙午：六月二十二日。[2]吴盗：实为吴郡郡民。[3]陆缉：人名。同他一起起兵的还有戴文举。[4]宁：萧宁，爵文成侯。[5]癸丑：六月二十九日。[6]郭元建：人名。后历任太尉、南兖州刺史。[7]新秦：即秦郡。[8]徐孝嗣：字始昌，徐聿之的儿子。八岁袭爵为枝江县公。宋孝武帝时为驸马。入官至南齐尚书左仆射。好文学，不贪权势。因谋废东昏侯事泄，被赐死。传见《南齐书》卷四十四、《南史》卷十五。[9]目眇：瞎了一只眼。[10]督其粮众：督催萧誉调出军粮和士兵。[11]方矩：萧方矩，字德规，封安南侯。梁元帝登基后，立为皇太子，改名元良。西魏陷江陵，遇害。传见《梁书》卷八、《南史》卷五十四。[12]麻溪：地名。麻溪水进入湘江的地方，在今湖南长沙市北。[13]方诸：萧方诸，字智相，出任郢州刺史时，被宋子仙所俘，不久即被害。传见《梁书》卷四十四、《南史》卷五十四。[14]疑徐妃为之：萧绎怀疑王氏是被徐妃毒死的。[15]元景仲：元法僧之子，北魏拓跋氏后裔。普通六年（525）随父南降梁朝，封枝江县公，拜侍中、右卫将军。传见《梁书》卷三十九。[16]勃：萧勃，爵曲阳侯。[17]朝亭：在今广东广州市东北。汉初南越王赵佗在岗上筑有朝台，是北面朝拜汉朝的地方。[18]甲寅：七月一日。[19]鲍泉：字润岳，东海（今山东郯城县）人。萧绎老部下。后于江夏被侯景所杀。传见《梁书》卷三十、《南史》卷六十二。[20]左髀：左大腿。[21]丁卯：七月十四日。[22]壬戌：七月九日。[23]海盐：县名。县治在今浙江海盐县。[24]戊辰：七月十五日。[25]吴州：州名。侯景置。治所在今江苏苏州市。[26]庚午：七月十七日。[27]李伯穆：传见《魏书》卷三十六。[28]东关：城名。在今安徽巢湖市东南。[29]安乐栅：军营名。在濡须河附近。[30]菰稗：菰是生长在池沼里的多年生植物，即茭白。果实叫“菰米”，或称“雕菰米”，可煮食。稗是稻田的一种杂草。[31]枞阳：县名。县治在今安徽枞阳县。[32]比读：近来读。[33]伊、霍之传：记载伊尹、霍光事迹的传记。指《史记》《汉书》。伊尹辅佐商朝少主太甲，霍光辅佐汉昭帝与宣帝。二人虽总揽朝政，但不篡国。[34]曹、马之书：有关曹操、司马昭父子的史书。指《三国志》、《晋书》。曹氏篡汉，司马氏篡魏。元晖业以上的话，含有讽刺谏诫高澄不要过分揽权，做个辅弼重臣而不是篡位者。[35]甲申朔：八月一日。[36]己亥：八月十六日。[37]石椁寺：寺名。在今湖南长沙市西北郊。[38]辛丑：八月十八日。[39]橘洲：即橘子洲，是湖南长沙市西南湘江上的一个沙洲。[40]众：据章校，十二行本、乙十一行本、孔本均作“泉”，即鲍泉。退斋校、张校同。胡刻本恐误。[41]辛卯：八月八日。[42]长仁：元长仁，人名。[43]次长：排行第二。[44]相书：古代相面的书。[45]李氏：即齐文宣皇后，名祖娥，赵郡（今河北赵县）人。父李希宗。又号可贺敦皇后。武成帝时，入妙胜寺为尼。隋初回赵郡老家。传见《北齐书》卷九、《北史》卷十四。[46]服玩：穿和玩的物品。[47]小佳：比较好一些。[48]饰让：假意推让。[49]袒跣：光着身子和脚。[50]漫戏：随便戏耍。[51]习劳：锻炼。[52]京：兰京，一作兰固成，人名。其父兰钦在梁朝任徐州刺史。[53]膳奴：厨房中的奴仆。[54]京屡自诉：兰京多次请求赎身，以便南下与父亲团

聚。［55］嬖：宠爱。［56］辛卯：八月八日。［57］却之：叫他退出去。［58］库直：官名。管理大将军府中的库藏。［59］王纮：字师罗，善骑射，好文学。以冒死与兰京搏斗功，封平春县男，出任晋阳令。传见《北齐书》卷二十五、《北史》卷五十五。［60］纥奚舍乐：复姓纥奚，时任库直。一作任库直都督。［61］手书辞母：亲手给母亲写下遗书。［62］口占：口述成文。［63］陈便宜：向高洋提出善后的建议。［64］虚除：为掩盖陈元康死讯，发表任命。［65］督护：官名。当时各方镇的主将府中都设此职，是主要部将，处理军府日常事务。［66］唐邕：字道和，太原晋阳（今山西太原市南）人。初任大将军高澄府参军。因精明强干，后深受高洋的器重，成为诸军总节度、尚书令，封晋昌王。历事北齐六帝。传见《北齐书》卷四十、《北史》卷五十五。［67］癸巳：八月十日。［68］死问：死讯。［69］甲午：八月十一日。［70］攘袂：捋起袖子。［71］扣刃：手按刀把。［72］主者：主持朝中礼仪的官员。［73］英畅：英姿勃发，神清意畅。［74］郭子建：人名。侯景部将，历任尚书右仆射、行台、太尉、南兖州刺史。据章校，十二行本、乙十一行本、孔本均作“郭元建”，《梁书》《陈书》《南史》均同。胡刻本误。［75］不须更加将军：梁制，任开府仪同三司要加将军名号，即便任三公也加将军名号，如开国老臣王茂进位三公，仍领中权将军。至此侯景改制，开府仪同不再加将军。［76］不闲军旅：不通晓军事。［77］世济忠贞：陈郡袁氏宗族中，袁洵、袁觊、袁粲、袁昂等三代人都忠于王室。惟袁昂子袁君正因怯弱降景，坏了门风。［78］癸丑朔：九月一日。［79］蔡大宝：字敬位，济阳考城（今河南兰考县）人。萧詧称帝，任尚书令、荆州刺史，封安丰县侯。萧岿即位，任中书监，领吏部尚书。传见《周书》卷四十八、《北史》卷九十三。［80］新兴：郡名。治所新兴，在今湖北江陵县东。［81］乙丑：九月十三日。［82］龛：杜龛，杜岑的儿子。善用兵，梁元帝时，任郢州刺史，封中卢县侯。先后生擒宋子仙，击败侯子鉴，以功拜东扬州刺史。江陵失陷，追随贞阳侯，投靠北齐。不久被陈霸先于吴兴处死。传见《梁书》卷四十六、《南史》卷六十四。［83］龚保林：保林，宫中女官，位略低于良娣。龚，姓。［84］滍水：河名。今名新埠河，源出湖北荆门市，南流入今荆州市境内的长湖。［85］守者：押送张缵的士兵。［86］拂席：掸净坐席。［87］令旨：萧绎给部属下达的命令叫令，旨即内容。［88］故意：旧友的情义。［89］见期：抱有期望。［90］淹缓：滞留迟缓。［91］癸未朔：十月一日。［92］永：萧永，封观宁侯。［93］丁酉：十月十五日。［94］徐嗣徽：高平（今山东济宁市）人。后投靠梁元帝，任罗州、秦州刺史。为报王僧辩之仇，与陈霸先对抗，兵败被杀。传见《南史》卷六十三。［95］建昌：县名。县治在今江西永修县。［96］光远将军：官名。杂号将军。［97］南昌：县名。县治在今江西南昌市。［98］富阳：县名。县治在今浙江杭州市富阳区。［99］乙卯：十一月四日。［100］修陵：在今江苏丹阳市。［101］百济：朝鲜的古国，在朝鲜半岛的西南部，与高句丽、新罗鼎足而立。［102］荒圮：荒废、破毁。［103］向来：往日，过去。［104］录：拘捕。［105］庄严寺：寺名。在建康南郊坛场附近。［106］壬戌：十一月十一日。［107］祖父墓：杜岸祖父名灵启，任南齐给事中。父怀宝，梁时任过梁州、华州刺史。［108］附庸：依附于大国的臣属国。［109］荣权：人名。曾任兵部尚书。

[110]王氏（？—564）：萧詧称帝，立王氏为皇后。谥号是宣静皇后。[111]嶚：萧嶚，萧詧长子。[112]穰城：县名。县治在今河南邓州市。[113]安陆：郡名。梁置，治所安陆，在今湖北安陆市。[114]柳勰：人名。据章校，十二行本、乙十一行本、孔本作“沈勰”。退斋校同。[115]长孙俭（？—569）：本名庆明，河南洛阳人。出身鲜卑拓跋氏，是北魏皇室枝族。孝文帝时，家族改姓长孙。俭历任西夏州、荆州刺史。力主出兵翦除梁元帝，以功封昌宁公，官大将军。传见《周书》卷二十六、《北史》卷二十二。[116]浙江：河名。今名钱塘江。[117]蕃：萧蕃，封开建侯。[118]范：胡三省以为是“纶”之误，即萧纶。甚是。[119]下溠城：县城名。治所在今湖北随州市西北。[120]岫：即前留守安陆的长史马岫。[121]留异（？—564）：东阳长山（今浙江金华市）人。投降侯景后，任东阳太守。陈霸先平定会稽，异以接应功，任缙州刺史，领东阳太守，封永兴县侯。陈朝建立，拥兵自重，不听调遣，被剿灭。传见《陈书》卷三十五、《南史》卷八十。[122]庚寅：十二月九日。[123]信安：县名。县治在今浙江衢州市。[124]帝：指梁简文帝萧纲。萧大连是他的儿子。[125]岭：五岭。越过五岭就进入今天的两广地区。[126]乙酉：十二月四日。[127]侯安都（520—563）：字成师，始兴曲江（今广东韶关市曲江区）人。从陈霸先破侯景，擒王僧辩，讨萧勃，战王琳，屡立战功。陈文帝即位，迁司空，任南豫州刺史。后骄纵不遵法度，被赐死。传见《陈书》卷八、《南史》卷六十六。[128]岭：指五岭之一的大庾岭。[129]亲寻干戈：指萧绎、萧誉、萧詧等王自相残杀。[130]疏外：非朝中权贵的亲信，关系比较疏远。[131]暗投：虽有大才，难遇明主，如同明珠暗投。[132]元、兰：指元景仲、兰裕二人。[133]皇枝：萧勃是武帝从弟萧昺之子。[134]犹贤乎已：总比不派兵好。[135]南康：郡名。治所赣县，在今江西赣州市。[136]随郡：郡名。梁置，治所随县，在今湖北随州市。

【点评】

家族政权的闹剧。梁武帝安置皇室子弟布散四方全境为州郡牧守，又多置藩王封疆以屏卫国家，自以为江山永固。而国难到来之时，这些平日里作威作福于百姓的勋臣贵戚、藩王方镇，全无君辱臣死之心，数十万勤王之师观望皇城陷落后作鸟兽散，遇贼兵不战自溃，而自相残杀却如虎如罴。皇室子弟，娇生惯养，锦衣玉食，不文不武，人格猥琐，国家军政，尽委之于此辈，如同儿戏。萧梁政权，家族专攻，简直是一场闹剧，为害之大，甚于用人唯亲。此为太清之祸留给后人的最大反思。